김석현 지음

C를 배우면 함수를 잘 만들어야 한다

- ☑ 알고리듬 설계 이해
- ☑ 실무에 바로 적용할 수 있는 프로그래밍 방법론 이해
  프로그래밍 절차 이해
  코드 작성 기법
- ☑ 손으로 하는 프로그래밍과 디버깅 방법

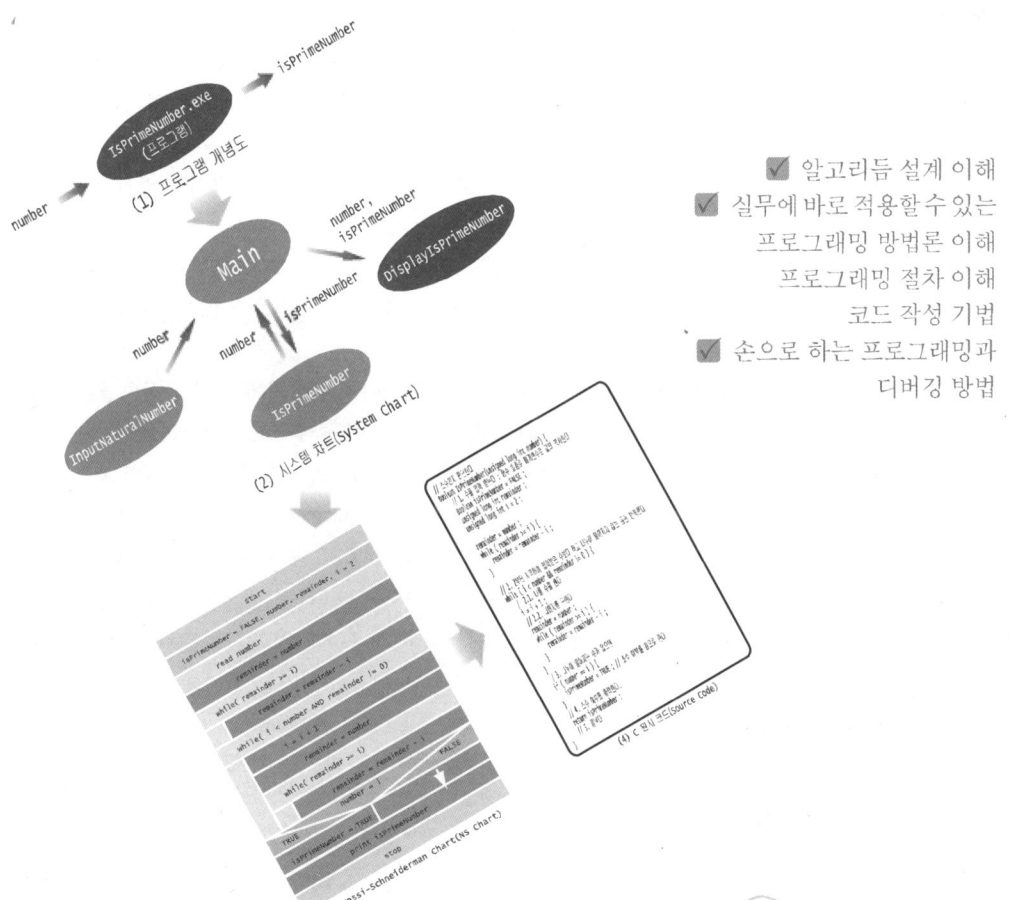

명진도서출판

머리말

새로운 생각과 방법으로 프로그래밍을 즐기자!

따르릉! 전화벨이 울립니다. 전화기를 들고 "감사합니다. 박컴학원입니다."라고 받으면, 전화선을 통하여 들려오는 소리들은 대개 "초보자인데요. C 나 C++ 교육 합니까?","초보자인데요. JAVA 교육 합니까?" 혹은 "초보자인데요. JAVA나 C 언어 교육을 얼마나 받아야 취업을 할 수 있습니까?" 등등입니다. 이에 대해 "JAVA는 하지 않습니다."라고 대답을 하거나 혹은 "초보자라면 C, C++ 또는 JAVA 와 같은 프로그래밍 언어의 문법과 라이브러리 사용법 교육을 받는 것보다는 소프트웨어 개발 전문 교육을 받으시는 것이 좋습니다. 프로그래밍의 방법과 절차 그리고 알고리듬을 설계하는 교육을 받으시는 것이 좋습니다. 다음에… "라고 대답을 하면 전화를 끊을 때 전화를 주신 분들은 귀에 거슬렸든지 달갑지 아니합니다.

프로그램 개발 분야에 입문하고자 한다면 주위에서 당연히 C, C++ 혹은 JAVA 언어를 배워야 한다고 합니다. 여러 소프트웨어 개발 관련 교육 기관들도 프로그래밍 언어를 가르치는 과정들만을 우후죽순처럼 개설하여 운영합니다. 그래서 프로그램을 개발하고자 하는 사람들은 열심히 프로그래밍 언어 교육 과정을 다니곤 합니다. 그렇지 않으면 시중에 출판되어 있는 프로그래밍 언어 책을 두 세권 구입하여 아마 정독까지 하고 책장에 꽂아 두고 뿌듯함도 느낄 것입니다.

그러나 이렇게 학교에서도 교육을 받고 학원도 수없이 다니고 프로그래밍 언어 책도 여러 권을 탐독했는데도 간단한 산수 문제 하나를 처리할 수 있는 프로그램을 만들 수 없어 낙담하고, 프로그래머의 꿈을 접는 사람들도 많은 것으로 알고 있습니다.

왜 이러할까요? 기존 교육기관과 책에서 제시하는 내용들이 어떠하기에 이러한 상황들이 초래될까요? 교육기관을 다니던 책으로 학습을 하던 언제나 C 언어를 배울 때 "Hello World"를 모니터에 출력하는 예제부터 시작합니다. 제공되는 함수인 printf() 함수를 이용하여 간단하게 한 줄의 코드로 "Hello World"가 모니터에 출력되었을 때 신기해 합니다. 그래서 그런지 프로그램을 만드는 것이 printf() 함수와 같이 제공되는 라이브러리 함수만을 잘 사용하면 되는 것처럼 생각하는 것 같습니다. 프로그래밍을 단지 라이브러리 함수들을 어떻게 하면 잘 사용할 수 있을까?라는 관점으로만 설명되는 교육이 이루어지고 있습니다. 라이브러리 사용법과 라이브러리를 사용하기 위한 프로그래밍 언어의 문법에 관련 내용들로 프로그래밍이 소개되고 교육되어지고 있습니다. 심지어는 라이브러리 함수를 잘 사용하기 위해서는 특정 라이브러리 함수를 낱낱이 분해해서 어떻게 작동하는 것까지 이해해야 한다고도 생각합니다. 특정 라이브러리 함수와 같은 기능을 갖는 함수를 만드는 것도 아니고 단지 라이브러리 함수를 사용할 것인데 이러한 작업이 필요할까요?

또한 창의적이고 논리적인 생각으로 문제를 해결하는 작업인 프로그래밍의 의미를 설명하는 것이 아니라, 단순 암기식 문법에 대한 설명에 치우쳐 있거나 교육되고 있습니다. 라이브러리 사용법과 문법 위주 내용들로 기술된 책을 가지고 교육을 받다 보니까 문법만 배워서 남이 만든 코드를 짜집기하면 프로그램을 만들 수 있는 것으로 착각하고 C 언어 문법책 한권으로 소프트웨어를 개발하겠다고 덤비는 사람들이 많습니다. 참으로 무모하고 어처구니없는 짓입니다. 물론 시작하는 의도가 그냥 문법을 알고 남이 만든 코드만 볼 수 있으면 된다면 할 말은 없습니다. 그래도 C 언어를 왜 배우는지에 대해 한번 생각해 보자는 것입니다. 여러분들이 C 언어를 배우는 이유가 문법을 알고 남이 만든 코드만을 볼 수 있기 위해서입니까? 아니면 여러분만의 프로그램을 만들기 위해서 입니까?

프로그램을 만드는 작업은 무에서 유를 만드는 작업이라고 하지 않습니까? 그런데 수 십년 넘게 계속되고 있는 문법과 라이브러리 사용법 중심의 언어 만능 프로그래밍을 고집하여 유에서 유도 만들지 못하는 상황이 계속되고 있습니다. 따라서 기존의 언어 만능 프로그래밍에 대한 생각과 방법을 버리고 새로운 시작을 해야 합니다.

문제 해결 관점에서 창의적이고 논리적인 사고를 하여 합리적인 알고리듬을 만들 수 있도록 해야 합니다. 특히 프로그래밍 언어 교육에서는 언어의 문법 교육보다는 합리적인 알고리듬을 만드는데 있어 프로그래밍 언어로 표현하는 방법과 절차를 교육 받아야 합니다. C 언어를 공부한다면 알고리듬을 표현할 수 있는 단위인 함수를 어떻게 만들어야 하는지에 집중하도록 해야 한다는 것입니다. 그래서 C 언어를 배웠으면 배운 사람은 함수를 잘 만들 수 있어야 합니다. 따라서 라이브러리 함수에 대한 사용법을 설명하는데 집중하는 것이 아니라 철저하게 함수를 어떻게 하면 잘 만들 수 있을까?에 집중하여야 합니다.

따라서 이 책은 프로그램을 개발하고 싶은 사람들이 바람직한 프로그래밍 입문을 하도록 하기 위해 집필되었습니다. 입문자로서 반드시 숙지해야 하는 프로그래밍의 의미, 프로그래밍 방법론과 절차 그리고 프로그램의 실행 원리에 대해서 개괄할 수 있도록 했습니다. 그리고 알고리듬을 설계하고 C 언어로 표현하는데 있어, 즉 함수를 만드는데 필요한 개념들을 소개하면서 함수를 만들 때 어떻게 적용되는지를 설명하고 있습니다.

많은 분들이 이 책으로 언어만 알면 프로그램을 만들 수 있다는 잘못된 프로그래밍 패러다임을 버렸으면 합니다. 그리고 지금처럼 소프트웨어가 최상의 가치로 인정되는 시대에 프로그램 개발 분야에 올바르게 입문하셔서 훌륭한 소프트웨어 개발자로서의 꿈을 크게 펼칠 수 있는 계기가 되었으면 합니다.

김 석 현

들어가기

이 책은 프로그래밍 입문자로서 프로그래밍이란 어떤 작업이고 C 언어로 프로그래밍을 한다면 반드시 할 수 있어야 하는 것으로 하나의 함수를 어떻게 제대로 작성해야 하는지에 대해, 더 나아가서는 여러 개의 함수들로 구성되는 프로그램을 어떻게 작성하는지에 대해 이해하도록 하기 위해서 기획되었습니다.

따라서 1장에서 4장까지는 프로그래밍 방법론과 프로그램의 실행 원리를 개괄적으로 소개하고 있습니다. 그리고 5장부터 11장까지는 C 언어의 기본인 함수를 만드는데 있어 기본적인 개념들과 알고리듬을 설계하고, 설계된 알고리듬에 대해 함수를 작성하는 절차와 방법에 대해 이해하도록 하고 있습니다. 그리고 12장, 16장, 17장, 18장은 C 언어에서 함수를 만들 때나 동적으로 기억장소를 관리하는데 있어서 필수적인 개념인 포인터에 대해서, 13장과 14장은 포인터를 응용한 개념인 배열에 대해서 15장은 배열을 응용한 문자열에 대해서 설명하고 있습니다. 마지막으로 19장, 20장, 21장은 다양한 자료형을 취급하는 프로그램을 작성하는데 있어서 필수적인 개념들인 레코드와 파일을 구현할 수 있는 구조체와 디스크 파일을 다루는 방법에 대한 내용으로 구성되었습니다.

모든 내용들은 C 언어에서 가장 기본적인 개념인 함수를 만들 때 철저하게 어떻게 적용되는지에 초점을 맞추어 이 책을 보고나면 함수 하나는 제대로 작성할 수 있도록 구성되어 있고, 더 나아가서는 데이터를 관리하는 간단한 명함철 프로그램을 만드는데 어떻게 응용되는지에 대해 실습을 통하여 이해하도록 하고 있습니다.

1장 개요
컴퓨터에 일을 시키는 작업인 프로그래밍에 대해서 의미, 절차, 언어에 대한 기본적인 개념들을 이해하도록 하고 계속되는 장들에서 어떠한 내용들을 배울 지에 대해 개관하고 있습니다.

2장 구조화 프로그래밍
프로그래밍이란 프로그램을 만드는 작업입니다. 따라서 효율적인 프로그래밍 작업을 위해서는 체계적이고 합리적인 방법을 적용해야 합니다. 우리가 학습해야 하는 C 언어에 가장 적합한 구조화 프로그래밍 방법론에 대해서 특징들을 정리하고 특징들을 적용하여 프로그래밍하는 방법을 소개합니다.

3장 모듈화 프로그래밍
C 언어가 사람이 이해하기 쉬우나 컴퓨터는 이해할 수 없는 언어라서 컴퓨터가 이해하도록 하기 위해서는 컴퓨터가 이해할 수 있는 언어로 변환하는 작업이 이루어져야 합니다. 이에 관련된 모듈, 절차에 대해서 이해하고 모듈화 프로그래밍 방법을 익힐 수 있습니다.

4장 프로그램의 실행과 메모리 모델
컴퓨터에서 어떻게 프로그램이 실행되는지에 대해 설명하고 있습니다. 특히 C 언어에서 기억장소를 어떻게 관리하는지에 대해 설명하고 있습니다. 이러한 개념들은 작성한 프로그램이 정확하게 작동하는지를 검증하는데 있어 필수적인 내용이기 때문에 반드시 숙지해야 하는 내용입니다.

5장 어휘구조
　C 언어를 구성하는 요소인 토큰을 정리하고 그 중에서 개발자에 의해서 의미가 정해지는 식별자를 만들 때 적용되는 기본 개념들인 선언, 정의, 참조 범위, 수명 그리고 링크에 대해서 정리하고 있습니다.

6장 기억장소 관리
　컴퓨터로 처리하고자 하는 데이터를 저장하기 위한 기억장소인 변수를 선언 및 정의하는 방법에 대해서 정리하는데 이때 적용되는 기억장소의 위치에 관련된 기억부류와 기억장소의 크기에 관련된 자료형에 대해 소개하고 있습니다.

7장 원시 자료형
　프로그램에 의해서 처리되는 데이터들을 저장하는 변수를 선언 및 정의하는데 사용할 수 있는 원시 자료형들인 정수형, 문자형, 문자열, 실수형 그리고 열거형에 대해서 소개하고 함수를 만들 때 어떻게 적용하는지를 알 수 있습니다.

8장 구문구조와 연산자
　C 언어의 특징 중에 하나로 제공되는 많은 연산자들에 대해서 정리하고 있고, 연산자를 이용하여 식을 작성하는 방법과 메모리 맵을 이용하여 식에 대해 값을 구하는 원리에 대해서 이해할 수 있습니다. 특히 메모리 맵을 이용하여 값을 구하는 원리를 이용하여 프로그램이 정확하게 작동되는지를 검증하는 작업, 디버깅을 연습할 수 있습니다.

9장 제어구조
　식을 평가하도록 컴퓨터에 명령을 내리는 처리 단위인 문장과 이러한 문장들의 실행 순서를 결정하는 제어구조에 대해서 이해하고 8장에서처럼 메모리 맵을 이용하여 실행 순서를 추적하는 방법을 연습할 수 있습니다.

10장 함수(1)
　C 언어에서 가장 기본적인 개념인 논리적인 모듈인 함수를 작성하는 방법, 호출되어 실행될 때 기억장소 관리 방식 그리고 값을 입력받고 출력하는 방식인 정보 전달에 대해서 이해할 수 있습니다.

11장 함수(2)
　알고리듬을 설계하는 절차에 대해서 이해할 수 있고, 재귀를 이용하여 알고리듬을 설계하는 방법과 재귀 함수를 작성할 수 있습니다. 그리고 알고리듬을 설계할 때 입력되는 데이터들의 개수가 정해지지 않은 경우 C 언어에서 처리하는 개념인 가변 인자에 대한 개념을 이해하여 함수를 작성하는데 응용할 수 있습니다.

들어가기

12장 포인터 개요
C 언어에서 중요한 개념인 포인터에 대해서 이해할 수 있습니다. 함수는 기본적으로 하나의 값만을 구하는 연산입니다. 따라서 2개 이상을 출력하는 알고리듬을 C 언어로 구현한다고 하면 어떻게 해야 할까? 이 때 사용되는 방법으로 주소를 이용한 기억장소에 값을 쓰고 읽어야 하는데 이에 대한 문법적인 기능인 포인터를 이해할 수 있습니다.

13장 일차원 배열

14장 다차원 배열
프로그램이 복잡해지면서 많은 기억장소가 필요할 때 기억장소들을 효율적으로 관리하기 위해서 기억장소의 집합인 배열을 이용하면 편리합니다. 또한 배열의 의미, 선언, 정의 그리고 초기화하는 방법과 배열요소에 대해 주소와 저장된 값을 처리하는 방법을 배웁니다. 또한 배열요소에 저장되는 값이 주소인 포인터 배열을 배웁니다.

15장 문자열
프로그래밍 작업을 하다보면 많이 다루어야 하는 데이터 유형이 문자열입니다. C 언어에서는 문자열 자료형을 제공하지 않고 문자 배열로 대신하도록 하고 있습니다. 따라서 13장과 14장에서 배운 내용을 복습하면서 C 언어에서 문자열을 어떻게 해석하고 처리하는지에 대해서 알 수 있습니다. 문자열 입력과 출력하는 방법, 문자열 상수 표현 방법 그리고 초기화하는 방법을 익힐 수 있습니다.

16장 배열 포인터
함수를 만들다 보면 배열을 매개변수로 또는 반환형으로 사용해야 하는 경우가 발생하는데 C 언어에서는 기본적으로 배열 자체를 매개변수로 또는 반환형으로 사용할 수 없습니다. 대신 배열의 시작주소를 이용하여야 합니다. 따라서 배열의 시작주소를 저장하는 변수인 배열 포인터를 다루는 방법을 익힙니다.

17장 힙 동적 관리
고정적으로 기억장소를 할당하여 사용할 수도 있으나 처리할 자료의 정확한 개수를 모르는 경우에 동적으로 기억장소를 할당하여 사용하면 매우 유용합니다. C 언어의 기능은 아니지만 라이브러리 함수를 이용하여 동적으로 관리되는 힙 영역을 관리할 수 있습니다.

18장 라이브러리
정리되고 표준화되어져 있는 코드를 라이브러리로 작성하여 프로그램을 작성할 때마다 사용하는 것은 효율적입니다. 따라서 라이브러리를 작성하는데 필요한 void 포인터와 함수 포인터를 이해하고 적용하여 라이브러리를 작성하고 응용할 수 있습니다.

19장 레코드와 구조체

프로그램이 커지고 복잡해지면 다양하고 많은 양의 데이터들을 관리해야 합니다. 이러한 상황에서 사람에 의해서 의미가 파악될 수 있는 최소한의 단위인 필드로 관리하는 것은 비효율적이어서 논리적인 관련성을 갖는 필드들의 집합으로 식별이 가능한 레코드로 관리해야 합니다. 따라서 19장에서는 레코드를 표현하는 기능인 구조체 태그, 비트 필드에 대해서 공부합니다.

20장 명함철 만들기

데이터간의 관계를 표현하는데 있어 기억장소 관리 방식으로 구조체를 포함한 구조체와 자기 참조 구조체를 표현하는 방법을 배웁니다. 특히 연결 리스트나 트리와 같은 자료구조에서 사용되는 개념인 링크에 대해 이해하고 자료구조를 응용한 응용 프로그램을 작성하는데 구조체를 함수에 어떻게 이용하는지에 대해 공부합니다.

21장 디스크 파일

반영구적으로 데이터를 저장할 수 있는 2차 기억장치를 C 언어에서 어떻게 다루는지에 대해 공부합니다. 디스크 파일에 대해서 정리하고, 데이터가 저장되는 형식에 따라 구분되는 텍스트 파일과 이진 파일을 다루는 방법과 접근 방식에 따라 구분되는 순차적으로 접근하는 방식과 임의로 접근하는 방식을 알 수 있습니다.

22장 선행처리기(Preprocessor)

코드를 이해하기 쉽도록 하고, 지루한 단순 반복 작업을 일괄적으로 처리하기 위해서 그리고 개발 과정에서 디버깅과 테스트 작업을 할 때 작성되는 코드들을 삽입하거나 아니면 다양한 운영 체제에서 작동할 수 있는 코드를 만들고자 하는 경우 어떻게 해야 하는지를 알 수 있습니다.

이 책을 보는데 있어 당부를 드리겠습니다. 절대 외울려고도 외우지도 마십시오. 그리고 꼭 끝까지 읽도록 하십시오. 우선 처음부터 끝까지 소설책을 읽듯이 쭉 읽어 보십시오. 그리고 다시 처음부터 정독을 하십시오.

책을 다 읽어 보시고 제시된 프로그래밍 입문에 대한 패러다임이 합리적이라고 생각이 드시면 우리나라의 소프트웨어 분야의 발전을 위해 프로그래밍 패러다임을 바꾸는 캠페인에 동참해 주시기 바랍니다.

Contents

제1장 개요   1

1. 컴퓨터에 일시키기 : 프로그램(Program)   2
2. 프로그래밍 언어(Programming Language)   5
3. 프로그래밍(Programming)   10
4. C 언어(C Language)   13
5. C 프로그래밍 절차   14
6. 정리   28

제2장 구조화 프로그래밍   29

1. 비구조화 프로그래밍(Non-Structured Programming)   30
2. 구조화 프로그래밍(Structured Programming)   32
3. 모듈(Module)   35
4. C 언어 모듈   36
5. 구조화 프로그래밍 예   46
6. 정리   72

제3장 모듈화 프로그래밍   75

1. 내장형 프로그램(Stored Program)   76
2. C 언어의 물리적 모듈   78
3. 논리 및 물리적 모듈 표현에 따른 프로그래밍 절차   80
4. 원시 코드 파일 구조   83
5. 모듈화 프로그래밍(Modular Programming)   87
6. 헤더 파일(Header File)   100
7. 정리   103

제4장 프로그램의 실행과 메모리 모델   105

1. 메모리 모델(Memory Model)   108
2. C 프로그램의 메모리 모델   109
3. 메모리 할당(Memory Allocation) 방법   111
4. 프로그램 실행과 기억장소 관리   112
5. 정리   122

제5장 어휘구조   125

1. C 언어 토큰(Token)   131
2. C 언어의 기본 개념들   142
3. 정리   146

제6장 기억장소의 관리   149

1. 변수(Variable)   150
2. 기억부류(Storage Class)   153
3. 자료형(Data Type)   154
4. 자동 변수(Automatic Variable, auto)   155
5. 외부 변수(External Variable, extern)   161
6. 정적 변수(Static Variable, static)   168
7. 레지스터 변수(Register Variable, register)   176
8. 정리   177

제7장 원시 자료형(Primitive Data Type)   179

1. 정수형   180
2. 문자형   193
3. 문자열(String)   210
4. 실수형   218
5. 열거형(Enumerated Type)   228
6. typedef   231
7. 정리   233

제8장 구문 구조와 연산자(Operator)   235

1. 구문 구조(Syntax Structure)와 디버깅(Debugging)   236
2. 수식(Expression)   249
3. 연산자(Operator)   254
4. 정리   299

Contents

제9장 제어구조(Control Structure)   301

  1. 정의   302
  2. 문장(Statement)   309
  3. 선택구조(Selection Structure)   310
  4. 반복구조   339
  5. 기타   364
  6. 정리   368

제10장 함수(Function)   369

  1. 정의   370
  2. 사용 이유   372
  3. 특징   382
  4. 작성 방법   383
  5. 작성 규칙   398
  6. 함수 호출과 프로그램 실행(Execution)   398
  7. 정보전달 방식   402
  8. 정리   408

제11장 함수(2)   409

  1. 알고리듬 설계(Algorithm Design)   410
  2. 재귀 함수   430
  3. 정적 함수(Static Function)   443
  4. 가변 인수 목록 사용법   446
  5. 정리   450

제12장 포인터(Pointer) 개요   451

  1. 함수 정보 전달에서 출력 표현   452
  2. 정의   467
  3. 종류   468
  4. 사용 예   469

5. 사용 방법 470
6. 포인터 산술 연산자 +, - 475
7. 정리 477

제13장 일차원 배열 479

1. 응용 예제 480
2. 정의 484
3. 선언 및 정의 485
4. 배열요소 다루기 487
5. 사용 시 주의 사항 496
6. 포인터 배열(Pointer array) 497
7. 정리 502

제14장 다차원 배열(Multi-dimensional Array) 503

1. 응용 예제 504
2. 정의 506
3. 선언 및 정의 509
4. 초기화 511
5. 2차원 배열요소의 주소 구하기 513
6. 2차원 배열요소의 내용 구하기 515
7. 2차원 배열의 부분 배열의 배열요소의 값들 구하기 517
8. 정리 520

제15장 문자열(String) 521

1. 응용 예제 522
2. 정의 523
3. 문자열 입출력 528
4. 문자열 리터럴(String Literal) 529
5. 문자열 초기화 531
6. 문자열 배열 531
7. 정리 548

제16장 배열 포인터(Pointer to Array)   549

1. 함수의 정보 전달과 배열   550
2. 정의   557
3. 사용 방법   560
4. 사용 예   565
5. 정리   567

제17장 힙 동적관리   569

1. 왜 (Why)?   570
2. 힙과 배열 포인터   573
3. 힙을 이용한 동적 메모리 관리   577
4. 포인터의 포인터(Pointer to pointer)   589
5. 정리   594

제18장 라이브러리(Library)   595

1. 라이브러리 작성과 응용 예제   596
2. 라이브러리의 효용성   603
3. void 포인터(Pointer to void)   604
4. 함수 포인터(Pointer to Function)   611
5. 정리   621

제19장 구조체(Struct)   623

1. 정보처리단위와 구조체   624
2. 정의   628
3. 구조체 태그와 자료형 선언 및 정의   629
4. 구조체 변수 선언 및 정의   631
5. 구조체 변수의 초기화   632
6. 구조체 변수의 멤버에 값을 쓰고 읽는 방법   633
7. 응용 : 날짜형   639

8. 비트 필드(Bit Field) 643
9. 공용체(Union) 645
10. 정리 647

제20장 명함철 만들기 649

1. 구조체를 포함하고 있는 구조체 650
2. 널 포인터(null pointer) 653
3. 자기 참조 구조체 653
4. 구조체와 함수 656
5. 정리 693

제21장 디스크 파일 처리 695

1. 왜(Why)? 696
2. 디스크 파일(Disk File) 697
3. 텍스트 파일 다루기 702
4. 이진 파일 다루기 711
5. 순차 파일 접근과 임의 파일 접근 714
6. 정리 716

제22장 선행처리기(Preprocessor) 719

1. 정의 720
2. 매크로(Macro)와 #define 725
3. 외부 파일 포함(File Inclusion) 기능과 #include 732
4. 조건부 컴파일(Conditional Compiliation) 736
5. 내장 매크로 742
6. 정리 743

제1장 개요

1. 컴퓨터에 일시키기 : 프로그램(Program)

2. 프로그래밍 언어(Programming Language)

3. 프로그래밍(Programming)

4. C 언어(C Language)

5. C 프로그래밍 절차

6. 정리

제1장 개요

12345679가 소수인가? 라는 간단한 문제에 대해서 답을 얻고자 한다면 2부터 수를 세면서, 센 수로 12345679를 나누어떨어지는지를 확인하는 작업을 거쳐야 할 것이다. 이렇게 2부터 수를 세고 나누는 작업을 반복하는 것은 꽤 지루한 작업이다. 이러한 지루한 작업을 대신해 줄 수 있는 것이 컴퓨터(Computer)이다.

그래서 컴퓨터로 이 문제를 해결하고자 한다면 어떻게 해야 할까? 어떻게 컴퓨터에게 일상생활에서 처리해야 하는 문제를 해결하도록 일을 시킬 수 있을까? 이 장에서는 이에 대한 관련 개념들과 컴퓨터에 일을 시키는 방법에 대해서 개략적으로 이해하도록 하자.

1. 컴퓨터에 일시키기 : 프로그램(Program)

컴퓨터에 일을 시키는 절차에 대해서 개략적으로 알아보자. 컴퓨터는 갓 입사한 신입 사원과 같다. 갓 입사한 사원에게 일을 시킬 때 가장 이상적인 방법은 다음과 같다. 우선 일에 대한 작업 매뉴얼을 작성하고, 매뉴얼에 적혀져 있는 절차대로 일을 처리하도록 교육을 시키고 일을 처리하도록 하는 것일 것이다. 마찬가지로 컴퓨터에 일을 시키는 절차도 업무에서의 매뉴얼에 해당하는 프로그램을 작성하는 단계와 매뉴얼에 따라 처리하는 프로그램을 실행하는 단계로 구성된다.

첫 번째는 프로그램을 작성하는 단계로 우리가 사용하고 있는 컴퓨터에 일을 시키기 위해서는 시키고자 하는 일에 대한 처리 순서를 미리 하나도 빠짐없이 컴퓨터에 가르쳐야 한다. 컴퓨터에게 일을 가르치기 위해서는 그 일에 대한 처리 순서를 컴퓨터가 이해할 수 있는 언어로 기술해야 한다. 이렇게 컴퓨터가 이해할 수 있는 언어로 기술된 것을 프로그램이라고 한다.

예를 들어 12345679가 소수인가? 라는 간단한 문제, 즉 컴퓨터에게 시킬 일에 대해 우선 컴퓨터에 맞게 처리 순서를 정리해야 한다. 다시 말해서 컴퓨터가 행할 수 있는 기능들, 처리해야 하는 조건과 데이터를 외부로부터 받아들이는 입력(Input), 입력된 조건과 데이터를 처리를 위해서 보관하기 위해 저장하는 기억(Storage), 데이터들에 대해 4칙 연산을 하거나 조건에 대해 참과 거짓을 판단하는 산술 및 논리(Arithmetic And Logical) 연산(Operation), 처리된 값을 외부 장치로 내보내는 출력(Output), 그리고 앞의 기능들의 실행 순서를 정하는 제어(Control) 기능들로만 처리 순서를 정리하여야 한다. [표 1-1]은 소수인지 판단하는 일의 처리 순서이다.

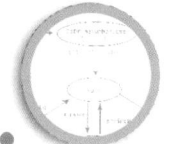

표 1-1 소수인지 판단하는 일의 처리 순서

1. 수를 입력받는다. (입력)
2. 2부터 입력받은 수보다 작고 나누어떨어지지 않은 동안 반복한다. (제어)
   2.1. 수를 센다. (산술, 기억)
   2.2. 센 수로 입력받은 수에 대해 나머지를 구한다. (산술, 기억)
3. 나누어 떨어지지 않았는지 확인하여 소수 여부를 결정한다. (제어, 논리)
   3.1. 떨어지지 않았으면 소수, 참이다. (논리, 기억)
   3.2. 떨어졌으면 합성수, 거짓이다. (논리, 기억)
4. 소수 여부를 출력한다. (출력)
5. 끝낸다.

그러나 [표 1-1]과 같은 형식은 컴퓨터가 이해할 수가 없어, 바로 처리할 수 없다. 컴퓨터가 이해하고 바로 실행시킬 수 있는 형식은 0과 1로만 표현되어져 있어야 한다. 따라서 컴퓨터가 이해할 수 있는 0과 1만으로만 표현할 수 있는 언어인 기계어로 [코드 1-1]과 같이 0과 1로 표현되어진 컴퓨터가 바로 실행시킬 수 있는 형식으로 작성하는 작업을 해야 한다. [코드 1-1]은 소수인지 판단하는 일에 대해 컴퓨터가 이해하고 바로 실행할 수 있도록 0과 1로 표현되어진 것으로 프로그램 혹은 실행 프로그램이라고 한다.

```
01010101
01001011 11111100
01000011 11111100 01001100
01010011
01010110
01010111
10001101 01111101 10110100
10111001 00010011 00000000 00000000 00000000
10111000 11001100 11001100 11001100 11001100
11110011 10101011
11000111 01000101 11111100 00000000 00000000 00000000 00000000
11000111 01000101 11110100 00000010 00000000 00000000 00000000
10001011 01000101 00001000
10001011 01000101 11111000
01001011 01001101 11111000
00111011 01001101 11110100
01110010 00001011
10001011 01010101 11111000
00101011 01010101 11110100
10001011 01010101 11111000
11101011 11101101
10001011 01000101 11110100
00111011 01000101 00001000
01110011 00101010
10000011 01111101 11111000 00000000
01110100 00100100
10001011 01000101 11110100
10000011 11000001 00000001
10001001 01001101 11111000
10001001 01010101 00001000
10001001 01010101 11111000
00111011 01000101 11110100
01110010 00001011
10001011 01001101 11111000
10101011 01001101 11111000
10001001 01001101 11111000
11101011 11101101
11101011 11001110
10001011 01010101 11110100
00111011 01010101 00001000
01110101 00000111
11000111 01000101 11111100 00000001 00000000 00000000 00000000
10001011 01000101 11111000
```

코드 1-1 소수인지 판단하는 프로그램(실행 가능한 기계어로 작성)

두 번째로 프로그램을 실행하는 단계로 일에 대한 처리 순서가 명확하게 기술된 프로그램은 명령어를 실제 처리하는 장치인 중앙처리장치(Central Processing Unit, CPU)에 의해서 읽어질 수 있는 저장장치인 주기억장치 혹은 1차 기억장치(Primary Storage)에 저장되어야 한다. 그렇지만 작성된 프로그램은 대개는 보관용으로 프로그램과 데이터를 저장하는 장치인 보조 기억장치 혹은 2차 기억장치(Secondary Storage)에 저장되어 있다. 따라서 보조 기억장치에 저장되어 있는 프로그램은 실행되지 않는다는 것이다.

따라서 프로그램을 실행시키기 위해서는 보조 기억장치에 저장된 프로그램을 주기억장치로 복사하여 저장시켜야 한다. 그러면 컴퓨터는 프로그램에 기술된 순서대로 중앙처리장치에 명령어를 읽어 들이고(인출, Fetch), 해독하고 그리고 실행하는 식으로 일을 처리하게 된다. 읽어들인 명령어와 데이터는 중앙처리장치의 저장장치인 레지스터에 저장되고, 레지스터에 저장된 명령어는 명령어 해석기에 의해서 해석되고 산술논리장치에 의해서 실행되고, 실행 결과로 얻어지는 데이터는 또한 주기억장치에 저장되는 방식으로 프로그램에 기술된 모든 명령어들에 대해 처리를 하게 된다.

처리할 때 만약 명령이 잘못되어 있으면 잘못된 대로 처리할 수밖에 없다. 따라서 프로그램은 어떠한 상황들에서도 정확하게 일을 처리하도록 작성되어져야 한다는 것이다.

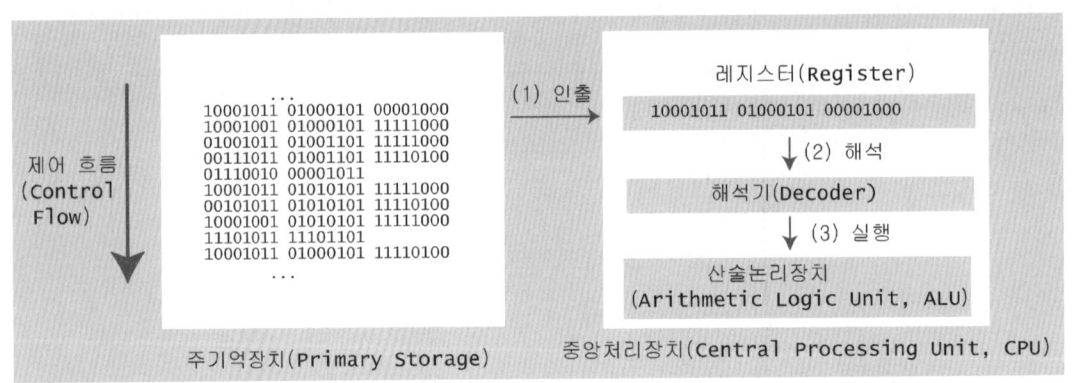

그림 1-1 프로그램 실행

개발자가 되고자 하는 여러분들이 명심해야 하는 것은 컴퓨터로 처리되는 일의 결과에 대한 책임은 컴퓨터에 있는 것이 아니라 명령을 내리는 개발자에 있다는 것을 명심해야 한다.

여러분들이 이 책에서 배우게 되는 것은 컴퓨터에 일을 시키는 방법에 대한 것이다. 컴퓨터에 일을 시키는 방법은 2 단계로 나누어진다. 첫 번째는 프로그램을 작성하는 단계이고 두 번째는 프로그램을 실행하는 단계이다. 프로그램을 작성하는 단계는 또한 크게 일의 처리 순서를 정리하는 단계와 프로그래밍 언어를 이용하여 일의 처리 순서를 기술하는 단계로 구성된다. 프로그램을 실행하는 단계는 단지 작성된 프로그램을 주기억장치에 복사하고 결과를 확인하는 것으로 마무리되므로 컴퓨터에 일을 시키는 방법 중에서도 프로그램의 실행에 대한 작업보다는 프로그램을 작성

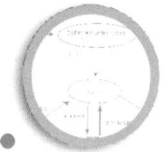

하는 것, 즉 프로그래밍(Programming)에 대해 집중적으로 공부할 것이다.

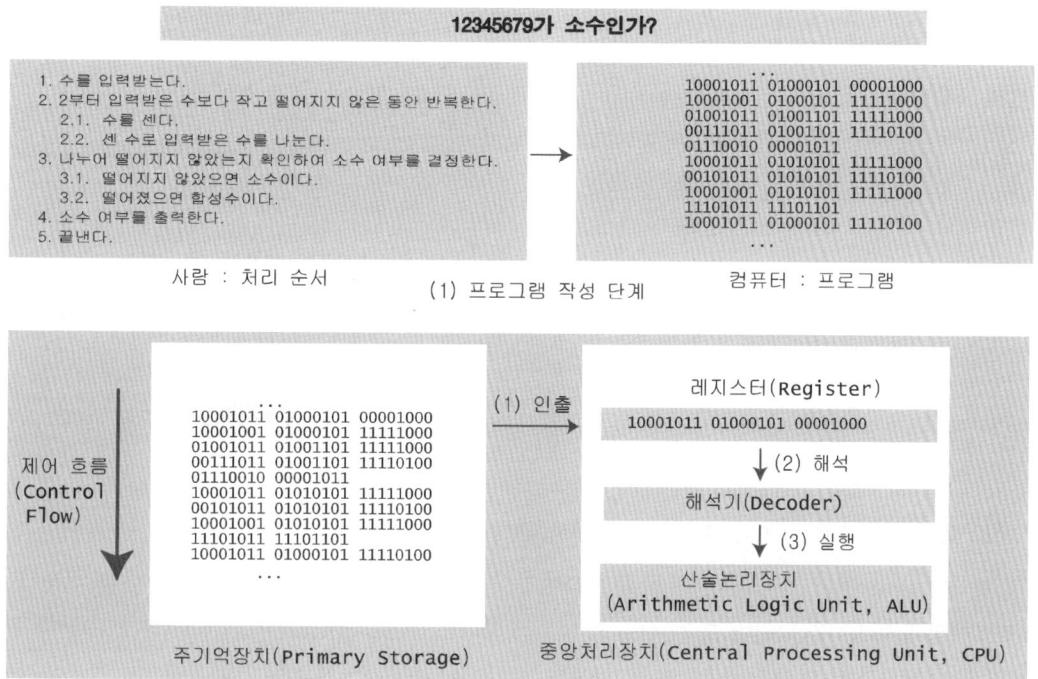

그림 1-2 컴퓨터에 일을 시키는 방법

2. 프로그래밍 언어(Programming Language)

프로그래밍 언어는 사람과 컴퓨터간의 효율적인 대화를 가능하게 해 주는 컴퓨터 프로그램을 작성하는데 사용하기 위하여 고안된 언어로 컴퓨터 언어(Computer Language)라고도 한다.

사람과 컴퓨터간의 대화를 위한 언어들이 많이 개발되었다. 컴퓨터가 이해하기 쉬운 언어이냐, 아니면 사람이 이해하기 쉬운 언어냐에 따라 저수준 언어와 고수준 언어로 구분한다. 즉 고수준 언어에 가까울수록 사람이 이해하기 쉬운 언어가 되고, 저수준 언어에 가까울수록 컴퓨터가 이해하기 쉬운 언어가 되는 것이다.

저수준 언어로 기계 중심으로 만들어진 기계어, 어셈블리어가 있고, 고수준 언어로 인간 중심으로 쓰기 쉽게 만들어진 컴파일러 언어, 인터프리터 등이 있다.

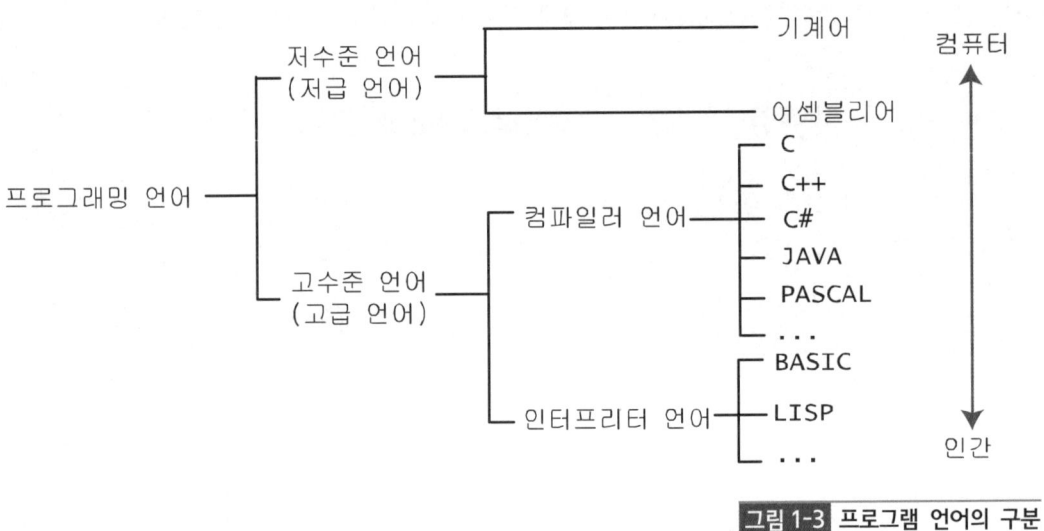

그림 1-3 프로그램 언어의 구분

1) 저수준 언어(저급 언어, Low Level Language)

컴퓨터가 바로 처리 가능하나, 기계 의존적이고 극히 적은 제어 명령과 데이터 유형을 제공하는 프로그래밍 언어로 저급 언어 또는 컴퓨터 지향 언어(Computer-oriented language)라고도 한다. 기계 의존적이란 특정 컴퓨터 또는 특정 기종의 기능이나 구조에 의존하기 때문에 그 기종에서만 실행 가능하다는 의미이다. 강력하나 배우기 어렵다. 그래서 현재는 별로 사용되지 않는다. 기계어와 어셈블리어가 있다.

(1) 기계어(Machine Language)

컴퓨터가 이해할 수 있는 가장 기초적인 언어로 실제로 컴퓨터 중앙처리장치가 읽어서 실행할 수 있는 0 과 1로 이루어진 명령어의 조합이다. [코드 1-1]과 같이 0 과 1의 2진수로만 되어 있으며, 컴퓨터가 바로 이해하고 실행할 수 있다. 모든 컴퓨터 프로그램은 최종적으로 기계어로 변환되어야 실행이 가능하다. 기계어로 직접 프로그램을 작성할 수도 있으나, 이 경우 기계어가 컴퓨터마다 다르므로 호환성이 없고, 2진수로 프로그램을 작성해야 하므로 프로그램을 작성하기가 거의 불가능하다. 따라서 어셈블리 언어나 고수준 언어를 사용하여 프로그램을 작성한 다음 이를 기계어로 번역하는 것이 보통이다.

(2) 어셈블리어(Assembly language)

기계어로 작성된 [코드 1-1]에 대해 [코드 1-2]는 어셈블리어로 작성된 프로그램이다. 기계어 명령어(Machine Instruction) 각각에 대해 사람이 알아보기 쉬운 알파벳 기호를 정해 사람이 좀 더 쉽게 컴퓨터의 행동을 제어할 수 있도록 한 언어이다.

어셈블리 언어로 작성된 프로그램은 컴퓨터가 바로 이해해서 실행할 수 있는 형식은 아니다. 따라서 어셈블리어를 기계어로 번역해야 한다. 어셈블리어를 기계어로 번역하는 작업도 프로그램을 이용하고, 이때 사용되어지는 언어 번역 프로그램을 어셈블러(Assembler)라고 한다.

컴퓨터 아키텍처마다 사용하는 기계어는 달라지며, 따라서 기계어에 대응되어 만들어지는 어셈블리어도 각각 다르게 된다. 따라서 어셈블리어는 특정 프로세서(Processor), 즉 특정 컴퓨터에 맞추기 때문에 컴퓨터에 대하여 정확한 제어를 할 수 있다. 그러나 특정 컴퓨터용으로 어셈블리어를 사용하여 작성된 프로그램을 다른 컴퓨터에서는 실행되지 않는다. 따라서 다른 컴퓨터에 실행시키기 위해서는 같은 기능을 갖는 프로그램을 다시 작성해야 한다.

어셈블리어는 속도, 제어, 사용자의 선호도 등의 이유로 고수준 언어 대신 사용된다. 어셈블리어로 작성된 프로그램은 대체로 컴파일러 언어로 작성된 프로그램보다 실행 속도가 빠르고, 프로그래머는 어셈블리어로 프로세스, 메모리, 화면, 입출력 장치와 같은 하드웨어와 직접 상호 작용할 수 있기 때문이다.

```
Boolean IsPrimeNumber(unsigned int number) {
push        ebp
mov         ebp,esp
sub         esp,4Ch
push        ebx
push        esi
push        edi
lea         edi,[ebp-4Ch]
mov         ecx,13h
mov         eax,0CCCCCCCCh
rep stos    dword ptr [edi]
mov         dword ptr [ebp-4],0
mov         dword ptr [ebp-0Ch],2
mov         eax,dword ptr [ebp+8]
mov         dword ptr [ebp-8],eax
mov         ecx,dword ptr [ebp-8]
cmp         ecx,dword ptr [ebp-0Ch]
jb          IsPrimeNumber+3Fh (004010ff)
mov         edx,dword ptr [ebp-8]
sub         edx,dword ptr [ebp-0Ch]
mov         dword ptr [ebp-8],edx
jmp         IsPrimeNumber+2Ch (004010ec)
mov         eax,dword ptr [ebp-0Ch]
cmp         eax,dword ptr [ebp+8]
jae         IsPrimeNumber+71h (00401131)
cmp         dword ptr [ebp-8],0
je          IsPrimeNumber+71h (00401131)
mov         ecx,dword ptr [ebp-0Ch]
add         ecx,1
mov         dword ptr [ebp-0Ch],ecx
mov         edx,dword ptr [ebp+8]
mov         dword ptr [ebp-8],edx
mov         eax,dword ptr [ebp-8]
cmp         eax,dword ptr [ebp-0Ch]
jb          IsPrimeNumber+6Fh (0040112f)
mov         ecx,dword ptr [ebp-8]
sub         ecx,dword ptr [ebp-0Ch]
mov         dword ptr [ebp-8],ecx
jmp         IsPrimeNumber+5Ch (0040111c)
jmp         IsPrimeNumber+3Fh (004010ff)
mov         edx,dword ptr [ebp-0Ch]
cmp         edx,dword ptr [ebp+8]
jne         IsPrimeNumber+80h (00401140)
mov         dword ptr [ebp-4],1
mov         eax,dword ptr [ebp-4]
}
```

코드 1-2 소수인지 판단하는 프로그램(어셈블리 언어로 작성)

2) 고수준 언어(고급 언어, High Level Language)

인간이 이해하기 쉽고 인간의 사고에 적합한 개념과 구조를 갖는 프로그래밍 언어를 고수준 언어 혹은 고급 언어라고도 한다.

대표적인 고수준 언어로는 사무용 프로그램에 널리 사용되었던 코볼(COBOL : Common business oriented language), 과학 프로그램에 사용되었던 포트란(FORTRAN : Formula Translation), 그리고 요사이 범용으로 사용되는 베이식(Basic), C, C++, Java, C# 등 다양한 종류의 언어들이 있다.

가독성이 높고 다루기가 간단한 장점을 가지지만 저급 언어로 작성된 프로그램보다 크고 처리 효율이 나쁘다.

(1) 컴파일러 언어(Compiler Language)

인간이 이해할 수 있는 언어, 즉 고급 언어로 작성된 프로그램의 명령문(들)인 원시 코드(Source Code) 프로그램 그 자체는 실행될 수 없고, 프로그램의 실행 전에 목적 코드(Object Code) 프로그램, 즉 컴퓨터가 실행 가능한 기계 코드로 번역해야만 하는 프로그래밍 언어이다. 이렇게 원시 코드를 컴퓨터가 실행 가능한 목적 코드, 즉 기계코드로 번역하는 작업을 컴파일(Compiling)이라고 하고, C 언어로 작성된 [코드 1-3]과 같이 고수준 언어로 작성된 컴퓨터 프로그램의 모든 원시 코드를 [코드 1-1]과 같은 프로그램의 실행 가능한 목적 코드로 번역하는 프로그램을 컴파일러(Compiler)라고 한다.

```
// 소수인지 판단한다
Boolean IsPrimeNumber(unsigned long int number) {
    // 1. 수를 입력 받는다 : 함수 호출로 매개변수로 값의 복사한다
    Boolean isPrimeNumber = FALSE ;
    unsigned long int remainder ;
    unsigned long int i = 2 ;

    remainder = number ;
    while ( remainder >= i ) {
        remainder = remainder - i ;
    }
    // 2. 2부터 시작하여 입력받은 수보다 작고 나누어 떨어지지 않는 동안 반복한다
    while ( i < number && remainder != 0 ) {
        // 2.1. 나눌 수를 센다
        i = i + 1 ;
        // 2.2. 나머지를 구한다
        remainder = number ;
        while ( remainder >= i ) {
            remainder = remainder - i ;
        }
    }
    // 3. 나누어 떨어지는 수가 없으면
    if ( number == i ) {
        isPrimeNumber = TRUE ; // 소수 여부를 참으로 한다
    }
    // 4. 소수 여부를 출력한다.
    return isPrimeNumber ;
    // 5. 끝낸다
}
```

코드 1-3 소수인지 판단하는 프로그램(C 원시 코드)

실행 속도가 빠르고, 또한 실행 프로그램에서는 원시 코드의 복원이 어렵기 때문에 원시 코드를 보호할 수 있는 장점이 있다.

포트란, 알골, 파스칼, C, C++ 등 컴파일 방식에 의한 언어이다.

(2) 인터프리터(Interpreter)

인터프리터는 프로그래밍 언어로 작성된 원시 코드 프로그램을 바로 실행하는 컴퓨터 프로그램 또는 환경을 말한다. 원시 프로그램의 한 문장을 읽어 바로 실행하는 점에서 원시 코드를 기계어로 번역하는 컴파일러와 대비된다. 리스프, 프롤로그, 베이직 등 인터프리터 언어는 컴파일 단계 없이 그대로 원시 코드로서 실행된다.

[그림 1-4]는 윈도우즈 운영체제에서 제공하는 QBasic 의 실행 화면이다. 윈도우즈 운영체제가 설치된 컴퓨터를 켜고 프롬프트(Prompt)에서 qbasic 이라고 입력하고 엔터 키를 쳐서, QBasic를 실행시키고, 화면에 보이는 대로 입력하고 실행 메뉴를 선택하면 컴파일을 하지 않고 실행 결과 화면을 바로 볼 수 있을 것이다. 반드시 실습을 해 보도록 하자.

그림 1-4 QBasic 인터프리터

요사이 각광받고 있는 자바(JAVA)는 원칙적으로 컴파일러 언어지만, 원시 코드가 바이트 코드로 컴파일된 후 가상 머신에 의해 인터프리트되어 실행된다.

    컴퓨터가 이해하는 기계어부터 C 언어같이 인간이 이해하기 쉬운 언어까지 다양한 언어들이 개발되어 사용되어졌거나 사용되어지고 있다. 언어는 단지 프로그램을 만드는데 있어 도구일 뿐이다. 하나의 특정 언어로 모든 종류의 프로그램을 만드는 것이 아니라, 만들고자 하는 프로그램에 적합한 언어를 선택하거나 언어 자체를 개발해서 사용해야 한다는 것을 명심하도록 하자.

3. 프로그래밍(Programming)

    프로그램을 작성하는 작업을 프로그래밍이라고 했는데, 더욱더 정확하게 말하면, 컴퓨터에 시키고자 하는 일에 대해 처리해야 하는 수식이나 작업을 컴퓨터에 알맞도록 정리해서 순서를 정하고, 컴퓨터마다 특유의 직접 실행 가능한 프로그램의 최소단위인 명령어(Instruction)로 고쳐 쓰는 작업을 총칭해서 프로그래밍이라 하고, 컴퓨터의 명령코드를 쓰는 작업을 특히 코딩(Coding)이라고도 한다.

    그러면 프로그래밍을 하는 개발자, 즉 프로그래머(Programmer)들에 의해서 프로그래밍은 어떻게 했는지 그리고 현재는 어떻게 하고 있는지에 대해서 알아보도록 하자. 12345679가 소수인가? 라는 간단한 문제를 해결할 수 있는 프로그램을 작성해 보자.

1) 설계(Design)

    컴퓨터에 시키고자 하는 일, 입력된 수가 소수인지 판단하는 일에 대해 컴퓨터가 행할 수 있는 기능들을 정하고, 정해진 기능들의 실행 순서를 정하는 작업이 이루어져야 한다. 컴퓨터가 일을 어떻게 해야 하는지를 결정하는 작업으로 설계(Design)라고 한다. [표 1-1]은 입력된 수가 소수인지 판단하는 일에 대한 절차를 정리한 것이다.

2) 코딩(Coding)

    다음은 이렇게 정리된 절차를 컴퓨터가 직접 실행 가능한 명령어들로 쓰는 작업, 즉 코딩을 해야 한다.

(1) 기계어로 작성 방식

    컴퓨터가 처음 나타난 1950년대 초기까지는 [코드 1-1]과 같이 프로그래밍은 숫자를 나열한 명령어를 쓰는 것이었다. 명령어를 기술하는데 사용되는 숫자는 0 과 1의 2진수로만 되어 있으며, 컴퓨터가 바로 이해하고 실행할 수 있다. 이러한 컴퓨터가 이해할 수 있는 0 과 1로 구성되어 있는

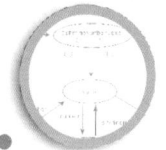

가장 기초적인 언어, 즉 기계어로 작성하는 방식이었다.

　기계어로 직접 프로그램을 작성할 수도 있으나, 이 경우 기계어가 컴퓨터마다 다르므로 컴퓨터마다 동일한 일에 대해 각각 프로그램을 작성해야 하고, [코드 1-1]에서 보는 것처럼 직관적으로 어떠한 의미인지 이해할 수 없는 2진수로 프로그램을 작성해야 하므로 틀리기 쉽고, 또한 틀린 곳을 발견하기가 어렵다는 등 작업하기가 곤란하여 프로그램을 만드는 것이 매우 비효율적이다.

(2) 내장형 프로그램 방식

　그래서 그 후 인간이 외우기 쉬운 기호나 수식을 사용해서 프로그램을 작성하고, 그것을 일단 컴퓨터에 입력하여 컴퓨터 자신의 명령어로 고쳐서, 그것으로부터 계산을 실시하는 방식이 고안되었다. 이러한 방식을 내장형 프로그램(Stored Program) 방식이라고 한다. 이것은 프로그램을 만드는 작업의 일부를 컴퓨터 자체에 부담시켜 작업 능률을 향상시키자는 방식이다.

　[표 1-1]에서 정리되어진 절차를 사람이 외우기 쉬운 기호나 수식을 사용하는 프로그래밍 언어를 사용하여 프로그램을 작성한다. 이 책에서는 사람이 외우기 쉬운 기호나 수식을 사용하는 프로그래밍 언어로 C 언어를 사용할 것이다.

가. 원시 코드 작성

　[코드 1-3]은 C 언어로 작성하는 프로그램이다. 이 상태로는 컴퓨터가 바로 실행할 수는 없다. 그래서 [코드 1-1]과 같이 컴퓨터가 실행할 수 있는 프로그램과 구분하기 위해서 원시 코드 프로그램이라고 한다. [코드 1-1]과 비교해 보면 [코드 1-3]은 C 언어에 대해서 아무 것도 모르지만 대충 어떤 처리들을 하고 있는지에 대해서 수식들을 보면 알 수 있을 것이다. 원시 코드 프로그램은 컴퓨터가 실행할 수 없다. 실행할 수 있도록 하기 위해서는 [코드 1-1]과 같은 형식으로 실행 프로그램을 만들어야 한다. 따라서 [코드 1-3]에서 구분할 수 있는 수식 하나 하나에 대해 컴퓨터마다 정해져 있는 명령어들로 변환하는 작업을 해서 [코드 1-1]과 같은 형식의 프로그램, 즉 실행 가능한 프로그램을 만들어야 한다는 것이다. 이 작업을 또한 수작업으로 해야 한다면, 기계어로 직접 프로그램을 작성하는 것 보다 더 비효율적일 것이다. 그래서 변환하는 작업을 컴퓨터가 하도록 한다면 프로그래밍의 능률을 향상시킬 수 있을 것이다.

나. 원시 코드 입력

　변환 작업을 하기 위해서는 우선 원시 코드 프로그램을 컴퓨터에 입력을 해야 한다. 컴퓨터의 입력방식은 크게 두 가지로 구분한다. 키보드를 이용하여 한 문자씩 입력하는 방식과 보조기억장치에 저장된 디스크 파일(Disk File)을 이용해서 일괄적으로 하는 방식이 있다. 원시 코드 프로그램을 입력받을 때는 키보드를 이용하여 한 문자씩 입력하고, 변환 작업 시에는 원시 코드 프로그램을 한 번에 입력받아야 하기 때문에 기본적으로 디스크 파일을 이용하는 것이 일반적이다. 키보드를 이용해서 한 문자씩 입력하여 원시 코드 프로그램을 편집하고 보조기억장치에 저장하여 디스크 파일을 만들어 프로그램을 컴퓨터에 입력해야 한다. 이렇게 해서 만들어진 디스크 파일을 원시 코드 파일(Source File)이라고 한다.

다. 변환(번역)

입력된 원시 코드 프로그램의 수식과 데이터들을 0과 1로 변환하는 언어 번역 프로그램(Language Translator)을 이용하여 변환을 하면 실행 가능한 기계어로 작성된 프로그램이 만들어진다. 실행 가능한 기계어로 작성된 프로그램 또한 보조기억장치에 디스크 파일로 저장된다. 이때 디스크 파일을 실행 파일(Executive File)이라고 한다.

프로그램이 제대로 동작하는지를 확인하기 위해서 보조기억장치에 저장된 실행 프로그램을 주기억장치에 복사하면, 중앙처리장치에 의해서 기술된 순서대로 명령어들이 처리되어 컴퓨터가 입력된 수가 소수인지 아닌지를 판단하는 일을 하게 되는 것이다.

정리하면 현재는 기계어가 아닌 프로그래밍 언어로 모든 컴퓨터 프로그램을 작성하는 것이 보편화되어 있다. 개발자들은 주어진 문제에 대해 컴퓨터가 어떠한 동작을 어떠한 순서로 실행할 것인가를 정리하여 절차를 규정하고, 절차를 기계어가 아닌 프로그래밍 언어를 이용하여 언어의 문법에 맞게 편집하여 제어논리를 만들어야 한다. 이렇게 편집된 제어논리를 원시 코드(Source Code)라고 한다. 원시 코드는 컴퓨터에 의해서 실행 가능한 코드가 아니다. 컴퓨터에 실행 가능한 코드는 0과 1로 표현되어진 기계어 명령 코드만이다. 따라서 원시 코드를 실행 가능한 코드로 바꾸어 주는 언어 번역 프로그램(Language Translator)을 이용해서 컴퓨터가 이해할 수 있는 암호화된 기계어 명령 코드로 변환 작업을 거쳐 비로소 컴퓨터에 의해 특정 기능을 실행시킬 수 있게 하고 있다.

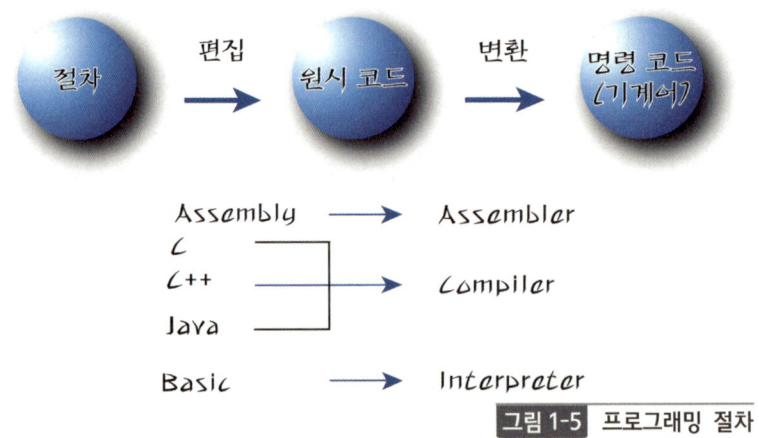

그림 1-5 프로그래밍 절차

프로그래밍에 필요한 언어와 프로그래밍 방식에 대한 개념들이 정리가 되었다. 다음은 실제로 이 책에서 프로그래밍에 사용하는 컴파일러 언어인 C 언어를 소개하고, 계속해서 C 언어로 프로그

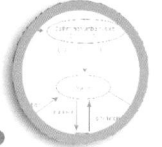

래밍 절차를 공부하도록 하자.

4. C 언어(C Language)

컴퓨터를 효율적으로 사용하기 위해서는 운영체제(Operating System)라고 하는 프로그램이 있어야 한다. 그래서 요사이 현존하는 컴퓨터는 반드시 운영체제를 가지고 있다. 그 중에서 UNIX라는 운영체제는 개발 초기에 어셈블리어라는 저급 언어로 만들어졌기 때문에 하드웨어의 의존도가 높았다. 즉 중앙처리장치의 종류에 따라서 프로그램을 다시 작성해야만 했다. 이를 두고 다른 기종 간의 이식성이 낮다고 표현한다. 쉽게 말하면 인텔 중앙처리장치를 기반으로 구현된 프로그램은 애플사의 중앙처리장치를 기반으로 구성되어 있는 컴퓨터에서 돌아가지 않았던 것이다. 따라서 똑같은 기능을 가진 프로그램을 중앙처리장치의 종류에 따라서 다시 구현해야만 했던 것이다.

이러한 단점을 해결하고, 더불어 어셈블리어가 어렵다는 단점도 해결하기 위해서, 어셈블리어의 저수준 언어적 특성을 지니면서도, 이식성도 좋고, 더불어 쉬운 언어가 필요했는데, 이러한 요구조건을 만족시키기 위해서 1972년에 Dennis Ritchie라는 사람이 UNIX라는 운영체제를 개발하기 위해서 C 언어를 개발하게 되었다. 결과적으로 C 언어가 개발됨으로써 UNIX라는 운영체제의 90% 이상이 C 언어로 대체되었고 그 뿐만이 아니라 다른 운영체제들도 C 언어로 개발되어지게 됨으로 해서 C 언어의 인기는 더욱 더 높아지기 시작했다.

C 언어는 UNIX라는 운영체제 시스템 개발을 위해 설계되어진 고수준 컴파일러 언어이다. C 언어는 Ken Tompson 의 B 로부터 유래되었으며, B 언어 역시 또 다른 언어에서 유래된 것이다. 따라서 C 언어의 탄생 배경은 훨씬 이전부터 시작되었다. ALGOL60(1960)을 시작으로 CPL(1963), BCPL(1969), B 언어(1970)까지 그 기원을 두고 있다. 왜 이름이 C인지 알겠는가? B 언어 다음에 등장했기 때문에 C 언어라고 하는 것이다.

다양한 여러 분야에 필요한 프로그램을 개발하기 위해서 설계되어진 언어이기 때문에 많은 장점들을 가지고 있다. 몇 가지의 장점들을 정리해 보자.

- 전산학의 이론과 실제에서 바람직하다고 생각되는 제어기능을 혼합한 새로운 언어이다.
  C를 사용함으로써 프로그래머는 하향식설계(Top-Down Design), 구조화 프로그래밍 그리고 모듈화된 설계 및 구현을 쉽게 할 수 있다. 그 결과 프로그램의 신뢰도가 높고 이해하기가 쉽다.
- C는 효율적인 언어이다.
  현재의 컴퓨터 기능을 이용하여 C를 설계했기 때문에 C 프로그램은 콤팩트(Compact)하고 실행속도가 빠르다.

- **C는 이식하기 편리한 언어이다.**

    어떤 시스템을 위하여 만들어진 C 프로그램을 다른 시스템에서 실행시키기 위해서 그 프로그램의 극히 일부분 수정하거나 또는 전혀 수정하지 않아도 된다는 것을 말한다. 물론 대부분의 언어가 이식하기에 편리하도록 만들어졌지만 많은 고된 노력이 필요하다. 여러 시스템에 C 컴파일러를 사용할 수 있다.

- **C는 강력하고 융통성이 많다.**

    다양한 운영체제와 다양한 분야에서 사용되는 프로그램들을 만들 수 있다.

- **C는 보통 어셈블리 언어와 연관되어 미세한 제어를 한다.**

    최대의 효율을 얻기 위해 프로그램을 미세하게 조정할 수 있다.

- **C는 친근하다.**

    C는 어떠한 제약조건에 얽매임이 없도록 충분히 구조화되어 있으므로 좋은 프로그래밍 습관을 체득할 수 있다.

C 언어가 왜 만들어 졌는지, 어떠한 장점들은 있는지에 대해서 정리해 보았지만, 바로 이해할 수 있는 내용들은 아니고, C 언어로 프로그램을 만들면서 이해할 내용들이기 때문에 여기서는 우리가 배우고자 하는 C 언어는 고수준 컴파일러 언어라는 점에 대해서만 명심하도록 하자.

5. C 프로그래밍 절차

컴파일러 언어로 고급 언어인 C 언어로 입력된 수가 소수인지 판단하는 프로그램을 어떻게 만드는지에 대해서 정리해 보도록 하자.

프로그래밍의 정의에 의하면 컴퓨터가 입력된 수가 소수인지 판단하는데 있어 처리해야 하는 수식이나 작업을 컴퓨터에 알맞도록 정리해서 순서를 정하는 단계, 다시 말해서 알고리듬을 설계하는 단계와 컴퓨터가 이해할 수 있는 형식인 프로그램을 작성하는 단계, 즉 코딩 단계로 2 단계로 나누어진다.

1) 알고리듬(Algorithm)을 설계하는 단계

저급언어이든 고급언어이든 간에 프로그래밍 절차에서 첫 번째로 해야 하는 작업이다. 컴퓨터에 시켜야 하는 일에 대해서 컴퓨터가 행할 수 있는 동작, 즉 컴퓨터의 기본 기능들, 입력, 기억, 산술 및 논리 연산, 출력 그리고 제어 중에서 어떠한 동작들을 해야 하는지 결정하고, 그렇게 정해진 동작들에 대해 순서를 정하는 작업을 해야 한다. 이렇게 어떠한 동작을 어떠한 순서로 실행할 것인

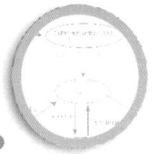

가를 기술한 것을 절차(Procedure)라고 한다.

그리고 이렇게 주어진 문제를 해결하기 위한 절차를 상세하게 기술하는 과정과 결과물을 알고리듬이라고 한다. [표 1-2]처럼 자연어로, 혹은 순서도(Flow chart)와 같은 도구들을 사용해서 절차를 표현하고 검토하는 과정을 거쳐서 정확하게 문제를 해결할 수 있도록 정리하는 작업을 알고리듬 설계라고 한다.

표 1-2 소수인지 판단하는 일에 대한 알고리듬

1. 수를 입력받는다. (입력 · 기억)
2. 2부터 입력받은 수보다 작고 나누어떨어지지 않은 동안 반복한다. (제어 : 반복)
    2.1. 수를 센다. (산술 · 기억)
    2.2. 센 수로 입력받은 수에 대해 나머지를 구한다. (산술 · 기억)
3. 나누어 떨어지지 않았는지 확인하여 소수 여부를 결정한다. (제어 : 선택)
    3.1. 떨어지지 않았으면 소수, 참이다. (논리 · 기억)
    3.2. 떨어졌으면 합성수, 거짓이다. (논리 · 기억)
4. 소수 여부를 출력한다. (출력)
5. 끝낸다.

이것을 기준으로 해서 프로그래밍 언어를 이용하여 프로그램을 작성할 수 있지 않겠는가? 이것이 없이 프로그래밍 언어에서 어떠한 기능을 사용해야 할지에 어떻게 결정할 수 있겠는가? 이러한 생각없이, 다시 말해서 아무 생각없이 컴퓨터 앞에 앉아봐라. 컴퓨터와 눈싸움만 하게 될 것이고, 작아지는 여러분을 보게 될 것이다. 프로그래밍 절차에서 가장 중요한 작업이다.

따라서 이러한 작업이 되지 않은 상태에서 프로그래밍 언어를 배운다는 것은 실제로는 무의미할 수도 있다. 왜냐하면 프로그래밍 언어는 알고리듬을 표현하는데 있어서 도구일 뿐이지 그 자체가 알고리듬이 아니라는 것이다. 이것에 대한 실증으로 현재 프로그래밍 교육 기관들이 적나라하게 보여주고 있다. 우리나라는 프로그래밍 작업을 한다고 하면 C 언어를 배워야 한다는 것이 진리처럼 교육되고 있다. 그래서 프로그래밍 교육 학원이나 요사이는 이공계 대학교에서는 반드시 C 언어를 배우게 된다. 그렇게 교육을 받은 학생들에게 입력된 수가 소수인지 판단하는 문제를 제시해 보아라. 주어진 문제를 바로 해결할 수 있는 학생을 발견하기가 쉽지가 않다는 것을 알 수 있다.

이 책은 알고리듬에 대한 자세한 설명을 하기 위해 기획된 것이 아니기 때문에 알고리듬의 소개 정도로 해서 마무리 하겠지만, 당신이 훌륭한 프로그래머가 되고자 한다면, 알고리듬에 대한 공부를 먼저 하는 것이 더욱더 합리적인 방법일 것이다.

2) 코딩 단계

컴퓨터에 시키고자 하는 일에 대해 알고리듬이 정리되었으므로 컴퓨터가 이해할 수 있는 프로그램을 작성할 수 있다.

(1) 준비 단계

일반적인 프로그래밍 절차대로라면 프로그램이 작성되고, 컴퓨터에 입력되고, 변환되어야 하기 때문에 입력, 변환 등등에 필요한 프로그램들을 사용하여 작업을 해야 한다. C 언어로 프로그래밍을 할 때 필요한 프로그램들을 정리하면 다음과 같다.

표 1-3 C 프로그래밍에 필요한 프로그램들

번호	구 분	기 능
1	코드 편집기(Code Editor)	원시 코드 편집 기능
2	컴파일러(Compiler)	원시 코드를 기계어 코드로 변환
3	링크(Linker)	기계어 코드들을 통합
4	디버거(Debugger)	논리 오류 추적

이러한 많은 프로그램들을 각각 구비해서 설치하고, 개별 작업을 할 때 마다 해당 프로그램을 실행하고 끝내고 하는 작업을 일련의 순서대로 해야 한다면 매우 번거로운 작업이다. 그래서 이러한 많은 프로그램들을 보다 편리하게 사용하여 체계적으로 프로그래밍 작업을 할 수 있도록 하는 프로그램이 필요하다. 이러한 프로그램을 통합 개발 환경(Integrated Development Environment, IDE)이라고 한다.

많은 프로그램들이 존재하나 이 책에서는 Microsoft 사의 Visual Studio 6.0을 사용하도록 하겠다. 따라서 Visual Studio 6.0을 구입해서 설치해야 한다.

그러면 Visual Studio 6.0을 이용해서 실제 코딩 작업을 해 보자.

(2) 실행 단계

시작>모든 프로그램>Microsoft Visual Studio 6.0>Microsoft Visual C++ 6.0 순으로 차례대로 메뉴를 선택하면 Visual Studio가 실행되어 [그림 1-6]과 같은 화면이 출력하게 된다.

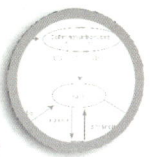

C를 배우면 함수를 잘 만들어야 한다

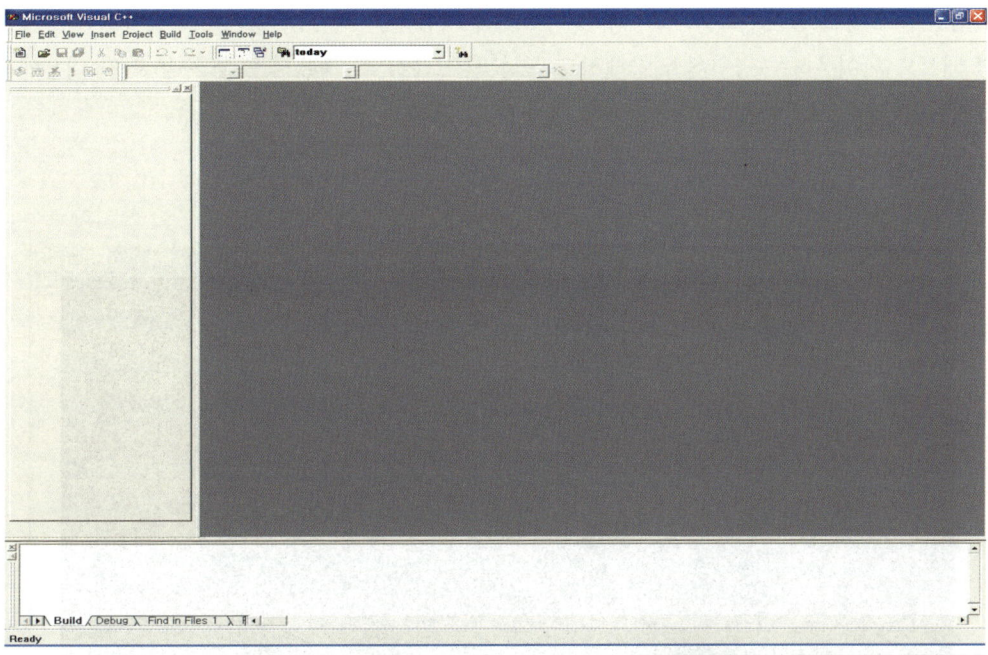

그림 1-6 Visual Studio 실행 화면

가. 프로젝트(Project) 만들기

C 언어로 작성된 프로그램, 즉 원시 프로그램은 컴퓨터에 입력되어야 한다. 그것도 디스크 파일 형식으로 입력되어야 하기 때문에 디스크 파일(들)을 쉽게 관리하기 위한 개념으로 Visual Studio에서는 프로젝트를 만든다. Ctrl 키를 누른 상태에서 N 을 누르면(혹은 File>New 순서대로 파일 항목을 선택했을 때) [그림 1-7]과 같이 프로젝트 유형을 선택할 수 있는 대화상자가 출력한다.

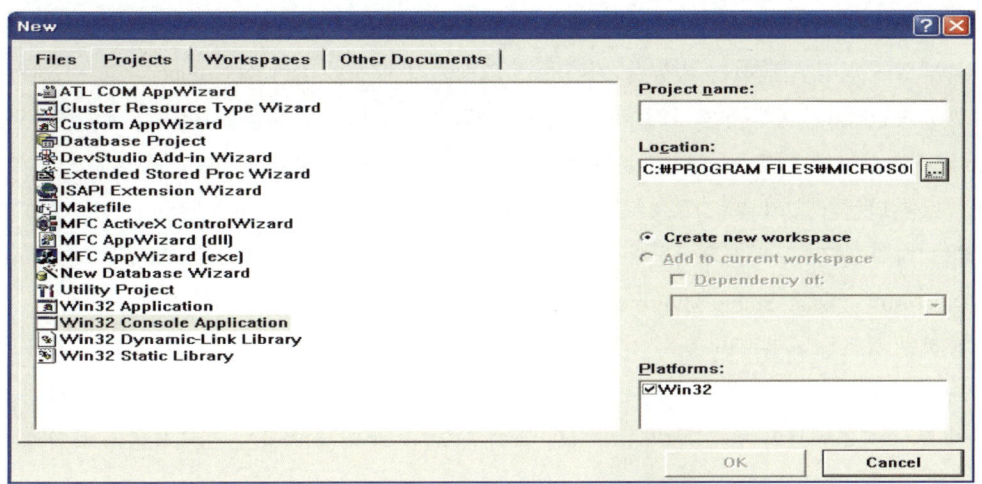

그림 1-7 프로젝트 유형 선택 대화상자

5. C 프로그래밍 절차

편집을 빠르게 효율적으로 하기 위해서 마우스를 이용하여 메뉴를 선택하는 방법보다는 가급적이면 키보드를 이용하는 방법에 익숙해지도록 하자. 그래서 이 책에서는 툴 사용 관련 내용에서는 가급적이면 키보드를 이용하는 방법으로 기술하고 있다.

프로젝트 유형 선택하기

그림 1-8 콘솔 윈도우(Console Window)

[그림 1-8]과 같은 콘솔 윈도우를 이용하여 키보드로 입력하고 모니터에 출력이 가능한 프로그램을 만들고자 한다면 [그림 1-7]과 같이 프로젝트 유형으로 Win32 Console Application 을 선택한다.

프로젝트 명칭과 위치 정하기

[그림 1-9]와 같이 Project name 항목에 프로그램의 기능을 의미하는 프로젝트 명칭을 적는다. 여기서는 소수인지 판단하는 기능을 가진 프로그램이기 때문에 IsPrimeNumber라고 적는다.

그리고 Location 항목에는 프로젝트 관련 파일들의 저장 위치를 정한다. 프로젝트 명칭 IsPrimeNumber으로 새로운 폴더(혹은 디렉토리)가 만들어 진다. Visual Studio를 설치한 후 바로 프로젝트를 만든다면 기본적으로 C:\Program Files\Microsoft Visual Studio\MyProjects를 상위 폴더로 하는 하위 폴더로 생성되어진다. 따라서 만들고 있는 프로젝트의 경로(Path)는 C:\Program Files\Microsoft Visual Studio\MyProjects\IsPrimeNumber 이다.

기본적인 경로를 사용하면 보는 것처럼 많은 경로 이동이 필요하여 파일을 관리하기 위한 조작들을 빈번하게 해야 한다면 번거롭다. 그래서 파일 관리를 보다 더 쉽게 하기 위해서 대개는 보관하고자 하는 드라이브의 루트 폴더(\)의 하위 폴더로 Work 폴더를 만들고 프로젝트를 하위 폴더로 만들도록 하는 것이 좋다.

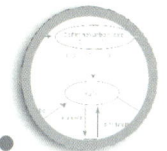

Work 폴더를 만들어서 사용하고자 한다면, 윈도우 탐색기를 실행하여 Work 폴더를 만들고, Location 항목 옆에 있는 버튼을 클릭하면 폴더 변경 대화상자가 출력하게 될 것이다. 이 대화상자를 이용하여 C:\Work 폴더를 정해주면 된다.

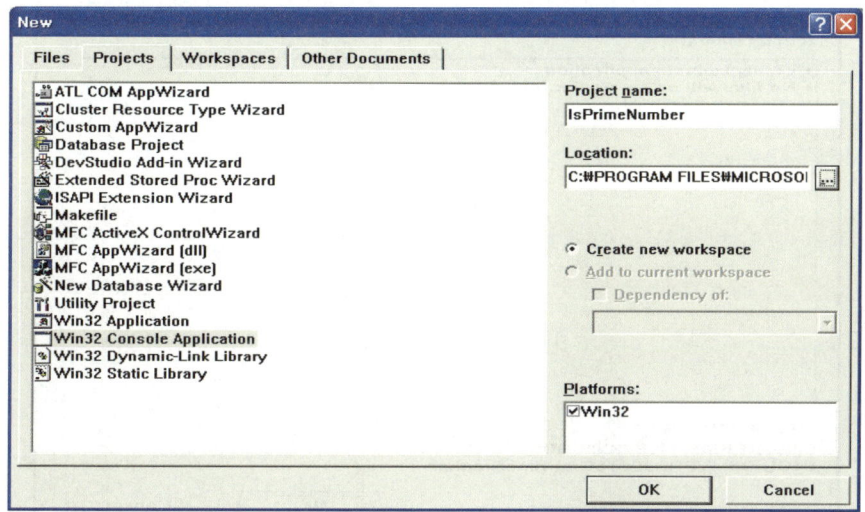

그림 1-9 프로젝트 명칭과 위치

● 콘솔 응용프로그램의 유형 선택하기

프로젝트 명칭과 위치를 정한 다음 엔터(Enter)키를 눌러(혹은 OK 버튼을 클릭하여) 콘솔 응용 프로그램의 유형을 선택해야 한다. [그림 1-10]과 같은 콘솔 응용 프로그램의 유형을 결정할 수 있는 대화상자가 출력된다. 기본으로 설정되어 있는 An empty application 으로 그대로 두고 엔터(Enter) 키를 누르면 된다(혹은 Finish 버튼을 클릭한다).

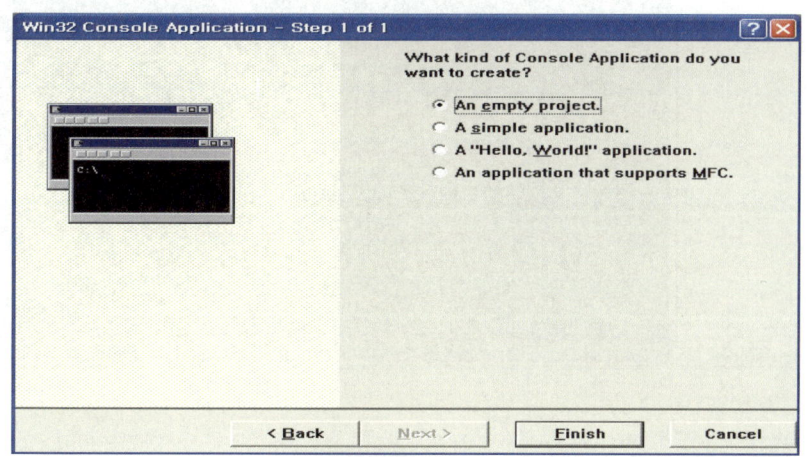

그림 1-10 콘솔 응용 프로그램의 유형 결정 대화상자

그러면 [그림 1-11]과 같은 새로운 프로젝트 정보 대화상자가 출력하는데, 엔터(Enter) 키를 눌러 (혹은 OK 버튼을 눌러) 프로젝트 만들기를 마무리한다.

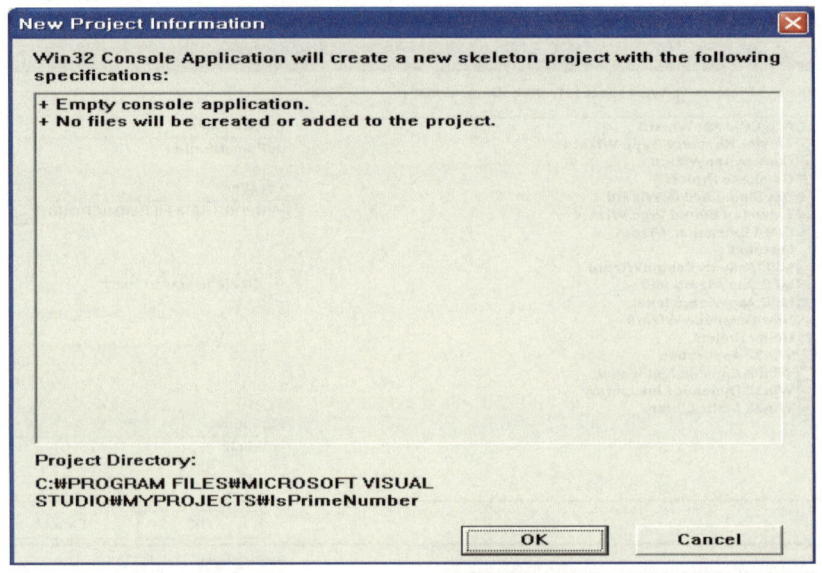

그림 1-11 프로젝트 정보 알림 대화상자

[그림 1-12]와 같이 왼쪽에 있는 Workspace 윈도우에 ClassView 탭와 FileView 탭이 추가되어져 있다. 그리고 캡션 바에는 IsPrimeNumber 프로젝트 명칭이 출력된다.

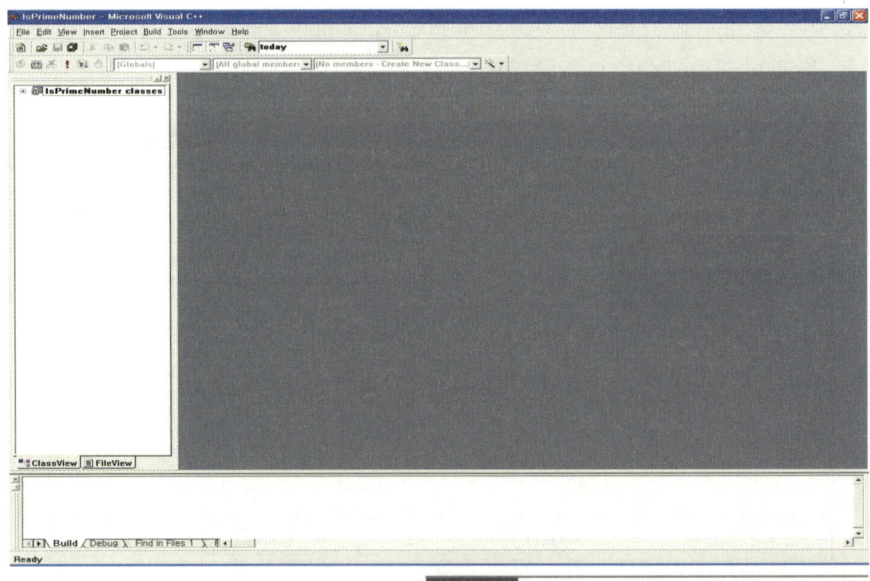

그림 1-12 새로운 프로젝트가 만들어 진 후 화면

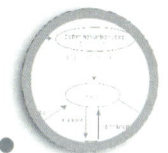

Workspace 윈도우에서 FileView 탭을 마우스로 클릭하면 [그림 1-13]과 같이 추가된 파일이 하나도 없는 화면이 출력된다.

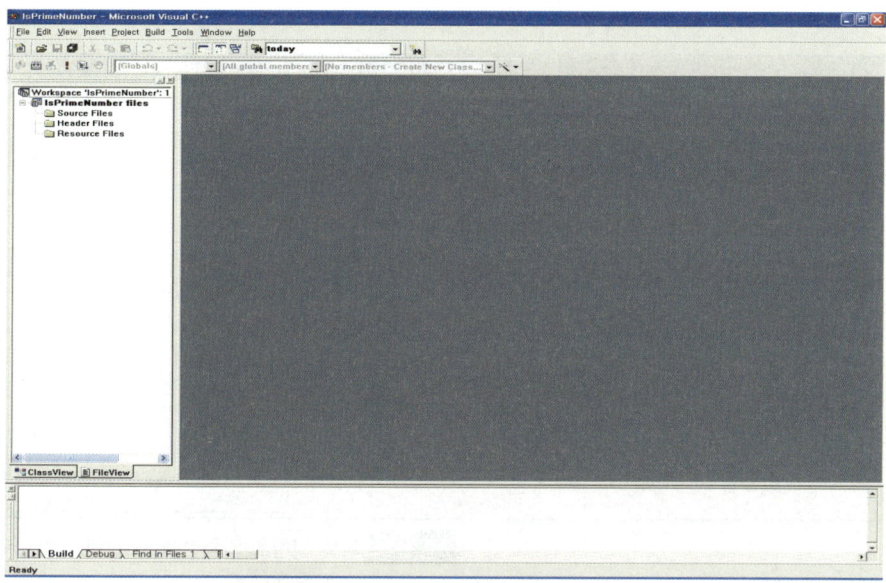

그림 1-13 FileView 탭이 선택된 후 프로젝트 아이콘을 클릭한 후 화면

나. 원시 코드 디스크 파일 추가하기

프로그램은 컴퓨터에 입력되어야 하므로 디스크 파일(Disk File)을 추가해야 한다. 다시 Ctrl 키를 누른 상태에서 N(New)을 누르도록 한다. 그러면 [그림 1-14]와 같은 파일 선택 대화상자가 출력된다. 원시 코드 파일을 추가할 것이므로 C++ Source File을 선택한다.

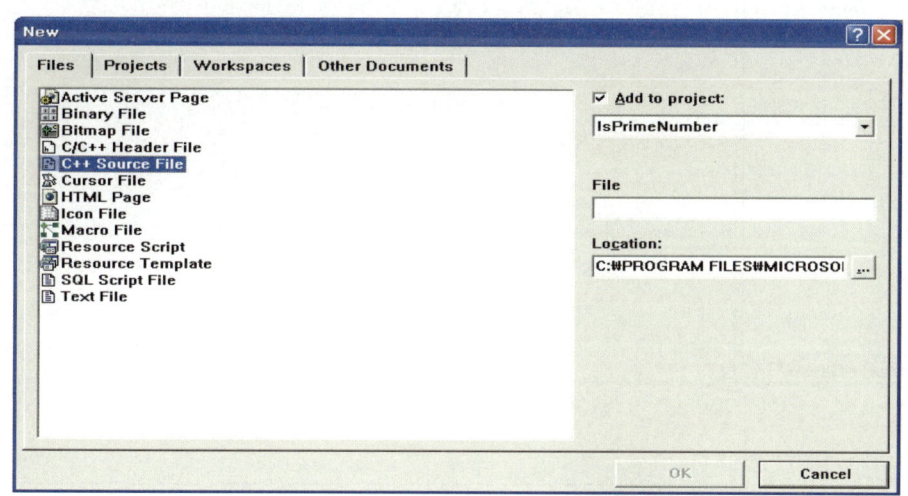

그림 1-14 파일 유형 선택 대화상자

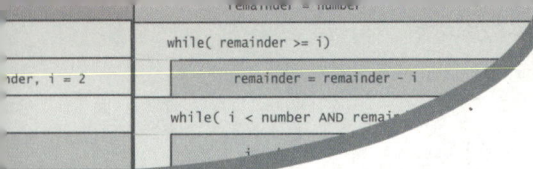

그리고 [그림 1-15]와 같이 File 항목에 파일 명칭을 적는다. C 언어에서는 함수 명칭으로 파일 명칭을 정하면 된다. 그런데 주의할 점은 확장자를 .c 로 해야 한다. 그래서 IsPrimeNumber.c 를 입력한다. 그리고 엔터(Enter) 키를 눌러 (혹은 OK 버튼을 클릭하여) 파일 추가 작업을 마무리한다.

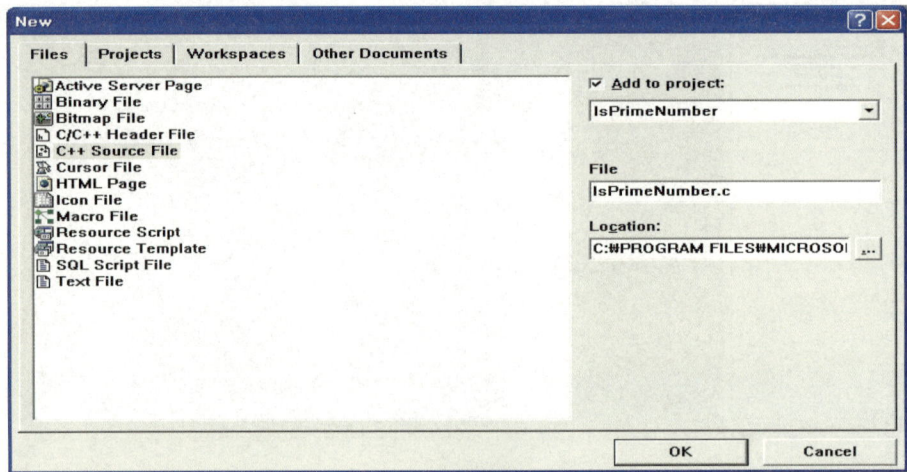

그림 1-15 파일 명칭을 입력한 파일 선택 대화상자

파일이 추가되고 [그림 1-16]과 같이 코드 편집 윈도우가 Workspace 윈도우의 오른쪽에 출력하게 된다. 코드 편집 윈도우의 왼쪽 위에 캐럿(Caret)이 깜박거리고 있을 것이다.

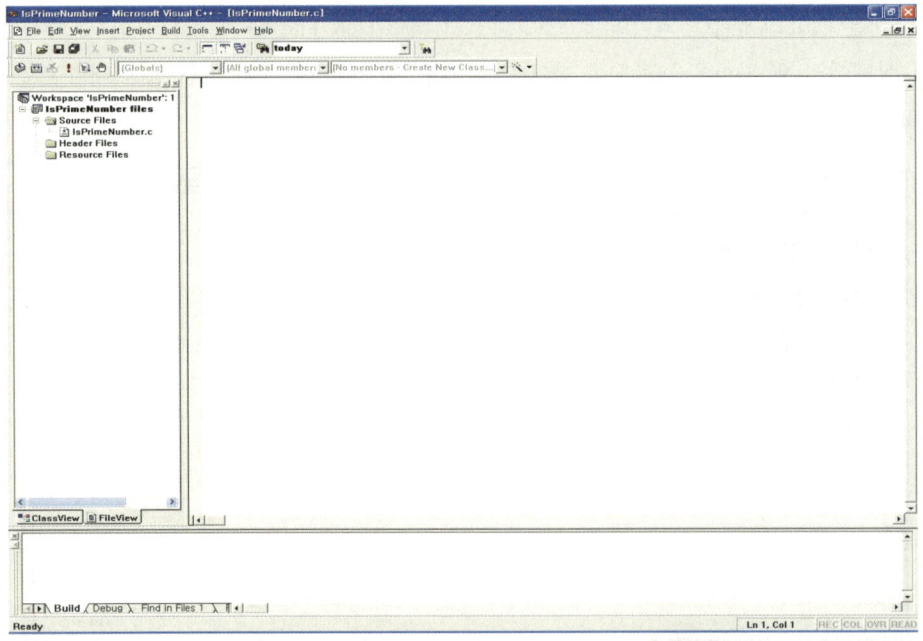

그림 1-16 코드 편집 윈도우

다. 원시 코드 편집하기

알고리듬을 C 언어의 문법에 맞게 키보드로 단어와 수식을 입력하여 코드를 편집한 다음, Ctrl 키를 누른 상태에서 S(Save) 키를 눌러 프로그램을 IsPrimeNumber.c 파일에 저장하도록 해서 컴퓨터에 입력하도록 한다.

[코드 1-4]를 처음부터 끝까지 입력하도록 하자. [그림 1-17]과 같이 만들어진 프로그램을 원시 코드 프로그램 혹은 줄여서 원시 프로그램(Source Program)이라고 한다.

원시 프로그램은 컴퓨터의 기본 기능들마다 C 프로그램의 논리적인 일부분으로, 다른 말로는 모듈(Module)인 함수(Function)로 작성되어 있다. 입력에 대해 scanf() 함수, 산술 및 논리 연산에 대해 IsPrimeNumber() 함수, 출력에 대해 printf() 함수 그리고 제어에 대해 main() 함수로 구성되어 있다. scanf() 함수와 printf() 함수는 여러분이 만드는 것이 아니라 컴파일러 개발자(Visual Studio 6.0 개발자)에 의해서 이미 만들어져 있는 함수들이다. 이러한 함수들을 라이브러리 함수(Library Function) 혹은 내장함수라고 한다. 그리고 여러분들이 직접 만들게 되는 함수들은 IsPrimeNumber() 함수와 main() 함수이다. 이러한 함수들을 사용자 정의 함수(User Defined Function) 혹은 외장 함수라고 한다.

그리고 각각의 함수는 다시 값 하나를 구하는 처리인 수식 단위로 컴퓨터 기본 기능들이 표현되어져 C 프로그램의 논리적인 일부분을 수행하게 작성되어진다. 이러한 내용들은 계속되어지는 장들에서 자세하게 공부할 것이다.

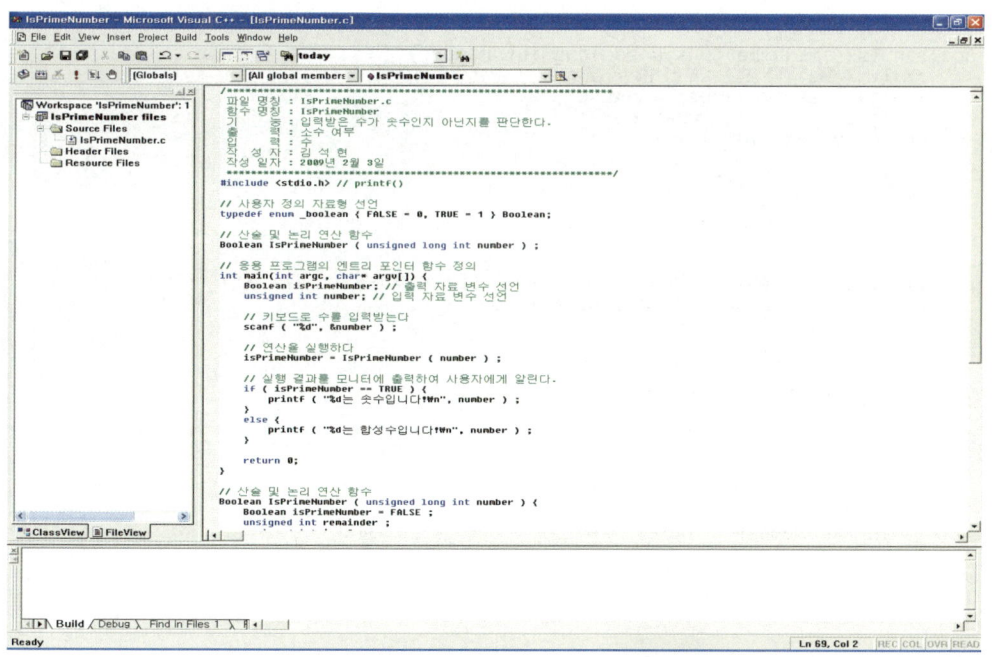

그림 1-17 C 원시 코드 프로그램의 화면

```c
/***************************************************************
    파일 명칭 : IsPrimeNumber.c
    함수 명칭 : IsPrimeNumber
    기     능 : 입력받은 수가 솟수인지 아닌지를 판단한다.
    출     력 : 소수 여부
    입     력 : 수
    작 성 자 : 김 석 현
    작성 일자 : 2009년 2월 3일
***************************************************************/
#include <stdio.h> // printf()

// 사용자 정의 자료형 선언
typedef enum _boolean { FALSE = 0, TRUE = 1 } Boolean;

// 함수 선언
Boolean IsPrimeNumber ( unsigned long int number ) ;

// 응용 프로그램의 엔트리 포인터 함수 정의
int main ( int argc, char* argv[] ) {
    Boolean isPrimeNumber ; // 출력 자료 변수 선언
    unsigned long int number ; // 입력 자료 변수 선언

    // 키보드로 수를 입력받는다
    scanf ( "%d", &number ) ;

    // 소수인지 판단한다
    isPrimeNumber = IsPrimeNumber ( number ) ;

    // 실행 결과를 모니터에 출력하여 사용자에게 알린다.
    if ( isPrimeNumber == TRUE ) {
        printf ( "%d는 솟수입니다!\n", number ) ;
    }
    else {
        printf ( "%d는 합성수입니다!\n", number ) ;
    }

    return 0 ;
}

// 소수인지 판단한다
Boolean IsPrimeNumber(unsigned long int number) {
    // 1. 수를 입력 받는다 : 함수 호출로 매개변수로 값의 복사한다
    Boolean isPrimeNumber = FALSE ;
    unsigned long int remainder ;
    unsigned long int i = 2 ;

    remainder = number ;
    while ( remainder >= i ) {
        remainder = remainder - i ;
    }

    // 2. 2부터 시작하여 입력받은 수보다 작고 나누어 떨어지지 않는 동안 반복한다
    while ( i < number && remainder != 0 ) {
        // 2.1. 나눌 수를 센다
        i = i + 1 ;
        // 2.2. 나머지를 구한다
        remainder = number ;
        while ( remainder >= i ) {
            remainder = remainder - i ;
        }
    }
    // 3. 나누어 떨어지는 수가 없으면
    if ( number == i ) {
        isPrimeNumber = TRUE ; // 소수 여부를 참으로 한다
    }
    // 4. 소수 여부를 출력한다.
    return isPrimeNumber ;
    // 5. 끝낸다
}
```

코드 1-4 소수인지 판단하는 C 프로그램

라. 컴파일하기

원시 코드 프로그램은 앞에서 설명한 것처럼 컴퓨터에 의해서 실행 가능한 형태가 아니다. 따라서 언어 번역 프로그램에 의해서 기계어로 변환되어 져야 한다. C 언어는 컴파일러 언어이기 때문에 컴파일러(Compiler)에 의해서 이루어진다. 이러한 작업을 컴파일(Compiling)이라고 한다.

[그림 1-17]의 C 원시 코드 프로그램을 Ctrl키를 누른 상태에서 F7 키를 누르면 컴파일이 된다. [그림 1-18]을 보면 컴파일을 한 후 아래쪽 Output 윈도우에 출력된 메시지를 보면 IsPrimeNumber.c 파일이 컴파일되어 오류(Error)와 경고(Warning)가 없음을 알 수 있다. 이때 발생하는 오류를 컴파일 오류 혹은 문법 오류라고 하고, 오류나 경고가 발생하면 개수와 위치 그리고 메시지를 출력하게 된다. 또한 오류가 발생하면 컴파일이 정상적으로 이루어지지 않게 된다. 따라서 오류의 위치와 메시지를 참고하여 문법 오류를 고쳐야 한다.

오류와 경고가 없어 정상적으로 컴파일 작업이 진행된 후 생성된 파일을 볼 수 있다. IsPrimeNumber.obj 라는 것이 그것인데, 목적 코드 파일(Object File)이라고 하고, [코드 1-1]과 같이 기계어로 표현된 프로그램인 것이다.

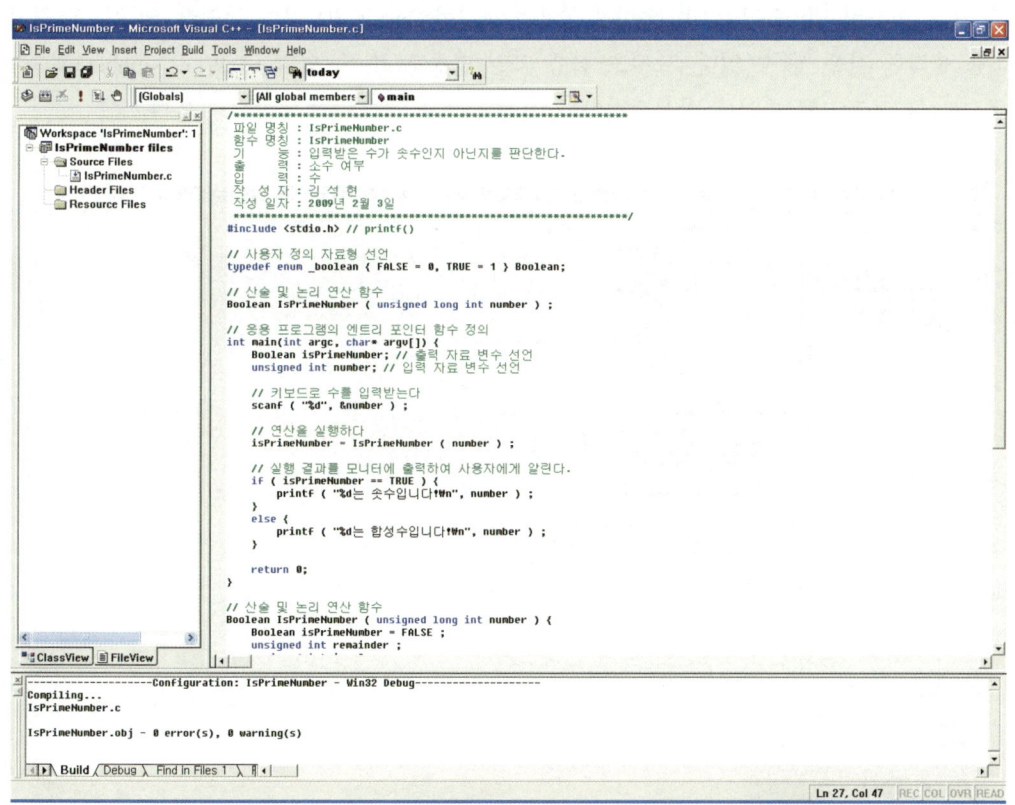

그림 1-18 컴파일한 후 화면

마. 링크하기

이 상태에서는 프로그램이 실행되지 않는다. 왜 일까? 잠시 생각을 해보자. 소수인지 판단하는 C 프로그램을 구성하는 함수들, scanf() 함수, printf() 함수, IsPrimeNumber() 함수, 그리고 main() 함수로 4개가 있는데, 실제 컴파일되어지는 것들은 IsPrimeNumber() 함수와 main() 함수이다. 즉 다시 말해서 사용자 정의 함수들만 컴파일된다.

IsPrimeNumber.obj에는 scanf() 함수와 printf() 함수에 대한 기계어들은 없다는 것이다. 따라서 소수인지 판단하는 C 프로그램이 정상적으로 실행하는데 필요한 입력과 출력에 대한 기계어 명령어들이 없기 때문에 실행되지 않는 것이다.

대신 라이브러리 함수인 scanf() 함수와 printf() 함수는 이미 컴파일되어 libc.lib 라이브러리 파일(Library File)에 기계어로 표현되어 있다. 따라서 다음은 libc.lib 라이브러리 파일에 기계어로 표현되어 있는 scanf() 함수와 printf() 함수 부분과 IsPrimeNumber.obj 목적 코드 파일에 기계어로 표현되어 있는 IsPrimeNumber() 함수와 main() 함수 부분을 하나의 파일로 합치고, 함수들이 주기억장치에 복사되어질 위치를 정하는 작업이 이루어져야 한다. 이 작업을 링크(Link)라 한다. 물론 이 때도 프로그램을 이용해서 작업하는데, 이 때 사용되는 프로그램을 링커(Linker)라고 한다.

F7 키를 눌러 링크를 하면 [그림 1-19]에서 보는 것처럼 Output 윈도우에 링크할 때 오류와 경고가 없음을 출력한 것을 볼 수 있다. 그리고 실행 파일 명칭도 볼 수 있다. IsPrimeNumber.exe 라는 실행 가능한 프로그램 파일이 작성되었다는 것을 Output 윈도우에서 알 수 있다.

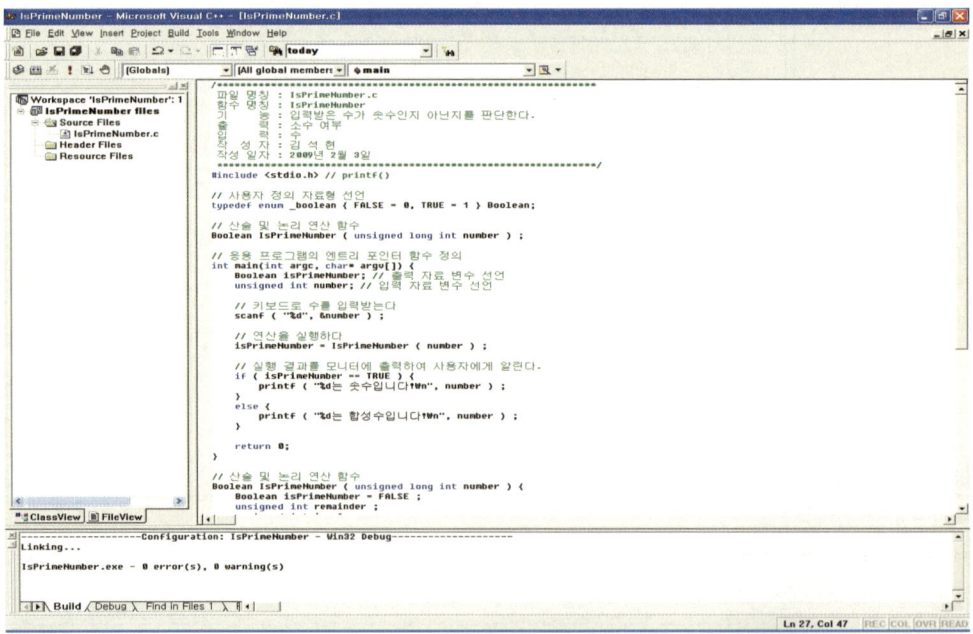

그림 1-19 링크한 후 화면

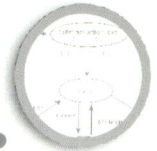

물론 컴파일을 할 때나, 링크를 할 때나 오류가 있으면 Output 윈도우에 오류의 개수와 오류 메시지들을 출력한다. 그러면 각 단계마다 오류를 고쳐야만 실행 가능한 프로그램이 만들어진다. 그렇지 않으면 절대 실행 가능한 프로그램을 만들 수 없다.

바. 실행하기

이렇게 실행 가능한 프로그램이 만들어 졌으면 정확하게 작동하는지 확인을 해 보아야 할 것이다. 정확하게 작동하면 컴퓨터에 제대로 일을 시킨 것이 된다. Visual Studio에서는 Ctrl 키를 누른 상태에서 F5 기능키를 누르면 바로 [그림 1-20]과 같은 화면을 볼 수 있을 것이다.

그림 1-20 프로그램을 실행시킨 직후 화면

[그림 1-20]에서 보는 것처럼 콘솔 윈도우의 왼쪽 위에 프롬프트(Prompt)가 깜박거리고 있을 것이다. 키보드를 이용해서 12345679를 입력하고 엔터(Enter) 키를 누르면 결과를 확인할 수 있다. [그림 1-21]에서 보는 것처럼 결과에 의하면 12345679는 합성수인 것을 알 수 있다.

그림 1-21 소수인지 판단하는 프로그램의 실행 결과 화면

이렇게 해서 컴퓨터에게 하나의 일을 시킬 수 있는 것이다. 설계한 알고리듬을 C 언어를 이용하여 프로그램을 만드는 과정은 단순히 명령어만을 기술하는 입력과 편집만이 있는 것이 아니라 컴파일, 링크 그리고 실행해서 결과를 확인하는 작업 그리고 결과가 정확하지 않으면 오류를 추적하고 고치는 작업인 디버깅(Debugging)까지이다. 따라서 요사이는 단순히 코딩이라고 하지 않고 이러한 작업들을 통칭하여 구현(Implementation)이라고 한다.

6. 정리

컴퓨터에 일을 시키는 방법은 시키고자 하는 일의 처리 단계와 순서, 즉 절차를 컴퓨터의 기본 기능들에 맞게 잘 정리해서 프로그래밍 언어로 컴퓨터가 이해할 수 있도록 기술한 프로그램을 만들어, 주기억장치에 프로그램을 저장하게 되면 중앙처리장치에 의해서 기술된 순서대로 명령어들을 실행하도록 하면 된다.

대개는 프로그래밍 언어는 컴퓨터가 이해하기 쉬운 저수준 언어와 인간이 이해하기 쉬운 고수준 언어들로 분류되는 많은 언어들이 개발되어 사용되었고 사용되고 있다. 현재는 작업의 효율성 때문에 사람이 쉽게 이해할 수 있는 표현들을 할 수 있는 고수준 언어를 사용한다.

컴퓨터에 시키고자 하는 일을 처리할 수 있는 프로그램을 만드는 작업을 프로그래밍이라고 한다. 프로그래밍은 설계와 코딩으로 단계적으로 진행된다. 일을 처리하는데 필요한 컴퓨터 기본 기능들을 정하고, 순서를 정하는 설계가 먼저 이루어지고 다음은 설계대로 컴퓨터가 이해할 수 있는 명령어들로 고쳐 쓰는 작업인 코딩을 해야 한다. 오늘날은 내장형 프로그램 방식에 따라 코딩을 하게 되는데, 고수준 언어로 작성된 프로그램 형태, 즉 원시 코드 프로그램으로는 컴퓨터가 이해할 수 없기 때문에 원시 코드를 컴퓨터에 우선 입력하고, 입력된 원시 코드를 번역 프로그램들로 컴퓨터가 이해할 수 있는 수준으로 번역을 해야 한다. 이렇게 번역된 프로그램, 즉 목적 코드 프로그램은 컴퓨터가 이해하고 바로 실행할 수 있는 형태이다.

일의 처리 결과를 확인하기 위해서 목적 코드 프로그램을 주기억장치에 복사해 주어야 한다. 목적 코드 프로그램이 주기억장치에 복사되면 중앙처리장치는 복사된 목적 코드 프로그램에 기술된 명령어들을 순서대로 처리하여 결과를 얻게 되고, 출력하게 되는 것이다.

따라서 우리가 이 책에서 배우고자 하는 것은 컴퓨터에 일을 시키기 위해서 반드시 필요한 프로그램을 C 언어로 어떻게 만드는지에 대한 것이다.

제2장

구조화 프로그래밍

1. 비구조화 프로그래밍(Non-Structured Programming)

2. 구조화 프로그래밍(Structured Programming)

3. 모듈(Module)

4. C 언어 모듈

5. 구조화 프로그래밍 예

6. 정리

제2장 구조화 프로그래밍

1 장에서 컴퓨터에 일을 시키기 위해서 프로그램을 작성하여야 한다는 것을 알았다. 그러면 어떻게 프로그램을 작성해야 할까? 개집 짓듯이 주먹구구식으로 대충대충 만들 수는 없는 노력이고 프로그램을 만드는데도 합리적이고 체계적인 방법이 존재할 것이다.

요사이 시판되는 컴퓨터의 하드웨어 성능 향상에 따른 사용자가 요구하는 프로그램들은 많은 기능들을 가지고, 복잡하다. 컴퓨터가 도입된 초창기 때 사용했던 프로그램을 만드는 방법으로 많은 기능을 갖는 복잡한 프로그램을 작성하기란 매우 어렵다. 많은 기능을 가진 복잡한 프로그램을 만드는데 체계적이고 합리적인 방법을 적용하여야 한다. 다시 말해서 63 빌딩같은 건물을 짓는데 개집을 짓을 때처럼 주먹구구식으로 할 수 없지 않는가? 그래서 여러 사람들에 의해서 프로그램을 만드는 방법들이 고안되었다.

이 장에서는 프로그래밍을 하는 방법론, 즉 프로그래밍 패러다임(Programming Paradigm)에 대해서 공부해 보도록 하자. 프로그래밍 패러다임은 프로그래머에게 프로그래밍의 관점을 갖게 해 주고, 프로그래밍을 하는데 있어 결정적인 역할을 한다.

1 장에서 설명된 C 언어의 장점으로 전산학의 이론과 실제에서 바람직하다고 생각되는 제어기능을 혼합한 언어로 구조화 프로그래밍과 모듈화 프로그래밍 등을 할 수 있는 것으로 정리 되었다. 이러한 장점을 가진 C 언어를 사용하면서 기계어로 프로그램을 작성하였던 때의 프로그래밍 방법론, 즉 비구조화 프로그래밍을 하는 것은 매우 비효율적이다. 따라서 C 언어로 할 수 있는 최적의 프로그래밍 방법론인 구조화 프로그래밍을 이 장에서 소개한다. 그리고 3 장에서는 모듈화 프로그래밍에 대해서 소개한다.

1. 비구조화 프로그래밍(Non-Structured Programming)

컴퓨터가 도입된 초창기에 컴퓨터 자체의 기능이 매우 단순했다. 또한 프로그래밍에 사용되어진 언어들이 기계어 아니면 어셈블리 언어였다. 기계어가 구조적이지 않기 때문에 기계어를 영문자의 기호로 치환한 어셈블리 언어도 마찬가지로 비구조적 언어이다. 어셈블리 언어에 있는 유일한 구조는 함수의 시작과 끝 같이 컴파일 도구에서 사용하는 것들이었다. 그래서 기계어나 어셈블리 언어로 작성된 프로그램은 컴퓨터의 기능을 하나의 연속된 덩어리에 모든 코드를 넣는 프로그래밍 패러다임이다.

C를 배우면 함수를 잘 만들어야 한다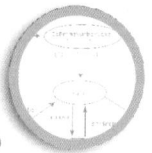

이렇게 모든 기능들이 하나의 연속된 덩어리에 기술되기 때문에 비구조적 프로그래밍 언어로는 코드의 특정부분으로 무조건 건너뛰는 GOTO 문과 같은 흐름 제어문에 의존할 수밖에 없다. [코드 2-1]은 C 언어로 작성되어진 구조화하지 않은 원시 코드이다.

이렇게 비구조적으로 작성된 원시 코드를 스파게티 코드(Spaghetti Code)라고 한다. 스파게티 코드는 프로그램의 소스 코드가 스파게티의 면발처럼 꼬여 있음을 나타내는 표현이다. 스파게티 코드는 정상적으로 실행은 되지만, 사람이 코드의 의미를 파악하기가 어렵다. 무조건 분기가 가능한 GOTO 문을 지나치게 많이 사용하거나, 프로그램을 구조적으로 만들지 않는 경우에 만들어지기 쉽다.

[코드 2-1]과 같이 구조화되지 않은 원시 코드는 읽거나 오류가 발생했을 때 오류를 찾거나, 고치기가 매우 어렵고, C 언어처럼 구조적인 작성을 지원하는 프로그래밍 언어에서는 추천할 만하지 않는다.

```
01 : #include <stdio.h>
02 : #include <stdlib.h>
03 :
04 : int main(int argc, char* argv[]) {
05 :     int i;
06 :     i = 0;
07 : start:
08 :     i = i + 1;
09 :     if(i != 10) goto display;
10 :     if(i == 10) goto end;
11 :     goto start;
12 : end:
13 :     printf("프로그램이 끝납니다!\n");
14 :     exit(0);
15 : display:
16 :     printf("%d * %d = %d\n", 2, i, 2 * i);
17 :     goto start;
18 :
19 :     return 0;
20 : }
```

코드 2-1 비구조화 코드

그러나 프로그램 구조는 항상 조건문과 GOTO 문을 조합하여 구현할 수 있기 때문에 제어 구조가 모든 언어에서 필요한 것은 아니다. 베이직(Basic)이나 포트란(FORTRAN) 같이 오래된 언어에서는 여전히 사용되기도 한다. 심지어 C 언어에서도 기능적으로 제공하고 있다.

대개 GOTO 문을 사용하는 이유로 속도 문제를 제기하지만 GOTO 문을 쓰는 것에 수행 속도상의 이점은 없다. 실제로, 컴파일러가 최적화 할 수 있는 것들을 혼란시켜 오히려 불이익이 될 수도 있다.

1. 비구조화 프로그래밍(Non-Structured Programming)

그렇지만 시중에 판매되고 있는 C 언어 문법책을 보면 예제로 작성되어 있는 코드들을 보면 비구조화되어 있다. 이 책의 기획 의도중의 하나가 C 언어를 사용하는데도 비구조화된 예제 코드를 없애고자 하는 것이다.

C 언어로 비구조화 코드를 작성하는 것은 C 언어의 장점을 최대한 활용하지 못하는 것이 되며, 현재 요구되는 프로그램들이 가져야 하는 많은 기능들을 하나의 연속된 덩어리로 처리한다는 것, 즉 함수 하나로 처리하는 것은 불가능하다. 따라서 비구조화 프로그래밍이 아니라 다른 프로그래밍 방법을 강구해야 한다는 것이다.

2. 구조화 프로그래밍(Structured Programming)

C 언어가 제공하는 효율적인 제어 구조를 이용하여 작성된 [코드 2-2]는 [코드 2-1]과 동일한 처리를 하는 구조화된 코드이다.

[코드 2-1]과 같이 GOTO 문을 사용한 구조화되지 않은 코드에 비해 [코드 2-2]의 구조화된 코드는 위쪽에서 아래쪽으로 차례대로 처리할 일들을 기술하고(순차 구조), 하나의 for 반복문장으로(반복구조) 기술하고 있어 실행 방식이 더 직관적이다.

```
01 : #include <stdio.h>
02 :
03 : int main(int argc, char* argv[]) {
04 :     int i;
05 :
06 :     for(i = 1; i < 10; i++) {
07 :         printf("%d * %d = %d\n", 2, i, 2 * i);
08 :     }
09 :
10 :     printf("프로그램이 끝납니다!\n");
11 :
12 :     return 0;
13 : }
```

코드 2-2 구조화 코드

이러한 프로그래밍 방법을 비구조화 프로그래밍에 대비되는 개념으로 구조화 프로그래밍 또는 구조적 프로그래밍이라고 한다. 구조화 프로그래밍은 프로그램의 작업을 함수(Function)나 서브루틴(Subroutine)으로 알려진 더 작은 부분으로 나누어 필요할 때마다 사용하는, 즉 다른 말로 호출(Calling)하는 방식인 것이다.

다시 말해서 전체 프로그램을 잘 정의되어 한 가지 일을 수행하는 프로그램의 논리적인 일부분,

즉 모듈(Module)로 몇 개로 나누고, 각 모듈은 프로그래머(들)에 의해 작성되며 서로 모여 하나의 완전한 프로그램으로 만드는 방법을 말한다.

  1960년대 중반에 제창되기 시작한 프로그래밍 방법론으로 컴퓨터의 프로그램을 만들 때 쉽게 이해할 수 있고, 변경하기 쉽고, 정확성을 검증하기 쉬운 프로그램이 되도록 문제를 단계적으로 상세히 풀어나가서, 최종적으로는 제어구조가 명확한 프로그램을 만드는 방법론을 말한다.

  프로그램이 프로그래머의 개성에 따라 복잡다단하게 만들어지기 때문에 개발하는 데도 문제가 많지만 후에 다른 사람이 다른 기능을 추가한다든지 오류를 고치는 등의 유지보수를 할 때 더욱 어려웠던 문제를 해결하기 위해 개발되기 시작하였다.

  이러한 구조화 프로그래밍에는 몇 가지 특징이 있는데, 여기서 정리해 보도록 하자.

1) 하향식 개발 혹은 하향식 프로그래밍을 할 수 있다.

  큰 프로그램을 단계적으로 분할하여 작성하는 하향식 프로그래밍(Top-down programming)을 할 수 있다.

  우선 설계와 프로그래밍에서 중요한 개념인 추상화에 대해서 공부해 보도록 하자. 추상화(Abstraction)는 복잡하고 자세한 사실들을 간결한 개념으로 표현하는 과정이라 할 수 있다. 추상화를 통하여 대상을 얼마나 자세히 표현하는지를 조절한다. [그림 2-1]에서 보는 것처럼 입력받은 수가 소수인지 판단하는 프로그램에서 대해서 (1), (2), (3), (4) 순으로 자세히 표현되어지고 있다. 그래서 (1)는 "추상화가 가장 높다"고 하고, (4)는 "추상화가 가장 낮다"고 할 수 있다. 추상화는 이렇게 복잡한 대상을 자세한 내용은 생략하고 중요한 것만 간소화하여 표현하는 것이다. 따라서 추상화를 통하여 복잡한 대상을 간소화하여 개념들로 표현함으로 해서 문제를 더욱더 쉽게 이해할 수 있는 것이다.

  프로그램을 작성할 때 여러 개의 모듈로 나누고, 추상화(Abstraction) 정도에 따라 추상화가 높은 상위와 추상화가 낮은 하위 개념을 적용하고, 프로그래밍 순서 혹은 개발 순서를 [그림 2-1]에서 시스템 챠트로 정리된 프로그램 구조상에서 상위 모듈 Main 부터 시작하여 하위 모듈 순으로 작성할 수 있다.

  구현되지 않은 하위 모듈은 스터브(Stub) 모듈이라고 한다. 스터브 모듈은 실제로 구현되지 않은 가상의 모듈로서 아무 일도 하지 않거나, 특정 메시지를 출력하거나, 시험 데이터를 생성하거나, 아니면 수행 시간을 측정하는 것으로 개략적인 기능 수행을 목적으로 하는 모듈로 대체하여 시스템의 윤곽을 유지하도록 하고, 하위 모듈로의 진행은 개발 계획에 의거하여 진행하면 된다.

  하위 모듈을 시험할 때에는 단독으로 사용할 수 있고 실제 프로그램 구조를 쉽게 시험할 수 있다. 그 과정에서 인간이 쉽게 이해할 수 있는 범위로 프로그램을 상세화하는 단계적 상세화(Stepwise refinement)의 개념도 하향식 프로그램에서 중요시된다.

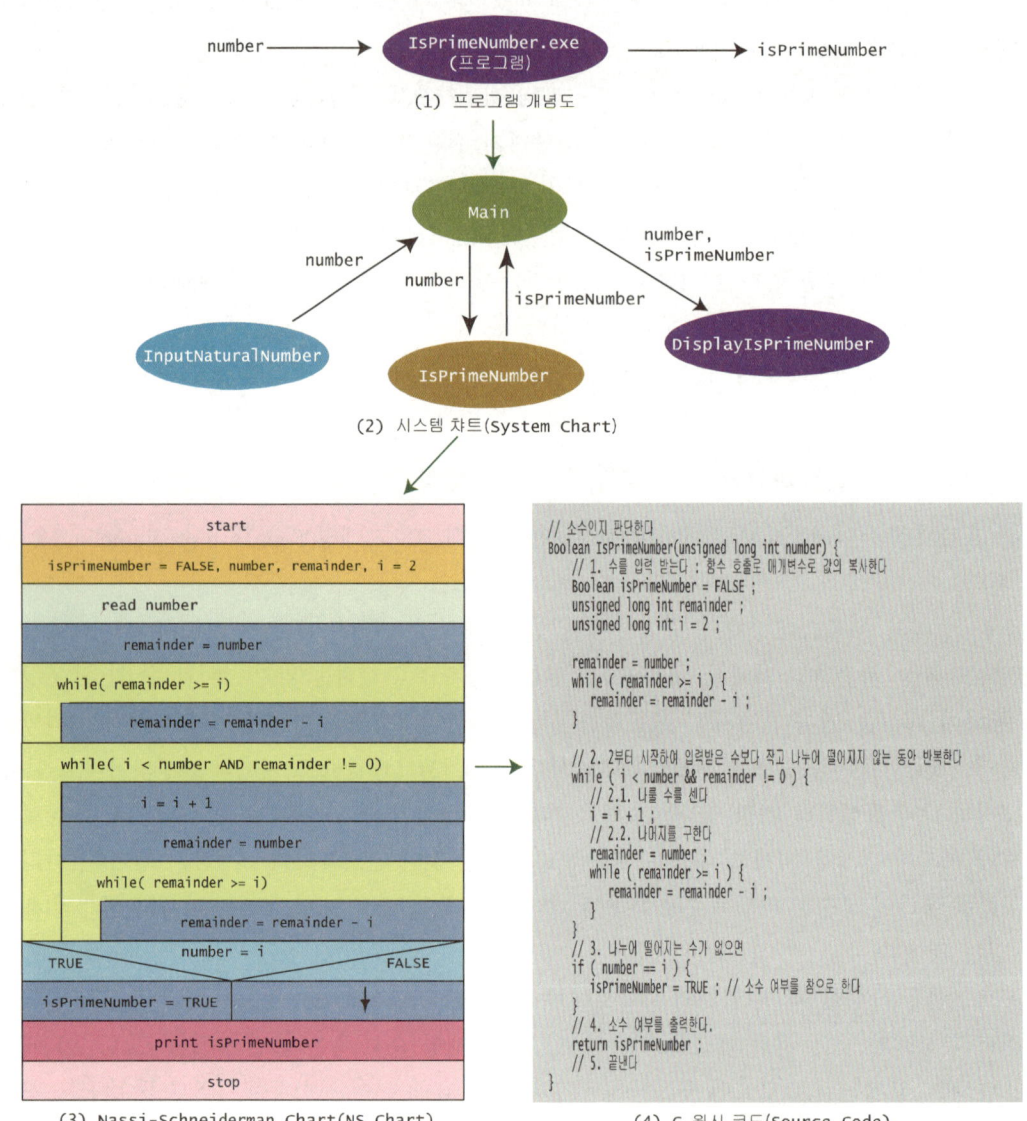

그림 2-1 구조화 프로그래밍의 특징들

덤으로 프로젝트 관리도 용이하고 초기에 중간 버전의 제시가 가능하여 사용자의 신뢰성을 높일 수 있고, 개발 팀의 사기도 향상시킬 수 있다.

2) 세 가지 제어 구조 : 순차(Sequence), 반복(Iteration), 선택(Selection) 구조

모듈 하나를 상세화시킬 때 단 세 가지 제어구조만을 사용하도록 한다. 한 모듈 안에서는 순차, 선택 그리고 반복의 3가지 제어 구조만을 사용하고 되도록 GOTO 문을 사용하지 않는 것이다. 그렇게 함으로써 컴퓨터 프로그램의 구조를 여러 갈래로 분기하여, 복잡하게 하지 않으므로 더욱더 직관적인 프로그램을 작성할 수 있다.

프로그램을 작성할 때에는 가급적 순서에 따라 차례로 하나씩 처리하는 구조(순차구조)로 만들고, 처리 방법을 선택하는 문장을 사용하여 프로그램이 무조건 분기되지 않도록 하며(선택구조), 어떠한 처리는 조건을 만족할 때까지 계속해서 처리하도록 하는 문장(반복구조)을 사용하는 것을 원칙으로 하고 있다. 이렇게 하면 프로그램을 실행할 때에 제어가 위에서 아래로 가는 성질을 가지게 되며, 다른 말로는 입구 하나에 출구 하나인 구조가 되며, 구조가 단순하여 프로그램을 이해하기 쉽기 때문에 오류가 발생하거나 기능을 변경할 경우 쉽게 처리할 수 있다.

아울러 선택 또는 반복 구조를 발췌하여 재사용하기도 쉬워 프로그램의 생산성도 높일 수 있다. 프로그램 개발 시 이해와 변경이 쉽고, 정확성을 검증하기 쉬워서 최종적으로 제어구조가 명확한 프로그램을 만들 수 있다.

3) 문서화(Documentation)

프로그램의 가독성(readability)을 높이기 위해 들여쓰기, 주석 등으로 문서화를 철저히 하는 것 등이다.

3. 모듈(Module)

전체 프로그램을 잘 정의되어 한 가지 일을 수행하는 프로그램의 논리적인 일부분인 모듈로 기능을 분할하고, 분할되어진 모듈에 대해서 단 세 가지의 제어구조로 상세화하고, 모듈에 대해 주석 및 들여쓰기 등으로 문서화를 하는 것이 구조화 프로그래밍의 특징이었다. 따라서 구조화 프로그래밍에서 가장 중요한 개념인 모듈에 대해서 정리하도록 하자.

1) 정 의

모듈은 입력, 기억, 연산, 출력 그리고 제어인 컴퓨터의 기본 기능 단위와 관련한 기능들의 집합으로 하나로 묶어서 정해진 인터페이스(Interface)를 통해서만 정보를 주고 받을 수 있는 프로그램 단위를 말한다. 이러한 모듈을 논리적 모듈(Logical Module)이라고 하고 기계어와 어셈블리 언어를 제외하고 모든 언어는 어떠한 형식으로든지 논리적 모듈을 가지고 있다.

고급 언어에서 번역과 실행 작업할 때, 즉 프로그램을 컴파일, 링크, 적재할 때 독립해서 식별할 수 있는 프로그램 단위인 물리적인 모듈(Physical Module)들도 제공하게 된다.

2) 구성요소

모듈은 기본적으로 외부로부터 받는 0개 이상의 데이터(들)에 대한 입력, 0개 이상의 처리되어진 데이터를 밖으로 내보내는 출력, 어떤 처리를 하는지에 대한 의미를 갖는 명칭(Name)에 대한 기능(Function), 받아들인 데이터를 처리하는데 있어서 행위들과 행위들의 순서에 대한 절차(Procedure) 그리고 절차에서 사용되어지는 내부 데이터(Internal Data)들로 구성된다.

이러한 구성 요소들이 기술되어지는 영역들이 정해져 있으며, 이에 따라 모듈의 사양부(Specification)와 구현부(Implementation)로 나누어진다. 입력, 출력 그리고 기능으로 구성되어지는 부분으로 모듈과 사용자 사이의 인터페이스를 기술한 부분을 사양부라고 한다. 절차와 내부 데이터(들)를 기술한 부분으로 사양부에서 제시한 기능을 수행하기 위해 자세히 기술한 부분을 구현부라고 하는 것이다. 또한 구현부는 몸체(Body)라고도 한다. [그림 2-2]는 모듈의 구조이다.

| 사양부(Specification) : 입력, 기능, 출력 |
| 구현부(Implementation) : 내부 데이터, 절차 |

그림 2-2 모듈의 구조

따라서 모듈은 크게 사양부를 기술하는 작업과 구현부를 기술하는 작업으로 구분해서 차례대로 진행하면 작성된다.

4. C 언어 모듈

그러면 C 언어에서 적용되는 모듈에 대해서 정리해 보도록 하자. 컴파일러 언어이기 때문에 원시 코드 관련 논리적 그리고 물리적 모듈이 존재해야 하고, 원시 코드 파일을 기계어 코드로 변환된 형태의 물리적 모듈이 존재해야 하며, 그리고 실행 가능한 프로그램이라면 주기억장치에 복사될 때, 즉 적재될 때 물리적 모듈이 존재해야 한다.

표 2-1 C 언어의 모듈들

	구 분	비 고
논리적 모듈	함수(Function)	
물리적 모듈	원시 코드 파일	컴파일 단위
	목적 코드 파일	링크 단위
	실행 코드 파일	적재 단위

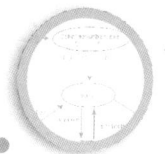

따라서 [표 2-1]과 같이 C 언어에서 적용되는 모듈들을 정리할 수 있다. 1장에서 사용된 소수인지 판단하는 프로그램을 작성하는데 필요한 모듈들을 정리하면 [표 2-2]와 같다.

표 2-2 소수인지 판단하는 프로그래밍 시 사용된 모듈들

구 분		명 칭
논리적 모듈	함수(Function)	main(), IsPrimeNumber(), scanf(), printf()
물리적 모듈	원시 코드 파일	IsPrimeNumber.c
	목적 코드 파일	IsPrimeNumber.obj
	실행 코드 파일	IsPrimeNumber.exe

2장에서 논리적 모듈인 함수에 대해서 공부해 보도록 하고, 3 장에서 물리적 모듈인 원시 코드 파일에 대해서 공부해 보도록 하겠다.

1) 함수(Function)

C 언어에서 논리적 모듈은 함수(Function)이다. 개념적으로 보면 함수는 컴퓨터 프로그램에서 수식 내에 사용되고, 하나의 값이 구해지는 절차를 나타내는 프로그램의 구성단위의 하나이다.
이러한 함수는 어떠한 구조를 가지고 있고, 어떻게 만드는지에 대해 앞에서 정리된 모듈 관련 개념들을 적용해서 정리해 보도록 하자.

(1) 구 조

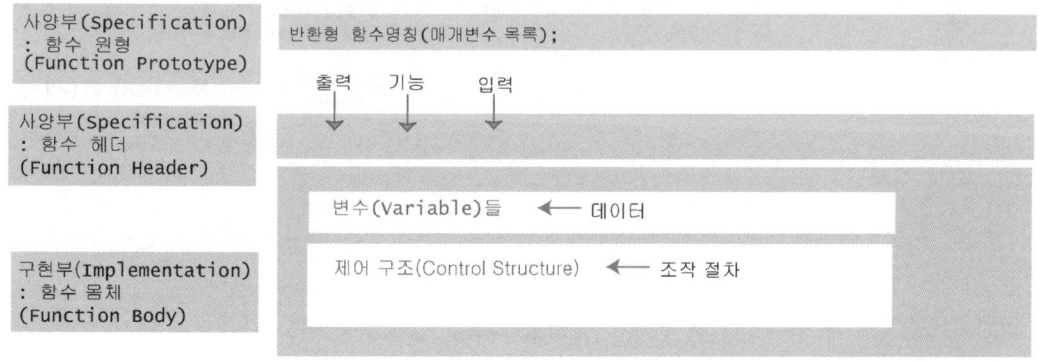

그림 2-3 함수의 구조

[그림 2-3]에서 보는 것처럼 함수의 구조는 우선 크게 두 부분으로 구성된다. 모듈과 사용자간의 인터페이스 역할을 하는 사양부에 해당하는 부분을 함수 머리(Function Header)라고 하고, 여는 중괄호({)로 시작해서 닫는 중괄호(})로 끝나고, 모듈의 기능 수행을 위해 필요한 컴퓨터의 기본 기능

들과 실행 순서가 기술되어진 구현부를 함수 몸체(Function Body)라고 한다.

모듈의 구성 요소와 C 언어의 함수의 구성 요소를 비교해 보면, 입력은 매개변수(혹은 인수, Parameter)로 출력은 되돌림값(혹은 반환값, Return value)의 자료형, 즉 반환형(Return type) 그리고 기능은 함수 명칭(Function Name)으로 각각 대응된다. 그리고 절차는 제어 구조(Control Structure)로 그리고 내부 데이터는 변수, 정확히 지역 변수(Local Variable)로 대응이 되는 것이다.

[그림 2-4]는 소수인지 판단하는 함수의 구조이다.

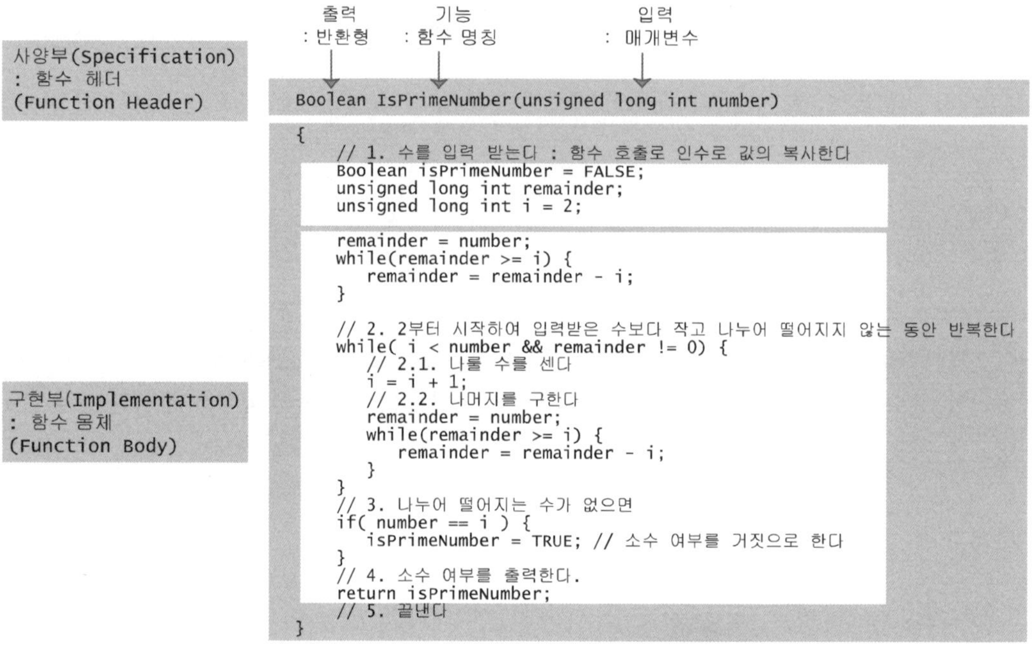

```
                            출력      기능       입력
                          :반환형  :함수 명칭  :매개변수
사양부(Specification)
: 함수 헤더
(Function Header)      Boolean IsPrimeNumber(unsigned long int number)
                       {
                           // 1. 수를 입력 받는다 : 함수 호출로 인수로 값의 복사한다
                           Boolean isPrimeNumber = FALSE;
                           unsigned long int remainder;
                           unsigned long int i = 2;

                           remainder = number;
                           while(remainder >= i) {
                               remainder = remainder - i;
                           }

                           // 2. 2부터 시작하여 입력받은 수보다 작고 나누어 떨어지지 않는 동안 반복한다
구현부(Implementation)   while( i < number && remainder != 0) {
: 함수 몸체                  // 2.1. 나눌 수를 센다
(Function Body)             i = i + 1;
                            // 2.2. 나머지를 구한다
                            remainder = number;
                            while(remainder >= i) {
                                remainder = remainder - i;
                            }
                        }
                        // 3. 나누어 떨어지는 수가 없으면
                        if( number == i ) {
                            isPrimeNumber = TRUE; // 소수 여부를 거짓으로 한다
                        }
                        // 4. 소수 여부를 출력한다.
                        return isPrimeNumber;
                        // 5. 끝낸다
                       }
```

그림 2-4 IsPrimeNumber() 함수의 구조

(2) 작성 절차

함수의 구조를 이해했으므로 함수를 만드는 절차를 공부하도록 하자. 논리적 모듈은 앞에서 언급된 것처럼 먼저 사양부를 기술하고 차례대로 구현부를 기술하면 작성된다.

마찬가지로 함수도 함수 머리를 먼저 기술하고 다음은 중괄호를 열고 닫음으로 해서 함수 몸체를 기술하면 작성된다. 이렇게 해서 함수를 작성할 때 C 언어에서는 "함수를 정의(Definition)한다"라고 한다.

그리고 C 언어에서는 특이하게 사양부에 해당하는 함수 머리만을 기술할 수도 있다. 이 작업을 할 때는 "함수를 선언(Declaration)한다"라고 한다.

여기서 하나의 개념을 정리해야 하는데, 함수를 정의할 때도 사양부에 해당하는 함수 머리를

기술하여야 하기 때문에 함수의 정의는 함수의 선언을 포함하고 있음을 알 수 있다. 따라서 C 언어에서 함수를 작성하는 순서는 함수 선언을 먼저하고 함수를 정의해야 한다.

개념적으로 선언(Declaration)이란 어떤 고급 언어로 작성된 원시 프로그램에서 그 프로그램의 번역기에 필요한 정보, 특히 프로그램에서 실행 시 사용될 데이터의 특성을 전달하기 위한 표현 방법을 말한다.

C 언어에서 프로그램 관점으로 보면, 함수도 데이터이다. 따라서 함수 선언(Function Declaration)이란 함수에 대한 특성들, 즉 함수 명칭(Function Name)과 되돌림 값(Return Value)의 자료형(Data Type), 즉 반환형(Return Type), 그리고 매개변수 목록(Parameter list)을 C 컴파일러(Compiler)에게 알리는 표현인 것이다.

[그림 2-5]는 IsPrimeNumber() 함수를 선언한 결과이다. 선언할 때 맨 마지막에 세미콜론을 찍어 문장임을 강조해야 한다.

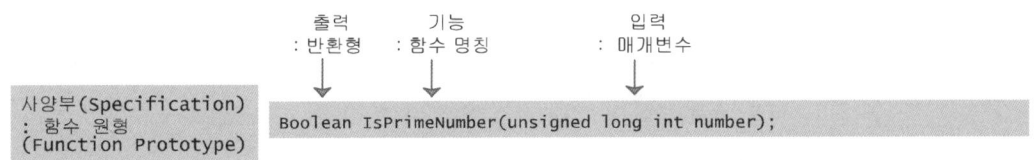

그림 2-5 IsPrimeNumber() 함수의 함수 원형(Function Prototype)

이렇게 함수 명칭, 반환형 그리고 매개변수 목록만을 기술한 것을 함수 원형(Function Prototype)이라고 한다. 함수를 사용할 때 함수원형으로 필요한 입력, 출력에 대한 정보들을 얻을 수 있게 된다. 따라서 선언 시 매개변수 명칭을 생략하지 않도록 하자.

매개변수 목록은 함수이기 때문에 반드시 소괄호(( ))안에 작성되어야 하고, 2개 이상의 매개변수들로 구성될 때는 매개변수들을 쉼표(,)로 구분하여 나열하여야 하며, 매개변수(Parameter, 혹은 인수)는 자료형(Data Type)과 명칭(Name)으로 구성된다.

다음은 정의에 대해서 몇 가지 개념들을 공부해 보도록 하자. C 프로그램에서 실행을 정의하는 문장(Statement)은 컴퓨터가 처리해야 하는 하나의 동작(Operation)을 기술하는 것으로 반드시 세미콜론(Semi-colon, ;)으로 끝마쳐지는 C 프로그램 구성의 기본 단위이다.

C 프로그램은 구조화 프로그래밍을 채택하고 있다. 따라서 문장들은 모듈로 정의되는 것이 보통이다. 한 모듈에 속하는 문장들은 중괄호(Brace, {})로 묶어서 한 덩어리로 취급하는데, 이와 같이 중괄호로 묶어진 문장들의 덩어리를 블록(Block)이라고 한다.

함수 자체는 하나의 모듈이므로 하나의 블록으로 구성되어야 한다. 따라서 함수를 정의할 때는 반드시 중괄호로 함수 블록을 설정해야 한다. 물론 단 하나의 문장만을 묶어서 블록을 형성할 수도 있다. 그러한 C 언어에서는 중괄호로 묶여지지 않은 문장은 각각을 하나의 단위로 취급하기 때문에 선택구조(if)나 반복구조(while)에 대한 중괄호, 즉 제어블록에 대해서는 하나의 문장을 블록화한다는 것은 의미가 없다. [그림 2-4]에서 코드의 일부분을 [코드 2-3]과 같이 고쳐도 IsPrimeNumber() 함수가 실행하는데는 아무런 문제가 없다는 말이다. 그렇지만 2부터 시작하여 나누어 떨어지는지에 대한 반복제어구조에 대해서는 실행되는 문장들이 2개 이상이므로 반드시 중괄호로 제어블록을 설정해야만 한다.

그렇지만 코드의 가독성과 유연성을 위해서 제어블록에 대해서는 하나의 문장이라도 반드시 블록화하도록 하자.

지역변수가 필요한 경우는 항상 블록의 맨 앞에 선언 및 정의해야 한다는 것도 기억하도록 하자.

```
Boolean IsPrimeNumber(unsigned long int number) {
    // 1. 수를 입력 받는다 : 함수 호출로 인수로 값의 복사한다
    Boolean isPrimeNumber = FALSE;
    unsigned long int remainder;
    unsigned long int i = 2;

    remainder = number;
    while(remainder >= i)
        remainder = remainder - i;

    // 2. 2부터 시작하여 입력받은 수보다 작고 나누어 떨어지지 않는 동안 반복한다
    while( i < number && remainder != 0) {
        // 2.1. 나눌 수를 센다
        i = i + 1;
        // 2.2. 나머지를 구한다
        remainder = number;
        while(remainder >= i)
            remainder = remainder - i;
    }
    // 3. 나누어 떨어지는 수가 없으면
    if( number == i )
        isPrimeNumber = TRUE; // 소수 여부를 거짓으로 한다

    // 4. 소수 여부를 출력한다.
    return isPrimeNumber;
    // 5. 끝낸다
}
```

코드 2-3 제어블록이 생략된 IsPrimeNumber() 함수

이렇게 함수의 정의가 끝나면 만들어진 함수를 이용할 수 있다. 즉 [코드 2-4]에서처럼 함수를 호출하여 원하는 결과를 얻을 수 있는지 확인할 수 있다. 함수의 호출은 호출하는 함수가 있어야 하기 때문에 main() 함수를 설명할 때 공부하도록 하자.

```
Boolean isPrimeNumber; // 반환값 저장 변수
unsigned long int number = 3; //

isPrimeNumber = IsPrimeNumber(2); // 상수 이용 함수 호출
isPrimeNumber = IsPrimeNumber(number); // 변수 이용 함수 호출
```

코드 2-4 IsPrimeNumber() 함수의 호출 예들

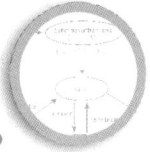

2) main() 함수

C 언어로 작성되는 프로그램은 한 개 이상의 함수로 이루어진다. 특히 단독으로 실행이 가능한 프로그램을 생성하려면 반드시 main() 이라는 함수가 존재해야 한다. 프로그램의 실행은 함수가 기술된 순서에 상관없이 main() 함수에서 시작되기 때문이다. 따라서 반드시 실행이 가능한 프로그램을 만들려고 하면 main() 함수를 작성해야만 한다.

그러면 앞에서 정리된 함수 관련 개념들을 가지고 main() 함수를 작성해 보도록 하자. main() 함수는 프로그래머에 의해서 작성되어지는 사용자 정의 함수(User-Defined Function)이나 권장되는 함수 원형이 [코드 2-5]처럼 제시되고 있다.

```
int main ( int argc, char* argv[] );
```

코드 2-5 main() 함수의 원형

main() 함수의 인자 목록을 이해하기 위해서는 명령 행에 대해서 이해해야 한다. 그리고 명령 행을 이용하여 수를 입력받아 소수인지 판단하는 프로그램을 작성해 봄으로써 main() 함수의 인자 목록을 더욱 더 쉽게 이해할 수 있을 것이다.

● [참고] 명령 행(Command Line)과 인자(Argument)

main() 함수의 인자 목록에 대한 설명을 하기 위해서 명령 행과 명령 행 인자(Command Line Argument)에 대한 개념을 정리해야 한다. 시작>실행을 선택하면 [그림 2-6]과 같은 대화상자가 출력한다.

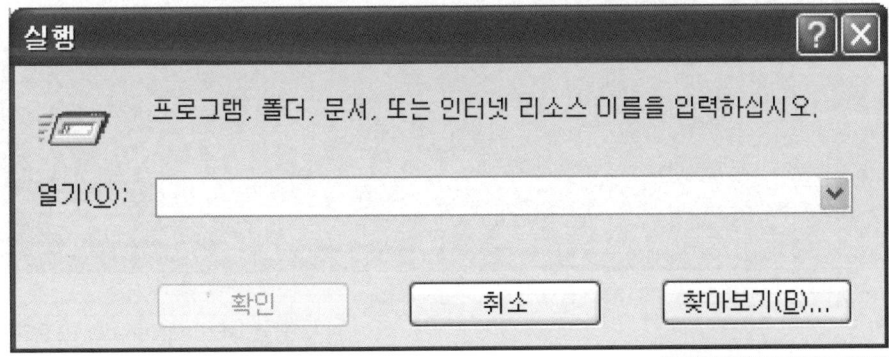

그림 2-6 실행 대화상자

열기 항목에 cmd 를 입력하고 확인 버튼을 클릭하자. 그러면 [그림 2-7]과 같은 콘솔 윈도우가 출력된다.

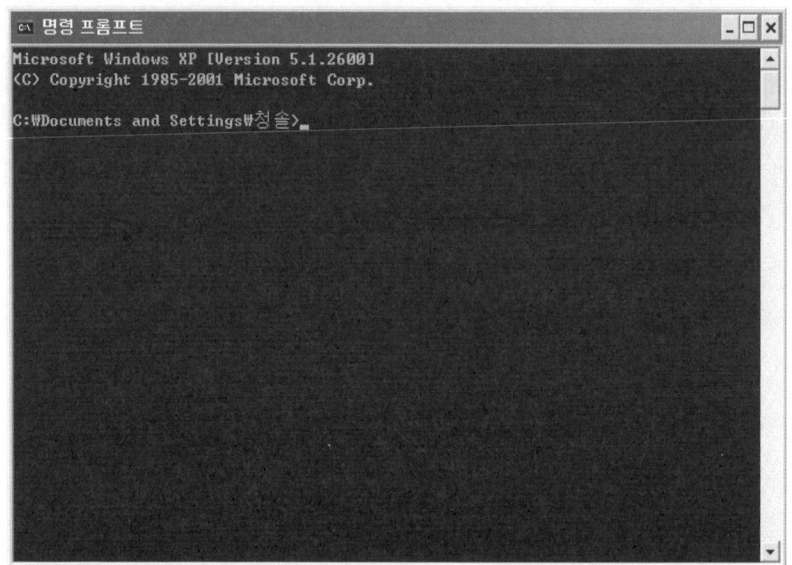

그림2-7 명령 프롬프트 윈도우

출력된 콘솔 윈도우에서 아래와 같은 부분을 볼 수 있을 것이다.

C:\Documents and Settings\청솔>_

이 부분을 사용자로부터 명령을 입력받을 수 있는 위치를 나타내는 프롬프트(Prompt)라고 한다. 이 프롬프트 다음에 사용자가 기술하는 내용을 명령 행이라고 하고 명령 행에 실제로 기술되는 빈칸으로 구분되는 한 개의 문자열을 명령 행 인자라고 하며, 이 인자들이 main() 함수로 전달되는 실인수, 즉 실제 값들이다.

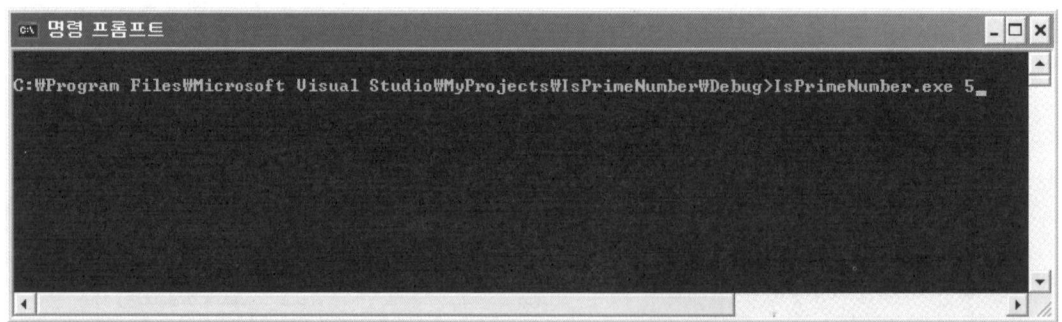

그림2-8 IsPrimeNumber 프로그램의 실행

이 명령 행에 대해 명령 행 인자의 개수는 2개이고 각각 [그림 2-9]와 같은 값들이다.

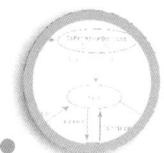

C를 배우면 함수를 잘 만들어야 한다

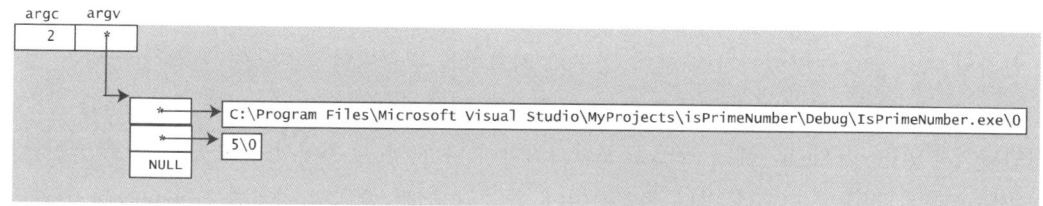

그림 2-9 [그림 2-8]의 명령 행에 대한 메모리 맵

다시 main()함수를 설명하도록 하자. 함수 명칭은 반드시 소문자로 main 이어야 한다. 그리고 매개변수 목록은 2개의 매개 변수로 구성되어진다.

- argc 은 정수형 값으로 명령 행 인자의 개수이다.
- argv 는 문자열 배열 포인터로서 배열의 첫 번째 요소, argv[0]의 내용은 실행되는 프로그램의 완전한 경로명칭(Full path name)이고 두 번째 요소, argv[1]의 내용은 사용자가 명령 행 (Command line)에 기술해 주는 프로그램 명칭 바로 다음에 기술된 첫 번째 인자이다. 그리고 마지막 요소는 argv[argc - 1]이고, argv[argc]의 내용은 매크로 상수 NULL이다. [그림 2-9]를 참고하자.

다음은 되돌림 값에 대해 정리하도록 하자. main() 함수의 되돌림 값은 탈출 코드(Exit Code, 혹은 상태 코드 Status Code)라고 부르는데, 0 에서 255 까지 범위의 정수형 값이다. 프로그램의 실행이 종료되었을 때 운영체제로 반환하는 값을 말한다. 프로그램에서 운영체제로 전달되는 탈출 코드값은 IF ERRORLEVEL ... 과 같은 배치 파일 명령어에서 사용되어진다. return 문이나 exit() 함수에 의해서 되돌림 값이 표현되어진다.

되돌림 값도 처리하고 않고, 인자들도 처리하지 않는다면 [코드 2-6]과 같이 함수 원형을 갖도록 기술할 수도 있다. 그렇지만 권장할 만한 것은 아니다. 가능하면 [코드 2-5]에서 제시한 함수 원형을 그대로 사용하도록 하자.

```
void main ( void );
```

코드 2-6 권장하지 않는 또 다른 main() 함수 원형

main() 함수도 함수를 작성하는 절차대로 [코드 2-5]와 같이 선언하고, 정의를 하면 작성된다. 그렇지만 일반적으로 main() 함수에 대해서는 선언을 따로 하지 않고, 정의만을 한다.

프로그램을 작성할 때 명령 행을 사용하여야 하는 경우들은 많으나, 대개는 프로그램을 사용하는 방법에 대한 메시지를 출력하거나 입력 데이터를 처리하는 경우에 빈번하게 사용되었다.

[코드 2-8]은 명령 행 인자를 이용하여 수를 입력받아 소수인지 판단하는 프로그램이다. 코드에 설명이 필요한 경우를 대비해서 원시 프로그램의 줄마다 번호를 붙이도록 하겠다. 코드를 입력해

서 실행하고자 한다면 번호와 콜론(:)은 생략하도록 해야 한다.

　인자의 자료형이 문자열이기 때문에 정수로 자료형을 바꾸어야 한다. 여러 가지 방법이 있을 수 있지만 여기서는 라이브러리 함수인 atoi() 함수를 사용한다. 그래서 11번째 줄에 atoi() 함수가 선언되어져 있는 <stdlib.h> 헤더 파일을 포함시켜야 한다. [코드 2-7]에서 함수 원형을 보면 반환형이 정수이므로 정수형 변수를 하나 선언하여야 한다. 13번째 줄에서 지역변수 number를 선언 및 정의한다. 그리고 함수의 실행 결과를 저장하여야 함으로 number는 치환 연산자(=)의 왼쪽에 적고 치환 연산자의 오른쪽에 atoi() 함수 호출 식을 작성한다.

　매개변수로 문자열을 요구하므로 인자를 값으로 복사하면 된다. [그림 2-8]과 [그림 2-9]를 참고하도록 하자. 첫 번째 인자는 실행 프로그램의 전체 경로이므로 프로그램에서 입력받는 숫자가 아니다. 입력받는 숫자는 두 번째 인자부터 값으로 복사되어 전달되게 된다. 따라서 하나의 값만 전달받으므로 두 번째 인자가 입력받는 숫자가 되는 것이다. C 언어에서는 첫 번째, 두 번째 개념이 아니라 0번째, 1번째 개념으로 두 번째는 1이 된다. 따라서 argv[1]이 매개변수가 되어야 한다. 그래서 [코드 2-8]에서 16번째 줄처럼 atoi() 함수를 사용하는 표현, 즉 함수 호출(Function Call) 문장을 작성하면 된다.

```
int atoi( const char *string );
```
코드 2-7　atoi() 함수 원형

　라이브러리 함수를 사용하는 절차를 정리해 보자. 첫 번째로 해당 함수가 선언되어져 있는 헤더 파일을 포함시켜야 한다. 두 번째로 함수 원형에 따라 함수 호출 문장을 작성한다.

　main() 함수는 C 프로그램에서 가장 중요한 제어 모듈로서 역할을 하게 된다. 따라서 사용자 정의 함수인 IsPrimeNumber() 함수는 main() 함수에 의해서 사용되어진다. 사용자 정의 함수인 IsPrimeNumber() 함수에 대해서도 사용하는 방법에 대해서 공부해 보도록 하자. [그림 2-5]에서 IsPrimeNumber() 함수 원형을 보면 반환형이 Boolean 이므로, main() 함수에 지역변수를 반드시 선언 및 정의해야 한다. 그리고 치환 연산자의 왼쪽에 기술하여야 한다. 치환 연산자의 오른쪽에는 함수 호출 표현을 해야 한다.

　함수 호출 표현식은 함수 명칭을 적고, 소괄호를 열고 닫아야 한다. 소괄호안에는 매개변수의 개수만큼 상수, 변수 또는 수식을 매개변수의 자료형에 맞게 순서대로 기술해야 한다. IsPrimeNumber() 함수에는 매개변수가 하나이므로 number에 저장된 값을 값 복사해야 하므로 number를 소괄호안에 기술하면 된다. 그래서 20번째 줄을 보면 IsPrimeNumber() 함수 호출 문장을 볼 수 있다.

　코드를 편집하고 저장한 다음, 컴파일과 링크한 후 [그림 2-8]과 같이 프로그램을 실행시켜보자.

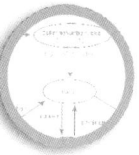

C를 배우면 함수를 **잘** 만들어야 한다

```
01 : /****************************************************************
02 :   파일 명칭 : IsPrimeNumber.c
03 :   함수 명칭 : IsPrimeNumber
04 :   기     능 : 입력받은 수가 솟수인지 아닌지를 판단한다.
05 :   출     력 : 소수 여부
06 :   입     력 : 수
07 :   작 성 자 : 김 석 현
08 :   작성 일자 : 2009년 2월 3일
09 : ****************************************************************/
10 : #include <stdio.h>  // printf()
11 : #include <stdlib.h> // atoi()
12 :
13 : // 사용자 정의 자료형 선언
14 : typedef enum _boolean { FALSE = 0, TRUE = 1 } Boolean;
15 :
16 : // 함수 선언
17 : Boolean IsPrimeNumber ( unsigned long int number ) ;
18 :
19 : // 응용 프로그램의 엔트리 포인터 함수 정의
11 : int main ( int argc, char* argv[] ) {
12 :     Boolean isPrimeNumber ; // 출력 자료 변수 선언
13 :     unsigned long int number ; // 입력 자료 변수 선언
14 :
15 :     // 명령 행 인자로 수를 입력받는다
16 :     number = atoi( argv[1] ) ; // 문자열을 정수로 바꾸다
17 :
18 :     // 소수인지 판단한다
19 :     isPrimeNumber = IsPrimeNumber ( number ) ;
21 :
22 :     // 실행 결과를 모니터에 출력하여 사용자에게 알린다.
23 :     if ( isPrimeNumber == TRUE ) {
24 :         printf ( "%d는 솟수입니다!\n", number ) ;
25 :     }
26 :     else {
27 :         printf ( "%d는 합성수입니다!\n", number ) ;
28 :     }
29 :
30 :     return 0 ;
31 : }
32 :
33 : // 소수인지 판단한다
34 : Boolean IsPrimeNumber(unsigned long int number) {
35 :     // 1. 수를 입력 받는다 : 함수 호출로 매개변수로 값의 복사한다
36 :     Boolean isPrimeNumber = FALSE ;
37 :     unsigned long int remainder ;
38 :     unsigned long int i = 2 ;
39 :
40 :     remainder = number ;
41 :     while ( remainder >= i ) {
42 :         remainder = remainder - i ;
43 :     }
44 :
45 :     // 2. 2부터 시작하여 입력받은 수보다 작고 나누어 떨어지지 않는 동안 반복한다
46 :     while ( i < number && remainder != 0 ) {
47 :         // 2.1. 나눌 수를 센다
48 :         i = i + 1 ;
49 :         // 2.2. 나머지를 구한다
50 :         remainder = number ;
51 :         while ( remainder >= i ) {
52 :             remainder = remainder - i ;
53 :         }
54 :     }
55 :     // 3. 나누어 떨어지는 수가 없으면
56 :     if ( number == i ) {
57 :         isPrimeNumber = TRUE ; // 소수 여부를 참으로 한다
58 :     }
59 :     // 4. 소수 여부를 출력한다.
60 :     return isPrimeNumber ;
61 :     // 5. 끝낸다
62 : }
```

코드 2-8 명령 행 인자를 이용하여 수를 입력받아 소수인지 판단하는 프로그램

5. 구조화 프로그래밍 예

예를 들어 아주 간단한 문제이지만 입력받은 수가 소수인지 판단하는 프로그램을 C 언어로 구조화 프로그래밍으로 작성한다면 다음과 같이 작성할 수 있을 것이다.

1) 하향식 설계(Top-Down Design)

주어진 문제를 컴퓨터로 해결하기 위해서는 컴퓨터가 어떻게 해야 하는지에 대한 생각을 우선 정리해야 한다. 프로그램이 어떻게 구성되어져서 어떻게 실행하는지를 정하는 작업, 즉 설계(Design)를 해야 한다. 설계를 하는데 있어 몇 가지 중요한 개념들을 공부해 보도록 하자.

주어진 문제를 해결하는 프로그램을 구성하는 주요한 요소들을 정의하고, 추상화가 높은 수준의 구성요소들을 추상화가 낮은 수준의 요소들로 분해하여 인간이나 컴퓨터가 이해할 수 있는 수준에 도달할 때까지 반복함으로써 프로그램이 어떻게 구성되어 어떻게 작동할지를 정하는 과정을 하향식 설계라고 한다.

● 프로그램 구조도 만들기 : 시스템 챠트 작도

컴퓨터를 이용해야 하기 때문에 가장 기본적으로 컴퓨터가 실행할 수 있는 기본 기능들로 프로그램을 구성하는 주요한 요소들을 정의해야 한다. 즉 입력, 기억, 연산, 출력 그리고 제어 중에서 필요한 것들을 정해야 한다. 주어진 문제가 컴퓨터의 기본 기능들 중에서 어떠한 처리들을 해야 하는지 쉽게 결정할 수 있을 것이다. 이러한 개념하에 주어진 문제에 대해 기능적인 정리들을 해보면, 프로그램의 전체 구조를 파악할 수 있게 된다.

입력받은 수가 소수인지 판단하는 문제를 해결하는 프로그램은 숫자를 입력받는 기능, 입력받은 수가 소수인지 판단하는 기능, 그리고 소수 여부를 출력하는 기능으로 구성되어야 하고 열거한 기능들이 차례대로 진행하는지를 감독하는 제어기능으로 구성되어야 한다.

다음은 프로그램을 구성하는 기능들을 나열하고, 기능들간의 관계 및 입출력을 기술하여 문서화해서 전체적인 프로그램의 구조도를 작성하면 된다.

이렇게 프로그램의 구조도를 작성하는데 유용한 도구로 시스템 챠트(System Chart)를 사용할 수 있다. [그림 2-10]은 입력받은 수가 소수인지 판단하는 프로그램에 대해 기능들을 정리한 시스템 챠트이다.

시스템 챠트는 간단한 도구로 바로 작도하는 방법을 설명하도록 하겠다. 문제를 해결하는데 필요한 기능에 대해 타원으로 작도하는데, 기본적으로 실행 순서는 위쪽에서 아래쪽으로, 그리고 왼쪽에서 오른쪽이므로 실행 순서에 맞게 적당한 위치에 작도하고, 타원 가운데에 동사형의 명칭을 적는다. 그리고 관계를 갖는 모듈간의 화살표를 이용해서 관계를 나타내고, 화살표의 방향으로 입

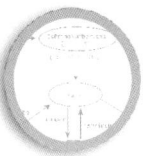

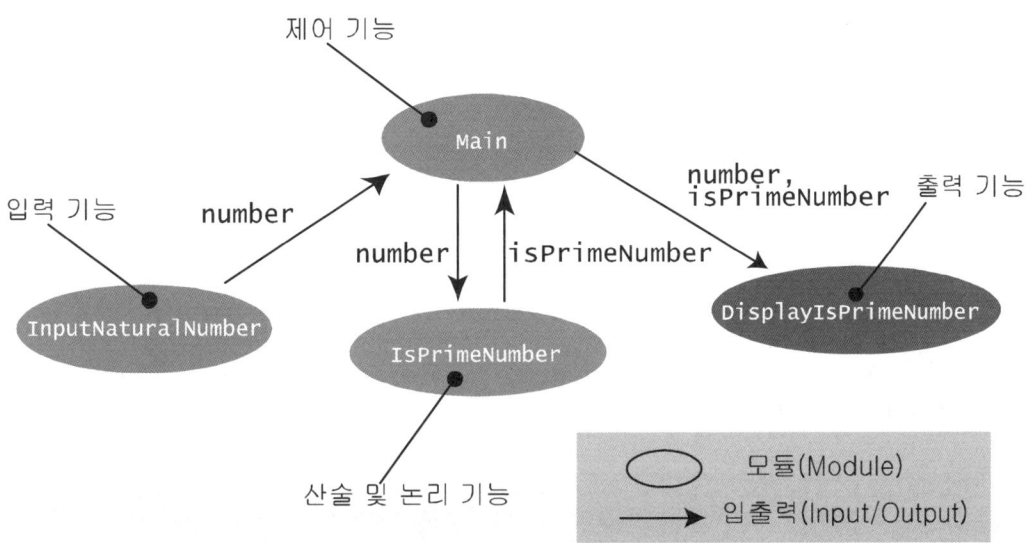

그림 2-10 입력받은 수가 소수인지 판단하는 프로그램 구조도(시스템 챠트)

력과 출력을 나타내는데, 타원쪽으로 화살표가 그려져 있으면 입력을 나타내고, 반대쪽으로 그려져 있으면 출력을 나타낸다. 입력과 출력에는 데이터들이 있을 수 있는데, 입출력 데이터들은 개수만큼 데이터들에 대한 명칭들을 쉼표로 구분해서 화살표 옆에 적으면 된다. 이렇게 작도된 기능 하나를 모듈이라고 한다.

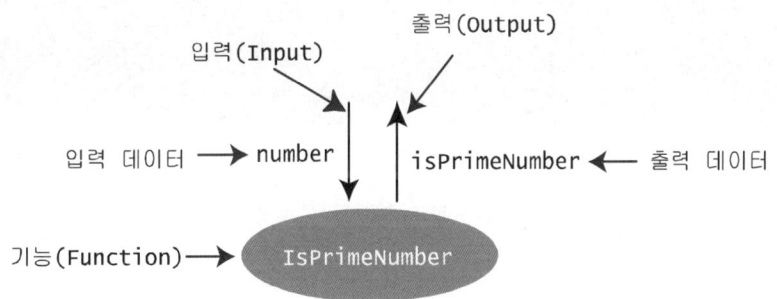

그림 2-11 시스템 챠트의 모듈

계속적으로 입력, 기억, 연산, 출력, 제어 모듈에 대해 컴퓨터의 기본기능들로 구성 요소들을 정의함으로써 사람이나 컴퓨터가 이해할 수 있도록 표현해야 한다. 이때 가장 낮은 추상화 정도를 가지는 모듈에 대해서는 순차, 반복 그리고 선택의 세 가지 제어구조만으로 제어논리를 정리하여 상세화하여야 한다.

[그림 2-10]의 시스템 챠트에 정리된 모듈들은 더 이상 분해되어 추상화가 낮은 하위 모듈을 가질 필요가 없는 모듈들이기 때문에 순차, 반복 그리고 선택의 세 가지 제어구조만으로 논리를 정리

하면 될 것이다. 입력과 출력 모듈에 대해서는 화면 설계(Screen Design)로 그리고 연산과 제어모듈은 내부 설계(Internal Design) 작업으로 제어논리를 정리해서 사람이나 특히 컴퓨터가 이해할 수 있도록 해야 한다.

● 입출력 모듈 설계 : 화면 설계

입력과 출력 모듈들에 대해서는 화면 설계 작업으로 제어논리를 정리하면 된다. 화면 설계에 대한 내용은 이 책의 범위를 벗어나는 것이므로 자세한 설명을 하지 않도록 하겠다.

InputNaturalNumber() 입력 모듈은 순차구조로 프로그램 제목, 입력 범위와 프로그램을 끝내는 방법에 대한 간단한 메시지를 출력하고, 키보드로부터 값을 입력받을 수 있도록 처리하면 될 것이다. 따라서 [그림 2-12]와 같은 화면 설계가 이루어지면 된다.

그림 2-12 입력 모듈 설계

다음은 DisplayIsPrimeNumber() 출력 모듈도 입력 메시지 영역과 구분하기 위한 구분선과 소수 여부에 대한 메시지를 출력하고, 키 입력을 위한 메시지 출력 그리고 키 입력에 대해 순차구조로 제어논리를 정리할 수 있도록 화면 설계를 하면 [그림 2-13]과 같은 결과를 얻을 수 있을 것이다.

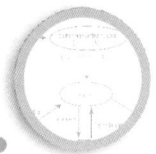

C를 배우면 함수를 잘 만들어야 한다

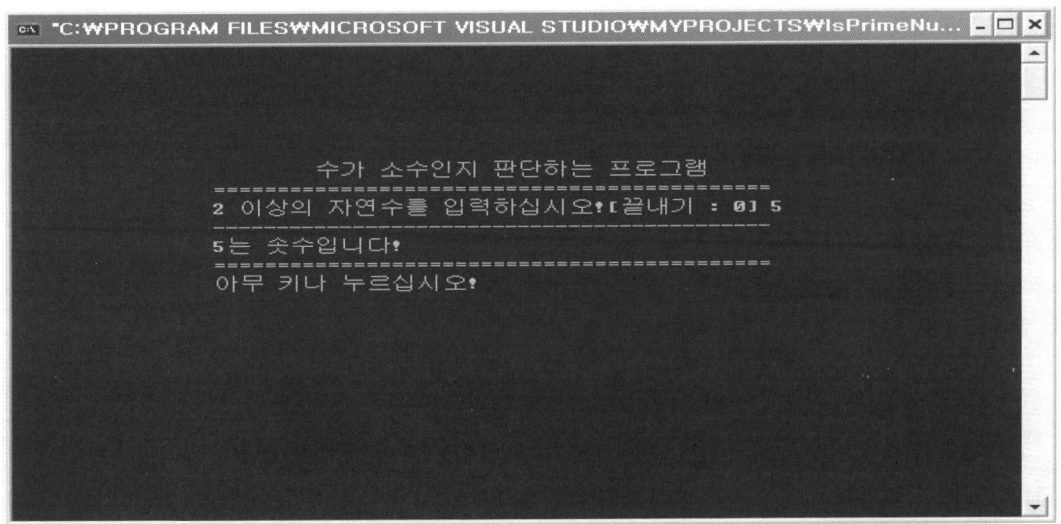

그림 2-13 출력 모듈 설계

● 연산 모듈 설계 : 내부 설계

연산 모듈에 대해서는 순서도(Flow Chart)나 Nassi-Schneiderman(NS) Chart로 제어논리를 정리하면 된다. 연산 모듈에 대해 제어논리를 정리하는 작업에 관련된 알고리듬 개념과 알고리듬을 작성하는 절차에 대한 부분도 이 책의 범위를 벗어나기 때문에 개략적인 절차만을 소개하는 것으로 하겠다.

모듈 하나에 대해서 상세화하는 작업을 할 때도 하향식 개발 개념을 그대로 적용해서 컴퓨터의 기본 기능들에서 어떠한 처리들을 할 것인지를 정하고, 그리고 난 후 어떠한 처리에 대해 어떻게 할 것인지를 단계적으로 생각해서 정리하면 더욱더 쉽게 구성할 수 있다. 따라서 다음과 같은 2단계로 나누어서 진행하도록 하자.

(1) 자료 명세서와 처리 과정 작성 단계
(2) 순서도 혹은 NS Chart 같은 그래픽 도구로 작도 단계

자료 명세서와 처리 과정

다음은 처리하고자 하는 데이터와 데이터를 처리하는 단계들을 세 가지 논리 구조, 순차, 반복 그리고 선택 구조만으로 정리한다. 이때 관점은 어떠한 데이터를 가지고 어떠한 처리를 어떤 순서대로 일을 처리해야 하는지에 대해 개념적인 측면에서 기술하면 된다. 이 때 사용되는 언어는 대개는 자연어를 사용한다. 이렇게 정리된 제어논리를 처리과정이라고 한다. 수를 입력받아 소수 여부를 판단하는 연산 모듈에 대한 처리 과정은 [표 2-3]과 같이 정리될 것이다.

표 2-3 처리 과정

1. 수를 입력받는다. (입력·기억)
2. 2부터 입력받은 수보다 작고 나누어 떨어지지 않은 동안 반복한다. (제어 : 반복)
   2.1. 수를 센다. (산술·기억)
   2.2. 센 수로 입력받은 수에 대해 나머지를 구한다. (산술·기억)
3. 나누어 떨어지지 않았는지 확인하여 소수 여부를 결정한다. (제어 : 선택)
   3.1. 떨어지지 않았으면 소수, 참이다. (논리·기억)
   3.2. 떨어졌으면 합성수, 거짓이다. (논리·기억)
4. 소수 여부를 출력한다. (출력)
5. 끝낸다.

기본적으로 수를 입력받아 2부터 수를 세면서 입력받은 수에 대해서 나누어떨어지는지를 확인하다가 나누어떨어지지 않으면 소수이므로 참임을 출력하고 끝내면 되는 순차구조를 작성하면 된다(1, 2, 3, 4, 5).

이렇게 작성된 처리 과정에서 2부터 입력받은 수보다 작은 동안 나누어떨어지는지를 확인하는 작업을 여러 번 실행해야 함으로 들여쓰기와 가우스 번호 부여 체계를 이용하여 반복구조를 만들어야 한다(2, 2.1, 2.2).

반복구조의 실행이 끝난 후 나누어떨어졌는지 아닌지에 따라 소수 여부를 결정해야 하기 때문에 선택구조를 사용해서 소수 여부의 값을 설정해야 한다. (3, 3.1, 3.2)

그리고 앞에서 정리된 처리 과정에서 언급되고 있는 데이터들에 대해 자료 유형과 사용된 용도에 따라 출력, 입력, 처리 및 제어 구조를 작성하는데 사용되는 데이터인 추가로 구분하여 [표 2-4]처럼 정리한다.

[표 2-3]과 [표 2-4]와 같이 문서화를 해서 개념들을 명확하게 정리하여야 한다. 구조화 프로그래밍의 특징인 하향식 접근 방법과 세 가지 반복구조 그리고 문서화 등이 계속적으로 적용되고 있음을 알 수 있을 것이다.

표 2-4 자료 명세서

번호	명 칭		자료유형	구 분	비 고
	한 글	영 문			
1	소수 여부	isPrimeNumber	논리	출력	
2	수	number	정수	입력	
3	나머지	remainder	정수	처리	
4	반복제어변수	i	정수	추가	

● 그래픽 도구

다음은 자료 명세서와 처리 과정으로 정리된 요소들에 대해 컴퓨터가 이해할 수 있는 수준으로

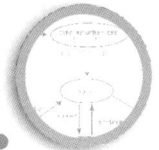

컴퓨터의 기본 기능, 기억장치의 원리 그리고 세 가지 논리 구조만으로 컴퓨터가 어떠한 데이터를 가지고 어떠한 처리를 어떤 순서대로 일을 처리해야 하는지에 대해 방법적인 측면에서 기술하는 작업이 이루어 져야 한다. 대개는 논리적 표현에 많이 사용되는 순서도를 사용하게 된다. 그렇지만 여기서는 구조화 프로그래밍의 특징으로 언급된 순차, 반복 그리고 선택, 세 가지 제어구조의 표현에 적합한 NS Chart를 사용하도록 하겠다. [그림 2-14]는 NS Chart에서 사용되는 순차, 반복 그리고 선택구조에 사용되는 기호들이다.

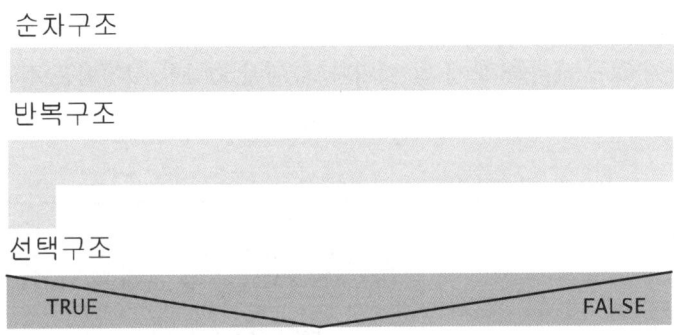

그림 2-14 NS Chart에서 사용되는 기호들

[표 2-3]의 처리 과정에 대해 NS Chart로 제어논리를 작성하면 [그림 2-15]와 같다. [표 2-3]에서 "5. 끝낸다."에 대해 NS Chart 에서 맨 위쪽과 맨 아래쪽에 각각 순차기호로 모듈의 시작과 끝을 나타낸다.

다음은 시작을 나타내는 순차기호 바로 밑에 컴퓨터의 기본 기능인 데이터의 기억 기능을 나타낸다. [표 2-4]의 자료명세서에 정리된 데이터를 저장할 기억장소들을 정리하도록 한다. 필요한 경우에 한하여 기억장소를 사용할 수 있는 상태에서 최초로 주어지는 값, 초기값을 설정한다. isPrimeNumber에 FALSE, 그리고 i에 대해서 2를 설정하고 있다.

다음은 소수인지 판단해야 하는 수를 입력받는 표현을 read 명령어 다음에 입력받은 수를 저장할 기억장소를 기술해서 나타낸다.

입력받은 수에 대해 2부터 세는 수에 대해 나머지를 구하는 반복구조이다. 이 반복구조는 나누어 떨어지는지 확인하는 반복구조에서 다시 한 번 더 작도되어있다. 반복구조에서는 반복을 제어하는 값을 저장하는 반복제어변수에 대해 초기식, 조건식 그리고 변경식으로 차례대로 구성된다. 반복제어변수 remainder에 대해 치환식으로 우선 초기식을 만든다. 그리고 반복횟수가 정해진 경우가 아니므로 while 키워드를 사용하고, while 반복구조는 선 검사 반복구조이기 때문에 참인 동안 반복해야 하기 때문에 나머지에 저장된 값이 세어지는 수인 i보다 크거나 같은 동안 반복하도록 해야, 작아지면 거짓이 되어 반복을 끝내 나머지를 구할 수 있다. 그리고 마지막으로 반복구조에서 반복

5. 구조화 프로그래밍 예 **51**

제어변수에 저장된 값을 변경하도록 해야 한다.

다음은 나누어 떨어졌는지에 대해 확인을 하는 것으로 나누어떨어지지 않았으면 소수가 되는 것이다. 2부터 어떠한 수로도 나누어떨어지지 않았다면 i가 입력받은 수와 같을 것이다. 따라서 number와 i가 같은지에 대해 평가하는 조건식에 대해 선택구조를 작성하면 된다. 조건식을 평가해서 참이면 isPrimeNumber의 값을 TRUE로 설정하면 된다.

그리고 마지막으로 isPrimeNumber의 값을 출력하는데, 순차기호를 작도하고 print 명령어 뒤에 출력하고자 하는 값들을 쉼표로 구분하여 나열하면 된다.

다음은 제어논리에 대해서 정확성에 대해 검토 과정을 거쳐야 한다. 그렇지 않으면 잘못된 지시를 하게 되어 원하지 않는 결과를 보게 될 것이다. 앞에서 언급한 것처럼은 컴퓨터는 지시한 대로만 명령을 처리한다는 것을 항상 명심하도록 하자.

1. 수를 입력받는다

2. 2부터 입력받은 수보다 작고 나누어 떨어지지 않은 동안 반복한다.

   2.1. 수를 센다

   2.2. 센 수로 입력받은 수에 대해 나머지를 구한다.

3. 나누어 떨어지지 않았는지 확인하여 소수 여부를 결정한다

4. 소수 여부를 출력한다.

5. 끝낸다

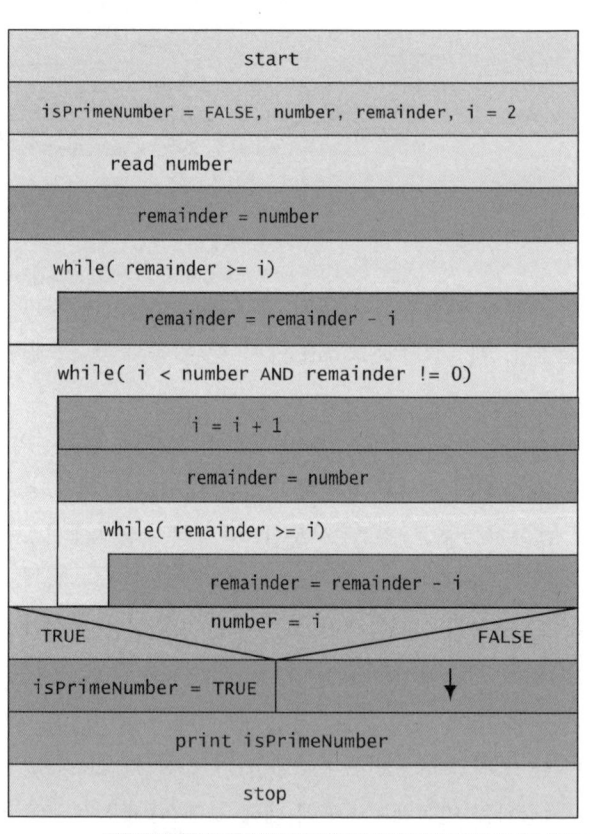

그림 2-15 입력받은 수가 소수인지 판단하는 제어논리

2) 하향식 프로그래밍(Top-Down Programming)

다음은 설계에서 도출된 산출물들을 가지고 프로그래밍 언어로 코딩을 하는 작업을 해야 한다.

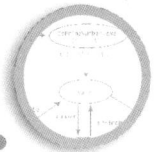

C를 배우면 함수를 잘 만들어야 한다

앞에서 배운 C 언어의 논리적인 모듈인 함수와 함수를 만드는 절차를 복습하자. 시스템 챠트를 가지고는 함수를 선언하고 호출하는 코드를 작성할 수 있고, 화면 설계와 내부 설계에서 도출된 산출물을 가지고는 함수를 정의한다.

다음은 프로그램의 구조도를 보고, 개략적으로 어떻게 실행하는지를 이해하기 위해서 C 언어로 프로그래밍을 해 보도록 하자. C 언어로 프로그램을 작성한다면, 각각의 기능들은 잘 정의된 한 가지 일을 수행하는 프로그램의 논리적인 일부분인 모듈, 즉 함수(Function)로 표현해야 한다.

상위 모듈로서 전체 프로그램의 기능을 나타내는 Main 모듈은 실행 가능한 프로그램을 작성하고자 한다면 C 언어에서는 반드시 main() 함수로 작성해야 한다. main() 함수는 대개는 선언하지 않고 바로 정의를 하는 것이 일반적이다. 그리고 정상적인 종료인 경우 되돌림 값이 0 이어야 하기 때문에 [코드 2-9]와 같이 스터브 모듈로 작성만 하도록 하자.

```
01 : int main(int argc, char* argv[]) {
02 :     return 0;
03 : }
```

코드 2-9 main() 함수

다음은 입력, 연산 그리고 출력 모듈에 대해서 선언을 해 보자. 전산에서 기본적으로 처리하는 순서는 위쪽에서 아래쪽으로 그리고 왼쪽에서 오른쪽으로 진행하는 것이 원칙이므로, 입력 모듈부터 작성해 보도록 하자.

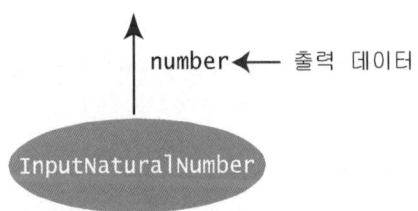

그림 2-16 입력 모듈

[그림 2-16]의 InputNaturalNumber 입력 모듈에 대해 함수를 선언해 보도록 하자. 선언 위치는 3장에서 배우겠지만 [코드 2-10]처럼 대개 main() 함수 정의 영역의 앞이다.

```
01 : unsigned long int InputNaturalNumber();
02 :
03 : int main(int argc, char* argv[]) {
04 :     return 0;
05 : }
```

코드 2-10 InputNaturalNumber() 함수 선언

5. 구조화 프로그래밍 예

출력 데이터가 있는지 없는지를 확인한다. 출력 데이터가 1개 있으므로 출력 데이터의 자료형으로 반환형을 결정한다. 소수 개념을 적용할 수 있는 경우가 양의 정수이므로 양의 정수를 표현할 수 있는 최대 범위로 정하자. 따라서 정수이므로 int 키워드를 선택하고, 음수 표현이 필요치 않으므로 unsigned 의 키워드를 선택했고, 최대 크기로 설정하기 위해 long 키워드를 선택해서 unsigned long int 를 자료형으로 결정하면 된다.

모듈 명칭을 함수 명칭으로 사용하고, 입력 데이터가 없으므로 매개변수 목록은 작성하지 않아도 된다.

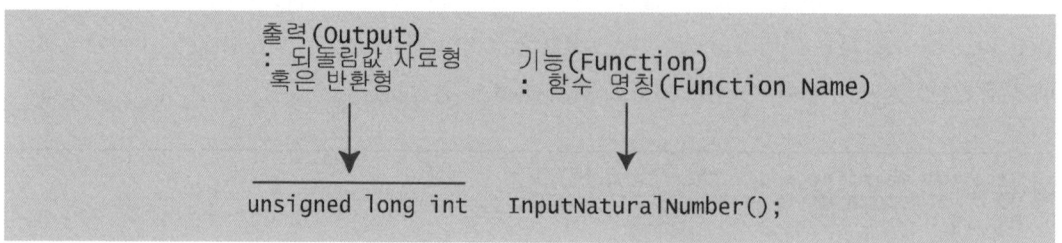

그림 2-17 InputNaturalNumber() 함수 원형

선언할 때 구성되는 항목들에 대해 정리가 되었으므로 출력, 기능 그리고 입력 순으로 항목들을 나열하면 된다. 처음에 반환형을 적고, 한 칸 띄우고 함수 명칭을 적고, 함수이기 때문에 함수 명칭 다음에는 반드시 소괄호를 열고 닫아야 한다. 입력 데이터가 있는 경우에는 소괄호에 입력 데이터 하나당 매개변수 하나씩 쉼표로 구분해서 나열하면 되는데, 이 모듈에서는 입력 데이터가 없으므로 생략한다. 그리고 반드시 마지막에 세미콜론(;)을 찍어 선언 작업이 종료됨을 나타내어야 한다.

다음은 [그림 2-18]의 IsPrimeNumber 연산 모듈에 대해 함수 선언을 해보도록 하자.

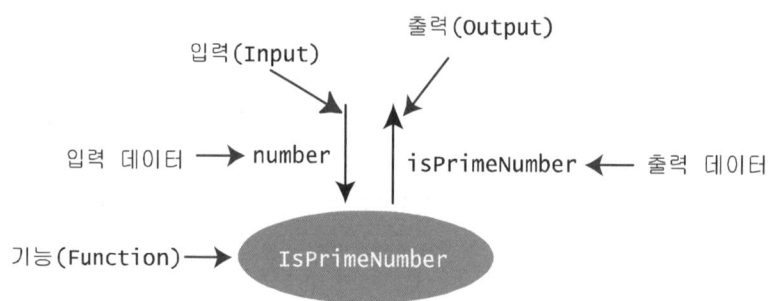

그림 2-18 연산 모듈

출력 데이터가 있으므로 출력 데이터의 자료형을 결정해야 한다. 참과 거짓에 대한 값이므로 논리형으로 결정해야 한다. 그러나 C 언어에서는 특별히 논리형을 제공하지 않고, 정수형으로 처리하는데, 0이면 논리적인 거짓(FALSE)이고 0이 아닌 수가 논리적인 참(TRUE)으로 취급된다. 그렇

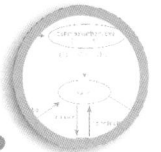

지만 사용자 정의 자료형을 만들 수 있는 기능을 제공하기 때문에 의미를 명확하게 하기 위해서 Boolean 사용자 정의 자료형 명칭을 만들어서 사용하도록 하자. 출력 데이터가 한 개 이므로 출력 데이터의 자료형을 반환형으로 결정하면 된다.

함수 명칭으로는 모듈 명칭을 그대로 사용하고, 입력 데이터가 있으므로 매개변수로 작성되어야 한다. 이때 자료형이 필요함으로 입력 데이터에 대한 자료형을 결정해야 한다. 입력 데이터 number는 정수이고, 정수형에 대해 int 키워드를 선택해야 하고, 양수로 표현되어야 함으로 음수는 필요치 않으므로 unsigned, 그리고 최대 범위로 표현해야 함으로 long 키워드를 선택해서 unsigned long int 자료형으로 결정해서 매개변수의 명칭 앞에 적고 한 칸 뛰어서 매개변수의 명칭을 적어 매개변수를 표현하도록 하자. 이때 매개변수 명칭을 생략해도 무방하나 다른 개발자에 의해서 사용될 때 어떠한 값인지에 대한 의미를 주기 위해서 매개변수 명칭을 생략하지 않도록 하자. 함수 명칭 뒤에 반드시 기술되어야 하는 소괄호 안에 기술해서 입력 데이터에 대해 표현을 마무리하면 된다. 입력 데이터가 여러 개인 경우는 쉼표로 구분해서 열거하면 되고, 이렇게 열거된 매개변수들을 통칭할 때 매개변수 목록이라고 한다.

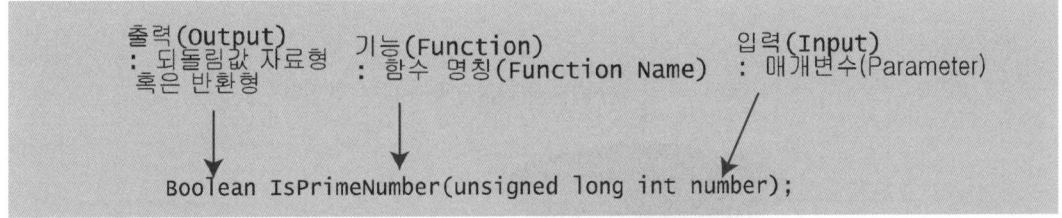

그림 2-19 IsPrimeNumber() 함수의 함수원형

사용자 정의 자료형 Boolean 을 만들어야 한다. 열거형 상수를 만들어서 사용하도록 하자. 열거형 태그 기능을 이용하여 0은 FALSE 그리고 1을 TRUE로 열거형 상수 표현을 하고 typedef를 이용하여 자료형 명칭을 만들어야 한다. 그래서 [코드 2-11]과 같이 기술하면 된다.

```
01 typedef enum _boolean { FALSE = 0, TRUE = 1 } Boolean;
```

코드 2-11 Boolean 사용자 정의 자료형 선언

사용자 정의 자료형 명칭을 사용하기 전에 먼저 선언되어야 한다. 따라서 [코드 2-12]에서 보는 것처럼 함수 선언 영역 앞에 반드시 기술되어야 한다.

Boolean 사용자 정의 자료형이 선언되었다. IsPrimeNumber() 함수를 선언해 보자. 반환형을 앞에 적고, 한 칸 뛰우고 함수 명칭을 적고, 소괄호를 열고 닫고, 소괄호 안에 매개변수를 선언해야 한다. 매개변수를 선언하는 방법은 자료형을 적고, 한 칸 뛰우고 의미있게 명칭을 적으면 된다. 마지막으로 줄의 마지막에 세미콜론을 찍으면 IsPrimeNumber() 함수 선언이 끝나고 [코드 2-12]에서 04번째 줄처럼 함수 원형이 작성되게 된다.

```
01 : typedef enum _boolean { FALSE = 0 , TRUE = 1 } Boolean;
02 :
03 : unsigned long int InputNaturalNumber();
04 : Boolean IsPrimeNumber(unsigned long int number);
05 :
06 : int main(int argc, char* argv[]) {
07 :     return 0;
08 : }
```

코드 2-12 IsPrimeNumber() 함수 선언

다음은 [그림 2-20]의 DisplayIsPrimeNumber 출력 모듈에 대해 함수로 선언해 보도록 하자. 출력 데이터가 없는 모듈이다. 함수는 개념적으로는 반드시 하나의 출력 데이터를 구하기 위한 연산이다. 그렇지만 C 언어는 함수를 프로시저(Procedure) 형식으로도 사용할 수 있도록 하면서 함수의 형식을 유지하도록 하기 위해서 출력 데이터가 없는 연산도 작성해서 사용할 수 있다. 출력 데이터가 없는 경우, 즉 반환형을 결정할 수 없는 경우 함수의 형식에 맞도록 해야 하기 때문에 반환형으로 사용할 수 있는 키워드 void를 제공하고 있다.

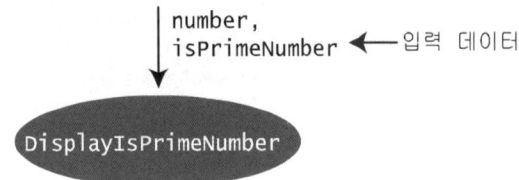

그림 2-20 출력 모듈

따라서 [그림 2-20]과 같이 출력 데이터가 없는 함수는 반환형을 void로 결정해야 한다. 입력 데이터는 두 개이므로 함수명칭 다음에 반드시 존재해야 하는 소괄호안에 쉼표로 구분하여 입력 데이터마다 자료형과 명칭 순서대로 기술해서 매개변수들을 적어 매개변수 목록을 작성해야 한다. 마지막에 세미콜론을 붙여서 문장임을 강조하고 함수를 선언하여야 한다.

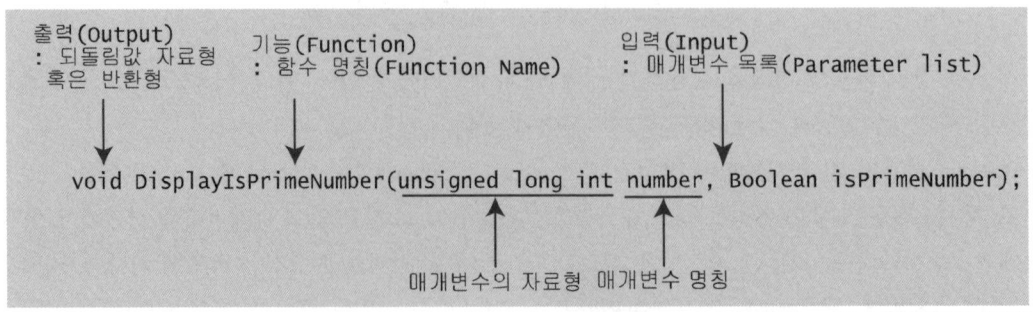

그림 2-21 DisplayIsPrimeNumber() 함수의 원형

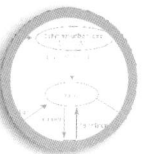

```
01 : typedef enum _boolean { FALSE = 0 , TRUE = 1 } Boolean;
02 :
03 : unsigned long int InputNaturalNumber();
04 : Boolean IsPrimeNumber(unsigned long int number);
05 : void DisplayIsPrimeNumber(unsigned long int number, Boolean isPrimeNumber);
06 :
07 : int main(int argc, char* argv[]) {
08 :     return 0;
09 : }
```

코드 2-13 DisplayIsPrimeNumber() 함수의 선언

다음은 함수들을 정의해 보자. 하향식 프로그래밍을 이해하기 위해서 개략적으로 프로그램이 어떻게 작동하는지를 확인하는 작업을 한다고 가정하자. 그래서 어떻게 작동하는지를 확인하기 위해서 간단하게 2가 입력될 때 소수로 판단되고, 소수이기 때문에 "소수이다"라는 메시지를 출력하도록 해보자. 따라서 앞에 제시된 시나리오에 따라 입출력 모듈과 연산 모듈에 대해서 스터브 모듈로 처리해 보도록 하자.

가상 시나리오에 의하면 InputNaturalNumber() 함수는 2를 출력하는 스터브 모듈로 처리하도록 하자. [코드 2-14]에서 보는 것처럼 함수 원형을 다시 적고 세미콜론만을 제거하여 함수 머리를 만들고 중괄호를 열고 닫아 함수 몸체를 만들어야 한다.

```
01 : typedef enum _boolean { FALSE = 0 , TRUE = 1 } Boolean;
02 :
03 : unsigned long int InputNaturalNumber();
04 : Boolean IsPrimeNumber(unsigned long int number);
05 : void DisplayIsPrimeNumber(unsigned long int number, Boolean isPrimeNumber);
06 :
07 : int main(int argc, char* argv[]) {
08 :     return 0;
09 : }
10 :
11 : unsigned long int InputNaturalNumber() {
12 : }
```

코드 2-14 InputNaturalNumber() 함수의 몸체

앞에서 언급된 것처럼 되돌림 값 2를 출력하는 코드를 작성해야 한다. 함수에서 구한 하나의 값을 어떻게 호출한 함수로 출력하는 것일까? 간단하다. return 문장을 이용하여 값을 출력하고 실행 제어도 호출 함수로 되돌리면 된다. [코드 2-15]에서 12번째 줄처럼 return 키워드를 적고 한 칸 뛰고 출력하고자 하는 값 2를 적고 문장임을 강조하기 위한 구두점인 세미콜론을 줄의 마지막에 찍으면 된다.

```
01 : typedef enum _boolean { FALSE = 0 , TRUE = 1 } Boolean;
02 :
03 : unsigned long int InputNaturalNumber();
04 : Boolean IsPrimeNumber(unsigned long int number);
05 : void DisplayIsPrimeNumber(unsigned long int number, Boolean isPrimeNumber);
06 :
07 : int main(int argc, char* argv[]) {
08 :     return 0;
09 : }
10 :
11 : unsigned long int InputNaturalNumber() {
12 :     return 2;
13 : }
```

코드 2-15 2를 출력하는 InputNaturalNumber() 함수의 정의

다음은 입력되는 2에 대해 참(TRUE)을 출력하는 스터브 모듈로 IsPrimeNumber() 함수를 작성하도록 하자. 입력받은 2가 소수이므로 참(TRUE)을 반환하는 처리만을 하는 것으로 정의하도록 하자. 세미콜론을 뺀 함수 원형대로 적어 함수 머리를 만들고, 중괄호를 열고 닫아서 함수 몸체를 만들자. 그리고 함수 몸체내에 return 키워드를 이용해서 TRUE 값을 출력하는 문장을 작성하자.

```
01 : typedef enum _boolean { FALSE = 0 , TRUE = 1 } Boolean;
02 :
03 : unsigned long int InputNaturalNumber();
04 : Boolean IsPrimeNumber(unsigned long int number);
05 : void DisplayIsPrimeNumber(unsigned long int number, Boolean isPrimeNumber);
06 :
07 : int main(int argc, char* argv[]) {
08 :     return 0;
09 : }
10 :
11 : unsigned long int InputNaturalNumber() {
12 :     return 2;
13 : }
14 :
15 : Boolean IsPrimeNumber(unsigned long int number) {
16 :     return TRUE;
17 : }
```

코드 2-16 IsPrimeNumber() 함수 정의

앞에서 언급한 것처럼 isPrimeNumber의 값이 TRUE이면 "소수이다"를 출력하고, FALSE이면 "합성수이다"라고 모니터에 출력하는 DisplayIsPrimeNumber() 함수를 정의해 보자.

[코드 2-16]에서 05번째 줄에 선언할 때 만든 함수 원형을 적고, 세미콜론을 빼고 중괄호를 열고 닫아서 함수의 머리와 몸체를 만들도록 하자.

그리고 if 문과 else절로 구성되는 선택구조를 사용하여 메시지를 모니터에 출력하도록 하는데, 모니터에 메시지를 출력하는 제어논리를 정리해서 함수를 직접 작성해도 되나, C 컴파일러 개발자에 의해서 작성된 함수, 즉 라이브러리 함수인 printf() 함수를 이용해서 하도록 하자. printf() 함수에서 메시지를 출력하는 방법은 출력하고자 하는 메시지를 큰 따옴표("")로 묶어 값으로 기술하면 된다. 큰 따옴표로 묶어서 표현하는 이유는 메시지가 문자열이기 때문이다.

라이브러리 함수를 사용하기 위해서는 [코드 2-17]과 같은 작업을 반드시 해야 하는데 사용자 정의 자료형을 선언하는 줄 앞에다가 기술한다.

```
01 : #include <stdio.h>
```

코드 2-17 표준입출력 헤더 파일에 대한 전처리 표현식

출력 데이터가 없기 때문에 return 문은 생략해야 한다. 닫히는 중괄호를 만나면 함수의 실행이 끝난다.

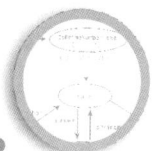

C를 배우면 함수를 잘 만들어야 한다

```
01 : #include <stdio.h> // printf()
02 :
03 : typedef enum _boolean { FALSE = 0 , TRUE = 1 } Boolean;
04 :
05 : unsigned long int InputNaturalNumber();
06 : Boolean IsPrimeNumber(unsigned long int number);
07 : void DisplayIsPrimeNumber(unsigned long int number, Boolean isPrimeNumber);
08 :
09 : int main(int argc, char* argv[]) {
10 :     return 0;
11 : }
12 :
13 : unsigned long int InputNaturalNumber() {
14 :     return 2;
15 : }
16 :
17 : Boolean IsPrimeNumber(unsigned long int number) {
18 :     return TRUE;
19 : }
20 :
21 : void DisplayIsPrimeNumber(unsigned long int number, Boolean isPrimeNumber) {
22 :     if(isPrimeNumber == TRUE) {
23 :         printf("소수이다");
24 :     }
25 :     else {
26 :         printf("합성수이다");
27 :     }
28 : }
```

코드 2-18 DisplayIsPrimeNumber() 함수의 정의

각 모듈에 대해 함수의 선언과 정의가 끝났으므로 함수 호출에 대해서 공부해 보도록 하자.

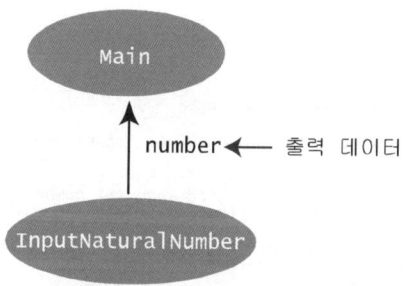

그림 2-22 Main 모듈과 InputNaturalNumber 모듈간의 관계

[그림 2-22]에서 보는 것처럼 호출하는 함수는 main() 함수이어야 하고, 호출되는 함수는 InputNaturalNumber() 함수가 된다. 호출되는 함수에 출력 데이터가 있으면, 호출하는 함수에서는 출력 데이터를 사용할 것이지 아닌지를 판단하여 사용해야만 한다면 출력 데이터를 저장할 변수를 선언해야 한다.

InputNaturalNumber() 함수에는 출력 데이터가 있고, main() 함수는 IsPrimeNumber() 함수를 호출할 때 매개변수로 사용해야 하기 때문에 [코드 2-19]에서 10번째 줄에서처럼 출력 데이터를 저장할 변수를 선언해야 한다. 이때 변수의 자료형은 [코드 2-19]에서 05번째 줄에 선언된 InputNaturalNumber() 함수의 반환형과 동일해야 한다.

```
01 : #include <stdio.h> // printf()
02 :
03 : typedef enum _boolean { FALSE = 0 , TRUE = 1 } Boolean;
04 :
05 : unsigned long int InputNaturalNumber();
06 : Boolean IsPrimeNumber(unsigned long int number);
07 : void DisplayIsPrimeNumber(unsigned long int number, Boolean isPrimeNumber);
08 :
09 : int main(int argc, char* argv[]) {
10 :     unsigned long int number;
11 :
12 :     return 0;
13 : }
14 :
15 : unsigned long int InputNaturalNumber() {
16 :     return 2;
17 : }
18 :
19 : Boolean IsPrimeNumber(unsigned long int number) {
20 :     return TRUE;
21 : }
22 :
23 : void DisplayIsPrimeNumber(unsigned long int number, Boolean isPrimeNumber) {
24 :     if(isPrimeNumber == TRUE) {
25 :         printf("소수이다");
26 :     }
27 :     else {
28 :         printf("합성수이다");
29 :     }
30 : }
```

코드 2-19 반환되어지는 값을 저장할 변수 number의 선언 및 정의

[코드 2-20]에서 12번째 줄처럼 선언 및 정의된 변수에 값을 저장해야 하기 때문에 치환문장을 작성해야 하는데, 변수명칭을 치환연산자(=)의 왼쪽에 적어야한다. 함수 호출 수식은 저장할 값을 구하는 연산이므로 치환 연산자의 오른쪽에 기술되어야 한다. 함수명칭을 적고 반드시 소괄호를 열고 닫아야 하며, 입력 데이터가 있으면, 실제 값을 복사할 수 있도록 적어야 한다. 그렇지만 InputNaturalNumber() 함수는 입력 데이터가 없으므로 비우도록 한다. 그리고 반드시 마지막에 세미콜론을 적어야 한다.

```
01 : #include <stdio.h> // printf()
02 :
03 : typedef enum _boolean { FALSE = 0 , TRUE = 1 } Boolean;
04 :
05 : unsigned long int InputNaturalNumber();
06 : Boolean IsPrimeNumber(unsigned long int number);
07 : void DisplayIsPrimeNumber(unsigned long int number, Boolean isPrimeNumber);
08 :
09 : int main(int argc, char* argv[]) {
10 :     unsigned long int number;
11 :
12 :     number = InputNaturalNumber() ;
13 :
14 :     return 0;
15 : }
16 :
17 : unsigned long int InputNaturalNumber() {
18 :     return 2;
19 : }
20 :
21 : Boolean IsPrimeNumber(unsigned long int number) {
22 :     return TRUE;
23 : }
24 :
25 : void DisplayIsPrimeNumber(unsigned long int number, Boolean isPrimeNumber) {
26 :     if(isPrimeNumber == TRUE) {
27 :         printf("소수이다");
28 :     }
29 :     else {
30 :         printf("합성수이다");
31 :     }
32 : }
```

코드 2-20 InputNaturalNumber() 함수 호출

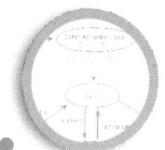

여기까지 실행시키면 main() 함수에 선언된 변수에 2가 저장되게 된다. 다음은 IsPrimeNumber() 함수 선언과 정의가 끝났으므로 함수를 호출하도록 하자.

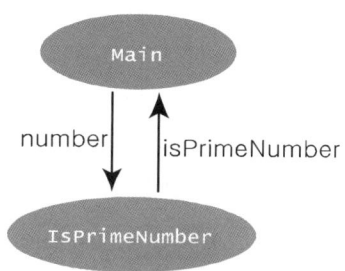

그림 2-23 Main 모듈과 IsPrimeNumber 모듈간의 관계

앞에서 언급한 것처럼 전산에서 처리는 기본적으로 왼쪽에서 오른쪽으로 진행된다. 따라서 IsPrimeNumber() 함수를 호출하는 문장은 InputNaturalNumber() 함수를 호출하는 문장 다음에 기술되어야 한다.

출력 데이터가 있고, 출력 데이터가 DisplayIsPrimeNumber() 함수의 입력 데이터로 사용되기 때문에 호출한 함수, main() 함수에 [코드 2-21]에서 11번째 줄처럼 출력 데이터를 저장할 변수를 선언해야 한다. 변수를 선언할 때 필요한 자료형은 IsPrimeNumber() 함수의 반환형을 참고하여 작성한다.

```
01 : #include <stdio.h> // printf()
02 :
03 : typedef enum _boolean { FALSE = 0 , TRUE = 1 } Boolean;
04 :
05 : unsigned long int InputNaturalNumber();
06 : Boolean IsPrimeNumber(unsigned long int number);
07 : void DisplayIsPrimeNumber(unsigned long int number, Boolean isPrimeNumber);
08 :
09 : int main(int argc, char* argv[]) {
10 :     unsigned long int number;
11 :     Boolean isPrimeNumber;
12 :
13 :     number = InputNaturalNumber() ;
14 :     isPrimeNumber = IsPrimeNumber( number ) ;
15 :
16 :     return 0;
17 : }
18 :
19 : unsigned long int InputNaturalNumber() {
20 :     return 2;
21 : }
22 :
23 : Boolean IsPrimeNumber(unsigned long int number) {
24 :     return TRUE;
25 : }
26 :
27 : void DisplayIsPrimeNumber(unsigned long int number, Boolean isPrimeNumber) {
28 :     if(isPrimeNumber == TRUE) {
29 :         printf("소수이다");
30 :     }
31 :     else {
32 :         printf("합성수이다");
33 :     }
34 : }
```

코드 2-21 IsPrimeNumber() 함수 호출

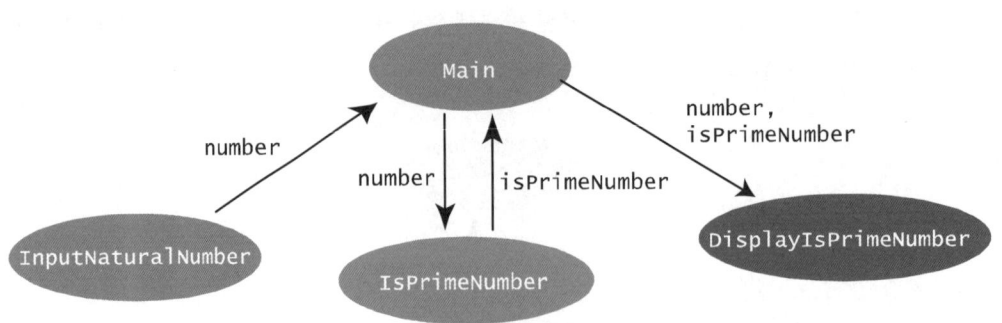

그림 2-24 DisplayIsPrimeNumber 모듈과 다른 모듈들간의 관계

[코드 2-21]에서 14번째 줄이 IsPrimeNumber() 함수 호출문장이다. 함수 호출문장은 값을 구하는 처리이므로 중앙처리장치의 레지스터에 있는 값을 말한다. 따라서 치환문에서 치환 연산자의 오른쪽에 기술되어야 한다. 처리되어 구해진 값으로 중앙처리장치내의 기억장소인 레지스터에 저장되어져 있는 값을 오른쪽 값(R Value)이라고 하고, 주기억장치에 저장되어져 있는 값을 왼쪽 값(L Value)이라고 한다. 치환문에서 치환연산자의 왼쪽에 기술된 값을 L Value라고 하고, 오른쪽에 기술된

```
01 : #include <stdio.h> // printf()
02 :
03 : typedef enum _boolean { FALSE = 0 , TRUE = 1 } Boolean;
04 :
05 : unsigned long int InputNaturalNumber();
06 : Boolean IsPrimeNumber(unsigned long int number);
07 : void DisplayIsPrimeNumber(unsigned long int number, Boolean isPrimeNumber);
08 :
09 : int main(int argc, char* argv[]) {
10 :     unsigned long int number;
11 :     Boolean isPrimeNumber;
12 :
13 :     number = InputNaturalNumber( ) ;
14 :     isPrimeNumber = IsPrimeNumber( number ) ;
15 :     DisplayIsPrimeNumber( number , isPrimeNumber ) ;
16 :
17 :     return 0;
18 : }
19 :
20 : unsigned long int InputNaturalNumber() {
21 :     return 2;
22 : }
23 :
24 : Boolean IsPrimeNumber(unsigned long int number) {
25 :     return TRUE;
26 : }
27 :
28 : void DisplayIsPrimeNumber(unsigned long int number, Boolean isPrimeNumber) {
29 :     if(isPrimeNumber == TRUE) {
30 :         printf("소수이다");
31 :     }
32 :     else {
33 :         printf("합성수이다");
34 :     }
35 : }
```

코드 2-22 DisplayIsPrimeNumber() 함수 호출

값을 R Value라고 한다. 함수 호출문은 R Value이기 때문에 치환 연산자의 오른쪽에 기술되어야 한다. 함수명칭을 적고 반드시 소괄호를 열고 닫아야 하며, 입력 데이터가 있으면, 실제 값을 복사할 수 있도록 값으로 상수이거나 값을 저장하고 있는 변수 명칭을 적어야 한다. IsPrimeNumber() 함수는 입력 데이터가 있으므로 소괄호에 값을 저장한 변수 명칭을 적어야 한다.

다음은 DisplayIsPrimeNumber() 함수를 호출해 보도록 하자. 전산에서 기본적인 처리 순서에 따르면 왼쪽에서 오른쪽으로 진행되어야 하기 때문에 [그림 2-24]에서 보는 것처럼 호출하는 main() 함수에서 IsPrimeNumber() 함수 호출 문장 다음에 기술되어야 한다. 출력 데이터가 없기 때문에 따로 출력 데이터를 저장할 변수를 선언할 필요가 없다. 따라서 치환문장을 만들 필요없이 [코드 2-22]의 15번째 줄처럼 표현하면 된다.

여기까지 작성된 프로그램을 실행시키면 입력된 2에 대해서 TRUE 값을 구하므로 "소수이다"가 모니터에 출력되게 될 것이다.

이러한 방식으로 하향식 프로그래밍을 하면 프로그램의 전체적인 기능을 개략적으로 파악할 수 있을 뿐만 아니라 상위 모듈에 대한 구현이 마무리되게 된다. main() 함수에 대해 정의가 마무리되게 된다. 계속해서 하위 모듈이 구현되더라도 main() 함수에 대해 어떠한 코드도 변경하지 않아도 될 것이다.

이제는 하위 모듈들에 대해서 상세화 작업에 집중하면 된다. 하위 모듈들은 기능별로 나누어져 있기 때문에 특정 모듈에 대해 어떠한 처리가 이루어져야지 하는지에 대해 쉽게 이해할 수 있으므로 집중하면 빠른 시간내에 상세화 작업을 마무리할 수 있을 것이다. 이러한 하향식 개발, 즉 하향식 프로그래밍은 우선 상위 모듈을 구현하고, 하위 모듈에서 개발 순위가 높은 것부터 구현하고, 개발 순위가 낮은 것은 스터브 모듈로 처리하면서 개발 일정 계획에 따라 차근차근하게 개발해 가는 방식을 말한다.

계속해서 하향식 프로그래밍의 개념을 이해하기 위해서 각각의 하위 모듈에 대해서 산술 및 논리 연산 모듈, 입력 모듈 그리고 출력 모듈 순으로 차례대로 개발해 보도록 하자.

입력 모듈과 출력 모듈에 대해서는 화면 설계 혹은 폼 설계라는 작업으로 제어 논리에 대해 정리가 되어야 한다. 연산 모듈에 대해서는 알고리듬을 적용하여 제어 논리를 정리하여야 하는 작업 단계를 거치고 난 후에 함수로 정의되어야 한다.

[그림 2-15]와 같이 NS Chart로 연산 모듈인 IsPrimeNumber의 제어논리가 정리되었기 때문에, 이제 IsPrimeNumber() 함수를 다시 정의해 보도록 하자.

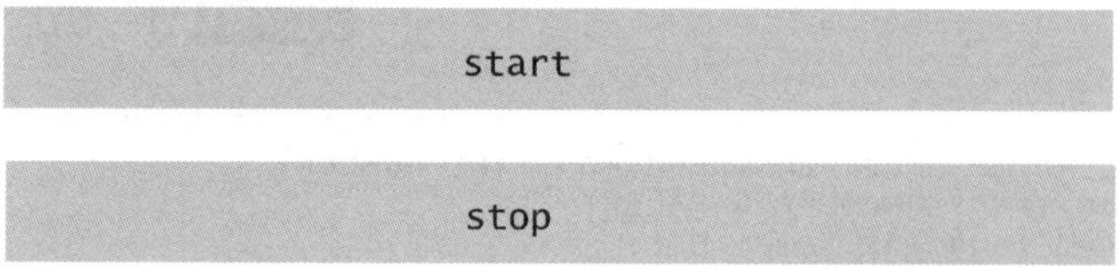

start

stop

그림 2-25 NS Chart 모듈의 시작과 끝

함수 원형을 이용하여 함수의 머리를 작성하고, start, stop 각각은 함수 몸체의 시작과 끝을 나타내고 있다. 따라서 중괄호를 열고, 중괄호를 닫는 표현을 하면 된다.

```
01 : Boolean IsPrimeNumber(unsigned long int number) {
02 : }
```

코드 2-23 IsPrimeNumber() 함수 블록 표현

```
isPrimeNumber = FALSE, number, remainder, i = 2
```

그림 2-26 NS Chart의 변수 선언 순차 기호

다음은 start 기호 바로 밑에 있는 변수 선언 기호에 대해서 C 언어로 코딩해 보자. 변수 선언을 하기 위해서는 C 언어의 자료형에 대해 정리가 되어야 한다. 이때 자료 명세서를 이용하게 되는데, [표 2-4]를 참고하여 C 언어에서 사용되는 자료형을 정리하면 [표 2-5]와 같다.

표 2-5 C 언어의 자료형

번호	명 칭		자료유형	C 자료형
	한 글	영 문		
1	소수 여부	isPrimeNumber	논리	Boolean
2	수	number	정수	unsigned long int
3	나머지	remainder	정수	unsigned long int
4	반복제어변수	i	정수	unsigned long int

C 언어에서는 논리형에 대해 키워드가 없기 때문에 앞에서 언급한 것처럼 열거형 태그를 이용한 사용자 정의 자료형을 만들어서 사용한다. 정수형은 앞에서 언급한 것처럼 unsigned long int로 결정하자.

변수 선언은 항상 블록의 선두이므로 여는 중괄호의 바로 아래 줄부터 변수 선언 및 정의문장을 작성하면 되는데, [그림 2-27]과 같은 형식에 따라야 한다.

```
자료형  변수명칭[ = 초기값];
```

그림 2-27 변수 선언, 정의 그리고 초기화 형식

```
01 : Boolean IsPrimeNumber(unsigned long int number) {
02 :     Boolean isPrimeNumber = FALSE;
03 :     unsigned long int remainder;
04 :     unsigned long int i = 2;
05 : }
```

코드 2-24 지역변수들의 선언, 정의 그리고 초기화

number는 입력 데이터이므로 매개변수, 다른 데이터들은 지역변수들로 선언 및 정의되어야 한다.

```
read number
```

그림 2-28 NS Chart의 입력 순차 기호

NS Chart에서 입력에 대한 표현이다. 키워드 read를 사용하고, 입력받는 데이터 개수만큼 쉼표로 구분하여 나열하면 된다. C로 구현하면 함수 호출 문장으로 표현되는데, IsPrimeNumber() 함수를 호출하는 main() 함수에서 [코드 2-22]에서 14번째 줄에서처럼 표현되면 된다.

다음은 나머지를 구하는 반복구조에 대해서 C 언어로 코딩해 보자.

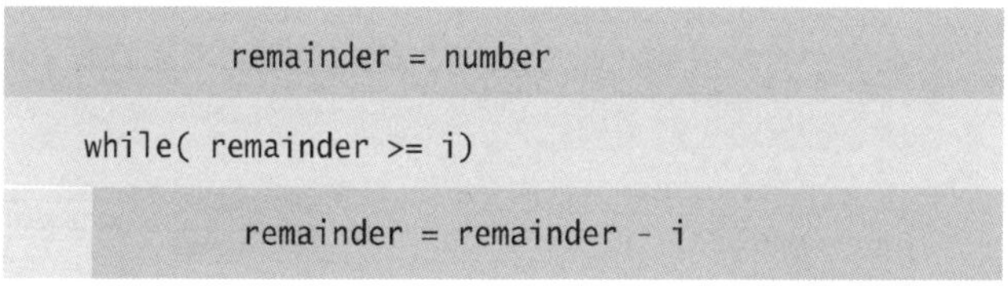

```
remainder = number
while( remainder >= i)
    remainder = remainder - i
```

그림 2-29 나머지를 구하는 반복구조

반복제어 변수로 사용된 remainder에 대해 초기값을 설정하는 표현이 치환문장으로 코딩하면 된다.

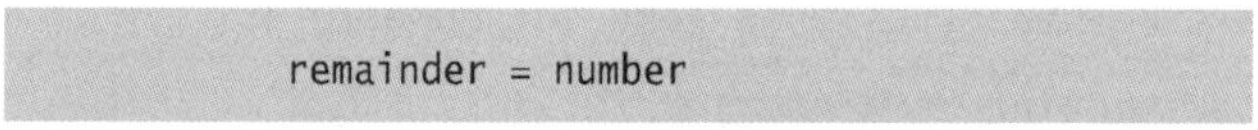

```
remainder = number
```

그림 2-30 반복구조의 초기식에 대한 치환문 순차기호

C 언어로 구현하면 치환문장으로 [코드 2-25]에서 06번째 줄처럼 표현된다. C 언어에서는 문장을 나타내기 위해서 줄의 마지막에는 반드시 세미콜론(;)을 찍어야 한다는 것을 명심하도록 하자.

```
01 : Boolean IsPrimeNumber(unsigned long int number) {
02 :     Boolean isPrimeNumber = FALSE;
03 :     unsigned long int remainder;
04 :     unsigned long int i = 2;
05 :
06 :     remainder = number;
07 :     while(remainder >= i) {
08 :         remainder = remainder - i;
09 :     }
10 : }
```

코드 2-25 나머지를 구하는 반복구조의 초기식에 대한 치환문

```
while( remainder >= i)
```

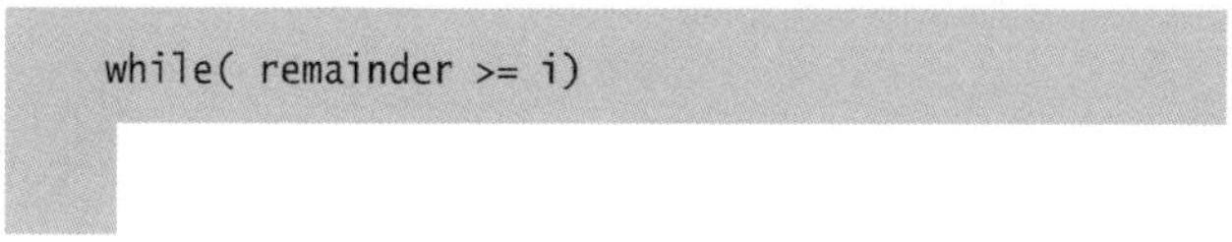

그림 2-31 반복구조의 조건식에 대한 반복기호

[그림 2-31]은 반복횟수가 정해지지 않은 while 반복 구조에 대한 표현이다. C 언어에서도 while 반복문장을 제공하기 때문에 [코드 2-26]에서 07, 08번째 줄들처럼 표현된다.

```
01 : Boolean IsPrimeNumber(unsigned long int number) {
02 :     Boolean isPrimeNumber = FALSE;
03 :     unsigned long int remainder;
04 :     unsigned long int i = 2;
05 :
06 :     remainder = number;
07 :     while(remainder >= i) {
08 :     }
09 : }
```

코드 2-26 나머지를 구하는 반복구조의 조건식과 반복 제어블럭 표현

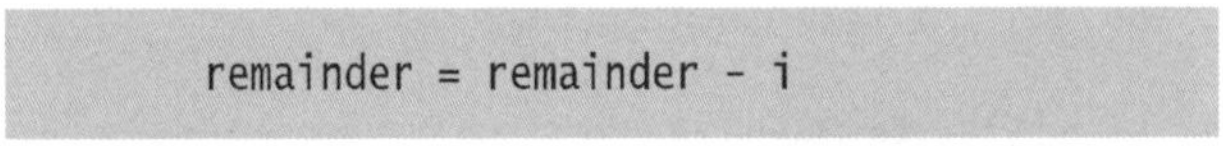

remainder = remainder - i

그림 2-32 반복구조의 변경식에 대한 순차기호

계속해서 처리되는 내용으로 반복구조에 작도되어 있는 순차기호에 대해서는 [코드 2-27]에서 09번째 줄처럼 코딩하면 된다.

```
01 : Boolean IsPrimeNumber(unsigned long int number) {
02 :     Boolean isPrimeNumber = FALSE;
03 :     unsigned long int remainder;
04 :     unsigned long int i = 2;
05 :
06 :     remainder = number;
07 :     while(remainder >= i) {
08 :         remainder = remainder - i;
09 :     }
10 : }
```

코드 2-27 나머지를 구하는 반복구조의 변경식에 대한 누적문장

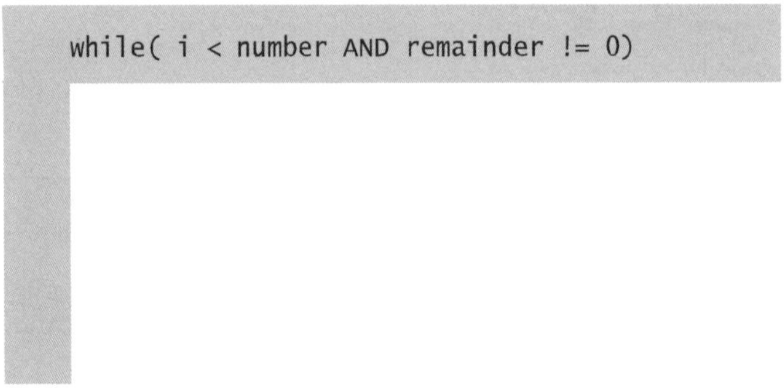

while(i < number AND remainder != 0)

그림 2-33 소수인지 아닌지를 판단하는 반복구조의 조건식을 표현하는 반복기호

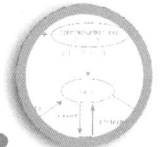

나누어떨어지지 않은 동안 반복하는 반복구조에 대해 [코드 2-28]에서 11번째 줄과 12번째 줄처럼 코딩하면 된다.

```
01 : Boolean IsPrimeNumber(unsigned long int number) {
02 :     Boolean isPrimeNumber = FALSE;
03 :     unsigned long int remainder;
04 :     unsigned long int i = 2;
05 :
06 :     remainder = number;
07 :     while(remainder >= i) {
08 :         remainder = remainder - i;
09 :     }
10 :
11 :     while(i < number && remainder != 0) {
12 :     }
13 : }
```

코드 2-28 나누어떨어지는지 검사하는 반복구조에 대한 조건식과 반복 제어블럭 표현

$$i = i + 1$$

그림 2-34 반복구조내의 "수를 센다"에 대한 순차기호

수를 세는 순차 기호에 대해서는 [코드 2-29]에서 12번째 줄처럼 코딩된다.

```
01 : Boolean IsPrimeNumber(unsigned long int number) {
02 :     Boolean isPrimeNumber = FALSE;
03 :     unsigned long int remainder;
04 :     unsigned long int i = 2;
05 :
06 :     remainder = number;
07 :     while(remainder >= i) {
08 :         remainder = remainder - i;
09 :     }
10 :
11 :     while(i < number && remainder != 0) {
12 :         i = i + 1;
13 :     }
14 : }
```

코드 2-29 수를 세는 누적 표현

나머지를 구하는 반복구조에 대해서는 앞에서 이미 언급된 것처럼 코딩된다.

```
01 : Boolean IsPrimeNumber(unsigned long int number) {
02 :     Boolean isPrimeNumber = FALSE;
03 :     unsigned long int remainder;
04 :     unsigned long int i = 2;
05 :
06 :     remainder = number;
07 :     while(remainder >= i) {
08 :         remainder = remainder - i;
09 :     }
10 :
11 :     while(i < number && remainder != 0) {
12 :         i = i + 1;
13 :
14 :         remainder = i;
15 :         while(remainder >= i) {
16 :             remainder = remainder - i;
17 :         }
18 :     }
19 : }
```

코드 2-30 나머지를 구하는 반복구조 표현

다음은 반복을 끝내고 난 후 나누어 떨어졌는지 아닌지를 판단해서 isPrimeNumber 값을 설정하는 선택구조에 대해서 구현해 보자.

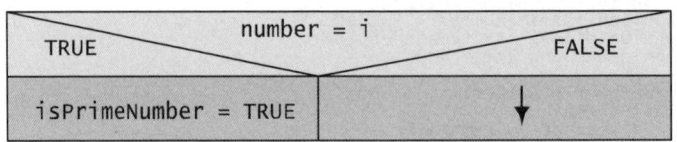

그림 2-35 소수인지 아닌지를 판단하는 선택기호

C 언어에서는 선택구조에 대해서 if-else 문장들을 제공한다. 거짓에 대한 처리가 없기 때문에 else 절이 생략되고 [코드 2-31]에서 19번째 줄에서 21번째 줄처럼 코딩된다.

```
01 : Boolean IsPrimeNumber(unsigned long int number) {
02 :     Boolean isPrimeNumber = FALSE;
03 :     unsigned long int remainder;
04 :     unsigned long int i = 2;
05 :
06 :     remainder = number;
07 :     while(remainder >= i) {
08 :         remainder = remainder - i;
09 :     }
10 :
11 :     while(i < number && remainder != 0) {
12 :         i = i + 1;
13 :
14 :         remainder = i;
15 :         while(remainder >= i) {
16 :             remainder = remainder - i;
17 :         }
18 :     }
19 :     if(number == i) {
20 :         isPrimeNumber = TRUE;
21 :     }
22 : }
```

코드 2-31 나누어떨어졌는지를 결정하는 if 선택 제어 구조 블럭 표현

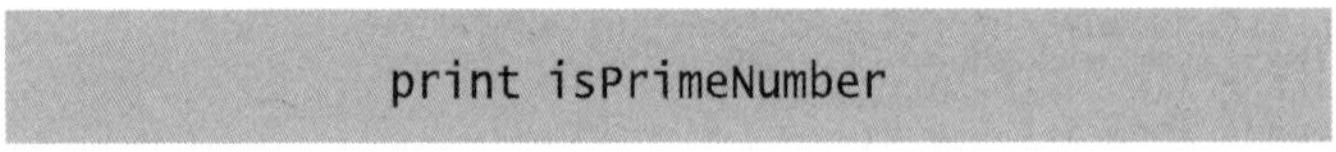

print isPrimeNumber

그림 2-36 출력 순차기호

다음은 마지막으로 출력에 대한 순차기호에 대해 C 언어로 코딩해 보자. 함수에서 기본적으로 출력을 하는데 키워드 return 을 제공한다. 따라서 [코드 2-32]에서 23번째 줄처럼 return 문장으로 코딩되면 된다.

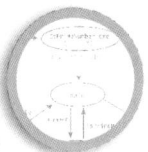

```
01 : Boolean IsPrimeNumber(unsigned long int number) {
02 :     Boolean isPrimeNumber = FALSE;
03 :     unsigned long int remainder;
04 :     unsigned long int i = 2;
05 :
06 :     remainder = number;
07 :     while(remainder >= i) {
08 :         remainder = remainder - i;
09 :     }
10 :
11 :     while(i < number && remainder != 0) {
12 :         i = i + 1;
13 :
14 :         remainder = i;
15 :         while(remainder >= i) {
16 :             remainder = remainder - i;
17 :         }
18 :     }
19 :     if(number == i) {
20 :         isPrimeNumber = TRUE;
21 :     }
22 :
23 :     return isPrimeNumber;
24 : }
```

코드 2-32 반환 값으로 출력 표현

이처럼 한 모듈에 순차, 반복 그리고 선택구조만으로 제어논리를 정리할 수 있다. 세 가지 제어 논리만을 사용하여 기술한 함수를 보면, 매개변수로 수를 입력받아 소수인지 여부를 가장 아래쪽에서 출력하고 있는데, 이것은 위쪽에서 아래쪽으로 실행이 됨을 알 수 있다.

```
01 : Boolean IsPrimeNumber(unsigned long int number) {
02 :     // 1. 수를 입력받는다 : 함수 호출에 의한 매개변수로 값 복사
03 :     Boolean isPrimeNumber = FALSE; // 수가 합성수임을 가정한다
04 :     unsigned long int remainder;
05 :     unsigned long int i = 2; // 2부터 시작하여 수를 센다
06 :
07 :     // 나머지를 구한다
08 :     remainder = number;
09 :     while(remainder >= i) {
10 :         remainder = remainder - i;
11 :     }
12 :     // 2. 입력된 수보다 작거나 나누어 떨어지지 않는 동안 반복한다
13 :     while(i < number && remainder != 0) {
14 :         // 2.1. 수를 센다
15 :         i = i + 1;
16 :         // 2.2. 나머지를 구한다
17 :         remainder = i;
18 :         while(remainder >= i) {
19 :             remainder = remainder - i;
20 :         }
21 :     }
22 :     // 3. 나누어 떨어지지 않았는지 확인한다.
23 :     if(number == i) {
24 :         isPrimeNumber = TRUE; // 3.1. 나누어 떨어지지 않았으면 소수이다
25 :     }
26 :     // 4. 소수여부를 출력하다
27 :     return isPrimeNumber;
28 :     // 5. 끝낸다
29 : }
```

코드 2-33 주석으로 문서화

반복구조를 사용하여 2부터 시작해서 수를 세면서 나누어떨어지지 않는 동안 수를 세고, 나머지를 구한 작업을 반복하고 있다. 반복구조의 실행이 끝나면 선택구조로 나누어떨어지지 않았으면 소수임을 isPrimeNumber의 값을 참으로 설정하고 있다. 구조화 프로그래밍을 하면 이렇게 제어논리를 쉽게 이해할 수 있다.

더욱더 이해하기 쉽게 하기 위해서 구조화 프로그래밍의 특징으로는 들여쓰기와 주석을 이용하여 문서화를 강조한다. 따라서 [코드 2-33]과 같이 들여쓰기와 주석을 이용하여 정리하면 된다.

[코드 2-22]에서 24번째 줄부터 26번째 줄까지 IsPrimeNumber() 함수를 정의하고 있는 영역을 지우고, [코드 2-33]로 바꾸고 main() 함수, InputNaturalNumber() 함수 그리고 DisplayIsPrimeNumber() 함수에서는 어떠한 코드 변경없이 컴파일, 링크 그리고 실행하면 오류와 경고없이 정상적으로 처리되고 결과를 모니터에 출력할 것이다.

다음은 InputNaturalNumber() 함수에 대해서 코딩해 보도록 하자. [그림 2-12]에 대해 [코드 2-34]와 같이 원시 코드를 작성할 수 있다.

```
01 : unsigned long int InputNaturalNumber() {
02 :     unsigned long int number;
03 :
04 :     system("cls"); // 콘솔 윈도우에 출력된 내용을 지운다
05 :     printf("\n\n\n\n\n\n");
06 :     printf("\t\t\t수가 소수인지 판단하는 프로그램\n");
07 :     printf("\t\t===========================================\n");
08 :     printf("\t\t2 이상의 자연수를 입력하십시오![끝내기 : 0] ");
09 :
10 :     scanf("%d", &number); // 수를 입력받는다
11 :
12 :     return number;
13 : }
```

코드 2-34 화면 설계로 정의된 InputNaturalNumber() 함수

[코드 2-34]에서 04번째 줄은 콘솔 윈도우에 출력된 내용들을 지우고 프롬프트를 왼쪽 위에 출력하도록 한다. 05번째 줄에서 08번째 줄까지는 적당한 위치에 프로그램 명칭과 메시지를 출력한다. 개행 문자(\n)로 줄을, 탭 문자(\t)로 열의 위치를 설정하도록 하고 있다. 05번째 줄에 의하면 개행 문자가 6개 출력되기 때문에 위에서 6개의 빈 줄을 두도록 하고 있다. 그리고 06번째 줄에서는 왼쪽으로부터 24개의 공백을 두고 프로그램 명칭을 출력한다. 개행 문자와 탭 문자는 실제 특정 문자로 표현되는 것이 아니라 줄을 바꾸거나 대체로 8개의 문자에 해당하는 빈 공간을 만드는데 사용되는 특수 제어 문자들이다. 이러한 문자들을 C 언어에서는 확장열(Escape Sequence)이라고 한다.

10번째 줄에서 키보드로 사용자가 입력한 수를 02번째 줄에서 선언 및 정의된 변수에 저장하도록 하는 코드이다. C 언어에서는 입력과 출력에 대한 기능을 제공하지 않는다. 그래서 C 컴파일러 개발자에 의해서 만들어진 입력과 출력 함수들이 제공된다. 이러한 함수들을 라이브러리 함수라고 한다. 입력함수는 scanf() 함수이다. 입력받는 데이터의 개수와 데이터의 자료형에 대해 문자열 리터럴을 작성해야 한다. 데이터의 개수는 % 기호의 개수로 설정하고, 데이터의 자료형은 정수일

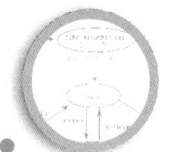

때는 d, 실수일 때는 f, 문자일 때는 c, 그리고 문자열일 때는 s 로 설정하면 된다. 입력받는 데이터가 1개이기 때문에 %는 하나이고, 정수형이기 때문에 d를 사용하여 "%d" 로 변환 문자열 리터럴을 만들어야 한다.

그리고 입력받은 수를 저장해야 하기 때문에 수를 저장할 변수를 선언 및 정의해야 한다. 그래서 02번째 줄에서 정수형 number 변수를 선언하고 있다. 그리고 변수의 주소를 scanf() 함수에 전달하게 되면 scanf() 함수는 전달된 주소를 갖는 기억장소에 사용자에 의해서 키보드로 입력되는 값을 복사해 주게 된다. 그래서 & 주소 연산자를 이용하여 number 변수가 갖는 주소를 구하도록 하고 있다.

다음은 이렇게 키보드로 입력받은 수를 출력하도록 하면 된다. 12번째 줄은 number에 저장된 값을 중앙처리장치의 레지스터에 값을 복사하도록 하고 실행 제어를 main() 함수로 반환하는 return 문이다. 따라서 사용자로부터 키보드로 입력받은 수를 main() 함수로 출력할 수 있게 된다.

[코드 2-22]의 13번째 줄에서 치환 연산자에 의해서 레지스터에 저장되어진 값을 main() 함수에 선언 및 정의되어진 number 변수에 저장하게 된다.

다음은 출력 모듈에 대해서 C 언어로 코딩해 보도록 하자. [그림 2-13]의 출력 모듈에 대해 [코드 2-35]와 같이 구현된다.

```
01 : void DisplayIsPrimeNumber(unsigned long int number, Boolean isPrimeNumber) {
02 :     printf("\t\t-------------------------------------------\n");
03 :     // 소수 여부를 출력한다.
04 :     if(isPrimeNumber == TRUE) {
05 :         printf("\t\t%d는 솟수입니다!\n", number);
06 :     }
07 :     else {
08 :         printf("\t\t%d는 합성수입니다!\n", number);
09 :     }
10 :
11 :     printf("\t\t===========================================\n");
12 :     printf("\t\t아무 키나 누르십시오!");
13 :     fflush(stdin); // 키보드로 입력되는 모든 데이터들을 버퍼에서 없애다
14 :     getchar(); // 키 입력을 기다리다
15 : }
```

코드 2-35 화면 설계로 정의된 DisplayIsPrimeNumber() 함수

[코드 2-35]에서 02번째 줄은 입력 모듈에서 출력한 메시지들과 구분되도록 하기 위해서 점선을 출력하고 있다. 03번째 줄에서 09번째 줄까지는 입력받는 수가 소수인지 합성수인지 메시지를 출력한다.

13번째 줄과 14번째 줄이 없으면 바로 함수가 실행이 끝나게 되어 메시지를 볼 수가 없게 되거나 아니면 매우 매서운 눈을 가져서 찰나에 출력되는 메시지를 읽어야 할 것이다. 따라서 잠시 대기 상태로 유지하도록 기능을 추가해야 한다. 그래서 13번째 줄과 14번째 줄이 추가되었다.

사용자가 키보드로 입력하는 문자들은 기본적으로 시스템에 의해서 관리되어지는 기억장소, 즉 키보드 버퍼(Keyboard buffer)에 저장되게 된다. 그리고 scanf() 함수에 의해서는 키보드 버퍼에 저

장된 문자들을 프로그램이 관리하는 기억장소들에 값을 복사하게 되는 것이다. 이때 키보드 버퍼를 접근하기 위해서는 변수 명칭이 필요한데 이것이 바로 stdin 이다.

일반적으로 콘솔 윈도우에서 입력을 마무리할 때 Enter 키를 누른다. 따라서 scanf() 함수에 의해서 Enter 키를 제외한 입력된 문자들은 프로그램의 변수에 저장되고, 엔터 키에 대한 제어문자는 입력받는 문자들을 저장하고 있는 키보드 버퍼에 저장되어 있다. 이 상태에서 getchar() 함수와 같이 한 문자를 입력하는 함수가 호출되면 엔터 키 제어문자를 바로 읽게 된다. 한 문자를 입력받도록 해서 대기 상태를 유지하도록 하고자 한다면 우선 키보드 버퍼에 저장된 문자들을 모두 제거해야 한다. 키보드 버퍼 stdin에 저장된 문자들을 모두 제거하도록 13 번째 줄의 코드가 작성되었다. 그리고 14번째 줄에서 키 입력을 대기하고 있도록 코드를 작성해서 출력 메시지를 볼 수 있도록 하고 있다.

이렇게 DisplayIsPrimeNumber() 함수의 제어논리가 변경되더라도 호출하는 main() 함수에서는 어떠한 변경도 있을 수가 없다. 단지 출력되는 내용만이 프로그램의 실행에 의해서 알 수 있게 된다. 이러한 개념을 절차의 추상화(Procedure Abstraction)라고 한다.

이러한 방식으로 프로그래밍을 하면 매우 합리적이고 효율적으로 작업을 할 수 있다. 또한 작성된 코드들은 이해하기 쉽고, 또한 변경하기도 용이해서 기능을 변경한다거나 추가하기가 쉽게 된다.

6. 정리

프로그래밍을 하는 방법론, 즉 프로그래밍 패러다임(Programming Paradigm)은 프로그래머에게 프로그래밍의 관점을 갖게 해 주고, 프로그래밍을 하는데 있어 결정적인 역할을 한다. 컴퓨터가 도입된 초창기 때 사용했던 프로그램을 만드는 방법, 비구조화 프로그래밍은 간단한 기능을 하나의 연속된 덩어리에 모든 코드를 넣는 프로그래밍 패러다임으로 조건식과 GOTO 문으로 작성되었다. 이렇게 작성된 코드를 스파게티 코드라고 하고, 이해하기 힘들고 오류가 발생했을 때 찾기도 힘들고, 고치기도 힘들었다. 그렇지만 간단한 기능을 갖는 프로그램을 작성하는데 있어서는 문제가 되지 않았다.

그렇지만 요사이 필요한 프로그램은 기능도 많고, 복잡한 프로그램을 만드는데 있어 비구조화 프로그래밍을 사용한다는 것은 문제가 있다. 구조화 프로그래밍을 해야 하는데, 전체 프로그램을 잘 정의되어 한 가지 일을 수행하는 프로그램의 논리적인 일부분, 즉 모듈(Module)로 몇 개로 나누고, 각 모듈은 프로그래머(들)에 의해 작성되며 서로 모여 하나의 완전한 프로그램으로 만드는 방법이다.

우선 전체 프로그램을 잘 정의되어 한 가지 일을 수행하는 프로그램의 논리적인 일부분인 모듈로 기능을 분할하고, 분할되어진 모듈에 대해서 단 세 가지의 제어구조로 상세화하고, 모듈에 대해

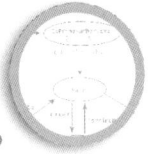

주석 및 들여쓰기 등으로 문서화를 하는 것이 구조화 프로그래밍의 특징이었다.

모듈은 입력, 기억, 연산, 출력 그리고 제어인 컴퓨터의 기본 기능 단위와 관련한 기능들의 집합으로 하나로 묶어서 정해진 인터페이스를 통해서만 정보를 주고 받을 수 있는 프로그램 단위를 논리적 모듈이라고 하고, C 언어에서는 함수를 제공하고 C 언어도 고급 언어이기 때문에 프로그램을 컴파일, 링크, 적재할 때에 독립해서 식별할 수 있는 프로그램 단위인 물리적인 모듈이라고 하고 C 언어에서도 확장자가 .c인 원시 코드 파일로 컴파일 단위, 확장자가 .obj인 목적 코드 파일로 링크 단위 그리고 확장자가 .exe인 실행 파일을 적재 단위로 만들게 하고 있다.

모듈의 구성 요소들이 기술되어지는 영역들이 정해져 있으며, 입력, 출력 그리고 기능으로 구성되어지는 부분은 사양부이라고 하고, 절차와 내부 데이터(들)를 기술한 부분을 사양부에서 제시한 기능을 수행하기 위해 자세히 기술한 부분을 구현부라고 한다. 이러한 작업에 대해서 C 언어에서도 선언과 정의라는 개념으로 작업을 수행해야만 함수를 만들 수 있다.

함수 하나를 만들기 위해서는 입력과 출력 모듈에 대해서는 화면 설계 그리고 연산 모듈과 제어 모듈에 대해 내부 설계를 하고, 설계 결과물에 입각해서 구현 작업을 거쳐 만들어져서 하나의 프로그램이 완성되는 것이다.

제3장
모듈화 프로그래밍

1. 내장형 프로그램(Stored Program)

2. C 언어의 물리적 모듈

3. 논리 및 물리적 모듈 표현에 따른 프로그래밍 절차

4. 원시 코드 파일 구조

5. 모듈화 프로그래밍(Modular Programming)

6. 헤더 파일(Header File)

7. 정리

제3장 모듈화 프로그래밍

2장에서 논리적 모듈에 대해서 공부했는데, 고급 언어로 표현된 논리적 모듈을 컴퓨터가 이해할 수 있도록 하기 위해서는 컴퓨터에 입력하여 기계어 명령어로 번역하는 작업이 필요한데 이 때 적용되는 물리적 모듈에 대해서 공부해 보도록 하자.

1. 내장영 프로그램(Stored Program)

현재는 프로그래밍 작업의 능률을 향상시키기 위해서 고수준 프로그래밍 언어를 사용해서 프로그램을 작성한다. 고수준 프로그래밍 언어로 작성된 프로그램은 컴퓨터가 이해할 수 있는 0과 1로 표현되어진 형식이 아니라서 바로 실행할 수 없다. 그래서 고수준 언어로 작성된 프로그램을 일단 컴퓨터에 입력하여 컴퓨터 자신의 명령코드로 고쳐서, 그것으로부터 일을 실시하는 방식이 고안되었다. 이러한 방식을 내장형 프로그램 방식이라고 한다.

따라서 고수준 프로그래밍 언어로 작성된 프로그램을 컴퓨터에 입력할 때, 번역을 할 때 그리고 실행시킬 때 구분되어져야 한다. 컴퓨터에서 어떻게 구분하는 것일까? 컴퓨터에서는 데이터의 모임으로 보조 기억장치에 저장되며, 고유한 명칭을 가져서 구분할 수 있게 하는 기본적인 저장 단위, 즉 디스크 파일(Disk File)을 이용한다.

[코드 3-1]은 C 언어로 작성된 프로그램으로 입력받은 수가 소수인지 판단하는 프로그램, 즉 원시 코드 프로그램이다. 바로 컴퓨터에 의해서 실행될 수 있는 상태가 아니다. 따라서 컴퓨터에 의해서 실행 가능한 프로그램이 되도록 하기 위해서 어떠한 작업들을 계속해야 할 것 같다.

왜 이러한 작업이 필요한지 생각해 보도록 하자. [코드 3-1]을 보면 알겠지만 C 프로그램은 인간이 읽기 쉽다는 특징이 있다. 그러나 C 프로그램 자체만으로는 컴퓨터에 이해시킬 수가 없다는 단점이 있다. 컴퓨터로 실행시킬 수 있는 것은, 컴퓨터에 작성된 내부 명령만으로 이러한 명령을 취급하기 위해서는 기계어 수준까지 내려가지 않으면 안 된다.

그러므로 C 프로그램을 실행하기 위해서는 C 언어의 명령을 그것에 해당하는 기계어 수준의 명령으로 번역할 프로그램이 필요하다. 이러한 프로그램을 컴파일러(Compiler)라고 한다. 컴파일러의 역할은 우리가 작성한 원시 코드(Source code)를 입력받아 그것을 컴퓨터가 이해하고 실행할 수 있는 명령으로 번역하는 것이다. 이와 같이 하여 컴파일러가 출력하는 것을 실행 가능 코드라고 한다.

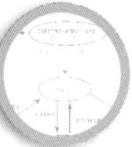

C를 배우면 함수를 잘 만들어야 한다

```c
01 : #include <stdio.h>
02 :
03 : typedef enum _boolean { FALSE = 0, TRUE = 1 } Boolean;
04 :
05 : unsigned long int InputNaturalNumber();
06 : Boolean IsPrimeNumber(unsigned long int number);
07 : void DisplayIsPrimeNumber(Boolean isPrimeNumber);
08 :
09 : int main(int argc, char* argv[]) {
10 :     unsigned long int number;
11 :     Boolean isPrimeNumber;
12 :
13 :     number = InputNaturalNumber();
14 :     isPrimeNumber = IsPrimeNumber(number);
15 :     DisplayIsPrimeNumber(isPrimeNumber);
16 :
17 :     return 0;
18 : }
19 :
20 : unsigned long int InputNaturalNumber() {
21 :     return 2;
22 : }
23 :
24 : Boolean IsPrimeNumber(unsigned long int number) {
25 :     // 1. 수를 입력받는다 : 함수 호출에 의한 매개변수로 값 복사
26 :     Boolean isPrimeNumber = FALSE; // 수가 합성수임을 가정한다
27 :     unsigned long int remainder;
28 :     unsigned long int i = 2; // 2부터 시작하여 수를 센다
29 :
30 :     // 나머지를 구한다
31 :     remainder = number;
32 :     while(remainder >= i) {
33 :         remainder = remainder - i;
34 :     }
35 :     // 2. 입력된 수보다 작거나 나누어 떨어지지 않는 동안 반복한다
36 :     while(i < number && remainder != 0) {
37 :         // 2.1. 수를 센다
38 :         i = i + 1;
39 :         // 2.2. 나머지를 구한다
40 :         remainder = i;
41 :         while(remainder >= i) {
42 :             remainder = remainder - i;
43 :         }
44 :     }
45 :     // 3. 나누어 떨어지지 않았는지 확인한다.
46 :     if(remainder == i) {
47 :         isPrimeNumber = TRUE; // 3.1. 나누어 떨어지지 않았으면 소수이다
48 :     }
49 :     // 4. 소수여부를 출력하다
50 :     return isPrimeNumber;
51 :     // 5. 끝낸다
52 : }
53 :
54 : void DisplayIsPrimeNumber(Boolean isPrimeNumber) {
55 :     if(isPrimeNumber == TRUE) {
56 :         printf("소수이다");
57 :     }
58 :     else {
59 :         printf("합성수이다");
60 :     }
61 : }
```

코드 3-1 입력받은 수가 소수인지 판단하는 프로그램

따라서 컴파일러에 의해서 번역되어지기 위해서는 원시 코드 프로그램을 컴퓨터에 입력을 해야 한다. 키보드를 이용해서 한 문자씩 입력하여 원시 코드 프로그램을 편집하고 보조기억장치에 저장하여 디스크 파일을 만들어 프로그램을 컴퓨터에 입력해야 한다. 이렇게 해서 만들어진 디스크 파일을 원시 코드 파일(Source File)이라고 한다.

다음은 언어 번역 프로그램인 컴파일러를 실행시켜서 원시 코드 파일을 컴퓨터가 이해할 수 있는 기계어 명령어들로 변환하는 작업을 해야 한다. 변환 작업 후, 컴퓨터가 이해할 수 있는 기계어 명령어들로 구성된 디스크 파일이 생성되는데 목적 코드 파일(Object File)이라고 한다.

다음은 라이브러리 파일에서 printf() 함수의 기계어 명령어들과 [코드 3-1]을 컴파일할 때 생성된 목적 코드 파일에서 main(), InputNaturalNumber(), IsPrimeNumber(), 그리고 DisplayIsPrimeNumber() 함수의 기계어 명령어들을 하나의 파일에 복사하여 실행 이미지를 만드는 작업을 해야 한다. 그래서 실행 파일(Executive File)이 생성된다. 이렇게 만들어진 실행 파일을 주기억장치에 복사하게 되면, 즉 적재하게 되면 중앙처리장치에 의해서 기계어 명령어들이 차례대로 실행되어 프로그램이 작동하게 되는 것이다.

2. C 언어의 물리적 모듈

이처럼 고수준 언어로 작성된 프로그램을 컴퓨터에 실행시키기 위해서는 입력, 번역, 적재를 다른 프로그램들을 이용하여 순차적으로 해야 하는데 이 때 식별할 수 있는 단위들, 즉 디스크 파일들을 물리적 모듈이라고 한다.

현재 이루어지고 있는 프로그래밍 작업에 고수준 프로그래밍 언어를 사용하기 때문에 물리적 모듈에 대한 개념은 매우 중요하다. 그래서 언어를 배울 때 첫 번째로 해야 하는 작업이 언어 관련 물리적 모듈들을 정리하는 것부터 시작해야 한다.

이 책에서 배울 C 언어에 대한 물리적 모듈들을 정리해 보고, 그 중에서 개발자에 의해서 직접 작성되어지는 원시 코드 파일에 대해서는 자세히 공부해 보도록 하자.

표 3-1 소수인지 판단하는 프로그램을 만들 때 사용된 물리적 모듈들

구 분		기 능	확장자	명 칭
물리적 모듈	원시 코드 파일	컴파일 단위	*.c	IsPrimeNumber.c
	목적 코드 파일	링크 단위	*.obj	IsPrimeNumber.obj
	실행 코드 파일	적재 단위	*.exe	IsPrimeNumber.exe

C 언어는 고수준 컴파일러 언어이기 때문에 관련된 물리적 모듈은 [표 3-1]과 같이 많은 편이다. 그렇지만 프로그래머가 작성해야 하는 모듈은 원시 코드 파일(Source File)만이다. 원시 코드 파일

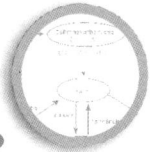

C를 배우면 함수를 잘 만들어야 한다

을 시작으로 해서 차례대로 목적 코드 파일과 실행 코드 파일은 컴파일러와 링커에 의해서 만들어 지기 때문에 프로그래머가 신경 쓸 일은 없다.

C 언어로 프로그램을 작성하는 경우에는 반드시 원시 코드 파일이 1개 이상 만들어져야 한다. 원시 코드 파일에는 프로그램의 절차가 C 언어의 문법에 맞게 작성되어 보조 기억장치에 저장되어 져야 한다. 이때 원시 코드 파일의 확장자는 반드시 .c 이어야 한다.

원시 코드 파일은 컴파일러에 의해서 컴파일 단위로 인식된다. 즉 다시 말해서 원시 코드 파일 하나당 컴파일이 한 번씩 이루어져서 목적 코드 파일이 하나씩 만들어지게 된다는 말이다. 이때 사용자 정의 함수들에 대해서만 컴파일이 이루어진다는 것도 기억하도록 하자. [코드 3-1]에서 사용되어 진 함수들은 main() 함수, InputNaturalNumber() 함수, IsPrimeNumber() 함수, DisplayIsPrimeNumber() 함수 그리고 printf() 함수이다. 이 중에서 프로그래머에 의해서 작성되어진 사용자 정의 함수들, main() 함수, InputNaturalNumber() 함수, IsPrimeNumber() 함수, DisplayIsPrimeNumber() 함수인 4개의 함수들과 달리 printf() 함수는 라이브러리 개발자에 의해서 작성된 라이브러리 함수이다. 컴파일되어지 는 함수는 4개의 사용자 정의 함수들이다.

printf() 함수는 이미 라이브러리 개발자에 의해서 컴파일되어 라이브러리 파일(Library File)로 제공되고 있다. printf() 함수의 기계어 명령어들이 저장되어 있는 라이브러리 파일은 libc.lib 이다. 라이브러리 함수를 사용할 때 생각해야 하는 문제가 있다. 함수는 사용을 하기 위해서는 반드시 함수 호출 전에 선언이 되어 있어야 한다는 것이다. 라이브러리 함수는 라이브러리 개발자에 의해 서 작성된 것이기 때문에 함수에 대한 정보도 라이브러리 개발자가 제공하지 않으면 절대 알 수 없다. 왜냐하면 라이브러리 함수는 이미 컴파일되어 제공되기 때문이다. 따라서 선언 관련 정보들 만을 디스크 파일로 제공하게 된다. 이 디스크 파일을 헤더 파일(Header File)이라고 한다.

라이브러리 함수를 사용하기 위해서는 라이브러리 함수의 목적 코드를 저장하고 있는 라이브러 리 파일과 라이브러리 함수의 선언 관련 정보를 저장하고 있는 헤더 파일을 설치해야 하고, 반드시 헤더 파일의 내용을 원시 코드 파일에 추가해서 함수 호출 문장을 작성하면 된다.

printf() 함수를 예로 설명을 하도록 하겠다. 라이브러리 함수 매뉴얼에서 printf() 함수를 찾아보 면 함수에 대한 정보를 얻을 수 있다. Visual Studio에서는 MSDN를 사용하면 더욱더 편하게 정보 를 얻을 수 있다. 제공되는 정보에서 printf() 함수의 목적 코드를 저장하고 있는 라이브러리 파일과 헤더 파일을 확인할 수 있을 것이다.

표 3-2 printf() 라이브러리 함수 관련 물리적 모듈들

	구 분	기 능	확장자	명 칭
물리적 모듈	헤더파일	인터페이스	*.h	stdio.h
	라이브러리 파일	링크 단위	*.lib	libc.lib

Visual Studio를 설치할 때 Visual Studio 6.0이 설치된 폴더의 하위 폴더들 중에서 라이브러리

파일은 lib 폴더와 헤더 파일은 include 폴더에 복사되어져 있을 것이다. 직접 윈도우 탐색기를 이용하여 확인해 보도록 하자.

[코드 3-1]에서 printf() 함수의 선언, 즉 함수 원형을 추가해야 하기 때문에 01번째 줄에서처럼 표현을 해야 한다. "헤더파일을 포함한다"라고 한다. 앞으로 라이브러리 함수를 사용하고자 한다면 라이브러리 함수의 원형이 정리되어져 있는 헤더파일을 반드시 포함해야 한다.

그리고 56번째 줄과 59번째 줄들처럼 함수 호출 문장을 작성하면 된다. 물론 함수 호출 문장을 작성하는 방법에 대해서는 앞으로 계속해서 배우게 되겠지만 함수 원형을 참고하여 값을 처리하는 방식을 결정해 주면 된다.

하나의 충고를 해야 할 것 같다. 라이브러리 함수는 라이브러리 개발자에 의해서 정확하게 처리되도록 작성되었을 것이다. 믿고 함수 원형을 참고하여 잘 사용하고 고맙다는 마음만 가지면 될 것이다. 그런데 이상한 잘못된 풍조가 있다. 라이브러리 함수를 잘 사용하기 위해서는 라이브러리 함수의 작동을 완벽히 이해해야한다고 하여 라이브러리 함수가 어떻게 작성되었을까? 하고 연구하는 사람들이 있다. 미친 짓이다. 그러한 시간이 있으면 그 시간에 여러분이 작성하는 함수에 대해서 더욱더 효율적인 방법에 대한 연구를 하는 것이 더 효과적임을 알아야 한다.

다음은 목적 코드 파일에 있는 관련 함수들의 기계어 명령어들과 라이브러리 파일에 있는 라이브러리 함수의 기계어 명령어들을 하나의 디스크 파일에 복사하여 주기억장치에 저장될 때의 위치를 정하는 작업이 이루어 져야 한다. 즉 링크 작업을 수행해야 하는 것이다.

따라서 목적 코드 파일과 라이브러리 파일은 링크할 때 식별하는 물리적 모듈이고 링크 작업으로 실행 가능한 파일이 만들어지게 된다. 실행 파일은 주기억장치에 프로그램을 복사할 때, 다른 말로는 적재할 때 식별하는 물리적 모듈인 것이다.

이렇게 C 언어로 프로그램을 작성하기 위해서는 차례대로 물리적 모듈들이 성공적으로 만들어져야 한다. 하나라도 제대로 만들어지지 않으면, 오류가 발생한 것으로 계속되는 모듈을 만들 수 없게 된다.

3. 논리 및 물리적 모듈 표현에 따른 프로그래밍 절차

C 언어로 프로그램을 만드는 절차를 정리해 보도록 하자. 물론 1장에서 실습으로 이 작업들을 여러분들은 이미 해 보았다. 따라서 알고 있는 내용이지만 여기서 한 번 더 정리해 보도록 하자.

C를 배우면 함수를 잘 만들어야 한다

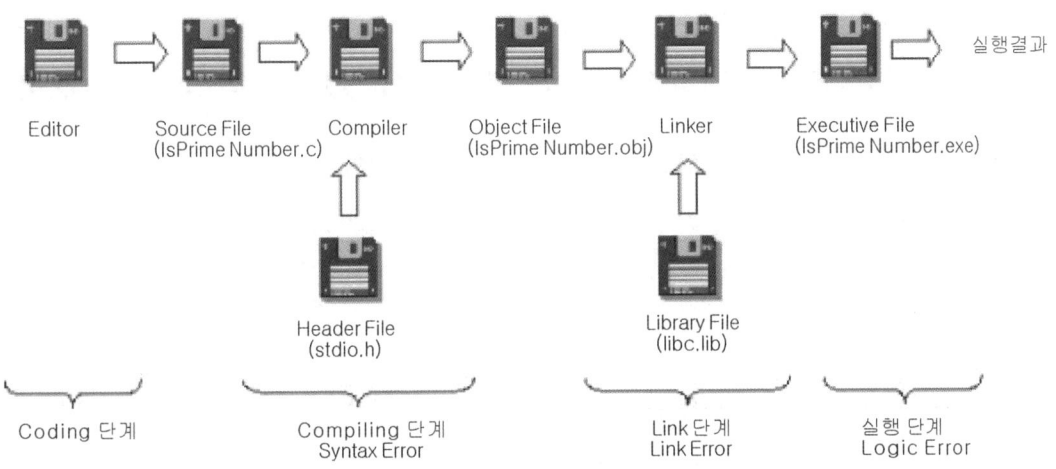

그림 3-1 논리 및 물리적 모듈 표현에 따른 프로그래밍 절차

[그림 3-1]은 전체 작업 흐름을 정리하고 있다. 각 단계별로 어떠한 일들을 하는지 알아보도록 하자.

1) 코딩(Coding) 단계

Flow Chart 혹은 NS Chart로 아니면 처리과정으로 정리된 제어논리를 C 언어의 문법에 맞게 옮기는 단계이다. C 언어의 문법에 맞게 옮기는 작업을 소스 코딩(Source Coding) 이라고도 한다. 소스 코딩을 하기 위해 사용하는 프로그램을 편집기(Editor) 프로그램이라고 한다. 사용할 수 있는 편집기 프로그램은 윈도우즈 운영체제의 보조 프로그램 중 하나인 메모장(Notepad)과 같은 텍스트 에디터(Text Editor) 프로그램을 이용하여 작업을 한다. 소스 코딩이 완료되면 확장자를 ".c" 로 지정하여 저장한다. 이와 같은 파일을 원시 코드 파일 또는 소스 파일(Source File)이라고 한다.

2) 컴파일(Compiling) 단계

원시 코드 파일이 작성되면 이제 컴파일러(Compiler)를 이용하여 원시 코드 파일의 내용을 이진 파일(Binary File)로 변환 작업을 진행하여야 한다.

컴파일 단계에서 하는 일은 우선 전처리기(Preprocessor)에 의해서 원시 코드 파일의 내용에 헤더 파일(Header File)의 내용을 결합하여 임시 파일을 생성한다. 이 단계를 전처리(Preprocessing) 단계라고 한다. C 언어는 항상 이와 같은 전처리 단계를 거친 내용에 대하여 컴파일 작업을 수행하게 된다.

전처리가 끝난 임시 파일을 컴파일러는 문법에 맞게 소스 코딩이 되었는지 검사를 한다. 컴파일 단계에서 에러가 없다면 컴파일러는 임시파일의 내용을 이진 형태로 변환을 하여 목적 코드 파일 (Object File)을 생성하게 되며 확장자는 ".obj"를 부여한다. 원시 코드 파일의 내용 중 C 언어의 문법에 맞지 않는 내용이 있다면 컴파일러는 오류 메세지를 보여주고 컴파일을 중단하게 된다. 이때 발생되는 오류를 구문 오류(Syntax Error)라고 하며 C 언어의 문법 체계에 맞지 않게 코딩을 수행함으로서 발생하게 된다. 구문 오류가 발생이 되면 다시 에디터를 이용하여 문법에 맞게 소스 파일의 내용을 고쳐야 한다.

3) 링크(Link) 단계

목적 파일의 내용을 실행 파일(Executive File)로 변환하는 단계이다. 링크 단계에서는 목적 파일에 내장 함수에 대한 실제 내용과 프로그램이 실제로 실행되는데 필요한 기억장소에 대한 정보 등을 결합시키는 단계이다. 이 단계에서 사용되는 프로그램을 링커(Linker)라고 한다. 링커는 C 언어에서 미리 포함되어 있는 라이브러리 파일(Library File)의 내용을 참조하여 링크 작업을 수행한다. 라이브러리 파일은 확장자로 "*.lib"가 부여 되어 있다. 링커에 의하여 성공적으로 작업이 완료되면 실행 파일이 생성되면 확장자는 ".exe"가 부여된다.

컴파일 단계에서 생성된 목적 파일은 이진 파일의 형태를 갖추고 있으나 아직은 실행할 수 있는 단계가 아니다. C 언어는 함수 중심의 언어이다. 따라서 명령어 보다는 함수를 이용하는 경우가 많다. 특히 입출력과 관련된 기능을 수행하는 부분에서는 라이브러리 함수(Library Function)를 사용하게 된다. 이와 같은 라이브러리 함수는 목적 파일에는 포함되어 있지 않다. 또한 실제 프로그램이 실행하는데 있어서 물리적인 기억장소에 대한 정보도 목적 파일에는 포함되어 있지 않다. 링크 단계는 라이브러리 함수의 정보를 포함시키고 실행 시 물리적인 기억장소에 대한 정보를 정하여 실행 가능한 형태의 파일을 만드는 단계이다. 만약에 링크 단계에서 내장 함수에 대한 정보를 라이브러리 파일에서 찾을 수 없는 경우에는 링크 오류(Link Error)가 발생하게 된다. 링크 오류가 발생하게 되면 소스 파일에서 함수 사용 방법이 정확한지를 확인해야 한다.

4) 실행(Executive) 단계

생성된 실행 파일을 적재시켜 결과를 확인하는 단계이다. 실행 파일이 생성되면 이제 실행을 시켜 결과를 확인하면 된다. 하지만 실행 결과가 제시된 문제에서 요구한 결과가 아닌 경우가 있다. 실행 결과가 문제에서 요구한 결과와 다른 경우 제어 논리 오류(Logic Error)가 발생한 것이다. 논리 오류가 발생한 경우 제어논리를 다시 검토해야 한다. 또한 디버깅(Debugging)에 의해서 오류를 수정해야 한다.

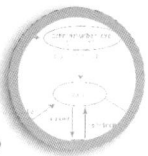

4. 원시 코드 파일 구조

C 언어로 작성되는 프로그램은 원시 코드 수준에서 반드시 한 개 이상의 컴파일 단위인 원시 코드 파일(확장자가 반드시 .c 이어야만 함)로 구성되어야 한다. [코드 3-2]는 한 개의 원시 코드 파일로 입력된 수가 소수인지 판단하는 프로그램을 작성한 것이다.

[코드 3-2]에서 보는 것처럼 원시 코드 파일에 기술되어지는 내용에 따라 대략적으로 영역별 구성을 보면 [그림 3-2]와 같은 구조를 이루고 있다. 원시 코드 파일에서 위쪽에서 아래쪽으로 주석, 전처리기, 선언, 전역 데이터 그리고 함수 정의 단락으로 크게 나눌 수 있다. 다음은 각각의 단락에 대해 개략적으로 공부해 보도록 하자.

```
주석 단락(Comment Section) : /* 로 시작해서 */ 끝나는 단락

전처리기 단락(PreProcessor Section) :
#include    <표준헤더파일명칭>
#include    "사용자정의헤더파일명칭"
#define     매크로 명칭      구문 대체 표현

선언 단락(Declaration Section) :
사용자 정의 자료형 선언
함수 선언

전역 데이터 단락(Global Data Section) :
전역 변수 선언 및 정의
전역 배열 선언 및 정의

함수 정의 단락(Function Definition Section) :
int main ( int argc , char* argv[]) {
    // 지역 변수 선언 및 정의
    // 제어 구조
    return 0;
}
반환형 사용자정의함수명칭(자료형 매개변수명칭, ...) {
    // 지역변수 선언 및 정의 그리고 초기화
    // 제어구조
    return 되돌림값;
}
```

그림3-2 원시 코드 파일의 구조

```
01 : /****************************************************************
02 :  파일 명칭 : IsPrimeNumber.c
03 :  함수 명칭 : IsPrimeNumber
04 :  기     능 : 입력받은 수가 솟수인지 아닌지를 판단한다.
05 :  출     력 : 소수 여부
06 :  입     력 : 수
07 :  작 성 자 : 김 석 현
08 :  작성 일자 : 2009년 2월 3일
09 : ****************************************************************/
10 : #include <stdio.h>
11 :
12 : typedef enum _boolean { FALSE = 0, TRUE = 1 } Boolean;
13 :
14 : unsigned long int InputNaturalNumber();
15 : Boolean IsPrimeNumber(unsigned long int number);
16 : void DisplayIsPrimeNumber(Boolean isPrimeNumber);
17 :
18 : int main(int argc, char* argv[]) {
19 :     unsigned long int number;
20 :     Boolean isPrimeNumber;
21 :
22 :     number = InputNaturalNumber();
23 :     isPrimeNumber = IsPrimeNumber(number);
24 :     DisplayIsPrimeNumber(isPrimeNumber);
25 :
26 :     return 0;
27 : }
28 :
29 : unsigned long int InputNaturalNumber() {
30 :     return 2;
31 : }
32 :
33 : Boolean IsPrimeNumber(unsigned long int number) {
34 :     // 1. 수를 입력받는다 : 함수 호출에 의한 매개변수로 값 복사
35 :     Boolean isPrimeNumber = FALSE; // 수가 합성수임을 가정한다
36 :     unsigned long int remainder;
37 :     unsigned long int i = 2; // 2부터 시작하여 수를 센다
38 :
39 :     // 나머지를 구한다
40 :     remainder = number;
41 :     while(remainder >= i) {
42 :         remainder = remainder - i;
43 :     }
44 :     // 2. 입력된 수보다 작거나 나누어 떨어지지 않는 동안 반복한다
45 :     while(i < number && remainder != 0) {
46 :         // 2.1. 수를 센다
47 :         i = i + 1;
48 :         // 2.2. 나머지를 구한다
49 :         remainder = i;
50 :         while(remainder >= i) {
51 :             remainder = remainder - i;
52 :         }
53 :     }
54 :     // 3. 나누어 떨어지지 않았는지 확인한다.
55 :     if(remainder == i) {
56 :         isPrimeNumber = TRUE; // 3.1. 나누어 떨어지지 않았으면 소수이다
57 :     }
58 :     // 4. 소수여부를 출력하다
59 :     return isPrimeNumber;
60 :     // 5. 끝낸다
61 : }
62 :
63 : void DisplayIsPrimeNumber(Boolean isPrimeNumber) {
64 :     if(isPrimeNumber == TRUE) {
65 :         printf("소수이다");
66 :     }
67 :     else {
68 :         printf("합성수이다");
69 :     }
70 : }
```

주석 단락

전처리기 단락

선언 단락

함수 정의 단락

코드 3-2 IsPrimeNumber.c 원시 코드 파일의 구조

1) 주석 단락(Comment Section)

구조화 프로그래밍의 특징 중의 하나인 문서화를 할 수 있는 기능으로 C 언어에서는 주석 기능

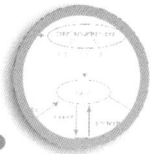

을 제공하고 있다.

주석은 프로그램을 명확하게 설명하는데 사용되는 글귀를 말한다. 이것은 프로그램을 읽는 사람을 위한 것이므로 컴퓨터는 이것을 프로그램의 일부로 간주하지 않고 무시한다. 전처리기에 의해서 처리된 후에는 하나의 공백으로 치환된다.

[코드 3-2]에서 01번째 줄부터 09번째 줄까지 여러 줄에 걸쳐 주석을 만들고자 할 때는 /*로 시작해서 */로 끝내도록 하면 된다. 이러한 형식을 블록 주석이라고도 한다. 주의할 것은 블록 주석안에 블록 주석을 만들 수는 없다.

IsPrimeNumber() 함수에서 34번째, 35번째, 37번 째 줄들에서 제어논리를 구성하는 문장을 설명하기 위해 한 줄에 대해 주석을 만들고자 할 때는 // 로 시작하여 글귀를 적으면 된다.

모듈화 프로그래밍에서 다시 설명하겠지만, 제공하는 기능들이 많고 복잡한 응용 프로그램에 대해 한 개의 원시 코드 파일로 관리한다는 것은 매우 불편하다. 따라서 여러 개의 원시 코드 파일로 작성되어야 한다. 여러 개의 원시 코드 파일로 구성되는 응용 프로그램인 경우, 주석을 이용하여 원시 코드 파일의 관리를 편리하게 할 수 있다.

[코드 3-2]에서 01번째 줄에서 09번째 줄까지 보는 것처럼 원시 코드 파일의 맨 선두에 파일 명칭, 프로그램의 기능, 원시 코드 파일에 작성된 논리적 모듈인 함수(들)의 정보 그리고 작성자, 작성일자 등 원시 코드 관리에 필요한 정보들을 기술하여 문서화하고자 할 때 사용하는 단락이다.

물론 주석 단락은 반드시 작성되어야 하는 단락은 아니다. 그렇지만 코드 관리를 효율적으로 하기 위해서는 반드시 필요한 단락이다. 따라서 항상 주석 단락을 만드는 습관을 들이도록 하자.

2) 전처리기 단락(Preprocessor Section)

전처리기 단락은 프로그램을 작성하는데 있어 편리하고 합리적으로 하기 위하여 설계되었다. 즉, 프로그램을 작성할 때 반복해서 기술되는 부분을 간단하게 기호화함으로서 프로그램을 작성할 때 편리함을 도모하고 이해하기 쉬운 프로그램이 되도록 하자는 것이다. 이 부분은 프로그래머가 프로그램을 작성할 때에 필요에 따라 정의하는 것이기 때문에 모든 C 프로그램에서 반드시 갖추어져야 하는 형식은 아니다.

컴파일하기 전에 문자열 치환 작업을 해야 하는 경우가 발생하는데 이러한 처리를 해 주는 소프트웨어가 전처리기(Preprocessor)이다. 특정 상수를 여러 개의 함수들에서 사용되어지는 경우, 사용되어지는 곳마다 상수를 사용하는 것보다 상수에 의미를 준 단어, 즉 매크로 상수를 만들어서 사용하면, 값에 대해 이해도 쉬워지고, 값을 바꾸고자 할 경우에는 한 번의 값 변경으로 바로 적용할 수 있다. 그렇지 않으면 상수가 사용되어진 곳으로 이동하면서 하나씩 고쳐야 하는 번거로움이 발생한다. 이러한 문제를 해결하기 위해 전처리기는 기호상수를 정의할 수 있는 지시자(Directive)를 제공한다. 따라서 코딩할 때 전처리기 지시자로 이러한 처리를 함으로서 컴파일하기 전에 전처리기에 의해 처리되어야 하는 내용들을 기술하는 곳이다.

또한 다른 원시 코드 파일에 있는 함수를 이용하는 경우, 함수 정보, 즉 함수의 원형을 알아야 하는데, 이러한 함수 원형 정보들을 파일, 즉 헤더 파일에 저장하여 관리하며, 이 파일에 있는 함수 원형 정보들을 원시 코드 파일에 복사해주는 일도 전처리기가 한다. 특히 입출력 함수는 이미 C 컴파일러 개발자에 의해서 작성되어 있다. 그래서 C 프로그래머는 입출력함수의 원형 정보를 알아야 하기 때문에 반드시 전처리기에 의해서 입출력 함수 원형 정보들을 복사하도록 하는 지시자를 전처리기 단락에 기술해야 한다. 가장 많이 사용되는 예를 들어 보면 [코드 3-2]에서 10번째 줄에서 보는 것이다.

3) 선언 단락(Declaration Section)

전처리기 단락 바로 밑에 사용자 정의 자료형이나 사용자 정의 함수들을 선언하는 단락이다. C 언어가 제공하는 자료형은 다른 언어들에 비하면 많지 않다. 그러나 사용자 정의 자료형을 만들어 사용할 수 있다. 열거형과 레코드 형들을 사용자 정의 자료형으로 만들어 사용할 수 있도록 하는 기능들을 제공한다. 태크(tag)와 typedef를 이용하여 사용자 정의 자료형을 선언할 수 있다.

개발자에 의해서 만들어지는 함수, 즉 사용자 정의 함수는 선언과 정의라고 하는 절차에 따라 작성되어져야 한다. C 언어에서는 선언을 정의와 분리할 수 있다. 따라서 원시 코드 파일의 선두에 프로그램을 구성하는 함수들을 선언함으로써 프로그램의 전체 기능을 개략적으로 기술을 할 수 있다.

4) 전역 데이터 단락(Global Data Section)

C 언어에서 여러 가지 형태의 데이터를 사용한다. 그런데 어떠한 유형의 데이터이든 간에 그 데이터는 그 값이 유효한 범위를 갖는다. 즉, 프로그램의 정해진 일정한 영역에서만 유효한 데이터가 있는가 하면 프로그램 전반에 걸쳐 그 값을 접근하여 사용할 수 있는 데이터가 있다.

전역 데이터(Global Data)란 프로그래밍 작업에서 기술되는 대상이 원시 코드 파일 내에서 어디에서든 사용할 수 있음을 나타내는, 즉 프로그램 전반에 걸쳐 사용되는 데이터를 말한다. 물론 모든 전역 데이터가 프로그램의 앞부분, 특히 함수 정의 단락의 앞부분에 나타날 필요는 없다. 하지만 보다 세심하게 정리된 프로그램이라면 프로그램의 도처에서 사용되는 전역 데이터들을 한 곳에 정리하여 기술하는 것이 이상적이며 이 때 이 전역 데이터들이 놓이는 위치가 여기이다.

이처럼 전역 데이터(혹은 변수)들로 취급되어지면 main() 함수에서만 사용할 수 있는 것이 아니라 프로그래머가 또 다른 함수들을 만들 때 각각의 함수에서도 사용할 수 있게 된다.

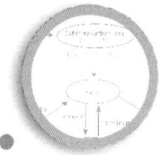

5) 함수 정의 단락(Function Definition Section)

주석, 전처리기, 선언 단락에 의해 프로그램을 위한 배경이 기술된 후 프로그램 동작을 구체적으로 기술하는 함수 정의 단락이 나타나게 된다. C 프로그램은 한 개 이상의 함수로 이루어지는데, 기본적으로 함수와 함수의 연결(호출) 형태로 이루어져 있다. 각각의 함수는 그 동작을 기술하는 부분에서 다른 함수를 호출할 수도 있고, 자기 자신을 호출할 수도 있다.

C 언어로 작성되고, 실행 가능한 모든 프로그램은 반드시 main이라는 명칭을 갖는 함수를 가져야 하는데 이 main() 함수는 C 프로그램 실행의 시작점이 된다. 즉, 컴퓨터는 C 프로그램의 실행을 작성 또는 기술된 순서에 상관없이 main이라는 명칭을 가진 함수로부터 시작된다. 그러므로 아무리 간단한 실행 가능한 C 프로그램이라 하더라도 최소한 main이라는 명칭을 갖는 함수를 가져야 하며, main이라는 명칭을 갖는 함수가 정의되어 있지 않은 C 프로그램은 실행될 수 없다. 그리고 main() 함수가 끝나면 프로그램도 끝난다. 따라서 C 언어를 사용하여 실행 가능한 프로그램을 만드는 개발자는 반드시 main() 함수를 반드시 작성해야 한다.

다음은 선언 단락에서 선언된 순서대로 사용자 정의 함수를 정의해야 한다. 다시 말해서 함수의 선언을 포함해서 내부 데이터와 제어 구조를 기술해야 한다. 이때 제어 구조에 사용되는 데이터의 범위를 어떻게 설정하는지에 따라 선언되는 위치가 달라진다. 함수 내에서만 참조 가능한 범위를 갖도록 한다면 지역 변수(Local Variable)로 선언해야 한다. 지역변수인 경우는 선언과 동시에 정의가 된다. 지역 변수를 선언하는 위치는 함수 블록의 선두에서만 이루어진다. 지역 데이터(혹은 변수) 선언 및 정의 단락이 생략될 수도 있다.

그리고 지역(혹은 전역) 변수들에 기반하여 입력, 기억, 연산, 출력 그리고 제어를 기본적인 기능으로 하여 제어 구조 블록을 작성하게 되면, C 프로그램이 작성되어지는 것이다.

주석, 전처리기, 전역 데이터 선언 및 정의 그리고 함수 선언 단락은 필요에 따라 정의되거나 생략이 가능하다. 함수 정의 단락은 결코 생략될 수 없다.

5. 모듈화 프로그래밍(Modular Programming)

소프트웨어에서 말하는 모듈이란 프로그램의 일부분을 의미하는 것이다. C 언어를 이용하여 프로그램을 작성했다면 관련된 함수들을 작성했거나 이용해야했다. 이러한 함수들도 또한 함수들의 집합도 하나의 모듈이 될 수 있다. 사실 모듈이라는 단위는 크기를 정확히 수식화하기 어렵다. 하나의 함수가 모듈이 되기도 하고, 관련된 여러 함수들과 변수들이 모여서 모듈을 이루기도 한다. 그러나 여기에서 이야기하는 모듈화 프로그래밍에서 모듈은 하나의 디스크 파일을 의미하는 것이다. 물론 각각의 파일은 관련된 기능별로 적절히 나뉘어야 한다. 훌륭한 프로그래머들은 작성하고자 하는 프로그램 코드를 기능별로 적절히 나눠서 독립된 디스크 파일에 저장하여 관리한다. 이렇게 관리되는 디스크 파일들을 모듈이라 한다. 그리고 이러한 방식으로 프로그래밍하는 것을 모듈화 프로그래밍이라 한다.

그러면 모듈화 프로그래밍을 해야 하는 이유에 대해서 생각해 보자. 앞에서 설명한 대로 코드를 효율적으로 관리하기 위해서인데 과연 이것만이 이유일까? 다른 이유는 없을까?

아마도 C 언어로 프로그램을 작성한다면 1만 줄짜리 프로그램을 작성할 수 있다면 아마도 이제 프로그래머로서 명함을 내밀 수 있을 것이다. 이러한 1만 줄짜리 프로그램이 하나의 파일로 구성되어 있다고 가정해 보자. 만약에 프로그램에 이상이 있어서 한 줄만 변경을 가하더라도 1만 줄 전체를 다시 컴파일해야 한다. 이 때 컴파일하는 시간이 많이 소요된다. 프로그래머에게는 엄청나게 짜증스러운 일이다. 그러나 1만 줄짜리 프로그램을 10개의 파일로 적절히 분리시켜 놓았다면 변경된 줄을 포함하는 파일만 다시 컴파일하면 되므로 컴파일하는데 걸리는 시간이 짧아진다.

C 언어로 프로그램을 작성할 때도 모듈화 프로그래밍 기법을 사용해야만 프로그래밍 작업의 효율을 높일 수 있다. 특히 여러 명의 프로그래머들에 의해서 공동으로 프로그래밍 작업을 할 때는 특히 효율적일 것이다. 그래서 C 프로그램은 보통 여러 개의 원시 코드 파일로 구성이 된다.

예를 들어 입력된 수가 소수인지 판단하는 프로그램에 대해서 2장에서 구조화 프로그래밍을 배울 때 각각의 모듈의 인터페이스만 바꾸지 않으면 모듈들을 한 사람에 의해서 모두 작성할 필요가 없고 여러 사람들에 의해서 만들어 지는데 아무런 문제가 없을 것 같은 느낌을 받았을 것이다. 따라서 [그림 2-10]의 시스템 챠트에 정리된 모듈의 개수만큼 여러 명의 프로그래머들에 의해서 작성될 수 있을 것이고 그렇게 작성한다고 가정해 보자. 어떻게 프로그래밍을 해야 할까?

모듈화 프로그래밍을 하는 것이 가장 좋은 방법일 것이다. [그림 2-10]의 시스템 챠트에 정리되어져 있는 모듈별로 나누어 4명의 프로그래머들이 작업을 한다고 하면, 모듈 하나당 원시 코드 파일 하나씩 작성하면 될 것 같다.

표 3-3 입력된 수가 소수인지 판단하는 프로그램의 원시 코드 파일들

번호	원시 코드 파일	기 능
1	Main.c	제어 모듈로 입력, 산술 및 논리 그리고 출력 모듈을 반복적으로 호출하는 기능
2	InputNaturalNumebr.c	입력 모듈로 간단한 메시지 출력과 데이터를 입력받아 제어모듈로 반환하는 기능
3	IsPrimeNumber.c	산술 및 논리 모듈로 입력받은 데이터가 소수인지 판단하여 참 혹은 거짓을 출력하는 기능
4	DisplayIsPrimeNumber.c	출력 모듈로 소수인지 아닌지에 대한 결과를 입력받아 메시지 출력하는 기능

1) Main 모듈 만들기

1장에서 배운 C 프로그래밍 절차를 복습하는 의미에서 IsPrimeNumber 프로젝트를 Win32

Console Application으로 새로 만들어서 직접 실습을 해 보도록 하자. Ctrl 키를 누른 상태에서 N을 눌러 파일 유형 대화상자를 출력하도록 하고, C++ Source File 선택하고, 파일 항목에 Main.c를 입력하고 엔터 키를 눌러 파일을 추가하도록 하자. 그리고 [코드 3-3]을 번호와 콜론 부분을 빼고 모든 내용을 키보드로 입력하도록 하자.

[코드 3-3]은 Main 원시 코드 파일이다. InputNaturalNumber() 함수, IsPrimeNumber() 함수, 그리고 DisplayIsPrimeNumber() 함수들을 사용해야 하기 때문에 17번째 줄에서 22번째 줄까지를 보면 함수들을 선언하고 있다. 코딩하는데 함수 호출 표현을 해야 한다면 반드시 함수 호출 표현을 하는 위치 이전에 함수 선언이 이루어 져야 한다. 반드시 기억하도록 하자.

그리고 main() 함수를 정의할 때 함수를 호출하는 문장을 작성하면 된다. 30번째 줄은 InputNaturalNumber() 함수를 호출하는 문장이다. 18번째 줄에서 함수 원형을 보면 반환형이 있으

```
01 : /***************************************************************
02 :    파일 명칭 : Main.c
03 :    함수 명칭 : main
04 :    기    능 : 입력받은 수가 솟수인지 아닌지를 판단한다.
05 :    출    력 : 소수 여부
06 :    입    력 : 수
07 :    작 성 자 : 김 석 현
08 :    작성 일자 : 2009년 2월 3일
09 : ***************************************************************/
10 : #include <stdio.h>
11 : #include <stdlib.h>
12 :
13 : // 사용자 정의 자료형 선언
14 : typedef enum _boolean { FALSE = 0, TRUE = 1 } Boolean;
15 : typedef unsigned long int ULong;
16 :
17 : // 입력 함수 선언
18 : ULong InputNaturalNumber();
19 : // 산술 및 논리 연산 함수 선언
20 : Boolean IsPrimeNumber(ULong number);
21 : // 출력 함수 선언
22 : void DisplayIsPrimeNumber(ULong number, Boolean isPrimeNumber);
23 :
24 : // 응용 프로그램의 엔트리 포인터 함수 정의
25 : int main(int argc, char* argv[]) {
26 :     Boolean isPrimeNumber; // 출력 자료 변수 선언
27 :     ULong number; // 입력 자료 변수 선언
28 :
29 :     // 수를 입력받는다
30 :     number = InputNaturalNumber();
31 :     // 끝내기 값인 0이 입력되지 않은 동안 반복한다
32 :     while(number != 0) {
33 :         // 소수인지 판단한다
34 :         isPrimeNumber = IsPrimeNumber(number);
35 :
36 :         // 소수 여부를 출력한다
37 :         DisplayIsPrimeNumber(number, isPrimeNumber);
38 :
39 :         // 수를 입력받는다
40 :         number = InputNaturalNumber();
41 :     }
42 :
43 :     return 0;
44 : }
```

코드 3-3 Main.c 원시 코드 파일

므로 main() 함수 블록의 선두 부분에 되돌림 값을 저장할 변수를 선언 및 정의해야 한다. 27번째 줄을 보면 number 변수를 선언 및 정의하고 있다. 변수에 값을 저장하기 위해서는 치환식을 사용해야 하고, 이때 치환 연산자를 사용하는데 저장할 기억장소는 치환 연산자의 왼쪽에 기술해야 하고, 저장할 값은 치환 연산자의 오른쪽에 기술하면 된다. 따라서 number는 값을 저장할 기억장소이므로 치환연산자의 왼쪽에 기술되었고, InputNaturalNumber() 함수에 의해서 구해진 값이 저장되는 값이므로 오른쪽에 기술되었다. 그리고 여기서 정리되어야 하는 개념으로 함수 호출 수식은 저장할 값을 의미한다는 것이다.

32번째 줄부터 41번째 줄 까지는 반복구조로 사용자가 수를 입력받아서 소수인지 아닌지를 판단하는 일을 계속할 수 있는 기능을 제공하고 있다.

34번째 줄은 IsPrimeNumber() 함수를 호출하는 문장이다. 20번째 줄에서 함수 원형을 보면 반환형이 있다. 특히 반환되어진 값이 DisplayIsPrimeNumber() 함수에서 사용되어야 하기 때문에 저장해야 한다. 그래서 26번째 줄을 보면 반환형 Boolean 을 자료형으로 isPrimeNumber 변수가 선언되었다. 그리고 치환 연산자의 왼쪽에 기술하고 함수 호출수식을 오른쪽에 기술하면 IsPrimeNumber() 함수에 의해서 구해진 값을 저장할 수 있다.

IsPrimeNumber() 함수는 InputNaturalNumber() 함수에서 사용자가 키보드로 입력한 값을 입력받아 소수 여부를 판단하여 구한 결과 값으로 참 아니면 거짓을 출력한다. 사용자가 키보드로 입력한 값을 전달하여야 한다. 따라서 함수호출수식에서 매개변수로 기술해야 한다.

37번째 줄은 소수 여부를 사용자에게 결과를 출력하는 DisplayIsPrimeNumber() 함수를 호출하는 문장이다. 22번째 줄을 보면 반환형이 void 이므로 "반환하는 값이 없다"라는 것이므로 치환식을 만들 필요가 없다. 단지 매개변수가 2개 있으므로 2개의 값을 복사하도록 매개변수로 기술하면 된다. 이때 주의할 것은 매개변수의 개수를 맞추어야 하고, 각 매개변수의 자료형을 일치시켜야 하며, 따라서 순서를 유지해야 한다는 것이다. 따라서 22번째 줄에 기술된 원형을 보면, 2개의 매개변수들이 필요하고, 첫 번째 매개변수의 자료형은 ULong이고, 두 번째 매개변수의 자료형은 Boolean이므로 26, 27번째에서 변수 선언문들을 참조하면, 매개변수로 기술되어야 하는 순서는 number가 먼저이고 다음으로 isPrimeNumber가 기술되어야 하는 것이다. 이러한 규칙을 위반하게 되면 컴파일러는 오류를 발생시키게 된다. 다시 말해서 약속을 지키지 않았기 때문에 욕을 얻어먹는 것이다.

사용자가 프로그램을 끝내고자 한다면 0을 입력하도록 했다. 0을 입력하면 반복구조를 탈출하여 43번째 줄로 실행제어가 이동하고, 순차적으로 실행제어가 이동되어 44번째 줄의 함수 블록의 끝을 나타내는 닫는 중괄호를 만나면 main() 함수가 끝나기 때문에 프로그램이 끝나게 되는 것이다.

이렇게 입력한 후에 Ctrl 키를 누른 상태에서 F7 키를 눌러 컴파일을 하면 정상적으로 컴파일이 되어 Main.obj 목적 코드 파일이 만들어 질 것이다.

다음은 프로그램을 실행시킬 수 있도록 하자면 F7 키를 눌러 링커를 해야 한다. 그런데 이때

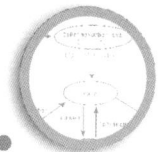

링커 오류가 발생하게 될 것이다. 오류가 발생하는 이유를 생각해 보도록 하자. 앞에서 배운 링크 작업을 생각해 보면 이유를 알 수 있을 것이다. InputNaturalNumber() 함수, IsPrimeNumber() 함수 그리고 DisplayIsPrimeNumber() 함수에 대해 선언만 되었지 실제 주기억장치에 할당될 함수 블록을 만드는 정의가 이루어지지 않았기 때문에 발생한다.

그렇다면 Main 모듈을 작성하는 개발자는 컴퓨터에 의해서 정확하게 작동하는지를 테스트할 수 없게 된다. 이런 경우 구조화 프로그래밍에서 배운 개념대로 main() 함수를 상위 모듈로 InputNaturalNumber() 함수, IsPrimeNumber() 함수 그리고 DisplayIsPrimeNumber() 함수를 하위 모듈로 정리되고, 하위 모듈에 대해서는 스터브 모듈로 처리하여 테스트하면 되는 것이다.

```
45 : // #if 0
46 :
47 : // 입력 함수 선언
48 : ULong InputNaturalNumber() {
49 :     ULong number;
50 :
51 :     printf("수는 2, 4만, 끝내려면 0을 입력하세요");
52 :
53 :     scanf("%d", &number);
54 :
55 :     return number;
56 : }
57 :
58 : // 산술 및 논리 연산 함수 선언
59 : Boolean IsPrimeNumber(ULong number) {
60 :     Boolean isPrimeNumber = FALSE;
61 :
62 :     if(number == 2) {
63 :         isPrimeNumber = TRUE;
64 :     }
65 :     else if(number == 4) {
66 :         isPrimeNumber = FALSE;
67 :     }
68 :
69 :     return isPrimeNumber;
70 : }
71 :
72 : // 출력 함수 선언
73 : void DisplayIsPrimeNumber(ULong number, Boolean isPrimeNumber) {
74 :     isPrimeNumber ? printf("소수입니다\n") : printf("합성수입니다\n");
75 : }
76 :
77 : // #endif
```

코드 3-4 Main.c 원시 코드 파일(테스트 코드 포함)

따라서 [코드 3-4]와 같이 코드를 작성한 다음 컴파일, 링크를 차례대로 진행하면 IsPrimeNumber.exe 실행 파일을 만들 수 있다. Ctrl 키를 누른 상태에서 F5 키를 눌러 실행을 시켜보자.

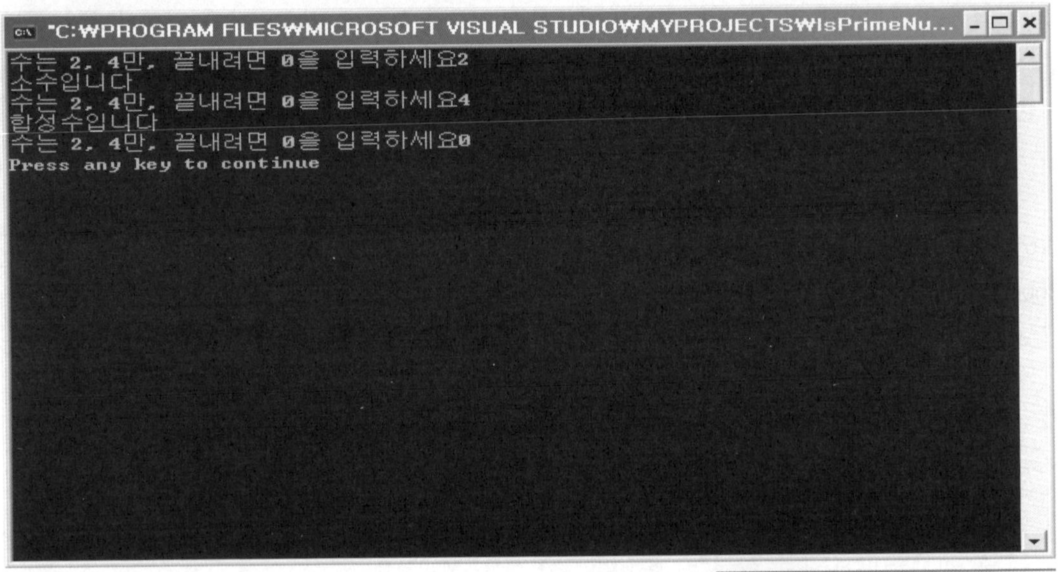
"C:₩PROGRAM FILES₩MICROSOFT VISUAL STUDIO₩MYPROJECTS₩IsPrimeNu...
수는 2, 4만, 끝내려면 0을 입력하세요2
소수입니다
수는 2, 4만, 끝내려면 0을 입력하세요4
합성수입니다
수는 2, 4만, 끝내려면 0을 입력하세요0
Press any key to continue

그림3-3 Main 모듈 실행 결과 화면

다른 모듈들이 작성되었다면, 47번째 줄부터 77번째 줄까지를 지우거나 아니면 주석으로 처리하면 된다. 47번째 줄과 77번째 줄이 // 로 한 줄 주석이 설정되어 있다. // 만 지우면 주석으로 처리된다. 실제 코딩 작업을 할 때 /*로 시작해서 */로 끝나도록 하는 블록 주석을 할 때는 방금 설정한 주석 내부에 다시 블록 주석을 설정할 수 없기 때문에 #if 0 과 #endif 로 블록 주석을 설정하는 것이 매우 효율적이다.

이러한 방식으로 프로그래머 각자가 자기가 맡은 모듈들에 대해서 프로그램을 작성하고, 테스트한 후 통합하여 최종적인 프로그램을 완성할 수 있다. 이러한 프로그래밍 기법을 구조화 프로그래밍이라고 한다는 것은 2장에서 배운 내용이다.

2) IsPrimeNumber 모듈 만들기

하위 모듈들을 만들어 가는데 있어서 일정계획에 의해서 진행이 되겠지만, 입출력 모듈보다는 산술 및 논리 연산모듈을 우선 개발하는 것이 관습적이다. 그래서 다음은 IsPrimeNumber 모듈에 대해 프로그래밍하자.

Win32 Console Application 프로젝트 유형의 IsPrimeNumber 프로젝트를 만들고, IsPrimeNumber.c 파일을 추가하자. 그리고 [코드 3-5]의 코드를 입력하자.

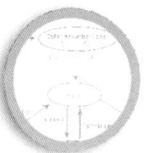

```
01 : /*****************************************************************
02 : 파일 명칭 : IsPrimeNumber.c
03 : 함수 명칭 : IsPrimeNumber
04 : 기     능 : 입력받은 수가 솟수인지 아닌지를 판단한다.
05 : 출     력 : 소수 여부
06 : 입     력 : 수
07 : 작 성 자 : 김 석 현
08 : 작성 일자 : 2009년 2월 3일
09 : *****************************************************************/
10 : // 사용자 정의 자료형 선언
11 : typedef enum _boolean { FALSE = 0, TRUE = 1 } Boolean;
12 : typedef unsigned long int ULong;
13 :
14 : // 산술 및 논리 연산 함수
15 : Boolean IsPrimeNumber(ULong number) {
16 :     // 1. 수를 입력 받는다 : 함수 호출로 인수로 값의 복사한다
17 :     Boolean isPrimeNumber = FALSE;
18 :     ULong remainder;
19 :     ULong i = 2; // 2.1. 나눌 수를 센다
20 :
21 :     // 2.2. 나머지를 구한다
22 :     remainder = number % i;
23 :     // 2. 2부터 시작하여 입력받은 수보다 작은 동안 반복한다
24 :     while( i < number && remainder != 0) {
25 :         // 2.1. 나눌 수를 센다
26 :         i = i + 1;
27 :         // 2.2. 나머지를 구한다
28 :         remainder = number % i;
29 :     }
30 :     // 3. 나누어 떨어지는 수가 없으면
31 :     if(number == i) {
32 :         isPrimeNumber = TRUE;
33 :     }
34 :     // 4. 소수 여부를 출력한다.
35 :     return isPrimeNumber;
36 :     // 5. 끝낸다
37 : }
```

코드 3-5 IsPrimeNumber.c 원시 코드 파일

컴파일을 하면 정상적으로 처리되고, 링크를 하면 오류가 발생한다. 왜 일까? 이유는 C 언어로 실행 가능한 프로그램을 작성할 때 반드시 작성되어야 하는 사용자 정의 함수가 있다고 했다. 그리고 그 함수는 반드시 main() 이어야 한다고 했는데, main() 함수가 정의되어 있지 않기 때문에 오류가 발생한 것이다.

따라서 실행되는 프로그램을 만들려고 하면 main() 함수를 작성해야 한다. 실행 프로그램을 만드는 것은 IsPrimeNumber() 함수가 정확하게 작동하는지를 검사하기 위한 것이다. IsPrimeNumber() 함수가 정확하게 작동하는지를 검사해야 하기 때문에 main() 함수는 IsPrimeNumber() 함수 호출문장들로 구성되면 된다. [코드 3-6]과 같은 테스트 관련 코드를 작성하도록 하자.

```
38 : // #if 0 // 테스트 관련 코드
39 :
40 : #include <stdio.h>
41 :
42 : int main(int argc, char* argv[]) {
43 :     Boolean isPrimeNumber;
44 :
45 :     isPrimeNumber = IsPrimeNumber(5);
46 :     if(isPrimeNumber == TRUE) {
47 :         printf("소수입니다!\n");
48 :     }
49 :     else {
50 :         printf("합성수입니다!\n");
51 :     }
52 :
53 :     isPrimeNumber = IsPrimeNumber(12345679);
54 :     if(isPrimeNumber == TRUE) {
55 :         printf("소수입니다!\n");
56 :     }
57 :     else {
58 :         printf("합성수입니다!\n");
59 :     }
60 :
61 :     return 0;
62 : }
63 :
64 : // #endif
```

코드 3-6 IsPrimeNumber.c 원시 코드 파일(테스트 코드 포함)

F7을 누르면 링크가 정상적으로 진행될 것이다. 그리고 IsPrimeNumber.exe 실행 파일이 만들어진다. 그래서 프로그램을 실행시켜서 확인을 하면 된다.

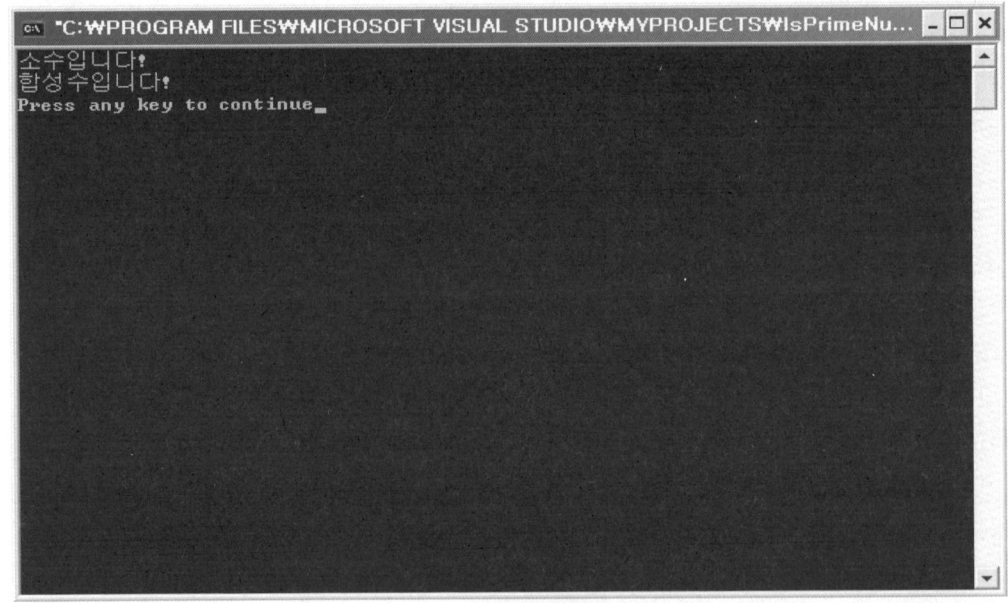

그림3-4 IsPrimeNumber() 함수의 테스트 결과 화면

구조화 프로그래밍의 특징에서 하향식 프로그래밍에서 언급되었던 하위 모듈은 독자적으로 테스트되어질 수 있다는 점을 보여주는 [코드 3-6]에서 38번째 줄에서 64번째 줄은 테스트 관련 코드로 주석으로 처리하거나 지워질 것이다.

3) InputNaturalNumber 모듈 만들기

다음은 입출력 모듈들을 구현해 보도록 하자. 입출력 모듈들 중에 어떤 것부터 먼저해야 하는지에 대해서는 개발자의 취향일 것이다. 여기서는 입력모듈부터 먼저 구현해 보자. InputNaturalNumber 모듈부터 먼저 프로그래밍하자. Main 모듈과 IsPrimeNumber 모듈을 구현할 때와 똑 같이 Win32 Console Application 프로젝트를 만들고 InputNaturalNumber.c 파일을 추가하고, [코드 3-7]과 같이 입력하도록 하자.

```
01 : /**************************************************************
02 :    파일 명칭 : InputNaturalNumber.c
03 :    함수 명칭 : InputNaturalNumber
04 :    기    능 : 사용자가 키보드를 이용하여 입력하는 수를 출력한다
05 :    출    력 : 수
06 :    입    력 : 없음
07 :    작 성 자 : 김 석 현
08 :    작성 일자 : 2009년 2월 3일
09 :  **************************************************************/
10 : #include <stdio.h>   // scanf(), printf()
11 : #include <stdlib.h>  // system()
12 :
13 : typedef unsigned long int ULong;
14 :
15 : // 입력 함수
16 : ULong InputNaturalNumber() {
17 :     ULong number;
18 :
19 :     system("cls"); // 콘솔 윈도우에 출력된 내용을 지운다
20 :     printf("\n\n\n\n\n\n");
21 :     printf("\t\t\t수가 소수인지 판단하는 프로그램\n");
22 :     printf("\t\t=============================================\n");
23 :     printf("\t\t2 이상의 자연수를 입력하십시오![끝내기 : 0] ");
24 :
25 :     scanf("%d", &number); // 수를 입력받는다
26 :
27 :     return number;
28 : }
```

코드 3-7 InputNaturalNumber.c 원시 코드 파일

Ctrl 키를 누른 상태에서 F7 키를 눌러 컴파일을 하면 정상적으로 이루어져서 InputNaturalNumber.obj 목적 코드 파일이 만들어지게 된다. 그렇지만 정상적으로 작동하는지를 확인하기 위해서는 실행 가능한 프로그램을 작성해야 한다. main() 함수를 정의해야 한다. 테스트 시나리오는 0이 입력되지 않는 동안 계속해서 키보드로 수를 입력받고 입력된 수를 출력하도록 하는 것이다.

반복해야 하는 횟수를 모르기 때문에 while 반복구조를 사용하여야 한다. while 반복구조는 조건식이 참인 동안 반복하고, 거짓이면 반복을 끝내기 때문에 입력받은 수가 0이 아닌지를 검사하는 조건식으로 작성하고, 2개 이상의 문장들로 구성되기 때문에 제어블럭을 설정한다.

따라서 입력받은 수가 조건식에 사용되었기 때문에 첫 번째 실행에 있어서 조건식을 평가하기 위해서는 while 반복구조 앞에 InputNaturalNumber() 함수 호출 문장이 작성되어야 하고, 반복구조 내에서도 InputNaturalNumber() 함수 호출 문장이 작성되어야 한다. 이때 반복구조내에 함수호출문

```
29 : // #if 0
30 :
31 : int main(int argc, char* argv[]) {
32 :     ULong number;
33 :
34 :     number = InputNaturalNumber(); // 수를 입력받는다
35 :     while(number != 0) { // 0 아닌 동안 반복한다
36 :         printf("%d\n", number);
37 :
38 :         fflush(stdin); // 엔터 키 입력을 없애다
39 :         getchar(); // 키보드 입력을 대기하도록 한다
40 :
41 :         number = InputNaturalNumber(); // 수를 입력받는다
42 :     }
43 :
44 :     return 0;
45 : }
46 :
47 : // #endif
```

코드 3-8 InputNaturalNumber.c 원시 코드 파일(테스트 코드 포함)

장은 반복제어블럭의 맨 마지막 문장으로 작성되어야 한다.

4) DisplayIsPrimeNumber 모듈 만들기

마지막으로 DisplayIsPrimeNumber 출력 모듈에 대해 C 언어로 작성해 보도록 하자. 각각의 모듈을

```
01 : /******************************************************************
02 :  파일 명칭 : DisplayIsPrimeNumber.c
03 :  함수 명칭 : DisplayIsPrimeNumber
04 :  기   능  : 소수이면 "소수이다"를 출력하고, 합성수이면 "합성수이다"를 화면에 출력하다
05 :  출   력  : 없음
06 :  입   력  : 소수 여부
07 :  작 성 자  : 김 석 현
08 :  작성 일자 : 2009년 2월 3일
09 :  ******************************************************************/
10 : #include <stdio.h> // printf(), fflush(), getchar()
11 :
12 : // 사용자 정의 자료형 선언
13 : typedef enum _boolean { FALSE = 0, TRUE = 1 } Boolean;
14 : typedef unsigned long int ULong;
15 :
16 : // 출력 함수
17 : void DisplayIsPrimeNumber(ULong number, Boolean isPrimeNumber) {
18 :     printf("\t\t-------------------------------------------\n");
19 :     // 소수 여부를 출력한다.
20 :     if(isPrimeNumber == TRUE) {
21 :         printf("\t\t%d는 솟수입니다!\n", number);
22 :     }
23 :     else {
24 :         printf("\t\t%d는 합성수입니다!\n", number);
25 :     }
26 :
27 :     printf("\t\t===========================================\n");
28 :     printf("\t\t아무 키나 누르십시오!");
29 :     fflush(stdin); // 키보드로 입력되는 모든 데이터들을 없애다
30 :     getchar(); // 키 입력를 기다리다
31 : }
```

코드 3-9 DisplayIsPrimeNumber.c 원시 코드 파일

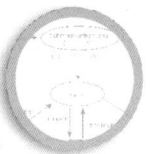

작성할 때처럼 동일하게 Win32 Console Application 프로젝트를 만들고 DisplayIsPrimeNumber.c 파일을 추가하자. [코드 3-9]를 입력하고 컴파일을 해보자. 정상적으로 처리되어 DisplayIsPrimeNumber.obj 파일이 만들어지는 것까지 확인할 수 있을 것이다.

다음은 [코드 3-10]의 테스트 코드까지 입력하고, 다시 컴파일하여야 한다. 그리고 링크를 하면 정상적으로 처리되어 IsPrimeNumber.exe 실행 파일이 만들어지게 된다.

```
32 : // #if 0 // 테스트 관련 코드들
33 :
34 : int main(int argc, char* argv[]) {
35 :     DisplayIsPrimeNumber(2, TRUE);
36 :     DisplayIsPrimeNumber(4, FALSE);
37 :
38 :     return 0;
39 : }
40 :
41 : // #endif
```

코드 3-10 DisplayIsPrimeNumber.c 원시 코드 파일(테스트 코드 포함)

따라서 프로그램을 실행시킬 수 있는데, Ctrl 키를 누른 상태에서 F5를 눌러 실행시키면 [그림 3-5]와 같은 결과 콘솔 윈도우를 볼 수 있을 것이다.

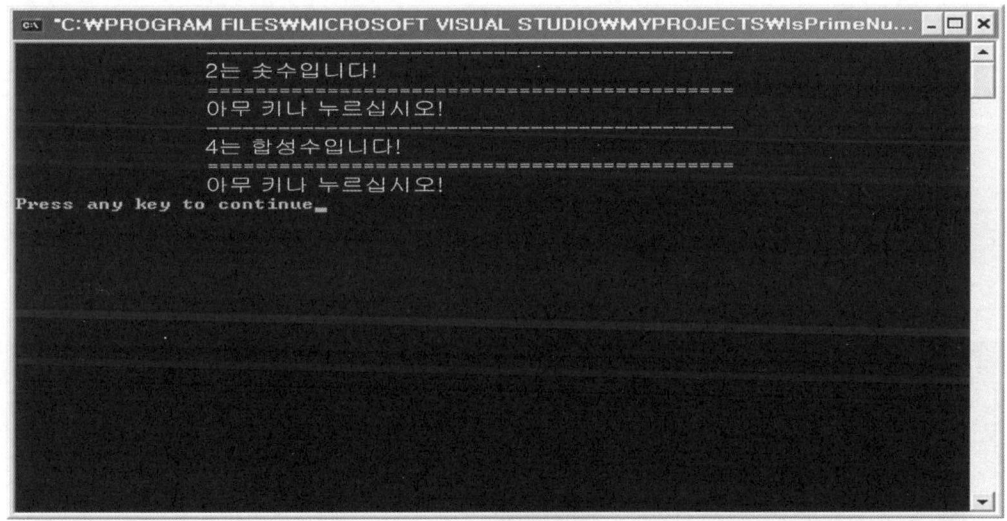

그림 3-5 DisplayIsPrimeNumber() 함수의 실행 결과

5) 모듈들의 통합(Integration)

이렇게 각각 작성된 모듈들을 완성한 다음 하나의 프로젝트로 모아서 컴파일하고 링크를 진행시키면 하나의 완전한 프로그램이 완성이 된다. 이러한 작업을 할 때 "프로그램을 통합한다"라고 한다.

Win32 Console Application 프로젝트 유형으로 IsPrimeNumber 프로젝트를 새로 만들자. 그리고

원시코드 파일들을 프로젝트에 추가하도록 하자. 우선 각 프로젝트에서 만들어진 Main.c, IsPrimeNumber.c, InputNaturalNumber.c, 그리고 DisplayIsPrimeNumber.c 원시 코드 파일들을 프로젝트 폴더에 복사를 하자. 파일 뷰를 열고, IsPrimeNumber Files 폴더를 마우스로 클릭하여 선택하자.

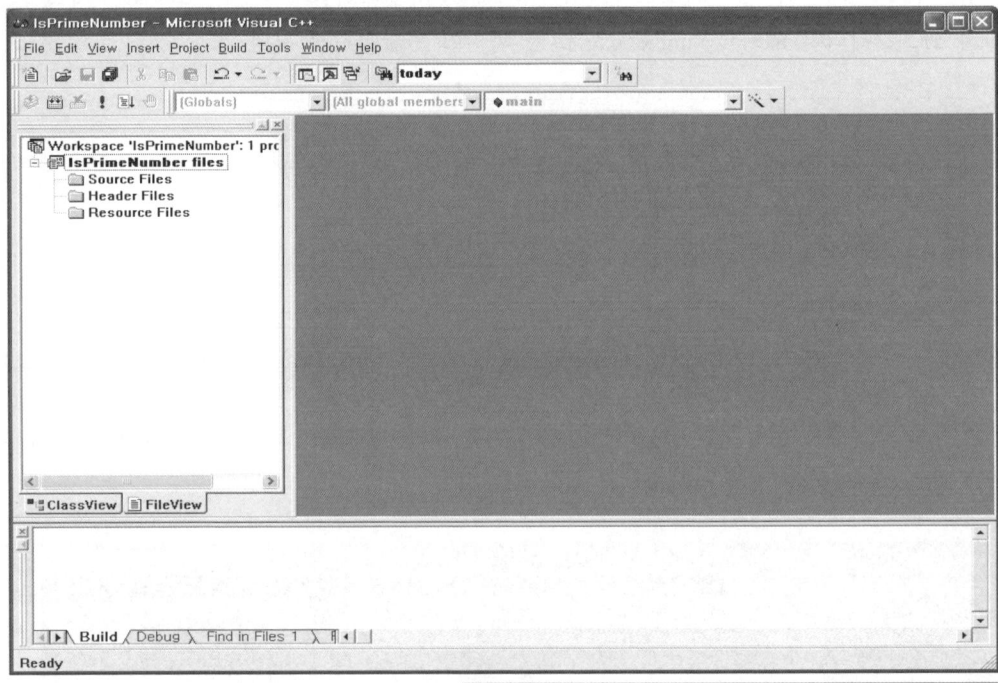

그림 3-6 프로젝트 생성 화면(파일 뷰 탭을 클릭했을 경우)

오른쪽 마우스 버튼을 누르면 팝업 메뉴가 출력된다. "Add Files to Project..." 메뉴를 선택하면 [그림 3-7]과 같은 대화상자가 출력된다.

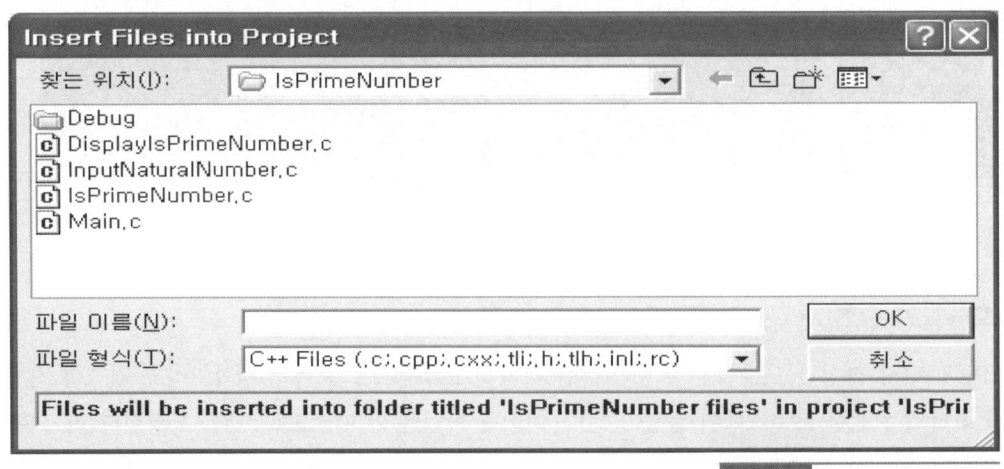

그림 3-7 파일 추가 대화상자

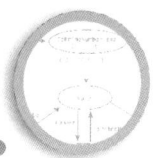

추가할 수 있는 파일들이 보일 것이다. 모든 파일들을 추가해야 하기 때문에 모든 파일을 선택하고, OK 버튼을 클릭하면 프로젝트에 파일들이 모두 추가될 것이다.

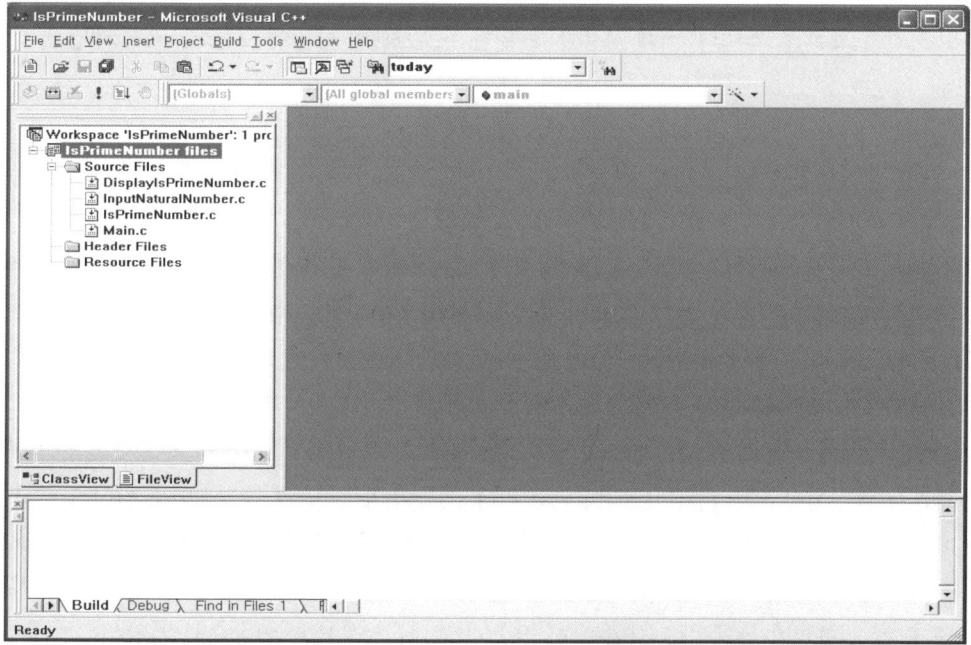

그림 3-8 프로젝트에 파일들이 추가된 경우

물론 각각의 원시 코드 파일에 테스트 관련 코드들을 제거되어져야 한다. 각각의 원시 코드 파일에 대해 컴파일과 링크를 차례대로 진행하면 발생하는 경고와 오류없이 IsPrimeNumber.exe 실행 파일이 작성될 것이다.

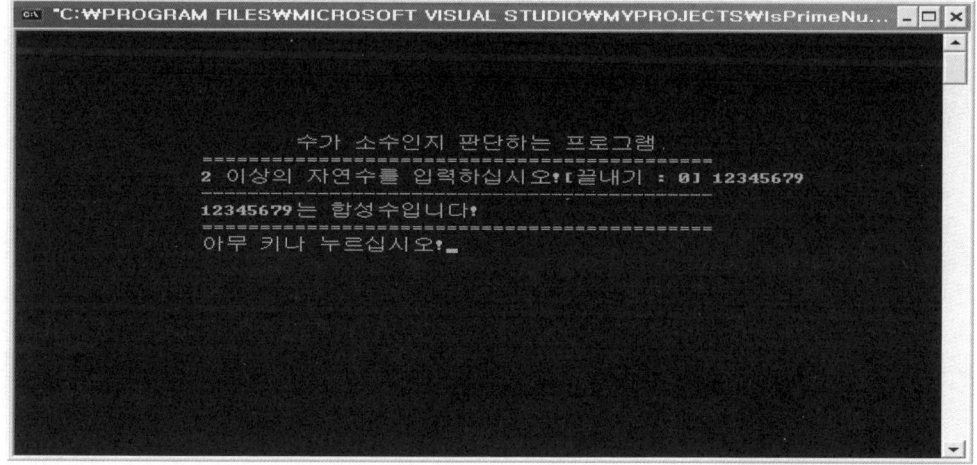

그림 3-9 프로그램의 실행

Ctrl 키를 누른 상태에서 F5 키를 눌러 프로그램을 실행시켜서 12345679를 입력하고 Enter 키를 누르면 [그림 3-9]와 같은 콘솔 윈도우가 출력될 것이다.

많은 기능을 갖고, 복잡하고 큰 프로그램을 작성해야 한다면, 혼자는 불가능할 것이고, 여러 명의 프로그래머들이 일을 같이 해야 할 것이다. 이때 사용할 수 있는 프로그래밍 방법이 모듈화 프로그래밍인 것이다.

6. 헤더 파일(Header File)

통합함에 있어 코드의 비효율적인 부분을 제거하는 작업도 같이 한다. 어떤 것이 비효율적일까? [코드 3-3], [코드 3-5], [코드 3-7], 그리고 [코드 3-9]의 원시 코드 파일들을 검토해 보자. 아직도 모르겠는가? 중복되는 부분이 있을 것이다. 어떤 것이 계속적으로 기술되는 부분인가?

[코드 3-3]에서 14, 15번째 줄, [코드 3-5]에서 11, 12번째 줄, [코드 3-7]에서 13번째 줄, 그리고 [코드 3-9]에서 13, 14번째 줄을 보면 같은 코드가 중복되는 것을 알 수 있을 것이다. 즉 사용자 정의 자료형에 대한 선언 부분이 원시 코드 파일마다 기술되고 있다. 기능이 계속적으로 추가되어져 원시 코드 파일이 또한 100개 정도 추가된다면 이 작업은 곤혹스러운 작업이 될 것이다. 이에 대한 해결책은 없는 것일까?

모듈 개념을 응용하면 원시 코드 파일을 구현부라고 하면, 원시 코드 파일도 모듈이므로 사양부에 대한 디스크 파일이 존재하는 것이 논리적일 것 같다. 그래서 C 언어에서 사양부를 기술할 수 있는 디스크 파일을 제공하는데 이것이 헤더 파일(Header File)이다. 즉 C 언어의 모듈을 작성할 때 사양부만을 기술할 수 있었다. 다른 말로는 선언만 할 수 있다. 이러한 선언들만을 기술할 수 있는 디스크 파일이 필요했다는 것이다. 그래서 헤더 파일을 이용해서 중복되어 기술되는 부분을 한번만 작성하고, 라이브러리 함수를 사용할 때 처럼 헤더 파일을 포함하도록 하면 되는 것이다.

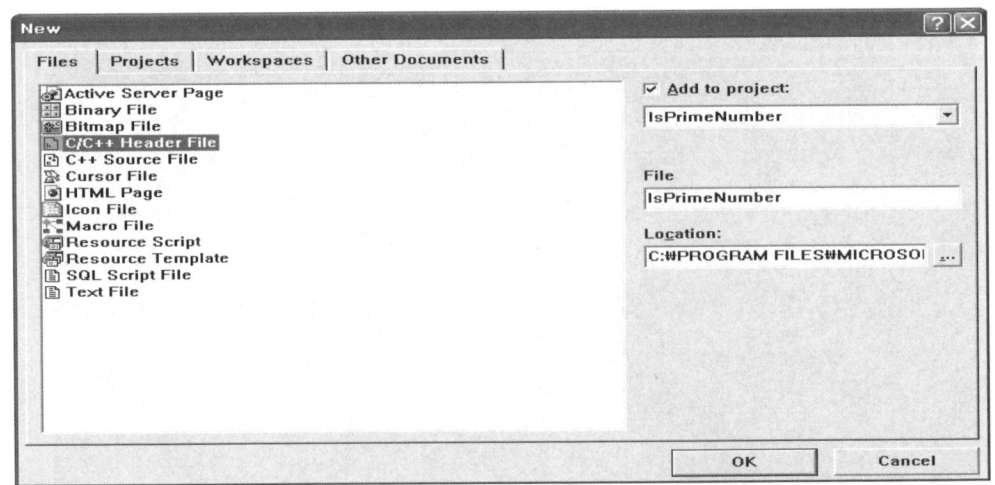

그림 3-10 파일 유형 선택 대화상자

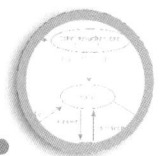

Visual Studio에서 헤더 파일을 만드는 방법에 대해 알아 보자. Ctrl 키를 누른 상태에서 N을 누르면 [그림 3-10]와 같은 파일 유형 선택 대화상자가 출력한다. C/C++ Header File을 선택하고 File 항목에 IsPrimeNumber라고 입력하고 Enter 키를 누르면 헤더 파일이 추가된다. 파일 뷰의 Header Files 폴더를 클릭해서 열면 [그림 3-11]과 같이 헤더파일을 확인할 수 있다.

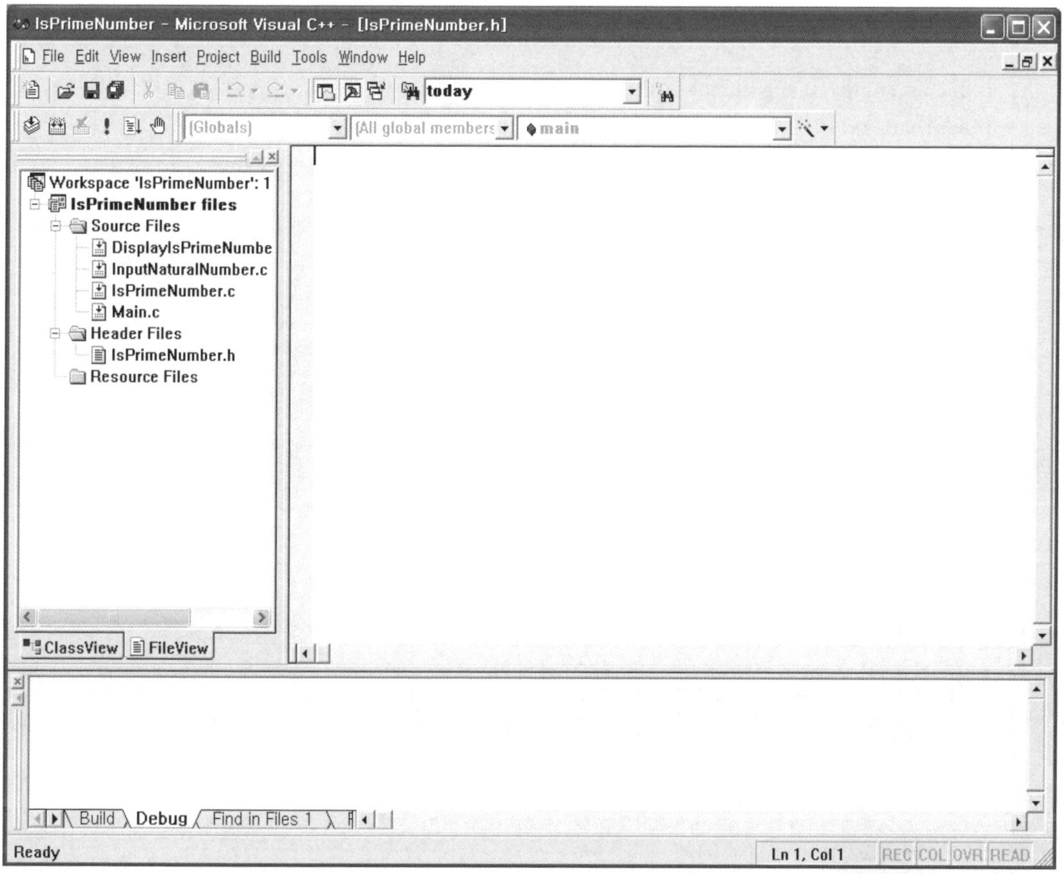

그림3-11 헤더파일 추가

[코드 3-11]과 같이 사용자 정의 자료형 선언과 함수 선언에 대해 헤더 파일에 기술하면 된다.
그리고 Main.c 에서 사용자 정의 자료형 선언과 함수 선언 부분을 지우고, [코드 3-12]에서 13번째 줄처럼 헤더 파일을 포함하는 표현을 하면 된다. 라이브러리 함수에 대한 헤더파일은 각진 괄호(◇)를 이용하나 사용자 정의 헤더 파일인 경우 큰 따옴표(" ")를 이용하여 파일 명칭을 적는다. 이때 큰 따옴표는 헤더 파일의 위치가 Main.c 가 저장되어 있는 폴더와 같음을 나타낸다.

다른 원시 코드 파일들에서도 마찬가지로 사용자 정의 자료형 선언 부분을 지우고 헤더 파일을 포함하는 표현들로 바꾸고 컴파일, 링크 그리고 실행을 해보도록 하자. 경고와 오류없이 정상적으로 작동할 것이다.

```
01 : /*****************************************************************
02 :    파일 명칭 : IsPrimeNumber.h
03 :    기     능 : 사용자 정의 자료형의 선언 및 정의와 함수 선언을 한다
04 :    작 성 자 : 김 석 현
05 :    작성 일자 : 2009년 2월 3일
06 : *****************************************************************/
07 : #ifndef _ISPRIMENUMBER_H
08 : #define _ISPRIMENUMBER_H
09 :
10 : // 사용자 정의 자료형 선언
11 : typedef enum _boolean { FALSE = 0, TRUE = 1 } Boolean;
12 : typedef unsigned long int ULong;
13 :
14 : // 입력 함수 선언
15 : ULong InputNaturalNumber();
16 : // 산술 및 논리 연산 함수 선언
17 : Boolean IsPrimeNumber(ULong number);
18 : // 출력 함수 선언
19 : void DisplayIsPrimeNumber(ULong number, Boolean isPrimeNumber);
20 :
21 : #endif // _ISPRIMENUMBER_H
```

코드 3-11 IsPrimeNumber.h 헤더 파일

```
01 : /*****************************************************************
02 :    파일 명칭 : Main.c
03 :    함수 명칭 : main
04 :    기     능 : 입력받은 수가 솟수인지 아닌지를 판단한다.
05 :    출     력 : 소수 여부
06 :    입     력 : 수
07 :    작 성 자 : 김 석 현
08 :    작성 일자 : 2009년 2월 3일
09 : *****************************************************************/
10 : #include <stdio.h>
11 : #include <stdlib.h>
12 :
13 : #include "IsPrimeNumber.h"
14 :
15 : // 응용 프로그램의 엔트리 포인터 함수 정의
16 : int main(int argc, char* argv[]) {
17 :     Boolean isPrimeNumber; // 출력 자료 변수 선언
18 :     ULong number; // 입력 자료 변수 선언
19 :
20 :     // 수를 입력받는다
21 :     number = InputNaturalNumber();
22 :     // 끝내기 값인 0이 입력되지 않은 동안 반복한다
23 :     while(number != 0) {
24 :         // 소수인지 판단한다
25 :         isPrimeNumber = IsPrimeNumber(number);
26 :
27 :         // 소수 여부를 출력한다
28 :         DisplayIsPrimeNumber(number, isPrimeNumber);
29 :
30 :         // 수를 입력받는다
31 :         number = InputNaturalNumber();
32 :     }
33 :
34 :     return 0;
35 : }
```

코드 3-12 Main.c 원시 코드 파일(개발자 작성 헤더 파일 사용)

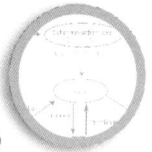

7. 정리

최근에 사용되는 프로그래밍 방식은 고수준 언어를 이용하는 내장형 프로그램 방식이다. 프로그램이 처리해야 하는 절차를 기술할 때는 인간이 이해하기 쉬운 단어와 수식으로 기술할 수 있는 고수준 언어로 작성하고, 언어 번역 프로그램을 이용하여 기계어 명령어들로 변환하여 실행시킬 수 있는 프로그램을 만드는 방식이다.

이러한 물리적인 작업을 할 때는 디스크 파일을 사용하는데 디스크 파일도 또한 프로그램의 일부분이기 때문에 물리적 모듈이라고 한다. C 언어에서는 컴파일, 링크, 그리고 실행 작업을 할 때 각각 원시 코드 파일, 목적 코드 파일 그리고 실행 파일들이 필요하다. 이러한 물리적 디스크 파일들을 생성하기 위해서 차례대로 코딩, 컴파일, 링크 그리고 적재 작업을 수행해야 한다.

모든 디스크 파일을 프로그래머가 하나씩 만든다는 것은 비효율적이다. 따라서 C 프로그래머는 원시 코드 파일만을 작성하면 되고, 목적 코드 파일은 컴파일러에 의해서, 실행 파일은 링커에 의해서 생성된다.

원시 코드 파일은 크게 5 단락으로 구성된다. 코드의 문서화를 위한 주석 단락, 중복되어 기술되는 것을 일괄적으로 처리하기 위한 전처리기 단락, 그리고 사용자 정의 자료형이나 사용자 정의 함수를 선언하는 단락, 전역 데이터를 선언 및 정의하는 단락 그리고 반드시 존재해야 하는 함수 정의 단락으로 구성된다.

많은 기능을 제공하는 복잡한 프로그램을 만들 때는 여러 개의 원시 코드 파일을 사용하여 기능 단위로 잘 구성해서 프로그래밍을 하면 코드를 효율적으로 관리할 수 있고, 컴파일할 때나 여러 개발자들이 함께 작업을 할 수 있어 작업의 효율성도 극대화할 수 있다. 이러한 프로그래밍 기법을 모듈화 프로그래밍이라고 한다.

같은 코드를 없애고 공동 작업을 함에 있어 일관성을 유지하기 위해 사용되는 자료형이나 함수를 선언하여 인터페이스 모듈로 헤더 파일을 만들어서 사용할 수 있다.

제4장

프로그램의 실행과 메모리 모델

1. 메모리 모델(Memory Model)

2. C 프로그램의 메모리 모델

3. 메모리 할당(Memory Allocation) 방법

4. 프로그램 실행과 기억장소 관리

5. 정리

제4장 프로그램의 실행과 메모리 모델

```
01 : /*****************************************************************
02 :    파일 명칭 : IsPrimeNumber.c
03 :    함수 명칭 : IsPrimeNumber
04 :    기     능 : 입력받은 수가 솟수인지 아닌지를 판단한다.
05 :    출     력 : 소수 여부
06 :    입 력 : 수
07 :    작 성 자 : 김 석 현
08 :    작성 일자 : 2009년 2월 3일
09 : *****************************************************************/
10 : #include <stdio.h>
11 :
12 : // 사용자 정의 자료형 선언
13 : typedef enum _boolean { FALSE = 0, TRUE = 1 } Boolean;
14 :
15 : // 산술 및 논리 연산 함수 선언
16 : Boolean IsPrimeNumber(unsigned long int number);
17 :
18 : // 응용 프로그램의 엔트리 포인터 함수 정의
19 : int main(int argc, char* argv[]) {
20 :     Boolean isPrimeNumber; // 출력 자료 변수 선언
21 :     unsigned long int number; // 입력 자료 변수 선언
22 :
23 :     // 키보드로 수를 입력받는다
24 :     scanf("%d", &number);
25 :
26 :     // 연산을 실행하다
27 :     isPrimeNumber = IsPrimeNumber(number);
28 :
29 :     // 실행 결과를 모니터에 출력하여 사용자에게 알린다.
30 :     if(isPrimeNumber == TRUE) {
31 :         printf("%d는 솟수입니다!\n", number);
32 :     }
33 :     else {
34 :         printf("%d는 합성수입니다!\n", number);
35 :     }
36 :
37 :     return 0;
38 : }
39 :
40 : // 산술 및 논리 연산 함수
41 : Boolean IsPrimeNumber(unsigned long int number) {
42 :     // 1. 수를 입력 받는다 : 함수 호출로 인수로 값의 복사한다
43 :     Boolean isPrimeNumber = FALSE;
44 :     unsigned long int remainder;
45 :     unsigned long int i = 2;
46 :
47 :     remainder = number;
48 :     while(remainder >= i) {
49 :         remainder = remainder - i;
50 :     }
51 :
52 :     // 2. 2부터 시작하여 입력받은 수보다 작고 나누어 떨어지지 않는 동안 반복한다
53 :     while( i < number && remainder != 0) {
54 :         // 2.1. 나눌 수를 센다
55 :         i = i + 1;
56 :         // 2.2. 나머지를 구한다
57 :         remainder = number;
58 :         while(remainder >= i) {
59 :             remainder = remainder - i;
60 :         }
61 :     }
62 :     // 3. 나누어 떨어지지 않았으면
63 :     if(number == i) {
64 :         isPrimeNumber = TRUE; // 소수 여부를 참으로 한다
65 :     }
66 :     // 4. 소수 여부를 출력한다.
67 :     return isPrimeNumber;
68 :     // 5. 끝낸다
69 : }
```

코드 4-1 입력받은 수가 소수인지 판단하는 프로그램

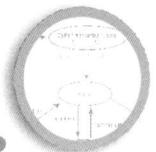

[코드 4-1]은 C 언어로 작성된 원시 프로그램이다. 입력받은 수가 소수인지 판단하는 프로그램이다. 이 프로그램이 컴퓨터에서 실행되기 위해서는 3장에서 언급된 것처럼 편집에 의해서 컴퓨터에 입력되어야 하고, 컴파일과 링크 작업을 거쳐 실행 가능 코드로 변환되어져야 한다. 그리고 주기억장치에 프로그램의 암호화된 명령어와 데이터를 적재시켜, 기계 명령어와 데이터가 주기억장치에 저장되어야 한다. 그렇다면 여러 가지 의문점들이 발생하게 될 것이다.

- 어떻게 저장될까?
- 어떻게 실행되는 것일까?
- 이때 기억장치는 어떠한 방식으로 관리되어 지는 것일까?

이러한 개념들에 대한 이해는 프로그램을 작성하는데 있어 매우 중요한 것이다. 특히 프로그램에 대해 기억장치가 관리되는 방식은 제한된 크기의 주기억장치를 효율적으로 사용하기 위해 매우 중요한 개념이다. 프로그램마다 기억장치를 관리하는 방식은 운영체제와 프로그래밍 언어에 따라 약간의 차이가 존재할 수 있다. 그래서 프로그래밍 작업을 할 때 특정 프로그래밍 언어에 따른 기억장소 관리 방식을 이해하는 것은 필수적인 작업이다.

[그림 4-1]은 [코드 4-1]을 컴퓨터에 실행시켰을 때 기억장치에 저장되어 있는 상태를 나타내고 있는 도해, 즉 메모리 맵(Memory map)이다.

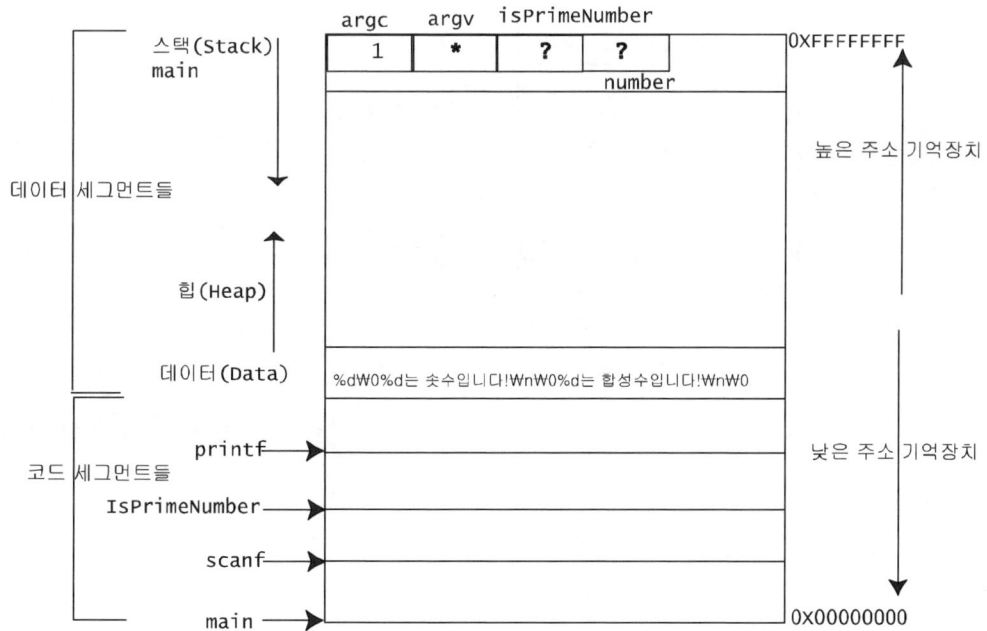

그림4-1 입력받은 수가 소수인지 판단하는 프로그램의 메모리 맵

메모리 맵이란 프로그램이나 데이터 등이 주기억장치에 저장되어 있는 상태를 나타내는 그림이나 도표를 말한다.

1. 메모리 모델(Memory Model)

우리가 사용하고 있는 컴퓨터의 실행 원리에 의하면 프로그래밍 언어로 작성된 프로그램은 기억장치에 저장되어 있어야 한다. 그리고 기억장치에 저장된 프로그램의 명령어와 데이터가 읽혀지기 위해서는 기억장소를 식별하기 위한 도구가 필요할 것 같다. 개인용 컴퓨터에서는 0과 1을 표현할 수 있는 비트(Bit)를 8개 묶은 바이트(Byte) 단위로 부여되어진 정수형 값을 이용한다. 대개는 도해 상에서는 16진 표현의 정수형 값인데 이것을 주소(Address)라고 한다.

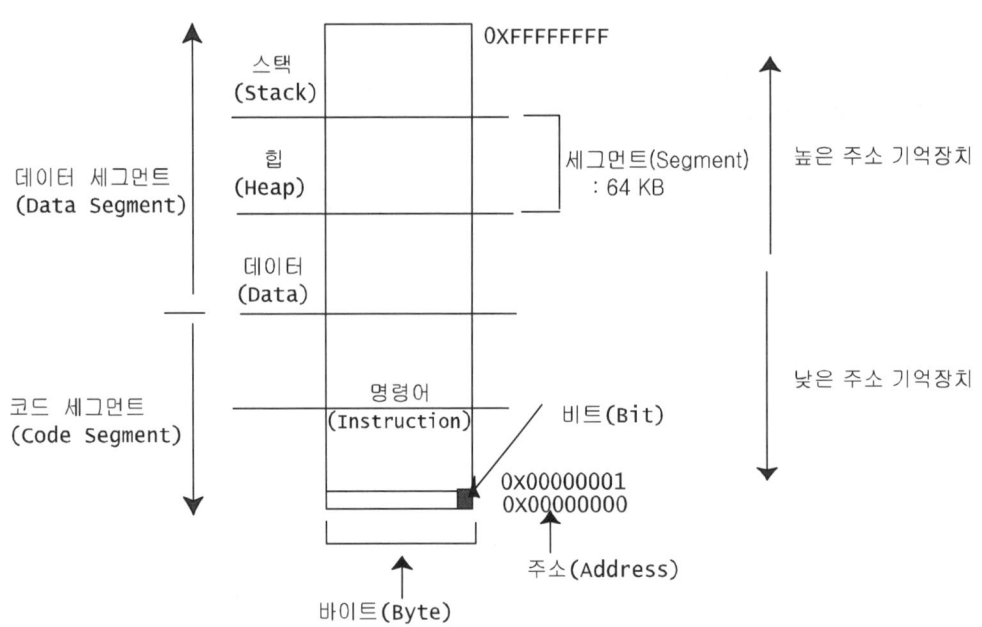

그림4-2 비트, 바이트 그리고 주소(Address)

이때 명령어와 데이터를 저장하는 기억장소를 식별하기 위해서 주소가 부여되어진다. 프로그래밍 언어마다 주소를 부여하는 방식이 약간의 차이를 보이는데, 특정 언어마다 그 언어로 작성되어지는 프로그램에서 사용되는 명령어나 데이터를 저장하는 기억장소의 주소를 지정하는 방식을 메모리 모델(Memory Model)이라고 한다.

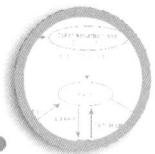

2. C 프로그램의 메모리 모델

C 언어에서는 메모리 모델이 JAVA 언어에서처럼 명확하게 정해져 있는 것이 아니라 프로그래머가 운영체제에 따라 결정할 수 있는 다양한 메모리 모델을 제공한다. 따라서 메모리 관리에 대해서 프로그래머가 책임을 져야 한다는 것이다.

이 책에서는 C 언어가 제공하는 다양한 메모리 모델에 대해서 자세히 소개하지 않되, C 메모리 모델의 개념과 원리를 이해하기 위해서 단순화된 세그먼트 기반의 가상 메모리 모델을 사용하도록 하겠다.

C 언어로 작성된 프로그램은 필요할 때마다 바이트 단위로 기억장소를 할당하고 할당 해제하는 비효율적인 방식을 취하지 않는다. 주기억장치를 효율적으로 운영하기 위해서 일정한 크기, 대개는 64KB 크기로 논리적 단위로 나누어서 할당과 할당 해제로 관리하게 된다. 그 논리적 단위를 세그먼트(Segment)라고 하고, 서로 관련이 있는 데이터와 명령어를 하나의 세그먼트에 저장하는 것이 아니라 데이터를 저장하는 데이터 세그먼트(Data Segment)와 명령어를 저장하는 코드 세그먼트(Code segment)로 구분해서 사용한다. 또한 데이터 세그먼트는 기억장소의 할당 방법에 따라 동적 할당(Dynamic Allocation)에 의해서 관리되어 지는 스택(Stack) 세그먼트, 힙(Heap) 세그먼트와 정적 할당(Static Allocation)에 의해서 관리되어지는 정적(Data) 세그먼트로 구분되어진다. 이렇게 구분되어지는 데이터 세그먼트에 데이터를 저장하기 위해서 할당되어진 기억장소를 변수(Variable)라고 한다.

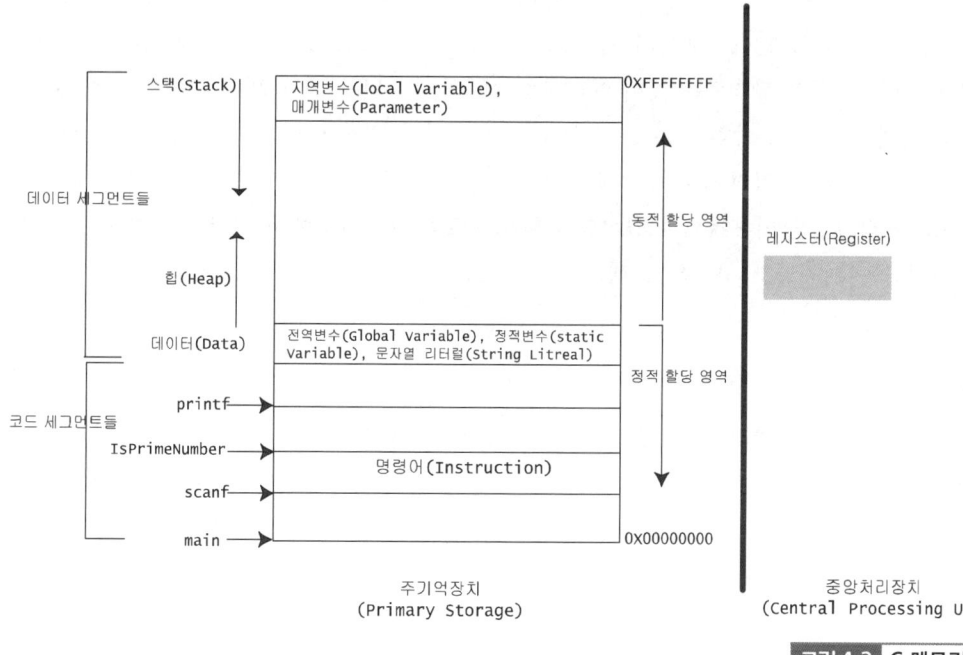

그림 4-3 C 메모리 모델

또한 C 프로그램은 주기억장치만 관리하는 것이 아니라 중앙처리장치의 레지스터(Register)도 관리할 수 있다. 다음은 C 프로그램에 의해서 관리되어지는 세그먼트들에 대해 정리해 보자.

1) 코드(Code) 세그먼트

프로그램의 명령어가 저장되어지는 주기억장치 영역을 말한다. 이 영역은 프로그램이 시작할 때 할당되었다가 프로그램이 끝날 때 할당 해제되어지는 정적 할당 영역이다. 대개는 함수 하나 당 한 개의 코드 세그먼트가 할당되어진다.

2) 정적 데이터(Data) 세그먼트

프로그램이 실행될 때 할당되어서 프로그램이 끝날 때 할당 해제되어지는 데이터 세그먼트 영역이다. 따라서 프로그램이 시작될 때부터 끝날 때까지 사용되어야 하는 데이터들을 관리하는 영역이고, 1개의 세그먼트만으로 구성되어 진다. 코드 세그먼트 바로 다음에 할당되어 지는 영역이다. 대개는 문자열 리터럴(혹은 문자열 상수), 전역 변수 또는 정적(static) 변수가 저장되어지는 영역이다.

3) 스택(Stack) 데이터 세그먼트

프로그램이 실행하고 있는 동안에 일시적으로 보존하고자 하는 데이터를 차례로 쌓아서 저장해 두는 데이터 세그먼트 영역이다. C 언어의 논리적 모듈인 함수 하나가 실행될 때 할당되어다가 함수가 끝날 때 할당 해제되는 데이터 세그먼트 영역이다. C 프로그램 사용자에 의해서 관리되어 지는 사용자 데이터들을 관리하는 곳이 아니라 C 프로그램 사용자에 의해서 데이터를 관리하는데 필요한 연산, 일반적으로 삽입(Insert), 삭제(Delete) 그리고 변경(Modify)의 갱신(Update)과 정렬(Sort)과 검색(Search)의 질의(Query)를 수행할 때 필요한 데이터들을 관리하는 영역이다.

따라서 C 프로그램은 기본적으로 함수의 집합이므로 C 프로그램에서 가장 빈번하게 그리고 중요하게 관리되는 기억장소 영역은 스택 데이터 세그먼트이다.

4) 힙(Heap) 데이터 세그먼트

프로그램의 실행 중에 원시 코드에 의해서 동적으로 할당되고 할당 해제되는 데이터 세그먼트 영역이다. C 프로그램을 사용해서 자신만의 데이터들을 관리하고자 하는 사용자들에 의해서 관리되어지는 사용자 데이터들을 관리하는 영역이다. 철저하게 C 프로그래머에 의해서 할당과 할당 해제가 결정되어지는 영역이다.

5) 중앙처리장치(CPU) 레지스터

중앙처리장치가 데이터를 처리하는 동안 사용할 값이나 연산의 중간 결과를 일시적으로 저장해 두기 위해 사용되는 중앙처리장치에 존재하는 고속 처리 기억장치이다.

3. 메모리 할당(Memory Allocation) 방법

주기억장치는 여러 프로그램에 의해서 사용되어진다. 따라서 어떠한 프로그램이 주기억장치를 사용하기 위해서는 다른 프로그램이 사용되는 주기억장치를 사용하면 되지 않는다. 이러한 관리를 하는 프로그램이 운영체제인데, C 프로그램에서는 운영체제에게 주기억장치에 대해 사용에 대한 허가를 받아야 하고, 사용을 하지 않을 시에는 바로 반환해야 한다. 이때 주기억장치에 대해 사용에 대한 허가를 받는 작업을 할당(Allocation)이라 하고, 사용을 하지 않을 시 허가권을 반환하는 작업을 할당 해제(Deallocation)라고 한다. 다음은 C 프로그램에서 사용되는 기억장소를 할당하는 방법에 대해서 알아보자.

C 프로그램에서 사용되는 기억장소를 할당하는 방법은 기본적으로 정적과 동적으로 구분되어 진다.

1) 정적 할당 (Static Allocation)

일반적으로 프로그램이 실행될 때 기억장소가 할당되고 프로그램이 끝날 때 할당 해제될 때까지 그대로 유지되어지는 기억장치 관리 방식이다.

2) 동적 할당 (Dynamic allocation)

프로그램 실행 중에 필요할 때 마다 기억장소를 할당하고, 필요치 않으면 할당 해제를 시스템에 의해서 아니면 원시코드로 제어하는 기억장소 관리 방식이다. 동적 할당은 또한 기본적으로 시스템에 의해서 관리되는 스택에 의한 동적 할당과 프로그래머에 의해서 원시 코드로 관리되는 힙을 이용한 동적 할당으로 구분되어 진다.

(1) 스택에 의한 동적 할당

기억장소 운영의 효율성을 위해서 함수가 실행될 때마다 시스템에 의해서 필요한 기억 장소가 할당되고 함수의 실행이 끝날 때 할당 해제되어지는 방식이다.

(2) 힙을 이용한 동적 할당

여분의 기억장소 공간을 라이브러리 내장 함수로 제공되는 할당과 할당 해제 함수를 이용하여 프로그래머가 주소에 의한 접근으로 기억장소를 관리하는 방식이다. 힙 데이터 세그먼트를 관리하는 방식이다.

4. 프로그램 실행과 기억장소 관리

[코드 4-1]의 프로그램이 실행되는 과정에 대해서 알아보면서 C 프로그램이 어떻게 기억장소를 관리하는지 알아보자. 실행시켰을 때 [그림 4-1]과 같이 메모리 맵을 작도할 수 있다.

프로그램에서 사용되어진 사용자 정의 함수들, main() 함수와 IsPrimeNumber() 함수에 대해 코드 세그먼트들과 라이브러리 함수들, scanf() 함수와 printf() 함수에 대해 코드 세그먼트들이 호출되어진 순서에 따라 main() 함수, scanf() 함수, IsPrimeNumber() 함수, 그리고 printf() 함수 순으로 코드 세그먼트들이 할당되고 각각의 세그먼트의 내용으로 명령어와 상수들이 주기억장치에 저장될 것이다.

scanf() 함수에서 사용되어진 문자열 리터럴, "%d", printf() 함수에 사용되어진 문자열 리터럴들, "%d는 솟수입니다!\n"와 "%d는 합성수입니다!\n"은 정적 데이터 세그먼트에 복사되어져서 문자 배열 구조로 저장되고, 마지막에 널 문자('\0')를 저장하여 문자열로 취급된다.

main() 함수가 호출되어져서 실행될 때 사용되어지는 값들을 저장할 스택 데이터 세그먼트가 할당되어 매개변수들과 지역변수들을 할당하고, 값을 복사해서 저장하게 된다. 매개변수들은 운영체제로부터 값을 전달받아 저장하게 되고, 지역변수들은 쓰레기들을 가지게 될 것이다. isPrimeNumber와 number 지역변수에 표시되어져 있는 물음표(?)는 쓰레기인 값을 의미한다.

주기억장치는 여러 개의 프로그램들에 의해서 같이 사용되어지고, 할당 해제되어질 때 사용했던 기억장소에 저장한 값을 깨끗이 치우지 않기 때문에 사용했던 값이 그대로 존재하게 된다. 그렇지만 그 값들은 현재 실행되는 프로그램에서는 유효한 값이 될 확률은 0이다. 따라서 이러한 값들을 쓰레기(Garbage)라고 부른다.

다음은 [코드 4-1]에서 24번째 줄이 실행되었을 때, 즉 scanf() 함수가 호출되었을 때 메모리 맵은 [그림 4-4]와 같다.

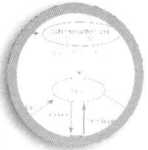

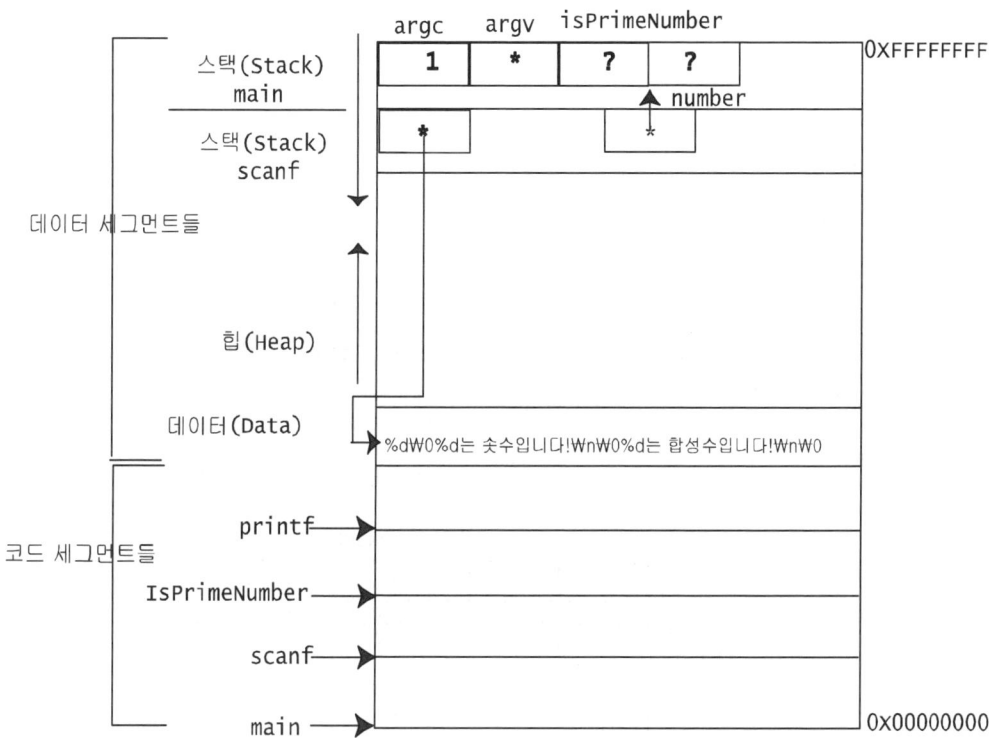

그림4-4 scanf() 함수가 호출되었을 때 상태

    scanf() 함수가 호출되었기 때문에 scanf() 함수에 의해서 사용되어질 값들을 저장하기 위한 스택 세그먼트를 할당하게 된다. scanf() 함수 스택 세그먼트의 내부 구조에 대해서는 우리는 알 수가 없다. 라이브러리 개발자에 의해서 제공되는 라이브러리 함수이기 때문이다. 그리고 내부구조에 대해서 우리가 반드시 알 필요는 없다. 단지 함수를 사용하기 위해서는 입출력 부분에 대해서만 신경을 쓰면 된다. 이러한 개념을 절차의 추상화(Abstraction)라고 한다. 따라서 함수 호출 문장에서 2개의 값이 사용되고 있기 때문에 최소한 매개변수가 2개 정도 할당되어야 한다. 첫 번째 매개변수는 정적 데이터 세그먼트에 저장된 문자 배열에 대한 주소를 갖게 될 것이고, 두 번째 매개변수는 함수 호출 문장을 보면 주소 연산자를 이용하여 main() 함수 스택 세그먼트에 할당된 number 변수의 주소를 구하여 복사하고 있다. 따라서 main() 함수 스택 세그먼트에 할당된 number 변수의 주소를 갖게 될 것이다. 주소를 이용하여야만 scanf() 함수 스택 세그먼트에서 main() 함수 스택 세그먼트에 있는 기억장소를 접근할 수 있기 때문이다. 그렇지 않으면 main() 함수 스택 세그먼트에 있는 기억장소를 접근할 수가 없다. 주소에 의해서만 scanf() 함수에 의해서 입력된 값을 main() 함수의 number에 저장할 수가 있다.

[그림 4-5]는 사용자가 키보드로 3을 입력했을 때 메모리 맵이다. 사용자가 키보드로 3을 입력하면 scanf() 함수는 입력된 값, 3을 scanf() 함수 스택 세그먼트에 있는 기억장소에 저장하는 것이 아니라 main() 함수 스택 세그먼트에 할당된 number에 저장하게 된다. scanf() 함수를 호출할 때 main() 함수 스택 세그먼트에 할당된 number의 주소를 구해서 복사한 것을 기억할 것이다. scanf() 함수는 전달된 주소를 가지고 main() 함수 스택 세그먼트의 number에 입력된 값, 3을 쓰게 될 것이다. 개념적으로 정리하면 사용자에 의해서 입력된 값, 3은 scanf() 함수 관점에서는 출력 데이터이다. 그러면 의문이 하나 생길 것이다. 함수에서 출력 데이터 표현은 되돌림 값으로 처리한다고 알고 있는데, 주소를 이용해서 출력 표현을 하는 것은 왜 있을까? 답은 함수에서 되돌림 값으로 처리할 수 있는 출력 데이터의 개수는 최대 1개이다. 그러면 2개 이상의 출력 데이터를 가지는 경우는 어떻게 할 것인가? 이에 대한 해법으로 C 언어에서는 주소를 이용하여 출력 데이터 표현을 제공하는데 이러한 문법적인 기능을 포인터(Pointer)라고 한다.

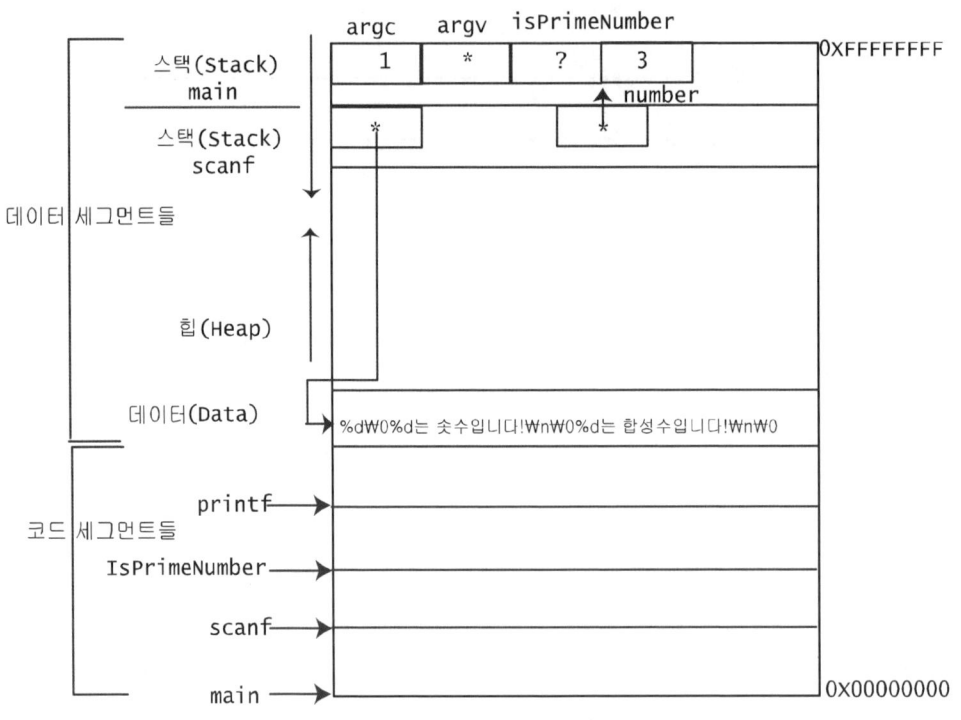

그림4-5 사용자가 키보드로 3을 입력한 상태

사용자로부터 키보드 입력이 끝나면 scanf() 함수는 실행이 끝나게 된다. [그림 4-6]은 scanf() 함수가 끝나고 있을 때 메모리 맵이다. 이때 scanf() 함수가 실행할 때 필요한 데이터들을 저장했던

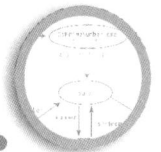

스택 세그먼트는 시스템에 의해서 할당 해제가 된다. 이렇게 시스템에 의해서 필요할 때 할당되고, 필요치 않으면 할당 해제되는 방식으로 메모리가 관리되는 방식을 동적 관리라고 한다. 스택은 시스템에 의해서 동적 관리되어진다.

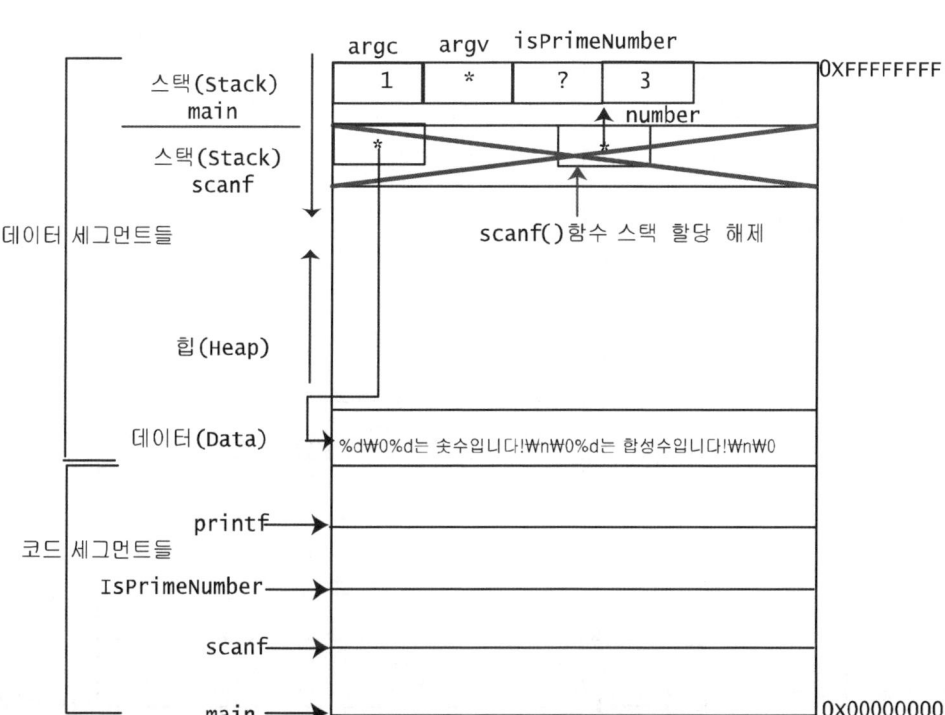

그림4-6 scanf() 함수가 끝나고 있을 때 상태

따라서 scanf() 함수 스택 세그먼트에 할당된 기억장소에 입력된 값, 3이 저장되도록 했다면 스택 세그먼트의 할당 해제 시 없어지게 될 것이다. 따라서 scanf() 함수를 호출할 때 호출하는 함수의 스택 세그먼트에 기억장소를 할당하고, 할당된 기억장소의 주소를 구해서 scanf() 함수에 전달되어야 하는 이유를 알 수 있을 것이다.

scanf() 함수가 끝났을 때 main() 함수 스택 세그먼트에 할당되어 있는 number에 3이 저장되어 있을 것이다. [그림 4-7]은 scanf() 함수가 끝났을 때 메모리 맵이다.

반드시 기억할 것은 스택은 함수가 실행될 때 필요한 데이터들을 저장하기 위해서 시스템에 의해서 할당되고 함수가 끝날 때 할당 해제되는 방식으로 동적 관리된다.

주소에 의해서는 어떠한 기억장치에 할당되어 있는 기억장소든지 읽기와 쓰기가 가능하다는 것이다. 그리고 마지막으로 주소에 의해서 출력 데이터 표현을 할 수 있다는 것이다.

4. 프로그램 실행과 기억장소 관리 **115**

이렇게 해서 scanf() 함수가 끝나면 실행 제어가 다시 main() 함수로 이동된다. 다음은 [코드 4-1]의 27번째 줄의 IsPrimeNumber() 함수 호출 문장 표현으로 실행 제어가 이동되고, IsPrimeNumber() 함수를 호출하여 실행시키게 된다. 그러면 [그림 4-8]과 같은 메모리 맵을 가지게 된다.

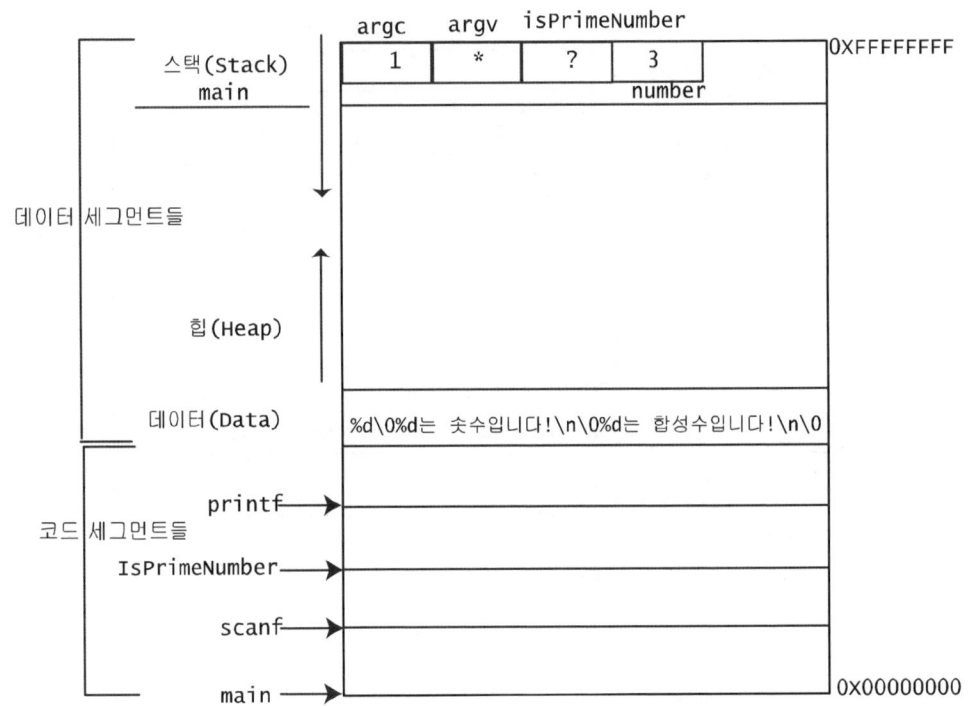

그림 4-7 scanf() 함수가 끝났을 때 상태

IsPrimeNumber() 함수가 실행될 때 필요한 데이터들을 저장하기 위한 스택 세그먼트를 할당한다. 스택 세그먼트에는 매개 변수인 number, 지역 변수들, isPrimeNumber, remainder, i를 할당하게 된다.

매개 변수 number에는 함수 호출 문장에서 복사되어지는 값, 즉 main() 함수 스택 세그먼트에 할당된 number에 저장되어져 있는 값, 3을 저장하게 된다. C 언어에서는 철저하게 값 복사에 의한 정보전달을 한다. 따라서 함수 호출할 때 전달하는 값들은 계산된 결과이다.

지역 변수들의 값들은 변수가 할당됨과 동시에 최초로 주어진 값, 즉 초기값을 저장하는 작업, 즉 초기화되어지는 isPrimeNumber와 i 각각 FALSE, 2가 저장되어지게 되나, 초기화되지 않는 remainder는 쓰레기 값을 가지게 된다.

IsPrimeNumber() 함수가 [코드 4-1]에서 66번째 줄까지 실행되었을 때, [그림 4-9]는 메모리 맵이

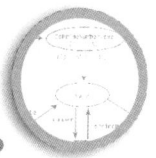

다. 함수 호출에 의해서 입력받은 수, 3에 대해 47번째 줄에서 50번째 줄까지 반복구조에 의해서 2에 대한 나머지를 구하면 1이 된다. 그리고 53번째 줄에 있는 반복구조의 조건식을 평가하면 2가 3보다 작기 때문에 참이고, 나머지가 1이기 때문에 0과 같지 않으냐에 대한 결과가 참이므로 논리곱의 연산 결과 또한 참이 된다. 반복구조의 조건식이 참이므로 while 선검사 반복구조는 반복을 계속하므로 i값이 3이 되고, 3에 대한 나머지를 구하면 0이 된다. 그리고 다시 while 선검사 반복구조의 조건식을 평가하게 된다. 이번에는 3이 3보다 작지 않기 때문에 거짓이므로 다음에 적용될

그림 4-8 IsPrimeNumber() 함수가 호출되었을 때 상태

논리곱 연산에서 피연산자의 값이 거짓이면 다른 피연산자의 값이 무엇이든지 거짓이므로 이후 연산식을 평가하지 않는다. 또한 반복구조를 탈출하게 된다.

그러면 63번째 줄에 있는 선택구조로 실행 제어가 이동하게 되는데, 선택구조의 조건식을 평가하면 number의 값이 3이고 i의 값이 3이므로 number값과 i의 값이 같은지에 대해 관계식을 평가하면 값이 참이 된다. 따라서 64번째 줄에서 치환식(혹은 대입식)이 실행되어 isPrimeNumber의 값으로 TRUE를 저장하게 된다.

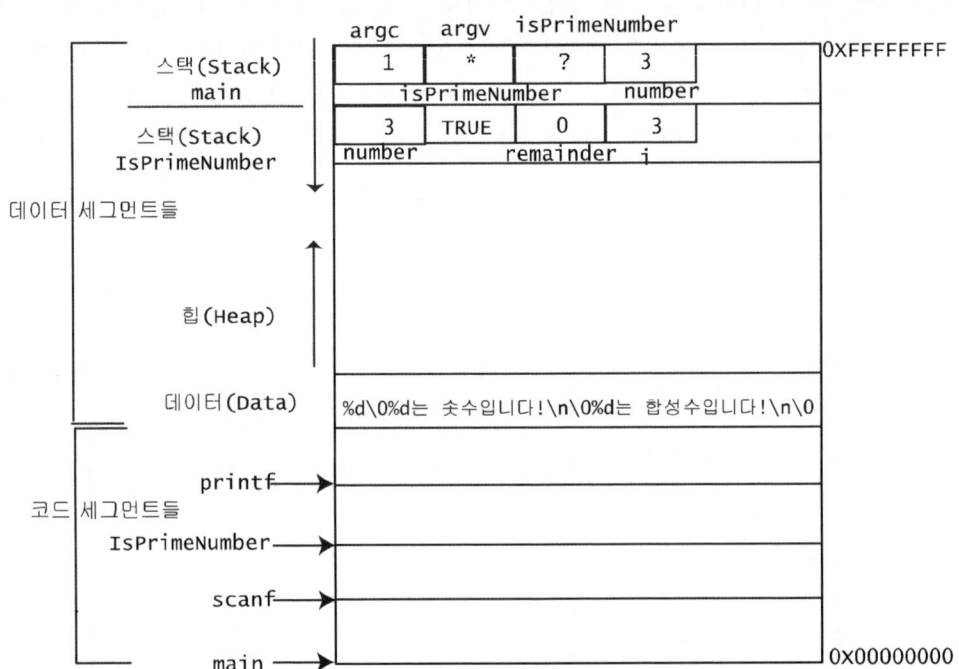

그림4-9 IsPrimeNumber() 함수가 실행되었을 때 상태

다음은 return 문에 의해서 isPrimeNumber의 값을 함수를 호출한 main() 함수로 되돌리는 과정에 대해서 알아보도록 하자. [그림 4-10]은 IsPrimeNumber() 함수가 끝나고 있을 때 메모리 맵이다. return 키워드 뒤에 적힌 isPrimeNumber에 저장되어 있는 값을 중앙처리장치의 레지스터에 복사하게 된다. 그리고 IsPrimeNumber() 함수의 실행이 끝나므로 함수의 실행 시 필요한 값들을 저장했던 스택 세그먼트를 할당 해제하게 된다. 그리고 실행 제어를 함수를 호출한 쪽, main() 함수로 이동하게 된다.

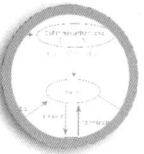

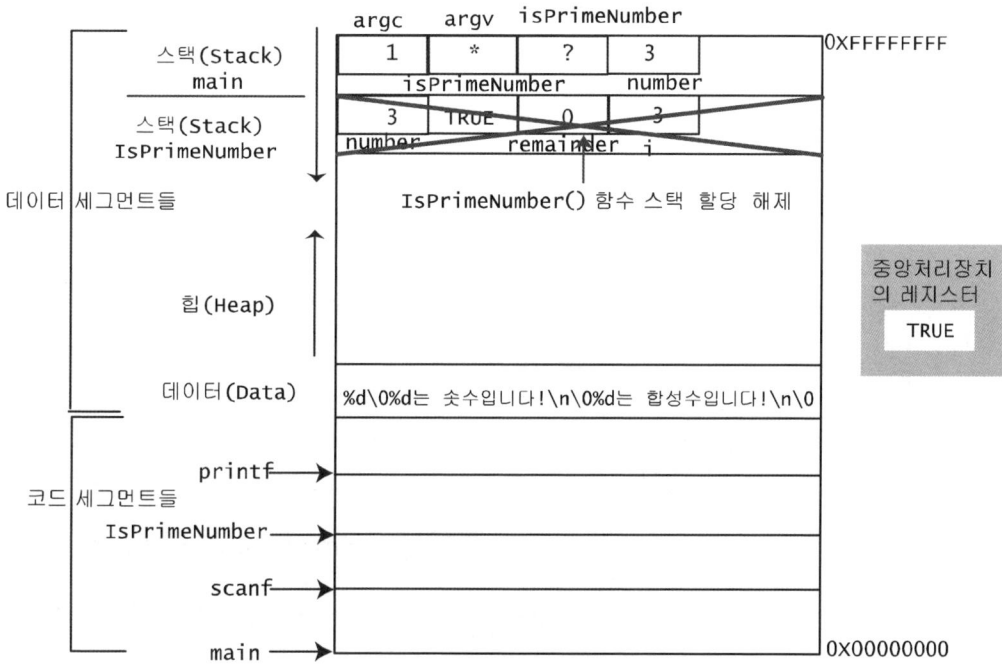

그림 4-10 IsPrimeNumber 함수가 끝나고 있을 때 상태

[코드 4-1]에서 27번째 줄의 치환문이 실행되어 main() 함수의 isPrimeNumber에 중앙처리장치의 레지스터에 복사되어졌던 값, TRUE가 복사되어 저장된다. 여기서 또한 기억할 내용은 함수 호출 문장은 따라서 중앙처리장치에 저장되어져 있는 값을 의미한다. 이때의 값을 오른쪽 값(R-value)이라고 한다. 따라서 함수 호출 문장은 R-value라는 것을 명심하도록 하자. 이에 대한 메모리 맵은 [그림 4-11]이다.

다음은 [코드 4-1]에서 30번째 줄로 실행 제어가 이동된다. if 선택문장을 실행하게 되는데, isPrimeNumber에 저장된 값이 TRUE인지 확인하고 있다. TRUE가 저장되어 있으므로 관계식에 대해 값을 구하면, 즉 다시 말해서 평가하면 참이 된다.

따라서 [코드 4-1]에서 31번째 줄로 실행 제어가 이동된다. 함수 호출문장에 의하면 두 개의 값이 전달되는데, 하나는 정적 데이터 영역에 문자 배열로 저장되어 있는 문자열 리터럴인 "%d는 솟수이다!\n"의 시작주소이고, 다른 하나는 number에 저장되어 있는 값, 3이다. 따라서 printf() 함수가 실행되는데 필요한 값들을 저장하기 위해서 스택 세그먼트를 할당하고, 각각의 값을 저장하기 위해서 매개변수를 할당하게 될 것이고, [그림 4-12]와 같이 메모리 맵이 작도될 것이다.

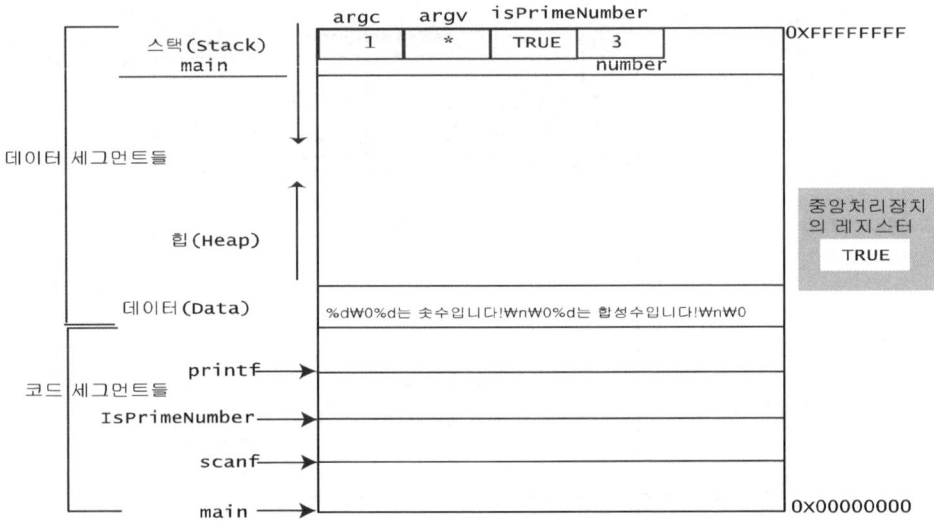

그림 4-11 IsPrimeNumber() 함수가 끝났을 때 상태

그러면 printf() 함수내에서는 아마도 "3은 솟수이다!"라는 문자열을 만들어서 모니터에 출력하게 될 것이다. 따라서 라이브러리 함수를 사용할 때는 함수의 기능과 입출력에 대해서만 주의하면 된다. 내부적인 구조에 대해서 printf() 함수를 만드는 개발자에게 중요한 것이지, printf() 함수를 사용하는 개발자 입장에서는 중요치 않다는 것을 명심하도록 하자.

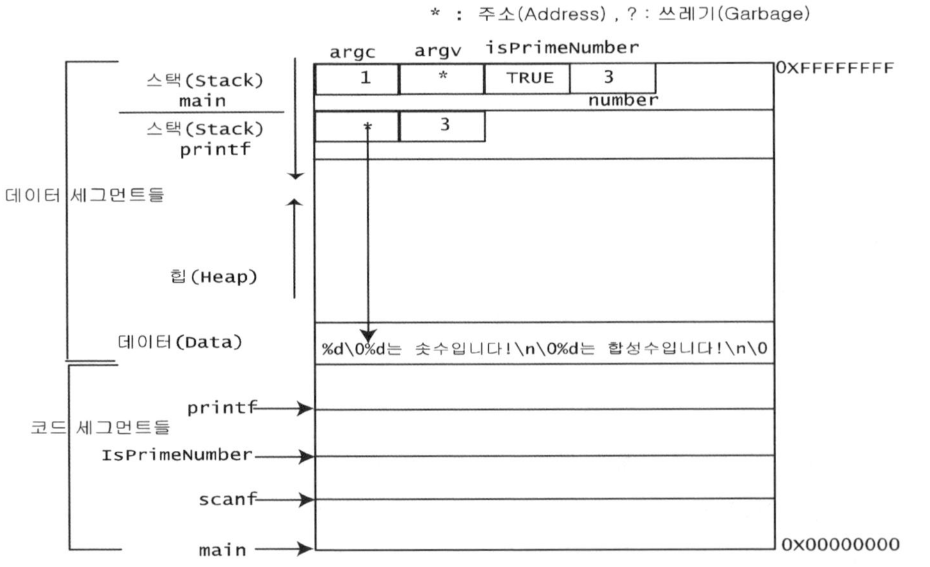

그림 4-12 printf() 함수가 호출되었을 때 상태

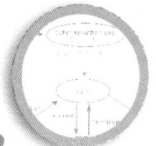

printf() 함수의 실행이 끝나면 scanf() 함수, IsPrimeNumber() 함수와 마찬가지로 실행 시 필요한 값들을 저장하기 위해 할당했던 스택을 할당 해제하게 된다.

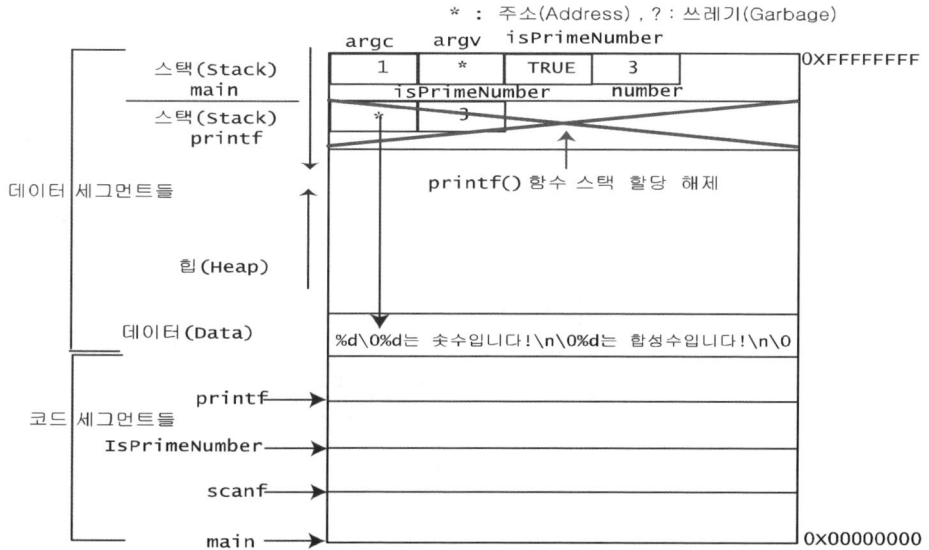

그림 4-13 printf() 함수가 끝나고 있을 때 상태

다음은 선택구조에서 참일 때 문장들이 실행되었기 때문에 else 절을 건너뛰고 [코드 4-1]에서 37번째 줄로 실행 제어가 이동된다. return 문장에 의해서 운영체제로 반환할 값 0, 즉, 정상적으로 프로그램이 끝날 때 운영체제로 반환하는 값을 중앙처리장치의 레지스터로 복사하고, main() 함수 스택을 할당 해제하게 된다.

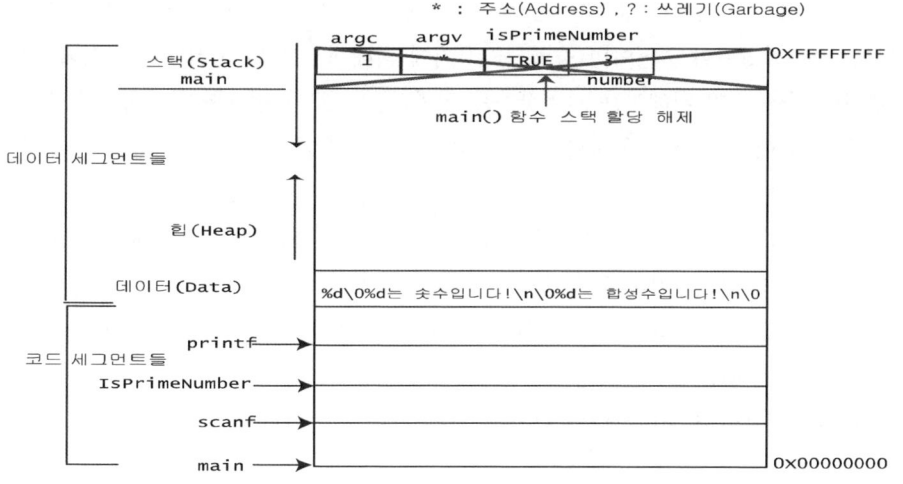

그림 4-14 main() 함수가 끝나고 있을 때 상태

그러면 C 프로그램이 끝나게 되고, 정적으로 관리되는 정적 데이터 세그먼트와 코드 세그먼트들을 할당 해제하게 된다. 따라서 프로그램이 정상적으로 끝나게 되는 것이다.

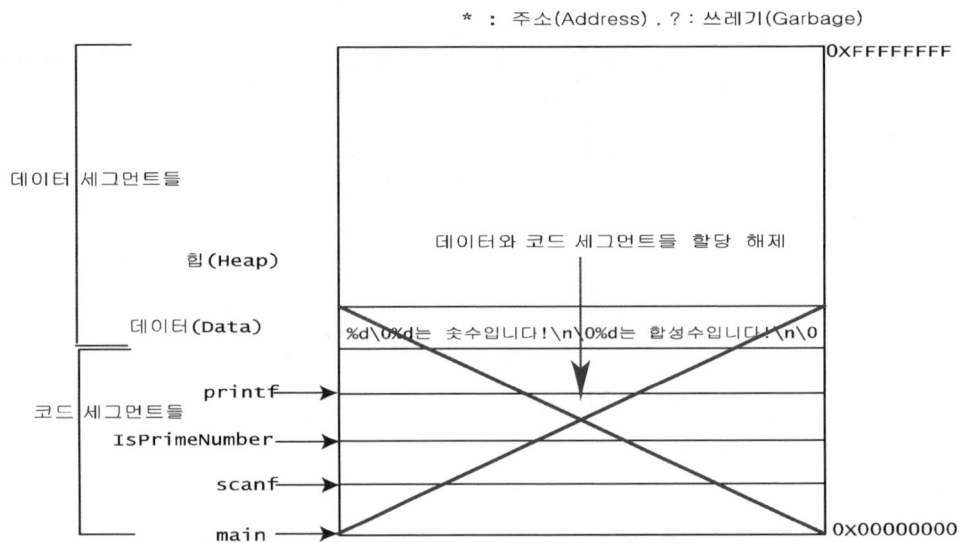

그림 4-15 main() 함수가 끝났을 때 상태

5. 정리

현재 사용되고 있는 컴퓨터의 실행 원리, 내장형 프로그램 방식에 의하면 프로그램을 작성하는 데 있어 가장 중요한 것이 기억장소를 관리하는 문제이다. 즉 프로그램을 구성하는 명령어와 값들이 주기억장치에 저장되어 있어야만 중앙처리장치에 의해서 기술된 순서대로 처리되는 것이기 때문에 명령어와 값을 읽기 위해서는 기억장소를 식별하는 도구가 필요한데 컴퓨터에서는 주소라는 개념을 이용한다. 이 주소를 이용해서 값을 쓰고, 읽는 것이 가능하다는 것인데, 이때 운영체제와 프로그램 언어마다 주소를 부여하는 방식이 존재하는데 이것을 메모리 모델이라고 한다.

C 언어도 메모리 모델을 가지고 있는데, 주기억장치와 레지스터도 포함한 메모리 모델을 가지고 있다. 또한 주기억장치는 명령어를 저장하는 정적 관리 영역인 코드 세그먼트와 데이터를 저장하는 데이터 세그먼트로 구분되어진다. 데이터 세그먼트는 정적으로 관리되는 데이터 세그먼트와 동적으로 관리되는 스택과 힙 세그먼트로 구분되어진다.

C 프로그램을 실행하게 되면 정적으로 관리되는 코드 세그먼트들과 데이터 세그먼트들이 할당되고 명령어와 데이터들이 저장되게 된다. 그리고 main() 함수의 실행을 위해 스택 세그먼트가 할

C를 배우면 함수를 잘 만들어야 한다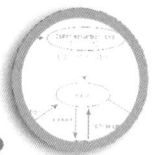

당되고 필요한 데이터 개수만큼 변수들이 할당되게 된다. 그리고 main() 함수에서 호출되는 함수에 대해서 스택이 할당되고 값을 저장하기 위한 변수들이 할당되고, 값에 의한 정보전달에 의해서 변수들에 값을 저장하게 된다. 함수의 실행이 끝나면 스택도 할당 해제된다. 이런 방식으로 순서대로 진행되고 main() 함수가 끝날 때 정적 관리 영역인 코드 세그먼트와 데이터 세그먼트가 할당해제 됨으로써 프로그램이 끝나는 방식으로 C 프로그램이 실행됨을 정확히 이해하도록 하자.

제5장

어휘구조

1. C 언어 토큰(Token)
2. C 언어의 기본 개념들
3. 정리

제5장　어휘구조

```
01 : /***************************************************
02 :    파일 명칭 : IsPrimeNumber.c
03 :    기    능 : 입력받은 수가 솟수인지 아닌지를 판단한다.
04 :    출    력 : 소수 여부
05 :    입    력 : 수
06 :    작 성 자 : 김석현
07 :    작성일자 : 2009년 2월 3일
08 : ***************************************************/
09 : #include <stdio.h> // printf()
10 :
11 : // 매크로 상수
12 : #define INITIAL 2 // 소수는 1를 제외한 자연수이므로
13 :
14 : // 사용자 정의 자료형 선언
15 : typedef enum _boolean { FALSE = 0, TRUE = 1 } Boolean;
16 :
17 : // 산술 및 논리 연산 함수
18 : Boolean IsPrimeNumber ( unsigned long int number ) ;
19 :
20 : // 응용 프로그램의 엔트리 포인터 함수 정의
21 : int main(int argc, char* argv[]) {
22 :     Boolean isPrimeNumber; // 출력 자료 변수 선언
23 :     unsigned int number;   // 입력 자료 변수 선언
24 :
25 :     // 키보드로 수를 입력받는다
26 :     scanf ( "%d", &number ) ;
27 :
28 :     // 연산을 실행하다
29 :     isPrimeNumber = IsPrimeNumber ( number ) ;
30 :
31 :     // 실행 결과를 모니터에 출력하여 사용자에게 알린다.
32 :     if ( isPrimeNumber == TRUE ) {
33 :         printf ( "%d는 솟수입니다!\n", number ) ;
34 :     }
35 :     else {
36 :         printf ( "%d는 합성수입니다!\n", number ) ;
37 :     }
38 :
39 :     return 0;
40 : }
41 :
42 : // 산술 및 논리 연산 함수
43 : Boolean IsPrimeNumber ( unsigned long int number ) {
44 :     Boolean isPrimeNumber = FALSE ;
45 :     unsigned int remainder ;
46 :     unsigned int i = INITIAL ;
47 :
48 :     // 1. 수를 입력 받는다 : 함수 호출로 인수로 값의 복사한다
49 :     remainder = number ;
50 :     while ( remainder >= i ) {
51 :         remainder = remainder - i ;
52 :     }
53 :
54 :     // 2. 2부터 시작하여 입력받은 수보다 작고 나누어 떨어지지 않는 동안 반복한다
55 :     while ( i < number && remainder != 0 ) {
56 :         // 2.1. 나눌 수를 센다
57 :         i = i + 1 ;
58 :         // 2.2. 나머지를 구한다
59 :         remainder = number ;
60 :         while ( remainder >= i ) {
61 :             remainder = remainder - i ;
62 :         }
63 :     }
64 :     // 3. 나누어 떨어지는 수가 없으면
65 :     if (number == i ) {
66 :         isPrimeNumber = TRUE ; // 소수 여부를 거짓으로 한다
67 :     }
68 :     // 4. 소수 여부를 출력한다.
69 :     return isPrimeNumber ;
70 :     // 5. 끝낸다
71 : }
```

코드 5-1 입력받은 수가 소수인지 판단하는 프로그램

C를 배우면 함수를 잘 만들어야 한다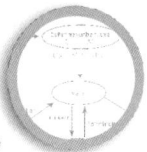

　　C 언어로 프로그래밍 작업을 효율적으로 하기 위해서는 C 프로그램을 구성하고 있는 요소들에 대해 알아야 한다. C 프로그램이 가지고 있는 요소들을 익혀보도록 하자.
　　C 언어로 작성되는 프로그램에서 사용되는 단어들중에서 개발자에 의해서 만들어지는 단어, 즉 식별자의 사용에 있어서 적용되는 개념들을 정리하자.
　　[코드 5-1]은 C 언어로 작성된 입력받은 수가 소수인지 판단하는 원시 코드 프로그램이다. [코드 5-1]은 고급 언어인 C 로 작성된 것이기 때문에 컴퓨터가 이해하기 위해서는 0 과 1로 변환되어져야 하는데, 즉 컴파일되어야 한다. C 로 작성된 원시 코드 파일을 컴파일할 때는 2개의 프로그램이 사용된다. 하나는 전처리기(Preprocessor)이고 하나는 컴파일러(Complier)이다.
　　[코드 5-2]는 전처리기로 처리된 후 원시 코드이다. 이것도 지면을 고려하여 중요하지 않은 부분들은 생략하여 정리된 원시 코드이다. 이렇게 중간 단계를 거친 다음 이제 컴파일러에 의해서 0과 1로 표현되어지는 기계어 명령어와 데이터들로 암호화되어지는 것이다.
　　[코드 5-1]과 [코드 5-2]를 비교해 보자. 그러면 전처리기가 어떠한 작업들을 했는지 알 수 있을 것이다. 다른 점들은 다음과 같다.
　　(1) 주석이 없어졌다. 주석은 전처리기에 의해서 개행 문자로 바뀌어졌다.
　　(2) [코드 5-1]에서 09번째 줄이 없어지고, [코드 5-2]에서는 01번째 줄에서 149번째 줄까지 많은 양의 코드들이 삽입되어져 있다.
　　(3) [코드 5-1]에서 12번째 줄이 없어지고, 46번째 줄에 INITIAL 매크로 상수가 없어지고, [코드 5-2]에서 179번째 줄을 보면 정수 상수 2로 고쳐져 있다.
　　전처리기는 한 마디로 말하면 특정 문자열로 바꾸는 작업을 했다는 것이다. 전처리기가 [코드 5-1]을 처리해서 [코드 5-2]를 어떻게 만드는 것일까? [코드 5-1]에서 전처리기에 의해서 처리되어야 할 것과 컴파일러에 의해서 처리되어야 할 것을 어떻게 구분하는 것일까? [코드 5-1]에 작성된 단어나 기호는 전처리기에 어떠한 처리를 해야 하는지를 알려 주는 역할을 한다는 것이다. 다시 말해서 전처리기에 의해서 의미가 해석되어지는 단어나 기호가 존재한다는 것이다. 처리된 내용들을 가지고, 전처리기가 처리해야 하는 것부터 확인하는 작업을 해야 할 것이다. 그러기 위해서는 어떠한 단어나 기호에 대해 찾기 작업이 이루어 져야 한다. 첫 번째 줄부터 시작해서 단어나 기호를 읽으면서 # 기호를 만나면 전처리기가 처리해야 하는 것으로 해석하고, 그렇지 않으면 처리할 내용이 아닌 것으로 구분하면 된다.
　　[코드 5-1]에서 09번째 줄에서 # 기호를 읽어 처리해야 하는 것으로 해석되면, 다음 include 단어를 읽어 의미를 해석할 것이다. include는 지정되는 파일에 있는 필요한 부분을 원시 코드 파일에 복사하도록 하는 기능이므로 지정되는 파일의 내용을 복사하는 처리를 전처리기가 수행하게 된다.
　　다음은 복사할 내용을 저장하고 있는 디스크 파일을 지정해 주어야 한다. 파일 명칭이 stdio.h 가 C:\Program Files\Microsoft Visual Studio\VC98\include 폴더에 있음을 지정하기 위해서 꺾쇠 괄호(< >)로 묶어야 한다.

1. C 언어 토큰(Token)　　**127**

#, include, < >, stdio.h 와 같은 단어나 기호는 전처리기에 의해서 특정한 의미로 해석되어져서 처리되고 있다. 전처리기나 컴파일러는 컴파일할 때 원시 코드에서 기술되어진 단어나 기호들에 대해 의미를 해석하고 처리한다는 것이다. 이때 전처리기나 컴파일러에 의해서 의미를 해석할 수 있는 단위들을 토큰(Token)이라고 한다.

```
01 : #line 67 "C:\\Program Files\\Microsoft Visual Studio\\VC98\\include\\stdio.h"
02 :
03 : typedef unsigned int size_t;
04 :
05 : #line 73 "C:\\Program Files\\Microsoft Visual Studio\\VC98\\include\\stdio.h"
06 :
07 : typedef unsigned short wchar_t;
08 :
09 : #line 80 "C:\\Program Files\\Microsoft Visual Studio\\VC98\\include\\stdio.h"
10 :
11 : typedef wchar_t wint_t;
12 : typedef wchar_t wctype_t;
13 :
14 :
15 : typedef char *  va_list;
16 :
17 : struct _iobuf {
18 :         char *_ptr;
19 :         int   _cnt;
20 :         char *_base;
21 :         int   _flag;
22 :         int   _file;
23 :         int   _charbuf;
24 :         int   _bufsiz;
25 :         char *_tmpfname;
26 :         };
27 : typedef struct _iobuf FILE;
28 :
29 : extern FILE _iob[];
30 :
31 : typedef __int64 fpos_t;
32 :
33 :  int __cdecl _filbuf(FILE *);
34 :  int __cdecl _flsbuf(int, FILE *);
35 :
36 :  FILE * __cdecl _fsopen(const char *, const char *, int);
37 :
38 :  void __cdecl clearerr(FILE *);
39 :  int __cdecl fclose(FILE *);
40 :  int __cdecl _fcloseall(void);
41 :
42 :  FILE * __cdecl _fdopen(int, const char *);
43 :
44 :  int __cdecl feof(FILE *);
45 :  int __cdecl ferror(FILE *);
46 :  int __cdecl fflush(FILE *);
47 :  int __cdecl fgetc(FILE *);
48 :  int __cdecl _fgetchar(void);
49 :  int __cdecl fgetpos(FILE *, fpos_t *);
50 :  char * __cdecl fgets(char *, int, FILE *);
51 :
52 :  int __cdecl _fileno(FILE *);
53 :
54 :  int __cdecl _flushall(void);
55 :  FILE * __cdecl fopen(const char *, const char *);
56 :  int __cdecl fprintf(FILE *, const char *, ...);
57 :  int __cdecl fputc(int, FILE *);
58 :  int __cdecl _fputchar(int);
59 :  int __cdecl fputs(const char *, FILE *);
60 :  size_t __cdecl fread(void *, size_t, size_t, FILE *);
61 :  FILE * __cdecl freopen(const char *, const char *, FILE *);
62 :  int __cdecl fscanf(FILE *, const char *, ...);
63 :  int __cdecl fsetpos(FILE *, const fpos_t *);
64 :  int __cdecl fseek(FILE *, long, int);
65 :  long __cdecl ftell(FILE *);
66 :  size_t __cdecl fwrite(const void *, size_t, size_t, FILE *);
67 :  int __cdecl getc(FILE *);
68 :  int __cdecl getchar(void);
69 :  int __cdecl _getmaxstdio(void);
70 :  char * __cdecl gets(char *);
```

```
 71 : int __cdecl _getw(FILE *);
 72 : void __cdecl perror(const char *);
 73 : int __cdecl _pclose(FILE *);
 74 : FILE * __cdecl _popen(const char *, const char *);
 75 : int __cdecl printf(const char *, ...);
 76 : int __cdecl putc(int, FILE *);
 77 : int __cdecl putchar(int);
 78 : int __cdecl puts(const char *);
 79 : int __cdecl _putw(int, FILE *);
 80 : int __cdecl remove(const char *);
 81 : int __cdecl rename(const char *, const char *);
 82 : void __cdecl rewind(FILE *);
 83 : int __cdecl _rmtmp(void);
 84 : int __cdecl scanf(const char *, ...);
 85 : void __cdecl setbuf(FILE *, char *);
 86 : int __cdecl _setmaxstdio(int);
 87 : int __cdecl setvbuf(FILE *, char *, int, size_t);
 88 : int __cdecl _snprintf(char *, size_t, const char *, ...);
 89 : int __cdecl sprintf(char *, const char *, ...);
 90 : int __cdecl sscanf(const char *, const char *, ...);
 91 : char * __cdecl _tempnam(const char *, const char *);
 92 : FILE * __cdecl tmpfile(void);
 93 : char * __cdecl tmpnam(char *);
 94 : int __cdecl ungetc(int, FILE *);
 95 : int __cdecl _unlink(const char *);
 96 : int __cdecl vfprintf(FILE *, const char *, va_list);
 97 : int __cdecl vprintf(const char *, va_list);
 98 : int __cdecl _vsnprintf(char *, size_t, const char *, va_list);
 99 : int __cdecl vsprintf(char *, const char *, va_list);
100 :
101 : FILE * __cdecl _wfsopen(const wchar_t *, const wchar_t *, int);
102 :
103 : wint_t __cdecl fgetwc(FILE *);
104 : wint_t __cdecl _fgetwchar(void);
105 : wint_t __cdecl fputwc(wint_t, FILE *);
106 : wint_t __cdecl _fputwchar(wint_t);
107 : wint_t __cdecl getwc(FILE *);
108 : wint_t __cdecl getwchar(void);
109 : wint_t __cdecl putwc(wint_t, FILE *);
110 : wint_t __cdecl putwchar(wint_t);
111 : wint_t __cdecl ungetwc(wint_t, FILE *);
112 :
113 : wchar_t * __cdecl fgetws(wchar_t *, int, FILE *);
114 : int __cdecl fputws(const wchar_t *, FILE *);
115 : wchar_t * __cdecl _getws(wchar_t *);
116 : int __cdecl _putws(const wchar_t *);
117 :
118 : int __cdecl fwprintf(FILE *, const wchar_t *, ...);
119 : int __cdecl wprintf(const wchar_t *, ...);
120 : int __cdecl _snwprintf(wchar_t *, size_t, const wchar_t *, ...);
121 : int __cdecl swprintf(wchar_t *, const wchar_t *, ...);
122 : int __cdecl vfwprintf(FILE *, const wchar_t *, va_list);
123 : int __cdecl vwprintf(const wchar_t *, va_list);
124 : int __cdecl _vsnwprintf(wchar_t *, size_t, const wchar_t *, va_list);
125 : int __cdecl vswprintf(wchar_t *, const wchar_t *, va_list);
126 : int __cdecl fwscanf(FILE *, const wchar_t *, ...);
127 : int __cdecl swscanf(const wchar_t *, const wchar_t *, ...);
128 : int __cdecl wscanf(const wchar_t *, ...);
129 :
130 : FILE * __cdecl _wfdopen(int, const wchar_t *);
131 : FILE * __cdecl _wfopen(const wchar_t *, const wchar_t *);
132 : FILE * __cdecl _wfreopen(const wchar_t *, const wchar_t *, FILE *);
133 : void __cdecl _wperror(const wchar_t *);
134 : FILE * __cdecl _wpopen(const wchar_t *, const wchar_t *);
135 : int __cdecl _wremove(const wchar_t *);
136 : wchar_t * __cdecl _wtempnam(const wchar_t *, const wchar_t *);
137 : wchar_t * __cdecl _wtmpnam(wchar_t *);
138 :
139 : int __cdecl fcloseall(void);
140 : FILE * __cdecl fdopen(int, const char *);
```

```
141 : int __cdecl fgetchar(void);
142 : int __cdecl fileno(FILE *);
143 : int __cdecl flushall(void);
144 : int __cdecl fputchar(int);
145 : int __cdecl getw(FILE *);
146 : int __cdecl putw(int, FILE *);
147 : int __cdecl rmtmp(void);
148 : char * __cdecl tempnam(const char *, const char *);
149 : int __cdecl unlink(const char *);
150 :
151 : typedef enum _boolean { FALSE = 0, TRUE = 1 } Boolean;
152 :
153 : Boolean IsPrimeNumber ( unsigned long int number ) ;
154 :
155 : int main(int argc, char* argv[]) {
156 :     Boolean isPrimeNumber;
157 :     unsigned int number;
158 :
159 :
160 :     scanf ( "%d", &number ) ;
161 :
162 :
163 :     isPrimeNumber = IsPrimeNumber ( number ) ;
164 :
165 :
166 :     if ( isPrimeNumber == TRUE ) {
167 :         printf ( "%d는 소수이다!\n", number ) ;
168 :     }
169 :     else {
170 :         printf ( "%d는 합성수이다!\n", number ) ;
171 :     }
172 :
173 :     return 0;
174 : }
175 :
176 : Boolean IsPrimeNumber ( unsigned long int number ) {
177 :     Boolean isPrimeNumber = FALSE ;
178 :     unsigned int remainder ;
179 :     unsigned int i = 2 ;
180 :
181 :
182 :     remainder = number ;
183 :     while ( remainder >= i ) {
184 :         remainder = remainder - i ;
185 :     }
186 :
187 :
188 :     while ( i < number && remainder != 0 ) {
189 :
190 :         i = i + 1 ;
191 :
192 :         remainder = number ;
193 :         while ( remainder >= i ) {
194 :             remainder = remainder - i ;
195 :         }
196 :     }
197 :
198 :     if (number == i ) {
199 :         isPrimeNumber = TRUE ;
200 :     }
201 :
202 :     return isPrimeNumber ;
203 :
204 : }
```

코드 5-2 전처리기로 처리된 후 원시 코드

1. C 언어 토큰(Token)

학교를 다닐 때 글쓰기를 해 보았을 것이다. 글쓰기를 하기 위해서는 글의 전체 구조를 잡는 것, 단락들을 설정하는 것 등도 중요하지만, 낱말 선택이 매우 중요하다는 것을 모두 실감하게 된다. 또한 정해진 맞춤법에 맞게 구성되어야 하고, 이 문법에 맞게 구성하기 위해서는 낱말에 대한 품사 개념을 정확히 인식해야 한다.

마찬가지로 C 언어에서도 이러한 낱말에 대해 역할에 따른 구분이 있고, 낱말처럼 C 프로그램을 구성하는 최소 단위가 존재한다. 낱말처럼 C 언어의 컴파일러 관점에서 의미(Meanings)가 있는 최소 프로그램 구성 요소를 토큰이라고 한다. C 언어에서 토큰은 공백(Blank), 탭 문자(Tab), 개행문자(New Line) 인 공백문자(White Space)에 의해서 구분되어진다.

우리나라의 말, 한글에는 9품사, 영어에는 8품사가 있듯이 C 언어에서는 다음과 같이 구분된다.

- 키워드(Keyword)
- 식별자(Identifier)
- 상수(Constant)
- 문자열 리터럴(String literal)
- 연산자(Operator)
- 구두점(Punctuator)

다음은 각각의 토큰들에 대해서 정리해 보도록 하자. 우선 키워드부터 하자.

1) 키워드(Keyword, 예약어)

컴파일러에 의해서 이미 특별한 의미가 정의되어진 단어(Word)로서 [표 5-1]과 같은 키워드들이 제공된다.

표 5-1 C 언어의 키워드들

번호	구 분	의 미
1	auto	지역(자동)변수 할당에 관련된 기억부류를 지정함
2	break	제어 블록을 탈출하는 기능을 정의함(switch)
3	case	switch 조건식의 결과 값에 의한 분기식의 기능을 정의함
4	char	문자형 기억장소 확보 기능을 정의함
5	const	변수의 내용값을 상수로 지정하는 기능을 정의함
6	continue	제어 블록을 탈출하는 기능을 정의함(while/for)
7	default	switch 조건식의 기본값에 의한 분기식의 기능을 정의함
8	do	반복 제어 블록 시작 기능을 정의함
9	double	실수형 기억장소 확보 기능을 정의함(부동소수점 표현)
10	else	if 조건식의 거짓인 부분의 처리 수행부분을 정의함
11	enum	일정한 범위의 상수값을 정의하는 기능을 정의함
12	extern	외부(전역)변수 할당에 관련된 기억부류를 지정함
13	float	실수형 기억장소 확보 기능을 정의함(4byte)
14	for	반복 제어 블록을 지정함(초기식,종료식,증가식)
15	goto	지정된 레이블로 분기하는 기능을 정의함
16	if	선택 제어 블록을 지정하는 기능을 정의함
17	int	정수형 기억장소 확보 기능을 정의함(word 크기)
18	long	정수형 기억장소 확보 기능을 정의함(4byte)
19	register	레지스터 변수 할당에 관련된 기억부류를 지정함
20	return	특정기능(함수)을 수행후 호출된 부분으로 분기하는 기능
21	short	정수형 기억장소 확보 기능을 정의함(2byte)
22	signed	기억장소 할당시 부호부분을 사용함을 정의함
23	sizeof	확보된 기억장소의 크기를 바이트 단위로 얻어오는 기능
24	static	정적영역에 기억장소를 할당하는 기억부류를 지정함
25	struct	관련된 자료들을 모아 기억공간의 구조를 결정하는 기능을 정의함
26	switch	선택 제어 블록을 지정하는 기능을 정의함
27	typedef	사용자 정의 자료형을 지정하는 기능을 정의함
28	union	관련된 자료들을 모아 기억공간의 구조를 결정하는 기능을 정의함
29	unsigned	기억장소 할당시 부호부분을 사용하지 않음을 정의함
30	void	기억공간이나 데이터값의 형식을 지정하지 않음을 정의함
31	volatile	컴파일러의 최적화를 막고 직접 기억장소에 접근하도록 함
32	while	반복 제어 블록을 지정하는 기능을 정의함

[코드 5-1]에서 키워드들이 어떠한 것들이 있는지 확인해 보자.

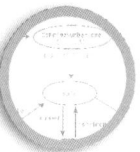

```c
01 : /****************************************************************
02 :   파일 명칭 : IsPrimeNumber.c
03 :   기    능 : 입력받은 수가 솟수인지 아닌지를 판단한다.
04 :   출    력 : 소수 여부
05 :   입    력 : 수
06 :   작 성 자 : 김 석 현
07 :   작성 일자 : 2009년 2월 3일
08 : ****************************************************************/
09 : #include <stdio.h> // printf()
10 :
11 : // 매크로 상수
12 : #define INITIAL 2 // 소수는 1를 제외한 자연수이므로
13 :
14 : // 사용자 정의 자료형 선언
15 : typedef enum _boolean { FALSE = 0, TRUE = 1 } Boolean;
16 :
17 : // 산술 및 논리 연산 함수
18 : Boolean IsPrimeNumber ( unsigned long int number ) ;
19 :
20 : // 응용 프로그램의 엔트리 포인터 함수 정의
21 : int main(int argc, char* argv[]) {
22 :     Boolean isPrimeNumber; // 출력 자료 변수 선언
23 :     unsigned int number; // 입력 자료 변수 선언
24 :
25 :     // 키보드로 수를 입력받는다
26 :     scanf ( "%d", &number ) ;
27 :
28 :     // 연산을 실행하다
29 :     isPrimeNumber = IsPrimeNumber ( number ) ;
30 :
31 :     // 실행 결과를 모니터에 출력하여 사용자에게 알린다.
32 :     if ( isPrimeNumber == TRUE ) {
33 :         printf ( "%d는 솟수입니다!\n", number ) ;
34 :     }
35 :     else {
36 :         printf ( "%d는 합성수입니다!\n", number ) ;
37 :     }
38 :
39 :     return 0;
40 : }
41 :
42 : // 산술 및 논리 연산 함수
43 : Boolean IsPrimeNumber ( unsigned long int number ) {
44 :     Boolean isPrimeNumber = FALSE ;
45 :     unsigned int remainder ;
46 :     unsigned int i = INITIAL ;
47 :
48 :     // 1. 수를 입력 받는다 : 함수 호출로 인수로 값의 복사한다
49 :     remainder = number ;
50 :     while ( remainder >= i ) {
51 :         remainder = remainder - i ;
52 :     }
53 :
54 :     // 2. 2부터 시작하여 입력받은 수보다 작고 나누어 떨어지지 않는 동안 반복한다
55 :     while ( i < number && remainder != 0 ) {
56 :         // 2.1. 나눌 수를 센다
57 :         i = i + 1 ;
58 :         // 2.2. 나머지를 구한다
59 :         remainder = number ;
60 :         while ( remainder >= i ) {
61 :             remainder = remainder - i ;
62 :         }
63 :     }
64 :     // 3. 나누어 떨어지는 수가 없으면
65 :     if (number == i ) {
66 :         isPrimeNumber = TRUE ; // 소수 여부를 거짓으로 한다
67 :     }
68 :     // 4. 소수 여부를 출력한다.
69 :     return isPrimeNumber ;
70 :     // 5. 끝낸다
71 : }
```

코드 5-3 키워드들

2) 식별자(Identifier)

프로그래머에 의해서 의미가 부여되어진 명칭(Name)이다. 변수(Variable), 배열(Array), 구조체 태그(struct tag), 공용체 태그(union tag), 열거형 태그(enum tag), 구조체, 공용체 또는 열거형 태그의 멤버(Member) 명칭, 함수(Function), 매개변수(Parameter), 인수(Argument), 사용자 정의 자료형(typedef) 그리고 레이블(Label) 또는 매크로(Macro) 과 매크로 매개 변수(Macro parameter)의 명칭으로 프로그래머에 의해서 참조 식별자로서 사용되는 문자열을 말한다. [코드 5-1]에서 식별자들은 어떠한 것들이 있을까?

표 5-2 [코드 5-1]에서 사용된 식별자들

번호	명 칭	구 분
1	stdio.h	파일명칭
2	INITIAL	매크로 상수 명칭
3	_boolean	열거형 태그 명칭
4	FALSE	열거형 상수(멤버) 명칭
5	TRUE	열거형 상수(멤버) 명칭
6	Boolean	사용자 정의 자료형 명칭
7	IsPrimeNumber	사용자 정의 함수 명칭
8	number	매개변수 명칭
9	main	사용자 정의 함수 명칭
10	argc	매개변수 명칭
11	argv	매개변수 명칭
12	isPrimeNumber	지역변수 명칭
13	scanf	라이브러리 함수 명칭
14	printf	라이브러리 함수 명칭
15	remainder	지역변수 명칭
16	i	지역변수 명칭

식별자들에 대해 다음과 같은 명명 규칙(Naming Rule)을 지켜야 한다.

1. 키워드(Keyword)는 사용할 수 없다.
2. 명칭으로 사용 가능한 문자는 기본적으로 표준 ASCII코드 문자들이어야 한다. 대문자 A-Z, 소문자 a-z, 숫자 0-9, 밑줄문자 _, 달러기호 $를 사용할 수 있다.
3. 소문자와 대문자를 구별한다.(Case Sensitive)
4. 첫 번째 글자는 _(밑줄)이거나 대소문자이어야만 한다. 명칭의 첫번째 글자로 숫자 0-9, 달러 기호 $는 사용할 수 없다.
5. 명칭의 길이는 각 컴파일러마다 차이가 있으나 사용자가 부여하는 것이므로 용도에 맞도록 의미있게 주어야 한다.
6. 밑줄로 시작되는 명칭은 가능하면 사용하지 않도록 해야 한다. 컴파일러마다 내장 키워드들이 일반적으로 밑줄 하나 아니면 두개로 작성되어 제공되며, 그리고 첫 번째 글자가 일반적으로 대문자로 시작되므로 명칭 충돌(Name Conflict)이 발생할 소지가 있다.

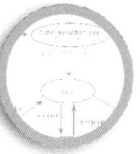

C를 배우면 함수를 잘 만들어야 한다

```c
01 : /***************************************************************
02 : 파일 명칭 : IsPrimeNumber.c
03 : 기    능 : 입력받은 수가 솟수인지 아닌지를 판단한다.
04 : 출    력 : 소수 여부
05 : 입    력 : 수
06 : 작 성 자 : 김 석 현
07 : 작성 일자 : 2009년 2월 3일
08 : ***************************************************************/
09 : #include <stdio.h> // printf()
10 :
11 : // 매크로 상수
12 : #define INITIAL 2 // 소수는 1를 제외한 자연수이므로
13 :
14 : // 사용자 정의 자료형 선언
15 : typedef enum _boolean { FALSE = 0, TRUE = 1 } Boolean;
16 :
17 : // 산술 및 논리 연산 함수
18 : Boolean IsPrimeNumber ( unsigned long int number ) ;
19 :
20 : // 응용 프로그램의 엔트리 포인터 함수 정의
21 : int main(int argc, char* argv[]) {
22 :     Boolean isPrimeNumber; // 출력 자료 변수 선언
23 :     unsigned int number; // 입력 자료 변수 선언
24 :
25 :     // 키보드로 수를 입력받는다
26 :     scanf ( "%d", &number ) ;
27 :
28 :     // 연산을 실행하다
29 :     isPrimeNumber = IsPrimeNumber ( number ) ;
30 :
31 :     // 실행 결과를 모니터에 출력하여 사용자에게 알린다.
32 :     if ( isPrimeNumber == TRUE ) {
33 :         printf ( "%d는 솟수입니다!\n", number ) ;
34 :     }
35 :     else {
36 :         printf ( "%d는 합성수입니다!\n", number ) ;
37 :     }
38 :
39 :     return 0;
40 : }
41 :
42 : // 산술 및 논리 연산 함수
43 : Boolean IsPrimeNumber ( unsigned long int number ) {
44 :     Boolean isPrimeNumber = FALSE ;
45 :     unsigned int remainder ;
46 :     unsigned int i = INITIAL ;
47 :
48 :     // 1. 수를 입력 받는다 : 함수 호출로 인수로 값의 복사한다
49 :     remainder = number ;
50 :     while ( remainder >= i ) {
51 :         remainder = remainder - i ;
52 :     }
53 :
54 :     // 2. 2부터 시작하여 입력받은 수보다 작고 나누어 떨어지지 않는 동안 반복한다
55 :     while ( i < number && remainder != 0 ) {
56 :         // 2.1. 나룰 수를 센다
57 :         i = i + 1 ;
58 :         // 2.2. 나머지를 구한다
59 :         remainder = number ;
60 :         while ( remainder >= i ) {
61 :             remainder = remainder - i ;
62 :         }
63 :     }
64 :     // 3. 나누어 떨어지는 수가 없으면
65 :     if (number == i ) {
66 :         isPrimeNumber = TRUE ; // 소수 여부를 거짓으로 한다
67 :     }
68 :     // 4. 소수 여부를 출력한다.
69 :     return isPrimeNumber ;
70 :     // 5. 끝낸다
71 : }
```

코드 5-4 식별자들

3) 상수(Constant)

프로그램에서 값(Value)으로 사용되어질 수 있는 숫자(Number), 문자(Character)를 말하며, 값과 자료 형에 의해서 표현되어 진다. 그리고 C 언어에서는 문자형 상수, 정수형 상수, 부동형 상수, 열거형 상수로 분류되어지고 있다.

```c
01 : /************************************************************
02 : 파일 명칭 : IsPrimeNumber.c
03 : 기    능 : 입력받은 수가 솟수인지 아닌지를 판단한다.
04 : 출    력 : 소수 여부
05 : 입    력 : 수
06 : 작 성 자 : 김석현
07 : 작성 일자 : 2009년 2월 3일
08 : ************************************************************/
09 : #include <stdio.h> // printf()
10 :
11 : // 매크로 상수
12 : #define INITIAL 2 // 소수는 1를 제외한 자연수이므로
13 :
14 : // 사용자 정의 자료형 선언
15 : typedef enum _boolean { FALSE = 0, TRUE = 1 } Boolean;
16 :
17 : // 산술 및 논리 연산 함수
18 : Boolean IsPrimeNumber ( unsigned long int number ) ;
19 :
20 : // 응용 프로그램의 엔트리 포인터 함수 정의
21 : int main(int argc, char* argv[]) {
22 :     Boolean isPrimeNumber; // 출력 자료 변수 선언
23 :     unsigned int number; // 입력 자료 변수 선언
24 :
25 :     // 키보드로 수를 입력받는다
26 :     scanf ( "%d", &number ) ;
27 :
28 :     // 연산을 실행하다
29 :     isPrimeNumber = IsPrimeNumber ( number ) ;
30 :
31 :     // 실행 결과를 모니터에 출력하여 사용자에게 알린다.
32 :     if ( isPrimeNumber == TRUE ) {
33 :         printf ( "%d는 솟수입니다!\n", number ) ;
34 :     }
35 :     else {
36 :         printf ( "%d는 합성수입니다!\n", number ) ;
37 :     }
38 :
39 :     return 0;
40 : }
41 :
42 : // 산술 및 논리 연산 함수
43 : Boolean IsPrimeNumber ( unsigned long int number ) {
44 :     Boolean isPrimeNumber = FALSE ;
45 :     unsigned int remainder ;
46 :     unsigned int i = INITIAL ;
47 :
48 :     // 1. 수를 입력 받는다 : 함수 호출로 인수로 값의 복사한다
49 :     remainder = number ;
50 :     while ( remainder >= i ) {
51 :         remainder = remainder - i ;
52 :     }
53 :
54 :     // 2. 2부터 시작하여 입력받은 수보다 작고 나누어 떨어지지 않는 동안 반복한다
55 :     while ( i < number && remainder != 0 ) {
56 :         // 2.1. 나룰 수를 센다
57 :         i = i + 1 ;
58 :         // 2.2. 나머지를 구한다
59 :         remainder = number ;
60 :         while ( remainder >= i ) {
61 :             remainder = remainder - i ;
62 :         }
63 :     }
64 :     // 3. 나누어 떨어지는 수가 없으면
65 :     if (number == i ) {
66 :         isPrimeNumber = TRUE ; // 소수 여부를 거짓으로 한다
67 :     }
68 :     // 4. 소수 여부를 출력한다.
69 :     return isPrimeNumber ;
70 :     // 5. 끝낸다
71 : }
```

코드 5-5 상수와 문자열 리터럴

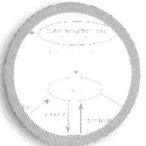

[코드 5-5]에서 보는 것처럼 소수점이 없는 숫자는 정수형 상수이고, [코드 5-5]에서 15번째 줄에서 기술된 상수는 열거형 상수라고 한다. 그리고 소수점이 있는 숫자는 부동형 상수이며 문자형 상수는 작은 따옴표('')로 싸여져 있는 한 글자이다.

4) 문자열 리터럴(String literal)

C 언어 문법 체계에서는 문자열이란 자료형이 없으므로 문자열 상수를 상수로 분류하지 않고 토큰의 또 다른 하나로 분류한다.

문자열 리터럴에 대해 C 언어의 자료유형은 문자 배열이지만 문자 배열과 차이는 마지막 바이트는 항상 널 문자('\0')이어야 한다는 조건을 만족해야 한다.

문자열 리터럴에 대한 표현은 큰 따옴표("")와 텍스트를 포함하는 한 개 이상의 문자열 단위로 구성되어야 한다. 확장열(Escape Character)을 포함할 수 있다. 공백 문자로 분리되어 연속적으로 나열되어 있는 문자열 단위는 전체로서 하나의 문자열 상수로 인식한다는 것도 기억하자. 다시 말해서 공백(Blank), 탭(Tab), 개행(New Line)과 주석(/* */) 등을 각 문자열 단위 사이에 삽입해도 전체로서 하나의 문자열 리터럴로 간주한다는 것이다.

[코드 5-6]을 참고하자. 04-06까지 개행으로 편집상에서는 다른 줄로 보이지만 하나의 문자열 리터럴이다. 12번 줄에 의해서 출력을 하면 string1 string2 string3으로 출력이 된다.

```
01 : #include <stdio.h>
02 :
03 : int main() {
04 :     char string[] = "string 1"
05 :                     " string 2"
06 :                     " string 3";
07 :
08 :     char string2[] = "string 1 \
09 :                       string 2 \
10 :                       string 3";
11 :
12 :     printf("%s\n", string);  // string1 string 2 string 3
13 :     printf("%s", string2);
14 :
15 :     return 0;
16 : }
```

코드 5-6 문자열 리터럴들

문자열 리터럴이 저장되는 기억장소는 프로그램이 실행될 때 할당되었다가 프로그램이 끝날 때 할당 해제되는 영역, 즉 정적(Static) 데이터(DATA) 세그먼트 영역이다.

5) 연산자(Operator)

피연산자(Operand)에 대해서 수행되어지는 평가(값을 구함)를 규정한 기호 또는 문자열을 말한다. C 언어에서는 [표 5-3]에서 정리된 연산자들을 제공한다.

표 5-3 C 언어에서 제공하는 연산자들

번호	명 칭	연산자	의 미
1	Array subscript	[ ]	배열 첨자 연산자
2	Function call	( )	함수 호출 연산자
3	Member selection	.	구조체 맴버 접근 연산자(직접)
4	Member selection	->	구조체 맴버 접근 연산자(간접)
5	Postfix increment	++	후위 증가 연산자
6	Postfix decrement	--	후위 감소 연산자
7	Prefix increment	++	전위 증가 연산자
8	Prefix decrement	--	전위 감소 연산자
9	Dereference	*	주소값 참조 연산자
10	Address-of	&	주소 연산자
11	Unary plus	+	단항 연산자
12	Arithmetic negation (unary)	-	음수 부호 연산자
13	Logical NOT	!	논리 부정 연산자
14	Bitwise complement	~	비트 부정 연산자
15	Size of type	sizeof( )	메모리 크기 구하기(Byte단위)
16	Type cast (conversion)	(type)	타입 변환 연산자
17	Multiplication	*	곱셈 연산자
18	Division	/	나눗셈 연산자
19	Remainder (modulus)	%	나머지 연산자
20	Addition	+	덧셈 연산자
21	Subtraction	-	뺄셈 연산자
22	Left shift	<<	왼쪽 이동(쉬프트) 연산자
23	Right shift	>>	오른쪽 이동 연산자
24	Less than	<	관계 연산자(작다)
25	Greater than	>	관계 연산자(크다)
26	Less than or equal to	<=	관계 연산자(작거나 같다)
27	Greater than or equal to	>=	관계 연산자(크거나 같다)
28	Equality	==	관계 연산자(같다)
29	Inequality	!=	관계 연산자(같지 않다)
30	Bitwise AND	&	비트 AND 연산자
31	Bitwise exclusive OR	^	비트 XOR 연산자
32	Bitwise OR	|	비트 OR 연산자
33	Logical AND	&&	논리 연산자(논리 곱)
34	Logical OR	||	논리 연산자(논리 합)
35	Conditional	e1?e2:e3	3항 연산자(조건연산자)
36	Assignment	=	대입(치환) 연산자
37	Multiplication assignment	*=	곱셈 후 대입연산자
38	Division assignment	/=	나눗셈 후 대입연산자
39	Modulus assignment	%=	나눗셈 후 대입연산자(나머지)
40	Addition assignment	+=	덧셈 후 대입연산자
41	Subtraction assignment	-=	뺄셈 후 대입연산자
42	Left-shift assignment	<<=	왼쪽으로 비트 이동 후 대입연산자
43	Right-shift assignment	>>=	오른쪽 비트 이동후 대입연산자
44	Bitwise AND assignment	&=	비트 AND 후 대입연산자
45	Bitwise inclusive OR assignment	|=	비트 OR 후 대입연산자
46	Bitwise exclusive OR assignment	^=	비트 XOR 후 대입연산자
47	Comma	,	순차 연산자

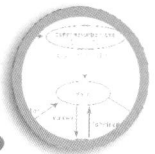

```
01 : /****************************************************************
02 : 파일 명칭 : IsPrimeNumber.c
03 : 기    능 : 입력받은 수가 솟수인지 아닌지를 판단한다.
04 : 출    력 : 소수 여부
05 : 입    력 : 수
06 : 작 성 자 : 김석현
07 : 작성 일자 : 2009년 2월 3일
08 : ****************************************************************/
09 : #include <stdio.h> // printf()
10 :
11 : // 매크로 상수
12 : #define INITIAL 2 // 소수는 1를 제외한 자연수이므로
13 :
14 : // 사용자 정의 자료형 선언
15 : typedef enum _boolean { FALSE = 0, TRUE = 1 } Boolean;
16 :
17 : // 산술 및 논리 연산 함수
18 : Boolean IsPrimeNumber ( unsigned long int number ) ;
19 :
20 : // 응용 프로그램의 엔트리 포인터 함수 정의
21 : int main(int argc, char* argv[]) {
22 :     Boolean isPrimeNumber; // 출력 자료 변수 선언
23 :     unsigned int number; // 입력 자료 변수 선언
24 :
25 :     // 키보드로 수를 입력받는다
26 :     scanf ( "%d", &number ) ;
27 :
28 :     // 연산을 실행하다
29 :     isPrimeNumber = IsPrimeNumber ( number ) ;
30 :
31 :     // 실행 결과를 모니터에 출력하여 사용자에게 알린다.
32 :     if ( isPrimeNumber == TRUE ) {
33 :         printf ( "%d는 솟수입니다!\n", number ) ;
34 :     }
35 :     else {
36 :         printf ( "%d는 합성수입니다!\n", number ) ;
37 :     }
38 :
39 :     return 0;
40 : }
41 :
42 : // 산술 및 논리 연산 함수
43 : Boolean IsPrimeNumber ( unsigned long int number ) {
44 :     Boolean isPrimeNumber = FALSE ;
45 :     unsigned int remainder ;
46 :     unsigned int i = INITIAL ;
47 :
48 :     // 1. 수를 입력 받는다 : 함수 호출로 인수로 값의 복사한다
49 :     remainder = number ;
50 :     while ( remainder >= i ) {
51 :         remainder = remainder - i ;
52 :     }
53 :
54 :     // 2. 2부터 시작하여 입력받은 수보다 작고 나누어 떨어지지 않는 동안 반복한다
55 :     while ( i < number && remainder != 0 ) {
56 :         // 2.1. 나룰 수를 센다
57 :         i = i + 1 ;
58 :         // 2.2. 나머지를 구한다
59 :         remainder = number ;
60 :         while ( remainder >= i ) {
61 :             remainder = remainder - i ;
62 :         }
63 :     }
64 :     // 3. 나누어 떨어지는 수가 없으면
65 :     if (number == i ) {
66 :         isPrimeNumber = TRUE ; // 소수 여부를 거짓으로 한다
67 :     }
68 :     // 4. 소수 여부를 출력한다.
69 :     return isPrimeNumber ;
70 :     // 5. 끝낸다
71 : }
```

코드 5-7 연산자들

6) 구두점(Punctuator)

값을 구하는 연산을 규정하는 것이 아니라, 컴파일러에 문법적으로나 또는 의미론적으로 의미를 강조하는 기호 문자를 말한다. [표 5-4]를 참고하자.

표 5-4 구두점들

번호	구 분	사용되는 위치	예	비 고
1	[]	• 포인터 선언 • 배열의 크기 지정	char string[]; char string[10];	첨자 연산자

2	()	• if 선택문의 조건식
		• 각종 반복문의 조건식
		• 함수의 매개변수 목록
		• 함수 포인터 선언
		• 배열 포인터 선언
			if(a == b) c = d;
			while(i < 10) j++;
			(*)
			int (*function)();
			int (*array)[10];
				형 변환 연산자

3	{}	• 복문(블록)의 시작과 끝 • 태그(구조체, 공용체, 열거) 형틀 • 배열의 초기화	struct _tag { ... }; char c[2] = { 'a', 'b'};	
4	*	• 포인터 선언	char* s;	곱셈 연산자 간접 연산자
5	,	• 선언 목록 • 함수의 매개변수 목록 • 배열의 초기화	int i, j, k; function(a, b, c); int array[3] = { 1, 2, 3};	쉼표 연산자
6	;	• 한 문장의 끝 • for 반복문	x = 3.14/2; for(i = 0; i < 10; i++)	
7	=	• 변수 및 배열의 초기화	int array[3] = { 1, 2, 3};	치환 연산자
8	:	• goto나 case의 레이블	case 1: break;	
9	...	• 생략부호(가변 인수 표현)	int function(int p, ...);	
10	#	• 전처리기 지시자 접두어	#define, #include	

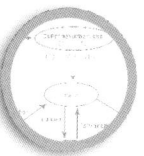

C를 배우면 함수를 잘 만들어야 한다

```c
01 : /****************************************************************
02 :    파일 명칭 : IsPrimeNumber.c
03 :    기     능 : 입력받은 수가 솟수인지 아닌지를 판단한다.
04 :    출     력 : 소수 여부
05 :    입     력 : 수
06 :    작 성 자 : 김 석 현
07 :    작성 일자 : 2009년 2월 3일
08 : ****************************************************************/
09 : #include <stdio.h> // printf()
10 :
11 : // 매크로 상수
12 : #define INITIAL 2 // 소수는 1를 제외한 자연수이므로
13 :
14 : // 사용자 정의 자료형 선언
15 : typedef enum _boolean { FALSE = 0, TRUE = 1 } Boolean;
16 :
17 : // 산술 및 논리 연산 함수
18 : Boolean IsPrimeNumber ( unsigned long int number ) ;
19 :
20 : // 응용 프로그램의 엔트리 포인터 함수 정의
21 : int main(int argc, char* argv[] ) {
22 :     Boolean isPrimeNumber; // 출력 자료 변수 선언
23 :     unsigned int number; // 입력 자료 변수 선언
24 :
25 :     // 키보드로 수를 입력받는다
26 :     scanf ( "%d", &number ) ;
27 :
28 :     // 연산을 실행하다
29 :     isPrimeNumber = IsPrimeNumber ( number ) ;
30 :
31 :     // 실행 결과를 모니터에 출력하여 사용자에게 알린다.
32 :     if ( isPrimeNumber == TRUE ) {
33 :         printf ( "%d는 솟수입니다!\n", number ) ;
34 :     }
35 :     else {
36 :         printf ( "%d는 합성수입니다!\n", number ) ;
37 :     }
38 :
39 :     return 0;
40 : }
41 :
42 : // 산술 및 논리 연산 함수
43 : Boolean IsPrimeNumber ( unsigned long int number ) {
44 :     Boolean isPrimeNumber = FALSE ;
45 :     unsigned int remainder ;
46 :     unsigned int i = INITIAL ;
47 :
48 :     // 1. 수를 입력 받는다 : 함수 호출로 인수로 값의 복사한다
49 :     remainder = number ;
50 :     while ( remainder >= i ) {
51 :         remainder = remainder - i ;
52 :     }
53 :
54 :     // 2. 2부터 시작하여 입력받은 수보다 작고 나누어 떨어지지 않는 동안 반복한다
55 :     while ( i < number && remainder != 0 ) {
56 :         // 2.1. 나눌 수를 센다
57 :         i = i + 1 ;
58 :         // 2.2. 나머지를 구한다
59 :         remainder = number ;
60 :         while ( remainder >= i ) {
61 :             remainder = remainder - i ;
62 :         }
63 :     }
64 :     // 3. 나누어 떨어지는 수가 없으면
65 :     if (number == i ) {
66 :         isPrimeNumber = TRUE ; // 소수 여부를 거짓으로 한다
67 :     }
68 :     // 4. 소수 여부를 출력한다.
69 :     return isPrimeNumber ;
70 :     // 5. 끝낸다
71 : }
```

코드 5-8 구두점들

2. C 언어의 기본 개념들

C 언어의 토큰들에 대해서 공부해 보았다. 그 중에서 식별자는 개발자에 의해서 의미가 부여되는 명칭이다. 명칭을 만들 때 고려해야 하는 개념들에 대해서 공부하도록 하자. 매우 중요한 개념들이기 때문에 반드시 이해해야 한다.

1) 선언(Declaration)과 정의(Definition)

```
17 : struct _iobuf { // 구조체 태그 명칭 _iobuf의 선언및 정의
18 :         char *_ptr; // 구조체 멤버 _ptr의 선언 및 정의
19 :         int   _cnt;
20 :         char *_base;
21 :         int   _flag;
22 :         int   _file;
23 :         int   _charbuf;
24 :         int   _bufsiz;
25 :         char *_tmpfname;
26 : };
27 : typedef struct _iobuf FILE; // 사용자 정의 자료형 FILE 의 선언
28 :
29 : extern FILE _iob[]; // 배열 선언
```

코드 5-9 [코드 5-2]에서 발췌된 FILE 자료형 관련 코드

[코드 5-9]에서 17번째 줄에서 26번째 줄까지는 식별자로 구조체 태그인 _iobuf의 정의하는 문장이다. 정의는 선언을 반드시 한번은 포함하기 때문에 정확하게 말하면 구조체 태그 식별자 _iobuf

```
151 : typedef enum _boolean { FALSE = 0, TRUE = 1 } Boolean;
152 :
153 : Boolean IsPrimeNumber ( unsigned long int number ) ; // 함수 선언
154 : // --- 중간 생략 ---
176 : Boolean IsPrimeNumber ( unsigned long int number ) { // 함수 정의
177 :     Boolean isPrimeNumber = FALSE ; // 지역 변수 선언, 정의 및 초기화
178 :     unsigned int remainder ;
179 :     unsigned int i = 2 ;
180 :
181 :
182 :     remainder = number ;
183 :     while ( remainder >= i ) {
184 :         remainder = remainder - i ;
185 :     }
186 :
187 :
188 :     while ( i < number && remainder != 0 ) {
189 :
190 :         i = i + 1 ;
191 :
192 :         remainder = number ;
193 :         while ( remainder >= i ) {
194 :             remainder = remainder - i ;
195 :         }
196 :     }
197 :
198 :     if (number == i ) {
199 :         isPrimeNumber = TRUE ;
200 :     }
201 :
202 :     return isPrimeNumber ;
203 :
204 : }
```

코드 5-10 [코드 5-2]에서 발췌된 IsPrimeNumber() 함수 관련 코드

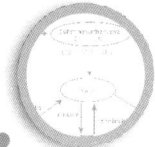

의 선언 및 정의 문장이다.

18번째 줄부터 25번째 줄까지 각각의 줄은 구조체 태그 멤버의 정의문장이다. 구조체 태그 멤버에 대해서는 선언과 정의를 분리할 수 없다.

27번째 줄은 구조체 태그 _iobuf에 대해 사용자 정의 자료형 FILE를 선언 및 정의하는 문장이다. 그리고 29번째 줄은 식별자 _iob로 배열을 선언한다. 배열의 크기는 선언할 때 생략할 수 있다. 그렇지만 배열을 정의할 때는 절대 생략할 수 없고, 또한 배열의 크기를 설정하는 값은 상수이어야 한다. 또한 extern 외부 변수는 선언과 정의를 분리할 수 있다.

[코드 5-10]에서 153번째 줄은 IsPrimeNumber() 함수를 선언하고 있다. 함수의 경우 선언과 정의를 구별할 수 있다. 함수 선언 시 매개변수 목록에서 매개변수 명칭은 생략할 수 있으나 생략하지 않도록 하자. 매개변수 각각의 자료형에 대해서는 생략할 수 없다.

176번째 줄부터 204번째 줄까지는 IsPrimeNumber() 함수를 정의하고 있다. 함수를 정의할 시에는 매개변수 명칭을 생략할 수 없다.

177번째 줄부터 179번째 줄까지는 지역(혹은 자동)변수를 선언 및 정의하는 문장들이다. 지역변수들은 선언과 정의를 분리할 수 없다. 따라서 "지역변수를 선언한다"라고 하면 정의가 되고 있음을 말하는 것이다.

이렇게 프로그래머에 의해서 의미가 부여되는 식별자 명칭은 반드시 선언과 정의가 되어져야 한다. 선언과 정의가 무엇을 의미하는지 그리고 주의해야 할 내용들은 어떠한 것들이 있는지 정리해 보자.

선언(Declaration)은 식별자의 특성을 컴파일러에게 알려주는 것으로 기억장소 사용량과 전혀 무관하며, 식별자의 특성, 즉 변수의 경우 자료형, 배열인 경우 배열 요소의 자료형 그리고 크기, 함수의 매개변수 목록 등을 포함한 변수, 배열 그리고 함수 각각에 관계된 모든 정보 중에 필요한 것만 골라서 지정하는 것을 말한다.

정의(Definition)는 식별자(변수나 함수)를 위한 기억장소를 기억장치에 할당하는 것으로 기억장소 사용량을 항상 증가시키고 명칭의 특성을 언제나 완전하게 지정해 주는 것을 말한다.

선언과 정의할 때 주의할 내용을 정리하면 다음과 같다. 꼭 기억해야 한다.

1. 선언은 여러 번 중복되어도 좋다.
2. 정의는 프로그램 전체를 통해 단 한 번만 이루어져야 한다(One Definition Rule).
3. 선언은 결코 정의를 겸할 수 없다.
4. 정의는 언제나 선언을 포함하고 있다.
5. 배열의 크기나 매개변수 목록에서 매개변수 명칭은 정의할 때는 꼭 명시해야 한다.
6. 배열의 크기나 매개변수 목록에서 매개변수 명칭은 선언에서 생략 가능하다.
7. 자동 변수의 경우 선언과 정의는 구별되지 않는다.
8. 외부 변수와 함수의 경우 선언과 정의는 구별되어질 수 있다.
9. 선언은 해당 명칭이 실제로 사용하기 전에 이루어져야 한다.

2) 참조 범위(Scope)

다음은 식별자의 참조 범위(Scope)에 대한 개념을 정리하도록 하자. 범위(Scope)는 정의에 의한 선언 또는 그냥 선언되어진 식별자(명칭)가 프로그램 텍스트 상에서 유효하게 참조되어질 수 있는 영역을 말한다. C 언어에서는 파일 범위와 지역 범위로 구분되어지고 있다. 파일 범위는 원시 코드 파일의 어느 곳에서도 참조 가능하다는 것이다. 지역 범위는 블록({}) 내에서만 참조가능하다는 것이다.

C 언어에서 제공되는 참조 범위는 File, Function, Block 그리고 Function Prototype이 있으면 정리하면 다음과 같다.

(1) 파일(File)

블록이나 인수 목록 밖에 선언 또는 정의되어진 식별자들로서 선언되어진 곳에서부터 원시코드 파일의 끝까지 어느 곳에서든 사용할 수 있는 범위를 말한다. 전역(Global) 혹은 외부(External)이라고도 불러지기도 한다.

[코드 5-9]과 [코드 5-10]에서 구조체 태그 명칭 _iobuf, 사용자 정의 자료형 명칭 FILE, 배열 명칭 _iob, 열거형 태그 명칭 _boolean, 사용자 정의 자료형 명칭 Boolean 그리고 사용자 정의 함수 명칭인 IsPrimeNumber들은 File 범위를 갖는다.

(2) 함수(Function)

C 언어의 무조건 분기문인 goto 문에서 특정 위치로 실행 제어를 이동하고자 할 경우 특정 위치를 나타내기 위해서 식별자를 사용하게 된다. 이 식별자를 레이블(Label)이라고 한다. 레이블에 대해 선언을 따로 하지 않고, 사용과 동시에 묵시적으로 선언되어진다. 레이블은 함수 내에서 유일해야 한다. 이렇게 사용되는 레이블만이 Function 범위를 갖는 유일한 식별자이다. 2장의 [코드 2-1]을 참고하도록 하자.

(3) 블록(Block)

C 프로그램이 구조화 프로그래밍을 채택하고 있으므로 프로그램 실행을 정의하는 문장들은 모듈로 정의되는 것이 보통이다. 한 모듈에 속하는 문장들을 중괄호({})로 묶어서 한 덩어리로 취급하는데, 이와 같이 중괄호로 묶여진 문장들의 집합을 블록(Block)이라고 한다. 블록 내에서 또는 함수 정의 시 형식 매개변수 목록에서 선언되어지는 식별자들에 대해서 적용되는 범위이다. 선언 혹은 정의한 곳에서부터 블록의 끝까지 유효한 범위이다. Block 범위를 갖는 식별자들을 지역(Local)이라고 한다.

[코드 5-10]에서 176번째 줄에서 기술된 매개변수 명칭인 number, 177번째, 178번째 그리고 179

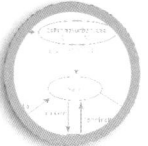

번째 줄마다 선언되어진 isPrimeNumber, remainder, 그리고 i는 IsPrimeNumber() 함수 블록내에서만 유효하다. 그래서 "블록 범위를 갖는다"라고 하거나 지역변수라고 한다. 따라서 [코드 5-9]에서 number와 isPrimeNumber는 [코드 5-11]에서 main()함수에 선언된 number와 isPrimeNumber는 다른 명칭이다.

```
155 :  int main(int argc, char* argv[]) { // main() 함수 정의
156 :      Boolean isPrimeNumber;   // 지역변수 선언 및 정의
157 :      unsigned int number;
158 :
159 :
160 :      scanf ( "%d", &number ) ;
161 :
162 :
163 :      isPrimeNumber = IsPrimeNumber ( number ) ;
164 :
165 :
166 :      if ( isPrimeNumber == TRUE ) {
167 :          printf ( "%d는 소수이다!\n", number ) ;
168 :      }
169 :      else {
170 :          printf ( "%d는 합성수이다!\n", number ) ;
171 :      }
172 :
173 :      return 0;
174 :  }
```

코드 5-11 [코드 5-2]에서 발췌된 main() 함수

(4) 함수 원형(Function Prototype)

함수 원형을 작성할 때 매개변수 목록에 기술되어진 매개변수에 대한 식별자(명칭)들에 대해서 "Prototype 범위를 갖는다"라고 한다. 다시 말해서 매개변수 명칭은 선언 시에 반드시 명기할 필요가 없다는 말이다. 그렇지만 매개변수에 대한 의미를 명확하게 하기 위해서는 매개변수에 대한 명칭을 부여하는 것이 좋다. 따라서 앞으로 함수 원형을 만들 때는 매개변수 명칭을 반드시 부여하도록 하자. 그러나 이렇게 만들어지는 매개변수 명칭, 식별자의 참조 범위는 함수 원형을 만들 때만 유효하다는 것이다. 따라서 함수 원형 선언 시에 사용했던 매개변수 명칭을 함수 정의 시에 똑같이 사용할 필요가 없다는 것이다. 컴파일러는 함수 원형 선언 시 사용한 매개변수 명칭과 함수 정의 시 사용한 매개변수 명칭을 같은 것으로 인식하는 것이 아니라 다른 것으로 인식한다. 그렇지만 앞으로는 프로그래밍 작업을 효율적으로 하기 위해서도, 의미의 일관성을 위해서도 함수 선언과 정의 시에 똑같은 매개변수 명칭을 사용하도록 하는 것이 좋기 때문에 반드시 일치시키도록 하자.

3) 수명(Life Time)

참조범위는 또한 식별자의 수명과도 관계가 있다. 수명이란 프로그램이 실행되는 동안 식별자, 변수 또는 함수가 존재하는 기간을 말한다. 4장에서 C 언어의 메모리 모델을 공부할 때 메모리 관리 방법에 대해서 공부했다. 그 때 정적으로 관리되어지는 영역인 코드 세그먼트와 정적 데이터

세그먼트에 할당되는 함수나 변수는 프로그램이 실행될 때 할당되었다가 프로그램이 끝날 때 할당 해제된다고 했다. 이러한 생존기간을 갖는 변수나 함수는 전역(Global)이라고 한다. 모든 함수와 함수 외부에서 선언 및 정의된 변수들은 모두 전역이다. [코드 5-2]에서 많은 라이브러리 함수들과 사용자 정의 함수들인 main() 함수, IsPrimeNumber() 함수와 배열 _iob는 전역이다.

단 예외적인 경우는 함수 내부에서 변수를 선언할 때 static 키워드를 사용한 경우는 전역이다. 전역 변수는 프로그램이 실행되기 전에 한번 초기화되어진다.

동적으로 관리되어지는 스택 세그먼트에 할당되는 변수는 함수가 호출될 때 할당되었다가 함수가 끝날 때 할당 해제된다. 이러한 생존기간을 갖는 변수는 지역(Local)이라고 한다. 매개변수와 함수 내부에서 선언되는 변수들은 모두 지역이고 변수들이 할당될 때마다 초기화 표현이 있으면 초기화를 한다.

[코드 5-11]에서 main() 함수 정의 단락에서 argc, argv 매개변수들과 함수 내부에서 선언되어진 isPrimeNumber와 number 변수들은 지역이다. 마찬가지로 [코드 5-10]에서 IsPrimeNumber() 함수 정의 단락에서 매개변수 number와 함수 블록의 선두에 선언되어진 isPrimeNumber, remainder 그리고 i는 지역이다. isPrimeNumber와 i는 초기값을 가진다. 따라서 함수가 호출될 때 변수들이 할당될 때마다 초기화되어진다.

4) 링크(Linkage)

마지막으로 링크 개념을 정리하도록 하자. 링크는 특정 명칭(식별자)이 한 원시 코드 파일 안에서만 접근이 가능한지 아니면 다른 원시 코드 파일에서도 접근 가능한지를 나타내는 것이다. 위 코드 상에서는 extern FILE _iob[]; 문장에서 extern 키워드가 의미하는 개념이다.

특정 명칭의 선언이나 정의가 헤더 파일이나 원시 코드 파일 중에 어디에 포함돼야 하는 지를 구분하는 중요한 기준이다. 다른 원시 코드 파일에 사용되어져야 한다면, 헤더 파일에 특정 식별자 명칭이 선언 혹은 정의되어야 한다. 그리고 사용할 때는 전처리기 기능을 빌어 외부 파일 기능을 포함하도록 해야 한다.

3. 정 리

C 언어로 작성된 원시 코드를 구성하는 단어나 기호는 전처리기와 컴파일러에 의해서 의미가 해석되어져서 기계어 코드로 변환되어져야 한다. 이때 전처리기나 컴파일러에 의해서 의미가 해석되어지는 최소 단위를 토큰이라고 한다.

C 언어에서는 키워드, 식별자, 상수, 문자열 리터럴, 연산자 그리고 구두점으로 분류한다. 키워드

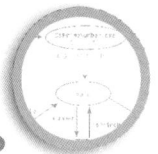

는 이미 의미가 정해진 단어로서 식별자로 사용할 수 없다. 식별자는 프로그래머에 의해서 의미가 부여되는 단어로서 반드시 선언과 정의를 해야 하고, 선언과 정의를 할 때 참조 범위, 수명 그리고 링크를 고려해야 한다. 상수는 프로그램에 의해서 처리되는 값으로 값과 자료형으로 표현되고 정수, 문자, 실수 그리고 열거형 상수를 제공한다. 문자열 리터럴은 큰 따옴표로 묶여진 문자들로써 내부적으로는 문자 배열구조이지만 문자 배열과 다르게 마지막에 항상 널문자를 저장하고 있다. 연산자는 값 하나를 구하는 기호나 문자열을 말하고, 다른 언어보다 많은 연산자들을 제공한다. 마지막으로 구두점은 문법적으로나 의미론적으로 의미를 강조하기 위한 기호문자이다.

제6장

기억장소 관리

1. 변수(Variable)

2. 기억부류(Storage Class)

3. 자료형(Data Type)

4. 자동 변수(Automatic Variable, auto)

5. 외부 변수(External Variable, extern)

6. 정적 변수(Static Variable, static)

7. 레지스터 변수(Register Variable, register)

8. 정리

제6장 기억장소 관리

1. 변수(Variable)

```
01 : // 산술 및 논리 연산 함수
02 : Boolean IsPrimeNumber(ULong number) {
03 :     // 1. 수를 입력 받는다 : 함수 호출로 인수로 값의 복사한다
04 :     Boolean isPrimeNumber = FALSE;
05 :     ULong remainder;
06 :     ULong i = 2; // 2.1. 나눌 수를 센다
07 :
08 :     // 2.2. 나머지를 구한다
09 :     remainder = number % i;
10 :     // 2. 2부터 시작하여 입력받은 수보다 작은 동안 반복한다
11 :     while( i < number && remainder != 0) {
12 :         // 2.1. 나눌 수를 센다
13 :         i = i + 1;
14 :         // 2.2. 나머지를 구한다
15 :         remainder = number % i;
16 :     }
17 :     // 3. 나누어 떨어지는 수가 없으면
18 :     if(number == i) {
19 :         isPrimeNumber = TRUE;
20 :     }
21 :     // 4. 소수 여부를 출력한다.
22 :     return isPrimeNumber;
23 :     // 5. 끝낸다
24 : }
```

코드 6-1 IsPrimeNumber() 함수 정의 단락

[코드 6-1]에서 입력된 수가 소수인지 판단하기 위해서는 여러 개의 데이터들이 처리되어야 한다는 것을 알 수 있다. 이렇게 컴퓨터에서 어떠한 처리를 행함에 있어서 필요한 데이터를 처리하기 위해서 어떻게 해야 하는지에 대해 공부해 보도록 하자.

4장에서 이미 설명된 것처럼 컴퓨터에서 데이터를 처리하기 위해서는 우선 주기억장치에 저장되어야 한다. 그리고 저장된 데이터에 대해서 읽기와 쓰기를 하기 위해서는 주소가 지정되어야 한다는 것을 이미 학습했다. C 언어를 사용하여 프로그램을 작성할 때 일일이 16진 표현으로 주소를 지정하는 것이 아니라 처리하고자 하는 값에 대해 의미있는 명칭을 지정함으로써 주소를 지정할 수 있다. 또한 명칭을 이용해서 값을 읽고 쓰는 작업을 표현하면 된다.

이렇게 프로그램이 실행되고 있는 동안에 사용되어지는 값을 임시로 저장할 기억장소에 붙여진 명칭을 변수(Variable)라고 한다. 변수도 식별자이기 때문에 5장에서 배운 개념들을 적용하여야 한다. 변수를 선언과 정의하여야 하고, 선언과 정의를 할 때 고려해야 할 내용은 다음과 같다.

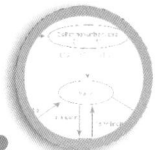

수명(Life Time)

변수가 메모리에 얼마나 오래 존속하는지, 다시 말해 변수의 저장 영역이 할당되고 해제되는 때까지 걸리는 시간은 얼마인가에 대한 문제이다. 4장에서 이미 설명된 것처럼 C 언어의 메모리 모델에 의하면, 크게 구분하면 동적으로 관리되는 스택 세그먼트에서 할당되고 해제되는 경우와 정적 데이터 세그먼트에서 할당되고 해제되는 경우 두 가지 중에서 하나를 선택해야 한다.

시스템에 의해서 동적으로 관리되는 영역인 스택에 저장 영역을 갖는 변수는 함수가 실행되어서 끝날 때까지만 수명을 갖는다. 정적으로 관리되는 데이터(DATA)에 저장 영역을 갖는 변수는 프로그램이 실행되어서 끝날 때까지 매우 긴 수명을 갖는다.

C 언어에서 수명과는 무관한 레지스터에도 저장 영역을 갖는 변수를 선언과 정의를 할 수 있다. 힙에 저장 영역을 갖는 변수는 C 언어적인 기능이 아니고 라이브러리 함수에 의한 것이기 때문에 수명이라는 개념을 적용하지 않는다.

참조 범위(Scope)

프로그램의 다른 부분들이 그 변수에 액세스할 수 있는 범위를 일컫는 말이다. 5장에서 자세히 설명했기 때문에 참조하도록 하고, 여기서는 따로 언급하지 않도록 하겠다.

표현하고자 하는 데이터 유형

자료형은 컴퓨터에서 기억장소에 저장할 수 있는 데이터의 형식을 의미한다. C 언어에서 크게 구분하면 정수와 실수만을 제공한다.

기억장소의 크기

일반적으로 다른 언어에서는 자료형만 결정하면 기억장소의 크기가 정해져 있어 따로 자료형과 기억장소의 크기에 대해 나누어 생각하지 않아도 되지만 C 언어에서는 자료형을 결정하고 표현하고자 하는 값의 범위를 분석해서 기억장소의 크기도 정해야 한다는 것이다.

저장되는 값의 유형

프로그램에 의해서 처리되어지는 값인 스칼라(Scalar)인지 아니면 할당된 기억장소를 식별하기 위해서 사용되어지는 값인 주소(Address)인지에 대해 결정을 해야 한다.

초기화

C 언어에서는 변수 정의는 기억장치에 값을 저장하기 위한 기억장소만 할당할 뿐, 그 기억장소에 어떠한 값을 저장하지는 않는데, 따라서 변수가 정의되었을 때, 그 변수는 할당된 기억장소에

그 이전부터 잔존하고 있던 값을 가지게 되는데 이 잔존하는 값을 쓰레기(Garbage)라고 한다.

remainder = remainder - i; 에서처럼 변수 하나를 이용하여 가감을 할 수 있는 수식, 즉 누적 표현식에 곧바로 변수를 정의만 하고 바로 사용하면 심각한 논리 오류가 발생하므로, 이를 방지하기 위해서는 정의된 변수에 할당과 동시에 원하는 값을 지정해서 쓰레기를 치우는 작업을 하도록 해야 한다. 이 작업을 변수의 초기화라고 부른다. 누적 표현식에 사용되는 변수에 대해서는 변수를 정의함과 동시에 초기화해야만 하는 것에 명심하여야 한다. 논리 오류를 방지하고, 프로그램을 이해하기 쉽도록 가능하면 변수를 정의함과 동시에 초기화하는 습관을 기르도록 하자.

C 언어는 이러한 내용들에 대해 표현할 수 있는 기능들을 제공한다. 수명과 참조범위에 대해서는 기억부류(Storage Class)로 저장할 값의 유형, 기억장소 크기, 저장되어지는 값에 대해서는 자료형(Data Type)이라는 문법적인 기능들을 제공한다. 이장에서는 기억부류에 대해 공부하고, 다음 장에서는 스칼라 값의 표현에 대해 원시 자료형에 대해서 공부하고, 다른 장들에서는 주소 값의 표현에 대해 함수, 포인터, 배열, 태그들에 대해서 공부하게 될 것이다.

다음은 원시 코드에서 기억장소를 할당하는 표현인 변수 선언과 정의 그리고 초기화하는 방법에 대해서 알아보자. 변수를 선언하는 위치는 정해져 있어서, 전역 변수는 함수 외부에서 변수를 사용하기 전에 선언 및 정의를 하면 되지만 대개 원시 코드 파일에서 선언 단락과 main() 함수 정의 단락사이에 선언 또는 정의를 한다. 그리고 지역변수는 대개 항상 블록의 맨 선두이어야 한다. 그렇지 않고 선언 및 정의하는 곳보다 앞에 수식이 하나라도 존재하면 문법 오류가 발생한다.

[그림 6-1]은 변수 선언 및 정의 그리고 초기화에 대한 C 언어의 문장의 형식이다. 즉 변수 선언 및 정의 문장 형식이다.

[참조 범위][수명]자료형[값] 변수 명칭 = [초기화자];

그림6-1 변수 선언, 정의 그리고 초기화 기본 형식

기본 형식에 대해 약간의 설명을 하면, 참조 범위는 File, Function, Block 그리고 Function Prototype 중에서 하나를 선택해야 한다. 일반적으로 가장 많이 적용되는 참조 범위는 함수 내부에서만 접근 가능한 Block 이다. 수명은 auto, static, register 중에서 결정하면 된다. 가장 일반적인 것은 스택에 할당되어 함수가 실행될 때 할당되고 함수가 끝날 때 해제되는 자동변수 auto이다. 즉 함수 내부에서 선언되어지고 Block 범위를 갖는 변수들이다. 자료형은 C 언어에서 제공하는 모든 자료형 및 사용자 정의 자료형을 설계 및 구현해서 사용할 수 있다. 기억 장소에 저장되어지는 값이 주소일 때만 별표(*) 구두점을 변수 명칭의 앞에 그리고 [], () 구두점들은 뒤에 표기해야 한다.

초기화는 변수 명칭 뒤에 등호(=)로 초기 값을 강조하기 위한 구두점을 적고 상수인 값을 기술하면 된다.

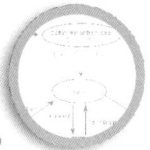

> [auto|register|static|extern] 자료형[*] 변수명칭 [= 초기화자];

그림 6-2 C 언어에서 변수 선언, 정의 그리고 초기화 형식

변수 명칭을 이용하여 값을 읽거나 쓰는데 이때 기억해야 하는 개념들이 있다. 변수 하나에 대해서는 저장되어지는 값인 내용과 식별하기 위한 값인 주소를 가진다는 점을 항상 명심해야 한다. C 언어에서는 이 두 가지 값을 프로그래머가 자유자재로 다룰 수 있어야 한다. 변수 명칭은 저장되어진 값인 내용이라는 것도 또한 명심하도록 하자. 변수 명칭을 이용하여 값을 읽고 쓰는 방식을 직접 접근 방식이라고 한다.

내용으로 주소가 저장될 수 있다는 것도 명심하도록 하자. 변수 명칭을 이용하여 직접 접근하여 값을 읽었을 때 주소이면 주소를 갖는 다른 변수의 내용을 참조해야 하는데 이러한 방식을 간접 접근 방식이라고 한다. 주소가 아닌 스칼라 값을 저장하고 있는 변수를 일반 변수라고 하고 주소를 내용으로 저장하고 있는 변수를 포인터 변수라고 한다는 점도 여기서 기억하도록 하자. 따라서 변수에 저장된 값이 무엇인지를 명확하게 숙지해야만 값을 참조하는 방식을 결정할 수 있기 때문에 C 언어에서는 제대로 된 프로그램을 작성할 수 있다.

2. 기억부류(Storage Class)

C 프로그래머는 우선 기억장소를 어디에 할당해야 하는지에 대해 고민을 해야 하는 것이고, 할당할 기억장소의 위치를 결정하는 언어적인 기능을 제공하는데, 이 기능을 기억 부류라고 한다.

변수를 어느 기억 장소 영역, 주기억장치 혹은 중앙처리장치에 얼마간(생존기간, 수명), 어떤 범위(참조범위)로 선언할 것인지에 대한 개념을 표현할 수 있어야 한다. 할당되어지는 기억장소에 따라 수명은 결정되어진다.

이러한 개념들을 포함한 C 언어에서 사용되어지는 기억부류들을 구분해 보면 [표 6-1]과 같이 정리할 수 있다.

표 6-1 C 언어의 기억부류

번호	구분	변수	저장 장소	정의	선언	통용 범위	함수
1	auto	자동(지역) 변수	Stack	[auto]	불가능	Block	
2	extern	외부(전역) 변수	DATA(Static)	extern	가능	File	외부 함수
3	static	정적 변수	DATA(Static)	static	불가능	Block	정적 함수
4	register	레지스터 변수	Register	register	불가능	Block	

extern에 대해서만 정의와 구분하여 선언만 할 수 있다. 그 외는 선언과 정의가 동시에 이루어져

야 한다.

함수에 대해서는 기본적으로 extern이다. 따라서 특정 원시 코드 파일에서만 참조되어야 하는 경우는 선언과 정의할 때 반환형 앞에다가 static 키워드를 붙여 정적함수로 선언 및 정의할 수 있다.

3. 자료형(Data Type)

자료형은 컴퓨터에서 기억장소에 저장할 수 있는 데이터의 형식을 의미한다. 일반적으로 컴퓨터에서 다루는 자료형은 정수, 실수, 문자, 문자열, 날짜, 논리, 통화 등이 있다. 하지만 언어마다 기본적으로 지원되는 자료형은 정해져 있다. C 언어에서 정수, 실수 그리고 문자에 대해 자료형을 지원하고 문자열에 대해 자료형을 지원하지 않는데 이것들에 대해 정리해 보도록 하자.

컴퓨터에서 데이터를 사용하기 위해서는 어떻게 해야 하는지를 공부하도록 하자. 데이터를 저장하기 위해서는 우선 기억장소를 할당해야 한다. 기억장소를 할당하는데 있어서 컴파일러에 제시되어야 하는 중요한 정보로 어떤 데이터를 저장해야 하는지인데, 데이터 유형에 따라 기억장소의 크기가 결정되어야하기 때문이다. 프로그래밍 언어마다 이러한 기억장소의 크기에 대한 개념들을 정리해서 제공하고 있다. 이것을 자료형이라고 한다. 프로그래머 관점에서는 표현 방법의 차이에 따라, 컴파일러의 관점에서는 기억장치에 할당될 때 차지하는 기억 장소의 크기를 기준으로 구분되는 키워드 또는 식별자를 자료형이라고 한다.

예를 들어 int 자료형에 대해서 프로그래머 관점에서는 정수형 데이터를 저장할 기억장소를 할당할 때 사용하라는 의미로 해석되어져야 하고, 컴파일러 관점에서는 2-4바이트 크기, 저장구조, 저장규칙 그리고 표현되어지는 값의 범위가 정해진 기억장소를 할당하라는 의미로 해석되어진다. 또한 컴파일러에게 할당된 기억장소에 적용할 수 있는 연산들에 대해 정해져 있음을 지시하는 것이다.

C 언어에서 제공하는 자료형들을 개략적으로 설명하면, C 컴파일러에 의해서 제공되어지는 자료형, 내장형(Built-in Data Type)과 C 프로그래머에 의해서 설계 및 구현되어지는 사용자 정의 자료형(User Defined Data Type)으로 구분되어진다. 그리고 내장형은 기억장소에 저장 및 관리되어지는 값의 유형에 따라 응용 프로그램 사용자들에 의해서 관리되어지는 값들에 대한 자료형으로 원시 자료형(Primitive Data Type)과 기억장소를 식별하기 위한 정수형 값인 주소에 대한 자료형으로 유도형(Derived Data Type)으로 구분되어 진다. 특히 유도형의 제공은 C 언어만의 특징이자 장점이지만, 처음 C 언어를 배우는 사람들에게는 매우 난해한 개념이기도 하다.

레코드 또는 파일 정보 처리에 대한 자료형은 제공하지 않으므로 프로그래머에 의해서 설계 및 구현되어야 하기 때문에 사용자 정의 자료형을 만들 수 있는 태그들과 typedef 키워드를 제공한다.

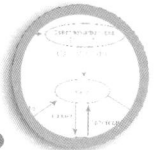

C를 배우면 함수를 잘 만들어야 한다

표 6-2 자료형

구 분			형 규정자			설 명
내장형	원시형	문자형	signed unsigned		char	ASCII코드 체계의 문자 표현
		정수형	signed unsigned	short long	int	정수 표현
		실수형	float double long double			실수 표현
		void 형	void			결정되지 않았음
	유도형	포인터 형	일반 포인터 *			데이터 세그먼트 주소
			배열 포인터 (*)[]			배열에 대한 데이터 세그먼크 주소
			함수형 포인터 (*)()			코드 세그먼트 주소
			void 포인터 void*			데이터 세그먼트 혹은 코드 세그먼트 주소
		배열형	[]			데이터들에 대한 배열 표현
		함수형	()			명령 코드들에 대한 배열 표현
사용자 정의 형		구조체	struct			레코드, 파일에 대한 자료형 표현
		공용체	union			레코드, 파일에 대한 자료형 표현
		열거형	enum			열거 상수들에 대한 자료형 표현
			typedef			사용자 정의 자료형 선언

4. 자동 변수(Automatic Variable, auto)

C 언어의 메모리 모델에서 스택을 이용하여 기억장소를 사용하는 방법에 대해서 알아보도록 하자. 3장에서 작성되어진 입력받은 수가 소수인지 판단하는 프로그램은 스택을 사용하여 데이터들

```
01 : /****************************************************
02 :    파일 명칭 : Main.c
03 :    함수 명칭 : main
04 :    기     능 : 입력받은 수가 솟수인지 아닌지를 판단한다.
05 :    출     력 : 소수 여부
06 :    입     력 : 수
07 :    작 성 자 : 김 석 현
08 :    작성 일자 : 2009년 2월 3일
09 : ****************************************************/
10 : #include <stdio.h> // 라이브러리 헤더 파일 포함
11 :
12 : #include "IsPrimeNumber.h" // 사용자 정의 헤더 파일 포함
13 :
14 : // 응용 프로그램의 엔트리 포인터 함수 정의
15 : int main(int argc, char* argv[]) {
16 :     Boolean isPrimeNumber; // 출력 자료 변수 선언
17 :     ULong number; // 입력 자료 변수 선언
18 :
19 :     number = InputNaturalNumber(); // 수를 입력받는다
20 :     while(number != 0) {  // 끝내기 값인 0이 입력되지 않은 동안 반복한다
21 :         isPrimeNumber = IsPrimeNumber(number); // 소수인지 판단한다
22 :         DisplayIsPrimeNumber(number, isPrimeNumber); // 소수 여부를 출력한다
23 :         number = InputNaturalNumber(); // 수를 입력받는다
24 :     }
25 :
26 :     return 0;
27 : }
```

코드 6-2 Main.c 원시 코드 파일(개발자 작성 헤더 파일 사용)

을 처리하고 있다. [코드 6-2]는 Main 모듈에 대한 코드이다.

[코드 6-2]에서 17번째 줄에서 isPrimeNumber, 18번째 줄에서 number는 프로그램에서 처리해야 하는 데이터를 저장할 변수들이다. 어떤 함수에서 선언되거나 함수의 제어구조 블록에서 선언되는 변수이며, 유효범위가 그 함수 블록 또는 제어구조 블록에서만 국한되는 변수를 자동변수라고 한다. 따라서 main() 함수에서 선언되고 main() 함수 블록에서(19번째 줄부터 35번째 줄까지)만 참조할 수 있는 isPrimeNumber 와 number 는 따라서 자동변수이다. 17번째 줄과 18번째 줄은 각각 isPrimeNumber 와 number를 선언 및 정의하는 문장이다. 즉 기억부류 auto 키워드가 생략되어 있는 것이다. [코드 6-3]처럼 개발자에 의해서(다른 말로는 명시적으로) 기술하지 않아도 컴파일러에 의해서(다른 말로는 묵시적으로) 추가되기 때문에 대개는 생략한다.

```
01 : /*************************************************************
02 :    파일 명칭 : Main.c
03 :    함수 명칭 : main
04 :    기    능 : 입력받은 수가 솟수인지 아닌지를 판단한다.
05 :    출    력 : 소수 여부
06 :    입    력 : 수
07 :    작 성 자 : 김 석 현
08 :    작성 일자 : 2009년 2월 3일
09 : *************************************************************/
10 : #include <stdio.h>   // 표준 헤더 파일 포함
11 : #include "IsPrimeNumber.h" // 사용자 정의 헤더 파일 포함
23 :
12 : // 응용 프로그램의 엔트리 포인터 함수 정의
13 : int main(int argc, char* argv[]) {
14 :     auto Boolean isPrimeNumber; // 출력 자료 변수 선언
15 :     auto ULong number; // 입력 자료 변수 선언
16 :
17 :     // 수를 입력받는다
18 :     number = InputNaturalNumber();
19 :     // 끝내기 값인 0이 입력되지 않은 동안 반복한다
20 :     while(number != 0) {
21 :         // 소수인지 판단한다
22 :         isPrimeNumber = IsPrimeNumber(number);
23 :
24 :         // 소수 여부를 출력한다
25 :         DisplayIsPrimeNumber(number, isPrimeNumber);
26 :
27 :         // 수를 입력받는다
28 :         number = InputNaturalNumber();
29 :     }
30 :
31 :     return 0;
32 : }
```

코드 6-3 자동 변수의 선언 및 정의

자동변수는 정의를 하지 않는 선언만을 할 수 없다. 따라서 자동 변수는 선언만을 할 수 없으며, 반드시 정의가 이루어져야 한다. 정의가 선언을 한 번 포함하고 있기 때문에 자동 변수인 경우 위 문장들을 변수 정의문장이라고 하는 것보다는 선언문이라고 일반적으로 부른다.

자동 변수를 선언하는 위치는 [코드 6-3]에서처럼 블록의 선두 부분에 이루어 져야 한다. 그렇지 않으면 오류가 발생한다.

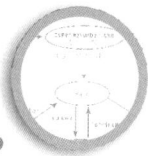

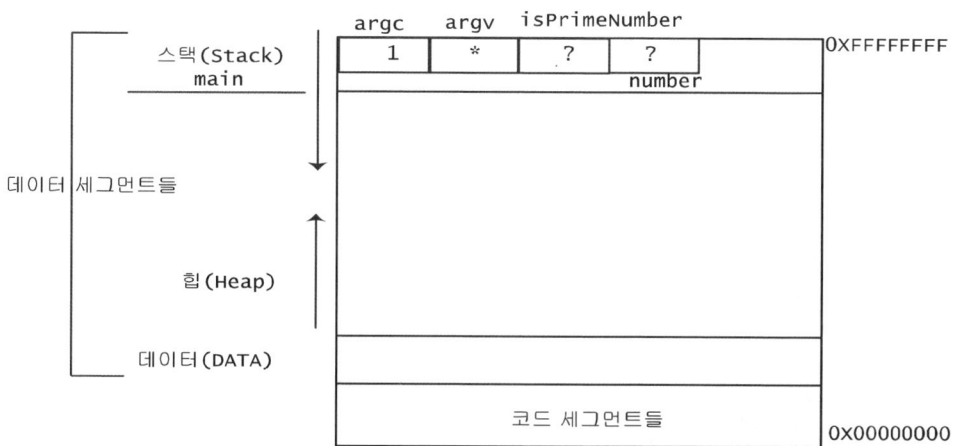

그림 6-3 main() 함수 스택

[그림 6-3]에서 처럼 isPrimeNumber 와 number 변수들은 main() 함수가 실행될 때 필요한 데이터들을 저장하는 기억장소들로 동적으로 할당되어지는 스택 데이터 세그먼트(Stack Data Segment)에 위치하는 변수들이다. 따라서 main() 함수의 실행이 끝날 때 시스템에 의해서 할당 해제되어진다. 스택 세그먼트는 시스템에 의해서 함수가 실행할 때마다 할당되고, 함수가 끝날 때마다 할당 해제되기 때문에 기억장소를 절약할 뿐만 아니라 다른 함수나 블록이 이 자동변수를 변경시키지 못하므로 변수의 안전성이 보장되며 융통성 있는 변수이다.

자동변수들의 참조 범위는 블록(Block, {}) 범위이다. 다시 말해서 main() 함수 블록에서만 사용 가능하다. [코드 6-4]에서 IsPrimeNumber() 함수에서는 main() 함수에서 선언된 isPrimeNumber와 number 자동변수들을 참조 할 수 없다. main() 함수에서 선언된 isPrimeNumber와 number 는 17번째 줄과 18번째 줄에서부터 35줄까지만 참조할 수 있는 범위이다. 따라서 IsPrimeNumber() 함수에서 같은 의미를 갖는 값들을 저장하기 위해서는 같은 명칭으로 다시 변수들을 선언을 해서 사용하면 된다.

스택 세그먼트에 위치한 기억장소들은 할당 시 초기화하지 않으면 쓰레기 값이다. 따라서 [코드 6-3]에서 isPrimeNumber와 number는 초기화되지 않기 때문에 [그림 6-3]에서처럼 쓰레기 값(? 표시는 알 수 없는 값을 의미)이 저장되어져 있다.

```
01 : /************************************************************
02 : 파일 명칭 : IsPrimeNumber.c
03 : 함수 명칭 : IsPrimeNumber
04 : 기    능 : 입력받은 수가 솟수인지 아닌지를 판단한다.
05 : 출    력 : 소수 여부
06 : 입    력 : 수
07 : 작 성 자 : 김 석 현
08 : 작성 일자 : 2009년 2월 3일
09 : ************************************************************/
10 : // 사용자 헤더 파일 포함
11 : #include "IsPrimeNumber.h"
12 :
13 : // 산출 및 논리 연산 함수
14 : Boolean IsPrimeNumber(ULong number) {
15 :     // 1. 수를 입력 받는다 : 함수 호출로 인수로 값의 복사한다
16 :     Boolean isPrimeNumber = FALSE;
17 :     ULong remainder;
18 :     ULong i = 2; // 2.1. 나눌 수를 센다
19 :
20 :     // 2.2. 나머지를 구한다
21 :     remainder = number % i;
22 :     // 2. 2부터 시작하여 입력받은 수보다 작은 동안 반복한다
23 :     while( i < number && remainder != 0) {
24 :         // 2.1. 나눌 수를 센다
25 :         i = i + 1;
26 :         // 2.2. 나머지를 구한다
27 :         remainder = number % i;
28 :     }
29 :     // 3. 나누어 떨어지는 수가 없으면
30 :     if(number == i) {
31 :         isPrimeNumber = TRUE;
32 :     }
33 :     // 4. 소수 여부를 출력한다.
34 :     return isPrimeNumber;
35 :     // 5. 끝낸다
36 : }
```

코드 6-4 IsPrimeNumber.c 원시 코드 파일(개발자 작성 헤더 파일 사용)

그러나 [코드 6-4]에서 IsPrimeNumber() 함수 정의 단락에서 16번째 줄과 18번째 줄에서 처럼 isPrimeNumber와 i는 초기화되어지고 있다. [코드 6-3]에서 22번째 줄에 의해서 IsPrimeNumber() 함수가 호출될 때 함수에서 필요한 데이터들을 저장하기 위해서 자동변수들이 스택에 할당되고, isPrimeNumber와 i는 최초로 저장되어지는 값, 즉 초기값으로 각각 FALSE와 2를 저장하고 있다. 즉 초기화되어 지고 있다. 함수가 호출될 때마다 할당되기 때문에 자동변수에 대해서 초기화는 함수가 실행될 때마다 매번 새롭게 이루어진다.

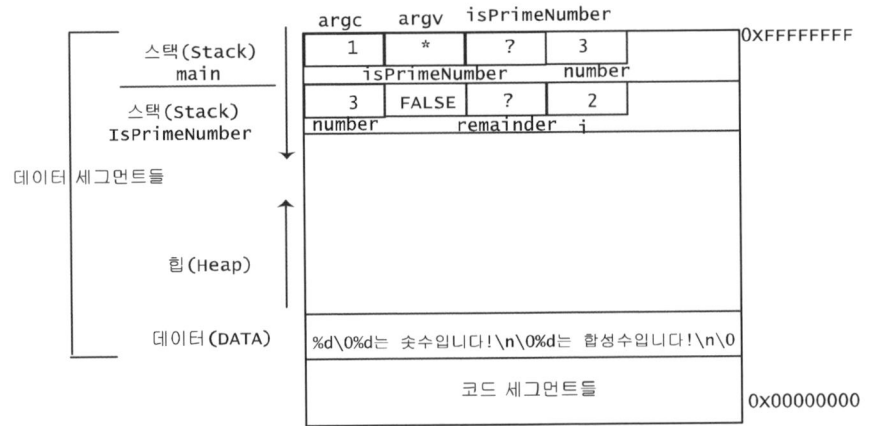

그림 6-4 IsPrimeNumber() 함수가 호출된 직 후

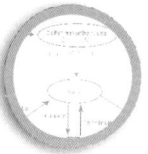

[그림 6-4]는 IsPrimeNumber() 함수가 호출된 직후 메모리 맵이다. InputNaturalNumber() 함수에 의해서 3이 입력된 후 따라서 main() 함수 스택에 할당된 number 변수에 3이 저장되어 있다. [코드 6-3]에서 22번째 줄을 보면 호출문장에서 number에 저장된 값을 복사하도록 매개변수로 number를 지정하고 있는 것을 볼 수 있다. 따라서 IsPrimeNumber() 함수 스택에 할당된 number는 할당되고 바로 3이 저장된다. 호출하는 함수에서 복사로 전달되는 값을 저장할 변수를 매개변수라고 하고 함수의 매개변수도 함수 내에서 통용되는 자동 변수이다. 매개변수라는 개념을 적용하면 함수의 호출에 의해 변수의 내용이 파괴되어 예기치 않은 엉뚱한 값이 입력되는 사고 방지에 기여할 수 있다.

isPrimeNumber는 할당되자마자 FALSE가 최초로 저장되고, i도 할당되자마자 최초로 2가 저장되는 초기화를 하여 각각 FALSE와 2를 저장한 상태가 되는 것이다. 그렇지만 remainder는 할당만 되고 이전 프로그램에 의해서 저장되어진 값이 그대로 존재할 것이다. 이 값은 IsPrimeNumber() 함수가 처리하는데 있어서는 유효하지 않은 값이므로 쓰레기라고 한다. 그리고 우리가 사용하는 메모리 맵에서는 물음표(?)로 표현하고 있다.

초기화에 대해서 정리를 해 보면 main() 함수 스택에 할당된 변수들은 이전 프로그램에서 사용했던 값들이 존재할 것이다. 변수들은 입력과 치환에 의해서 값들이 저장되기 때문에 선언할 때 따로 초기화할 필요가 없다.

그렇지만 IsPrimeNumber() 함수 스택에 할당된 i는 할당 시 2를 저장한다. 즉 초기화 작업을 하는

```
01 : /****************************************************************
02 :  파일 명칭 : DisplayIsPrimeNumber.c
03 :  함수 명칭 : DisplayIsPrimeNumber
04 :  기    능 : 소수이면 "소수이다"를 출력하고, 합성수이면 "합성수이다"를 화면에 출력하다
05 :  출    력 : 없음
06 :  입    력 : 소수 여부
07 :  작 성 자 : 김 석 현
08 :  작성 일자 : 2009년 2월 3일
09 : ****************************************************************/
10 : #include <stdio.h> // printf(), fflush(), getchar()
11 :
12 : #include "IsPrimeNumber.h" // 사용자 정의 헤더 파일 포함
13 :
14 : // 출력 함수
15 : void DisplayIsPrimeNumber(ULong number, Boolean isPrimeNumber) {
16 :     printf("\t\t-----------------------------------------\n");
17 :     // 소수 여부를 출력한다.
18 :     if(isPrimeNumber == TRUE) {
19 :         printf("\t\t%d는 솟수입니다!\n", number);
20 :     }
21 :     else {
22 :         printf("\t\t%d는 합성수입니다!\n", number);
23 :     }
24 :
25 :     printf("\t\t=========================================\n");
26 :     printf("\t\t아무 키나 누르십시오!");
27 :     fflush(stdin); // 키보드로 입력되는 모든 데이터들을 없애다
28 :     getchar(); // 키 입력를 기다리다
29 : }
```

코드 6-5 DisplayIsPrimeNumber.c 원시 코드 파일

것이다. i는 [코드 6-4]에서 25번째 줄 i = i + 1 표현식에서 알 수 있듯이 누적을 하는 기억장소이다. 이때는 반드시 초기화 작업을 해야 한다. 그렇지 않으면 쓰레기에 1을 더해 보았자 쓰레기가 되므로 원하지 않는 쓰레기 값을 구하게 된다.

자동변수의 명칭은 변수에 저장되어 있는 값을 말한다. [그림 6-4]에서 number는 변수에 저장되어 있는 값인 3을 의미한다. 이렇게 변수 명칭은 개발자 입장에서는 저장되어 있는 값, 즉 내용을 의미한다. 일반적으로 프로그램에 의해서 처리되어져야 하는 값, 즉 스칼라 값들이다. 대개 출력 모듈에서는 일반적으로 스칼라 값을 처리한다. 따라서 [코드 6-4]에서 number와 isPrimeNumber는 각각의 변수에 저장되어져 있는 값을 의미한다.

그렇지만 C 언어에서는 기억장소를 식별하는데 사용되는 값, 주소를 내용으로 가질 수 있다. 이처럼 내용으로 주소를 가지는 변수를 포인터 변수라고 한다. [그림 6-1]에서 argv에 저장되어져 있는 값은 주소이다. 메모리 맵에서 주소를 저장한 경우 별표(*)를 내용으로 하고 있다.

컴파일러 관점에서는 number는 기억장소를 식별하기 위한 값인 주소(Address)를 의미한다. 그러면 C 언어의 특성으로 주소를 이용하여 간접 접근에 의한 제어를 할 수 있다는 것인데, 따라서 개발자는 자동변수로 선언된 변수의 주소를 구할 수 있어야 한다. number의 주소를 어떻게 구할 수 있는 것일까? C 언어에서는 주소를 구하는 연산자를 제공한다. 이러한 기능의 연산자를 주소 연산자(&)라고 한다. [코드 6-6]에서 25번째에서 &number 표현처럼 변수 명칭앞에다 &를 붙여서 수식을 만들면 된다.

```
01 : /***************************************************************
02 :    파일 명칭 : InputNaturalNumber.c
03 :    함수 명칭 : InputNaturalNumber
04 :    기    능 : 사용자가 키보드를 이용하여 입력하는 수를 출력한다
05 :    출    력 : 수
06 :    입    력 : 없음
07 :    작 성 자 : 김 석 현
08 :    작성 일자 : 2009년 2월 3일
09 :    ***************************************************************/
10 : #include <stdio.h>  // scanf(), printf()
11 : #include <stdlib.h> // system()
12 :
13 : #include "IsPrimeNumber.h"
14 :
15 : // 입력 함수
16 : ULong InputNaturalNumber() {
17 :     ULong number;
18 :
19 :     system("cls"); // 콘솔 윈도우에 출력된 내용을 지운다
20 :     printf("\n\n\n\n\n\n");
21 :     printf("\t\t\t수가 소수인지 판단하는 프로그램\n");
22 :     printf("\t\t==============================================\n");
23 :     printf("\t\t2 이상의 자연수를 입력하십시오![끝내기 : 0] ");
24 :
25 :     scanf("%d", &number); // 수를 입력받는다
26 :
27 :     return number;
28 : }
```

코드 6-6 InputNaturalNumber.c 원시 코드 파일

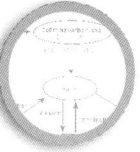

C 언어에서 사용되는 변수는 대부분 자동 변수이며 특히 반복 제어 변수, 임시 변수 등 작업용 변수는 될 수 있는 대로 자동 변수로 하는 것이 좋다.

5. 외부 변수(External Variable, extern)

자동 변수를 설명하는데 사용된 프로그램, 수를 입력받아 소수인지 판단하는 프로그램을 정적 데이터 영역을 사용하여 다시 작성해 보자. 예시된 프로그램을 구성하는 함수들이 4개이기 때문에 입력 데이터 number와 출력 데이터 isPrimeNumber는 최소한 2, 3개의 함수에서 사용되어야 하기 때문에 특정 함수 내부에서 선언되면 필요한 다른 함수에서 참조할 수 없기 때문에 함수 외부에서 선언되어져야 할 것 같다. 즉 number와 isPrimeNumber 변수의 참조 범위를 파일(File)로 설정해야 한다. 다시 말해서 전역변수로 선언 및 정의를 해서 사용하도록 하자는 것이다. 대개 이러한 경우는 number와 isPrimeNumber가 선언 및 정의되어지는 위치는 선언 단락과 main() 함수 정의 단락 사이가 된다. [코드 6-7]에서 23번째 줄과 24번째 줄에 각각 선언 및 정의되어 있다. 이렇게 함수 외부에 선언되어지고 파일 참조범위를 갖는 변수를 외부 변수라고 한다. 다른 말로는 전역 변수라고도 한다.

파일 참조 범위를 갖기 때문에 IsPrimeNumber.c 원시 코드 파일에 작성되어지는 모든 함수들에서 참조할 수 있다. main() 함수, InputNaturalNumber() 함수, IsPrimeNumber() 함수 그리고 DisplayIsPrimeNumber() 함수에서 언제든지 어디서든지 사용할 수 있다. 따라서 [코드 6-7]에서 함수 선언 및 정의 단락을 보면 매개변수 목록도 반환형도 없는 함수들로 작성할 수 있다.

```c
01 : /***************************************************************
02 :    파일 명칭 : IsPrimeNumber.c
03 :    함수 명칭 : IsPrimeNumber
04 :    기    능 : 입력받은 수가 솟수인지 아닌지를 판단한다.
05 :    출    력 : 소수 여부
06 :    입    력 : 수
07 :    작 성 자 : 김 석 현
08 :    작성 일자 : 2009년 2월 3일
09 :  ***************************************************************/
10 : // 전처리기 단락
11 : #include <stdio.h>
12 : #include <stdlib.h>
13 :
14 : // 사용자 정의 자료형 선언 단락
15 : typedef enum _boolean { FALSE = 0, TRUE = 1 } Boolean;
16 : typedef unsigned long int ULong;
17 :
18 : // 사용자 정의 함수 선언 단락
19 : void InputNaturalNumber();        // 입력 함수
20 : void IsPrimeNumber();             // 산술 및 논리 연산 함수
21 : void DisplayIsPrimeNumber();      // 출력 함수
22 : // 전역 변수 선언 및 정의 단락
23 : Boolean isPrimeNumber;    // 출력 자료 변수 선언
24 : ULong number;             // 입력 자료 변수 선언
25 :
26 : // 사용자 정의 함수 정의 단락
27 : int main(int argc, char* argv[]) {
28 :     InputNaturalNumber(); // 수를 입력받는다
29 :     while(number != 0) {
30 :         IsPrimeNumber(); // 소수인지 판단한다
31 :         DisplayIsPrimeNumber(); // 소수 여부를 출력한다
32 :         InputNaturalNumber();   // 수를 입력받는다
33 :     }
34 :
35 :     return 0;
36 : }
37 :
38 : // 입력 함수
39 : void InputNaturalNumber() {
40 :     system("cls");
41 :     printf("\n\n\n\n\n");
42 :     printf("\t\t수가 소수인지 판단하는 프로그램\n");
43 :     printf("\t\t=============================================\n");
44 :     printf("\t\t2 이상의 자연수를 입력하십시오![끝내기 : 0] ");
45 :
46 :     scanf("%d", &number);
47 : }
48 :
49 : // 연산 함수
50 : void IsPrimeNumber() {
51 :     unsigned int remainder;
52 :     unsigned int i = 2;
53 :
54 :     // 정적 데이터 영역에 있기 때문에 이전 값이 그대로 존재한다
55 :     isPrimeNumber = FALSE;
56 :     // 1. 수를 입력 받는다 : 함수 호출로 인수로 값의 복사한다
57 :     remainder = number % i;
58 :
59 :     // 2. 2부터 시작하여 입력받은 수보다 작고 나누어 떨어지지 않는 동안 반복한다
60 :     while( i < number && remainder != 0) {
61 :         i = i + 1; // 2.1. 나눌 수를 센다
62 :         remainder = number % i; // 2.2. 나머지를 구한다
63 :     }
64 :     // 3. 나누어 떨어지는 수가 없으면
65 :     if(number == i) {
66 :         isPrimeNumber = TRUE; // 3.1. 소수 여부를 참으로 한다. 4. 소수 여부를 출력한다.
67 :     }
68 :     // 5. 끝낸다
69 : }
70 :
71 : // 출력 함수
72 : void DisplayIsPrimeNumber() {
73 :     printf("\t\t---------------------------------------------\n");
74 :     // 소수 여부를 출력한다
75 :     if(isPrimeNumber == TRUE) {
76 :         printf("\t\t%d는 솟수입니다!\n", number);
77 :     }
78 :     else {
79 :         printf("\t\t%d는 합성수입니다!\n", number);
80 :     }
81 :
82 :     printf("\t\t=============================================\n");
83 :     printf("\t\t아무 키나 누르십시오!");
84 :     fflush(stdin);
85 :     getchar();
86 : }
```

코드 6-7 외부변수들을 이용하여 작성된 입력된 수가 소수인지 판단하는 프로그램

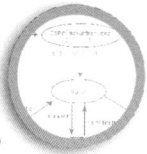

외부 변수는 정적 데이터 세그먼트에 할당되고 값이 저장된다. 따라서 프로그램이 시작할 때 할당되고 프로그램이 끝날 때까지 해제되지 않는 영역에 기억장소가 할당되고 값이 저장되기 때문에 저장된 값은 프로그램 끝날 때까지 유지된다. 수명이 가장 긴 변수이다.

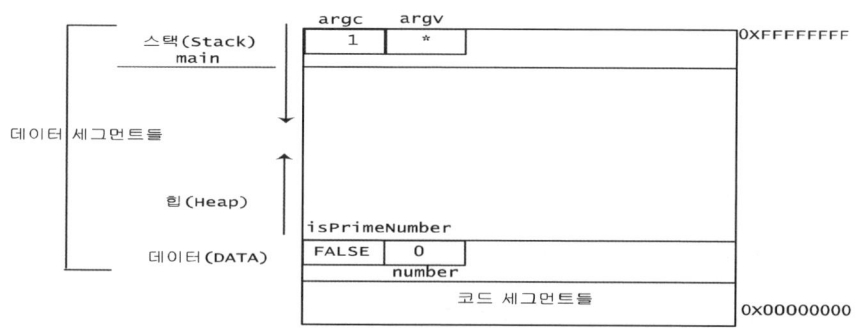

그림 6-5 정적으로 관리되는 isPrimeNumber와 number 변수들

[그림 6-1]과 [그림 6-5] 둘 다 프로그램이 실행된 직후 메모리 맵이다. [그림 6-1]에서는 isPrimeNumber와 number를 자동 변수로 선언 및 정의한 경우이고 [그림 6-5]는 외부변수로 선언 및 정의한 경우이다. [그림 6-1]과 [그림 6-5]를 더욱더 비교하여 보면 자동 변수로 선언된 isPrimeNumber와 number는 초기화하지 않은 경우 쓰레기를 가지지만, 외부변수는 초기값을 명시하지 않는 경우 프로그램이 0으로 초기화됨을 알 수 있다. 그렇지만 외부변수에 초기화가 필요하면 명시적으로 초기화를 하도록 하자. 자동 변수는 함수가 호출될 때마다 초기화가 이루어지지만 외부 변수는 프로그램이 시작할 때 단 한번 이루어진다.

[코드 6-7]을 다시 모듈화 프로그래밍을 해 보자. 하나의 원시 코드 파일로 구성하는 것이 아니라 함수 하나당 한 개의 원시 코드 파일씩 해서 4개의 원시 코드 파일로 구성해 보도록 하자. 그러면 어떻게 될까?

```
01 : /*****************************************************
02 : 파일 명칭 : Main.c
03 : 함수 명칭 : main
04 : 기    능 : 입력받은 수가 소수인지 아닌지를 판단하여 출력한다.
05 : 출    력 : 소수 여부
06 : 입    력 : 수
07 : 작 성 자 : 김석현
08 : 작성 일자 : 2009년 2월 3일
09 : *****************************************************/
10 : // 사용자 정의 자료형 선언 단락
11 : typedef enum _boolean { FALSE = 0, TRUE = 1 } Boolean;
12 : typedef unsigned long int ULong;
13 :
14 : // 사용자 정의 함수 선언 단락
15 : void InputNaturalNumber();   // 입력 함수
16 : void IsPrimeNumber();        // 산출 및 논리 연산 함수
17 : void DisplayIsPrimeNumber(); // 출력 함수
18 :
19 : // 전역 변수 선언 및 정의 단락
20 : Boolean isPrimeNumber;  // 출력 자료 변수 선언 및 정의
21 : ULong number;           // 입력 자료 변수 선언 및 정의
22 :
23 : // 사용자 정의 함수 정의 단락
24 : int main(int argc, char* argv[]) {
25 :     InputNaturalNumber(); // 수를 입력받는다
26 :     while(number != 0) {
27 :         IsPrimeNumber();         // 소수인지 판단한다
28 :         DisplayIsPrimeNumber();  // 소수 여부를 출력한다
29 :         InputNaturalNumber();    // 수를 입력받는다
30 :     }
31 :
32 :     return 0;
33 : }
```

코드 6-8 외부 변수를 사용한 Main.c 원시 코드 파일

[코드 6-8]에서 20번째 줄과 21번째 줄에서 외부 변수들이 선언 및 정의되고 있다. 컴파일을 하면 경고와 오류없이 Main.obj 목적 코드 파일을 생성할 것이다.

```
01 : /************************************************************
02 : 파일 명칭 : InputNaturalNumber.c
03 : 함수 명칭 : InputNaturalNumber
04 : 기     능 : 사용자로부터 키보드로 숫자를 입력받는다.
05 : 출     력 : 수
06 : 입     력 :
07 : 작 성 자 : 김 석 현
08 : 작성 일자 : 2009년 2월 3일
09 : ************************************************************/
10 : // 전처리기 단락
11 : #include <stdio.h>
12 : #include <stdlib.h>
13 :
14 : // 사용자 정의 자료형 선언 단락
15 : typedef unsigned long int ULong;
16 :
17 : // 전역 변수 선언 단락
18 : extern ULong number; // 입력 데이터 선언
19 :
20 : // 사용자 정의 함수 정의 단락 : 입력 함수
21 : void InputNaturalNumber() {
22 :     system("cls");
23 :     printf("\n\n\n\n\n\n");
24 :     printf("\t\t\t수가 소수인지 판단하는 프로그램\n");
25 :     printf("\t\t==============================================\n");
26 :     printf("\t\t2 이상의 자연수를 입력하십시오![끝내기 : 0] ");
27 :
28 :     scanf("%d", &number);
29 : }
```

코드 6-9 외부변수를 사용하는 InputNaturalNumber.c 원시 코드 파일

[코드 6-9]에서 18번째 줄을 주석으로 처리하고 컴파일을 해보자. 어떻게 될까? 자주 오해하는 부분인데, 전역 변수로 선언하면 하나의 원시 코드 파일을 넘어 프로그램을 구성하는 여러 개의 원시 코드 파일에서 참조할 수 있다고 생각한다. 그래서 18번째 줄처럼 작성하지 않고 컴파일을 하게 된다. number 식별자가 선언되어 있지 않다는 오류 메시지와 함께 컴파일이 중단되게 될 것이다. 이 문제를 해결하기 위해서는 다시 number를 명칭으로 하는 변수를 선언해야 한다. 다시 말해서 외부 변수임을 선언만 해야 한다는 것이다. 5장에서 배운 대로 선언은 여러 번 할 수 있고 정의는 단 한번만 이루어져야 한다고 했다. 따라서 Main.c 원시 코드 파일에 선언 및 정의된 number를 참조할 수 있도록 선언을 해야 한다. [코드 6-9]에서 18번째 줄처럼 extern 키워드를 사용하여 외부 변수를 선언하면 되는 것이다. InputNaturalNumber.c에서는 number만 필요하므로 number에 대해서 선언만 하면 된다. 그렇지만 IsPrimeNumber.c와 DisplayIsPrimeNumber.c에서는 isPrimeNumber와 number가 필요하기 때문에 둘 다 선언해야 한다.

다시 정리하면 외부 변수는 그것이 선언된 원시 코드 파일 전체에서 참조 할 수 있다. 하지만 다른 원시 코드 파일들에서는 자동을 참조 할 수 없다. 다른 원시 코드 파일에서 참조하려면 각 모듈에 있는 변수를 extern 키워드를 사용하여 선언해야 한다.

extern 키워드는 원래 선언과 정의(그것에 대한 저장 공간을 할당하는 것)가 어딘가 다른 곳에 있지만

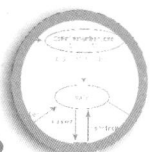

그 변수가 이 모듈에서 사용해야 한다는 것을 컴파일러에게 알린다. 모든 extern 변수는 정적 지속 기간을 가지며, 프로그램을 구성하는 모든 원시 코드 파일에 있는 모든 함수에서 참조할 수 있다.

```
01 : /*****************************************************************
02 :    파일 명칭 : IsPrimeNumber.c
03 :    함수 명칭 : IsPrimeNumber
04 :    기    능 : 입력받은 수가 솟수인지 아닌지를 판단한다.
05 :    출    력 : 소수 여부
06 :    입    력 : 수
07 :    작 성 자 : 김 석 현
08 :    작성 일자 : 2009년 2월 3일
09 : *****************************************************************/
10 : // 사용자 정의 자료형 선언 단락
11 : typedef enum _boolean { FALSE = 0, TRUE = 1 } Boolean;
12 : typedef unsigned long int ULong;
13 :
14 : // 전역 데이터 선언 및 정의 단락
15 : extern Boolean isPrimeNumber;
16 : extern ULong number;
17 :
18 : // 함수 정의 단락
19 : void IsPrimeNumber() {
20 :     unsigned int remainder;
21 :     unsigned int i = 2;
22 :
23 :     // 정적 데이터 영역에 있기 때문에 이전 값이 그대로 존재한다
24 :     isPrimeNumber = FALSE;
25 :     // 1. 수를 입력 받는다 : 함수 호출로 인수로 값의 복사하다
26 :     remainder = number % i;
27 :     // 2. 2부터 시작하여 입력받은 수보다 작고 나누어 떨어지지 않는 동안 반복한다
28 :     while( i < number && remainder != 0) {
29 :         i = i + 1;    // 2.1. 나눌 수를 센다
30 :         remainder = number % i; // 2.2. 나머지를 구한다
31 :     }
32 :     // 3. 나누어 떨어지는 수가 없으면
33 :     if(i == number) {
34 :         isPrimeNumber = TRUE; // 소수 여부를 거짓으로 한다. 4. 소수 여부를 출력한다.
35 :     }
36 :     // 5. 끝낸다
37 : }
```

코드 6-10 외부변수를 사용한 IsPrimeNumber.c 원시 코드 파일

```
01 : /*****************************************************************
02 :    파일 명칭 : DisplayIsPrimeNumber.c
03 :    함수 명칭 : DisplayIsPrimeNumber
04 :    기    능 : 소수인지 합성수인지 모니터에 출력한다.
05 :    출    력 :
06 :    입    력 : 수, 소수 여부
07 :    작 성 자 : 김 석 현
08 :    작성 일자 : 2009년 2월 3일
09 : *****************************************************************/
10 : // 전처리기 단락
11 : #include <stdio.h>
12 :
13 : // 사용자 정의 자료형 선언 단락
14 : typedef enum _boolean { FALSE = 0, TRUE = 1 } Boolean;
15 : typedef unsigned long int ULong;
16 :
17 : // 전역 변수 선언 단락
18 : extern ULong number;
19 : extern Boolean isPrimeNumber;
20 :
21 : // 사용자 정의 함수 정의 단락 : 출력 함수
22 : void DisplayIsPrimeNumber() {
23 :     printf("\t\t-------------------------------------------\n");
24 :     // 소수 여부를 출력한다.
25 :     if(isPrimeNumber == TRUE) {
26 :         printf("\t\t%d는 솟수입니다!\n", number);
27 :     }
28 :     else {
29 :         printf("\t\t%d는 합성수입니다!\n", number);
30 :     }
31 :
32 :     printf("\t\t===========================================\n");
33 :     printf("\t\t아무 키나 누르십시오!");
34 :     fflush(stdin);
35 :     getchar();
36 : }
```

코드 6-11 외부변수를 사용한 DisplayNumber.c 원시 코드 파일

이번에도 매우 번거로운 작업을 하게 된다. 필요한 원시 코드 파일마다 외부 변수들을 선언해 주어야 한다. 원시 코드 파일이 계속적으로 추가된다고 하면 매우 비효율적인 작업이다. 그래서 이렇게 하는 것보다 더 효율적인 방법인 헤더 파일(Header File)을 작성해서 사용하는 것이다.

```
01 : /****************************************************************
02 :    파일 명칭 : IsPrimeNumber.h
03 :    기     능 : 사용자 정의 자료형과 전역변수의 선언 및 정의와 함수 선언을 한다
04 :    작 성 자 : 김 석 현
05 :    작성 일자 : 2009년 2월 3일
06 :    ****************************************************************/
07 : #ifndef _ISPRIMENUMBER_H
08 : #define _ISPRIMENUMBER_H
09 :
10 : // 사용자 정의 자료형 선언 단락
11 : typedef enum _boolean { FALSE = 0, TRUE = 1 } Boolean;
12 : typedef unsigned long int ULong;
13 :
14 : // 사용자 정의 함수 선언 단락
15 : void InputNaturalNumber();   // 입력 함수
16 : void IsPrimeNumber();        // 산술 및 논리 연산 함수
17 : void DisplayIsPrimeNumber(); // 출력 함수
18 :
19 : // 전역 변수 선언 및 정의 단락
20 : Boolean isPrimeNumber;   // 출력 자료 변수 선언
21 : ULong number;            // 입력 자료 변수 선언
22 :
23 : #endif // _ISPRIMENUMBER_H
```

코드 6-12 IsPrimeNumber.h 헤더 파일

[코드 6-13]은 [코드 6-12]의 IsPrimeNumber.h 헤더 파일을 사용한 Main.c 원시 코드 파일이다. [코드 6-8]에서 10번째 줄부터 21번째 줄까지를 지우고 [코드 6-13]에서 10번째 줄 처럼 전처리기 표현을 하면 된다. 매우 정리된 코드를 만들 수 있음을 알 수 있을 것이다. Main.c와 IsPrimeNumber.h가 같은 폴더에 존재해야 한다.

```
01 : /****************************************************************
02 :    파일 명칭 : Main.c
03 :    함수 명칭 : main
04 :    기     능 : 입력받은 수가 솟수인지 아닌지를 판단하여 출력한다.
05 :    출     력 : 소수 여부
06 :    입     력 : 수
07 :    작 성 자 : 김 석 현
08 :    작성 일자 : 2009년 2월 3일
09 :    ****************************************************************/
10 : #include "IsPrimeNumber.h"
11 :
12 : // 사용자 정의 함수 정의 단락
13 : int main(int argc, char* argv[]) {
14 :     InputNaturalNumber(); // 수를 입력받는다
15 :     while(number != 0) {
16 :         IsPrimeNumber(); // 소수인지 판단한다
17 :         DisplayIsPrimeNumber(); // 소수 여부를 출력한다
18 :         InputNaturalNumber(); // 수를 입력받는다
19 :     }
20 :
21 :     return 0;
22 : }
```

코드 6-13 IsPrimeNumber.h 헤더 파일을 사용한 Main.c 원시 코드 파일

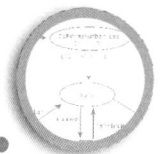

마찬가지로 [코드 6-9]에서는 14번째 줄에서 18번째 줄까지를 지우고, [코드 6-10]에서는 10번째 줄에서 16번째 줄까지를 지우고, [코드 6-11]에서는 13번째 줄부터 19번째 줄까지 지우고 IsPrimeNumber.h 헤더 파일을 포함하는 전처리기 표현을 추가하면 매우 정리된 코드들을 만들 수 있을 것이다. 여러분들이 직접 해 보도록 하자.

그러면 외부 변수에 대해 소프트웨어 공학적인 문제에 대해서 공부해 보도록 하자. 프로그램을 작성할 때 외부 변수를 사용하면, 매개변수처럼 함수 호출 시 값 복사가 불필요하다. 따라서 함수 호출시 할당 및 복사에 걸리는 시간이 소요되지 않으므로 효율적이라고 생각할 수 있다. 그래서 전역 변수를 프로그램의 어디에서나 사용할 수 있다면, 모든 변수를 전역 변수로 만들지 않는 이유는 무엇인가? 라고 질문을 할 수 있다.

프로그램이 커질수록 점점 더 많은 변수를 선언하게 될 것이다. 컴퓨터에서 사용할 수 있는 기억장치는 한계가 있다. 전역으로 선언된 변수들은 프로그램을 실행하는 동안 계속 기억장치를 차지한다. 하지만 지역변수는 그렇지 않다. 대부분의 경우, 지역변수는 그 변수가 지역변수로 있는 함수가 활성화되어 있는 동안에만 메모리를 차지한다. 게다가 전역변수는 다른 함수들에 의해 의도하지 않은 변경이 일어날 수 있다. 이런 일이 발생하면, 전역 변수들을 함수에서 사용할 경우, 그 변수들은 여러분이 처음에 만들 때 기대한 값들을 저장하지 않을 수도 있다.

조금 더 생각해 보자. 여러분들이 앞으로 먹고 살기 위해서 작성하는 프로그램이 여기에 제시된 정도의 크기의 프로그램이 아니다라는 것부터 우선 생각해 보자. 우선 이러한 프로그램 구조는 기계어나 어셈블리어로 프로그램을 작성할 때 사용했던 비구조화 프로그래밍의 소산이다. 따라서 많은 기능을 갖는 복잡한 프로그램을 작성하는데 있어서는 비효율적인 방법이라는 것이다.

외부 변수를 사용할 경우 구조화 프로그래밍의 핵심 사항인 모듈 독립성(modular independence)이라는 원칙을 위반하기 때문이다. 모듈 독립성이란 어떤 프로그램에서 각각의 함수, 또는 모듈은 그 작업에 필요한 데이터와 코드를 모두 포함한다는 개념이다. 모듈의 응집도를 높이는 표현이 되어야 한다. 그렇지만 [코드 6-1]에서 보는 것처럼 number와 isPrimeNumber가 필요한 각각의 함수에서 선언 및 정의되어져서 사용되는 것이 아니라 여러 함수에 의해서 같이 사용되고 있다. 이러한 경우 "모듈의 결합도가 높다"라고 한다. 따라서 여러 함수에 의해서 값이 쓰여지거나 읽혀지기 때문에 어느 함수에서 잘못된 처리를 했다면 다른 함수들도 잘못된 값으로 처리를 하기 때문에 정확히 처리된 결과를 바라는 것은 무리일 것이다. 그리고 이러한 오류가 발생했는데도 어디에서 발생했는지 찾기도 힘들고 찾더라도 고치기도 힘들 것이다.

외부 변수들을 남용하면 모듈간의 결합이 강하게 되어 프로그램 구조를 해치게 되어 프로그래밍 작업의 생산성이 저하하게 된다. 극단적인 상황에서는 동일한 기능들을 가지면서 약간의 기능을 추가한 프로그램을 작성해야 하는 경우 작성되어 있는 기능들을 재사용할 수 없어 다시 처음부터 새로 작성해야 하는 상황들이 발생할 것이다.

지금처럼 비교적 작은 프로그램을 작성하는 경우는 이 개념이 중요하게 보이지 않지만, 좀 더

크고 복잡한 프로그램을 처리하는 경우 외부 변수에 지나치게 의존하면 문제를 유발할 수도 있다.
언제 외부 변수를 사용해야 하는가? C로 프로그램을 작성할 때는 가급적이면 외부 변수를 사용하지 않도록 해라! 프로그램의 모든 또는 대부분의 함수들이 이 변수에 액세스해야 하는 경우에만 외부 변수를 사용하도록 하라. const 키워드로 정의된 기호 상수는 외부 선언으로 하는 것이 좋다. 몇 개의 함수만이 한 변수에 액세스해야 한다면, 외부 변수로 만드는 대신 그 변수를 인수로서 함수에 전달하는 것이 좋다.

6. 정적 변수(Static Variable, static)

```c
/********************************************************************
파일 명칭 : MakeMessage.c
함수 명칭 : MakeMessage
기    능 : 성명과 학년을 입력받아 학년 문자열 메시지를 출력하다
입    력 : 성명, 학년
출    력 : 학년 문자열 메시지
작 성 자 : 김석현
작성 일자 : 2007-12-28
********************************************************************/
#include <stdio.h>

// 성명과 학년을 입력받는다
void InputYear(char (*name), unsigned short int *year);
// 학년에 대한 메시지를 만들다
char* MakeMessage(char (*name), unsigned short int year);
// 학년 메시지를 출력하다
void DisplayYear(char (*name), unsigned short int year, char (*message));

int main(int argc, char* argv[]) {
    char name[11]; // 성명
    char (*message); // 학년 메시지
    unsigned short int year; // 학년

    InputYear(name, &year);
    message = MakeMessage(name, year); // , message
    DisplayYear(name, year, message);

    return 0;
}

// 성명과 학년을 입력받는다
void InputYear(char (*name), unsigned short int *year) {
    scanf("%s %d", name, year);
}

// 학년에 대한 메시지를 만들다
char* MakeMessage(char (*name), unsigned short int year) {
    // 학년 메시지 문자열 배열 : 2차원 문자 배열
    char messages[5][13] = {
        "FRESHMAN", "SOPHOMORE", "JUNIOR", "SENIOR", "INVALID YEAR"
    };
    char (*message); // 학년 메시지

    if(year >= 1 && year <=4 ) {
        switch(year) {
            case 1: message = messages[0]; break;
            case 2: message = messages[1]; break;
            case 3: message = messages[2]; break;
            case 4: message = messages[3]; break;
        }
    }
    else {
        message = messages[4];
    }

    return message;
}

// 학년 메시지를 출력하다
void DisplayYear(char (*name), unsigned short int year, char (*message)) {
    printf("%s %d %s\n", name, year, message);
}
```

코드 6-14 자동 배열을 이용한 메시지를 처리하는 프로그램

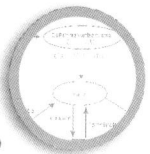

[코드 6-14]는 성명과 학년을 입력받으면, 입력받은 학년에 대해 학년 문자 메시지를 출력하는 프로그램이다. "장길동"과 1을 입력받으면 "FRESHMAN"이란 문자열 메시지를 출력하고, "박길동"과 3을 입력받으면, "JUNIOR"라는 문자열 메시지를 출력하는 프로그램이다.

입력받은 학년에 대해 문자열 메시지를 결정하는 함수, MakeMessage() 함수에서 문자열을 [코드 6-14]에서 39, 40, 41번째 줄들에서처럼 문자열 배열로 처리하고 있다. C 언어에서는 2차원 문자 배열로 스택에 할당하고 있다. 스택에 할당되는 배열은 자동 변수와 마찬가지로 함수가 호출될 때 할당되고 함수가 끝날 때 해제된다.

[코드 6-14]를 컴파일하고 링크한 후 실행을 한 다음 "홍길동"과 2를 입력해 보아라. "SOPHOMORE"가 출력되는가? 출력되지 않을 것이다.

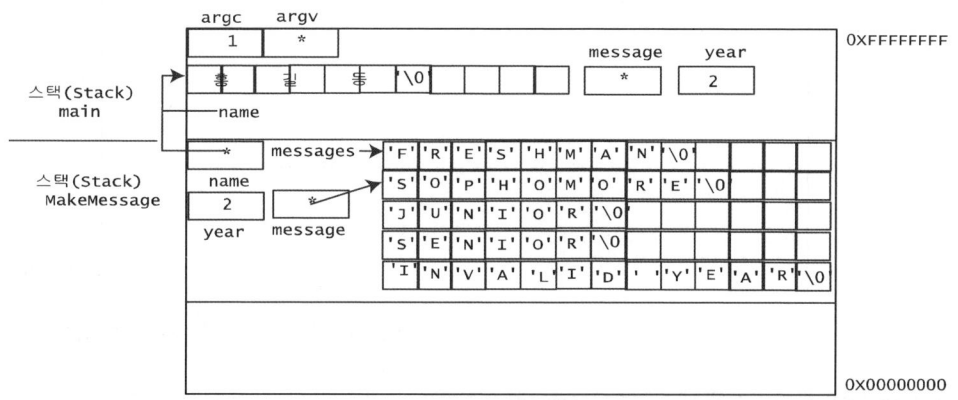

그림 6-6 MakeMessage() 함수가 호출되고 있을 때

[그림 6-6]은 "홍길동"과 2를 입력한 후 MakeMessage() 함수를 호출하여 [코드 6-14]에서 55번째 줄까지 실행되어 MakeMessage() 함수 스택에 할당된 message 변수는 입력된 학년 2에 대해 "SOPHOMORE" 문자 배열의 시작 주소를 저장하고 있다.

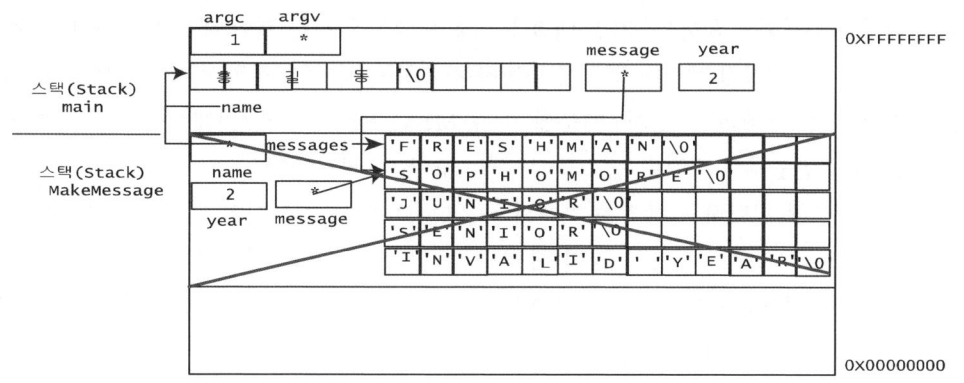

그림 6-7 MakeMessage() 함수가 끝날 때

6. 정적 변수(Static Variable, static) **169**

그리고 56번째 줄에서 return 문장에 의해서 message에 저장된 주소가 레지스터에 복사되고, MakeMessage()함수 스택이 할당 해제된다. 그리고 [코드 6-14]에서 25번째 줄에 의해서 레지스터에 복사되어졌던 주소가 main() 함수 스택에 할당되어진 message에 치환 연산자에 의해서 저장되어진다. [그림 6-8]은 MakeMessage() 함수의 호출이 정상적으로 끝났을 때 메모리 맵이다.

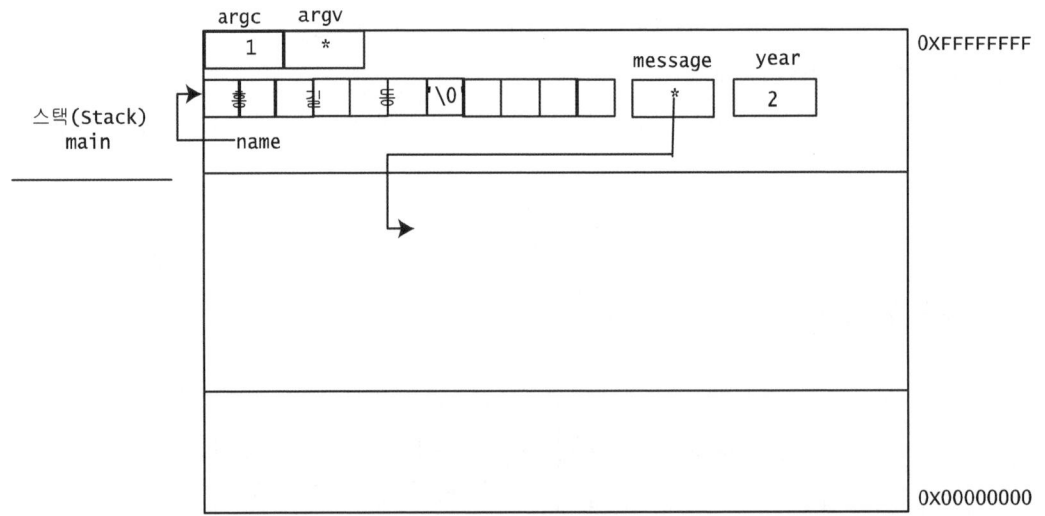

그림 6-8 MakeMessage() 함수가 정상적으로 끝났을 때

여기서 main() 함수 스택에 있는 message 변수에는 주소를 저장하고 있기는 하다. 그러나 message 변수에 저장된 주소는 이미 할당 해제된 기억장소의 주소를 가지고 있는 것이다. "SOPHOMORE" 문자열을 저장한 기억장소가 없어졌으므로 message 변수에 저장된 주소로 출력해도 "SOPHOMORE"가 출력되는 것이 아니라 유효하지 않은 값인 쓰레기가 출력이 될 것이다.

따라서 [코드 6-14]에서 26번째 줄에 의해서 DisplayMessage() 함수가 호출되어 61번째 줄에 의해서 모니터에 출력하는 코드를 실행해도 아마도 쓰레기가 출력하게 될 것이다.

그러면 어떻게 해결해야 할까? 문자열 배열에 대해 수명을 늘리는 것이 해결책일 것이다. 배열을 스택에 할당하지 말고, 정적 데이터 영역에 할당하여야 하는 것이다. 정적 데이터 영역은 프로그램이 끝날 때까지는 해제되지 않기 때문에 MakeMessage() 함수에 의해서 주소가 결정되고 DisplayMessage() 함수에서 결정된 주소를 사용할 수 있기 때문이다.

정적 데이터영역에 할당하는 방법은 앞에서 배웠다. 외부 변수로 선언 및 정의하면 가장 쉽게 할 수 있다. [코드 6-15]에서 사용자 정의 함수 선언 단락과 main() 함수 정의 단락사이, 20, 21, 22 번째 줄을 보면 2차원 문자 배열을 선언 및 정의를 하고 초기화도 하고 있다. 물론 2차원 문자 배열을 이용하여 문자열 배열을 만들고 사용하는 방법에 대해서는 15장 문자열에서 자세하게 공부할 것이기 때문에 2차원 문자 배열을 정적 데이터 영역에 할당하기 위해서 원시 코드 파일에서 선언 및 정의되는 영역에 대해서만 공부하도록 하자. 그리고 20번째 줄에서 static 키워드를 생략해도 정적 데이터 영역에 할당될 것이다. 그렇지만 정적 변수임을 강조하기 위해서 선언할 때 static 키워드를 사용했다. 키워드 static 을 사용하여 선언되어지는 변수를 정적 변수라고 한다.

```c
01 : /********************************************************************
02 : 파일 명칭 : MakeMessage.c
03 : 함수 명칭 : MakeMessage
04 : 기    능 : 성명과 학년을 입력받아 학년 문자열 메세지를 출력하다
05 : 입    력 : 성명, 학년
06 : 출    력 : 학년 문자열 메세지
07 : 작 성 자 : 김 석 현
08 : 작성 일자 : 2007-12-28
09 : ********************************************************************/
10 : #include <stdio.h>
11 :
12 : // 성명과 학년을 입력받는다
13 : void InputYear(char (*name), unsigned short int *year);
14 : // 학년에 대한 메세지를 만들다
15 : char* MakeMessage(char (*name), unsigned short int year);
16 : // 학년 메세지를 출력하다
17 : void DisplayYear(char (*name), unsigned short int year, char (*message));
18 :
19 : // 학년 메세지 문자열 배열 : 2차원 문자 배열
20 : static char messages[5][13] = {
21 :     "FRESHMAN", "SOPHOMORE", "JUNIOR", "SENIOR", "INVALID YEAR"
22 : };
23 :
24 : int main(int argc, char* argv[]) {
25 :     char name[11]; // 성명
26 :     char (*message); // 학년 메세지
27 :     unsigned short int year; // 학년
28 :
29 :     InputYear(name, &year);
30 :     message = MakeMessage(name, year); // , message
31 :     DisplayYear(name, year, message);
32 :
33 :     return 0;
34 : }
35 :
36 : // 성명과 학년을 입력받는다
37 : void InputYear(char (*name), unsigned short int *year) {
38 :     scanf("%s %d", name, year);
39 : }
40 :
41 : // 학년에 대한 메세지를 만들다
42 : char* MakeMessage(char (*name), unsigned short int year) {
43 :     char (*message); // 학년 메세지
44 :
45 :     if(year >= 1 && year <=4 ) {
46 :         switch(year) {
47 :             case 1: message = messages[0]; break;
48 :             case 2: message = messages[1]; break;
49 :             case 3: message = messages[2]; break;
50 :             case 4: message = messages[3]; break;
51 :         }
52 :     }
53 :     else {
54 :         message = messages[4];
55 :     }
56 :
57 :     return message;
58 : }
59 :
60 : // 학년 메세지를 출력하다
61 : void DisplayYear(char (*name), unsigned short int year, char (*message)) {
62 :     printf("%s %d %s\n", name, year, message);
63 : }
```

코드 6-15 정적 외부 배열을 이용한 MakeMessage() 함수

정적 변수에 대해 참조 범위는 전역일 수도 있고, 지역일 수도 있다. 이에 따라 함수 외부에서 선언되어지는 경우 외부 정적 변수라고 하고 함수 내부에서 선언되어지는 경우 내부 정적 변수라

고 한다. [코드 6-15]는 전역이다. 따라서 전역인 정적 변수를 외부 정적 변수라고도 한다. 외부 정적 변수에 대해서는 [코드 6-15]에서처럼 프로그램이 하나의 원시 코드 파일로 구성되는 경우에는 반드시 static 키워드를 사용할 필요가 없다.

프로그램이 하나의 원시 코드 파일로 구성되지 않고 여러 개의 원시 파일들로 구성된다면, 즉 모듈화 프로그래밍 기법에 의해서 작성된 프로그램인 경우 static 키워드를 사용하여 선언 및 정의된 변수 혹은 배열 등은 선언 및 정의된 원시 코드 파일에서만 참조 가능하고, 다른 원시 코드 파일에서는 extern 키워드를 사용하여 선언하더라도 참조할 수 없다.

외부변수를 사용하면 모듈들간의 결합도를 높여서 프로그램의 구조를 해치는 단점을 가진다고 했다. 그래서 원시 코드 파일들간의 결합도를 낮추기 위해서 외부 변수를 참조할 수 없도록 하기 위해서 명시적으로 외부 변수를 선언 및 정의할 때 키워드 static 를 사용하면 된다. 외부 변수로 선언 및 정의된 원시 코드 파일에서만 참조할 수 있도록 하기 위해서는 다른 원시 코드 파일에서 extern 키워드로 선언하지 않거나 해도 가능하나 extern 키워드로도 참조할 수 없도록 하기 위해 static 키워드를 사용하도록 하자.

```
01 : /***************************************************************
02 :    파일 명칭 : Main.c
03 :    함수 명칭 : main
04 :    기    능 : 입력받은 수가 솟수인지 아닌지를 판단하여 출력한다.
05 :    출    력 : 소수 여부
06 :    입    력 : 수
07 :    작 성 자 : 김 석 현
08 :    작성 일자 : 2009년 2월 3일
09 : ***************************************************************/
10 : // 사용자 정의 자료형 선언 단락
11 : typedef enum _boolean { FALSE = 0, TRUE = 1 } Boolean;
12 : typedef unsigned long int ULong;
13 :
14 : // 사용자 정의 함수 선언 단락
15 : void InputNaturalNumber();    // 입력 함수
16 : void IsPrimeNumber();          // 산술 및 논리 연산 함수
17 : void DisplayIsPrimeNumber(); // 출력 함수
18 :
19 : // 전역 변수 선언 및 정의 단락
20 : Boolean isPrimeNumber;      // 출력 자료 변수 선언 및 정의
21 : static ULong number;        // 입력 자료 변수 선언 및 정의
22 :
23 : // 사용자 정의 함수 정의 단락
24 : int main(int argc, char* argv[]) {
25 :     InputNaturalNumber(); // 수를 입력받는다
26 :     while(number != 0) {
27 :         IsPrimeNumber(); // 소수인지 판단한다
28 :         DisplayIsPrimeNumber(); // 소수 여부를 출력한다
29 :         InputNaturalNumber(); // 수를 입력받는다
30 :     }
31 :
32 :     return 0;
33 : }
```

코드 6-16 정적 외부 변수의 선언 및 정의

[코드 6-16]에서 21번째 줄을 보면 정적 외부 변수를 선언 및 정의하고 있다. 외부 변수를 사용한 모듈화 프로그래밍에서 사용한 원시 코드 파일을 사용하는데 [코드 6-16]에서 21번째 줄에 대해서만 변경을 하고 컴파일을 하면 정상적으로 이루어진다. 그런데 문제는 링크를 할 때 오류가 발생한다.

extern으로 선언되어져서 참조하고자 하는 원시 코드 파일들, InputNaturalNumber.c, IsPrimeNumber.c 그리고 DisplayIsPrimeNumber.c를 컴파일해서 만들어진 InputNaturalNumber.obj, IsPrimeNumber.obj 그리고 DisplayIsPrimeNumber.obj에서 외부 기호 _number를 찾아서 결정할 수 없다는 링크 오류 메시지들을 출력하고 링크를 중단하게 되어 실행 파일을 생성할 수 없게 된다.

그런데 앞에서 말한 것처럼 구조화 프로그래밍에서는 전역 변수를 가급적이면 사용하지 않도록 하라고 했다. 그리고 [코드 6-14]에서처럼 문자열 배열이 MakeMessage() 함수 하나에서 사용되는 경우 특히 외부 변수로 선언하는 것은 좋은 프로그래밍 기법이 아니다. 그러면 어떻게 해야 될까? 정적 데이터 영역에 배열을 할당하지만 참조 범위를 블록으로 제한하는 방법은 없을까? 이러한 방법은 C 언어에서는 내부 정적 변수라는 개념으로 제공하고 있다. 다시 말해서 MakeMessage() 함수 내부에서 배열을 선언 및 정의하는데 배열이 할당되는 곳은 정적 데이터 영역이 되도록 하는 것이다. [코드 6-17]에서 39, 40, 41번째 줄들에서 처럼 키워드 static 을 반드시 사용하여 배열을 선언 및 정의하도록 하면 된다.

```
01 : /***************************************************************
02 : 파일 명칭 : MakeMessage.c
03 : 함수 명칭 : MakeMessage
04 : 기     능 : 성명과 학년을 입력받아 학년 문자열 메시지를 출력하다
05 : 입     력 : 성명, 학년
06 : 출     력 : 학년 문자열 메시지
07 : 작 성 자 : 김 석 현
08 : 작성 일자 : 2007-12-28
09 : ***************************************************************/
10 : #include <stdio.h>
11 :
12 : // 성명과 학년을 입력받는다
13 : void InputYear(char (*name), unsigned short int *year);
14 : // 학년에 대한 메시지를 만든다
15 : char* MakeMessage(char (*name), unsigned short int year);
16 : // 학년 메시지를 출력하다
17 : void DisplayYear(char (*name), unsigned short int year, char (*message));
18 :
19 : int main(int argc, char* argv[]) {
20 :     char name[11]; // 성명
21 :     char (*message); // 학년 메시지
22 :     unsigned short int year; // 학년
23 :
24 :     InputYear(name, &year);
25 :     message = MakeMessage(name, year); // , message
26 :     DisplayYear(name, year, message);
27 :
28 :     return 0;
29 : }
30 :
31 : // 성명과 학년을 입력받는다
32 : void InputYear(char (*name), unsigned short int *year) {
33 :     scanf("%s %d", name, year);
34 : }
35 :
36 : // 학년에 대한 메시지를 만든다
37 : char* MakeMessage(char (*name), unsigned short int year) {
38 :     // 학년 메시지 문자열 배열 : 2차원 문자 배열
39 :     static char messages[5][13] = {
40 :         "FRESHMAN", "SOPHOMORE", "JUNIOR", "SENIOR", "INVALID YEAR"
41 :     };
42 :     char (*message); // 학년 메시지
43 :
44 :     if(year >= 1 && year <=4 ) {
45 :         switch(year) {
46 :             case 1: message = messages[0]; break;
47 :             case 2: message = messages[1]; break;
48 :             case 3: message = messages[2]; break;
49 :             case 4: message = messages[3]; break;
50 :         }
51 :     }
52 :     else {
53 :         message = messages[4];
54 :     }
55 :
56 :     return message;
57 : }
58 :
59 : // 학년 메시지를 출력하다
60 : void DisplayYear(char (*name), unsigned short int year, char (*message)) {
61 :     printf("%s %d %s\n", name, year, message);
62 : }
```

코드 6-17 내부 정적 배열을 이용하는 MakeMessage() 함수

[코드 6-17]을 컴파일 및 링크하고 실행시켜서 "홍길동"과 2를 입력받고 MakeMessage() 함수를 실행시켜 [코드 6-17]에서 56번째 줄을 실행하기 전까지 메모리 맵은 [그림 6-9]와 같을 것이다. MakeMessage() 함수 스택에 messages는 배열 명칭이다. C 언어에서는 배열 명칭은 배열의 시작 주소를 의미한다. messages는 name, year, message 처럼 일정 크기의 기억장소를 갖고 값을 저장할 수 있는 변수가 아니라 바꿀 수 없는 값 자체를 의미하는 상수이다.

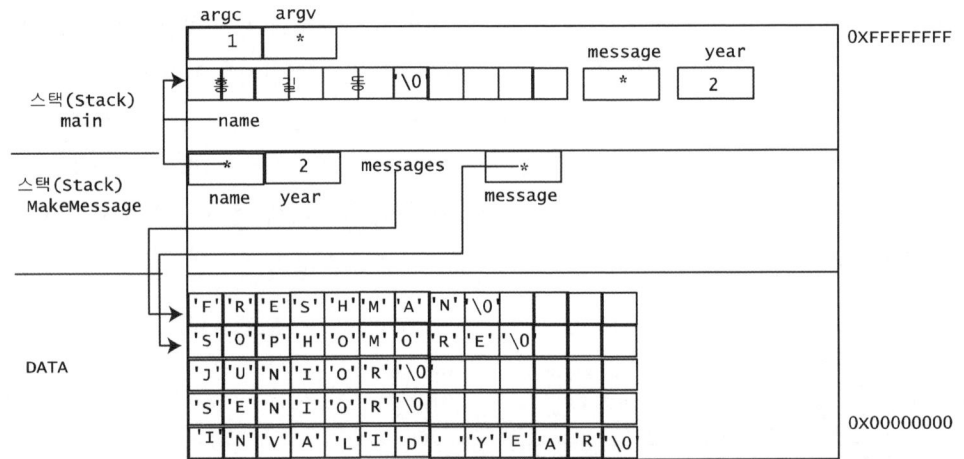

그림 6-9 MakeMessage() 함수가 실행되고 있을 때

시작주소를 갖는 배열은 실제로 정적 데이터 영역에 할당되어 있어 프로그램이 시작할 때 할당되고 프로그램이 끝날 때까지는 해제되지 않고, 입력된 학년 2에 해당하는 두 번째 문자열인 "SOPHOMORE"의 시작주소를 message 변수에 저장되게 될 것이다.

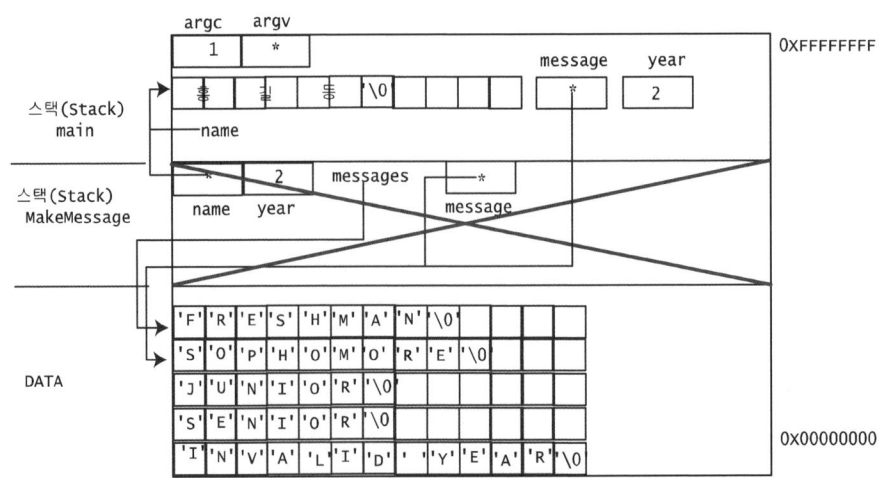

그림 6-10 MakeMessage() 함수가 끝날 때

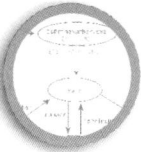

[코드 6-17]의 56번째 줄에서 return 문장에 의해서 message에 저장되었던 주소가 레지스터에 복사되어지고 함수가 끝남으로 MakeMessage() 함수 스택이 해제되어 진다. [코드 6-17]의 25번째 줄에서 치환으로 레지스터에 복사되어진 주소가 main() 함수 스택에 할당된 변수 message에 저장된다. 따라서 [그림 6-11]과 같은 메모리 맵이 작도될 것이다.

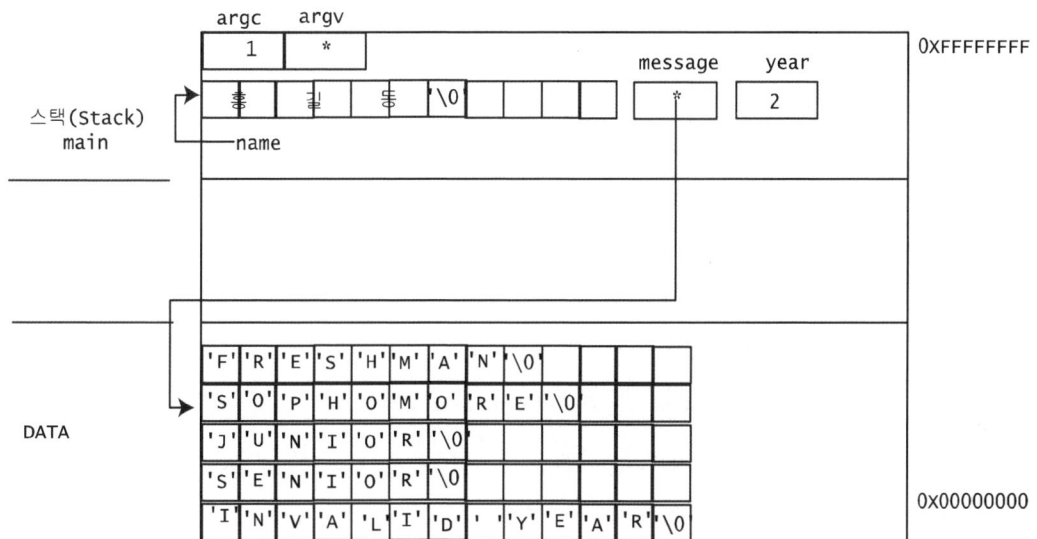

그림6-11 MakeMessage() 함수가 정상적으로 끝났을 때

문자열 배열이 아직 정적 데이터 영역에 할당되어 있고, 따라서 message에 저장된 주소는 정적 데이터 영역에 할당된 배열에서 "SOPHOMORE" 문자 배열의 시작주소를 가지고 있으므로 DisplayMessage() 함수에서 61번째 줄에서 의해서 주소를 이용하여 콘솔에 출력하면 "SOPHOMORE"가 제대로 출력이 되는 것이다.

정적 변수는 따라서 정확하게 말하면 프로그램이 시작할 때 할당되어 프로그램이 끝날 때 해제되는 정적 데이터 영역에 할당되어진 변수 혹은 배열 등을 말한다. 따라서 수명이 가장 길어 프로그램이 실행되는 동안에 항상 존재하며, 프로그램의 실행이 끝날 때까지는 소멸되지 않는다. 따라서 기억장치에 상주하므로 기억장치가 낭비되므로 반드시 상주해야 하는 변수만 정적 변수로 하는 것이 좋다.

변수를 정의할 때 초기치를 지정해 주는 경우 프로그램이 실행됨과 동시에 단 한 번만 초기화된다. 변수를 정의할 때 초기치를 지정하지 않는 경우 모두 0으로 초기화된다.

7. 레지스터 변수(Register Variable, register)

```
01 : /****************************************************************
02 :    파일 명칭 : GetCountOfMultiples.c
03 :    기    능 : 100000 이상의 숫자를 입력받아 1에서 입력된 숫자까지
04 :              7의 배수의 개수를 센다.
05 :    입    력 : 없음
06 :    출    력 : 전체 개수
07 :    작 성 자 : 김 석 현
08 :    작성 일자 : 2007-12-28
09 : ****************************************************************/
10 : #include <stdio.h>
11 :
12 : // 정수형 상수에 대해 매크로 상수들
13 : #define MAX 100000
14 : #define MULTIPLE 7
15 :
16 : // 사용자 정의 자료형 선언
17 : typedef unsigned long int ULong;
18 :
19 : // 배수의 개수를 세다
20 : ULong GetCountOfMultiples();
21 : // 개수를 출력하다
22 : void DisplayCount(ULong count);
23 :
24 : int main(int argc, char* argv[]) {
25 :     register ULong count; // 자동 변수 선언 및 정의
26 :
27 :     // 배수의 개수를 세다
28 :     count = GetCountOfMultiples();
29 :     // 개수를 출력하다
30 :     DisplayCount(count);
31 :
32 :     return 0;
33 : }
34 :
35 : // 배수의 개수를 세다
36 : ULong GetCountOfMultiples() {
37 :     ULong count = 0; // 자동변수 선언 및 정의
38 :     register ULong number = 1; // 레지스터 변수 선언 및 정의
39 :     register ULong remainder; // 레지스터 변수 선언 및 정의
40 :     register ULong i; // 레지스터 변수 선언 및 정의
41 :
42 :     for( i = 1; i <= MAX; i++) {
43 :         number++;
44 :         // remainder = /*(unsigned short int)*/(number % MULTIPLE);
45 :         remainder = number;
46 :         while(remainder >= MULTIPLE) {
47 :             remainder -= MULTIPLE;
48 :         }
49 :
50 :         if(remainder == 0) {
51 :             count++;
52 :         }
53 :     }
54 :
55 :     return count;
56 : }
57 :
58 : // 개수를 출력하다
59 : void DisplayCount(ULong count) {
60 :     printf("총 7의 배수 개수 : %d", count);
61 : }
```

코드 6-18 7의 배수 개수를 구하는 프로그램

[코드 6-18]에서 38, 39, 40 번째 줄을 보면 37번째 줄과 다르게 register 키워드를 사용하여 변수를 자동 변수처럼 함수 내부에서 선언하고 있다. 이것은 어떠한 의미일까? 자동 변수인 count 변수

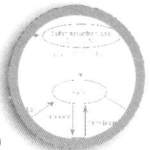

처럼 스택에 할당되는 것일까?

자동 변수를 선언 및 정의할 때 키워드 register를 사용하면 컴파일러는 스택에 할당하는 것이 아니라 중앙처리장치에 있는 레지스터에 할당해 줄 것을 요청할 수 있다. 이러한 변수를 레지스터 변수라고 한다. 레지스터 변수는 기억장소를 중앙처리장치에 있는 기억장치인 레지스터에 잡고 연산의 고속화를 겨냥한 것이다. 컴퓨터의 중앙처리장치는 레지스터라고 하는 몇 개의 기억장치를 가지고 있다. 산술 연산이나 논리 연산같은 실제 데이터를 처리하는 연산이 발생하는 곳이 바로 중앙처리장치에 있는 레지스터이다. 데이터를 처리하기 위해서는 중앙처리장치는 주기억장치에서 자신의 레지스터로 데이터를 옮겨서 조작을 한 다음, 다시 데이터를 주기억장치로 옮겨야 한다. 이렇게 데이터를 주기억장치로 옮기고 읽어 올 때 일정 시간이 걸린다. 특정 변수가 처음 시작되는 레지스터에 유지될 수 있다면 변수의 처리 속도는 빨라질 것이다. 레지스터 변수는 3개 정도 선언할 수 있으며, 레지스터 변수로 처리 못하는 경우 자동 변수로 처리된다. 따라서 명시적으로 register 키워드를 사용하여 변수를 선언 및 정의하더라도 시스템에 의해서 자동 변수로 처리될 수도 있다. 다시 말하면 시스템에게 가급적이면 레지스터에 할당해서 연산을 빠르게 수행할 수 있도록 해 주십사하는 희망사항이라는 것이다.

레지스터 변수는 반복제어문장에서 반복제어변수와 같이 자주 사용하는 변수에 가장 적합하다. 레지스터 변수에서 사용할 수 있는 자료형은 정수형이어야 한다. int, char, unsigned, 포인터 등이다. 변수에 저장되는 값은 중앙처리장치 레지스터에 놓이기 때문에 일시적인 보관 장소에 불과하다.

레지스터 변수에 대해 주소 연산자를 이용하여 주소를 구하는 수식을 허용하지 않는다. 즉 포인터를 적용할 수 없다. 레지스터 변수는 초기화되지 않으면 쓰레기 값을 갖는다. 레지스터 변수는 블록에만 사용되는 지역변수이다. 함수의 매개변수를 레지스터 변수로 선언할 수 있다.

8. 정리

프로그램에서 데이터를 처리하기 위해서는 데이터를 저장하기 위해서 기억장소를 할당받아야 하고, 할당된 기억장소에 읽고 쓰기를 하기 위해서는 명칭을 이용하여야 한다. 이러한 명칭을 변수라고 한다. 변수는 식별자이기 때문에 선언과 정의를 해야 한다. 이때 고려해야할 내용들이 있는데, 수명, 참조범위, 자료형, 크기, 저장되는 값들이고 초기화도 해야 할지 고민해야 한다. 이러한 내용들에 대해 C 언어에서는 수명과 참조범위에 대해서는 기억부류, 자료형, 크기 그리고 저장되는 값에 대해서는 자료형이라는 기능으로 제공한다.

이 장에서는 수명과 참조범위에 대해 공부했는데, 수명과 참조범위에 따라 4개의 변수 유형으로 구분할 수 있다. 자동변수, 외부 변수, 정적 변수 그리고 레지스터 변수이다. 외부변수와 정적 변수는 프로그램이 시작할 때 할당되어 프로그램이 끝날 때 해제되는 정적 데이터 영역에 할당되어 값을 유지할 수 있는 긴 수명을 가지며, 자동변수는 함수가 호출될 때 할당되고 함수가 끝날 때 해제되는 스택과 레지스터 변수는 중앙처리장치에 있는 레지스터에 할당되는 짧은 수명을 갖는다. 외부 변수와 외부 정적 변수는 파일 범위이고 전역변수라고 한다. 외부 변수는 다른 원시코드 파일에서도 참조 가능하나 외부 정적 변수는 반드시 선언 및 정의된 원시 코드 파일에서만 참조 가능하다. 자동변수, 내부 정적 변수 그리고 레지스터 변수는 블록 범위이고 지역변수라고 부른다.

이러한 변수들의 특성을 정확하게 이해해서 프로그램을 만들 때 적절하게 응용하여야 하는데, C 프로그램을 만들 때 변수를 선택하는 기본 원칙을 정리해 보자.

구조화 프로그래밍과 모듈화 프로그래밍에서 모듈의 독립성을 높여서 효율적인 프로그래밍 작업을 위해서는 하나의 데이터에 대해 여러 개의 함수가 종속되는 형태보다는 함수마다 필요한 데이터들이 분리되는 형태가 더욱더 효율적일 것이다. 즉 자동 변수를 최대한 선택하여야 할 것이다. 이 책에서는 구조화 프로그래밍과 모듈화 프로그래밍에 기반하여 코드를 작성했기 때문에 기본적으로 자동 변수를 사용하였다.

외부 변수의 사용은 최대한 피하고 매우 많은 함수에서 공유하는 경우에 한해서만 외부변수로 정의하도록 하자. 하는 수 없이 외부 변수를 사용하는 경우에는 모든 외부변수(정적 변수 포함)는 되도록이면 초기화를 하도록 하자. 외부 변수는 되도록 이며 읽기전용으로 사용하도록 하자. 특정 외부변수의 값을 변경하는 함수는 되도록 하나의 함수로 제한하도록 하자.

자동변수의 값을 보존할 필요가 있을 경우 내부 정적 변수로 정의하도록 하자. 프로그램이 하나의 모듈로 구성되어 있을 경우 외부정적변수를 사용할 필요는 전혀 없다.

레지스터변수는 지극히 단순하면서도 엄청난 횟수를 반복 연산해야 하는 반복문의 반복 제어변수로 사용하도록 하자.

제7장

원시 자료형
(Primitive Data Type)

1. 정수형

2. 문자형

3. 문자열(String)

4. 실수형

5. 열거형(Enumerated Type)

6. typedef

7. 정리

제7장 원시 자료형(Primitive Data Type)

자료형은 컴퓨터에서 기억장소에 저장할 수 있는 데이터의 형식을 의미한다. 일반적으로 컴퓨터에서 다루는 자료형은 정수, 실수, 문자, 문자열, 날짜, 논리, 통화 등이 있다. 하지만 언어마다 기본적으로 지원되는 자료형은 정해져 있다. C 언어에서 정수, 문자, 문자열 그리고 실수에 대한 자료형들을 지원하는데 이것들에 대해 정리해 보도록 하자.

1. 정수형

소수점이 없는 숫자를 표현할 수 있다. 크기는 워드(Word) 크기로 C 언어에서는 컴퓨터 시스템에서 처리되는 워드에 따라 정수형 기억장소의 크기가 달라진다. 운영체제가 DOS인 경우 워드 크기가 2바이트이기 때문에 정수형 기억장소의 크기도 2바이트였고, 윈도우즈 혹은 유닉스를 운영체제로 사용하는 컴퓨터 시스템들인 경우 워드 크기가 4바이트이기 때문에 4바이트이다.

최상위 비트는 부호비트로 0이면 양수(+) 이고 1이면 음수(-)를 나타내며, 나머지 비트가 그 수의 절대값을 저장한다. 이진수 형태로 기억장소에 저장되는데 하위 바이트에서 상위 바이트 순으로, 즉 역순으로 저장(역워드 방식)된다. [그림 7-1]은 정수 데이터가 기억장소에 표현될 때의 비트 구조이다.

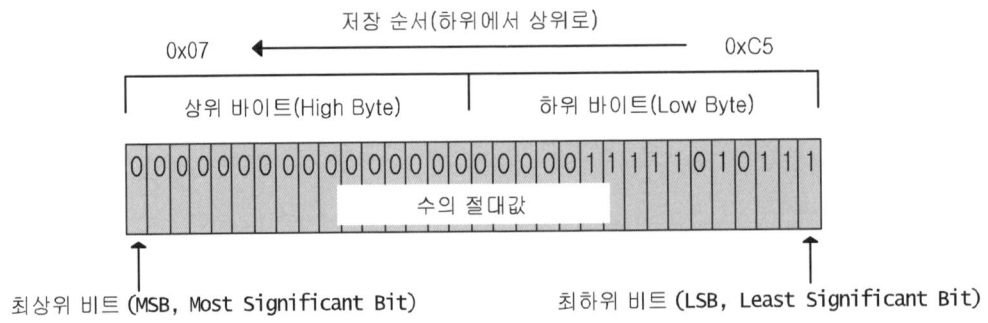

그림 7-1 정수 1989 에 대한 기억장소의 비트 구조

> 보수 (Complement) : 컴퓨터에서 가산기로 뺄셈을 하기 위해 사용되는 수로 어떤 수로 빼는 대신 그것을 더하면 뺄셈의 답이 얻어지는 수

음수는 2의 보수(Complement)로 표현해서 저장한다. C 언어에서는 음수의 절대값에 대해 이진수로 표현되고, 이에 1의 보수를 취하고 1을 더하는 과정이 실은 2의 보수를 구하는 과정이기 때문에 2의 보수법에 의한 음수 표현 방법으로 음수를 표현한다.

예를 들어 -1212를 C 언어의 2의 보수로 표현하면 [표 7-1]과 같다. 우선 절대값, 1212에 대해 2진수로 표현한다. 각 자리의 수를 반전, 즉 0 -> 1, 1 -> 0으로 변환시켜서 1의 보수를 구한다. 그리고 1의 보수에 1을 더하여 구해지는 수가 2의 보수이고 이것을 기억장소에 저장하게 된다.

표 7-1 -1212의 음수 표현 예

절대값 1212	1의 보수	2의 보수
0000010010111100	1111101101000011	1111101101000100
0x04bc	0xfb43	0xfb44

정수형 데이터를 취급할 때 주의 사항은 기억장소에 저장되어 있는 동일한 값이라도 보는 관점에 따라서, 즉 signed 이냐 unsigned 이냐에 따라 그 값이 전혀 다르게 인식된다는 점이다. 예를 들어 2바이트 0xfb44를 부호있는 정수로 간주했을 경우 -1212이지만 부호없는 정수로 간주했을 경우 64324가 된다. 즉 다시 말해서 정수형 데이터의 표현은 전적으로 프로그래머에 의해서 결정되어지는 것이므로 따라서 프로그래머는 데이터 표현에 대해 주의해야 한다.

이러한 정수 데이터를 표현하기 위해서 정수 자료형에 관련된 키워드들이 제공되는데 우선 정수 데이터에 대한 의미로 int, 그리고 워드 크기를 규정하기 위해서 2바이트 워드에 대해 short 그리고 4바이트 워드에 대해 long를 제공하고 있다. 그리고 마지막으로 부호비트를 사용할 것인지 아닐지에 대해 사용할 때 signed 그리고 사용하지 않을 때 unsigned 키워드들을 제공한다. 아래 표현 형식에 대해 [표 7-2]로 정리하였다.

표 7-2 정수 자료형에 대한 키워드들

부호 비트 사용 유무	기억장소(Word) 크기	자료형
unsigned	short(2byte)	int
signed(default)	long(4byte)	

이러한 키워드들을 조합함으로써 기억장소의 크기 그리고 표현할 수 있는 값의 범위를 결정할 수 있다.

표 7-3 정수 자료형의 크기와 표현 범위

번호	자료형	크기	범위
1	signed short int	2	-32768 - 32767
2	signed long int	4	-2147483648 - 2147483647
3	unsigned short int	2	0 - 65535
4	unsigned long int	4	0 - 4294967295

다음은 정수 상수(Integer Constant)에 대해서 공부해 보도록 하자. 정수 상수로 표현될 수 있는 값의 허용 범위는 [표 7-3]에 정리된 것과 같다. 상수는 값과 자료형으로 결정되어지므로 값의 범위에 따라 [표 7-3]에 정리된 표처럼 자료형이 정해진다.

정수 상수는 10진 표기법(밑 10), 값 앞에 숫자 0을 붙이는 8진 표기법(밑 8), 그리고 값 앞에 접두사 0x를 붙이는 16진 표기법(밑 16)의 세 가지 표기법을 허용한다. 16진 표기법에서 10, 11, 12, 13, 14, 15는 각각 a, b, c, d, e로 표기해야 하며, 대문자로 표기해도 좋으나 관습적으로 소문자로 표기하는 것이 일반적이다.

참고로 10진수나 8진수, 16진수 등은 하나의 값에 대한 다른 표기일 뿐이므로 기억장소에 저장될 때 그 저장되는 형태의 비트 구조는 완전히 동일하다는 것이다.

또한 명시적으로 상수에 대해 자료형을 지정할 수 있는데 상수 값 뒤에 즉, 접미사로 L 과 U를 기술함으로써 가능하다. 물론 소문자 l, u를 사용해도 된다. L을 붙인 경우 상수를 무조건 long형으로 취급한다. 즉 접미사 L(또는 l)을 가진 상수는 long 상수로 인식되어 4바이트의 크기로 기억장소에 저장된다. 숫자 1과 혼동을 피하기 위해 접미사로서 보통 대문자 L을 사용한다.

U를 붙인 경우 사용된 밑(base)과는 무관하게 상수 자체의 값이 0-65535 범위 내에 있으면 unsigned 형, 65536 이상일 때는 unsigned long 형으로 무조건 취급된다. 마지막으로 UL 또는 LU를 붙인 경우 상수를 무조건 unsigned long형으로 취급한다.

다음 문제를 풀어 보면서 정수형 데이터 표현들에 대해 공부해 보도록 하자.

주어진 문제는 홀수의 합을 구하는 산술·논리 연산 모듈과 합을 출력하는 모듈로 나누어서 정리하면 된다. 합을 구하는 산술·논리 연산은 반복구조로 99까지 홀수를 세면서 합을 구하여 출력하는 제어논리로 정리하면 된다. [그림 7-2]에서 시스템 챠트와 NS 챠트를 참고하자.

 문제 1 + 3 + 5 + ... + 97 + 99 에 대해 합을 구하시오.

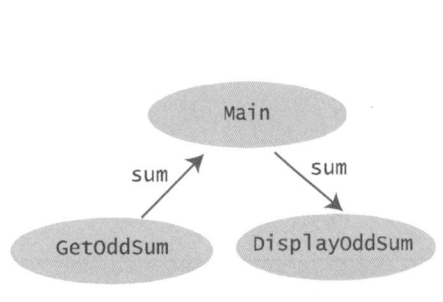

그림 7-2 시스템 챠트와 NS 챠트

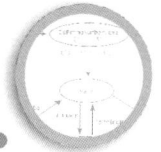

표 7-4 자료명세표

번호	명칭		자료형	구분	설명
	한글	영문			
1	최대치	MAX	정수	상수	99
2	증가치	INCREMENT	정수	상수	2
3	합	sum	정수	변수	합을 저장하는 변수
4	홀수	odd	정수	변수	센 홀수를 저장하는 변수

시스템 챠트를 구성하는 모듈들에 대해서 각각 C 언어에서는 논리적 모듈인 함수 하나씩 작성하면 된다. Main 모듈은 사용자 정의 함수 main() 함수로 정의하도록 하자. 그리고 두 개의 모듈은 우선 각각 선언하도록 하자. main() 함수 정의 영역 앞에 선언하고 각각의 함수는 main() 함수 정의 영역 뒤에 차례대로 정의하도록 하자. [코드 7-1]에서 19번째 줄과 21번째 줄이 각각 모듈에 대응되는 함수 원형들이다.

```
01 : /*********************************************************
02 :   파일 명칭 : GetOddSum.c
03 :   기    능 : 1 + 3 + 5 + ... + 99 식에 대해 합을 구한다
04 :   작 성 자 : 김 석 현
05 :   작성 일자 : 2009-03-06
06 : *********************************************************/
07 : #include <stdio.h>
08 :
09 : // 정수형 상수에 대한 매크로 상수(Macro Constant)
10 : // #define MAX   99    // 10진수(Decimal) 표기법
11 : // #define MAX   0143  // 8진수(Octal) 표기법
12 : #define MAX   0x63  // 16진수(Hexadecimal) 표기법
13 : #define INCREMENT 2
14 :
15 : // 사용자 정의 자료형 선언
16 : typedef unsigned short int UShort;
17 :
18 : // 산술 및 논리 기능의 함수 선언
19 : UShort GetOddSum();
20 : // 출력 기능의 함수 선언
21 : void DisplayOddSum(UShort sum);
22 :
23 : int main(int argc, char* argv[]) {
24 :   UShort sum; // 합에 대한 변수 선언 및 정의
25 :
26 :   sum = GetOddSum(); // 홀수의 합을 구한다
27 :   Display(sum);      // 홀수의 합을 출력하다
28 :
29 :   return 0;
30 : }
31 :
32 : UShort GetOddSum() {
33 :   UShort sum = 0; // 합 변수 선언 및 정의
34 :   UShort odd;     // 홀수 변수 선언 및 정의
35 :
36 :   // 1. 99까지 반복한다
37 :   //   1.1. 홀수를 센다
38 :   for ( odd = 1; odd <= MAX ; odd += INCREMENT ) {
39 :     // 1.2. 합을 구한다
40 :     sum += odd;
41 :   }
42 :   // 2. 합을 출력한다
43 :   return sum;
44 :   // 3. 끝낸다
45 : }
46 :
47 : void DisplayOddSum(UShort sum) {
48 :   printf("%d\n", sum);
49 : }
```

코드 7-1 홀수의 합을 구하는 프로그램

GetOddSum 모듈은 [코드 7-2]에서처럼 sum 출력 데이터가 1개 이므로 반환형으로 출력 데이터의 자료형으로 처리하고 입력 데이터는 없으므로 함수 명칭뒤에 항상 기술되어야 하는 소괄호의 내부, 즉 매개변수 목록을 생략하면 된다.

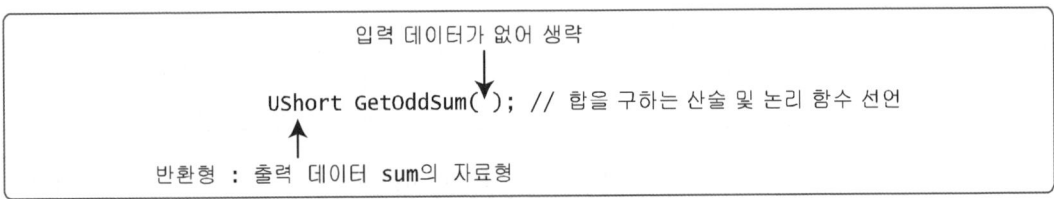

코드 7-2 GetOddSum() 함수 원형

DisplayOddSum 모듈은 출력데이터가 없으므로 반환형에 대해 void로 처리하고, 입력데이터가 1개 있으므로 매개변수 목록을 작성하면 된다. 매개변수 목록은 매개변수의 선언들로 구성되는데 매개변수 선언은 먼저 변수의 자료형을 기술하고 명칭을 차례대로 나열하면 된다.

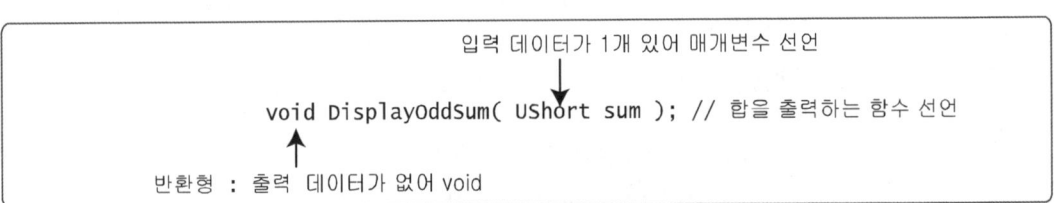

코드 7-3 DisplayOddSum() 함수 원형

[그림 7-2]에서 NS 챠트와 [표 7-4]에 정리되어진 데이터들에 대해 자료형은 정수형이다. 2개의 상수와 2개의 변수에 대한 처리를 어떻게 하는지 공부하도록 하자.

2개의 상수는 의미를 주어 가독성을 높이기 위해서 전처리기 기능인 매크로 상수(Macro Constant)로 나타내도록 하자. [코드 7-1]에서 10번째 줄부터 13번째 줄까지를 보면 매크로 상수로 정수형 상수를 처리하는 것을 알 수 있다.

코드 7-4 매크로 상수 만들기

NS 챠트에서 MAX = 99에 대해 매크로 상수 MAX를 기술하는 방법은 [코드 7-4]와 같이 반드시 한 줄씩 표현해야 한다. 매크로 상수 하나에 대해 전처리기 지시자 #define를 기술하고 매크로 상수를 그리고 실제 표현되어지는 값을 상수로 차례대로 공백문자로 구분하여 나열하면 된다.

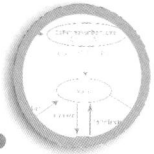

C를 배우면 함수를 잘 만들어야 한다

　소수점이 없는 숫자 상수인 정수 상수의 경우 하나의 값 99에 대해 또한 10진(99), 8진(143), 그리고 16진(63) 표기법중에서 어떠한 표기법으로 기술하여도 무방하다. 그렇지만 일반적으로는 10진 표기법으로 기술한다. [코드 7-1]에서 10 번째 줄은 10진 표기법으로, 11 번째 줄은 8진 표기법으로 143앞에 숫자 0을 붙이고, 12번째 줄은 16진 표기법으로 63앞에 숫자 0과 x를 붙여서 상수를 표현하고 있다.

　다음은 2개의 정수형 변수에 대해서 처리해 보도록 하자. 정수형 변수를 만들고자 할 때 우선 고려해야 하는 것이 표현하고자 하는 값의 범위를 분석해 보는 것이다. 제시된 프로그램에서 표현되어지는 값의 범위는 양수이고 36000을 넘지 않으므로 [표 7-3]을 참고하면 unsigned short int로 자료형을 정하면 최적일 것이다.

　unsigned short int를 이용해서 변수를 선언과 정의할 때 특히 타이핑 속도가 느린 사람들, 일명 독수리들인 경우 고역이기 때문에 이러한 분석없이 무조건 int 자료형을 사용하는 경우 비일비재하다. 그렇지만 정확한 분석에 따른 표현은 프로그래밍에서 매우 중요한 것이다. 이러한 작업이 없는 경우, 개발했던 컴퓨터에서는 제대로 동작되지만 다른 컴퓨터에서는 여러분들이 작성한 프로그램이 제대로 동작하지 않을 수도 있다. 논리적으로나 문법적으로나 합당하나 처리하고자 하는 값의 범위가 타당하지 않아서 나는 오류이기 때문에 쉽게 문제를 해결할 수 없게 된다. 이러한 오류에 빠지지 않기 위해서는 특히 C 언어에서 정수형 데이터를 표현하는데 있어서는 반드시 값의 범위를 분석하는 작업을 해야 한다는 것을 명심하도록 하자.

　unsigned short int 같은 긴 자료형으로 인한 편집 작업의 번거로움을 없애기 위해서 typedef 을 이용해서 unsigned short int를 대신할 명칭을 만들어서 사용하면 되는데 이책에서는 이를 사용자 정의 자료형이라 할 것이고 사용자 정의 자료형을 만들어서 사용하는 것이 효율적이다. [코드 7-1]에서 16번째 줄을 보면 typedef 을 이용해서 UShort라는 사용자 정의 자료형을 선언하고 있다. 사용자 정의 자료형 명칭은 가급적이면 첫글자는 대문자로 시작하도록 하고, 음절과 단어 구분할 때 대문자를 사용하도록 하고 그 외는 소문자로 기술하도록 하자. 그래서 UShort 사용자 정의 자료형 명칭은 unsigned에서 U와 short에서 Short 단어로 구성하였다. 항상 언급하지만 명칭은 의미있게 부여하도록 하자.

　이제 변수들을 선언해 보자. 4장과 6장에서 언급한 대로 변수가 할당되는 영역은 스택으로 하고 범위는 블록으로 지역변수로 선언하도록 하자. [코드 7-1]에서 24번째, 33번째 그리고 35번째 줄을 보면 함수 내부에 선언되고 있고, static 이나 register 키워드가 사용되지 않았으므로 자동 변수로 선언 및 정의하고 있다. 다시 말해서 [그림 7-3]에서 보는 것처럼 동적으로 관리되어지는 스택에 변수들을 할당하도록 코드가 작성되어있다. 즉 다시 말해서 지역변수와 매개변수로 표현하고 있다.

1. 정수형

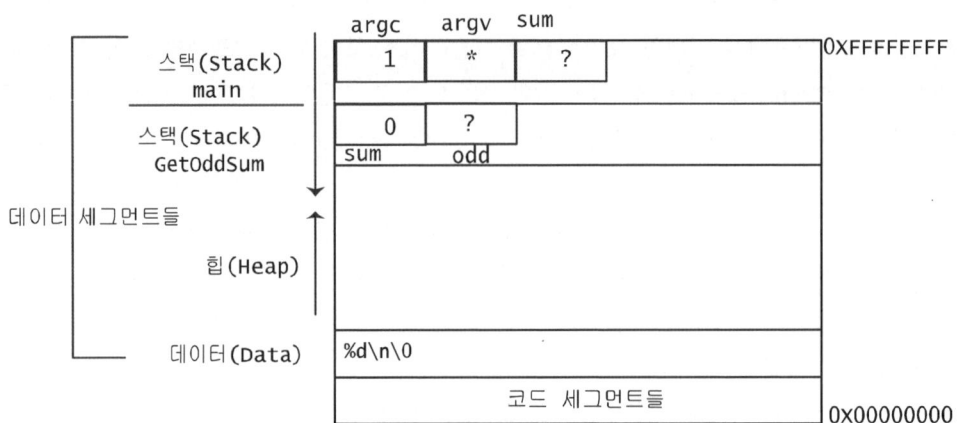

그림7-3 GetOddSum() 함수가 호출되었을 때 메모리 맵

함수를 정의할 때 매개변수는 소괄호에 매개변수 목록으로, 지역변수는 함수 블록의 선두에 선언 및 정의되어야 한다. 매개변수와 지역변수는 선언과 정의를 분리할 수 없다. 다시 말해서 선언과 동시에 정의가 이루어진다. 따라서 "매개변수 혹은 지역변수를 선언한다"라고 하면 동시에 "정의되어진다"라고 생각하면 된다. 매개변수와 지역변수의 명칭을 부여할 때는 반드시 소문자로 시작하도록 하고, 음절과 단어 구분 시에만 대문자를 사용하도록 하자.

```
01 : int main(int argc, char* argv[]/* 매개변수 목록 */) {
02 :     auto UShort sum; // 지역 변수 선언 및 정의
03 :
04 :     return 0;
05 : }
06 :
07 : UShort GetOddSum() {
08 :     auto UShort sum = 0; // 지역 변수 선언 및 정의
09 :     auto UShort odd;     // 지역 변수 선언 및 정의
10 :
11 :     return sum;
12 :     // 3. 끝낸다
13 : }
14 :
15 : void DisplayOddSum(UShort sum /* 매개변수 선언 및 정의 */ ) {
16 :
17 : }
```

코드 7-5 홀수의 합을 구하는 프로그램의 변수들

[코드 7-5]에서 보는 것처럼 main() 함수의 경우 2개의 매개변수, argc, argv 와 한 개의 지역변수 sum, GetOddSum() 함수의 경우 2개의 지역변수, sum, odd 그리고 DisplayOddSum() 함수의 경우 한 개의 매개변수 sum이 선언되어 있다.

스택에 할당되어지는 변수, 즉 자동변수들에 대해서는 자료형 앞에 auto 키워드를 사용해야 하는

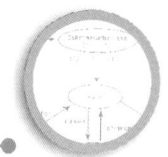

것이 원칙이나 함수 블럭이나 제어 블럭에서 선언되어지는 변수들이나 매개변수들에 대해서는 명시하지 않더라도 컴파일러에 의해서 auto 키워드가 부여되기 때문에 생략한다.

다음은 변수에 저장되어질 값에 대해 생각해 보자. 변수 명칭 자체는 저장되어져 있는 값을 나타낸다. 일반적으로 변수에 저장되어져 있는 값은 사용자를 위해 프로그램에서 처리되어져야 하는 값, 즉 스칼라이어야 한다. 그렇지만 C 언어에서는 변수에 저장될 수 있는 값이 스칼라만이 아니라 기억장소를 식별하기 위한 값, 즉 주소를 저장할 수도 있다. 이러한 주소를 저장할 수 있는 변수를 포인터 변수라고 한다. 따라서 변수에 저장되어질 값이 어떠한 것인지에 대해 명확한 구분이 이루어져야 한다. 스칼라가 저장되는 경우 변수 명칭만을 기술하면 되고, 주소가 저장되는 경우에는 변수 명칭 앞에 별표 기호(*)를 적어 스칼라를 저장하는 일반 변수와 구분해야 한다. 여기서는 argc, sum, odd 같은 변수들은 사용자를 위해 프로그램에 의해 처리되어져야 하는 값을 저장해야 하기 때문에 일반 변수들이고, argv는 주소가 저장되어 있는 포인터 변수이다.

포인터 변수에 대해서는 뒤에서 자세히 공부하도록 하고, 여기서는 우선 변수를 선언할 때 변수에 저장될 값에 대한 명확한 구분을 할 수 있어야 한다는 것과 포인터 변수인 경우 변수 명칭 앞에 별표 기호(*)를 붙인다는 것만 이해하도록 하자.

다음은 초기화에 대해 생각해 보아야 한다. C 언어에서 지역변수에 대해서는 초기화를 기본적으로 처리하지 않는다. 다시 말해서 지역변수는 초기화하지 않으면 쓰레기 값을 갖는다는 것이다. 따라서 C 프로그래머는 누적에 사용되어지는 변수처럼 초기화가 필요한 변수에 대해서는 반드시 선언과 동시에 초기화를 해 주어야 한다. [코드 7-1]에서 33번째 줄을 보면 누적되어지는 sum 변수에 대해 0으로 초기화하고 있다. 변수 명칭뒤에 구두점인 등호(=) 을 적고, 상수나 상수 수식으로 초기값을 설정하면 된다. 여기서는 상수 0으로 초기값을 설정하고 있다.

```
auto UShort sum    =    0; // 지역 변수 초기화
                   ↑         ↑
                 구두점    초기값
```

코드 7-6 정수형 변수의 초기화

앞에서 설명한 내용들을 참고하여 홀수의 합을 구하는 프로그램에서 사용될 데이터들을 정리한 [그림 7-4]의 순차기호에 대해 [코드 7-7]처럼 C 언어로 코드가 작성되어지면 된다.

```
MAX = 99, INCREMENT = 2, sum = 0, odd
```

그림 7-4 홀수의 합을 구하는데 필요한 데이터들

```
01 : #define MAX          99
02 : #define INCREMENT    2
03 :
04 : typedef unsigned short int UShort; // 사용자 정의 자료형 선언
05 :
06 : UShort GetOddSum() { // 함수 블럭 시작
07 :     UShort sum = 0 ; // 합에 대한 지역변수 선언 및 초기화
08 :     UShort odd;      // 홀수에 대한 지역변수 선언
09 :
10 :     return sum;
11 : } // 함수 블럭 끝
```

코드 7-7 C 언어에서 상수와 변수 처리

다음은 배수의 개수를 구하는 문제를 풀어 보면서 정수형 데이터를 어떻게 처리해야 하는지 공부해 보도록 하자.

주어진 문제는 배수의 개수를 구하는 산술·논리 연산 모듈과 개수를 출력하는 모듈로 나누어서 정리하면 된다. 배수의 개수를 구하는 산술·논리 연산은 반복구조로 100000까지 수를 세면서 홀수인지 판단하고 홀수이면 개수를 센 다음 출력하는 제어논리로 정리하면 된다. [그림 7-5]에서 시스템 챠트와 NS 챠트를 참고하자.

문제 1에서 100000까지 숫자들 중에서 7의 배수의 개수를 구하시오.

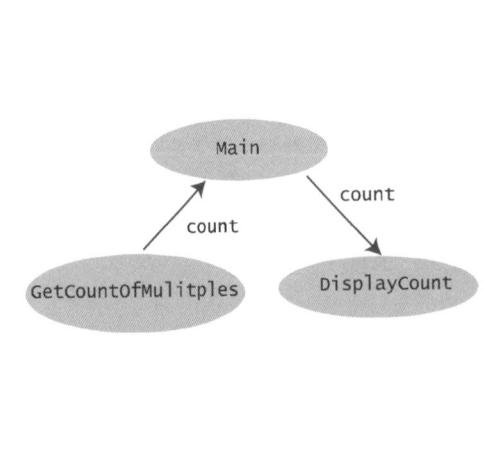
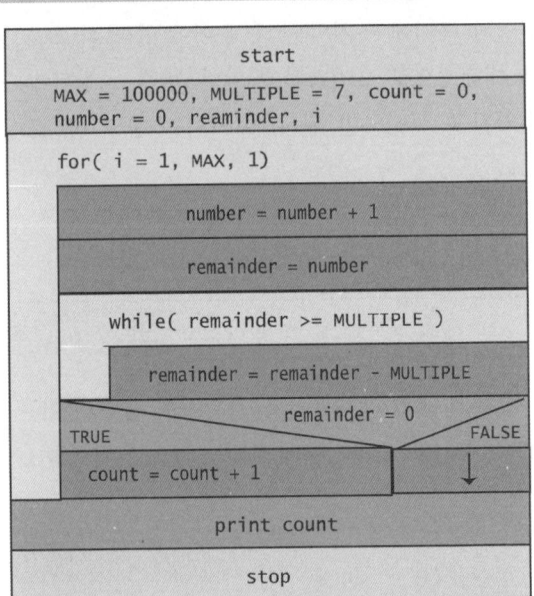

그림7-5 7의 배수 개수를 구하는 프로그램의 시스템 챠트와 NS 챠트

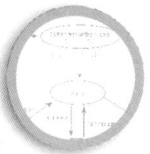

표 7-5 자료명세표

번호	명 칭		자료형	구 분	설 명
	한 글	영 문			
1	최대치	MAX	정수	상수	범위의 최대값
2	배수	MULTIPLE	정수	상수	
3	개수	count	정수	출력	
4	수	number	정수	처리	
5	나머지	remainder	정수	처리	
6	반복제어변수	i	정수	추가	

NS 챠트에서 start 순차기호 바로 밑에 작도되는 데이터 표현 순차기호와 [표 7-5]에 정리되어 있는 상수와 변수들을 보면 자료형이 정수이다.

기호상수로 정리되어져 있는 상수들에 대해서 C 언어로 표현해 보자. 상수는 값만을 기술하는 것보다 의미를 주어 표현을 하면 가독성이 높아지기 때문에 매크로 상수로 표현하는 것이 가장 이상적인 표현이다. 앞에서 배운 대로 실습해 보도록 하자.

[코드 7-8]에서 12번째 줄과 13번째 줄처럼 한 줄씩 전처리기를 이용하도록 전처리기 지시자, 매크로 상수 그리고 마지막으로 값을 차례대로 나열하여 매크로 상수들, MAX와 MULTIPLE를 기술할 수 있다.

여기서 하나 더 명심할 것은 상수를 표현하는데 있어 중요하게 고려해야 하는 것들을 기억해야 하는 것이다. 상수를 표현할 때는 값과 자료형에 대해 주의 깊게 고려해야 한다. 정수형 상수는 표현되어지는 값의 범위에 따라 자료형이 결정된다. MAX의 경우에는 64000 을 훨씬 넘은 경우이므로 short 형이 아니라 long 형이어야 한다. 따라서 값 100000만 기술하는 것이 아니라 자료형을 기술해야 하는데, 값 뒤에서다 소문자 l(엘) 이든지 아니면 대문자 L 을 붙여서 자료형을 명시하는 것이 합리적이다. 대개는 소문자 l(엘)과 대문자 I(아이) 혹은 숫자 1 간의 구별이 명확하지 않으므로 대문자 L 을 사용하는 것이 좋다.

```c
01 : /*************************************************************************
02 :    파일 명칭 : GetCountOfMultiples.c
03 :    기    능 : 1에서 100000까지 수중에서 7의 배수의 개수를 센다.
04 :    입    력 : 없음
05 :    출    력 : 전체 개수
06 :    작 성 자 : 김 석 현
07 :    작성 일자 : 2007-12-28
08 : *************************************************************************/
09 : #include <stdio.h>
10 :
11 : // 정수형 상수에 대해 매크로 상수들
12 : #define MAX 100000L
13 : #define MULTIPLE 7
14 :
15 : // 사용자 정의 자료형 선언
16 : typedef unsigned long int ULong;
17 :
18 : // 배수의 개수를 세다
19 : ULong GetCountOfMultiples();
20 : // 개수를 출력하다
21 : void DisplayCount(ULong count);
22 :
23 : int main(int argc, char* argv[]) {
24 :    auto ULong count;
25 :
26 :    // 배수의 개수를 세다
27 :    count = GetCountOfMultiples();
28 :    // 개수를 출력하다
29 :    DisplayCount(count);
30 :
31 :    return 0;
32 : }
33 :
34 : // 배수의 개수를 세다
35 : ULong GetCountOfMultiples() {
36 :    auto ULong count = 0;
37 :    auto ULong number = 0;
38 :    auto unsigned short int remainder;
39 :    auto ULong i;
40 :
41 :    for( i = 1; i <= MAX; i++ ) {
42 :       number++;
43 :       remainder = (unsigned short int)( number % MULTIPLE );
44 :       if(remainder == 0) {
45 :          count++;
46 :       }
47 :    }
48 :
49 :    return count;
50 : }
51 :
52 : // 개수를 출력하다
53 : void DisplayCount(ULong count) {
54 :    printf("총 7의 배수 개수 : %d", count);
55 : }
```

코드 7-8 7의 배수 개수를 구하는 프로그램

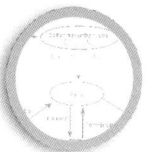

다음은 변수들에 대한 처리를 해 보도록 하자. 변수들을 선언하는데 있어서 고려해야 할 내용들은 앞에서 배운대로 수명, 참조 범위, 값의 범위, 저장되어진 값 그리고 초기화 등이다.

[코드 7-9]를 입력하고 컴파일과 링크를 한 다음 실행시켜 보자. 프로그램이 제대로 동작하는가? 그렇지 않을 것이다. C 언어에서 정수형 변수를 선언할 때 값의 범위를 정확히 분석해야 함을 알 수 있는 좋은 예이다. 개수(count), 수(number) 그리고 반복제어변수(i)에 저장될 수 있는 값은 0에서부터 100000까지이다. 이러한 변수에 저장되어지는 값을 분석하지 않고 자료형을 정확하게 명시하지 않고, 일반적으로 int로 자료형으로 처리하는 경우 문제가 발생할 수 있다. [코드 7-9]는 int 자료형으로 코드를 작성한 후 워드 크기가 2바이트인 운영체제(DOS 경우)에서 컴파일하고 실행하면 프로그램이 제대로 작동하지 않는 것을 확인할 수 있다.

```
01 : /*********************************************************************
02 :    파일 명칭 : GetCountOfMultiples.c
03 :    기    능 : 1에서 100000까지 수중에서 7의 배수의 개수를 센다.
04 :    입    력 : 없음
05 :    출    력 : 전체 개수
06 :    작 성 자 : 김 석 현
07 :    작성 일자 : 2007-12-28
08 : *********************************************************************/
09 : #include <stdio.h>
10 :
11 : // 정수형 상수에 대해 매크로 상수들
12 : #define MAX 100000
13 : #define MULTIPLE 7
14 :
15 : // 배수의 개수를 세다
16 : signed short int GetCountOfMultiples();
17 : // 개수를 출력하다
18 : void DisplayCount(signed short int count);
19 :
20 : int main(int argc, char* argv[]) {
21 :     auto signed short int count = 0;
22 :
23 :     // 배수의 개수를 세다
24 :     count = GetCountOfMultiples();
25 :     // 개수를 출력하다
26 :     DisplayCount(count);
27 :
28 :     return 0;
29 : }
30 :
31 : // 배수의 개수를 세다
32 : signed short int GetCountOfMultiples() {
33 :     auto signed short int count = 0;
34 :     auto signed short int number = 0;
35 :     auto signed short int remainder;
36 :     auto signed short int i;
37 :
38 :     for( i = 1; i <= MAX; i++ ) {
39 :         number++;
40 :         remainder = number % MULTIPLE;
41 :         if(remainder == 0) {
42 :             count++;
43 :         }
44 :     }
45 :
46 :     return count;
47 : }
48 :
49 : // 개수를 출력하다
50 : void DisplayCount(signed short int count) {
51 :     printf("총 7의 배수 개수 : %d", count);
52 : }
```

코드 7-9 값의 범위를 정확하게 정하지 못한 경우

여러분들은 int로 선언했지만 컴파일러에 의해서 기본적인 자료형으로 auto signed short int로 결정되기 때문에 [코드 7-9]와 같은 코드가 실제로 컴파일되기 때문이다. 이러한 상태에서 number 의 값은 최대 32767까지만 표현되고 number++에 의해서 32767에다 1을 계속해서 더하더라도 표현할 수 있는 값의 최대가 32767이므로 number가 절대 100000이 될 수 없기 때문에 [코드 7-9]에서 37번째 줄부터 42번째 줄까지 반복문장을 끝낼 수 없다. 따라서 프로그램은 끝낼 수 없게 되는 상태가 초래되는 것이다. 이러한 상태를 무한 반복 상태라고 한다. C 언어에서 int 자료형에 대해 명확하게 기억장소의 크기를 결정하지 않고 워드 크기에 따라 자료형의 크기가 결정되도록 하고 있기 때문에 발생하는 문제이다.

따라서 이러한 오류를 범하지 않도록 정확하게 자료형을 결정하여 값의 범위를 명확히 하는 것이 매우 좋은 코딩 습관이다.

```
MAX = 100000, MULTIPLE = 7, count = 0,
number = 0, reaminder, i
```

그림 7-6 7의 배수 개수를 구하는 프로그램에 필요한 데이터들

개수, 수 그리고 반복제어변수는 0부터 시작해서 100000까지 취급해야 함으로 unsigned long int 로 결정해야 하고, typedef 기능을 이용하여 사용자 정의 자료형 ULong 을 만들어서 사용하면 더욱 더 효율적인 코딩을 할 수 있다. 그래서 [코드 7-8]에서 16번째 줄을 보면 사용자 정의 자료형을 선언하는 문장을 볼 수 있다.

그리고 나머지(remainder)는 0에서 7까지만 취급하면 되기 때문에 ULong을 그대로 사용하는 것보다는 unsigned short int로 결정하도록 하자. 이런 식으로 하면 정확한 데이터 처리를 보장할 수 있을 뿐더러 사용하는 기억장소의 용량도 2바이트 정도 덜 사용하게 된다. [코드 7-8]에서는 사용자 정의 자료형을 만들지 않고 사용했는데, typedef를 사용하여 사용자 정의 자료형을 만들어서 코드를 바꾸어 보고 실행시켜 보자.

[코드 7-8]에서 43번째 줄에서는 치환 표현식 문장에서 치환 연산자의 왼쪽에 있는 값(L-Value, 주기억장치에 저장되어진 값), remainder의 자료형은 unsigned short int 이다. [코드 7-8]에서 38번째 줄에서 remainder 변수 선언 문장을 보면 선언문장에서 remainder 변수 명칭을 제거하고 남는 것이 자료형이므로 reaminder를 없애 보도록 하라.

치환 연산자의 오른쪽에 있는 수식의 결과 값(R-Value, 평가되어져서 구해진 값으로 레지스터에 저장되어져 있는 값)의 자료형은 unsigned long int 이다. number의 자료형이 unsigned long int 이고 MULTIPLE 도 long int 이므로 나머지 연산의 결과도 unsigned long int가 된다.

따라서 치환 문장에서 치환 연산자의 왼쪽과 오른쪽 값의 자료형이 갖지 않기 때문에 컴파일할 때 경고가 발생한다. 4바이트에 저장된 큰 값을 2 바이트의 작은 기억장소에 저장할 때 값의 손실

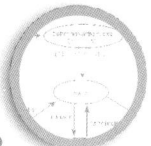

이 있을 수 있다는 메시지인 것이다. 이런 경우에는 오른쪽 값을 왼쪽 값의 자료형에 맞게 변환하여 저장하도록 해야 한다. 이러한 문법적인 기능을 형 변환(Type cast)이라고 한다. 대개는 연산자를 제공하는데 형 변환 연산자라고 하고, C 언어에서는 소괄호(())이다. [코드 7-8]의 43번째 줄과 [코드 7-10]에서처럼 오른쪽 값 소괄호 내부에 왼쪽 값의 자료형을 기술하면 된다.

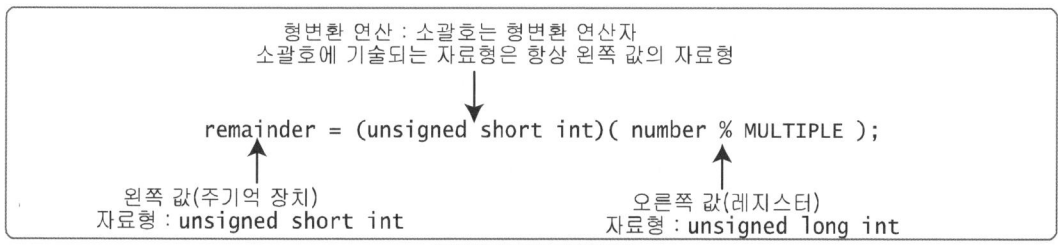

코드 7-10 형 변환

값의 범위 관련 자료형에 대한 내용들을 정리해 보았다. 다음은 변수를 할당할 위치와 변수에 저장되어질 값과 초기화에 대해 결정하여 변수들을 선언하면 된다. 변수들을 스택에 할당하고 저장되어지는 값은 프로그램에서 처리해야 하는 값들로, 개수(count)와 수(number)에 대해 각각 0으로 초기화하도록 하여, 여러분들이 직접 작성해 보도록 하자.

다음은 마지막으로 콘솔에서 정수형 데이터를 어떻게 입력받고, 출력하는지에 대해 공부해 보도록 하자. 이에 대해서는 바로 뒤에 문자형에 대해 공부할 때 같이 설명하도록 하겠다.

2. 문자형

일반적인 영문자와 숫자를 다룰 때 사용되는 자료형으로 다른 언어와 마찬가지로 1바이트의 크기로 기억장소에 저장된다. 저장 비트 구조를 보면 최상위 비트는 부호비트로 사용되고, 크기가 1바이트로 줄여진 정수와 동일하다.

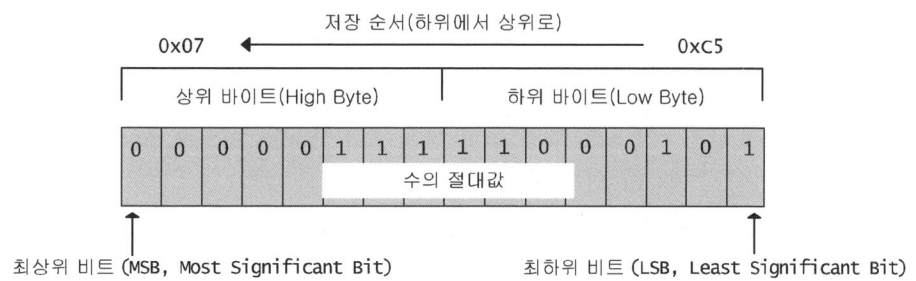

그림 7-7 문자형 기억장소의 비트구조

기억장소에 저장되는 값은 0과 1로 숫자이다. 그러면 문자는 어떻게 기억장소에 저장될까? 문자를 저장하는데 정수 형태로 저장하는 것이다. 그렇게 하기 위해서는 특정 문자에 대해 특정 정수 값을 부여하는 방식을 사용해야 한다는 것이다. 그래서 모든 문자에 대해 정수형 값들을 미리 정한 코드 체계들이 고안되었다. 그중에서 많이 사용되는 코드 체계는 미국 표준협회에서 제정한 ASCII 코드 체계이다. C 언어에서는 문자를 저장할 때 해당 문자에 대한 ASCII(American Standard Code for Information Interchange) 코드 값 (0 - 255 정수 값)에 해당하는 정수 값으로 저장을 한다.

따라서 정수 형태로 저장하기 때문에 부호를 저장하느냐 안하느냐에 따라 두 종류의 키워드, signed 와 unsigned 가 제공되며 기본 문자형은 signed char형으로 보통 char로 사용한다. C 언어에서 제공되는 키워드들을 정리하면 [표 7-7]과 같다.

표 7-6 표준 ASCII 문자들

Dec	Char	Dec	Char	Dec	Char	Dec	Char	Dec	Char	Dec	Char
33	!	49	1	65	A	81	Q	97	a	113	q
34	"	50	2	66	B	82	R	98	b	114	r
35	#	51	3	67	C	83	S	99	c	115	s
36	$	52	4	68	D	84	T	100	d	116	t
37	%	53	5	69	E	85	U	101	e	117	u
38	&	54	6	70	F	86	V	102	f	118	v
39	'	55	7	71	G	87	W	103	g	119	w
40	(	56	8	72	H	88	X	104	h	120	x
41	)	57	9	73	I	89	Y	105	i	121	y
42	*	58	:	74	J	90	Z	106	j	122	z
43	+	59	;	75	K	91	[	107	k	123	{
44	'	60	<	76	L	92	\	108	l	124	|
45	-	61	=	77	M	93	]	109	m	125	}
46	.	62	>	78	N	94	^	110	n	126	~
47	/	63	?	79	O	95	_	111	o	127	del
48	0	64	@	80	P	96	`	112	p		

표 7-7 문자 자료형의 키워드들과 범위

부호 비트 사용 유무	자료형	크 기	범 위
unsigned	char	1 Byte	0 ~ 255
signed(default)			-128 ~ 127

C 언어에서는 문자형 데이터가 수식 내에 쓰일 때 언제나 부호 확장(Sign expansion)에 의해 int 형으로 변환된다는 점에 주의해야 한다.

다음은 문자 상수(Character Constant)에 대해서 공부해 보도록 하자. 문자 상수의 자료형은 int 형이다. 또한 허용 범위는 -32768에서 32767까지이다. 문자 상수는 작은 따옴표(' ', Single Quotation Mark) 로 묶어져서 표시된다.

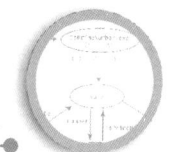

확장열(Escape sequence)

문자 코드 체계는 컴퓨터 시스템마다 다르지만 확장열은 문자의 코드 체계에 상관없이 컴퓨터 시스템마다 그 기능이 통일되어 있다. 표현이 간결하고 또한 기호적인 표기이므로 판독이 매우 용이하다는 장점을 가지며, 문자열 상수 내에 컨트롤 문자나 그래픽 문자를 삽입할 수 있는 유일한 방법이다. C 언어에서는 [표 7-8]과 같이 구분된다.

16진수 hhh는 소문자 또는 대문자로 나타낼 수 있지만 관례적으로 소문자를 사용한다. 혼동을 피하기 위해서 000나 hhh는 가급적 3자리 숫자로 나타내는 것이 바람직하다.

역슬래쉬(\) 자체를 나타내고 싶을 때에는 문자 혹은 문자열에서 확장열을 써서 '\\'라고 해야 한다는 것에 주의해야 한다. 작은따옴표(' , ')는 문자로 표현할 때는 확장열을 사용하여 '\''로 표현해야 하나 문자열에서는 확장열을 사용할 필요가 없다. 큰따옴표(" , ")는 문자 상수를 나타낼 때에는 확장열을 사용할 필요가 없으나, 문자열 상수 내에서는 확장열로 표현해야 한다.

표 7-8 확장열

번호	확장열	ASCII 코드	문자	의 미
1	\a	0x07	BEL	벨 소리(audible BELL)
2	\b	0x08	BS	Backspace
3	\f	0x0c	FF	FormFeed
4	\n	0x0a	LF	개행(newline) 또는 LineFeed
5	\r	0x0d	CR	Carriage Return
6	\t	0x09	HT	수평 탭(Horizontal Tab)
7	\v	0x0b	VT	수직 탭(Vertical Tab)
8	\\	0x5c	\	역슬래쉬(Backslash)
9	\'	0x2c	'	작은 따옴표(single quote)
10	\"	0x22	"	큰따옴표(double quote)
11	\?	0x3f	?	물음표(Question Mark)
12	\000	0000	any	000는 1-3자리의 8진수
13	\xhhh	0xhhh	any	hhh는 1-3자리의 16진수
14	\Xhhh	0xhhh	any	\xhhh 와 동일
15	\(newline)	무시됨	무시됨	행 계속(line continuation) 문자

다음 문제를 가지고 문자형 데이터를 어떻게 처리하는지 공부해 보도록 하자.

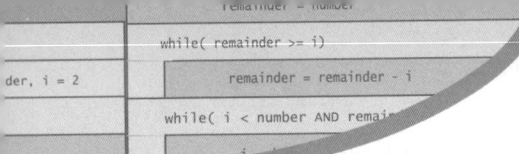

문제 성명과 점수가 입력될 때 점수로 학점을 구분하시오. 90점 이상 100점 이하이면 A, 80점 이상 90점 미만이면 B, 70점 이상이고 80점 미만이면 C, 60점 이상 70점 미만이면 D, 0점 이상 60점 미만이면 F를 부여한다.

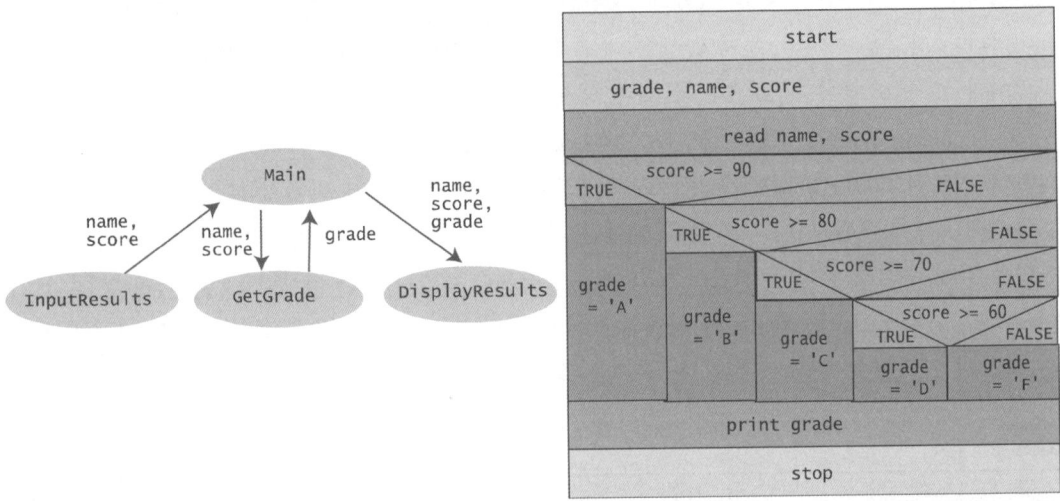

그림 7-8 점수를 입력받아 학점을 구하는 프로그램의 시스템 챠트와 NS 챠트

표 7-9 자료명세표

번호	명칭		자료형	구분	설명
	한글	영문			
1	학점	grade	문자	변수	
2	성명	name	문자열	변수	
3	점수	score	정수	변수	

성명과 점수를 입력받아 학점을 구하는 프로그램이다. 학점을 평가하는 연산 모듈에 대한 알고리듬 설계는 [그림 7-8]과 [표 7-9]에 정리되어 있다.

문자형 상수를 어떻게 표현하는지부터 알아 보도록 하자. 문자 상수는 작은따옴표로 1바이트 문자를 나타내면 된다.

[표 7-9]와 [그림 7-8]의 NS 챠트를 보면 학점 grade에 저장되어질 값은 'A', 'B', 'C', 'D', 'F' 문자들이다. 따라서 자료형은 문자형이다. C 언어에서는 기본적으로 정수형과 실수형만을 제공하는 언어이다. 따라서 정수형으로 처리해도 무방하다. 그렇지만 C 언어에서는 정수형 데이터 중에서도 문자 처리를 위한 문자형 char를 제공한다. 따라서 학점 grade의 자료형은 char, 정확히 말하면 signed char 형으로 하면 된다.

몇 가지 부연 설명을 해야겠다. GetGrade 모듈에 필요한 데이터들은 학점만 아니라, 성명 그리고 점수가 있다. 이들에 대한 자료형들에 대해서도 약간의 지식이 있어야 GetGrade 모듈을 C 언어로 표현할 수 있기 때문이다. 어차피 뒤에 배울 내용인데 학습의 가장 효과적인 방법은 반복임을 생각

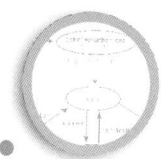

하자. 여기서 잔소리 하나를 해야 겠다. 여기서는 문자형에 대한 이해만 하면 되는 것이다. 따라서 지금 설명하는 것이 이해가 되지 않는다고, 이해될 때까지 앞으로 나가지 않는 우를 범하지 말아야 한다.

[표 7-9]를 보면 성명 name는 자료형이 문자열로 정리되어 있다. 바로 다음 항목이 문자열에 대한 개요 설명이고 15장에서 문자열에 대해서는 더욱더 열심히 배우겠지만, C 언어는 문자열 자료형을 제공하지 않는다. 다만 지금 배우고 있는 문자형을 응용한 자료형으로 문자열을 취급한다. 다시 말해서 문자열이란 문자들의 모임이므로 문자 배열형을 제공한다는 것이다. [코드 7-12]는 문자 배열형인데 의미는 연속적으로 할당되는 변수의 자료형이 문자형이고 변수의 개수가 11개이다. 배열 크기라고 하는데 특히 문자 배열과 문자열을 구분을 하기 위해서 문자열인 경우에는 실제 문자를 저장할 개수에다가 1을 더한 수만큼 지정해야 한다. 왜냐하면 C 언어에서는 문자열을 취급하는데 있어 실제로 저장된 문자들에다가 뒤에 '\0' 널 문자가 저장되어야만 하기 때문이다.

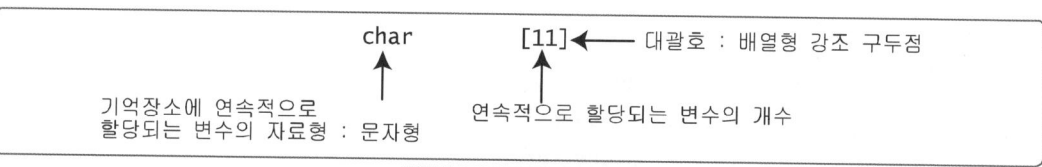

코드 7-12 문자 배열형

문자 배열형을 이용해서 기억장소를 선언 및 정의할 때는 배열형 강조 구두점인 대괄호는 기억장소의 명칭 뒤에 표기되는 후위 표기(Postfix) 방식을 취한다. 따라서 name에 대한 기억장소에 대한 선언과 정의는 [코드 7-13]과 같다.

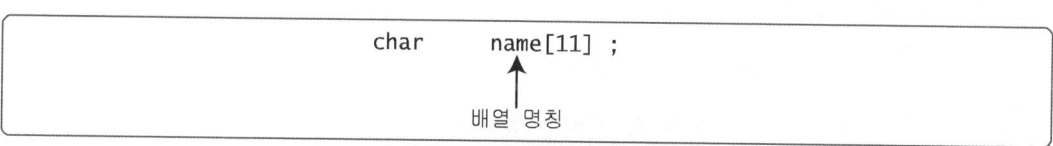

코드 7-13 배열 선언 및 정의

name를 배열 명칭이라고 하고, 또한 앞에서 언급한 것처럼 명칭은 기억장소에 저장되어져 있는 값을 의미한다고 했는데, 이때 값은 스칼라일 수도 있고 주소일 수도 있는데, 배열 명칭은 반드시 주소임을 명심하도록 하자.

```
01 : /****************************************************************
02 :    파일 명칭 : GetGrade.c
03 :    함수 명칭 : GetGrade
04 :    기    능 : 성명과 점수를 입력받아 점수에 해당하는 학점을 부여하다
05 :    입    력 : 점수
06 :    출    력 : 학점
07 :    작 성 자 : 김석현
08 :    작성 일자 : 2007-12-28
09 : ****************************************************************/
10 : // 외부 파일 포함 기능
11 : #include <stdio.h> // scanf
12 :
13 : // 사용자 정의 자료형 선언
14 : typedef unsigned short int UShort;
15 :
16 : // 성적을 입력받다
17 : void InputResults(char (*name), UShort *score);
18 : // 평점을 주다
19 : char GetGrade(char (*name), UShort score);
20 : // 성적을 출력하다
21 : void DisplayResults(char (*name), UShort score, char grade);
22 :
23 : // 함수 정의
24 : int main(int argc, char* argv[]) {
25 :    // 지역변수들 선언
26 :    auto char grade;
27 :    auto char name[11];
28 :    auto UShort score;
29 :
30 :    // 성적을 입력받는다
31 :    InputResults(name, &score);
32 :    // 평점을 주다
33 :    grade = GetGrade(name, score);
34 :    // 성적을 출력하다
35 :    DisplayResults(name, score, grade);
36 :
37 :    return 0;
38 : }
39 :
40 : // 성적을 입력받다
41 : void InputResults(char (*name), UShort *score) {
42 :    scanf("%s %d", name, score);
43 : }
44 :
45 : // 평점을 주다
46 : char GetGrade(char (*name), UShort score) {
47 :    // 1. 성명과 점수를 입력받는다
48 :    char grade;
49 :
50 :    // 2. 점수에 대해 학점을 구하다.
51 :    if(score >= 90) { // 90 이상이면
52 :       grade = 'A'; // A를 주다.
53 :    }
54 :    else if(score >= 80) { // 80 이상이면
55 :       grade = 'B'; // B를 주다.
56 :    }
57 :    else if(score >= 70) { // 70 이상이면
58 :       grade = 'C'; // C를 주다.
59 :    }
60 :    else if(score >= 60) { // 60 이상이면
61 :       grade = 'D'; // D를 주다.
62 :    }
63 :    else { // 60  미만이면
64 :       grade = 'F'; // F를 주다.
65 :    }
66 :
67 :    // 3. 학점을 출력한다
68 :    return grade;
69 :    // 4. 끝내다
70 : }
71 :
72 : // 성적을 출력하다
73 : void DisplayResults(char (*name), UShort score, char grade) {
74 :    printf("%s %d %c\n", name, score, grade);
75 : }
```

코드 7-11 점수를 입력받아 학점을 구하는 C 원시 프로그램

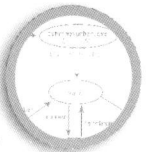

왜 그러한지는 이해를 쉽게 하도록 하기 위해서 배열과 유사한 실생활의 모델은 한 층의 아파트이다. 그것도 성냥갑 아파트 한 채를 생각하면 쉽게 이해가 될 것이다. 평수는 같은 11개의 호를 갖는 아파트인데 이 아파트를 대표하는 것은 아파트 명칭으로 어디에 있는 아파트인지 아는 것처럼 아파트가 세워져 있는 위치를 의미하는 것과 같다는 것이다.

하나 더 고민을 해야 할 것 같다. [그림 7-8]에서 시스템 챠트를 보면 name를 4개의 모듈에서 다 사용한다는 것이다. 그러면 name이 할당되어져 있어야 하는 곳은 Main 모듈이다. 그리고 다른 모듈에서는 필요할 때마다 name를 각 모듈마다 옮겨서 사용하여야 한다는 것인데, 아파트를 통째로 이동한다는 것이 쉬운 일인가? 그렇지 않다는 것이다. 그러면 어떻게 해야 할까? C 언어에서는 배열을 통째로 정보전달에 사용할 수 없도록 설계되어있다. 대신에 C 언어에서는 C++ 언어를 제외하고 다른 언어들에서는 볼 수 없는 기능으로 특정 기억장소에 주소를 저장할 수 있는 문법적인 기능을 제공하고 있다. 이것을 포인터라고 하는데 이것을 사용하여 아파트를 통째로 이동하는 비효율적인 처리를 하지 않더라도 원하는 목적은 달성할 수 있도록 하고 있다. 따라서 다음은 배열의 주소를 저장할 수 있는 변수를 선언 및 정의하는 방법에 대해서 정리하도록 하자.

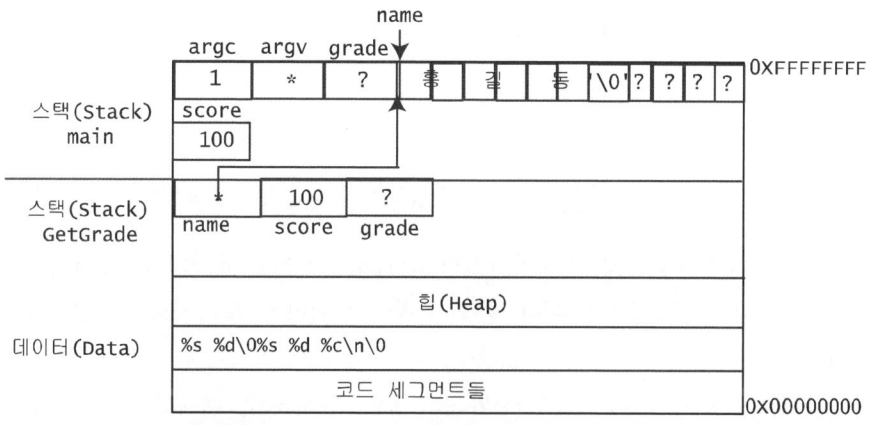

그림 7-9 홍길동과 100을 입력받은 후 GetGrade() 함수를 호출한 후 메모리 맵

주소를 저장할 수 있는 변수를 포인터 변수라고 한다. 특히 배열의 주소를 저장할 수 있는 변수를 배열 포인터 변수라고 한다. 선언 및 정의하는 절차는 [그림 7-10]과 같다. [그림 7-9]에서 GetGrade 스택 영역에 할당되는 name 변수를 선언해 보자. [그림 7-9]를 보면서 차례대로 읽어 보면서 메모지에다가 직접 적어 보도록 하자. 그림에서 별표(*)는 저장된 값이 주소임을 나타낸다.

```
(1) 변수 명칭을 적는다                                                    : name
(2) 변수에 저장될 값이 주소이므로 변수 명칭앞에 *를 붙인다                : *name
(3) 변수에 저장된 값인 주소를 갖는 다른 변수의 자료형을 * 앞에 적는다     : char *name
(4) 변수가 일반변수가 아니고 배열이면 *와 변수 명칭을 소괄호로 싼다       : char (*name)
```

그림 7-10 배열 포인터 변수를 선언 및 정의하는 절차

점수 score는 정수형을 공부할 때 배운 대로 0에서 100까지 범위내의 값을 표현하면 되기 때문에 자료형으로 unsigned short int로 하고, typedef 으로 UShort 자료형을 만들어서 사용하도록 하자.

[그림 7-8]과 [표 7-9]를 보고 GetGrade 모듈에 대해 C 언어로 GetGrade() 함수를 선언해 보도록 하자. 출력 데이터가 1개 이므로 반환형으로 출력 데이터의 자료형을 사용하면 된다. 따라서 출력 데이터인 학점 grade의 자료형 char를 사용해야 한다.

입력 데이터들로 성명 name 과 점수 score가 있다. 따라서 매개변수로 각각 선언해야 한다. 매개변수의 선언은 자료형 그리고 명칭으로 차례대로 나열한다. 그리고 쉼표 구두점을 이용하여 구분하면서 개수만큼 차례대로 기술하면 된다. 따라서 [코드 7-14]와 같은 함수 원형을 만들 수 있다.

코드 7-14 GetGrade() 함수 원형

다음은 [그림 7-11]의 순차기호에 정리된 GetGrade 모듈에 필요한 데이터들을 GetGrade() 함수에서 어떻게 표현되는지에 대해서 공부해 보도록 하자.

```
grade, name, score
```

그림 7-11 점수를 입력받아 학점을 구하는 GetGrade 모듈에 필요한 데이터들

다음은 GetGrade() 함수를 정의해 보자. [그림 7-11]에서 정리된 데이터들을 GetGrade() 함수에서 어떤 식으로 표현되는지 주목하면 된다. 함수 원형에서 이미 name과 score는 입력 데이터들이기 때문에 매개변수들로 선언되어야 하고, grade는 출력 데이터이기 때문에 함수 블록의 맨 앞에 자동변수로 선언하면 된다. 따라서 [코드 7-15]와 같이 name과 score는 매개변수들로 선언되어 매개변수 목록이 작성되어야 하고 grade에 대해서는 지역변수 선언문을 작성하면 된다.

```
01 : // 사용자 정의 자료형 선언
02 : typedef unsigned short int UShort;
03 :
04 : // 함수 선언 : 함수 원형
05 : char GetGrade(char (*name), UShort score);
06 :
07 : // 함수 정의
08 : char GetGrade(char (*name), UShort score) {
09 :     char grade; // 학점 grade 지역변수 선언 및 정의
10 :
11 :     // 평점을 출력한다
12 :     return grade;
13 :     // 끝내다
14 : }
```

코드 7-15 [그림 7-11]에 대해 GetGrade() 함수 정의

그리고 반환형으로 grade의 자료형인 char와 일치하도록 하고, 반드시 마지막 문장은 return 문을 작성하도록 해야 한다.

문자형 변수에 대해 값을 쓰는 방식은 특정 문자를 작은따옴표로 싸서, 즉 문자 상수로 치환하는 방식과 특정 문자에 해당하는 정수형 값, 즉 코드표에 정리된 정수 상수로 치환하는 방식을 사용할 수 있는 것이다. 그렇지만 정수 상수를 사용하지 말고 문자 상수를 사용하도록 하라. 정수 상수를 사용하나 문자 상수를 사용하나 여하튼 기억장소에 저장되어진 값은 65에 대한 이진수 값이다.

```
grade = 'A'
```

그림 7-12 grade 문자형 변수에 문자 쓰기

```
(1) 문자 상수로 값 쓰기 : grade = 'A' ;  // 가장 효율적인 방법
(2) 정수 상수로 값 쓰기 : grade = 65  ;  // 바보처럼 하는 방법
```

코드 7-16 [그림 7-12]에 대해 C 언어로 문자형 변수에 문자 쓰기

다음은 콘솔에서 문자형 데이터를 입력하고 출력하는 방법에 대해 공부해 보도록 하자. 거의 모든 프로그램은 외부와의 데이터 입출력을 필요로 한다. 어떠한 종류의 정보를 처리하는 프로그램이든 프로그램 내에서 주어지는 데이터만을 조작하지 않고, 프로그램 실행 중 외부로부터 데이터를 입력받고, 이러한 데이터를 처리한 결과를 또한 프로그램 외부 어느 곳으로든 출력하는 것이 반드시 필요하기 때문이다.

그런데 C 언어에서는 언어의 설계상 이러한 데이터 입출력을 처리하기 위한 기능이 정의되어 있지 않다. 원칙적으로 C 언어의 기본 설계상 데이터 입출력은 불가능하다. 그러나 개발 보급되는 모든 C 컴파일러는 이러한 데이터 입출력 기능을 라이브러리 함수 형태로 제공하고 있으며, 실제로 C 언어에서 모든 데이터 입출력은 라이브러리 함수 호출의 형태로 이루어진다. 따라서 C 프로그래머는 다양하게 많은 입출력 라이브러리 함수들을 이용해서 입력과 출력에 대한 처리를 하면 된다. 여기서 모든 입출력 라이브러리 함수들을 소개하지 않겠다. 여러분들이 가지고 있는 라이브러리 함수 매뉴얼(Visual Studio를 사용하는 경우 MSDN)을 참조해서 공부하도록 하자.

여기서는 입력에 사용되는 scanf() 함수와 출력에 사용되는 printf() 함수에 대해서만 설명하기로 한다.

문자형 데이터를 콘솔로부터 입력하는 방법에 대해서 알아보기 위해 InputResults 모듈을 C 언어로 코드를 작성해야 하는데 그전에 사용되는 라이브러리 함수에 대해 정리해 보자.

콘솔 입력 함수들중에서 가장 많이 사용되는 키보드 입력에 대한 입력 라이브러리 함수는 scanf() 함수이다. scanf() 함수를 사용해야 하기 때문에 라이브러리 함수 매뉴얼을 참고하여 scanf() 함수의 함수 원형을 확인해 보자. 라이브러리 함수를 사용하고자 할 때는 우선 먼저 그 함수에 대한 정보를 라이브러리 함수 매뉴얼을 참고하여 얻어야 한다. 함수가 어떻게 작동하는지를 이해

할 필요는 없다. 단지 입출력에 대한 정보만을 확인하면 되는 것이다.

[그림 7-13]은 Visual Studio의 도움말 시스템인 MSDN에서 scanf() 함수 페이지이다. 위쪽에서 아래쪽으로 기술되어져 있는 것들을 보면 크게 함수 명칭, 기능, 함수 원형, 헤더파일, 라이브러리 파일, 반환 값(함수의 출력 데이터), 매개변수들, 주의할 내용 그리고 사용 예제로 구성되어져 있는 것을 확인할 수 있다.

그림 7-13 MSDN에서 scanf() 함수 페이지

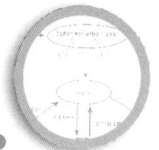

```
int scanf( const char *format [,argument]... );
```

코드 7-17 scanf() 입력 함수 원형

    사용 예제를 보면, 문자열, 정수 데이터를 같이 한 번에 입력하려고 할 경우 효율적인 입력 형식을 갖는 키보드 입력 함수이다. 매개변수 목록에 대해 정리해 보자. 입력서식(format)은 어떤 자료 유형의 데이터를 몇 개 입력받을 지를 지정하는 것으로 문자열로 구성되어야 한다. 입력받는 데이터의 개수는 % 기호로 자료유형은 문자열(String)인 경우 s, 정수인 경우 d, 문자인 경우 c 그리고 실수인 경우 f 등으로 지정하면 된다. 서식 문자열 안에는 '%'와 자료유형 변환 형식문자 이외의 다른 문자('\n'도 포함)들을 사용하면 안된다. 또한 변환 형식문자 사이에는 하나 이상의 공백을 삽입해야 한다.

    여기서는 문자열인 성명과 정수형인 점수, 두 개의 데이터를 입력받아야 하기 때문에 % 기호가 2개 필요하고, 성명이 문자열이므로 s, 점수가 정수이므로 d를 지정하면 된다. 따라서 성명과 점수를 입력받아야 하기 때문에 [그림 7-14]와 같은 입력 서식 문자열이 작성되어야 한다.

```
"%s %d"
```

그림 7-14 한 개의 문자열 데이터와 한 개의 정수형 데이터를 입력할 때 서식

    매개변수는 입력받을 값을 저장할 기억장소의 주소를 지정하면 된다. 왜 그럴까? 이 문제는 C 언어로 함수를 만들 때 중요한 개념이기 때문에 설명을 반복해서 하도록 하겠다. 우선 개념적으로 접근해 보도록 하자. C 언어의 논리적 모듈인 함수는 1개의 데이터만을 구하는 연산이다. 다른 말로 이야기하면 출력 데이터가 한 개뿐이라는 것이다. scanf() 함수에 의해서 외부로부터 입력되어지는 값들은 scanf() 함수 관점에서 보면 출력 데이터들이다. 그렇다면 scanf() 함수로는 반드시 한 번에 한 개씩만 입력받아야 한다. 그렇다면 scanf() 함수로 입력할 수 있는 데이터 유형은 오직 하나이어야 하기 때문에 다른 자료 유형의 데이터를 입력받기 위해서는 다른 라이브러리 함수들이 존재해야 한다는 것이다. 이것은 매우 비효율적인 상황이 초래되는 것이다. 따라서 scanf() 함수를 만든 라이브러리 개발자는 한꺼번에 여러 개의 데이터들을 입력받도록 기능을 제공하고 있는데, 입력받을 개수와 데이터 유형은 사용자가 결정하도록 하고 있다. 그래서 앞에서 배운 입력 서식 문자열을 작성하도록 하고 있는 것이다. 따라서 반환 형식으로 입력받은 데이터를 출력할 수 없으므로, 어떠한 장소에서든지 접근할 수 있는 주소를 이용하여 scanf() 함수에서 입력된 값들을 지정한 기억장소들에 저장하도록 하여 출력하도록 하는 것이다. 다시 말해서 호출하는 함수에 기억장소를 할당하고 호출당하는 함수에 할당된 기억장소의 주소를 구해서 전달하여 호출당한 함수에서는 주소를 이용해서 값을 쓰도록 하자는 개념이다.

    C 언어로 InputResults() 함수를 작성함에 있어서 InputResults() 함수와 scanf() 함수간의 관계를

정리하면 [그림 7-15]와 같이 InputResults() 함수가 호출하는 함수이고 scanf() 함수는 호출당하는 함수이다.

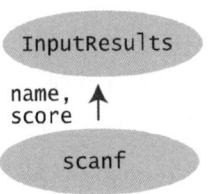

그림 7-15 scanf() 함수의 인수와 정보전달

InputResults() 함수가 scanf() 함수를 호출했을 때 메모리 맵은 [그림 7-16]과 같아야 한다. 사용자가 키보드를 입력하면 입력된 값들을 읽어 InputResults() 함수에 할당된 name과 score 기억장소들에 저장시켜 주는 역할을 하는 함수가 scanf() 함수이다. 즉 다시 말해서 키보드로 입력되는 데이터는 scanf() 함수 관점에서는 출력 데이터인 것이다.

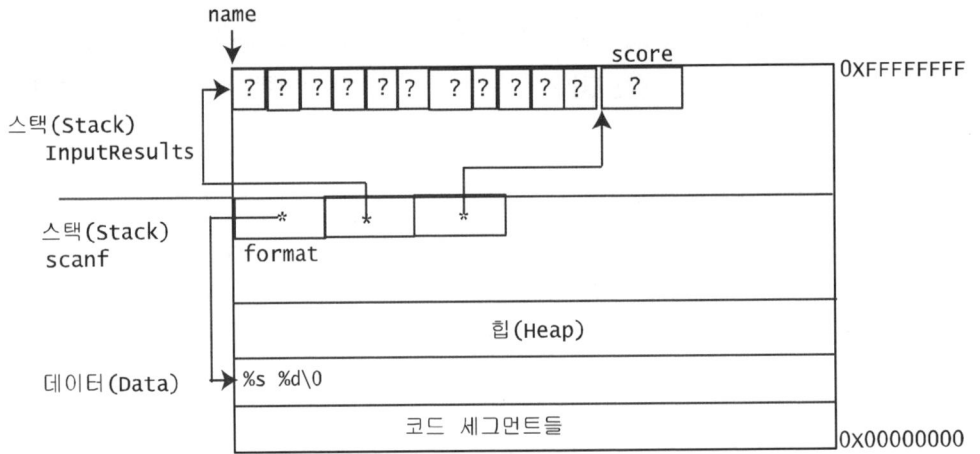

그림 7-16 InputResults() 함수가 실행된 후 scanf() 함수를 호출한 후 메모리 맵

따라서 InputResults() 함수는 [코드 7-18]과 같이 정의되어야 한다. 표준 함수를 사용하기 위해서는 모든 식별자는 사용하기 전에 선언되어 있어야 한다는 C 언어의 명칭 관리 원칙에 따라야 하기 때문에 표준 함수 원형이 작성되어 있는 헤더파일을 전처리기에 의해서 포함시켜야 하기 때문에 반드시 [코드 7-18]에서 02번째 줄처럼 전처리기 표현을 해야 한다.

InputResults 모듈에 대해 입력 데이터도 없고 출력 데이터도 없기 때문에 반환형은 void로 그리고 인수목록은 비우는 것으로, 함수 명칭뒤에 소괄호를 열고 닫으면 된다. 아니면 소괄호내에 void 키워드를 적는 것도 타당하다. [코드 7-18]에서 08번째 줄에 기술된 함수 머리를 보자.

C를 배우면 함수를 잘 만들어야 한다

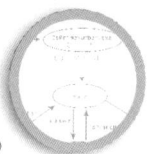

```
01 : // 입출력 표준 헤더 파일 포함
02 : #include <stdio.h> // scanf()
03 :
04 : // 사용자 정의 자료형 선언
05 : typedef unsigned short int UShort;
06 :
07 : // 함수 정의
08 : void InputResults() {
09 :     char name[11] ; // 성명 name 문자 배열 선언 및 정의
10 :     UShort score ; // 점수 score 지역 변수 선언 및 정의
11 :
12 :     // scanf() 함수 호출
13 :     scanf("%s %d", name, &score); // 함수 호출 문장
14 : }
```

코드 7-18 [그림 7-16]에 대해 InputResults() 함수 정의

scanf() 함수의 출력 데이터들에 대해서, 다시 말해서 InputResults() 함수 관점에서는 입력 데이터들에 대해서 저장하기 위해서는 반드시 호출하는 함수쪽, 즉 InputResults() 함수에 기억장소를 할당해야 한다. 따라서 [코드 7-18]에서 09번째 줄과 10번째 줄에 성명 name는 문자열이기 때문에 문자 배열형으로 배열을 선언하고, score는 정수형이기 때문에 정수형 지역변수로 각각 선언하였다.

다음은 scanf() 함수를 호출해 보자. 반환 값은 처리하지 않으므로 함수 명칭을 적고 소괄호를 열고 서식 문자열("%s %d")의 주소, 그리고 name 배열의 주소 그리고 지역변수 score의 주소를 차례대로 쉼표를 구분하여 나열하고 소괄호를 닫고 문장임을 강조하기 위해 마지막에 구두점 세미콜론을 찍어서 함수 호출문장을 완성하면 된다.

[그림 7-16]과 같이 서식 문자열과 name은 문자 배열이므로 배열 명칭 자체가 주소이므로 그대로 사용하면 된다. 성명 name은 문자 배열이므로 배열명칭, 즉 name는 배열 명칭이므로 주소라는 것이다.

그러나 지역변수 score는 주소가 아니라 내용을 의미하므로 기억장소의 주소를 구하는 연산자, 주소 연산자(&)를 이용해서 주소를 구하는 식을 기술해야 한다. [코드 7-18]에서 13번째 줄을 보면 scanf() 함수 호출문장이 작성되어 있다. 참고하자.

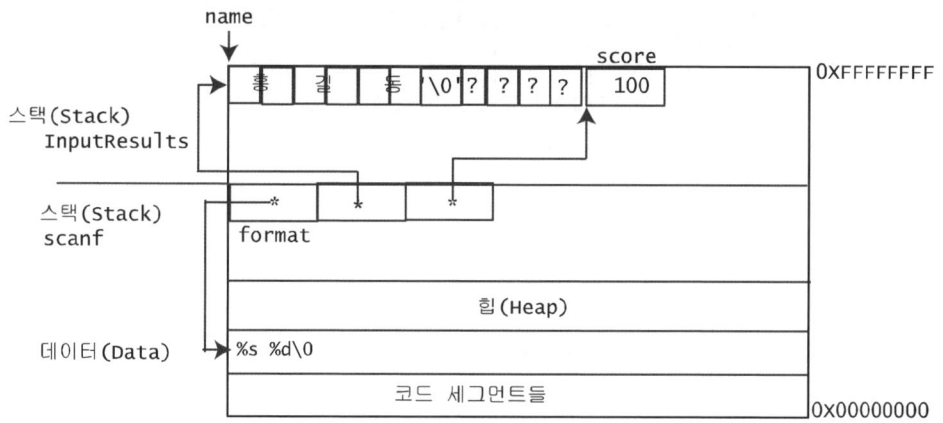

그림 7-17 사용자가 홍길동과 100을 입력했을 때 메모리 맵

여기에서 기억할 내용은 어떤 함수에서 출력 데이터로 인수가 사용되는 경우, 인수의 내용은 주소여야 한다는 점이다. name, score는 scanf() 함수의 출력 데이터들이다.

여기까지를 이해했으면, [그림 7-8]에서 시스템 챠트에 작도된 대로 InputResults() 모듈을 C 코드를 작성해 보도록 하자. 입력 데이터가 없이 출력 데이터가 2개가 있다. 입력 데이터가 없으므로 인수목록은 작성할 필요가 없이 비우면 된다. 그러나 출력 데이터가 2개이다. 개념적으로 함수는 한 개의 값만을 구하는 연산이다. 따라서 return에 의해서 출력할 수 있는 데이터의 개수는 1개이다. 따라서 개념적으로는 함수에 의해서 2개의 출력 데이터를 갖는 알고리듬은 표현할 수 없는 것이다. 그러나 C 언어에서는 2개 이상의 출력 데이터를 갖는 알고리듬을 표현할 수 있도록 문법적인 기능을 제공한다. 그것이 무엇인가 하면 포인터(Pointer)라는 개념이다. 개념적으로는 매우 간단한 것이다. 컴퓨터에서 값을 쓰고 읽기 위해서는 기억장소를 식별하는 값, 주소만 알면 어떠한 곳에서든 특정한 주소를 갖는 기억장소에 대해 값을 쓰고 읽을 수 있기 때문이다.

그래서 [그림 7-8]에서 작도된 대로 InputResults 모듈을 C 언어로 코드를 작성할 때 [그림 7-18] 과 같은 메모리 맵이 작도되는 것이다.

name과 score는 InputResults() 함수의 출력 데이터들이고 GetGrade() 함수와 DisplayResults() 함수에서 사용하므로 main() 함수에서 기억장소들을 정의하여 입력된 값을 저장해야 한다. 따라서 main() 함수 스택에 name를 문자 배열로 score를 지역변수로 선언 및 정의하였고, InputResults() 함수를 호출할 때 name 배열의 시작주소와 score 지역변수의 주소를 구해서 복사하도록 하고, 또한 scanf() 함수에서도 실제로 입력된 데이터들을 저장할 main() 함수 스택의 name 배열의 주소와 score 지역변수의 주소를 그대로 복사하여 사용자가 "홍길동" 그리고 100을 입력했을 때 main() 함수 스택의 name 배열과 score 변수에 각각 저장되도록 하는 것이다.

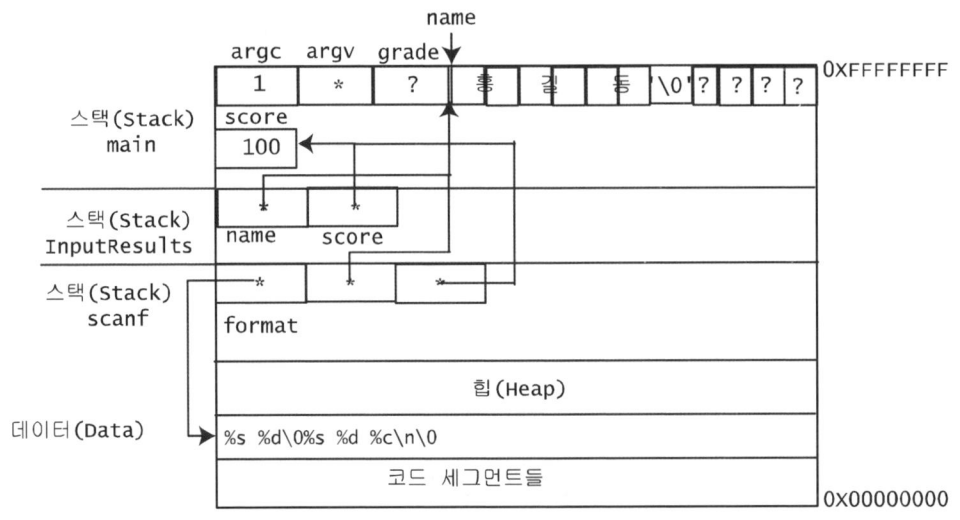

그림 7-18 [그림 7-8]에서 시스템 챠트상에 작도된 InputResults 모듈의 메모리 맵

출력 데이터가 2개 이므로 반환형을 사용하지 않고, 매개변수들로 선언하되 포인터형으로 자료형을 결정하면 된다. 이때 score는 반환형으로 하고 name만 매개변수로 기술하는 생각을 하는 사람들이 적지 않을 것인데, 나누어서 생각하지 않고 한 곳으로 집중해서 생각하는 것이 더욱더 좋은 표현 방법이다.

[코드 7-19]에서 07번째 줄에 선언된 InputResults() 함수를 보면 2개의 포인터 변수를 매개변수로 기술하면 된다.

```
01 : // 입출력 표준 헤더 파일 포함
02 : #include <stdio.h> // scanf()
03 :
04 : // 사용자 정의 자료형 선언
05 : typedef unsigned short int UShort;
06 :
07 : // 함수 선언
07 : void InputResults(char (*name), UShort* score);
08 :
09 : int main(int argc, char* argv[]) {
10 :     char name[11]; // 성명 name 문자 배열 선언 및 정의
11 :     UShort score;  // 점수 score 지역 변수 선언 및 정의
12 :
13 :     // 함수 호출
14 :     InputResults(name, &score);
15 :
16 :     return 0;
17 : }
18 :
19 : // 함수 정의
20 : void InputResults(char (*name), UShort* score) {
21 :     // scanf() 함수 호출
22 :     scanf("%s %d", name, score); // 함수 호출 문장
23 : }
```

코드 7-19 InputResults() 함수 선언 및 정의 그리고 호출

[그림 7-18]에서 메모리 맵을 보면 name은 배열 포인터이고 score는 일반 포인터이다. 배열 포인터를 선언하는 방법은 앞에서 설명하였기 때문에 생략하고 일반 포인터 변수를 선언하는 방법에 대해서 설명하도록 하겠다. 동일한 절차이지만 반복해서 연습해 보도록 하자.

```
(1) 변수 명칭을 적는다                                              : score
(2) 변수에 저장될 값이 주소이므로 변수 명칭앞에 *를 붙인다           : *score
(3) 변수에 저장된 값인 주소를 갖는 다른 변수의 자료형을 * 앞에 적는다 : UShort *score
```

그림 7-19 일반 포인터 변수 선언하는 절차

그리고 [코드 7-19]에서 14번째 줄을 보자. InputResults() 함수를 호출하고 있다. 10번째 줄을 보면 name은 문자 배열이므로 name 배열명칭 자체가 주소이므로 호출 문장에서 명칭만 기술하면 된다.

그러나 11번째 줄을 보면 score는 일반 변수이다. 따라서 내용을 의미하는 것이지 주소를 의미하지 않는다. 따라서 주소를 구하는 식이 필요한 것이다. 스택이나 정적 데이터 영역에 할당된 변수의

주소를 구하기 위해서는 주소 연산자(&)를 이용하면 된다. 따라서 InputResults() 함수 호출문장에서 두 번째 매개변수로 주소를 구하는 수식이 작성되어져야 주소를 구해서 복사할 수 있는 것이다. 왜냐하면 C 언어에서는 값 복사에 의한 정보 전달만이 존재하기 때문이다.

여기서 또한 기억할 것은 스택과 정적 데이터 영역에 할당된 변수의 주소를 구하기 위해서는 주소 연산자를 반드시 사용해야 하고, 주소 연산자는 전위 표기이기 때문에 변수 명칭앞에 &(주소 연산자)를 붙이도록 해야 한다.

다음은 InputResults() 함수에서 scanf() 함수를 호출하는 방법에 대해서 공부해 보도록 하자. [그림 7-18]에서 보는 것처럼 서식 문자열은 이미 정적 데이터 영역에 문자 배열 구조로 저장되어 있기 때문에 첫 번째 매개변수는 정적 데이터 영역에 할당된 문자 배열의 주소를, 그리고 두 번째와 세 번째 매개변수도 main() 함수 스택에 할당된 배열과 변수의 주소여야 하기 때문에 따라서 InputResults() 함수 스택에 할당된 매개변수에 저장된 값, 내용을 그대로 복사하면 된다. 따라서 변수 명칭 자체는 내용을 의미함으로 차례대로 매개변수 명칭을 나열하면 된다.

```
01 : // 입출력 표준 헤더 파일 포함
02 : #include <stdio.h> // scanf()
03 :
04 : // 사용자 정의 자료형 선언
05 : typedef unsigned short int UShort;
06 :
07 : // 함수 선언
07 : void InputResults(char (*name), UShort* score);
08 :
09 : int main(int argc, char* argv[]) {
10 :     char name[11]; // 성명 name 문자 배열 선언 및 정의
11 :     UShort score;   // 점수 score 지역 변수 선언 및 정의
12 :
13 :     // 함수 호출
14 :     InputResults(name, &score);
15 :
16 :     return 0;
17 : }
18 :
19 : // 함수 정의
20 : void InputResults(char (*name), UShort* score) {
21 :     // scanf() 함수 호출
22 :     scanf("%s %d", &name, &score); // 잘못된 함수 호출 문장
23 : }
```

코드 7-20 잘못된 함수 호출 문장

여기서 이상한 생각을 하는 사람이 있는데 주소를 복사해야 하기 때문에 [코드 7-20]과 같이 주소 연산자를 사용하여 또한 주소를 구해서 scanf() 함수 호출에 사용하는 사람들이 있다. 이것은 무조건 가리키는 것으로 포인터라는 개념을 잘못 이해했기 때문에 발생하는 현상들이다.

이렇게 코드를 작성했을 때 어떠한 잘못이 있는 것일까? 가장 쉽게 이해할 수 있는 방법은 메모리 맵을 작도해 보는 것이다.

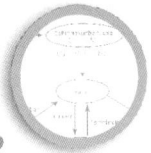

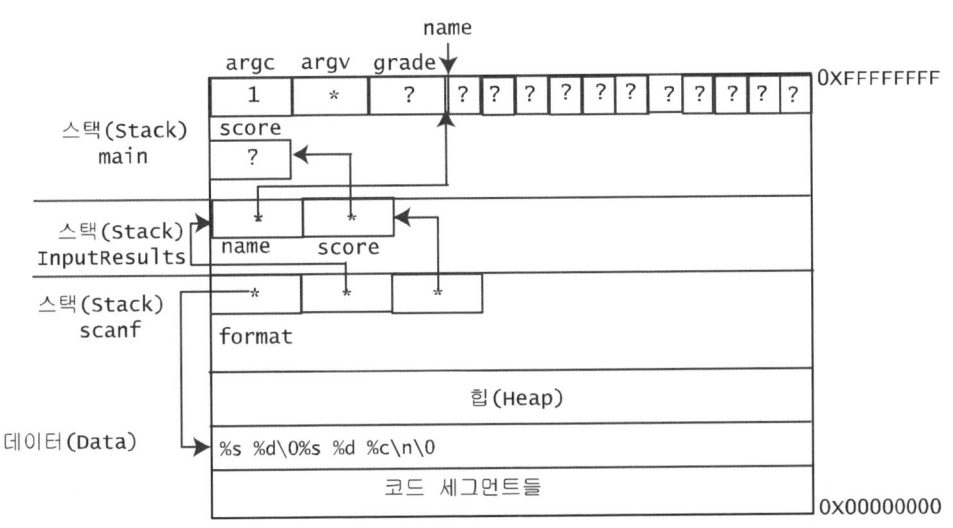

그림 7-20 [코드 7-20]에서 scanf() 함수 호출에 대한 메모리 맵

사용자에 의해서 "홍길동"과 100이 입력된다면 값들이 저장되어지는 곳은 main() 함수의 name과 score가 아니라 InputResults() 함수 스택의 name과 score에 저장될 것이다. 그래서 InputResults() 함수가 끝나서 스택이 할당 해제되면 사용자에 의해서 입력된 값들은 기억장소들 어디에도 없게 된다. 직관적으로 보아도 문제가 있는 것이 입력되는 "홍길동"을 저장할 만한 공간이 없다는 것이다.

다음은 출력에 대해서 공부해 보도록 하자. [그림 7-8]에서 DisplayResults 모듈이 출력 모듈이다. 입력 데이터가 3개이고 출력 데이터가 없는 모듈이다. 따라서 출력 데이터가 없으므로 반환형은 void로 처리한다. 입력 데이터는 내용을 의미하므로, 3개의 입력 데이터는 매개변수로 선언되면 될 것이다. 매개변수의 선언은 자료형과 명칭을 차례대로 나열하면 된다. 그런데 name 은 문자열이기 때문에 C 언어에서는 문자 배열형이어야 한다. C 언어에서는 배열은 자체적으로 정보 전달에 사용되지 않으므로 배열 포인터형이어야 한다. 그 외는 특별히 어려운 내용은 없을 것이다. 따라서 [코드 7-21]과 같이 작성되어져야 한다.

C 언어는 출력 기능을 제공하지 않으므로 라이브러리 함수를 사용하여야 한다. 가장 일반적으로 많이 사용되는 콘솔 출력 함수는 printf() 함수이다.

scanf() 콘솔 입력 함수처럼 함수 원형을 위해 [코드 7-21]에서 02번째 줄처럼 입출력 헤더 파일을 포함시켜야 한다.

scanf() 함수처럼 서식 문자열을 만들고, 출력해야 하는 데이터들이기 때문에, printf() 함수 관점에서는 입력 데이터이기 때문에 주소가 아니라 프로그램에서 처리해야 하는 값, 즉 스칼라이어야 한다. 따라서 변수 명칭들을 그대로 나열하면 된다. 출력할 데이터가 3개이므로 % 기호가 3개 있어야 하고, 출력할 데이터들의 자료형은 차례대로 문자열, 정수 그리고 문자이기 때문에 s(string), d(decimal), 그리고 c(character)의 형 변환 문자들을 사용해야 하고, 공백 문자로 구분하여 열거하고, 마지막에 줄 바꿈에 대한 개행문자까지도 포함하여 서식 문자열을 만들어야 한다. 그리고 출력할 값들이 저장되어 있는 변수들을 자료형에 맞게 차례대로 열거하면 된다.

```
01 : // 입출력 표준 헤더 파일 포함
02 : #include <stdio.h> // printf()
03 :
04 : // 사용자 정의 자료형 선언
05 : typedef unsigned short int UShort;
06 :
07 : // 함수 선언
07 : void DisplayResults(char (*name), UShort score, char grade);
08 :
09 : int main(int argc, char* argv[]) {
10 :     char name[11]; // 성명 name 문자 배열 선언 및 정의
11 :     UShort score;  // 점수 score 지역 변수 선언 및 정의
12 :     char grade;    // 학점 grade 지역 변수 선언 및 정의
13 :
14 :     // [생략]
15 :     // 함수 호출
16 :     DisplayResults(name, score, grade); // 배열을 제외하고 주소가 아닌 내용
17 :
18 :     return 0;
19 : }
20 :
21 : // 함수 정의
22 : void DisplayResults(char (*name), UShort score, char grade) {
23 :     // printf() 함수 호출
24 :     printf("%s %d %c\n", name, score, grade); // 함수 호출 문장
25 : }
```

코드 7-21 printf() 함수를 이용한 데이터들의 출력

scanf() 함수와 다른 점은 확장열 문자들도 사용할 수 있다는 것이다. [코드 7-21]에서 24번째 줄을 보면 서식 문자열에 개행 문자('\n') 확장열 문자가 포함된 것을 확인할 수 있다.

3. 문자열(String)

C 언어에서는 문자열 자료형을 제공하지 않는다. 대신에 일차원 문자 배열의 특수한 경우, 즉 널 문자('\0')로 끝나는 문자 배열로 문자열을 표현한다.

일차원 문자 배열의 구조와 같으나, 문자열의 각 요소를 차례차례 저장한 다음, 맨 마지막에 문자열의 끝을 알려주는 일종의 표시로서 널 종료문자('\0' Terminator)를 추가로 저장하여, 문자열의 첫 바이트부터 널 종료 문자까지를 하나의 문자열로 간주한다는 것이다.

표준 입력 함수(예를 들어 scanf() 함수)를 사용하여 문자열을 입력을 받거나 큰따옴표(Double Quotation Mark, "")에 위해서 표현되는 문자열 상수에서는 자동적으로 널 종료 문자가 그 끝에 붙여지지만, 일반적인 문자 배열에서는 문자열을 만들기 위해 널 종료 문자를 덧붙이는 작업이 원칙적으로 프로그래머가 책임을 져야 한다는 것을 명심하도록 하자.

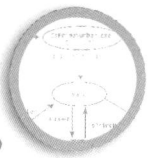

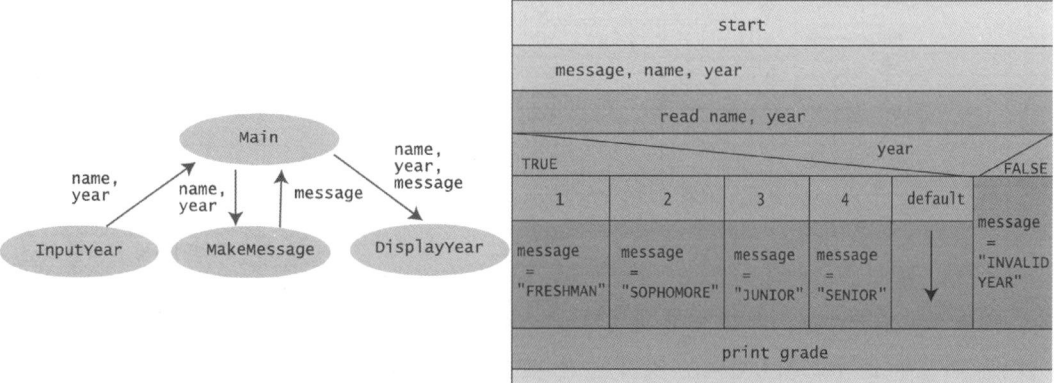

그림 7-21 학년을 입력받아 메시지를 출력하는 프로그램의 시스템 챠트와 NS 챠트

표 7-10 자료명세표

번호	명 칭		자료형	구 분	설 명
	한 글	영 문			
1	메세지	message	문자열	출력	학년 문자열
2	성명	name	문자열	입력	
3	학년	year	정수	입력	1, 2, 3, 4 저장 변수

여기서 반드시 기억할 것은 문자열을 입력받는 기억장소는 반드시 문자 배열이어야 하고, 문자열을 조작하기 위한 기억장소는 문자 배열 포인터이어야 한다는 것이다.

따라서 C 언어에서 문자열은 기본 자료형이 아니라 응용 자료형이므로 문자열 조작에는 C 언어에서 제공하는 연산자들을 사용할 수 없다. 문자열을 복사할 때 치환 연산자를 사용할 수 없으며, 문자열을 비교할 때는 관계 연산자들을 사용할 수 없다는 것이다. 그러면 문자열 조작은 어떻게 할 수 있을까? 라이브러리 함수를 이용할 수 있게끔 C 컴파일러 개발자들에 의해서 문자열을 조작하는 함수들이 제공된다.

다시 문제 풀이로 돌아가자. [표 7-10]을 보면 성명 name는 자료형이 문자열로 정리되어 있다. 15장에서 문자열에 대해서는 더욱더 열심히 배우겠지만, C 언어는 문자열 자료형을 제공하지 않는다. 다만 앞에서 배운 문자형을 응용한 자료형으로 문자열을 취급한다. 다시 말해서 여차피 문자열이란 문자들의 모임이므로 문자 배열로 표현된다는 것이다. 배열에 대해서는 13장에서 심도있게 공부하도록 하자. 여기서는 개념적인 정리만 하도록 하자. 배열이란 [그림 7-22]와 같이 어떤 특정 주소에서 시작해서 연속적으로 할당되어 있는 기억장소들을 말한다.

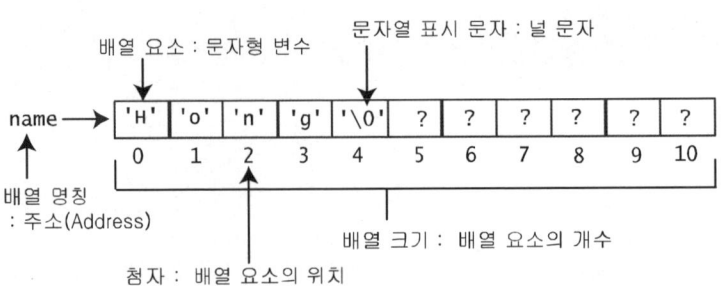

그림 7-22 C 언어에서 문자열 표현

　　C 언어에서 문자열을 이처럼 문자 배열의 구조를 가지지만 항상 문자열 표시 문자, 즉 널 문자 ('\0')를 마지막 문자로 저장한다는 것이 문자 배열과 차이점이다.

　　C 언어에서 배열도 하나의 자료형이다. [코드 7-22]는 [그림 7-22]에 대해 문자 배열형에 대한 C 언어 코드인데 의미는 연속적으로 할당되는 변수의 자료형이 문자형이고, 문자형 변수의 개수가 11개이다. 11을 배열 크기라고 하는데 특히 문자 배열과 문자열을 구분을 하기 위해서 문자열인 경우에는 실제 문자를 저장할 개수에다가 1을 더한 수만큼 지정해야 한다. 왜냐하면 C 언어에서는 문자열 취급하는데 있어 실제로 저장된 문자들에다가 뒤에 '\0' 널 문자가 저장되어야만 하기 때문이다.

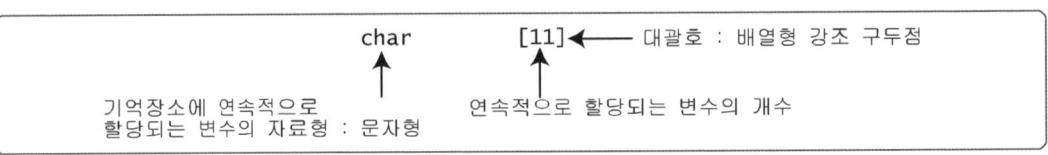

코드 7-22 문자 배열형

　　문자 배열형을 이용해서 기억장소를 선언 및 정의할 때는 배열형 강조 구두점인 대괄호는 기억장소의 명칭 뒤에 표기되는 후위 표기(Postfix) 방식을 취한다. 따라서 name에 대한 기억장소에 대한 선언과 정의는 [코드 7-23]과 같다.

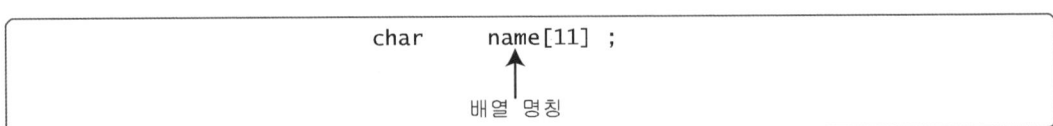

코드 7-23 배열 선언 및 정의

　　name를 배열 명칭이라고 하고, 또한 앞에서 언급한 것처럼 명칭은 기억장소에 저장되어져 있는 값을 의미한다고 했는데, 이때 값은 내용일 수도 있고 주소일 수도 있다. 그러나 배열 명칭은 반드시 주소임을 명심하도록 하자.

　　다음은 가장 빈번하게 사용되는 몇 가지 문자열을 만드는 방법을 알아보도록 하자. 즉 다시 말해서 문자열 표시 문자인 널 문자를 어떻게 처리하는지에 대해 공부하는 것이다. 어떠한 경우이든지 간에 충분한 크기의 문자 배열이 우선 할당되어 있어야 한다. 할당된 배열 크기를 벗어나도록 문자를 저장하고 널 문자를 할당된 배열 요소에 저장하지 못한다면 문자열로 취급되지 않는다.

입력할 때 scanf() 함수와 같은 입력 라이브러리함수에서는 입력된 문자들을 저장하고 마지막 문자로 널 문자를 저장해 준다. 따라서 scanf() 함수를 사용하는 경우는 서식문자열에서 문자열에 대해 형 변환 문자인 s를 설정해 주어야 한다.

```
char name[11]; // 문자 배열 선언 및 정의
scanf("%s", name); // 키보드로 문자열을 입력받다
```

코드 7-24 scanf() 함수로 문자열 입력

getchar() 함수와 같은 글자 단위 입력 함수를 이용해서 문자를 입력받아 문자열을 만들거나 아니면 긴 문자열에서 짧은 문자열을 만들 때처럼 C 코드로 문자열을 만들 때 반드시 마지막 문자로 널 문자('\0')를 저장하는 코드를 추가해야 한다.

```
char name[11]; // 문자 배열 선언 및 정의
name[0] = 'H'; name[1] = 'o'; name[2] = 'n'; name[3] = 'g'; name[4] = '\0';
```

코드 7-25 코드로 문자열 만드는 방법

C 언어에는 문자열 상수는 지원하지 않는다. 대신에 문자열 리터럴 개념으로 일반적으로 다른 언어들에서 말하는 문자열 상수를 지원한다. 따라서 이 책에서도 문자열 상수라는 용어도 같이 사용하도록 하겠다. 문자열을 구성하는 문자들을 큰따옴표("")로 감싸는 방식으로 문자열 리터럴을 만들면 된다. 그러면 내부적으로는 큰따옴표로 감싸여진 문자들이 나열된 순서대로 저장되고 마지막에 널 문자가 저장되는 것이다.

```
char name[11] = "Hong"; // 문자 배열 선언 및 정의 그리고 초기화
```

코드 7-26 문자열 리터럴을 이용한 초기화

키보드로 입력되는 값이 "Hong"이라고 가정한다면 [코드 7-24], [코드 7-25] 그리고 [코드 7-26]의 결과는 앞의 [그림 7-22]와 같다. 다른 방법들도 있겠지만 가장 많이 사용되는 방법들이다.

[코드 7-27]과 같이 초기화 코드에 사용되어지지 않으면 정적 데이터 영역에 문자 개수 + 1 만큼 문자 배열이 할당되고 문자들이 나열된 순서대로 저장되고, 마지막에 널 문자가 저장되어 있다.

```
char (*message); // 문자 배열 포인터 선언 및 정의
message = "FRESHMAN"; // 문자열 리터럴
```

코드 7-27 문자열 리터럴과 문자 배열 포인터

"FRESHMAN" 문자열 리터럴은 8개의 문자들로 구성되었으므로 정적 데이터에 할당된 배열의 크기는 9이다. 그리고 'F'부터 시작해서 'N'까지 차례대로 저장되고, 마지막에 '\0' 문자가 저장되어진다. [그림 7-23]을 참고하라.

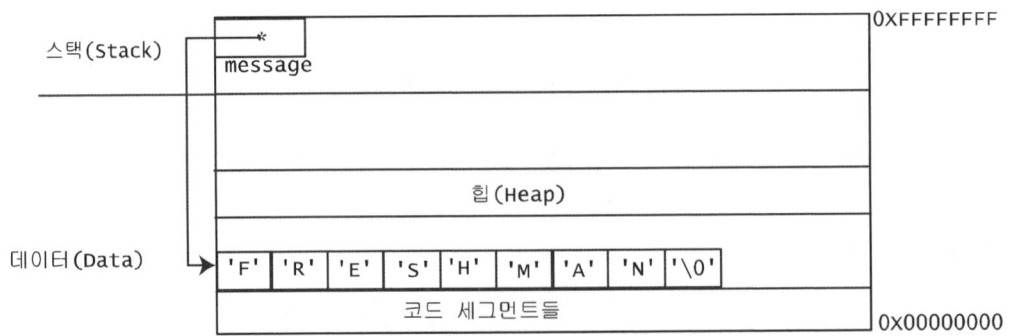

그림 7-23 [코드 7-27]에 대한 메모리 맵(message가 지역변수로 가정)

문자열 리터럴은 정적 데이터 영역에 할당된 배열이지만 배열 명칭이 없기 때문에 코드로 할당된 기억장소에 대해 제어할 수 없다. 따라서 [그림 7-23]과 같이 문자열 리터럴을 제어하기 위해서는 변수가 필요한데, 이 변수를 정적 데이터 영역에 할당된 배열의 시작주소를 저장하여야 하는 변수여야 한다. 이러한 변수를 배열 포인터 변수라고 한다. 그러면 배열 포인터 변수를 선언하는 방법에 대해서 알아보도록 하자. [그림 7-23]을 보면서 배열 포인터 변수를 선언하는 방법을 읽어 보면서 이해하도록 하자.

```
(1) 변수 명칭을 적는다                                          : name
(2) 변수에 저장될 값이 주소이므로 변수 명칭앞에 *를 붙인다        : *name
(3) 변수에 저장된 값인 주소를 갖는 다른 변수의 자료형을 * 앞에 적는다 : char *name
(4) 변수가 일반변수가 아니고 배열이면 *와 변수 명칭을 소괄호로 싼다 : char (*name)
(5) 세미콜론을 찍어 문장임을 강조한다                            : char (*name);
```

그림 7-24 배열 포인터 변수 선언하는 방법

배열 포인터를 왜 사용하는지에 대해 생각을 더 해야 할 것 같다. 문자형에서 배웠던 것처럼 C 언어에서는 배열을 통째로 정보전달에 사용할 수 없도록 설계되어있어서 배열 자체를 정보 전달에 이용하지 않고 배열 시작 주소만을 정보 전달에 이용하도록 하기 위해서 배열 포인터를 사용해야 한다.

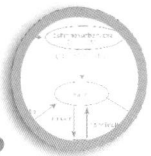

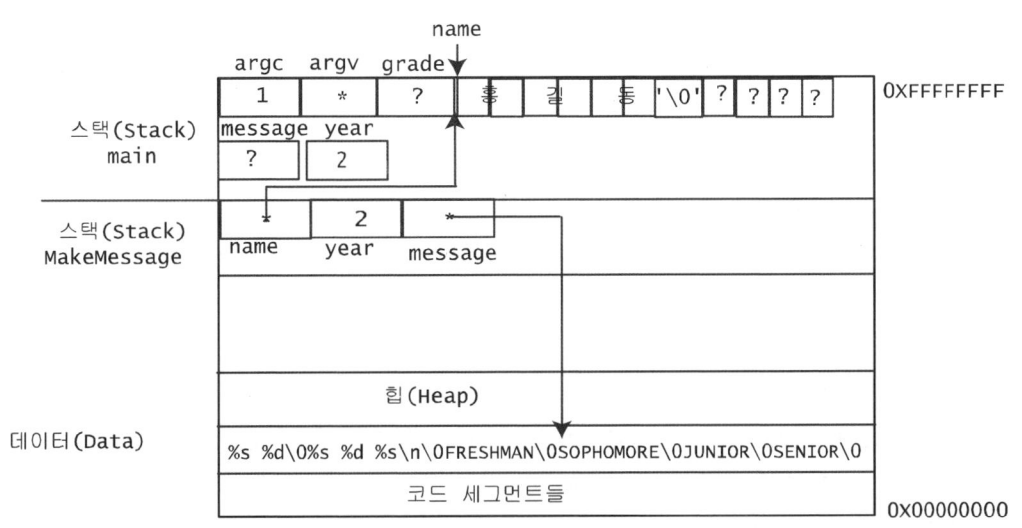

그림 7-25 배열 포인터의 응용 예들

주소를 저장할 수 있는 변수를 포인터 변수라고 한다. 특히 배열의 주소를 저장할 수 있는 변수를 배열 포인터 변수라고 한다. 선언 및 정의하는 절차는 다음과 같다. [그림 7-25]에서 MakeMessage 스택에 할당되는 name 매개 변수를 선언해 보자. [그림 7-25]를 보면서 차례대로 읽으면서 메모지에다가 직접 적어 보도록 하자. 그림에서 별표(*)는 저장된 값이 주소임을 나타낸다.

```
(1) 변수 명칭을 적는다                                        : name
(2) 변수에 저장될 값이 주소이므로 변수 명칭앞에 *를 붙인다      : *name
(3) 변수에 저장된 값인 주소를 갖는 다른 변수의 자료형을 * 앞에 적는다 : char *name
(4) 변수가 일반변수가 아니고 배열이면 *와 변수 명칭을 소괄호로 싼다 : char (*name)
```

그림 7-26 배열 포인터 매개변수를 선언 및 정의하는 방법

매개변수이기 때문에 구두점을 찍으면 안된다. 지역변수이면 마지막에 세미콜론을 찍어 문장임을 강조하면 된다.

여기서 정리할 내용은 배열 포인터는 문자열 리터럴을 제어하거나 배열을 정보전달에 이용하고자 하는 경우 사용된다.

문자열을 입력받을 때는 반드시 문자 배열을 선언 및 정의하고 scanf() 라이브러리 함수를 사용하는 경우는 [코드 7-24]와 같이 입력문장을 작성하면 된다.

MakeMessage 모듈에 대해서 C 코드로 작성해 보자. 출력 데이터가 1개이다. 따라서 반환형을 사용할 수 있다. 그러면 반환형은 무엇으로 결정되어야 하는가? 출력 데이터의 자료형이 문자열이다. 문자열은 C 언어에서는 문자 배열형으로 표현되어야 하고, 문자 배열 자체는 정보 전달에 사용되지 못하고 대신 배열 포인터를 사용해야 한다고 했다. 따라서 반환형으로 배열 포인터를 사용하는 경우는 무조건 문법적인 이유로 char* 로 해야 한다.

3. 문자열(String)

입력 데이터들, 성명과 학년은 매개변수로 선언되어지면 된다. 성명은 또한 문자열이기 때문에 배열 포인터형으로 선언되어야 한다. 학년은 입력 데이터이므로 결단코 포인터형이 아니어야 하고 소수점이 없는 숫자이므로 정수형이어야 한다. 그리고 1에서 4까지 수 중 하나를 저장하는데 가장 효율적인 기억장소를 할당하도록 해야 한다. 이에 대해 오버하는 사람들이 가끔 있는데 무슨 말인가 하면, char형도 정수형이기 때문에 그리고 1바이트 크기이므로 char 형으로 결정하는 것이 효율적인 방법이라고 주장하는 사람들이 있다. 물론 char형으로 처리해도 오류없이 정확하게 처리할 수 있다. 그렇지만 좋은 방식은 아니다. 문자는 문자이고 정수는 정수이다. 따라서 unsigned short int로 자료형을 결정하는 것이 가장 효율적인 것일 것이다. [코드 7-28]에서 15번째 줄과 37번째 줄의 함수 원형과 함수 헤더를 참고하도록 하자.

학년 메시지들, "FRESHMAN", "SOPHOMORE", "JUNIOR", 그리고 "SENIOR" 그리고 오류 메시지인 "INVALID YEAR"는 문자열 리터럴로 처리하고 있으므로 입력받은 학년에 대해 학년 메시지를 정한다는 것은 정적 데이터 영역에 할당되어 있는 문자 배열들 중에서 어느 하나의 시작 주소를 정한다는 것이고, 그렇게 결정된 주소는 변수에 저장되어야 하는 것이다.

따라서 [코드 7-28]에서 38번째 줄에 문자 배열 포인터 변수를 선언 및 정의하고 있다. 그리고 42번째 줄부터 45번째 줄까지, 그리고 50번째 줄에서는 문자 배열 포인터 변수에 정적 데이터 영역에 할당된 배열의 시작 주소를 저장하는 치환문이다. [그림 7-25]를 참고하라. [그림 7-25]에 대해서 설명을 하면, InputYear() 함수에 의해서 "홍길동"과 2가 입력된 상태에서 MakeMessage() 함수가 호출되어 입력된 값이 2이므로 정적 데이터 영역에 할당된 문자열 리터럴 배열중에서 "SOPHOMORE"가 저장된 배열의 시작주소를 message라는 배열 포인터에 저장한 상태이다.

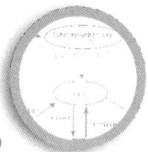

```
01 : /****************************************************************
02 :    파일 명칭 : MakeMessage.c
03 :    함수 명칭 : MakeMessage
04 :    기     능 : 성명과 학년을 입력받아 학년 문자열 메세지를 출력하다
05 :    입     력 : 성명, 학년
06 :    출     력 : 학년 문자열 메세지
07 :    작 성 자 : 김 석 현
08 :    작성 일자 : 2007-12-28
09 :  ****************************************************************/
10 : #include <stdio.h>
11 :
12 : // 성명과 학년을 입력받는다
13 : void InputYear(char (*name), unsigned short int *year);
14 : // 학년에 대한 메세지를 만들다
15 : char* MakeMessage(char (*name), unsigned short int year);
16 : // 학년 메세지를 출력하다
17 : void DisplayYear(char (*name), unsigned short int year, char (*message));
18 :
19 : int main(int argc, char* argv[]) {
20 :    char name[11];    // 입력받은 성명을 저장할 배열 선언 및 정의
21 :    char (*message); // 메세지 문자열의 주소를 저장할 배열 포인터 선언 및 정의
22 :    unsigned short int year; // 입력받은 학년을 저장할 변수 선언 및 정의
23 :
24 :    InputYear(name, &year); // 성명과 학년을 입력받는다
25 :    message = MakeMessage(name, year); // 학년 메세지를 결정한다
26 :    DisplayYear(name, year, message); // 학년 메세지를 출력한다
27 :
28 :    return 0;
29 : }
30 :
31 : // 성명과 학년을 입력받는다
32 : void InputYear(char (*name), unsigned short int *year) {
33 :    scanf("%s %d", name, year);
34 : }
35 :
36 : // 학년에 대한 메세지를 만들다
37 : char* MakeMessage(char (*name), unsigned short int year) {
38 :    char (*message);
39 :
40 :   if(year >= 1 && year <= 4) { // 입력된 학년이 정상적이라면
41 :       switch(year) { // 학년에 맞는 메세지를 정한다
42 :           case 1: message = "FRESHMAN"; break;
43 :           case 2: message = "SOPHOMORE"; break;
44 :           case 3: message = "JUNIOR"; break;
45 :           case 4: message = "SENIOR"; break;
46 :           default: break;
47 :       }
48 :    }
49 :    else { // 오류 메세지를 정한다
50 :       message = "INVALID YEAR";
51 :    }
52 :    return message;
53 : }
54 :
55 : // 학년 메세지를 출력하다
56 : void DisplayYear(char (*name), unsigned short int year,
57 :                                 char (*message)) {
58 :    printf("%s %d %s\n", name, year, message);
59 : }
```

코드 7-28 입력받은 학년에 대해 메시지를 출력하는 프로그램

마지막으로 문자열을 출력하는 방법에 대해서 알아 보도록 하자. printf() 라이브러리 함수를 사용하여 출력하는 방법은 scanf() 라이브러리 함수에서처럼 서식 문자열에서 형 변환 문자로 s를

지정하면 된다. [코드 7-28]에서 58번째 줄을 보자. 두 개의 문자열과 하나의 정수형 데이터를 출력하는 printf() 함수 호출문장이 작성되어 있는 것을 볼 수 있다.

4. 실수영

소수점이 있는 수를 표현하기 위한 자료형이고, 실수에 대한 표기법(Notation)은 크게 부동 소수점 표기법과 고정 소수점 표기법으로 구분한다.

부동 소수점 표기법(Floating point notation)은 실수를 가수부(Mantissa)와 지수부(Exponent)로 나누어 표현하는 방식으로 정확한 서식은 [그림 7-27]과 같다.

$$\underline{[부호][정수부].[소수부]}\,\underline{e[부호]지수부}$$
$$\quad\quad\quad 가수부 \quad\quad\quad\quad\quad 지수부$$

그림 7-27 부동 소수점 표기법의 서식

예를 들면 [그림 7-28]과 같다.

```
-1.9870629e3
.65536E+5
1.e-1
```

그림 7-28 부동 소수점의 예

대개는 광범위한 수를 다룰 수 있다는 특징을 갖는다.

이와 달리 고정 소수점 표기법(Fixed point notation)은 부동 소수점 표기법의 서식에서 e[부호]지수부를 생략한 서식을 말한다.

$$[부호][정수부].[소수부]$$

그림 7-29 고정 소수점 표기법의 서식

```
-1987.0629
65536.
.1
```

그림 7-30 고정 소수점의 예

C 언어에서는 고정 소수점 표기법으로 나타낸 수라 할지라도 컴파일을 수행할 때 자동적으로 부동 소수점 수로 변환되어 기억장소에 저장된다.

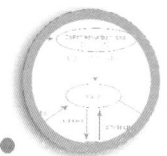

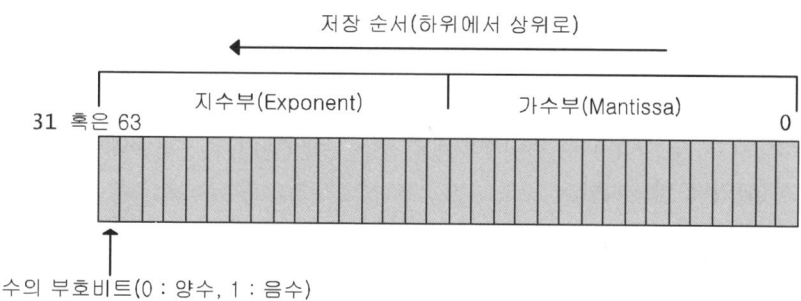

그림 7-31 실수형 기억장소의 비트구조

최하위 바이트부터 최상위 바이트의 역순으로 저장되며, 지수부의 모든 비트가 1이면 수치가 ∞(+INF, 무한대)임을 나타내는데, 즉 최대범위를 벗어난 상태(Overflow)된 수치라는 뜻이다. 그리고 지수부와 가수부의 크기는 비트(Bit) 단위로 C 언어에서 제공하는 자료형에 대해 [표 7-11]과 같다.

표 7-11 C 언어에서 제공하는 실수 자료형

번호	자료형	크기	지수부	가수부	유효숫자(정밀도)
1	float	4 Byte	8	23	7 자리
2	double	8 Byte	11	52	15 자리
3	long double	10 Byte	17	64	19 자리

C 언어에서 실수형 자료를 다룰 때 부동 소수점 수식 연산만은 언제나 8바이트 크기(double형)로 행하여진다는 점이다. 비트 구조보다는 4바이트 혹은 8바이트 크기로 기억장소에 저장된다는 점에 주의해야 하며, 부동 소수점 연산을 수행할 때에는 반올림 오차(Round-off error)가 발생한다는 점을 고려하여 수치의 정밀성(유효 숫자)에 대해 주의를 기울여야 한다.

다음은 부동 상수(Floating Constant 혹은 실수형 상수)에 대해서 공부해 보도록 하자. 부동 상수의 자료형은 double 형이다. 표현은 고정 소수점 표기법으로도 표현할 수 있으나 C 언어에서는 컴파일 시에는 무조건 부동 소수점 표기법으로 처리한다. 따라서 부동 소수점 표기법의 서식은 다음과 같다.

> [부호][정수부].[소수부][[e|E][부호]지수부][접미사 F f L l]

그림 7-32 C 언어에서 부동 소수점 표기법의 서식

위 서식에서 [] 는 생략이 가능하다는 것이고 |는 선택하라는 의미이다. 정수부와 소수부 둘 다를 한꺼번에 생략할 수 없으며, 부호는 + 또는 - 인데, + 일 경우에는 생략해도 되지만 - 는 생략이

안 된다. 접미사가 없을 때 모든 부동 상수는 double형으로 취급하고, F(또는 f) 접미사를 붙이게 되면 float형으로, 접미사 L 또는 l은 부동 상수가 long double 형이라는 것을 나타내기 위해 쓰이지만 long double 형은 double형과 동일하므로 붙이나 마나이다. 접미사 L(또는 l)과 F(또는 f)를 둘 다 붙였을 경우는 부동 상수는 long float형이라는 것을 나타내지만 long float 형은 double 형과 동일하므로 역시 붙이나 마나이다.

아래 문제를 가지고 실수 표현들에 대해 공부해 보도록 하자.

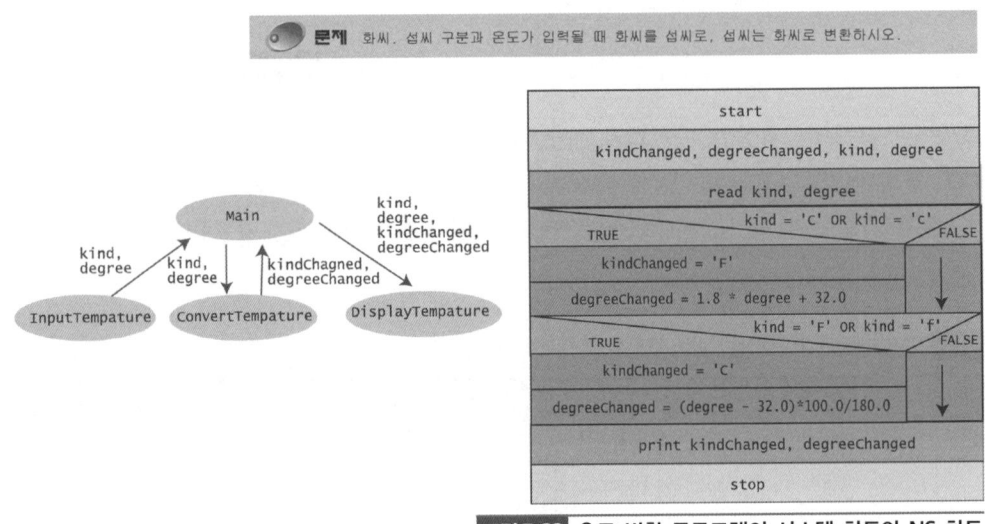

그림 7-33 온도 변환 프로그램의 시스템 챠트와 NS 챠트

표 7-12 자료명세표

번호	명 칭		자료형	구 분	설 명
	한 글	영 문			
1	변환된 구분	kindChanged	문자	출력	
2	변환된 온도	degreeChanged	실수	출력	
3	구분	kind	문자	입력	화씨, 섭씨 온도 구분
4	온도	degree	실수	입력	

입력된 온도와 변환된 온도의 자료형은 실수이다. 우리의 체온인 36.5 ℃처럼 소수점이 있는 숫자를 표현하기 때문이다. C 언어로 어떻게 표현되어 지는지 공부해 보도록 하자.

앞에서 정리된 대로 float와 double를 사용할 수 있는데 여기서 사용되는 섭씨온도와 화씨온도는 광범위한 수를 다룰 필요없이 유효숫자가 2자리 이하인 작은 수들을 취급하기 때문에 double 형보다는 float 형으로 자료형을 결정하도록 하자.

실수형 데이터를 입력하는 방법부터 공부해 보도록 하자. InputTempature 모듈에 대해 C 코드로 작성해 보도록 하자. InputTempature 모듈은 C 언어의 논리적 모듈인 함수 하나로 작성되어야 한다. 출력 데이터들이 2개이기 때문에 함수의 반환형을 void로 지정하고, 출력 데이터들은 매개변수로

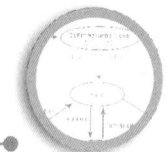

선언되어야 하는데, 포인터형으로 선언하면 된다.

두 개의 포인터 변수를 선언해 보자. [그림 7-36]에서 InputTempature() 함수 스택에 할당되어져 있는 kind와 degree 변수들을 어떻게 선언 및 정의될까? 앞에서 배운 대로 kind 변수를 선언해 보자.

```
(1) 변수 명칭을 적는다                                      : kind
(2) 변수에 저장될 값이 주소이므로 변수 명칭앞에 *를 붙인다      : *kind
(3) 변수에 저장된 값인 주소를 갖는 다른 변수의 자료형을 * 앞에 적는다 : char *kind
```

그림 7-34 매개변수 kind 포인터 변수 선언

입력된 값이 저장될 변수, 즉 main() 함수 스택에 할당되어져 있는 kind 의 자료형은 문자형이므로 char이어야 한다.

이번에는 degree변수에 대해서 선언해 보자.

```
(1) 변수 명칭을 적는다                                      : degree
(2) 변수에 저장될 값이 주소이므로 변수 명칭앞에 *를 붙인다      : *degree
(3) 변수에 저장된 값인 주소를 갖는 다른 변수의 자료형을 * 앞에 적는다 : float *degree
```

그림 7-35 매개변수 degree 포인터 변수 선언

포인터 변수에 저장된 값인 주소를 갖는 main() 함수 스택에 할당된 degree에 저장되어질 값의 자료형이 실수형이기 때문에 float를 자료형으로 결정해야 한다.

이렇게 해서 매개변수에 사용자에 의해서 키보드로 입력되는 값을 저장하는 것이 아니라 키보드로 입력되는 값을 저장할 변수의 주소를 저장하도록 하기 위한 것이다. [그림 7-36]과 같이 main() 함수 스택에 할당된 kind와 degree의 주소를 저장하도록 해야 InputTempature() 함수가 끝난 후에 사용자로부터 입력받은 값들을 저장하고 있어 ConvertTempature() 함수와 DisplayTempature() 함수에서 사용할 수 있을 것이다.

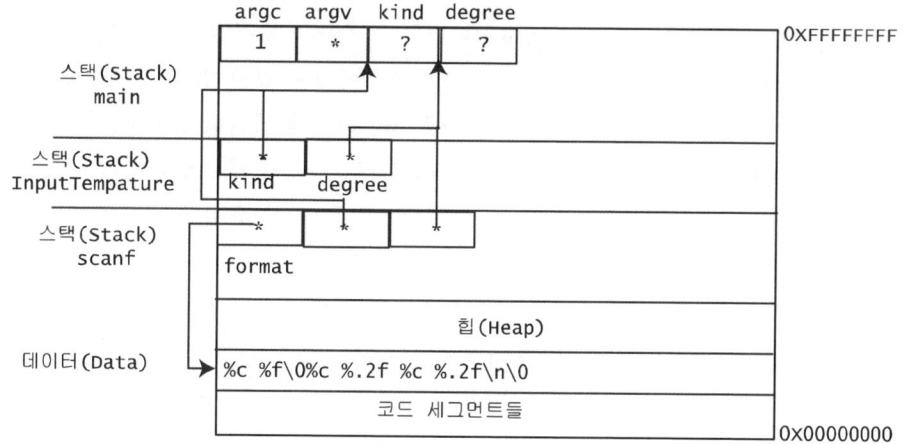

그림 7-36 InputTempature()함수가 호출된 후 scanf() 함수를 호출후 메모리 맵

그래서 [코드 7-29]에서 05번째 줄에서처럼 InputTempature() 함수가 선언되어진다.

```
01 : // 표준 입출력 헤더 파일 포함
02 : #include <stdio.h>    //scanf()
03 :
04 : // 함수 선언 : 온도를 입력받는다
05 : void InputTempature(char *kind, float *degree);
06 :
07 : int main(int argc, char* argv[]) {
08 :     char kind; // 온도 구분 지역 변수 선언
09 :     float degree; // 온도 지역 변수 선언
10 :
11 :     // 함수 호출 : 온도를 입력받는다
12 :     InputTempature(&kind, &degree);
13 :
14 :     return 0;
15 : }
16 :
17 : // 함수 정의 : 온도를 입력받는다
18 : void InputTempature(char *kind, float *degree) {
19 :     scanf("%c %f", kind, degree);
20 : }
```

코드 7-29 InputTempature() 함수 선언, 정의 그리고 호출

다음은 함수 호출을 공부해 보도록 하자. 출력 데이터가 2개 있으므로 호출하는 함수쪽에서는 출력 데이터를 저장할 필요가 있다면 반드시 출력 데이터를 저장할 변수들을 선언해야 한다. 여기서는 다른 함수들에서 사용해야 하기 때문에 저장해야 한다. 그래서 [코드 7-29]에서 08번째 줄과 09번째 줄에 입력되는 온도 구분과 온도를 각각 저장하기 위한 지역변수들을 선언 및 정의하고 있다. [그림 7-36]에서 main() 함수 스택에 있는 kind와 degree 기억장소를 할당하기 위한 변수 선언문들이다.

[코드 7-29]에서 12번째 줄은 InputTempature() 함수 호출문장이다. main() 함수 스택에 할당된 변수들의 주소를 구해서 값을 복사해 주어야 한다. 따라서 스택에 할당된 변수에 대해 주소를 구하기 위해서는 주소 연산자(&)를 이용한 수식을 만들어야 한다. InputTempature() 함수 스택이 할당되면서 kind와 degree 매개변수들에 기억장소들이 할당됨과 동시에 복사되어지는 주소들이 저장되게 된다. 그래서 [그림 7-36]에서 InputTempature() 함수 스택이 만들어지는 것이다.

다음은 InputTempature() 함수를 정의해 보자. 이 함수에서는 표준 입력 함수인 scanf() 함수를 호출하는 문장이 작성되면 된다. 서식문자열을 만들어야 하는데 입력받아야 하는 데이터들이 2개로 하나는 문자형 데이터이고 하나는 실수형 데이터이므로 데이터 개수에 대해 % 기호, 문자형에 대해 형 변환 문자 c, 그리고 실수형에 대해 형 변환 문자 f를 사용해서 작성하면 된다. 그리고 키보드로 입력받은 데이터들을 저장할 변수의 주소를 값 복사하면 된다.

[그림 7-36]을 보면 InputTempature() 함수 스택에 할당된 변수들에 키보드로 입력받은 데이터들을 저장할 변수들의 주소가 저장되어 있기 때문에 여기서는 변수들에 저장된 값을 scanf() 함수에 복사하면 되므로 kind와 degree를 차례대로 열거하면 변수 명칭 자체는 변수에 저장되어 있는 값을 의미하기 때문에 원하는 값들을 복사할 수 있는 것이다.

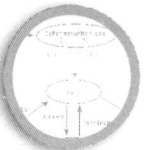

C를 배우면 함수를 잘 만들어야 한다

다음은 상수 처리에 대해서 공부해 보도록 하자. 상수 처리에 대한 표현들을 하기 위해서는 산술 및 논리 모듈인 ConvertTempature 모듈의 [그림 7-37]을 C로 코드를 작성해 보자.

$$degreeChanged = 1.8 * degree + 32.0$$

그림 7-37 섭씨를 화씨로 변환하는 수식

ConvertTempature 모듈은 출력 데이터가 2개이므로 마찬가지로 반환형은 void로 처리해야 한다. 그리고 출력 데이터는 매개변수로 선언하되 자료형은 출력할 데이터의 자료형에 대해 포인터형이어야 한다. 또한 ConvertTempature 모듈은 입력 데이터도 2개 있으므로 입력 데이터도 매개변수로 선언해야 한다. 입력 데이터는 기본적으로 입력되는 데이터의 자료형이어야 한다.

여기서 다시 한번 더 기억하자. 출력 데이터가 매개변수로 표현될 때에는 C 언어에서는 출력하고자 하는 데이터의 자료형에 대한 포인터형이어야 한다는 것이다.

출력데이터와 입력 데이터가 둘 다 매개변수 목록에 작성될 때는 관습적으로 입력 데이터 매개변수부터 먼저 선언한다.

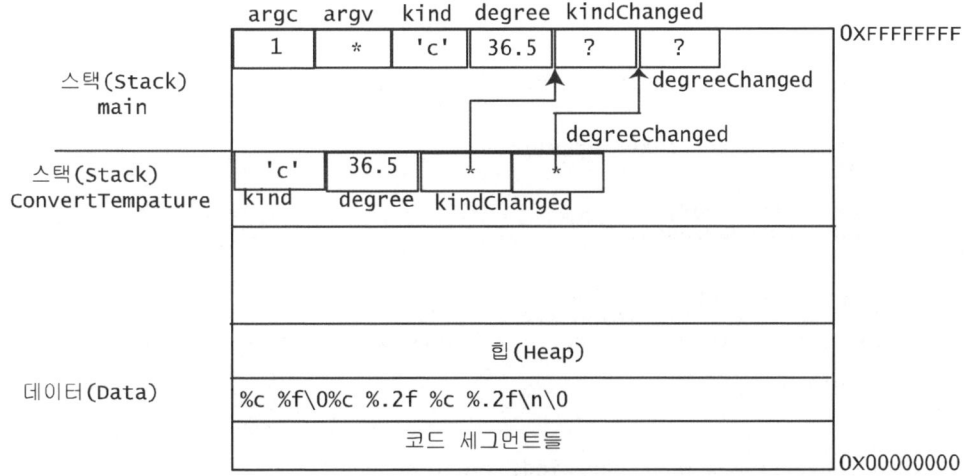

그림 7-38 ConvertTempature() 함수 호출 후 메모리 맵

[그림 7-38]을 보고 ConvertTempature() 함수를 선언해 보자. 입력 데이터들, kind와 degree에 대해 선언하고, 출력 데이터들 kindChanged와 degreeChanged에 대해 포인터 변수를 선언해야 한다.

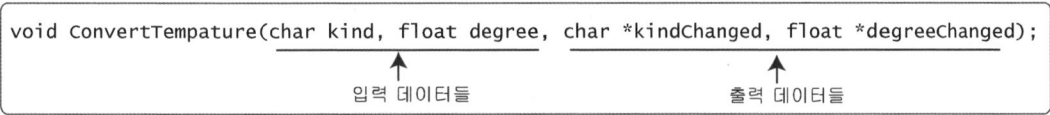

코드 7-30 ConvertTempature() 함수 선언

다음은 함수를 호출해 보자. InputTempature() 함수에 의해서 kind와 degree에 키보드로 입력된 값들이 저장되어 있는 상태에서 ConvertTempature() 함수가 호출되어져야 한다. 그렇지 않으면 제대로 된 결과를 얻을 수 없을 것이다. InputTempature() 함수에 대한 출력 데이터를 선언하고 함수를 호출하듯이 ConvertTempature() 함수에서도 출력 데이터들에 대한 변수들을 우선 선언 및 정의해야 한다. [코드 7-31]에서 06번째 줄에서 09번째 줄까지를 보면 InputTempature() 함수의 출력 데이터들, kind와 degree 그리고 ConvertTempature() 함수의 출력 데이터들, kindChanged와 degreeChanged 변수들이 선언되어 있다.

kind와 degree에 대해서는 InputTempature() 함수에 의해서 저장되어진 값들을, 그리고 kindChanged와 degreeChanged에 대해서는 변수의 주소를 구해서 값 복사해야 한다. 따라서 변수에 저장된 값들을 복사할 때는 변수 명칭을 나열하면 되고, 변수의 주소를 구하기 위해서는 변수 명칭 앞에 주소 연산자(&)를 붙여 수식을 작성해야 한다. 그래서 [코드 7-31]에서 14번째 줄처럼 함수 호출문장이 작성된다.

다음은 ConvertTempature() 함수를 정의해 보자. 자세한 설명은 제어구조에서 공부하도록 하고 여기서는 상수 처리부분만을 공부하도록 하자. [그림 7-37]에 대해 C 코드를 작성하면 [코드 7-31]과 같이 작성될 것이다.

```
01 : // 함수 선언 : 온도를 바꾸다
02 : void ConvertTempature(char kind, float degree,
03 :      char *kindChanged, float *degreeChanged);
04 :
05 : int main(int argc, char* argv[]) {
06 :     char kind;
07 :     float degree;
08 :     char kindChanged;
09 :     float degreeChanged;
10 :
11 :     // 온도를 입력받는다
12 :     InputTempature(&kind, &degree);
13 :     // 화씨를 섭씨로 혹은 섭씨를 화씨로 바꾸다
14 :     ConvertTempature(kind, degree, &kindChanged, &degreeChanged);
15 :
16 :     return 0;
17 : }
18 :
19 : // 온도를 바꾸다
20 : void ConvertTempature(char kind, float degree,
21 :      char *kindChanged, float *degreeChanged) {
22 :     // 섭씨이면 화씨로 바꾸다
23 :     if(kind == 'C' || kind == 'c') {
24 :         *kindChanged = 'F';
25 :         *degreeChanged = 1.8F * degree + 32.0F;
26 :     }
27 :     // 화씨이면 섭씨로 바꾸다
28 :     if(kind == 'F' || kind == 'f') {
29 :         *kindChanged = 'C';
30 :         *degreeChanged = (degree - 32.0F) * 100.0F/180.0F;
31 :     }
32 : }
```

코드 7-31 ConvertTempature() 함수 선언, 정의 그리고 호출

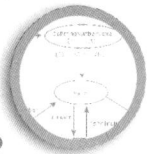

실수형 상수는 항상 소수점이 존재하여야 한다. 따라서 100은 정수형이 되고 실수형 상수를 만들고자 하면 100.0으로 기술해야 한다. 이렇게 작성되면 오류는 없지만 컴파일러 경고가 발생하게 된다. 왜 일까? 앞에서 집중해서 공부한 사람은 알 것 같은데 실수형 상수는 자료형이 double이다. 즉 변환 수식에 의해서 구해진 값은 double 형이고 저장할 변수의 자료형은 float형이기 때문이다. double 8 바이트 크기 기억장소에 저장된 값을 float 기억장소 크기가 4바이트인 변수에 저장할 때는 데이터의 손실이 발생할 수 있기 때문에 발생하는 경고이다.

```
01 : // 온도를 바꾸다
02 : void ConvertTempature(char kind, float degree,
03 :         char *kindChanged, float *degreeChanged) {
04 :     // 섭씨이면 화씨로 바꾸다
05 :     if(kind == 'C' || kind == 'c') {
06 :         *kindChanged = 'F';
07 :         *degreeChanged = 1.8 * degree + 32.0;
08 :     }
09 :     // 화씨이면 섭씨로 바꾸다
10 :     if(kind == 'F' || kind == 'f') {
11 :         *kindChanged = 'C';
12 :         *degreeChanged = (degree - 32.0) * 100.0/180.0;
13 :     }
14 : }
```

코드 7-32 실수형 상수 표현

따라서 상수에도 자료형을 명시적으로 정할 수 있는 기능이 있으므로 [코드 7-31]에서 25번째 줄에서 보는 것처럼 상수 값 다음에 대문자 F 든지 아니면 소문자 f를 적어 자료형을 명시하도록 하는 것이 좋은 표현이다. 대개는 대문자 F를 관습적으로 사용한다.

여기서 주소를 알고 있을 때 주소를 갖는 변수에 값을 쓰거나 읽는 방법에 대해서 공부해 보도록 하자. [코드 7-31]에서 25번째 줄을 해석하면 치환 연산자의 오른쪽 수식은 섭씨를 화씨로 바꾸어 구한 값을 치환 연산자의 왼쪽에 기술된 degreeChanged 변수에 저장하는 것이 아니라 degreeChanged 변수에 저장된 주소를 갖는 변수, 즉 다시 말해서 main() 함수 스택에 할당된 degreeChanged에 치환해서 저장하라는 명령이다. [그림 7-38]을 보면서 다시 한번 더 읽어 보도록 하자. 치환 연산자의 왼쪽에 기술된 degreeChanged는 ConvertTempature() 함수 스택에 할당된 변수이고 주소가 저장되어 있는 기억장소이다. degreeChanged에다가 실수형 값을 저장하라는 [코드 7-33]에서 07번째 줄과 같은 코드가 작성된다면 컴파일러는 형이 일치하지 않다는 오류가 발생했음을 알려 줄 것이다.

```
01 : // 온도를 바꾸다
02 : void ConvertTempature(char kind, float degree,
03 :      char *kindChanged, float *degreeChanged) {
04 :    // 섭씨이면 화씨로 바꾸다
05 :    if(kind == 'C' || kind == 'c') {
06 :       *kindChanged = 'F';
07 :       degreeChanged = 1.8F * degree + 32.0F;
08 :    }
09 :    // 화씨이면 섭씨로 바꾸다
10 :    if(kind == 'F' || kind == 'f') {
11 :       *kindChanged = 'C';
12 :       *degreeChanged = (degree - 32.0F) * 100.0F/180.0F;
13 :    }
14 : }
```

코드 7-33 형 불일치 오류 코드

말도 되지 않는 소리지만 설령 오류가 없이 저장되었다하더라도 ConvertTempature() 함수가 끝난 후 ConvertTempatue() 함수 스택에 할당된 변수가 할당 해제되면서 저장된 값이 소멸될 것이다. 따라서 main() 함수 스택의 degreeChanged에는 계산된 값이 존재하지 않을 것이다. 그래서 주소를 갖는 변수에 직접 값을 쓰거나 읽기 위해서는 읽거나 쓰기 전에 내용 참조 연산을 해야 한다. 따라서 C 언어에서는 간접 연산자(Indirection operator, *)를 제공하는 것이다. 그래서 주소를 갖는 변수, 즉 포인터 변수 명칭앞에 간접 연산자 *를 붙여서 내용 참조 연산을 수행하도록 수식을 작성해야 한다. [코드 7-31]에서 24, 25, 29, 30번째 줄의 kindChanged와 degreeChanged 변수 앞에 모두 간접 연산자 * 을 전위 표기로 기술되어야 kindChanged와 degreeChanged 변수에 저장된 주소를 갖는 변수들인 main() 함수 스택에 할당된 kindChanged와 degreeChanged 변수에 계산된 값들을 제대로 쓸 수가 있어 ConvertTempature() 함수 스택에 끝난 후 계산된 결과 값들을 main() 함수 스택에 할당된 변수들에 저장하여 유지할 수 있는 것이다.

여기서 주의해야 하고 명심할 내용이 있다. 변수 선언할 때 사용되는 별표(*)와 내용을 읽고 쓰기 할 때 사용되는 별표(*)를 명확히 구분해야 한다는 것이다. 변수 선언할 때는 변수에 저장되어질 값이 주소임을 강조하는 구두점(Punctunator)이고, 내용을 읽거나 쓸 때는 주소를 갖는 변수에 저장될 값이거나 저장된 값을 의미하는 연산자(Operator)이다.

다음은 출력에 대해 공부해 보도록 하자. DisplayTempature 모듈은 출력 데이터가 없으므로 DisplayTempature() 함수는 반환형을 void로 처리하고, 4개의 입력 데이터가 있기 때문에 매개변수로 선언하면 된다. 그리고 DisplayTempature() 함수에서는 표준 출력 함수인 printf() 함수를 호출하는 코드가 작성되면 된다. 4개의 데이터에 대해 %기호 4번을 적고, 각각 출력하고자 하는 데이터의 자료형에 맞게 문자는 c, 그리고 실수는 f 형 변환 문자를 적으면 된다. 실수인 경우 소수점 이하 자리의 개수를 구두점(.) 뒤에 기술하여 서식 문자열을 만들 수 있다. [코드 7-34]에서 59번째 줄처럼 printf() 함수 호출문장이 작성될 것이다.

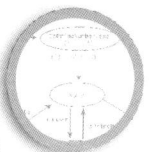

```
01 : /****************************************************************
02 :    파일 명칭 : ConvertTempature.c
03 :    기     능 : 섭씨를 화씨로, 화씨를 섭씨로 바꾸다
04 :    입     력 : 구분, 온도
05 :    출     력 : 변환된 구분, 변환된 온도
06 :    작 성 자 : 김 석 현
07 :    작성 일자 : 2007-12-28
08 : ****************************************************************/
09 : #include <stdio.h> // scanf()
10 :
11 : // 온도를 입력받는다
12 : void InputTempature(char *kind, float *degree);
13 : // 온도를 바꾸다
14 : void ConvertTempature(char kind, float degree,
15 :         char *kindChanged, float *degreeChanged);
16 : // 온도를 출력하다
17 : void DisplayTempature(char kind, float degree,
18 :         char kindChanged, float degreeChanged);
19 :
20 : int main(int argc, char* argv[]) {
21 :     char kind; // 입력되는 온도 구분 문자를 저장하는 변수
22 :     float degree; // 입력되는 온도를 저장하는 변수
23 :     char kindChanged; // 변환되어 출력되는 온도 구분 문자를 저장하는 변수
24 :     float degreeChanged; // 변환되어 출력되는 온도를 저장하는 변수
25 :
26 :     // 온도를 입력받는다
27 :     InputTempature(&kind, &degree);
28 :     // 화씨를 섭씨로 혹은 섭씨를 화씨로 바꾸다
29 :     ConvertTempature(kind, degree, &kindChanged, &degreeChanged);
30 :     // 온도를 출력하다
31 :     DisplayTempature(kind, degree, kindChanged, degreeChanged);
32 :
33 :     return 0;
34 : }
35 :
36 : // 온도를 입력받는다
37 : void InputTempature(char *kind, float *degree) {
38 :     scanf("%c %f", kind, degree);
39 : }
40 :
41 : // 온도를 바꾸다
42 : void ConvertTempature(char kind, float degree,
43 :         char *kindChanged, float *degreeChanged) {
44 :     // 섭씨이면 화씨로 바꾸다
45 :     if(kind == 'C' || kind == 'c') {
46 :         *kindChanged = 'F';
47 :         *degreeChanged = 1.8F * degree + 32.0F;
48 :     }
49 :     // 화씨이면 섭씨로 바꾸다
50 :     if(kind == 'F' || kind == 'f') {
51 :         *kindChanged = 'C';
52 :         *degreeChanged = (degree - 32.0F) * 100.0F/180.0F;
53 :     }
54 : }
55 :
56 : // 온도를 출력하다
57 : void DisplayTempature(char kind, float degree,
58 :         char kindChanged, float degreeChanged) {
59 :     printf("%c %.2f %c %.2f\n", kind, degree, kindChanged, degreeChanged);
60 : }
```

코드 7-34 섭씨를 화씨로, 화씨를 섭씨로 바꾸는 프로그램

5. 열거형(Enumerated Type)

C 언어에서 논리형(Boolean)은 어떻게 처리해야 할까? C언어에서는 명확히 논리형을 제공하지 않는다. 단지 관계식이나 논리식에서 정수 값으로, 즉 0을 논리적인 거짓(FALSE)으로 그리고 0이 아닌 수를 논리적인 참(TRUE)으로 취급한다. [코드 7-35]와 같이 이러한 개념을 코드에 명확하게 나타내기 위해서는 논리값인 FALSE와 TRUE 을 매크로 상수로 표현하는 것이 더욱더 좋은 표현이다.

```c
01 : /**********************************************************
02 :     파 일 명칭 : IsPrimeNumber.c
03 :     기     능 : 입력받은 수가 솟수인지 아닌지를 판단한다.
04 :     출     력 : 소수 여부
05 :     입     력 : 수
06 :     작 성 자 : 김 석 현
07 :     작성 일자 : 2009년 2월 3일
08 : **********************************************************/
09 : #include <stdio.h> // printf()
10 :
11 : // 매크로 상수
12 : #define FALSE 0 // 거짓에 대한 매크로 상수
13 : #define TRUE  1 // 참에 대한 매크로 상수
14 : // 사용자 정의 자료형 선언
15 : // typedef enum _boolean { FALSE = 0, TRUE = 1 } Boolean;
16 :
17 : // 산술 및 논리 연산 함수
18 : Boolean IsPrimeNumber ( unsigned long int number ) ;
19 :
20 : // 응용 프로그램의 엔트리 포인터 함수 정의
21 : int main(int argc, char* argv[]) {
22 :     Boolean isPrimeNumber; // 출력 자료 변수 선언
23 :     unsigned int number; // 입력 자료 변수 선언
24 :
25 :     // 키보드로 수를 입력받는다
26 :     scanf ( "%d", &number ) ;
27 :
28 :     // 연산을 실행하다
29 :     isPrimeNumber = IsPrimeNumber ( number ) ;
30 :
31 :     // 실행 결과를 모니터에 출력하여 사용자에게 알린다.
32 :     if ( isPrimeNumber == TRUE ) {
33 :         printf ( "%d는 솟수입니다!\n", number ) ;
34 :     }
35 :     else {
36 :         printf ( "%d는 합성수입니다!\n", number ) ;
37 :     }
38 :
39 :     return 0;
40 : }
41 :
42 : // 산술 및 논리 연산 함수
43 : Boolean IsPrimeNumber ( unsigned long int number ) {
44 :     Boolean isPrimeNumber = FALSE ;
45 :     unsigned int remainder ;
46 :     unsigned int i = INITIAL ;
47 :
48 :     // 1. 수를 입력 받는다 : 함수 호출로 인수로 값을 복사한다
49 :     remainder = number ;
50 :     while ( remainder >= i ) {
51 :         remainder = remainder - i ;
52 :     }
53 :
54 :     // 2. 2부터 시작하여 입력받은 수보다 작고 나누어 떨어지지 않는 동안 반복한다
55 :     while ( i < number && remainder != 0 ) {
56 :         // 2.1. 나눌 수를 센다
57 :         i = i + 1 ;
58 :         // 2.2. 나머지를 구한다
59 :         remainder = number ;
60 :         while ( remainder >= i ) {
61 :             remainder = remainder - i ;
62 :         }
63 :     }
64 :     // 3. 나누어 떨어지는 수가 없으면
65 :     if (number == i ) {
66 :         isPrimeNumber = TRUE ; // 소수 여부를 거짓으로 한다
67 :     }
68 :     // 4. 소수 여부를 출력한다.
69 :     return isPrimeNumber ;
70 :     // 5. 끝낸다
71 : }
```

코드 7-35 논리 값에 대해 매크로 상수 표현

[코드 7-35]에서 12번째 줄과 13번째 줄들처럼 같은 용도로 사용되는 매크로 상수를 한꺼번에 정의하는 효과를 가지면서 일정한 범위에 대해 값들을 나타낼 수 있는 표현 기능을 C 언어는 제공한다. [코드 7-35]에서 15번째 줄에서 보는 것처럼 이 기능을 열거형(Enumerated Type)이라고 한다. 형식은 [그림 7-39]와 같다.

```
enum [태그 명칭] { 열거형 멤버 = 값, ... } [열거형 변수 명칭] ;
```

그림 7-39 enum 열거형 형식

enum 키워드를 적고 태그 명칭을 의미있게 주고 멤버들을 열거하기 위해서 구두점인 중괄호를 열고 닫아야 한다. 그리고 중괄호 내부에 열거형 멤버들을 쉼표로 구분하여 열거한다. 열거형 멤버는 멤버 명칭을 적고 구두점인 등호 다음에 상수 값을 차례대로 적으면 된다.

```
enum _boolean { FALSE = 0, TRUE = 1 };
```

코드 7-36 _boolean 열거형 선언 및 정의

태그 명칭은 의미있게 부여하면 되고, 첫글자는 밑줄(_)로 시작하여 소문자들로 기술하되 단어 혹은 음절 구분시에만 대문자를 사용하여 명칭을 부여하는 것이 일반적이다.

멤버를 열거형 상수라고도 부르는 이유는 열거 멤버가 프로그램 내에서는 매크로 상수와 거의 동등하게 사용되기 때문이다. 멤버 명칭은 매크로 상수 명칭과 같이 관습적으로 대문자를 사용하는 것이 일반적이다.

각 열거 멤버는 상수 수식의 값을 가질 수 있다. 또한 상수 수식의 값을 생략하는 것도 가능한데, 생략했을 경우 첫 번째 멤버의 값은 자동으로 0의 값으로 설정되고, 각 멤버는 직전 멤버의 실제 값에 1을 더한 값을 가진다. [코드 7-37]에서 상수 수식 값이 생략되었으므로 FALSE의 값은 0이고 TRUE는 0에다 1을 더한 값이 되어야 하므로 1이 된다. 따라서 [코드 7-37]과 [코드 7-36]은 동일한 것이다.

```
enum _boolean { FALSE, TRUE };
```

코드 7-37 _boolean 열거형 선언 및 정의시 상수 수식 값을 생략한 경우

모든 열거형 데이터는 수식 내에서 항상 int 형으로 자동 변환된다. 그렇지만 정수형를 열거형으로는 명시적으로 형변환해야 한다.

이렇게 선언 및 정의된 열거형은 원시 자료형들과 같은 자료형이기 때문에 변수를 선언과 정의할 때 사용할 수 있다. 이때 사용되는 형식은 [코드 7-38]과 같다. 항상 태그 명칭으로만 변수를 선언과 정의를 할 수 없고 항상 enum 키워드와 같이 사용해서 변수를 선언 및 정의해야 한다.

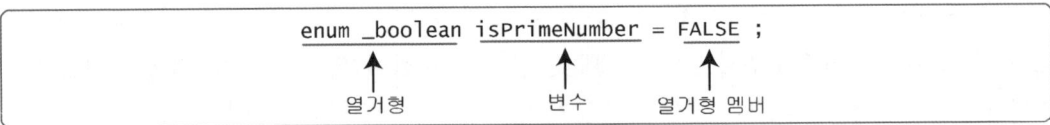

코드 7-38 열거형 사용

[코드 7-35]에 대해 열거형 태그로 다시 코드를 작성하면 [코드 7-39]와 같을 것이다. [코드 7-39]에서 12번째 줄에서 열거형 태그를 선언 및 정의를 한다. 그리고 15번째 줄, 19번째 줄, 40번째 줄, 그리고 41번째 줄에서 사용하여 함수의 반환형으로 혹은 변수의 자료형으로 사용되고 있다.

```c
01 : /***********************************************************
02 :    파일 명칭 : IsPrimeNumber.c
03 :    기    능 : 입력받은 수가 솟수인지 아닌지를 판단한다.
04 :    출    력 : 소수 여부
05 :    입    력 : 수
06 :    작 성 자 : 김 석 현
07 :    작성 일자 : 2009년 2월 3일
08 : ***********************************************************/
09 : #include <stdio.h> // printf()
10 :
11 : // 사용자 정의 자료형. 열거형 선언 및 정의
12 : enum _boolean { FALSE = 0, TRUE = 1 };
13 :
14 : // 산술 및 논리 연산 함수
15 : enum _boolean IsPrimeNumber ( unsigned long int number ) ;
16 :
17 : // 응용 프로그램의 엔트리 포인터 함수 정의
18 : int main(int argc, char* argv[]) {
19 :     enum _boolean isPrimeNumber;  // 출력 자료 변수 선언
20 :     unsigned long int number;  // 입력 자료 변수 선언
21 :
22 :     // 키보드로 수를 입력받는다
23 :     scanf ( "%d", &number ) ;
24 :
25 :     // 연산을 실행하다
26 :     isPrimeNumber = IsPrimeNumber ( number ) ;
27 :
28 :     // 실행 결과를 모니터에 출력하여 사용자에게 알린다.
29 :     if ( isPrimeNumber == TRUE ) {
30 :         printf ( "%d는 솟수입니다!\n", number ) ;
31 :     }
32 :     else {
33 :         printf ( "%d는 합성수입니다!\n", number ) ;
34 :     }
35 :
36 :     return 0;
37 : }
38 :
39 : // 산술 및 논리 연산 함수
40 : enum _boolean IsPrimeNumber ( unsigned long int number ) {
41 :     enum _boolean isPrimeNumber = FALSE ;
42 :     unsigned long int remainder ;
43 :     unsigned long int i = 2 ;
44 :
45 :     // 1. 수를 입력 받는다 : 함수 호출로 인수로 값의 복사한다
46 :     remainder = number ;
47 :     while ( remainder >= i ) {
48 :         remainder = remainder - i ;
49 :     }
50 :
51 :     // 2. 2부터 시작하여 입력받은 수보다 작고 나누어 떨어지지 않는 동안 반복한다
52 :     while ( i < number && remainder != 0 ) {
53 :         // 2.1. 나룰 수를 센다
54 :         i = i + 1 ;
55 :         // 2.2. 나머지를 구한다
56 :         remainder = number ;
57 :         while ( remainder >= i ) {
58 :             remainder = remainder - i ;
59 :         }
60 :     }
61 :     // 3. 나누어 떨어지는 수가 없으면
62 :     if (number == i ) {
63 :         isPrimeNumber = TRUE ; // 소수 여부를 거짓으로 한다
64 :     }
65 :     // 4. 소수 여부를 출력한다.
66 :     return isPrimeNumber ;
67 :     // 5. 끝낸다
68 : }
```

코드 7-39 열거형 태그로 다시 작성된 프로그램

6. typedef

[코드 7-39]에서 열거형 태그 _boolean을 여러 번 사용해 보았다. 이때 태그 명칭 _boolean만으로 자료형을 정하는 것이 아니라 항상 enum 키워드와 함께 기술해서 자료형을 정하는 것은 매우 번거롭다. 정수형 변수를 선언할 때처럼 하나의 단어 int로 자료형을 기술하는 것과 비교하면 좀 어색하고 번거롭다는 것이다. 이러한 부분을 해결하는 기능은 없을까?

프로그램을 작성하다 보면, 논리적인 의미 표현이나 또한 간결한 표현을 하기 위해 프로그래머가 기존 자료형에 대해 새로운 명칭을 만들어 사용하도록 하는 기능이 필요하다. 이러한 새로운 명칭을 만들어 사용하도록 하는 것이 typedef이다. 따라서 이 책에서는 개발자가 새로운 자료형을 만드는 것은 아니나 typedef로 만든 새로운 명칭을 사용자 정의 자료형(명칭)이라고 하겠다. 형식은 [그림 7-40]과 같다.

```
typedef [원시 자료형|유도형|태그] 사용자 정의 자료형 명칭 ;
```

그림 7-40 typedef 형식

원시 자료형 중에서 void 형을 제외한 자료형들에 대해 논리적인 의미 표현에 사용하도록 하자. 앞에서 많이 설명되었듯이 unsigned long int보다는 간결하게 ULong으로 새로운 명칭을 만들어서 사용하도록 하는 것이 코드를 작성함에 있어 효율적이다.

```
typedef unsigned long int ULong ;
```

코드 7-40 ULong 자료형 명칭 만들기

또한 통화형(Currency)에 대해 처리를 해야 한다면 다음과 같이 자료형 명칭을 만들어서 사용하면 더욱더 논리적인 표현을 할 수 있는 것이다. 통화형은 기본적으로 실수형이다. 왜냐 하면 우리나라에서도 화폐단위는 원이지만 실제 회계처리에서는 전도 취급하기 때문이다.

```
typedef double Currency;
```

코드 7-41 Currency 자료형 명칭 만들기

열거형에 대해서는 가급적이면 typedef를 사용해서 사용자 정의 자료형을 선언 및 정의해서 사용하도록 하라. 따라서 앞에서 제기된 열거형 _boolean에 대해 간결하게 표현하여 코드를 작성하는 데 효율적으로 사용하기 위해 사용자 정의 자료형 명칭을 만들어 보면 [코드 7-42]와 같다.

```
typedef enum _boolean { FALSE = 0, TRUE = 1 } Boolean;
```

코드 7-42 Boolean 자료형 명칭 만들기

마찬가지로 태그들인 구조체 태그와 공용체 태그에 대해서는 typedef를 사용해서 레코드 형을 선언 및 정의해서 사용하도록 하라. 여기에 대해서는 19장과 20장을 참고하도록 하자.

그러나 포인터형과 배열형에 대해서는 가급적이면 typedef문의 사용을 자제하도록 하자.

typedef으로 새로 만들어진 사용자 정의 자료형 명칭들을 사용하여 [코드 7-39]를 다시 작성해 보자. 매우 간결한 코드가 작성됨을 알 수 있을 것이다.

```
01 : /************************************************************
02 : 파일 명칭 : IsPrimeNumber.c
03 : 기      능 : 입력받은 수가 솟수인지 아닌지를 판단한다.
04 : 출      력 : 소수 여부
05 : 입      력 : 수
06 : 작 성 자 : 김 석 현
07 : 작성 일자 : 2009년 2월 3일
08 : ************************************************************/
09 : #include <stdio.h> // printf()
10 :
11 : // 사용자 정의 자료형, 열거형 선언 및 정의
12 : typedef enum _boolean { FALSE = 0, TRUE = 1 } Boolean ;
13 : typedef unsigned long int ULong;
14 : // 산술 및 논리 연산 함수
15 : Boolean IsPrimeNumber ( ULong number ) ;
16 :
17 : // 응용 프로그램의 엔트리 포인터 함수 정의
18 : int main(int argc, char* argv[]) {
19 :     Boolean isPrimeNumber; // 출력 자료 변수 선언
20 :     ULong number; // 입력 자료 변수 선언
21 :
22 :     // 키보드로 수를 입력받는다
23 :     scanf ( "%d", &number ) ;
24 :
25 :     // 연산을 실행하다
26 :     isPrimeNumber = IsPrimeNumber ( number ) ;
27 :
28 :     // 실행 결과를 모니터에 출력하여 사용자에게 알린다.
29 :     if ( isPrimeNumber == TRUE ) {
30 :         printf ( "%d는 솟수입니다!\n", number ) ;
31 :     }
32 :     else {
33 :         printf ( "%d는 합성수입니다!\n", number ) ;
34 :     }
35 :
36 :     return 0;
37 : }
38 :
39 : // 산술 및 논리 연산 함수
40 : Boolean IsPrimeNumber ( ULong number ) {
41 :     Boolean isPrimeNumber = FALSE ;
42 :     ULong remainder ;
43 :     ULong i = 2 ;
44 :
45 :     // 1. 수를 입력 받는다 : 함수 호출로 인수로 값의 복사한다
46 :     remainder = number ;
47 :     while ( remainder >= i ) {
48 :         remainder = remainder - i ;
49 :     }
50 :
51 :     // 2. 2부터 시작하여 입력받은 수보다 작고 나누어 떨어지지 않는 동안 반복한다
52 :     while ( i < number && remainder != 0 ) {
53 :         // 2.1. 나눌 수를 센다
54 :         i = i + 1 ;
55 :         // 2.2. 나머지를 구한다
56 :         remainder = number ;
57 :         while ( remainder >= i ) {
58 :             remainder = remainder - i ;
59 :         }
60 :     }
61 :     // 3. 나누어 떨어지는 수가 없으면
62 :     if (number == i ) {
63 :         isPrimeNumber = TRUE ; // 소수 여부를 거짓으로 한다
64 :     }
65 :     // 4. 소수 여부를 출력한다.
66 :     return isPrimeNumber ;
67 :     // 5. 끝낸다
68 : }
```

코드 7-43 typedef로 만들어진 사용자 정의 자료형 명칭으로 작성된 프로그램

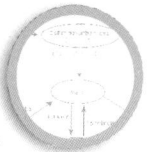

7. 정리

C 언어에서는 기본적으로 정수와 실수에 대한 자료형만을 제공한다. 정수형에 대해서는 int키워드를 기본으로 하여 부호의 사용여부에 대해 unsigned, signed 그리고 워드 크기에 따라 short, long 키워드를 사용할 수 있다. 그래서 정수형에 대해서는 프로그램에서 표현할 값의 범위를 파악해서 정확한 자료형을 결정해야 한다. 그러나 문자를 표현하기 위해서는 char 자료형을 제공하고 있다. 문자도 ASCII 코드로 표현되기 때문에 다시 말해서 정수형 숫자로 표현되기 때문에 char 자료형도 정수형의 또 다른 하나이다.

문자열에 대해 자료형을 제공하지 않아서 char 자료형을 응용하여 char 배열형을 만들어서 사용할 수는 있다. 그러나 char 배열형과 구분하기 위해서 반드시 마지막 문자는 널 문자('\0')가 저장되어야 한다는 규칙을 가지고 있다. 따라서 문자열을 취급할 때는 연산자들을 사용할 수 없고 문자열 관련 라이브러리 함수들을 사용해야 한다.

실수형에 대해서는 double, float 그리고 double 에 대해서는 long를 사용해서 표현할 수 있어 값의 범위를 널릴 수 있다.

그 외 일정한 범위의 값들에 대해서는 enum 키워드를 사용하여 열거형을 만들어서 사용할 수 있다. 특히 C언어가 제공하는 모든 자료형들 그리고 enum, struct, union 태그들에 의해서 작성되어지는 사용자 정의 자료형에 대해 논리적 표현과 간결한 표현을 위해 typedef으로 사용자 정의 자료형 명칭을 만들어서 논리적 그리고 간결한 코드를 작성할 수 있다.

제8장

구문 구조와 연산자
(Operator)

1. 구문 구조(Syntax Structure)와 디버깅(Debugging)

2. 수식(Expression)

3. 연산자(Operator)

4. 정리

제8장 구문 구조와 연산자(Operator)

1. 구문 구조(Syntax Structure)와 디버깅(Debugging)

C 언어에서 컴퓨터에게 시킬 수 있는 일은 어떠한 것들이 있는지 알아보자. 처리하고자 하는 데이터를 특정 기억장소에 저장한 상태에서 프로그램은 정해진 순서에 따라 값을 처리하게 된다. 이렇게 처리해서 값을 구하는 언어의 표현 단위를 수식(Expression)이라고 하고, 언어마다 수식을 기술하는데 필요한 규칙들, 즉 구문구조를 가지고 있어 이에 맞게 수식을 기술해야 한다. 또한 프로그램에 기술된 수식들에 대해 값을 구해 봄으로써 프로그램이 어떻게 처리되는지 알 수 있다. 따라서 프로그램이 정확하게 작성되어졌는지를 확인할 수 있게 된다. 또한 합리적이지 못한 부분이나 비논리적인 부분을 찾아내어 고칠 수도 있다. 따라서 C 언어의 구문구조에 대해 공부해 보도록 하자.

[코드 8-1]을 컴파일과 링크를 해서 실행 파일을 만든 다음 실행 파일을 실행시켰을 때 입력받은 수가 소수인지 판단하는 프로그램이 어떻게 처리되는지에 대해 공부해 보도록 하자.

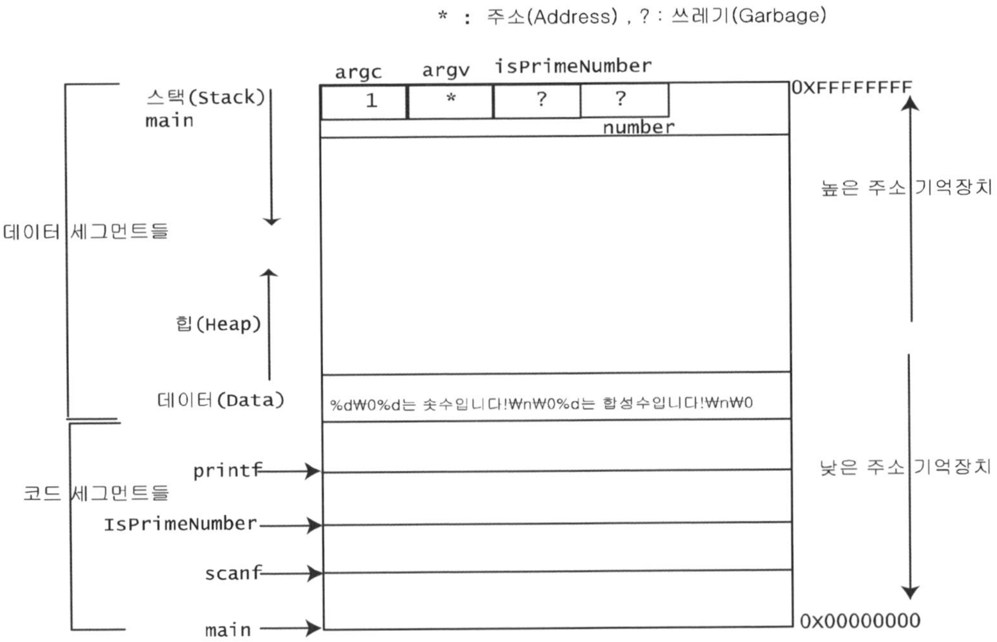

그림8-1 입력받은 수가 소수인지 판단하는 프로그램의 메모리 맵

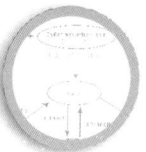

```
01 : /***************************************************************
02 : 파일 명칭 : IsPrimeNumber.c
03 : 함수 명칭 : IsPrimeNumber
04 : 기     능 : 입력받은 수가 솟수인지 아닌지를 판단한다.
05 : 출     력 : 소수 여부
06 : 입     력 : 수
07 : 작 성 자 : 김 석 현
08 : 작성 일자 : 2009년 2월 3일
09 : ***************************************************************/
10 : #include <stdio.h>
11 :
12 : // 사용자 정의 자료형 선언
13 : typedef enum _boolean { FALSE = 0, TRUE = 1 } Boolean;
14 :
15 : // 산술 및 논리 연산 함수 선언
16 : Boolean IsPrimeNumber(unsigned long int number);
17 :
18 : // 응용 프로그램의 엔트리 포인터 함수 정의
19 : int main(int argc, char* argv[]) {
20 :     Boolean isPrimeNumber; // 출력 자료 변수 선언
21 :     unsigned long int number; // 입력 자료 변수 선언
22 :
23 :     // 키보드로 수를 입력받는다
24 :     scanf("%d", &number);
25 :
26 :     // 연산을 실행하다
27 :     isPrimeNumber = IsPrimeNumber(number);
28 :
29 :     // 실행 결과를 모니터에 출력하여 사용자에게 알린다.
30 :     if(isPrimeNumber == TRUE) {
31 :         printf("%d는 솟수입니다!\n", number);
32 :     }
33 :     else {
34 :         printf("%d는 합성수입니다!\n", number);
35 :     }
36 :
37 :     return 0;
38 : }
39 :
40 : // 산술 및 논리 연산 함수
41 : Boolean IsPrimeNumber(unsigned long int number) {
42 :     // 1. 수를 입력 받는다 : 함수 호출로 인수로 값의 복사한다
43 :     Boolean isPrimeNumber = FALSE;
44 :     unsigned long int remainder;
45 :     unsigned long int i = 2;
46 :
47 :     remainder = number;
48 :     while(remainder >= i) {
49 :         remainder = remainder - i;
50 :     }
51 :
52 :     // 2. 2부터 시작하여 입력받은 수보다 작고 나누어 떨어지지 않는 동안 반복한다
53 :     while( i < number && remainder != 0) {
54 :         // 2.1. 나눌 수를 센다
55 :         i = i + 1;
56 :         // 2.2. 나머지를 구한다
57 :         remainder = number;
58 :         while(remainder >= i) {
59 :             remainder = remainder - i;
60 :         }
61 :     }
62 :     // 3. 나누어 떨어지지 않았으면
63 :     if(number == i) {
64 :         isPrimeNumber = TRUE; // 소수 여부를 참으로 한다
65 :     }
66 :     // 4. 소수 여부를 출력한다.
67 :     return isPrimeNumber;
68 :     // 5. 끝낸다
69 : }
```

코드 8-1 입력받은 수가 소수인지 판단하는 프로그램

[그림 8-1]은 입력받은 수가 소수인지 판단하는 프로그램이 주기억장치에서 복사되었을 때 메모리 맵이다. 4 장에서 배운 메모리 모델을 참고하자.

다음은 [코드 8-1]에서 24번째 줄을 실행하게 될 것이다. 따라서 scanf() 함수 호출식을 실행하여 값을 구하게 될 것이다. 수식에서 값을 구하는 것을 "식을 평가한다" 라고 한다. 따라서 scanf() 함수 호출식을 평가하게 되는데 사용자로부터 키보드로 입력되는 값을 읽어들이게 되는 것이다. 24번째 줄의 실행으로 사용자로부터 키보드로 3을 입력받았다고 가정하자. 사용자로부터 3을 입력받은 후 IsPrimeNumber() 함수가 호출되었을 때 어떻게 값들이 처리되어 지는지를 공부해 보도록 하자. IsPrimeNumber() 함수가 호출된다는 것은 [코드 8-1]에서 27번째 줄이 실행된다. 27번째 줄은 하나의 문장이다. 문장은 한 개 이상의 식들로 구성되고 문장이 실행된다는 것은 식들이 각각 값을 구한다는 것을 의미한다. 문장에 대해서는 다음 장에서 자세히 공부하도록 하자. 27번째 줄의 문장은 두 개의 수식으로 구성되어 있다. 하나는 함수 호출식이고 하나는 치환식이다. 이 두 개의 식 중에서는 함수 호출식에 대해 값이 먼저 구해진다. 이처럼 수식에서 값을 구하는 것을 "식을 평가한다"라고 한다. 즉 함수 호출식이 먼저 평가되어진다. 함수 호출식이 평가되어진다는 말은 함수가 호출된다는 것이다. [그림 8-2]는 IsPrimeNumber() 함수가 호출된 직후의 메모리 맵이다.

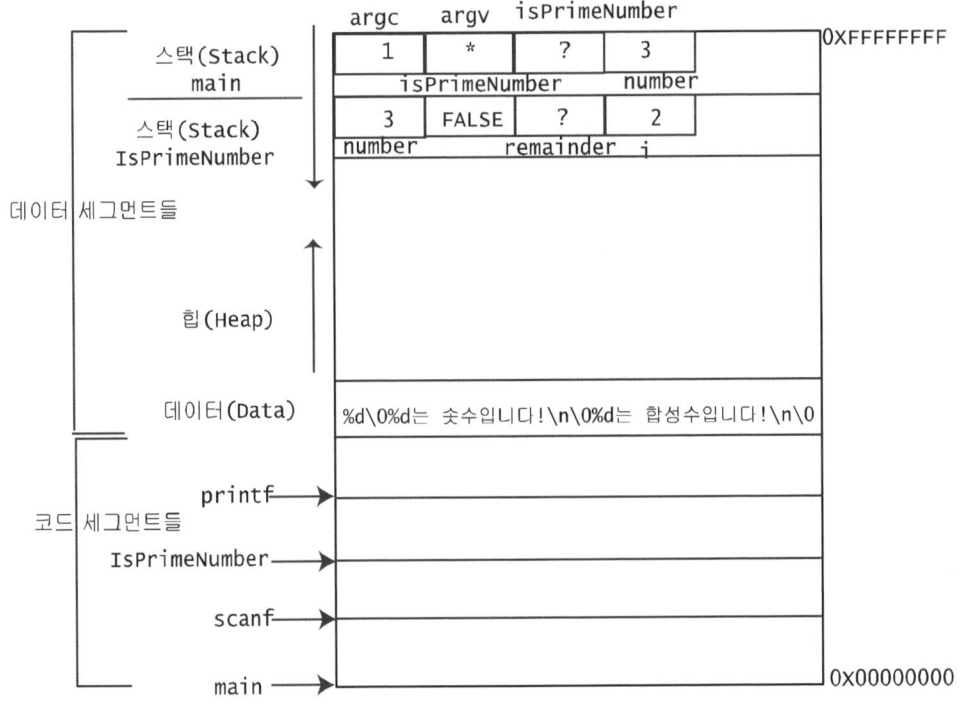

그림 8-2 IsPrimeNumber 함수가 호출되었을 때 상태

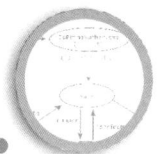

27번째 줄의 실행으로 main() 함수 스택에 할당된 number에 저장되어져 있던 값, 3이 복사되어 IsPrimeNumber() 함수 스택에 할당된 매개변수 number에 저장되게 된다. 그리고 isPrimeNumber와 i는 초기화에 의해서 각각 FALSE와 2를 저장하게 되고, remainder만 쓰레기 값을 가지게 된다.

다음은 47번째 줄이 실행될 것이다. 하나의 수식으로 구성된 문장이다. 어떻게 값이 처리되는지 알아 보도록 하자. 치환연산자의 오른쪽에 기술된 변수 number는 주기억장치 number에 저장된 값인 3을 중앙처리장치에 장착되어있는 레지스터로 값을 복사하도록 하는 식이다. 이때 전산에서 중요한 개념인 오른쪽 값(R-Value)을 이해해야 한다. 치환 연산자의 오른쪽에 기술되는 상수, 변수 그리고 수식은 처리되고 있는 중앙처리장치의 레지스터에 있는 값을 의미한다는 것을 명심하도록 하자.

치환연산자의 왼쪽에 기술되어진 변수 remainder는 주기억장치에 저장되어진 값을 나타내며 왼쪽 값(L-Value)이라고 한다. 처리를 위해 주기억장치에 저장되어져 있는 값이다.

이렇게 변수들과 연산자로 구성되어지고 값 하나를 구하는 문법적인 표현 단위를 식이라고 한다. 여기서는 컴퓨터의 데이터 처리에서 가장 기본적인 연산인 데이터 이동에 대한 치환식이다. remainder에 저장될 하나의 값을 구하는 것인데, number에 저장되어져 있는 값인 3을 레지스터로 복사하고, 그 복사된 값을 다시 주기억장치인 remainder에 복사하도록 하는 식이다. remainder에 있던 쓰레기 값이 없어지고 3이 쓰이게 된다. 이때 주의할 점은 치환에 의해서 쓰이기 전의 값은 영원히 복구할 수 없다는 점을 명심하도록 하자.

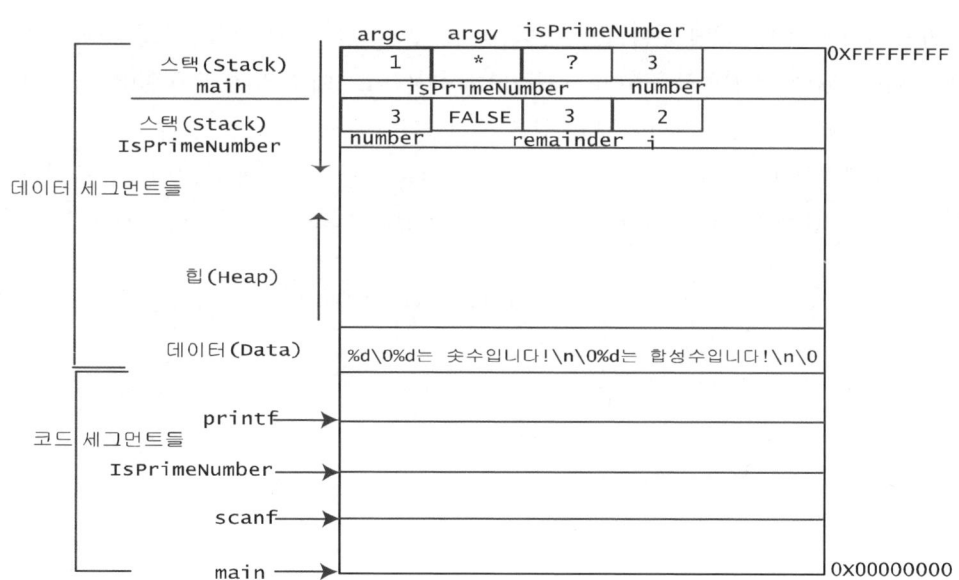

그림8-3 47번째 줄의 치환문장이 실행된 후

1. 구문 구조(Syntax Structure)와 디버깅(Debugging)

다음은 48번째 줄을 실행하게 되는데 여기서는 while 반복문장을 실행하게 된다. while 반복문장은 선 검사 반복구조(혹은 진입 조건 반복구조)로 반복을 할지 말지에 대해 조건식을 평가해서 참이면 반복을 실행하고 거짓이면 반복을 하지 않고 탈출하게 된다. while 반복문장에서 사용되는 조건식은 소괄호안에 기술되어 있다. 대개 조건식은 관계식과 논리식으로 구성되나 여기서는 관계식 하나로 구성된다. 관계식을 평가한 값은 항상 오른쪽 값이다. 즉 다시 말해서 레지스터에 값이 존재하는 것이다. 조건식이 어떻게 처리되는지 확인해 보자. 관계식에 사용되어진 두 개의 변수에 저장되어져 있는 값들을 레지스터로 복사한다. 따라서 3과 2를 레지스터로 복사하게 되고 ≥(크거나 같은지) 관계 연산자를 이용하여 값을 구한다. 3이 2보다 크거나 같은지에 대해 값을 구하게 되는 것이다. 이를 "식을 평가한다"라고 한다. 관계식을 평가하면 참이다. C 언어에서는 논리형을 제공하지 않으므로 0이 아닌 값을 논리적인 참으로 그리고 0을 논리적인 거짓으로 취급한다. 대개는 C 언어에서는 논리적인 참으로 1을 사용하지만 이 책에서는 참과 거짓으로 취급하도록 하겠다.

while 반복문장에서 조건식이 참이므로 반복제어 블록으로 이동되어 반복을 실행하게 된다. 49번째 줄을 실행하게 된다. 49번째 줄은 산술식과 치환식으로 구성되어져 있다. 이렇게 두 개 이상의 식들로 구성된 식을 복합 수식(Complex Expression)이라고 한다. 이러한 경우에는 어떠한 식을 먼저 평가할 지에 대한 순서도 지정되게 된다. 식을 평가하는 순서를 지정하는 개념으로 우선순위와 결합성이 적용되어야 한다.

산술식과 치환식이 있는 경우는 산술식이 치환식보다는 우선순위가 높다. 즉 다시 말해서 산술식을 먼저 평가해야 한다는 것이다. 그러면 산술식부터 먼저 평가해 보자. 49번째 줄에서 치환연산자의 오른쪽에 기술되어져 있는 수식이 산술식이다. 치환 연산자에 오른쪽에 기술되는 상수, 변수 그리고 수식은 레지스터에 있는 값을 의미한다는 것은 앞에서 언급했다. 산술식에 사용된 변수중에서 remainder에 저장된 값을 읽어 레지스터에 복사하고, i에 저장된 값을 읽어 바로 빼기를 해서 구한 값을 레지스터에 저장한다. 3을 읽어 레지스터에 복사하고 2를 읽어 바로 3에서 2를 빼서 1을 구해 레지스터에 저장하다. 따라서 현재 산술식을 평가해서 구한 값, 1이 레지스터에 저장되어 있게 된다. 다음은 치환식에 의해서 레지스터에 저장되어 있는 값 1이 remainder에 저장되게 된다.

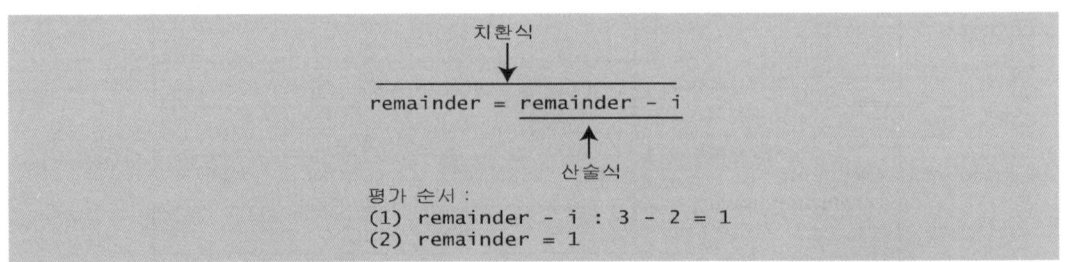

그림8-4 식의 평가 순서

따라서 49번째 줄이 실행된 후에 [그림 8-5]와 같은 메모리 맵이 작도된다.

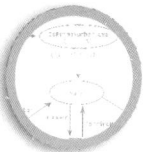

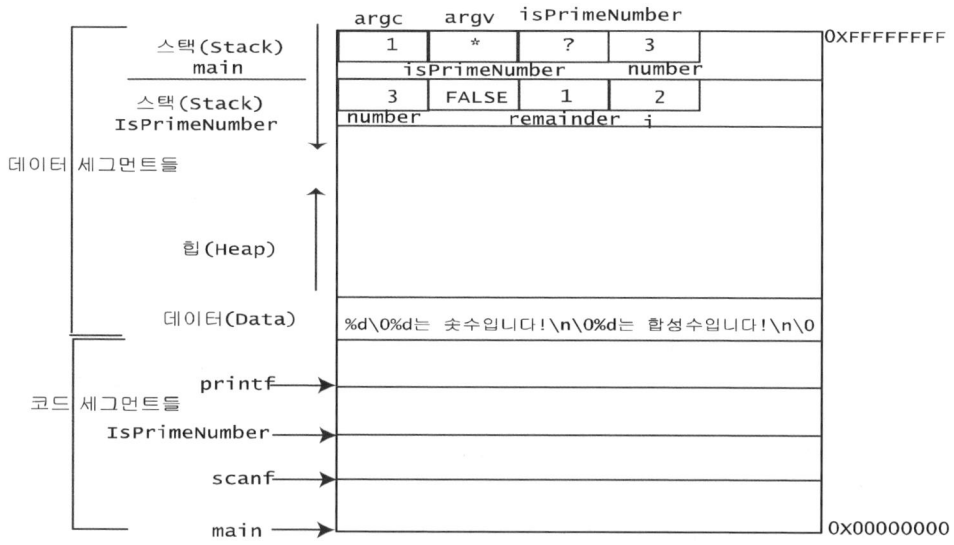

그림 8-5 49번째 줄의 실행이 끝날 때

이 상태에서 다시 실행 제어는 50번째 줄로 이동하는데 while 반복제어블록의 끝을 만나기 때문에 다시 while 반복문장의 조건식으로, 즉 48번째 줄로 이동하게 되어 다시 조건식을 평가하게 된다. 조건식이 참이면 계속해서 반복이 실행되어야 한다. 거짓이면 탈출하면 된다. remainder에 저장되어진 값 1과 i에 저장되어진 값 2를 다시 레지스터로 복사한 다음 >= 관계 연산자를 이용하여 1이 2보다 크거나 같은지를 평가하게 된다. 평가된 결과는 거짓이다. 따라서 while 반복문장은 거짓일 때 while 반복문장의 제어블록의 끝을 나타내는 50번째 줄을 건너뛰어 반복을 벗어나고 실행제어가 이제 53번째 줄로 이동하게 된다.

53번째 줄도 while 반복문장이다. 따라서 조건식을 평가해야 한다. [그림 8-6]과 같이 조건식을 구성하는 식이 3개로 구성되어 있다. 관계식으로 2개가 있고 논리식으로 1개가 있다. 따라서 복합 수식이다. 이러한 경우 우선순위와 결합성을 이용하여 수식을 평가해야 한다.

어떻게 수식이 평가되는지 알아보자. 기본적인 우선순위는 산술>관계>논리 순이다. 따라서 논리식보다는 관계식을 먼저 평가해야 한다. 그러나 관계식이 2개가 있다. 그러면 우선순위가 같은 경우 어떠한 식부터 먼저 평가해야 하는가? 이때는 우선순위가 아니라 결합성에 의해서 결정된다. 관계식에 적용되는 결합성은 왼쪽부터 오른쪽으로 평가되도록 정해져 있다.

따라서 i < number 관계식이 number != 0 관계식보다 먼저 평가되어야 한다. 수식에 사용되어진 변수들에 있는 값들을 레지스터에 복사하고 [그림 8-6]을 보면 2가 3보다 작은지에 대해 평가를 하면 된다. 평가해서 구한 값은 참이다. 다음은 number != 0에 대해 평가를 하면 수식에 사용되어진 변수에 저장된 값과 상수를 레지스터에 읽고 1과 0이 같지 않은지에 대해 평가하면 같지 않기 때문

1. 구문 구조(Syntax Structure)와 디버깅(Debugging) 241

에 참이 된다.

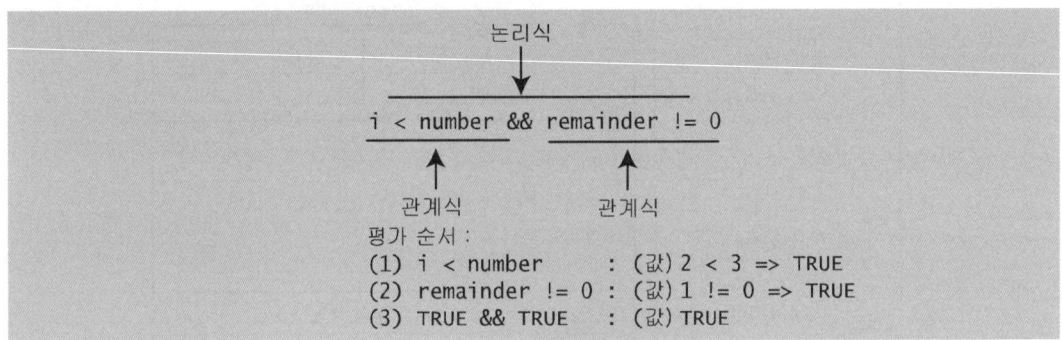

그림 8-6 53번째 줄의 while 반복문장의 조건식 평가

마지막으로 논리식을 평가하면 되는데 관계식들에서 구해진 참과 참을 가지고 && 논리곱 연산자로 평가하면 참으로 평가된다. 논리곱 연산자에서는 연산에 필요한 값, 즉 피연산자들이 2개이여야 한다. 그래서 연산자들을 분류할 때 피연산자들의 개수를 기준으로 할 때 2개의 피연산자를 갖는 연산자를 이항 연산자라 한다. 논리곱 연산자에서는 두 개의 피연산자의 값이 모두 참일 때만 참이기 때문에 앞에서 평가되어진 관계식의 값이 거짓이면 논리식 이후의 관계식을 평가하지 않고 바로 거짓으로 평가하게 된다. 이러한 현상을 Short circuit이라고 한다.

while 반복문장의 조건식이 참이므로 반복제어블록으로 이동한다. 55번째 줄로 이동하여 문장을 실행하게 된다. 문장을 실행한다는 말은 수식을 평가하여 값의 처리를 실행함을 말한다. 55번째 줄도 보면 산술식과 치환식으로 구성되어 있다. 따라서 우선순위에 의해 산술식을 먼저 평가해야 하고 산술식에 의해서 구해진 값으로 치환식을 평가하면 된다.

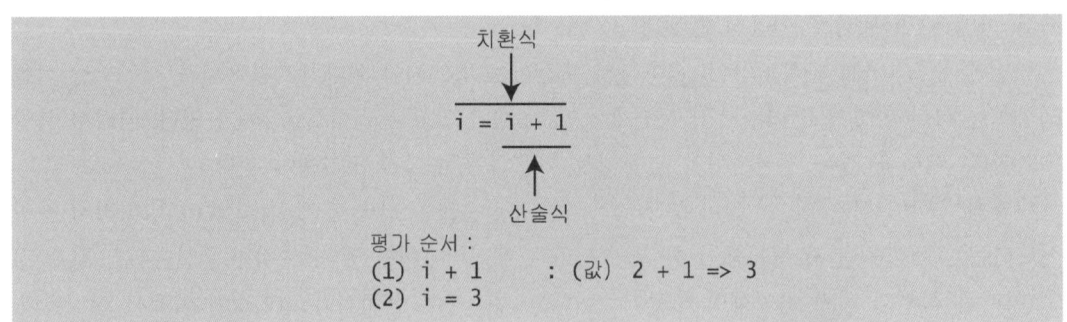

그림 8-7 55번째 줄의 수식 평가

치환 연산자의 오른쪽에 기술되어진 산술식을 먼저 평가해 보자. [그림 8-7]에서 보는 것처럼 수식에 사용되어진 변수 i에 저장된 값을 읽어 레지스터에 복사한다. 2를 읽어 레지스터에 복사하고 바로 1을 더하여 구해진 값 3을 레지스터에 저장한다. 이때까지는 아직 메모리 맵상에 작도된

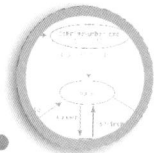

i에 저장된 값이 바뀌지 않는다. i에 저장된 값이 바뀌기 위해서는 치환식이 평가되어야 한다. 치환 연산자에 의해서 레지스터에 저장되어져 있는 값 3을 주기억장치에 할당된 변수 i에다가 저장하게 된다. 이제 주기억장치에 할당된 변수가 바뀌는 것이다. 따라서 주기억장치에 할당된 변수에 저장된 값을 바꾸기 위해서는 치환을 해야 한다는 것을 기억하도록 하자. 이렇게 변수 하나를 이용하여 값을 가감할 수 있는 표현을 누적이라고 한다.

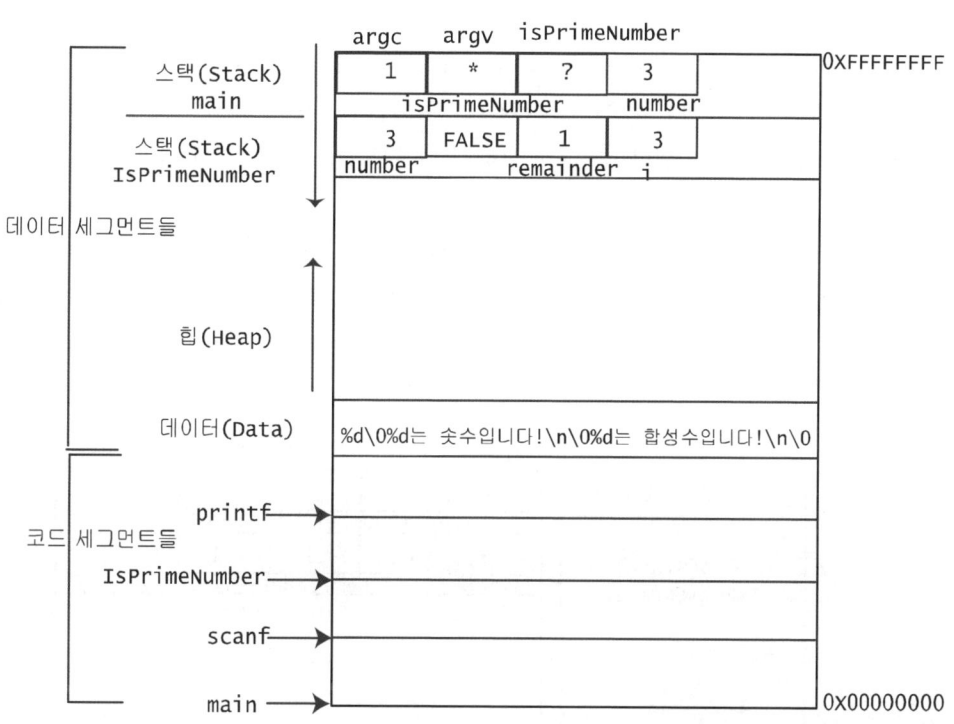

그림 8-8 55번째 줄이 실행된 후

다음은 57번째 줄로 이동하여 표현식 문장을 실행하게 된다. 앞에서 배운 대로 따라서 해보자. 실행이 된 후에는 remainder에 저장되어지는 값이 얼마일까? 여러분이 구한 값과 [그림 8-9]를 보고 확인해 보자. 다시 remainder값은 다시 number의 값으로 치환되기 때문에 3이 될 것이다.

다음은 58번째 줄로 이동하여 while 반복문장을 실행하게 된다. while 반복문장은 선 검사 반복 구조라서 우선 반복할지 말지에 대해 검사를 하게 된다. 그러기 위해서 조건식을 평가해야 한다. 관계식 하나에 대해 값을 평가하면 된다. 58번째 줄에서 while 키워드 바로 다음 소괄호안에 기술되어져 있는 관계식을 평가하면 된다. 관계식에 사용되어진 변수들에 저장된 값들을 레지스터에 복사한다. 즉 [그림 8-9]에서 보는 것처럼 remainder에 저장되어져 있는 값 3과 i에 저장되어져 있는

1. 구문 구조(Syntax Structure)와 디버깅(Debugging)

값 3을 복사한다. 그리고 >= 관계 연산자를 이용하여 3이 3보다 작거나 같은지에 대해 평가를 하게
된다. 평가되어진 값은 참이다. 따라서 while 반복문장의 제어블록으로 실행제어를 이동하여 59번
째 줄을 실행하게 된다.

 59번째 줄의 실행 결과에 대해서 메모리 맵을 바꾸어 보도록 하자. 산술식에 의해서 0이 구해지
고 구해진 0을 remainder에 다시 저장하게 되므로 remainder에 저장된 값이 0이 되어야 한다.

 60번째 줄에서 while 반복문장의 제어블록의 끝을 나타내는 닫는 중괄호를 만남으로 실행제어는
아래쪽으로 이동하는 것이 아니라 위쪽으로 이동하여 58번째 줄로 이동하게 된다. 다시 조건식을
평가하게 되는데 remainder에 저장된 값 0을 처리하기 위해 레지스터에 복사하고, i에 저장된 값인
3도 레지스터에 복사하고 >= 관계 연산자로 0이 3보다 크거나 같은지에 대해 평가를 하게 된다.
평가되어진 값은 거짓이므로 while 반복문장에서는 거짓일 때는 58번째 줄에서 60번째 줄까지의
반복 제어블록을 벗어나게 된다. 즉 다시 말해서 반복문장을 탈출하게 되어 61번째 줄로 이동하게
된다. 61번째 줄의 닫는 중괄호도 53번째 줄의 while 반복문장의 제어블록의 끝을 나타내기 때문에
실행제어는 다시 53번째 줄로 이동하게 된다. 조건식을 평가하게 되는데, [그림 8-6]에서 본 것처럼
조건식을 구성하는 3 개의 식들에서 우선순위와 결합성에 의해 i < number 관계식이 제일 먼저

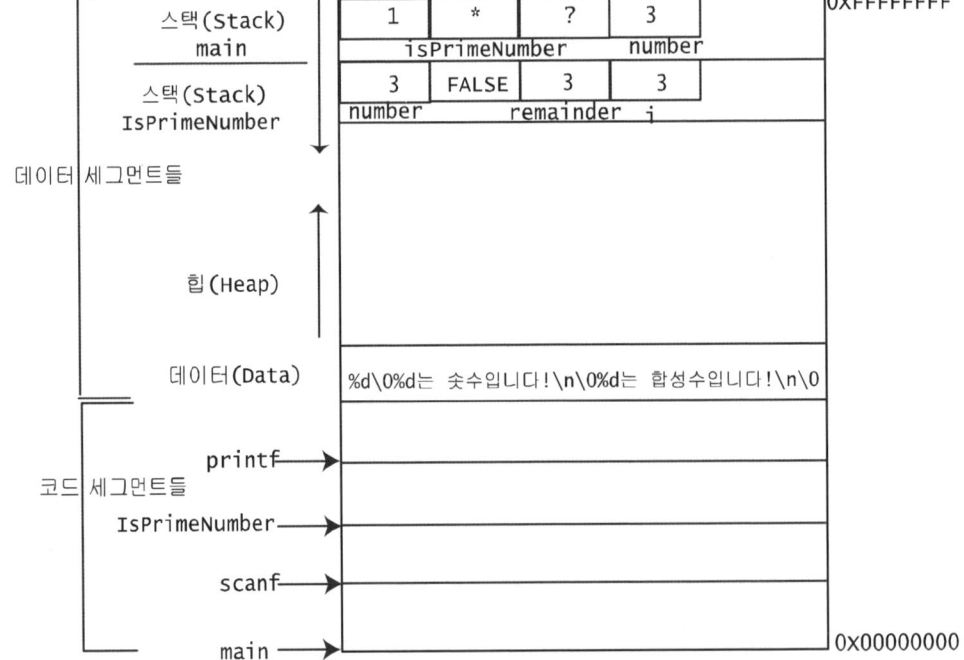

그림 8-9 57번째 줄이 실행된 후

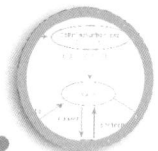

평가되어진다. i와 number에 각각 저장되어져 있는 값들, 3과 3을 레지스터에 복사하고, < 관계 연산자로 3이 3보다 작은지에 대해 평가를 하게 된다. 3이 3보다 작지 않기 때문에 관계식을 평가해서 구해지는 값은 거짓이다. 여기서 앞에서 언급했듯이 논리곱 연산은 두 개의 피연산자가 참일 때만 참이기 때문에 이미 피연산자의 하나가 거짓이므로 다른 관계식을 평가해서 값을 구할 필요없이 거짓일 수 밖에 없다. 따라서 이러한 경우는 remainder != 0 관계식을 평가하지 않는다. 그래서 조건식을 평가한 결과가 거짓이므로 53번째 줄에서 61번째 줄까지 while 제어블록을 벗어나게 된다.

63번째 줄로 이동하여 if 선택문의 조건식을 평가하게 된다. 조건식이 참이면 if 제어블록내로 이동하게 되고, 거짓이면 if 제어블록을 벗어나게 된다. 조건식은 하나의 관계식으로 구성되어 있다. 관계식에 사용되는 변수들에 저장되어 있는 값들을 레지스터에 복사하여 == 관계 연산자를 이용하여 관계식을 평가하면 된다. number와 i에 저장되어져 있는 값들, 3과 3에 대해서 3이 3과 같은지에 대해 평가를 하면 참이다. 따라서 if 제어블럭으로 이동하여 64번째 줄의 치환식을 평가하게 된다. 주어진 값 TRUE를 isPrimeNumber에 쓰는 작업을 수행하면 된다. 따라서 isPrimerNumber에 저장되어지는 값이 TRUE가 된다.

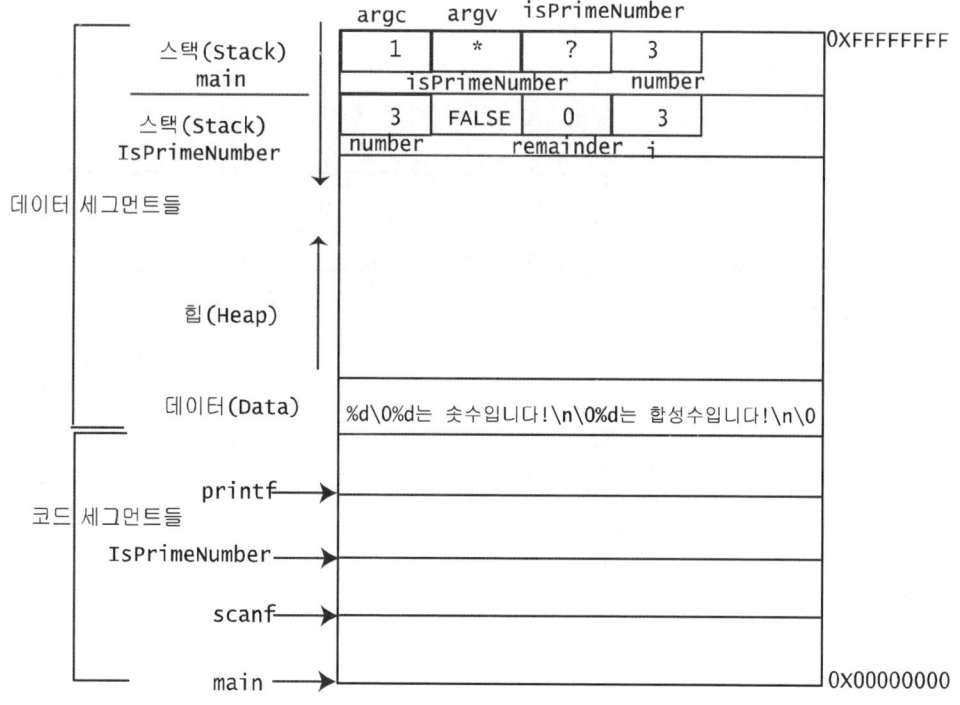

그림8-10 59번째 줄이 실행된 후

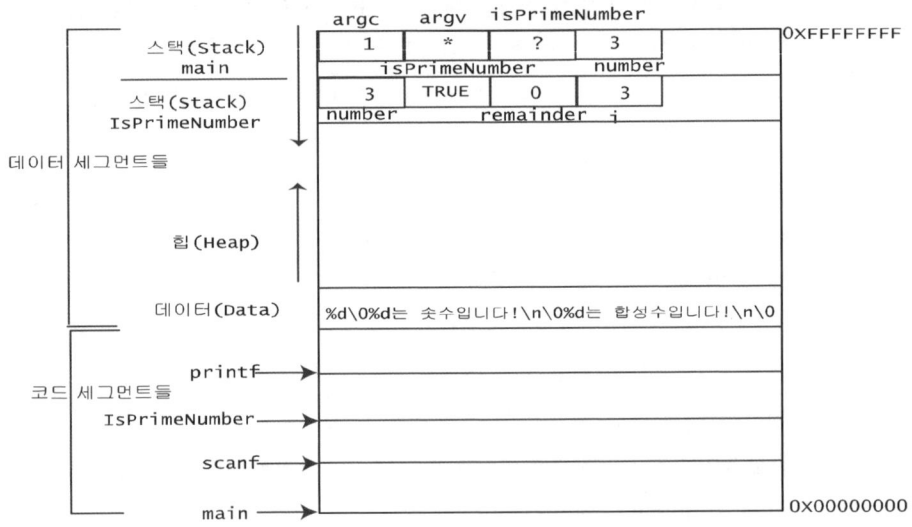

그림8-11 64번째 줄이 실행된 후

63번째 줄에서 65번째 줄까지 if 제어블록을 벗어나게 되고 67번째 줄을 실행하게 된다. return 문장에 의해서 isPrimeNumber에 저장되어져 있는 값 TRUE을 레지스터에 복사하게 된다. 그리고 IsPrimeNumber() 함수 스택을 할당 해제하게 된다.

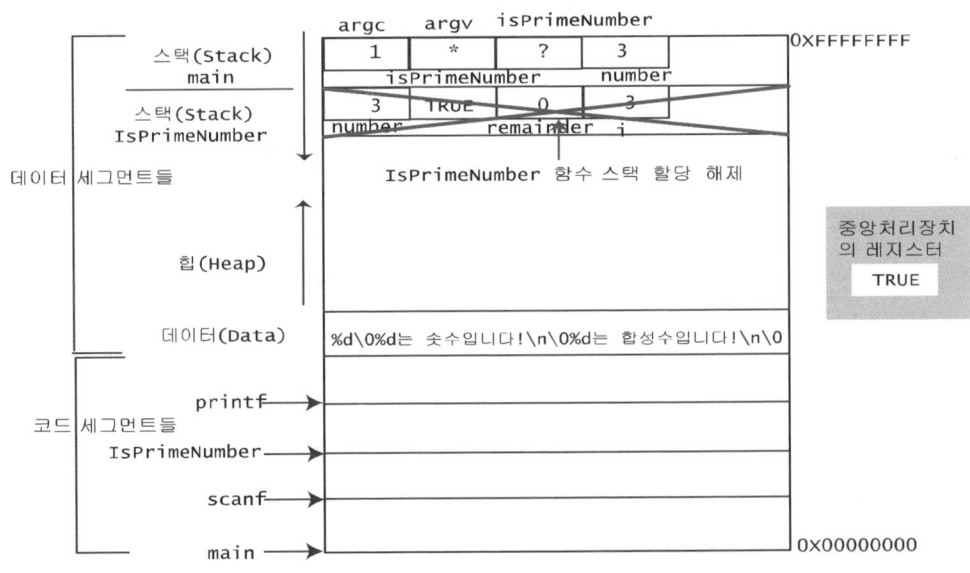

그림8-12 67번째 줄의 return 문장이 실행된 후

246 제8장 구문 구조와 연산자(Operator)

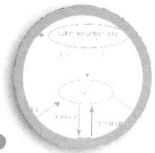

따라서 실행 제어가 IsPrimeNumber() 함수를 호출한 함수, 즉 main() 함수로 이동하게 된다. [코드 8-1]의 27번째 줄로 실행 제어가 이동된다. 따라서 치환 연산자의 오른쪽에 기술되어져 있는 함수 호출식이 의미하는 것은 레지스터에 복사되어져 있는 값, TRUE를 의미하는 것이다. 여기서 기억해야 하는 것은 함수 호출식은 언제나 오른쪽 값이라는 것을 기억해야 한다.

치환식으로 구성되어 있는 27번째 줄을 실행하게 된다. 레지스터에 복사되어진 값, TRUE를 isPrimeNumber에 저장하면 된다.

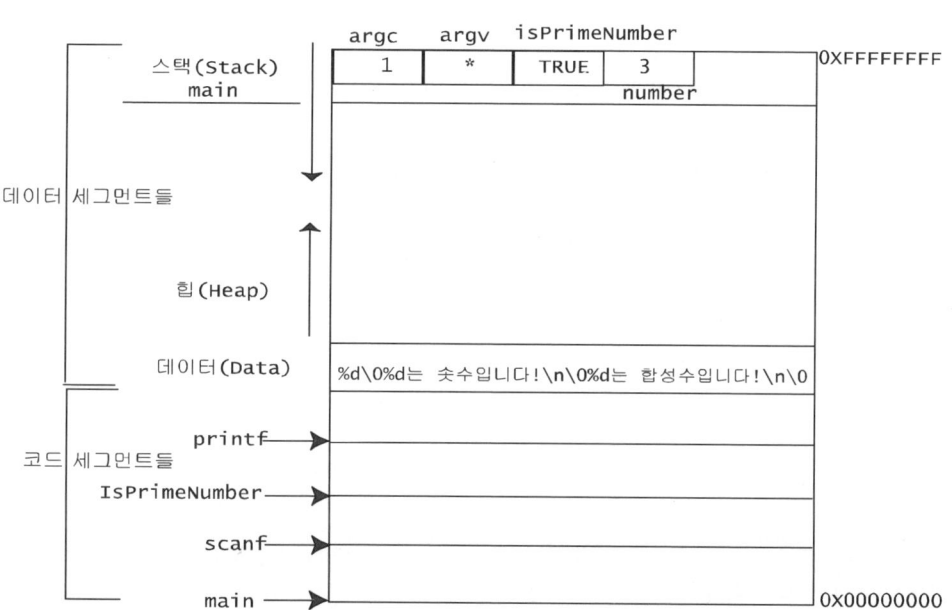

그림8-13 27번째 줄이 실행된 후

구문구조에 대해 이해가 있어야 이렇게 프로그램이 정확하게 작동하는지를 알 수 있다. 여기서는 단지 IsPrimeNumber() 함수가 제대로 작동하는지를 확인하는 것만 해 보았지만 전체 프로그램에 대해서도 이런 식으로 하면 정확하게 작동하는지를 확인할 수 있을 것이다. 이러한 작업을 디버깅(Debugging)이라고도 한다. 매우 중요한 작업이다.

그런데 여기서 잠깐 생각해 보면, IsPrimeNumber() 함수는 매우 비효율적인 부분들을 가지고 있음을 알 수 있다. 여러분은 그 부분들을 찾았을 것이다. 어디인가? 그렇다. 그 중에 하나가 나머지를 구하는 while 반복구조이다. 입력된 수가 크면 클수록 반복횟수가 엄청날 것이고, 따라서 소요시간은 길어질 것이다. [코드 8-1]에서 47번째 줄에서 50번째 줄까지 그리고 57번째 줄에서 60번째 줄까지이다. 나머지를 구하는 방법에 대해서 고쳐야 할 것이다. C 언어에서는 나머지를 구하는 연산자인 나머지 연산자(%)를 제공한다. [코드 8-2]는 나머지 연산자로 고친 프로그램이다. 또 비효율

1. 구문 구조(Syntax Structure)와 디버깅(Debugging)

적인 부분은 [코드 8-1]에서 53번째 줄에 기술된 i < number 수식인데 이 부분은 여러분들이 고쳐 보도록 하자.

```
01 : /*****************************************************************
02 : 파일 명칭 : IsPrimeNumber.c
03 : 기    능 : 입력받은 수가 솟수인지 아닌지를 판단한다.
04 : 출    력 : 소수 여부
05 : 입    력 : 수
06 : 작 성 자 : 김석현
07 : 작성 일자 : 2009년 2월 3일
08 : *****************************************************************/
09 : #include <stdio.h> // printf()
10 :
11 : // 사용자 정의 자료형 선언
12 : typedef enum _boolean { FALSE = 0, TRUE = 1 } Boolean;
13 :
14 : // 산술 및 논리 연산 함수
15 : Boolean IsPrimeNumber ( unsigned long int number ) ;
16 :
17 : // 응용 프로그램의 엔트리 포인터 함수 정의
18 : int main(int argc, char* argv[]) {
19 :     Boolean isPrimeNumber; // 출력 자료 변수 선언
20 :     unsigned int number; // 입력 자료 변수 선언
21 :
22 :     // 키보드로 수를 입력받는다
23 :     scanf ( "%d", &number ) ;
24 :
25 :     // 연산을 실행하다
26 :     isPrimeNumber = IsPrimeNumber ( number ) ;
27 :
28 :     // 실행 결과를 모니터에 출력하여 사용자에게 알린다.
29 :     if ( isPrimeNumber == TRUE ) {
30 :         printf ( "%d는 솟수입니다!\n", number ) ;
31 :     }
32 :     else {
33 :         printf ( "%d는 합성수입니다!\n", number ) ;
34 :     }
35 :
36 :     return 0;
37 : }
38 :
39 : // 산술 및 논리 연산 함수
40 : Boolean IsPrimeNumber ( unsigned long int number ) {
41 :     Boolean isPrimeNumber = FALSE ;
42 :     unsigned short int remainder ;
43 :     unsigned long int i = 2 ;
44 :
45 :     // 1. 수를 입력 받는다 : 함수 호출로 인수로 값의 복사한다
46 :     remainder = (unsigned short int)(number % i) ;
47 :
48 :     // 2. 2부터 시작하여 입력받은 수보다 작고 나누어 떨어지지 않는 동안 반복한다
49 :     while ( i < number && remainder != 0 ) {
50 :         // 2.1. 나룰 수를 센다
51 :         i = i + 1 ;
52 :         // 2.2. 나머지를 구한다
53 :         remainder = (unsigned short int)(number % i) ;
54 :     }
55 :     // 3. 나누어 떨어지는 수가 없으면
56 :     if (number == i ) {
57 :         isPrimeNumber = TRUE ; // 소수 여부를 거짓으로 한다
58 :     }
59 :     // 4. 소수 여부를 출력한다.
60 :     return isPrimeNumber ;
61 :     // 5. 끝낸다
62 : }
```

코드 8-2 나머지 연산자로 다시 작성된 프로그램

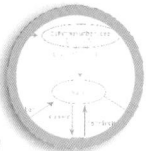

C를 배우면 함수를 잘 만들어야 한다

이렇게 물론 제어구조도 알아야 하지만 구문구조를 이해해야 이처럼 디버깅을 할 수 있어서 프로그램이 정확하게 작성되었는지, 정확하게 작동하더라도 비효율적인 부분이 없는지를 확인할 수 있어 효율적으로 코드를 고칠 수 있다.

이렇게 구문구조를 알아야 코드를 읽을 수 있을 뿐만 아니라 정확하게 수식을 작성할 수 있다. 따라서 이번 장에는 수식을 작성해 보고, 또한 수식을 평가해 보면서 프로그램이 어떻게 실행되는지를 공부하도록 하자.

2. 수식(Expression)

1) 정의

```
number % i
```

그림 8-14 나머지를 구하는 수식

수식(혹은 식)이란 [그림 8-14]와 같이 상수, 변수와 함수 호출 그리고 연산자(Operator)들의 조합으로 이루어지며, 하나의 결과 값을 생성(식의 평가, Evaluation)해 내는 언어의 표현 단위를 말한다. 가장 간단한 수식은 상수 하나로 구성되는 것부터 [8-15]와 같이 여러 개의 연산자들로 구성되는 복합 수식까지 다양하다.

```
remainder = (unsigned short int)(number % i)
```

그림 8-15 나머지를 구하는 복합 수식

2) 평가 순서

[그림 8-15]와 같은 복합 수식에서 어떠한 수식을 먼저 평가하는지에 따라 다른 값을 구하게 된다. 따라서 정확한 값을 구하기 위해서는 이러한 수식들을 평가하는 순서를 정확하게 정해주어야 한다.

일반적으로 처리해야 하는 데이터는 주기억장치의 특정 위치에 저장되어 있고, 처리를 하기 위해서는 중앙처리장치의 레지스터로 복사한 다음 처리가 이루어진다는 것은 프로그램이 실행되는 원리이다. 이 실행 원리에 따라 수식이 평가되어질 것이다. 따라서 일반적으로 컴퓨터 관점에서 수식 평가 순서는 다음과 같다.

변수의 주소를 구하는 연산이 제일 먼저 실행되고, 다음은 해당 주소를 갖는 기억장소에 저장된 값(내용)을 구하는 연산이 실행되어야 하고, 이 실행 결과로 특정 주소를 갖는 기억장소의 내용을 읽을 수 있게 되므로, 특정 기억장소의 내용을 중앙처리장치의 레지스터로 복사하게 된다. 이렇게 레지스터에 복사된 값 혹은 값들을 가지고 산술 연산, 관계 연산 그리고 논리 연산을 수행하게 되는 것이다. 또한 이렇게 레지스터에 저장되어 있는 처리된 값을 다시 주기억장치에 복사하게 되는데, 복사할 기억장소에 있던 값은 없어지고 새롭게 복사된 값이 저장되게 된다.

이렇게 컴퓨터의 실행 원리에 맞게 수식도 평가되어지는 순서가 정해져 있는 것이다. 이때 수식 평가 순서에 대해 우선순위(Precedence)와 결합성(Associativity)이란 개념을 적용하게 된다. 주소를 구하는 수식이 내용을 구하는 수식보다 빠르고, 산술연산이 논리연산보다 먼저 평가되어야 하는 개념을 우선순위라고 한다. 그리고 결합성은 우선순위가 같은 경우 수식을 어느 방향에서부터 먼저 계산할 것인가 하는 것을 정해 놓은 것을 말한다. 왼쪽에서 오른쪽으로의 결합 순서를 갖는다는 말은 [그림 8-16]과 같은 수식을 말한다. a + b 수식을 먼저 평가하고 평가된 값과 c간의 수식을 평가하는 순으로 수식을 평가함을 말한다.

```
((((a + b) + c) + d) + e)
```

그림 8-16 왼쪽에서 오른쪽으로 결합성이 있는 경우

역으로 오른쪽에서 왼쪽으로의 결합 순서를 갖는다는 말은 [그림 8-17]과 같은 수식을 말한다. d와 e간의 수식을 평가하고 평가된 값과 c간의 수식을 평가하는 순으로 수식을 평가함을 말한다.

```
(a + (b + (c + (d + e))))
```

그림 8-17 오른쪽에서 왼쪽으로 결합성이 있는 경우

[그림 8-15]의 수식을 프로그램이 실행되는 원리에 따라 수식이 평가되어지는 순서대로 C 언어가 제공하는 연산자들로 다시 작성해 보자. 우선 반드시 기억할 내용은 변수는 특정 기억장소의 내용, 다시 말해서 기억장소에 저장되어 있는 값을 말한다. 따라서 프로그래머는 변수 명칭만으로 기억장소의 내용을 읽고 쓸 수 있는 것이다. 그렇지만 컴퓨터 입장에서는 내부적으로 변수에 대응되는 기억장소의 주소를 읽고, 주소를 참조하여 내용을 읽거나 쓰기를 한다는 점을 기억해야 한다. 컴퓨터 입장에서는 [그림 8-15]에 대해 [그림 8-18]과 같은 복합 수식으로 만들어져야 한다는 것이다.

```
*&remainder = (unsigned short int)(*&number % *&i)
```

그림 8-18 [그림 8-15]의 또 다른 수식

여기서는 결합성에 대해서 공부할 수 있는데, & 주소 연산자와 * 간접 참조 연산자는 우선순위가 같다. 그리고 결합성이 오른쪽에서 왼쪽으로 이루어 진다. 즉, (*(&(number)))식으로 값을 평가

한다는 것이다. &number가 먼저 수행된다는 것은 우선 number의 주소를 구하고, *(&number)는 주소를 참조하여 내용을 읽는다는 의미를 갖게 된다. 소프트웨어 실행 원리에 맞게 순서대로 값을 참조하고 있다. 따라서 위 수식들로 구성된 문장이 정확하게 수행된다는 것이다.

개발자는 원하는 값을 정확하게 구하기 위해서는 수식을 평가하는 순서를 명시적으로 정할 수도 있다. [그림 8-15]의 복합 수식은 [코드 8-3]에서 보는 것처럼 크게 3개의 수식으로 구성된다. 나머지를 구하는 산술식, 형 변환 수식 그리고 치환식이다. 이때 우선순위에 의하면 형 변환 수식, 산술식 그리고 치환식으로 평가되어져야 한다. 산술식을 먼저 하도록 하기 위해서 구두점인 소괄호로 수식을 싸서 평가되는 순서를 빠르게 하여 형 변환 수식보다 먼저 평가되도록 해야 한다.

코드 8-3 나머지를 구하는데 사용되는 3개의 수식

이렇게 개발자는 원하는 값을 정확하게 구하기 위해서는 구두점인 소괄호를 이용하여 우선순위를 조정할 수 있다. 형 변환 연산자인 소괄호와 구분되어야 한다.

3) 형 변환

[코드 8-4]는 [코드 8-2]에서 46번째 줄과 53번째 줄에서 차이를 보이고 있다. [코드 8-4]에서는 (unsigned short int) 가 없다. 컴파일을 해 보자. 아마 경고(Warning)가 발생할 것이다. 이처럼 수식에 자료형이 다른 데이터들을 사용하는 경우, 특히 치환식에서 왼쪽 값의 자료형과 오른쪽 값의 자료형이 다른 경우는 반드시 경고를 발생하거나 그렇지 않으면 에러(Error)를 발생하게 된다. 에러가 발생한 경우는 컴파일이 중단되기 때문에 링크와 실행 작업을 할 수 없기 때문에 반드시 에러를 고치지만, 경고가 발생하는 경우는 컴파일이 되기 때문에 무시하는 경우들이 있다. 물론 무시할 수도 있지만 가급적이면 경고에 대해서 분석을 한 다음 적절한 조치를 취해야만 정확한 값을 얻을 수 있기 때문에 무조건 무시하는 습관을 버리도록 하자. 따라서 이번에는 수식을 작성하는데 있어 여러 자료형을 혼용했을 때 발생하는 문제에 대해서 공부해 보도록 하자.

```c
01 : /***************************************************************
02 :  파일 명칭 : IsPrimeNumber.c
03 :  기     능 : 입력받은 수가 솟수인지 아닌지를 판단한다.
04 :  출     력 : 소수 여부
05 :  입     력 : 수
06 :  작 성 자 : 김 석 현
07 :  작성 일자 : 2009년 2월 3일
08 : ***************************************************************/
09 : #include <stdio.h> // printf()
10 :
11 : // 사용자 정의 자료형 선언
12 : typedef enum _boolean { FALSE = 0, TRUE = 1 } Boolean;
13 :
14 : // 산술 및 논리 연산 함수
15 : Boolean IsPrimeNumber ( unsigned long int number ) ;
16 :
17 : // 응용 프로그램의 엔트리 포인터 함수 정의
18 : int main(int argc, char* argv[]) {
19 :     Boolean isPrimeNumber; // 출력 자료 변수 선언
20 :     unsigned int number;   // 입력 자료 변수 선언
21 :
22 :     // 키보드로 수를 입력받는다
23 :     scanf ( "%d", &number ) ;
24 :
25 :     // 연산을 실행하다
26 :     isPrimeNumber = IsPrimeNumber ( number ) ;
27 :
28 :     // 실행 결과를 모니터에 출력하여 사용자에게 알린다.
29 :     if ( isPrimeNumber == TRUE ) {
30 :         printf ( "%d는 솟수입니다!\n", number ) ;
31 :     }
32 :     else {
33 :         printf ( "%d는 합성수입니다!\n", number ) ;
34 :     }
35 :
36 :     return 0;
37 : }
38 :
39 : // 산술 및 논리 연산 함수
40 : Boolean IsPrimeNumber ( unsigned long int number ) {
41 :     Boolean isPrimeNumber = FALSE ;
42 :     unsigned short int remainder ;
43 :     unsigned long int i = 2 ;
44 :
45 :     // 1. 수를 입력 받는다 : 함수 호출로 인수로 값의 복사한다
46 :     remainder = number % i ;
47 :
48 :     // 2. 2부터 시작하여 입력받은 수보다 작고 나누어 떨어지지 않는 동안 반복한다
49 :     while ( i < number && remainder != 0 ) {
50 :         // 2.1. 나눌 수를 센다
51 :         i = i + 1 ;
52 :         // 2.2. 나머지를 구한다
53 :         remainder = number % i ;
54 :     }
55 :     // 3. 나누어 떨어지는 수가 없으면
56 :     if (number == i ) {
57 :         isPrimeNumber = TRUE ; // 소수 여부를 거짓으로 한다
58 :     }
59 :     // 4. 소수 여부를 출력한다.
60 :     return isPrimeNumber ;
61 :     // 5. 끝낸다
62 : }
```

코드 8-4 형 변환 수식이 없는 프로그램

🔹 산술 변환 규칙

C 언어에서는 자료형을 혼용할 경우 자동적으로 어느 한 가지 형으로 통일한 다음 연산을 수행하는데, 즉 자동으로 자료형을 변환해 준다는 말인데 이것은 자료형을 자유롭게 혼용하여 쓸 수 있는 대신에 자료형을 실수로 잘못 혼용했을 때의 결과에 대한 책임이 전적으로 프로그래머에게 있음을 의미한다.

수식 내의 자료형들은 아래 [그림 8-19]와 같은 데이터형의 산술 변환 우선순위를 가진다. 컴파일러에 의해서 자동적으로 형 변환되는 것을 묵시적인 형 변환이라고 한다. 이에 대비되는 개념으로 개발자에 의해서 강제로 형 변환되는 것을 명시적인 형 변환이라고 하는데 가급적이면 명시적인 형 변환을 하는 것이 효율적이다.

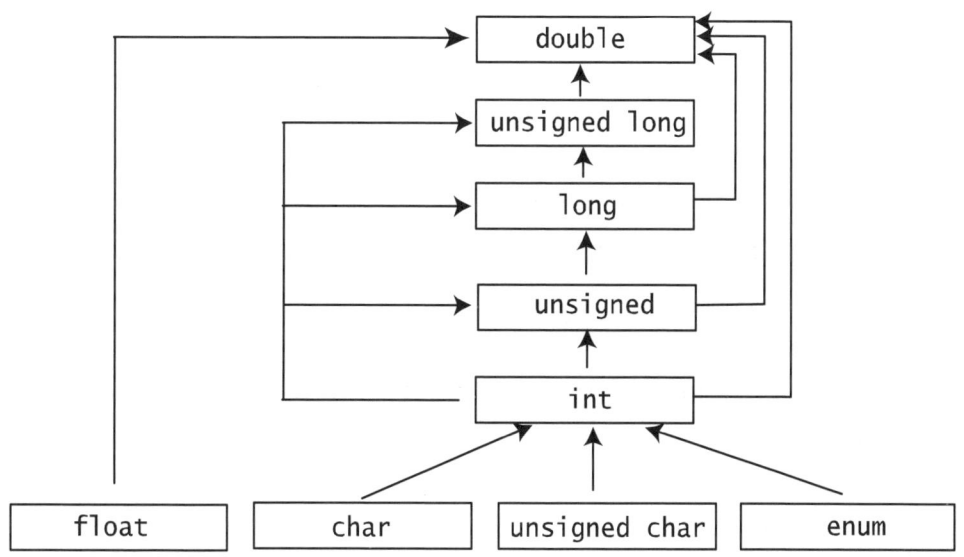

그림8-19 묵시적인 형 변환 체계

표8-1 묵시적인 형 변환 방법

번호	데이터형	변환되는 형	변환 방법
1	char	int	부호 확장(Sign Extension)
2	unsigned char	int	상위 바이트를 0으로(Zero-filled hight byte)
3	enum	int	만약 부호없는 형이면 unsigned형으로 변환
4	float	double	확장되는 가수부를 0으로 채움

이항 연산자(또는 삼항 연산자)의 두 피연산자가 서로 자료형이 일치하지 않을 때에는 두 피연산자의 자료형을 비교해서 산술 변환 우선순위가 낮은 쪽을 우선순위가 높은 쪽의 자료형으로 변환(Promotion)한다.

치환식에서 등호(=) 의 오른쪽에 있는 수식의 최종 결과 값은 왼쪽의 자료형으로 변환 후 치환되는데 Promotion이 일어 날 수도 있고, 그 반대로 산술 변환 우선순위가 높은 자료형이 우선순위가 낮은 자료형으로 변환되는 Demotion이 일어날 수도 있다. 함수를 호출할 때에도 실인수가 함수로 전달되면서 형 변환이 일어난다. 따라서 주의할 점은 자료형을 혼용한 수식에서는 반드시 자료형의 변환이 올바른 결과를 가져올 것인지에 대해서 미리 심사숙고해야 한다.

그러면 다시 [코드 8-4]에서 발생한 경고를 없애는 작업을 해 보면서 명시적인 형 변환을 어떻게 해야 하는지를 공부해 보도록 하자.

[코드 8-4]에서 46번째 줄과 53번째 줄에서 발생하는 경고 메시지는 동일하다. 오른쪽에 있는 수식을 평가해서 구한 값의 자료형은 unsigned long int 인데, 왼쪽에 있는 변수의 자료형은 unsigned short int 이기 때문에 Demotion이 발생하여 데이터가 손실될 수 있음에 대한 경고 메시지를 발생하게 되는 것이다.

직접 코드를 작성하는 경우에는 이러한 일이 없지만 남이 작성한 코드를 볼 때 자료형이 무엇인지 모르는 경우는 수식에 사용된 변수를 선언하는 문장에서 변수 명칭을 생략해 보면 바로 알 수 있다. 46번째 줄에서 오른쪽에 있는 수식에 사용되어진 변수들, number와 i에 대해 자료형을 알고 싶으면, number와 i를 선언하는 40번째 줄과 43번째 줄에서 number와 i를 지워보자. 그러면 number와 i의 자료형은 unsigned long int이고 따라서 number % i 수식의 자료형도 unsigned long int이다.

그러나 왼쪽에 있는 remainder 변수의 자료형은 42번째 줄에서 확인하면, 즉 선언문에서 remainder를 없애보면 남는 것이 unsigned short int이다. 따라서 remainder의 자료형은 unsigned short int이다.

치환식에 의해서 unsigned long int 자료형을 갖는 값을 unsigned short int 를 자료형으로 갖는 변수에 저장하게 되는데, 이때 자료형이 다르기 때문에, 특히 우선순위가 높은 자료형이 우선순위가 낮은 자료형으로 Demotion이 되어야만 저장된다. 이때 데이터가 손실될 수도 있다.

그러면 이것을 어떻게 해결해야 할까? 개발자에 의해서 명시적으로 형 변환이 이루어져야 한다. 형 변환 연산자는 소괄호이고 소괄호내부에 왼쪽에 있는 변수의 자료형을 기술하면 된다. 그래서 [코드 8-2]의 46번째 줄과 53번째 줄을 보면 [코드 8-5]와 같은 형 변환 수식이 작성되어 있다.

```
remainder = (unsigned short int)(number % i);
                    ↑
                 형변환 수식
```

코드 8-5 나머지를 구하는 복합 수식

3. 연산자(Operator)

수식을 구성하는데 사용되는 특정 기호나 단어로서 이미 어떠한 값을 구하는지에 대해 정해진 토큰인 연산자는 매우 중요하다. C 언어에서 다른 언어들보다 수식을 구성하는데 필요한 기호나 단어, 즉 연산자들을 더욱더 많이 다양하게 제공하고 있다. 그래서 여기서는 C 언어의 연산자에 대해서 정리해 보도록 하자.

C를 배우면 함수를 잘 만들어야 한다

C 언어에서 연산자는 값을 구하기 위해서 사용되어지는 또 다른 값인 피연산자(Operand)에 대해서 수행되어지는 평가(값을 구함)를 규정한 기호 또는 단어를 말한다.

C 언어에서 제공되는 연산자들은 피연산자의 개수에 따라 다음과 같이 분류된다. 단항 연산자(Unary Operator)는 한 개의 피연산자를 대상으로 처리를 수행하는 연산자로 일반적으로 주소나 주소를 가지는 기억장소의 내용을 구하는데 사용된다. 이항연산자(Binary Operator)는 두 개의 피연산자를 대상으로 산술, 관계 그리고 논리적인 처리를 지시하는 연산자이다. 그리고 세 개의 피연산자를 갖는 1개의 삼항 연산자는 C 언어에서 제공하는 연산자 중에서 특이한 것으로 if-else 선택 구조를 연산자로 나타낸 것을 말한다.

표 8-2 C 언어의 연산자들

우선순위	명 칭			연산자	결합성
1	1차 연산자			( ), [ ], ->, .	⇒
2	단항 연산자			!(논리), -, ++, --, *, &, ~(비트), sizeof, (type)	⇐
3	이항연산자	산술	승법 연산자	*, /, %	⇒
4			가법 연산자	+, -	⇒
5		비트	shift 연산자	<<, >>	⇒
6		관계	관계 연산자	<, >, <=, >=	⇒
7			등가 연산자	==, !=	⇒
8		비트	bit곱 연산자	&	⇒
9			bit차 연산자	^	⇒
10			bit합 연산자	|	⇒
11		논리	논리곱 연산자	&&	⇒
12			논리합 연산자	||	⇒
13	조건 연산자 (3항 연산자)			? :	⇐
14	치환 연산자			=, +=, -=, *=, /=, %=, <<=, >>=, &=, ^=, |=	⇐
15	순차 연산자			,	⇒

또 피연산자의 자료형 혹은 기능별로 연산자들을 분류하기도 한다. [표 8-2]를 참고하도록 하자. [표 8-2]는 또한 C 언어에서 제공되는 연산자의 종류와 우선순위 그리고 결합성에 대해 정리하고 있다. [표 8-2]에서 동일한 우선순위를 갖는 연산자들이 나열되어 있는 경우 평가되는 순서는 결합성에 의해서 평가 순서가 정해지는데, ⇒는 왼쪽에서 오른쪽으로, 그리고 ⇐ 는 오른쪽에서 왼쪽으로 평가 순서를 나타낸다.

여기서 모든 연산자들에 대해서 설명한다는 것은 그렇게 효율적이지 않다. 연산자가 필요한 곳에서 특정 연산자에 대해 자세히 설명하도록 하고, 여기서는 몇 개의 연산자들에 대해서만 공부해 보도록 하자.

3. 연산자(Operator)

1) 치환연산자(Assignment operator)

```
01 : /*******************************************************************
02 :    파일 명칭 : GetOddSum.c
03 :    기   능 : 1 + 3 + 5 + ... + 99 식에 대해 합을 구한다
04 :    작 성 자 : 김 석 현
05 :    작성 일자 : 2009-03-06
06 : *******************************************************************/
07 : #include <stdio.h>
08 :
09 : // 정수형 상수에 대한 매크로 상수(Macro Constant)
10 : #define MAX         99
11 : #define INCREMENT    2
12 :
13 : // 사용자 정의 자료형 선언
14 : typedef unsigned short int UShort;
15 :
16 : // 산술 및 논리 기능의 함수 선언
17 : UShort GetOddSum();
18 : // 출력 기능의 함수 선언
19 : void DisplayOddSum(UShort sum);
20 :
21 : int main(int argc, char* argv[]) {
22 :    UShort sum; // 합에 대한 변수 선언 및 정의
23 :
24 :    sum = GetOddSum(); // 홀수의 합을 구하다
25 :    Display(sum);      // 홀수의 합을 출력하다
26 :
27 :    return 0;
28 : }
29 :
30 : UShort GetOddSum() {
31 :    UShort sum = 0; // 합 변수 선언 및 정의
32 :    UShort odd;     // 홀수 변수 선언 및 정의
33 :
34 :    // 1. 99까지 반복한다
35 :    //    1.1. 홀수를 센다
36 :    for ( odd = 1; odd <= MAX ; odd += INCREMENT ) {
37 :       // 1.2. 합을 구한다
38 :       sum += odd ;
39 :    }
40 :    // 2. 합을 출력한다
41 :    return sum;
42 :    // 3. 끝낸다
43 : }
44 :
45 : void DisplayOddSum(UShort sum) {
46 :    printf("%d\n", sum);
47 : }
```

코드 8-6 99까지 홀수의 합을 구하는 프로그램

[코드 8-6]은 7장 자료형에서 정수형을 설명할 때 사용한 99까지 홀수의 합을 구하는 프로그램이다. 여기서 치환 연산자가 사용되어진 수식이 있는 줄들은 24, 36 그리고 38번째 줄이다. 그러나 31번째 줄에 사용되어진 등호는 치환 연산자가 아니라 구두점이다. 등호 뒤에 기술된 숫자 0이 초기값임을 강조하기 위해 사용되는 토큰이다. 또한 36번째 줄에서 odd = 1에서도 등호는 구두점이다.

치환 연산자는 24번째 줄, 36번째 줄, 그리고 38번째 줄에서처럼 오른쪽에 기술된 수식에 의해서 구해진 값, 오른쪽 피연산자인 값은 중앙처리장치의 레지스터에 저장되어져 있는 값을 의미하며

이 값을 왼쪽의 변수(1차 기억 장치)에 복사하여 저장하는 연산자이다.

치환 연산자를 사용한 수식을 치환식(대입식, Assignment Expression)이라고 한다. 치환식 그 자체가 어떤 값(치환 연산자의 왼쪽 피연산자에 치환된 값)을 가진다는 점에 주의하자. 따라서 결합 순서가 오른쪽에서부터 왼쪽으로임을 응용한 개념이다.

[코드 8-6]을 컴파일, 링크해서 실행하여 24번째 줄에서 GetOddSum() 함수가 호출되어 어떻게 실행되는지를 알아보고 치환 연산자가 어떻게 작동하는지 이해해 보자.

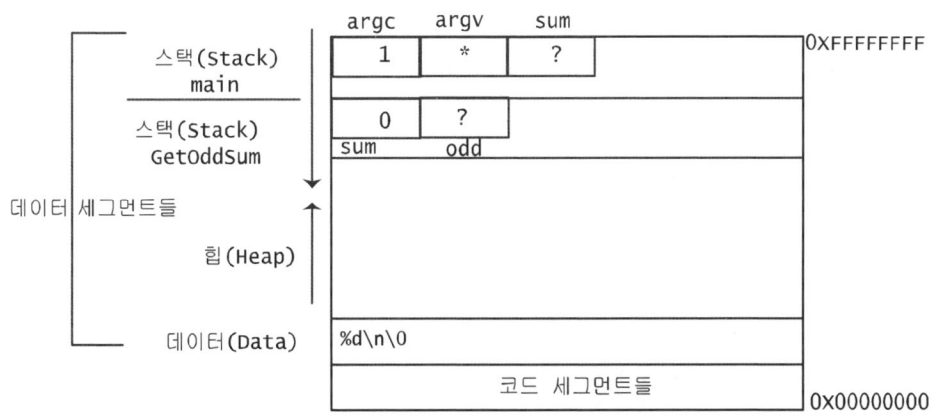

그림 8-20 GetOddSum() 함수가 호출되었을 때 메모리 맵

24번째 줄은 [코드 8-7]과 같이 함수 호출식과 치환식으로 구성되는 복합 수식이다. 따라서 우선순위에 의해서 등호의 오른쪽에 기술되어진 함수 호출식 GetOddSum() 이 먼저 평가되어져야 한다. GetOddSum() 함수가 실행되는 것으로 시스템에 의해서 기억장소 관리를 효율적으로 하기 위해서 스택이 할당되고, 스택에 함수에서 필요한 데이터들을 저장할 변수들을 할당한다. 그리고 초기화가 필요한 변수 sum에 대해서 초기화를 한다. 할당과 동시에 0을 저장하게 된다.

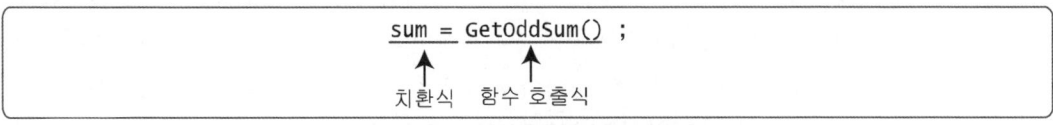

코드 8-7 함수 호출문장에서 복합 수식

36번째 줄로 실행 제어를 이동하고 소괄호안에 반복구조를 구성하는 식들, 차례대로 반복제어 변수에 대해 초기식, 조건식 그리고 변경식들중에서 초기식 odd = 1에 의해서 odd에 초기값으로 1을 저장하게 된다. for 반복구조에서 단 한번만 실행되는 식이다. 여기서 등호는 치환연산자가 아니라 단지 초기값을 나타내기 위한 구두점이다. 여하튼 odd에 1을 쓰게 되고 기존에 저장되어 있는 쓰레기값을 없애게 된다. 따라서 입력과 치환에 의해서 값이 쓰여지는 변수들에 대해서는

초기화를 할 필요가 없다. 그리고 조건식 odd <= MAX을 평가하게 된다. 1이 99보다 작거나 같은지를 평가하게 되는 것이다. 평가한 결과는 참(TRUE)이다. 따라서 반복구조를 실행하게 된다. for 반복구조에 대해서는 다음 장에서 자세히 공부할 것이다. for 반복구조는 선검사 반복구조(진입조건 반복구조)라서 참이면 반복을 계속하고 거짓이면 반복을 탈출하게 된다.

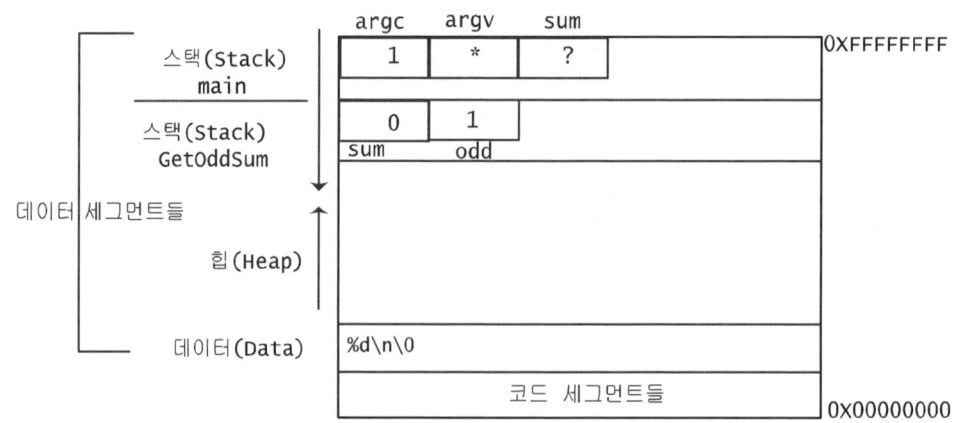

그림 8-21 for 반복구조에서 초기식에 의해서 odd에 초기값이 설정된 메모리 맵

다음은 38번째 줄을 실행하게 된다. 38번째 줄도 [코드 8-8]과 같이 산술식과 치환식으로 구성된 복합 수식이다.

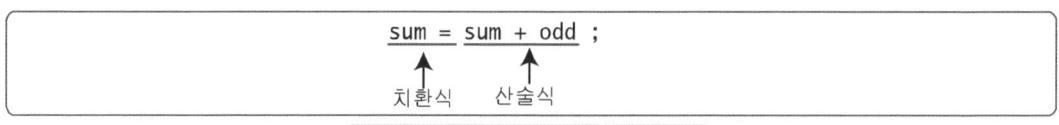

코드 8-8 표현식 문장에서 복합 수식

연산자 우선순위에 의해서 산술식이 치환식보다 먼저 평가되어야 한다. sum + odd 산술식을 평가하면 sum에 저장되어져 있는 값인 0을 레지스터로 복사한다. 다음은 odd에 저장되어 있는 값인 1을 읽어 sum에서 읽어 레지스터에 복사한 값인 0과 더하여 구한 값을 레지스터에 저장하게 된다. 따라서 레지스터에는 1이 저장되어 있을 것이다. 이처럼 치환 연산자의 오른쪽에 기술되는 값들은 중앙처리장치에 있는 레지스터에 저장된 값을 의미한다. 따라서 이러한 값을 나타내기 위해서 오른쪽 값(R-Value)이라는 개념을 사용하게 된다.

산술식의 평가로 1을 구했다. 다음은 sum = 치환식을 평가하게 되는 것이다. 치환연산자에 의해서 레지스터에 저장되어져 있는 값인 1을 주기억장치인 sum에 저장하게 된다. 따라서 [그림 8-22]에서 처럼 sum에 1이 저장되게 된다. 치환 연산자의 왼쪽에 기술되어지는 값은 주기억장치에 저장된 값을 말하며 왼쪽 값(L-Value)이라는 개념으로 정리하게 된다.

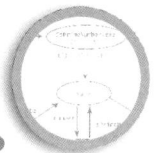

C를 배우면 함수를 잘 만들어야 한다

이처럼 오른쪽 값과 왼쪽 값에 대한 기억장소의 원리를 이용하여 변수 하나를 이용하여 값을 가감할 수 있는 표현식을 만들 수 있는 것이다. 이러한 표현을 누적이라고 한다. 전산에서 매우 중요하고 빈번하게 적용되는 개념이다. 잘 기억해 두도록 하자.

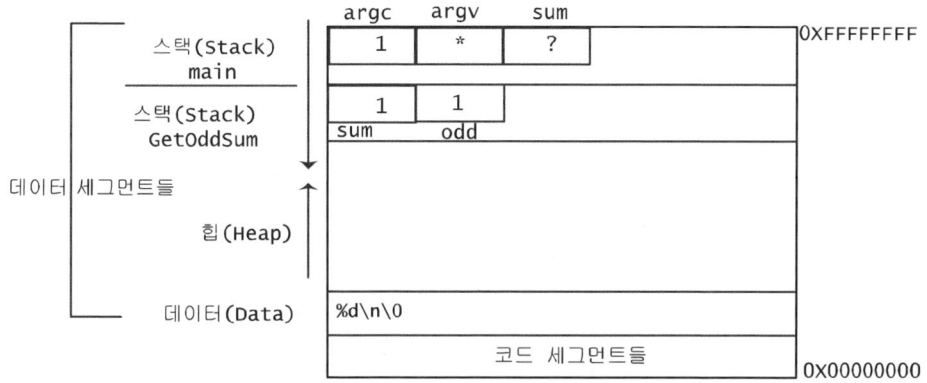

그림 8-22 치환 연산자에 의해서 sum 값의 변경

다음은 39번째 줄로 이동하게 되는데 for 제어블록의 끝을 나타내는 중괄호를 만나게 되어 실행 제어가 36번째 줄로 이동하게 된다. 36번째 줄에서 odd = odd + INCREMENT 변경식을 평가하게 된다. 38번째 줄과 마찬가지로 산술식과 치환식으로 구성되는 복합 수식이다. 주기억장치 odd에 저장되어져 있는 값인 1을 읽어 레지스터에 복사하여 저장한다. 2를 읽어 1과 더하여 3을 구하고 3을 다시 odd에 저장하게 되어 [그림 8-23]과 같은 메모리 맵이 작도된다.

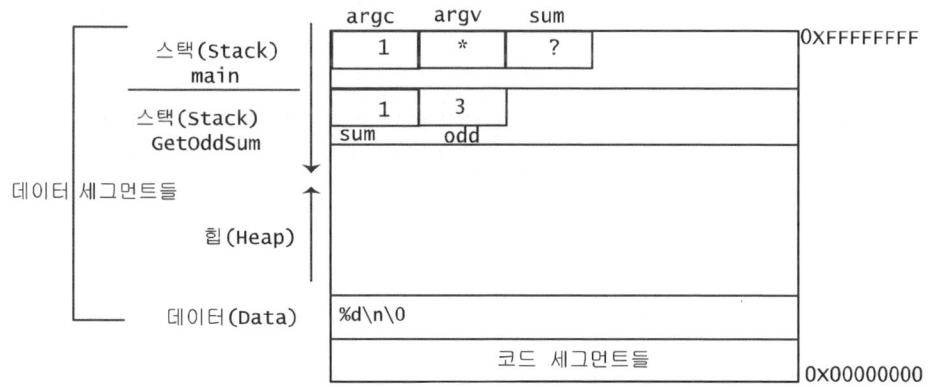

그림 8-23 for 반복구조의 변경식에 의해서 odd 값의 변경

다시 36번째 줄에서 조건식 odd <= MAX 을 평가하게 된다. odd에 저장된 값인 3을 읽고, 99를 읽어 3이 99보다 작거나 같은지에 대해 평가를 하게 된다. 평가 결과는 참이다. 그래서 다시 38번째

줄을 실행하게 된다. sum에 저장되어져 있는 값인 1을 읽어 레지스터에 복사하여 저장하고 odd에 저장되어져 있는 값인 3을 읽어 1과 더하여 4를 구하여 레지스터에 저장하게 된다. 치환연산자에 의해서 레지스터에 저장된 값인 4를 주기억장치에 할당된 sum에 저장하게 된다.

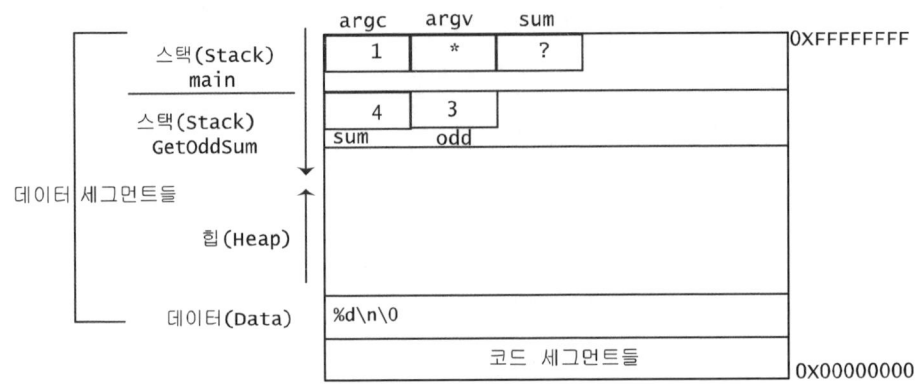

그림 8-24 반복구조가 두 번 실행되었을 때 메모리 맵

다음은 39번째 줄에서 for 제어블록의 끝을 나타내는 닫는 중괄호를 만나며 다시 36번째 줄에서 변경식을 평가하고, 조건식을 평가하는 식으로 반복구조가 실행된다.

가능하면 3회 정도 진행해 보는 것이 좋으며 지면상 99까지 할 수 없어 MAX를 99가 아니라 3으로 변경하였다고 가정하고 계속해 보자.

36번째 줄에서 odd = odd + INCREMENT 변경식에 의하면 odd에 저장되어져 있는 값인 3을 읽어 레지스터에 저장하게 되고 2를 읽어 더하여 5를 구하게 되고 5를 odd에 저장하게 된다. 산술식에 의해서 구해진 값은 레지스터에 저장된 값이다. 따라서 산술식은 무조건 오른쪽 값임을 명심하도록 하자.

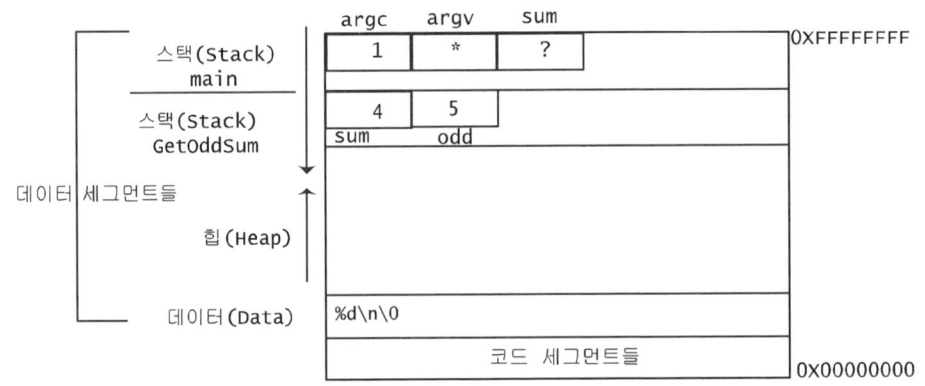

그림 8-25 변경식에 의해서 odd 값의 변경

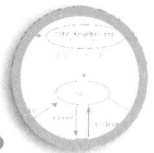

다음은 36번째 줄에서 odd <= MAX 조건식을 평가해야 한다. odd에 저장된 값인 5를 읽어 레지스터에 저장하게 되고, MAX를 읽어 레지스터에 저장하게 되고, 가정한 대로 3을 저장하게 된다. 그리고 5가 3보다 작거나 같은지에 대해 평가를 하게 된다. 평가 결과는 거짓이다. 여기서 알 수 있는 것은 조건식에 사용된 관계식의 결과는 레지스터에 저장되어져 있는 값이다. 즉 관계식은 오른쪽 값임을 명심하도록 하자.

따라서 평가 결과가 거짓이므로 for 반복구조를 탈출하게 된다. 41번째 줄로 실행제어가 이동하게 된다. return 문장에 의해서 sum에 저장된 값이 레지스터에 복사되어 저장되게 된다. 그리고 GetOddSum() 함수 스택이 해제된다.

따라서 실행제어가 호출한 함수 main() 함수로 이동되게 된다. 24번째 줄로 다시 이동되게 되는데 대신 GetOddSum() 함수 호출식이 평가되었다. 즉 레지스터에 4가 저장되어져 있다는 것이다. 이제 치환연산자에 의해서 4를 main() 함수 스택에 할당된 변수 sum에 저장하게 된다.

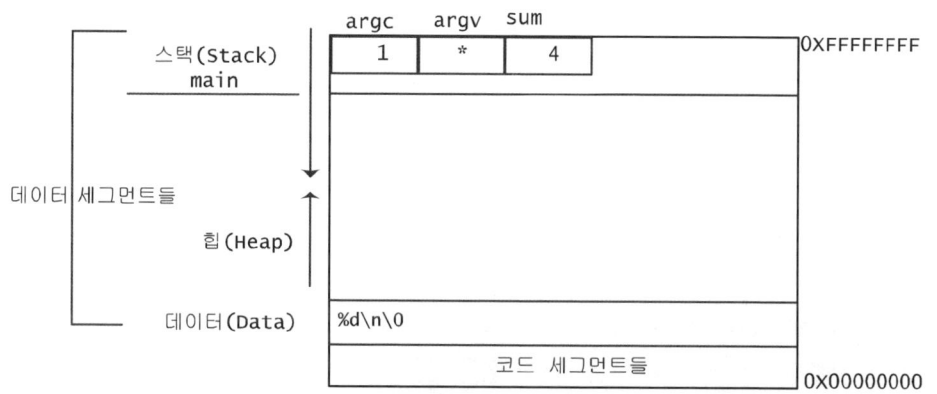

그림 8-26 GetOddSum() 함수 호출이 끝났을 때 메모리 맵

치환 연산자가 어떻게 작동하는지에 대해 이해했을 것이라 생각한다. 그리고 중요한 개념들인 왼쪽 값과 오른쪽 값에 대해서도 이해했을 것이다.

여기서 또한 공부할 내용은 왼쪽 값과 오른쪽 값 개념을 이용하여 누적에 대해 공부해 보도록 하자. 컴퓨터는 데이터를 처리하기 위해서는 기본적으로 주기억장치와 레지스터라는 기억장치를 이용해야 한다는 것인데, 주기억장치의 값은 치환과 입력을 하지 않는 이상은 변경되지 않는다는 것이다. 이러한 원리를 이용하여 [그림 8-27]과 같은 표현을 할 수 있는데 이를 누적이라고 한다. 전산에서 중요한 개념이다.

```
sum = sum + odd ;
odd = odd + INCREMENT ;
```

그림 8-27 누적 표현

3. 연산자(Operator)

C 언어에서는 이러한 누적 개념을 표현하는 연산자들이 준비되어 있다. 산술 연산자(+, -, *, /, %)와 비트 연산자(<<, >>, &, ^, |, 단항 연산자 ~ 만 제외) 10개에 대해 누적 개념을 표현하는 연산자들이 준비되어 있다. 따라서 가급적이면 [코드 8-9]와 같이 누적 표현에 대해서는 누적 연산자를 사용하도록 하자.

왼쪽 피연산자는 변수와 같이 값을 복사하여 저장할 수 있는 것, 즉 왼쪽 값(L-Value, 각종 변수, 배열 요소, 구조체 멤버, 포인터 변수)이어야 한다. 오른쪽 피연산자는 어떠한 종류의 수식도 무방하다.

누적 개념을 표현하는 연산자들이 수식 표현에 사용되는 경우 우선순위에 주의해야 한다.

```
01 : /****************************************************************
02 :    파일 명칭 : GetOddSum.c
03 :    기  능 : 1 + 3 + 5 + ... + 99 식에 대해 합을 구한다
04 :    작 성 자 : 김 석 현
05 :    작성 일자 : 2009-03-06
06 : ****************************************************************/
07 : #include <stdio.h>
08 :
09 : // 정수형 상수에 대한 매크로 상수(Macro Constant)
10 : #define MAX       99
11 : #define INCREMENT 2
12 :
13 : // 사용자 정의 자료형 선언
14 : typedef unsigned short int UShort;
15 :
16 : // 산술 및 논리 기능의 함수 선언
17 : UShort GetOddSum();
18 : // 출력 기능의 함수 선언
19 : void DisplayOddSum(UShort sum);
20 :
21 : int main(int argc, char* argv[]) {
22 :    UShort sum; // 합에 대한 변수 선언 및 정의
23 :
24 :    sum = GetOddSum(); // 홀수의 합을 구하다
25 :    Display(sum);      // 홀수의 합을 출력하다
26 :
27 :    return 0;
28 : }
29 :
30 : UShort GetOddSum() {
31 :    UShort sum = 0; // 합 변수 선언 및 정의
32 :    UShort odd;     // 홀수 변수 선언 및 정의
33 :
34 :    // 1. 99까지 반복한다
35 :    //    1.1. 홀수를 센다
36 :    for ( odd = 1; odd <= MAX ; odd += INCREMENT ) {
37 :       // 1.2. 합을 구한다
38 :       sum += odd ;
39 :    }
40 :    // 2. 합을 출력한다
41 :    return sum;
42 :    // 3. 끝낸다
43 : }
44 :
45 : void DisplayOddSum(UShort sum) {
46 :    printf("%d\n", sum);
47 : }
```

코드 8-9 누적 연산자를 이용한 프로그램

2) 주소 연산자(Address Operator, &)

데이터가 저장되어 있는 기억장소의 주소를 구하는 단항 연산자이다. [그림 8-28]은 주소 연산자의 사용 형식이다.

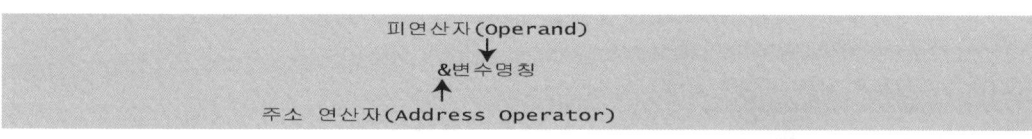

그림 8-28 주소 연산자의 사용 형식

주소 연산자의 피연산자는 반드시 왼쪽 값(L-Value)이어야 한다. 즉 상수에 대해서는 주소 연산자를 사용할 수 없다는 것이다.

다시 중요한 개념인 왼쪽 값(L-Value)에 대해 정리해 보도록 하자. 왼쪽 값은 무엇이건 값을 치환할 수 있는 것, 즉 주기억장치에 저장되어 있으며 치환 및 변경 등의 조작이 가능 한 것을 말한다. 다시 말해서 치환 연산자 = 의 왼쪽에 올 수 있는 값으로 포인터 변수를 포함한 모든 변수는 좌변 값이고 좌변 값이 될 수 없는 것은 수식이나 상수(문자열 상수, 배열 상수 포함) 이다.

주소 연산자의 결과 값은 주소, 16진 표현의 정수 값, 곧 포인터이며 적절한 포인터 변수에다 치환할 수 있다는 뜻이다. 비트 연산자 &와 반드시 구분해야 한다.

```c
/***********************************************************************
 파일 명칭 : GetGrade.c
 함수 명칭 : GetGrade
 기    능 : 성명과 점수를 입력받아 점수에 해당하는 학점을 부여하다
 입    력 : 점수
 출    력 : 학점
 작 성 자 : 김 석 현
 작성 일자 : 2007-12-28
***********************************************************************/
// 외부 파일 포함 기능
#include <stdio.h>  // scanf

// 사용자 정의 자료형 선언
typedef unsigned short int UShort;

// 성적을 입력받다
void InputResults(char (*name), UShort *score);
// 평점을 주다
char GetGrade(char (*name), UShort score);
// 성적을 출력하다
void DisplayResults(char (*name), UShort score, char grade);

// 함수 정의
int main(int argc, char* argv[]) {
    // 지역변수들 선언
    auto char grade;
    auto char name[11];
    auto UShort score;

    // 성적을 입력받는다
    InputResults(name, &score);
    // 평점을 주다
    grade = GetGrade(name, score);
    // 성적을 출력하다
    DisplayResults(name, score, grade);

    return 0;
}

// 성적을 입력받다
void InputResults(char (*name), UShort *score) {
    scanf("%s %d", name, score);
}

// 평점을 주다
char GetGrade(char (*name), UShort score) {
    // 1. 성명과 점수를 입력받는다
    char grade;

    // 2. 점수에 대해 학점을 구하다.
    if(score >= 90) { // 90 이상이면
       grade = 'A'; // A를 주다.
    }
    else if(score >= 80) { // 80 이상이면
       grade = 'B'; // B를 주다.
    }
    else if(score >= 70) { // 70 이상이면
       grade = 'C'; // C를 주다.
    }
    else if(score >= 60) { // 60 이상이면
       grade = 'D'; // D를 주다.
    }
    else { // 60 미만이면
       grade = 'F'; // F를 주다.
    }

    // 3. 학점을 출력한다
    return grade;
    // 4. 끝내다
}

// 성적을 출력하다
void DisplayResults(char (*name), UShort score, char grade) {
    printf("%s %d %c\n", name, score, grade);
}
```

코드 8-10 점수를 입력받아 학점을 구하는 프로그램

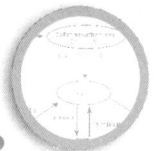

[코드 8-10]에 대해 실행 프로그램을 실행한 다음 InputResults() 함수가 호출되었을 때 메모리맵은 [그림 8-29]와 같다.

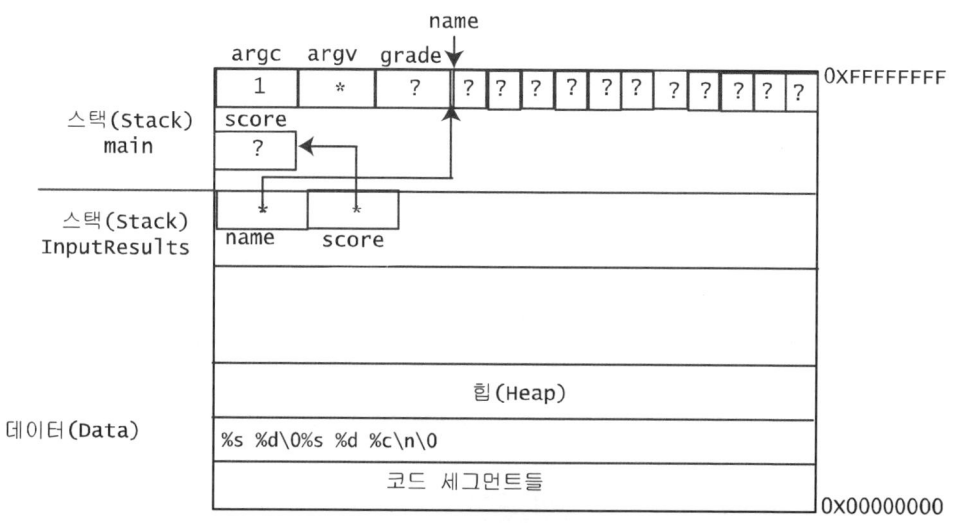

그림 8-29 [코드 8-10]의 31번째 줄이 실행되고 있는 상태

main()함수 스택에 할당된 name는 문자 배열이다. 배열 명칭은 변수가 아니라 상수이다. 따라서 배열 명칭에 주소 연산자를 사용할 수 없다. 배열 명칭은 주소를 의미하는 상수이므로 주소 연산자를 사용하지 않고 [코드 8-10]에서 31번째 줄, 함수 호출문장을 보면 배열 명칭을 그대로 적고 있다. 대신에 score는 일반 변수이다. 정수형 값을 저장할 수 있는 기억장소를 의미한다. 따라서 주소를 구해야 하기 때문에 주소연산자(&)를 이용하여 주소를 구하는 수식을 만들어야 한다.

name는 배열 명칭이다. 배열 명칭은 주소상수이다. 따라서 주소 연산자를 사용하지 않고 배열 명칭을 그대로 이용하면 주소를 구할 수 있다. 다음은 score는 왼쪽 값(L-Value)으로 프로그래머 입장에서는 기억장소에 저장된 값을 의미하는 것이지 할당된 기억장소의 주소를 의미하지는 않는다. 따라서 스택과 정적 데이터 영역에 존재하는 특정 기억장소의 주소를 구하는 연산자, 주소연산자를 이용해서 주소를 구해야만 한다.

InputResults() 함수에서 scanf() 함수를 호출한 상태에서 사용자가 키보드로 값들을 입력하고 있을 때 [그림 8-30]과 같은 메모리 맵의 상태가 된다. scanf() 함수는 전달받은 주소를 참조하여 main() 함수 스택에 할당되어져 있는 name 배열과 score 변수에 값을 저장하게 된다.

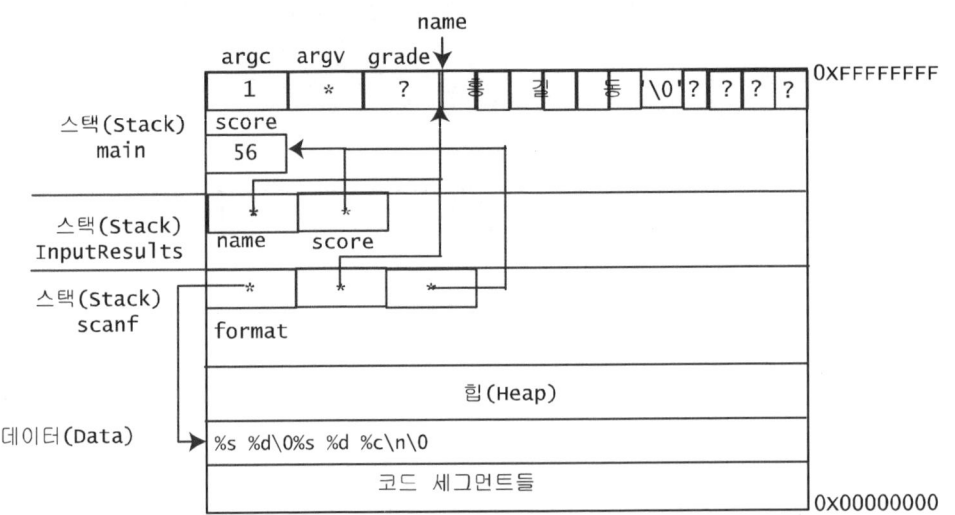

그림 8-30 사용자가 키보드로 "홍길동" 과 56을 입력중일 때

저장이 끝난 후 scanf() 함수는 실행이 끝나게 되어 scanf() 함수 스택이 해제되고, 또한 InputResults() 함수 스택도 해제되어 실행 제어가 main() 함수로 이동된다.

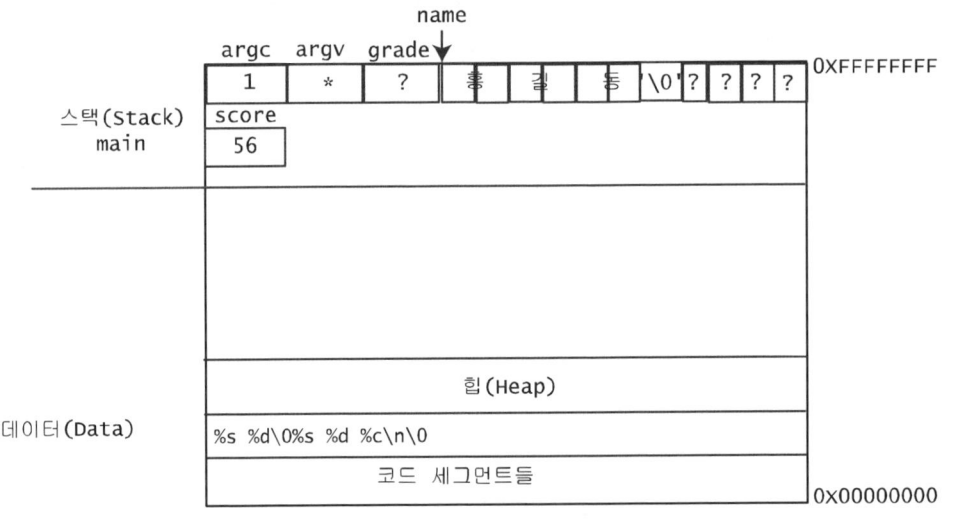

그림 8-31 InputResults() 함수의 실행이 끝났을 때

3) 관계 연산자 (Relational Operator)

다음은 관계 연산자에 대해 공부해 보도록 하자. 크다(>), 크거나 같다(>=), 작다(<), 작거나 같다 (<=), 같다(==) 그리고 같지 않다(!=)에 대한 기호들로 산술형 데이터나 수식일 수 있는 피연산자의

대소 관계와 등가 관계를 각각 정수형 값 0(거짓) 또는 1(참)로 평가하는 이항 연산자이다.

C 언어에서는 논리형에 대한 자료형을 제공하지 않는다. 즉 다시 말해서 논리 값에 대한 정의가 없다는 것이다. 그렇지만 C 언어에서 논리식의 평가는 정수 0과 1이다. C 언어에서 논리적 거짓은 0, 그리고 이외의 값은 통상 1을 논리적 참으로 평가한다.

관계 및 등가 연산자를 사용한 수식을 관계식(Relational Expression)이라고 한다. 관계식을 기술하는데 있어 다음과 같은 주의 사항들에 유의해야 한다.

좌·우변의 자료형은 가급적 일치하도록 해야 한다. 좌·우변의 자료형이 피치 못할 사정으로 서로 다를 수밖에 없다면 가급적 어느 한 쪽 변에 캐스트 연산자(혹은 형 변환 연산자)를 써서 좌·우변의 자료형을 일치시켜 주어야 한다.

등가 비교 연산자는 관계 연산자보다 우선순위가 낮다는 점에 유의해야 한다. 마지막으로 결합 순서는 왼쪽에서 오른쪽으로임에 유의하자.

[코드 8-10]을 계속해서 실행해 보자. [코드 8-10]에서 33번째 줄이 실행되어야 한다. 즉 GetGrade() 함수를 호출해야 한다. 학점을 출력하는 함수이고, 학점은 계속되는 DisplayResults() 함수에서 사용해야 함으로 main() 함수에 출력하는 값을 저장하기 위해서 grade라는 지역변수를 할당하고, 치환 연산자(=)를 이용하여 치환식을 만들어야 하는데 grade는 왼쪽 값으로 설정하고 오른쪽은 함수 호출식을 작성하면 된다. 함수 호출식은 함수 명칭을 적고 소괄호를 열고 매개변수들의 개수만큼, 각각의 매개변수의 자료형에 맞게끔 순서에 따라 상수나 아니면 변수 혹은 수식을 열거하면 된다. 우선순위에 의해서 함수 호출식이 먼저 평가되어야 한다. [그림 8-32]와 같은 메모리 상태를 갖는다.

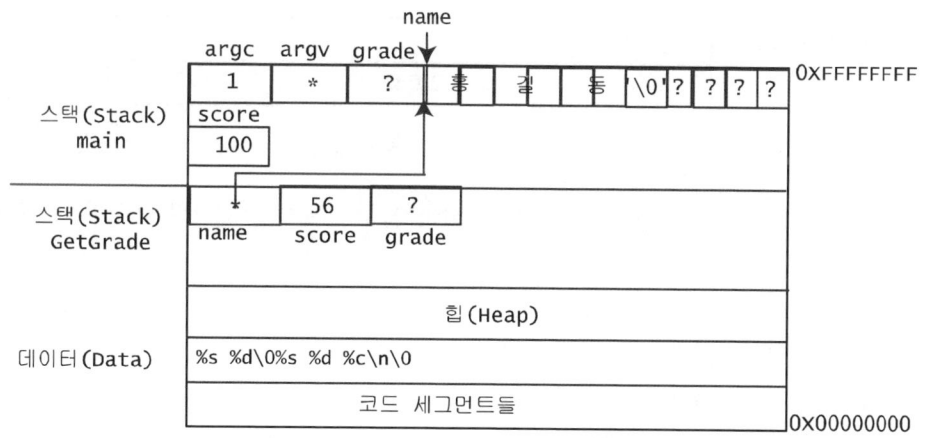

그림 8-32 GetGrade()함수가 호출되었을 때

[코드 8-10]에서 51번째 줄이 실행되어야 한다. if 문장이고 조건식을 평가해야 한다. score >= 90 조건식은 크거나 같은지(>=)에 대한 관계 연산자를 사용한 수식이므로 관계식이다. 관계식에 사용되어진 변수 score에 저장된 값인 56을 레지스터에 복사하고, 상수 90을 읽어 레지스터에 복사하고 >=

관계 연산자를 사용하여 56이 90보다 크거나 같은지를 평가한다. 관계식을 평가한 결과는 거짓이다. 따라서 54번째 줄, else 절로 이동한다. 그리고 바로 뒤에 if 문장을 만나 조건식을 다시 평가한다. score에 저장된 값인 56과 상수 80을 레지스터에 복사한 다음 56이 80보다 크거나 같은지에 대해 평가를 하게 된다. 평가되어진 값이 또 거짓이다. 그러면 if 블록으로 이동하는 것이 아니라 else 절로 이동하게 된다. 57번째 줄로 이동하고, 다시 else 다음의 if 문장을 만나 다시 조건식을 평가하게 된다. 이번에는 56과 70을 읽어 56이 70보다 크거나 같은지에 대해 평가하게 된다. 역시 거짓이다. 마찬가지로 if 블럭으로 이동하는 것이 아니라 60번째 줄의 else 절로 이동하게 된다. else 절 다음의 if 문장을 만나게 되어 다시 조건식을 평가하게 된다. score 변수에 저장된 값 56과 60을 읽어 56이 60보다 크거나 같은지를 평가하게 되는데 거짓이다. 따라서 if 블록으로 이동하는 것이 아니라 63번째 줄의 else 절 블록으로 이동하게 된다. 64번째 줄을 실행하게 되는 것이다. 문자 상수 'F'를 읽어 grade 변수에 저장하게 된다. 따라서 grade에 저장되었던 쓰레기 값이 이제 'F'로 덮어 쓰여져서 없어지게 된다.

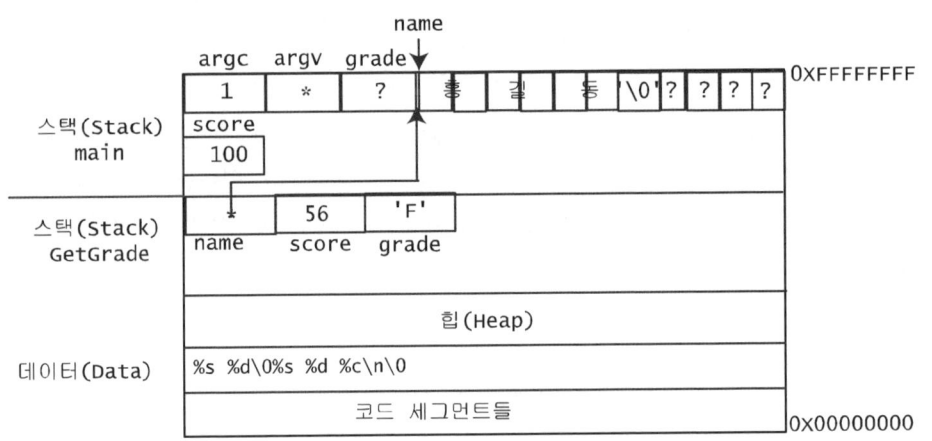

그림 8-33 [코드 34]의 64번째 줄까지 실행되었을 때

여기까지 진행하면 if - else if - else 선택문장들을 모두 실행하여 입력된 점수에 해당하는 학점을 정하게 된다.

이렇게 해서 구해진 값을 GetGrade() 함수는 호출한 함수인 main() 함수에 전달하기 위해서 68번째 줄의 return 문장을 실행하게 된다. 이때 grade에 저장되어진 값, 'F'를 레지스터에 복사하고 GetGrade() 함수 스택을 해제하게 된다. 따라서 main() 함수 스택만이 존재하게 되는데, 즉 다시 말해서 중앙처리장치가 main() 함수 스택에 할당된 기억장소들만을 접근할 수 있게 된다. 실행 제어가 GetGrade() 함수에서 main() 함수로 이동되었음을 알 수 있다.

[코드 8-10]에서 33번째 줄의 치환식에서 치환 연산자를 기준으로 오른쪽에 기술된 함수 호출식으로 하나의 값이 구해진 상태에서 이제 치환 연산자에 의해 main() 함수 스택에 할당된 변수인 grade에 레지스터에 복사되어져 있는 값인 'F'를 저장하게 된다.

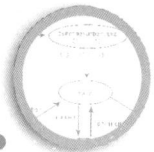

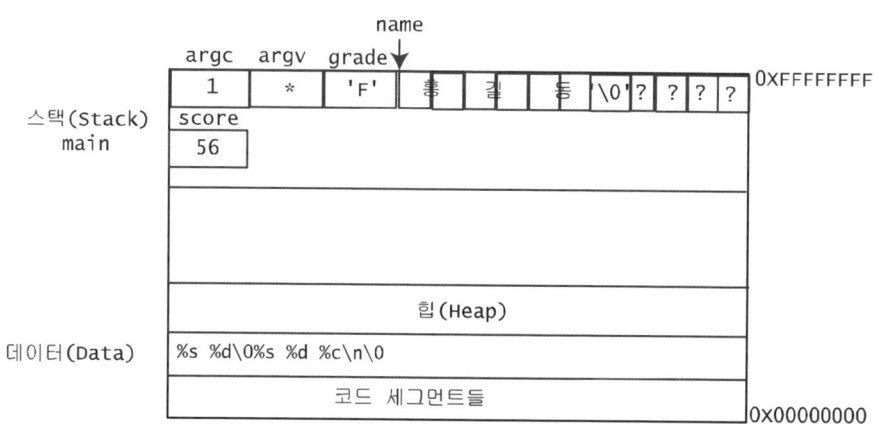

그림 8-34 [코드 8-10]의 33번째 줄의 실행이 끝났을 때

[코드 8-10]을 계속해서 실행시켜보자. 다음은 [코드 8-10]에서 35번째 줄을 실행해야 한다. DisplayResults() 함수 호출 문장이다. 출력하는 값이 없으므로 치환식이 필요치 않다. 따라서 함수 명칭을 적고 소괄호를 열고 매개변수들의 개수만큼 자료형에 맞게 차례대로 값들을 열거하고 소괄호를 닫고 값을 평가해야 하기 때문에 마지막에 세미콜론을 찍어 문장임을 강조해야 한다.

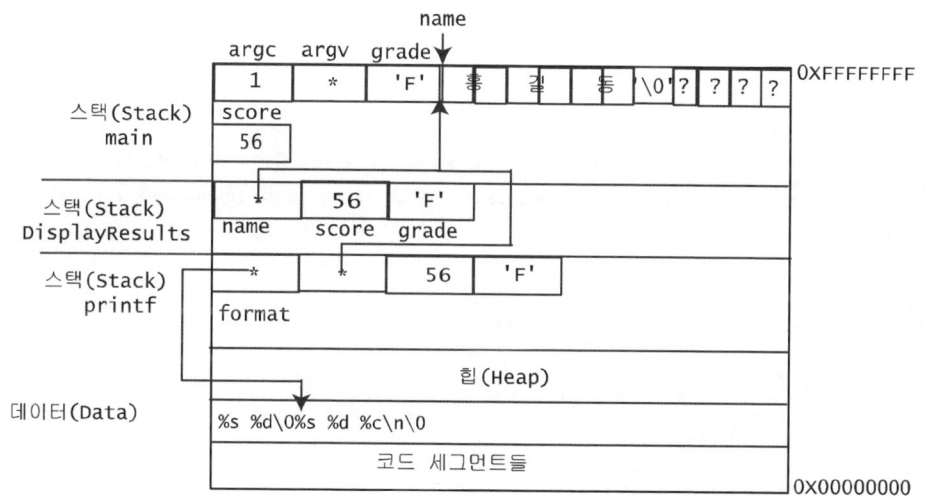

그림 8-35 [코드 8-10]에서 출력관련 함수들이 실행되었을 때

name은 배열 명칭이므로 배열의 시작 주소를, score와 grade는 일반변수이므로 저장되어져 있는 값, 56과 'F'를 의미한다. 따라서 [그림 8-35]에서 보는 것처럼 DisplayResults() 함수 스택이 할당되고 매개변수들이 할당되고 각각의 값들이 복사되어지게 된다. DisplayResults() 함수에서는 printf() 함수를 호출하는데 따라서 printf() 함수 스택이 할당되고 name, score, 그리고 grade 변수들에 저장되어져 있는 값들을 복사해서 [그림 8-35]와 같은 메모리 상태를 갖고 printf() 함수는 출력서식에

맞게 값들을 콘솔에 출력하게 된다.

콘솔에 값들을 출력한 후 printf() 함수 스택이 해제되고, 차례로 DisplayResults() 함수 스택도 해제된다. [코드 8-10]에서 35번째 줄의 실행이 끝나게 된다.

다음은 [코드 8-10]에서 37번째 줄로 이동하여 return 문장에 의해서 0을 레지스터에 복사한 후 main() 함수 스택을 해제하게 된다. 따라서 프로그램이 끝나게 된다.

4) 논리 연산자(Logical Operator)

```
01 : /****************************************************************
02 :   파일 명칭 : ConvertTempature.c
03 :   기     능 : 섭씨를 화씨로, 화씨를 섭씨로 바꾸다
04 :   입     력 : 구분, 온도
05 :   출     력 : 변환된 구분, 변환된 온도
06 :   작 성 자 : 김석현
07 :   작성 일자 : 2007-12-28
08 : ****************************************************************/
09 : #include <stdio.h> // scanf()
10 :
11 : // 온도를 입력받는다
12 : void InputTempature(char *kind, float *degree);
13 : // 온도를 바꾸다
14 : void ConvertTempature(char kind, float degree,
15 :         char *kindChanged, float *degreeChanged);
16 : // 온도를 출력하다
17 : void DisplayTempature(char kind, float degree,
18 :         char kindChanged, float degreeChanged);
19 :
20 : int main(int argc, char* argv[]) {
21 :     char kind; // 입력되는 온도 구분 문자를 저장하는 변수
22 :     float degree; // 입력되는 온도를 저장하는 변수
23 :     char kindChanged; // 변환되어 출력되는 온도 구분 문자를 저장하는 변수
24 :     float degreeChanged; // 변환되어 출력되는 온도를 저장하는 변수
25 :
26 :     // 온도를 입력받는다
27 :     InputTempature(&kind, &degree);
28 :     // 화씨를 섭씨로 혹은 섭씨를 화씨로 바꾸다
29 :     ConvertTempature(kind, degree, &kindChanged, &degreeChanged);
30 :     // 온도를 출력하다
31 :     DisplayTempature(kind, degree, kindChanged, degreeChanged);
32 :
33 :     return 0;
34 : }
35 :
36 : // 온도를 입력받는다
37 : void InputTempature(char *kind, float *degree) {
38 :     scanf("%c %f", kind, degree);
39 : }
40 :
41 : // 온도를 바꾸다
42 : void ConvertTempature(char kind, float degree,
43 :         char *kindChanged, float *degreeChanged) {
44 :     // 섭씨이면 화씨로 바꾸다
45 :     if(kind == 'C' || kind == 'c') {
46 :         *kindChanged = 'F';
47 :         *degreeChanged = 1.8F * degree + 32.0F;
48 :     }
49 :     // 화씨이면 섭씨로 바꾸다
50 :     if(kind == 'F' || kind == 'f') {
51 :         *kindChanged = 'C';
52 :         *degreeChanged = (degree - 32.0F) * 100.0F/180.0F;
53 :     }
54 : }
55 :
56 : // 온도를 출력하다
57 : void DisplayTempature(char kind, float degree,
58 :         char kindChanged, float degreeChanged) {
59 :     printf("%c %.2f %c %.2f\n", kind, degree, kindChanged, degreeChanged);
60 : }
```

코드 8-11 섭씨를 화씨로, 화씨를 섭씨로 바꾸는 프로그램

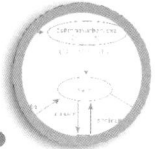

다시 자료형을 공부할 때 사용했던 예제를 이용하자. 이번에는 온도를 입력받아 변환하는 프로그램이다. [코드 8-11]의 실행 프로그램을 실행했을 때 메모리 맵은 [그림 8-36]과 같다.

그림 8-36 [코드 8-11]의 프로그램을 실행했을 때

계속해서 프로그램을 실행해 보자. 사용자에 의해서 키보드로 입력되는 문자와 온도를 각각 kind와 degree에 저장해야 한다. 그런데 입력을 하기 위해서 입력을 담당하는 함수, InputTempature() 함수가 호출되어야 한다. [코드 8-11]에서 27번째 줄이 실행되어야 한다. 실행되었을 때 메모리 맵은 [그림 8-37]과 같다.

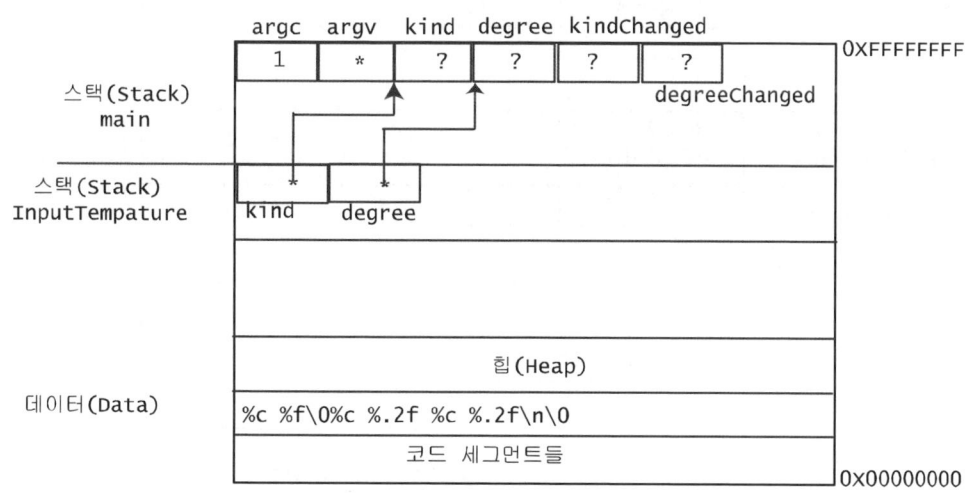

그림 8-37 InputTempature() 함수가 호출되었을 때

InputTempature() 함수가 실행되었기 때문에 InputTempature() 함수가 실행하는데 필요한 데이터들에 대해 변수들을 할당하는 스택이 할당된다. 이러한 상태에서는 중앙처리장치에 의해서 접근할 수 있는 기억장소들은 InputTempature() 함수 스택에 할당된 영역이다. 절대 main() 함수 스택에 할당된 기억장소들을 접근할 수 없다. 따라서 main() 함수 스택에 할당된 기억장소를 접근하기 위해서는 접근하고자 하는 기억장소의 주소를 알아야만 한다. 주소란 기억장소를 식별하는 값으로 유일하며 이 유일한 값에 의해서는 어디서든, 언제든지 접근이 가능하기 때문이다. 그러면 왜 InputTempature() 함수에서 main() 함수 스택에 할당된 기억장소의 주소를 알아야 하는가? 키보드로 입력된 문자와 온도가 저장되어야 하는 곳이 main() 함수 스택에 할당된 kind와 degree이기 때문이다.

이때 스택이나 정적 데이터 영역에 할당된 주소를 구하는 방법을 알아야 한다. C 언어에서는 주소를 구하는 연산자, 주소 연산자(&)를 제공한다. 단항 연산자로 피연산자가 한 개이면 반드시 변수이어야 한다는 것을 명심하도록 하자.

[코드 8-11]에서 27번째 줄처럼 InputTempature() 함수를 호출할 때 main() 함수 스택에 할당된 kind와 degree의 주소를 구해서 복사해 주어야 한다. 그래서 [그림 8-37]과 같이 InputTempature() 함수 스택에 할당된 kind와 degree는 각각 main() 함수 스택에 할당된 kind와 degree의 주소를 저장하게 된다. 이러한 변수, 즉 주소를 저장하고 있는 변수를 포인터 변수라고 한다.

InputTempature() 함수는 다시 입력 라이브러리 함수인 scanf() 함수를 호출하여 사용자가 키보드로 입력한 값들, 'c'와 36.5를 입력했다면 main() 함수 스택에 할당된 kind와 degree에 각각 저장하게 된다.

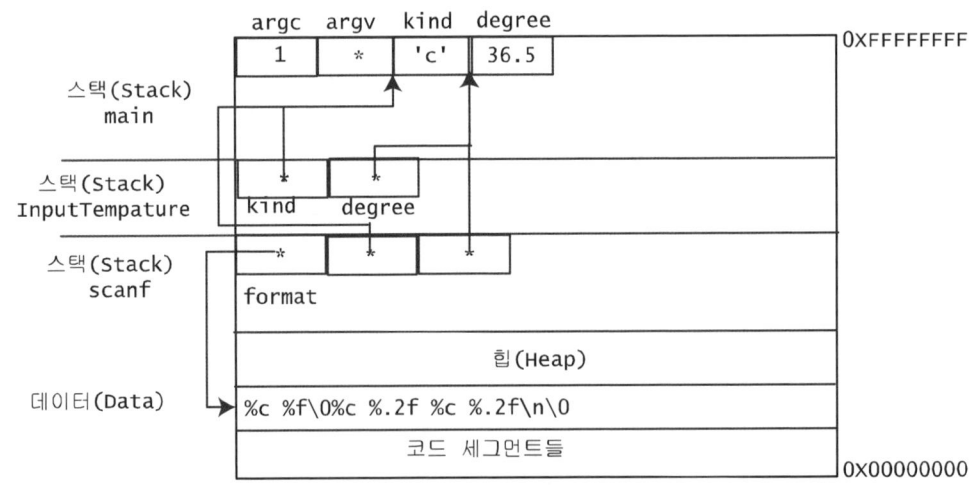

그림 8-38 scanf() 함수에 의해서 입력이 되고 있는 상태

[코드 8-11]에서 38번째 줄에 의해서 scanf() 함수가 호출되는데 이때 매개변수들로 kind와 degree가 설정되었으므로 main() 함수 스택에 할당된 kind와 degree에 대해 주소를 그대로 복사해 주므로

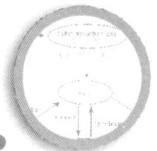

[그림 8-38]과 같이 메모리 맵이 작도되게 된다. 따라서 scanf() 함수는 주소를 참조하여 키보드로부터 입력된 값들은 main() 함수 스택에 할당된 kind와 degree에 저장하게 될 것이다. 입력이 정상적으로 이루어졌기 때문에 차례대로 scanf() 함수 스택과 InputTempature() 함수 스택이 해제된다. 프로그램의 실행 제어가 main() 함수로 이동이 된다.

그림 8-39 [코드 8-11]에서 27번째 줄이 실행되어 끝났을 때

다음은 입력받은 온도를 변환하는 처리를 해야 한다. 따라서 [코드 8-11]에서 29번째 줄을 실행하게 된다. ConvertTempature() 함수를 호출해야 한다.

두 개의 입력 데이터와 두 개의 출력 데이터를 매개변수로 처리해야 한다. 두 개의 입력 데이터

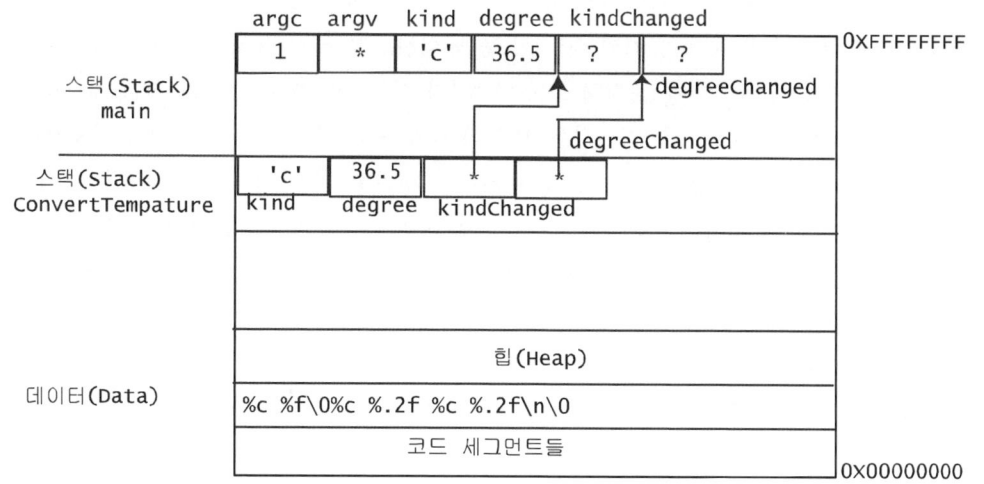

그림 8-40 ConvertTempature() 함수가 호출되었을 때

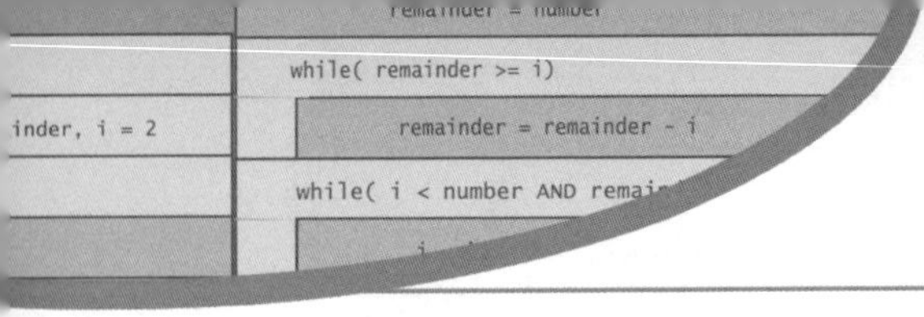

는 입력되어 저장되어져 있는 값을 복사하면 되고, 두 개의 출력 데이터는 ConvertTempature() 함수에서 처리되어져서 main() 함수에 할당된 변수들에 저장되어져야 하기 때문에 저장하고자 하는 변수의 주소를 구해서 복사해야 한다. 따라서 변수에 저장되어져 있는 값을 복사하고자 할 때는 변수 명칭만을 적으면 되고, 변수의 주소를 복사하고자 하는 경우 변수 명칭앞에 주소 연산자(&)를 붙여서 수식을 기술하면 된다. 따라서 [코드 8-11]에서 29번째 줄의 함수 호출식이 완성되어진다. 식을 평가해야 하기 때문에 컴퓨터에 실행해야 함을 알리기 위해서 줄의 마지막에 세미콜론을 찍어 문장임을 강조해야 한다.

ConvertTempature() 함수가 실행되어야 한다. [그림 8-40]은 ConvertTempature() 함수가 호출되었을 때 메모리 맵이다. 다음은 [코드 8-11]에서 45번째 줄로 실행 제어가 이동된다. if 선택문장이다. 따라서 소괄호 내부에 적힌 조건식을 평가해야 한다. 조건식은 2개의 관계식과 한 개의 논리식으로 구성되어져 있다. 따라서 우선순위에 의해서 관계식을 먼저 평가하고 논리식을 다음에 평가하면 된다. 관계식과 관계 연산자는 앞에서 배운 내용을 참고하자. 또한 우선순위가 같은 관계식이 두 개 있으므로 평가 순서를 따져야 하는데 이때는 결합성에 의해서 결정되어야 한다. [표 8-2]를 참고하면 관계식에 대한 결합성은 왼쪽에서 오른쪽으로 진행됨으로 kind == 'C' 을 먼저 평가하고, 다음에 kind == 'c' 을 평가해야 한다.

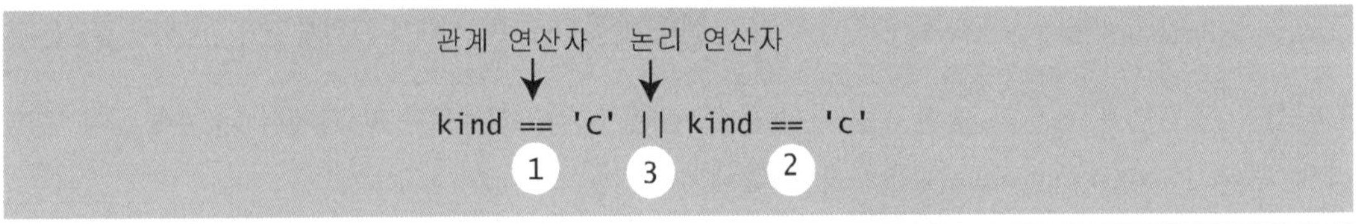

```
         관계 연산자    논리 연산자
              ↓           ↓
         kind == 'C'  ||  kind == 'c'
              ①       ③        ②
```

그림8-41 관계식, 논리식 그리고 평가순서

조건식을 평가해 보도록 하자. C 언어에서 등가 비교 연산자는 등호(=)가 아니고 등호를 두 개 연달아서 표기한 == 이다. 등호는 치환연산자임을 명심하도록 하자. kind 변수에 저장되어진 값 'c'와 문자 상수 'C'를 레지스터에 복사하고 'c'와 'C'가 같은지에 대해 평가를 한다. 문자는 각각 ASCII코드로 저장된다는 것을 문자 자료형을 배울 때 공부했다. 따라서 소문자 'c'에 대해 99, 대문자 'C'에 대해 67 의 코드 값을 가지고 실제 관계식을 평가할 때는 이 값들을 사용한다. 따라서 99와 67이 같은지에 대해 평가를 하는 것이다. 소문자 'c'와 대문자 'C'가 같지 않게 되므로 거짓으로 평가된다. 다음은 kind == 'c' 관계식을 평가하는데 같으므로 참으로 평가하게 된다.

다음은 논리식에 대해 평가를 해야 한다. 그러기 위해서는 C 언어에서 제공하는 논리연산자에 대해서 공부를 하자.

논리 연산자는 임의의 수식(대개 논리식이나 관계식)인 피연산자에 대해 참 또는 거짓을 평가하는 이항 연산자이다. 논리 연산자를 사용한 수식을 논리식(Logical Expression)이라고 한다. 논리식 자체는 값을 가지는데, C 언어에서 논리형이 제공되지 않기 때문에 논리값이 없다. 그러나 C 언어

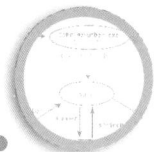

에서는 논리적인 거짓을 0으로 그 외 값들은 논리적인 참으로 취급한다. 그러나 일반적으로 논리식에서는 참이면 1, 거짓이면 0을 가진다.

관계 연산자보다 연산순위가 낮음에 유의해야 하고, Short circuit이라는 기능에 유의해야 한다. Short circuit 기능이란 C 언어에서 논리식은 결합 순서로 보아 왼쪽에서 오른쪽으로 평가되어 지는데, 평가 할 때 논리곱(&&) 연산자의 좌변의 수식이 논리적으로 이미 거짓(0의 값)일 경우는 우변을 아예 평가하지 않는다거나 또한 논리합(||) 연산자 좌변의 수식이 논리적으로 참(0이외의 값, 대개 1)일 경우에도 우변의 수식을 평가하지 않는 기능을 말한다.

다시 계속해서 [코드 8-11]을 실행시켜 보자. 조건식에서 관계식을 평가한 결과는 각각 거짓과 참에 대해 논리합에 대한 논리식을 평가해야 한다.

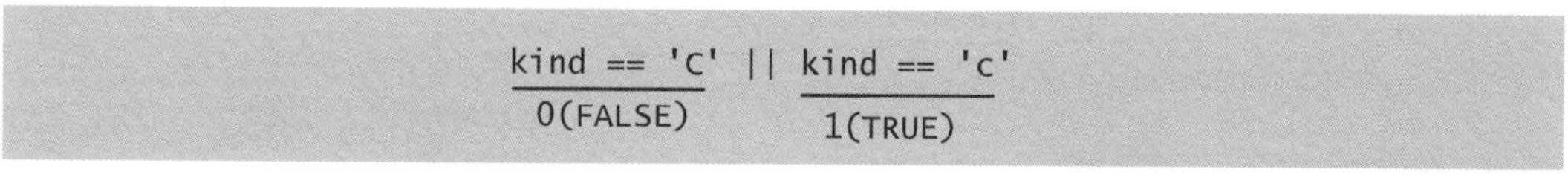

```
kind == 'C' || kind == 'c'
 0(FALSE)       1(TRUE)
```

그림 8-42 **논리합 연산자 || 와 논리식**

[그림 8-42]에서 보는 것처럼 논리합 연산자 ||는 두 개의 관계식을 피연산자로 해서 참인지 거짓인지 판단하는 식이다. 이러한 식을 논리식이라고 한다. 논리합이기 때문에 논리합은 두 개의 피연산자가 거짓일 때만 거짓이므로 [그림 8-42]처럼 두 개의 관계식이 각각 거짓과 참을 평가한 경우 논리합 논리식을 평가했을 때는 참이 된다. 사용자가 소문자를 입력하지 않고 대문자 'C'를 입력했더라면 왼쪽 관계식을 평가했을 때 참이 된다. 이러한 경우는 논리합인 경우 두 개의 피연산자중에서 하나라도 참이면 무조건 참이 되기 때문에 오른쪽 관계식을 평가하지 않고 참을 평가하게 된다. 이러한 기능을 Short Circuit이라고 한다.

여하튼 if 문장의 조건식을 평가했을 때 참이므로 if 블록으로 이동하게 된다. [코드 8-11]에서 46번째 줄로 이동하여 실행하게 된다. 여기서는 [그림 8-43]과 같이 두 개의 수식이 사용된다. 하나는 간접 참조 연산식과 치환식이다.

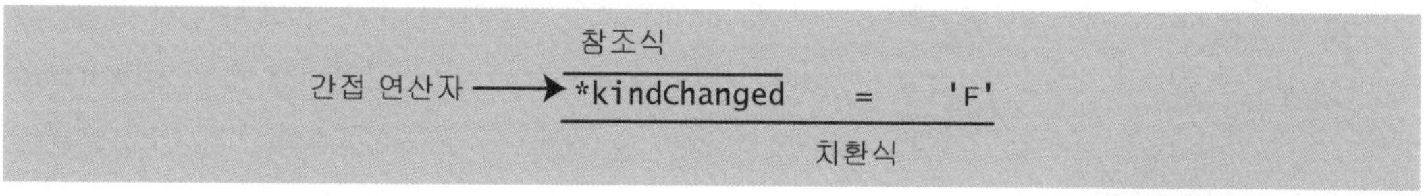

```
            참조식
간접 연산자 ──→ *kindChanged  =  'F'
                              치환식
```

그림 8-43 **참조식과 치환식**

두 개의 식으로 구성되기 때문에 식을 평가하는 순서를 정해야 한다. 별표(*)는 어떠한 연산자일까? [표 8-2]를 참고하면 *는 피연산자의 개수가 1개이므로 곱하기 산술 연산자는 아니고 피연산자가 kind 변수 1개이므로 단항 연산자에서 찾아야 하는데 기억장소에 저장된 값을 참조하는 연산자임을 알 수 있다. 그리고 등호(=)는 치환연산자이다. 우선순위는 단항 연산자가 치환연산자보다 높다. 따라서 왼쪽의 참조식부터 먼저 평가해야 한다. 평가를 하기 전에 우선 간접 연산자(*)에 대해서 정리를 해보자.

5) 간접 지정 연산자(Indirection Operator, *)

주소를 저장하고 있는 변수, 즉 포인터 변수나 주소를 구하는 포인터 수식을 피연산자를 갖는 단항 연산자이다. 저장되어 있거나 수식에 의해서 구해진 주소를 갖는 기억장소에 저장되어 있는 내용을 참조하는 연산자이다. 간접 지정 연산자 혹은 간접 연산자라고도 한다.

간접 연산자를 사용하는 형식은 [그림 8-44]와 같다.

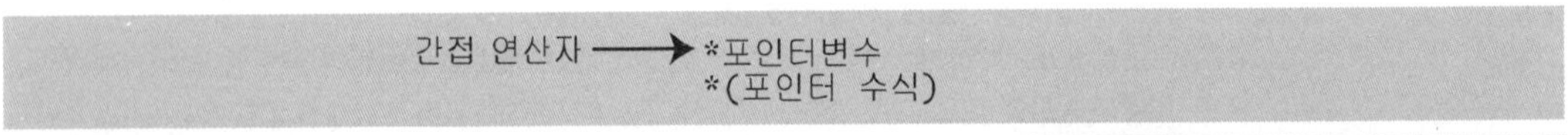

```
           간접 연산자 ──▶ *포인터변수
                         *(포인터 수식)
```

그림 8-44 간접 연산자를 사용하는 형식

```
           간접 연산자 ──▶ *kindChanged
                              ↑
                        피연산자 : 포인터 변수
```

그림 8-45 간접 연산자를 이용한 내용 참조 연산식

[그림 8-46]을 보면서 [그림 8-45]에 대해서 알아보도록 하자. kindChanged는 [그림 8-46]에서 ConvertTempature() 함수 스택에 할당된 변수이다. 그래서 다른 변수들을 다 생략해 버렸다. 이 변수만 집중하기 위해서 말이다. 변수 명칭은 변수에 저장되어져 있는 값을 의미한다. 따라서 kindChanged는 변수에 저장되어져 있는 값, 즉 main() 함수 스택에 할당되어있는 kindChanged의 주소를 의미한다. 간접 연산자(*)는 저장되어져 있는 주소를 시작으로 해서 main() 함수 스택에 할당된 kindChanged 변수의 크기만큼 읽어내어 읽어낸 내용이 연산의 결과로 하면 된다.

할당된 기억장소, 즉 변수의 크기를 구하기 위해서는 연산자를 또한 사용해야 한다. sizeof 연산자이다. 형식은 sizeof(자료형 명칭)이다. 그러면 main() 함수 스택에 할당된 kindChanged의 자료형은 변수 선언문장에서 변수 명칭만을 제거하면 된다. sizeof(char) 만큼 읽어내게 된다. sizeof(char) 식을 평가하면 1 바이트이다. ConvertTempature() 함수 스택에 할당된 kindChanged에 저장된 주소를 시작으로 해서 1 바이트를 읽어내게 되는 것이다. 아마도 [그림 8-46]에 의하면 쓰레기 값을 읽게 된다.

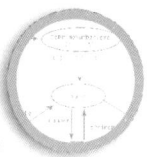

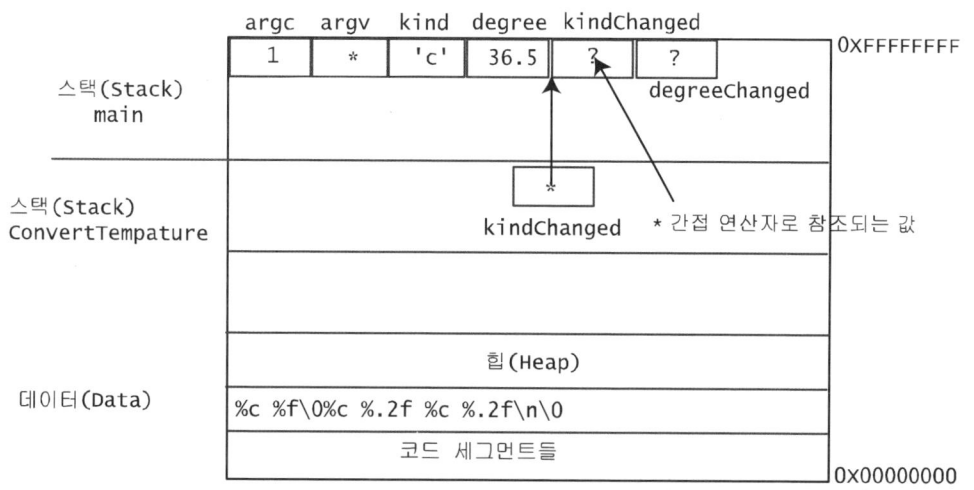

그림 8-46 [그림 8-45]에 대한 메모리 맵

다음 사항들에 대해 주의해야 한다.

1. 곱셈 연산자나 포인터 변수를 선언할 때 사용하는 구두점과 구분하여 사용하도록 하자.

```
01 : // 온도를 바꾸다
02 : void ConvertTempature(char kind, float degree,
03 :         char *kindChanged, float *degreeChanged) {
04 :     // 섭씨이면 화씨로 바꾸다
05 :     if(kind == 'C' || kind == 'c') { // if 블럭 시작
06 :         *kindChanged = 'F';
07 :         *degreeChanged = 1.8F * degree + 32.0F;
08 :     } // if 블럭 끝
10 :     // 화씨이면 섭씨로 바꾸다
11 :     if(kind == 'F' || kind == 'f') { // if 블럭 시작
12 :         *kindChanged = 'C';
13 :         *degreeChanged = (degree - 32.0F) * 100.0F/180.0F;
14 :     }      // if 블럭 끝
16 : }
```

코드 8-12 기호 * 의 역할

[코드 8-12]에서 03번째에서 별표(*) 기호는 단지 선언되는 매개변수에 저장되어지는 값이 주소임을 강조하는 구두점이다. 06, 07, 12, 13번째 줄들에서 치환식의 왼쪽 값에 사용되어진 별표(*) 기호는 간접 연산자이다. 그리고 07과 13번째 줄들에서 치환식의 오른쪽 값에 사용되어진 별표(*) 기호는 곱하기 산술 연산자이다. 이처럼 별표 기호는 어디에 사용되어지는지에 따라 역할이 정해진다. 그래서 5장에서 토큰에 대한 개념을 공부하게 된 것이고, 이러한 구분이 명확해야만 코드를 정확하게 해석할 수 있는 것이다.

2. 피연산자인 포인터(변수 또는 수식)가 어떤 형 포인터이냐에 따라, 포인터가 가리키고 있는

3. 연산자(Operator)

선두번지에서부터 그 어떤 형의 바이트 크기만큼만 읽어내는 것으로 읽어낸 내용이 연산의 결과로 취해진다. 이때 예외적인 것들로는 함수형이나 void 형이다.

3. 기억할 핵심적인 것은 포인터를 사용하면 어떠한 변수(좌변 값)라도 그 값을 "간접적으로" 읽어낼 수(참조할 수)있다는 것이다.
4. 간접 연산자를 사용하는 수식은 변수로 취급한다는 점을 명심하자. 읽어낸다고 설명을 해서 읽기만 하고, 즉 다시 말해서 오른쪽 값만으로 취급되고 값을 쓸 수 있는 왼쪽 값으로 사용될 수 없는 것처럼 생각할 수 있는데 그렇지 않고 변수처럼 값을 치환할 수도 있다. 따라서 정확하게 말하면 참조 연산자라고 하는 것이 합당할 것 같다. 참조란 말은 전산에서 어떤 기억장소에 대해 읽고 쓴다는 것이다.

06, 07, 12, 13번째 줄에서 보는 것처럼 치환 연산자의 왼쪽에 작성된 코드를 보면 간접 연산자를 사용한 수식으로 치환 연산자의 왼쪽 값으로 사용할 수 있다. 06번째 줄에서 kindChanged에 저장된 값을 시작 주소로 해서 1바이트 읽어 낸 값에다가 'F'를 저장하도록 하고 있다. 따라서 main() 함수 스택에 할당된 kindChanged에 'F'가 저장되게 된다.

ConvertTempature() 함수의 실행이 끝나고 ConvertTempature() 함수 스택이 해제된 후 main() 함수 스택으로 실행제어가 이동된 후 main() 함수 스택에 할당된 kindChanged에 'F'가 저장되어 있을 것이다.

주소를 사용하면 간접적으로 기억장소에 저장된 값인 내용을 변경할 수 있다는 점을 이용하여 함수의 실인수의 값을 변경하는 효과를 얻을 수 있는 장점을 가진다. 특히 C 언어는 1개를 출력하는 알고리즘의 구현에 적합한 함수를 논리적 모듈로 사용하기 때문에 두 개 이상을 출력하는 알고리듬을 구현하는데 있어 다른 출력 방법이 필요한데 이때 사용하기 위해서 포인터 개념과 간접 연산자를 적절하게 사용해야 한다. 이에 대해서는 12장 포인터에서 자세히 공부하도록 하자.

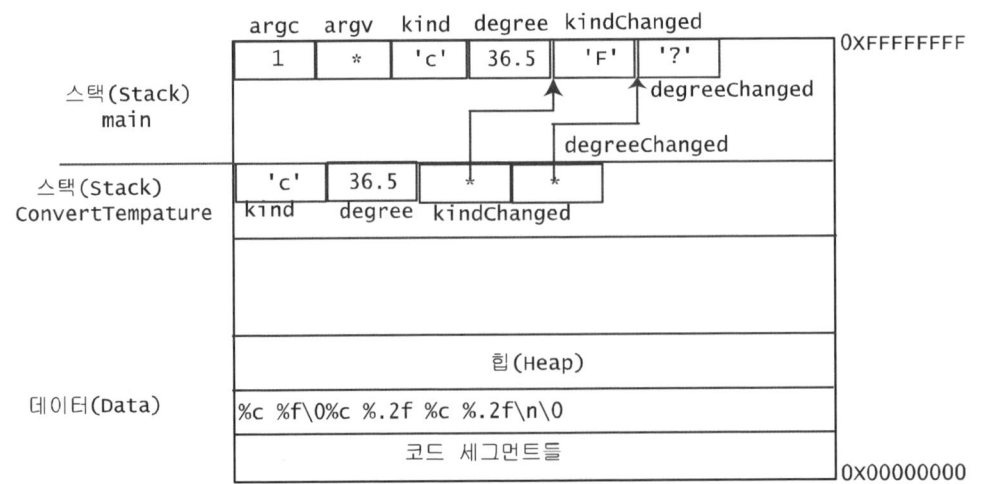

그림 8-47 [코드 8-11]에서 46번째 줄이 실행된 후

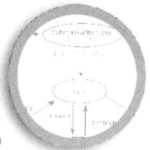

다시 코드를 실행하도록 하자. 46번째 줄을 실행하면 [그림 8-47]과 같이 ConvertTempature() 함수 스택에 할당된 kindChanged에 저장되는 것이 아니라 main() 함수 스택에 할당된 kindChanged에 'F'가 저장되게 된다.

다음은 섭씨 온도를 화씨 온도로 변환하는 문장을 실행해 보도록 하자. 이 문장에서는 여러 개의 식들이 사용되고 있다. 사용되는 수식이 몇 개일까?

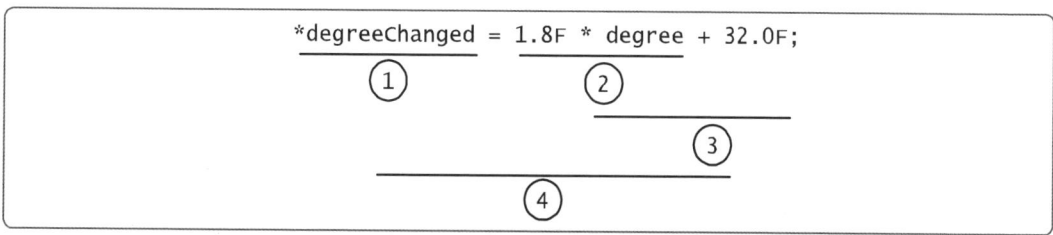

코드 8-13 섭씨 온도로 화씨 온도로 변환하는 문장을 구성하는 수식들과 평가순서

C 언어에서 수식은 값을 평가하는 실행 단위를 말한다. 이러한 정의에 의하면 값을 표현한 1.8F, 32.0F 같은 상수, degree, degreeChanged와 같은 변수도 하나의 간단한 식이다. 그렇지만 [코드 8-13]에서는 상수와 변수는 이미 값을 구해기 때문에 언급하지 않고 주어진 값을 가지고 연산을 하는 기호, 즉 연산자에 의해서 구성되는 수식에 대해서 설명을 하도록 하겠다. 따라서 [코드 8-13]에는 4개의 수식이 사용되고 특정 변수에 저장된 값을 참조하는 수식 1개와 두 개의 산술식 그리고 1개의 치환식으로 구성된 복합 수식이다. 따라서 값을 평가하는 순서는 우선순위와 결합성으로 결정되어야 한다. 내용 참조 수식이 첫 번째로 평가되어야 하고, 다음은 치환식보다는 산술식이 우선순위가 높기 때문에 산술식이 먼저 평가되어야 한다. 산술식에서도 곱하기가 더하기보다 먼저 평가되어야 하기 때문에 곱하기 산술식이 두 번째로, 더하기 산술식이 세 번째로 그리고 마지막으로 그렇게 해서 구해진 온도를 치환하면 되므로 치환식이 네 번째로 평가되면 [코드 8-13]과 같은 한 개의 문장의 실행이 끝나게 된다.

6) 산술 연산자(Arithmetic operator)

여기서 C 언어가 제공하는 산술 연산자들에 대해서 정리를 하자. 더하기(+), 빼기(-), 곱하기(*) 그리고 나누기(/)의 사칙 연산자로 임의의 산술형 데이터(정수형이나 실수형)나 수식을 피연산자로 취하며, 연산 결과는 언제나 정수형 또는 double형인 이항 연산자이다.

나머지 연산자(Modulus operator, %)는 float, double형을 제외한 임의의 산술형 데이터나 수식을 피연산자로 취하면 연산 결과는 언제나 정수형인 이항 연산자이다.

산술 연산자를 사용한 수식을 산술식(Arithmetic Expression)이라고 한다. 산술식을 작성하는데 있어 아래 기술되어지는 내용들에 대해 주의해야 한다.

나머지 연산자는 여러 가지 산술형 중에서 실수형(float, double 형)만은 피연산자로 취할 수가 없고, 다만 char형이나 int형, long형 등에만 쓸 수 있다.

정수끼리 나눗셈을 하여 나머지가 생기더라도 부동 소수점 수(실수)가 되지 않고, 정수가 되어 버림으로 정수 나눗셈의 결과에서 소수점 이하는 반올림하지 않고 과감히 잘라 버린다는 점에 유의해야 한다.

피연산자 둘 중에 어느 하나라도 double형이면, 다른 하나의 피연산자는 그 데이터형이 반드시 double형으로 자동 변환된다는 점에 유의하여야 한다.

다시 [코드 8-11]을 실행해 보자. [코드 8-11]에서 47번째 줄을 실행해 보자. degreeChanged에 저장되어져 있는 주소를 갖는 기억장소에서 주소를 시작으로 해서 sizeof(float), 즉 4 바이트만큼 내용을 참조하는 수식을 평가한다.

다음은 곱하기 산술식을 평가해야 한다. 곱하기 산술식은 1.8과 degree에 저장되어져 있는 값 36.5를 곱하여 65.7의 값을 구해야 한다. 그리고 더하기 산술식을 평가해야 하는데, 곱하기 산술식에서 구한 값인 65.7 에 32.0을 더하여 97.7을 구하는 것이다. 이렇게 구해진 값은 레지스터에 저장되어져 있는 값이고 이 값을 주기억장치에 저장하여야 또 다른 연산에서 사용할 수 있기 때문에 main() 함수 스택에 할당된 degreeChanged에 저장하여야 한다. 그래서 치환식으로 97.7이 main() 함수 스택에 할당된 degreeChanged에 저장되게 된다.

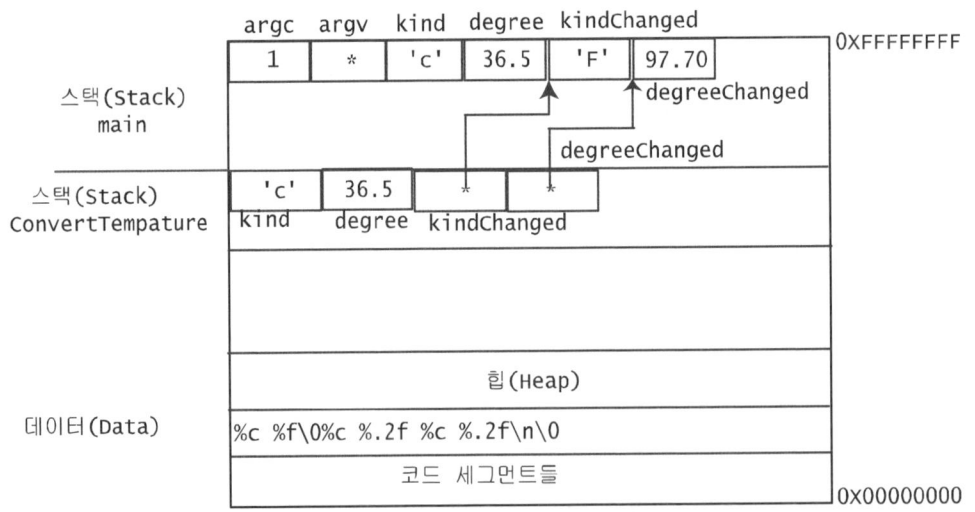

그림 8-48 [코드 8-11]에서 47번째 줄이 실행된 후

48번째 줄에서 if 제어블록의 끝을 나타내는 닫는 중괄호를 만나 if 제어블록을 벗어나게 되고, 50번째 줄에서 다시 if 문장을 만나게 된다. 다시 if 문장의 조건식을 평가해야 한다. 조건식은 복합 수식이다. 다시 말해서 2개의 관계식과 1개의 논리식으로 구성되어 있다. 우선순위에 의해서 관계

식을 먼저 평가해야 하고 다음에 논리식으로 평가하면 된다. 관계식도 2개 있으므로 또한 결합성을 따져 왼쪽에서 오른쪽으로 관계식을 평가해야 한다. [코드 8-11]에서 50번째 줄의 조건식은 [그림 8-49]와 같다.

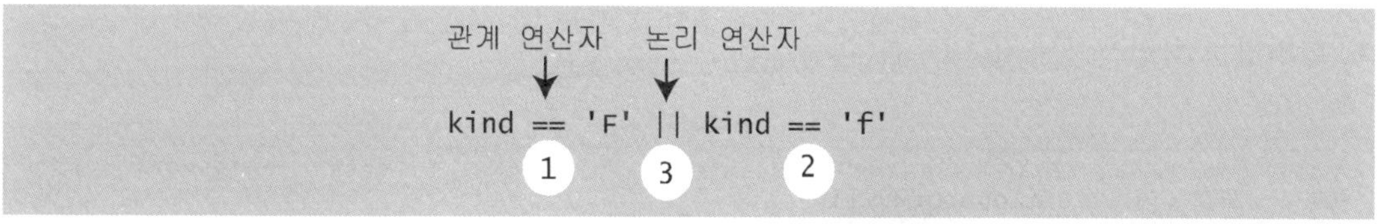

```
    관계 연산자    논리 연산자
         ↓           ↓
    kind == 'F' || kind == 'f'
         ①      ③       ②
```

그림 8-49 조건식을 구성하는 수식과 평가 순서

[그림 8-49]를 참고하면 논리 연산자를 기준으로 왼쪽에 작성된 관계식을 평가해 보자. kind에 저장되어져 있는 값이 'c'이므로 대문자 'F'와 같은지를 평가하면 거짓이다. 논리합 논리 연산자이기 때문에 거짓과 거짓일 때만 거짓(0)이므로 Short Circuit이 작동하지 않고 우선 논리 연산자를 기준으로 오른쪽에 작성된 관계식을 평가해야 한다. kind에 저장된 값 'c'와 'f'를 읽어 레지스터에 복사하고 'c'와 'f'가 같은지에 대해 평가하면 거짓(0)이다. 이제 논리합에 대한 논리식을 평가할 수 있다.

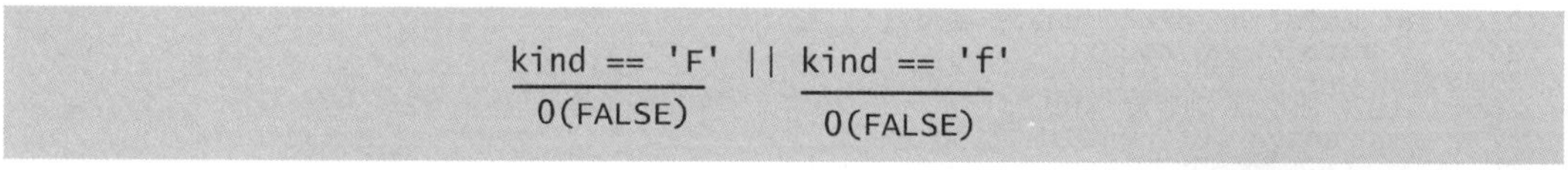

```
    kind == 'F'  ||  kind == 'f'
    ─────────        ─────────
    0(FALSE)         0(FALSE)
```

그림 8-50 관계식들의 평가

두 개의 관계식에 의해서 평가되어진 값이 거짓(0)이므로 거짓(0)과 거짓(0)에 대해 논리합 수식을 평가하면 거짓이다.

따라서 조건식이 거짓이기 때문에 if 문장의 제어블록, 50번째 줄에서 53번째 줄까지의 문장들을 실행하지 않고 54번째 줄로 이동하게 된다. 54번째 줄에서 함수 블록을 닫는 중괄호를 만나게 되면 ConvertTempature() 함수 스택을 해제하게 된다. 이로써 ConvertTempature() 함수의 실행이 끝나게 되고 호출한 함수인 main() 함수로 실행제어가 이동하게 된다.

[코드 8-11]에서 29번째 줄의 실행이 끝나고 31번째 줄로 이동해서 DisplayTempature() 함수 호출식을 평가하게 한다. 다시 말해서 출력 함수 호출문장을 실행하게 되는 것이다. 함수 호출식에서 실 매개변수는 주소가 아니라 내용, 즉 변수에 저장되어져 있는 값이라는 것에 주목해야 한다. 계속적으로 언급하는 내용인데, 출력하고자 하는 값은 주소가 아니라 사용자에 의해서 입력되어진 값이나 프로그램에 의해서 처리된 값이지 주소일 수는 없다는 것을 생각해 보자. 물론 콘솔에 값을 출력하고자 한다면 C 언어에서는 제공되는 기능이 없고, 라이브러리 함수를 사용해야한다는 것은 이미 알고 있다. 이때 사용하는 prinft() 함수 자체가 앞에서 말한 개념을 지키고 있기 때문에 여러

분들이 주소를 넘기게 되면 정확하지 않은 값이 출력되는 것을 확인할 수 있을 것이다.

이렇게 DisplayTempature() 함수에 의해서 값들이 출력되고 [코드 8-11]에서 33번째 줄의 return 문장에 의해서 main() 함수 스택이 해제되어 프로그램이 끝나게 된다.

다음은 산술 연산자에 대해서 공부를 더 해보도록 하자. 마찬가지로 7장에서 사용한 예제를 가지고 디버깅을 하면서 공부해 보도록 하자.

```
01 : /*************************************************************************
02 :    파일 명칭 : GetCountOfMultiples.c
03 :    기    능 : 1에서 100000까지 수중에서 7의 배수의 개수를 센다.
04 :    입    력 : 없음
05 :    출    력 : 전체 개수
06 :    작 성 자 : 김 석 현
07 :    작성일자 : 2007-12-28
08 : *************************************************************************/
09 : #include <stdio.h>
10 :
11 : // 정수형 상수에 대해 매크로 상수들
12 : #define MAX 100000L
13 : #define MULTIPLE 7
14 :
15 : // 사용자 정의 자료형 선언
16 : typedef unsigned long int ULong;
17 :
18 : // 배수의 개수를 세다
19 : ULong GetCountOfMultiples();
20 : // 개수를 출력하다
21 : void DisplayCount(ULong count);
22 :
23 : int main(int argc, char* argv[]) {
24 :     auto ULong count;
25 :
26 :     // 배수의 개수를 세다
27 :     count = GetCountOfMultiples();
28 :     // 개수를 출력하다
29 :     DisplayCount(count);
30 :
31 :     return 0;
32 : }
33 :
34 : // 배수의 개수를 세다
35 : ULong GetCountOfMultiples() {
36 :     auto ULong count = 0;
37 :     auto ULong number = 0;
38 :     auto ULong remainder;
39 :     auto ULong i;
40 :
41 :     for( i = 1; i <= MAX; i = i + 1 ) {
42 :         number = number + 1 ; // 수를 센다
43 :         // 나머지를 구한다
44 :         remainder = number ;
45 :         while ( remainder >= MULTIPLE ) {
46 :             remainder = remainder - MULTIPLE ;
47 :         }
48 :         // 나머지가 0이면, 즉 7의배수이면
49 :         if(remainder == 0) {
50 :             count = count + 1 ; // 배수의 개수를 센다
51 :         }
52 :     }
53 :
54 :     return count;
55 : }
56 :
57 : // 개수를 출력하다
58 : void DisplayCount(ULong count) {
59 :     printf("총 7의 배수 개수 : %d", count);
60 : }
```

코드 8-14 7의 배수 개수를 구하는 프로그램

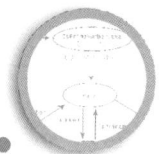

[코드 8-14]는 7의 배수 개수를 구하는 프로그램이다. 7의 배수 개수를 구하는 프로그램을 실행시켜 보자. 어떠한 수식들로 구성되어 있고 수식에 의해서 어떠한 값들이 구해지는지를 확인하여야 여러분이 작성한 코드가 정확한지 아닌지를 검토할 수 있고, 정확하게 처리되지 않았다면 이유를 찾을 수 있어서 해결책을 찾을 수 있을 것이다. 이러한 내용은 연산자를 학습할 때 정확하게 학습해야 하는 내용이다. 따라서 프로그램을 실행하는 방식으로 연산자를 설명하고 있다.

[코드 8-14]를 컴파일과 링크를 하여 실행 파일을 만든 다음 실행을 시키면 [그림 8-51]과 같은 메모리 맵으로 표현될 수 있다.

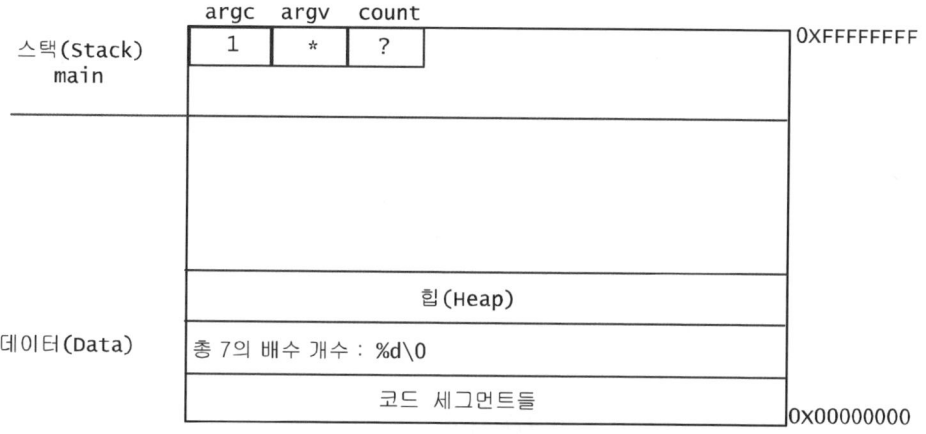

그림 8-51 [코드 8-14]에 대해 실행 파일이 실행되었을 때

다음은 [코드 8-14]에서 27번째 줄을 실행하게 된다. GetCountOfMultiples() 함수를 호출하게 된다. 반환하는 값, 즉 출력하는 데이터가 있고 또한 다른 함수에서 사용해야 하기 때문에 호출하는 함수인 main() 함수 스택에 저장할 변수를 선언해야 한다. [코드 8-14]에서 24번째 줄에서 count 변수를 선언하고 초기화를 하지 않았다. 따라서 쓰레기가 저장되어 있을 것이다.

반환할 값을 저장할 변수를 왼쪽 값으로 해서 치환식을 작성하는데 호출식은 따라서 오른쪽 값이 되어야 한다. 그래서 [코드 8-14]에서 27번째 줄이 작성된 것이다. 즉 두 개의 식을 평가해야 하기 때문에 문장임을 강조하여 줄의 끝에 세미콜론을 찍어야 한다.

GetCountOfMultiples() 함수가 호출되면 호출된 함수에서 사용해야 하는 데이터들을 저장할 변수들이 할당되어질 스택을 할당해야 한다. [그림 8-52]와 같은 메모리 맵으로 정리된다.

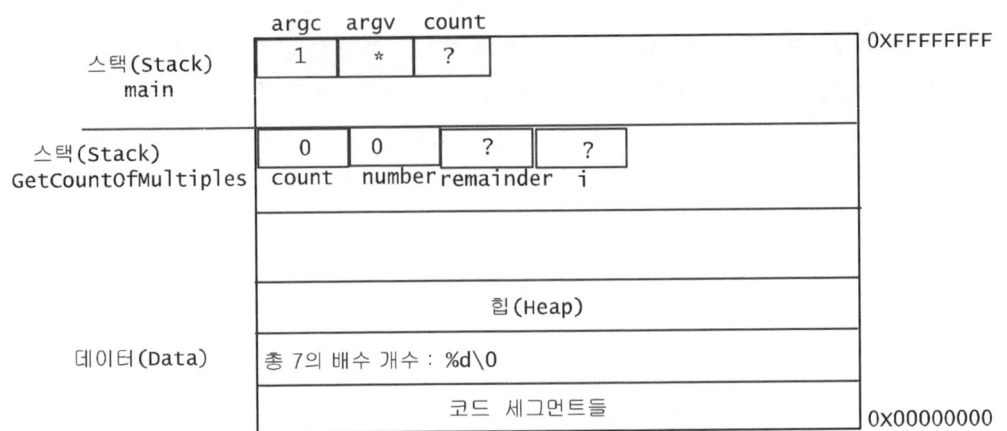

그림 8-52 GetCountOfMultiples() 함수가 호출되었을 때

누적 표현에 사용되어진 변수들은 반드시 초기화되어져야 하고, 치환에 의해서 값이 저장되는 변수는 초기화를 할 필요가 없다. 그러면 i는 초기화되어야 되는데 왜 초기화하지 않았는지 질문을 할 수 있는데, 그 이유는 for 반복문장에서 첫 번째 식이 초기식이므로 초기화를 하기 때문에 선언문장에서 초기화를 하지 않았을 뿐이다. 여하튼 누적 표현에 사용되는 변수들은 무조건 초기화해야 함을 기억하도록 하자.

[코드 8-14]에서 41번째 줄로 실행 제어가 이동되어 문장을 실행하게 된다. 그런데 41번째 줄부터 47번째 줄까지 for 반복문장이다. for 반복문장은 선 검사 반복구조 다른 말로는 진입 조건 반복구조이다. 반복해야 하는 내용을 먼저 처리하는 것이 아니라 반복해야하는지에 대해 검사부터 먼저 하는데 검사해서 참이면 반복해야 하는 내용을 처리하고 거짓이면 처리하지 않는 것이다.

그리고 반복구조는 개념적으로 반복제어변수를 초기화하는 초기식, 조건식, 그리고 마지막으로 반복제어변수에 저장되는 값을 변경하는 식으로 구성되는 것이다. for 키워드 뒤에 소괄호안에 세 개의 식이 차례대로 나열되어 있다. 구분하기 위해서 구두점 세미콜론을 사용하고 있다.

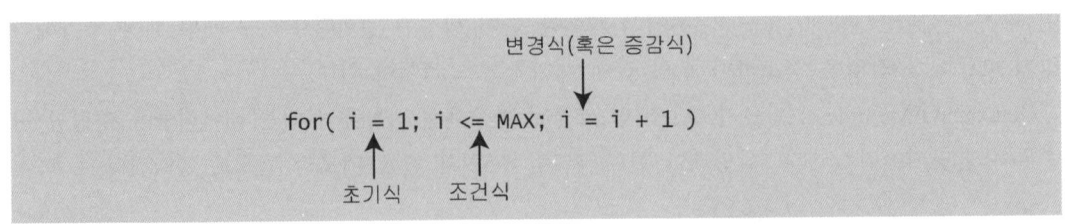

그림 8-53 for 반복문장의 세 개의 식들

식들이 어떠한 순서로 어떻게 평가되는지에 대해 공부해 보도록 하자. 초기식이 먼저 평가되는데, for 반복문장이 실행될 때 딱 한 번 평가되게 된다. 따라서 초기식은 반복제어변수에 저장되어

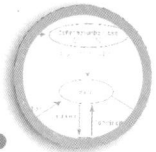

지는 초기값을 설정하는 식이다. 여기서는 반복제어변수 i에 1을 저장하게 된다. 이제 더 이상 이 식은 평가되지 않는다.

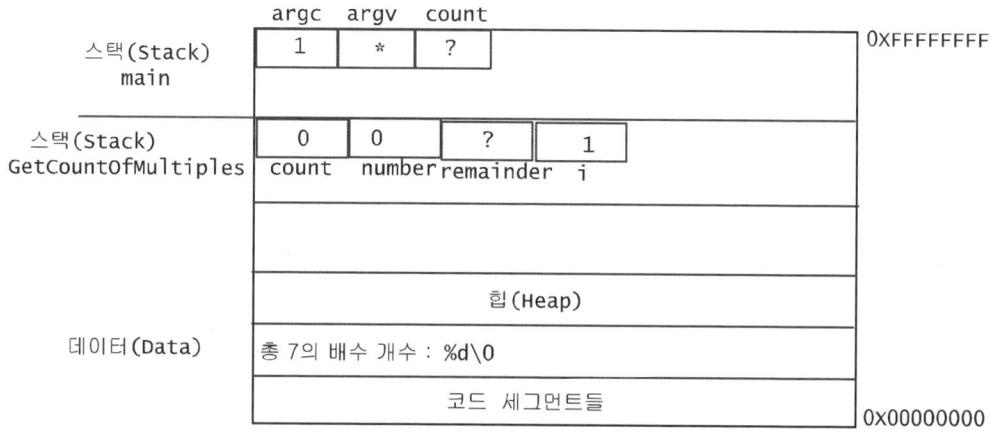

그림8-54 for 반복문장의 초기식 i = 1이 평가되었을 때

다음은 조건식을 평가해야 한다. 조건식을 평가해서 결과가 참이면 for 반복 제어블록으로 이동하게 되고 그렇지 않으면 for 반복 제어블록을 건너뛰게 되어 [코드 8-14]에서 49번째 줄로 이동하게 된다.

그러면 조건식을 평가해 보자. 한 개의 관계식으로 구성되어 있기 때문에 i에 저장되어진 값 1과 매크로 상수 100000을 읽어 레지스터에 복사한 다음 1이 100000보다 작거나 같은지에 대해 대소 비교를 할 때 참인지 거짓인지를 결정함으로써 관계식을 평가하는 것이다. 평가한 결과는 참이다. 따라서 for 반복문장의 제어블록으로 이동하는데 따라서 [코드 8-14]에서 42번째 줄로 이동하게 된다. 누적 표현식이다. 따라서 누적 연산자를 이용하여 [코드 8-15]와 같이 표현하는 것이 더욱더 C 다운 코드일 것이다.

```
number += 1 ;
```

코드 8-15 누적 연산자를 이용한 "수를 센다"에 대한 문장

C 언어에서는 이것보다 더욱더 간결한 표현을 할 수 있는 연산자를 제공한다. 특히 1씩 증가하거나 감소하는 누적 표현에 대해서 증감 연산자라는 것을 제공하여 [코드 8-16]과 같은 문장을 만들 수 있다.

```
number++ ;
```

코드 8-16 증가 연산자를 이용한 "수를 센다"에 대한 문장

[코드 8-14]에 대해 C 언어가 제공하는 연산자들로 [코드 8-19]와 같은 최적의 코드를 작성할 수 있을 것이다.

3. 연산자(Operator) **285**

7) 증감 연산자(Increment-Decrement operator)

여기서 잠깐만 수식에 사용되는 기호 ++ 에 대해서 어떠한 기능을 갖고 있는지를 정리해야 하겠다. 결론부터 내리자면 주어진 값을 하나 증가 시키는 기능을 갖는 연산자이다. 이러한 연산자를 증감 연산자라 한다.

피연산자의 값을 하나 증가시키거나(증가 연산자) 혹은 하나 감소시키는(감소 연산자) 단항 연산자이다. 특정 변수에 대해 1씩 증가시키거나 1씩 감소시키는 누적 표현식을 말한다.

증감 연산자를 쓰면 프로그램이 한결 간결해지며, 따라서 프로그램은 읽는 즉시 이해가 되고, 모양이 산뜻해지고, 기계어 명령과 비슷하므로, 보다 효율적으로 기계어 코드가 생성되어 실행 속도가 빨라지는 장점들을 가진다.

그렇지만 다음과 같은 점들에 대해서는 주의해야 한다.

피연산자는 임의의 산술형 데이터로 변수와 같이 값을 치환할 수 있는 것, 즉 왼쪽 값이어야 하므로 수식이나 상수에 대해서는 사용할 수 없다.

변수의 앞에 표시되는 전위형(Prefix, ++변수)과 변수의 뒤에 표시되는 후위형(Postfix, 변수++)으로 구분되며, 증가 혹은 감소가 일어나는 시기가 서로 다르다는 점에 주의 하여야 한다. 단독으로 사용되어지는 경우는 상관없지만, 특히 여러 개의 연산자와 같이 사용되는 복합 수식인 경우 주의 하여야 한다. 전위형은 변수의 값을 먼저 1만큼 증가시킨 직후에 변수의 값을 수식에 사용하는 반면에, 후위형은 변수의 현재 값을 그대로 사용한 직후에 변수의 값을 1만큼 증가시킨다는 점에 주의해서 수식을 작성해야 한다. [코드 8-17]을 참고하여 명확히 이해하도록 하자.

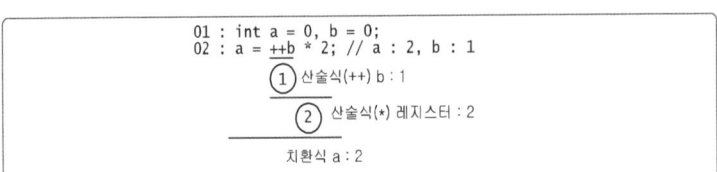

코드 8-17 전위 표기 증가 연산자

[코드 8-17]에서 02번째 줄에서 사용된 수식들에서 ++b 수식이 먼저 평가된다. 따라서 b에 저장된 값인 0에다 1을 더하여 저장하게 됨으로 b는 1이 된다. 다음은 곱하기 산술식을 평가해야 하는데 b에 저장되어 있는 값인 1에 2를 곱하면 2가 구해진다. 2는 레지스터에 저장되게 된다. 마지막으로 레지스터에 저장되어져 있는 2를 치환식에 의해서 변수 a에 쓰게 된다. 따라서 a에 저장된 값은 2가 된다.

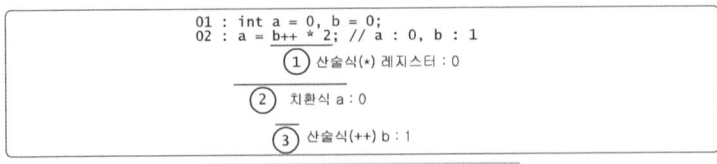

코드 8-18 후위 표기 증가 연산자

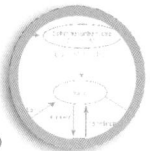

[코드 8-18]에서 02번째 줄에서 사용된 수식들에서 b * 2 수식이 먼저 평가된다. 따라서 b에 저장된 값인 0을 읽어 2를 곱하면 0이 된다. 따라서 구해진 0은 레지스터에 저장된다. 다음은 치환식에 의해서 0을 변수 a에 쓴다. 따라서 a에 0이 저장된다. 그리고 마지막으로 b++ 수식이 평가되는데 0에다 1을 더하여 구한 값인 1을 b에 저장하게 된다.

증감 연산자가 수식 내에서 쓰이지 않고, 단독으로 쓰일 때에는 관례상 후위형(Postfix)으로 기술한다. 한 변수가 한 수식에 두 번 이상 나타날 때는 절대로 이 변수에 증감 연산자나 치환 연산자를 사용하지 말아야 한다.

```
01 : /***********************************************************************
02 : 파일 명칭 : GetCountOfMultiples.c
03 : 기    능 : 1에서 100000까지 수중에서 7의 배수의 개수를 센다.
04 : 입    력 : 없음
05 : 출    력 : 전체 개수
06 : 작 성 자 : 김 석 현
07 : 작성 일자 : 2007-12-28
08 : ***********************************************************************/
09 : #include <stdio.h>
10 :
11 : // 정수형 상수에 대해 매크로 상수들
12 : #define MAX 100000L
13 : #define MULTIPLE 7
14 :
15 : // 사용자 정의 자료형 선언
16 : typedef unsigned long int ULong;
17 :
18 : // 배수의 개수를 세다
19 : ULong GetCountOfMultiples();
20 : // 개수를 출력하다
21 : void DisplayCount(ULong count);
22 :
23 : int main(int argc, char* argv[]) {
24 :     auto ULong count;
25 :
26 :     // 배수의 개수를 세다
27 :     count = GetCountOfMultiples();
28 :     // 개수를 출력하다
29 :     DisplayCount(count);
30 :
31 :     return 0;
32 : }
33 :
34 : // 배수의 개수를 세다
35 : ULong GetCountOfMultiples() {
36 :     auto ULong count = 0;
37 :     auto ULong number = 0;
38 :     auto unsigned short int remainder;
39 :     auto ULong i;
40 :
41 :     for( i = 1; i <= MAX; i++ ) {
42 :         number++;
43 :         remainder = (unsigned short int)( number % MULTIPLE );
44 :         if(remainder == 0) {
45 :             count++;
46 :         }
47 :     }
48 :
49 :     return count;
50 : }
51 :
52 : // 개수를 출력하다
53 : void DisplayCount(ULong count) {
54 :     printf("총 7의 배수 개수 : %d", count);
55 : }
```

코드 8-19 7의 배수 개수를 구하는 프로그램

따라서 [코드 8-19]에서 42번째 줄을 실행하면 현재 number에 저장되어진 값 0에 1을 더하여 구한 값 1을 다시 number에 저장한다는 것이다. 설명대로 하면 내부적으로 1을 더하는 산술식과 1을 더해서 구한 값을 저장하는 치환식이 각각 평가되어지는 것을 알 수 있는데 따라서 ++ 연산자는 이를 일괄적으로 처리하는 연산자로 이해하면 될 것 같다. 따라서 number에 저장된 값이 1이 되어야 한다.

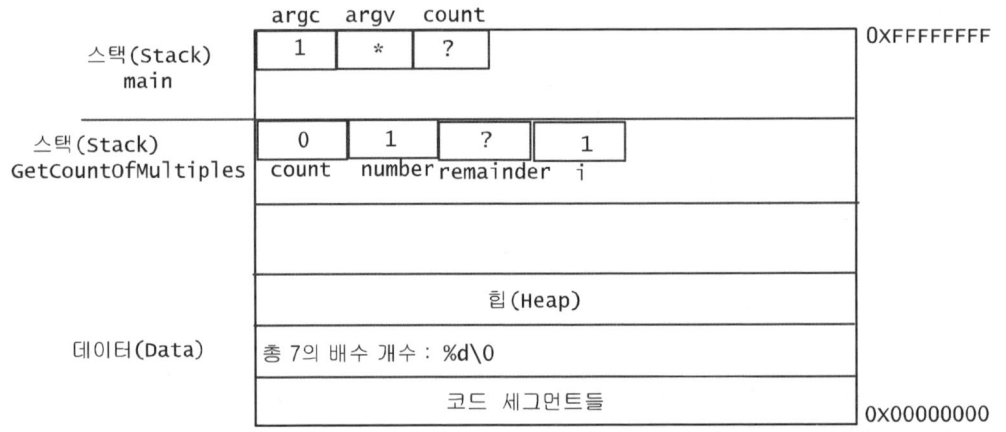

그림 8-55 for 반복제어블록에서 첫 번째로 처리하는 number++이 평가된 후

다음은 [코드 8-14]에서 44번째 줄로 실행 제어가 이동하여 표현식 문장을 실행하게 된다. number에 저장된 값인 1을 읽어 레지스터에 저장한다. 그리고 치환식에 의해서 레지스터로 복사되어 저장된 값인 1을 remainder에 저장하게 되어 [그림 8-56]과 같은 메모리 맵이 작도된다. 다음은 45번째 줄로 실행 제어가 이동되고 while 반복문장의 조건식을 평가하게 된다. while 반복문장도 for 반복문장과 마찬가지로 선 검사 반복구조(혹은 진입 조건 반복구조)로 조건식을 평가했을 때 참인 동안 반복하고 거짓이면 반복을 탈출하게 된다. 조건식은 remainder가 7보다 크거나 같은지에 대해 평가하는 관계식이다. remainder에 저장된 값인 1을 읽고 레지스터에 저장하고 7을 읽어 1이 7보다 크거나 같은지에 대해 평가해야 한다. 평가하면 거짓이기 때문에 while 반복 제어블록을 벗어나게 된다. [코드 8-14]에서 49번째 줄로 이동하게 된다. 따라서 44 번째 줄에서 47번째 줄까지 코드 블록은 특정 수에 대해 7의 나머지를 구하는 것이다.

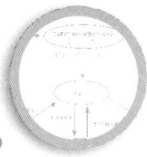

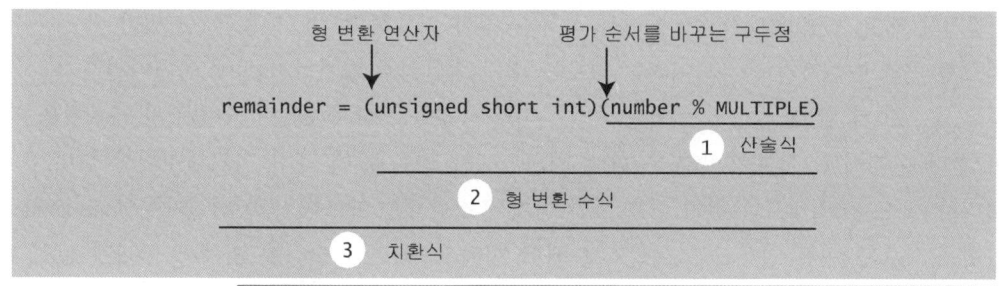

그림8-56 나머지를 구하는 while 반복구조의 초기식이 평가된 후

그런데 number가 커지면 커질수록 반복횟수가 늘어나게 된다. 다시 말해서 나머지를 구하는 시간이 길어진다는 것이다. C 언어에서는 이러한 문제점을 해결할 수 있는 간단한 기능을 제공한다. 그것은 나머지 연산자(%)이다. [코드 8-19]에서 43번째 줄을 보면 반복구조가 없고 단 한 줄로 표현식 문장이 작성되어 있음을 알 수 있다. 반복제어구조로 구하는 것보다 연산자로 구하는 것이 훨씬 빠르게 값을 구할 수 있다. 또한 remainder 변수에 대한 자료형을 unsigned short int로 바꾸어 사용함으로 해서 기억장소의 낭비를 줄일 수 있다. 왜냐하면 remainder에 저장될 수 있는 값들의 범위는 0에서 6까지이므로 자료형을 unsigned long int로 설정할 필요가 없기 때문이다.

[코드 8-19]에서 43번째 줄에 대해서 수식들을 평가해야 한다. 즉 표현식 문장이 실행되어야 한다. 이 문장을 구성하는 수식들은 [그림 8-57]과 같이 치환식, 형 변환 수식, 그리고 산술식으로 구성되어 있다. 연산자 우선순위에 의해서 형 변환 수식, 산술식 그리고 치환식으로 평가되어져야 한다. 그렇게 되면 최종적으로 평가되어진 값은 제대로 된 값을 구하지 못하는 경우도 발생할 수 있다. 왜냐하면 산술식을 평가한 결과에 대해 형 변환을 해야 한다. 그렇다면 평가하는 순서를 바꾸어야 하는데 그런 경우는 먼저 평가해야 하는 수식을 소괄호로 묶으면 된다. 그래서 산술식, 형 변환 수식 그리고 치환식으로 평가되도록 해야 한다.

그림8-57 [코드 8-19]에서 43번째 줄에 작성된 문장을 구성하는 수식들과 평가순서

산술식을 싸고 있는 소괄호는 평가 순서를 먼저해야 함을 강조하는 구두점이다. 따라서 형 변환 수식보다 산술식을 먼저 평가하게 한다. % 나머지 산술 연산자는 산술 연산자에서도 정리했지만 정수형인 변수, 상수 그리고 수식에만 사용할 수 있다. 실수형에서는 절대 사용할 수 없다. 두 개의 피연산자를 가져야 한다. 따라서 number에 저장된 값 1에 대해 7의 나머지를 구하면 되는 것이다. 나머지는 1이 된다. 이것을 바로 remainder에 치환할 수 없다. 치환을 할 때는 반드시 왼쪽 값의 자료형과 오른쪽 값의 자료형이 같아야 한다. 정확히 말하면 기억장소의 크기와 비트 구조가 일치해야 한다는 것이다. 그렇지 않으면 경고나 오류가 발생하게 된다. 이번 경우는 경고가 발생한다. 왜냐 하면 산술식에 의해서 구해진 값, 1 에 대한 자료형은 unsigned long int이고 1이 저장되어질 변수 remainder의 자료형은 unsigned short int이다. 따라서 4바이트에 표현되어진 값을 2바이트 크기의 기억장소에 저장할 때 아마도 크기 차이로 인해 데이터 손실이 발생할 것이라는 경고인 것이다. 큰 그릇에 있는 물을 작은 그릇에 붓는 경우를 생각해 보아라. 큰 그릇에 담겨져 있는 물의 양이 작은 그릇을 꽉 채울 정도인 경우는 문제없이 담을 수 있지만 큰 그릇에 담겨져 있는 물을 작은 그릇에 부으면 넘쳐 버려질 수 있지 않은가? 이때 넘치는 물을 어떻게 처리할 것인가라고 경고를 주는 것이다.

이렇게 작은 그릇의 용량에 맞게만 붓어라고 명령을 내리면 아무리 많은 물을 담고 있는 큰 그릇을 가지고 물을 작은 그릇에 붓더라도 작은 그릇의 용량에 맞게 물을 채울 수 있을 것이다. 그래서 이러한 작은 그릇의 용량에 맞게만 붓어라고 명령에 해당하는 C 언어의 문법적인 기능은 없을까? 있으면 그것이 무엇일까? 형 변환 연산자이다.

8) 자료형 변환 연산자(Cast Operator)

임의의 산술형 데이터나 수식을 피연산자로 하여 명시적(Explicit) 형 변환 기능을 가진 단항 연산자이다. 형식은 [그림 8-58]과 같다.

(자료형)

그림 8-58 형 변환 연산자의 형식

자료형은 자료형 명칭으로 C 언어에서 제공하는 모든 자료형(기본 자료형, 유도형, 구조체, 공용체, 열거형 태그, typedef에 의한 논리적 사용자 정의 자료형 등)을 사용할 수 있다.

자료형 변환 연산자가 사용되어지는 경우는 대개 치환식을 평가하기 전에 이루어진다. 다시 말해서 값을 쓰고자 할 때 사용되는 연산자이다. 따라서 값을 쓰고자 하는 기억장소의 자료형을 사용해야 한다는 것이다. 자료형 명칭은 항상 치환식에서 왼쪽 값에 대한 자료형이어야 한다.

따라서 [코드 8-19]에서 43번째 줄을 보면 여기서 소괄호는 자료형 변환 연산자이고 remainder의 자료형을 자료형 변환 연산자인 소괄호로 싸야 한다. 그러면 산술식에 의해서 구해진 값인 1의 자료형이 unsigned short int로 변환되고 이렇게 크기와 비트구조가 조정된 값을 remainder에 정확하

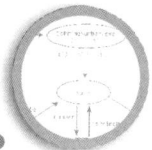

게 저장할 수 있는 것이다.

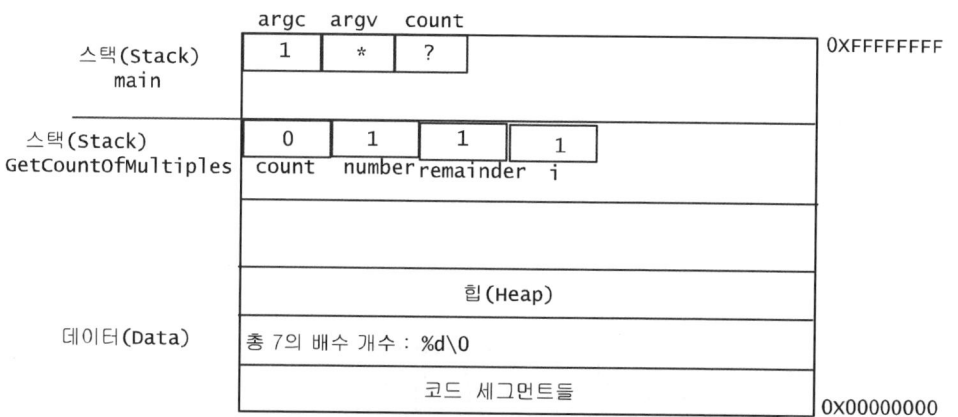

그림 8-59 [코드 8-19]에서 43번째 줄의 수식들이 평가되었을 때

[코드 8-19]에서 44번째 줄로 이동하여 if 선택문장을 실행해야 한다. 조건식을 평가해서 참이면 45번째 줄로 이동하고 거짓이며 if 제어블록을 벗어나 47번째 줄로 이동하게 된다. 조건식을 등가 비교 연산자(==)를 사용한 관계식으로 remainder에 저장되어져 있는 값인 1과 0을 읽어 레지스터에 복사하고 1이 0과 같은지에 대해 평가를 하는 것이다. 거짓이다. 따라서 47번째 줄로 이동하게 된다.

47번째 줄에 있는 닫는 중괄호는 for 반복문장 제어블록의 끝을 나타내는 것이므로 따라서 실행 제어는 다시 [코드 8-19]에서 41번째 줄로 이동한다. 이번에는 평가해야 하는 수식은 반복구조를 구성하는 3개의 수식들에서 변경식이다. [그림 8-53]에서 소괄호에 나열된 식들에서 가장 오른쪽에 작성되어져 있는 수식이다. 이 또한 ++ 증가 연산자를 사용한 산술식으로 i++로 고쳐 사용하는 것이 더욱더 C 언어다운 표현이다. 따라서 수식 평가에 의해서 i에 저장되어지는 값은 2이다.

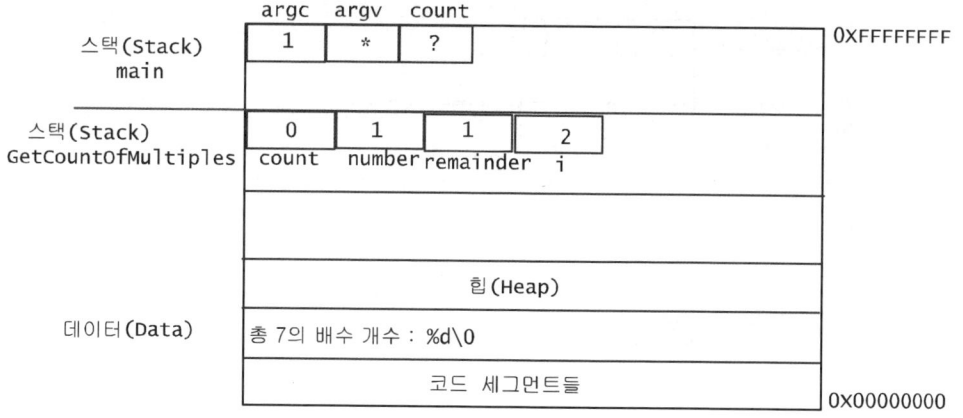

그림 8-60 for 반복문장에서 변경식이 평가되어진 후

그리고 다시 조건식을 평가해서 반복을 계속할지를 검사해야 한다. i에 저장되어 있는 값 2와 100000을 읽어 레지스터에 복사하고 2가 100000보다 작거나 같은지에 대해 논리형 값을 구해야 한다. 따라서 관계식을 평가한 결과는 참이다. 따라서 for 반복문장이 계속되어야 한다. 따라서 다시 42번째 줄부터 47번째 줄까지 실행되어야 한다. 실행이 된 후에 메모리 상태는 어떻게 될지 생각해 보고, [그림 8-61]과 비교해 보도록 하자. 이러한 훈련은 필요하다. 왜냐하면 이 작업도 프로그램을 만든데 있어 중요하기 때문이다.

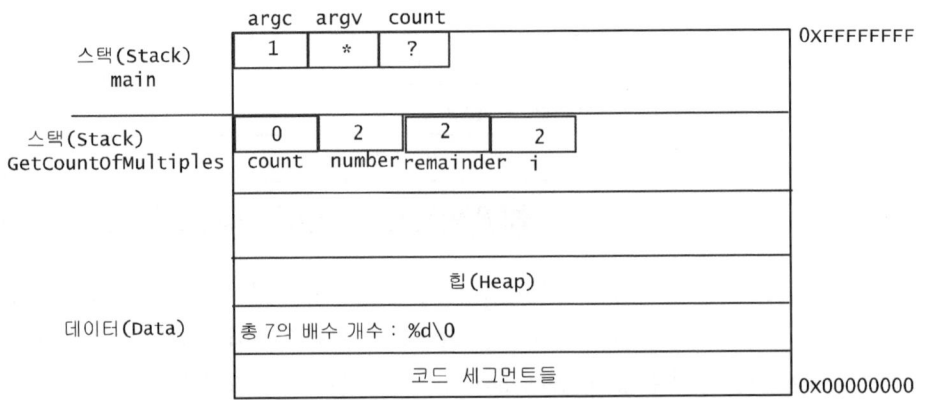

그림 8-61 2번째 반복문장이 실행되었을 때

47번째 줄에서 for 반복문장의 제어블록의 끝을 만났기 때문에 41번째 줄로 이동하여 변경식을 평가하여 3을 i에 저장하고 조건식을 평가하면 참이 된다. 따라서 반복문장을 계속해서 실행해야 한다. 이러한 방식으로 해서 6번 반복문장이 실행되었다면 메모리 맵은 어떻게 정리될까? 생각해 보자. [그림 8-62]를 보자.

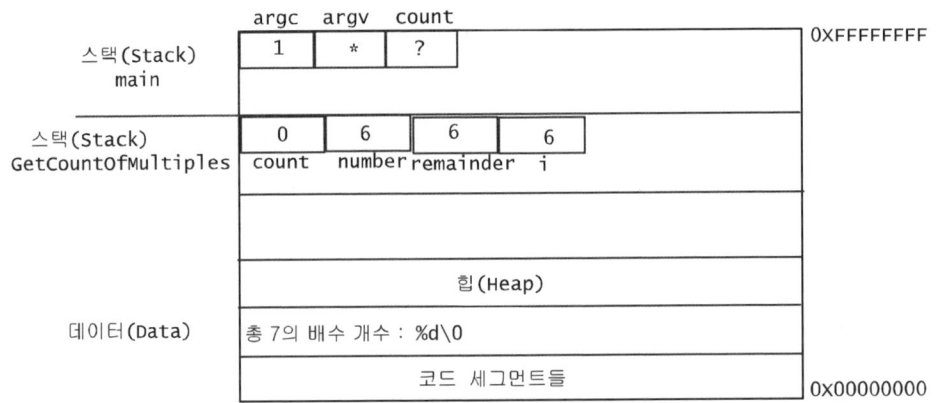

그림 8-62 6번째 반복문장이 실행되었을 때

47번째 줄에서 for 반복문장의 제어블록의 끝을 만났기 때문에 41번째 줄로 이동하여 변경식을 평가하여 7을 i에 저장하고 조건식을 평가하면 참이 된다. 따라서 반복문장을 계속해서 실행해야 한다. 42번째 줄로 이동하여 number에 저장된 값에다 1을 더한 값 7을 number에 다시 저장한다. [그림 8-63]을 참고하자.

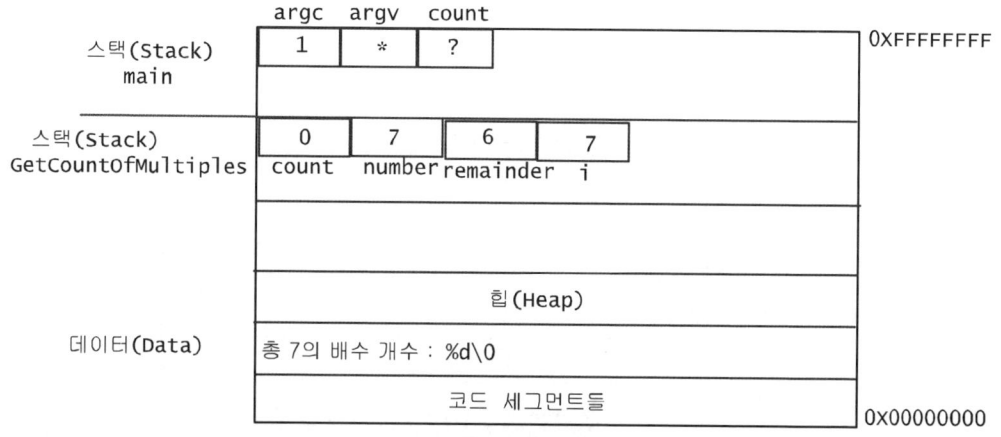

그림8-63 7번째 for 반복문장을 실행할 때 number++를 평가한 후

다음은 43번째 줄로 이동하여 수식들을 평가하면 remainder에 0이 저장된다. [그림 8-64]와 같이 remainder에 0이 저장되어 있을 것이다.

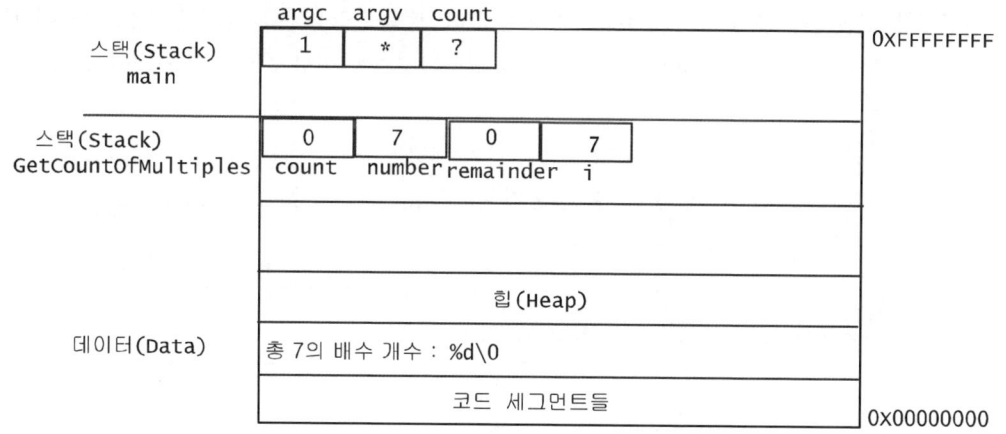

그림8-64 7번째 for 반복문장을 실행할 때 나머지를 구했을 때

다음은 44번째 줄로 이동하여 if 선택문장을 실행해야 한다. 먼저 조건식을 평가해야 하는데 remainder에 저장된 값 0과 0을 읽어 레지스터에 복사한 다음 0과 0이 같은지에 대해 평가를 해서

참(1)을 구한다. 따라서 조건식을 평가한 결과가 참이므로 if 제어블록으로 이동하여 45번째 줄로 이동하게 된다. ++ 후위 증가연산자를 사용한 수식을 평가해야 하는데 평가가 끝난 후 [그림 8-65]와 같이 1이 count에 저장된다. 7 자신은 7의 배수이기 때문에 개수가 세워져야 한다. 46번째 줄의 if 제어블록의 끝을 나타내는 닫는 중괄호를 만나면 if 제어블록을 벗어나게 된다.

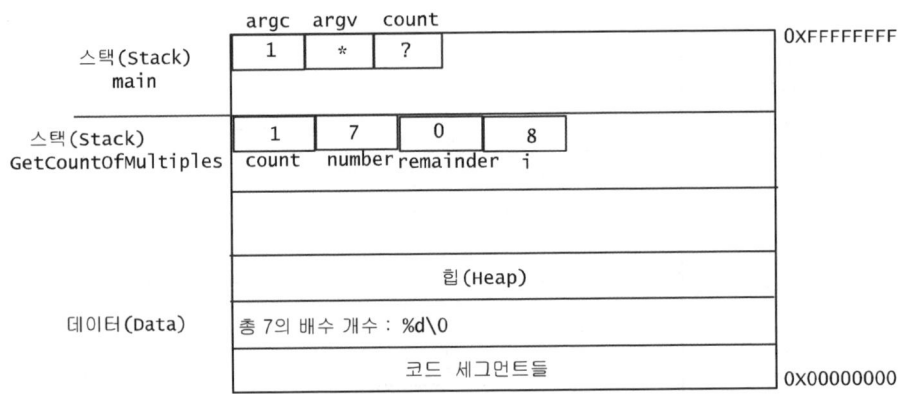

그림 8-65 7번째 for 반복문장을 실행할 때 if 문장이 실행된 후

47번째 줄에서 for 제어블록의 끝을 나타내는 닫는 중괄호를 만나면 다시 41번째 줄로 이동하여 변경식을 평가하고 다음에 조건식을 평가해서 참이면 for 반복문장을 계속해서 실행해야 하고 거짓이면 for 반복문장을 끝내게 된다. for 반복문장이 끝내는 것을 확인하기 위해서는 MAX가 100000으로 설정한 경우는 매우 많은 시간이 필요할 것이다. 그래서 MAX를 7로 설정했다고 가정하고 계속해서 변경식과 조건식을 다시 평가해 보자. 즉 8번째 for 반복문장을 실행할지 말지를 확인해 보자.

변경식에 의해서 i에 저장된 값을 ++ 후위 증가 연산자로 1을 더한 값으로 평가해야 하기 때문에 i에 저장되어지는 값은 8이다.

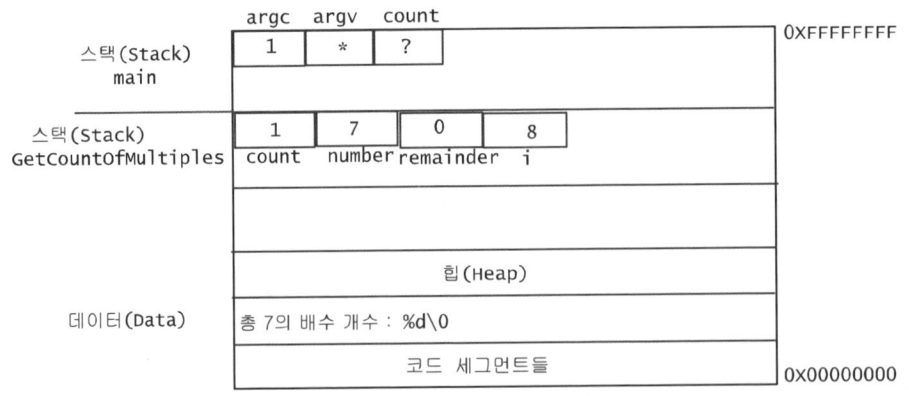

그림 8-66 7번째 for 반복문장이 실행된 후 변경식이 평가되었을 때

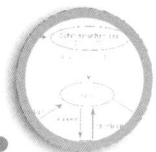

다음은 조건식을 평가해야 하는데 i에 저장된 값 8 과 가정된 MAX 7을 읽어 레지스터에 복사하고 8이 7보다 작거나 같은지에 대해 관계식을 평가해야 한다. 그러면 구해지는 값이 거짓(0)이므로 for 반복문장을 끝내야 한다. 즉 41번째 줄부터 47번째 줄까지의 for 제어블록을 건너뛰어 49번째 줄로 이동하게 된다.

49번째 줄은 return 에 의해서 count에 저장되어져 있는 값 1을 레지스터에 복사하게 된다. 그리고 GetCountOfMultiples() 함수 스택을 해제한다. 따라서 GetCountOfMultiples() 함수를 호출한 함수 main() 함수로 실행 제어가 이동되게 된다.

[코드 8-19]에서 27번째 줄로 이동한 것이다. 따라서 27번째 줄에서 치환 연산자의 오른쪽 함수 호출식이 평가된 것이다. 평가된 결과는 레지스터에 저장되어져 있는 값 1이다. 함수 호출식은 따라서 항상 오른쪽 값으로만 취급된다는 것을 명심하도록 하자.

이번에는 27번째 줄에서 치환식이 평가되어야 하고 치환식의 평가에 의해서 [그림 8-67]과 같이 main() 함수 스택에 할당된 count에 1이 저장되게 된다.

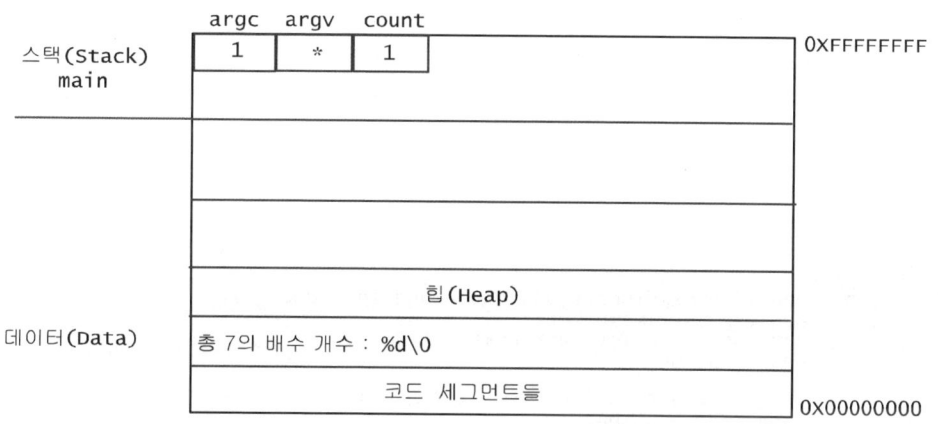

그림 8-67 함수 호출문장의 실행이 끝났을 때

계속해서 DisplayCount() 함수를 호출하여 메시지와 개수를 출력하고 return 문장에 의해서 main() 함수 스택이 해제되어 프로그램이 끝나게 된다.

9) 삼항 조건 연산자(Conditional Operator)

```
01 : /****************************************************************
02 : 파일 명칭 : IsPrimeNumber.c
03 : 기    능 : 입력받은 수가 솟수인지 아닌지를 판단한다.
04 : 출    력 : 소수 여부
05 : 입    력 : 수
06 : 작 성 자 : 김 석 현
07 : 작성 일자 : 2009년 2월 3일
08 : ****************************************************************/
09 : #include <stdio.h> // printf()
10 :
11 : // 사용자 정의 자료형 선언
12 :     typedef enum _boolean { FALSE = 0, TRUE = 1 } Boolean;
13 :
14 : // 산술 및 논리 연산 함수
15 : Boolean IsPrimeNumber ( unsigned long int number ) ;
16 :
17 : // 응용 프로그램의 엔트리 포인터 함수 정의
18 : int main(int argc, char* argv[]) {
19 :     Boolean isPrimeNumber; // 출력 자료 변수 선언
20 :     unsigned long int number; // 입력 자료 변수 선언
21 :
22 :     // 키보드로 수를 입력받는다
23 :     scanf ( "%d", &number ) ;
24 :
25 :     // 연산을 실행하다
26 :     isPrimeNumber = IsPrimeNumber ( number ) ;
27 :
28 :     // 실행 결과를 모니터에 출력하여 사용자에게 알린다.
29 :     if ( isPrimeNumber == TRUE ) {
30 :         printf ( "%d는 솟수입니다!\n", number ) ;
31 :     }
32 :     else {
33 :         printf ( "%d는 합성수입니다!\n", number ) ;
34 :     }
35 :
36 :     return 0;
37 : }
38 :
39 : // 산술 및 논리 연산 함수
40 : Boolean IsPrimeNumber ( unsigned long int number ) {
41 :     Boolean isPrimeNumber ;
42 :     unsigned long int remainder ;
43 :     unsigned long i = 2 ;
44 :
45 :     // 1. 수를 입력 받는다 : 함수 호출로 인수로 값의 복사한다
46 :     remainder = number ;
47 :     while ( remainder >= i ) {
48 :         remainder = remainder - i ;
49 :     }
50 :     // 2. 2부터 시작하여 입력받은 수보다 작고 나누어 떨어지지 않는 동안 반복한다
51 :     while ( i < number && remainder != 0 ) {
52 :         // 2.1. 나룰 수를 센다
53 :         i = i + 1 ;
54 :         // 2.2. 나머지를 구한다
55 :         remainder = number % i ;
56 :     }
57 :     // 3. 나누어 떨어지는 수가 없으면
58 :     if (number == i ) {
59 :         isPrimeNumber = TRUE ; // 소수 여부를 거짓으로 한다
60 :     }
61 :     else {
62 :         isPrimeNumber = FALSE ;
63 :     }
64 :     // 4. 소수 여부를 출력한다.
65 :     return isPrimeNumber ;
66 :     // 5. 끝낸다
67 : }
```

코드 8-20 입력받은 수가 소수인지 판단하는 프로그램

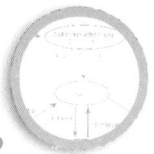

[코드 8-20]은 입력받은 수가 소수인지 판단하는 프로그램이다. 여기서는 [코드 8-20]에서 41번째 줄에서 보는 것처럼 isPrimeNumber 변수에 대해 FALSE로 초기화를 하지 않고 소수인지 판단하는 선택구조에서 소수가 아니면 61번째 줄에서 63번째 줄까지 else 절에서 isPrimeNumber에 FALSE를 치환하도록 하고 있다. 이러한 if-else 문장에 대해서 더욱더 간결한 표현을 할 수 있도록 C 언어는 삼항 조건 연산자를 제공한다. [코드 8-21]은 [코드 8-20]에 대해 if-else 문장에 대해 삼항 조건 연산자로 바꾼 프로그램이다.

```c
/*****************************************************************
파일 명칭 : IsPrimeNumber.c
기     능 : 입력받은 수가 솟수인지 아닌지를 판단한다.
출     력 : 소수 여부
입     력 : 수
작 성 자 : 김 석 현
작성 일자 : 2009년 2월 3일
*****************************************************************/
#include <stdio.h> // printf()

// 사용자 정의 자료형 선언
typedef enum _boolean { FALSE = 0, TRUE = 1 } Boolean;

// 산술 및 논리 연산 함수
Boolean IsPrimeNumber ( unsigned long int number ) ;

// 응용 프로그램의 엔트리 포인터 함수 정의
int main(int argc, char* argv[]) {
    Boolean isPrimeNumber; // 출력 자료 변수 선언
    unsigned long int number; // 입력 자료 변수 선언

    // 키보드로 수를 입력받는다
    scanf ( "%d", &number ) ;

    // 연산을 실행하다
    isPrimeNumber = IsPrimeNumber ( number ) ;

    // 실행 결과를 모니터에 출력하여 사용자에게 알린다.
    ( isPrimeNumber == TRUE ) ?
        printf ( "%d는 솟수입니다!\n", number ) :
        printf ( "%d는 합성수입니다!\n", number ) ;

    return 0;
}

// 산술 및 논리 연산 함수
Boolean IsPrimeNumber ( unsigned long int number ) {
    Boolean isPrimeNumber ;
    unsigned long int remainder ;
    unsigned long i = 2 ;

    // 1. 수를 입력 받는다 : 함수 호출로 인수로 값의 복사한다
    remainder = number ;
    while ( remainder >= i ) {
        remainder = remainder - i ;
    }
    // 2. 2부터 시작하여 입력받은 수보다 작고 나누어 떨어지지 않는 동안 반복한다
    while ( i < number && remainder != 0 ) {
        // 2.1. 나눌 수를 센다
        i = i + 1 ;
        // 2.2. 나머지를 구한다
        remainder = number % i ;
    }
    // 3. 나누어 떨어지는 수가 없으면
    (number == i ) ? isPrimeNumber = TRUE : isPrimeNumber = FALSE ;
    // 4. 소수 여부를 출력한다.
    return isPrimeNumber ;
    // 5. 끝낸다
}
```

코드 8-21 삼항 조건 연산자를 사용한 프로그램

피연산자를 세 개를 취하는 삼항 연산자로 피연산자는 원칙적으로 임의의 산술형 데이터 수식이 허용되지만 통상 첫 번째 항은 논리식이어야 하고, 두 번째 그리고 세 번째 피연산자는 자료형이 동일하거나 아니면 동일한 자료형으로 변환이 가능한 것이어야 하는 연산자이다.

조건 연산자를 사용한 수식을 조건 수식(Conditional Expression)이라고 한다. 조건 수식은 if-else 구문을 매우 간결하게 표현할 수 있도록 해주는 특이한 연산자이다.

조건 연산자의 첫 번째 피연산자가 수식일 때에는, 관계 연산자나 논리 연산자가 조건 연산자보다 우선순위가 높기 때문에 괄호가 필요없더라도 읽기 좋도록 하기 위해 괄호로 묶어 주는 것이 좋은 표현이나, 하나의 변수이거나 하나의 함수일 때에는 괄호를 사용하지 않는 것이 일반적인 표현이다.

조건 연산자를 중첩해서 사용하면 결합 순서에 있어서 그 결과를 예측하기가 매우 힘들기 때문에 가급적이면 조건 수식 안에 중첩하여 다시 조건 수식을 사용하지 않는 것이 좋은데, 어쩔 수 없이 사용해야 될 경우, 결합 순서에 따라서 괄호가 필요 없더라도 프로그램을 읽기 좋게 괄호를 사용하도록 하자.

[코드 8-20]에서 58번째 줄부터 63번째 줄까지 선택구조를 삼항 조건 연산자로 표현할 수 있다. 따라서 [코드 8-21]에서 55번째 줄처럼 표현할 수 있다. 그런데 오류가 발생할 것이다.

이러한 오류는 55번째 줄에서 발생했는데, 55번째 줄에서 사용되어진 연산자들의 우선순위때문에 발생한 것이다. 크거나 같다(>=)에 대한 관계 연산자, 삼항 조건 연산자(? :) 그리고 치환 연산자(=) 세 개의 연산자가 사용되었다. 3개의 연산자들에 대한 우선순위도 관계연산자, 삼항 조건 연산자, 그리고 치환 연산자이다. 따라서 수식이 평가되어지는 순서를 생각해 보도록 하자.

```
(number == i) ? isPrimeNumber = TRUE : isPrimeNumber = FALSE ;
```
코드 8-22 삼항 조건 연산자에 의한 소수인지 판단하는 문장

[코드 8-22]에서 우선 등가 비교 관계식이 평가되어질 것이다. 따라서 여기까지는 오류가 발생하지 않는다. 다음 삼항 조건 수식이다. 따라서 [코드 8-23]과 같이 평가되어질 것이다.

```
( (number == i) ? isPrimeNumber = TRUE : isPrimeNumber ) = FALSE ;
```
코드 8-23 삼항 조건 연산자의 평가 순서

여기까지도 아직 문제가 없다. 그런데 다음 = FALSE 치환식이 평가 될 때 문제가 발생하게 된다. 치환 연산자의 좌변은 왼쪽 값(L-Value)이어야 하는데, 즉 변수이어야 하는데, 값으로 평가되는 수식이기 때문에, 즉 오른쪽 값(R-Value)이기 때문에 좌변이 왼쪽 값이어야 한다는 구문 조건에 위배가 되기 때문에 오류가 발생하게 된다. 따라서 수식 평가 순서를 프로그래머에 의해서 조정되어야 한다. 이러한 경우 소괄호()를 이용해서 수식 평가 순서를 명확하게 정해 주어야 하고, 이렇게

함으로써 이차적으로 코드를 읽기 쉽도록 할 수 있다. 따라서 삼항 조건 연산자의 2, 3번째 연산자에 대해 치환 연산자를 먼저 수행하도록 소괄호로 묶으면 되고, 더욱더 관계 연산식도 소괄호로 묶어서 명확하게 하는 것이 더욱더 좋은 표현이다. 따라서 [코드 8-21]에서 55번째 줄을 [코드 8-24]와 같이 고쳐야 오류를 없앨 수 있고 정확한 값을 구할 수 있게 된다.

```
(number == i) ? ( isPrimeNumber = TRUE ) : ( isPrimeNumber = FALSE ) ;
```
코드 8-24 소수인지 판단하는 문장

4. 정리

컴퓨터로 어떠한 일을 처리한다는 것은 처리하고자 하는 데이터를 특정 기억장소에 저장한 상태에서 정해진 순서에 따라 값을 처리하는 것이다. 이렇게 프로그램에서 값을 구하는 언어의 표현 단위를 수식이라고 한다. 수식에 값을 구하는 것을 평가라고 한다. 이러한 수식을 작성하는데도 규칙이 존재한다. 이러한 언어적인 구조를 구문구조라고 한다.

구문구조를 정확히 이해해야 프로그램에서 어떻게 값이 구해지는지를 확인할 수 있다. 이러한 작업을 디버깅이라고 한다. 수식이 또한 다른 수식으로 구성될 수 있다. 이러한 수식을 복합 수식이라고 한다. 이러한 복합 수식에서는 여러 개의 수식으로 구성되기 때문에 평가하는데 순서가 있어야 한다. 이러한 순서에 대해서는 우선순위와 결합성에 의해서 정해져 있다. 수식에 사용되는 값들의 자료형이 다른 경우에는 자료형 변환을 해야 정확하게 값을 처리할 수 있다.

수식을 구성하는데 사용되는 특정 기호나 단어로서 이미 어떠한 값을 구하는지에 대해 정해진 토큰인 연산자라고 한다. C 언어에서는 다른 언어들보다 매우 다양한 연산자들을 제공한다.

프로그램의 실행 원리에 따라 필요한 모든 연산자들을 제공한다. 변수의 주소를 구하는 연산이 제일 먼저 실행되어야 하는데 이때 주소 연산자(&)와 포인터 연산자(++, --, +, -), 다음은 해당 주소의 기억장소에 저장된 값(내용)을 구하는 연산이 실행되어야 하는데 이때 간접 연산자(*), 이 실행 결과로 특정 주소를 갖는 기억장소의 내용을 읽을 수 있게 되므로, 특정 기억장소의 내용을 중앙처리장치의 레지스터로 복사하게 된다. 이렇게 레지스터에 복사된 값 혹은 값들을 가지고 산술 연산, 관계 연산 그리고 논리 연산을 수행하게 되는 것이다. 이때 산술연산자(+, -, *, /, % 등), 관계 연산자(>, >=, <, <=, ==, !=) 그리고 논리 연산자(!, &&, ||) 들이 제공한다. 또한 이렇게 레지스터에 저장되어 있는 처리된 값을 다시 주기억장치에 복사하게 되는데, 복사할 기억장소에 있던 값은 없어지고 새롭게 복사된 값이 저장되게 된다. 이때 치환연산자(=)를 제공하며, 간결한 표현을 위해 매우 많은 누적 연산자(+=, -= 등)들도 제공한다.

제9장

제어구조
(Control Structure)

1. 정의

2. 문장(Statement)

3. 선택구조(Selection Structure)

4. 반복구조

5. 기타

6. 정리

제9장 제어구조(Control Structure)

1. 정 의

8장 구문구조와 연산자에서 C 언어에서 제공하는 단지 하나의 값을 구하는 연산들에 대해서 알아보았다. 이러한 연산들은 계산기를 가지고도 처리할 수 있다. 컴퓨터는 계산기와 구분된다. 그러면 계산기가 할 수 없는 컴퓨터가 가지는 기능은 무엇일까? 그것은 어떤 특정한 값을 구하기 위해서 계속해서 특정 연산을 수행할 수 있고 또한 어떤 조건에 의해서 값을 선택할 수 있는 구조를 갖는다는 것이다.

다시 말해서 프로그램의 처리 흐름을 제어하는 방법이나 그러한 수행 제어를 위해 사용되는 문장의 구조이다. 즉 다시 말해서 제어구조를 가진다는 것이다. 특히 구조화 프로그래밍에서는 순차구조, 선택구조 그리고 반복구조의 3가지로만 조합해서 프로그램의 모든 논리를 기술하도록 하고 있다.

[코드 9-1]은 8장에서 사용한 입력된 수가 소수인지 판단하는 프로그램이다. 계산기로는 입력된 수가 소수인지 판단하는 처리를 할 수는 없다. 컴퓨터는 이러한 처리를 할 수 있다. 어떻게 할 수 있을까?

[코드 9-1]에 대해 실행 파일을 만들어서 프로그램을 실행시키고 4를 입력받았다고 가정하고 디버깅을 계속해 보자. [그림 9-1]은 4를 입력받은 후 메모리 맵이다.

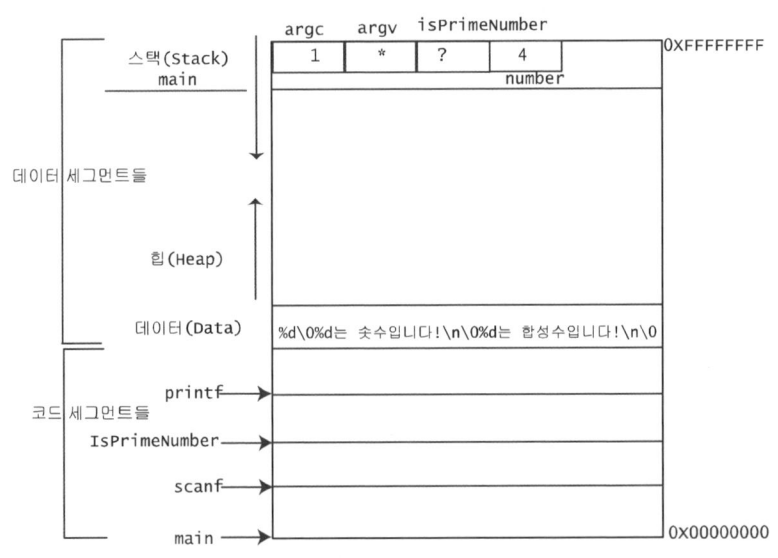

그림 9-1 프로그램이 실행된 후 scanf() 함수에 의해서 4가 입력된 후

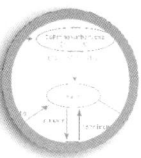

```
01 : /****************************************************************
02 : 파일 명칭 : IsPrimeNumber.c
03 : 기     능 : 입력받은 수가 솟수인지 아닌지를 판단한다.
04 : 출     력 : 소수 여부
05 : 입     력 : 수
06 : 작 성 자 : 김 석 현
07 : 작성 일자 : 2009년 2월 3일
08 : ****************************************************************/
09 : #include <stdio.h> // printf()
10 :
11 : // 매크로 상수
12 : #define INITIAL 2 // 소수는 1를 제외한 자연수이므로
13 :
14 : // 사용자 정의 자료형 선언
15 : typedef enum _boolean { FALSE = 0, TRUE = 1 } Boolean;
16 :
17 : // 산술 및 논리 연산 함수
18 : Boolean IsPrimeNumber ( unsigned long int number ) ;
19 :
20 : // 응용 프로그램의 엔트리 포인터 함수 정의
21 : int main(int argc, char* argv[]) {
22 :     Boolean isPrimeNumber; // 출력 자료 변수 선언
23 :     unsigned int number; // 입력 자료 변수 선언
24 :
25 :     // 키보드로 수를 입력받는다
26 :     scanf ( "%d", &number ) ;
27 :
28 :     // 연산을 실행하다
29 :     isPrimeNumber = IsPrimeNumber ( number ) ;
30 :
31 :     // 실행 결과를 모니터에 출력하여 사용자에게 알린다.
32 :     if ( isPrimeNumber == TRUE ) {
33 :         printf ( "%d는 솟수입니다!\n", number ) ;
34 :     }
35 :     else {
36 :         printf ( "%d는 합성수입니다!\n", number ) ;
37 :     }
38 :
39 :     return 0;
40 : }
41 :
42 : // 산술 및 논리 연산 함수
43 : Boolean IsPrimeNumber ( unsigned long int number ) {
44 :     Boolean isPrimeNumber = FALSE ;
45 :     unsigned int remainder ;
46 :     unsigned int i = INITIAL ;
47 :
48 :     // 1. 수를 입력 받는다 : 함수 호출로 인수로 값의 복사한다
49 :     remainder = number ;
50 :     while ( remainder >= i ) {
51 :         remainder = remainder - i ;
52 :     }
53 :
54 :     // 2. 2부터 시작하여 입력받은 수보다 작고 나누어 떨어지지 않는 동안 반복한다
55 :     while ( i < number && remainder != 0 ) {
56 :         // 2.1. 나눌 수를 센다
57 :         i = i + 1 ;
58 :         // 2.2. 나머지를 구한다
59 :         remainder = number ;
60 :         while ( remainder >= i ) {
61 :             remainder = remainder - i ;
62 :         }
63 :     }
64 :     // 3. 나누어 떨어지는 수가 없으면
65 :     if (number == i ) {
66 :         isPrimeNumber = TRUE ; // 소수 여부를 거짓으로 한다
67 :     }
68 :     // 4. 소수 여부를 출력한다.
69 :     return isPrimeNumber ;
70 :     // 5. 끝낸다
71 : }
```

코드 9-1 입력받은 수가 소수인지 판단하는 프로그램

[코드 9-1]에서 26번째 줄이 실행되었다고 가정하는 것이다. 4란 값을 구하기 위해서 컴퓨터에게 실행을 지시했다란 말이 된다. 컴퓨터에 의해서 하나의 값을 구하기 위해서는 수식을 평가해야 한다는 것은 8장에서 배웠다. 그런데 이러한 수식을 평가하도록 컴퓨터에게 지시하기 위해서는 또 다른 개념이 존재해야 한다. 수식을 평가하도록 컴퓨터에게 지시하는 실행 단위를 표현하는 개념이 필요하다는 것이고 이것을 문장이라고 한다. main() 함수에서 외부로부터 제공되는 값을 구하는 scanf() 함수 호출문장이 실행되었다. 그래서 [코드 9-1]에서 26번째 줄을 보면 줄의 마지막에 세미콜론(;)으로 찍어 문장임을 강조하고 있다. 즉 C 언어에서 문장은 반드시 줄의 끝에 세미콜론으로 끝나야 한다.

다음은 프로그램의 실행 제어가 어떻게 될까? 기본적으로 위쪽에서 아래쪽으로 프로그램의 실행 제어가 이동되고 있다. scanf() 함수 호출문장이 실행된 후 바로 아래쪽으로 실행 제어가 이동하여 29번째 줄로 이동하게 된다. 함수 호출문장으로 IsPrimeNumber() 함수가 호출된다. 이렇게 위쪽에서 아래쪽으로 혹은 왼쪽에서 오른쪽으로 실행 제어가 이동하는 제어구조를 순차구조(Sequence)라고 한다.

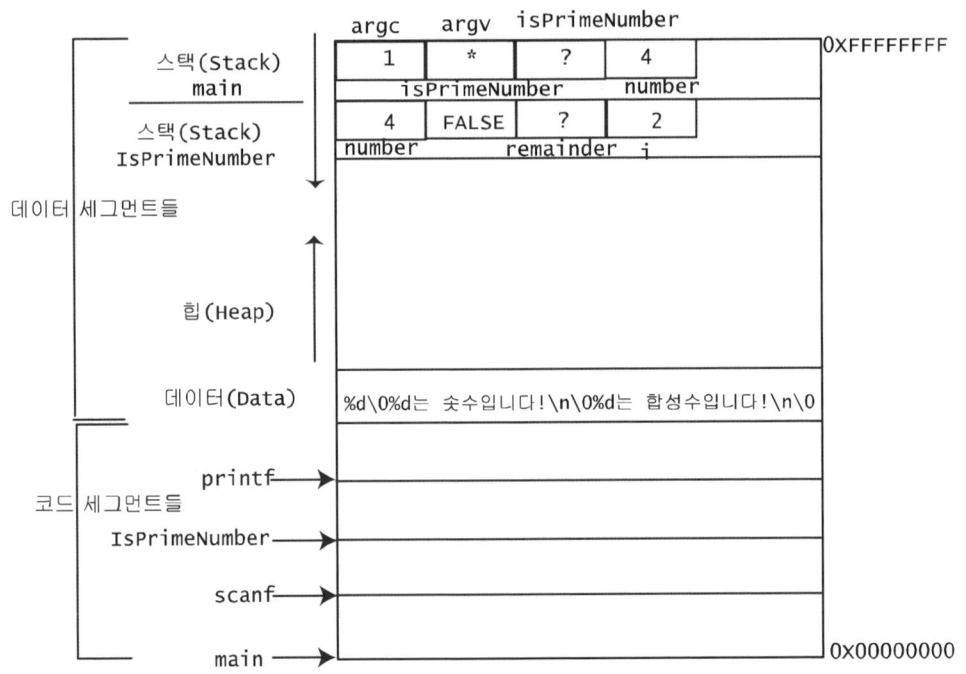

그림 9-2 IsPrimeNumber() 함수가 호출되었을 때

IsPrimeNumber() 함수가 실행하는데 있어 필요한 데이터들을 저장할 함수 스택을 할당한다. 그

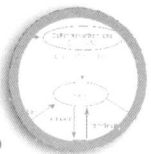

리고 [코드 9-1]에서 43번째 줄부터 46번째 줄까지 IsPrimeNumber() 함수 스택에 위쪽에서 아래쪽으로 또는 왼쪽에서 오른쪽으로 즉 순차적으로 매개변수와 자동 변수 선언문들에 의해서 기억장소들이 할당된다. [그림 9-2]에서 보는 것처럼 왼쪽에서 오른쪽으로 기억장소들이 할당되어 있는 것을 볼 수 있다. 그리고 44번째 줄과 46번째 줄에서는 초기화를 하고 있으므로 각각 할당과 동시에 최초의 값으로 FALSE와 2를 저장하게 된다. 이러한 값들을 초기값이라고 한다. 초기화되지 않은 remainder는 이전에 실행되었던 프로그램에 의해서 쓰여진 값인 쓰레기를 가지고 있을 것이다. 대신 number는 매개변수이므로 main() 함수에서 호출할 때 [코드 9-1]에서 29번째 줄에서 보는 것처럼 main() 함수 스택에 할당된 number에 저장되어 있는 값인 4를 복사하여 저장하게 된다. 변수 명칭은 기억장소에 저장되어져 있는 값을 의미한다고 했다. 따라서 number는 저장되어져 있는 값인 4를 의미한다.

다음은 다시 아래쪽으로 프로그램의 실행 제어가 이동하여 49번째 줄로 이동하게 된다. 치환식에 의해서 값을 복사하는 문장을 실행해야 한다. 이제부터는 중앙처리장치에 의해서 접근할 수 있는 기억장치는 IsPrimeNumber() 함수 스택이다. IsPrimeNumber() 함수 스택에 할당된 number에 저장된 값을 읽어 레지스터에 복사하고 다시 치환연산자에 의해서 IsPrimeNumber() 함수 스택에 할당된 remainder에 값을 복사하도록 하는 문장이 실행되었다. 이러한 문장을 일반적으로 치환문장 혹은 대입문장이라고 하는데 C 언어에서는 수식문장이라고 한다.

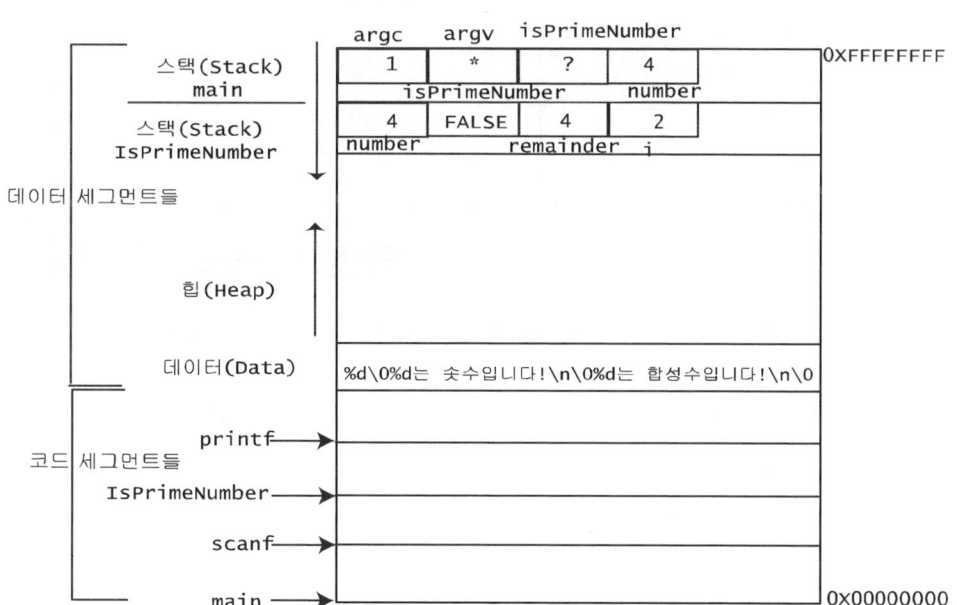

그림 9-3 치환문장이 실행되었을 때

49번째 줄의 문장이 실행되었기 때문에 다시 프로그램의 흐름은 아래쪽으로 이동하게 되어 50번째 줄로 이동하게 된다. while 키워드 다음에 반드시 명시되는 소괄호안에 기술된 조건식을 평가하게 된다. 조건식은 관계식으로 작성되어 있는데 remainder와 i에 저장된 값들을 읽어 레지스터에 복사하고 remainder가 i보다 크거나 같은지에 대해 평가를 하도록 하고 있다. 4가 2보다 크거나 같은지에 대해 평가를 해야 하는데 평가해서 구해지는 값은 참이다. while 키워드에 의해서 조건식을 평가했을 때 참이면 51번째 줄로 이동하도록 한다. 그리고 51번째 줄을 실행하여 remainder에 저장되어져 있는 값 4에다가 i에 저장되어져 있는 값 2로 빼어 구한 값 2를 다시 remainder에 저장하도록 하고 있다. 따라서 remainder는 2가 된다.

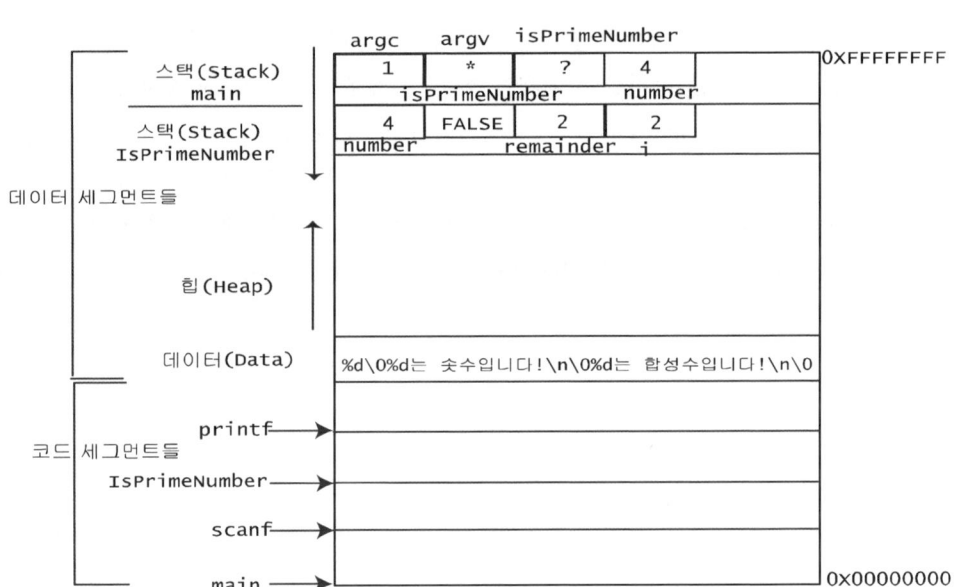

그림 9-4 나머지를 구하는 수식문장이 실행되었을 때

다음은 프로그램의 실행 제어가 어디로 이동하게 될까? while 키워드와 닫는 중괄호에 의해서 프로그램의 실행 제어는 다시 while 키워드로 시작하는 줄 즉 50번째 줄로 이동하게 된다. 그리고 다시 조건식을 평가하게 되는데 2가 2보다 크거나 같은지에 대해 평가를 하게 된다. 평가된 결과는 참이다. 참이면 중괄호 안으로 이동하여 51번째 줄로 이동하게 된다. 다시 51번째 줄을 실행하게 되어 remainder에 0이 저장되게 된다.

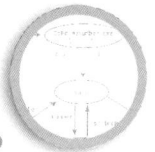

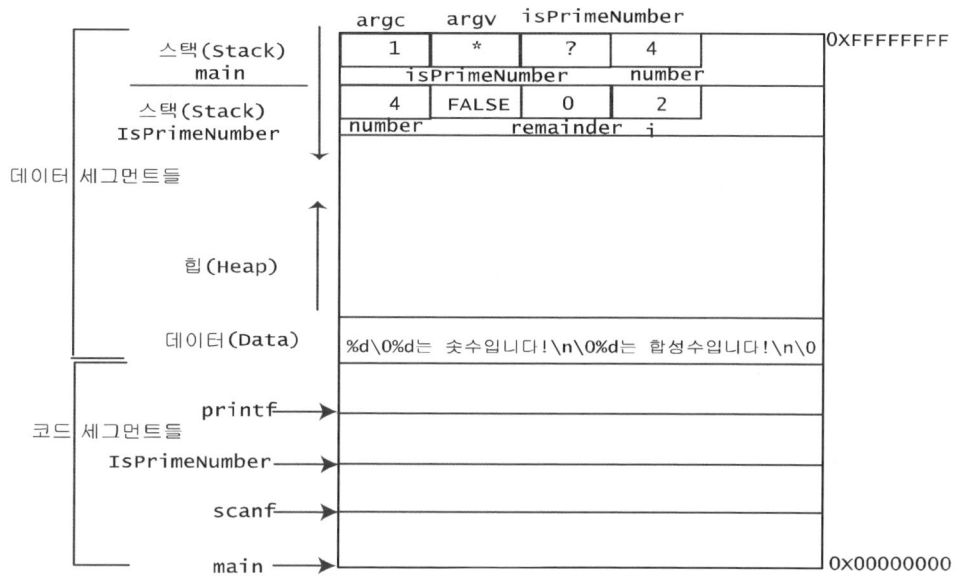

그림 9-5 나머지를 구하는 수식 문장이 두 번째 실행되었을 때

그리고 닫는 중괄호를 만나게 됨으로 다시 50번째 줄로 이동하여 조건식을 평가하게 된다. 0이 2보다 크거나 같은지에 대해 논리값을 구하는데 거짓이다. 따라서 이제는 프로그램의 실행 제어가 중괄호 안으로 이동하는 것이 아니라 55번째 줄로 이동하게 된다.

이처럼 49번째 줄부터 52번째 줄까지처럼 어떠한 조건에 만족할 때까지 특정 문장이나 문장들을 계속적으로 실행하도록 하는 구조를 반복구조라고 한다. 특히 반복을 몇 번해야 될지 모르는 경우 사용되는 while 반복구조이다. while 반복구조는 참인 동안 반복을 하고 거짓이면 반복 탈출하는 논리를 가지고 반복해서 처리할 문장들을 실행하기 전에 반복을 할지 말지를 검사하는 구조를 가져서 선 검사 반복구조 혹은 진입 조건 반복구조라고 한다. 반복구조에서 또한 기억해야 할 내용은 반복구조는 3개의 식으로 구성된다는 것이다. 반복을 할지 말지를 결정하는데 있어 결정적인 값을 저장하는 변수, 즉 반복제어변수 remainder에 대해 최초로 설정되어지는 값을 복사하는 식(코드 9-1에서 49번째 줄), 조건식(50번째 줄) 그리고 변경식(51번째 줄)으로 구성된다.

다음은 다시 55번째 줄을 실행하게 된다. 또한 while 반복문장이다. 조건식을 평가해서 참이면 56번째 줄부터 62번째 줄까지 여러 개의 문장들을 처리해야 한다. 한꺼번에 처리해야 하는 여러 개의 문장들을 복문이라고 하고 중괄호로 싸서 블록을 설정해야 한다. 8장에서 배운 내용을 참고하여 조건식을 평가하면 거짓이다. 따라서 while 반복문장은 참인 동안 반복하고 거짓이면 반복을 탈출하기 때문에 while 반복 제어블록으로 이동하는 것이 아니라 65번째 줄로 이동하게 된다.

65번째 줄은 우선 if 키워드 뒤에 명기된 소괄호안에 기술된 조건식을 평가해야 한다. 조건식을 평가해서 구한 값에 따라 66번째 줄을 실행할 것인지 아닌지를 결정하도록 한다. 조건식이 참이면 66번째 줄을 실행하도록 하며 거짓이면 프로그램의 실행 제어를 69번째 줄로 이동하게 한다. number에 저장되어져 있는 값 4와 i에 저장되어져 있는 값 2를 읽어 같은지에 대해 논리값을 구하게 된다. 같지 않기 때문에 거짓이다. 따라서 프로그램의 실행 제어는 69번째 줄로 이동하게 된다.

이처럼 어떤 조건에 의해서 프로그램의 흐름을 결정하는 문장의 구조를 선택구조라고 한다.

다음은 69번째 줄을 실행하여 프로그램의 제어를 무조건 호출한 함수 main() 함수쪽으로 이동하게 한다. return 키워드에 의해서 isPrimeNumber에 저장되어져 있는 값 FALSE를 레지스터에 복사하고 IsPrimeNumber() 함수 스택을 해제한다.

따라서 이제 중앙처리장치에 의해서 값을 쓰고 읽을 수 있는 기억장치는 main() 함수 스택이다. 다시 말해서 실행 제어가 main() 함수로 이동했음을 의미한다. [코드 9-1]에서 29번째 줄에서 문장에서 오른쪽에 기술된 함수 호출식이 평가되었다. 따라서 다음에 해야 하는 처리는 치환식이다. 치환연산자에 의해서 레지스터에 복사되어져 있는 값 FALSE를 main() 함수 스택에 할당된 isPrimeNumber에 복사하여 저장하게 된다. 이로써 29번째 줄에 기술된 수식문장, 치환문장에 대해 실행을 끝내게 된다.

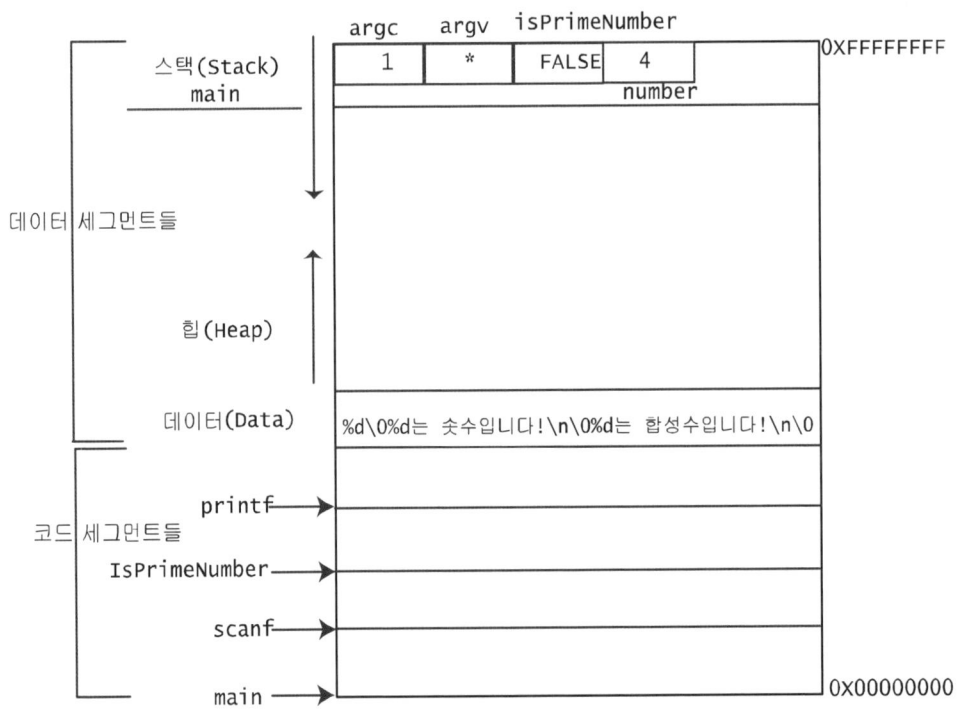

그림 9-6 [코드 9-1]에서 29번째 줄이 실행이 끝났을 때

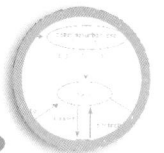

C 언어로 작성된 실행할 수 있는 프로그램 또한 3가지 기본 구조, 순차 구조, 선택 구조 그리고 반복 구조를 혼합하여 실행의 흐름을 제어한다. 이와 같은 제어 흐름을 표현하는 C 언어 명령어를 제어문이라고 한다. C 언어에서 프로그램의 흐름을 제어하는 요소, 문장에 대해서 알아보도록 하자.

2. 문장(Statement)

1) 정 의

C 언어에서 줄의 끝에 있는 세미콜론(;)으로 구분되어지는 프로그램 구성의 기본 단위로 컴퓨터에서 완전한 명령어에 해당되는 요소를 말한다. 문장의 끝이 반드시 세미콜론으로 끝나는 프로그램 코드 한 줄을 의미하는데, 여기에서 한 줄이라고 하는 것은 프로그램 코드상의 물리적인 줄을 의미하는 것이 아니라 논리적인 줄을 의미한다.

프로그램 코드는 대체로 한 줄에 한 개씩 세미콜론으로 끝나는 문, 단문(Simple Statement)들로 구성되어 있다. 그러나 선택구조나 반복 구조를 표현하는데 있어서 처리 내용을 중괄호({})로 묶어서 2개 이상의 문장들이 표현되는 경우가 있다. 이렇게 표현된 문장들을 복문(Compound Statement 혹은 블록, Block)이라고 한다.

2) 구 분

그러면 C 언어에서는 어떠한 문장들이 있을까? C 언어에서 사용되는 문장들에 대해서 정리해 보도록 하자.

기억장소의 할당에 대한 문장으로 일반적으로 다른 언어에서 선언문이라고 하는 문장에 대해서 C 언어에서는 따로 명확하게 명시하고 있지는 않지만 관습적으로 선언문(Declaration Statement)이라 한다. 선언문은 기억장소 할당을 위해 변수 명칭과 자료형으로 구성된 단문이다. [코드 9-1]에서 22, 23, 44, 45, 46 번째 줄들이 선언문들이다. 반드시 기억할 내용은 선언문들은 반드시 블록의 선두에 존재해야 한다. 그렇지 않으면 문법 오류가 발생한다.

또한 [코드 9-1]에서 15, 18번째 줄들도 사용자 정의 자료형 선언과 함수 선언에 대한 문장들이다.

다음은 C 언어에서는 다른 언어들에서처럼 변수에 특정 값을 저장하라는 문장인 치환문 혹은 대입문과 다른 논리적 모듈의 수행을 지시하는 문장인 호출문(Call Statement) 등 순차 구조에 적용되는 단문들에 대해서 수식문(Expression Statement)으로 분류하고 있다. 이 문장들에 대해서 관례적으로 변수에 어떤 값을 저장하라는 단문을 치환문(대입문, Assignment Statement)이라고 하고, 함수를 호출하도록 하는 문장을 함수문(함수 호출문, Function Statement)이라고 한다.

[코드 9-1]에서 26, 33, 36 번째 줄들은 함수 호출문들이고, [코드 9-1]에서 49, 66번째 줄들은

치환문들이다. 그리고 [코드 9-1]에서 29, 51, 57 번째 줄들은 수식문들로 구분된다.

[코드 9-1]에서 29번째 줄에 기술된 문장에서 오른쪽 값(R-Value)에 해당되는 부분만 본다면 함수 호출문이지만, 오른쪽 값은 단지 값으로만 보아 치환문으로 구분하게 된다.

다음은 C 언어에서 컴퓨터 각 동작의 실행 순서를 지시하는 것, 즉 프로그램 실행 제어의 흐름을 결정하는 제어 구조(Control Structure)를 만드는데 필요한 문장, 제어문(Control Statement)으로 분류된다.

C 언어에서 제어문은 다시 조건에 따라 프로그램 실행 제어의 흐름을 정하는 선택 구조를 구성하는데 사용되는 문장, 즉 선택문(Selection Statement)으로 if 문과 switch 문을 제공한다. 그리고 조건을 만족할 때까지 실행을 계속해야 하는 반복 구조를 구성하는데 필요한 반복문(Iteration Statement)으로 while 문, do-while 문 그리고 for 문을 제공한다. 조건에 따라 강제로 제어 흐름을 바꾸도록 하는 점프문(Jump Statement)으로 break문, continue 문, goto 문 그리고 return 문을 제공한다.

그리고 마지막으로 실행해야 하는 수식이 없이 단지 세미콜론(;)만을 기술한 널 문장(NULL Statement)을 제공한다.

3. 선택구조(Selection Structure)

1) if 선택문장

다음은 조건에 따라 프로그램의 제어 흐름을 결정해야 하는 선택문장에 대해서 자세히 공부해 보도록 하자.

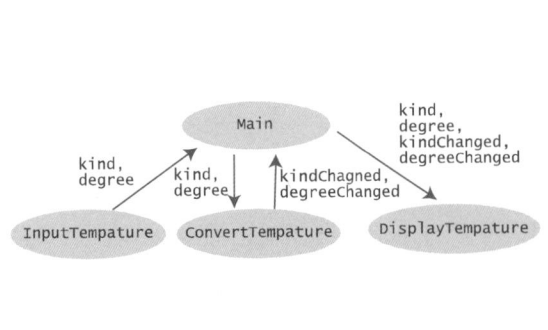
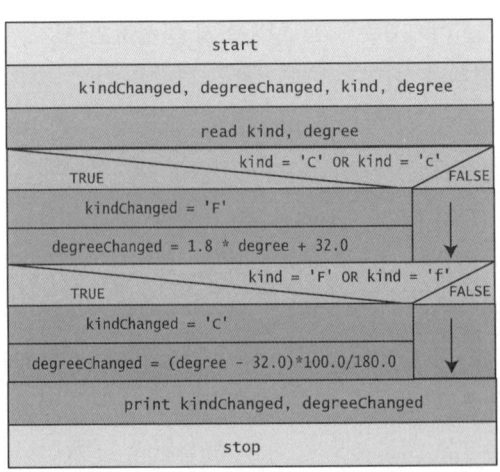

그림9-7 섭씨를 화씨로, 화씨를 섭씨로 온도 변환하는 프로그램

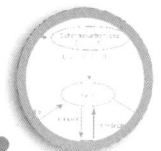

7장에서 실수형을 공부할 때 다루었던 프로그램이다. 여기서는 섭씨온도가 입력될 때는 화씨온도로 변화해야 하고, 화씨온도가 입력되면 섭씨온도로 변환해야 한다. 즉 다시 말해서 조건에 따라 프로그램의 제어 흐름이 결정되어져야 하는 제어구조에 대해 공부하기 위해서 다시 이용하도록 하자. ConvertTempature 모듈에 대해서 C 코드로 작성된 ConvertTempature() 함수가 어떻게 작성되어지는지를 공부하자는 것이다. 자 그럼 시작해 보자.

시스템 챠트를 보고 함수를 선언하면 된다. 함수 선언에 대해서는 7장에서 설명을 했기 때문에 여기서는 언급하지 않도록 하겠다. 따라서 7장을 참고하도록 하자.

여기서는 NS 챠트를 보고 함수를 정의하면 된다. 함수 원형을 참고하여 함수의 헤더를 만든다. [코드 9-2]에서처럼 함수 원형에서 문장임을 강조하는 구두점인 세미콜론을 제거하면 된다.

```
01 : // 온도를 바꾸다
02 : void ConvertTempature(char kind, float degree,
03 :         char *kindChanged, float *degreeChanged)
```

코드 9-2 ConvertTempature() 함수의 헤더

다음은 함수의 몸체를 만들어야 한다. 함수는 최소한 한 개 이상의 문장들로 구성되기 때문에, 즉 복문으로 구성되는데 C 언어에서 복문 개념을 표현하기 위해서는 블록(Block)이란 개념을 도입하고 있다. 따라서 블록을 설정해야 하는데 중괄호를 열고 닫아서 블록을 설정한다. 특히 여기서 설정되는 블록을 함수 블록이라고도 한다. 이것은 [그림 9-7]에서 NS 챠트의 start 순차기호에 대해 여는 중괄호 그리고 stop 순차기호에 대해서 닫는 중괄호에 대응되는 것이다.

```
            void ConvertTempature(char kind, float degree,
                        char *kindChanged, float *degreeChanged)
   start    { // 함수 블록 시작

   stop     } // 함수 블록 끝
```

그림 9-8 함수블록과 start와 stop 기호들

```
01 : // 온도를 바꾸다
02 : void ConvertTempature(char kind, float degree,
03 :         char *kindChanged, float *degreeChanged) { // 함수 블록 시작
04 :     // 복문
05 : } // 함수 블록 끝
```

코드 9-3 ConvertTempature() 함수의 몸체

다음은 ConvertTempature() 함수가 실행되었을 때, 필요한 데이터들을 저장할 변수들을 선언해야 한다. [그림 9-7]의 NS 챠트에서 start 순차기호 바로 밑에 작도되어져 있는 순차기호를 보고 선언하면 된다.

| kindChanged, degreeChanged, kind, degree |

그림 9-9 ConvertTempature 모듈에서 필요한 데이터들

함수가 호출될 때 호출하는 함수로부터 값을 입력받아야 하는 경우 매개변수로 선언해야 하고, 그렇지 않고 함수내부에서만 처리할 데이터들에 대해서는 자동변수(혹은 지역변수)로 선언해야 한다. 매개변수나 지역변수는 선언과 동시에 정의된다는 것도 명심하도록 하자. 여기서는 [그림 9-9]에 정리되어져 있는 변수들이 [코드 9-3]에서 함수 헤더에 모두 매개변수들로 선언되어 있으므로 지역변수로 선언할 변수들이 없기 때문에 지역변수 선언문들이 작성되지 않았지만 그렇지 않은 경우는 반드시 함수 블록의 선두에 선언문들이 작성되어야 한다.

다음은 NS 챠트에서 입력에 대한 표현이다. 모듈 밖으로부터 값을 입력받는 표현이다. C 언어로 표현하면 ConvertTempature() 함수 호출문장이 된다.

| read kind, degree |

그림 9-10 NS 챠트에서 입력 순차기호

main() 함수에서 ConvertTempature() 함수를 호출하는 문장을 작성하는데, 복사되어지는 값들을 2개 설정해야 한다. 함수를 호출할 때 실제 복사되어지는 값들을 실 매개변수라고도 한다. 값은 상수, 변수 또는 수식일 수 있다. 그렇지만 중요한 것은 매개변수들의 개수만큼, 그리고 매개변수의 자료형에 맞게 따라서 매개변수들이 나열되는 순서를 함수 호출할 때 주의해야 한다.

```
01 : // 호출하는 함수
02 : int main(int argc, char* argv[]) {
03 :     // 호출당하는 함수
04 :     ConvertTempature( 'c', 36.5F, ... ); // 함수 호출 : 상수
05 :
06 :     return 0;
07 : }
```

코드 9-4 실 매개변수로 상수로 설정하여 ConvertTempature() 함수 호출

```
01 : // 호출하는 함수
02 : int main(int argc, char* argv[]) {
03 :     char kind = 'c';      // 온도 구분 문자 저장 변수 선언 및 정의 그리고 초기화
04 :     float degree = 36.5F; // 온도 저장 변수 선언 및 정의 그리고 초기화
05 :
06 :     // 호출당하는 함수
07 :     ConvertTempature( kind, degree, ... ); // 함수 호출 : 변수
08 :
09 :     return 0;
10 : }
```

코드 9-5 실 매개변수로 변수로 설정하여 ConvertTempature() 함수 호출

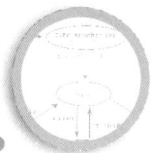

다음은 섭씨온도일 때 화씨온도로 변환하는 제어구조와 바로 이어서 화씨온도를 섭씨온도로 변환하는 제어구조에 대해서 공부해 보도록 하자. 이처럼 조건에 따라서 처리 여부를 결정하도록 하는 제어구조를 선택구조라고 한다.

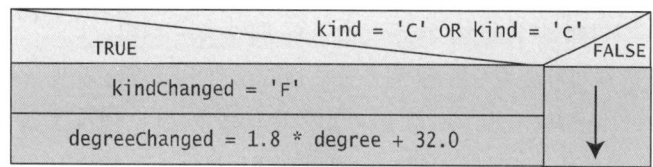

그림9-11 섭씨온도가 입력되었을 때 화씨온도로 변환하는 선택구조

입력된 kind의 값이 'C' 이거나 'c'인지에 대해 조건식을 평가해서 참이면, 즉 섭씨온도이면 왼쪽 두 개의 순차구조를 실행하여 화씨온도로 변환하고, 거짓이면 오른쪽 순차구조를 실행하여 처리없이 실행 제어를 아래쪽으로 이동하도록 한다.

C 언어에서 이러한 선택구조에 대해 선택문을 제공하고 있다. 특히 if 문과 else 절을 제공하는데 형식은 [그림 9-12]와 같다.

if 문의 조건식은 반드시 소괄호로 묶어야 한다. 그렇지 않으면 컴파일 오류가 발생한다. if 문의 조건식은 정수형 결과를 가지는 임의의 수식을 사용할 수 있으며, 수식의 결과 값이 0이면 논리적으로 거짓으로, 0이 아니면 논리적인 참으로 간주한다. 보통 관계식이나 논리식이 사용된다.

```
if ( 조건식 ) { // if 제어블록 시작 : 조건식의 평가 결과 참일 때
    단문 혹은 복문
} // if 제어 블록 끝
else { // else 제어 블록 시작 : 조건식의 평가 결과 거짓일 때
    단문 혹은 복문
} // else 제어 블록 끝
```

그림9-12 C 언어의 if-else 선택문의 형식

참일 때 처리해야 하는 문장이 하나인 경우, 즉 단문인 경우는 중괄호로 제어블록을 설정하지 않아도 된다. 그렇지만 의미를 명확히 하고 가독성을 높이기 위해서 그리고 프로그램을 개발하는 과정에서 새로운 문장이 추가되는 경우들도 발생하기 때문에 제어블록이 설정되지 않은 경우 새로이 추가되어진 문장은 선택구조의 문장이 아니라 순차구조의 문장으로 실행되는 문법적인 오류 발생을 방지하기 위해서 단문일 경우라도 중괄호로 제어블록을 설정하도록 하자.

처리해야 하는 문장들이 2개 이상인 경우, 즉 복문인 경우에는 반드시 중괄호를 열고 닫아 제어 블록을 설정하여야 한다. 그렇지 않으면 한 개의 문장만이 실행되고 뒤에 기술되는 문장들은 선택 구조의 문장이 아니라 순차 구조의 문장으로 실행되게 된다.

거짓일 때 처리에 대해서 else 절을 작성해야 한다. 이때 거짓일 때 처리해야 할 내용이 없으면 else 절을 생략할 수 있다. 처리해야 할 내용이 있다면 반드시 else 키워드를 적고 중괄호를 열고

닫아 제어블록을 설정하고 제어블록내부에 처리할 문장들을 기술하여 else 절을 작성하면 된다.

[그림 9-11]에서 뒤집혀 있는 삼각형 영역에 대해 if 키워드를 적고 소괄호를 열고 닫도록 한다. 소괄호안에 kind 변수에 저장되어져 있는 값이 'C'와 같은지에 대한 관계식과 'c'와 같은지에 대한 관계식 그리고 논리합에 대한 논리식으로 구성되어 있다. 평가되는 순서도 관계식을 먼저 평가하고 논리식을 평가한다. 그래서 관계식 모두가 거짓일 때만 논리식이 거짓이 된다.

여기서 주의할 내용은 관계식을 작성할 때 같은지에 대한 등가 비교 연산자에 대해서 주의해야 한다. C 언어에서 등가 비교 연산자는 등호 두 개(==) 임에 주의해야 한다. 대개는 실수로 등호 한 개(=) 치환연산자를 사용하면 컴파일러 오류가 발생한다. 왜냐하면 치환이 이루어지기 위해서는 주기억장치를 의미하는 왼쪽 값(L-Value)이어야 하나, 조건식에 사용되어진 값들은 레지스터에 저장된 값을 의미하는 오른쪽 값(R-Value)이기 때문이다. 치환은 기본적으로 왼쪽 값에만 적용되는 연산이기 때문이다.

```
01 : // 온도를 바꾸다
02 : void ConvertTempature(char kind, float degree,
03 :             char *kindChanged, float *degreeChanged) {
04 :     // 섭씨이면 화씨로 바꾸다
05 :     if ( kind == 'C' || kind == 'c' ) { // 제어 블록 시작
06 :     } // 제어블록 끝
07 : }
```

코드 9-6 섭씨온도일 때 화씨로 변환하는 선택문

조건식을 평가해서 참인 경우 두 개의 문장을 실행해야 하기 때문에 반드시 제어블록을 중괄호로 설정해야 한다. 대개 제어블록의 중괄호는 조건식이 기술된 줄과 같은 줄에 여는 중괄호를 기술하는 것이 일반적이다. 그러나 어떠한 코드들을 보면 다음 줄에 기술된 경우들도 많이 볼 수 있는데 이 부분은 프로그래머의 취향이기 때문에 어떤 것이 좋은 것인지 판단하는 것은 쓸데없는 짓이다.

참일 때 처리해야 하는 내용들에서 온도 구분을 변환되어지는 화씨로 설정하는 작업인 첫 번째 순차기호를 C 언어 코드로 작성해 보자.

kindChanged = 'F'

그림 9-13 온도 구분을 화씨로 설정하는 순차기호

여기서는 기억장소를 접근하는 방법들에 대해서 공부하여야 한다. 기억장소를 접근하는 방법은 C 언어에서는 기본적으로 두 가지 방법이 존재한다. 하나는 내용에 대한 직접 접근(Direct Access)이고 다른 하나는 주소에 의한 간접 접근(Indirect Access)이다.

직접 접근이란 값을 읽거나 쓰고자 하는 변수에 대해 명칭을 이용하여 값을 읽고 쓰는 방식이다. 따라서 [그림 9-13]의 순차기호는 C 코드로는 직접 접근 방식으로 치환문(혹은 대입문)으로 변환되어져야 한다. [코드 9-7]과 같이 작성될 것이다.

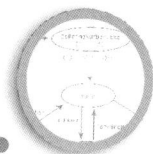

```
01 : // 온도를 바꾸다
02 : void ConvertTempature(char kind, float degree,
03 :           char *kindChanged, float *degreeChanged) {
04 :     // 섭씨이면 화씨로 바꾸다
05 :     if ( kind == 'C' || kind == 'c' ) { // 제어 블럭 시작
06 :         kindChanged = 'F';
07 :     } // 제어블럭 끝
08 : }
```

코드 9-7 [그림 9-13]에 대해 C 코드

그런데 문제가 발생한다. 어떠한 문제가 발생했을까? 이 부분을 이해하기 위해서는 메모리 맵이 필요하다.

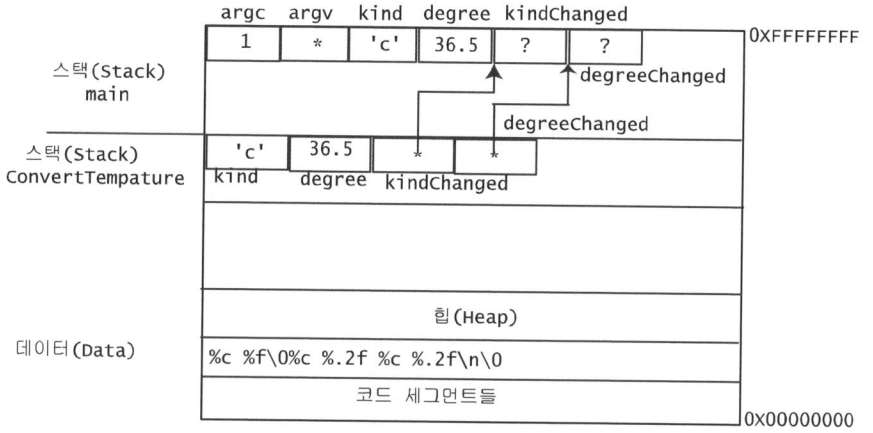

그림 9-14 섭씨 온도 36.5를 입력받은 후 ConvertTempature() 함수 호출 후

[그림 9-14]는 섭씨온도 36.5 ℃를 입력받은 후 ConvertTempature() 함수가 호출되었을 때 메모리 맵이다. [코드 9-7]에서 06번째 줄에 의해서 직접 접근 방식에 의한 코드이므로 ConvertTempature() 함수 스택에 할당된 kindChanged에 'F'가 저장되게 되는 것이다. [코드 9-7]을 컴파일하면 경고가 발생한다. 주소를 저장할 변수에 실제 문자를 저장하기 때문에 발생하는 것이다.

실제로 'F'를 저장할 기억장소는 main() 함수 스택에 할당되어 있는 kindChanged인 것이다. 즉 다시 말해서 main() 함수에서는 kindChanged에 대해서 직접 접근에 의해서 값을 쓰거나 읽기가 가능한 것이다. 그러나 값을 쓰는 작업은 ConvertTempature() 함수에서 해야 한다. 이러한 경우처럼 직접 접근을 할 수 없는 경우 주소에 의한 간접 접근을 해야 한다. ConvertTempature() 함수 스택에 할당된 kindChanged에는 'F'를 저장할 main() 함수 스택에 할당된 kindChanged에 대한 주소가 저장되어 있기 때문에 간접 접근에 의해 'F'를 쓰는 표현을 해야 한다. 이때 간접 연산자(*)를 사용한다. 그래서 [코드 9-7]을 [코드 9-8]로 고쳐야 한다.

여기서 기억할 내용이 있다. 매개변수를 선언할 때 별표(*)는 변수에 저장된 값이 주소임을 강조하는 구두점이고 포인터라 읽고, 식들에 사용되는 별표(*)는 간접 연산자임을 반드시 구분할 수 있어야 한다는 것이다.

```
01 : // 온도를 바꾸다
02 : void ConvertTempature(char kind, float degree,
03 :         char *kindChanged, float *degreeChanged) {
04 :     // 섭씨이면 화씨로 바꾸다
05 :     if ( kind == 'C' || kind == 'c' ) { // 제어 블럭 시작
06 :         *kindChanged = 'F';
07 :     } // 제어블럭 끝
08 : }
```

코드 9-8 간접 접근에 의한 온도 구분 설정하는 코드

따라서 이러한 간접 접근에 의해 값을 쓰는 것은 함수를 호출한 함수의 스택에 할당된 변수들에 값을 쓰는 작업을 하는 것으로 ConvertTempature() 함수가 끝난 후에도 처리된 결과로 호출한 함수에서 사용할 수 있기 때문에 ConvertTempature() 함수 관점에서는 출력 작업이 되는 것이다.

C 언어에서 연산은 단지 하나의 값만을 구해서 출력하는 함수만을 제공함으로 2개 이상의 값을 출력하는 알고리듬을 구현할 수 없기 때문에 주소에 의한 간접 접근 방식을 채택할 수 밖에 없었고, 간접 접근을 하기 위해서는 주소를 저장할 수 있는 변수를 선언 및 정의하고 값을 읽고 쓰는데 필요한 문법적인 기능이 필요했다. 그래서 제공되는 문법이 포인터(Pointer)인 것이다.

다음은 참일 때 실행해야 하는 화씨온도로 변환하는 순차기호를 C 코드로 작성해 보자.

```
degreeChanged = 1.8 * degree + 32.0
```

그림 9-15 섭씨온도를 화씨온도로 변환하는 순차기호

if 제어블록에 산술식들에 의해서 구해진 값을 치환하는 문장을 작성해야 한다.

```
01 : // 온도를 바꾸다
02 : void ConvertTempature(char kind, float degree,
03 :         char *kindChanged, float *degreeChanged) {
04 :     // 섭씨이면 화씨로 바꾸다
05 :     if ( kind == 'C' || kind == 'c' ) { // 제어 블록 시작
06 :         *kindChanged = 'F'; // 치환문(혹은 대입문)
07 :         *degreeChanged = 1.8F * degree + 32.0F ; // 치환문
08 :     } // 제어블록 끝
09 : }
```

코드 9-9 섭씨온도를 화씨온도로 변환하는 코드

ConvertTempature() 함수 스택에 할당되어져 있는 degreeChanged에 저장되어져 있는 값은 main() 함수 스택에 할당되어져 있는 degreeChanged의 주소이고 실제로 변환된 화씨온도를 저장할 변수는 main() 함수 스택에 할당되어져 있는 degreeChanged이다. [그림 9-14]의 메모리 맵에서는 ConvertTempature() 함수 스택에 대해서만 중앙처리장치에 의해서 직접 접근이 가능하다. 따라서 main() 함수 스택에 할당되어져 있는 변수들에 대해서는 중앙처리장치에 의해서 접근이 불가능하므로 main() 함수 스택에 할당되어져 있는 degreeChanged는 ConvertTempature() 함수 스택을 통해서만 접근이 가능하다. 즉 간접 접근만이 가능하다는 것으로 이러한 간접 접근이 가능하도록 ConvertTempature() 함수 스택에 할당된 degreeChanged는 main() 함수 스택에 할당된 degreeChanged의 주소를 저장하고 있어야

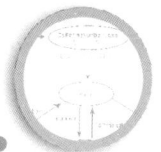

한다. 따라서 [코드 9-9]에서 07번째 줄처럼 간접 접근으로 값을 쓰는 코드가 작성되어야 한다.

여기까지는 참일 때 제어구조이고 거짓일 때 처리를 해 보도록 하자. 거짓일 때 처리할 내용이 있으면 else 절을 작성해야 한다. else 키워드를 적고 중괄호 열고 닫음으로서 else 제어블록을 설정한다. 그리고 처리할 내용들을 C 언어의 문장들로 변환해서 블록내부에 기술하면 된다. 처리할 내용들이 없으면 else 절 자체를 생략해도 무방하다.

[그림 9-11]에서 선택구조의 오른쪽을 보면, 즉 FALSE 블록 아래 순차기호가 있는데 내용이 처리없음 표시인 화살표가 그어져 있다. 따라서 처리할 내용이 없으므로 생략하면 된다.

다음 화씨온도를 섭씨온도로 변환하는 선택구조에 대해서는 앞에서 배운 내용을 복습해 보자. 따라서 여러분이 직접 작성해 보도록 하자.

다음은 변환된 온도를 출력하는 순차기호에 대해서 C 언어로 어떻게 변환되는지에 대해서 공부해 보도록 하자.

```
print kindChanged, degreeChanged
```

그림 9-16 변환된 온도와 구분들을 출력하는 순차기호

함수에서 구해진 값을 출력하는 표현이어야 한다. 함수에서 구해진 값을 호출한 함수쪽으로 복사하기 위해서는 return 문장을 사용해야 한다. 그렇지만 return 문장에 의해서 호출한 함수쪽으로 전달될 수 있는 값은 무조건 1개이다. 그래서 return 문장에 의해서 2개의 값을 출력하는 표현을 할 수 없다.

따라서 앞에서 언급했던 간접 접근에 의한 출력 표현을 해야 한다. 간접 접근에 의한 출력을 하기 위해서는 반드시 호출하는 함수쪽에서는 호출당한 함수쪽에서 간접 접근에 의해서 값이 쓰여지기 때문에 변수를 할당하고 할당된 변수의 주소를 구해주어야 한다.

```
01 : // 호출하는 함수
02 : int main(int argc, char* argv[]) {
03 :     char kind = 'C'; // 온도 구분 문자 저장 변수 선언 및 정의 그리고 초기화
04 :     float degree = 36.5F; // 온도 저장 변수 선언 및 정의 그리고 초기화
05 :     char kindChanged; // 변환된 온도 구분 문자 저장 변수 선언 및 정의
06 :     float degreeChanged; // 변환된 온도 저장 변수 선언 및 정의
07 :
08 :     // 호출당하는 함수
09 :     ConvertTempature( kind, degree, &kindChanged, &degreeChanged ); // 수식
10 :
11 :     return 0;
12 : }
```

코드 9-10 변수의 주소를 구하는 수식에 의한 함수 호출

[코드 9-10]에서 09번째 줄을 보자. 함수 호출문에서 세 번째와 네 번째를 보면 수식이 작성되어 있다. 스택에 할당된 kindChanged와 degreeChanged의 주소를 구하는 수식이다. 이때 &는 주소 연산자인데 스택이나 정적 데이터 영역에 할당된 변수의 주소를 구하고자 할 때 변수 명칭앞에 기술되는 단항연산자이다. 따라서 수식들이 평가되어 주소를 구한 후 복사해 준다. C 언어에서는 철저하게 값에 의한 정보전달(Call by Value)을 하기 때문에 주소를 구해서 복사해 주어야 한다. 그렇게

복사된 주소를 ConvertTempature() 함수에서는 특정 변수에 저장하여 [코드 9-9]에서 06번째 줄과 07번째 줄처럼 간접 접근에 의해서 값을 쓰도록 하여 값을 출력하도록 하는 것이다.

이렇게 최종적으로 완성된 온도 변환 프로그램은 [코드 9-11]과 같다.

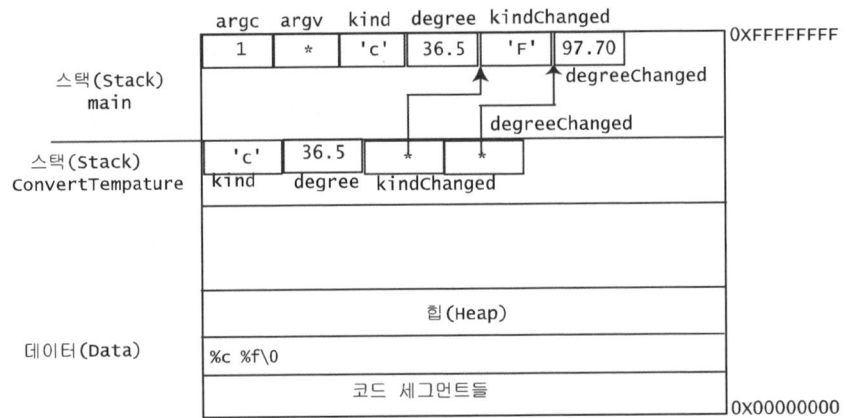

그림 9-17 ConvertTempature() 함수가 끝나기 전 메모리 맵

```
01 : /***********************************************************
02 :    파일 명칭 : ConvertTempature.c
03 :    기     능 : 섭씨를 화씨로, 화씨를 섭씨로 바꾸다
04 :    입     력 : 구분, 온도
05 :    출     력 : 변환된 구분, 변환된 온도
06 :    작 성 자 : 김석현
07 :    작성 일자 : 2007-12-28
08 : ***********************************************************/
09 : #include <stdio.h> // scanf()
10 :
11 : // 온도를 입력받는다
12 : void InputTempature(char *kind, float *degree);
13 : // 온도를 바꾸다
14 : void ConvertTempature(char kind, float degree,
15 :         char *kindChanged, float *degreeChanged);
16 : // 온도를 출력하다
17 : void DisplayTempature(char kind, float degree,
18 :         char kindChanged, float degreeChanged);
19 :
20 : int main(int argc, char* argv[]) {
21 :    char kind; // 입력되는 온도 구분 문자를 저장하는 변수
22 :    float degree; // 입력되는 온도를 저장하는 변수
23 :    char kindChanged; // 변환되어 출력되는 온도 구분 문자를 저장하는 변수
24 :    float degreeChanged; // 변환되어 출력되는 온도를 저장하는 변수
25 :
26 :    // 온도를 입력받는다
27 :    InputTempature(&kind, &degree);
28 :    // 화씨를 섭씨로 혹은 섭씨를 화씨로 바꾸다
29 :    ConvertTempature(kind, degree, &kindChanged, &degreeChanged);
30 :    // 온도를 출력하다
31 :    DisplayTempature(kind, degree, kindChanged, degreeChanged);
32 :
33 :    return 0;
34 : }
35 :
36 : // 온도를 입력받는다
37 : void InputTempature(char *kind, float *degree) {
38 :    scanf("%c %f", kind, degree);
39 : }
40 :
41 : // 온도를 바꾸다
42 : void ConvertTempature(char kind, float degree,
43 :         char *kindChanged, float *degreeChanged) {
44 :    // 섭씨이면 화씨로 바꾸다
45 :    if(kind == 'C' || kind == 'c') {
46 :        *kindChanged = 'F';
47 :        *degreeChanged = 1.8F * degree + 32.0F;
48 :    }
49 :    // 화씨이면 섭씨로 바꾸다
50 :    if(kind == 'F' || kind == 'f') {
51 :        *kindChanged = 'C';
52 :        *degreeChanged = (degree - 32.0F) * 100.0F/180.0F;
53 :    }
54 : }
55 :
56 : // 온도를 출력하다
57 : void DisplayTempature(char kind, float degree,
58 :         char kindChanged, float degreeChanged) {
59 :    printf("%c %.2f %c %.2f\n", kind, degree, kindChanged, degreeChanged);
60 : }
```

코드 9-11 섭씨를 화씨로, 화씨를 섭씨로 변환하는 프로그램

[코드 9-11]로 처리는 정확하게 할 수 있지만 약간의 비효율적인 부분이 있다. 어느 부분인지 생각해 보자.

비효율적인 부분은 ConvertTempature() 함수에 있다. 앞에서 예로 제시한 경우, 즉 섭씨 36.5 ℃를 입력하면 45번째 줄부터 48번째 줄까지 if 선택문에서 화씨온도로 변환되어지게 되고 변환된 온도가 출력되면 된다. 즉 48번째 줄이 실행되고 난 뒤에 바로 54번째 줄로 이동하여 함수가 끝나도록 하는 것이 효율적일 것이다. 그러나 작성된 코드에 의하면 54번째 줄로 이동하는 것이 아니라 50 번째 줄로 이동하여 if 문의 조건식을 평가하게 된다. if 문의 조건식이 평가되어져서 구해진 값은 항상 거짓이기 때문에 51번째 줄과 52번째 줄이 실행되지 않지만 여하튼 50번째 조건식이 평가된다는 것이 비효율적이다. 이러한 비효율적인 부분을 없애기 위해서 else 절을 사용하여야 한다.

그러면 비효율적인 부분을 고쳐 보자. NS 챠트는 [그림 9-18]과 같이 변경되어야 한다. 입력된 온도가 섭씨온도인 경우 화씨온도로 변환하는 처리를 하고 바로 변환된 온도를 출력하도록 한다. 입력된 온도가 섭씨온도가 아니면, 첫 번째 선택구조의 조건식이 거짓이 되어 거짓일 때 처리할 내용으로 결정되도록 한다. 그리고 일상적으로 그리고 과학용으로 사용되는 온도들이 섭씨와 화씨 온도만 있는 것이 아니므로 다시 조건식을 두어서 화씨인지에 검사하여 조건식을 평가한 결과이면 섭씨온도로 변환하는 내용들을 처리하고 변환된 온도를 출력하도록 하는 제어구조로 바꾸면 된다. 이러한 경우 하나의 선택구조내부에 다른 선택구조가 존재하는 구조로 중첩된(Nested) 선택구조라고도 한다.

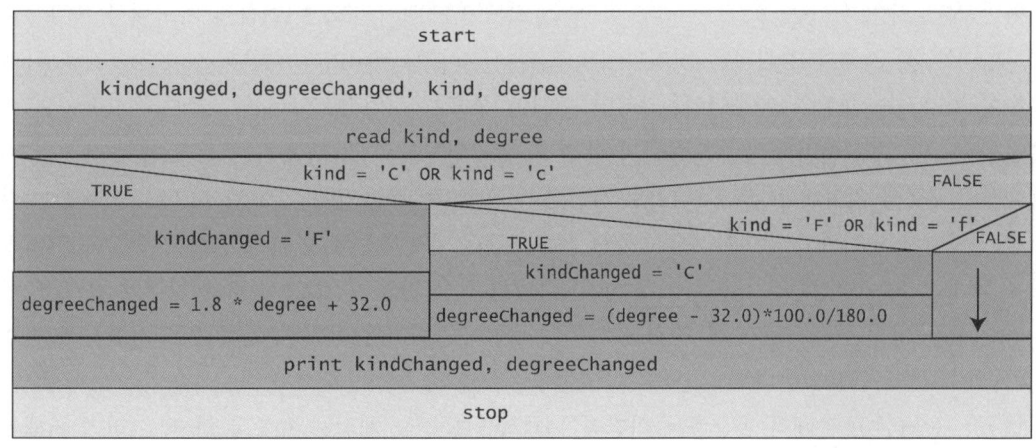

그림 9-18 중첩된 선택구조

어떤 조건을 만족할 경우 실행 내용 뿐 아니라 만족하지 않을 경우 실행 내용도 정의하고자 할 경우에는 키워드를 else를 사용한다. 물론 else의 사용은 필요에 따른 것이므로 필요하지 않으면 사용하지 않아도 된다.

[코드 9-12]에서 09번째 줄부터 15번째 줄까지를 보자. 입력된 온도 구분 문자가 'C' 이거나 혹은 'c'인지에 대해 첫 번째 선택구조의 조건식을 평가해서 거짓일 때 처리해야 하는 내용들이 있기 때문에 C 언어에서는 거짓일 때 처리를 위하여 else 절을 사용해야 한다. 그리고 거짓일 때 처리할 내용도 복문이므로 else 키워드를 적고 중괄호를 열고 닫음으로써 블록을 설정해야 한다. else 블록 내부에 다시 if 문을 작성하면 된다. 이러한 제어구조를 C 언어에서도 중첩된 if 문들이라고 한다.

```
01 : // 온도를 바꾸다
02 : void ConvertTempature(char kind, float degree,
03 :         char *kindChanged, float *degreeChanged) {
04 :     // 섭씨이면 화씨로 바꾸다
05 :     if(kind == 'C' || kind == 'c') { // if 블럭 시작
06 :         *kindChanged = 'F';
07 :         *degreeChanged = 1.8F * degree + 32.0F;
08 :     } // if 블럭 끝
09 :     else { // else 블럭 시작
10 :         // 화씨이면 섭씨로 바꾸다
11 :         if(kind == 'F' || kind == 'f') { // if 블럭 시작
12 :             *kindChanged = 'C';
13 :             *degreeChanged = (degree - 32.0F) * 100.0F/180.0F;
14 :         } // if 블럭 끝
15 :     } // else 블럭 끝
16 : }
```

코드 9-12 [그림 9-18]에 대한 ConvertTempature() 함수

여기서 잔소리를 하나 하도록 하겠다. 그러면 [코드 9-11]과 [코드 9-12]중에서 [코드 9-12]가 좋겠다든지 혹은 정답이라고 생각하는 어리석은 사람이 있을 것 같아서 잔소리를 하는 것이다. 비교를 덜해서 속도가 빠르기 때문에 좋은 것이고 정답이라고 생각할 것이다. 솔직히 말해서 그렇게 엄청난 시간 차이가 나는 것도 아니다. 따라서 [코드 9-11]과 [코드 9-12]간에 비교해서 우월성을 평가한다는 것 자체가 어리석은 짓이다. [코드 9-11]과 [코드 9-12]가 적용되는 상황들에 따라서 성능이 평가되는 것이기 때문이다. 그러면 무엇이 중요한 것인가? 여러분 스스로가 [코드 9-11] 혹은 [코드 9-12]로 어떠한 방식으로든지 만들 수 있는가? 이고 [코드 9-11]에서 앞에서 제시한 비효율적인 부분을 찾아내고 [코드 9-12]로 개선할 수 있느냐? 하는 것이 중요한 것이다. 이제는 정답만을 구하고자 노력하지 말아야 한다. 특히 프로그램을 개발하는데 있어서 이러한 생각은 여러분들을 작게 만드는 함정임을 명심하도록 하자. 다양한 답을 만들 수 있는 능력을 길러야 하고, 또한 다양한 답을 얻기 위해서는 다른 생각과 아이디어가 제공되어야 하기 때문에 좋은 사람들과 친해지기 위해서 노력해야 한다.

다음은 중첩된 if 문에서 발생하는 약간의 문제점들을 찾고 개선해 보도록 하자. 그러기 위해서 계속해서 이번에는 [그림 9-19]에 알고리듬이 설계되어 있는 점수를 입력받아 학점을 구하는 프로그램을 C 언어로 작성해 보도록 하자.

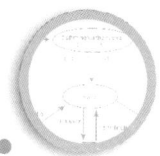

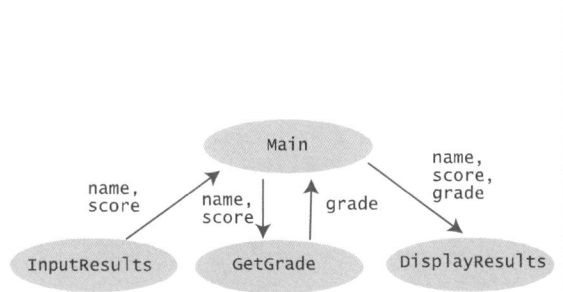
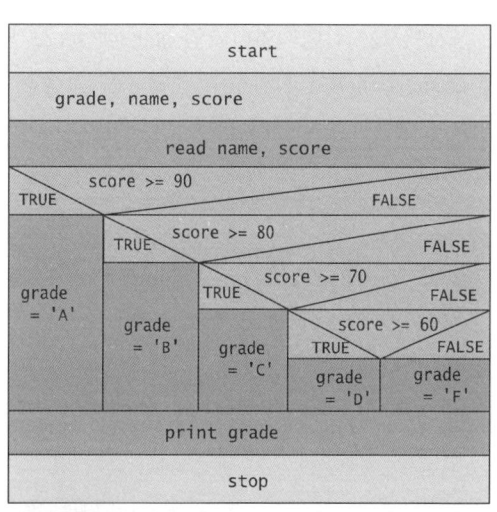

그림 9-19 점수를 입력받아 학점을 구하는 알고리듬

[그림 9-19]에서 시스템 챠트를 보면 GetGrade 모듈에 대해 함수를 선언해야 한다. 7장에서 문자형을 배울 때 GetGrade() 함수에 대해서 선언을 했다. 참고하도록 하자.

다음은 NS 챠트를 보고 함수를 정의하면 된다. [코드 9-13]은 모듈의 시작을 나타내는 start 준비기호와 모듈의 끝을 나타내는 stop 준비기호에 대응되는 코드 영역을 작성하는 것이다. 함수 원형을 이용하여 함수 몸체를 만들면 된다. 함수 원형에서 세미콜론을 빼고 중괄호를 열고 닫아 함수 블록을 만들면 된다.

```
01 : // 사용자 정의 자료형 선언
02 : typedef unsigned short int UShort;
03 :
04 : // 함수 선언 : 함수 원형
05 : char GetGrade(char (*name), UShort score);
06 :
07 : // 함수 정의
08 : char GetGrade(char (*name), UShort score) {// 함수 블록 시작
09 : } // 함수 블록 끝
```

코드 9-13 GetGrade() 함수의 몸체

다음은 start 순차기호 바로 밑에 알고리듬에서 필요한 데이터들이 있는 경우 반드시 작도되어야 하는 순차기호이다. 알고리듬에 필요한 데이터들에 대해 변수들을 정리하고 있는 순차기호를 C 언어로 코드를 작성해야 한다. C 언어에서는 대개 매개변수로 혹은 지역변수로 선언되어지면 된다. 입력데이터는 매개변수로 선언되고 출력 데이터가 1개인 경우는 지역변수로 선언되어진다.

```
                    grade, name, score
```

그림 9-20 학점을 구하는 프로그램에서 필요한 데이터 변수들

여기에서는 입력데이터들인 name과 score가 이미 매개변수로 선언되어졌기 때문에 출력 데이터인 grade에 대해서 지역변수 선언문을 작성하면 된다. 출력 데이터로 사용되는 지역변수는 반드시 함수의 반환형과 같아야 한다. 반환형이 char이어야 하기 때문에 grade의 자료형은 똑같이 char이어야 한다.

```
01 : // 사용자 정의 자료형 선언
02 : typedef unsigned short int UShort;
03 :
04 : // 함수 선언 : 함수 원형
05 : char GetGrade(char (*name), UShort score);
06 :
07 : // 함수 정의
08 : char GetGrade(char (*name), UShort score) {// 함수 블록 시작
09 :     char grade; // 학점을 저장할 지역변수 선언 및 정의
09 : } // 함수 블록 끝
```

코드 9-14 지역변수 선언

다음은 선택구조에 대해 C 언어로 코드를 작성해 보자.

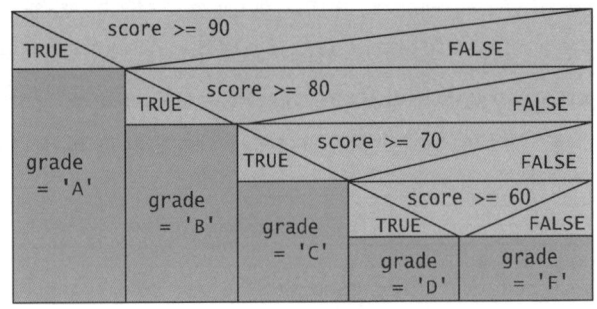

그림 9-21 입력된 점수에 따라 학점을 결정하는 선택구조

앞에서 배운 대로 if 문과 else 절을 이용하여 코드를 직접 작성해 보고 계속해서 책을 읽도록 하자.

권장하지 않지만 제어블록을 설정하지 않을 시 문제점을 이해시키기 위해서 단문인 경우는 제어블록을 생략하고 복문인 경우에만 제어블록을 설정하는 규칙에 따라 코드를 작성해 보았다. 직접 입력해 보도록 하자. 제어블록을 설정하는 중괄호의 시작과 끝을 맞추는 작업이 번거로울 뿐만 아니라 얼핏 보았을 때 코드를 쉽게 읽을 수 있는가? 쉽게 코드를 읽어 이해하기가 쉬운지 그렇지 않은지에 대한 문제를 가독성이라고 한다. 코드를 작성할 때 가독성에 대해 생각해야 하는 것이 중요하다. 베스트셀러가 된 소설을 보아라. 동일한 주제를 가지고 소설을 쓰지만 가독성이 좋으면 베스트셀러가 되지 않는가?

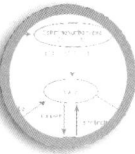

C를 배우면 함수를 잘 만들어야 한다

```
01 : // 사용자 정의 자료형 선언
02 : typedef unsigned short int UShort;
03 :
04 : // 함수 선언 : 함수 원형
05 : char GetGrade(char (*name), UShort score);
06 :
07 : // 함수 정의
08 : char GetGrade(char (*name), UShort score) {// 함수 블록 시작
09 :     char grade; // 학점을 저장할 지역변수 선언 및 정의
10 :
11 :     // 점수에 따른 학점을 정하다
12 :     if ( score >= 90 )
13 :         grade = 'A' ;
14 :     else {
15 :         if ( score >= 80 )
16 :             grade = 'B' ;
17 :         else {
18 :             if ( score >= 70 )
19 :                 grade = 'C' ;
20 :             else {
21 :                 if ( score >= 60 )
22 :                     grade = 'D' ;
23 :                 else
24 :                     grade = 'F' ;
25 :             }
26 :         }
27 :     }
28 : } // 함수 블록 끝
```

코드 9-15 [그림 9-21]의 선택구조에 대해 if-else 선택문으로 구현한 코드

[코드 9-15]는 if 문에 다시 if 문이 존재하는 구조를 갖고 있다. 이러한 구조를 if문이 중첩되어 있는(Nested) 구조라고 한다. 특히 if와 else를 짝짓는데 있어 else는 짝짓지 못한 가장 가까운 if와 짝을 짓는다. 이러한 규칙에 따르므로 잘못하면 짝이 맞지 않아 오류가 발생하거나 들여쓰기와 정확한 제어블록을 설정하지 않는 경우는 혼동스러운 코드를 읽어 이해하기가 힘든 경우가 발생한

```
01 : // 사용자 정의 자료형 선언
02 : typedef unsigned short int UShort;
03 :
04 : // 함수 선언 : 함수 원형
05 : char GetGrade(char (*name), UShort score);
06 :
07 : // 함수 정의
08 : char GetGrade(char (*name), UShort score) {// 함수 블록 시작
09 :     char grade; // 학점을 저장할 지역변수 선언 및 정의
10 :
11 :     // 점수에 따른 학점을 정하다
12 :     if ( score >= 90 )
13 :         grade = 'A' ;
14 :     else if ( score >= 80 )
15 :         grade = 'B' ;
16 :     else if ( score >= 70 )
17 :         grade = 'C' ;
18 :     else if ( score >= 60 )
19 :         grade = 'D' ;
20 :     else
21 :         grade = 'F' ;
22 :
23 : } // 함수 블록 끝
```

코드 9-16 제어블럭을 없애고 else if로 정리된 코드

3. 선택구조(Selection Structure)

다. [코드 9-15]는 들여쓰기와 정확한 제어블록을 설정하여 그나마 짝이 명확하게 보일지 모르지만 그래도 한눈에 바로 읽어지지 않을 것이다.

그래서 C 언어에서는 이러한 경우에 가독성을 높이도록 하기 위해서 우선하는 조건을 만족하지 않았다는 것을 전제로 다른 조건을 검증하여 문장의 실행 여부를 정의하고자 할 경우에는 키워드 else if를 제공한다. [코드 9-15]를 else if를 이용하여 [코드 9-16]과 같이 코드를 다시 작성할 수 있다. [코드 9-15]와 [코드 9-16]을 비교해 보아라. 어느 것이 이해하기 쉬운지, else와 if 짝짓기가 명확하게 제시되고 있는지 확인해 보자.

if-else 문이 중첩되었을 경우에 else는 짝짓지 못한 가장 가까운 if와 짝을 짓는다는 점을 명심하여야 하고, if-else if-else문이 중첩될 때에는 혼동의 염려가 매우 크므로 가급적이면 블록을 사용하는 것이 좋다. 중첩된 if-else를 괄호로 묶을 필요는 없다. 왜냐하면 C 언어에서는 if-else가 1개의 문장인 것으로 취급되기 때문이다. 따라서 컴파일러는 1개의 if와 그 뒤에 오는 else를 자동적으로 관련지어 해석한다. 하지만 프로그램 작성상의 오류를 방지하고 프로그램을 보다 이해하기 쉽게 작성하려면 중괄호를 사용하는 것이 좋다. [코드 9-17]을 참고하자.

```
01 : // 사용자 정의 자료형 선언
02 : typedef unsigned short int UShort;
03 :
04 : // 함수 선언 : 함수 원형
05 : char GetGrade(char (*name), UShort score);
06 :
07 : // 함수 정의
08 : char GetGrade(char (*name), UShort score) {// 함수 블록 시작
09 :     char grade; // 학점을 저장할 지역변수 선언 및 정의
10 :
11 :     // 점수에 따른 학점을 정하다
12 :     if ( score >= 90 ) {
13 :         grade = 'A' ;
14 :     }
15 :     else if ( score >= 80 ) {
16 :         grade = 'B' ;
17 :     }
18 :     else if ( score >= 70 ) {
19 :         grade = 'C' ;
20 :     }
21 :     else if ( score >= 60 ) {
22 :         grade = 'D' ;
23 :     }
24 :     else {
25 :         grade = 'F' ;
26 :     }
27 :
28 : } // 함수 블록 끝
```

코드 9-17 제어블럭을 설정한 코드

print grade

그림 9-22 학점을 출력하는 순차기호

점수별로 결정된 학점을 출력하는 코드를 작성하므로써 GetGrade() 함수를 정의하는 것을 마무리하도록 하자.

다시 [그림 9-19]에서 시스템 챠트를 보면, GetGrade 모듈에서 구해진 결과를 Main 모듈로 출력하고 있는 것을 확인할 수 있다. 따라서 GetGrade 모듈에서 구해진 결과를 Main 모듈로 출력하는 것이다. 앞에서는 2개 이상을 출력할 때는 간접 접근 방식을 사용했다. 그러면 1개를 출력할 때는 어떻게 해야 할까? 함수는 기본적으로 한 개의 값을 구하는 연산이기 때문에 1개의 값을 출력하는 특징적인 기능을 제공하고 있다. C 언어에서는 이러한 처리를 할 수 있는 문장이 있는데 return 문장이다. 따라서 [코드 9-18]에서 28번째 줄처럼 return 키워드를 적고 출력할 값을 기술하고 세미콜론으로 문장임을 명기하고 있다.

```
01 : // 사용자 정의 자료형 선언
02 : typedef unsigned short int UShort;
03 :
04 : // 함수 선언 : 함수 원형
05 : char GetGrade(char (*name), UShort score);
06 :
07 : // 함수 정의
08 : char GetGrade(char (*name), UShort score) {// 함수 블록 시작
09 :     char grade; // 학점을 저장할 지역변수 선언 및 정의
10 :
11 :     // 점수에 따른 학점을 정하다
12 :     if ( score >= 90 ) {
13 :         grade = 'A' ;
14 :     }
15 :     else if ( score >= 80 ) {
16 :         grade = 'B' ;
17 :     }
18 :     else if ( score >= 70 ) {
19 :         grade = 'C' ;
20 :     }
21 :     else if ( score >= 60 ) {
22 :         grade = 'D' ;
23 :     }
24 :     else {
25 :         grade = 'F' ;
26 :     }
27 :
28 :     return grade; // 학점을 출력하다
29 : } // 함수 블록 끝
```

코드 9-18 정의되어진 GetGrade() 함수

주의할 것은 return 키워드 뒤에 기술되는 출력할 값을 쉼표로 기술하여 여러 개를 나열하더라도 가장 마지막 번째 기술된 값 1개만이 호출한 함수로 전달된다는 것이다.

```
return 'A', 'B', 'C', 'F';
```

코드 9-19 여러 개의 값들을 한꺼번에 출력할 것의 return문

[코드 9-19]는 성질 급한 우리나라 사람들이 자주 실수하는 코드인데, 이렇게 기술해도 컴파일 오류가 아니다. 왜냐하면 값을 구분하기 위해서 사용되어진 쉼표는 연산자이다. 따라서 쉼표 연산

자에 의해서 값이 평가되어 결국은 최종적인 값은 'F'를 구하는 수식이기 때문에 오류가 발생하지 않는다. 그래서 값은 가장 오른쪽에 기술된 'F'가 출력되는 것이다.

여하튼 함수는 1개의 값만을 구하는데 사용되는 연산이라는 점을 기억해야 하고, 따라서 1개의 출력에 맞는 구조로 설계되어 반환형이 하나로 규정되고, return 문장에 의해서 하나의 값만이 반환되는 구조를 갖는다는 것을 명심하도록 하자.

2) switch 문장

계속해서 if-else 문을 중첩할 때 발생하는 가독성 문제에 대해 공부를 더 해 보자. 학년을 입력받아 메시지를 출력하는 문제를 C 코드로 변환하는 작업을 해 보자.

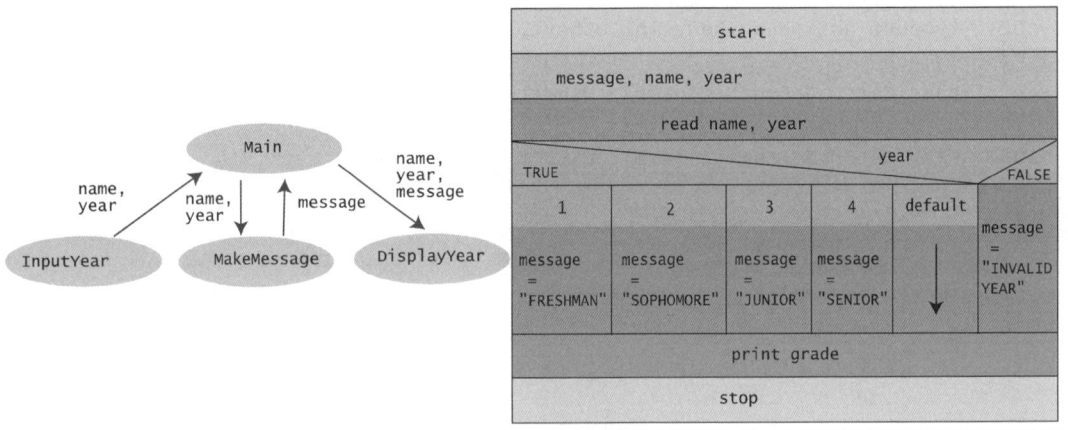

그림 9-23 학년을 입력받아 메시지를 출력하는 알고리듬

[그림 9-23]에서 MakeMessage 모듈에 대해 알고리듬을 보면 여러 개 중에 하나를 선택할 수 있는 선택구조, 즉 다중 선택구조로 구성되어 있다. 이러한 구조를 switch 구조라고 한다. 왜 switch 구조를 일반적인 다중 선택구조를 사용하지 않고 사용하는 것일까? 결론적으로 말하면 논리의 정형화 혹은 표준화와 알고리듬의 간결성을 표현하기 위해서 사용하는 것이다. 알고리듬의 간결성이란 이해하기 쉬운 단순한 구조를 말하는 것이다. 즉 다시 말해서 알고리듬을 이해하기 쉽게 표현하기 위해서 사용한다는 것이다. 과연 그러한지에 대해 알아 보도록 하자. 그래서 [그림 9-23]에서 switch 구조를 [그림 9-24]처럼 일반적인 다중 선택구조로 표현해 보았다.

여기서 정리할 것은 switch 구조는 반드시 일반적인 다중 선택구조로 표현이 가능하다는 것이다. 그러나 일반적인 다중 선택구조는 반드시 switch 구조로 표현되는 것은 아니다. 표현되는 것도 있고 표현되지 않은 것도 있다. 대개는 표현되지 않은 것이 더욱 더 많을 것이다.

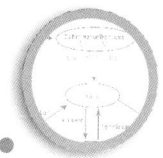

C를 배우면 함수를 잘 만들어야 한다

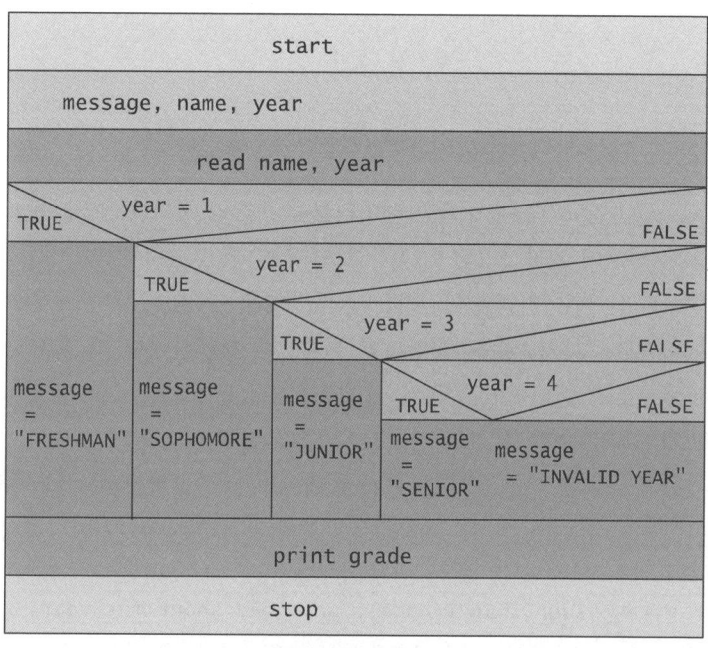

그림 9-24 일반적인 다중 선택구조로 표현된 MakeMessage 모듈

MakeMessage 모듈에 대해서 함수를 만들어보자. 여기서 계속해서 책을 읽어 내려가지 말고, [그림 9-23]과 [그림 9-24]를 보고 직접 MakeMessage() 함수를 C 언어로 코드를 작성해 보자.

함수선언에 대해서는 7장 문자열을 공부할 때 설명했기 때문에 여기서 다시 설명하지 않겠다. [코드 9-20]은 MakeMessage() 함수의 함수 원형이다. 7장을 참고하도록 하자.

```
char* MakeMessage(char (*name), unsigned short int year);
```
코드 9-20 MakeMessage() 함수의 선언

다음은 NS 챠트대로 MakeMessage() 함수를 정의해 보도록 하자. 함수의 선언으로 만들어진 함수 원형을 이용하여 함수의 헤더를 만들어야 한다. 함수 원형을 그대로 적고 문장임을 강조하는 세미콜론을 제거하면 함수의 헤더가 작성된다. 그리고 [그림 9-24]의 NS 챠트에서 모듈의 시작을 의미하는 start 준비기호에 대해 여는 중괄호 그리고 모듈의 끝을 의미하는 stop 준비기호에 대해 닫는 중괄호를 삽입하면 된다. 그렇게 해서 만들어진 부분을 함수의 몸체라고 한다. 함수의 몸체는 최소한 한 개 이상의 문장으로 구성되기 때문, 일반적으로는 복문으로 구성되기 때문에 복문을 나타내기 위해서는 블록을 설정해야 하는데 중괄호를 열고 닫음으로써 블록을 설정한 것이다. 그리고 함수에 대한 블록을 함수 블록이라고도 한다.

```
01 : char* MakeMessage(char (*name), unsigned short int year) /* 함수 머리 */
02 : { // 함수 블록 시작
03 :    /* 함수 몸체 : 복문으로 구성되는 블록 */
04 : } // 함수 블록 끝
```

코드 9-21 MakeMessage() 함수의 몸체

다음은 MakeMessage 알고리듬에 필요한 데이터들을 저장할 수 있는 변수들을 정리한 순차기호에 대해 변수 선언문을 만들어 보자. [그림 9-23]을 보면 입력데이터는 매개변수로 그리고 출력데이터는 1개이므로 지역변수로 선언되어지면 된다. 출력 데이터가 2개 이상인 경우는 매개변수로 선언해야 한다.

따라서 메시지에 대해 지역변수를 선언하면 된다. 변수를 선언할 때 필요한 것은 자료형이다. 메시지는 문자열이므로 C 언어에서는 문자 배열형이거나 문자 배열 포인터형이어야 한다. 여기서는 실제 출력할 값인 메시지는 문자열 상수로 취급되어 정적 데이터 영역에 저장되어 있으므로 message 변수는 실제 출력할 값을 저장할 공간을 확보하는 배열형이 아니라 배열 포인터형이어야 한다. 배열 포인터형을 만드는 절차는 앞에서 공부했기 때문에 여기서는 생략하도록 하겠다.

```
01 : char* MakeMessage(char (*name), unsigned short int year) /* 함수 머리 */
02 : { // 함수 블록 시작
03 :    char (*message) ; // 메세지에 대한 배열 포인터형 변수 선언문
04 : } // 함수 블록 끝
```

코드 9-22 지역변수 선언

```
read name, year
```

그림 9-25 성명과 학년을 입력받는 순차기호

[그림 9-25]는 성명과 학년을 입력받는 순차기호인데, C 언어로 어떻게 코드가 작성되는지 알아보도록 하자. 결론적으로 말하면 함수 호출문장이다. MakeMessage() 함수를 호출하는 함수, 여기서는 main() 함수에서 MakeMessage() 함수를 호출하는 문장을 작성하면 된다.

함수 호출문장은 우선 호출하고자 하는 함수의 원형을 참조해야 한다. [코드 9-20]을 보면 반환형이 명시되어 있으므로 반환형을 갖는 지역변수를 선언한다. 그리고 함수 호출 문장에서 선언된 변수를 항상 왼쪽 값(L-Value)으로 사용한다. 치환연산자를 사용하여 왼쪽에는 지역변수 명칭을 적고 오른쪽은 함수 호출문장을 작성하면 된다. [코드 9-23]에서 05번째 줄을 참고하라. 여기서 기억할 것은 함수 호출문장은 무조건 오른쪽 값(R-Value)임을 명심하자.

매개변수 목록을 보고 매개변수가 몇 개 있는지 그리고 매개변수 각각의 자료형은 무엇인지에 대해 확인해야 한다. 그래서 자료형에 맞는 값들을 설계해야 한다. 값은 상수일 수도 있고 변수일 수도 있고, 심지어 수식일 수도 있다. 따라서 적합한 값에 대한 설계가 필요한 것이다.

변수를 이용하는 경우 특히 매개변수의 자료형이 포인터형인 경우 배열이나 문자열 리터럴 그리

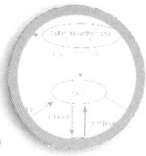

고 포인터형임을 강조하는 구두점인 별표를 없애고 남은 자료형에 대한 변수를 선언해야 한다. 그리고 배열인 경우는 배열 명칭을, 문자열 리터럴인 경우 문자열 리터럴을, 그리고 변수인 경우 주소 연산자를 이용하여 수식으로 값을 설계하면 된다.

[코드 9-23]은 상수로 값을 설계한 경우 함수 호출 문장이다.

```
01 : int main( int argc, char* argv[] ) {
02 :     char (*message) ; // 메세지에 대한 배열 포인터형 변수 선언문
03 :
04 :     // 함수 호출 : 상수로 값 설계한 경우
05 :     message = MakeMessage( "홍길동", 1 );
06 :
07 :     return 0 ;
08 : } // 함수 블록 끝
```

코드 9-23 상수로 설계된 값을 이용한 MakeMessage() 함수 호출

다음은 변수로 값을 설계한 경우 함수 호출 문장을 작성해 보자. 매개변수 목록을 보면 매개변수가 2개가 있다. 따라서 호출하는 함수쪽에 지역변수로 2개를 선언해야 한다. 선언할 때 필요한 자료형은 매개변수의 자료형을 참고하면 된다. 그리고 매개변수 명칭은 그대로 사용하는 것이 가장 효율적일 것이다. 따라서 함수를 선언할 때 매개변수 명칭을 생략하는 경우가 있는데 가독성을 위해서 생략하지 않도록 하라.

name는 문자 배열 포인터이므로 문자 배열을 선언하면 된다. year는 정수형이므로 값의 범위를 분석하여 가장 적합한 조합으로 이루어진 정수형 변수를 선언하면 된다.

```
01 : int main( int argc, char* argv[] ) {
02 :     char (*message) ; // 메세지에 대한 배열 포인터형 변수 선언문
03 :     char name[11] ;    // 문자 배열 선언
04 :     unsigned short int year ; // 정수형 지역 변수 선언
05 :
06 :     // 배열과 변수에 값을 설정 : 초기화, 치환 그리고 입력으로 값을 설정하는 코드 생략
07 :     // 함수 호출 : 변수로 값 설계한 경우
08 :     message = MakeMessage( name, year );
09 :
10 :     return 0 ;
11 : } // 함수 블록 끝
```

코드 9-24 변수로 설계된 값을 이용한 MakeMessage() 함수 호출

다음은 선택구조에 대해서 C 코드로 변환해 보자.

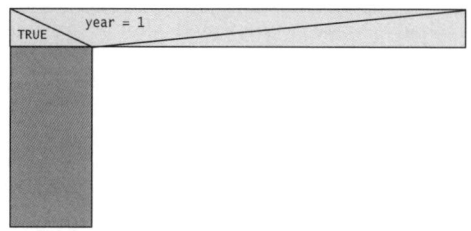

그림 9-26 1학년인지 검사하는 조건식의 결과가 참일 때 선택구조

3. 선택구조(Selection Structure)

```
01 : char* MakeMessage(char (*name), unsigned short int year) /* 함수 머리 */
02 : { // 함수 블록 시작
03 :    char (*message) ; // 메세지에 대한 배열 포인터형 변수 선언문
04 :
05 :    if ( year == 1 ) { // if 블록 시작 : 1과 같으면, 즉 관계식이 참으로 평가되면
06 :    } if 블록 끝
07 : } // 함수 블록 끝
```

코드 9-25 [그림 9-26]의 선택구조에 대한 C 언어 if문

참일 때 처리할 내용이 한 개의 문장일 때는 if 블록을 생략해도 무방하나 가독성과 코드 관리의 효율성을 생각해서 단문이라도 블록을 설정하도록 하자. 메시지를 "FRESHMAN"으로 설정해야 한다. 따라서 [코드 9-26]과 같이 작성되어야 한다.

```
01 : char* MakeMessage(char (*name), unsigned short int year) /* 함수 머리 */
02 : { // 함수 블록 시작
03 :    char (*message) ; // 메세지에 대한 배열 포인터형 변수 선언문
04 :
05 :    if ( year == 1 ) { // if 블록 시작 : 1과 같으면, 즉 관계식이 참으로 평가되면
06 :        message = "FRESHMAN" ;
07 :    } // if 블록 끝
08 : } // 함수 블록 끝
```

코드 9-26 조건식을 평가했을 때 참인 경우 메시지 설정 코드

다음은 1학년인지 검사하는 조건식을 평가했을 때 거짓인 경우 처리를 어떻게 해야 하는지에 대해서 공부해 보도록 하자.

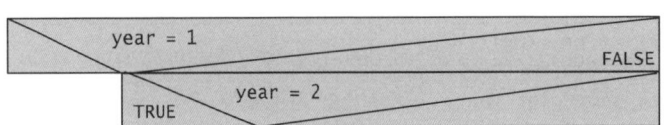

그림 9-27 1학년인지 검사하는 조건식의 결과가 거짓일 때 선택구조

선택구조가 아닌 순차 구조나 반복구조를 처리하는 경우는 else 절을 만들어서 처리하여 if-else 문장을 만들어서 처리하면 된다.

그러나 지금처럼 선택구조일 경우는 else절을 만들고 다시 조건식을 만들기 위해서 if 문을 만들어서 가독성을 높이는 표현으로 [코드 9-27]과 같이 코드를 작성한다.

```
01 : char* MakeMessage(char (*name), unsigned short int year) /* 함수 머리 */
02 : { // 함수 블록 시작
03 :    char (*message) ; // 메세지에 대한 배열 포인터형 변수 선언문
04 :
05 :    if ( year == 1 ) { // if 블록 시작 : 1과 같으면, 즉 관계식이 참으로 평가되면
06 :        message = "FRESHMAN" ;
07 :    } // if 블록 끝
08 :    else if ( year == 2 ) { // if 블록 시작 : 2와 같은지에 대한 if 문
09 :    } // if 블록 끝
10 : } // 함수 블록 끝
```

코드 9-27 [그림 9-27]에서 조건식이 거짓일 때 선택구조

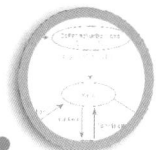

1학년이 아니면 2학년인지를 확인하기 위해서 if 문을 작성할 수 있도록 한다. 이때 else와 if는 각각 키워드이기 때문에 즉 토큰이기 때문에 공백문자를 사용하여 구분되어야 한다. 가끔 띄우지 않고 붙여서 기술하는데 문법적인 오류이다.

[코드 9-27]에서 08번째 줄의 조건식을 평가해서 참이면, 즉 2학년일 때 "SOPHOMORE"라는 메시지로 결정하는 코드를 제어블록에 작성하면 된다.

```
01 : char* MakeMessage(char (*name), unsigned short int year) /* 함수 머리 */
02 : { // 함수 블록 시작
03 :     char (*message) ; // 메세지에 대한 배열 포인터형 변수 선언문
04 :
05 :     if ( year == 1 ) { // if 블록 시작 : 1과 같으면, 즉 관계식이 참으로 평가되면
06 :         message = "FRESHMAN" ;
07 :     } // if 블록 끝
08 :     else if ( year == 2 ) { // if 블록 시작 : 2와 같은지에 대한 if 문
09 :         message = "SOPHOMORE" ;
10 :     } // if 블록 끝
11 : } // 함수 블록 끝
```

코드 9-28 조건식을 평가했을 때 참인 경우 메시지를 설정하는 코드

계속해서 똑같은 방식으로 3학년인지 4학년인지 검사해서 각각의 메시지를 설정하는 코드를 작성하면 된다.

```
01 : char* MakeMessage(char (*name), unsigned short int year) /* 함수 머리 */
02 : { // 함수 블록 시작
03 :     char (*message) ; // 메세지에 대한 배열 포인터형 변수 선언문
04 :
05 :     if ( year == 1 ) { // if 블록 시작 : 1과 같으면, 즉 관계식이 참으로 평가되면
06 :         message = "FRESHMAN" ;
07 :     } // if 블록 끝
08 :     else if ( year == 2 ) { // if 블록 시작 : 2와 같은지에 대한 if 문
09 :         message = "SOPHOMORE" ;
10 :     } // if 블록 끝
11 :     else if ( year == 3 ) { // if 블록 시작 : 3과 같은지에 대한 if 문
12 :         message = "JUNIOR" ;
13 :     } // if 블록 끝
14 :     else if ( year == 4 ) { // if 블록 시작 : 4와 같은지에 대한 if 문
15 :         message = "SENIOR" ;
16 :     } // if 블록 끝
17 : } // 함수 블록 끝
```

코드 9-29 4학년인지에 조건식에 대해 참인 경우까지의 코드

중첩된 구조에서 if와 else 쌍을 지우는 것 자체가 혼란스러웠지만 [코드 9-29]에서 보는 것처럼 else if를 이용하면 if와 else 쌍을 짓는데도 효과적으로 처리할 수 있는 장점을 가진다.

마지막으로 [코드 9-29]에서 14번째 줄에 기술되어져 있는 조건식을 평가했을 때 거짓일 경우 처리에 대해서 어떻게 표현되는지 알아보자.

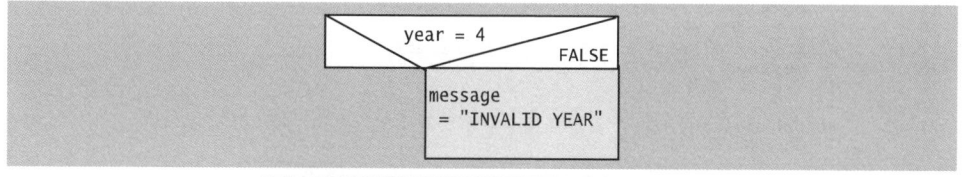

그림 9-28 조건식을 평가했을 때 거짓인 경우 입력 오류에 대한 메시지로 설정

3. 선택구조(Selection Structure)

[그림 9-28]에서처럼 조건식을 평가했을 때 거짓인 경우 입력된 값이 유효하지 않다는 메시지를 설정하는 코드를 작성하기 위해서는 C 언어에서는 else 절을 이용하면 된다. else 절은 단독으로 작성될 수 없고 반드시 if문이 존재해야 하고 if문의 조건식이 거짓일 때 처리할 내용이 있는 경우에 사용된다는 것을 명심하도록 하자. 따라서 if와 else 는 각각 문장이 아니라 하나의 문장으로 생각하는 것이 합리적인 것이다.

```
01 : char* MakeMessage(char (*name), unsigned short int year) /* 함수 머리 */
02 : { // 함수 블록 시작
03 :     char (*message) ; // 메세지에 대한 배열 포인터형 변수 선언문
04 :
05 :     if ( year == 1 ) { // if 블록 시작 : 1과 같으면, 즉 관계식이 참으로 평가되면
06 :         message = "FRESHMAN" ;
07 :     } // if 블록 끝
08 :     else if ( year == 2 ) { // if 블록 시작 : 2와 같은지에 대한 if 문
09 :         message = "SOPHOMORE" ;
10 :     } // if 블록 끝
11 :     else if ( year == 3 ) { // if 블록 시작 : 3과 같은지에 대한 if 문
12 :         message = "JUNIOR" ;
13 :     } // if 블록 끝
14 :     else if ( year == 4 ) { // if 블록 시작 : 4와 같은지에 대한 if 문
15 :         message = "SENIOR" ;
16 :     } // if 블록 끝
17 :     else { // else 블록 시작 : 4와 같지 않은 경우
18 :         message = "INVALID YEAR" ;
19 :     } // else 블록 끝
20 :
21 : } // 함수 블록 끝
```

코드 9-30 1, 2, 3, 4도 아닌 경우 else 절

다음은 [그림 9-24]에서 message를 출력하는 순차기호에 대해 C 언어에서 어떻게 표현되는지 알아보자. 반복해서 계속 설명을 하고 있다. "지겹다"라고 느낄 수 있다. 공부란 이처럼 계속적인 반복으로 인하여 지겨워질 때면 내 것이 되는 것이다. 지겹더라도 계속해서 하자.

함수에서 구한 값을 호출한 함수로 반환하기 위한 제어 이동 문장을 사용하면 된다. 제어 이동 문장은 return 문이다. 호출한 함수로 제어 이동 문장인 return 문을 이용하여 함수의 실행 결과

```
01 : char* MakeMessage(char (*name), unsigned short int year) /* 함수 머리 */
02 : { // 함수 블록 시작
03 :     char (*message) ; // 메세지에 대한 배열 포인터형 변수 선언문
04 :
05 :     if ( year == 1 ) { // if 블록 시작 : 1과 같으면, 즉 관계식이 참으로 평가되면
06 :         message = "FRESHMAN" ;
07 :     } // if 블록 끝
08 :     else if ( year == 2 ) { // if 블록 시작 : 2와 같은지에 대한 if 문
09 :         message = "SOPHOMORE" ;
10 :     } // if 블록 끝
11 :     else if ( year == 3 ) { // if 블록 시작 : 3과 같은지에 대한 if 문
12 :         message = "JUNIOR" ;
13 :     } // if 블록 끝
14 :     else if ( year == 4 ) { // if 블록 시작 : 4와 같은지에 대한 if 문
15 :         message = "SENIOR" ;
16 :     } // if 블록 끝
17 :     else { // else 블록 시작 : 4와 같지 않은 경우
18 :         message = "INVALID YEAR" ;
19 :     } // else 블록 끝
20 :
21 :     return message ; // 결정된 메세지를 반환
22 : } // 함수 블록 끝
```

코드 9-31 정의된 MakeMessage() 함수

값도 반환할 수 있다. 이때 반환할 수 있는 값은 단지 1개이다. [코드 9-31]에서 21번째 줄처럼 코드를 작성하면 MakeMessage() 함수가 정의되는 것이다.

[코드 9-31]은 들여쓰기와 제어블럭을 설정하여 최대한 가독성을 높이도록 작성했다. 이처럼 다중 택일 구조는 if-else if-else 문으로 표현할 수 있지만, 어느 한도 이상으로 많이 중첩하면 문장이 대단히 복잡해져서 이해하기가 힘들어 지는 경우가 생길 때 가독성을 높이고자 특히 등가 비교에 대한 다중 선택구조에 대해 [그림 9-23]에서처럼 NS 챠트와 C 언어에서는 switch 선택구조를 제공하고 있다. 다음은 C 언어의 switch 문장에 대해서 공부해 보도록 하자.

```
switch ( 조건식 ) { // 제어 블록 시작
    case 상수 : 단문 혹은 복문 break;
    ...
    default : 단문 혹은 복문 break;
}
```

그림 9-29 switch 문장의 형식

[그림 9-29]는 switch 문장의 형식이다. 구성 요소별로 하나씩 정리해 보도록 하자.

수식 조건식은 주로 하나의 변수이다. 수식은 반드시 정수형 데이터나 정수형으로 자동 변환되는 자료형의 값을 구할 수 있어야 한다. 즉 수식은 int, unsigned, char, unsigned char, enum 형의 변수 또는 산술 변환 규칙에 의해 정수형의 결과를 가질 수 있는 수식이어야 한다. 물론 형 변환 연산자를 사용할 수도 있더라도, float, double, 문자열 상수, 포인터 등등을 사용해서는 안된다.

case 레이블은 goto 문의 레이블과 마찬가지 역할을 한다. case 레이블 자체는 반드시 문자 상수, 정수 상수 등의 상수 수식(Constant Expression)이어야 하는데, 왜냐 하면 등가 비교이므로 실수는 내부적으로 미소한 오차가 있으므로 등가 비교가 안된다. case 레이블에 변수는 사용할 수 없으며, 또한 부분 범위를 지정하는 것도 불가능하다.

switch 문도 if 문이나 다른 반복문들처럼 중첩될 수 있으나, 원래 case 레이블은 한 switch 문 내부에서는 유일해야 하나 한 switch 문 내부에 중첩되어 있는 switch 문의 case 레이블은 바깥쪽 switch 문의 case 레이블과 중복되어도 무방하다.

맨 마지막에 나오는 break 문은 생략이 가능하지만 관례상 생략하지 않는 것이 좋다. 여기서는 default 절에 있는 break 문이 되는데 생략하지 않도록 하자. 나머지 중간에 존재하는 break 문은 특별한 경우에 한해서 생략하기도 한다.

마지막의 default 문은 필요에 따라 생략이 가능하고, 꼭 마지막에 둘 필요도 없으나, 관례상 마지막에 두는 것이 일반적이다.

실행하다가 break 문을 만나면 즉각 switch 블록을 탈출하나, break 문을 만나지 못하면 다른 case 레이블이 있거나 말거나 계속해서 이어지는 문장들을 실행해 나가다가 결국에 switch 블록의 끝을 의미하는 닫는 중괄호(})에 다다르면 그제서야 그 블록을 벗어나게 되는데, break 문이 없으면 레이블 다음의 모든 문장이 연속적으로 실행되므로 이 경우에 원치 않는 결과가 발생할 수도 있으므로 주의하기 바라며, 따라서 각각의 case 레이블이 나타내는 범위의 끝에는 반드시 break 문을 넣어 두도록 하라.

다시 MakeMessage 모듈로 돌아가서 [그림 9-30]처럼 MakeMessage 모듈의 선택구조를 switch로 구성되었을 때 MakeMessage() 함수를 작성해 보고, 코드를 이해하기 쉬운지를 확인해 보자.

		year			
TRUE					FALSE
1	2	3	4	default	message = "INVALID YEAR"
message = "FRESHMAN"	message = "SOPHOMORE"	message = "JUNIOR"	message = "SENIOR"	↓	

그림 9-30 NS 챠트에서 switch 선택 구조

C 언어에서는 조건식을 평가했을 때 처리 부분에 대해 switch 문에 else 절을 포함시키지 않고 있다. 다시 말해서 switch 문장에서는 참일 때 처리만을 할 수 있고, 거짓일 때 처리는 할 수 없도록 설계되어져서 else 절을 사용할 수 없다. 따라서 C 언어에서 [그림 9-30]에서 FALSE쪽 처리를 정확하기 위해서는 [코드 9-32]와 같이 코드가 작성되어야 한다. 대개는 default에다 부정적인 코드를 추가하는데 개념적으로는 틀린 것임을 명심하도록 하자.

입력되는 값이 1, 2, 3, 4가 아닌 다른 값이면 조건식을 평가했을 때 거짓인 경우 C 언어에서는 else 절을 사용해야 하는데 else 절은 독립적으로 작성되어 수행될 수 없고 반드시 if 문장과 같이 사용되어 if - else는 하나의 문장으로 취급되기 때문에 [코드 9-32]처럼 코드가 작성될 수밖에 없다.

```
01 : char* MakeMessage(char (*name), unsigned short int year) {
02 :     char (*message) ; // 메세지에 대한 배열 포인터형 변수 선언문
03 :
04 :     if ( year >= 1  && y <= 4 ) {
05 :
06 :     }
07 :     else { // else 블록 시작 : 1, 2, 3, 4 중에 하나가 아니면 다른 값이면
08 :         message = "INVALID YEAR" ;
09 :     } // else 블록 끝
10 :
11 :     return message ; // 결정된 메세지를 반환
12 : }
```

코드 9-32 C 언어에서 else 절

다음은 등가 비교의 관계식을 평가했을 때 참인 경우에 대한 처리를 해 보도록 하자.

[코드 9-33]에서 05번째 줄부터 06번째 줄까지처럼 switch 키워드를 적고 조건식을 만들기 위해서 반드시 소괄호를 열고 닫아 삽입을 해야 한다. C 언어에서는 반복문이나 선택문에 사용되는 조건식을 작성하기 위해서는 반드시 소괄호를 사용해야 한다. 소괄호안에 수식 조건식을 작성하면 된다. 그리고 중괄호를 열고 닫아 제어 블록을 설정한다. 수식 조건식은 주로 하나의 변수인데 여기서는 학년 year이다. 이때 변수의 자료형은 정수형이어야 하고, C 언어에서는 char형도 정수형의 또 다른 유형이기 때문에 가능하다. year의 자료형은 unsigned short int이다.

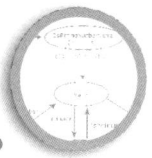

```
01 : char* MakeMessage(char (*name), unsigned short int year) {
02 :     char (*message) ; // 메세지에 대한 배열 포인터형 변수 선언문
03 :
04 :     if ( year >= 1  && y <= 4 ) {
05 :         switch( year ) { // switch 제어 블록 시작
06 :         } // switch 제어 블록 끝
07 :
08 :     }
09 :     else { // else 블록 시작 : 1, 2, 3, 4 중에 하나가 아니면 다른 값이면
10 :         message = "INVALID YEAR" ;
11 :     } // else 블록 끝
12 :
13 :     return message ; // 결정된 메세지를 반환
14 : }
```

코드 9-33 C 언어의 switch 문장

다음은 경우에 따라 어떻게 처리하는지에 대해 알아보도록 하자. [그림 9-30]에서 가장 왼쪽 블록인 year가 1과 같은 경우 어떻게 처리될까?

[코드 9-34]에서 06번째 줄처럼 조건식 블록에 대해 case 키워드를 적고 상수 수식으로 1을 적고 콜론(:)을 찍어 레이블을 작성해야 한다. 레이블에는 변수를 절대 사용할 수 없다는 것도 기억하자.

```
01 : char* MakeMessage(char (*name), unsigned short int year) {
02 :     char (*message) ; // 메세지에 대한 배열 포인터형 변수 선언문
03 :
04 :     if ( year >= 1  && y <= 4 ) {
05 :         switch( year ) { // switch 제어 블록 시작
06 :             case 1: // year가 1과 같으면
07 :         } // switch 제어 블록 끝
08 :
09 :     }
10 :     else { // else 블록 시작 : 1, 2, 3, 4 중에 하나가 아니면 다른 값이면
11 :         message = "INVALID YEAR" ;
12 :     } // else 블록 끝
13 :
14 :     return message ; // 결정된 메세지를 반환
15 : }
```

코드 9-34 C 언어의 case 문

다음은 year가 1과 같으면 처리를 해야 하는데 복문이 경우는 반드시 중괄호를 열고 닫음으로써 제어블록을 설정해야 한다. [그림 9-30]인 경우 하나의 문장만 처리하면 된다. 단문인 경우는 제어블록을 설정할 필요가 없다.

```
01 : char* MakeMessage(char (*name), unsigned short int year) {
02 :     char (*message) ; // 메세지에 대한 배열 포인터형 변수 선언문
03 :
04 :     if ( year >= 1  && y <= 4 ) {
05 :         switch( year ) { // switch 제어 블록 시작
06 :             case 1: message = "FRESHMAN" ; // year가 1과 같으면
07 :         } // switch 제어 블록 끝
08 :
09 :     }
10 :     else { // else 블록 시작 : 1, 2, 3, 4 중에 하나가 아니면 다른 값이면
11 :         message = "INVALID YEAR" ;
12 :     } // else 블록 끝
13 :
14 :     return message ; // 결정된 메세지를 반환
15 : }
```

코드 9-35 year가 1일 때 "FRESHMAN" 메세지를 설정하는 코드

다음은 [그림 9-23]에서 보는 것처럼 결정된 메시지를 출력하는 코드로 제어가 이동되어야 한다. 따라서 이 시점에서 switch 제어블록으로부터 실행 제어가 벗어나도록 해야 한다. 즉 함수 블록을 벗어날 때는 return 문장을 이용하는 것처럼 for, while 그리고 switch 제어블록을 벗어나고자 할 때 사용되는 문장이 제공되어야 한다. 이것이 break 문장이다. [코드 9-36]에서 06번째 줄과 같이 키워드 break 를 적고 세미콜론을 찍어 문장임을 강조하도록만 작성하면 된다.

```
01 : char* MakeMessage(char (*name), unsigned short int year) {
02 :     char (*message) ; // 메시지에 대한 배열 포인터형 변수 선언문
03 :
04 :     if ( year >= 1 && y <= 4 ) {
05 :        switch( year ) { // switch 제어 블록 시작
06 :           case 1: message = "FRESHMAN" ; break ; // year가 1과 같으면
07 :        } // switch 제어 블록 끝
08 :
09 :     }
10 :     else { // else 블록 시작 : 1, 2, 3, 4 중에 하나가 아니면 다른 값이면
11 :        message = "INVALID YEAR" ;
12 :     } // else 블록 끝
13 :
14 :     return message ; // 결정된 메시지를 반환
15 : }
```

코드 9-36 C 언어의 break 문

2학년, 3학년, 4학년일 때 위에서 설명한 대로 같이 [코드 9-37]과 같이 작성되면 된다.

```
01 : char* MakeMessage(char (*name), unsigned short int year) {
02 :     char (*message) ; // 메시지에 대한 배열 포인터형 변수 선언문
03 :
04 :     if ( year >= 1 && y <= 4 ) {
05 :        switch( year ) { // switch 제어 블록 시작
06 :           case 1: message = "FRESHMAN" ; break ; // year가 1과 같으면
07 :           case 2: message = "SOPHOMORE" ; break ; // year가 2와 같으면
08 :           case 3: message = "JUNIOR" ; break ; // year가 3와 같으면
09 :           case 4: message = "SENIOR" ; break ; // year가 4와 같으면
10 :        } // switch 제어 블록 끝
11 :
12 :     }
13 :     else { // else 블록 시작 : 1, 2, 3, 4 중에 하나가 아니면 다른 값이면
14 :        message = "INVALID YEAR" ;
15 :     } // else 블록 끝
16 :
17 :     return message ; // 결정된 메시지를 반환
18 : }
```

코드 9-37 MakeMessage() 함수의 switch-case 문장

[코드 9-38]과 같이 06번째 줄부터 08 번째 줄에서 break 문장들이 실수로 생략되었다면 입력되는 학년이 1, 2, 3, 4중에서 어떠한 값이 들어오든지 간에 "SENIOR" 메시지가 출력되게 된다.

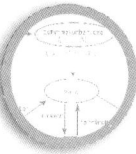

```
01 :    char* MakeMessage(char (*name), unsigned short int year) {
02 :        char (*message) ; // 메세지에 대한 배열 포인터형 변수 선언문
03 :
04 :        if ( year >= 1  && y <= 4 ) {
05 :            switch( year ) { // switch 제어 블록 시작
06 :                case 1: message = "FRESHMAN" ;      // year가 1과 같으면
07 :                case 2: message = "SOPHOMORE" ;     // year가 2와 같으면
08 :                case 3: message = "JUNIOR" ;        // year가 3과 같으면
09 :                case 4: message = "SENIOR" ; break ; // year가 4와 같으면
10 :            } // switch 제어 블록 끝
11 :
12 :        }
13 :        else { // else 블록 시작 : 1, 2, 3, 4 중에 하나가 아니면 다른 값이면
14 :            message = "INVALID YEAR" ;
15 :        } // else 블록 끝
16 :
17 :        return message ; // 결정된 메세지를 반환
18 :    }
```

코드 9-38 case에 대해 break 문장이 생략되는 경우

기본적으로 컴퓨터의 처리 순서는 위쪽에서 아래쪽으로 그리고 왼쪽에서 오른쪽으로 진행된다. 이러한 제어구조를 순차구조라고 한다. 예를 들어 year의 값이 1인 경우를 생각해 보자. 04번째 줄에서 1보다 크거나 같은지에 대한 관계식이 참이고 4보다 작거나 같은지에 대한 관계식도 참이므로 논리곱에 대한 논리식의 결과도 참이 된다. 따라서 if 문장에서 조건식이 참이므로 05번째 줄로 제어가 이동된다. switch 수식과 06번째 case의 상수 1을 가지고 같은지에 대한 관계식을 평가하게 된다. 평가된 결과는 참이다. 따라서 오른쪽 치환문장이 실행되어 "FRESHMAN"이란 메시지를 결정하게 된다. 그리고 switch 제어블록을 벗어나야 하는데 break 문장이 없으므로 벗어날 수 없다. 그래서 아래쪽으로 이동되면서 05번째 줄에서 이미 조건식에 대해 평가가 이루어졌기 때문에 case 문장들은 무시하고 치환문장만을 실행시켜서 메시지가 계속해서 "SOPHOMORE", "JUNIOR", "SENIOR" 순서대로 메시지가 결정되게 된다. 그리고 break 문장을 만나서 switch 블록을 벗어나면 1이 입력되었지만 틀린 메시지 "SENIOR"가 출력되는 것이다.

```
01 :    char* MakeMessage(char (*name), unsigned short int year) {
02 :        char (*message) ; // 메세지에 대한 배열 포인터형 변수 선언문
03 :
04 :        if ( year >= 1  && y <= 4 ) {
05 :            switch( year ) { // switch 제어 블록 시작
06 :                case 1:                             // year가 1과 같으면
07 :                case 2:                             // year가 2와 같으면
08 :                case 3:                             // year가 3과 같으면
09 :                case 4: message = "VALID YEAR" ; break ; // year가 4와 같으면
10 :            } // switch 제어 블록 끝
11 :
12 :        }
13 :        else { // else 블록 시작 : 1, 2, 3, 4 중에 하나가 아니면 다른 값이면
14 :            message = "INVALID YEAR" ;
15 :        } // else 블록 끝
16 :
17 :        return message ; // 결정된 메세지를 반환
18 :    }
```

코드 9-39 break 문장을 생략할 수 있는 경우

따라서 일반적으로 case 문장에 대해서 break 문장을 하나씩 대응시켜야 한다는 것도 기억해 두자. 그렇지만 문제가 1, 2, 3, 4가 입력되면 "VALID YEAR"라는 동일한 메시지를 출력하도록 바꾼다면 [코드 9-39]와 같이 06번째 줄에서 08번째 줄까지는 case 문들만 기술하고 마지막 09번째 줄에서처럼 동일한 메시지를 설정하는 코드를 만드는 경우에는 break 문장을 생략할 수 있다.

이러한 경우 레이블에 대해 범위를 설정하도록 하는 방법이 있으면 더욱더 효율적인 것처럼 보이지만 그러한 기능을 C 언어에서는 제공하지 않는다. 예를 들어 [코드 9-40]과 같은 코드는 합당하지 않다는 것이다.

```
01 : char* MakeMessage(char (*name), unsigned short int year) {
02 :     char (*message) ; // 메세지에 대한 배열 포인터형 변수 선언문
03 :
04 :     if ( year >= 1  && y <= 4 ) {
05 :         switch( year ) { // switch 제어 블록 시작
06 :             case 1, 2, 3, 4: message = "VALID YEAR" ; break ;
07 :         } // switch 제어 블록 끝
08 :
09 :     }
10 :     else { // else 블록 시작 : 1, 2, 3, 4 중에 하나가 아니면 다른 값이면
11 :         message = "INVALID YEAR" ;
12 :     } // else 블록 끝
13 :
14 :     return message ; // 결정된 메세지를 반환
15 : }
```

코드 9-40 부분 범위 개념을 적용한 합당치 못한 코드

그리고 [코드 9-39]에서 09번째 줄은 마지막 case로써 이후에 case가 없기 때문에 break 문장이 없어도 switch 제어블록을 벗어나기 때문에 실행에는 문제가 없다. 따라서 마지막 break 문장을 생략하는 경우가 있는데 좋지 않은 생각이므로 관례상 생략하지 않도록 하자.

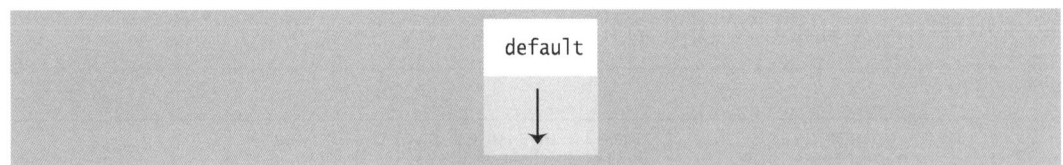

그림 9-31 외부에서 주어지는 조건에 따른 처리가 아닌 시스템적인 처리

시스템에 위한 기본적인 처리가 없는 경우 [코드 9-39]와 같이 default 문장은 생략해도 되지만, 관습적으로 생략하지 않고 [코드 9-41]과 같이 코드를 작성하는 것이 좋은 코딩 방법이다. 왜냐하면 세상일이란 어떻게 변할지 모르는 것 아닌가? 개발하는 도중에 시스템적으로 처리해야 하는 내용이 추가된다면 10번째 줄에 default 문장과 break 문장사이에 기술하면 될 것이기 때문에 유비무환이라고 했지 않는가? 준비를 해둔다는 개념으로 생각하면 좋을 것이다.

또한 default문장은 어디에 위치해도 상관없지만 관습적으로 가장 마지막에 기술한다. 따라서 또한 break 문장을 생략하는 코드를 많이 작성하는데 생략하지 않도록 하자.

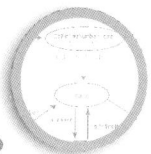

```
01 : char* MakeMessage(char (*name), unsigned short int year) {
02 :     char (*message) ; // 메세지에 대한 배열 포인터형 변수 선언문
03 :
04 :     if ( year >= 1  && y <= 4 ) {
05 :        switch( year ) { // switch 제어 블록 시작
06 :           case 1: message = "FRESHMAN" ; break ; // year가 1과 같으면
07 :           case 2: message = "SOPHOMORE" ; break ; // year가 2와 같으면
08 :           case 3: message = "JUNIOR" ; break ; // year가 3와 같으면
09 :           case 4: message = "SENIOR" ; break ; // year가 4와 같으면
10 :           default: break; // 기본적인 처리
11 :        } // switch 제어 블록 끝
12 :
13 :     }
14 :     else { // else 블록 시작 : 1, 2, 3, 4 중에 하나가 아니면 다른 값이면
15 :        message = "INVALID YEAR" ;
16 :     } // else 블록 끝
17 :
18 :     return message ; // 결정된 메세지를 반환
19 : }
```

코드 9-41 default 처리

이렇게 해서 switch 문장과 case 문장으로 선택구조에 대해 C 언어로 코드를 작성해 보았다. [코드 9-31]과 [코드 9-41]을 비교해 보고, 어느 것이 이해하기 쉬운지 여러분이 스스로 평가해 보도록 하자.

4. 반복구조

1) while 반복문장

다음은 while 반복문에 대해서 자세히 공부해 보도록 하자. while 반복문은 개념적으로 반복할 횟수가 정해져 있지 않을 때 사용되는 반복문이다. 즉 [그림 9-32]에서 2부터 입력받은 수까지 반복해야 한다. 입력받은 수가 얼마인지에 따라 반복횟수가 정해지는 것이다. 이러한 경우는 반복횟수가 정해지지 않았다라고 한다. 또한 나머지를 구하는 반복구조에서도 정해진 수에 따라서 **빼어지는** 횟수가 다르다. 따라서 입력받은 수가 소수인지 판단하는 알고리듬에서 사용되는 반복구조는 반복횟수가 알고리듬 설계 시 정해지는 것이 아니라 실행 시에 반복횟수가 정해지는 경우로 반복횟수가 정해지지 않았다라고 한다. 이러한 경우는 개념적으로 while 반복구조를 사용하고 설계 시에 이미 반복횟수가 정해지는 경우는 for 반복구조를 사용하도록 한다.

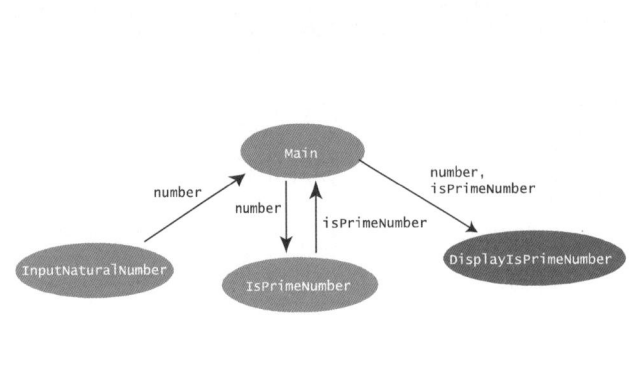
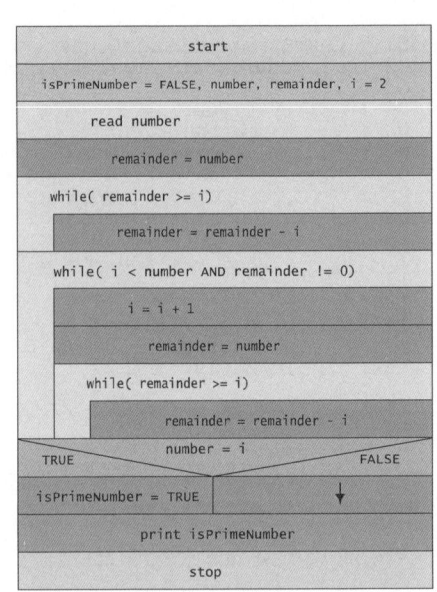

그림 9-32 입력받은 수가 소수인지 판단하는 알고리듬

입력받은 수가 소수인지 판단하는 알고리듬을 가지고 while 반복문에 대해서 공부해 보도록 하자. [그림 9-32]에서 IsPrimeNumber 모듈에 대해 C 코드로 작성해 보자. 시스템 챠트에서 모듈 하나는 C 언어에서는 논리적 모듈인 함수 하나로 작성되면 된다. 따라서 IsPrimeNumber 모듈은 IsPrimeNumber() 함수로 작성되어야 한다. 함수도 마찬가지로 선언하고 정의하여야 한다. 그렇게 선언과 정의가 된 후에 실제 사용할 수 있다. 함수를 사용한다는 것을 "함수를 호출한다"라고 한다.

그러면 선언, 정의 그리고 호출하는 순서, 즉 함수를 만들어 사용하는 절차에 따라 차례대로 IsPrimeNumber() 함수를 선언해 보자.

함수의 반환형을 먼저 결정해야 한다. 반환형은 함수가 실행하여 구해서 함수를 호출한 함수로 반환하는 하나의 값에 대한 자료형이다. 따라서 함수의 출력 데이터가 1개인 경우에는 출력하고자 하는 데이터의 자료형으로 결정하면 되고, 두 개 이상이거나 출력하고자 하는 값이 없는 경우 자료형을 생략할 수 없기 때문에 키워드 void를 사용하여야 한다. IsPrimeNumber() 함수에서 반환되어져야 하는 출력 데이터가 1개 존재한다. 따라서 출력 데이터인 isPrimeNumber의 자료형을 결정하면 된다. isPrimeNumber의 자료형은 논리형이다. C 언어에서는 논리형을 기본적으로 제공하지 않고, 0을 논리적인 거짓으로 간주하고 0이 아닌 모든 수를 논리적인 참으로 간주한다. 따라서 정수형을 결정하면 될 것 같다. 그러나 이러한 코딩 방법은 매우 유치한 것이다. 왜냐 하면 C 언어에서는 개발자가 필요하다면 자료형을 만들어서 사용할 수 있는 기능을 제공한다. 이렇게 개발자에 의해서 만들어 져서 사용되는 자료형을 컴파일러에 의해서 제공되는 내장형 자료형(Built-in Data Type)이란 개념과 대비되게 사용자 정의 자료형(User Defined Data Type)이라 한다. 특히 참과 거짓만을 가지는 자료형에 대해서는 가독성을 높일 수 있도록 열거형 상수 개념도 제공한다. 따라서 [코드

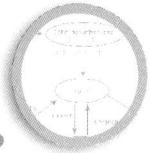

9-42]와 같이 사용자 정의 자료형을 만들어서 사용하도록 하자.

```
typedef enum _boolean { FALSE = 0, TRUE = 1 } Boolean;
              ↑                 ↑                    ↑
          태그 명칭          열거형 상수          사용자 정의 자료형
```

코드 9-42 열거형 태그를 이용한 사용자 정의 자료형 선언

입력 데이터는 1개이다. 따라서 매개변수로 선언하면 된다. 매개변수로 선언할 때 자료형이 필요하다. 1보다 큰 양의 정수이어야 한다. 따라서 unsigned long int로 자료형을 결정해야 한다.

선언할 때 매개변수의 명칭을 생략하더라도 문법적인 오류는 발생하지 않는다. 그래서 아주 오랜된 C 언어 책들에는 명칭을 생략한 코드들을 빈번히 볼 수 있을 것이다. 그러나 명칭을 생략하면 어떠한 값인지에 대한 의미를 알 수 없기 때문에 코드를 이해하는 것이 어렵다. 특히 함수를 작성한 개발자가 아닌 작성된 함수를 사용하는 개발자인 경우 명확하게 어떠한 값을 매개변수로 사용해야 하는지에 대해 모를 것이다. 따라서 앞으로는 함수를 선언할 때 매개변수의 명칭을 절대 생략하지 말고 의미하게 명칭을 제대로 부여하도록 하자.

```
01 : typedef enum _boolean { FALSE = 0 , TRUE = 1 } Boolean;  // 논리형 선언
02 :
03 : Boolean IsPrimeNumber(unsigned long int number);  // 함수 선언
```

코드 9-43 IsPrimeNumber() 함수 선언

[그림 9-32]와 같이 NS Chart로 산술 및 논리 모듈인 IsPrimeNumber의 제어논리가 정리되었기 때문에, 이제 IsPrimeNumber() 함수를 정의해 보도록 하자.

```
start

stop
```

그림 9-33 NS Chart 모듈의 시작과 끝

함수 원형을 이용하여 함수의 머리를 작성하고, start, stop 각각은 함수 몸체의 시작과 끝을 나타내고 있다. 따라서 중괄호를 열고, 중괄호를 닫는 표현을 하여 함수 블록을 설정하면 된다.

```
01 : Boolean IsPrimeNumber(unsigned long int number) {
02 : }
```

코드 9-44 IsPrimeNumber() 함수 블록 표현

```
isPrimeNumber = FALSE, number, remainder, i = 2
```

그림 9-34 NS Chart의 변수 선언 순차 기호

다음은 start 기호 바로 밑에 있는 변수 선언 기호에 대해서 C 언어로 구현해 보자. 변수 선언을 하기 위해서는 자료형에 대한 정리가 되어야 한다. 이때 자료 명세서를 이용하게 되는데, [표 9-1]을 참고하여 C 언어에서 사용되는 자료형을 정리하면 다음과 같다.

표 9-1 C 언어의 자료형

번호	명칭		자료유형	C 자료형
	한글	영문		
1	소수 여부	isPrimeNumber	논리	Boolean
2	수	number	정수	unsigned long int
3	나머지	remainder	정수	unsigned long int
4	반복제어변수	i	정수	unsigned long int

C 언어에서는 논리형에 대해 제공되는 자료형 키워드가 없기 때문에 앞에서 언급한 것처럼 열거형 태그를 이용한 사용자 정의 자료형을 만들어서 사용한다. 정수형은 앞에서 언급한 것처럼 unsigned long int로 결정하자.

변수를 지역변수로 선언하는 경우 선언 위치는 항상 블록의 선두이므로 여는 중괄호의 바로 아래 줄부터 변수 선언문장을 작성하면 되는데 [그림 9-35]와 같은 형식에 따라야 한다.

```
자료형  변수명칭[ = 초기값];
```

그림 9-35 변수 선언 및 초기화

```
01 : Boolean IsPrimeNumber(unsigned long int number) {
02 :     Boolean isPrimeNumber = FALSE;
03 :     unsigned long int remainder;
04 :     unsigned long int i = 2;
05 : }
```

코드 9-45 지역변수들의 선언, 정의 그리고 초기화

number는 입력 데이터이므로 매개변수, 다른 데이터들은 지역변수들로 선언 및 정의되어야 한다.

```
read number
```

그림 9-36 NS Chart의 입력 순차 기호

NS Chart에서 입력에 대한 표현이다. 키워드 read를 사용하고, 입력받는 데이터 개수만큼 쉼표로 구분하여 나열하면 된다. C 로 구현하면 함수 호출 문장으로 표현되는데, IsPrimeNumber() 함수를 호출하는 main() 함수에서 [코드 9-46]과 같이 표현되면 된다.

출력 데이터가 있으므로 main() 함수에 출력 데이터를 저장할 변수를 선언해야 한다. 물론 출력 데이터를 저장할 필요가 없는 경우 생략해도 무방하다. 출력 데이터를 저장할 변수를 왼쪽 값(L-Value)으로 해서 치환식을 완성하면 되는데 이때 함수 호출식은 항상 오른쪽 값(R-Value)으로 표현되어야 한다. 이때 입력 데이터, 즉 매개변수는 상수, 변수 그리고 수식 중 어느 하나로 설계되면 된다. 여기서는 InputNaturalNumber()에 의해서 입력되어 저장된 값을 사용할 수 있도록 변수로 설계하고, 함수명칭, 소괄호 그리고 소괄호안에 변수명칭을 적어 함수 호출식을 완성하고 마지막으로 세미콜론을 찍어 문장을 완성하면 된다.

```
01 : typedef enum _boolean { FALSE = 0 , TRUE = 1 } Boolean;
02 :
03 : unsigned long int InputNaturalNumber();
04 : Boolean IsPrimeNumber(unsigned long int number);
05 :
06 : int main(int argc, char* argv[]) {
07 :     unsigned long int number;
08 :     Boolean isPrimeNumber;
09 :
10 :     number = InputNaturalNumber() ;
11 :     isPrimeNumber = IsPrimeNumber( number ) ;
12 :
13 :     return 0;
14 : }
15 :
16 : unsigned long int InputNaturalNumber() {
17 :     return 2;
18 : }
19 :
20 : Boolean IsPrimeNumber(unsigned long int number) {
21 :     return TRUE;
22 : }
```

코드 9-46 IsPrimeNumber() 함수 호출

[코드 9-46]에서 11번째 줄이 입력에 대한 표현으로 C 언어로 작성된 코드이다. 함수 호출문장이라고 한다. 다음은 나머지를 구하는 반복구조에 대해서 C 언어로 코드를 작성해 보자. 입력된 수에 따라 반복횟수가 결정된다. 예를 들어 입력된 수, 즉 number에 저장된 수가 2, 3이면 1회 반복하고 4, 5이면 2회, 그리고 6, 7이면 3회로 실행 시에 반복횟수가 정해지는 경우 C 언어에서는 while 반복문을 사용하면 된다.

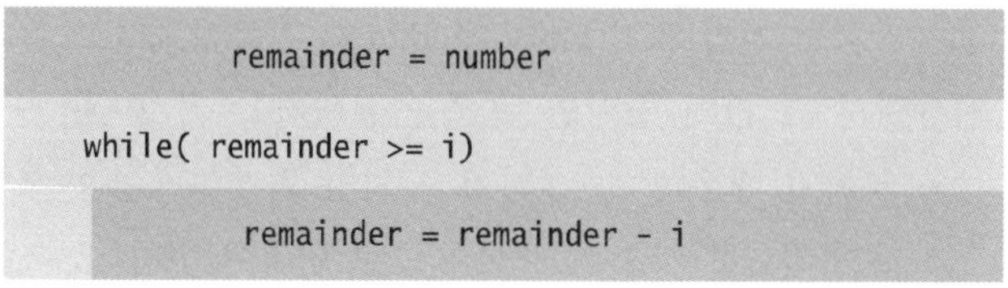

```
            remainder = number
while( remainder >= i)
            remainder = remainder - i
```

그림9-37 나머지를 구하는 반복구조

개념적으로 반복구조는 3개의 식으로 구성된다. 첫 번째 식은 반복제어변수에 초기값을 설정하는 초기식이고, 두 번째 식은 반복을 계속할지 말지를 결정하는 조건식 그리고 마지막으로 반복제어변수의 값을 변경하는 변경식으로 구성된다. 나열되는 순서도 초기식, 조건식 그리고 변경식이어야 한다. 변경식은 반복 제어블록내부에서 반복해야 하는 내용들에서 가장 마지막으로 처리되어야 하는 내용이어야 한다. 반복제어 변수로 사용된 remainder에 대해 초기값을 주는 표현인 치환문장부터 구현해 보도록 하자.

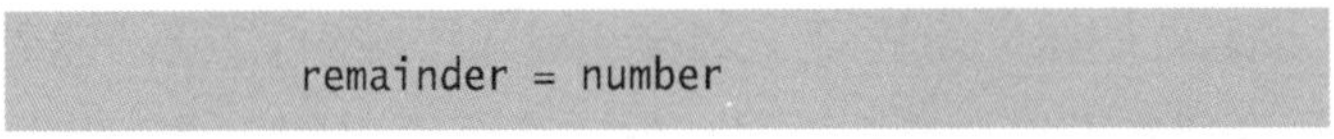

```
remainder = number
```

그림 9-38 반복구조의 초기식에 대한 순차기호

C 언어로 구현하면 치환문장 혹은 대입문장으로 [코드 9-47]에서 06번째 줄처럼 구현된다. C 언어에서는 문장을 나타내기 위해서는 반드시 줄의 마지막에는 세미콜론(;)을 찍어야 한다는 것을 명심하도록 하자.

```
01 : Boolean IsPrimeNumber(unsigned long int number) {
02 :     Boolean isPrimeNumber = FALSE;
03 :     unsigned long int remainder;
04 :     unsigned long int i = 2;
05 :
06 :     remainder = number;
07 : }
```

코드 9-47 나머지를 구하는 반복구조의 초기식에 대한 치환문

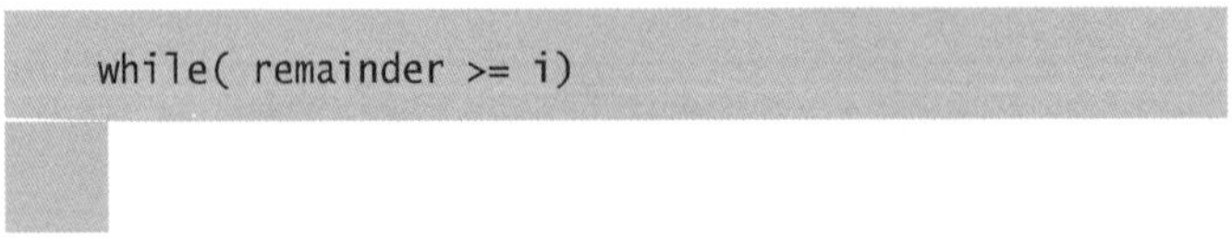

```
while( remainder >= i)
```

그림 9-39 반복구조의 조건식에 대한 반복기호

[그림 9-39]는 반복횟수가 정해지지 않은 while 반복 구조에 대한 표현이다. C 언어에서도 while 반복문장을 제공하고 [그림 9-40]과 같은 형식을 갖는다. 조건식을 평가해서 참이면 제어블록에 기술된 단문 혹은 복문을 수행하고, 거짓이면 제어블록을 벗어나 반복을 끝내게 된다. 이러한 구조를 선검사 반복구조 다른 말로는 진입 조건(Entry condition) 반복구조라고 한다. 반복구조의 맨 선두에 조건식을 두고 검사해서 그 값이 참이면 반복을 실행하고 거짓이면 반복 탈출하는 것으로 실행에 앞서 먼저 조건을 따지기 때문에 그 결과가 어쩌다 거짓이라면 반복은 한 번도 실행되지 않는 경우도 발생한다. while 키워드를 적고 소괄호를 열고 닫아야 한다. 소괄호안에 조건식을 기술하고 단문인 경우는 생략이 가능하나 가독성과 코드 관리를 위해서 제어블록을 설정하고 제어블록

내부에 문장들을 기술하도록 하면 된다. 문장들에서 조건식에 사용된 반복제어변수에 저장된 값을 바꾸는 변경식은 가장 마지막에 처리하도록 하자.

```
while ( 조건식 ) {
        단문 혹은 복문
}
```

그림 9-40 while 반복문장의 형식

따라서 [그림 9-39]는 [코드 9-48]에서 07-08 번째 줄들처럼 표현된다.

```
01 : Boolean IsPrimeNumber(unsigned long int number) {
02 :     Boolean isPrimeNumber = FALSE;
03 :     unsigned long int remainder;
04 :     unsigned long int i = 2;
05 :
06 :     remainder = number;
07 :     while(remainder >= i) {
08 :     }
09 : }
```

코드 9-48 나머지를 구하는 반복구조의 조건식과 반복 제어블럭 표현

제어블록을 이용하면 덤으로 오류를 사전에 방지할 수 있다. 대개는 C 언어를 처음 배우는 사람들은 문장은 반드시 마지막 세미콜론을 찍어야 한다는 것을 강조해서 배운다. 그래서 while문장도 문장이므로 [코드 9-49]와 같은 코드를 작성하는 경우가 있다.

```
01 : Boolean IsPrimeNumber(unsigned long int number) {
02 :     Boolean isPrimeNumber = FALSE;
03 :     unsigned long int remainder;
04 :     unsigned long int i = 2;
05 :
06 :     remainder = number;
07 :     while(remainder >= i) ;
08 :         remainder = remainder - i;
09 : }
```

코드 9-49 널 문장으로 무한 반복하는 코드

[코드 9-49]에서 07번째 줄을 보면 while 반목문의 조건식 뒤에 세미콜론이 기술되어 있다. 앞에서 단순히 문장임을 강조하다가 제어블록을 생략하다보면 실수로 이러한 코드를 작성하는 것은 C 언어를 처음 배우는 사람에게 발생할 수 있는 경우이다. 그러나 결과는 처참하다. 이때 세미콜론은 널 문장(Null Statement)을 나타내는 것으로 처리하는 일은 없지만 반복해서 처리해야 하는 문장으로 인식되어 계속해서 반복을 하는 상태가 될 것이다. 08번째 줄이 전혀 실행되지 않는 상태가 된다는 것이다. remainder에 저장된 값이 바뀌지 않아 조건식은 항상 참이 될 것이다. 따라서 무한 반복이 일어나게 된다.

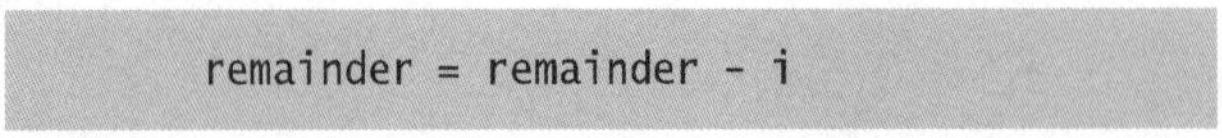

```
                    remainder = remainder - i
```

그림 9-41 반복구조의 변경식에 대한 순차기호

제어블록내부에서는 조건식을 평가해서 참일 때 처리되어야 되는 내용들로 단문 혹은 복문을 기술하면 된다. 여기서는 단문이기 때문에 제어블록을 생략해도 되나 항상 언급하지만 가독성과 코드 관리를 위해 단문이라도 제어블록을 설정하도록 하자. [그림 9-41]과 같이 반복구조에 작도되어 있는 순차기호에 대해서는 [코드 9-50]에서 08번째 줄처럼 구현되면 된다.

```
01 : Boolean IsPrimeNumber(unsigned long int number) {
02 :     Boolean isPrimeNumber = FALSE;
03 :     unsigned long int remainder;
04 :     unsigned long int i = 2;
05 :
06 :     remainder = number;
07 :     while(remainder >= i) {
08 :         remainder = remainder - i;
09 :     }
10 : }
```

코드 9-50 나머지를 구하는 반복구조의 변경식에 대한 누적문장

반복문에 사용되는 조건식은 반드시 while 키워드 다음에 소괄호안에 기술되어져야 하고, 조건식은 관계식과 논리식으로 구성된다. 조건식은 반드시 오른쪽 값(R-Value)임을 기억하도록 하자. [그림 9-42]는 나누어떨어지지 않은 동안 반복하는 반복구조이다. C 언어로 코드를 작성해 보자.

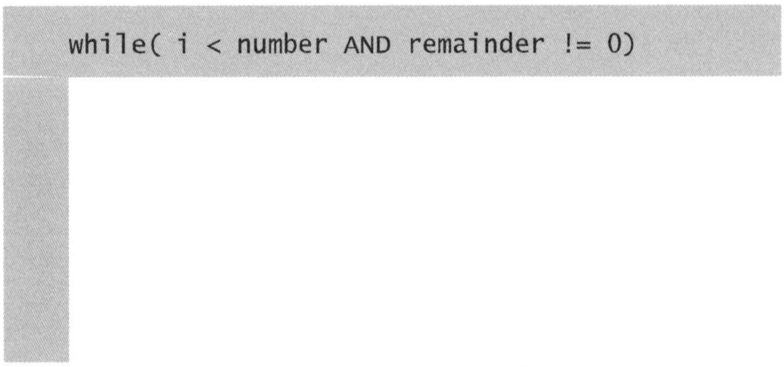

```
                while( i < number AND remainder != 0)
```

그림 9-42 소수인지 아닌지를 판단하는 반복구조의 조건식을 표현하는 반복기호

while 키워드를 적고 소괄호를 열고 조건식을 작성하고 소괄호를 닫고 단문이 아니라 복문이므로 제어블록을 설정해야 한다. AND는 C 언어의 논리곱 연산자(&&)로 바꾸어서 코드를 작성해야 한다. 조건식은 관계식과 논리식으로 구성되는데 여기서는 3개의 식이 사용된다. i< number 관계식과 remainder != 0 관계식 그리고 && 논리식이다.

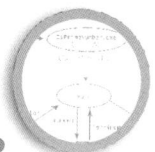

```
01 : Boolean IsPrimeNumber(unsigned long int number) {
02 :     Boolean isPrimeNumber = FALSE;
03 :     unsigned long int remainder;
04 :     unsigned long int i = 2;
05 :
06 :     remainder = number;
07 :     while(remainder >= i) {
08 :         remainder = remainder - i;
09 :     }
10 :
11 :     while(i < number && remainder != 0) {
12 :     }
13 : }
```

코드 9-51 나누어떨어지는지 검사하는 반복구조에 대한 조건식과 반복 제어블록 표현

조건식을 평가해서 참일 때 처리할 내용들을 제어블록내부에 문장들로 기술하면 된다.

$$i = i + 1$$

그림 9-43 반복구조내의 "수를 센다"에 대한 순차기호

[그림 9-43]과 같이 수를 세는 순차 기호에 대해서는 [코드 9-52]에서 11번째 줄처럼 구현된다.

```
01 : Boolean IsPrimeNumber(unsigned long int number) {
02 :     Boolean isPrimeNumber = FALSE;
03 :     unsigned long int remainder;
04 :     unsigned long int i = 2;
05 :
06 :     remainder = number;
07 :     while(remainder >= i) {
08 :         remainder = remainder - i;
09 :     }
10 :
11 :     while(i < number && remainder != 0) {
12 :         i = i + 1;
13 :     }
14 : }
```

코드 9-52 수를 세는 누적 표현

나머지를 구하는 반복구조에 대해서는 앞에서 이미 언급된 것처럼 구현된다.

```
01 : Boolean IsPrimeNumber(unsigned long int number) {
02 :     Boolean isPrimeNumber = FALSE;
03 :     unsigned long int remainder;
04 :     unsigned long int i = 2;
05 :
06 :     remainder = number;
07 :     while(remainder >= i) {
08 :         remainder = remainder - i;
09 :     }
10 :
11 :     while(i < number && remainder != 0) {
12 :         i = i + 1;
13 :
14 :         remainder = i;
15 :         while(remainder >= i) {
16 :             remainder = remainder - i;
17 :         }
18 :     }
19 : }
```

코드 9-53 나머지를 구하는 반복구조 표현

다음은 반복을 끝내고 난 후 나누어 떨어졌는지 아닌지를 판단해서 isPrimeNumber 값을 설정하는 선택구조에 대해서 C 언어로 코드를 작성해 보자.

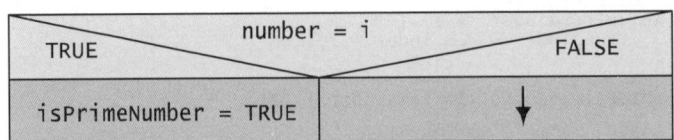

그림 9-44 소수인지 아닌지를 판단하는 선택기호

C 언어에서는 선택구조에 대해서 if-else 문장들을 제공한다. 거짓에 대한 처리가 없기 때문에 else 절이 생략되고 [코드 9-54]에서 19번째 줄에서 21번째 줄처럼 구현된다.

```
01 : Boolean IsPrimeNumber(unsigned long int number) {
02 :     Boolean isPrimeNumber = FALSE;
03 :     unsigned long int remainder;
04 :     unsigned long int i = 2;
05 :
06 :     remainder = number;
07 :     while(remainder >= i) {
08 :         remainder = remainder - i;
09 :     }
10 :
11 :     while(i < number && remainder != 0) {
12 :         i = i + 1;
13 :
14 :         remainder = i;
15 :         while(remainder >= i) {
16 :             remainder = remainder - i;
17 :         }
18 :     }
19 :     if(number == i) {
20 :         isPrimeNumber = TRUE;
21 :     }
22 : }
```

코드 9-54 나누어떨어졌는지를 결정하는 if 선택 제어 구조 블록 표현

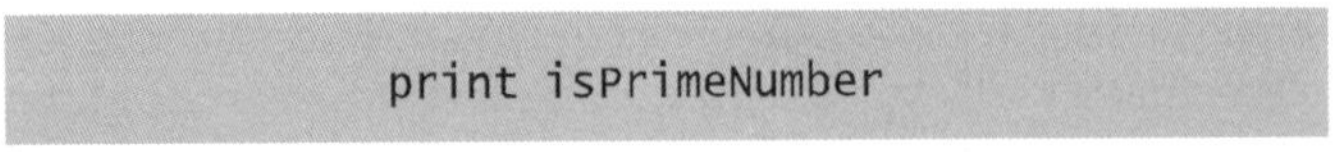

```
print isPrimeNumber
```

그림 9-45 출력 순차기호

다음은 마지막으로 출력에 대한 순차기호에 대해 C 언어로 코드를 작성해 보자. 함수에서 기본적으로 출력을 하는데 키워드 return 을 제공한다. 따라서 [코드 9-55]에서 23번째 줄처럼 return 문장으로 코드를 작성하면 된다.

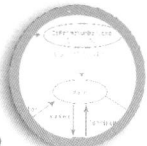

```
01 : Boolean IsPrimeNumber(unsigned long int number) {
02 :     Boolean isPrimeNumber = FALSE;
03 :     unsigned long int remainder;
04 :     unsigned long int i = 2;
05 :
06 :     remainder = number;
07 :     while(remainder >= i) {
08 :         remainder = remainder - i;
09 :     }
10 :
11 :     while(i < number && remainder != 0) {
12 :         i = i + 1;
13 :
14 :         remainder = i;
15 :         while(remainder >= i) {
16 :             remainder = remainder - i;
17 :         }
18 :     }
19 :     if(number == i) {
20 :         isPrimeNumber = TRUE;
21 :     }
22 :
23 :     return isPrimeNumber;
24 : }
```

코드 9-55 반환 값으로 출력 표현

더욱더 이해하기 쉽게 하기 위해서 구조화 프로그래밍의 특징으로는 들여쓰기와 주석을 이용하여 문서화를 강조한다. [코드 9-56]과 같이 들여쓰기와 주석을 이용하여 정리하면 된다.

```
01 : Boolean IsPrimeNumber(unsigned long int number) {
02 :     // 1. 수를 입력받는다 : 함수 호출에 의한 매개변수로 값 복사
03 :     Boolean isPrimeNumber = FALSE; // 수가 합성수임을 가정한다
04 :     unsigned long int remainder;
05 :     unsigned long int i = 2; // 2부터 시작하여 수를 센다
06 :
07 :     // 나머지를 구한다
08 :     remainder = number;
09 :     while(remainder >= i) {
10 :         remainder = remainder - i;
11 :     }
12 :     // 2. 입력된 수보다 작거나 나누어 떨어지지 않는 동안 반복한다
13 :     while(i < number && remainder != 0) {
14 :         // 2.1. 수를 센다
15 :         i = i + 1;
16 :         // 2.2. 나머지를 구한다
17 :         remainder = i;
18 :         while(remainder >= i) {
19 :             remainder = remainder - i;
20 :         }
21 :     }
22 :     // 3. 나누어 떨어지지 않았는지 확인한다.
23 :     if(number == i) {
24 :         isPrimeNumber = TRUE; // 3.1. 나누어 떨어지지 않았으면 소수이다
25 :     }
26 :     // 4. 소수여부를 출력하다
27 :     return isPrimeNumber;
28 :     // 5. 끝낸다
29 : }
```

코드 9-56 주석으로 문서화

이렇게 작성된 코드에서 매우 비효율적인 부분이 존재한다. 개념을 설명하기 위해서 작성된 코드라서 비효율적인 부분을 일부러 작성했다. 나머지 연산자를 설명할 때 언급했던 내용이다. 이제

어디인지 알 수 있을 것이다. 많은 시간을 요구하는 나머지를 구하는 반복문장들이다. 비효율적인 부분들을 찾아서 나머지 연산자로 고쳐 보도록 하자.

2) for 문장

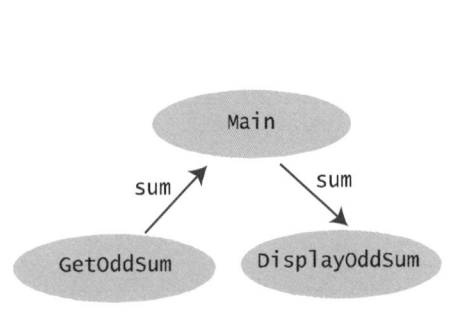 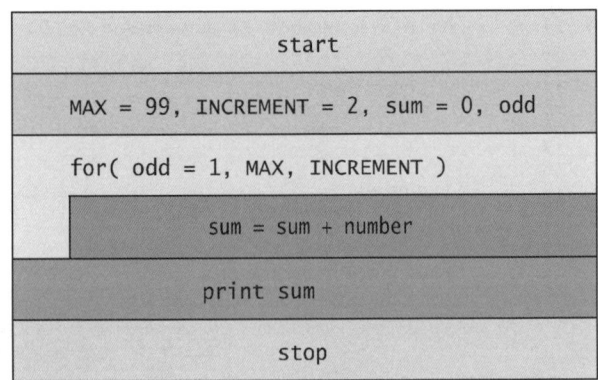

그림 9-46 홀수의 합을 구하는 프로그램의 시스템 챠트와 NS chart

홀수의 합을 구하는 프로그램에서 홀수의 합을 구하는 산술·논리 연산 모듈, GetOddSum을 보면 1부터 2씩 증가하면서 99까지 반복 횟수가 정해진 반복구조를 사용하고 있다. 전산에서 개념적으로 이렇게 알고리듬을 설계할 때 반복 횟수가 정해진 경우 for 반복 구조를 사용한다.

시스템 챠트와 NS Chart를 보고 GetOddSum 모듈에 대해 함수를 정의하도록 하자. GetOddSum 모듈은 sum 출력 데이터가 1개이므로 반환형으로 출력 데이터의 자료형으로 처리하고 입력 데이터는 없으므로 함수 명칭뒤에 항상 기술되어야 하는 소괄호의 내용, 즉 매개변수 목록을 생략하여 함수 헤더를 만들도록 하자.

```
01 : typedef unsigned short int UShort; // 사용자 정의 자료형 선언
02 :
03 : UShort GetOddSum() // 함수 헤더
```
코드 9-57 GetOddSum() 함수의 헤더

그리고 함수는 여러 개의 문장들로 구성되기 때문에 블록 개념을 적용해야 한다. 따라서 중괄호를 열고 닫아야 한다. 이때 여는 중괄호의 위치는 프로그래머의 취향대로 헤더 바로 뒤에 기술하는 경우도 있고 다음 줄에 기술하는 경우도 있다. 개인적으로는 헤더 바로 뒤에 기술하는 방식을 채택하고 있다. 왜냐하면 여러 개의 블록을 사용해야 하는 경우 여는 중괄호와 닫는 중괄호를 맞추는 것 자체가 번거로운 작업이다. 이때 일직선으로 커서를 이동하는 것보다 대각선으로 커서를 이동하는 것이 훨씬 더 명확하게 확인할 수 있기 때문이다.

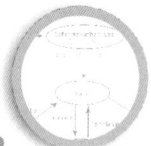

```
01 : typedef unsigned short int UShort;  // 사용자 정의 자료형 선언
02 :
03 : UShort GetOddSum() { // 함수 블럭 시작
04 : } // 함수 블럭 끝
```

코드 9-58 GetOddSum() 함수의 블록

특히 함수 블록을 설정하는 것은 NS 챠트에서 start와 stop 순차기호에 대응되는 작업이다. start 순차기호에 대해 여는 중괄호 그리고 stop 순차기호에 대해 닫는 중괄호로 대응시키면 된다. 이제부터는 NS 챠트를 보고 변수와 제어구조를 작성하면 된다.

블록내부에 기술되는 문장들은 블록의 깊이에 따라 적절한 들여쓰기로 읽기 쉽도록 하자.

모듈의 시작을 나타내는 start 순차 기호 바로 밑에 작도되어 있는 순차기호에 대해 어떻게 표현되는지에 대해서는 7장 자료형에서 공부하였다. 다시 공부해 보도록 하자. sum과 odd를 지역변수로 선언해야 한다. 그러기 위해서는 값의 범위를 분석하여야 한다. 값은 양수이고 36000보다 작은 수를 표현할 수 있도록 자료형을 unsigned short int로 결정했다면 [코드 9-59]에서 01번째 줄처럼 typedef으로 사용자 정의 자료형 명칭 UShort를 선언하고, UShort를 이용하여 04번째 줄과 05번째 줄들처럼 선언하면 된다. 물론 sum에 대해서는 변수 명칭뒤에 구두점으로 등호를 적고 0으로 초기화하여야 한다. 위쪽에서 아래쪽으로 차례대로 변수 선언문들을 기술하도록 하자. 한 번의 들여쓰기하고 한 줄에 한 개씩으로 선언하도록 하면 옆에다 한 줄 주석을 달 수 있기 때문에 가독성이 높은 코드를 작성할 수 있다. 따라서 앞으로는 변수 선언문은 한 줄씩 하도록 하자.

```
01 : typedef unsigned short int UShort;  // 사용자 정의 자료형 선언
02 :
03 : UShort GetOddSum() { // 함수 블럭 시작
04 :     UShort sum = 0 ;  // 합에 대한 지역변수 선언 및 초기화
05 :     UShort odd;       // 홀수에 대한 지역변수 선언
06 : } // 함수 블럭 끝
```

코드 9-59 GetSumOdd() 함수의 지역변수들의 선언 및 초기화

다음은 for 반복구조에 대해 C 언어로 어떻게 표현해야 하는지 공부해 보도록 하자. C 언어에서는 for 반복문으로 [그림 9-47]과 같은 형식으로 기술한다.

```
for ( 초기식; 조건식; 변경식 ) { // 제어 블럭 시작
    문장(들);
} // 제어 블럭 끝
```

그림 9-47 C 언어의 for 반복문의 형식

개념적으로 반복구조는 3개의 식으로 구성되는데 초기식, 조건식 그리고 변경식이고 차례대로 나열되어져야 한다. C 언어의 for 반복문에서는 for 키워드 다음에 반드시 소괄호를 기술해야 하고, 소괄호에 3개의 식으로 나열하는데, 구두점인 세미콜론(;)으로 구분하도록 하고 있다.

초기식은 주로 반복 제어 변수에 초기값을 설정하는 초기식, 조건식은 주로 반복 제어 변수의 조건 범위를 검사하는 관계식 또는 논리식, 그리고 변경식(혹은 증감식이라고 불려짐)은 주로 증감 연산자나 대입 연산자를 사용하여 반복 제어 변수에 저장되어지는 값을 바꾸는 산술식과 치환식으로 구성된 복합 수식으로 표현된다.

다음은 반복문에서 처리해야 하는 문장이 한 개인 경우는 생략해도 되나, 2개 이상의 문장들을 처리해야 하는 경우, 즉 복문인 경우는 반드시 중괄호로 제어블록을 설정해야 한다. 좋은 코딩 습관은 제어블록에 대해서는 단문이더라도 반드시 블록을 설정하도록 하는 것이다. 이때 블록의 시작을 나타내는 여는 중괄호는 닫는 소괄호 뒤에 기술하는 것이 관습적이다.

마지막으로 반복해서 처리해야 하는 문장들을 제어블록내부에 기술하면 C 언어에서 반복문을 완성하게 되는 것이다. 이때 사용되는 문장들은 C 언어에서 제공하는 모든 문장일 수 있다. 즉 선언문, 수식문, 선택문 그리고 반복문 등일 수도 있다.

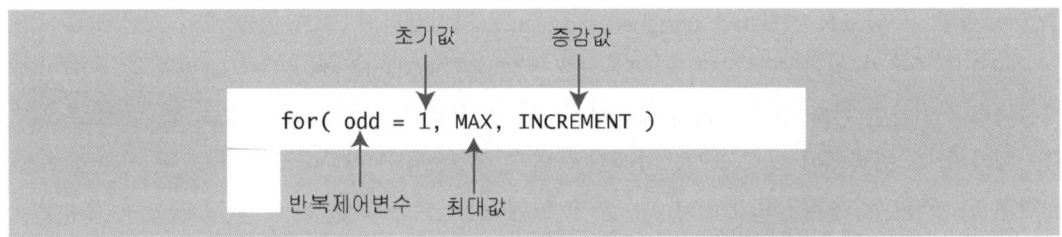

그림 9-48 NS 챠트에서 for 반복구조

NS 챠트에서 for 반복구조는 [그림 9-48]과 같이 for 키워드 다음에 소괄호안에 반복제어변수, 반복제어변수에 저장되어지는 최초의 값인 초기값, 쉼표로 구분하여 반복횟수의 최대를 나타내는 최대값, 그리고 반복제어변수에 값을 변경할 때 더해지거나 빼질 때 사용되어지는 값인 증감값을 차례대로 나열하고 있다. 최대값이 나타내는 것은 조건식을 나타내고 있다. 의미적으로는 반복제어변수에 저장된 값이 MAX보다 작거나 같은지에 대한 관계식이다. 증감값이 반복제어변수에 현재 저장되어져 있는 값에다가 INCREMENT를 더해서 다시 반복제어변수에 저장하도록 하는 누적 표현식이다.

반복제어 변수에 대해 초기값, 최대값 그리고 증감값으로만 반복해야 하는 회수가 유한하도록 하기 때문에 조건식과 변경식에 대해 다양한 산술식과 관계식을 표현할 필요가 없기 때문에 반복제어변수와 초기식, 조건식 그리고 변경식에 사용되어지는 값들만을 기술하도록 하고 있다.

이에 대해 C 언어로 표현해 보면 [코드 9-60]에 10번째 줄과 같이 작성된다. 여기서는 조건식과 변경식을 명확하게 풀어서 기술하고 있다. 반복제어 변수가 odd 이다. for 반복문에 대한 키워드 for를 적고 소괄호를 열고 초기식을 작성하고, 세미콜론으로 구분하여 odd과 MAX보다 작거나 같은지에 대한 검사를 하는 조건식 그리고 또한 세미콜론으로 구분하고 odd에 대한 누적 표현식으로

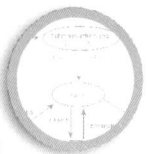

변경식을 기술하고 소괄호를 달아 중괄호를 열고 닫음으로써 제어블록을 설정하여 for 반복문을 작성한다.

```
01 : #define MAX        99
02 : #define INCREMENT  2
03 :
04 : typedef unsigned short int UShort; // 사용자 정의 자료형 선언
05 :
06 : UShort GetOddSum() { // 함수 블록 시작
07 :    UShort sum = 0 ; // 합에 대한 지역변수 선언 및 초기화
08 :    UShort odd;      // 홀수에 대한 지역변수 선언
09 :
10 :    for ( odd = 1 ; odd <= MAX ; odd = odd + INCREMENT ) { // 제어블록 시작
11 :    } // 제어블록 끝
12 : } // 함수 블록 끝
```

코드 9-60 C 언어의 반복문

제어블록내부에 반복하여 처리해야 하는 내용을 문장으로 표현하면 된다. [그림 9-49]의 NS 챠트를 보면 순차구조로 합을 구하는 내용을 처리해야 한다.

$$sum = sum + number$$

그림 9-49 반복해서 처리해야 하는 내용

누적 표현식 문장으로 [코드 9-61]과 같이 제어 블록내부에 기술하면 된다. 누적 표현식 다음에 반드시 세미콜론으로 문장임을 강조해야 한다. C 언어에서는 문장은 반드시 기술된 내용의 마지막에 세미콜론(;)으로 규정지어져야 한다.

```
01 : #define MAX        99
02 : #define INCREMENT  2
03 :
04 : typedef unsigned short int UShort; // 사용자 정의 자료형 선언
05 :
06 : UShort GetOddSum() { // 함수 블록 시작
07 :    UShort sum = 0 ; // 합에 대한 지역변수 선언 및 초기화
08 :    UShort odd;      // 홀수에 대한 지역변수 선언
09 :
10 :    for ( odd = 1 ; odd <= MAX ; odd = odd + INCREMENT ) { // 제어블록 시작
11 :        sum = sum + number; // 반복해서 처리하는 내용 : 합을 구하는 처리
12 :    } // 제어블록 끝
13 : } // 함수 블록 끝
```

코드 9-61 C 언어에서 반복해서 처리해야 하는 내용 표현

연산자에서 배웠겠지만 누적 표현에 대해 C 언어에서는 다양한 연산자들을 제공한다. 따라서 누적 연산자 += 을 사용하여 [코드 9-62]와 같이 코드를 작성하는 것이 더욱더 C 언어다운 것이 된다.

```
                        sum += number;
```

코드 9-62 += 연산자를 이용한 누적 표현

GetOddSum 모듈에서 마지막 순차구조인 sum 을 출력하는 기호에 대해 C 언어로 표현해 보도록 하자. 이 부분은 반복문과 관련이 없지만 GetOddSum 모듈을 갈무리하기 위해서는 이것에 대한 표현이 필요하기 때문이다.

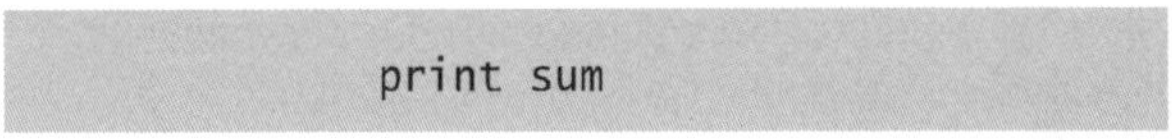

```
                        print sum
```

그림 9-50 NS 챠트에서 출력 표현

다시 [그림 9-46]에서 시스템 챠트를 보면, GetOddSum 모듈에서 구해진 결과를 Main 모듈로 출력하고 있는 것을 확인할 수 있다. 따라서 [그림 9-50]은 GetOddSum 모듈에서 구해진 결과를 Main 모듈로 출력하는 것이다. C 언어에서는 이러한 처리를 할 수 있는 문장이 있는데 return 문장인 것이다. 따라서 [코드 9-63]에서 14번째 줄처럼 return 키워드를 적고 출력할 값을 기술하고 세미콜론으로 문장임을 명기하고 있다. 주의할 것은 return 키워드 뒤에 기술되는 출력할 값을 쉼표로 기술하여 여러 개를 나열하더라도 제일 마지막으로 기술된 값 1개만이 호출한 함수로 전달된다는 것이다.

```
01 : #define MAX        99
02 : #define INCREMENT  2
03 :
04 : typedef unsigned short int UShort; // 사용자 정의 자료형 선언
05 :
06 : UShort GetOddSum() { // 함수 블록 시작
07 :     UShort sum = 0 ; // 합에 대한 지역변수 선언 및 초기화
08 :     UShort odd;      // 홀수에 대한 지역변수 선언
09 :
10 :     for ( odd = 1 ; odd <= MAX ; odd = odd + INCREMENT ) { // 제어블록 시작
11 :         sum += number; // 반복해서 처리하는 내용 : 합을 구하는 처리
12 :     } // 제어블록 끝
13 :
14 :     return sum;
15 : } // 함수 블록 끝
```

코드 9-63 C 언어에서 모듈의 출력, return 문

다음은 7의 배수 개수를 구하는 프로그램의 제어구조에 대해서 공부해 보도록 하자.

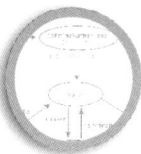

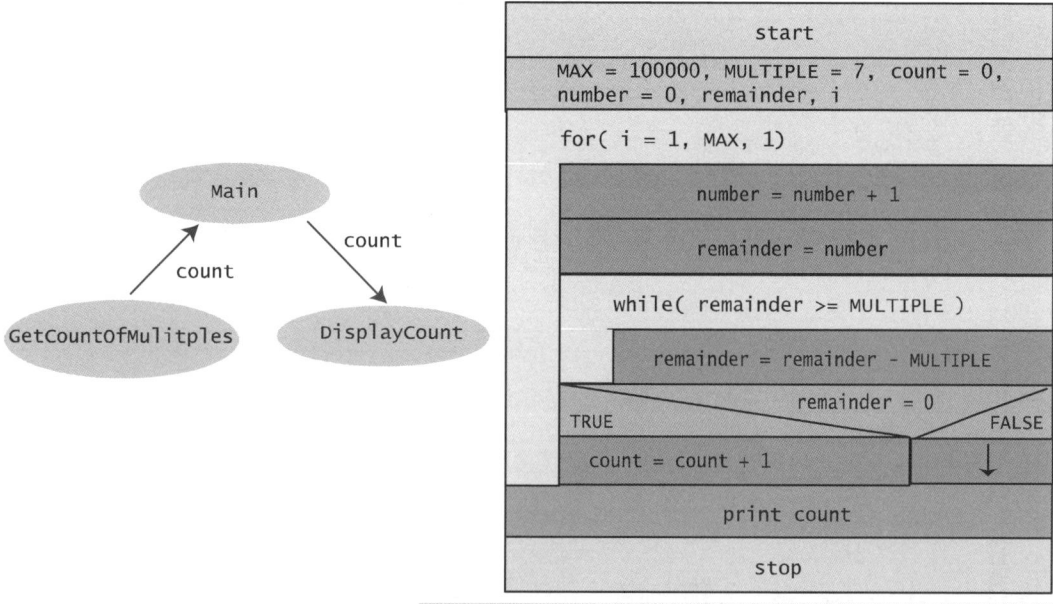

그림 9-51 7의 배수 개수를 구하는 프로그램의 시스템 챠트와 NS 챠트

GetCountOfMultiples 모듈에 대해서 [그림 9-52] 까지는 여러분이 직접 C 언어로 작성해 보자.

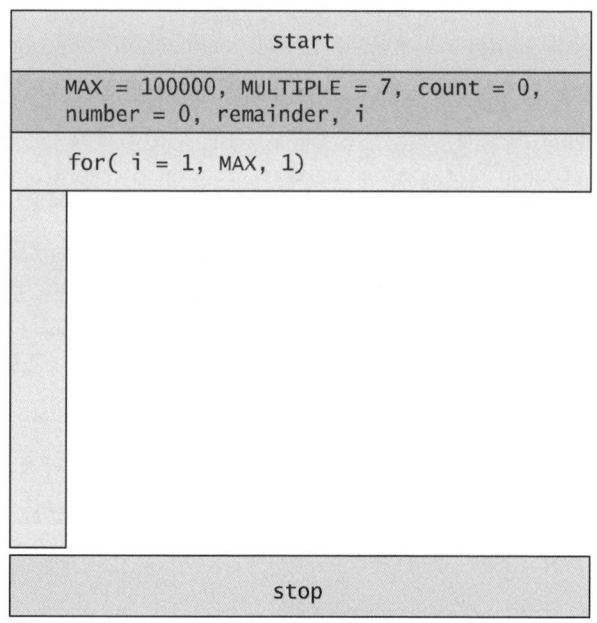

그림 9-52 GetCountOfMultiples 모듈의 제어구조 일부분

```
01 : /***************************************************************
02 :    파일 명칭 : GetCountOfMultiples.c
03 :    기    능 : 1에서 100000까지 수중에서 7의 배수의 개수를 센다.
04 :    입    력 : 없음
05 :    출    력 : 전체 개수
06 :    작 성 자 : 김 석 현
07 :    작성 일자 : 2007-12-28
08 : ***************************************************************/
09 : #include <stdio.h>
10 :
11 : // 정수형 상수에 대해 매크로 상수들
12 : #define MAX 100000L
13 : #define MULTIPLE 7
14 :
15 : // 사용자 정의 자료형 선언
16 : typedef unsigned long int ULong;
17 :
18 : // 배수의 개수를 세다
19 : ULong GetCountOfMultiples();
20 :
21 : // 배수의 개수를 세다
22 : ULong GetCountOfMultiples() { // 함수 블럭 시작
23 :     ULong count = 0;
24 :     ULong number = 0;
25 :     ULong remainder;
26 :     ULong i;
27 :
28 :     for( i = 1; i <= MAX; i++ ) { // for 반복 제어블럭 시작
29 :     } // for 반복 제어블럭 끝
30 : } // 함수 블럭
```

코드 9-64 [그림 9-52]에 대한 C 코드

100000번 반복하는 것처럼 반복횟수가 정해진 경우 for 반복문을 사용하는 것이 가장 효율적이다. C 언어에서 for 반복문에 while 반복문, if 선택문, return 문, 또 다른 for 반복문 등 C 언어에서 제공하는 모든 문장들을 기술할 수 있다. for 반복문에 순차, 반복 그리고 선택 구조의 문장들이 여러 개 작성되어야 하기 때문에 반드시 중괄호를 열고 닫음으로써 제어블록을 설정해야 한다. 그러면 차례대로 반복해서 처리해야 할 문장들을 구현해 보도록 하자.

$$\text{number = number + 1}$$

그림 9-53 "수를 센다"에 대한 순차구조

산술식이나 치환식을 내용으로 갖는 NS 챠트에서 순차구조는 하나의 문장으로 표현되어진다. 따라서 NS 챠트에서 순차구조에 적힌 식(들)을 C 코드로 옮기고 마지막에 구두점으로 세미콜론(;)을 붙인다. 대개는 줄의 마지막에 세미콜론을 찍어서 문장임을 강조하는 것이다. 따라서 [코드 9-65]에서 (1)처럼 코드를 작성하면 된다.

```
(1) number = number + 1 ;
(2) number += 1 ;
(3) number++;
```

코드 9-65 [그림 9-53]에 대한 C 표현

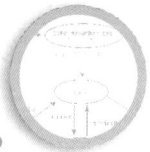

그러나 [그림 9-53]에서 순차구조에 적힌 내용은 전산에서 매우 중요한 개념인 누적이다. C 언어에서는 누적에 관련된 연산자를 매우 많이 제공한다. 따라서 [코드 9-65]와 같이 다양한 C 코드들을 작성할 수 있다. 어느 것이든지 결과는 동일하다. 그렇지만 C 언어는 간결성을 요구하고 있다. 따라서 C 언어다운 표현을 찾는다면 세 번째 문장일 것이고, 가장 많이 사용하고 있다.

다음으로 C 언어로 코딩해야 하는 내용은 [그림 9-54]의 while 반복구조이다. C 언어로 어떻게 나타내는지에 대해서 공부하도록 하자.

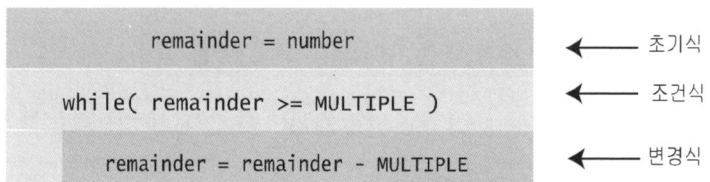

그림 9-54 각 수에 대해 7의 나머지를 구하는 반복구조

while 반복구조는 선 검사 반복구조로 반복구조의 맨 앞에 조건식을 두고, 조건식을 평가해서 참인 동안 반복을 계속하고 거짓이면 반복 구조를 탈출하는 제어구조이다. C 언어에서 while 반복문인 경우도 제어논리는 동일하다. 또한 반복제어 변수의 초기식, 조건식 그리고 변경식으로 구성된다.

while 반복문 전에 반복제어변수에 최초로 설정해야 하는 값을 지정하는 초기식에 대한 표현식 문장이 선언되어야 한다. 그리고 while 키워드를 적은 다음 반드시 조건식을 기술한 소괄호를 만들어서 안에 조건식을 작성하면 된다. 이 때 조건식을 평가해서 참이면 제어블록에 기술된 문장이나 문장들을 실행하게 되고, 거짓이면 제어블록내로 진행되지 않고 while 문이 끝나게 된다.

그리고 제어블록내부에 기술되어지는 문장들은 C 언어에서 제공하는 모든 문장들일 수 있다. 제어블록내부에 기술된 문장이 한 개일 수도 있는데 이러한 경우 제어블록을 명시적으로 설정할 필요는 없으나 가독성을 높이고 코드를 변경할 때 오류를 방지하기 위해서 기술된 문장이 한 개일지라도 제어블록을 설정하도록 하자. 문장들에서 가장 마지막으로 처리되어야 하는 문장은 반복제어변수에 저장되는 값을 변경하는 변경식에 대한 표현식 문장이어야 한다.

```
초기식 표현식 문장;
while(조건식)   { // while 제어블록 시작
    문장(들);
    변경식 표현식 문장;
} // while 제어 블록 끝
```

그림 9-55 C 언어의 while 반복문 형식

[그림 9-54]에 대해서 C 언어 코드를 작성해 보자.

```
            remainder = number ;
            while ( remainder >= MULTIPLE ) { // while 제어블록 시작
                remainder = remainder - MULTIPLE ; // remainder -= MULTIPLE ;
            } // while 제어 블록 끝
```

코드 9-66 [그림 9-54]에 대해 C 언어 코드

다음은 for 반복구조내부에 있는 선택구조에 대해서 C 언어로 어떻게 표현되는지 공부해 보도록 하자.

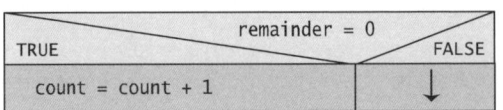

그림 9-56 "홀수이면 개수를 센다"에 대한 선택구조

선택구조는 조건식을 평가해서 구한 값에 따라 프로그램의 제어 흐름을 결정하는 제어구조이며, [그림 9-56]에서처럼 remainder가 0인지 판단하는 관계식을 평가해서 평가된 결과 값이 참이면 count = count + 1을 내용을 갖는 순차기호를 실행하도록 하고, 평가된 값이 거짓이면 처리하는 내용이 없이 진행함을 나타내는 순차기호를 실행하도록 하는 제어구조를 말한다.

C 언어에서 이러한 제어구조에 대해 선택문을 제공하고 있다. 특히 if-else 문장을 제공하는데 형식은 [그림 9-57]과 같다.

```
        if ( 조건식 ) { // if 제어블록 시작   : 조건식의 평가 결과 참일 때
            단문 혹은 복문
        } // if 제어 블록 끝
        else { // else 제어 블록 시작   : 조건식의 평가 결과 거짓일 때
            단문 혹은 복문
        } // else 제어 블록 끝
```

그림 9-57 C 언어의 if-else 선택문의 형식

if 문의 조건식은 반드시 소괄호로 묶어야 한다. 그렇지 않으면 컴파일 오류가 발생한다. if 문의 조건식은 정수형 결과를 가지는 임의의 수식을 사용할 수 있으며, 수식의 결과 값이 0이면 논리적으로 거짓으로, 0이 아니면 논리적인 참으로 간주하고 보통 관계식이나 논리식이 사용된다.

참일 때 처리하는 단문 혹은 복문을 중괄호를 열고 닫아 제어블록을 설정하도록 하고 거짓이면 else 절을 작성해야 한다. 이때 거짓일 때 처리해야 할 내용이 없으면 else 절을 생략할 수 있다. 처리해야 할 내용이 있다면 반드시 else 키워드를 적고 중괄호를 열고 닫아 제어블록을 설정하고 제어블록내부에 처리할 문장들을 기술하여 else 절을 작성하면 된다.

```
        if ( remainder == 0 ) { // if 제어블록 시작   : 조건식의 평가 결과 참일 때
            count++; // 개수를 세다 : 단문(Simple Statement)
        } // if 제어 블록 끝
```

코드 9-67 [그림 9-56]에 대해 C 언어의 선택문 코드

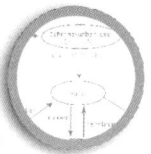

[그림 9-56]에서 뒤집혀 있는 삼각형 영역에 대해 if 키워드를 적고 소괄호를 열고 닫도록 한다. 소괄호안에 remainder 변수에 저장되어져 있는 값과 0이 같은지에 대한 관계식을 기술한다. C 언어에서 등가 비교 연산자는 등호 두 개(==) 임에 주의해야 한다. 대개는 실수로 등호 한 개(=)인 치환 연산자를 사용해서 제대로 결과를 얻지 못하는 경우가 있다. 여기에서 여러분들이 관계식에 = 치환 연산자를 사용했다면 문법 오류가 발생하게 된다. 왜 오류가 발생하는지 생각해 보아라. 그렇지 않으면 앞에서 설명한 if 선택문장을 참고하도록 하자.

if-else 문이 계속해서 사용되어지는 경우 또는 if 문이나 else 절 내부에 다시 if - else 문이 사용되는 경우 else 는 짝짓지 못한 가장 가까운 if와 짝을 짓는다는 점을 명심하도록 하자.

단문인 경우는 반드시 제어 블록을 설정할 필요는 없는데, 가독성이나 코드 관리의 효율성을 위해서 단문인 경우에도 제어블록을 설정하도록 하자. 특히 if-else if else 문이 계속해서 사용되어지는 경우 혼동의 염려가 매우 크므로 가급적이면 블록을 사용하는 것이 좋다.

여기까지는 for 반복문에 기술되어지는 표현식 문장, 반복문 그리고 선택문에 대해 어떻게 작성하는지에 대해 공부해 보았다. 여기까지 코드를 정리하면 [코드 9-68]과 같다.

```
01 : /****************************************************************
02 : 파일 명칭 : GetCountOfMultiples.c
03 : 기    능 : 1에서 100000까지 수중에서 7의 배수의 개수를 센다.
04 : 입    력 : 없음
05 : 출    력 : 전체 개수
06 : 작 성 자 : 김 석 현
07 : 작성 일자 : 2007-12-28
08 : ****************************************************************/
09 : #include <stdio.h>
10 :
11 : // 정수형 상수에 대해 매크로 상수들
12 : #define MAX 100000L
13 : #define MULTIPLE 7
14 :
15 : // 사용자 정의 자료형 선언
16 : typedef unsigned long int ULong;
17 :
18 : // 배수의 개수를 세다
19 : ULong GetCountOfMultiples();
20 :
21 : // 배수의 개수를 세다
22 : ULong GetCountOfMultiples() { // 함수 블록 시작
23 :     ULong count = 0;
24 :     ULong number = 0;
25 :     ULong remainder;
26 :     ULong i;
27 :
28 :     for( i = 1; i <= MAX; i++ ) { // for 반복 제어블록 시작
29 :         number++; // 표현식 문장 : 수를 센다
30 :
31 :         remainder = number ; // 반복제어 변수 초기식 문장 : 대입문(혹은 치환문)
32 :         while ( remainder >= MULTIPLE ) { //while 제어블록 시작
33 :             remainder -= MULTIPLE ; // 반복제어 변수 변경식 문장
34 :         } // while 제어블록 끝
35 :
36 :         if ( remainder == 0 ) { // if 제어블록 시작
37 :             count++; // 표현식 문장 : 개수를 세다
38 :         } // if 제어블록 끝
39 :     } // for 반복 제어블록 끝
40 : } // 함수 블록
```

코드 9-68 GetCountOfMultiples 모듈의 for 반복구조

다음은 마지막으로 출력하는 순차구조를 C 언어로 표현하는 문제인데 이 부분은 앞에서 공부했기 때문에 여러분이 직접 작성해 보자.

따라서 갈무리된 코드는 [코드 9-69]와 같다. 7장 자료형에서 [코드 7-8]과 똑 같은 기능이다. 나머지를 구하는 표현이 [코드 7-8]에서는 나머지 연산자(%)를 사용하여 처리하였고, [코드 9-69]에서는 while 반복문을 이용해서 처리하고 있다. 여기서 생각해 볼 문제는 알고리듬의 평가 항목에서 시간 복잡도 개념인데 개수를 구하는 시간이 어느 것이 길고 짧은지에 대한 평가인 것이다. 어느 것이 짧은 시간내에 개수를 구할 수 있을까? [코드 7-8]일 것이다. 그러면 [코드 9-69]는 나쁜 코드일까? 그렇지 않다. 알고리듬의 평가는 단순히 할 수 없다. 작성된 알고리듬이 어떠한 상황에 적용했을 때는 빠른 처리를 하는 것보다 느린 처리를 하는 것이 문제를 해결할 수 있다는 것을 명심하도록 하자.

단도직입적으로 이야기해서 어떤 문제에 대해 해결책인 알고리듬에 대해 정답이라는 것은 없다는 것이다. 가장 중요한 것은 여러 가지 알고리듬을 스스로 고안해 낼 수 있느냐하는 것이 문제이지 빠른 처리의 남이 만든 알고리듬이 정답이라고 외우는 짓은 하지 말라는 것이다. 프로그램을 만드는 작업은 생각을 정리하는 작업이다. 그래서 무에서 유를 창조한다고 하는 것이다. 따라서 여러분들이 해야 할 가장 중요한 일은 C 문법을 외우는데 시간을 허비하는 것보다 생각을 정리하는 공부에 더욱더 시간 할애를 해야 할 것이다.

```
01 : /*************************************************************
02 : 파일 명칭 : GetCountOfMultiples.c
03 : 기    능 : 1에서 100000까지 수중에서 7의 배수의 개수를 센다.
04 : 입    력 : 없음
05 : 출    력 : 전체 개수
06 : 작 성 자 : 김 석 현
07 : 작성 일자 : 2007-12-28
08 : *************************************************************/
09 : #include <stdio.h>
10 :
11 : // 정수형 상수에 대해 매크로 상수들
12 : #define MAX 100000L
13 : #define MULTIPLE 7
14 :
15 : // 사용자 정의 자료형 선언
16 : typedef unsigned long int ULong;
17 :
18 : // 배수의 개수를 세다
19 : ULong GetCountOfMultiples();
20 :
21 : // 배수의 개수를 세다
22 : ULong GetCountOfMultiples() { // 함수 블록 시작
23 :     ULong count = 0;
24 :     ULong number = 0;
25 :     ULong remainder;
26 :     ULong i;
27 :
28 :     for( i = 1; i <= MAX; i++ ) { // for 반복 제어블록 시작
29 :         number++; // 표현식 문장 : 수를 센다
30 :
31 :         remainder = number ; // 반복제어 변수 초기식 문장 : 대입문(혹은 치환문)
32 :         while ( remainder >= MULTIPLE ) { //while 제어블록 시작
33 :             remainder -= MULTIPLE ; // 반복제어 변수 변경식 문장
34 :         } // while 제어블록 끝
35 :
36 :         if ( remainder == 0 ) { // if 제어블록 시작
37 :             count++; // 표현식 문장 : 개수를 세다
38 :         } // if 제어블록 끝
39 :     } // for 반복 제어블록 끝
40 :
41 :     return count; // return 문장 : 개수를 출력한다
42 : } // 함수 블록
```

코드 9-69 GetCountOfMultiples() 함수

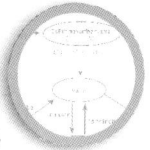

C 언어에서 제공하는 for 반복문에 대해서 몇 가지 특징들을 정리해 보자.

개념적으로 for 문은 while 문으로 대치할 수는 있으나 while 문이 할 수 있는 작업을 for 문으로 대치할 수 없는 경우가 적지 않기 때문에 for 문은 while 문의 하위 구조라 하지만 C 언어의 for 문은 반대로 while 문의 상위 구조처럼 보인다. 왜냐하면 for 문은 while 문의 약식 표기법이라 할 수 있기 때문이다. C 의 for 문은 while 문을 보다 압축된 형태로 간결하게 표현해 주는 반복문이다. 간결한 표현이라고 할지라도 for 문장으로 표현하다 보면 무조건 분기 문장들을 많이 사용해야 해서 가독성이 떨어지는 현상들도 많이 볼 수 있다. 또한 논리를 작성하는데 있어서 어려움을 초래하는 경우들이 발생한다.

실행 속도 면에서 비교해 볼 때 C 언어에서 for 문과 while문의 속도가 서로 같다. 따라서 알고리듬을 설계할 때 반복횟수가 정해지지 않는 경우는 while 반복문을, 반복횟수가 정해지는 경우는 for 반복문장을 사용하도록 하자.

결론은 내렸지만 for 반복문이 왜 while 반복문의 상위 구조처럼 보이는 이유, 즉 for 반복문의 유연성과 주의 사항들을 정리해 보자.

(1) 반복해서 처리할 내용들의 전에 조건식이 위치하고, 조건식의 평가가 참인 동안 처리하고, 조건식의 평가가 거짓이면 탈출하는 전형적인 선검사 반복구조 혹은 진입 조건 반복구조이다.
(2) 쉼표 연산자를 사용하여 여러 개의 반복 제어 변수를 동시에 사용할 수 있다. 쉼표 연산자를 사용하면 초기식과 변경식(혹은 증감식)에 두 개 이상의 반복 제어 변수를 사용할 수 있다.
(3) 반복 제어 변수에 대한 제한이 없다. 정수형 변수는 물론이고, float, double 형 변수나 문자형 변수, 심지어는 포인터 변수도 사용이 가능하다.
(4) 초기식에는 제한이 없다.
(5) 조건식에도 제한이 없다. 합당한 수식이기만 하면 된다는 말로써 관계식, 논리식 또는 논리적으로 의미를 가지는 어떠한 임의의 수식이라도 모두 허용된다.
(6) 변경식에 대한 제한이 없다. 반복 제어 변수가 반드시 일정한 단위로 증감할 필요가 없으면, 또한 산술급수적이거나 기하급수적으로만 증감할 필요가 없다.
(7) 초기식, 조건식 또는 변경식은 필요에 따라서 얼마든지 생략할 수가 있으나 가급적이면 프로그램의 논리적인 제어 구조를 깨뜨리지 않는 범위에서 표현해야 할 것이다.

3) do - while 문장

앞에서 제시된 문제인 7의 배수 개수를 구하는 프로그램에 대해서 다른 알고리듬으로 문제를 해결해 보자. 100000까지 7의 배수 개수를 구하는데, 1부터 2, 3, 4, 5, ... 식으로 수를 세면서 7의 배수인지 확인하여 개수를 세는 방식이 아니라 7, 14, 21, ... 식으로 7의 배수를 세면서 개수를 세는 방식으로 해결해 보자. 그리고 반복구조에서 후 검사 반복구조, 다른 말로는 탈출 조건 반복구조로 풀어 보도록 하자.

반복해서 처리해야 하는 내용들인 7의 배수를 세는 것과 배수의 개수를 세는 것을 일단은 한번은 실행해야 한다. 그리고 NS 챠트에서는 until이란 키워드를 적고 소괄호안에 조건식을 작성한다. 이 조건식을 평가해서 거짓일 때 반복하고 참일 때 반복을 벗어나도록 해야 한다. 그래서 조건식은 number가 100000 보다 큰지에 대해 평가하는 관계식이 작성되어야 한다. 이렇게 후 검사 반복구조 혹은 탈출 조건(Exit Condition) 반복구조는 반복 구조의 후미에서 조건식을 검사하므로, 일단 한 번 덮어 놓고 실행부터 해놓고 나서 나중에 조건을 검사하는 구조이다.

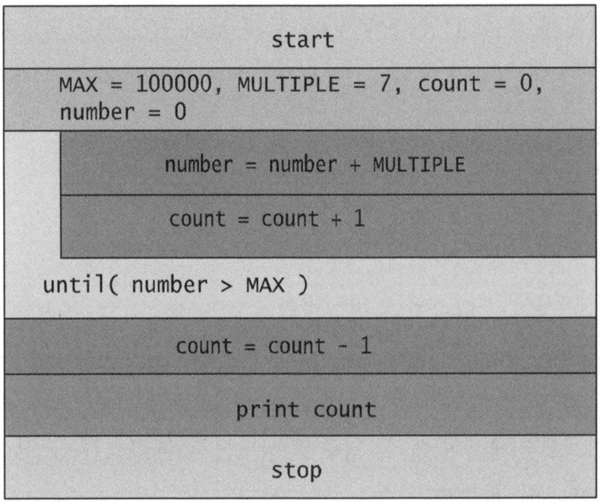

```
                        start
    MAX = 100000, MULTIPLE = 7, count = 0,
    number = 0
            number = number + MULTIPLE
            count = count + 1
    until( number > MAX )
            count = count - 1
                    print count
                        stop
```

그림 9-58 7의 배수 개수를 구하는 알고리듬

C 언어로 코드를 작성해 보자. C 언어에서는 후 검사 반복구조를 제공하지 않는다. 그렇지만 우선 반복해서 처리해야 하는 내용들을 일단 한번은 실행할 수 있고, 반복을 할지 말지에 대해 검사하는 조건식을 반복구조의 후미에 둘 수 있는 반복문을 제공한다. 그것은 do - while 문장이다. 형식은 [그림 9-59]와 같다.

```
do {
    단문 혹은 복문
} while(조건식);
```

그림 9-59 do - while 문장의 형식

다음과 같은 주의 사항들에 숙지해야 한다.
(1) 반복하는 내용의 맨 끝에 반복조건이 있으므로 반드시 반복하는 내용이 한번은 처리되어진다.
(2) 조건식을 평가했을 때 참인 동안 처리되고 거짓으로 평가되면 끝난다. 즉 선 검사 반복구조라는 것을 명심하도록 하자.

(3) 전형적인 후 검사 구조가 아니라는 것이다. 조건식을 평가했을 때 거짓인 동안 반복하고, 조건식을 평가했을 때 참으로 평가되면 끝내야 하는 반복 구조(until 문)가 아니라 단지 조건식의 위치만 개념적으로 만족하고 있다는 것이다.

그렇지만 [그림 9-58]을 do - while 반복문장으로 코드를 작성해 보자. [코드 9-69]에서 GetCountOfMultiples() 함수의 선언 부분은 하나도 바뀌지 않는다. 따라서 프로그램의 전체 구조가 바뀌지 않고 다만 GetCountOfMultiples() 함수의 정의 부분만 바뀐다. 함수를 사용하기 때문에 이러한 점에 대해 이득을 얻는 것이다. 즉 추상화가 가능하다는 것이다. [그림 9-58]에 대해서 [코드 9-70]에서 35번째 줄에서 47번째 줄까지 GetCountOfMultiples() 함수 정의 영역으로 바뀐 것을 확인할 수 있을 것이다.

```c
01 : /*********************************************************************
02 :    파일 명칭 : GetCountOfMultiples.c
03 :    기    능 : 1에서 100000까지 수중에서 7의 배수의 개수를 센다.
04 :    입    력 : 없음
05 :    출    력 : 전체 개수
06 :    작 성 자 : 김석현
07 :    작성 일자 : 2007-12-28
08 : *********************************************************************/
09 : #include <stdio.h>
10 :
11 : // 정수형 상수에 대해 매크로 상수들
12 : #define MAX 100000L
13 : #define MULTIPLE 7
14 :
15 : // 사용자 정의 자료형 선언
16 : typedef unsigned long int ULong;
17 :
18 : // 배수의 개수를 세다
19 : ULong GetCountOfMultiples();
20 : // 개수를 출력하다
21 : void DisplayCount(ULong count);
22 :
23 : int main(int argc, char* argv[]) {
24 :     auto ULong count;
25 :
26 :     // 배수의 개수를 세다
27 :     count = GetCountOfMultiples();
28 :     // 개수를 출력하다
29 :     DisplayCount(count);
30 :
31 :     return 0;
32 : }
33 :
34 : // 배수의 개수를 세다
35 : ULong GetCountOfMultiples() {
36 :     auto ULong count = 0;
37 :     auto ULong number = 0;
38 :
39 :     do {
40 :         number += MULTIPLE ;   // 7의 배수를 센다
41 :         count++;               // 7의 배수 개수를 센다
42 :     } while ( number <= MAX ) ; // number가 MAX 보다 작거나 같은 동안 반복한다
43 :
44 :     count--; // 7의 배수 개수를 센다
45 :
46 :     return count;
47 : }
48 :
49 : // 개수를 출력하다
50 : void DisplayCount(ULong count) {
51 :     printf("총 7의 배수 개수 : %d", count);
52 : }
```

코드 9-70 [그림 9-58]에 대해 GetCountOfMultiples() 함수 정의

[그림 9-58]에서나 [코드 9-70]에서 보는 것처럼 논리적이지 못한 부분이 있다. 7의 배수 개수를 세는 부분에서 반복구조나 반복문장을 벗어난 후 센 개수를 하나 빼야 하는 것이다. 후 검사 반복구조를 사용하면 반복을 탈출한 후에 결과 값을 변경해야 하는 자연스럽지 못한 제어논리가 표현된다.

디버깅을 해 보면 바로 알 수 있는데, 우선 MAX를 10으로 하자. 자 시작해보자. [코드 9-70]에서 36 번째 줄과 37번째 줄이 실행되어 count에 저장된 값은 0이고 number에 저장되어진 값도 0일 것이다.

39번째 줄로 이동하고 또한 40번째 줄로 이동하여 실행하면 number는 7이 된다. 그리고 41번째 줄로 이동하고 실행하게 된다. 그러면 count는 1이 된다. 그리고 42번째 줄로 이동하여 조건식을 평가하면 number에 저장된 값인 7과 10을 읽어 7이 10보다 작거나 같은지에 대해 평가를 하는데, 참이다. 따라서 do - while 반복문장이기 때문에 다시 40번째 줄로 이동하고 실행하게 된다. 따라서 number에 저장된 값인 7을 읽어 레지스터에 복사하고 7을 더하여 14를 구하고 다시 number에 14를 저장하기 때문에 number에 저장된 값은 14가 된다. 다음은 41번째 줄로 이동하여 실행한다. 따라서 count가 2가 된다. 다시 42번째 줄로 이동하여 조건식을 평가하는데 number에 저장된 값인 14와 10을 읽어 14가 10보다 작거나 같은지에 대해 평가를 하는데 거짓이다. 따라서 반복문장을 끝내게 된다. 이때 10까지 7의 배수는 7 하나이므로 count는 1이 되어야 하나, count에 저장된 값은 2이다. 따라서 44번째 줄에서 count에 저장된 값인 2에서 1을 빼야 원하는 7의 배수 개수가 된다.

물론 답을 구할 수는 있으나 제어논리를 작성하는데 있어 정형화된 형식을 갖도록 하지 못하고 있다. C 언어에서처럼 모든 언어가 후 검사 반복구조를 지원하지 않는다는 점과 함께 후 검사 반복구조의 사용을 삼가도록 하는 이유이다. 따라서 이 책에서는 이번 예제를 제외하고는 후 검사 반복구조를 사용하지 않는다.

5. 기타

앞에서 설명한 for, while, do while 반복문과 if-else, switch 선택문은 C에서 가장 중요한 제어구조이다. 그것들은 프로그램의 전체적인 구조를 구성하는데 있어 사용된다. 다음에 설명할 break, continue, goto 문장들은 가급적으로 사용을 하지 않는 것이 좋을 것이다. 그것들을 너무 많이 사용하면 프로그램이 매우 어렵게 되고, 결국 오류가 빈번하게 생길 것이고, 프로그램을 고치는데도 더 어렵게 될 것이다. 그런데 왜 설명을 하는가? 라고 질문하는 사람들을 위해서 다른 코드들에서 이러한 문장들이 나올 때 당황하지 마시라는 의미이다.

1) break 문

switch 문장에서 공부한 것처럼 선택문 switch 문을 빠져 나가야 할 때나 반복문의 처음이나 끝 부분에 있는 조건 검사에 의하지 않고서도 반복문을 빠져 나가야 할 때 사용되는 문장이다. 단지

switch, if 선택 문장과 같이 사용되며, 대개는 반복문장들에서 제어블록 하나를 벗어나는데 사용되는 문장이다.

[코드 9-70]에서 44번째 줄을 없애기 위해서 break 문을 사용할 수 있다. [코드 9-71]에서 41번째 줄에서 if 문장으로 number에 저장된 값이 MAX보다 큰지를 평가해서 참이면 42번째 줄에 break 문으로 do-while 제어블록을 벗어나도록 하고 있다. if 문과 같이 사용하여 do-while 제어블록을 벗어나도록 하고 있다.

```
01 : /******************************************************************
02 : 파일 명칭 : GetCountOfMultiples.c
03 : 기      능 : 1에서 100000까지 수중에서 7의 배수의 개수를 센다.
04 : 입      력 : 없음
05 : 출      력 : 전체 개수
06 : 작 성 자 : 김 석 현
07 : 작성일자 : 2007-12-28
08 : ******************************************************************/
09 : #include <stdio.h>
10 :
11 : // 정수형 상수에 대해 매크로 상수들
12 : #define MAX 100000L
13 : #define MULTIPLE 7
14 :
15 : // 사용자 정의 자료형 선언
16 : typedef unsigned long int ULong;
17 :
18 : // 배수의 개수를 세다
19 : ULong GetCountOfMultiples();
20 : // 개수를 출력하다
21 : void DisplayCount(ULong count);
22 :
23 : int main(int argc, char* argv[]) {
24 :     auto ULong count;
25 :
26 :     // 배수의 개수를 세다
27 :     count = GetCountOfMultiples();
28 :     // 개수를 출력하다
29 :     DisplayCount(count);
30 :
31 :     return 0;
32 : }
33 :
34 : // 배수의 개수를 세다
35 : ULong GetCountOfMultiples() {
36 :     auto ULong count = 0;
37 :     auto ULong number = 0;
38 :
39 :     do {
40 :         number += MULTIPLE ;   // 7의 배수를 센다
41 :         if ( number > MAX )    // number가 MAX 보다 크면
42 :             break;             // do - while 제어블록을 벗어나도록 한다
43 :         count++;               // 7의 배수 개수를 센다
44 :     } while ( number <= MAX) ; // number가 MAX 보다 작거나 같은 동안 반복한다
45 :
46 :     return count;
47 : }
48 :
49 : // 개수를 출력하다
50 : void DisplayCount(ULong count) {
51 :     printf("총 7의 배수 개수 : %d", count);
52 : }
```

코드 9-71 break 문장을 사용한 7의 배수 개수를 구하는 프로그램

MAX를 10으로 가정하고 디버깅을 해 보자. 36번째 줄과 37번째 줄을 실행하면 count와 number는 0이다. 다음은 40번째 줄로 이동하여 실행하게 된다. number에 저장된 값인 0을 읽어 레지스터에 복사하고 7을 읽어 0과 더하여 7을 구해서 다시 number에 저장한다. 그리고 41번째 줄로 이동하여 if 문장의 조건식을 평가하게 된다. number에 저장된 값인 7과 10을 읽어 7이 10보다 큰지에 대해 평가하게 된다. 거짓이기 때문에 43번째 줄로 이동하여 실행한다. count에 저장된 값인 0을 읽어 레지스터에 복사한 다음 1을 더하여 1을 구하고 count에 다시 저장한다. 44번째 줄로 이동하여 do-while 문장에 대해 조건식을 평가한다. number에 저장된 값인 7과 10을 읽어 7이 10보다 작거나 같은지에 대해 평가를 한다. 참이다. 따라서 do-while 반복문장이기 때문에 40번째 줄로 이동하여 실행한다. number에 저장된 값인 7을 읽어 레지스터에 복사하고 7을 더한다. 따라서 14가 구해지는데 이것을 다시 number에 저장한다. 그리고 41번째 줄로 이동하여 if문의 조건식을 평가한다. number에 저장된 값인 14와 10을 읽어 14가 10보다 큰지에 대해 평가한다. 평가되어진 값은 참이므로 42번째 줄로 이동하여 break 문장을 만나게 되고 break 문에 의해서 do-while 제어블록을 벗어나게 된다. 그래서 46번째 줄로 이동하여 count에 저장된 값인 1을 반환하게 된다.

2) continue 문

반복문에서 아직 실행되지 않은 채 남은 뒷부분을 그냥 건너뛴다는 점에서는 break 문과 동일하나 break문은 반복문을 완전히 벗어나지만, 반복문의 조건식을 검사하는 부분으로 다시 되돌아간다는 점에서 break 문과 다른 제어문이다.

반복문에서만 사용되며, switch문에서 사용되지 않는다. 즉 switch 문에서는 continue 문을 사용했다면 이 때 continue 문의 조건식 검사 부분으로 프로그램의 제어를 옮기는 것이 아니라 switch 문 바깥쪽 어딘가에 있는 루프의 조건식 부분으로 제어를 옮긴다는 점에 유의해야 한다.

3) goto 문

C 언어에서는 절대 필요치 않은 문장이다. goto 문을 사용함으로 해서 발생하는 문제점들은 2장에서 설명하였다. 따라서 C 언어를 사용할 때는 절대 사용하지 않도록 하자.

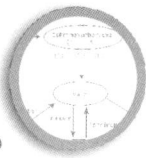

```
01 : #include <stdio.h>
02 : #include <stdlib.h>
03 :
04 : int main(int argc, char* argv[]) {
05 :     int i;
06 :     i = 0;
07 : start:
08 :     i = i + 1;
09 :     if(i != 10) goto display;
10 :     if(i == 10) goto end;
11 :     goto start;
12 : end:
13 :     printf("프로그램이 끝납니다!\n");
14 :     exit(0);
15 : display:
16 :     printf("%d * %d = %d\n", 2, i, 2 * i);
17 :     goto start;
18 :
19 :     return 0;
20 : }
```

코드 9-72 goto 문으로 작성된 스파게티 코드

[코드 9-72]에서 보는 것처럼 goto 문은 두 부분으로 구성되고, 형식은 [그림 9-60]과 같다.

```
goto label; // goto 문장
...
label:// 레이블
    단문 혹은 복문
```

그림 9-60 goto 문장의 형식

다음은 몇 개의 주의 사항들에 대해 정리해 보자.

(1) 레이블을 따로 선언해줄 필요가 없다.
(2) 레이블 다음에는 반드시 하나 이상의 문장이 존재해야 하며, 레이블 바로 다음이 블록 끝이거나 하면 안된다. NULL 문장이라도 레이블 뒤에 한 개의 문장이 존재해야 한다.
(3) 여러 번 중첩되어 있는 반복 구조를 한꺼번에 벗어나는 경우에 간혹 사용되는 경우가 있지만, 필연 앞으로는 goto 문이 없다라고 생각하고 프로그램 구조를 설계하는 연습을 하도록 하자.

4) return 문(return Statement)

return 문장에 대해서 이 책에서 계속적으로 언급되었고 되기 때문에 여기서는 개략적으로 정리만 하도록 하자. return 문은 함수의 실행 결과를 호출한 함수로 반환하기 위한 제어 이동 문장이다. 형식은 [그림 9-61]과 같다.

```
(1) return ;
(2) return 수식 ;
```

그림 9-61 return 문장의 형식

(1) 번 형식은 결과 값의 전달이 필요하지 않은 경우로 단순히 제어만을 호출 함수로 반환해 주기 위한 형식이다. 가급적 사용을 하지 않는 것이 좋다.

(2) 번 형식은 부가적으로 하나의 결과 값을 제어와 함께 호출 함수로 반환하는 형식이다.

return 문을 생략해 쓸 경우 함수 몸체 내부의 마지막 문장을 처리한 후, 제어는 자동적으로 호출 함수로 이동하기 때문에 결과 값의 반환이 필요없는 경우에는 생략 가능하다.

함수의 중간부분에서 제어를 강제로 호출 함수로 이동시키고자 할 경우 해당 부분에 반드시 return 문을 명시해야 되나 이러한 구조는 논리를 정형화시킬 수 없는 표현이므로 가능하면 사용하지 않도록 하자.

6. 정리

제어구조는 프로그램의 처리 흐름을 제어하는 방법이나 그러한 수행 제어를 위해 사용되는 문장의 구조이다. 특히 구조화 프로그래밍에서는 순차구조, 선택구조 그리고 반복구조의 3가지로만 조합함에 따라 프로그램의 모든 논리가 기술된다.

문장은 C 언어에서 줄의 끝에 있는 세미콜론(;)으로 구분되어지는 프로그램 구성의 기본 단위로 컴퓨터에서 완전한 명령어에 해당되는 요소를 말한다. 프로그램 코드는 대체로 한 줄에 한 개씩 세미콜론으로 끝나는 문, 단문으로 구성되어 있다. 그러나 선택구조나 반복 구조를 표현하는데 있어서 처리 내용을 중괄호로 묶어서 2개 이상의 문장들이 표현되는 경우가 있다. 이렇게 표현된 문장들을 복문(혹은 블록)이라고 한다.

C 언어에서는 변수, 함수 등을 선언하는 선언문과 다른 언어들에서처럼 변수에 특정 값을 저장하라는 문장인 치환문 혹은 대입문과 다른 논리적 모듈의 수행을 지시하는 문장인 호출문 등 순차 구조에 적용되는 단문들에 대해서 수식문으로 분류하고 있다.

또한 C 언어에서 컴퓨터 각 동작의 실행 순서를 지시하는 것, 즉 프로그램 실행 제어의 흐름을 결정하는 제어 구조를 만드는데 필요한 문장, 제어문으로 분류된다.

C 언어에서 제어문은 다시 조건에 따라 프로그램 실행 제어의 흐름을 정하는 선택 구조를 구성하는데 사용되는 문장, 즉 선택문으로 if 문과 switch 문을 제공한다. 그리고 조건을 만족할 때까지 실행을 계속해야 하는 반복 구조를 구성하는데 필요한 반복문으로 while 문, do-while 문 그리고 for 문을 제공한다. 조건에 따라 강제로 제어 흐름을 바꾸도록 하는 점프문으로 break문, continue 문, goto 문 그리고 return 문을 제공한다.

마지막으로 실행해야 하는 수식이 없이 단지 세미콜론(;)만을 기술한 널(NULL) 문장을 제공한다.

제10장

함수(Function)

1. 정의
2. 사용 이유
3. 특징
4. 작성 방법
5. 작성 규칙
6. 함수 호출과 프로그램 실행(Execution)
7. 정보전달 방식
8. 정리

제10장 함수(Function)

1. 정의

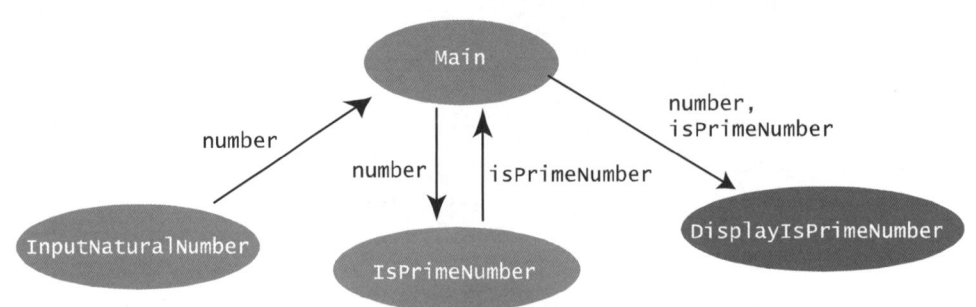

그림 10-1 입력받은 수가 소수인지 판단하는 프로그램의 구조도

입력받은 숫자가 소수인지 판단하는 프로그램은 컴퓨터에서 작동하기 위해서는 컴퓨터가 제공하는 기본 기능들을 가지고 있게 마련이다. [그림 10-1]에서 보는 것처럼 InputNaturalNumber 입력, IsPrimeNumber 연산, DisplayIsPrimeNumber 출력 그리고 Main 제어를 전담하는 모듈들로 구성되었다.

똑 같은 기능을 갖는 프로그램을 C 언어로 만들더라도 컴퓨터의 기본 기능들을 가지게 되는 것은 마찬가지이다. [코드 10-1]은 C 언어로 작성된 원시 코드 프로그램이다. 각각의 명칭은 입력 기능에 대해 scanf() 함수, 연산 기능에 대해 IsPrimeNumber() 함수, 출력 기능에 대해 printf() 함수, 그리고 제어 기능에 대해 main() 함수이다.

IsPrimeNumber() 함수를 보면 입력되는 숫자가 소수인지 판단하기 위해서 변수 선언문, 치환문, 반복문 그리고 선택문으로 구성되어져 있다. 이렇게 프로그램에서 입력, 연산, 출력 등과 같이 특정한 작업을 수행할 수 있고 독립적이며, C 언어의 문장들로 구성된 프로그램의 구성 단위를 함수(Function)라고 한다.

다시 말해서 함수는 어떤 특정한 작업을 전담하게끔 독립적으로 만들어지는 프로그램의 구성 단위로 C 언어에서는 프로그램의 논리적 모듈로서 특정한 일처리를 하는 C 언어 문장들의 집합체이다.

scanf()와 printf() 함수는 C 컴파일러 개발자에 의해서 만들어진 함수들로 C 프로그램 개발자에 의해서 작성되는 함수들과 구분하기 위해서 라이브러리 함수(Library Function) 혹은 내장 함수라고 하고, C 프로그램 개발자에 의해서 작성되어진 함수들, main() 과 IsPrimeNumebr() 함수는 사용자 정의 함수(User Defined Function)라고 한다.

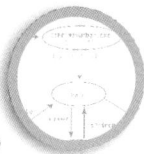

[코드 10-1]을 컴파일과 링크를 하고 프로그램을 실행시키자. 숫자 12345679를 입력하고 엔터 키를 누르면 결과가 출력될 것이다. [그림 10-2]와 같은 실행 결과를 볼 수 있게 된다.

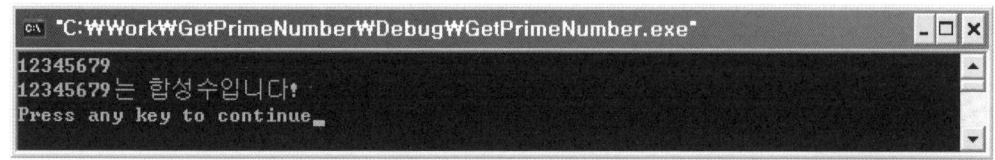

그림 10-2 실행결과

```
/*********************************************************
 파일 명칭 : IsPrimeNumber.c
 함수 명칭 : IsPrimeNumber
 기    능 : 입력받은 수가 솟수인지 아닌지를 판단한다.
 출    력 : 소수 여부
 입    력 : 수
 작 성 자 : 김 석 현
 작성 일자 : 2009년 2월 3일
*********************************************************/
#include <stdio.h>

// 사용자 정의 자료형 선언
typedef enum _boolean { FALSE = 0, TRUE = 1 } Boolean;

// 함수 선언
Boolean IsPrimeNumber(unsigned long int number);

// 응용 프로그램의 엔트리 포인터 함수 정의
int main(int argc, char* (*argv)) {
    Boolean isPrimeNumber;  // 출력 자료 변수 선언
    unsigned long int number; // 입력 자료 변수 선언

    // 키보드로 수를 입력받는다
    scanf("%d", &number);

    // 연산을 실행하다
    isPrimeNumber = IsPrimeNumber(number);

    // 실행 결과를 모니터에 출력하여 사용자에게 알린다.
    if(isPrimeNumber == TRUE) {
        printf("%d는 솟수입니다!\n", number);
    }
    else {
        printf("%d는 합성수입니다!\n", number);
    }

    return 0;
}

Boolean IsPrimeNumber(unsigned long int number) {
    Boolean isPrimeNumber = FALSE;
    unsigned long int remainder;
    unsigned long int i = 2;

    // 1. 수를 입력 받는다 : 함수 호출로 인수로 값의 복사한다
    remainder = number;
    while(remainder >= i) {
        remainder = remainder - i;
    }

    // 2. 2부터 시작하여 입력받은 수보다 작고 나누어 떨어지지 않는 동안 반복한다
    while( i < number && remainder != 0) {
        // 2.1. 나눌 수를 센다
        i = i + 1;
        // 2.2. 나머지를 구한다
        remainder = number;
        while(remainder >= i) {
            remainder = remainder - i;
        }
    }
    // 3. 나누어 떨어지는 수가 없으면
    if(i == number) {
        isPrimeNumber = TRUE; // 소수 여부를 거짓으로 한다
    }
    // 4. 소수 여부를 출력한다.
    return isPrimeNumber;
    // 5. 끝낸다
}
```

코드 10-1 입력받은 수가 소수인지 판단하는 원시 코드 프로그램

[참고 : 라이브러리 관련 용어 해설]
- 함수 라이브러리(Function Library) : 수십 혹은 수백 개의 함수들을 관리하기 좋게 하나로 모아 놓은 집단, 즉 함수들의 집단이며, 실제로는 각 함수의 원시 파일들을 목적 파일로 컴파일한 후 그 목적 파일들을 하나의 라이브러리 파일(*.lib)로 병합함으로써 만들어지는 것
- 표준 함수 라이브러리(Standard Function Library) : C가 제공하는 함수 라이브러리를 일컫는 말
- 라이브러리 함수(Library Function) : 함수 라이브러리에 속한 개개의 함수를 지칭할 때 사용하는 용어

2. 사용 이유

```
01 : /***************************************************************
02 :   파일 명칭 : IsPrimeNumber.c
03 :   함수 명칭 : IsPrimeNumber
04 :   기    능 : 입력받은 수가 솟수인지 아닌지를 판단한다.
05 :   출    력 : 소수 여부
06 :   입    력 : 수
07 :   작 성 자 : 김 석 현
08 :   작성 일자 : 2009년 2월 3일
09 : ***************************************************************/
10 : #include <stdio.h>
11 :
12 : // 사용자 정의 자료형 선언
13 : typedef enum _boolean { FALSE = 0, TRUE = 1 } Boolean;
14 :
15 : // 응용 프로그램의 엔트리 포인터 함수 정의
16 : int main(int argc, char* argv[]) {
17 :     Boolean isPrimeNumber; // 출력 자료 변수 선언
18 :     unsigned long int number; // 입력 자료 변수 선언
19 :     unsigned long int remainder; // 약수인지 아닌지 판단하기 위한 변수 선언
20 :     unsigned long int i = 2; // 2부터 세어지는 수에 대한 변수 선언
21 :
22 :     // 키보드로 수를 입력받는다
23 :     scanf("%d", &number);
24 :
25 :     remainder = number;
26 :     while(remainder >= i) {
27 :         remainder = remainder - i;
28 :     }
29 :
30 :     // 2. 2부터 시작하여 입력받은 수보다 작고 나누어 떨어지지 않는 동안 반복한다
31 :     while( i < number && remainder != 0) {
32 :         // 2.1. 나눌 수를 센다
33 :         i = i + 1;
34 :         // 2.2. 나머지를 구한다
35 :         remainder = number;
36 :         while(remainder >= i) {
37 :             remainder = remainder - i;
38 :         }
39 :     }
40 :     // 3. 나누어 떨어지는 수가 없으면
41 :     if( number == i ) {
42 :         isPrimeNumber = TRUE; // 소수 여부를 참으로 한다
43 :     }
44 :
45 :     // 4. 소수 여부를 출력한다.
46 :     if(isPrimeNumber == TRUE) {
47 :         printf("%d는 솟수입니다!\n", number);
48 :     }
49 :     else {
50 :         printf("%d는 합성수입니다!\n", number);
51 :     }
52 :     // 5. 끝낸다
53 :     return 0;
54 : }
```

코드 10-2 입력받은 수가 소수인지 판단하는 프로그램

C를 배우면 함수를 잘 만들어야 한다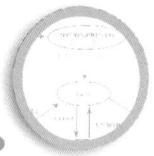

입력받은 수가 소수인지 판단하는 프로그램처럼 간단한 프로그램은 기능별로 분리하지 않고도 간단히 작성할 수 있을 것이다. [코드 10-2]에서처럼 main() 함수에 모든 기능들을 기술하여 작성할 수 있다. 물론 입력과 출력에 대해서는 라이브러리 함수로 이미 분리되어지게 되지만 말이다.

이렇게 작성된 프로그램을 실행시키면 아무런 메시지 없이 [그림 10-3]과 같은 화면이 출력한다. 프롬프트만 깜박거리고 있을 뿐이다. 프로그램 사용자 입장에서는 어떠한 기능을 갖고 있는 것인지도 알 수 없고, 어떻게 사용하라고 하는 기능도 없기 때문에 사용자 입장에서는 황당할 수 있다. 그래서 프로그램 사용자를 배려해서 약간의 기능들을 추가해서 보다 쉽게 사용할 수 있도록 해 보자.

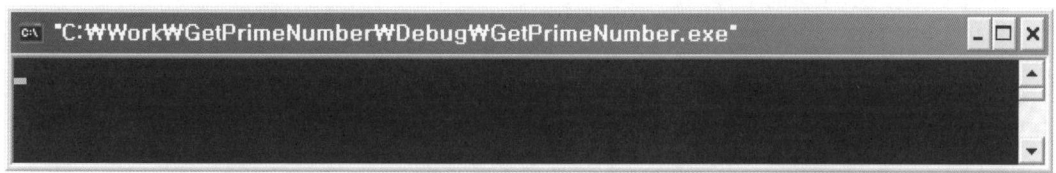

그림 10-3 프로그램 실행 화면

추가되어지는 기능들은 다음과 같다.

① 입력 기능에서는 프로그램을 끝내는 방법과 입력할 수 있는 숫자의 범위에 대해 설명하는 메시지를 출력하도록 하자.

② 계산기와 다르게 프로그램을 실행한 채로 계속해서 숫자를 입력하고 소수인지 확인하는 작업이 가능하도록 하자.

③ 입력과 출력에서 사용되는 메시지들을 콘솔 윈도우의 가운데 영역에 출력되도록 하자. 이러한 기능들이 추가되어 실행이 되었을 때 [그림 10-4]처럼 보일 것이다.

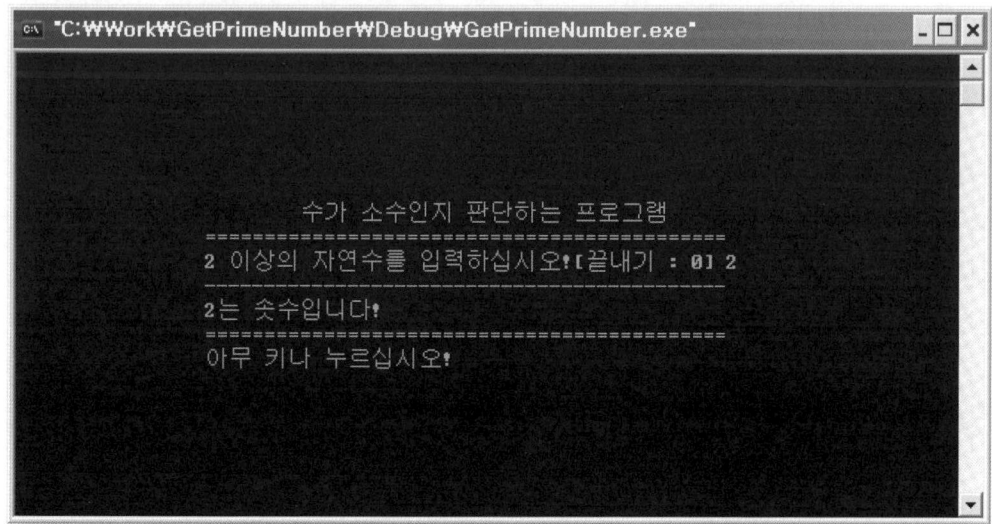

그림 10-4 기능 추가 후 실행결과

[코드 10-2]에서처럼 기능별로 함수로 분할하지 않고 추가할 기능들을 main() 함수에 추가해보자. 기능들이 추가되어져서 작성된 [코드 10-3]을 보면 main() 함수는 더욱더 복잡해 보인다. printf() 함수를 여러 번 사용해서 메시지들을 출력하는 기능이 추가되었고, while 반복문으로 계속적으로 입력과 소수 확인 작업을 할 수 있도록 작성되었다.

```c
01 : /**************************************************************
02 :    파일 명칭 : IsPrimeNumber.c
03 :    함수 명칭 : IsPrimeNumber
04 :    기     능 : 입력받은 수가 솟수인지 아닌지를 판단한다.
05 :    출     력 : 소수 여부
06 :    입     력 : 수
07 :    작 성 자 : 김 석 현
08 :    작성 일자 : 2009년 2월 3일
09 : **************************************************************/
10 : #include <stdio.h>
11 : #include <stdlib.h>
12 :
13 : // 사용자 정의 자료형 선언
14 : typedef enum _boolean { FALSE = 0, TRUE = 1 } Boolean;
15 :
16 : // 응용 프로그램의 엔트리 포인터 함수 정의
17 : int main(int argc, char* argv[]) {
18 :     Boolean isPrimeNumber;  // 출력 자료 변수 선언
19 :     unsigned long int number;  // 입력 자료 변수 선언
20 :     unsigned long int remainder;  // 약수인지 아닌지 판단하기 위한 변수 선언
21 :     unsigned long int i = 2;  // 2부터 세어지는 수에 대한 변수 선언
22 :
23 :     // 키보드로 수를 입력받는다
24 :     system("cls");
25 :     printf("\n\n\n\n\n\n");
26 :     printf("\t\t수가 소수인지 판단하는 프로그램\n");
27 :     printf("\t\t========================================\n");
28 :     printf("\t\t2 이상의 자연수를 입력하십시오![끝내기 : 0] ");
29 :
30 :     scanf("%d", &number);
31 :     while(number != 0) {
32 :         // 2.2. 나머지를 구한다
33 :         remainder = number;
34 :         while(remainder >= i) {
35 :             remainder = remainder - i;
36 :         }
37 :
38 :         // 2. 2부터 시작하여 입력받은 수보다 작고 나누어 떨어지지 않는 동안 반복한다
39 :         while( i < number && remainder != 0) {
40 :             // 2.1. 나룰 수를 센다
41 :             i = i + 1;
42 :             // 2.2. 나머지를 구한다
43 :             remainder = number;
44 :             while(remainder >= i) {
45 :                 remainder = remainder - i;
46 :             }
47 :         }
48 :         // 3. 나누어 떨어지는 수가 없으면
49 :         if( number == i ) {
50 :             isPrimeNumber = TRUE;  // 소수 여부를 참으로 한다
51 :         }
52 :
53 :         printf("\t\t--------------------------------------------\n");
54 :         // 4. 소수 여부를 출력한다.
55 :         if(isPrimeNumber == TRUE) {
56 :             printf("\t\t%d는 솟수입니다!\n", number);
57 :         }
58 :         else {
59 :             printf("\t\t%d는 합성수입니다!\n", number);
60 :         }
61 :
62 :         printf("\t\t========================================\n");
63 :         printf("\t\t아무 키나 누르십시오!");
64 :         fflush(stdin);
65 :         getchar();
66 :
67 :         // 수를 입력받는다
68 :         system("cls");
69 :         printf("\n\n\n\n\n\n");
70 :         printf("\t\t수가 소수인지 판단하는 프로그램\n");
71 :         printf("\t\t========================================\n");
72 :         printf("\t\t2 이상의 자연수를 입력하십시오![끝내기 : 0] ");
73 :
74 :         scanf("%d", &number);
75 :     }
76 :
77 :     // 5. 끝낸다
78 :     return 0;
79 : }
```

코드 10-3 기능이 추가된 프로그램

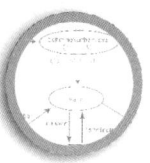

```
01 : /***************************************************************
02 :    파일 명칭 : IsPrimeNumber.c
03 :    함수 명칭 : IsPrimeNumber
04 :    기    능 : 입력받은 수가 솟수인지 아닌지를 판단한다.
05 :    출    력 : 소수 여부
06 :    입    력 : 수
07 :    작 성 자 : 김 석 현
08 :    작성 일자 : 2009년 2월 3일
09 : ***************************************************************/
10 : #include <stdio.h>
11 : #include <stdlib.h>
12 :
13 : // 사용자 정의 자료형 선언
14 : typedef enum _boolean { FALSE = 0, TRUE = 1 } Boolean;
15 :
16 : // 응용 프로그램의 엔트리 포인터 함수 정의
17 : int main(int argc, char* argv[]) {
18 :     Boolean isPrimeNumber; // 출력 자료 변수 선언
19 :     unsigned long int number; // 입력 자료 변수 선언
20 :     unsigned long int remainder; // 약수인지 아닌지 판단하기 위한 변수 선언
21 :     unsigned long int i = 2; // 2부터 세어지는 수에 대한 변수 선언
22 :
23 :     // 키보드로 수를 입력받는다
24 :     system("cls");
25 :     printf("\n\n\n\n\n");
26 :     printf("\t\t수가 소수인지 판단하는 프로그램\n");
27 :     printf("\t\t=======================================\n");
28 :     printf("\t\t2 이상의 자연수를 입력하십시오![끝내기 : 0] ");
29 :
30 :     scanf("%d", &number);
31 :     while(number != 0) {
32 :         // 2.2. 나머지를 구한다
33 :         remainder = number;
34 :         while(remainder >= i) {
35 :             remainder = remainder - i;
36 :         }
37 :
38 :
39 :         // 2. 2부터 시작하여 입력받은 수보다 작고 나누어 떨어지지 않는 동안 반복한다
40 :         while( i < number && remainder != 0) {
41 :             // 2.1. 나눌 수를 센다
42 :             i = i + 1;
43 :             // 2.2. 나머지를 구한다
44 :             remainder = number;
45 :             while(remainder >= i) {
46 :                 remainder = remainder - i;
47 :             }
48 :         }
49 :         // 3. 나누어 떨어지는 수가 없으면
50 :         if(i == number) {
51 :             isPrimeNumber = TRUE; // 소수 여부를 참으로 한다
52 :         }
53 :
54 :         printf("\t\t---------------------------------------\n");
55 :         // 4. 소수 여부를 출력한다.
56 :         if(isPrimeNumber == TRUE) {
57 :             printf("\t\t%d는 솟수입니다!\n", number);
58 :         }
59 :         else {
60 :             printf("\t\t%d는 합성수입니다!\n", number);
61 :         }
62 :
63 :         printf("\t\t=======================================\n");
64 :         printf("\t\t아무 키나 누르십시오!");
65 :         fflush(stdin);
66 :         getchar();
67 :
68 :         // 수를 입력받는다
69 :         system("cls");
70 :         printf("\n\n\n\n\n");
71 :         printf("\t\t수가 소수인지 판단하는 프로그램\n");
72 :         printf("\t\t=======================================\n");
73 :         printf("\t\t2 이상의 자연수를 입력하십시오![끝내기 : 0] ");
74 :
75 :         scanf("%d", &number);
76 :     }
77 :
78 :     // 5. 끝낸다
79 :     return 0;
80 : }
```

코드 10-4 기능별 코드 영역 구분

[코드 10-3]에서 여러분이 컴퓨터 기본 기능별로 영역을 직접 구분지어 보아라. 그리고 여러분이 구분한 것과 [코드 10-4]에서 구분된 영역과 비교해 보자. 입력, 출력, 연산 그리고 제어 기능이 하나의 함수에 작성되어 있으므로 직관적으로 기능별로 코드 영역을 구분하기가 쉽지는 않다. 다시 말해서 코드를 이해하기가 어렵다는 것이다. 물론 [코드 10-3] 정도 크기의 프로그램인 경우 기능별로 코드 영역을 구분하는 것은 쉬울 수도 있다. 그래서 "이 정도쯤이야?" 라고 생각하는 사람도 있을 수 있다. 그러나 앞으로 여러분이 작성해야 하는 프로그램은 분명히 말씀드리는데 최소한 1만줄 이상 되는 크기의 프로그램일 것이다. 이때 1만 줄의 코드를 하나의 함수에 작성해서 놓고 기능별로 구분할 수 있을까?

또한 [코드 10-3]에서 보듯이 23번째 줄에서 30번째 줄까지 그리고 68번째 줄에서 75번째 줄까지 영역은 반복되는 코드 영역으로 입력관련 메시지 출력과 키보드 입력 함수 호출 문장으로 구성되어 있다. 이러한 똑같은 내용을 계속해서 입력해야 하는 작업을 효율적으로 할 수 있는 방법은 없을까? Ctrl+C(복사)와 Ctrl+V(붙이기)만 있는 것일까? 여기서는 두 곳만 처리하면 되나, 계속적으로 반복되는 코드 영역을 편집한다고 하면 꽤 지루한 작업이 될 것이다. 따라서 프로그램에서 특정 작업을 여러 번 해야 할 경우, 특정 작업에 대해 함수로 하나 만들어서, 필요할 때마다 프로그램에서 그것을 호출하여 사용한다면 반복적인 편집 작업보다는 더욱더 효율적일 것이다. 이러한 반복되는 부분을 줄이기 위해서 [코드 10-5]와 같이 InputNaturalNumber() 함수를 만들고, [코드 10-6]에서 26번째 줄과 63번째 줄에서처럼 필요할 때 호출하도록 하는 것이다. 이렇게 해서 프로그램에서 반복되는 부분을 최대한으로 줄일 수 있다.

```
01 : // 입력 함수
02 : unsigned long int InputNaturalNumber() {
03 :     int number;
04 :
05 :     // 수를 입력받는다
06 :     system("cls");
07 :     printf("\n\n\n\n\n");
08 :     printf("\t\t\t수가 소수인지 판단하는 프로그램\n");
09 :     printf("\t\t===========================================\n");
10 :     printf("\t\t2 이상의 자연수를 입력하십시오![끝내기 : 0] ");
11 :
12 :     scanf("%d", &number);
13 :
14 :     return number;
15 : }
```

코드 10-5 InputNaturalNumber() 함수 정의 단락

이렇게 함으로 해서 [코드 10-6]과 [코드 10-4]를 비교해 보면 [코드 10-6]이 [코드 10-4]보다 정리된 모습을 보인다. 다시 말해서 이해하기가 쉬워지게 되는 것이다. 또한 기능 추가도 쉬워지게 된다. 입력 부분에 있어 기능을 추가한다면 InputNaturalNumber() 함수에만 코드를 추가하면 된다. InputNaturalNumber() 함수에 코드가 추가되었다고 해서 main() 함수에 코드 한 줄 추가되지 않기 때문이다. 직접 여러분이 원하는 기능을 InputNaturalNumber() 함수에 추가해 보아라!

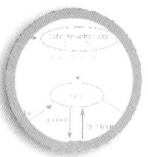

C를 배우면 함수를 잘 만들어야 한다

```
01 : /***************************************************************
02 :  파일 명칭 : IsPrimeNumber.c
03 :  함수 명칭 : IsPrimeNumber
04 :  기    능 : 입력받은 수가 솟수인지 아닌지를 판단한다.
05 :  출    력 : 소수 여부
06 :  입    력 : 수
07 :  작 성 자 : 김 석 현
08 :  작성 일자 : 2009년 2월 3일
09 : ***************************************************************/
10 : #include <stdio.h>
11 : #include <stdlib.h>
12 : // 사용자 정의 자료형 선언
13 : typedef enum _boolean { FALSE = 0, TRUE = 1 } Boolean;
14 :
15 : // 입력 함수 선언                                              함수 선언 부분
16 : unsigned long int InputNaturalNumber();
17 :
18 : // 응용 프로그램의 엔트리 포인터 함수 정의
19 : int main(int argc, char* argv[])
20 :     Boolean isPrimeNumber; // 출력 자료 변수 선언
21 :     unsigned long int number; // 입력 자료 변수 선언
22 :     unsigned long int remainder; // 약수인지 아닌지 판단하기 위한 변수 선언
23 :     unsigned long int i = 2; // 2부터 세어지는 수에 대한 변수 선언
24 :
25 :     // 수를 입력받는다                                         함수 호출 부분
26 :     number = InputNaturalNumber();
27 :     while(number != 0) {
28 :         // 2.2. 나머지를 구한다
29 :         remainder = number;
30 :         while(remainder >= i) {
31 :             remainder = remainder - i;
32 :         }
33 :
34 :         // 2. 2부터 시작하여 입력받은 수보다 작고 나누어 떨어지지 않는 동안 반복한다
35 :         while( i < number && remainder != 0) {
36 :             // 2.1. 나눌 수를 센다
37 :             i = i + 1;
38 :             // 2.2. 나머지를 구한다
39 :             remainder = number;
40 :             while(remainder >= i) {
41 :                 remainder = remainder - i;
42 :             }
43 :         }
44 :         // 3. 나누어 떨어지는 수가 없으면
45 :         if(i == number) {
46 :             isPrimeNumber = TRUE; // 소수 여부를 참으로 한다
47 :         }
48 :
49 :         printf("\t\t---------------------------------------------\n");
50 :         // 4. 소수 여부를 출력한다.
51 :         if(isPrimeNumber == TRUE) {
52 :             printf("\t\t%d는 솟수입니다!\n", number);
53 :         }
54 :         else {
55 :             printf("\t\t%d는 합성수입니다!\n", number);
56 :         }
57 :
58 :         printf("\t\t=============================================\n");
59 :         printf("\t\t아무 키나 누르십시오!");
60 :         fflush(stdin);
61 :         getchar();
62 :         // 수를 입력받는다
63 :         number = InputNaturalNumber();
64 :     }
65 :
66 :     // 5. 끝낸다
67 :     return 0;
68 : }
69 :
70 : // 입력 함수 정의
71 : unsigned long int InputNaturalNumber() {                       함수 정의 부분
72 :     int number;
73 :
74 :     // 수를 입력받는다
75 :     system("cls");
76 :     printf("\n\n\n\n\n\n");
77 :     printf("\t\t\t수가 소수인지 판단하는 프로그램\n");
78 :     printf("\t\t=============================================\n");
79 :     printf("\t\t2 이상의 자연수를 입력하십시오![끝내기 : 0] ");
80 :
81 :     scanf("%d", &number);
82 :
83 :     return number;
84 : }
```

코드 10-6 입력함수로 분리된 프로그램

아직도 완전히 이해되지 않는가? 그러면 계속해서 출력과 연산 관련 코드 영역들도 함수로 만들어 보자.

```
001 : /***************************************************************
002 :  파일 명칭 : IsPrimeNumber.c
003 :  함수 명칭 : IsPrimeNumber
004 :  기     능 : 입력받은 수가 솟수인지 아닌지를 판단한다.
005 :  출     력 : 소수 여부
006 :  입     력 : 수
007 :  작 성 자 : 김 석 현
008 :  작성 일자 : 2009년 2월 3일
009 :  ***************************************************************/
010 : #include <stdio.h>
011 : #include <stdlib.h>
012 : // 사용자 정의 자료형 선언
013 : typedef enum _boolean { FALSE = 0, TRUE = 1 } Boolean;
014 :
015 : ///////////////////////////////////////////////////////////////////
016 : // 함수 선언 단락
017 : // 입력 함수
018 : unsigned long int InputNaturalNumber();
019 : // 산술 및 논리 연산 함수
020 : Boolean IsPrimeNumber(unsigned long int number);
021 : // 출력 함수
022 : void DisplayIsPrimeNumber(unsigned long int number, Boolean isPrimeNumber);
023 :
024 : // 응용 프로그램의 엔트리 포인터 함수 정의
025 : int main(int argc, char* argv[]) {
026 :     Boolean isPrimeNumber; // 출력 자료 변수 선언
027 :     unsigned int number; // 입력 자료 변수 선언
028 :
029 :     // 수를 입력받는다
030 :     number = InputNaturalNumber();
031 :     while(number != 0) {
032 :         // 소수인지 판단한다
033 :         isPrimeNumber = IsPrimeNumber(number);
034 :
035 :         // 소수 여부를 출력한다
036 :         DisplayIsPrimeNumber(number, isPrimeNumber);
037 :
038 :         // 수를 입력받는다
039 :         number = InputNaturalNumber();
040 :     }
041 :
050 :
051 :     return 0;
052 : }
053 :
```

코드 10-7 기능별로 함수로 작성된 프로그램

[코드 10-7]에서 보는 것처럼 15번째 줄에서 22번째 줄까지 함수 선언 단락과 main() 함수 정의 단락만 보더라도 프로그램이 어떠한 기능들을 가지고 어떠한 처리를 하는지를 알 수 있다. 즉 프로그램의 전체적인 구조를 쉽게 파악할 수 있다는 것이다. 또한 개개의 함수에 대해서 이해도 쉽게 할 수 있다. 따라서 쉽게 고칠 수도 있을 것이다.

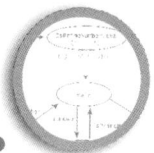

C를 배우면 함수를 잘 만들어야 한다

```
054 : // 입력 함수
055 : unsigned long int InputNaturalNumber() {
056 :     int number;
057 :
058 :     // 수를 입력받는다
059 :     system("cls");
060 :     printf("\n\n\n\n\n\n");
061 :     printf("\t\t\t수가 소수인지 판단하는 프로그램\n");
062 :     printf("\t\t=============================================\n");
063 :     printf("\t\t2 이상의 자연수를 입력하십시오![끝내기 : 0] ");
064 :
065 :     scanf("%d", &number);
066 :
067 :     return number;
068 : }
069 :
070 : // 산술 및 논리 연산 함수
071 : Boolean IsPrimeNumber(unsigned long int number) {
072 :     Boolean isPrimeNumber = FALSE;
073 :     unsigned int remainder;
074 :     unsigned int i = 2;
075 :
076 :     // 1. 수를 입력 받는다 : 함수 호출로 인수로 값의 복사한다
077 :     remainder = number;
078 :     while(remainder >= i) {
079 :         remainder = remainder - i;
080 :     }
081 :
082 :     // 2. 2부터 시작하여 입력받은 수보다 작고 나누어 떨어지지 않는 동안 반복한다
083 :     while( i < number && remainder != 0) {
084 :         // 2.1. 나룰 수를 센다
085 :         i = i + 1;
086 :         // 2.2. 나머지를 구한다
087 :         remainder = number;
088 :         while(remainder >= i) {
089 :             remainder = remainder - i;
090 :         }
091 :     }
092 :     // 3. 나누어 떨어지는 수가 없으면
093 :     if( number == i ) {
094 :         isPrimeNumber = TRUE; // 소수 여부를 참으로 한다
095 :     }
096 :     // 4. 소수 여부를 출력한다.
097 :     return isPrimeNumber;
098 :     // 5. 끝낸다
099 : }
100 :
101 :
102 : // 출력 함수
103 : void DisplayIsPrimeNumber(unsigned long int number, Boolean isPrimeNumber) {
104 :     printf("\t\t-----------------------------------------------\n");
105 :     // 소수 여부를 출력한다.
106 :     if(isPrimeNumber == TRUE) {
107 :         printf("\t\t%d는 솟수입니다!\n", number);
108 :     }
109 :     else {
110 :         printf("\t\t%d는 합성수입니다!\n", number);
111 :     }
112 :
113 :     printf("\t\t=============================================\n");
114 :     printf("\t\t아무 키나 누르십시오!");
115 :     fflush(stdin);
116 :     getchar();
117 : }
```

코드 10-7 기능별로 함수로 작성된 프로그램

연산 모듈인 IsPrimeNumber() 함수에 대해서 평가를 해보자. 다시 말해서 알고리듬에 대해 평가를 해보자. 가장 쉽게 할 수 있는 방법인 시간 복잡도에 대해서 알아보도록 하자. 즉 입력된 수가 소수인지 판단하는데 걸리는 시간이 얼마 정도인지 측정해보자. 그러기 위해서 [코드 10-8]처럼

바꾸어보자. [코드 10-8]에서 01, 07, 08, 14, 18, 19, 20, 21번째 줄들을 [코드 10-7]에 추가하도록 하자. 그리고 컴파일, 링크를 하고 실행을 시켜서 1234567893을 입력하고 엔터 키를 입력해 보자. 컴퓨터의 성능에 따라 차이가 있지만 걸리는 시간이 출력될 것이다. 그래서 꽤 긴 시간이 필요하다는 것을 알 수 있을 것이다.

```
01 : #include <time.h> // clock_t, clock()
02 : // 응용 프로그램의 엔트리 포인터 함수 정의
03 : int main(int argc, char* argv[]) {
04 :     Boolean isPrimeNumber; // 출력 자료 변수 선언
05 :     unsigned int number; // 입력 자료 변수 선언
06 :     // 알고리듬의 성능 측정관련 변수들 선언
07 :     clock_t start, finish; // 시작 시간과 끝났을 때 시간
08 :     double   duration; // 지속 시간
09 :
10 :     // 수를 입력받는다
11 :     number = InputNaturalNumber();
12 :     while(number != 0) {
13 :         // 소수인지 판단한다
14 :         start = clock(); // 시작 시각을 구하다
15 :
16 :         isPrimeNumber = IsPrimeNumber(number);
17 :
18 :         finish = clock(); // 마친 시각을 구하다
19 :         duration = (double)(finish - start) / CLOCKS_PER_SEC; // 걸린 시간을 계산하다
20 :         printf( "%2.3f seconds\n", duration ); // 초단위로 걸린 시간을 출력하다
21 :         fflush(stdin); getchar(); // 키 입력을 대기하다
22 :
23 :         // 소수 여부를 출력한다
24 :         DisplayIsPrimeNumber(number, isPrimeNumber);
25 :
26 :         // 수를 입력받는다
27 :         number = InputNaturalNumber();
28 :     }
29 :
30 :     return 0;
31 : }
```

코드 10-8 알고리듬의 시간 복잡도를 측정하는 코드

물론 최상의 알고리듬이 시간 복잡도가 낮은 것, 즉 걸리는 시간이 짧은 것이라고는 할 수 없다. 그렇지만 시간을 줄일 수 있는 부분을 찾아서 다른 제어논리로 고치는 작업은 필요하다. [코드 10-7]에서 IsPrimeNumber() 함수에서 코드를 관찰해 보자. [코드 10-7]에서 77번째 줄에서 80번째 줄까지, 그리고 87번째 줄에서 91번째 줄까지 해당하는 부분이 똑 같은 제어논리이면서 나머지를 구하는 반복구조이다. 이 코드들이 엄청나게 많은 시간을 요구하는 제어논리이다. 이 제어논리에 대해서 여러 가지 다른 방법들을 찾아서 새로운 알고리듬을 개발할 수 있을 것이다. 이러한 작업은 매우 중요하고 반드시 해야 하는 것이다. 그리고 여러분들이 항상 추구해야 하는 것이 훌륭한 알고리듬을 개발하는 것이지만 이 책의 범위가 아니기 때문에 여기서는 언어적으로 해결하는 방법에 대해서 예를 들고자 한다. C 언어가 제공하는 기능으로 해결할 수 있다.

C 언어로 표현한다면 [코드 10-7]에서처럼 하면 문제가 있는 코드이다. 따라서 C언어에서 사용할 수 있는 기능으로 제어논리를 고쳐보자. [코드 10-9]에서 08번째 줄과 15번째 줄처럼 나머지 연산자(%)를 이용하는 코드로 작성할 수 있다. [코드 10-7]에서 IsPrimeNumber() 함수 정의 단락을 지우고 [코드 10-9]와 같이 다시 IsPrimeNumber() 함수를 정의하고 컴파일과 링크를 하자. 그리고

실행을 하여 123456893을 입력하고 엔터 키를 눌려보자. 그리고 출력된 시간을 확인해 보아라. 아마도 [코드 10-7]에서 보다는 시간이 엄청 줄어드는 것을 확인할 수 있을 것이다.

여기서 주목할 것은 이렇게 특정 함수의 코드를 고치다 하더라도 인터페이스만, 즉 다시 말해서 함수 원형이 바뀌지 않은 이상은 프로그램을 구성하는 다른 함수들에서는 코드를 고치는 일은 없다. 아마도 어떠한 코드들을 변경하지 않고 작업들이 정상적으로 처리될 것이다.

```
01 : // 산술 및 논리 연산 함수
02 : Boolean IsPrimeNumber(unsigned long int number) {
03 :     Boolean isPrimeNumber = FALSE;
04 :     unsigned int remainder;
05 :     unsigned int i = 2;
06 :
07 :     // 1. 수를 입력 받는다 : 함수 호출로 인수로 값의 복사한다
08 :     remainder = number % i;
09 :
10 :     // 2. 2부터 시작하여 입력받은 수보다 작고 나누어 떨어지지 않는 동안 반복한다
11 :     while( i < number && remainder != 0) {
12 :         // 2.1. 나눌 수를 센다
13 :         i = i + 1;
14 :         // 2.2. 나머지를 구한다
15 :         remainder = number % i;
16 :     }
17 :     // 3. 나누어 떨어지는 수가 없으면
18 :     if( number == i ) {
19 :         isPrimeNumber = TRUE; // 소수 여부를 참으로 한다
20 :     }
21 :     // 4. 소수 여부를 출력한다.
22 :     return isPrimeNumber;
23 :     // 5. 끝낸다
24 : }
```

코드 10-9 나머지를 구하는 방법이 바뀐 IsPrimeNumber() 함수

이것은 함수를 사용했기 때문에 가능한 일이다. 그렇지 않다면 어떤 경우는 프로그램 전체를 다시 설계해서 코드를 작성해야 할 것이다. 즉 함수는 알아야 할 필요가 없는 세세한 작업이나 연산 등을 함수의 내부에 숨길 수 있기 때문에 가능하다. 대신에 앞에서 이미 언급한 것처럼 다른 함수와의 통신을 위해서 인터페이스, 즉 함수 원형은 불변이어야 한다는 것이다. 이러한 개념을 절차 추상화(Procedure Abstraction)라고 한다.

함수는 사용자에게 처리과정은 감추고, 처리결과만을 돌려주는 블랙박스이다. 블랙박스(Black Box)란 함수에 무엇인가를 집어 넣으면(매개변수, parameter) 내부에서 무슨 일이 벌어지는지 신경을 쓰지 않더라도, 그 즉시 결과(되돌림 값, Return Value)를 되돌려 주는 데서 연유한 것이다.

또한 독립된 기능에 대해 함수를 이용하여 프로그램을 작성하다 보면, 프로그램의 전체 크기도 줄일 수도 있다. 더 나아가서는 반복되는 부분이 일반적인 알고리듬인 경우 앞에서 출력을 하기 위해서 계속적으로 사용했던 printf() 함수와 같은 라이브러리 함수로 작성하여 이를 재사용 가능하도록 할 수 있다. 이러한 재사용 가능한 코드들을 많이 가지고 있으면 프로그램을 작성하는데, 걸리는 시간이나 노력이 줄어들게 될 것이고, 품질도 좋은 프로그램을 작성할 수 있게 된다.

함수 개념을 적용한 프로그램 작성 방식에 대해 또 다른 관점에서 보면, 프로그램을 기능별로 나누어서 개발이 가능할 것 같다. 2장에서 이미 배운 것처럼 크고 복잡한 프로그램의 경우 하향식 모듈화 프로그래밍이 가능할 것이다. 작업별로 분할하여 제작할 수 있고, 그렇게 하는 것이 프로그램을 작성하는데 있어 더 효율적이다. 실제 프로그램을 만드는 과정에서도 적용되지만 크게 입력, 출력, 연산 그리고 제어 관련 작업으로 나누어서 개발할 수 있다. 나누어 개발할 수 있다는 말은 한 사람에 의해서 모든 작업이 수행될 수도 있지만 더욱더 중요한 의미는 여러 사람이, 특히 각 작업에 전문가들이 작업에 참여할 수 있다는 말이 된다. 이처럼 함수 개념을 적용하면 크고 복잡한 프로그램을 작업하는데 있어 독립된 기능별로 분할하여 체계적으로 개발이 가능하다.

결론적으로 함수를 이용하면 체계적이고 간결한 프로그램을 제작할 수 있도록 해 줄 뿐만 아니라, 프로그램(전체 구조)을 이해하고, 변경(또는 유지보수)하기 쉽게 해준다.

3. 특징

C 언어는 철저하게 함수 위주의 언어이다. C 언어의 함수가 가지는 몇 가지 특징에 대해서 알아보자.

● C 에서 함수들은 수평적인 병렬 구조를 가진다.

C 에서는 함수 내부에서 다른 함수를 정의하는 것은 불가능하다. 단지 함수와 함수간의 관계는 함수 안에서 다른 함수를 호출함으로써 이루어진다. 이때 호출하는 함수가 상위 모듈이고 호출당하는 함수가 하위 모듈이라는 개념은 C 에서는 원칙적으로는 적용되지 않는다.

그렇지만 프로그램이 실행되려면, 프로그램을 구성하는 여러 함수들 중에서 어떤 함수가 첫 번째로 실행되어야 하는데, C 에서는 언제나 프로그램을 실행할 때 맨 먼저 main() 함수를 실행하게끔 되어 있다. 따라서 실행 가능한 프로그램을 작성하기 위해서는 반드시 main() 함수를 작성해야 한다. 따라서 main() 함수는 프로그램의 진입점(Entry Point) 역할을 한다. 다시 말해서 프로그램이 주기억장치에 적재될 때 첫 번째로 읽혀지는 곳이고, 또한 첫 번째로 호출되는 함수라는 것이다.

● C 에서는 반환을 하지 않는 프로시저(Procedure)가 없기 때문에 함수가 프로시저 유형을 지원할 수 있다.

C 에서 함수는 단독으로 존재할 수 있다. 함수 자체가 하나의 독립적인 문장이 될 수 있으며, 따라서 함수가 반드시 치환식(혹은 대입식) 등의 수식에 사용되어야 할 이유가 없다. 함수의 되돌림 값(혹은 반환값)을 무시해도 된다. ANSI C 표준에 의하면 원칙적으로 void 형이 아닌 되돌림 값을 무시하고자 할 때 함수명칭 앞에 (void)라는 캐스트 연산자를 덧붙이도록 되어 있지만 실제로

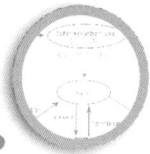

는 번거롭다는 이유로 생략해 버리는 것이 보통이다. 따라서 함수는 값을 리턴하지 않아도 된다.

- 되돌림 값은 return 문에 의해 되돌려진다. return 문 뒤에 기술한 수식의 값이 함수의 되돌림 값으로 되돌려지는 것이다. 이때 return 문에 의해서 되돌려 질 수 있는 값은 최대 1개이다. 개념적으로 함수는 하나의 값만을 구하는 연산임을 명심해야 한다.

- 함수의 되돌림 값의 자료형은 함수 명칭 앞에 지정되어야 한다. 되돌림 값의 자료형이 생략되는 경우에는 기본적으로 int 형이 된다. 함수가 어떤 값도 되돌리지 않으면 자료형을 void로 설정하면 된다. 되돌림 값의 자료형에 대해 void로 명기되고, return 문에 의해서 값을 되돌리지 않는 함수를 void 함수라고도 한다.

- 함수 호출 시 괄호는 절대 생략할 수 없다. C 에서 함수에 전달할 매개변수가 하나도 없더라도 괄호를 절대 생략할 수 없다. 특히 C 에서는 함수 명칭 자체가 함수 포인터(Pointer to Function)로 인식되기 때문에 만약 괄호를 생략해 버리면 해괴한 결과가 발생한다.

- 함수에 의해서 처리되어야 하는 값, 매개변수는 값에 의한 호출(Call by Value) 방식에 의해 전달된다.

함수는 매개변수를 통해서 특정한 정보를 받아들여 처리한다. 호출하는 함수에서 처리하고자 하는 실제 값을 호출당하는 쪽의 지정된 기억장소에 복사해 주는 방식이다. 따라서 호출당하는 쪽의 함수에서 값을 변경하더라도 호출한 쪽의 값이 변경되는 경우가 원칙적으로는 불가능하다는 것이다.

그렇지만 호출하는 쪽의 변수 값을 변경할 수 있도록 하기 위한 방법으로 주소를 값으로 복사해서 간접 접근을 할 수 있도록 하고 있다.

- 함수 안에서 지역변수 등을 선언하여 사용 가능하다.

4. 작성 방법

[코드 10-6]에서 보면 InputNaturalNumber() 함수 하나를 만들고 사용하기 위해서는 16번째 줄에서 함수를 선언하고, 71번째 줄에서 84번째 줄까지 정의를 하고, 그리고 26번째 줄과 63번째 줄에서 함수를 호출한다. [코드 10-7]은 이런 방식으로 IsPrimeNumber() 함수와 DisplayIsPrimeNumber() 함수가 작성되고 호출되고 있는 것을 알 수 있다. 그래서 함수를 선언하고 정의하고 호출하는 방법에 대해서 자세히 알아보도록 하자.

1) 함수 선언(Function Declaration)

[코드 10-7]에서 보는 것처럼 입력받은 수가 소수인지 판단하는 프로그램은 6개의 함수들, scanf() 함수, printf() 함수, InputNaturalNumber() 함수, IsPrimeNumber() 함수, DisplayIsPrimeNumber() 함수 그리고 main() 함수로 구성된다. scanf() 함수와 printf() 함수는 라이브러리 함수이기 때문에 이미 작성되어 있는 것이므로 함수 호출만 신경쓰면 된다. 그렇지만 4개의 함수에 대해서는 선언, 정의 그리고 호출하는 표현을 프로그래머가 해야 한다. [코드 10-10]에서 보는 것처럼 입력 함수인 InputNaturalNumber(), 연산 함수인 IsPrimeNumber() 그리고 출력 함수인 DisplayIsPrimeNumber()에 대해서 입력과 출력에 대한 정보들을 명시한 부분이다. 4개의 함수 중에서 main() 함수는 선언 부분이 없는데, 관습적으로 main() 함수는 대개 선언하지 않고 바로 정의하기 때문에 선언 부분을 작성하지 않았다. 그렇지만 main() 함수도 선언하고 정의해도 된다.

```
015 : /////////////////////////////////////////////////////////////
016 : // 함수 선언 단락
017 : // 입력 함수
018 : unsigned long int InputNaturalNumber();
019 : // 산술 및 논리 연산 함수
020 : Boolean IsPrimeNumber(unsigned long int number);
021 : // 출력 함수
022 : void DisplayIsPrimeNumber(unsigned long int number, Boolean isPrimeNumber);
```

코드 10-10 함수 선언 단락

(1) 정 의

함수 선언은 프로그램에 어떤 함수가 정의되어 있으며, 이에 대한 호출은 어떤 형식을 가져야 하는지를 간략하게 기술하는 부분이다.

다음은 함수 선언이 왜 필요한지에 대해 알아보자. 앞에 제시된 코드에서 함수 선언 단락을 다 지우고, 컴파일을 해 보자. [코드 10-7]에서 함수 선언 단락을 주석으로 처리하거나 지우고 컴파일을 해보자. 컴파일을 하면 경고와 오류 메시지가 출력된다. 왜 경고와 오류가 발생할까?

함수는 정의된 후에야 프로그램 내에서 알려지게 되므로 아직 정의되지 않은 함수에 대한 호출은 컴파일(1-Pass 방식)시에 오류를 발생시키게 된다. 모든 함수가 호출되기 전에 정의되어야 하는 이유는 특정 함수에 대한 호출이 발생했을 때 호출된 함수가 존재하는지의 여부와 함수의 반환형과 매개변수의 자료형이 올바르게 사용되었는지를 검사하기 위해서이다.

모든 함수는 호출되기 전에 반드시 정의되어야 한다. 따라서 [코드 10-11]과 같이 가장 쉽게 해결할 수 있는 방법은 호출을 하기 전에 함수 정의가 모두 이루어져야 하는 것이다.

호출하기 전에 반드시 정의해야 하는 이런 원칙을 적용하게 되면 프로그램을 하향식으로 작성할 수 없게 되므로 프로그램의 전체 구조에 대해 이해가 어렵다. [코드 10-11]에서 코드를 위쪽에서부터 아래쪽으로 쭉 읽어 보아라. 우선 전체적인 프로그램의 기능이 기술되어 있는 형태가 아니라

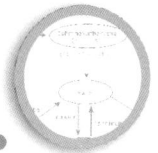

전체 프로그램을 구성하는 기능들이 기술되고, main() 함수에서 전체적인 프로그램의 기능을 알 수 있다. 마치 상향식 프로그램 형태의 기술이다.

C 언어가 추구하는 프로그래밍 방법은 구조화 프로그래밍으로 전형적인 하향식 프로그래밍 방식을 취하고 있기 때문에 C 언어를 이용해서 프로그래밍을 한다면 하향식으로 작성하는 것이 보다 합리적인 프로그래밍 패러다임일 것이다.

따라서 이러한 문제를 해결하기 위해서는 함수 정의와는 별도로 프로그램 시작부분에 모든 함수를 선언하여 이를 이용하는 각 함수 호출문장에서 오류가 있는지를 검사하면 된다. ANSI C 언어에서는 이러한 기능을 구현하기 위해서 함수 원형(Function Prototype)을 정의해 두고 있다.

(2) 함수 원형 형식 : 반환형 함수명칭(매개변수 목록);

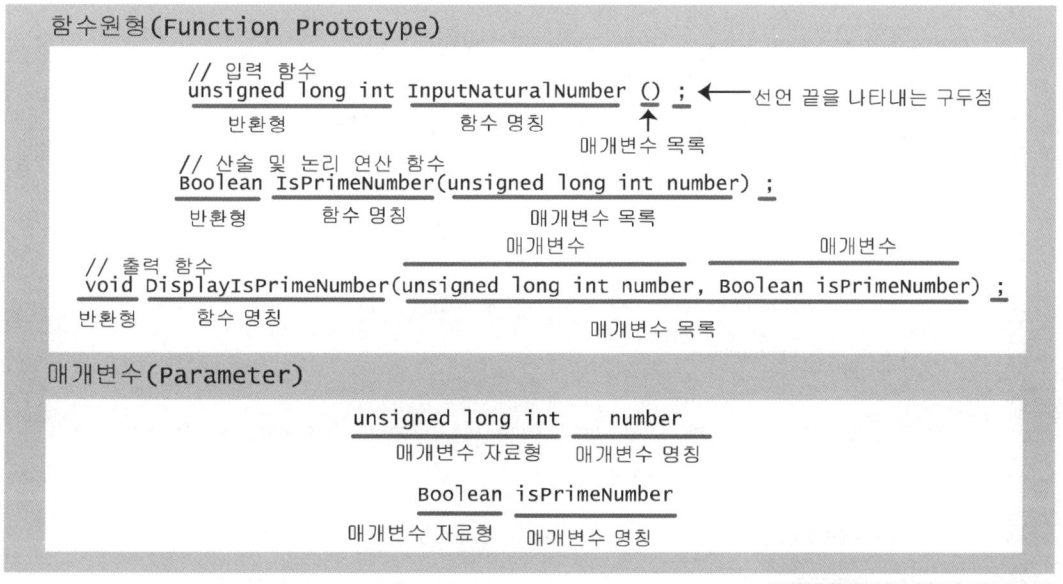

그림 10-5 함수원형과 매개변수

원시 코드 파일을 한 개를 사용해서 작성하는 프로그램인 경우 프로그램의 시작부분에, [코드 10-7]에서 15번째 줄부터 22번째 줄까지 처럼 대개는 전처리기 단락과 함수 정의 단락사이에 모든 사용자 정의 함수에 대해 함수 원형을 기술하는 것이 바람직하다.

그렇지만 많은 기능을 가지는 프로그램을 작성하는 경우 여러 개의 원시 코드 파일들 사용하여 프로그램을 제작하는 일을 해야 하는데 이때 하나의 함수를 여러 원시 코드 파일들에서 참조해야 한다면 [코드 10-12]처럼 헤더파일(Header File, 확장자가 *.h)에 함수 원형들을 기술해서 관리하는 것이 좋다. 헤더 파일을 사용하는 이유에 대해서는 3장 모듈화 프로그래밍에서 공부했다.

```c
/***************************************************************
  파일 명칭 : IsPrimeNumber.c
  함수 명칭 : IsPrimeNumber
  기    능 : 입력받은 수가 소수인지 아닌지를 판단한다.
  출    력 : 소수 여부
  입    력 : 수
  작 성 자 : 김석현
  작성 일자 : 2009년 2월 3일
***************************************************************/
#include <stdio.h>
#include <stdlib.h>

// 사용자 정의 자료형 선언
typedef enum _boolean { FALSE = 0, TRUE = 1 } Boolean;

// 입력 함수
unsigned long int InputNaturalNumber() {
    unsigned long int number;

    // 수를 입력받는다
    system("cls");
    printf("\n\n\n\n\n\n");
    printf("\t\t\t수가 소수인지 판단하는 프로그램\n");
    printf("\t\t=============================================\n");
    printf("\t\t2 이상의 자연수를 입력하십시오![끝내기 : 0] ");

    scanf("%d", &number);

    return number;
}

// 산술 및 논리 연산 함수
Boolean IsPrimeNumber(unsigned long int number) {
    Boolean isPrimeNumber = FALSE;
    unsigned short int remainder;
    unsigned long int i = 2;

    // 1. 수를 입력 받는다 : 함수 호출로 인수로 값의 복사한다
    remainder = number % i;

    // 2. 2부터 시작하여 입력받은 수보다 작고 나누어 떨어지지 않는 동안 반복한다
    while( i < number && remainder != 0) {
        // 2.1. 나눌 수를 센다
        i = i + 1;
        // 2.2. 나머지를 구한다
        remainder = number % i;
    }
    // 3. 나누어 떨어지는 수가 없으면
    if(i == number) {
        isPrimeNumber = TRUE; // 소수 여부를 참으로 한다
    }
    // 4. 소수 여부를 출력한다.
    return isPrimeNumber;
    // 5. 끝낸다
}

// 출력 함수
void DisplayIsPrimeNumber(unsigned long int number, Boolean isPrimeNumber) {
    printf("\t\t---------------------------------------------\n");
    // 소수 여부를 출력한다.
    if(isPrimeNumber == TRUE) {
        printf("\t\t%d는 솟수입니다!\n", number);
    }
    else {
        printf("\t\t%d는 합성수입니다!\n", number);
    }

    printf("\t\t=============================================\n");
    printf("\t\t아무 키나 누르십시오!");
    fflush(stdin);
    getchar();
}

// 응용 프로그램의 엔트리 포인터 함수 정의
int main(int argc, char* argv[]) {
    Boolean isPrimeNumber;   // 출력 자료 변수 선언
    unsigned long int number; // 입력 자료 변수 선언

    // 수를 입력받는다
    number = InputNaturalNumber();
    while(number != 0) {
        // 소수인지 판단한다
        isPrimeNumber = IsPrimeNumber(number);

        // 소수 여부를 출력한다
        DisplayIsPrimeNumber(number, isPrimeNumber);

        // 수를 입력받는다
        number = InputNaturalNumber();
    }

    return 0;
}
```

코드 10-11 함수 호출하기 전에 정의한 프로그램

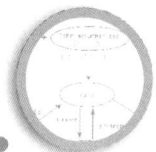

```
01 : /************************************************************
02 : 파일 명칭 : IsPrimeNumber.h
03 : 기    능 : 사용자 정의 자료형과 함수를 선언하다.
04 : 작 성 자 : 김 석 현
05 : 작성 일자 : 2009년 2월 3일
06 : ************************************************************/
07 : #ifndef _ISPRIMENUMBER_H // 가드(Guard) 설정
08 : #define _ISPRIMENUMBER_H
09 :
10 : // 사용자 정의 자료형 선언
11 : typedef enum _boolean { FALSE = 0, TRUE = 1 } Boolean;
12 :
13 : // 함수 선언
14 : unsigned long int InputNaturalNumber(); // 입력 함수
15 :
16 : Boolean IsPrimeNumber(unsigned long int number); // 산술 및 논리 연산 함수
17 : // 출력 함수
18 : void DisplayIsPrimeNumber(unsigned long int number, Boolean isPrimeNumber);
19 :
20 : #endif // _ISPRIMENUMBER_H
```

코드 10-12 IsPrimeNumber.h 헤더 파일

함수를 선언하기 위해서는 시스템 챠트를 이용하는 것이 매우 효율적이다. 그렇지 않다면 입력과 출력 데이터는 어떠한 방식들을 사용하더라도 정리되어야 한다. 이 부분에 대해서는 2장을 참조하여 다시 한번 더 정리해 보도록 하자.

기본적으로 출력 데이터가 없는 경우는 반환형을 void로 하고, 출력 데이터가 한 개인 함수인 경우는 출력 데이터의 자료형을 반환형으로 사용하며, 출력 데이터가 2개 이상인 경우는 반환형을 void로 하고, 출력 데이터 하나 당 매개변수로 선언하되, 매개변수의 자료형은 출력 데이터의 자료형의 포인터이어야 한다.

다음은 함수 명칭을 적는데, 의미있게 동사형으로 작명하도록 하자. 그리고 함수 명칭다음에는 반드시 소괄호를 붙여야 한다. 소괄호안에 필요하다면 매개변수 목록을 작성할 수 있다.

다음은 입력 데이터가 없는 경우는 매개변수 목록을 생략하나 입력 데이터가 있는 경우 매개변수로 선언하도록 한다. 입력 데이터가 여러 개인 경우는 쉼표로 구분하여 나열한다. 매개변수의 선언은 자료형과 명칭으로 구성된다. 매개변수 목록을 작성할 때 매개변수 목록을 완전히 생략도 가능하고, 각 매개변수에 대한 자료형만을 기술해도 무방하나, 문서화 기능을 돕기 위해서는 각 매개변수에 의미있는 명칭을 붙여주는 것이 좋은 프로그래밍 습관이므로 반드시 명기하도록 하자.

함수 선언을 마무리하려면 줄의 맨 끝에 세미콜론(;)을 찍어 선언임을 강조하여야 한다.

(3) 함수 선언의 잇점

함수를 사용하는 개발자에게 입출력 정보를 제공하는 것 외에 실제적으로 반환형을 사전에 미리 컴파일러에게 알려줌으로써, 정의할 때 반환형을 틀리게 기술한 경우 오류를 발생하게 해서 프로그래머에게 코드를 정확하게 작성할 수 있도록 한다.

```
char InputNaturalNumber() {
```

코드 10-13 선언과 다르게 반환형을 기술한 함수 정의

입력함수에 대해 정의할 때 [코드 10-13]과 같이 입력한 후 컴파일하면 [그림 10-6]과 같은 에러 메시지를 출력한다.

```
C:\Work\IsPrimeNumber\IsPrimeNumber.c(45) : error C2371: 'InputNaturalNumber' : redefinition; different basic types
```

그림 10-6 선언했을 때 반환형이 아닌 함수를 정의할 때 에러 메세지

매개변수 목록이 작성되어 있는 경우 함수를 호출할 때 실매개변수의 자료형이 올바른지 검사한다. 검사할 때 선언되어 있는 형식 매개변수의 자료형과 서로 일치하지 않으면, 실매개변수의 자료형을 형식매개변수의 자료형으로 산술 변환하게 된다. 그리고 컴파일을 하면 경고 메시지를 출력한다. 변환할 수 없으면 에러를 냄으로써 프로그래머가 실수로 실 매개변수를 잘못 지정하는 일을 최소한으로 줄어준다.

(4) 주의 사항

되돌림 값의 자료형을 생략하면 언제나 int 형으로 간주되므로 주의하여야 한다.

2) 함수 정의(Function Definition)

(1) 정 의

[코드 10-14]처럼 함수가 실제로 어떤 일을 수행하는 절차에 대해 기술을 한 것을 말한다.

(2) 형 식

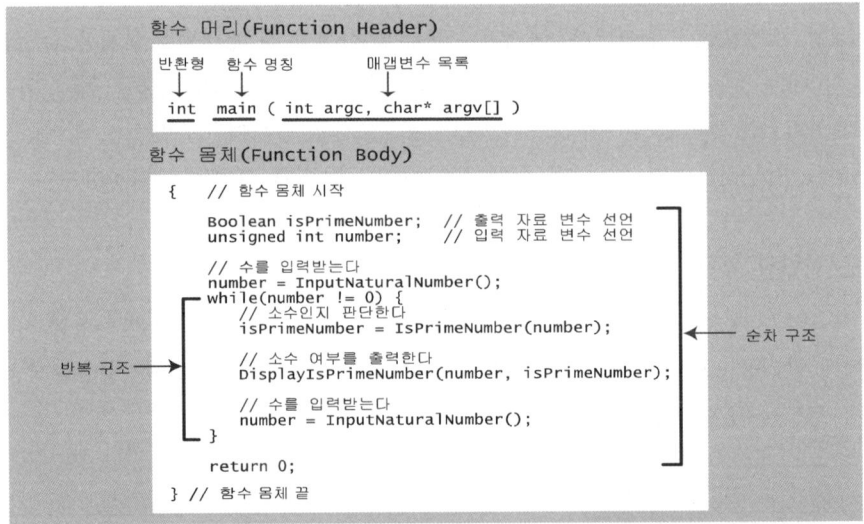

그림 10-7 main() 함수 정의

```c
024 : // 응용 프로그램의 엔트리 포인터 함수 정의
025 : int main(int argc, char* argv[]) {
026 :     Boolean isPrimeNumber; // 출력 자료 변수 선언
027 :     unsigned long int number; // 입력 자료 변수 선언
028 :
029 :     // 수를 입력받는다
030 :     number = InputNaturalNumber();
031 :     while(number != 0) {
032 :         // 소수인지 판단한다
033 :         isPrimeNumber = IsPrimeNumber(number);
034 :
035 :         // 소수 여부를 출력한다
036 :         DisplayIsPrimeNumber(number, isPrimeNumber);
037 :
038 :
039 :         // 수를 입력받는다
040 :         number = InputNaturalNumber();
041 :     }
050 :
051 :     return 0;
052 : }
053 :
054 : // 입력 함수
055 : unsigned long int InputNaturalNumber() {
056 :     unsigned long int number;
057 :
058 :     // 수를 입력받는다
059 :     system("cls");
060 :     printf("\n\n\n\n\n");
061 :     printf("\t\t\t수가 소수인지 판단하는 프로그램\n");
062 :     printf("\t\t==========================================\n");
063 :     printf("\t\t2 이상의 자연수를 입력하십시오![끝내기 : 0] ");
064 :
065 :     scanf("%d", &number);
066 :
067 :     return number;
068 : }
069 :
070 : // 산술 및 논리 연산 함수
071 : Boolean IsPrimeNumber(unsigned long int number) {
072 :     Boolean isPrimeNumber = FALSE;
073 :     unsigned short int remainder;
074 :     unsigned long int i = 2;
075 :
076 :     // 1. 수를 입력 받는다 : 함수 호출로 인수로 값의 복사한다
077 :     remainder = number % i;
078 :
079 :     // 2. 2부터 시작하여 입력받은 수보다 작고 나누어 떨어지지 않는 동안 반복한다
080 :     while( i < number && remainder != 0) {
084 :         // 2.1. 나룰 수를 센다
081 :         i = i + 1;
082 :         // 2.2. 나머지를 구한다
083 :         remainder = number % i;
084 :     }
085 :     // 3. 나누어 떨어지는 수가 없으면
086 :     if(i == number) {
087 :         isPrimeNumber = TRUE; // 소수 여부를 참으로 한다
088 :     }
089 :     // 4. 소수 여부를 출력한다.
090 :     return isPrimeNumber;
091 :     // 5. 끝낸다
092 : }
093 :
094 : // 출력 함수
095 : void DisplayIsPrimeNumber(unsigned long int number, Boolean isPrimeNumber) {
096 :     printf("\t\t---------------------------------------------\n");
097 :     // 소수 여부를 출력한다.
098 :     if(isPrimeNumber == TRUE) {
099 :         printf("\t\t%d는 솟수입니다!\n", number);
100 :     }
101 :     else {
102 :         printf("\t\t%d는 합성수입니다!\n", number);
103 :     }
104 :
105 :     printf("\t\t==========================================\n");
106 :     printf("\t\t아무 키나 누르십시오!");
107 :     fflush(stdin);
108 :     getchar();
109 : }
```

코드 10-14 함수 정의 단락

가. 함수의 반환형(혹은 되돌림 값 자료형)

함수의 반환형은 함수가 실행되어 얻은 결과로 반환하는 값의 자료형을 기술하는데 C 언어에서 제공하는 어떤 자료형도 다 사용할 수 있다. 생략할 경우는 int 형으로 간주된다.

실제로 함수에서 마지막 문장으로 return 키워드를 이용해서 자료형에 맞는 값을 설정해서 반환하도록 해야 한다.

[코드 10-15]에서 main() 함수의 반환형은 정수형 int로 설정되어 있고, 가장 마지막 문장, return 문에서 반환하는 값은 정수형인 0으로 설정되어 있는 것을 확인할 수 있다.

모듈 설계에서 한 개의 출력 데이터를 갖는 모듈에 대해서 출력 데이터의 자료형을 이용하여 반환형을 결정하면 된다. 출력 데이터가 없거나 두 개 이상인 경우는 void로 설정한다.

나. 매개변수(Parameter)와 매개변수 목록(Parameter list)

함수가 호출될 때 함수가 처리해야 하는 값을 입력받아야 하는데, 이 값을 매개변수라고 하고, 처리해야 하는 값들이 여러 개 있는 경우 매개변수들을 여러 개 나열하여야 하는데, 이렇게 나열되어 있는 매개변수들을 통칭할 때 매개변수 목록이라 한다.

모듈 설계에서 입력 데이터에 대해 매개변수로 사용되는 것이 일반적이다. 또한 함수는 기본적으로 한 개의 값만을 구하는 연산이다. 따라서 2 개 이상 값들을 구해서 출력해야 하는 경우 마땅한 해결책이 없다. 이러한 경우 매개변수를 이용하여 2개 이상의 값들을 출력할 수 있도록 하기 위해서도 매개변수를 이용한다. 이때는 매개변수의 자료형은 반드시 포인터형을 사용해야 한다. 이 부분에 대해서는 함수의 정보 전달에서 다시 설명하도록 하겠다.

매개변수(Parameter)에 대해서 공부를 더 해 보도록 하자. 매개변수는 함수가 처리해야만 해서 전달되는 값이고, 인수 혹은 인자라고도 불려진다. 그리고 [코드 10-15]에서처럼 매개변수는 호출하는 쪽과 호출당하는 쪽 관점에 따라 구분되어 지는데 실인수와 가인수라고 불려진다. 또한 함수를 선언할 때 의미를 나타내기 위해 사용되어진 매개변수는 형식인수(Formal Parameter)라고 한다.

그중에서 실인수와 가인수는 매우 중요한 개념들이기 때문에 조금 더 설명을 하겠다. 실인수 (Actual Parameter)는 함수가 호출될 때, 복사되어지는 값으로 함수를 호출하는 쪽에서 사용된 매개변수이다. 가인수(Dummy Parameter)는 호출되는 함수쪽에서 본 매개변수이고, 함수를 정의할 때 사용된 인자이다.

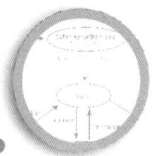

C를 배우면 함수를 잘 만들어야 한다

```
                                              형식 인수(Formal Parameter)
019 : // 산술 및 논리 연산 함수
020 : Boolean IsPrimeNumber(unsigned long int number);
023 :
024 : // 응용 프로그램의 엔트리 포인터 함수 정의
025 : int main(int argc, char* argv[]) {
026 :     Boolean isPrimeNumber; // 출력 자료 변수 선언
027 :     unsigned long int number; // 입력 자료 변수 선언
028 :
029 :     // 수를 입력받는다
030 :     number = InputNaturalNumber();    실인수(Actual Parameter)
031 :     while(number != 0) {
032 :         // 소수인지 판단한다
033 :         isPrimeNumber = IsPrimeNumber(number);
034 :
035 :         // 소수 여부를 출력한다
036 :         DisplayIsPrimeNumber(number, isPrimeNumber);
038 :
039 :         // 수를 입력받는다
040 :         number = InputNaturalNumber();
041 :     }
050 :
051 :     return 0;                             가인수(Dummy Parameter)
052 : }
053 :
070 : // 산술 및 논리 연산 함수
071 : Boolean IsPrimeNumber(unsigned long int number) {
072 :     Boolean isPrimeNumber = FALSE;
073 :     unsigned short int remainder;
074 :     unsigned long int i = 2;
075 :
076 :     // 1. 수를 입력 받는다 : 함수 호출로 인수로 값의 복사한다
077 :     remainder = number % i;
078 :
079 :     // 2. 2부터 시작하여 입력받은 수보다 작고 나누어 떨어지지 않는 동안 반복한다
080 :     while( i < number && remainder != 0) {
081 :         // 2.1. 나눌 수를 센다
082 :         i = i + 1;
083 :         // 2.2. 나머지를 구한다
084 :         remainder = number % i;
085 :     }
086 :     // 3. 나누어 떨어지는 수가 없으면
087 :     if( number == i) {
088 :         isPrimeNumber = TRUE; // 소수 여부를 참으로 한다
089 :     }
090 :     // 4. 소수 여부를 출력한다.
091 :     return isPrimeNumber;
092 :     // 5. 끝낸다
093 : }
```

호출하는 함수 (lines 025–052)
호출받는 함수 (lines 071–093)

코드 10-15 매개변수의 구분

실인수와 가인수는 사실상 전혀 별개의 존재임에 유의해야 한다. 가인수는 어디까지나 변수이다. 자동 변수와 같이 스택에 그 값이 저장되면 자동 변수와 그 쓰임새가 같다.

	argc	argv	isPrimeNumber	
main	1	*	?	3
				number
		isPrimeNumber		
IsPrimeNumber	3	FALSE	?	2
	number		remainder	i

* : 주소(Address), ? : 쓰레기(Garbage)

그림 10-8 IsPrimeNumber() 함수가 호출된 후 스택 상태

[그림 10-8]은 IsPrimeNumber() 함수가 호출된 후 스택 상태를 나타내고 있다. C 언어에서 제공하는 메모리 모델에 의하면 함수가 실행되면 함수에서 처리해야 하는 데이터들에 대해 스택 세그

먼트가 할당된다. 스택 세그먼트에는 매개변수와 자동 변수들이 차례대로 할당되고, 초기화 표현이 되어 있는 변수들에 대해 초기값들로 설정되고, 제어 논리가 실행됨에 따라 값들이 변경된다.

InputNaturalNumber() 함수로 3을 입력받은 상태에서, main() 함수 스택에 있는 number의 값이 3으로 설정된 것을 확인할 수 있다. number의 값, 3을 실인수로 해서 IsPrimeNumber() 함수가 호출되면, IsPrimeNumber() 함수에 대해 스택 세그먼트가 할당되고, 매개변수와 자동변수들이 할당되고, 초기값으로 설정되며, main() 함수에서 전달되는 실인수 3이 IsPrimeNumber() 함수 스택의 number에 복사된다. main() 함수 스택의 number가 실인수이고, IsPrimeNumber() 함수 스택의 number가 가인수인데, 각각 main() 함수와 IsPrimeNumber() 함수의 스택에서 독립된 기억 공간을 차지하고 있다.

실인수는 정확히 말해서 변수가 아니라 "값"이다. 왜냐하면 실인수는 변수가 될 수도 있고, 상수가 될 수도 있고, 수식이 될 수도 있고, 또 다른 함수가 될 수도 있기 때문이다. [코드 10-16]은 IsPrimeNumber() 함수를 호출하는 다양한 표현들이다.

```
                          변수
                           ↓
isPrimeNumber = IsPrimeNumber( number );
                                        상수
                                       ↙
isPrimeNumber = IsPrimeNumber( 2 );

isPrimeNumber = IsPrimeNumber( InputNumber() );
                                    ↑
                                   함수
```

코드 10-16 다양한 함수 호출 표현들

결과적으로 함수로 전달되는 것은 변수, 상수, 수식, 함수 자체가 아니라 그들이 평가한 최종적인 결과 값이라는 데 유의해야 한다.

매개변수 목록(Parameter List)은 매개변수들의 선언을 나열해 놓은 것을 일컫는다. 즉, 매개변수들이 쉼표(,)로 분리된 형태를 말한다. 목록을 구성하는 각 매개변수에는 자료형 그리고 명칭으로 구성되어진다.

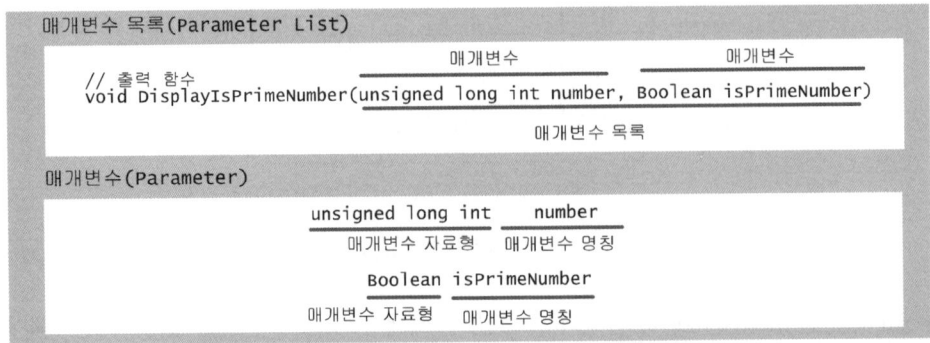

그림 10-9 매개변수 목록과 매개변수

각 매개변수들에는 함수 호출 문장을 사용해서 전달한 값들이 저장된다. 매개변수의 전달이 필요 없는 경우에는 매개변수 목록을 공백 상태로 둘 수 있으나, ANSI C 표준안에는 void 형을 사용하는 것이 보다 일반적이다.

```
           // 입력 함수
           unsigned long int InputNaturalNumber ()
                                                ↑
                                             매개변수 목록
           // 입력 함수
           unsigned long int InputNaturalNumber ( void )
                                                  ↑
                                               매개변수 목록
```

그림 10-10 매개변수 목록이 없는 함수

다. return 문

함수가 실행되어서 얻은 결과 값을 호출한 함수로 반환하기 위한 제어 이동 구문이다. return 문의 위치가 어디든 상관없이 실행되면 호출되어진 함수가 끝나고, 설정된 값이 호출한 함수로 반환되기 위해서 레지스터에 값이 복사된다.

return 문의 형식들은 [코드 10-17]과 [코드 10-18]과 같다. return하는 값은 변수, 수식, 함수, 그리고 상수일 수 있다. 그렇지만 실제로는 평가되어진 값이 반환된다.

```
                  // 입력 함수
                  unsigned long int  InputNaturalNumber() {
                      unsigned long int number;
                      // 수를 입력받는다
자료형을 맞추어야 한다  system("cls");
                      printf("\n\n\n\n\n\n");
                      printf("\t\t\t수가 소수인지 판단하는 프로그램\n");
                      printf("\t\t===============================================\n");
                      printf("\t\t2 이상의 자연수를 입력하십시오![끝내기 : 0] ");
                      scanf("%d", &number);
                      return number;
                  }
```

코드 10-17 return 문 형식

```
                          return ;
```

코드 10-18 return 문의 다른 형식

[코드 10-18]은 결과 값을 전달할 필요가 없고 단순히 제어만을 호출 함수로 반환해 주기 위한 형식이다. [코드 10-19]에서처럼 함수의 중간부분에서 제어를 강제로 호출 함수로 이동시키고자

할 경우 해당 부분에 반드시 return 문을 명시하면 된다. 대개는 속도문제 때문에 이러한 코드를 작성한다라고 하지만 코드 최적화에 의해서 반드시 그렇다라고 볼 수 없는 부분도 있다. 따라서 이러한 구조는 논리를 정형화시킬 수 없는 표현이므로 가능하면 사용하지 말아야 한다.

```
// 산술 및 논리 연산 함수
Boolean IsPrimeNumber(unsigned long int number) {
    // 1. 수를 입력 받는다 : 함수 호출로 인수로 값의 복사한다
    unsigned int remainder;
    unsigned int i = 2; // 2.1. 나눌 수를 센다

    // 2. 2부터 시작하여 입력받은 수보다 작은 동안 반복한다
    while( i < number ) {
        // 2.2. 나머지를 구한다
        remainder = number % i;
        // 나누어 떨어지는 수가 있으면 소수 여부를 거짓으로 출력한다
        if(remainder == 0) {
            return FALSE;
        }
        // 2.1. 나눌 수를 센다
        i = i + 1;
    }
    // 3. 나누어 떨어지는 수가 없으면
    // 4. 소수 여부를 출력한다.
    return TRUE;
    // 5. 끝낸다
}
```

코드 10-19 함수 중간부분에 강제로 호출한 함수로 이동하도록 하는 return 문

대개는 입출력 모듈인 경우 출력 데이터가 없다. 다시 말해서 C 에서는 되돌림 값이 없는 함수인 경우는 [코드 10-20]처럼 return 문을 생략했을 경우 함수 몸체 내부의 마지막 문장을 처리한 후, 제어는 자동적으로 호출 함수로 이동하기 때문에 결과 값의 반환이 필요없는 경우에는 생략 가능하다.

```
// 출력 함수
void DisplayIsPrimeNumber(unsigned long int number, Boolean isPrimeNumber) {
    printf("\t\t--------------------------------------------\n");
    // 소수 여부를 출력한다.
    if(isPrimeNumber == TRUE) {
        printf("\t\t%d는 솟수입니다!\n", number);
    }
    else {
        printf("\t\t%d는 합성수입니다!\n", number);
    }
    printf("\t\t============================================\n");
    printf("\t\t아무 키나 누르십시오!");
    fflush(stdin);
    getchar();
}
```

코드 10-20 반환이 없는 경우

3) 함수 호출(Function Invocation)

C 언어로 작성되어진 실행 가능한 프로그램이 실행될 때 함수 호출 과정에 대해서 정리해보자. [코드 10-21]에서처럼 C 언어로 작성되고 실행 가능한 프로그램을 실행시키면 main() 함수 호출로부터 시작된다. 그 외의 함수들은 main() 함수나 다른 함수들 내부에서 함수 호출문장에 의해 호출되어 실행된다.

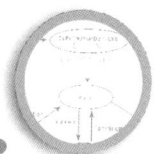

```
024 : // 응용 프로그램의 엔트리 포인터 함수 정의
025 : int main(int argc, char* argv[]) {
026 :     Boolean isPrimeNumber; // 출력 자료 변수 선언
027 :     unsigned long int number; // 입력 자료 변수 선언
028 :
029 :     // 수를 입력받는다
030 :     number = InputNaturalNumber();
031 :     while(number != 0) {
032 :         // 소수인지 판단한다
033 :         isPrimeNumber = IsPrimeNumber(number);
034 :
035 :         // 소수 여부를 출력한다
036 :         DisplayIsPrimeNumber(number, isPrimeNumber);
038 :
039 :         // 수를 입력받는다
040 :         number = InputNaturalNumber();
041 :     }
050 :
051 :     return 0;
052 : }

055 : unsigned long int InputNaturalNumber() {
056 :     int number;
057 :
058 :     // 수를 입력받는다
059 :     system("cls");
060 :     printf("\n\n\n\n\n");
061 :     printf("\t\t\t수가 소수인지 판단하는 프로그램\n");
062 :     printf("\t\t=================================\n");
063 :     printf("\t\t2 이상의 자연수를 입력하십시오![끝내기 : 0] ");
064 :
065 :     scanf("%d", &number);
066 :
067 :     return number;
068 : }
```

코드 10-21 InputNaturalNumber() 함수 호출에 대해 제어흐름

그래서 함수 호출 문장을 어떻게 작성하는지 정리해 보자. 함수 호출 문장을 작성하기 위해서는 함수 선언에서 만들어진 함수 원형을 참조해야 한다. InputNaturalNumber() 함수에 대해서 어떻게 함수를 호출하는 문장을 만드는지 알아보자.

```
// 입력 함수
unsigned long int InputNaturalNumber ();
```

코드 10-22 InputNaturalNumber() 함수 원형

[코드 10-22]은 InputNaturalNumber() 함수 원형이다. 반환형이 있고, 즉 출력 데이터가 하나 있고 매개변수 목록이 없는, 즉 입력 데이터가 없는 함수임을 알 수 있다. 따라서 출력 데이터에 대해 반환형을 갖는 변수를 선언해야 한다. 변수명칭은 의미있게 주어야 한다. 따라서 함수 명칭을 참조하여 정하면 된다. InputNaturalNumber() 함수명칭에서 알 수 있듯이 수를 입력받는 것이기 때문에 number라고 하자. number의 자료형은 반환형과 동일해야 한다. 그렇지 않으면 경고나 오류가 발생한다. 여기서는 함수의 반환형이 unsigned long int이기 때문에 unsigned long int이어야 한다. 그래서 [코드 10-21]에서 027번째 줄에서 number 변수를 선언하고 있다. 물론 반환되어지는 값이 계속 되어지는 제어논리에서 사용되지 않으면 생략해도 된다.

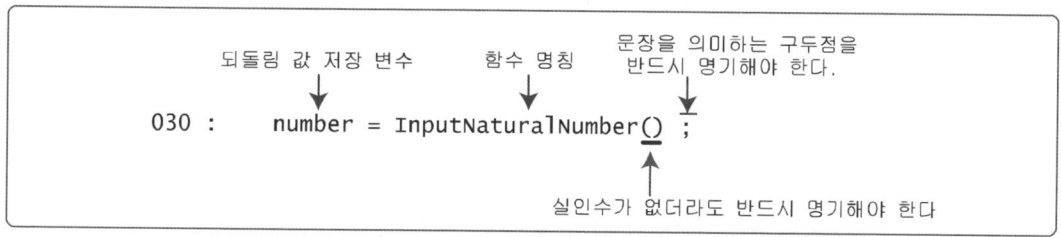

코드 10-23 매개변수가 없는 InputNaturalNumber() 함수 호출 문장

이렇게 선언된 변수에 함수에 의해서 구해진 값을 저장해야 하기 때문에 치환식이 필요하다. 치환식을 작성할 때 선언된 변수는 왼쪽 값으로 설정해야 한다. 따라서 [코드 10-23]에서 보는 것처

럼 치환연산자의 왼쪽에 변수가 적혀야 한다.

다음은 오른쪽 값에 대해 함수 호출식을 작성해야 한다. 함수 호출식은 함수 명칭으로 시작한다. 함수 명칭을 적고 다음은 무조건 소괄호를 열고 닫아야 한다. 소괄호를 생략하면 오류는 발생하지 않지만 경고를 발생할 것이다. 왜냐 하면 함수 명칭 자체는 주소 상수이다. 따라서 number는 주소를 저장하는 변수가 아니라 스칼라를 저장하는 변수이기 때문에 경고를 주어 다시 확인해 보도록 하는 것이다. 이 경고도 무시하고 실행을 시키면 구해지는 값은 틀린 값을 구해 주는 예기치 못한 상황에 직면할 수 있다.

다음은 함수 원형에서 매개변수 목록이 비었기 때문에, 즉 매개변수들이 없기 때문에 소괄호 내부도 비우면 된다.

그리고 마지막으로 치환식과 호출식이 실행되어 제대로 값을 구하도록 지시를 내려야 하기 때문에 문장임을 강조하는 구두점 세미콜론을 마지막에 찍어 마무리 하면 [코드 10-23]처럼 InputNaturalNumber() 함수 호출 문장이 작성되는 것이다.

다음은 IsPrimeNumber() 함수에 대해 함수 호출 문장을 혼자서 위에서 배운 대로 따라서 작성해 보아라. 작성해 보았는가?

```
                // 연산 함수
        Boolean IsPrimeNumber(unsigned long int number);
```

코드 10-24 IsPrimeNumber() 함수 원형

[코드 10-24]는 IsPrimeNumber() 함수 원형인데, 반환형이 있고 매개변수가 한 개 있는 함수이다. 반환형이 있기 때문에 Boolean 반환형을 갖는 변수를 호출하는 함수에서, 여기서는 main() 함수에서 선언해야 한다. [코드 10-21]에서 026번째 줄을 보면 isPrimeNumber 변수가 선언되어 있다. isPrimeNumber 변수에 함수 호출식에 의해서 구해진 값을 저장해야 하기 때문에 isPrimeNumber 변수를 왼쪽 값으로 하는 치환식을 작성해야 한다.

그리고 오른쪽 값으로 함수 호출식을 작성해야 하는데, 함수 호출식은 무조건 함수명칭으로 시작한다고 했으므로 함수 명칭을 적고 다음은 또한 반드시 소괄호를 열고 닫아야 한다. 그런데 IsPrimeNumber() 함수 원형을 보면 매개변수를 하나 가지므로 자료형에 맞는 값을 정해서 소괄호 안에 적어야 한다. 이때 값은 상수, 변수 혹은 수식일 수 있다. 여기서는 앞에서 작성된 InputNaturalNumber() 함수에 의해서 입력되어진 값, 즉 number 변수에 저장되어진 값으로 설정하면 된다. 따라서 number 변수 명칭을 소괄호속에 적는다. 그리고 닫은 소괄호 뒤에 문장임을 강조하기 위한 구두점을 찍어 [코드 10-25]와 같이 IsPrimeNumber() 함수 호출 문장을 작성하면 된다.

```
033 :       isPrimeNumber = IsPrimeNumber(number);
```

코드 10-25 매개변수를 갖는 IsPrimeNumber() 함수 호출 문장

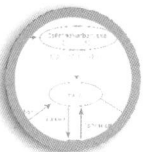

다음은 DisplayIsPrimeNumber() 함수에 대해 호출 문장을 작성해 보자. 항상 함수 호출문장을 작성할 때는 함수 원형을 참조해야 한다. [코드 10-26]은 DisplayIsPrimeNumber() 함수 원형이다.

```
    // 출력 함수
    void DisplayIsPrimeNumber(unsigned long int number, Boolean isPrimeNumber);
```
코드 10-26 DisplayIsPrimeNumber() 함수 원형

반환형이 void이다. 출력하는 값이 명시되지 않는다는 말이다. 즉 반환되어지는 값이 명시되지 않는다는 말이다. 따라서 반환되어진 값을 저장할 변수를 선언 및 정의할 필요는 없다. 또한 치환식을 작성하지 않아도 된다. 단지 함수 호출식만을 작성하면 된다. 함수 호출식은 함수 명칭으로 시작해야 하고 함수 명칭 다음은 바로 반드시 소괄호가 기술되어야 한다.

```
    036 :        DisplayIsPrimeNumber(number, isPrimeNumber);
```
코드 10-27 DisplayIsPrimeNumber() 함수 호출문장

그런데 DisplayIsPrimeNumber() 함수는 두 개의 매개변수를 가지고 있다. 따라서 매개변수들에 대해 설계를 해야 한다. 함수 원형을 보고 자료형에 맞는 값들을 정해야 한다. 하나는 unsigned long int 자료형을 갖는 값이어야 하고, 다른 하나는 Boolean 자료형을 갖는 값이어야 한다. 따라서 하나는 unsigned long int 자료형을 갖는 number이어야 하고, 다른 하나는 Boolean 자료형을 갖는 isPrimeNumber이어야 한다. 그리고 자료형에 맞게 순서에 따라 값들을 쉼표로 구분해서 소괄호속에 나열하면 된다. 특히 순서를 정하는데 있어 값의 의미를 함수 원형에서 알 수 있으면 더욱더 쉽게 할 수 있을 것이다. [코드 10-26]에서 보는 것처럼 첫 번째 인수가 입력받은 수라는 의미를 갖는 number라는 명칭을 가지고 있고, 두 번째 인수가 입력받은 수에 대해 소수 여부에 대해 의미를 갖는 isPrimeNumber라는 명칭을 갖기 때문에 의미에 맞게 값을 나열하면 자연히 순서에 맞게 값을 설정할 수 있기 때문이다. 따라서 함수를 선언할 때 매개변수의 명칭을 생략하지 말고 반드시 적도록 하자. 여하튼 매개변수를 여러 개를 갖는 경우 함수 원형을 참고하여 함수를 호출하는 식을 작성할 때 개수와 자료형, 그리고 순서가 반드시 일치하도록 해야 한다. 그렇지 않으면 경고 또는 오류가 발생할 것이다.

마지막으로 문장임을 강조하기 위해 소괄호뒤에 세미콜론을 찍어 [코드 10-27]에서처럼 함수 호출 문장을 작성하면 된다.

5. 작성 규칙

함수를 작성하는 방법에 대해서 공부했다. 좋은 함수를 작성하는데 있어 몇 개의 규칙을 정리해 보자.

(1) 함수는 선언, 호출, 정의 세 부분에 대해 함수 원형(Prototype)이 동일해야 한다.
(2) 함수의 명칭은 가능하면 그 처리 과정을 대표할 수 있는 명칭을 부여하되 동사형이어야 한다.
(3) 하나의 함수는 가능하면 하나의 기능만을 수행하도록 작성하도록 한다.
(4) 하나의 함수는 약 50 ± 10 줄 정도의 길이로 작성하도록 한다.

6. 함수 호출과 프로그램 실행(Execution)

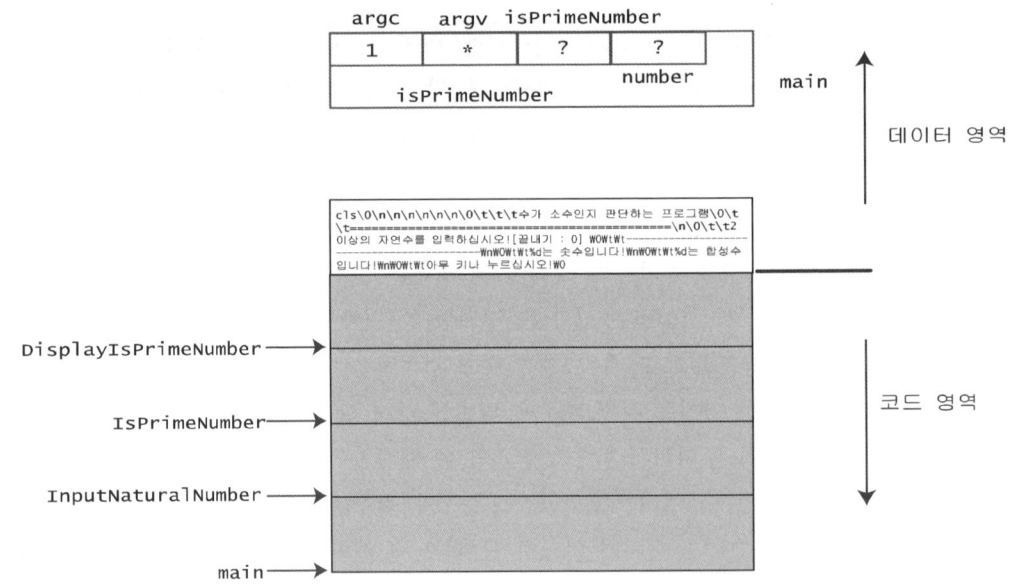

그림10-11 main() 함수가 실행되었을 때

입력된 수가 소수인지 판단하는 프로그램을 실행시키면 기계어 코드와 데이터들이 주기억장치에 적재되고 [코드 10-21]에서 보는 것처럼 main() 함수가 호출된 상태가 되어 [그림 10-11]과 같은 메모리 맵을 구성하게 될 것이다.

main() 함수가 실행하는데 있어 필요한 데이터들을 저장할 스택을 할당하고, argc, argv 매개변수들과 isPrimeNumber와 number 자동 변수들을 할당하고 초기화가 되어 있지 않기 때문에 자동 변수

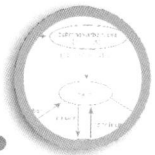

들은 모두 쓰레기 값을 가질 것이다. 매개변수들에 대해서는 2장에 배운 main() 함수와 명령 행을 참조하자.

다음은 [코드 10-21]의 함수 호출에서 단계별로 이루어지는 과정을 메모리 맵으로 이해하도록 하자. [코드 10-21]의 30 번째 줄에서 InputNaturalNumber() 함수가 호출되는 2단계에서 함수가 호출되면 프로그램의 제어는 호출되어진 함수로 전달된다.

InputNaturalNumber() 함수가 호출되면 호출된 함수가 실행하는데 필요한 데이터들에 대해 스택을 할당하게 되어, 자동변수들이 모두 할당되고, 초기값으로 설정되거나 아니면 쓰레기값을 가지게 된다. InputNaturalNumber() 함수에 기술된 일련의 문장들을 수행할 수 있게끔 된다. [그림 10-12]에서처럼 InputNaturalNumber() 함수 스택에는 [코드 10-21]에서 InputNaturalNumber() 함수 정의에 따라 자동 변수 number 하나만 할당되어질 것이다. 그리고 초기화 표현이 없어 쓰레기 값을 가질 것이다. 초기화를 할 필요가 없는 것이 입력에 의해서 값이 저장되는 기억장소이기 때문에 초기화를 할 필요가 없다.

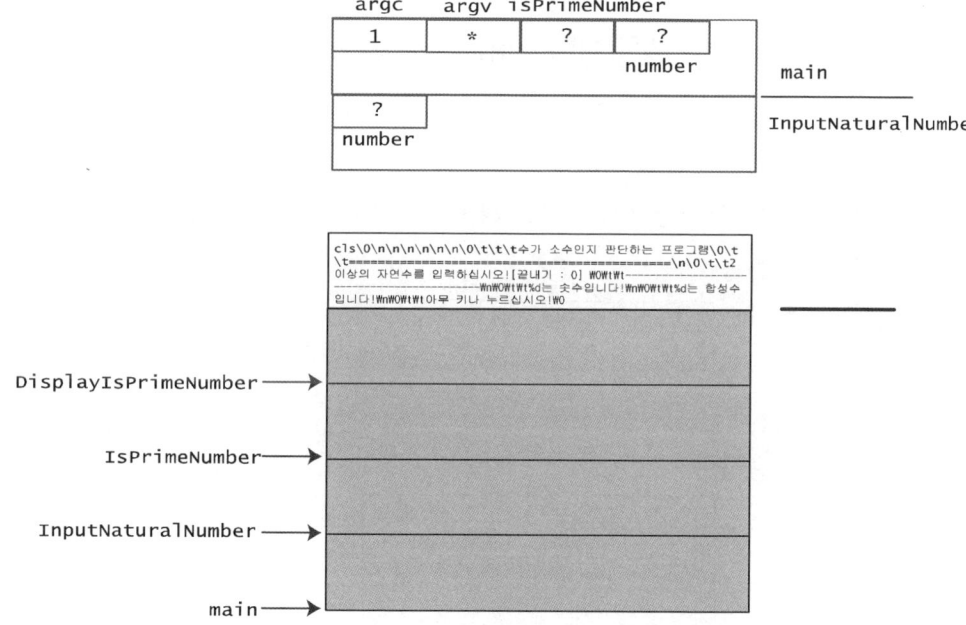

* : 주소(Address), ? : 쓰레기(Garbage)

그림10-12 InputNaturalNumber() 함수가 호출되었을 때(단계 2)

[코드 10-21]의 3 단계에서는 호출된 InputNaturalNumber() 함수 몸체에 포함된 일련의 문장들을 수행하게 된다. 여기서는 사용자에게 프로그램의 기능과 입력할 수 있는 값의 범위와 프로그램을 끝낼 때 입력해야 하는 값에 대한 메시지들을 출력하고 사용자로부터 키보드의 입력을 대기하게 된다. 사용자가 키보드를 이용하여 3을 입력했을 때 메모리 맵은 [그림 10-13]과 같다.

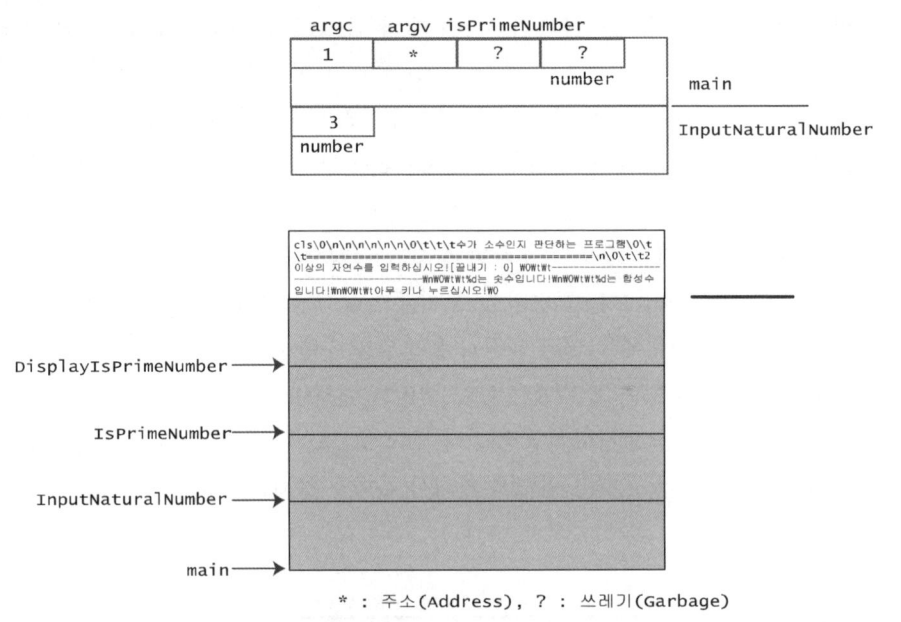

그림10-13 InputNaturalNumber() 함수가 실행되었을 때(단계 3)

[코드 10-21]의 4 단계에서 return 문을 만나게 되면 되돌림 값을 중앙처리장치의 고속 기억장소인 레지스터로 값을 복사하고 호출된 함수의 스택을 해제함으로써 호출한 함수로 되돌려 진다. 되돌림이 없는 경우 함수의 끝 부분에서 스택을 해제하고 호출한 함수로 되돌려 진다.

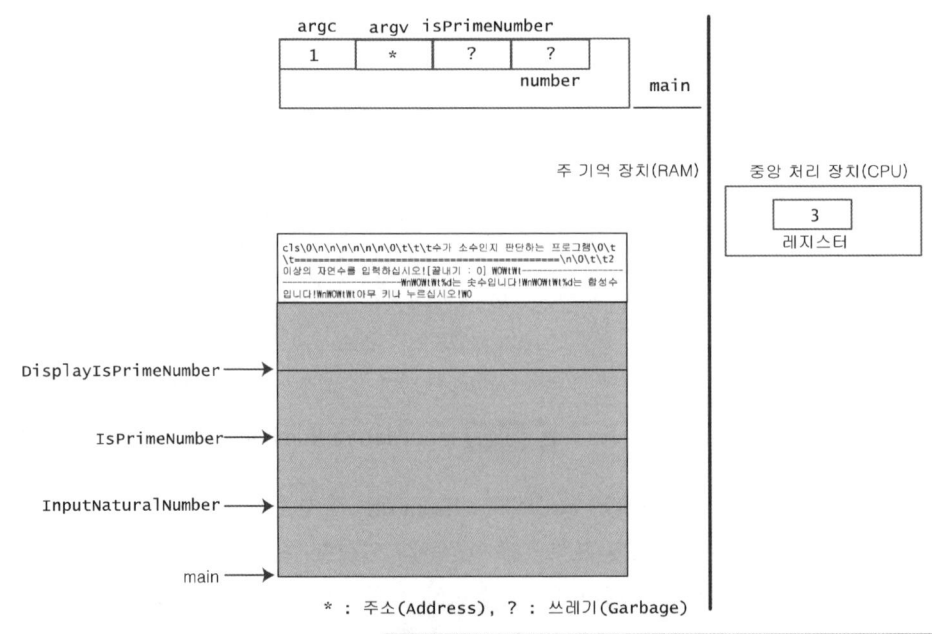

그림10-14 InputNaturalNumber() 함수가 끝났을 때(4단계)

400 제10장 함수(Function)

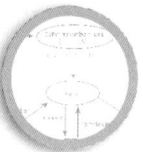

[코드 10-21]의 5 단계에서 함수 호출문장의 치환 연산자에 의해서 중앙처리장치에 있는 되돌림 값을 main() 함수 스택에 있는 number 변수에 값을 복사하게 된다. 이렇게 함으로써 함수 호출이 끝나게 된다.

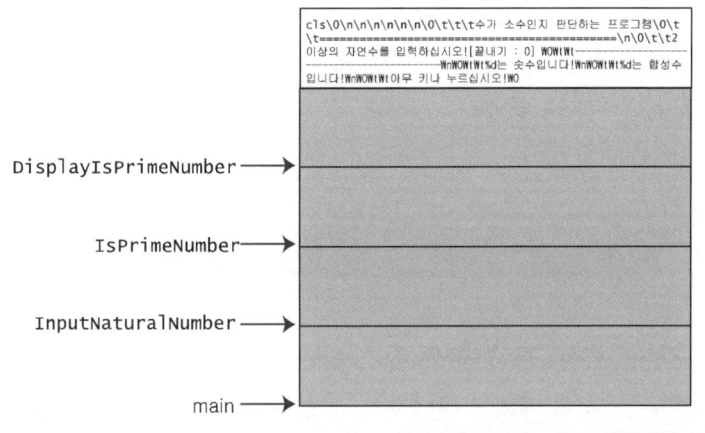

* : 주소(Address), ? : 쓰레기(Garbage)

그림 10-15 함수 호출문장의 치환식에 의한 값 복사

다음은 [코드 10-28]에서처럼 IsPrimeNumber() 함수가 호출되는 것에 대해서 공부를 계속해 보도록 하자.

```
024 : // 응용 프로그램의 엔트리 포인터 함수 정의
025 : int main(int argc, char* argv[]) {
026 :     Boolean isPrimeNumber; // 출력 자료 변수 선언
027 :     unsigned long int number; // 입력 자료 변수 선언
028 :
029 :     // 수를 입력받는다
030 :     number = InputNaturalNumber();
031 :     while(number != 0) {
032 :         // 소수인지 판단한다
033 :         isPrimeNumber = IsPrimeNumber(number);
034 :
035 :         // 소수 여부를 출력한다
036 :         DisplayIsPrimeNumber(number, isPrimeNumber);
038 :
039 :         // 수를 입력받는다
040 :         number = InputNaturalNumber();
041 :     }
050 :
051 :     return 0;
052 : }

070 : // 산출 및 논리 연산 함수
071 : Boolean IsPrimeNumber(unsigned long int number) {
072 :     Boolean isPrimeNumber = FALSE;
073 :     unsigned int remainder;
074 :     unsigned int i = 2;
075 :
076 :     // 1. 수를 입력 받는다 : 함수 호출로 인수로 값의 복사한다
077 :     remainder = number;
078 :     while(remainder >= i) {
079 :         remainder = remainder - i;
080 :     }
081 :
082 :     // 2. 2부터 시작하여 입력받은 수보다 작고 나누어 떨어지지 않는 동안 반복한다
083 :     while( i < number && remainder != 0) {
084 :         // 2.1. 나를 수를 센다
085 :         i = i + 1;
086 :         // 2.2. 나머지를 구한다
087 :         remainder = number;
089 :         while(remainder >= i) {
090 :             remainder = remainder - i;
091 :         }
092 :     }
093 :     // 3. 나누어 떨어지는 수가 없으면
094 :     if( number == i ) {
095 :         isPrimeNumber = TRUE; // 소수 여부를 참으로 한다
096 :     }
097 :     // 4. 소수 여부를 출력한다.
098 :     return isPrimeNumber;
099 :     // 5. 끝난다
100 : }
```

코드 10-28 IsPrimeNumber() 함수 호출

[코드 10-28]에서 030번째 줄이 실행되어 3이 입력되어 [그림 10-15]에서처럼 number에 3이 저장되어 있다. 031번째 줄에서 조건식을 평가하면 3과 0이 같지 않으므로 참이 된다. 따라서 while 반복구조이므로 참인 동안 반복하기 때문에 033번째 줄로 이동하고 실행하게 된다.

033번째 줄에서 오른쪽에 작성된 IsPrimeNumber(number) 함수 호출식을 먼저 평가하게 된다. 즉 IsPrimeNumber() 함수를 호출하게 된다. IsPrimeNumber() 함수가 실행되는데 필요한 데이터들을 저장하기 위해서 함수 스택을 할당하고, [코드 10-28]에서 071번째 줄, 072번째 줄, 073번째 줄, 074번째 줄들에서 선언된 매개변수와 자동변수들에 대해 기억장소를 할당한다. 그리고 자동변수들에 대해서는 초기화에 의해서 할당과 동시에 isPrimeNumber에는 FALSE, i에는 2가 저장된다. 그리고 remainder에는 초기화되지 않았으므로 이전에 실행되었던 프로그램에 의해서 쓰여진 쓰레기가 존재할 것이다. 그러면 number 매개변수에 대해서는 어떠한 값을 가질 것인가? 이 부분에 대해서 함수의 정보전달 방식에 대해서 공부해야 한다.

7. 정보전달 방식

1) 값에 의한 호출(Call by Value Pass by Value)

실인수인 값을 함수로 전달하는 방식에 대해서 알아보자. C 언어에서는 기본적으로 값에 의한 호출(Call by Value)만이 존재한다. 즉 지정한 실인수에 대해 평가한 값을 스택에 복사한 후 함수를 호출하는 것이다. 복사되어진 값들이 함수 내에서 가인수로서 사용되므로, 호출된 함수는 단지 스택에 복사되어진 값(가인수)만을 조작할 뿐이다. 호출한 쪽의 실인수를 직접 조작하는 것은 원칙적으로 불가능하다.

main() 함수 스택에 있는 number에 저장되어 있는 값인 3을 읽어 IsPrimeNumber() 함수의 가인수인 number에 값을 복사하게 된다. IsPrimeNumber() 함수를 호출하는 문장이 실행된 후의 메모리 맵은 [그림 10-16]과 같다. [코드 10-28]에서 2단계가 진행된 후 이다.

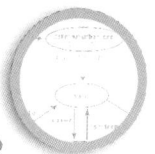

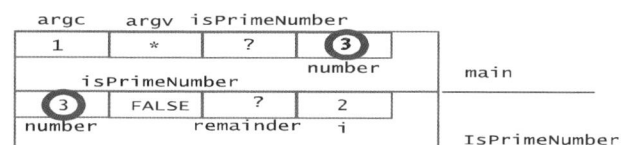

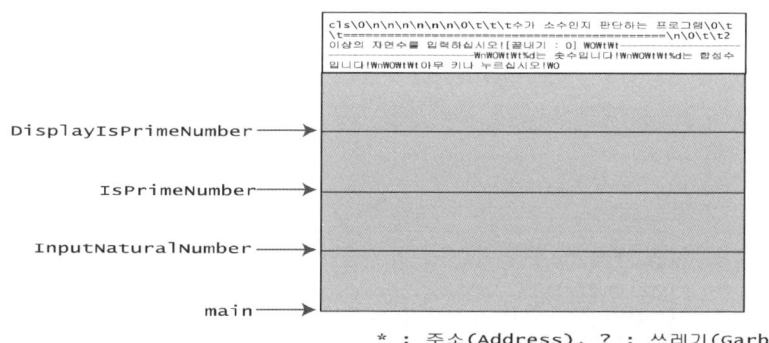

그림 10-16 IsPrimeNumber() 함수가 호출되었을 때

다음은 [코드 10-28]에서 3단계가 진행될 것이다. 3단계에서 디버깅에 대해서는 8장 연산자를 참고하도록 하자. 여하튼 3단계가 진행되고, return에 의해서 4단계가 진행되기 전까지 메모리맵은 [그림 10-17]과 같다.

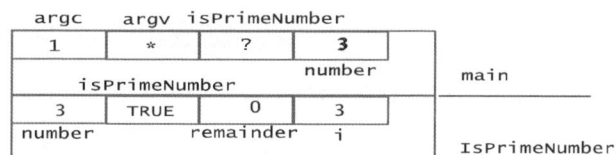

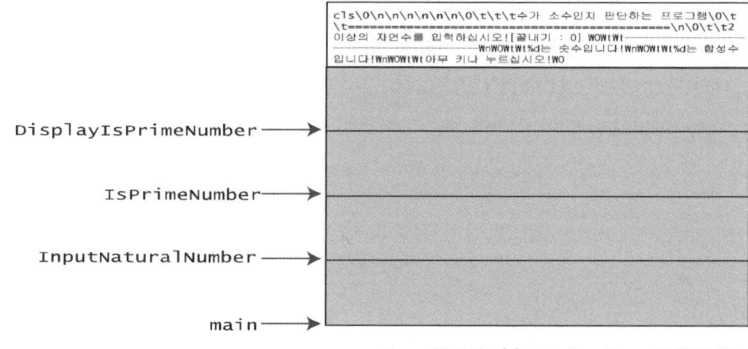

그림 10-17 IsPrimeNumber() 함수가 실행되었을 때(3단계)

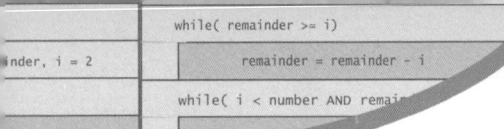

다음은 return에 의해서 프로그램의 실행 제어를 호출한 함수인 main() 함수로 되돌리는 4단계를 진행해 보자. return에 의해서 isPrimeNumber에 저장된 값인 TRUE가 레지스터에 복사되어져서 저장되고, IsPrimeNumber() 함수 스택이 해제된다. [그림 10-18]과 같은 메모리 맵이 그려질 것이다. 레지스터에 TRUE가 존재한다는 것만 기억하도록 하자.

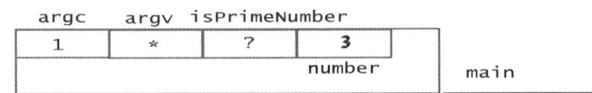

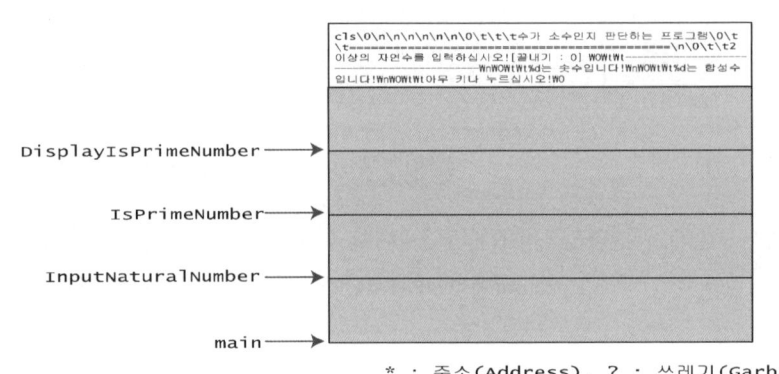

그림10-18 IsPrimeNumber() 함수의 실행이 끝났을 때(4 단계)

이렇게 해서 프로그램의 실행 제어가 main() 함수로 이동되었다. [코드 10-28]에서 033번째 줄에서 치환 연산자의 오른쪽에 기술된 IsPrimeNumber(number) 함수 호출식에 의해서 TRUE라는 값을 구해 레지스터에 저장하고 있는 상태인 것이다. 따라서 함수 호출식은 오른쪽 값이다. 이제 치환식을 평가하면 되는 것이다. 즉 치환 연산자에 의해서 레지스터에 저장되어 있는 값인 TRUE를 main() 함수 스택에 할당되어 있는 isPrimeNumber에 복사하여 저장하게 된다. 이렇게 해서 [코드 10-28]에서 033번째 줄의 실행이 끝나게 된다. [그림 10-19]은 IsPrimeNumber() 함수 호출문장이 정상적으로 실행되었을 때 메모리 맵이다.

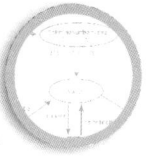

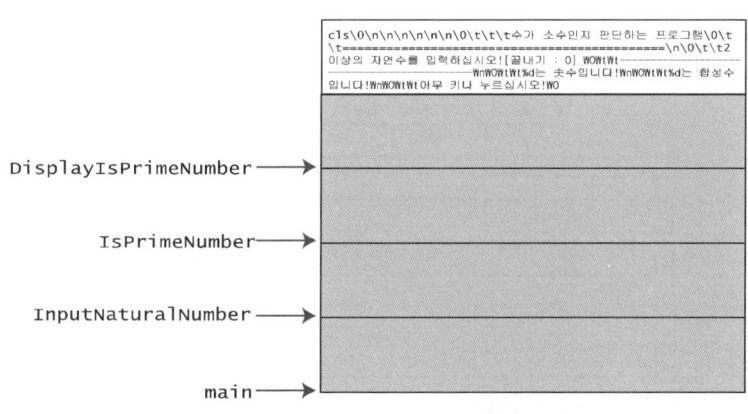

그림 10-19 IsPrimeNumber() 함수의 호출이 끝났을 때(5단계)

계속해서 함수 호출, 프로그램 실행 그리고 정보전달에 대해서 공부하기 위해서 [코드 10-29]에서처럼 DisplayIsPrimeNumber() 함수를 호출해 보자.

```
024 : // 응용 프로그램의 엔트리 포인터 함수 정의
025 : int main(int argc, char* argv[]) {
026 :     Boolean isPrimeNumber; // 출력 자료 변수 선언
027 :     unsigned long int number; // 입력 자료 변수 선언
028 :
029 :     // 수를 입력받는다
030 :     number = InputNaturalNumber();
031 :     while(number != 0) {
032 :         // 소수인지 판단한다
033 :         isPrimeNumber = IsPrimeNumber(number);
034 :
035 :         // 소수 여부를 출력한다
036 :         DisplayIsPrimeNumber(number, isPrimeNumber);
037 :
038 :
039 :         // 수를 입력받는다
040 :         number = InputNaturalNumber();
041 :     }
050 :
051 :     return 0;
052 : }

102 : // 출력 함수
103 : void DisplayIsPrimeNumber(unsigned long int number, Boolean isPrimeNumber) {
104 :     printf("\t\t----------------------------------------\n");
105 :     // 소수 여부를 출력한다.
106 :     if(isPrimeNumber == TRUE) {
107 :         printf("\t\t%d는 숫수입니다!\n", number);
108 :     }
109 :     else {
110 :         printf("\t\t%d는 합성수입니다!\n", number);
111 :     }
112 :
113 :     printf("\t\t========================================\n");
114 :     printf("\t\t아무 키나 누르십시오!");
115 :     fflush(stdin);
116 :     getchar();
117 : }
```

코드 10-29 DisplayIsPrimeNumber() 함수 호출 과정

[코드 10-29]에서 033번째 줄이 실행이 끝났으면 순차구조에 의해서 아래쪽으로 프로그램의 실행 제어가 이동하게 된다. 즉 1단계로 036번째 줄로 이동하여 실행하게 된다.

다음은 2단계로 DisplayIsPrimeNumber() 함수가 호출되는 것이다. DisplayIsPrimeNumber() 함수가 실행될 때 필요한 데이터들을 저장하기 위해서 기억장소들을 할당할 스택을 할당하고, 103번째

줄에서 선언된 매개변수들에 대해 기억장소들을 할당한다.

DisplayIsPrimeNumber() 함수 스택에 할당된 number와 isPrimeNumber에 저장되는 값은 얼마일까? 답은 [코드 10-29]에서 036번째 줄에서 얻을 수 있다. 실인수들을 확인하면 된다. 실인수들로 number와 isPrimeNumber가 사용된다. 변수 명칭은 변수에 저장된 값을 의미하기 때문에 number에 저장된 값인 3과 isPrimeNumber에 저장된 값인 TRUE이다. 이 값들을 읽어 함수가 호출될 때 DisplayIsPrimeNumber() 함수 스택에 할당된 number와 isPrimeNumber에 차례대로 복사하여 저장한다.

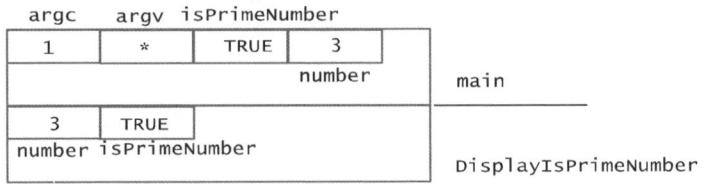

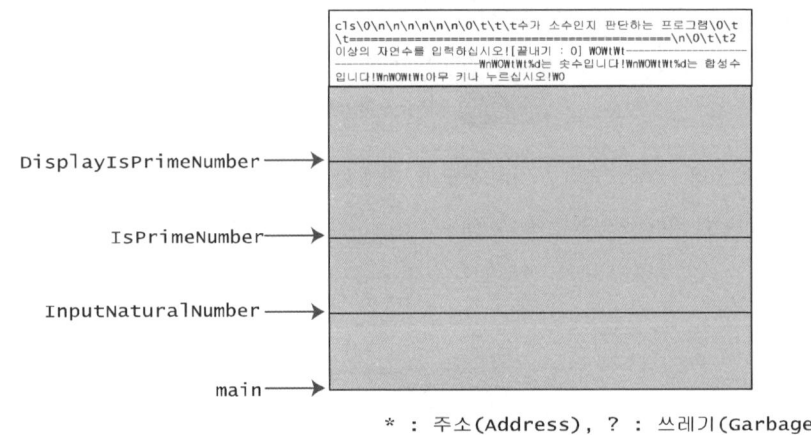

* : 주소(Address), ? : 쓰레기(Garbage)

그림 10-20 DisplayIsPrimeNumber() 함수가 호출되었을 때(2단계)

이제 DisplayIsPrimeNumber() 함수가 실행되는데 [코드 10-29]에서 104번째 줄이 실행되어 모니터에 구분선을 긋게 된다. 그리고 [코드 10-29]에서 106번째 줄로 이동하여 if 문장의 조건식을 평가하게 된다. isPrimeNumber에 저장된 값인 TRUE와 상수 TRUE를 읽어 같은지에 대해 논리값을 구한다. 구해진 논리값은 참이다. 따라서 프로그램의 실행제어가 107번째 줄로 이동하게 된다. 107번째 줄에 의해서 모니터에 "3은 솟수입니다!"가 출력된다.

그리고 [코드 10-29]에서 104번째 줄로 이동하고 순차구조에 의해서 아래쪽으로 차례대로 실행되어 구분선을 긋고 모니터에 "아무 키나 누르십시오!"라는 메시지를 출력한다. 그리고 한 개의 글자를 입력받을 때까지 대기하도록 하기 위해서 키보드 버퍼에 입력된 글자들을 모두 지우고 글자를 입력받을 때까지 대기하도록 하고 있다.

　엔터 키를 입력하면 닫는 함수 블록을 만났을 때 DisplayIsPrimeNumber() 함수 스택이 해제되고 main() 함수로 프로그램의 실행제어가 이동된다. 다시 [그림 10-21]과 같은 메모리 맵이 그려질 것이다. 이처럼 return 문장이 없더라도 함수 스택이 해제되어 호출한 함수로 프로그램의 실행제어를 이동시킬 수 있다. 반환형이 void로 처리된 함수에 대해서는 return 문을 사용하지 않도록 하자. 이것은 C 언어가 제공하는 함수의 특징이다.

　프로그램이 어떻게 끝나는지에 대해서 이해하도록 하자. 그래서 계속해서 디버깅을 해보자. [코드 10-29]에서 040번째 줄로 이동하여 InputNaturalNumber() 함수를 호출할 것이다. InputNaturalNumber() 함수 호출 과정에 대해서는 바로 전에 배웠기 때문에 더 이상 설명하지 않겠다. 사용자가 키보드로 0을 입력했다면 [그림 10-21]과 같이 InputNaturalNumber()에 의해서 0이 입력되어 number에 저장될 것이다.

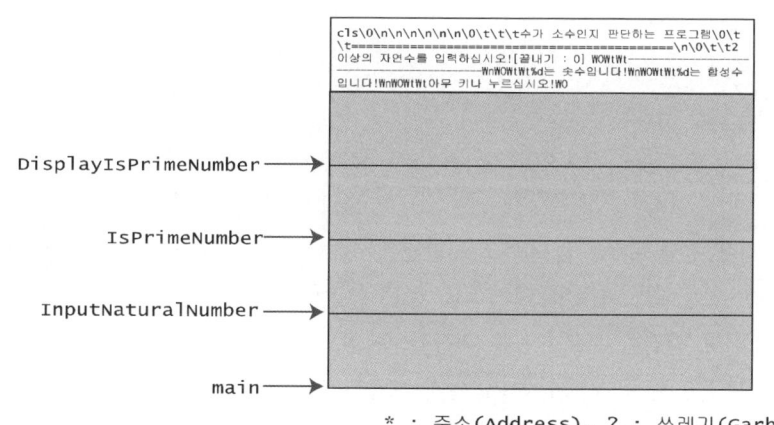

그림 10-21 InputNaturalNumber() 함수에 의해서 0이 입력되었을 때

　다음은 while반복문장이기 때문에 [코드 10-29]에서 041번째 줄에서 반복제어블록이 끝남을 강조하는 구두점인 닫는 중괄호를 만나면 [코드 10-29]에서 031번째 줄로 이동한다. while 반복문장의 조건식을 평가하게 된다. 조건식의 평가에 따라 반복을 계속할지 말지를 결정하게 되는 것이다. 조건식은 관계식으로 number에 저장된 값인 0을 읽고 상수 0을 읽어 같지 않은지에 대해 평가를

하게 된다. 평가해서 구해진 값은 거짓이다. 따라서 while 반복문장은 선 검사 반복구조이므로 참인 동안 반복하고 거짓이면 탈출하기 때문에 반복문장을 탈출하게 된다. [코드 10-29]에서 051번째 줄로 이동하게 된다. return 문장에 의해서 main() 함수 스택이 해제된다. 따라서 프로그램이 끝나게 되는 것이다. 따라서 코드 세그먼트와 정적 데이터 영역까지 운영체제에 의해서 해제되게 된다.

2) 주소 값에 의한 호출(Call by Value Pass by Pointer)

여기서 문제점이 하나 있다. 값에 의한 호출이기 때문에 호출한 쪽의 실인수를 직접 조작하는 것은 원칙적으로 불가능하다. 또한 함수는 기본적으로 1개의 출력 값만을 가질 수 있다. 즉 return 에 의해서 되돌려 지는 값의 개수는 최대 1이다. 따라서 알고리듬을 표현할 때 2개 이상의 출력이 있을 때는 모듈화가 원칙적으로는 불가능하다. return 문을 두 번 사용할 수 없기 때문이다. 이러한 경우를 고려해서 실인수를 변경할 수 있는 방법을 제공하고 있다. 실인수를 변경할 수 있는 유일한 방법은 실인수에 대해 주소를 이용하는 방법이다. 따라서 함수를 호출할 때 실인수의 주소를 구해서 복사하는 함수 호출 방식이 제공되어야 한다. 여하튼 값에 의한 호출인데 복사되어져서 전달되는 값이 주소라는 것이다. 따라서 C 언어에서는 주소 값에 의한 호출과 유사한 다른 언어들에서는 제공하는 참조에 의한 정보전달(Call by Reference)은 없다.

주소 값에 의한 호출을 표현할 수 있도록 문법적인 기능을 제공하는데, 즉 주소를 값으로 저장할 변수나 인수 선언 및 정의 할 수 있는 기능을 제공하는데 이를 포인터(Pointer)라고 한다. 자세한 공부는 12장 포인터에서 하도록 하자.

8. 정 리

함수는 어떤 특정한 작업을 전담하게끔 독립적으로 만들어지는 프로그램의 구성 단위로 C 언어 에서는 프로그램의 논리적 모듈로서 특정한 일처리를 하는 C 언어 문장들의 집합체이다.

함수를 이용하면 체계적이고 간결한 프로그램을 제작할 수 있도록 해 줄 뿐만 아니라, 프로그램(전체 구조)을 이해하고, 변경(또는 유지보수)하기 쉽게 해준다.

C 언어는 철저하게 함수 위주의 언어이다. C 언어의 함수가 가지는 몇 가지 특징을 가지는데, C 에서 함수들은 수평적인 병렬 구조를 가지고, C 에서는 프로시저(Procedure)가 없기 때문에 함수가 프로시저 유형을 지원할 수 있고, 되돌림 값(혹은 반환값)은 return 문에 의해 되돌려지고, 함수의 되돌림 값의 자료형은 함수 명칭 앞에 지정되어야 하고, 함수 호출 시 괄호는 절대 생략할 수 없고, 함수에 의해서 처리되어야 하는 값, 매개변수는 값에 의한 호출(Call by Value) 방식에 의해 전달된다.

함수를 작성하는 절차는 함수의 선언, 정의 그리고 호출 순이어야 하고, 이때 함수 원형은 동일하게 유지되어야 한다.

제11장
함수(2)

1. 알고리듬 설계(Algorithm Design)

2. 재귀 함수

3. 정적 함수(Static Function)

4. 가변 인수 목록 사용법

5. 정리

제11장 함수(2)

1. 알고리듬 설계(Algorithm Design)

다음은 문제를 가지고 여기까지 배운 내용을 정리해 보도록 하자. 왜냐하면 이 책에서 배워야하는 가장 중요한 내용이 함수를 만드는 방법이기 때문이다. 문제는 양의 정수를 입력받아 1부터 입력받은 양의 정수까지의 정수를 모두 곱한 결과를 구하여 출력하는 것이다. 다시 말해서 팩토리얼(Factorial)에 대한 문제를 풀어 보면서 알고리듬을 어떻게 설계하는지에 대해 공부해 보도록 하자. 설계와 관련된 방법적인 자세한 내용은 이 책의 범위 밖이므로 언급하지 않겠다. 개괄적인 알고리듬 작성 절차만이라도 이해해서 문제를 풀 때 참고할 수 있도록 하기 위함이다.

우선 프로그램의 전체적인 구조를 컴퓨터의 기본 기능들을 이용하여 시스템 챠트를 이용하여 정리해 보도록 하자. 양의 정수를 입력하는 기능, 팩토리얼을 구하는 연산 기능, 구한 팩토리얼을 출력하는 기능 그리고 언급된 기능들을 제어하는 기능으로 구성되도록 하자.

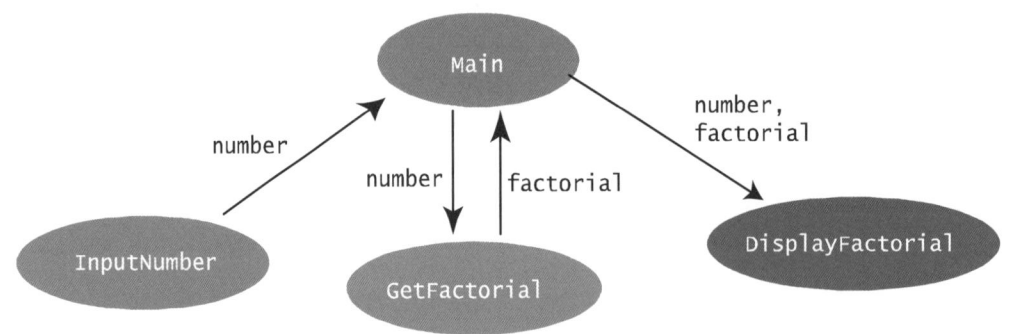

그림 11-1 팩토리얼을 구하는 프로그램 구성도

InputNumber 입력 모듈과 DisplayFactorial 출력 모듈에 대해서는 화면설계로 제어논리를 정리하면 되고 GetFactorial 연산 모듈에 대해서 알고리듬을 설계하도록 하자. 시스템 챠트 자체가 Main 제어 모듈의 제어논리를 정리한 것이기 때문에 따로 작업할 내용은 없다.

알고리듬을 적용한 연산 모듈에 대해서 설계를 해 보도록 하자. 문제를 해결하기 위해서는 문제의 본질을 정확하게 이해해야 한다. 손쉽게 문제를 이해할 수 있는 방법은 수작업으로 실제 문제를 풀어보는 것이다. 입력받은 수는 양의 정수이어야 한다. 따라서 입력받은 수가 3이라고 할 때 3!은 [그림 11-2]와 같은 수식을 말한다.

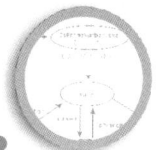

```
                    3! = 3 * 2 * 1
        (1) factorial = 1        // 0! = 1 로 가정
        (2) factorial = factorial * 3 // factorial : 3
        (3) factorial = factorial * 2 // factorial : 6
        (2) factorial = factorial * 1 // factorial : 1
```

그림 11-2 3!의 이해

[그림 11-2]에서 (1)에서처럼 곱을 구하기 때문에 구하고자 하는 팩토리얼의 최초값은 1이어야 한다. 다음은 기존 팩토리얼 값에다가 1씩 빼서 구한 값을 곱하여 새로운 팩토리얼 값으로 만드는 것이다. 수가 0이 아닌 동안 곱하는 것을 반복하면 될 것 같다.

이렇게 이해된 내용을 알고리듬을 적용하여 처리되는 순서를 부여하고 우리말로 정리해 보자. [표 11-1]은 우리말로 정리된 팩토리얼을 구하는 절차이다. 이러한 작업없이 바로 코드를 작성할 수는 없을 것이다.

표 11-1 팩토리얼을 구하는 절차

1. 수를 입력받는다. (입력)
2. 수가 0보다 큰 동안 반복한다. (제어)
   2.1. 곱을 구한다. (산술, 저장)
   2.2. 수를 센다. (산술, 저장)
3. 곱을 출력한다. (출력)
4. 끝낸다.

다음은 데이터들을 정리해야 한다. 특히 데이터들에 대해 자료형을 결정해야 한다.

표 11-2 데이터들

번호	명칭		자료유형	구 분	비 고
	한 글	영문			
1	곱	factorial	정수	출력	최초값 = 1
2	수	number	정수	입력	

다음은 기억장소의 원리도 적용하여 NS 챠트를 이용하여 방법적인 측면에서 알고리듬을 다시 설계해 보자. 이렇게 하향식 접근법을 사용하면 체계적이고 쉽게 문제를 해결할 수 있다.

알고리듬을 기술할 때 지켜야 하는 조건들중에 하나가 반드시 끝나야 한다는 것이다. 다른 말로는 알고리듬의 유한성이라고 한다. 이에 대해 [표 11-1]에서 "4. 끝낸다" 처리 단계이다. 이에 대해서 NS 챠트에서는 [그림 11-3]과 같이 작도되어야 한다.

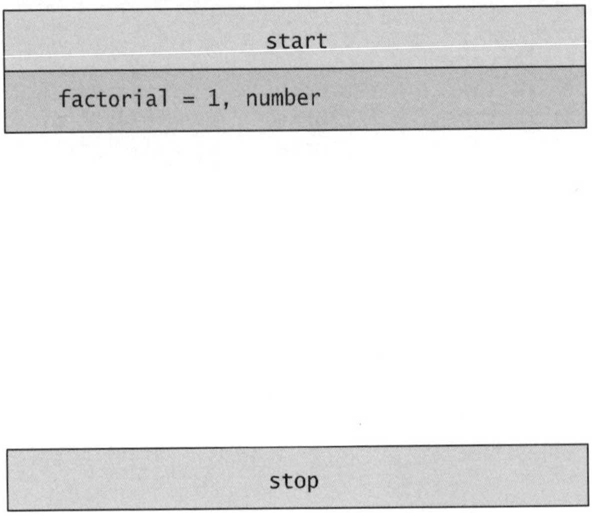

```
        start
factorial = 1, number
```

```
        stop
```

그림 11-3 모듈의 시작과 끝 그리고 변수들 선언

    종이 한 장을 놓고 위쪽과 아래쪽에 각각 순차기호를 작도하고 위쪽 순차기호에 start 그리고 아래쪽 순차기호에는 stop이라고 적는다.

    다음은 컴퓨터는 처리할 데이터들이 있으면 주기억장치에 저장해야만 한다. 그래서 주기억장치에 일정한 크기만큼 기억장소를 할당받아서 처리할 데이터를 저장한다. 그러기 위해서 할당된 기억장소를 식별하기 위해서 명칭을 부여하는데 이것은 변수(Variable)라고 한다. 변수들이 필요한 경우 start 순차기호밑에 순차기호를 작도하고, [표 11-2]에서 정리된 데이터 명칭들을 차례대로 쉼

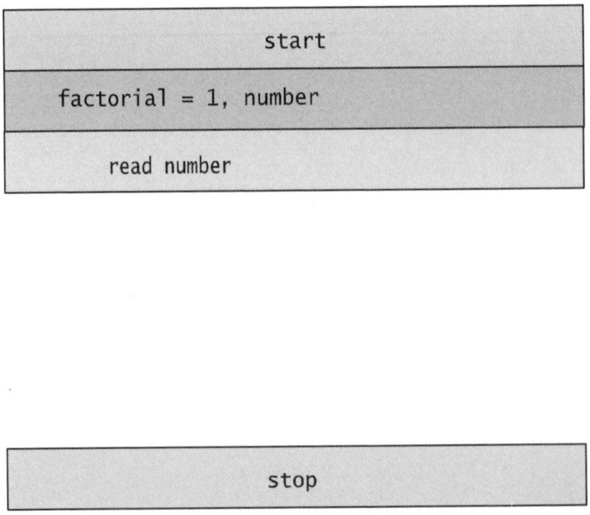

```
        start
factorial = 1, number
      read number
```

```
        stop
```

그림 11-4 입력에 대해 순차기호

표로 구분하여 나열한다. 이때 초기값이 필요한 변수에 대해서 변수명칭 뒤에 등호를 적고 뒤이어 상수 값을 적는다. 여기서 factorial에 대해 1로 초기값을 설정해야 하기 때문에 factorial = 1처럼 하면 된다. 이러한 표현을 초기화라고 한다.

다음부터는 [표 11-1]에서 정리된 절차에서 단계마다 방법을 고안해서 하나씩 작도하면 된다. "1. 수를 입력받는다."에 대해 어떻게 작도할지 연구하면 되는 것이다. 입력은 출력과 함께 전형적인 순차구조이다. 따라서 순차기호를 작도하고, 명령어 read를 이용해서 read 명령어 뒤에 바로 입력된 값을 저장할 변수 number를 적는다. 여러 개의 데이터들을 입력받는 경우 쉼표로 구분해서 차례대로 나열하면 된다.

다음은 "2. 수가 0보다 큰 동안 반복한다."라는 처리단계에 대해 어떻게 작도할 지를 연구해야 한다. 이런 식으로 하나씩 해결해 가면 어떠한 어려운 문제라도 해결할 수 있게 되는 것이다. 처리단계 명칭에서 알 수 있듯이 반복구조로 작도되어야 한다. 선 검사 반복구조 혹은 진입 조건 반복구조를 사용하도록 한다. 그런데 선 검사 반복구조는 기본적으로 두 개를 제공한다. 하나는 알고리듬을 설계할 때 반복을 몇 번해야 할지 모르는 경우 while 반복구조와 알고리듬을 설계할 때 반복을 몇 번해야 할지 아는 경우 for 반복구조이다. 여기서는 어떠한 반복구조를 사용해야 할까? 입력받은 수에 따라 반복횟수가 정해지기 때문에 알고리듬을 설계할 때는 반복횟수를 모르는 경우이므로 while 반복구조를 만들어야 한다. 선 검사 반복구조를 작도하고 while 키워드를 적고 소괄호를 열고 조건식을 작성하고 소괄호를 닫으면 된다. 조건식은 number가 0보다 큰지에 대한 관계식이어야 한다.

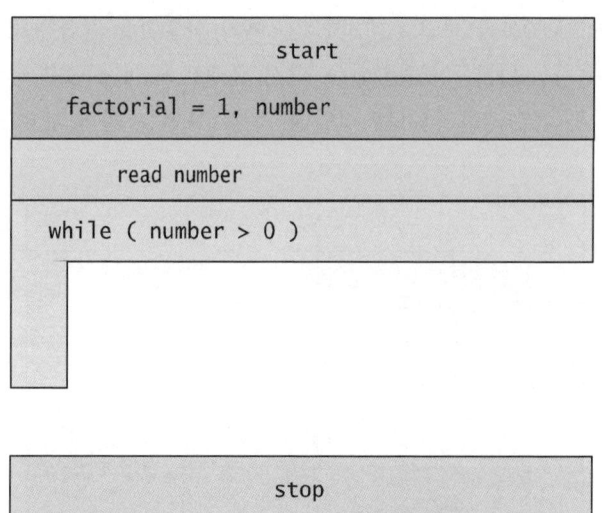

그림 11-5 수가 0보다 큰 동안 반복하는 반복구조

다음은 "2.1. 곱을 구한다."에 대해 어떻게 해야 할지 집중해야 한다. "2.1" 이라는 처리 순서에서 알 수 있듯이 "2" 처리단계인 반복구조에서 첫 번째로 처리해야 하는 순차기호이다. 산술식과 치환

식도 전형적인 순차구조에서 처리하는 수식들이다. [그림 11-6]처럼 순차기호를 작도하고 내용으로 곱하기와 누적 표현에 의한 치환식으로 복합 수식을 작성한다.

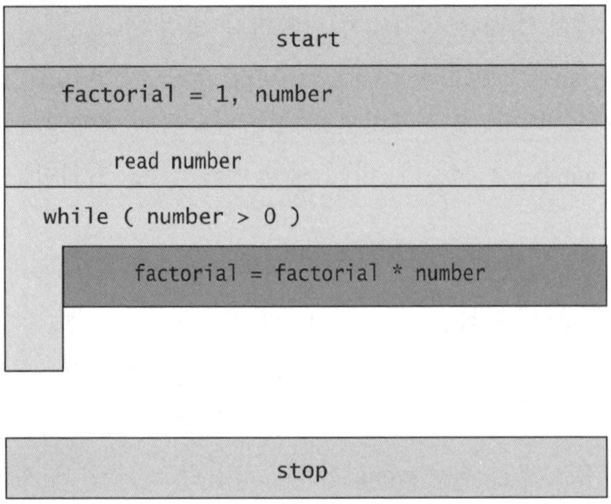

```
                        start
            factorial = 1, number
                    read number
            while ( number > 0 )
                    factorial = factorial * number


                        stop
```

그림 11-6 팩토리얼을 구하는 수식에 대해 순차기호

다음은 "2.2. 수를 센다."에 대해 어떻게 할지에 대해 집중해야 한다. "2.1. 곱을 구한다."와 마찬가지로 산술 연산 및 기억 기능이므로 순차구조이다. 따라서 [그림 11-7]에서처럼 순차기호를 작도하고, 수를 세는 방법에 대해서 생각해서 산술식과 치환식을 작성하면 된다. 수를 세기는 세는데 입력된 수보다 작은 쪽으로 0까지 세면 된다. 따라서 빼기 산술식을 작성해야 한다. 이전 수 number에서 1씩 빼서 새로운 수 number를 만들면 된다. 다시 말해서 number 변수 하나만을 이용해서 빼기와 치환을 할 수 있도록 표현해야 한다는 것인데, 누적 표현을 하면 된다.

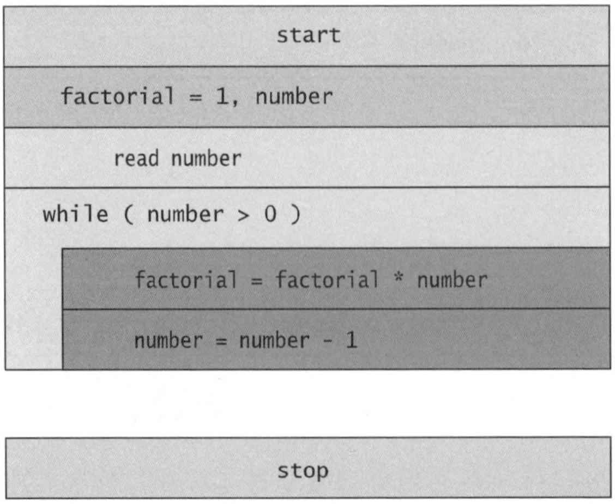

```
                        start
            factorial = 1, number
                    read number
            while ( number > 0 )
                    factorial = factorial * number
                    number = number - 1


                        stop
```

그림 11-7 수를 세는 순차기호

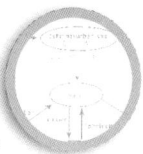

다음은 마지막으로 알고리듬에서 규정한 1개 이상의 출력이 있어야 한다는 조건에 대해 "3. 곱을 출력한다."에 대해 어떻게 나타내야 하는지에 대해 연구해 보자. 앞에서 입력을 나타낼 때 언급했듯이 출력은 전형적인 순차구조이다. 따라서 [그림 11-8]과 같이 순차기호를 작도하고, 내용으로는 명령어 print를 적고 출력하고자 하는 데이터에 대해 변수를 적어면 된다. 여러 개의 데이터들을 출력하고자 한다면 쉼표로 구분해서 차례대로 나열하면 된다.

```
start
factorial = 1, number
read number
while ( number > 0 )
    factorial = factorial * number
    number = number - 1
print factorial
stop
```

그림 11-8 팩토리얼을 출력하는 순차기호

이렇게 해서 팩토리얼을 구하는 알고리듬을 완성했다. 다음은 알고리듬을 작성할 때 지켜야 하는 규정으로 수작업으로도 실행 가능해야 한다. 이러한 조건을 알고리듬의 유효성이라고 한다. 알고리듬의 유효성을 확인하기 위해 검토를 해야 한다. NS 챠트를 가지고 검토를 한 후 프로그래밍 언어로 코드를 작성하고 컴파일과 링크를 거쳐 실행 파일을 만든 다음 실행시켜서 결과를 확인하는 작업을 하는 것이 원칙이다.

검토 방법에 대한 내용은 이 책의 범위 밖이어서 여기서는 NS 챠트를 이용하여 검토하는 작업은 생략하고 바로 C 언어를 이용하여 코드를 작성해 보도록 하자.

InputNumber 입력 모듈과 DisplayFactorial 출력 모듈에 대해서 화면 설계를 하고 사용자 정의 함수들로 구현해야 한다. 이에 대해서는 여러분들이 하도록 남겨 두도록 하겠다. 함수 만들기 실습 삼아 꼭 해보도록 하라. 그래서 책에서는 InputNumber 모듈과 DisplayFactorial 모듈은 사용자 정의 함수로 만들지 않고 라이브러리 함수 scanf() 와 printf() 을 사용하도록 하겠다.

또한 코드를 작성하기 전에 [표 11-2]에서 정리된 데이터들에 대해 C 언어에서 자료형을 정리해야 한다. 곱(factorial)과 수(number)는 정수형이다. 그렇지만 양의 정수이어야 한다. 따라서 unsigned 형 지정자를 사용해야 할 것 같다. 그리고 가능하면 C 언어에서 표현할 수 있는 최대치까지 취급할 수 있도록 long를 사용해서 자료형을 결정하자. 따라서 unsigned long int로 결정하자. 물론 긴 자료형으로 입력을 하는데 있어 번거로움을 줄이기 위해서 [코드 11-1]에서 10번째 줄에서처럼 typedef으로 ULong 사용자 정의 자료형 명칭을 만들어서 사용하자.

표 11-3 C 언어 자료형

번호	명 칭		자료유형	구 분	C 자료형
	한 글	영문			
1	곱	factorial	정수	출력	unsigned long int
2	수	number	정수	입력	unsigned long int

코드를 작성하기 위해서 우선 준비 작업을 하기로 하자. 우선 원시 코드 파일을 만들자. 원시 코드 파일 명칭은 의미있게 주어야 하는데 연산 모듈 명칭과 동일하게 하는 것이 관습적이다. 따라서 GetFactorial.c 명칭을 갖는 원시 코드 파일(Source File)을 만들면 된다.

다음은 [코드 11-1]처럼 /*로 시작해서 */로 끝나는 블록 주석을 이용하여 원시 코드 파일에 대한 정보를 정리하도록 하자. 파일 명칭, 기능, 입출력 등을 기술하면 좋을 것 같다.

```
01 : /*****************************************************************
02 : 파 일 명 칭 : GetFactorial.c
03 : 기    능 : 입력받은 수에 대해 팩토리얼을 구한다
04 : 입    력 : 수
05 : 출    력 : 팩토리얼
06 : 작 성 자 : 김 석 현
07 : 작 성 일 자 : 2009년 06월 25일
08 : *****************************************************************/
09 : // 사용자 정의 자료형 명칭 선언
10 : typedef unsigned long int ULong ;
```

코드 11-1 주석과 사용자 정의 자료형 명칭 선언

자 이제 코드를 작성해 보자. [그림 11-1]을 참고하여 모듈 하나당 C 언어의 논리적 모듈인 함수 하나씩 작성하면 된다. 그러나 어떤 모듈들은 개발자가 작성하지 않고 이미 작성된 라이브러리 함수로 사용할 수 있다. 앞에서 이미 전제했던 것처럼 InputNumber 모듈은 scanf() 함수, DisplayFactorial 모듈은 printf() 함수로 라이브러리 함수들로 사용하기로 했기 때문에 GetFactorial 모듈에 대해서 사용자 정의 함수를 선언하고, Main 모듈에 대해서는 main() 함수를 정의해 보자.

GetFactorial 모듈에 대해서 함수를 선언해 보자. [그림 11-1]에서 보면 출력 데이터가 한 개이고 입력 데이터도 하나를 갖는 모듈이다. 따라서 각각 반환형과 형식 매개변수로 작성하면 될 것이다. 반환형은 출력 데이터인 factorial의 자료형이어야 하는데, 이미 ULong으로 정해두었다. 함수명칭은 기능을 나타내는 의미있는 동사형으로 부여하면 되는데 관습적으로 모듈 명칭을 그대로 사용하면 된다. 그리고 입력 데이터에 대해서 형식 매개변수(형식 인수)를 자료형 ULong 그리고 명칭 number를 차례대로 열거하면 되는데, 함수 명칭 다음에 반드시 기술해야 하는 소괄호안에 작성해야 한다. [코드 11-2]에서 12번째 줄은 GetFactorial 모듈에 대해 사용자 정의 함수로 선언한 것이고 함수 원형(Function

Prototype)이라고 한다. 함수 원형은 함수를 사용할 때 개발자에게 입출력 정보를 제공한다는 점에서 뿐만 아니라 컴파일러에게도 반환형과 매개변수의 자료형에 대한 정보를 제공하기 때문에 중요하다.

```
01 : /****************************************************************
02 :    파 일 명 칭 : GetFactorial.c
03 :    기       능 : 입력받은 수에 대해 팩토리얼을 구한다
04 :    입       력 : 수
05 :    출       력 : 팩토리얼
06 :    작 성 자 : 김 석 현
07 :    작 성 일 자 : 2009년 06월 25일
08 : ****************************************************************/
09 : // 사용자 정의 자료형 명칭 선언
10 : typedef unsigned long int ULong ;
11 : // 연산 함수 선언
12 : ULong GetFactorial( ULong number ) ;
```

코드 11-2 사용자 정의 함수 선언

다음은 main() 함수를 정의해 보자. main() 함수는 사용자 정의 함수지만 앞에서 언급되었지만 실행 가능한 프로그램을 작성해야 한다면 반드시 정의되어야 하는 함수이다. 따라서 main() 함수에 대해서는 권장 함수 원형을 제공한다. 이에 대해서는 2장에서 언급했기 때문에 자세하게 설명하지 않겠다. 또한 정상적으로 프로그램이 끝났을 때 main() 함수가 반환하는 값은 0이어야 한다. 따라서 [코드 11-3]에서 14번째 줄에서 16번째 줄까지 기본적인 함수 몸체를 작성하면 된다. 다음은 Main 모듈에 대해 입력 데이터들을 정리해 보자. 입력 데이터들은 number와 factorial이다. 입력 데이터란 외부로부터 제공되는 값으로 프로그램에서 저장해서 처리하기 위한 데이터이다. 따라서 main() 함수에는 반드시 변수들을 선언하고 입력 명령이나 치환에 의해서 저장해야 한다. 변수를 선언할 때는 참조 범위를 정해야 한다. 참조 범위는 블록으로 하자. 다시 말해서 main() 함수 내에서만 유효하다는 것이다. 즉 GetFactorial() 함수에서는 참조할 수 없다는 것이다. 다음은 변수가 할당되는 위치인데 이것은 참조 범위와 관련성이 있어 참조 범위가 블록이면 스택에 할당되는 것이다. 참조범위는 블록이고 스택에 할당되는 변수를 자동변수 혹은 지역변수라고 한다. 원래는 변수 명칭앞에 auto를 기술해야 하나 기술하지 않으면 컴파일러에 의해서 추가되므로 대개 생략한다. 자동

```
01 : /****************************************************************
02 :    파 일 명 칭 : GetFactorial.c
03 :    기       능 : 입력받은 수에 대해 팩토리얼을 구한다
04 :    입       력 : 수
05 :    출       력 : 팩토리얼
06 :    작 성 자 : 김 석 현
07 :    작 성 일 자 : 2009년 06월 25일
08 : ****************************************************************/
09 : // 사용자 정의 자료형 명칭 선언
10 : typedef unsigned long int ULong ;
11 : // 연산 함수 선언
12 : ULong GetFactorial( ULong number ) ;
13 : // main() 함수 정의
14 : int main ( int argc, char* argv[] ) {
15 :      return 0;
16 : }
```

코드 11-3 main() 함수 몸체 정의

변수는 선언과 정의를 분리할 수 없다. 그래서 선언한다고 하면 정의도 되는 것이다.

다음은 자료형인데 이는 이미 앞에서 정리된 대로 ULong으로 결정되었다. 다음은 저장되어지는 것이 주소인지 스칼라인지 정하는 것인데, 주소이면 변수 명칭앞에 구두점으로 별표를 붙이면 된다. 그리고 의미있는 명사형 명칭을 적는다. 모든 변수에 초기값을 주어야 하는 것은 아니지만 초기값을 주는 경우에는 구두점인 등호를 적고 상수 값을 설정하고 세미콜론을 찍어 선언문임을 강조하면 변수가 선언이 된다. 여기에서는 [코드 11-4]에서 15번째 줄과 16번째 줄처럼 두 개의 변수 선언문이 작성되어야 한다.

```
01 : /********************************************************************
02 :    파일 명칭 : GetFactorial.c
03 :    기    능 : 입력받은 수에 대해 팩토리얼을 구한다
04 :    입    력 : 수
05 :    출    력 : 팩토리얼
06 :    작 성 자 : 김 석 현
07 :    작성 일자 : 2009년 06월 25일
08 : ********************************************************************/
09 : // 사용자 정의 자료형 명칭 선언
10 : typedef unsigned long int ULong ;
11 : // 연산 함수 선언
12 : ULong GetFactorial( ULong number ) ;
13 : // main() 함수 정의
14 : int main ( int argc, char* argv[] ) {
15 :     ULong factorial;    // 팩토리얼에 대한 변수
16 :     ULong number;       // 입력받은 수에 대한 변수
17 :
18 :     return 0;
19 : }
```

코드 11-4 자동변수들의 선언

다음은 [그림 11-1]에서 Main 모듈과 다른 모듈들간의 관계를 표현하는 것으로 C 언어에서는 함수 호출들로 코드가 작성되면 된다. scanf()와 printf() 라이브러리 함수를 사용해야 하기 때문에 함수 원형을 호출 문장이 작성된 줄보다 앞서 기술되어야 한다. 그러나 이러한 수고를 줄여주기

```
01 : /********************************************************************
02 :    파일 명칭 : GetFactorial.c
03 :    기    능 : 입력받은 수에 대해 팩토리얼을 구한다
04 :    입    력 : 수
05 :    출    력 : 팩토리얼
06 :    작 성 자 : 김 석 현
07 :    작성 일자 : 2009년 06월 25일
08 : ********************************************************************/
09 : #include <stdio.h> // scanf(), printf()
10 : // 사용자 정의 자료형 명칭 선언
11 : typedef unsigned long int ULong ;
12 : // 연산 함수 선언
13 : ULong GetFactorial( ULong number ) ;
14 : // main() 함수 정의
15 : int main ( int argc, char* argv[] ) {
16 :     ULong factorial;    // 팩토리얼에 대한 변수
17 :     ULong number;       // 입력받은 수에 대한 변수
18 :
19 :     return 0;
20 : }
```

코드 11-5 헤더파일 포함

위해서 라이브러리 함수들에 대해 함수 원형들만을 기술한 헤더 파일을 제공함으로 전처리기를 이용하여 함수원형들을 작성하고 있는 원시 코드 파일로 복사하도록 처리하면 된다. 따라서 [코드 11-5]에서 09번째 줄처럼 scanf()와 printf() 함수 원형이 기술되어 있는 헤더파일 <stdio.h>를 전처리기가 처리하도록 해야 한다.

다음은 [그림 11-1]에서 Main 모듈과 다른 모듈간의 관계에 대해 함수 호출문장들을 작성하면 된다. [그림 11-1]에서 왼쪽부터 시작해서 오른쪽으로 차례대로 함수 호출문장들을 만들면 된다. 가장 왼쪽에 입력 모듈로 수를 입력받아 보자. 함수 원형을 확인하여 입출력 정보에 따라 [코드 11-6]에서 19번째 줄처럼 scanf() 함수 호출문장을 작성해야 한다. 정수형 데이터 하나만을 입력받기 때문에 서식문자열은 "%d"이어야 하고, 입력받은 수를 저장할 변수 number의 주소를 구하는 수식 &number를 실인수로 쉼표로 구분하여 차례대로 함수 명칭 다음에 반드시 기술되어야 하는 소괄호안에 기술해야 한다.

```
01 : /****************************************************************
02 : 파일 명칭 : GetFactorial.c
03 : 기    능 : 입력받은 수에 대해 팩토리얼을 구한다
04 : 입    력 : 수
05 : 출    력 : 팩토리얼
06 : 작 성 자 : 김 석 현
07 : 작성 일자 : 2009년 06월 25일
08 : ****************************************************************/
09 : #include <stdio.h> // scanf(), printf()
10 : // 사용자 정의 자료형 명칭 선언
11 : typedef unsigned long int ULong ;
12 : // 연산 함수 선언
13 : ULong GetFactorial( ULong number ) ;
14 : // main() 함수 정의
15 : int main ( int argc, char* argv[] ) {
16 :     ULong factorial;      // 팩토리얼에 대한 변수
17 :     ULong number;         // 입력받은 수에 대한 변수
18 :
19 :     scanf( "%d", &number ) ; // 1. 수를 입력받는다.
20 :
21 :     return 0;
22 : }
```

코드 11-6 수를 입력받는 scanf() 함수 호출

scanf() 입장에서 출력 데이터이기 때문에, 즉 다시 말해서 main() 함수에 선언된 number에 저장되어야 하기 때문에 scanf() 함수에서는 주소에 의해서만 main() 함수의 실인수를 변경할 수 있기 때문이다.

다음은 GetFactorial 모듈에 대해 함수 호출문장을 작성해 보자. [코드 11-6]에서 13번째 줄을 보면 GetFactorial() 함수 원형이 있다. 이 함수원형에 의하면 출력 데이터가 하나 있으므로 출력 데이터를 저장할 변수를 main() 함수에 선언해야 한다. 그런데 출력 데이터를 저장할 변수 factorial을 이미 선언했다. 따라서 [코드 11-7]에서 20번째 줄처럼 바로 호출문장을 작성하면 될 것 같다. factorial을 왼쪽 값으로 하고 치환 연산자를 이용하여 치환식을 작성하면 된다. 그리고 오른쪽 값으로는 함수 호출식을 작성해야 한다. 함수 호출식은 함수 명칭으로 시작하고 명칭뒤에는 반드시 소괄호를 적어야 한다. 그리고 실인수가 있으면 소괄호에 자료형에 맞추어 상수, 변수 혹은 수식

등 어떠한 형식으로든지 기술하면 된다. 실인수가 여러 개인 경우는 쉼표를 구분해서 개수만큼 쉼표로 구분하여 자료형에 맞게 순서대로 기술해야 한다.

```
01 : /***************************************************************
02 :    파일 명칭 : GetFactorial.c
03 :    기     능 : 입력받은 수에 대해 팩토리얼을 구한다
04 :    입     력 : 수
05 :    출     력 : 팩토리얼
06 :    작 성 자 : 김 석 현
07 :    작성 일자 : 2009년 06월 25일
08 : ***************************************************************/
09 : #include <stdio.h>  // scanf(), printf()
10 : // 사용자 정의 자료형 명칭 선언
11 : typedef unsigned long int ULong ;
12 : // 연산 함수 선언
13 : ULong GetFactorial( ULong number ) ;
14 : // main() 함수 정의
15 : int main ( int argc, char* argv[] ) {
16 :     ULong factorial;       // 팩토리얼에 대한 변수
17 :     ULong number;          // 입력받은 수에 대한 변수
18 :
19 :     scanf( "%d", &number ) ;                  // 1. 수를 입력받는다.
20 :     factorial = GetFactorial ( number ) ;     // 2. 팩토리얼을 구하다.
21 :
22 :     return 0;
23 : }
```

코드 11-7 GetFactorial() 함수 호출

다음은 마지막으로 가장 오른쪽에 있는 Main 모듈과 DisplayFactorial 모듈간의 관계에 대해 함수 호출문장을 만들어 main() 함수를 정의하도록 하자.

printf() 함수 원형을 참고하여 함수 호출문장을 작성해야 한다. printf() 함수를 사용하는 방법에 대해서는 앞에서 이미 언급했기 때문에 여기서는 다시 설명하지 않겠다. 출력 데이터가 1개이고

```
01 : /***************************************************************
02 :    파일 명칭 : GetFactorial.c
03 :    기     능 : 입력받은 수에 대해 팩토리얼을 구한다
04 :    입     력 : 수
05 :    출     력 : 팩토리얼
06 :    작 성 자 : 김 석 현
07 :    작성 일자 : 2009년 06월 25일
08 : ***************************************************************/
09 : #include <stdio.h>  // scanf(), printf()
10 : // 사용자 정의 자료형 명칭 선언
11 : typedef unsigned long int ULong ;
12 : // 연산 함수 선언
13 : ULong GetFactorial( ULong number ) ;
14 : // main() 함수 정의
15 : int main ( int argc, char* argv[] ) {
16 :     ULong factorial;       // 팩토리얼에 대한 변수
17 :     ULong number;          // 입력받은 수에 대한 변수
18 :
19 :     scanf( "%d", &number ) ;                  // 1. 수를 입력받는다.
20 :     factorial = GetFactorial ( number ) ;     // 2. 팩토리얼을 구하다.
21 :     printf( "%d\n", factorial ) ;             // 3. 팩토리얼을 출력한다.
22 :
23 :     return 0;
24 : }
```

코드 11-8 팩토리얼을 출력하는 printf() 함수 호출

자료형은 정수이기 때문에 개행 문자('\n')까지 포함한 서식 문자열은 "%d\n"이어야 한다. 그리고 출력해야 하는 값을 지정하면 된다. 변수 명칭은 저장된 값을 나타낸다. 따라서 변수를 이용하는 경우에는 변수 명칭을 소괄호안에 기술하면 된다.

다음은 [그림 11-8]의 NS 챠트를 이용하여 GetFactorial() 함수를 정의해야 한다. [코드 11-8]에서 13번째 줄에 기술된 함수 원형을 가지고 함수 머리를 만든다. 함수 원형은 선언할 때나 정의할 때나 같아야 하기 때문에 세미콜론만 제거하면 함수 머리가 된다. 그리고 함수는 한 개 이상의 문장들로 구성되기 때문에 즉 복문이기 때문에 반드시 중괄호로 블록을 설정해야 한다. [그림 11-8]의 NS 챠트에서 start와 stop 순차기호에 대응되는 여는 중괄호와 닫는 중괄호이다.

```
01 : /*******************************************************************
02 : 파일 명칭 : GetFactorial.c
03 : 기    능 : 입력받은 수에 대해 팩토리얼을 구한다
04 : 입    력 : 수
05 : 출    력 : 팩토리얼
06 : 작 성 자 : 김 석 현
07 : 작성 일자 : 2009년 06월 25일
08 : *******************************************************************/
09 : #include <stdio.h>   // scanf(), printf()
10 : // 사용자 정의 자료형 명칭 선언
11 : typedef unsigned long int ULong ;
12 : // 연산 함수 선언
13 : ULong GetFactorial( ULong number ) ;
14 : // main() 함수 정의
15 : int main ( int argc, char* argv[] ) {
16 :     ULong factorial;     // 팩토리얼에 대한 변수
17 :     ULong number;        // 입력받은 수에 대한 변수
18 :
19 :     scanf( "%d", &number ) ;                // 1. 수를 입력받는다.
20 :     factorial = GetFactorial ( number ) ;   // 2. 팩토리얼을 구하다.
21 :     printf( "%d\n", factorial ) ;           // 3. 팩토리얼을 출력한다.
22 :
23 :     return 0;
24 : }
25 :
26 : // 연산 함수 정의
27 : ULong GetFactorial( ULong number ) { // 함수 블럭 시작
28 :     // 문장들
29 : }
```

코드 11-9 GetFactorial() 헤더와 함수 몸체

다음은 start 순차기호 바로 밑에 작도된 변수들을 선언하고 있는 순차기호이다. 변수들은 매개변수나 자동변수로 선언되어야 한다. number는 입력 데이터이므로 매개변수로 factorial은 1개의 출력 데이터이므로 자동변수로 선언하면 된다. 선언하는 위치는 함수 블록의 선두이어야 한다. 한 줄에 하나씩 변수를 선언하는 습관을 들이도록 하자. 변수를 선언하는 방식은 앞에서도 언급했기 때문에 설명은 생략한다.

number는 이미 매개변수로 선언되어 있으므로 [코드 11-10]에서 28번째 줄에서처럼 factorial에 대해서 자동변수로 선언한다.

```
01 : /*************************************************************
02 : 파일 명칭 : GetFactorial.c
03 : 기    능 : 입력받은 수에 대해 팩토리얼을 구한다
04 : 입    력 : 수
05 : 출    력 : 팩토리얼
06 : 작 성 자 : 김 석 현
07 : 작성 일자 : 2009년 06월 25일
08 : **************************************************************/
09 : #include <stdio.h> // scanf(), printf()
10 : // 사용자 정의 자료형 명칭 선언
11 : typedef unsigned long int ULong ;
12 : // 연산 함수 선언
13 : ULong GetFactorial( ULong number ) ;
14 : // main() 함수 정의
15 : int main ( int argc, char* argv[] ) {
16 :     ULong factorial;      // 팩토리얼에 대한 변수
17 :     ULong number;         // 입력받은 수에 대한 변수
18 :
19 :     scanf( "%d", &number ) ;           // 1. 수를 입력받는다.
20 :     factorial = GetFactorial ( number ) ;  // 2. 팩토리얼을 구한다.
21 :     printf( "%d\n", factorial ) ;          // 3. 팩토리얼을 출력한다.
22 :
23 :     return 0;
24 : }
25 :
26 : // 연산 함수 정의
27 : ULong GetFactorial( ULong number ) { // 함수 블럭 시작
28 :     ULong factorial = 1; // 곱을 누적하는 변수 선언문
29 : }
```

코드 11-10 factorial 변수 선언

NS 챠트에서 입력이 있는 경우 변수들을 정리한 순차기호 바로 밑에 입력되는 데이터의 개수에 무관하게 순차기호를 하나 작도하고 read 명령어뒤에 데이터를 저장할 변수들을 쉼표로 구분하여 열거하는데, 이는 정의하고 있는 함수 호출문장이다. 즉 [코드 11-10]에서 20번째 줄에서처럼 GetFactorial() 함수 호출문장에서 호출식이다. 함수 호출식에서 실인수 number가 입력데이터이다.

다음은 while 반복구조에 대해 C 언어로 코드를 작성해 보자. C 언어에서는 개념적으로 동일한 while 반복문장을 제공한다. 따라서 [코드 11-11]에서 30번째 줄에서 32번째 줄까지 while 키워드를 적고 키워드 다음에 소괄호로 조건식을 감싸도록 하면 된다. 조건식은 C 언어에서도 큰지에 대해 평가하는 관계 연산자를 제공하기 때문에 NS 챠트에서 기술된 그대로 기술하면 된다. 그리고 처리해야 내용이 두 개이므로, 즉 순차기호가 2개 있으므로 순차기호 하나당 하나의 문장으로 표현되기 때문에 복문으로 처리해야 한다. 따라서 중괄호를 이용하여 블록을 설정해야 한다.

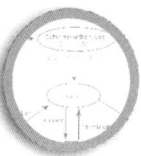

```
01 : /****************************************************************
02 :   파일 명칭 : GetFactorial.c
03 :   기     능 : 입력받은 수에 대해 팩토리얼을 구한다
04 :   입     력 : 수
05 :   출     력 : 팩토리얼
06 :   작 성 자 : 김 석 현
07 :   작성 일자 : 2009년 06월 25일
08 : ****************************************************************/
09 : #include <stdio.h>  // scanf(), printf()
10 : // 사용자 정의 자료형 명칭 선언
11 : typedef unsigned long int ULong ;
12 : // 연산 함수 선언
13 : ULong GetFactorial( ULong number ) ;
14 : // main() 함수 정의
15 : int main ( int argc, char* argv[] ) {
16 :     ULong factorial;     // 팩토리얼에 대한 변수
17 :     ULong number;        // 입력받은 수에 대한 변수
18 :
19 :     scanf( "%d", &number ) ;           // 1. 수를 입력받는다.
20 :     factorial = GetFactorial ( number ) ;  // 2. 팩토리얼을 구한다.
21 :     printf("%d\n", factorial ) ;       // 3. 팩토리얼을 출력한다.
22 :
23 :     return 0;
24 : }
25 :
26 : // 연산 함수 정의
27 : ULong GetFactorial( ULong number ) { // 함수 블럭 시작
28 :                           //1. 수를 입력받는다 : 매개변수
29 :     ULong factorial = 1; // 곱을 누적하는 변수 선언문
30 :
31 :     while ( number > 0 ) {    // 2. 수가 0보다 큰 동안 반복한다.
32 :         // 복문
33 :     }
34 : }
```

코드 11-11 while 반복문장

다음은 반복구조내부에 작도된 2개의 순차기호에 대해서 while 제어블럭내부에 수식문장들로 작성하면 된다. 한 줄씩 순차기호에 적힌 내용 그대로 옮겨 적고 마지막에 문장임을 강조하는 세미콜론을 찍으면 된다. 그러나 특정 언어를 사용할 때 언어의 특징을 살려 코드를 작성하는 것이 가장 효율적인 것이다. 그래서 이들에 대해서 C 언어다운 표현들로 코드를 작성해 보자. 첫 번째 순차기호에 적힌 내용을 보면 산술 누적 표현이다. 따라서 *= 누적 연산자로 [코드 11-12]에서 31번째 줄처럼 표현하는 것이 가장 C 다운 표현일 것이다. 그리고 두 번째 순차기호도 누적 표현이지만 -- 감소 연산자를 이용하여 [코드 11-12]에서 32번째 줄처럼 표현하는 것이 가장 효율적일 것이다.

다음은 마지막으로 출력하는 순차기호에 대해서 C 언어로 어떻게 코드가 작성되는지 알아보자. 여기서는 구해진 값인 factorial을 반환해야 하고, 또한 프로그램의 실행 제어를 호출한 함수인 main() 함수로 이동시켜야 한다. 이러한 작업들을 할 수 있도록 C 언어에서는 return 문장을 제공한다. 따라서 [코드 11-13]에서 36번째 줄처럼 코드를 작성하면 GetFactorial() 함수 정의가 끝나게 된다.

```
01 : /********************************************************************
02 :  파일 명칭 : GetFactorial.c
03 :  기    능 : 입력받은 수에 대해 팩토리얼을 구한다
04 :  입    력 : 수
05 :  출    력 : 팩토리얼
06 :  작 성 자 : 김 석 현
07 :  작성 일자 : 2009년 06월 25일
08 : ********************************************************************/
09 : #include <stdio.h> // scanf(), printf()
10 : // 사용자 정의 자료형 명칭 선언
11 : typedef unsigned long int ULong ;
12 : // 연산 함수 선언
13 : ULong GetFactorial( ULong number ) ;
14 : // main() 함수 정의
15 : int main ( int argc, char* argv[] ) {
16 :     ULong factorial;      // 팩토리얼에 대한 변수
17 :     ULong number;         // 입력받은 수에 대한 변수
18 :
19 :     scanf( "%d", &number ) ;              // 1. 수를 입력받는다.
20 :     factorial = GetFactorial ( number ) ; // 2. 팩토리얼을 구하다.
21 :     printf( "%d\n", factorial ) ;         // 3. 팩토리얼을 출력한다.
22 :
23 :     return 0;
24 : }
25 :
26 : // 연산 함수 정의
27 : ULong GetFactorial( ULong number ) { // 함수 블럭 시작
28 :                                      // 1. 수를 입력받는다 : 매개변수
29 :     ULong factorial = 1; // 곱을 누적하는 변수 선언문
30 :
31 :     while ( number > 0 ) {    // 2. 수가 0보다 큰 동안 반복한다.
32 :         factorial *= number;  //    2.1. 곱을 구하다.
33 :         number-- ;            //    2.2. 수를 센다.
34 :     }
35 : }
```

코드 11-12 누적 수식 문장들

```
01 : /********************************************************************
02 :  파일 명칭 : GetFactorial.c
03 :  기    능 : 입력받은 수에 대해 팩토리얼을 구한다
04 :  입    력 : 수
05 :  출    력 : 팩토리얼
06 :  작 성 자 : 김 석 현
07 :  작성 일자 : 2009년 06월 25일
08 : ********************************************************************/
09 : #include <stdio.h> // scanf(), printf()
10 : // 사용자 정의 자료형 명칭 선언
11 : typedef unsigned long int ULong ;
12 : // 연산 함수 선언
13 : ULong GetFactorial( ULong number ) ;
14 : // main() 함수 정의
15 : int main ( int argc, char* argv[] ) {
16 :     ULong factorial;      // 팩토리얼에 대한 변수
17 :     ULong number;         // 입력받은 수에 대한 변수
18 :
19 :     scanf( "%d", &number ) ;              // 1. 수를 입력받는다.
20 :     factorial = GetFactorial ( number ) ; // 2. 팩토리얼을 구하다.
21 :     printf( "%d\n", factorial ) ;         // 3. 팩토리얼을 출력한다.
22 :
23 :     return 0;
24 : }
25 :
26 : // 연산 함수 정의
27 : ULong GetFactorial( ULong number ) { // 함수 블럭 시작
28 :                                      // 1. 수를 입력받는다 : 매개변수
29 :     ULong factorial = 1; // 곱을 누적하는 변수 선언문
30 :
31 :     while ( number > 0 ) {    // 2. 수가 0보다 큰 동안 반복한다.
32 :         factorial *= number;  //    2.1. 곱을 구하다.
33 :         number-- ;            //    2.2. 수를 센다.
34 :     }
35 :
36 :     return factorial;         // 3. 곱을 출력한다. 4. 끝낸다.
37 : }
```

코드 11-13 팩토리얼을 출력하는 return 문장

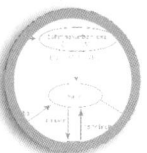

다음은 NS 챠트를 가지고 검토를 하지 않은 만큼 여기서는 메모리 맵을 이용해서 디버깅을 해 보도록 하자. [코드 11-13]은 원시 코드 프로그램이라고 한다. 이를 실행 파일을 만들어 실행시키면 주기억장치에 복사되어지고 main() 함수가 실행될 것이다. main() 함수가 실행되면 필요한 데이터들을 저장할 기억장소들을 할당해서 관리할 스택을 할당한다. 그리고 스택에 main() 함수에서 선언된 매개변수들과 자동변수들을 할당한다. 자동변수들은 초기화를 하지 않으면 쓰레기를 갖는다. [그림 11-9]는 main() 함수가 실행되었을 때 메모리 맵이다. 코드 영역에는 사용된 함수 개수만큼 그러나 라이브러리 함수들은 제외하고 사용자 정의 함수들에 대해서만 코드 세그먼트를 작도하였다. 그리고 마지막 코드 세그먼트 다음에 정적 데이터 세그먼트를 그리고 대개는 문자열 리터럴들을 기술한다. 그리고 호출된 함수들의 개수만큼 스택 세그먼트를 그린다. 이때 주기억장치가 접근할 수 있는 스택 세그먼트 가장 아래쪽에 있는 스택 세그먼트이고 다른 스택 세그먼트에는 직접 접근이 불가능하다는 것을 기억하자.

스택 세그먼트에는 매개변수들부터 자동변수들까지 차례대로 사각형을 그리고 명칭을 가급적이면 위쪽에 붙인다. 그리고 쓰레기를 가지면 물음표를 사각형 내부에 적는다. 주소를 가지면 별표(*)를 내부에 적는다.

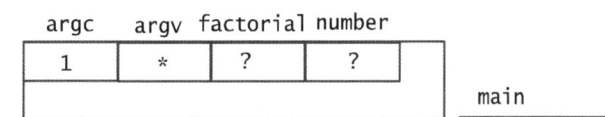

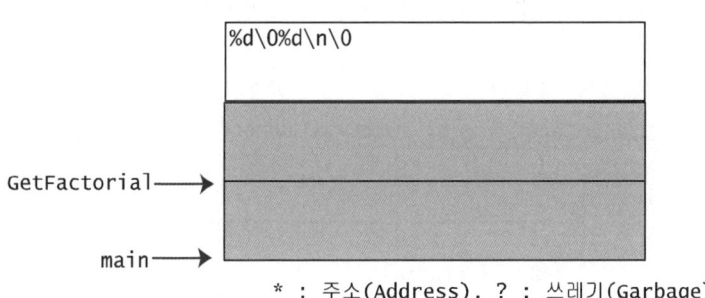

* : 주소(Address), ? : 쓰레기(Garbage)

그림 11-9 main() 함수가 호출되었을 때

다음은 [코드 11-13]에서 19번째 줄로 이동하여 실행된다. 따라서 사용자가 키보드로 3을 입력했다면 [그림 11-10]과 같이 scanf() 함수에 의해서 main() 함수 스택에 할당된 number에 저장될 것이다.

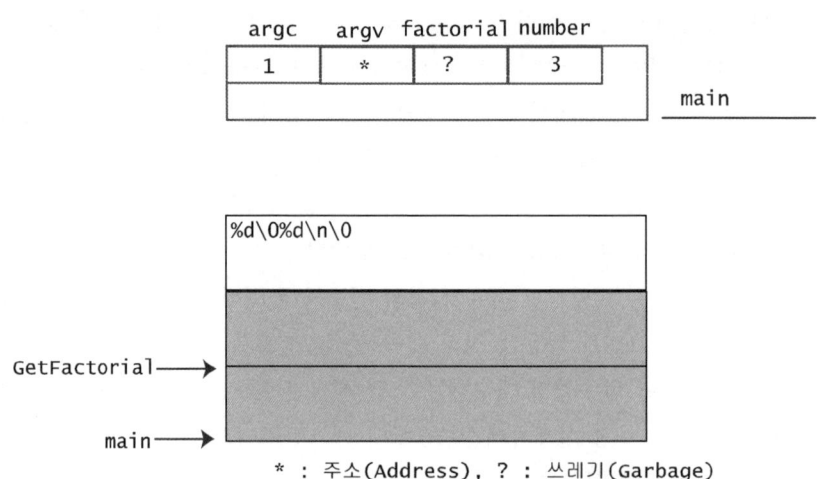

그림 11-10 scanf() 함수에 의해서 입력이 되었을 때

다음은 순차구조이기 때문에 위쪽에서 아래쪽으로 처리되기 때문에 [코드 11-13]에서 20번째 줄로 이동하여 실행하게 된다. 우선 오른쪽 값을 구하기 위해서 함수 호출식이 평가된다. 다시 말해서 GetFactorial() 함수가 호출된다. GetFactorial() 함수가 호출될 때 필요한 데이터들을 저장할 스택이 할당된다. 그리고 스택내부에 매개변수와 자동변수들이 할당된다. 그리고 매개변수에는 반드시 값이 저장되어야 하는데, [코드 11-13]에서 20번째 줄에서 실인수이어야 한다. 즉 실인수 number가 저장하고 있는 값인 3이 복사되어 GetFactorial() 함수 스택에 할당된 number에 저장되게 된다. 그리고 자동변수 factorial에는 [코드 11-13]에서 29번째 줄에서 초기화되어 1이 저장된다. [그림 11-11]을 참고하자.

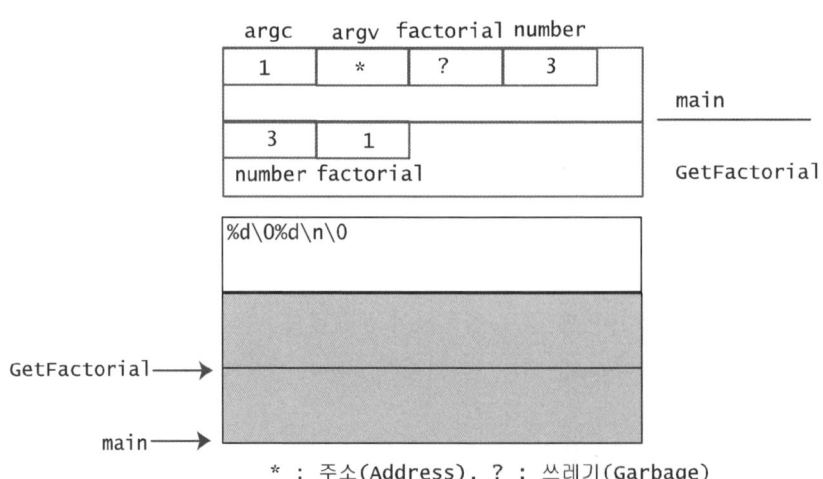

그림 11-11 GetFactorial() 함수가 호출되었을 때

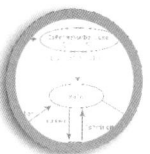

다음은 [코드 11-13]에서 31번째 줄로 이동하여 while 반복문장의 조건식을 평가하게 된다. 조건식을 평가해서 참이면 반복해야 함으로 32번째 줄로 이동하고 거짓이면 반복을 끝내야 하므로 36번째 줄로 이동하게 된다. 조건식은 하나의 관계식으로 구성되어 있다. 이 상태에서 중앙처리장치에 의해서 접근 가능한 스택은 GetFactorial() 함수 스택이다. 따라서 GetFactorial() 함수 스택에 할당된 number에 저장된 값인 3과 정수형 상수 0을 읽어 3이 0보다 큰지에 대해 논리값을 구해야 한다. 구해지는 논리값은 참이다. 따라서 반복을 계속해야함으로 32번째 줄로 이동하여 실행하게 된다. 32번째 줄은 누적이므로 factorial에 저장된 값인 1을 읽어 레지스터에 복사하여 저장해 놓고 이 값에 number에서 읽어 온 값인 3을 곱하여 구한 값인 3을 다시 factorial에 저장하게 된다. 따라서 factorial에 저장된 값은 1이 아니고 3이 된다. 다음은 33번째 줄로 이동하여 실행하게 된다. 이 또한 누적으로 number에 저장된 값인 3을 읽어 레지스터에 복사하여 저장한다. 그리고 정수형 상수 1을 읽어 레지스터에 저장한 값인 3에서 1만큼 뺀다. 그러면 구해지는 값은 2이고 이 값을 다시 number에 저장하게 된다.

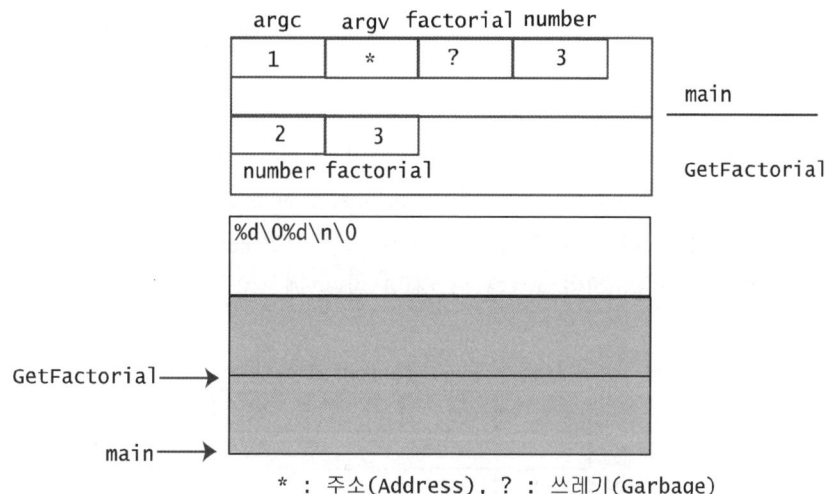

* : 주소(Address), ? : 쓰레기(Garbage)

그림11-12 첫 번째 반복이 진행되었을 때

다음은 34번째 줄로 이동하는데 닫는 중괄호를 만나면 아래쪽으로 이동하는 것이 아니라 while 블록의 끝을 나타내기 때문에 다시 while 블록의 시작으로 이동하게 된다. 따라서 31번째 줄로 이동하여 다시 조건식을 평가하게 된다. [그림 11-12]에서 보는 것처럼 number에 저장된 값은 2이므로 0보다 크기 때문에 참이 된다. 따라서 다시 두 번째 반복을 해야 한다. 32번째 줄로 이동하여 factorial에 저장된 값인 3을 읽어 레지스터에 저장하고 number에 저장된 값인 2를 읽어 레지스터에 저장한 값인 3과 곱하여 6을 구한다. 그리고 구한 값인 6을 다시 factorial에 저장한다. 33번째 줄로 이동하여 number에 저장된 값에 1을 빼서 구한 값인 1을 다시 number에 저장하게 되어 [그림

11-13]과 같은 메모리 상태를 가진다.

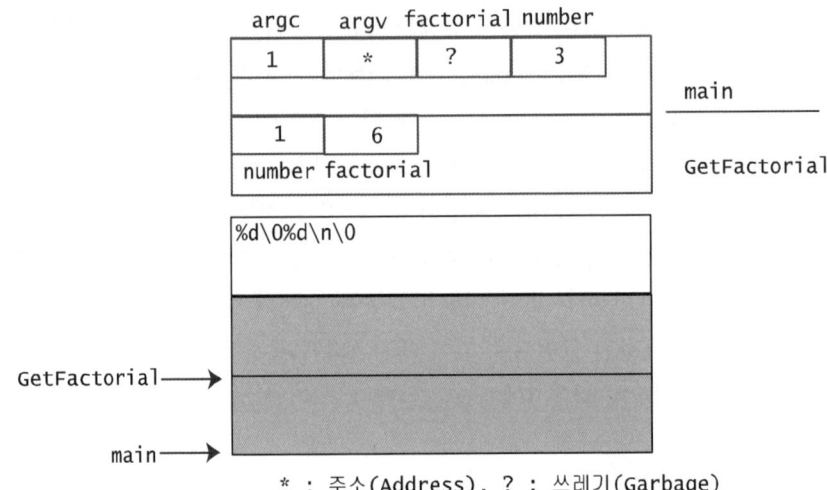

* : 주소(Address), ? : 쓰레기(Garbage)

그림11-13 두 번째 반복이 진행되었을 때

다시 34번째 줄로 이동하는데 중괄호를 만나서 31번째 줄로 이동하여 조건식을 다시 평가하게 된다. [그림 11-13]에서 보는 것처럼 number에 저장되어진 값이 1이므로 0보다 크다. 따라서 참이 되어 반복을 계속하는데 32번째 줄로 이동하여 factorial에 number를 곱하여 factorial에 저장하면 number가 1이기 때문에 6이다. 33번째 줄로 이동하여 실행하면 number에서 1을 빼서 다시 저장하면 number에 저장되는 값은 0이다. [그림 11-14]와 같은 메모리 맵이 작도된다.

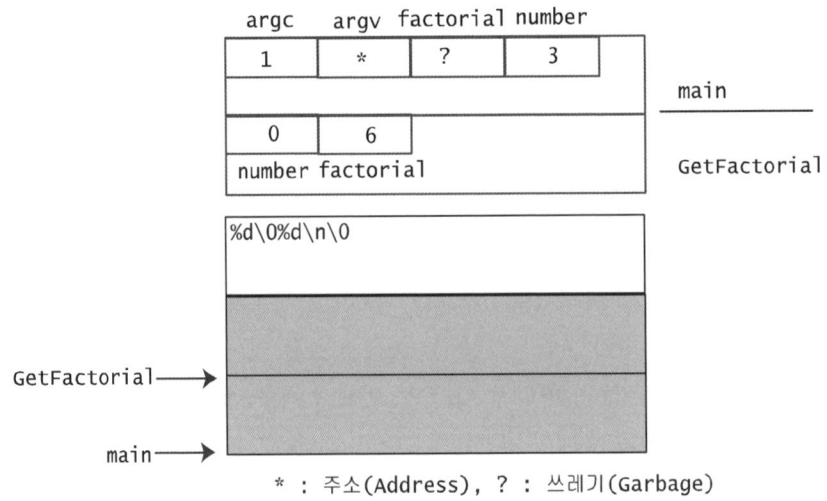

* : 주소(Address), ? : 쓰레기(Garbage)

그림11-14 세 번째 반복이 진행되었을 때

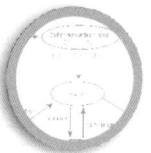

C를 배우면 함수를 잘 만들어야 한다

다음은 34번째 줄로 이동하는데 반복 제어블럭의 끝이기 때문에 31번째 줄로 이동하여 조건식을 평가한다. number에 저장된 값은 0이다. 따라서 0이 0보다 큰지에 대한 관계식에서 구해지는 값은 거짓이다. 따라서 반복을 탈출하여 [코드 11-13]에서 36번째 줄로 이동하게 된다.

36번째 줄이 실행되면 return 문장에 의해서 factorial에 저장된 값인 6을 레지스터에 복사하여 저장하고 GetFactorial() 함수 스택을 해제한다. 따라서 main() 함수 스택만 남게 된다. 이 말은 프로그램의 실행 제어가 main() 함수로 이동했다는 것이다. 따라서 [코드 11-13]에서 20번째 줄로 이동했다는 말이고 더욱더 정확하게 말하면 함수 호출식의 평가가 끝났다는 말이다. 다음은 치환 연산자에 의해서 return에 의해서 레지스터에 복사되어진 값인 6을 main() 함수 스택에 할당된 factorial에 저장하게 된다. 그렇게 되면 20번째 줄의 실행이 끝나게 된다.

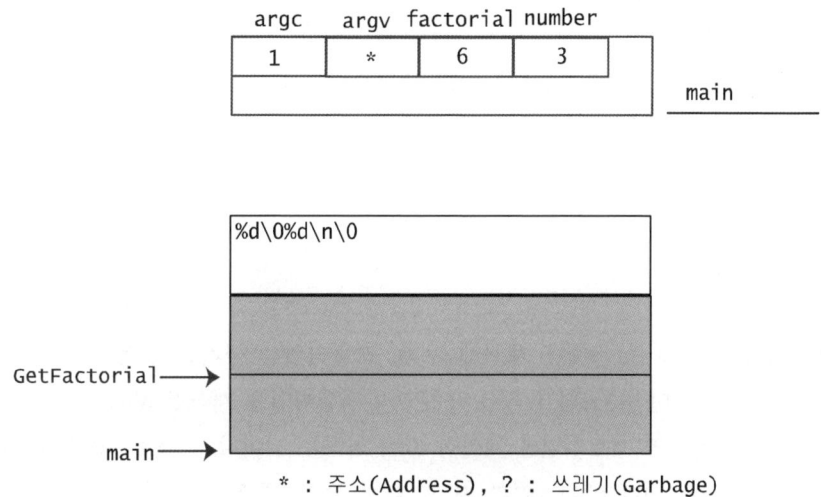

* : 주소(Address), ? : 쓰레기(Garbage)

그림 11-15 GetFactorial() 함수의 호출이 끝났을 때

다음은 [코드 11-13]에서 21번째 줄로 이동하여 printf() 함수에 의해서 콘솔 윈도우에 factorial에 저장된 값인 6을 출력하게 된다. 그리고 23번째 줄로 이동하여 return 문장이 실행되어 0을 레지스터에 복사하고 main() 함수 스택을 해제하고 정적 데이터 영역과 코드 세그먼트들까지도 해제하게 된다. 따라서 프로그램이 정상적으로 끝나게 되는 것이다. 이렇게 끝날 때 main() 함수에 의해서 운영체제로 되돌려지는 값이 0이다.

자 디버깅이 끝났다. 우리가 원하는 값이 제대로 구해지고 있다. 이런 식으로 좋은 프로그램이 개발되는 것이다. 더 나아가서 소프트웨어가 개발되는 것이다.

여기서 잔소리를 하나 하자. 우선 질문부터 해 보겠다. 이렇게 작업함에 있어 꼭 컴퓨터가 있어야 하는가? 컴퓨터가 없어도 지금처럼 프로그램을 작성할 수 있고 프로그램이 정확하게 작동하는지 확인할 수 있지 않는가. 그래도 여러분들은 컴퓨터에서는 정확하게 작동하지 않을 수도 있을것

1. 알고리듬 설계(Algorithm Design)

이다 라고 의심에 찬 눈으로 째려 보겠지. 지금 당장 [코드 11-13]을 컴퓨터에 입력해서 컴파일과 링크를 해서 실행 파일을 만든 다음 실행을 시켜서 3을 입력해 보아라. 아마 콘솔 윈도우에 6이 출력이 될 것이다. 정확하게 입력하면 컴파일과 링크 시에 경고와 에러가 하나도 발생하지 않을 것이다. 이렇게 하는 것이 진정한 프로그래머가 해야 할 생각이고 자세일 것이다. 그런데 요사이는 컴퓨터 없이 아무 것도 하지 못하는 프로그래머가 대다수이다. 왜냐 하면 남이 만든 원시 코드를 무단으로 복사해서 놓고 약간의 변경으로 답만을 구하고자 하는 사람들이 하는 행동은 우선 대충 코드를 작성한다. 그리고 컴파일을 시킨다. 엄청난 오류 메시지들이 출력된다. 이 오류 메시지를 보고 오류를 고치기 위해서 생각나는 대로 코드를 변경하고 다시 컴파일 한다. 다시 오류 메시지가 출력되면 또한 약간의 코드 변경과 컴파일 식으로 반복한다. 날이 새고 있다. 이 얼마나 어처구니 없는 상황인가? 앞에서 보여 준대로 하는 것과 작업 시간을 비교해 보아라. 아마도 변경과 컴파일 하는 방식으로 하는 것보다는 엄청난 시간 절약을 할 수 있어 편하게 꿈나라로 갈 수 있을 것이다. 코드 변경과 컴파일 하는 방식으로 프로그램을 만들고자 하는 사람이면 40세가 되기 전에 빨리 프로그램을 개발하는 분야에서 떠나도록 하자.

2. 재귀 함수

다시 팩토리얼을 계산하는 문제를 해결해 보자. 팩토리얼을 구하는 것을 [그림 11-16]과 같이 이해할 수 있다. 3!는 3에다가 3보다 1 작은 수인 2의 팩토리얼을 계산한 값과 곱하는 것이다. 마찬 가지로 2!는 2보다 작은 1의 팩토리얼을 계산한 값이 곱하는 것이다. 1!는 1과 0의 팩토리얼을 계산한 값과 곱하는 것이다. 이때 0!를 1이다. 이에 대해 알고리듬은 어떻게 작성되어야 할까?

```
(1) 3! = 3 * 2!
(2) 2! = 2 * 1!
(3) 1! = 1 * 0!
(4) 0! = 1
```

그림 11-16 팩토리얼의 의미

주어진 수에 대해 팩토리얼을 구하는 것은 주어진 수보다 1 작은 수의 팩토리얼을 구해서 주어진 수와 곱하면 된다. 이때 주어진 수의 팩토리얼을 구하는 것이나 주어진 수보다 1 작은 수의 팩토리얼을 구하는 것이나 우리가 작성하고 하는 알고리듬에 의해서 팩토리얼을 구해야 한다. 수가 0이 될 때 까지 말이다. 다시 말하면 수가 0이 아니면 계속해서 알고리듬을 실행해야 한다는 것이다. 절차를 정리해 보면 [표 11-4]와 같다.

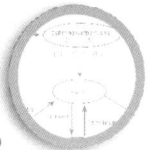

표 11-4 팩토리얼을 구하는 절차

1. 수를 입력받는다. (입력)
2. 수가 0보다 크면 (제어)
   2.1. 수보다 하나 작은 수의 팩토리얼을 구하다. (산술, 저장)
   2.2. 수와 하나 작은 수의 팩토리얼을 곱한다. (산술, 저장)
3. 곱을 출력한다. (출력)
4. 끝낸다.

다음은 처리해야 하는 데이터들을 정리해야 하는데 [표11-2]에서 정리한 것과 똑 같다.

따라서 [표11-4]에서 정리된 절차를 바로 NS 챠트로 작도해 보자. 첫 번째로 "4. 끝낸다."에 대해 [그림 11-17]과 같이 작도한다.

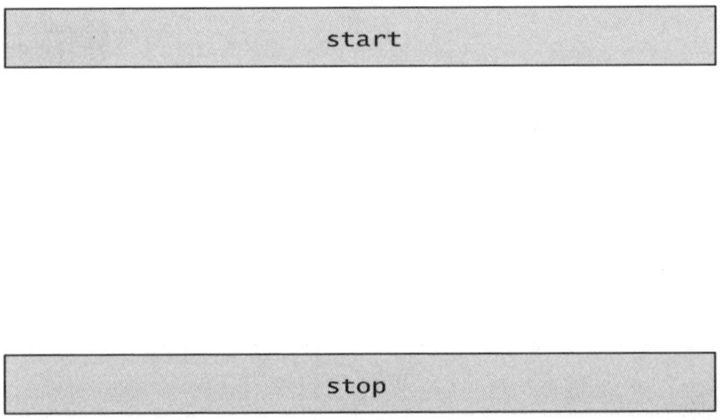

```
        start



        stop
```

그림11-17 모듈의 시작과 끝

다음은 [표 11-2]에서 정리된 데이터들을 저장할 변수들을 시작 순차기호 바로 아래에 순차기호를 작도하고 내용으로 쉼표로 구분하여 나열하여 적는다.

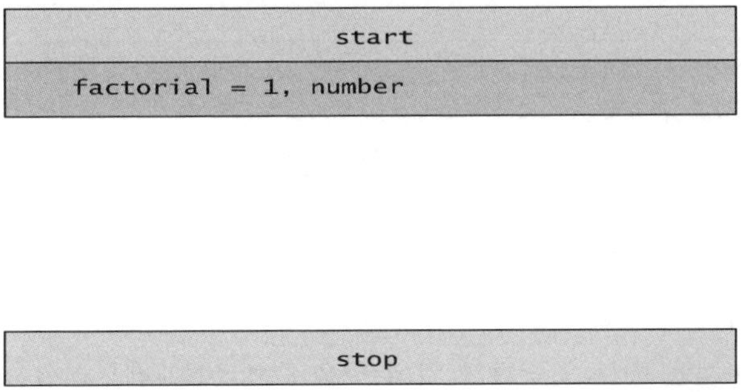

```
            start
    factorial = 1, number



            stop
```

그림11-18 변수들의 선언과 초기화

다음은 "1. 수를 입력받는다."에 대해서 [그림 11-19]에서처럼 앞에서 설명된 것처럼 순차기호를 작도하고 내용으로 read 명령어를 적고 입력된 값을 저장할 변수를 적으면 된다.

2. 재귀 함수

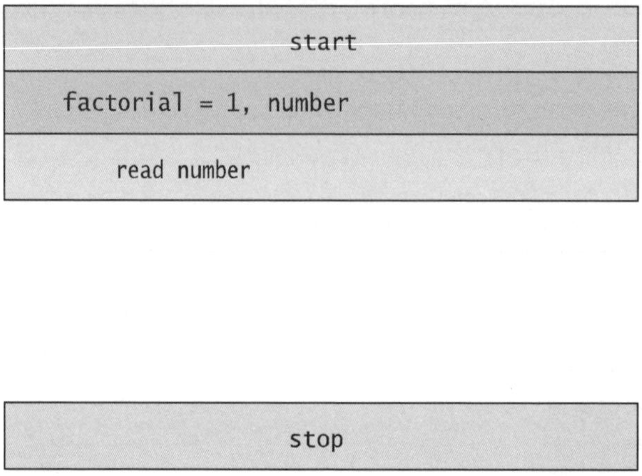

```
start

factorial = 1, number

read number
```

```
stop
```

그림 11-19 수를 입력받는 순차기호

다음은 "2. 수가 0보다 크면"에 대해서 [그림 11-20]과 같이 선택구조로 작도되어져야 한다. 조건식은 number가 0보다 큰지에 대해 관계식으로 표현되면 된다.

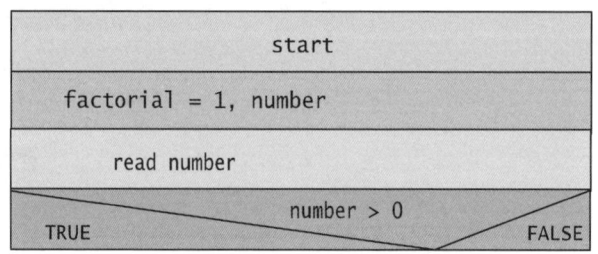

```
stop
```

그림 11-20 수가 0보다 큰지에 대한 조건식을 갖는 선택구조

다음은 "2.1. 수보다 하나 작은 수의 팩토리얼을 구하다."에 대해서 어떻게 나타낼 것인지를 공부해 보도록 하자. "2.1. 수보다 하나 작은 수의 팩토리얼을 구하다."라는 단계 명칭을 한번 더 생각해서 이해하도록 하자. 이것은 수를 입력받고 입력 받은 수에 대해 팩토리얼을 구하는 것이다. 다시 말해서 지금 작성하고 있는 알고리듬을 말하는 것이다. 즉 지금 작성하고 있는 모듈을 실행하라는 말이다. 작성중인 모듈이 자신을 실행하는 것이다. GetFactorial 모듈이 작성되고 있는데 GetFactorial을 실행하는 표현을 해야 한다는 것이다. 이책에서는 [그림 11-21]에서처럼 함수 호출

식으로 작성하도록 하겠다. number보다 하나 작은 수를 입력 데이터로 해서 정의되고 있는 모듈에서 모듈을 사용 혹은 호출하도록 하고 있다. 이러한 경우를 모듈의 자기 참조 관계라고 한다. 다른 말로는 재귀 관계 혹은 재귀라고 한다. 거짓일 때는 처리할 내용이 없으므로 처리 내용 없음을 나타내는 화살표를 내용으로 작도했다.

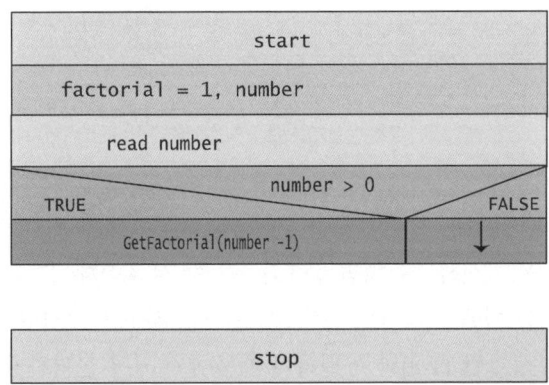

그림 11-21 모듈의 자기 참조 관계

다음은 "2.2. 수와 하나 작은 수의 팩토리얼을 곱한다."에 대해서 작도를 해 보자. [그림 11-21]에서 구한 팩토리얼을 따로 저장하지 않고 있다. 그리고 GetFactorial(number - 1)는 함수 호출식이기 때문에 오른쪽 값을 의미한다. GetFactorial(number - 1) 수식을 "2.2. 수와 하나 작은 수의 팩토리얼을 곱한다."에 대한 수식을 작성할 때 그대로 사용하도록 하자. 그러면 [그림 11-22]와 같이 따라서 하나의 같은 순차기호에서 곱하기 수식에 사용할 수 있다.

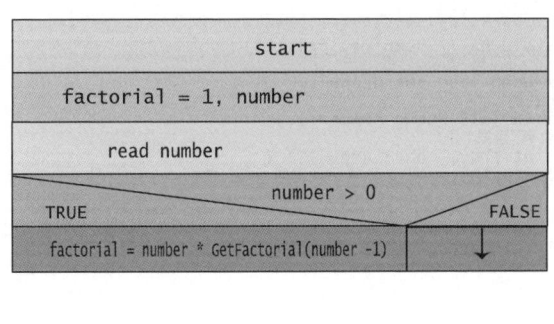

그림 11-22 수와 1 만큼 작은 수의 팩토리얼을 곱하는 산술식의 순차기호

다음은 마지막으로 "3. 곱을 출력한다."에 대해서 작도해 보도록 하자. 출력이기 때문에 순차기호를 작도하고 내용으로 print 명령어를 적고 바로 뒤에 출력해야 하는 값을 저장한 변수를 적으면 된다.

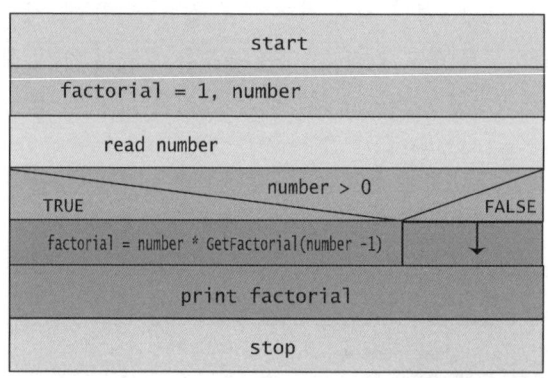

그림 11-23 팩토리얼을 출력하는 순차기호

[그림 11-16]에 의하면 3!를 계산하고자 하면 반복되어야 할 것 같은데 [그림 11-23]에서는 반복구조를 찾아 볼 수 없다. 왜 그럴까? 이에 대해서는 우선 코드를 작성하고 메모리맵으로 확인해 보도록 하자.

수를 입력받는데 까지는 [그림 11-8]과 동일하기 때문에 여기서 설명하지 않도록 하겠다. 따라서 [코드 11-13]에서 27번째 줄까지는 어떠한 코드의 변경도 없다. 다음은 [그림 11-23]에서 선택구조에 대해서 C 로 코드를 작성해 보자. if 키워드를 적고 조건식을 소괄호로 반드시 감싸야 하고, 제어블록을 중괄호로 설정하도록 하자. 조건식을 평가했을 때 거짓인 경우 처리는 없기 때문에 else 절은 생략하면 된다.

```
01 : /*********************************************************************
02 :    파일 명칭 : GetFactorial.c
03 :    기     능 : 입력받은 수에 대해 팩토리얼을 구한다
04 :    입     력 : 수
05 :    출     력 : 팩토리얼
06 :    작 성 자 : 김석현
07 :    작성 일자 : 2009년 06월 25일
08 : *********************************************************************/
09 : #include <stdio.h> // scanf(), printf()
10 : // 사용자 정의 자료형 명칭 선언
11 : typedef unsigned long int ULong ;
12 : // 연산 함수 선언
13 : ULong GetFactorial( ULong number ) ;
14 : // main() 함수 정의
15 : int main ( int argc, char* argv[] ) {
16 :     ULong factorial;       // 팩토리얼에 대한 변수
17 :     ULong number;          // 입력받은 수에 대한 변수
18 :
19 :     scanf( "%d", &number ) ;            // 1. 수를 입력받는다.
20 :     factorial = GetFactorial ( number ) ;   // 2. 팩토리얼을 구한다.
21 :     printf( "%d\n", factorial ) ;       // 3. 팩토리얼을 출력한다.
22 :
23 :     return 0;
24 : }
25 :
26 : // 연산 함수 정의
27 : ULong GetFactorial( ULong number ) { // 함수 블록 시작
28 :                                      // 1. 수를 입력받는다 : 매개변수
29 :     ULong factorial = 1 ; // 곱을 누적하는 변수 선언문
29 :
30 :     if ( number > 0 ) {              // 2. 수가 0보다 크면
31 :         // 단문 혹은 복문
32 :     }
33 : }
```

코드 11-14 number가 0보다 큰지에 대해 if문장

다음은 조건식을 평가했을 때 참인 경우 순차기호를 코드로 작성해 보자. [코드 11-15]에서처럼 if 블록내부에 수식 문장으로 작성되면 된다. 이때 GetFactorial() 함수를 호출 문장을 작성하여야 한다.

```c
01 : /******************************************************************
02 :    파일 명칭 : GetFactorial.c
03 :    기    능 : 입력받은 수에 대해 팩토리얼을 구한다
04 :    입    력 : 수
05 :    출    력 : 팩토리얼
06 :    작 성 자 : 김 석 현
07 :    작성 일자 : 2009년 06월 25일
08 : ******************************************************************/
09 : #include <stdio.h> // scanf(), printf()
10 : // 사용자 정의 자료형 명칭 선언
11 : typedef unsigned long int ULong ;
12 : // 연산 함수 선언
13 : ULong GetFactorial( ULong number ) ;
14 : // main() 함수 정의
15 : int main ( int argc, char* argv[] ) {
16 :     ULong factorial;       // 팩토리얼에 대한 변수
17 :     ULong number;          // 입력받은 수에 대한 변수
18 :
19 :     scanf( "%d", &number ) ;                  // 1. 수를 입력받는다.
20 :     factorial = GetFactorial ( number ) ;     // 2. 팩토리얼을 구하다.
21 :     printf( "%d\n", factorial ) ;             // 3. 팩토리얼을 출력한다.
22 :
23 :     return 0;
24 : }
25 :
26 : // 연산 함수 정의
27 : ULong GetFactorial( ULong number ) { // 함수 블록 시작
28 :                                      // 1. 수를 입력받는다 : 매개변수
29 :     ULong factorial = 1 ; // 곱을 누적하는 변수 선언문
29 :
30 :     if ( number > 0 ) {              // 2. 수가 0보다 크면
31 :         factorial = number * GetFactorial(number - 1) ;
32 :         // GetFactorial(number -1) 2.1. number보다 하나 작은 수의 팩토리얼을 구하다
33 :         // factorial = number * 2.2. number와 number보다 하나 작은 수의 팩토리얼 곱하다.
34 :     }
35 : }
```

코드 11-15 정의되고 있는 함수에서 정의되고 있는 함수 자체를 호출

다음은 구한 팩토리얼을 출력하는 순차기호는 이것도 앞에서 설명했기 때문에 생략하고 마무리 된 코드는 [코드 11-16]과 같다.

```
01 : /*******************************************************************
02 :    파 일  명 칭 : GetFactorial.c
03 :    기       능 : 입력받은 수에 대해 팩토리얼을 구한다
04 :    입       력 : 수
05 :    출       력 : 팩토리얼
06 :    작  성  자 : 김 석 현
07 :    작 성 일 자 : 2009년 06월 25일
08 : *******************************************************************/
09 : #include <stdio.h> // scanf(), printf()
10 : // 사용자 정의 자료형 명칭 선언
11 : typedef unsigned long int ULong ;
12 : // 연산 함수 선언
13 : ULong GetFactorial( ULong number ) ;
14 : // main() 함수 정의
15 : int main ( int argc, char* argv[] ) {
16 :     ULong factorial;        // 팩토리얼에 대한 변수
17 :     ULong number;           // 입력받은 수에 대한 변수
18 :
19 :     scanf( "%d", &number ) ;                  // 1. 수를 입력받는다.
20 :     factorial = GetFactorial ( number ) ;     // 2. 팩토리얼을 구한다.
21 :     printf( "%d\n", factorial ) ;             // 3. 팩토리얼을 출력한다.
22 :
23 :     return 0;
24 : }
25 :
26 : // 연산 함수 정의
27 : ULong GetFactorial( ULong number ) { // 함수 블럭 시작
28 :                                      // 1. 수를 입력받는다 : 매개변수
29 :     ULong factorial = 1 ; // 곱을 누적하는 변수 선언문
29 :
30 :     if ( number > 0 ) {              // 2. 수가 0보다 크면
31 :         factorial = number * GetFactorial(number - 1) ;
32 :         // GetFactorial(number -1) 2.1. number보다 하나 작은 수의 팩토리얼을 구하다
33 :         // factorial = number * 2.2. number와 number보다 하나 작은 수의 팩토리얼 곱하다.
34 :     }
35 :
36 :     return factorial ;
37 : }
```

코드 11-16 팩토리얼을 출력하는 return 문장

다음은 정확하게 실행되는지에 대해 디버깅으로 확인을 해보자. 집중하자. [코드 11-16]을 컴퓨터에 입력한 다음 컴파일과 링크를 하면 실행 파일이 작성될 것이다. 이렇게 작성된 실행 파일을 실행시키면 [그림 11-9]와 같은 메모리 맵이 작도될 것이다. 그리고 사용자가 키보드로 입력한 3을 scanf() 함수에 의해서 main() 함수 스택에 저장되면 [그림 11-10]과 같을 것이다. [코드 11-16]에서 20번째 줄로 이동하여 GetFactorial() 함수를 호출하면 [그림 11-11]과 같은 메모리 맵이 작도될 것이다.

다음은 [코드 11-16]에서 30번째 줄로 이동하여 if 문장의 조건식을 평가한다. number에 저장된 값이 3이므로 0보다 크다. 따라서 조건식을 평가한 결과는 참이다. 따라서 31번째 줄로 이동하여 실행한다. 31번째 줄은 수식 문장으로 [코드 11-17]과 같이 3개의 수식으로 구성되어 있다. 제일 먼저 함수 호출식이 평가되어져야 하고 그러기 위해서는 실인수에 대한 수식이 먼저 평가된다. 따라서 number에 저장된 값인 3에서 1을 빼어 구한 값인 2를 실인수로 해서 GetFactorial() 함수 자체가 호출된다.

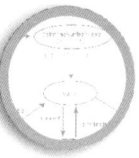

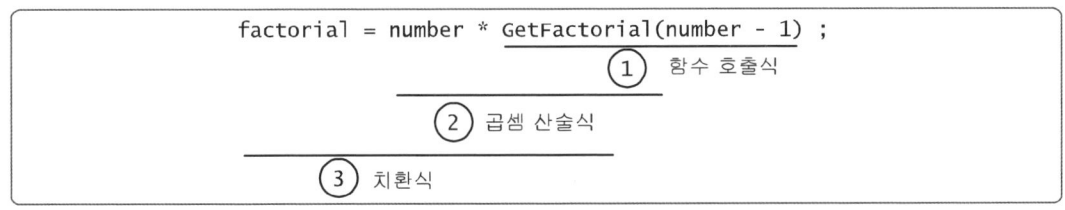

코드 11-17 팩토리얼을 구하는 문장의 수식들과 평가 순서

따라서 또한 GetFactorial() 함수 스택이 할당되고 number에 2가 복사되어 저장된다.

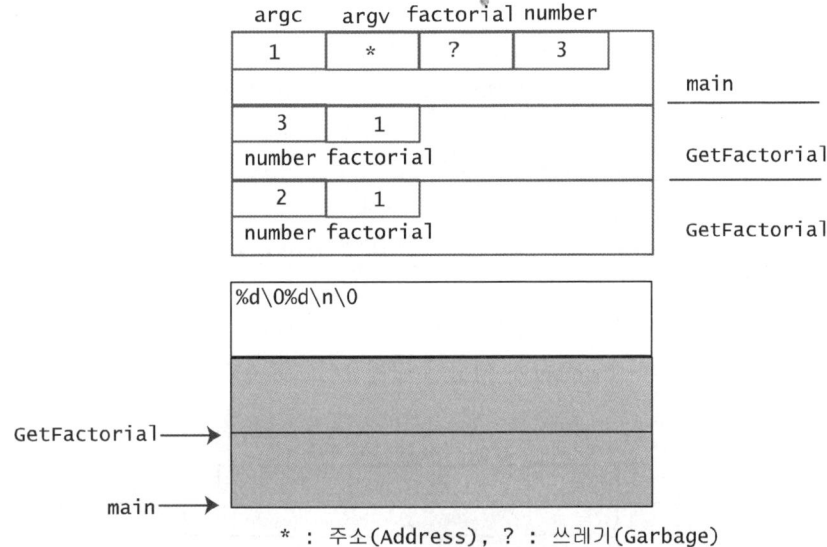

그림 11-24 GetFactorial() 함수가 두 번째 호출되었을 때

두 번째로 호출된 GetFactorial() 함수에 대해 다시 [코드 11-16]에서 30번째 줄로 이동하여 if 문장의 조건식을 평가한다. number에 저장되어 있는 값이 2이므로 0보다 크다. 따라서 조건식이 참이 되어 [코드 11-16]에서 31번째로 이동하여 함수 호출식을 제일 먼저 평가해야 하기 때문에 다시 number에서 1을 빼서 구한 값인 1을 실인수로 해서 다시 GetFactorial() 함수를 호출하게 된다. 그러면 [그림 11-25]에서처럼 앞에서 GetFactorial() 함수를 호출할 때와 똑같이 스택이 할당되고 number에 1이 저장된다.

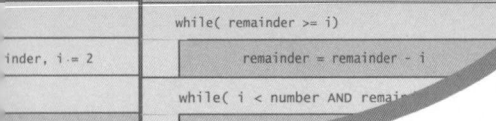

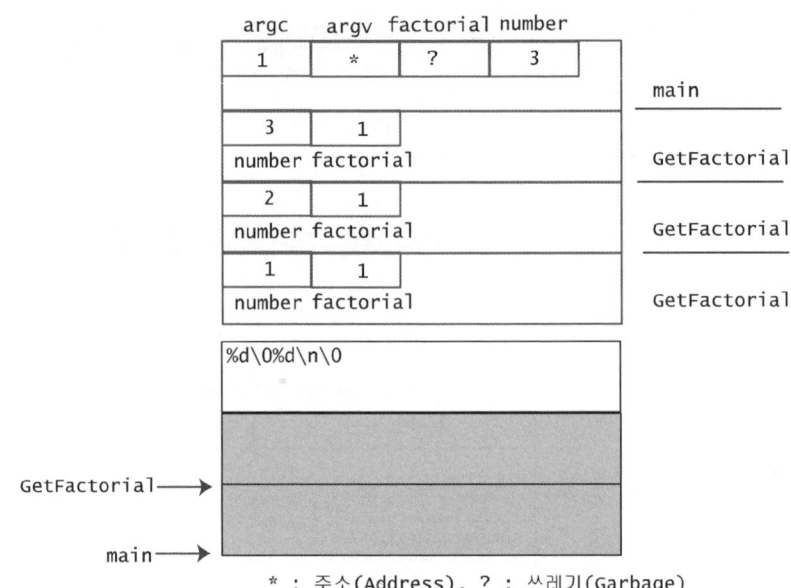

* : 주소(Address), ? : 쓰레기(Garbage)

그림 11-25 GetFactorial() 함수가 세 번째 호출되었을 때

다음은 세 번째 호출된 GetFactorial() 함수에 대해 다시 [코드 11-16]에서 30번째 줄로 이동하여 if 문장의 조건식을 평가한다. number에 저장된 값이 1이므로 0보다 크다. 따라서 조건식이 참이

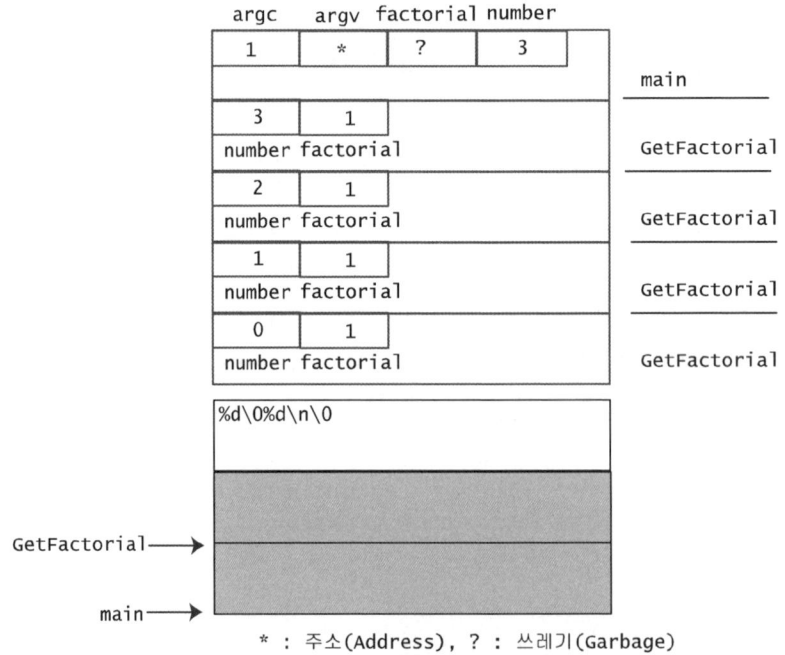

* : 주소(Address), ? : 쓰레기(Garbage)

그림 11-26 GetFactorial() 함수가 네 번째로 호출되었을 때

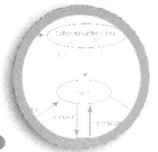

되어 [코드 11-16]에서 31번째로 이동하여 함수 호출식을 평가하게 된다. 다시 number에서 1을 뺀 값인 0을 실인수로 해서 다시 GetFactorial() 함수를 호출한다. 따라서 GetFactorial() 함수 스택이 할당되고 number에 0이 저장되어 [그림 11-26]과 같은 메모리 맵이 작도된다.

따라서 프로그램의 제어는 네 번째 호출된 GetFactorial() 함수에 대해 실인수인 0을 입력받고 [코드 11-16]에서 30번째 줄로 이동하게 되고 if 문장의 조건식을 평가하게 된다. number에 저장된 값이 0이므로 0보다 크지 않다. 따라서 거짓이 된다. 따라서 프로그램의 실행 제어는 [코드 11-16]에서 36번째 줄로 이동하여 return문장에 의해서 factorial에 저장된 값인 1을 레지스터에 복사하고 GetFactorial() 함수 스택을 해제한다. [그림 11-26]에서 보는 것처럼 number가 0일 때 0!로서 factorial이 1이 된 상태이다. 즉 [그림 11-16]에서 (4) 0! = 1 을 나타내는 상태이다.

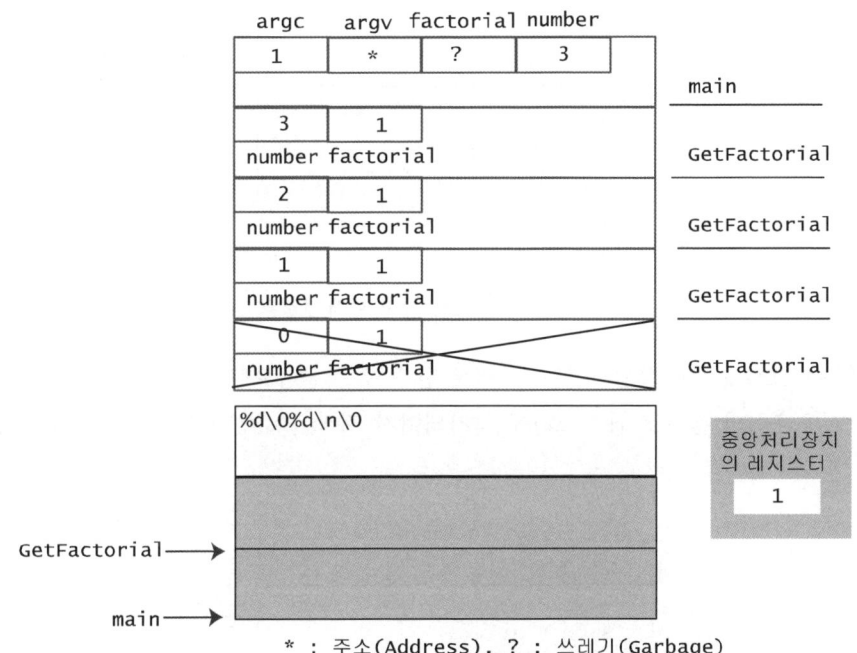

그림11-27 네 번째 호출된 GetFactorial()함수가 끝났을 때

[그림 11-27]에서 보는 것처럼 프로그램의 실행 제어가 세 번째 호출 문장으로 이동한다. [코드 11-16]에서 31번째 줄에서 수식문장에서 가장 오른쪽에 기술된 함수 호출식의 평가로 레지스터에 1이 복사되어 저장되어 있다. 다음은 산술식이 평가되어져야 하는데 레지스터에 복사되어진 값인 1과 number에 저장된 값인 1을 곱하여 값을 구하여야 한다. 구한 값은 1이 된다. 다음은 치환식이 평가되어야 하는데 1을 factorial에 저장한다. 따라서 메모리 맵은 [그림 11-25]와 똑 같을 것이다. 그리고 프로그램의 실행제어는 [코드 11-16]에서 if 제어블록을 벗어나서 36번째 줄로 이동한다. return 문장에 의해서 factorial에 저장된 값인 1을 레지스터에 복사하여 저장한 다음 스택을 해제한

다. [그림 11-27]에서 보는 것처럼 number가 1일 때 1!로서 factorial이 1이 된 상태이다. 즉 [그림 11-16]에서 (3) 1! = 1 * 0! 을 나타내는 상태이다.

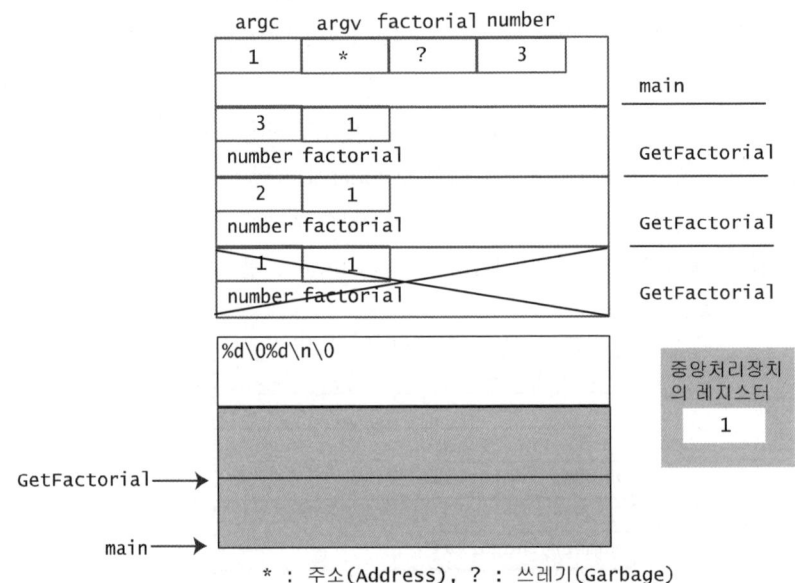

그림 11-28 세 번째 호출된 GetFactorial()함수가 끝났을 때

따라서 다음은 프로그램의 실행제어는 두 번째 함수 호출 문장으로 이동하고, 산술식이 평가되면 된다. 함수 호출식의 평가로 레지스터에 복사되어져 저장된 값인 1과 number에 저장된 값인

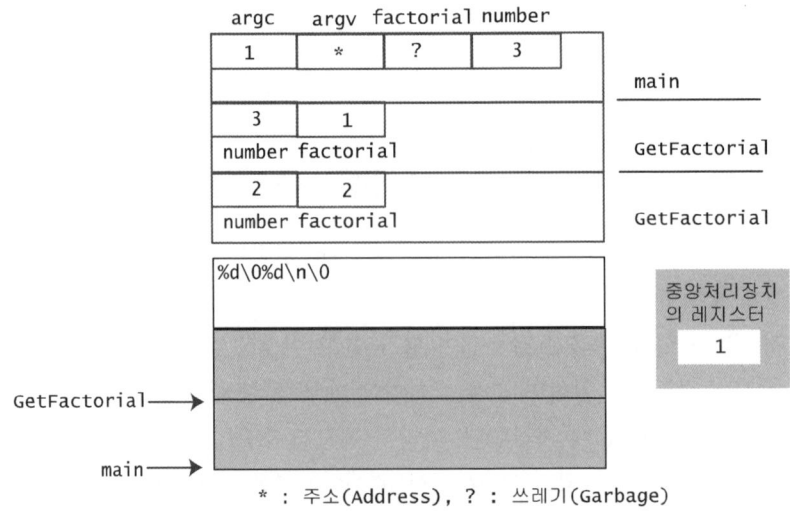

그림 11-29 두 번째 호출된 GetFactorial() 함수에서 함수 호출문장이 실행되었을 때

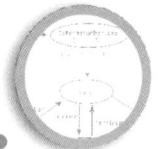

2를 곱하여 구한 값인 2를 치환식에 의해서 factorial에 저장한다. 그러면 [그림 11-29]와 같은 메모리 맵이 작도된다. [그림 11-29]에서 보는 것처럼 number가 2일 때 2!로서 factorial이 2가 된 상태이다. 즉 [그림 11-16]에서 (2) 2! = 2 * 1! 을 나타내는 상태이다.

그리고 프로그램의 실행 제어는 if 제어블록을 벗어나게 되고 36번째 줄로 이동한다. 36번째 줄에서 return 문장에 의해서 factorial에 저장된 값을 복사하여 레지스터에 저장하고 함수 스택을 해제한다.

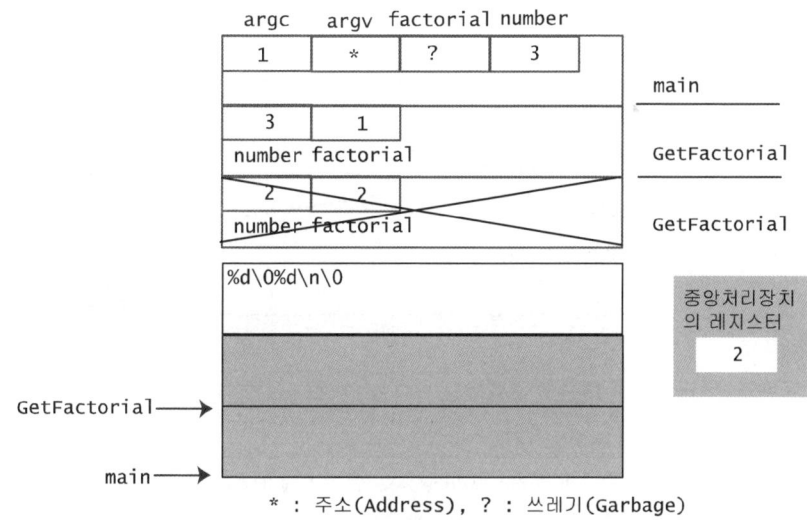

그림11-30 두 번째 호출된 GetFactorial() 함수가 끝났을 때

그래서 프로그램의 실행 제어는 첫 번째 함수 호출 문장으로 이동하게 된다. 첫 번째 함수 호출 문장에서 함수 호출식만 평가되었고 차례대로 산술식과 치환식이 평가되어야 한다. 우선순위에 의

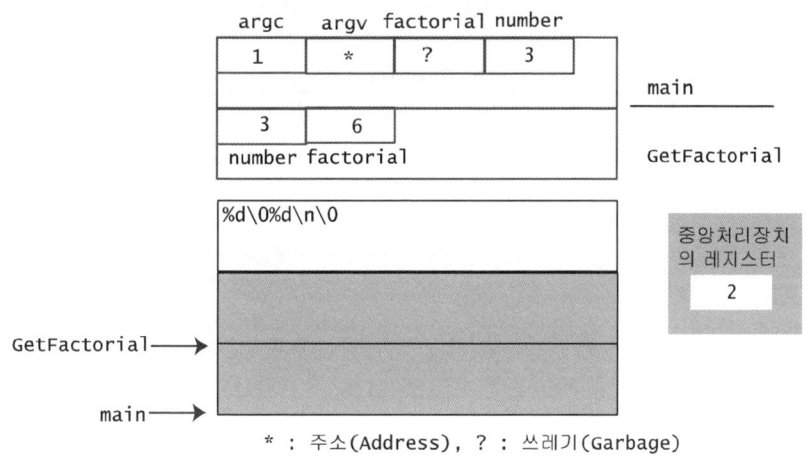

그림11-31 첫 번째 호출된 GetFactorial() 함수에서 함수 호출 문장이 실행되었을 때

해서 산술식이 먼저 평가되어야 하는데, 함수 호출식의 평가로 레지스터에 저장된 값인 2와 number 에 저장된 값인 3을 곱하여 구한 값인 6을 factorial에 저장한다.

[그림 11-31]은 수가 3일 때 팩토리얼이 6임을 알 수 있다. 즉 [그림 11-16]에서 (2) 3! = 3 * 2! 을 나타내는 상태이다. 다음은 프로그램의 실행 제어는 앞에서 언급한 것처럼 if 제어블록을 벗어나서 36번째 줄로 이동한다. return 문장에 의해서 factorial에 저장된 값인 6을 읽어 레지스터에 복사하여 저장하고 스택을 해제한다.

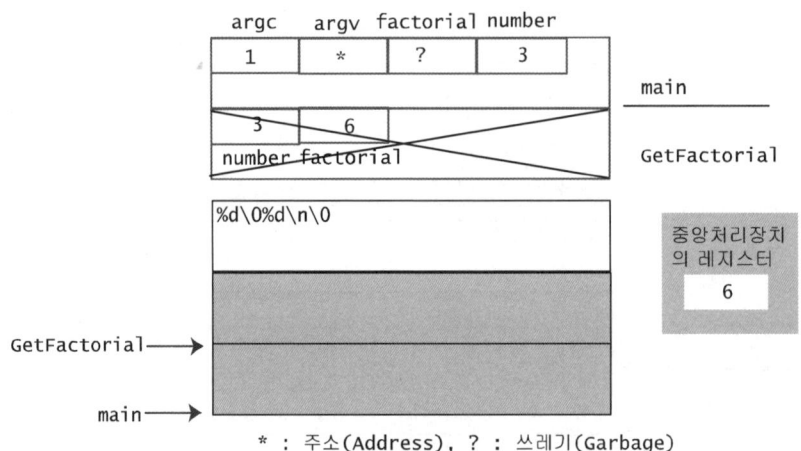

[그림 11-32] 첫 번째 호출된 GetFactorial() 함수가 끝났을 때

다음은 프로그램의 실행 제어가 GetFactorial() 함수를 호출한 main() 함수로 이동하게 된다. 따라서 [코드 11-16]에서 20번째 줄로 이동하는데 함수 호출식이 평가되고 이제 치환식이 평가되어져야 한다. 치환식의 평가는 레지스터에 저장된 값을 복사하여 main() 함수에 할당된 factorial에 저장하게 된다. 따라서 [그림 11-33]과 같은 메모리 맵으로 작도된다.

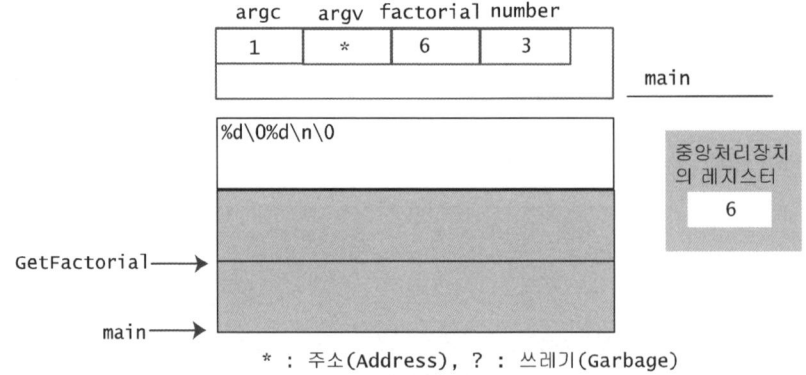

[그림 11-33] [코드 11-16]에서 20번째 줄의 실행이 끝났을 때

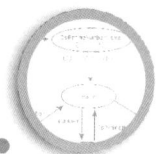

다음은 [코드 11-16]에서 21번째 줄로 이동하여 printf() 함수에 의해서 콘솔 윈도우에 6을 출력하게 된다. 다음은 23번째 줄로 이동하여 return 문장에 의해서 main() 함수 스택이 해제되고 프로그램이 끝나게 된다.

함수가 실행되면 스택이 할당되는데 스택이 할당되고 해제되는데 있어 규칙이 있다. 제일 나중에 들어간 것이 제일 먼저 나오게 된다. 이러한 규칙을 갖는 자료구조를 스택(Stack)이라고 한다. 이를 이용하여 시스템적으로 반복을 처리하게 하고 있다.

이런 시스템적인 반복을 이용하기 위해서 정의되고 있는 함수가 자신이 호출하는 함수를 사용해야 한다. C 언어가 제공하는 함수는 수평 병렬 구조를 갖는 특성을 갖는다고 했다. 따라서 정의되고 있는 함수가 자신을 호출할 수 있다. 자기자신을 호출하여, 자기자신으로부터 호출되는 함수를 재귀함수(Recursive Function)라고 한다.

이러한 재귀 호출 혹은 재귀함수를 이용하면 문제의 알고리듬이 직관적으로 쉽게 구현이 가능하다. 앞에서 재귀를 이용하지 않은 것보다 재귀로 정의된 알고리듬이 더욱더 직관적이고 무척 편리하고 형태적으로 아름답게 느껴지는 사람이 있을 수 있다. 그래서 모든 문제를 재귀를 응용해서 풀려고 하는 사람들이 많을 것이다. 대개 초보자일 때 이러한 경향을 보인다.

그러나 재귀를 이용한 알고리듬을 설계하는 것이 실질적으로 배제되는 경우가 많다. 그 이유는 우선 구현할 때 반드시 종료조건에 대한 명확한 제시가 있어야 한다. 그렇지 않으면 스택이 계속 할당되어야 하고, 우리가 사용하는 컴퓨터의 기억장치는 유한성을 가지기 때문에 기억장소가 부족한 경우가 발생하게 된다. 따라서 프로그램이 작동하지 않고 강제로 끝나게 된다. 명확하게 종료조건을 준 경우에도 어떠한 경우는 시스템적인 문제로 인하여 이러한 현상이 발생할 수 있다.

또한 함수가 실행될 때 스택이 할당되고 끝날 때 해제되는 시간을 함수의 오버헤드(Overhead)라고 하는데 이에 걸리는 시간이 분명히 존재한다. 따라서 수행속도가 느리고 기억장소를 많이 사용하는 단점도 존재한다.

알고리듬을 설계할 때 재귀를 응용할 것인지를 결정하는 것은 전적으로 여러분이 결정할 문제이다. 여기서 다시 한번 더 강조할 것은 재귀를 응용하든 않든 어떠한 문제든지 컴퓨터가 있든 없든 홀로 해결할 수 있도록 계속 공부하여야 한다는 것이다. 가능하면 자신감을 갖기 위해서 컴퓨터없이 수작업으로 할 수 있는 그날까지, 아마도 이 책을 덮을 때까지 달성할 수 있었으면 좋겠다. 그렇지 못하더라도 실망하지 말고 할 수 있을 때까지 포기하지 말자.

3. 정적 함수(Static Function)

3장에서 모듈화 프로그래밍을 할 때 모듈마다 많은 함수들이 기능별로 나누어져 있을 것이다. 이때 특정한 모듈, 즉 컴파일 단위인 원시 코드 파일 내부에서만 쓰일 뿐 다른 모듈에서는 전혀 쓰이지 않거나 또는 쓰여서는 안 되는 함수에 대해서 선언과 정의는 [그림 11-34]와 [그림 11-35]와 같은 형식이어야 한다. 그리고 이러한 함수를 정적 함수라고 한다.

```
static 반환형 함수명칭(매개변수 목록) ;
```

그림 11-34 정적함수의 선언 형식

선언할 때나 정의할 때나 반환형 앞에다 static 기억부류 지정자를 적어야 한다.

함수 정의 외에 선언이 추가로 필요한 경우 자신이 정의되어 있는 모듈 이외의 모듈에는 자신의 존재를 전혀 알릴 수 없으므로 헤더 파일 안에 정적 함수의 선언을 넣어 두면 안된다. 따라서 그 자신이 정의되어 있는 모듈의 선두에 두는 것이 가장 바람직하다.

```
static 반환형 함수명칭(매개변수 목록) {
    // 문장(들)
}
```

그림 11-35 정적함수의 정의 형식

3장에서 사용했던 예제를 이용하여 이해해 보도록 하자.

```
01 : /********************************************************
02 :  파일 명칭 : Main.c
03 :  함수 명칭 : main
04 :  기    능 : 입력받은 수가 소수인지 아닌지를 판단한다.
05 :  출    력 : 소수 여부
06 :  입    력 : 수
07 :  작 성 자 : 김 석 현
08 :  작성 일자 : 2009년 2월 3일
09 :  ********************************************************/
10 : #include <stdio.h>
11 :
12 : // 사용자 정의 자료형 선언
13 : typedef enum _boolean { FALSE = 0, TRUE = 1 } Boolean;
14 : typedef unsigned long int ULong;
15 :
16 : // 입력 함수
17 : ULong InputNaturalNumber();
18 : // 산술 및 논리 연산 함수
19 : static Boolean IsPrimeNumber(ULong number);
20 : // 출력 함수
21 : void DisplayIsPrimeNumber(ULong number, Boolean isPrimeNumber);
22 :
23 : // 응용 프로그램의 엔트리 포인터 함수 정의
24 : int main(int argc, char* argv[]) {
25 :     Boolean isPrimeNumber; // 출력 자료 변수 선언
26 :     ULong number; // 입력 자료 변수 선언
27 :
28 :     // 수를 입력받는다
29 :     number = InputNaturalNumber();
30 :     while(number != 0) {
31 :         isPrimeNumber = IsPrimeNumber(number); // 소수인지 판단한다
32 :         DisplayIsPrimeNumber(number, isPrimeNumber); // 소수 여부를 출력한다
33 :         number = InputNaturalNumber();   // 수를 입력받는다
34 :     }
35 :
36 :     return 0;
37 : }
```

코드 11-18 정적함수의 선언

[코드 11-18]에서 main() 함수에서 호출되고 있기 때문에 IsPrimeNumber.c 원시 코드 파일에서 작성되어 있는 IsPrimeNumber() 함수는 Main.c 원시 코드 파일에서 선언되어야 한다. 그래서 19번째 줄에서 선언을 하고 있는데 반환형 앞에다가 static 키워드를 붙여서 선언하고 있다. 제대로 컴파일이 되는지 컴파일을 해 보아라. 아마 컴파일 오류가 발생할 것이다. 오류 메시지는 IsPrimeNumber() 함수가 선언되어 있으나 정의되어 있지 않다라고 할 것이다. 다시 말해서 IsPrimeNumber() 함수는 정적 함수이기 때문에 반드시 Main.c에 선언되었다면 정의도 되어야 한다는 것이다. 그런데 정의가 되지 않아서 오류가 발생한 것이다.

이번에는 Main.c 원시 코드 파일에서 IsPrimeNumber() 함수 선언에서 static 키워드를 제거하고, [코드 11-19]에서처럼 IsPrimeNumber() 함수의 선언과 정의를 해보자.

```c
/***************************************************************
  파일 명칭 : IsPrimeNumber.c
  함수 명칭 : IsPrimeNumber
  기    능 : 입력받은 수가 솟수인지 아닌지를 판단한다.
  출    력 : 소수 여부
  입    력 : 수
  작 성 자 : 김 석 현
  작성 일자 : 2009년 2월 3일
***************************************************************/
// 사용자 정의 자료형 선언
typedef enum _boolean { FALSE = 0, TRUE = 1 } Boolean;
typedef unsigned long int ULong;

// 산술 및 논리 연산 함수
static Boolean IsPrimeNumber( ULong number ) ; // 선언

static Boolean IsPrimeNumber( ULong number ) { // 정의
    Boolean isPrimeNumber = FALSE;
    unsigned short int remainder;
    ULong i = 2;
    // 1. 수를 입력 받는다 : 함수 호출로 인수로 값의 복사한다
    remainder = number % i ;
    // 2. 2부터 시작하여 입력받은 수보다 작고 나누어 떨어지지 않는 동안 반복한다
    while( i < number && remainder != 0) {
        i++; // 2.1. 나를 수를 센다
        remainder = number % i ; // 2.2. 나머지를 구한다
    }
    // 3. 나누어 떨어지는 수가 없으면
    if(number == i) {
        isPrimeNumber = TRUE; // 소수 여부를 거짓으로 한다
    }
    // 4. 소수 여부를 출력한다.
    return isPrimeNumber ;
} // 5. 끝낸다
```

코드 11-19 정적함수의 정의

컴파일을 정상적으로 이루어질 것이다. 그러나 링크를 해 보아라. Main.obj에서 링크 오류가 발생할 것이다. 링크할 때 IsPrimeNumber() 함수에 대해 Main.obj 모듈에서 참조할 수 없어 주소를 결정할 수 없다는 것이다. IsPrimeNumber() 함수는 정적 함수이기 때문에 IsPrimeNumber.c에서만 사용 가능할 뿐이기 때문에 다른 Main.c에서 사용하고자 한다면 정적 함수로 만들면 되지 않는

것이다. 따라서 다른 외부 모듈 Main.c에서 참조할 수 없기 때문에 참조할 수 없다는 오류 메시지를 출력하게 되는 것이다.

이러한 기능은 개발 과정에서 모듈을 관리하는데 있어 매우 중요한 기능이다. 좋은 프로그램을 만들기 위해서 모듈의 독립성을 높이기 위해 모듈의 결합성을 낮추기 위한 기능이다. 따라서 크기가 큰 프로그램을 작성할 때 사용하면 개발을 보다 체계적으로 할 수 있을 것이다.

4. 가변 인수 목록 사용법

다음 문제를 풀어보자. 학생들의 점수가 반별로 입력될 때 평균을 구하는 프로그램을 작성해보자. 이때 문제가 생기는데 어떠한 문제인지 알겠는가? 반별로 학생수가 다르다는 것이다. 반별 정원은 일정할지라도 실제 수업을 받고 있는 현재 인원은 반별로 차이가 난다는 것이다. 이런 경우 어떻게 평균을 구하는 함수를 작성해야 할까?

이에 대한 힌트는 여러분들도 이미 알고 있다. 우리가 앞에서 콘솔로부터 입력을 받을 때 사용했던 scanf() 함수나 콘솔에 출력할 때 사용했던 printf() 함수에서 얻을 수 있다. [코드 11-20]에서 scanf() 함수를 사용한 예를 보면 알 수 있을 것이다. 실인수의 개수가 입력받을 데이터 개수에 따라 다르다.

```
(1) scanf("%d", &number) ;  // 실인수가 2개 사용하는 경우
(2) scanf("%s %d", name, &score) ;  // 실인수가 3개 사용하는 경우
```

코드 11-20 scanf() 함수의 사용 예

이러한 함수들을 어떻게 선언하고 정의하는 것일까? 선언에 대해서는 [코드 11-21]에서처럼 scanf() 함수에 대해 함수원형을 참고할 수 있다.

```
            int scanf( const char *format [,argument]... ) ;
                                                     ↑
                                                   가변 인수
```

코드 11-21 scanf() 함수원형

함수원형에서 보는 것처럼 매개변수 목록의 끝에 생략부호(...)를 포함한 매개변수 목록을 가지고 있다. 이렇게 매개변수 목록의 끝에 생략부호를 포함하고 호출될 때 실인수 개수가 변하는 printf()나 scanf()와 같은 함수를 가변 인수 목록을 가지는 함수라고 한다.

C 개발자도 가변 인수 목록을 가지는 사용자 정의 함수를 작성할 수도 있다. 그러면 평균을 구하는 함수를 만들어 보자. [코드 11-22]는 평균을 구하는 함수를 선언, 정의 그리고 호출하고 있다. [코드 11-22]에서 13번째 줄에서처럼 가변 인수 목록을 가지는 함수를 선언할 경우, 먼저 항상

C를 배우면 함수를 **잘** 만들어야 한다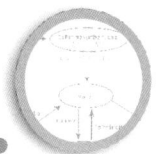

적어도 한 개의 매개변수가 기술되고, 그 다음에 0개 이상의 추가 인수가 함수에 전달된다는 것을 나타내기 위해 매개변수 목록의 끝에 생략부호(...)를 포함시켜 매개변수 목록을 만든다.

함수는 호출에서 몇 개의 인수들이 전달되었는지 어떻게 아는가? 개발자가 알려주어야 한다. [코드 11-22]에서 count는 전달되어지는 인수들이 몇 개인지에 대해 개수에 대한 매개변수이다. [코드 11-22]에서 18번째 줄의 함수 호출식에서 첫 번째 실인수 3은 3개, [코드 11-22]에서 21번째 줄의 함수 호출식에서 첫 번째 실인수 10은 점수 10개가 전달됨을 알린다. 이렇게 가장 간단하게 첫 번째 매개변수를 반드시 선언하는데 전달되는 인수의 개수를 알리는 매개변수로 사용하는 방식이다.

그렇지만 엄격하게 말해서, 가변 인수 목록을 받아들이는 함수는 전달되는 인수의 개수를 알리는 고정 매개변수를 가질 필요가 없다. 예를 들어 [코드 11-23]과 같이 인수 목록의 끝을 다른 곳에서는 사용하지 않는 특정 값을 표시할 수 있다. [코드 11-23]에서는 점수는 0에서 100까지라고 가정하고 따라서는 -1을 인수 목록의 끝을 나타내는 특정 값으로 사용하였다. 하지만 이 방법은 전달할 수 있는 인수에 대한 제한을 초래하므로 피해야 할 것이다.

```
01 : /****************************************************************
02 :  파일 명칭   : VariableArguments.c
03 :  함수 명칭   : GetAverage
04 :  기     능   : 입력받은 점수들에 대해 평균을 구하다.
05 :  출     력   : 수들
06 :  입     력   : 평균
07 :  작 성 자   : 김 석 현
08 :  작성 일자   : 2009년 2월 3일
09 : ****************************************************************/
10 : #include <stdio.h>
11 : #include <stdarg.h> //va_list, va_start(), va_arg(), va_end()
12 : // 가변인수 목록을 갖는 함수 선언
13 : float GetAverage(int count, ... );
14 :
15 : int main() {
16 :     float average;
17 :
18 :     average = GetAverage(3, 100, 90, 80);
19 :     printf("%.2f\n", average);
20 :
21 :     average = GetAverage(10, 100, 90, 80, 70, 60, 50, 40, 30, 20, 10);
22 :     printf("%.2f\n", average);
23 :
24 :     return 0;
25 : }
26 : // 가변 인수 목록을 갖는 함수 정의
27 : float GetAverage(int count, ... ) {
28 :     float average ;
29 :     int sum = 0 ;
30 :     int i = 1 ;
31 :
32 :     va_list arguments ; // 가변 인수 목록에 대해 변수 선언
33 :
34 :     va_start(arguments, count); // 인수 목록을 초기화하다
35 :
36 :     while(i <= count) {
37 :         sum += va_arg(arguments, int); // 인수 목록에서 인수를 읽다
38 :         i++;
39 :     }
40 :
41 :     va_end(arguments); // 정리 작업을 하다
42 :
43 :     average = ((float)sum) / count;
44 :
45 :     return average;
46 : }
```

코드 11-22 가변 인수 목록을 갖는 함수의 선언, 정의 및 호출

[코드 11-22]에서처럼 인수 목록의 모든 인수들은 동일한 유형을 가지므로 아무런 문제가 없다. 그렇지만 가변 인수 목록에서 여러 가지 유형을 받아들이는 함수를 만들려면 인수 유형에 관한 정보를 전달하는 방법을 고안해야 한다.

[코드 11-20]에서 scanf() 함수 사용 예에서 보면 scanf() 함수가 가변 인수 목록을 가지기 때문에 format 매개변수를 작성할 때 %의 개수는 추가되는 인수들의 개수와 s는 문자열 그리고 d는 정수형 자료형에 대한 정보를 알리는 역할을 하는 것이다.

```c
01 : /*****************************************************************
02 :    파일 명칭 : VariableArguments.c
03 :    함수 명칭 : GetAverage
04 :    기    능 : 입력받은 점수들에 대해 평균을 구하다.
05 :    출    력 : 수들
06 :    입    력 : 평균
07 :    작 성 자 : 김 석 현
08 :    작성 일자 : 2009년 2월 3일
09 : *****************************************************************/
10 : #include <stdio.h>
11 : #include <stdarg.h> //va_list, va_start(), va_arg(), va_end()
12 : // 가변인수 목록을 갖는 함수 선언
13 : float GetAverage(int first, ... );
14 :
15 : int main() {
16 :    float average;
17 :
18 :    average = GetAverage(100, 90, 80, -1); // -1 는 끝 표시 숫자
19 :    printf("%.2f\n", average);
20 :
21 :    average = GetAverage(100, 90, 80, 70, 60, 50, 40, 30, 20, 10, -1);
22 :    printf("%.2f\n", average);
23 :
24 :    return 0;
25 : }
26 : // 가변 인수 목록을 갖는 함수 정의
27 : float GetAverage(int first, ... ) {
28 :    float average ;
29 :    int sum = 0 ;
30 :    int score = first ;
31 :    int count = 0 ;
32 :
33 :    va_list arguments ;      // 가변 인수 목록에 대해 변수 선언
34 :
35 :    va_start(arguments, first);   // 인수 목록을 초기화한다
36 :
37 :    while(score != -1 ) {
38 :       sum += score;  // 합을 구하다
39 :       count++;   // 개수를 센다
40 :       score = va_arg(arguments, int); // 변수 목록에서 각 인수를 읽는다
41 :    }
42 :
43 :    va_end(arguments);    // 정리 작업을 하다
44 :
45 :    average = ((float)sum) / count; // 평균을 구하다
46 :
47 :    return average;
48 : }
```

코드 11-23 가변 인수 목록의 끝 표시로 작성된 함수

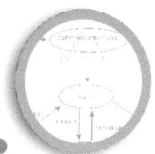

다음은 가변 인수 목록을 가지는 함수의 정의를 해보자. 가변 인수 목록에 있는 인수를 찾기 위해 함수 내부에서 사용되는 도구들을 라이브러리로 제공한다. 가변 인수 목록을 사용하기 위한 도구들부터 알아보자.

가변 인수 목록을 사용하기 위한 도구들은 헤더 파일 <stdarg.h>에 정의되어 있다. 가변 인수 목록을 가지는 함수가 포함된 프로그램은 헤더 파일 <stdarg.h>를 포함해야 한다. 도구들은 [표 11-5]와 같다.

표 11-5 가변 인수 목록을 다루는데 사용되는 자료형과 매크로들

번호	도 구	기 능
1	va_list	가변 인수 목록에 대해 사용되는 자료형
2	va_start()	인수 목록을 초기화하는데 사용되는 매크로
3	va_arg()	변수 목록으로부터 차례로 각 인수를 읽는데 사용되는 매크로
4	va_end()	모든 인수들을 읽은 후 "깨끗이 청소하는" 데 사용되는 매크로

이러한 매크로들이 함수에서 사용되는 방법을 대략 설명한 다음, 예를 들어 설명할 것이다. 함수가 호출될 때 함수에 있는 코드는 다음과 같은 단계로 인수에 접근한다.

(1) va_list 형의 변수를 선언한다. 이 변수는 개별 인수에 접근하는데 사용된다.

(2) 매크로 va_start()를 호출하고, 마지막 고정 인수의 이름뿐만 아니라 va_list 형의 변수도 전달된다. 매크로 va_start()는 아무런 반환 값도 갖지 않는다. 이것은 va_list 형의 변수가 인수 목록에 있는 첫 번째 인수를 가리키도록 초기화한다.

(3) 각 인수를 읽으려면, va_arg()를 호출하여 va_list 형 변수와 다음 인수의 자료형을 전달한다. va_arg()의 반환 값은 다음 인수의 값이 된다. 함수가 인수 목록에서 n개의 인수를 받으면, va_arg()를 n번 호출하여 함수 호출에 게재된 순서대로 인수를 읽어온다.

(4) 인수 목록에 있는 모든 인수를 읽으면, va_end() 을 호출하고, va_list 형의 변수를 전달한다. va_list 형의 변수에 대해 NULL(0)로 리셋하는 정리 작업(Clean up)을 한다.

[코드 11-22]에서 18번째 줄에서 가변 인수 목록을 갖는 GetAverage() 함수를 호출한다. 첫 번째 실인수는 추가로 전달되는 실인수의 개수이다. 추가로 전달되는 실인수들이 100, 90, 80이므로 첫 번째 실인수는 3이다. 호출된 GetAverage() 함수에서 count 매개변수에 3이 복사될 것이다. [코드 11-22]에서 32번째 줄에서 count 다음에 나열된 인수들, 100, 90, 80을 읽기 위해서 va_list 형의 arguments 변수를 선언하고, 34번째 줄에서 추가된 가변 인수의 첫 번째 인수로 초기화된다. 즉 100을 읽을 수 있도록 설정된다. 다음은 36번째 줄에서 while 반복문장의 조건식을 평가하는데 i에 저장된 값인 1과 count에 저장된 값인 3에 대해 관계식을 평가하는데 평가된 결과는 1이 3보다 작기 때문에 참이다. 따라서 37번째 줄로 이동하여 100을 읽어 sum에 누적하여 sum에 저장된 값은 100이 될 것이다. 이때 전달되는 자료형에 의해서 다음 인수를 읽을 수 있도록 설정될 것이다. 다음은 i를 증가시켜 2를 저장한 다음 반복문장이기 때문에 다시 36번째 줄로 이동하여 조건식을 평가하고

참이기 때문에 다시 37번째 줄로 이동하여 인수를 읽어 sum에 누적한다. 읽혀진 값이 90이므로 sum에 190이 저장된다. 다시 38번째 줄에서 i를 증가시키고 3을 저장하고 36번째 줄로 이동하여 조건식을 평가하면 3과 3이 같기 때문에 평가된 결과가 참이 된다. 따라서 37번째 줄로 이동하여 인수를 읽어 다시 sum에 누적한다. 이번에 읽혀진 값은 80이므로 sum에는 270이 저장된다. 38번째 줄로 이동하여 i를 증가시켜 4를 저장하게 된다. 다시 36번째 줄로 이동하여 조건식을 평가하면 거짓이 되어 while 반복문장을 탈출하여 41번째 줄로 이동하여 arguments 변수에 대해 0으로 리셋한다. 그리고 43번째 줄에서 평균을 구하게 된다. 구해진 평균은 90.00이고 45번째 줄에 의해서 되돌려진다.

마찬가지로 21번째 줄에서 호출이 이루어지더라도 같은 방식으로 작동하게 될 것이다.

5. 정리

주어진 문제에 대해 컴퓨터가 어떻게 해결해야 하는지를 정리하는 과정이나 정리한 것을 알고리듬이라고 한다. 알고리듬을 작성하는데 나름대로 절차가 있다. 컴퓨터의 기본 기능을 이용하여 전체 구조를 파악하고, 모듈들에 대해서는 입출력 데이터를 규정하고, 입력과 출력 모듈에 대해서는 화면 설계로, 연산 모듈에 대해서는 내부 설계를 하여 작성한다. 내부 설계를 하는 절차는 수작업으로 문제 이해, 자연어로 처리 과정 기술 그리고 NS 챠트 작도 순으로 하향식 설계를 하는 것이 정확하고 논리적인 알고리듬을 작성할 수 있다. 이에 대해 평가를 하고 특정 프로그래밍 언어를 이용하여 구현을 하면 정확한 처리를 할 수 있다.

이러한 알고리듬을 작성함에 있어 자기 자신을 호출하여, 자기 자신으로부터 호출되는 함수를 재귀함수(Recursive Function)라는 개념을 이용할 수 있다. 이러한 재귀 호출 혹은 재귀함수를 이용하면 문제의 알고리듬이 직관적으로 쉽게 구현이 가능하다. 그러나 재귀를 이용한 알고리듬을 설계하는 것이 실질적으로 배제되는 경우가 많다. 그 이유는 우선 구현할 때 반드시 종료조건에 대한 명확한 제시가 있어야 한다. 그렇지 않으면 프로그램이 작동하지 않고 강제로 끝나게 된다. 수행속도가 느리고 기억장소를 많이 사용하는 단점도 존재한다.

모듈화 프로그래밍을 할 때 모듈마다 많은 함수들이 기능별로 나누어져 있을 때 특정한 모듈, 즉 컴파일 단위인 원시 코드 파일 내부에서만 쓰일 뿐 다른 모듈에서는 전혀 쓰이지 않거나 또는 쓰여서는 안 되는 함수를 정적 함수라고 한다. 선언 및 정의할 때 반환형 앞에 static 키워드를 붙이면 된다.

어떠한 함수들에서는 입력되는 매개변수의 개수를 설계할 때 결정할 수가 없어, 매개변수 목록의 끝에 생략부호(...)를 포함한 매개변수 목록을 작성해야 한다. 이렇게 매개변수 목록의 끝에 생략부호를 포함하고 호출될 때 실인수 개수가 변하는 printf()나 scanf()와 같은 라이브러리 함수를 가변 인수 목록을 가지는 함수라고 한다. 이때 실인수 개수는 실인수로 아니면 끝 표시로 반드시 정해 주어야 한다. 또한 자료형에 대한 정보도 필요하다면 어떠한 방식으로든지 제공되어야 한다.

제12장
포인터(Pointer) 개요

1. 함수 정보 전달에서 출력 표현

2. 정의

3. 종류

4. 사용 예

5. 사용 방법

6. 포인터 산술 연산자 +, −

7. 정리

제12장 포인터(Pointer) 개요

1. 함수 정보 전달에서 출력 표현

C 언어에서 논리적 모듈인 함수는 기본적으로 하나의 값만을 구하여 출력하는 연산이다. 그런데 어떠한 알고리듬은 2개 이상의 값들을 구해서 출력하기도 한다. 2개 이상의 값을 구해서 출력하는 알고리듬을 함수로 표현하고자 한다면 어떻게 해야 할까? 이에 대해서 두 수를 입력받아서 몫과 나머지를 구하는 문제를 해결하면서 이해해 보도록 하자.

두 수를 입력받아서 몫과 나머지를 구하는 프로그램을 작성하는 문제가 주어졌다면 [그림 12-1] 과 같이 프로그램 구조도가 정리되어야 할 것이다.

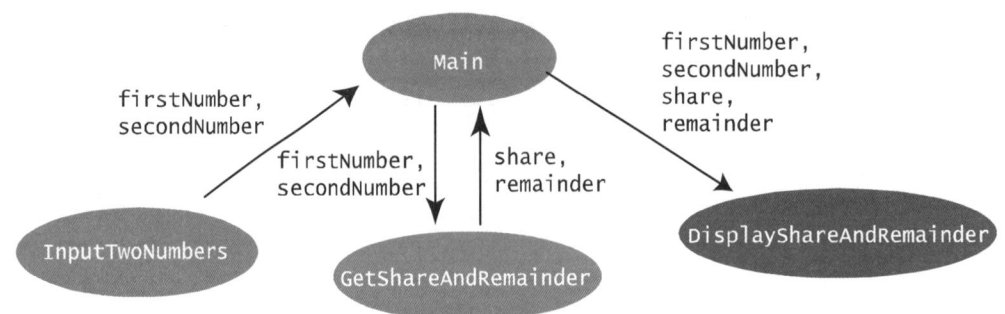

그림 12-1 두 수를 입력받아 몫과 나머지를 구하는 프로그램 구조도

[그림 12-1]에서 입력 모듈과 연산 모듈을 보면 출력되어지는 값이 2개이다. 입력 모듈인 InputTwoNumbers에서는 firstNumber와 secondNumber가 출력되고 있고, 연산 모듈인 GetShareAndRemainder에서는 share와 remainder가 출력되고 있다. 그리고 산술 및 논리 연산 모듈에 대해 제어논리는 [그림 12-2]와 같이 정리되어야 한다.

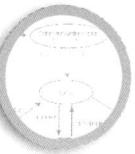

```
                          start

       share = 0, remainder, firstNumber, secondNumber

              read firstNumber, secondNumber

                   remainder = firstNumber

              while ( remainder >= secondNumber )

                      share = share + 1

                remainder = remainder - secondNumber

                     print share, remainder

                           stop
```

그림 12-2 산술 및 논리 모듈인 GetShareAndRemainder에 대한 제어논리

[그림 12-2]에서 정리된 제어논리대로 return에 의해서 출력된다는 개념을 그대로 적용하여 C 언어로 사용자 정의 함수를 정의하다면 [코드 12-1]과 같이 구현되어야 한다.

```
01 : unsigned long int GetShareAndRemainder(unsigned long int firstNumber,
02 :                      unsigned long int secondNumber) {
03 :     // 1. 매개변수로 두 수를 입력받는다
04 :     unsigned long int share = 0;
05 :     unsigned long int remainder;
06 :
07 :     remainder = firstNumber;
08 :     while(remainder >= secondNumber) {
09 :         share++; // 2. 몫을 구하다
10 :         remainder -= secondNumber; // 3. 나머지를 구하다
11 :     }
12 :     // 4. 몫과 나머지를 출력하다
13 :     return share, remainder;
14 : }   // 5. 끝내다
```

코드 12-1 산술 및 논리 연산 모듈인 GetShareAndRemainder에 대한 함수 정의

[코드 12-1]에서 문법적으로 오류가 없고, 정상적인 것처럼 보이지만 문제가 있다. 실행 가능한 프로그램으로 만들기 위해서 main() 함수를 작성하여 추가하도록 하자.

```
01 : /********************************************************************
02 :    파일 명칭 : GetShareAndRemainder.c
03 :    기    능 : 입력받은 수에 대해 몫과 나머지를 구한다
04 :    입    력 : 수
05 :    출    력 : 몫과 나머지
06 :    작 성 자 : 김 석 현
07 :    작성 일자 : 2009년 06월 25일
08 : ********************************************************************/
09 : #include <stdio.h>
10 :
11 : unsigned long int GetShareAndRemainder(unsigned long int firstNumber,
12 :                    unsigned long int secondNumber);
13 :
14 : int main ( int argc, char* argv[] ) {
15 :     unsigned long int share;
16 :     unsigned long int remainder;
17 :
18 :     share, remainder = GetShareAndRemainder(5, 2);
19 :
20 :     printf("%d %d\n", share, remainder);
21 :
22 :     return 0;
23 : }
24 :
25 : unsigned long int GetShareAndRemainder(unsigned long int firstNumber,
26 :                    unsigned long int secondNumber) {
27 :     // 1. 매개변수로 두 수를 입력받는다
28 :     unsigned long int share = 0;
29 :     unsigned long int remainder;
30 :
31 :     remainder = firstNumber;
32 :     while(remainder >= secondNumber) {
33 :         share++; // 2. 몫을 구하다
34 :         remainder -= secondNumber; // 3. 나머지를 구하다
35 :     }
36 :     // 4. 몫과 나머지를 출력하다
37 :     return share, remainder;
38 : }    // 5. 끝내다
```

코드 12-2 GetShareAndRemainder() 함수를 테스트하기 위해 main() 함수 추가

[코드 12-2]는 경고와 오류없이 컴파일이 되고, 링크되어져서 실행파일이 만들어진다. 실행시켜 보자. 그러면 실행 결과는 어떠할까?

실행 결과 : -858993460   1

그림 12-3 [코드 10-2]의 실행 결과

[그림 12-3]처럼 실행 결과는 예상치 못한 결과를 보게 된다. 제어논리에 오류가 없고, 5와 2를 입력했기 때문에 몫은 2이고 나머지는 1이 되어야 하는데, 몫이 2가 아니라 쓰레기 값이 출력되는 것을 볼 수 있다.

[코드 12-2]에서 37번째 줄을 분석해 보면, return 문장 뒤에 기술된 값들은 쉼표 연산자(Comma

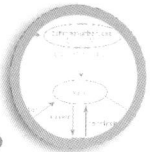

operator)에 의해서 평가되어지는 값인 remainder에 저장되어진 값이 구해져서 그 값이 반환되어지기 때문에 호출한 함수인 main()에서는 마찬가지로 share가 아니라 remainder에 반환되어진 값인 1을 저장되기 때문이다.

여기서 쉼표 연산자에 대해서 정리를 하도록 하자.

쉼표 연산자(Comma Operator)

피연산자로 모든 형의 데이터나 임의의 수식이 허용되며, 분리되는 수식들을 결합 순서에 따라서 가장 왼쪽의 수식으로부터 차례차례 평가하여, 가장 오른쪽 수식의 값을 결과 값으로 취하는 이항 연산자이다.

for 반복문장에서 반복 제어변수가 두 개 이상일 때이거나 두 개의 치환식을 하나의 수식으로 간결하게 표현하고자 할 때 사용된다.

다음은 쉼표 연산자를 사용할 때 주의해야 하는 사항들이다. 가장 오른쪽 수식 이외의 나머지 수식들의 계산 결과는 완전히 무시된다. 따라서 가장 오른쪽 수식을 제외한 나머지 수식들은 증감 연산식이나 치환식과 같이 다른 좌변 값에 대입함이 없이도 각기 독자적인 효과를 가져야 한다. 복합수식에서 우선순위가 최하위이기 때문에 다른 연산자보다 먼저 계산하도록 하려면 반드시 괄호를 사용해야 한다. 결합성은 왼쪽에서 오른쪽으로 이루어짐에 유의해야 한다.

그렇다면 return 문장을 연속해서 두 번 기술된 [코드 12-3]과 같이 코드를 변경하여 실행하면 결과는 어떻게 될까? [코드 12-3]을 컴파일과 링크를 한 후 실행한다면 [그림 12-4]와 같은 결과를 얻을 것이다.

```
실행 결과 : -858993460     2
```

그림 12-4 [코드 10-3]에 대한 실행 결과

remainder에 2가 저장되었다는 말은 [코드 12-3]에서 37번째 줄이 실행되었다는 것을 알 수 있다. return 문장에 의해서 함수의 실행이 끝나고, 호출 함수인 main()으로 실행제어가 이동되어 38번째 줄은 절대 실행되지 않는다는 것을 알 수 있다.

그렇다면 C 언어의 함수에서는 2개 이상인 값들을 출력하는 연산은 표현할 수 없는 것일까? 그렇다면 문제가 심각하다. 우리에게 주어진 문제를 해결하다보면 2개 이상인 값들을 출력하는 모듈들로 표현해야 하는 경우가 많이 발생한다. 이런 경우에 대한 해결책으로 다른 언어들에서는 반환이 없이 기억장소를 공유할 수 있어 출력이 가능한 프로시저(Procedure)라고 하는 유형의 연산을 제공하게 된다. 그러나 C 언어에서는 계속적으로 언급하지만 함수만을 제공한다. 그러면 다른 방법으로 이러한 문제를 해결할 수 있는 문법적인 기능을 제공할 것이다.

```
01 : /*******************************************************************
02 :    파일 명칭 : GetShareAndRemainder.c
03 :    기     능 : 입력받은 수에 대해 몫과 나머지를 구한다
04 :    입     력 : 수
05 :    출     력 : 몫과 나머지
06 :    작 성 자 : 김 석 현
07 :    작성 일자 : 2009년 06월 25일
   ********************************************************************/
08 :
09 : #include <stdio.h>
10 :
11 : unsigned long int GetShareAndRemainder(unsigned long int firstNumber,
12 :                     unsigned long int secondNumber);
13 :
14 : int main ( int argc, char* argv[] ) {
15 :     unsigned long int share;
16 :     unsigned long int remainder;
17 :
18 :     share, remainder = GetShareAndRemainder(5, 2);
19 :
20 :     printf("%d %d\n", share, remainder);
21 :
22 :     return 0;
23 : }
24 :
25 : unsigned long int GetShareAndRemainder(unsigned long int firstNumber,
26 :                     unsigned long int secondNumber) {
27 :     // 1. 매개변수로 두 수를 입력받는다
28 :     unsigned long int share = 0;
29 :     unsigned long int remainder;
30 :
31 :     remainder = firstNumber;
32 :     while(remainder >= secondNumber) {
33 :         share++; // 2. 몫을 구하다
34 :         remainder -= secondNumber; // 3. 나머지를 구하다
35 :     }
36 :     // 4. 몫과 나머지를 출력하다
37 :     return share;
38 :     return remainder;
39 : }     // 5. 끝내다
```

코드 12-3 return 문장 두 개의 값들을 출력하도록 하는 코드

이러한 문법적인 기능은 무엇일까? 가장 손쉽게 해결할 수 있는 기능은 6장에서 배운 정적 데이터 영역에 할당되고 파일 참조 범위를 갖는 변수, 즉 전역 변수로 해결하는 방식인데, 이는 앞에서 설명한 대로 여러 가지 문제점들을 야기할 수 있다. 특히 C 언어에서는 최적의 방법은 아니다.

그러면 C 언어에서는 다른 기능을 제공할 것이다. 개념적인 힌트는 모든 기억장소에는 읽기와 쓰기를 할 때 식별하기 위해서 주소라는 정수형 값을 가지고 있다는 것과 주소를 알면 어떤 코드 블록에서든지 접근이 가능하다는 것이다. 주소를 알면 언제, 어디서든지 주소를 갖는 기억장소에 값을 쓰고 읽을 수 있다는 것이다.

호출한 함수 main() 에 할당되어 있는 변수들 share 와 remainder에 지정된 주소를 호출당한 함수인 GetShareAndRemainder()에서 매개변수들, share와 remainder를 할당하여 저장하도록 한다. 그런

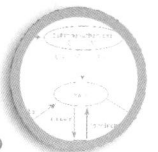

다음 GetShareAndRemainder() 함수에서 실행될 때 주소를 이용하여 main() 함수 스택에 할당되어 있는 변수들, share와 remainder에 값을 쓰고 읽도록 하여 [그림 12-5]와 같은 결과를 얻게끔 하면 두 개 이상을 출력하는 함수를 구현하는 것도 가능할 수 있다.

* : 주소(Address) , ? : 쓰레기(Garbage)

	argc	argv	share	remainder	
스택(Stack) main	1	*	2	1	0XFFFFFFFF
	secondNumber				
스택(Stack) GetShareAndRemainder	5	2	*	*	
	firstNumber		share	remainder	

힙(Heap)

데이터(Data)　%d %d\0

printf →
GetShareAndRemainder →
main →　　　　　　　　　　　　　　　　0x00000000

그림 12-5 주소를 이용한 몫과 나머지를 출력하는 프로그램의 메모리 맵

　GetShareAndRemainder() 함수 스택에 할당되어 있는 share와 remainder 변수를 할당하는 방법과 그 변수들에 저장되어 있는 주소를 이용하여 main() 함수 스택에 할당되어 있는 share와 remainder에 값을 읽고 쓰는 방법에 대해서 공부해 보도록 하자.

　우선 GetShareAndRemainder() 함수 스택에 할당되어 있는 share와 remainder는 매개변수로 기술되어야 한다. 왜냐하면 호출하는 함수인 main() 함수로부터 값을 전달받아 저장해야 하기 때문이다. 그러면 GetShareAndRemainder() 함수에 대해 [그림 12-1]을 참고하여 선언해 보자.

　앞에서 설명된 내용들을 요약하면 출력 데이터가 2개 이상이면 반환형을 사용하지 않고, 주소를 저장할 수 있는 매개변수들로 표현해야 한다는 것이다. 반환형을 사용하지 않고 함수의 모양은 갖추어야 하므로 반환형을 void로 기술하도록 한다. 그리고 모듈명칭으로 함수명칭을 적고, 소괄호를 열고, 입력 데이터들에 대해서 자료형과 명칭으로 매개변수들을 열거하고, 출력 데이터들에 대해서는 출력할 데이터의 자료형을 적고 다음에 기억장소에 저장된 값이 주소임을 강조하는 구두점 별표(*)를 찍고, 명칭을 지정하는 형식으로 매개변수들을 기술하면 된다. 따라서 [코드 12-4]와 같이 선언되어야 한다.

```
void GetShareAndRemainder(
         unsigned long int firstNumber,     ┐ 입력 데이터들
         unsigned long int secondNumber,    ┘
         unsigned long int* share,          ┐ 출력 데이터들
         unsigned long int *remainder       ┘
         );
```

코드 12-4 GetShareAndRemainder() 함수의 함수원형

이때 share와 remainder를 포인터 매개변수(Pointer parameter) 혹은 포인터 변수(Pointer variable)라고 한다.

포인터의 의미는 share와 remainder에 저장되어 있는 값이 주소이고, 저장된 주소를 갖는 기억장소에 저장할 수 있는 값이 unsigned long int 라는 자료형를 갖는다는 것이다. 포인터의 의미는 매우 중요한 개념이다. 반드시 기억하도록 하자.

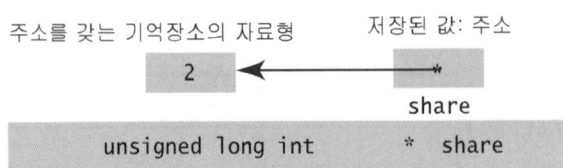

그림 12-6 포인터의 의미

다음은 주소를 이용하여 주소를 갖는 기억장소에 값을 쓰고, 읽는 방식에 대해서 공부해 보도록 하자. GetShareAndRemainder() 함수를 정의해 보도록 하자. [그림 12-6]을 참고하여 정의하도록 하자.

```
01 : void GetShareAndRemainder(unsigned long int firstNumber,
02 :                           unsigned long int secondNumber,
03 :                           unsigned long int *share,
04 :                           unsigned long int *remainder) {
05 :     // 1. 매개변수로 두 수를 입력받는다
06 :     *share = 0;
07 :
08 :     *remainder = firstNumber;
09 :     while(*remainder >= secondNumber) {
10 :         (*share)++; // 2. 몫을 구하다 // 4. 몫과 나머지를 출력하다
11 :         *remainder -= secondNumber; // 3. 나머지를 구하다 // 4. 몫과 나머지를 출력하다
12 :     }
13 : } // 5. 끝내다
```

코드 12-5 GetShareAndRemainder() 함수의 정의 : 간접 지정 연산자의 사용

기억장소, 즉 변수에 값을 쓰고 읽는 방식은 크게 직접 방식과 간접 방식으로 구분되어진다. 변수 명칭을 이용하여 값을 쓰거나 읽는 방식을 직접 접근 방식이라고 하고, 주소를 이용하여 값을 쓰고 읽는 방식을 간접 접근 방식이라 한다. 06, 08, 09, 10, 11 번째 줄들에서 보는 것처럼 변수명칭

앞에 간접 지정 연산자(*)를 기술하여 값을 쓰거나 읽는 표현을 하고 있다.

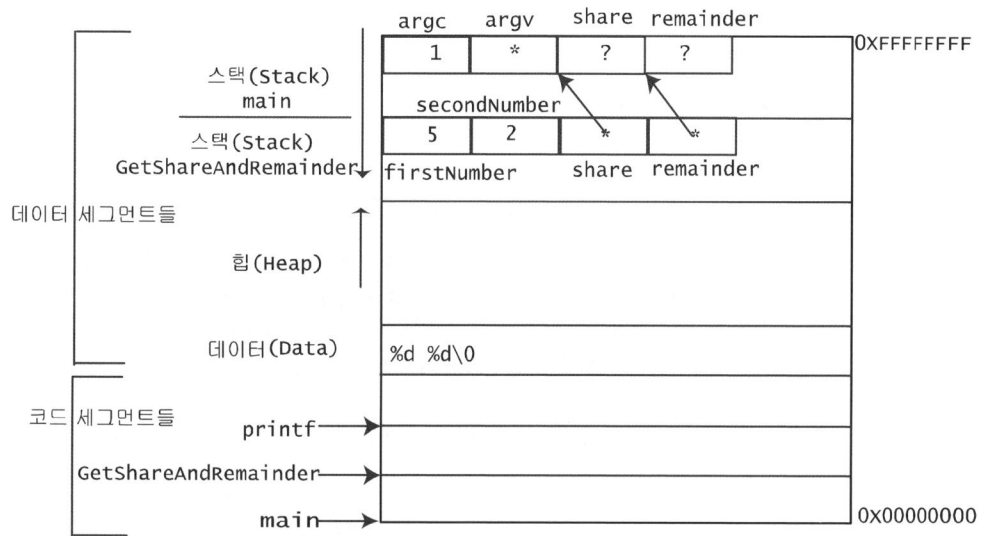

그림 12-7 GetShareAndRemainder() 함수가 호출되었을 때 메모리 맵

[그림 12-7]은 입력 데이터들로 첫 번째 수로 5 그리고 두 번째 수로 2를 입력받고, 출력 데이터들에 대해 main() 함수 스택에 할당된 변수들의 주소를 구해서 복사하여 GetShareAndRemainder() 함수를 호출한 상태를 나타내고 있다. 이 상태에서 중앙처리장치에서 접근할 수 있는 기억장소들은 GetShareAndRemainder() 함수 스택에 할당된 변수들만을 직접 접근할 수 있다.

다시 정리하면 함수가 호출되었을 때 호출된 함수가 실행될 때 필요한 값들을 저장하기 위한 변수들을 일정한 크기의 스택에 할당하게 되고, 그 스택에 할당된 변수들만을 중앙처리장치에서 직접 접근할 수 있다.

할당된 변수에 직접 접근하는 방식은 간단하게 변수명칭을 의미한다. GetShareAndRemainder() 함수에서 share라는 변수명칭은 share에 저장된 값을 의미한다.

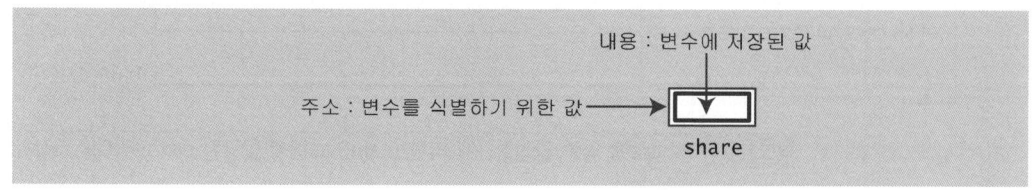

그림 12-8 변수(기억장소)의 값들, 주소와 내용

변수마다 두 개의 값들이 존재한다. 하나는 변수를 식별하기 위해 지정된 값, 주소이고, 다른

하나는 변수에 저장된 값, 내용이다. 일반적으로 변수 명칭은 개발자 입장에서는 내용을 의미하며, 컴퓨터 정확히 말하면 컴파일러 입장에서는 주소를 의미한다.

[코드 12-5]에서 6번째 줄에 기술되어져 있는 share는 저장되어져 있는 값, 즉 main() 함수 스택에 할당된 share의 주소이다. 현재 시스템의 실행 상태에서는 main() 함수 스택에 할당된 share에 대해 직접접근을 할 수 없기 때문에 주소를 이용한 간접 접근을 해야만 한다. 그러기 위해서는 연산자가 필요한데 이때 사용되는 연산자가 간접 지정 연산자(*)이다.

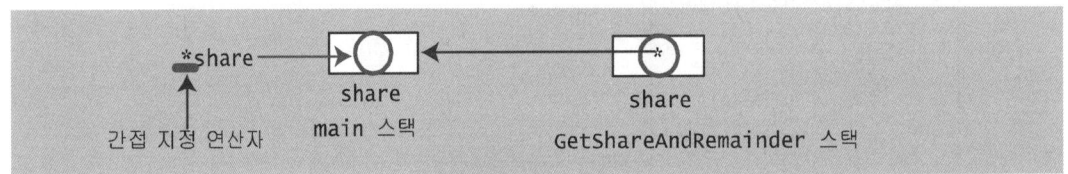

그림 12-9 GetShareAndRemainder()에서 share와 *share의 의미

main() 함수 스택에 할당된 변수 share에 대해 간접접근을 하여 0을 저장하게 된다.

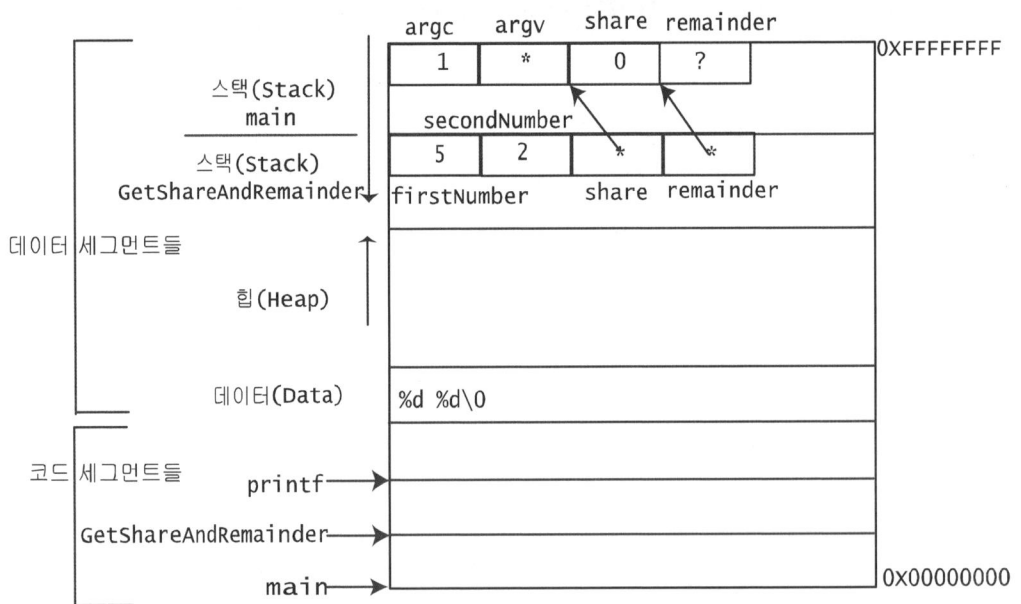

그림 12-10 *share에 의한 간접접근에 의한 main() 스택에 할당된 share에 0을 저장하기

[코드 12-5]에서 6번째 줄에 기술되어 있는 share에 간접 지정 연산자를 사용하지 않고 [코드 12-6]과 같이 코드가 작성되었다면 값은 어디에 저장될까?

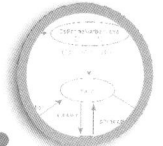

```
share = 0;
```
코드 12-6 간접 지정 연산자를 사용하지 않은 경우

share가 의미하는 값은 GetShareAndRemainder() 함수 스택에 할당되어 있는 변수 share에 저장된 값을 의미하기 때문에 0은 GetShareAndRemainder() 함수 스택에 할당된 share에 저장되게 된다. [그림 12-11]과 같은 메모리 상태를 가지게 될 것이다.

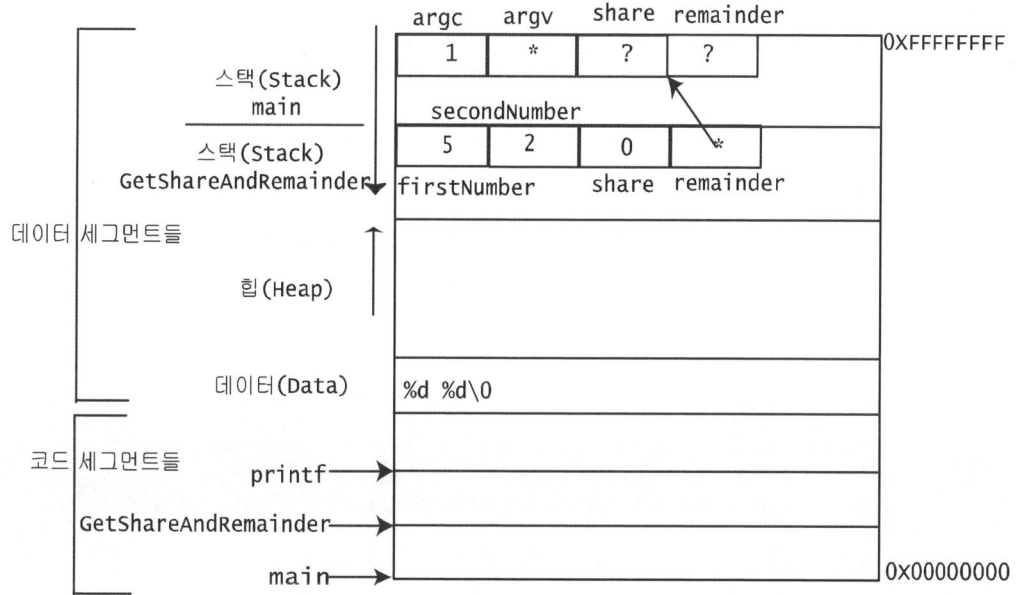

그림 12-11 share = 0의 의미

그리고 저장되어지는 값, 0은 실제로 주소 0x00000000 으로 해석되어진다. 포인터변수에 저장되어진 값이 주소이기 때문에 대개는 주소는 16진법으로 표현되어지는 정수형 값이므로 0x0000000이 된다. 이러한 값을 저장한 포인터 변수를 널 포인터라고 한다.

그리고 10번째 줄에서도 간접 지정 연산자를 사용하지 않는다면 [코드 12-7]과 같이 코드가 작성되는데 이에 대해서도 공부해야 할 내용이 있다.

```
share++;
```
코드 12-7 포인터 연산

1. 함수 정보 전달에서 출력 표현

[코드 12-7]에서 ++는 빼어지는 횟수를 세어 몫을 구하고자 하는 의도대로 0에서 1을 더하여 1을 구하고자 하는 산술 연산자가 아니라 주소를 구하는 연산자, 즉 포인터 연산자임에 주의해야 한다. 포인터 변수에 사용되어지는 + 나 ++ 는 포인터 연산자이다. share는 주소를 저장하는 변수, 즉 포인터 변수이므로 포인터 변수에 ++ 연산자가 사용되었으므로 포인터 연산자이다. ++ 연산자는 [코드 12-8]과 동일한 의미를 갖는다는 것은 연산자를 배울 때 설명한 내용이므로 이해가 될 것이다.

```
share = share + 1;
                ↑
           포인터 연산자
```

코드 12-8 ++연산자의 해석

그렇지만 여기서는 포인터 연산자 + 에 대해서는 어떻게 작동되는지는 정확하게 이해해야 한다. 여기서 + 는 포인터변수에 저장된 주소를 갖는 변수의 크기를 의미한다. 변수의 크기를 알기 위해서는 변수의 자료형을 알아야 한다. 포인터의 의미에 의하면 share에 저장된 주소를 갖는 변수의 자료형이 unsigned long int이기 때문에 sizeof(unsigned long int), 즉 4 바이트를 의미한다는 것이다. 그리고 뒤에 숫자는 곱할 횟수를 의미한다.

```
share = share + 1;

share : 0x00000000
  + 1 : sizeof(unsigned long int) * 1 = 4 * 1 = 4

      : 0x00000004
```

그림 12-12 포인터 연산의 해석

따라서 첫 번째로 반복했을 때 구해진 값은 share에 저장된 값, 0x00000000에 4를 더한 값, 0x00000004가 될 것이다. 나머지를 구할 때까지 빼기를 두 번해야 하기 때문에 두 번째로 반복할 때는 0x00000004에 4를 더한 값, 0x00000008 이 된다. 여러분이 생각했던 결과와 완전히 다른 값을 구한다는 것을 알 수 있을 것이다.

따라서 우리가 원하는 몫을 구하여 출력하는 표현을 하기 위해서는 간접 지정 연산자를 사용해서 main() 함수 스택에 할당된 변수, share에 몫을 저장하도록 해야 한다.

하나 더 주의할 내용을 설명하도록 하겠다. 몫을 구하는 표현식에 대한 것인데 [코드 12-9]와 같이 표현했다고 했을 때 어떠한 값이 구해질까?

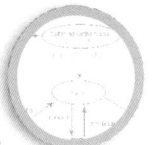

```
*share++;
```
코드 12-9 몫을 구하는 표현식

결과는 원하지 않는 쓰레기 값을 보게 될 것이다. 왜냐 하면 연산자를 공부할 때 설명했듯이 기본적으로 주소를 구하는 연산이 내용을 구하는 연산보다 식을 평가하는 순서, 즉 우선순위가 높다. 따라서 ++ 포인터 연산자가 * 간접 지정 연산자보다 우선순위가 높다. 우선순위대로 위 표현식을 해석하면 우선 share에 저장된 주소에 4를 더하여 주소를 구한다. main() 함수 스택에 할당된 share의 주소로부터 4바이트 떨어진 기억장소의 주소를 구하게 된다. 구한 주소를 갖는 기억장소의 내용을 읽도록 하기 때문인데 할당되지 않은 기억장소일 수 있으므로 원하는 결과를 얻지 못하고 쓰레기 값을 얻을 수 밖에 없다.

몫을 정확하게 구하기 위해서는 우선 share에 저장된 주소를 갖는 변수의 내용을 읽고, 읽혀진 값에 1을 더하여 다시 share에 저장된 주소를 갖는 변수의 내용으로 저장하도록 해야 한다. 따라서 [코드 12-10]과 같이 평가 순서를 조정해 주어야 하는데, 이때 먼저 평가할 수식을 구두점인 소괄호를 사용하여 수식을 싸면 된다.

```
(*share)++;
```
코드 12-10 평가순서 바꾸기

다음은 주소를 구하는 또 다른 방법에 대해서 공부해 보도록 하자. 특히 스택이나 정적 데이터 세그먼트에 할당된 변수에 대해 주소를 구하는 방법에 대해서 공부해 보도록 하자. [코드 12-11]은 GetShareAndRemainder() 함수를 호출하는 main() 함수가 정의되어 있다.

GetShareAndRemainder() 함수를 호출하기 전에 호출하는 함수, main() 함수에 출력 데이터를 저장해야 하는 지역변수들을 선언해야만 한다. 그리고 지역변수의 주소를 구해서 함수 호출 문장에서 실인수로 값을 복사해야 한다. 이때 main() 함수 스택에 할당된 지역변수들의 주소를 구하기 위해서 주소 연산자(&)를 사용해야 한다. [코드 12-11]에서 20번째 줄을 참고하도록 하자.

```
01 : /*******************************************************************
02 :    파일 명칭 : GetShareAndRemainder.c
03 :    기    능 : 입력받은 수에 대해 몫과 나머지를 구한다
04 :    입    력 : 수
05 :    출    력 : 몫과 나머지
06 :    작 성 자 : 김 석 현
07 :    작성 일자 : 2009년 06월 25일
08 : *******************************************************************/
09 : #include <stdio.h>
10 : // 함수 선언
11 : void GetShareAndRemainder(unsigned long int firstNumber,
12 :                   unsigned long int secondNumber,
13 :                   unsigned long int *share,
14 :                   unsigned long int *remainder);
15 :
16 : int main ( int argc, char* argv[] ) {
17 :    unsigned long int share;
18 :    unsigned long int remainder;
19 :    // 함수 호출 : 출력 데이터에 대해 주소 복사
20 :    GetShareAndRemainder(5, 2, &share, &remainder);
21 :
22 :    printf("%d %d\n", share, remainder);
23 :
24 :    return 0;
25 : }
26 :
27 : unsigned long int GetShareAndRemainder(unsigned long int firstNumber,
28 :                   unsigned long int secondNumber) {
29 :    // 1. 매개변수로 두 수를 입력받는다
30 :    *share = 0;
31 :
32 :    *remainder = firstNumber;
33 :    while(*remainder >= secondNumber) {
34 :        (*share)++; // 2. 몫을 구하다    // 4. 몫과 나머지를 출력하다
35 :        *remainder -= secondNumber; // 3. 나머지를 구하다 // 4. 몫과 나머지를 출력하다
36 :    }
37 :
38 : }    // 5. 끝내다
```

코드 12-11 GetShareAndRemainder() 함수 호출 : 주소 연산자 이용

C 언어에서 함수를 호출할 때 값을 전달하는 방식은 값에 의한 정보 전달 방식이다. 다시 말해서 값을 복사한다는 것이다. 따라서 주소를 전달하기 위해서는 main() 함수에 할당된 변수의 주소를 구해서 값을 복사해야 한다. [그림 12-13]과 같은 메모리 맵을 구성하게 될 것이다.

다음은 GetShareAndRemainder() 함수가 실행될 것이고, 실행이 끝난 후 GetShareAndRemainder() 함수 스택이 해제된 후 [그림 12-14]와 같은 메모리 맵이 구성될 것이다.

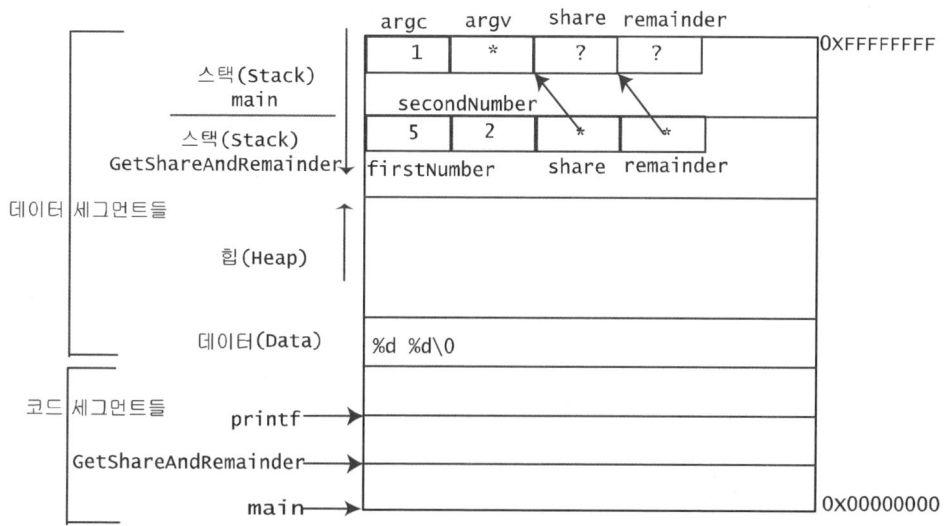

그림 12-13 GetShareAndRemainder 함수가 호출되었을 때 메모리 맵

결과적으로 main() 함수 스택에 할당된 변수들, share와 remainder에 저장되어져 있는 값들, 2와 1은 GetShareAndRemainder()에 의해서 구해져서 출력되어진 값들인 것이다.

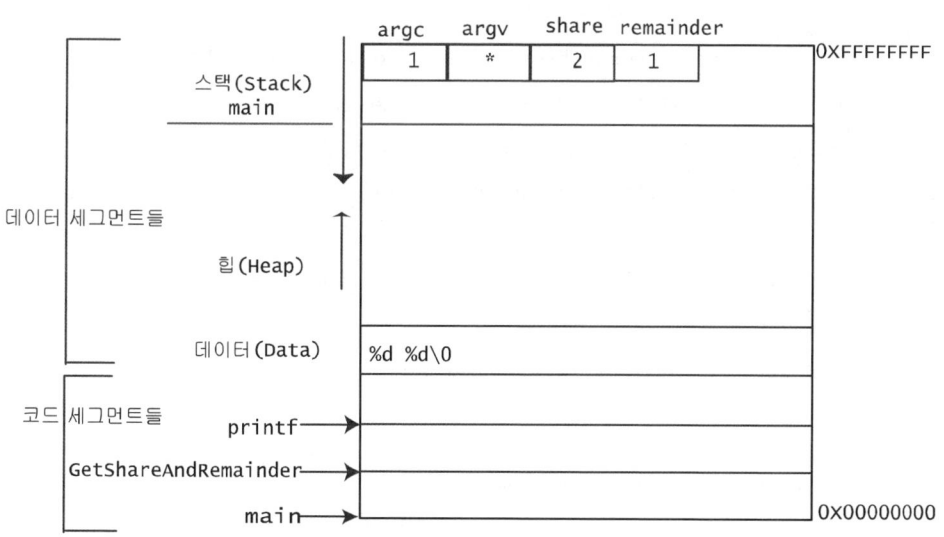

그림 12-14 GetShareAndRemainder 함수가 끝났을 때 메모리 맵

[코드 12-12]는 입력과 출력 모듈까지 구현한 것이다.

```
01 : /*********************************************************************
02 :    파일 명칭 : GetShareAndRemainder.c
03 :    기    능 : 두 수를 입력받아 몫과 나머지를 구하다.
04 :    출    력 : 몫, 나머지
05 :    입    력 : 첫번째 수, 두번째 수
06 :    작 성 자 : 김 석 현
07 :    작성 일자 : 2008-03-14
08 : *********************************************************************/
09 : #include <stdio.h> // scanf, printf
10 :
11 : // 사용자 정의 자료형 선언
12 : typedef unsigned long int ULong;
13 :
14 : // 입력함수
15 : void InputTwoNumbers(ULong* firstNumber, ULong* secondNumber);
16 : // 연산 함수 함수
17 : void GetShareAndRemainder(ULong firstNumber, ULong secondNumber,
18 :          ULong* share, ULong* remainder);
19 : // 출력 함수
20 : void OutputShareAndRemainder(ULong firstNumber, ULong secondNumber,
21 :          ULong share, ULong remainder);
22 :
23 : int main(int argc, char* argv[]) {
24 :    // 입력자료와 출력자료에 대해 변수들 선언
28 :    ULong firstNumber;
29 :    ULong secondNumber;
30 :    ULong share;
31 :    ULong remainder;
32 :
33 :    // 두 수를 입력받는다
34 :    InputTwoNumbers(&firstNumber, &secondNumber);
35 :    // 몫과 나머지를 구하다
36 :    GetShareAndRemainder(firstNumber, secondNumber, &share, &remainder);
37 :    // 몫과 나머지를 출력한다
38 :    OutputShareAndRemainder(firstNumber, secondNumber, share, remainder);
39 :
40 :    return 0;
41 : }
42 :
43 : // 입력함수
44 : void InputTwoNumbers(ULong* firstNumber, ULong* secondNumber) {
45 :    // 사용자에게 메세지를 출력하다
46 :    printf("\n\n\n\n\t\t\t\t몫과 나머지 구하기\n");
47 :    printf("\t\t===================================================\n");
48 :    printf("\t\t두 개의 자연수를 차례로 입력하십시오. ");
49 :    // 두 수를 입력받는다
50 :    scanf("%d %d", firstNumber, secondNumber);
51 : }
52 :
53 : // 연산 함수 함수
54 : void GetShareAndRemainder(ULong firstNumber, ULong secondNumber,
55 :          ULong* share, ULong* remainder) {
56 :    // 몫과 나머지를 구하다
57 :    *share = firstNumber / secondNumber;
58 :    *remainder = firstNumber % secondNumber;
59 : }
60 :
61 : // 출력 함수
62 : void OutputShareAndRemainder(ULong firstNumber, ULong secondNumber,
63 :          ULong share, ULong remainder) {
64 :    // 몫과 나머지를 출력하다
65 :    printf("\t\t===================================================\n");
66 :    printf("\t\t입력된 두 수, %d와 %d에 대해 몫는 %d 이고, 나머지는 "
67 :          "%d 입니다.\n", firstNumber, secondNumber, share, remainder);
68 : }
```

코드 12-12 입력받은 두 수에 대해 몫과 나머지를 구하는 프로그램

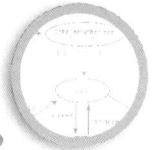

이렇게 개념적으로 하나의 출력 데이터만을 구하는 함수만을 제공하는 C 언어에서 출력 데이터가 2개 이상인 연산을 표현하기 위해서는 또 다른 표현 기능이 존재하여야 했다.

주소에 의한 간접 접근 방법을 이용할 수 밖에 없을 것이다. 주소에 의한 간접 접근을 하기 위해서는 주소를 저장하는 변수를 할당하고, 주소를 구하고, 주소를 참고하여 다른 변수에 값을 쓰고 읽는 기능 들을 각각 제공해야 했다. 그러기 위해서는 주소를 기호화하는 표현 기능이 필요한데, 이러한 표현 기능을 포인터(Pointer)라고 한다.

2. 정의

컴퓨터에서 프로그램이 실행되기 위해서는 명령코드와 명령코드가 처리해야 하는 값들이 기억장소에 저장되어야 하는데, 이렇게 저장된 명령코드와 값을 읽고 쓰기 위해서는 기억장소를 식별하는 값이 필요하다. 이러한 값을 주소(Address)라고 한다. 특정 주소를 갖는 기억장소에 저장되어진 값을 내용이라 한다. 내용으로는 프로그램에 의해서 처리되어지는 값인 스칼라가 아니면 주소일 수 있다.

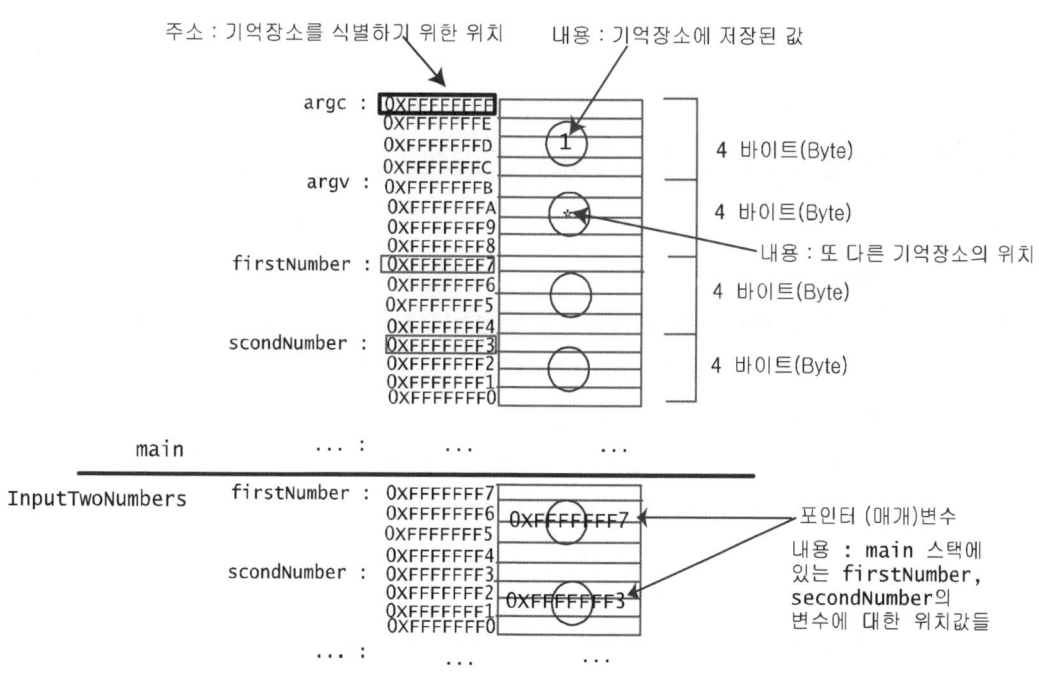

그림 12-15 기억장소와 값들

주소가 저장된 내용을 갖는 기억장소를 할당하고 주소를 구하여 저장하고 저장된 주소를 가지고 주소를 갖는 기억장소에 값을 쓰고 읽는 문법적인 기능이 제공되어야 하는데 이것을 포인터라고 한다.

포인터란 기억장소의 위치를 정수형 숫자(주로 16진수)로 표현한 것, 즉 주소(번지)에 대해 기호화된 표현, 즉 값, 포인터 변수, 포인터 상수 등을 총칭하는 용어이다.

포인터 변수는 변수나 함수와 같은 기억장소의 주소를 저장할 수 있는 변수이다. 이에 반해 프로그램에 의해서 처리되는 스칼라를 저장하는 변수를 일반변수라고 한다.

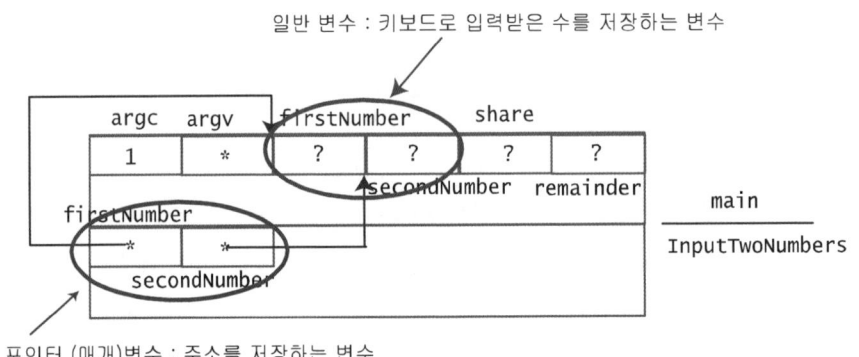

그림 12-16 포인터 변수와 일반 변수

3. 종류

4장에서 공부했던 것처럼 현재 우리가 사용하는 컴퓨터에서는 명령어가 저장되는 기억장치 영역과 데이터가 저장되는 기억장치 영역으로 구분된다. 포인터의 개념은 데이터가 저장되는 기억장치에서 할당되는 변수에 대한 개념이다. 즉 다시 말해서 동적으로 관리되는 스택이나 힙에 할당된 기억장소의 주소나 정적으로 관리되는 데이터 영역에 할당된 기억장소의 주소를 저장하는 포인터 변수들을 통칭할 때는 데이터 포인터라고 한다.

데이터 포인터는 다시 단일 변수의 주소를 저장하는 일반 포인터 변수, 배열의 시작 주소를 저장하는 배열 포인터 변수 그리고 자료형이 정해지지 않은 채로 주소를 가질 수 있는 void 포인터로 구분한다. 이번 장에서는 일반 포인터 변수에 대해 설명을 하는 것이고, 배열 포인터와 void 포인터는 계속되는 장들에서 공부하도록 하자.

데이터 세그먼트에 할당된 기억장소의 주소를 저장하는 데이터 포인터 변수와 대비되는 개념으로 명령어가 저장되는 기억장치에 할당된 기억장소의 주소를 저장하는 변수를 함수 포인터 변수라고 한다.

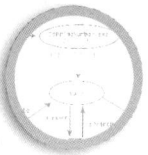

```
                     배열 포인터                                    함수 포인터
                        ↓                                            ↓
01 : void Sort(void (*array), size_t length, size_t size, int (*compare)(void*, void*)) {
02 :     void* temp; ← void 포인터, 일반 포인터
03 :     unsigned long int i;
04 :     unsigned long int j;
05 :
06 :     temp = malloc(size); // 힙에 할당하다
07 :     memset(temp, 0, size); // 할당된 영역을 초기화하다
08 :
09 :     for(i = 0; i < length - 1; i++) {
10 :         for(j = i + 1; j < length; j++) {
11 :             if(compare(((char*)array) + (i * size), // 비교한다
12 :                        ((char*)array) + (j * size)) < 0) {
13 :                 memcpy(temp, ((char*)array) + (i * size), size); // 교환하다
14 :                 memcpy(((char*)array) + (i * size), ((char*)array) + (j * size), size);
15 :                 memcpy(((char*)array) + (j * size), temp, size);
16 :             }
17 :         }
18 :     }
19 :     if(temp != NULL) { // 힙에 할당되어 있으면
20 :         free(temp); // 할당 해제하다
21 :     }
22 : }
```

코드 12-13 다양한 포인터들

[코드 12-13]은 정렬 라이브러리 함수이다. 다양한 포인터들을 사용하고 있다. 이들에 대해서는 계속되는 장들에서 공부할 것이다. 특히 [코드 12-13]은 18장 라이브러리를 공부할 때 자세히 알아보도록 하자.

4. 사용 예

C 언어에서는 포인터라는 개념은 매우 중요한 개념이다. 왜냐하면 실제 상용화할 수 있는 프로그램을 작성하는데 있어 포인터를 사용하지 않으면 프로그램을 작성할 수 없기 때문이다. 이번 장에서부터 계속되는 장들에서 포인터의 사용 예들을 제시한다.

앞에서 예를 들었듯이 출력 데이터가 2개 이상인 모듈을 작성하기 위해서는 포인터 개념을 사용하지 않으면 안 된다. 함수의 정보 전달에서 주소 값에 의한 값 복사를 사용하여 간접 접근으로 출력 표현을 할 수 있다.

또한 프로그램을 작성할 때 사용되는 가장 원시적인 자료구조인 배열을 사용하는데 C언어에서는 배열 자체를 정보 전달에 사용할 수 없기 때문에 배열을 정보 전달에 사용하기 위해서는 반드시 포인터 개념을 사용해야 한다.

프로그램에서 많이 사용하는 자료형은 문자열이다. 그런데 C 언어에서는 따로 문자열 자료형을 제공하지 않는다. 문자 배열형과 문자 배열 포인터를 이용하여 문자열을 처리하여야 한다.

컴퓨터에 장착된 1차 기억장치를 효율적으로 사용하기 위해서는 개발자에 의해서 코드로 자유롭게 동적으로 관리되는 영역인 힙에 기억장소를 할당하고 값을 쓰고 읽고 해제하는 작업을 해야 한다. 그런데 힙에 할당된 기억장소는 직접 접근할 수 없기 때문에 간접 접근을 해야 한다. 따라서 힙 영역에 할당된 기억장소의 주소를 갖는 변수가 필요하다. 따라서 포인터라는 개념이 없다면 힙 관리를 할 수 없게 되는 것이다.

복잡한 프로그램을 작성하는 경우에는 많은 데이터들이 사용될 것이다. 이러한 경우에는 데이터들을 합리적으로 관리하기 위해서는 복잡한 자료구조를 사용해야 하고, 또한 연결 리스트(Linked list), 트리(Tree) 그리고 그래프(Graph) 같은 자료구조들을 표현하고자 할 때 링크 개념을 표현해야 하기 때문에 포인터 개념이 필요하다.

5. 사용 방법

포인터 변수를 선언 및 정의하고, 특정 기억장소의 주소를 구하여 포인터 변수에 저장하고, 포인터 변수에 저장된 주소를 가지고 특정 기억장소에 값을 쓰고 읽는 방법에 대해 개략적으로 정리해 보도록 하자.

1) 포인터 변수의 선언 및 정의

[그림 12-17]은 포인터 변수를 선언 및 정의하는 절차를 정리했다. 그러면 [그림 12-17]를 참고하여 몇 개의 포인터 변수를 선언 및 정의해 보자.

10.10을 저장할 수 있는 기억장소의 주소를 갖는 일반 포인터 변수를 선언하고 정의한다면 [그림 12-18]과 같이 선언 및 정의하면 된다.

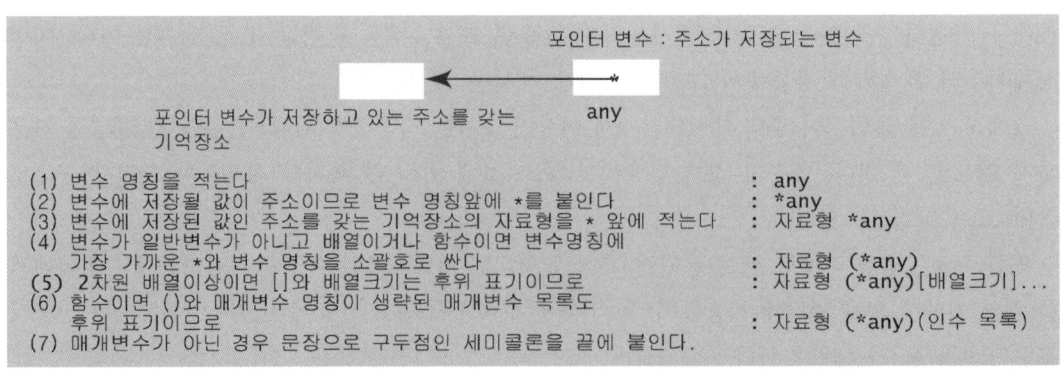

그림 12-17 포인터 변수를 선언 및 정의하는 방법

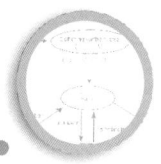

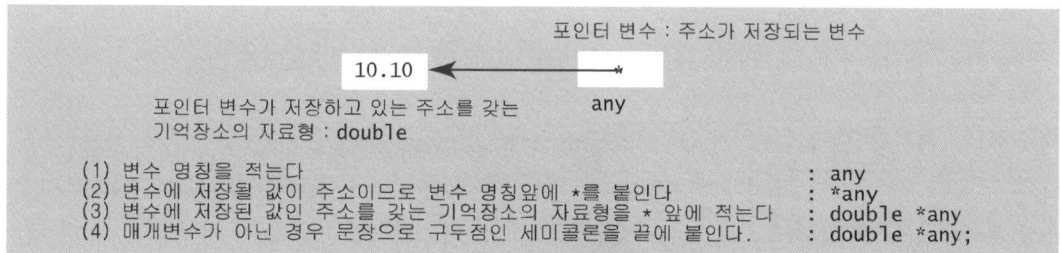

그림 12-18 실수형 포인터 변수를 선언 및 정의하는 방법

다음은 5행 5열을 갖는 2차원 정수 배열의 시작주소를 저장하는 배열 포인터 변수를 선언 및 정의해 보자.

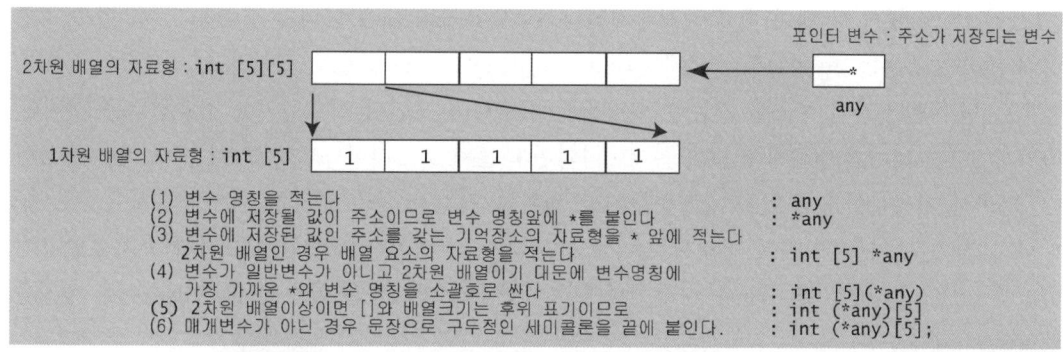

그림 12-19 2차원 정수 배열의 시작주소를 저장하는 배열 포인터 변수를 선언 및 정의하는 방법

이번에는 기억장소에 저장될 값에 대해 자료형을 결정하지 않은 채로 포인터 변수를 선언해 보자. 물론 분명히 기억장소는 할당되어 있어야 하는데, 자료형을 결정하지 않아 형 변환없이는 바로 값을 쓰고 읽을 수 없는 주소를 갖는 포인터 변수를 선언 및 정의해 보자. 이러한 포인터 변수를 void 포인터 변수라고 한다. 물론 배열요소의 자료형을 결정하지 않는다면 void 배열 포인터 변수일 수도 있다.

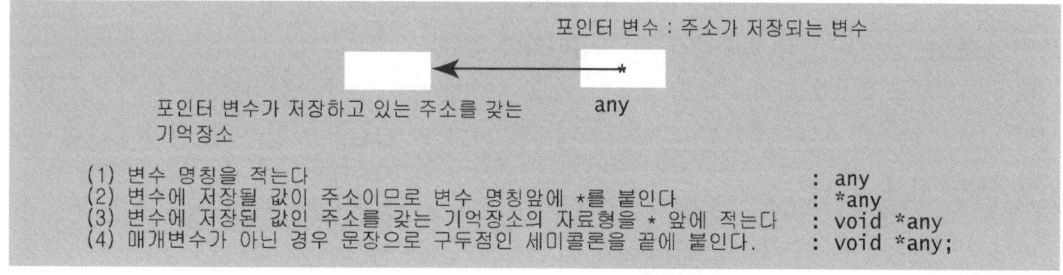

그림 12-20 void 포인터를 선언 및 정의하는 방법

이러한 절차대로 포인터 변수를 선언 및 정의한다면 포인터의 포인터 식으로 어떠한 포인터 변

수도 쉽게 선언 및 정의할 수 있다.

포인터의 포인터 변수에 대해 선언 및 정의해 보자.

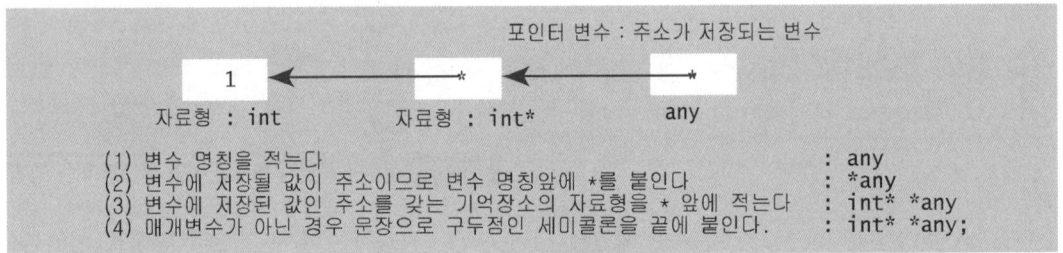

그림12-21 포인터의 포인터 변수를 선언 및 정의하는 방법

[그림 12-21]에서 두 개의 별표가 사용되었다. 이 별표들에 대해 의미를 생각해 보자. 변수 명칭 앞에 붙이는 경우는 변수에 주소가 저장되었음을 강조하는 구두점으로 해석하고, 자료형에 붙이는 경우는 변수에 저장된 주소를 갖는 기억장소의 자료형이 포인터 자료형임을 강조한다는 것이다. 따라서 프로그래머가 정확하게 의미를 부여한다면 다른 프로그래머가 코드를 읽을 때 매우 유용하다. 따라서 여러분들도 무엇을 강조하는지를 정확히 하도록 하자.

마지막에는 함수 포인터에 대해서 알아보도록 하자. C 언어에서는 함수도 하나의 자료형이다. 따라서 [코드 12-14]와 같이 함수가 선언되었다면 함수의 자료형은 함수 명칭과 매개변수 명칭을 생략하면 된다.

```
int GetAverage(char (*name), int (*scores), int count); // 함수 원형
int (char (*), int (*), int) : 함수의 자료형
```

코드 12-14 함수 원형과 함수의 자료형

함수가 정의되고 1차 기억장치에 적재된다면 함수에 대해 기억장소가 할당될 것이고, 함수에 기술된 명령어가 할당된 기억장소에 저장될 것이다. 이때 할당된 기억장소도 주소를 가질 것이고 이 주소를 저장하는 포인터 변수도 선언 및 정의할 수 있는 것이다. 이러한 코드 세그먼트의 주소를 저장할 수 있는 포인터 변수를 함수 포인터라고 한다.

다시 여러분께 충고를 하지만 배열 포인터, void 포인터, 함수 포인터에 대해서는 계속되는 장들에서 자세히 배운다. 다만 여기서는 포인터 변수를 선언 및 정의하는 절차 및 방법에 대해서만 이해하도록 하자.

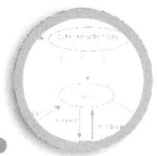

```
                                          포인터 변수 : 주소가 저장되는 변수
int GetAverage(char (*name), int (*scores), int count) 함수 블록        any
자료형 : int (char (*), int (*), int )

(1) 변수 명칭을 적는다                                    : any
(2) 변수에 저장될 값이 주소이므로 변수 명칭앞에 *를 붙인다        : *any
(3) 변수에 저장된 값인 주소를 갖는 기억장소의 자료형을 * 앞에 적는다 : int (char(*), int(*), int) *any
(4) 변수가 일반변수가 아니고 함수이면 변수명에
    가장 가까운 *와 변수 명칭을 소괄호로 싼다              : int (char(*), int(*), int) (*any)
(5) 함수이면 ()와 매개변수 명칭이 생략된 매개변수 목록도
    후위 표기이므로                                    : int (*any)(char(*), int(*), int)
(6) 매개변수가 아닌 경우 문장으로 구두점인 세미콜론을 끝에 붙인다.  : int (*any)(char(*), int(*), int);
```

그림 12-22 함수 포인터 변수를 선언 및 정의하는 방법

2) 주소를 구하는 방법

다음은 선언된 포인터 변수에 값을 쓰기 위해서 할당된 기억장소의 주소를 구하는 방법에 대해서 정리해야 한다. 이렇게 구해진 주소를 포인터 변수에 치환으로 저장할 수 있기 때문이다.

스택(Stack)이나 정적으로 관리되는 데이터(DATA) 영역에 할당된 일반변수에 대해서는 주소 연산자(&)를 이용하여야 한다. 주소 연산자에 대해서는 8장에서 설명했기 때문에 여기서는 자세히 설명하지 않겠다.

```
                    10.10  ←────────  *
        double realNumber;          double *any;

            스택    : any = &realNumber;
            값 쓰기 : *any = 10.10;
```

그림 12-23 스택이나 정적으로 관리되는 데이터 영역에서 할당된 일반변수의 주소 구하기

그리고 힙 영역에 할당된 기억장소에 대해서는 malloc() 함수와 calloc() 함수에 의해서 반환되는 값으로 주소를 구하면 된다. 반드시 형 변환을 해야 한다.

```
                    10.10  ←────────  *
        힙에 할당된 기억장소          double *any;

            힙      : any = (double *)malloc(sizeof(double));
            값 쓰기 : *any = 10.10;
```

그림 12-24 힙에 기억장소를 할당하고 주소를 구하는 방법

다음은 배열에 대해서는 주소를 구하는 방법에 대해서 정리해 보자. 배열 명칭은 배열의 시작주소이다. 따라서 배열 포인터 변수는 왼쪽 값으로 배열 명칭을 오른쪽 값으로 치환식을 작성하면 배열 포인터 변수에 주소를 저장할 수 있다.

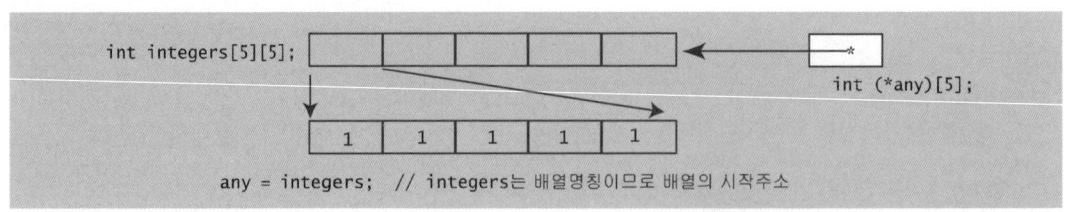

그림 12-25 배열의 시작주소를 구하는 방법

그런데 배열에서는 배열요소의 주소를 알아야 하는 경우가 있다. 가장 쉽게 배열요소의 주소를 구하는 방법은 (차원의 개수 - 1) 만큼 대괄호인 첨자 연산자([])를 이용하거나 아니면 첨자 연산자를 사용할 수 없는 1차원 배열인 경우 + 포인터 연산자를 이용해서 주소를 구해야 한다. 2차원 배열인 경우에는 따라서 1개의 대괄호로 any[0], any[1], any[2] 그리고 마지막 요소의 주소는 any[4]로 수식을 작성하면 된다. 2차원 배열의 배열요소도 1차원 배열이다. 따라서 1차원 배열의 배열요소의 주소는 + 포인터 연산자를 이용하여 첫 번째 줄(행)의 첫 번째 칸(열)의 주소는 any[0] + 0이어야 한다.

따라서 3차원 배열인 경우는 배열의 시작주소는 배열 명칭이고, 면에 대응되는 배열요소의 주소는 any[0]일 것이고, 행(줄)에 대응되는 배열요소의 주소는 any[0][0]일 것이고, 열(칸)에 대응되는 배열요소의 주소는 any[0][0] + 0이다.

마지막으로 함수에 대해 주소를 구하는 방법인데, 함수 자체가 바이트 배열이기 때문에 함수 명칭이 배열 명칭이므로 배열 명칭이 시작주소이므로 함수 명칭 자체가 시작주소가 된다. 즉 다시 말해서 함수 명칭 자체가 함수의 시작주소이다. 따라서 배열 포인터 변수에 주소를 저장하는 방식으로 함수 포인터 변수를 왼쪽 값으로 함수 명칭을 오른쪽 값으로 치환식을 작성하면 된다.

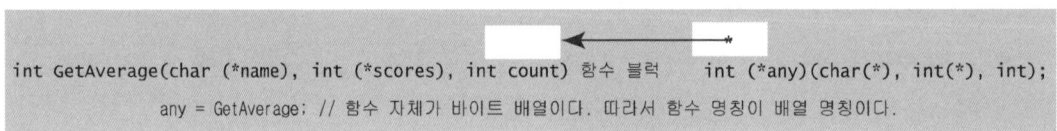

그림 12-26 함수 포인터 변수에 주소를 저장하는 방법

3) 내용을 쓰고 읽는 방법

다음은 주소를 갖는 기억장소에 값을 쓰고 있는 방법에 대해서 정리하도록 하자. 기본적으로 변수 명칭을 이용한 직접 접근이 아니라 간접 접근으로 값을 쓰고 읽을 수 있다. 이때 사용되는 연산자가 간접 지정 연산자 혹은 간접 연산자(*)를 이용한다. [그림 12-23]과 [그림 12-24]에서처럼 변수명칭 앞에 간접연산자를 붙여 내용 참조 연산 수식을 작성하여 왼쪽 값으로 설정한다. 그리고 오른쪽 값으로는 왼쪽 값의 자료형과 일치하는 상수, 변수 그리고 수식을 작성하여 치환식을 작성하면 된다.

배열인 경우는 차원의 개수만큼 대괄호인 첨자 연산자([])를 사용하여 값을 쓰고 읽으면 된다. 따라서 [그림 12-25]에서처럼 2차원 배열인 경우에는 첫 번째 줄의 첫 번째 칸에 값을 쓰고 읽으려면 any[0][0]라는 수식을 작성하면 된다는 것이다.

6. 포인터 산술 연산자 +, -

앞에서 주소를 구하는 방법에 대해서 공부를 했다. 여기서 주소를 구하는 수식들 중에서 +, - 연산자들에 의해서 주소를 구하는 방법에 대해서 정리하도록 하겠다. 물론 배열에서도 공부하겠지만 여기서 개념들에 대해서 공부하도록 하겠다. 이러한 연산을 포인터 연산(Pointer Operation)이라고 한다.

포인터 변수 또는 포인터 수식, 배열 명칭과 정수형 변수, 상수 혹은 정수형 수식을 피연산자로 특정 기억장소의 주소를 결과 값으로 취하는 이항 연산자이다.

포인터 변수(또는 포인터 수식, 배열 명칭)[+|-]정수형 변수(상수 혹은 정수형 수식)

그림 12-27 포인터 산술 연산자 +, - 의 형식

포인터 산술 연산자 +, - 의 의미는 포인터 변수에 저장된 주소를 기준으로 하여 정수형 값과 sizeof(포인터 변수에 저장된 주소를 갖는 기억장소의 자료형)을 곱하여 구한 바이트 수만큼 이동한 후 기억장소의 주소를 구하는 것이다. 즉 포인터 산술 연산자에 의해서 구해지는 값은 바이트 단위로 기억장소의 주소이다.

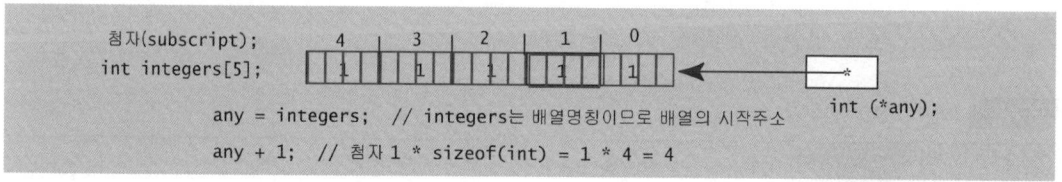

그림 12-28 any + 1의 의미

[그림 12-28]을 가지고 다시 의미를 설명하도록 하겠다. any + 1 수식에서 + 1은 1에 배열요소의 크기, 즉 sizeof(int)로 구한 바이트 수 4를 곱하여 구한 값인 4 바이트를 의미한다. 그래서 any가 저장하고 있는 주소를 기준으로 해서 바이트 단위로 4번 이동하면 첨자 1에 대응되는 배열요소의 시작주소가 된다. [그림 12-28]에서 화살표가 나타내는 곳에서 작은 사각형 크기로 4번 이동시켜 보도록 하자. 정확히 4번 이동하면 두 번째 배열요소의 시작주소가 될 것이다.

따라서 포인터 변수를 정의할 때, 그 포인터 변수가 저장하고 있는 주소를 갖는 기억장소의 자료형까지 반드시 지정해 주는 직접적인 이유는 포인터 산술 연산자에 의해 주소를 계산해 내기 위해서 기억장소의 자료형이 가지는 바이트 크기 값이 반드시 필요하기 때문이다.

sizeof 연산자

임의의 산술형 데이터나 수식인 피연산자가 차지하는 기억장소의 전체 바이트 크기를 바이트 단위로 정수 상수의 결과 값을 구하는 단항 연산자이다.

sizeof(자료형 명칭) 혹은 sizeof 수식

그림 12-29 sizeof 연산자의 형식

힙 영역에 기억장소를 동적으로 할당할 때나 디스크 파일 입출력 시스템간의 정보 교환에 주로 사용된다. 포인터 산술 연산자에서 바이트 이동 횟수를 계산할 때도 사용된다.

다음은 sizeof 연산자를 사용하는데 있어 주의 사항들을 정리해 보자.

sizeof 연산자의 피연산자에는 가급적 괄호를 사용하도록 하자. 피연산자가 배열인 경우 배열의 전체 바이트 크기를 구할 수 있다. 따라서 [그림 12-30]은 배열의 크기를 바이트 단위로 구할 수 있다.

sizeof(배열 명칭) = 배열요소의 개수 * sizeof(배열요소의 자료형)

그림 12-30 배열 크기를 구하는 수식

sizeof 연산식의 결과가 정수 상수라 하는 것은 sizeof 연산식이 프로그램을 실행할 때가 아니라 컴파일하는 도중에 이미 계산이 끝나 버린다는 것을 뜻한다.

다시 포인터 산술 연산을 정리해 보도록 하자.

표 12-1 포인터 산술 연산들

번호	산술 포인터 연산	의 미
1	주소 + 정수	주소의 자료형 크기 * 정수 만큼 양의 방향으로 주소 증가
2	주소 - 정수	주소의 자료형 크기 * 정수 만큼 음의 방향으로 주소 감소
3	주소 - 주소	주소의 떨어진 거리(자료형 크기 단위를 1로 함)

포인터 연산을 할 때 주의 사항들은 다음과 같다.
1. 포인터에 포인터를 더할 수는 없다.
2. 포인터에서 포인터를 뺄 수는 있다. 단, 두 포인터는 동일한 자료형의 데이터를 가리키고 있어야 한다. 두 포인터간의 상대 번지(Offset)는 아니나 상대 위치를 의미한다. 포인터의 차를 구한 것이 의미가 있으려면 반드시 두 포인터는 동일한 배열의 서로 다른 두 배열 요소를

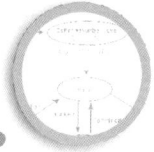

가리키고 있어야 한다는 점에 유의해야 한다.
3. 포인터에 직접 사용할 수 없는 연산자들은 구조체 멤버 연산자(.), 단항 연산자로 부호 연산자 (-)와 논리 부정 연산자(~), 그리고 이항 연산자들인 *, /, %, <<, >>, &, ^, |를 사용할 수 없다.
4. 포인터 연산에 사용할 수 있는 연산자들은 간접 지정 연산자(*), 주소 연산자(&), 덧셈 연산자 (+), 뺄셈 연산자(-), 증가 연산자(++), 감소 연산자(--), 치환 연산자(=), 그리고 관계 연산자 == , != , < , <= , > , >= 들이다.

각 관계 연산자가 가지고 있는 의미는 포인터에서도 여전히 변함이 없으며, 피연산자인 두 포인터가 동일한 자료형의 데이터를 가리키고 있어야 한다는 점에 유의해야 한다.
5. 적법한 포인터 연산(Valid pointer operation)은 (1) 포인터를 동일한 자료형의 포인터에 치환하는 연산, (2) 포인터에 정수 수식을 더하거나 빼는 연산, (3) 동일한 하나의 배열의 서로 다른 두 배열 요소를 각각 가리키고 있는 두 포인터를 비교하거나 그 차를 구하는 연산, (4) 정수 수치 0, 즉 널 포인터를 대입하거나 널 포인터와 비교하는 연산 등 이다.
6. 적법하지 않는 포인터 연산은 포인터에 직접 사용할 수 없는 연산자를 사용하거나, 두 포인터를 서로 더한다거나, 포인터에 실수형 수치를 더하거나, void 형 포인터를 제외한 어떤 다른 자료형의 포인터에 캐스트 연산자를 거치지 않은 채로 동일하지 않은 자료형의 포인터를 치환하는 것은 적합하지 않다.

7. 정리

포인터란 기억장소의 위치를 16진으로 표현된 정수형 숫자로 표현한 것, 즉 주소에 대해 기호화된 표현, 즉 값, 포인터 변수, 포인터 상수 등을 총칭하는 용어이다.

C 언어에서는 포인터라는 개념을 사용해서 함수가 2개 이상의 데이터를 출력할 수 있는 정보 전달, 배열과 문자열을 다루기 위해 , 동적으로 관리되는 힙 영역 관리하기 위해, 라이브러리를 구현하기 위해 그리고 복잡한 자료구조를 구현할 수 있다.

포인터는 데이터 포인터와 함수 포인터로 구분되고, 데이터 포인터는 일반 포인터, 배열 포인터 그리고 void 포인터로 구분된다.

포인터 변수를 선언 및 정의하는 절차는 다음과 같다.
(1) 변수 명칭을 적는다.
(2) 변수에 저장될 값이 주소이므로 변수 명칭앞에 *를 붙인다.
(3) 변수에 저장된 값인 주소를 갖는 다른 기억장소의 자료형을 * 앞에 적는다.
(4) 변수가 일반변수가 아니고 배열이거나 함수이면 변수명칭에 가장 가까운 *와 변수 명칭을 소괄호로 싼다.

(5) 2차원 배열이상이면 []와 배열크기는 후위 표기를 해야 한다.
(6) 함수이면 소괄호(())와 매개변수 명칭이 생략된 매개변수 목록도 후위 표기를 해야 한다.
(7) 매개변수가 아닌 경우 문장으로 구두점인 세미콜론을 끝에 붙인다.

스택과 정적 데이터에 할당된 변수에 대해서는 주소 연산자를 이용하여 주소를 구하고, 힙에 할당된 변수에 대해서는 할당하는 함수들인 malloc() 함수와 calloc() 함수에 의해서 구해진다. 배열과 함수는 명칭 자체가 시작 주소를 의미한다. 배열을 구성하는 요소에 대해 주소를 구할 때는 대괄호와 +, - 포인터 산술 연산자를 이용하여야 한다.

이 때 +, - 포인터 산술 연산자는 포인터 변수에 저장되어 있는 주소를 기준으로 하여 바이트 이동 횟수를 의미한다.

주소를 갖는 기억장소에 값을 쓰고 읽기 위해서는 간접 연산자(*)와 첨자 연산자([])를 사용해야 한다.

제13장

일차원 배열

1. 응용 예제

2. 정의

3. 선언 및 정의

4. 배열요소 다루기

5. 사용 시 주의 사항

6. 포인터 배열(Pointer array)

7. 정리

제13장 일차원 배열

1. 응용 예제

인구가 많지 않던 시절에는 단독주택(기억장소)에서 모두 살았으나, 오늘날처럼 땅에 비해 인구가 많아지면서 단독주택을 모아 놓은 형태인 아파트(배열)가 생겨났다. 이와 같이 문제가 복잡해지면서 많은 기억장소가 필요할 때 기억장소의 집합인 배열을 이용하면 편리하다. 배열이란 새로운 개념이 아니라 기억장소의 집합이므로 기억장소의 원리만 확실히 알고 있으면 결코 두려워할 내용이 아니고 아주 유용한 개념이다.

다음 제시된 문제부터 풀어보면서 배열의 개념을 이해하도록 하자. 문제는 학생 10명에 대해 점수를 입력받아 평균을 구하고 각 학생 점수와 평균간의 차를 구하는 것이다. 이러한 간단한 문제가 주어지면 어떠한 컴퓨터의 기능을 사용하여 어떠한 순서로 처리해야 하는지에 대해 절차를 적어보면 쉽게 해결할 수 있다. 문제를 해결하기 위한 개략적인 절차를 적어보면 [표 13-1]과 같다.

표 13-1 학생 점수와 평균간 차를 구하는 절차

1. 10번 반복한다.
   1.1. 점수를 입력받는다.
   1.2. 합을 구한다.
2. 평균을 구한다.
3. 10번 반복한다.
   3.1. 점수와 평균간의 차를 구한다.
   3.2. 차를 출력한다.
4. 끝낸다.

정리된 절차에서 볼 수 있듯이 점수와 평균간 차를 입력할 때 바로 구할 수 없기 때문에 평균을 구하고, 점수와 평균간 차를 구하기 위해서는 10 개의 점수가 주기억장치에 저장되어져 있어야만 구할 수 있다. 10개의 학생 점수를 저장하기 위해서 가장 간단하게는 10개의 변수를 이용하여 저장하는 방식으로 해결하면 된다. 10개의 변수를 이용하여 main() 함수에서 절차대로 프로그램을 작성한다면 [코드 13-1]과 같이 코드가 작성될 것이다.

답은 제대로 출력이 될 것이다. 그렇지만 무엇인가 정리되지 않는 느낌이 든다. 그리고 사용자가 처리할 점수의 개수를 늘려 35개까지 처리하고자 한다면 엄청나게 비효율적 단순 반복 작업을 해야 할 것이다. 코드를 작성할 때 복사, 붙이기 그리고 바꾸기 작업을 반복하는 단순작업을 해야 할 것 같다.

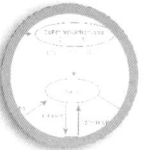

효율적인 방법을 생각해 보도록 하자. 점수를 저장할 변수들을 주의 깊게 관찰해 보면 점수라고 하는 동일한 의미 하에 첫 번째, 두 번째, 세 번째와 같이 순서를 두고 관리할 수 있는 방식을 취하고 있다는 것을 알 수 있다. 다시 말해서 하나의 명칭으로 순서 개념을 이용해서 데이터를 관리할 수 있는 구조를 이용하고 있다는 것이다. 일상생활에서는 [표 13-2]에서 보는 것처럼 표와 같은 구조를 말한다.

[표 13-2]와 같은 구조로 같은 자료 유형을 저장할 수 있는 크기가 같은 변수들의 집합으로 표현할 수 있는 기능을 모든 고수준 언어들에서는 제공한다. 이러한 기능을 배열(Array)이라고 한다.

표 13-2 문제에 적용할 수 있는 점수표

번 호	1	2	3	4	5	6	7	8	9	10
점 수										

```c
01 : /***********************************************************
02 :    파일명칭 : GetResults.c
03 :    기   능 : 학생 점수와 평균과의 차를 구하다
04 :    작 성 자 : 김 석 현
05 :    작성일자 : 2009-04-09
06 :  ***********************************************************/
07 : #include <stdio.h>
08 :
09 : int main() {
10 :     // 10개의 변수들을 선언 및 정의하다
11 :     unsigned short int score1, score2, score3, score4, score5,
12 :                        score6, score7, score8, score9, score10;
13 :     unsigned short int sum = 0;
14 :     float average;
15 :     // 10번 점수를 입력받는다
16 :     scanf("%d", &score1);
17 :     scanf("%d", &score2);
18 :     scanf("%d", &score3);
19 :     scanf("%d", &score4);
20 :     scanf("%d", &score5);
21 :     scanf("%d", &score6);
22 :     scanf("%d", &score7);
23 :     scanf("%d", &score8);
24 :     scanf("%d", &score9);
25 :     scanf("%d", &score10);
26 :     // 합을 구한다
27 :     sum = score1 + score2 + score3 + score4 + score5
28 :         + score6 + score7 + score8 + score9 + score10;
29 :     // 평균을 구한다
30 :     average = sum / 10.0F;
31 :     // 10번 차를 구하고 출력한다
32 :     printf("%.2f\n", score1 - average);
33 :     printf("%.2f\n", score2 - average);
34 :     printf("%.2f\n", score3 - average);
35 :     printf("%.2f\n", score4 - average);
36 :     printf("%.2f\n", score5 - average);
37 :     printf("%.2f\n", score6 - average);
38 :     printf("%.2f\n", score7 - average);
39 :     printf("%.2f\n", score8 - average);
40 :     printf("%.2f\n", score9 - average);
41 :     printf("%.2f\n", score10 - average);
42 :
43 :     return 0;
44 : }
```

코드 13-1 10개의 지역변수를 이용하여 점수와 평균간의 차를 구하는 프로그램

C 언어에서도 마찬가지로 제공하는데, C 언어에서 배열의 구조는 [그림 13-1]과 같다. [표 13-2]와 비교해 보아라! 점수라는 의미는 배열 명칭으로 순서를 나타내는 번호는 첨자로 일대일 대응되는 것을 알 수 있을 것이다. 또한 크기도 동일하다는 것도 알 수 있다.

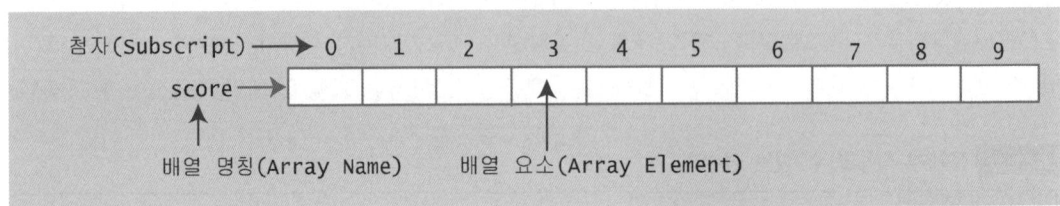

그림 13-1 C 언어에서 제공하는 배열의 구조

[표 13-1]에서 정리된 절차에 대해 배열을 이용하여 알고리즘을 설계해 보자. 우선 알고리즘에 사용되는 데이터들을 정리해 보자. [표 13-3]과 같이 정리될 것이다.

표 13-3 자료 명세서

번호	명 칭		자료형	비 고
	한 글	영 문		
1	최대치	MAX	정수	10
2	점수들	score	정수 배열	
3	반복제어변수	i	정수	
4	합	sum	정수	
5	평균	average	실수	

이제는 NS 챠트로 알고리즘을 설계해 보자. score(MAX)와 같이 배열은 변수 및 배열 선언 및 정의하는 순차기호에 정리되는데 배열명칭을 적고 소괄호로 배열요소의 개수를 적는데 상수이어야 한다. 그리고 배열요소는 첨자를 이용하여 지정할 수 있으면 변수와 똑같은 성질을 갖는다. 즉 배열요소에 값을 쓰거나 읽을 수 있다는 것이다. 첨자는 상수일 수도 있고 변수일 수도 있고 또 수식일 수도 있다. 단 상수, 변수 그리고 수식이더라도 평가 결과는 정수형이어야 한다는 것이다. 그리고 첨자는 1부터 배열요소의 개수까지의 범위를 갖는다.

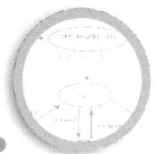

```
                              start

        MAX = 10, score(MAX), i, sum = 0, average

              for( i = 1, MAX, 1)

                     read score(i)

                     sum = sum + score(i)

                average = sum / 10.0

              for( i = 1, MAX, 1)

                     print score(i) - average

                              stop
```

그림 13-2 점수와 평균간 차를 구하는 알고리듬

배열을 사용하여 점수와 평균간 차를 구하는 프로그램을 작성하면 [코드 13-2]와 같다.

```c
01 : /************************************************************
02 :    파일명칭 : GetResults.c
03 :    기    능 : 학생 점수와 평균간 차를 구하다
04 :    작 성 자 : 김 석 현
05 :    작성일자 : 2009-04-09
06 :  ************************************************************/
07 : #include <stdio.h>
08 :
09 : // 배열 요소의 개수에 대한 매크로 상수
10 : #define MAX 10
11 :
12 : int main() {
13 :     // 배열 요소의 개수가 10인 배열을 선언 및 정의하다
14 :     unsigned short int score[MAX];
15 :     unsigned short int i; // 배열 요소의 첨자 및 반복제어 변수로 사용되는 변수
16 :     unsigned short int sum = 0;
17 :
18 :     float average;
19 :     // 1. 10번 반복한다
20 :     for(i = 0; i < MAX; i++) {
21 :         scanf("%d", score + i); // 1.1. 점수를 입력받는다
22 :         sum += score[i];        // 1.2. 합을 구한다
23 :     }
24 :     // 2. 평균을 구한다
25 :     average = sum / ((float)MAX);
26 :     // 3. 10번 반복한다
27 :     for(i = 0; i < MAX; i++) {
28 :         printf("%.2f\n", score[i] - average);//3.1.차를 구한다.3.2.차를 출력한다
29 :     }
30 :     // 4. 끝낸다
31 :     return 0;
33 : }
```

코드 13-2 배열을 이용하여 점수와 평균간 차를 구하는 프로그램

배열을 사용하였기 때문에 하나의 명칭에 대해 위치 개념을 이용하여 배열요소에 대해 반복적으로 표현할 수 있다. 따라서 [코드 13-1]과 비교해 보면, for 반복 제어구조로 입력, 출력 부분이 간결하게 정리된 모양을 알 수 있다. 출력되는 줄의 개수를 세어 보아야 10번 출력하는지 알 수 있지만 for 반복구조에서는 반복 횟수를 알 수 있기 때문에 더욱더 직관적으로 이해하기 쉽다.

그리고 앞에서 언급한 개수를 늘리는 일도 한결 쉽게 이루어질 수 있다. 10번째 줄에 기술된 매크로 상수의 값만 조정하면 다른 코드들에서 변경 없이 개수를 늘리거나 혹은 줄일 수도 있다. 이러한 것들이 가능한 이유는 14번째 줄에 기술된 배열을 사용했기 때문이다.

입력을 하면서 처리를 곧 바로 할 수 없을 때는 반드시 배열을 사용하여야 한다. 입력을 받으면서 평균을 구할 수 없으며, 더 나아가서는 점수와 평균간의 차이를 구할 수 없다. 이런 경우에는 입력된 모든 데이터들을 기억장소들에 저장해야 하는데, 논리적으로 관련성이 있으므로 배열을 이용하여 저장하는 것이 효율적이다. 배열을 사용함으로 해서 제어논리를 간결하고 직관적으로 뿐만 아니라 확장하기도 쉽게 표현할 수 있다. 이러한 연구 분야를 자료구조(Data Structure)라고 한다. 자료구조도 알고리듬과 마찬가지로 매우 중요한 개념이다. 그러나 자료구조의 내용은 이 책의 범위를 벗어나기 때문에 자세히 언급하지는 않는다.

2. 정의

자료형이 같고 하나의 명칭으로 참조되는 변수들의 집합을 배열(Array)이라 한다. 같은 자료형 변수를 연속적으로 확보한 기억장소의 집합으로 하나의 명칭에 대해 서수(순서를 나타내는 수)로 특정 기억장소에 저장된 값을 읽거나 쓸 수 있다. 이때 읽기와 쓰기가 가능하고, 같은 자료형을 가지는 개개의 기억장소를 배열요소라 한다. 배열요소는 단지 하나의 값을 읽거나 쓸 수 있는 변수와 같은 성질을 가지는 것이므로 앞에서 많이 언급된 변수와 같이 다룰 수 있다. 지역변수나 전역변수처럼 다룰 수 있다는 말은 배열요소도 값을 읽기와 쓰기가 가능한 기억장소이므로 기억장소 하나에 관련된 두 개의 값, 주소와 내용을 가진다는 것이다. 따라서 변수처럼 똑같이 값을 쓰고 읽을 수 있다는 것이다.

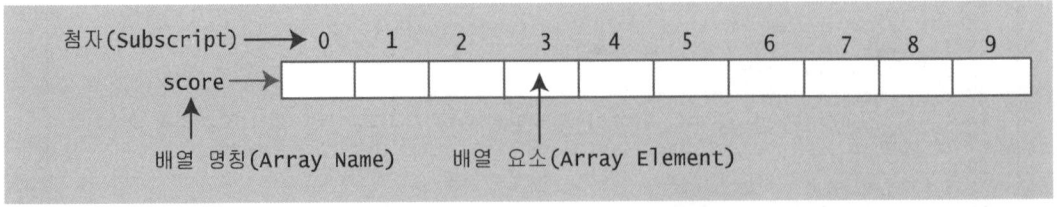

그림 13-3 C 언어에서 제공하는 배열의 구조

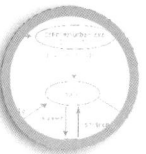

[그림 13-3]에서 볼 수 있듯이 C 언어에서 배열이란 score 라고 하는 명칭 하나로 0부터 시작해서 1씩 증가하는 식으로 순서를 매겨 10개의 기억장소 중에 하나에 대해 접근할 수 있도록 하는 기억장소 관리 방식이다.

하나의 명칭을 배열 명칭이라고 하고, 0부터 시작해서 1씩 증가하는 식으로 관리되는 순서를 첨자, 그리고 값을 쓰고 읽을 수 있는 기억장소 하나하나를 배열요소라고 한다.

3. 선언 및 정의

[그림 13-3]과 같은 배열을 만들고자 한다면 [코드 13-3]과 같이 선언 및 정의해야 한다.

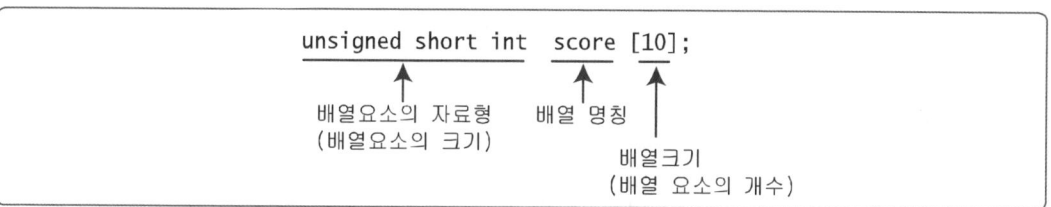

코드 13-3 C 배열의 선언 및 정의

[코드 13-3]은 unsigned short int 정수형을 갖는 배열요소를 10개 가지는 일차원 배열을 선언 및 정의하는 배열 선언문이다.

● 배열요소의 자료형의 의미

배열요소의 자료형은 배열요소에 저장되는 값의 유형이다. 달리 말하면 배열요소의 크기를 말한다. [코드 13-2]에서 14번째 줄과 [코드 13-3]에서 score 배열을 구성하는 배열요소의 자료형은 unsigned short int이다. 배열요소에 저장되는 값은 0과 양수이고, 음수는 저장할 수 없다는 것이다. 또한 배열요소의 크기는 sizeof(unsigned short int) 혹은 sizeof(score[0])에 의해서 평가해 보면 2바이트이다. 따라서 2바이트는 16비트이므로 0에서 2^{16}(=65536)까지의 정수를 저장할 수 있다.

● 배열 명칭의 의미

배열 명칭은 배열을 대표하는 명칭으로 배열의 시작 주소이다. 또한 반드시 기억할 내용은 변수가 아니라 상수이다. 따라서 주소 상수이므로 배열 명칭은 왼쪽 값(L-Value)으로 사용할 수 없다.

● 배열 크기의 의미

배열 크기는 배열 요소의 전체 개수를 의미한다. 따라서 내부적으로는 배열요소의 자료형에 의해서 결정된 배열요소의 크기에 배열요소의 전체 개수를 곱한 값을 말한다. [코드 13-2]에서 14번째 줄과 [코드 13-3]에서 score 배열은 배열 크기는 sizeof(unsigned short int) *10 = sizeof(score[0])

* 10 = sizeof(score) = 20 바이트이다.

배열요소의 전체 개수는 따라서 배열 명칭을 이용하면 다음과 같은 수식에 의해서 결정된다. 매크로 함수로 작성해서 사용하는 것을 권장한다.

```
형식        : sizeof(배열명칭)/sizeof(배열요소)
예제        : sizeof(score) / sizeof(score[0])
매크로 함수 : #define COUNTS(array) (sizeof(array) / sizeof(array[0]))
```

그림 13-4 배열요소의 전체 개수를 구하는 수식

배열 크기는 종종 extern, 함수의 형식 매개변수, 초기화식 등등 에서는 생략할 수도 있다. 하지만 배열을 정의할 때는 배열 크기 생략이 불가능하다.

구두점 []의 의미

score가 일반변수가 아니라 배열이라는 의미를 강조한다. 다시 말해서 배열형(Array type)이라는 것을 강조하는 구두점이다. 포인터형과 다르게 배열형을 강조하는 구두점은 배열명칭뒤에 표기하도록 규정하고 있다. 즉 포인터는 전위표기를 하고 배열형은 후위표기를 하도록 규정하고 있다.

또한 배열 크기(Array size)를 강조하기 위해 사용되어진다. 대괄호 구두점([])은 배열의 차원마다 하나씩 늘어나게 된다. [배열크기]인 경우 1차원을 나타내며, [배열크기][배열크기]인 경우 2차원 식으로 늘어난다는 것이다.

실제로 컴퓨터 내에서는 1차원이란 개념만이 성립한다. 2차원 이상의 다차원이란 개념이 존재하지는 않는다. 2차원 이상의 배열이란 단지 배열을 자료형으로 갖는 일차원 배열일 뿐이다. 그렇지만 프로그래밍에서 개발자 관점에서 생각할 때 대괄호 구두점의 개수에 따라 차원 개념을 적용하도록 하자.

기억부류 지정자

또한 할당된 배열의 위치를 정하기 위해서 배열요소의 자료형 앞에 auto, extern, 그리고 static 기억부류 지정자를 사용할 수 있다. register 지정자는 허용되지 않는다. register 지정자를 기술한 경우 자동으로 auto 지정자로 변환되어진다.

스택에 배열을 할당하는 경우에는 원칙적으로는 auto 기억부류 지정자를 앞에 기술해야 하나, 함수 블록내에 배열이 선언 및 정의되면, 스택에 할당되는 것이므로 따라 명시적으로 기술하지 않더라도 컴파일러에 의해서 묵시적으로 추가되기 때문에 생략한다.

다른 원시 코드 파일에서 배열을 참조하기 위해 선언만 해야 하는 경우 배열 요소 자료형 앞에 extern 키워드를 기술해야 한다. 이때 배열 크기를 지정하지 않아도 된다.

정적 데이터 세그먼트에 배열을 할당하고자 하는 경우에는 배열요소의 자료형 앞에 static 키워드 기억부류 지정자를 기술하여야 하며, 이때 배열요소는 자료형마다 기본값으로 초기화가 이루어 진다.

extern 과 static 그리고 static과 auto 를 같이 사용할 수 없다.

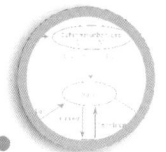

4. 배열요소 다루기

배열이 할당되었으므로 다음은 배열요소에 값을 쓰고 읽는 방법에 대해서 알아보자.

1) 초기화

1. [코드 13-4]에서 14번째 줄에서처럼 일반적으로 C 컴파일러에서 기억부류 지정자 static이 기술된 배열, 즉 정적 배열은 프로그래머가 특별히 초기화하지 않더라도 모든 배열 요소가 항상 0으로 초기화된다. 프로그램이 실행될 때 한 번만 초기화되므로 초기화에 시간이 걸리지 않는다.

```
01 : /************************************************
02 :    파일명칭 : Initialize.c
03 :    기    능 : 배열요소들을 초기화하다
04 :    작 성 자 : 김석현
05 :    작성일자 : 2009-04-09
06 : ************************************************/
07 : #include <stdio.h>
08 :
09 : // 배열 요소의 개수에 대한 매크로 상수
10 : #define MAX 10
11 :
12 : int main() {
13 :     // 배열 요소의 개수가 10인 배열을 선언 및 정의하다
14 :     static unsigned short int score[MAX];
15 :     unsigned short int i; // 배열 요소의 첨자 및 반복제어 변수로 사용되는 변수
16 :
17 :     // 1. 10번 반복한다
18 :     for(i = 0; i < MAX; i++) {
19 :         printf("%d\n", score[i]); // 1.1. 배열요소의 값을 출력하다
20 :     }
21 :     // 2. 끝낸다
22 :     return 0;
23 : }
```

코드 13-4 정적 배열의 초기화

[코드 13-4]를 컴파일과 링크를 한 다음 실행시키면 [그림 13-5]와 같이 결과가 출력될 것이다.

```
0
0
0
0
0
0
0
0
0
0
```

그림 13-5 [코드 13-4]의 실행결과

2. [코드 13-5]에서 보는 것처럼 13번째 줄에 선언 및 정의된 배열은 원시 코드 파일 Initialize.c의 어떤 곳에서든지 참조할 수 있는 파일 참조범위(File scope)를 갖는 배열이다. 프로그래머가 명시적으로 지정하지 않으면, 배열요소의 자료형 앞에 static 기억부류 지정자가 추가되기 때문에 정적배열이다. 따라서 초기화 관련 개념들은 정적배열과 동일하게 적용된다.

```
01 : /************************************************************
02 :    파일명칭 : Initialize.c
03 :    기    능 : 배열요소들을 초기화하다
04 :    작 성 자 : 김 석 현
05 :    작성일자 : 2009-04-09
06 :    ************************************************************/
07 : #include <stdio.h>
08 :
09 : // 배열 요소의 개수에 대한 매크로 상수
10 : #define MAX 10
11 :
12 : // 배열 요소의 개수가 10인 배열을 선언 및 정의하다
13 : unsigned short int score[MAX]; // static unsigned short int score[MAX];
14 :
15 : int main() {
16 :     unsigned short int i; // 배열 요소의 첨자 및 반복제어 변수로 사용되는 변수
17 :
18 :     // 1. 10번 반복한다
19 :     for(i = 0; i < MAX; i++) {
20 :         printf("%d\n", score[i]); // 1.1. 배열요소의 값을 출력하다
21 :     }
22 :     // 2. 끝낸다
23 :     return 0;
24 : }
```

코드 13-5 파일 범위를 갖는 배열의 초기화

3. 함수 블록이거나 제어구조 블록같이 블록 참조 범위(Block scope)를 갖는 배열은 프로그래머가 초기화시키지 않는 경우 쓰레기 값을 가지게 된다.

```
01 : /************************************************************
02 :    파일명칭 : Initialize.c
03 :    기    능 : 배열요소들을 초기화하다
04 :    작 성 자 : 김 석 현
05 :    작성일자 : 2009-04-09
06 :    ************************************************************/
07 : #include <stdio.h>
08 :
09 : // 배열 요소의 개수에 대한 매크로 상수
10 : #define MAX 10
11 :
12 : int main() {
13 :     // 배열 요소의 개수가 10인 배열을 선언 및 정의하다
14 :     unsigned short int score[MAX];
15 :     unsigned short int i; // 배열 요소의 첨자 및 반복제어 변수로 사용되는 변수
16 :
17 :     // 1. 10번 반복한다
18 :     for(i = 0; i < MAX; i++) {
19 :         printf("%d\n", score[i]); // 1.1. 배열요소의 값을 출력하다
20 :     }
21 :     // 2. 끝낸다
22 :     return 0;
23 : }
```

코드 13-6 블록 범위를 갖는 배열의 초기화

블록 범위를 갖는 배열도 성격상 지역 변수이므로 배열이 정의되어 있는 함수가 호출될 때마다 매번 새로 초기화를 하기 때문에 그에 따른 실행 속도의 저하라는 문제점이 있다.

4. 일차원 배열의 전형적인 초기화는 배열 크기를 나타내는 구두점인 대괄호 뒤에 구두점인 등호(=)를 찍고 구두점 중괄호({}) 안에 각 배열 요소의 초기치를 차례로 열거한다.

프로그램을 개발하는 과정에서 제어논리의 정확성을 확인하기 위해서 여러 번의 입력을 해야 하는 경우 번거로운 작업이다. 이러한 경우 가상의 데이터들을 설계해서 이미 입력된 상태로 가정하고 이용하는 것이 일반적이다. [코드 13-2]에서 입력이 이미 완료되었다고 가정한다면 입력된 값들로 배열을 초기화하고, 합을 구하고, 평균을 구하고 마지막으로 차를 구하여 출력하도록 코드를 바꾸어 보자. [코드 13-7]에서 17번째 줄을 보면 입력받은 값들로 가정한 10개의 점수들을 쉼표로 구분하여 중괄호 안에 열거하고 있다.

```c
/*************************************************
 파일명칭 : GetResults.c
 기   능 : 학생 점수와 평균과의 차를 구하다
 작 성 자 : 김 석 현
 작성일자 : 2009-04-09
 전제조건 : 10개의 점수를 이미 입력받았다고 가정한다
*************************************************/
#include <stdio.h>

// 배열 요소의 개수에 대한 매크로 상수
#define MAX 10

int main() {
    // 배열 요소의 개수가 10인 배열을 선언 및 정의하다
    unsigned short int score[MAX]
                // 이미 입력받았다고 가정한 10개의 점수로 1차원 배열을 초기화한다
                = { 100, 90, 88, 100, 89, 86, 45, 60, 98, 66};
    unsigned short int i; // 배열 요소의 첨자 및 반복제어 변수로 사용되는 변수
    unsigned short int sum = 0;

    float average;
    // 1. 10번 반복한다
    for(i = 0; i < MAX; i++) {
        // scanf("%d", score + i); // 1.1. 점수를 입력받는다
        sum += score[i];           // 1.2. 합을 구한다
    }
    // 2. 평균을 구한다
    average = sum / ((float)MAX);
    // 3. 10번 반복한다
    for(i = 0; i < MAX; i++) {
        printf("%.2f\n", score[i] - average);//3.1.차를 구한다.3.2.차를 출력한다
    }
    // 4. 끝낸다
    return 0;
}
```

코드 13-7 1차원 배열의 초기화

5. 배열을 초기화할 때에는 초기값의 개수와 배열 크기가 서로 일치되도록 해야 한다. 즉 모든 배열요소가 초기화되도록 초기치를 모두 지정해 주어야 한다.

6. 초기값의 개수가 배열크기보다 많으면, 즉 초기값들이 남아돌면 컴파일할 때 "Too many initializers"라는 컴파일 오류가 발생한다.

7. 초기값의 개수가 배열 크기보다 적으면, 즉 초기값들이 모자라면 나머지 부분의 배열 요소가 모두 0으로 초기화된다. 배열의 일부분이라도 초기화했을 경우 초기화하지 않은 나머지 배열 요소가 모두 0의 값을 가지게 된다. 대개 프로그래머의 실수일 가능성이 높으므로 배열 크기와 초기치의 개수가 일치하지 않을 때에는 논리 오류로 보는 것이 타당하다.

8. 의도적으로 초기값의 개수가 배열 크기보다 적게 설정하고, 나머지 배열 요소를 0으로 초기화하고자 할 때는 마지막 초기값 뒤에 여분의 쉼표(,)를 하나 더 첨가해 주어야 한다. 이렇게 해서 나머지 배열 요소들이 모두 0으로 초기화된다는 사실을 명시적으로 나타내주는 것이 바람직하다.

```
01 : /************************************************************
02 :    파일명칭 : GetResults.c
03 :    기   능  : 학생 점수와 평균과의 차를 구하다
04 :    작 성 자 : 김 석 현
05 :    작성일자 : 2009-04-09
06 :    전제조건 : 10개중에서 5개의 점수를 이미 입력받았다고 가정한다
07 : ************************************************************/
08 : #include <stdio.h>
09 :
10 : // 배열 요소의 개수에 대한 매크로 상수
11 : #define MAX 10
12 :
13 : int main() {
14 :    // 배열 요소의 개수가 10인 배열을 선언 및 정의하다
15 :    unsigned short int score[MAX]
16 :                // 이미 입력받았다고 가정한 10개의 점수로 1차원 배열을 초기화한다
17 :                = { 100, 90, 88, 100, 89 };
18 :    unsigned short int i; // 배열 요소의 첨자 및 반복제어 변수로 사용되는 변수
19 :    unsigned short int sum = 0;
20 :
21 :    float average;
22 :    // 1. 10번 반복한다
23 :    for(i = 0; i < MAX; i++) {
24 :       // scanf("%d", score + i); // 1.1. 점수를 입력받는다
25 :
26 :       sum += score[i];           // 1.2. 합을 구한다
27 :    }
28 :    // 2. 평균을 구한다
29 :    average = sum / ((float)MAX);
30 :    // 3. 10번 반복한다
31 :    for(i = 0; i < MAX; i++) {
32 :       printf("%.2f\n", score[i] - average);//3.1.차를 구한다.3.2.차를 출력한다
33 :    }
34 :    // 4. 끝낸다
35 :    return 0;
36 : }
```

코드 13-8 초기값들의 개수가 배열 크기보다 적을 때 초기화

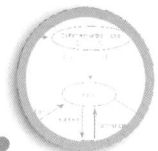

```
01 : /***************************************************
02 :    파일명칭 : GetResults.c
03 :    기    능 : 학생 점수와 평균과의 차를 구하다
04 :    작 성 자 : 김 석 현
05 :    작성일자 : 2009-04-09
06 :    전제조건 : 10개중에서 5개의 점수를 이미 입력받았다고 가정한다
07 : ***************************************************/
08 : #include <stdio.h>
09 :
10 : // 배열 요소의 개수에 대한 매크로 상수
11 : #define MAX 10
12 :
13 : int main() {
14 :     // 배열 요소의 개수가 10인 배열을 선언 및 정의하다
15 :     unsigned short int score[MAX]
16 :                 // 이미 입력받았다고 가정한 10개의 점수로 1차원 배열을 초기화한다
17 :                 = { 100, 90, 88, 100, 89, };
18 :     unsigned short int i; // 배열 요소의 첨자 및 반복제어 변수로 사용되는 변수
19 :     unsigned short int sum = 0;
20 :
21 :     float average;
22 :     // 1. 10번 반복한다
23 :     for(i = 0; i < MAX; i++) {
24 :         // scanf("%d", score + i); // 1.1. 점수를 입력받는다
25 :
26 :         sum += score[i];          // 1.2. 합을 구한다
27 :     }
28 :     // 2. 평균을 구한다
29 :     average = sum / ((float)MAX);
30 :     // 3. 10번 반복한다
31 :     for(i = 0; i < MAX; i++) {
32 :         printf("%.2f\n", score[i] - average);//3.1.차를 구한다.3.2.차를 출력한다
33 :     }
34 :     // 4. 끝낸다
35 :     return 0;
36 : }
```

코드 13-9 초기값들의 개수가 배열 크기보다 적을 때 초기화

9. 프로그램을 작성하다 보면, 배열 크기를 하나 둘 씩 첨삭해야 하는 경우가 빈번하게 발생한다. 이런 경우 배열의 초기값을 하나 둘 씩 첨삭해야 하는 동시에 배열 크기도 역시 초기값들의 개수와 서로 일치되도록 바꿔주어야 하는 작업을 반복해야 한다. 간혹 실수를 하게 되어 초기값을 추가했는데 배열 크기를 하나 증가시키지 않거나 혹은 배열 크기를 하나 증가시켰는데 초기값을 추가하지 않았든지 하는 실수로 인하여 논리 오류가 발생하는 경우가 빈번하여 원하는 결과를 얻지 못하는 경우가 발생한다.

이런 실수를 원천 봉쇄할 수 있는 방법이 제공되는데, 선언 및 정의하고 초기화할 때 배열 크기를 아예 생략해 버리는 것이다. 배열을 초기화할 때 배열 크기가 생략된 경우 컴파일러는 초기값들의 개수를 일단 세어 보고, 배열 크기가 그 개수에 꼭 알맞도록 정의하므로 배열 크기와 초기값들의 개수가 서로 일치되지 않는 사태가 발생하지 않는다.

10. 배열 크기를 생략해 버리면, 필요할 때 배열 크기를 계산해 내는 방법이 부가적으로 마련되어야 한다.

배열 요소들의 개수는 배열의 전체 크기를 구하여 배열요소의 크기로 나누면 구할 수 있다. 배열의 전체 크기는 sizeof(배열명칭)를 이용하여 구하고 배열요소의 크기는 sizeof(배열요소)를 이용하여 구하면 된다. 그래서 sizeof(배열명칭)/sizeof(배열요소)과 같은 상수 수식을 이용할 수 있다. 특히 매크로 기능을 이용해 매크로 함수로 작성해 사용하는 것이 좋다.

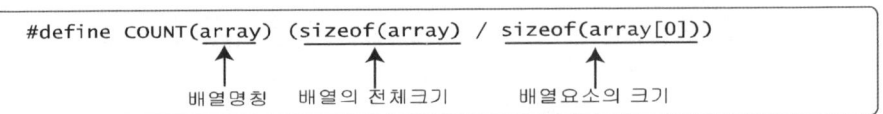

코드 13-10 배열요소의 개수를 구하는 매크로 함수

```
01 : /************************************************
02 :     파일명칭 : GetResults.c
03 :     기    능 : 학생 점수와 평균과의 차를 구하다
04 :     작 성 자 : 김 석 현
05 :     작성일자 : 2009-04-09
06 :     전제조건 : 없음
07 : ************************************************/
08 : #include <stdio.h>
09 :
10 : // 배열 요소의 개수에 대한 매크로 함수
11 : #define COUNT(array) (sizeof(array) / sizeof(array[0]))
12 :
13 : int main() {
14 :     // 배열 요소의 개수가 10인 배열을 선언 및 정의하다
15 :     unsigned short int score[]
16 :             // 이미 입력받았다고 가정한 10개의 점수로 1차원 배열을 초기화한다
17 :             = { 100, 90, 88, 100, 89 };
18 :     unsigned short int i; // 배열 요소의 첨자 및 반복제어 변수로 사용되는 변수
19 :     unsigned short int sum = 0;
20 :
21 :     float average;
22 :     // 1. 10번 반복한다
23 :     for(i = 0; i < COUNT(score); i++) {
24 :         // scanf("%d", score + i); //1.1. 점수를 입력받는다
25 :         sum += score[i];          // 1.2. 합을 구한다
26 :     }
27 :     // 2. 평균을 구한다
28 :     average = sum / ((float)COUNT(score));
29 :     // 3. 10번 반복한다
30 :     for(i = 0; i < COUNT(score) ; i++) {
31 :         printf("%.2f\n", score[i] - average); //3.1.차를 구한다. 3.2.차를 출력한다
32 :     }
33 :     // 4. 끝낸다
34 :     return 0;
35 : }
```

코드 13-11 배열크기가 생략된 경우 초기화 방법과 배열 크기 구하는 방법

2) 배열요소의 주소구하기 : 포인터 산술 연산

앞에서 이야기했듯이 배열을 아파트와 비교할 수 있다. 친구네 집을 찾아가는데 아파트 명칭만 안다고 집을 찾을 수 없을 것이다. 그래서 호수라는 것을 이용해야 실제 집의 위치를 알아야 반갑게 친구를 만나듯이 배열 명칭은 배열요소 전체를 대표하는 것이므로 배열 명칭만으로 배열요소를 찾을 수 없듯이 첨자를 이용해서 값을 쓰거나 읽는 배열요소의 주소를 구할 수 있다.

이때 사용되는 첨자는 반드시 0부터 시작해야 하고, 배열의 전체 개수 -1까지 범위를 갖는다는 것을 명심해야 한다. 첨자의 범위를 벗어나게 되면 할당되지 않은 영역의 기억장소들에 값을 쓰게 된다. 값을 쓸 때는 문제가 없지만 값을 읽을 때는 실행 오류가 발생하게 된다. 프로그램의 실행

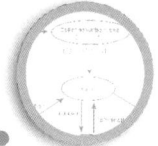

중에 예기치 않게 프로그램이 종료되는 현상을 볼 수 있게 된다는 것이다.

그러면 배열명칭과 첨자를 가지고 실제 배열요소의 주소를 구하는 방법에 대해서 공부해 보도록 하자.

배열명칭은 앞에서 언급했듯이 배열의 시작 주소를 의미한다. 그리고 주소를 저장하고 있는 기억장소가 존재하는 것이 아니다. 즉 다시 말해서 배열명칭 자체는 변수가 아니라 상수라는 것이다. 반드시 기억해야 하는 것이기 때문에, 다시 정리하면 배열명칭 자체는 어디까지나 숫자 상수와 같은 부류의 포인터 상수(Pointer Constant, 주소 상수)일 뿐이므로 배열 명칭이 포인터 변수처럼 메모리를 차지하는 것은 결코 아니다.

포인터 상수인 배열명칭을 이용해서 포인터 산술 연산을 할 수 있다. 다시 말해서 배열명칭과 첨자를 피연산자들로 해서 + 와 -를 사용하여 수식을 만들 수 있다는 것이다.

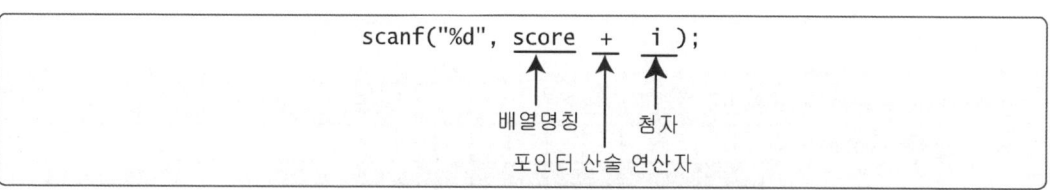

코드 13-12 배열요소의 주소를 구하는 포인터 산술식

배열에서 배열요소의 주소를 구하는 포인터 산술식을 만드는 방법은 배열 선언문에서 배열 크기를 기술하는 부분, 즉 배열크기를 강조하는 구두점인 대괄호([]) 하나를 생략하고 + 와 정수형 값인 첨자를 이용하여 수식을 작성하면 된다. 이 원리를 적용해서 작성해 보면 [코드 13-2]에서 14번째 줄의 배열 선언문을 참고하면 [그림 13-6]과 같은 수식을 작성할 수 있다.

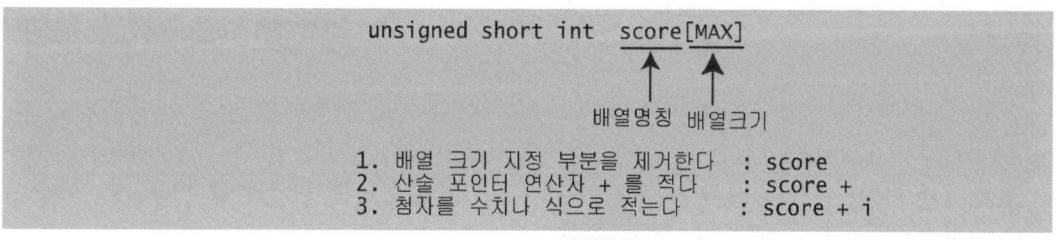

그림 13-6 1차원 배열에서 포인터 산술식을 만드는 절차

포인터 산술식은 내부적으로는 바이트 단위로 이동하여 주소를 구하는 방식이다. 배열명칭, 즉 배열의 시작 주소로부터 몇 바이트 이동했을 때 기억장소의 주소를 구하는 것이다. 바이트 단위로 이동해야 하는 횟수는 배열요소의 크기와 첨자를 곱해서 계산한다.

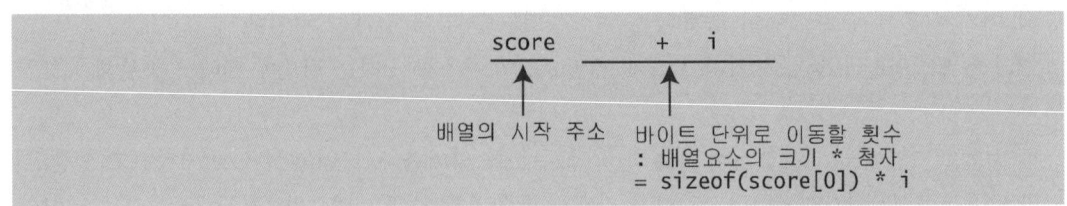

그림 13-7 포인터 산술식의 의미

i가 0일 때는 첫 번째 요소의 주소를 구하면, 이동할 횟수는 sizeof(unsigned short int) * 0, 2 * 0 이므로 0이다. 시작주소로부터 이동하지 않기 때문에 배열의 시작 주소와 동일하다. 그래서 배열의 첫 번째 요소의 주소는 배열의 시작주소와 동일하다. 그렇지만 의미적으로는 확실히 구분되어야 한다. score와 score + 0 는 다르다는 것이다. score는 배열의 시작주소를 의미하고 score + 0 는 배열의 첫 번째 요소의 주소를 의미한다.

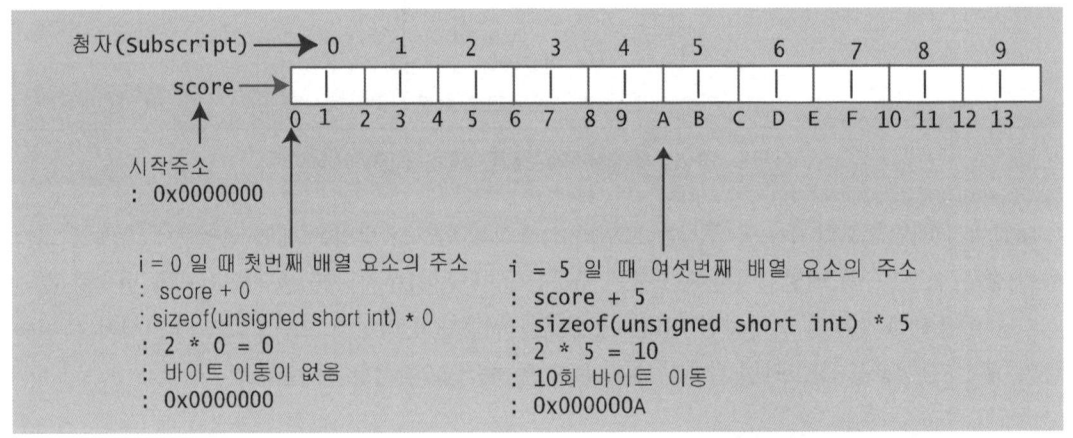

그림 13-8 포인터 산술식의 내부 의미

[그림 13-8]에서 0에서부터 13까지 숫자는 각 바이트 당 지정된 주소를 의미한다. 0 는 0x0000000, 1은 0x00000001, 2는 0x00000002, A는 0x0000000A 그리고 10 는 0x00000010을 의미한다. 바이트 단위만큼 이동한 후의 주소를 확인하면 산술 포인터 연산의 평가 결과를 구할 수 있는 것이다. 따라서 scores + 5 에 대해 포인터 산술 연산에 의하면 0x0000000A 가 된다. 왼쪽부터 10번 이동하게 되며, 11번째 바이트의 주소를 얻게 되는 것이다.

이렇게 포인터 산술 연산에 의해서 얻어지는 정확한 주소가 얼마인지에 대한 문제는 프로그래머에게 중요치 않다. 산술 포인터 연산이란 시작주소를 기준으로 바이트 이동에 의해 정해지는 기억장소의 주소를 구한다는 방법만 이해하면 되는 것이지 정확히 얼마인가는 컴파일러에게 중요한 것이다. 따라서 반드시 명심할 내용은 일차원 배열에서 (배열명칭 + 첨자)는 배열요소의 주소를 구할 수 있다는 것이다. 그렇게 주소를 구해서 배열요소의 주소를 원하는 수식에 잘 사용하면 된다.

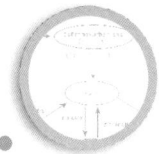

3) 배열요소의 내용 구하기: 간접 지정 연산자와 첨자 연산자

배열요소에 대해 주소를 구했기 때문에 주소를 이용해서 이제는 배열요소에 값을 쓰거나 읽는 방법에 대해서 공부해 보도록 하자.

주소를 알기 때문에 간접 지정 연산자(Indirection Operator, *)를 이용해서 값을 쓰거나 읽을 수 있다. 배열요소에 저장되어 있는 값을 읽는 방법은 [코드 13-13]과 같을 것이다.

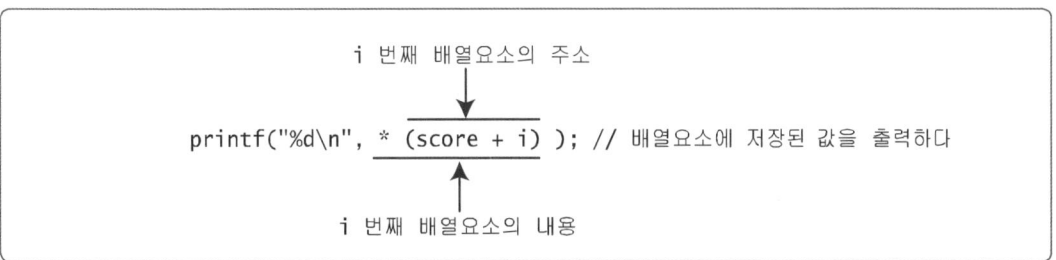

코드 13-13 i 번째 배열요소의 값들, 주소와 내용

i 번째 배열요소의 주소는 score + i 이다. 수식 평가의 우선순위에 의해서 주소를 구하고 내용을 참조해야 하기 때문에 소괄호를 이용해서 평가순서를 주소를 구하는 연산에 대한 평가를 먼저 하도록 명시하고 간접 지정 연산자를 이용하여 내용을 읽어 printf() 함수에 매개변수로 값 복사하도록 한다.

*(score + i) 는 i 번째 배열요소의 내용을 의미하며, 변수처럼 사용할 수 있다. 즉 왼쪽 값 (L-Value)으로 사용할 수 있다.

포인터 산술 연산자와 간접 지정 연산자를 이용하여 기억장소 접근 원리에 맞게 표현해도 배열요소에 값을 쓰거나 읽을 수 있다. 그렇지만 C 언어에서는 배열요소에 저장된 값, 즉 내용에 대해 참조만을 수행하는 연산자를 제공한다. 이 연산자를 첨자 연산자(Subscript Operator, [])라고 한다. C 언어에서 연산자 분류에 의하면 1차 연산자(Primary Operator)이며 따라서 형식은 [그림 13-9]와 같다.

score[i]
배열명칭[첨자]

그림 13-9 배열 첨자 연산자(Subscript operator) 형식

배열 명칭을 시작 번지로 해서 첨자 i 번째 배열요소에 저장된 값을 참조토록 하는 연산자이다. 배열 요소 하나를 의미하며, 배열 요소는 일반 변수와 같이 동등한 역할을 할 수 있으므로 왼쪽 값으로 사용 가능하다.

포인터 산술 연산자와 간접 지정 연산자와 같은 역할을 수행하는 연산자이므로 [그림 13-10]과

같은 수식이 성립한다.

$$score[i] = *(score + i)$$

그림13-10 배열 첨자 연산자와 포인터 산술 연산자와 간접 지정 연산자간의 관계

그렇지만 앞으로는 배열요소에 저장된 값을 참조할 때는 배열첨자 연산자를 사용하도록 하자. 또한 기억할 것은 배열요소에 저장된 값을 참조할 때는 배열첨자 연산자를 사용하도록 하고, 차원의 개수만큼 배열첨자 연산자를 사용하면 배열요소에 저장된 값을 의미한다는 것도 기억하도록 하자. 1차원 배열인 경우는 첨자연산자([]) 개수가 1개이어야 하고, 1개의 첨자연산자가 표현된 수식은 배열요소에 저장된 값을 의미한다. 그래서 [그림 13-9]에서 score[i]는 1차원 배열의 i번째 배열요소에 저장된 값을 의미한다.

차원의 개수보다 작은 표현들은 배열요소의 주소라는 것도 기억하도록 하자. 첨자 연산자 없이 표현된 score와 score + i 는 score가 1차원 배열이기 때문에 첨자 연산자가 없으므로 시작주소와 i번째 배열요소의 주소를 의미하게 된다.

5. 사용 시 주의 사항

1. 배열요소들은 언제나 기억장치에 연속적으로 저장된다.
2. 배열명칭 자체는 그 배열의 시작주소를 가리키는 포인터 상수(Pointer constant), 따라서 왼쪽값(L-Value)으로 사용이 불가능하다. 배열 명칭을 배열 상수(Array constant)라고도 한다. 배열 명칭 자체는 어디까지나 수치 상수와 같은 부류의 포인터 상수일 뿐이므로 배열 명칭이 포인터 변수처럼 메모리를 차지하는 것은 결코 아님에 유의하기 바란다.

따라서 [그림 13-11]과 같은 식들은 합당하지 않다. 배열 명칭을 이용하여 주소를 구하는 식과 배열 명칭을 이용하여 값을 치환하는 식 등 은 합당하지 않다.

```
        &배열명칭 : &score
   score = &일반변수 혹은 score = 10
```

그림13-11 합당치 못한 수식

3. 배열 첨자는 언제나 0 부터 시작된다. 컴퓨터에서 시작 주소는 0x0000(2 바이트 워드) 혹은 0x00000000(4바이트 워드)이기 때문에 이에 대한 10진 표현은 0이기 때문에 첨자는 1부터 시작하는 것이 아니라 0부터 시작한다.
4. 배열의 첨자 범위는 0에서 배열 크기 - 1 까지 이다.

5. 배열의 첨자는 정수형 데이터로 지정할 수 있다. 상수, 변수, 수식 등 모든 표현이 가능하나 평가된 값이 정수형이어야 한다는 것이다.

6. 포인터 배열(Pointer array)

C 언어에서는 할당된 기억장소에 프로그램에 의해서 처리되어지는 값인 스칼라만 저장하는 것이 아니라 기억장소를 식별하기 위한 값인 주소도 저장할 수 있다고 배웠다. 마찬가지로 배열요소가 주소를 저장할 수 있는 배열도 만들 수 있다. 이러한 주소를 저장하는 배열요소들로 구성되는 배열을 포인터 배열이라고 한다.

2장에서 main() 함수를 설명할 때 명령 행을 처리하기 위해 매개변수 argv가 포인터 배열에 대한 배열 포인터이다. 명령 행은 길이가 일정하지 않다. 또한 명령 행을 구성하는 명령행 인자들의 길이도 일정하지 않다. 이러한 경우 명령 행 인자들을 처리하기 위한 가장 적합한 저장 구조는 입력한 문자열의 길이에다 1만큼 큰 배열을 작고, 입력한 문자열을 저장하고, 그 배열의 시작주소를 저장하는 배열요소를 갖는 포인터 배열을 이용하는 것이다. [그림 13-12]처럼 말이다.

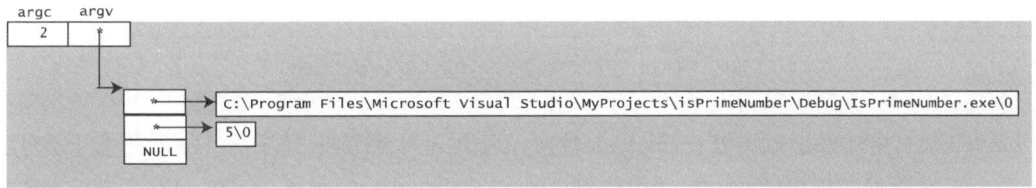

그림 13-12 명령 행에 대한 메모리 맵

이처럼 포인터 배열을 가장 많이 사용할 수 있는 경우는 길이가 일정하지 않은 문자열들의 배열 구현에 사용된다.

7장에서 문자열 자료형을 공부할 때 학년과 성명을 입력받아 학년 메시지를 출력하는 문제에서 사용자로부터 입력받아 학년 문자열 메시지 테이블을 구현해 보자. 문자 배열로 학년 문자열 메시지 테이블, 즉 문자열 배열을 구현해보자. 이때는 입력될 문자열들에서 가장 길이가 긴 문자열에 대해 문자열 길이 + 1만큼의 문자 배열형인 배열요소를 갖는 문자열 배열을 만들어야할 것이다. [코드 13-14]에서 15번째 줄에서 2차원 문자 배열을 보면 "INVALID YEAR"에 대해 문자열 길이 12에 널('\0') 종료 문자를 위해 1을 더해 13개의 1차원 문자 배열을 이용하여 배열을 선언 및 정의했다. 물론 여기서는 가장 길이가 긴 문자열이 "INVALID YEAR"라서 1차원 문자 배열의 크기를 정할 수 있지만 이러한 상황이 아닌 경우는 가장 긴 문자열이 무엇인지 모를 경우에는 가능한 예측되는 최대로 잡아야 한다. 일반적으로 [코드 13-16]에서 35번째 줄에서 배열을 선언하는 문장에서

처럼 콘솔 윈도우에서 한 줄에 입력받을 수 있는 최대 길이인 255에 널 종료 문자에 대해 1 더하여 설정한다.

```
01 : /******************************************************************
02 :    파일 명칭 : MakeMessages.c
03 :    기     능 : 학년 문자열 메세지 테이블을 만들다
04 :    입     력 : 학년 문자열
05 :    출     력 : 학년 문자열 메세지 배열
06 :    작 성 자 : 김 석 현
07 :    작성 일자 : 2008-12-28
08 : ******************************************************************/
09 : #include <stdio.h>
10 :
11 : // 메세지 테이블을 만들다
12 : void InputMessages(char (*messages)[13]); // 2차원 배열 포인터
13 :
14 : int main(int argc, char* argv[]) {
15 :     char messages[5][13]; // 2차원 문자 배열
16 :     int i;
17 :
18 :     InputMessages(messages); // 사용자로부터 문자열들을 입력받다
19 :
20 :     for(i = 0; i < 5; i++) {
21 :         printf("%s\n", messages[i]); // 문자열을 출력한다
22 :     }
23 :
24 :     return 0;
25 : }
26 :
27 : void InputMessages(char (*messages)[13]) {
28 :     int i;
29 :
30 :     for(i = 0; i < 5; i++ ) {
31 :         gets( messages[i]); // 한줄 단위로 문자열을 입력받는다
32 :     }
33 : }
```

코드 13-14 문자 배열을 이용한 문자열 배열의 구현

[그림 13-13]에서 보는 것처럼 [코드 13-14]에서 1차원 문자 배열의 크기가 아는 경우에도 기억장소의 낭비가 초래됨을 알 수 있다. 최대로 예측한 경우는 256으로 배열 크기를 설정했다면 더욱더 엄청난 기억장소의 낭비가 초래될 것이다.

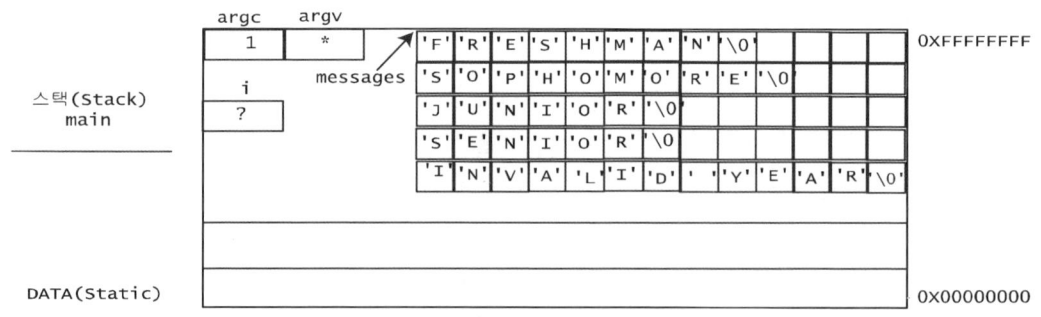

그림 13-13 [코드 13-14]에서 InputMessages() 함수가 끝났을 때

그렇지만 포인터 배열을 이용하여 문자열 메시지 테이블을 구현해 보자. [코드 13-16]에서 17번째 줄에서 포인터 배열을 선언하고 있다. 선언하는 형식은 [그림 13-14]와 같다.

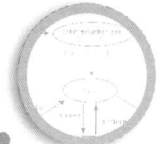

```
[auto|extern|static] 자료형* 배열명칭[배열크기1]...[배열크기n] = 초기치;
```

그림 13-14 포인터 배열의 선언, 정의 그리고 초기화

기억부류는 auto로서 블록 참조범위이므로 생략되었고, 치환에 의해서 값이 설정됨으로 초기화하지 않았다. 초기화를 해야 한다면 [코드 13-15]처럼 NULL로 배열 요소들을 초기화해야 한다. [코드 13-16]에서 선언되는 포인터 배열은 main() 함수 스택에 할당된다.

```
char* messages[5] = { NULL, };
```

코드 13-15 포인터 배열의 초기화

포인터 배열을 함수에 사용하는 경우는 포인터 배열의 포인터(Pointer to pointer to array)이어야 한다. 포인터 배열의 시작주소를 저장하는 포인터 변수이어야 한다는 것이다. 그래서 [코드 13-16]에서 14번째 줄과 33번째 줄에서 InputMessages() 함수의 원형과 헤더를 보면, 포인터 배열의 포인터를 사용하고 있다.

```
01 : /*********************************************************************
02 : 파일 명칭 : MakeMessages.c
03 : 기    능 : 학년 문자열 메세지 테이블을 만들다
04 : 입    력 : 학년 문자열
05 : 출    력 : 학년 문자열 메세지 배열
06 : 작 성 자 : 김 석 현
07 : 작성 일자 : 2007-12-28
08 : *********************************************************************/
09 : #include <stdio.h>
10 : #include <stdlib.h>   // calloc(), free()
11 : #include <string.h>   // strcpy()
12 :
13 : // 메세지 테이블을 만들다
14 : void InputMessages(char *(*messages)); // 포인터 배열의 포인터
15 :
16 : int main(int argc, char* argv[]) {
17 :     char* messages[5]; // 포인터 배열
18 :     int i;
19 :
20 :     InputMessages(messages);
21 :
22 :     for(i = 0; i < 5; i++) {
23 :         printf("%s\n", messages[i]);
24 :     }
25 :
26 :     for(i = 0; i < 5; i++) {
27 :         free(messages[i]); // 힙에 할당된 배열을 할당해제하다
28 :     }
29 :
30 :     return 0;
31 : }
32 :
33 : void InputMessages(char *(*messages)) {
34 :     int i;
35 :     char message[256]; // 한 줄 최대 길이로 1차원 배열 선언 및 정의
36 :
37 :     for(i = 0; i < 5; i++ ) {
38 :         gets( message); // 문자열을 입력받는다
39 :         // 입력받은 문자열의 길이 + 1만큼 힙에 할당한다
40 :         messages[i] = (char *)calloc(strlen(message) + 1, sizeof(char));
41 :         strcpy(messages[i], message); // 힙에 할당된 배열에 입력받은 문자열을 복사한다
42 :     }
43 : }
```

코드 13-16 포인터 배열을 이용한 문자열 배열의 구현

다음은 InputMessages() 함수에 대해서 알아보도록 하자. 입력받은 문자열의 길이가 콘솔 윈도우에서 최대인 255로 가정하고, [코드 13-16]에서 35번째 줄에서 문자열을 입력받기 위해서 1차원 문자 배열을 선언하고 있다.

38번째 줄에서 문자열을 입력받는다. scanf() 함수를 사용하지 않고 gets() 함수를 사용하는데 이유는 scanf()는 필드 단위로 입력받기 때문에 "INVALID YEAR"같은 두 개의 단어를 갖는 문자열을 입력받을 수 없기 때문에 줄 단위로 입력받을 수 있는 gets() 함수를 사용한다. scanf() 함수로 입력받는다면 "INVALID" 만을 입력받기 때문이다.

문자열의 길이에 맞게 기억장소를 할당하여 사용할 수 있는 곳은 힙(Heap)뿐이다. 힙에 관련된 내용은 17장에서 자세히 공부할 것이다. 여기서는 간단하게 사용법에 대해서만 설명한다. 따라서 [코드 13-16]에서 40번째 줄에서 라이브러리 함수 calloc()를 이용하여 입력받은 문자열 길이에 1 더한 만큼의 크기의 기억장소를 할당한다. 그러기 위해서 10번째 줄에서 <stdlib.h> 헤더 파일을 포함시켜야 한다. 입력받은 문자열의 길이를 구하기 위해서도 라이브러리 함수인 strlen()을 사용한다. 그래서 <string.h> 헤더파일을 포함시켜야 한다. 이렇게 구해진 문자열의 길이에 1을 더하여 구한 값을 calloc() 함수의 첫 번째 인수로 배열요소의 개수로 설정하고, 배열요소의 크기를 sizeof 연산자로 구해서 두 번째 인수로 설정하면 calloc() 함수는 배열요소의 개수와 배열요소의 크기를 곱해서 구한 값만큼 기억장소들을 힙에 할당하고 주소를 반환한다. 이를 포인터 배열의 각 요소에 저장하면 된다. 이때 반드시 형 변환 수식으로 형 변환을 해야 한다.

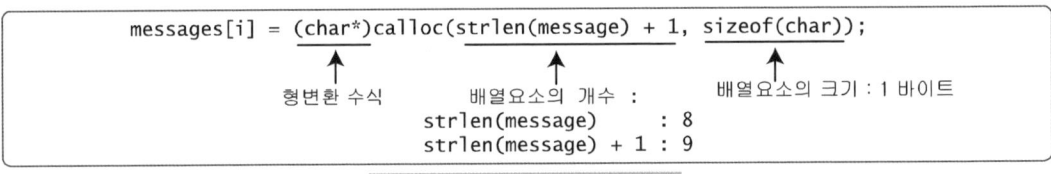

코드 13-17 calloc() 함수 사용

그리고 41번째 줄에 의해서 입력된 문자열을 힙에 할당된 기억장소에 strcpy() 라이브러리 함수를 이용하여 복사한다. 그래서 첫 번째로 "FRESHMAN"이 입력되었을 때 [그림 13-15]와 같은 메모리 맵이 작도될 것이다.

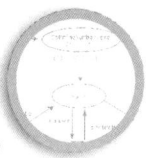

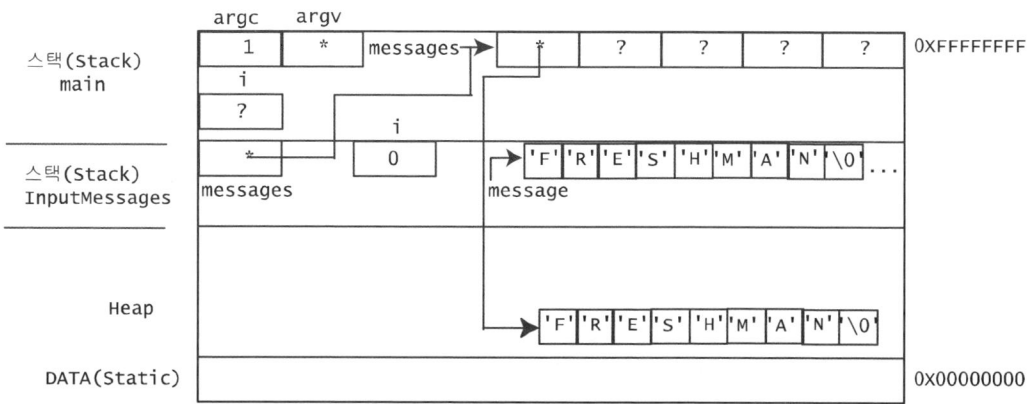

그림 13-15 첫 번째로 "FRESHMAN"이 입력된 후

이렇게 해서 5번에 걸쳐 문자열을 입력받고 InputMessages() 함수가 끝났을 때 [그림 13-16]과 같은 메모리 맵이 작도될 것이다.

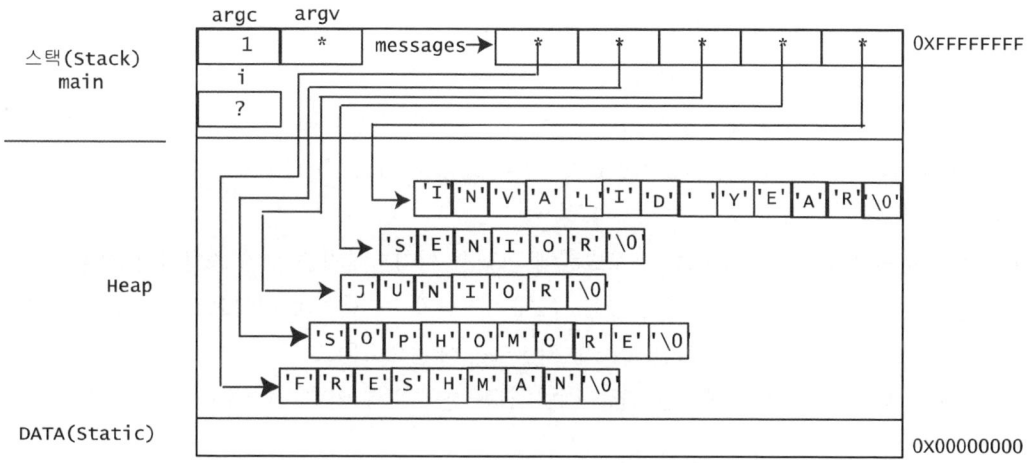

그림 13-16 InputMessages() 함수가 끝났을 때

[코드 13-16]에서 26번째 줄에서 28번째 줄까지를 이용하여 힙에 할당했던 기억장소들을 해제해 주어야 한다. 그렇지 않으면 힙에 할당된 기억장소들이 시스템이 끝날 때까지 사용되는 기억장소들로 존재함으로 다른 프로그램들에 의해서 사용할 수 없게 된다. 이러한 현상을 메모리 누수라고 한다.

이렇게 사용자로부터 길이를 알 수 없는 문자열을 입력받는 경우 가장 빈번하게 1차원 포인터 배열을 이용하여 저장구조를 이용하는데 문자 배열을 이용한 처리보다 기억장소들의 낭비를 줄일 수 있다. 그렇지만 메모리 관리에 대해서는 많은 신경을 써야 한다.

또한 파일에서 레코드들을 찾을 때 레코드의 위치를 적는 표인 인덱스(Index)를 구현하는데도 포인터 배열을 이용하는데 이에 대한 예로 20장에서 Find() 함수를 참고하도록 하자.

7. 정리

자료형이 같고 하나의 명칭으로 참조되는 변수들의 집합을 배열(Array)이라 한다. 같은 자료형 변수를 연속적으로 확보한 기억장소의 집합으로 하나의 명칭에 대해 첨자로 특정 기억장소에 저장된 값을 읽거나 쓸 수 있다. 이때 읽기와 쓰기가 가능하고, 같은 자료형을 가지는 개개의 기억장소를 배열요소라 한다. 배열요소는 단지 하나의 값을 읽거나 쓸 수 있는 변수와 같은 성질을 가진다. 배열요소도 값을 읽거나 쓰기가 가능한 기억장소이므로 기억장소 하나에 관련된 두 개의 값, 주소와 내용을 가진다는 것이다.

배열을 사용하는 이유는 제어논리를 간결하게 직관적으로 뿐만 아니라 확장하기도 쉽게 표현할 수 있다.

배열은 배열요소의 자료형 그리고 배열요소의 개수를 정함으로써 선언 및 정의된다. 배열요소의 개수는 상수 수식이어야 한다. 배열 명칭은 배열의 시작주소를 나타내는 상수이고, 배열요소의 주소는 배열명칭 + 첨자 수식에 의해서 구해지며, 배열요소의 값은 첨자 연산자에 의해서 읽히거나 쓰여진다. 배열의 첨자는 0에서부터 배열요소의 개수보다 하나 작은 정수이어야 한다는 점에 주의해야 한다.

C 언어에서는 할당된 기억장소에 프로그램에 의해서 처리되어지는 값인 스칼라만 저장하는 것이 아니라 기억장소를 식별하기 위한 값인 주소도 저장할 수 있는데 배열요소도 주소를 저장할 수 있는 배열도 만들 수 있다. 이러한 주소를 저장하는 배열요소들로 구성되는 배열을 포인터 배열이라고 한다. 대개는 문자열 배열을 만들 때나 검색 연산에서 인덱스를 구현하는데 사용된다.

제14장

다차원 배열
(Multi-dimensional Array)

1. 응용 예제

2. 정의

3. 선언 및 정의

4. 초기화

5. 2차원 배열요소의 주소 구하기

6. 2차원 배열요소의 내용 구하기

7. 2차원 배열의 부분 배열의 배열요소의 값들 구하기

8. 정리

제14장 다차원 배열 (Multi-dimensional Array)

1. 응용 예제

아파트 한 채 만이 있는 것이 아니라 아파트 단지를 생각해 보자. [표 14-1]과 같은 이미지를 만들어서 출력하도록 하는 문제를 해결해 보도록 하자.

표 14-1 5행 5열의 표

*	*	*	*	*
*				*
*				*
*				*
*	*	*	*	*

행(Row, 줄)과 열(Column, 칸)의 개념을 적용하여 문제를 해결하는 절차를 적어보자.

표 14-2 [표 14-1]의 이미지를 만들어서 출력하는 절차

1. 행의 수만큼 반복한다.
   1.1. 열의 수만큼 반복한다.
      1.1.1. 각 란에 * 문자를 찍는다.
2. 2번째 행부터 행의 수 - 1 만큼 반복한다.
   2.1. 2번째 열부터 열의 수 - 1 만큼 반복한다.
      2.1.1. 각 란에 공란 문자를 찍는다.
3. 행의 수만큼 반복한다.
   3.1. 열의 수만큼 반복한다.
      3.1.1. 각 란에 저장된 문자를 출력한다.
4. 끝낸다.

입력과 출력을 달리해야 함으로 5행 5열의 배열을 만들고, 우선 모든 칸에 '*' 문자를 찍고, 다음은 바깥 줄들을 구성하는 칸들을 제외한 공백문자를 찍어서 이미지를 만든 다음, 모든 요소에 저장된 문자를 출력하도록 한다.

[코드 14-1]에서 16번째 줄에서 1차원 배열에서 배운 대로 배열요소의 자료형을 명기하고 배열 명칭을 적고 배열의 크기를 구두점인 대괄호를 이용해서 행의 개수와 열의 개수를 차례대로 기술

하여 배열을 선언 및 정의한다. 이렇게 선언 및 정의된 배열을 2차원 문자 배열이라고 한다.

21 번째 줄부터 26번째 줄까지는 2차원 문자 배열이 for 반복구조 2개를 이용해서 행의 위치와 열의 위치를 정해서 정해진 위치의 배열요소에 별표(*) 문자를 저장한다.

[그림 14-1]을 참고하면 바깥쪽 for 반복구조에서 사용된 반복제어변수는 행의 첨자로 사용된다. 이때 i 에 저장되는 값은 행의 첨자로 행의 위치를 나타낸다. 즉 1 차원 배열에서 배운 대로 첨자는 0부터 시작해서 배열크기 -1 까지이므로 ROW - 1까지 이므로 4까지 행에 대한 첨자를 가진다. i 가 0 이면 첫 번째 행, 2 이면 세 번째 행이다. 여기서는 4가 마지막 다섯 번째 행이 된다.

```
01 : /************************************************
02 :    파일명칭 : Image.c
03 :    기   능 : 이미지를 만들고 출력한다
04 :    작 성 자 : 김 석 현
05 :    작성일자 : 2009-04-09
06 :    ************************************************/
07 : #include <stdio.h>
08 :
09 : // 행의 개수에 대해 매크로 상수
10 : #define ROW  5
11 : // 열의 개수에 대해 매크로 상수
12 : #define COLUMN 5
13 :
14 : int main() {
15 :    // 2 차원 문자 배열을 선언 및 정의한다
16 :    char image[ROW][COLUMN];
17 :    unsigned short int i; // 행의 첨자
18 :    unsigned short int j; // 열의 첨자
19 :
20 :    // 1. 행의 개수만큼 반복한다.
21 :    for(i = 0; i < ROW ; i++) {
22 :       // 1.1. 열의 개수만큼 반복한다.
23 :       for(j = 0; j  < COLUMN; j++) {
24 :          image[i][j] = '*'; // 1.1.1. 각 칸에 * 문자를 찍는다.
25 :       }
26 :    }
27 :    // 2. 2번째 행부터 행의 개수 - 1만큼 반복한다.
28 :    for(i = 1; i < ROW - 1; i++) {
29 :       // 2.1. 2번째 열부터 열의 개수 - 1만큼 반복한다.
30 :       for(j = 1; j < COLUMN - 1; j++) {
31 :          image[i][j] = ' ';// 2.1.1. 각 칸에 공백 문자를 찍는다.
32 :       }
33 :    }
34 :    // 3. 행의 개수만큼 반복한다.
35 :    for(i = 0; i < ROW; i++) {
36 :       // 3.1. 열의 개수만큼 반복한다.
37 :       for(j = 0; j < COLUMN; j++) {
38 :          printf("%c", image[i][j]); // 3.1.1. 각 칸에 저장된 문자를 출력한다.
39 :       }
40 :       printf("\n"); // 줄을 바꾼다.
41 :    }
42 :    // 4. 끝낸다
43 :    return 0;
44 : }
```

코드 14-1 이미지를 생성하고 출력하는 프로그램

안쪽 for 반복구조에서 사용되는 반복제어변수 j는 열의 첨자로 사용된다. 첨자의 범위는 행의

첨자 범위와 마찬가지로 0부터 시작해서 COLUMN - 1, 즉 4까지를 갖게 된다.

따라서 첫 번째 줄에서 첫 번째 열의 배열요소의 첨자는 (0, 0)이 되게 되고, 첫 번째 줄에서 마지막 다섯 번째 열의 위치에 대한 첨자는 (0, 4) 가 된다. 마지막 다섯 번째 줄에서 마지막 다섯 번째 열에 해당하는 배열요소의 첨자는 (4, 4)가 된다. 이러한 방법으로 배열요소에 값을 쓰고 읽기가 가능하게 된다. 24번째 줄에서 i 가 0이고 j 가 0이면 첫 번째 배열요소에 별표(*) 문자를 저장하게 되는 것이다.

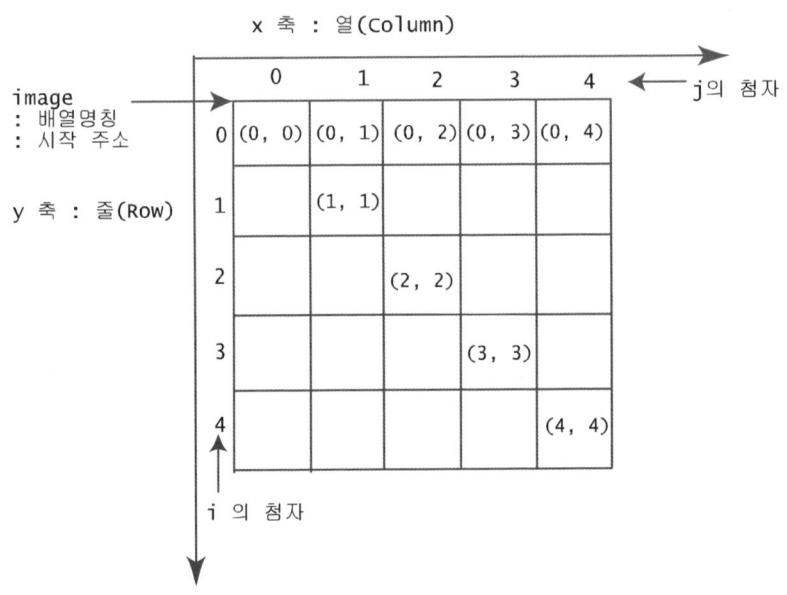

그림 14-1 2차원 문자 배열의 개념도

개념적으로 이렇게 이해하면 된다. 그렇지만 C 언어에서는 이러한 개념으로 2차원 이상의 다차원 배열을 해석하는 것은 아니다. C 언어에서 다차원 배열은 어떠한 의미를 갖는지에 대해 공부해 보도록 하자.

2. 정 의

C 언어에서는 일차원 배열만을 지원하므로 본래 의미대로 다차원 배열은 전혀 존재하지 않는다. 그렇지만 배열요소의 자료형에 대해 제한이 없다. 배열요소의 자료형에 대해 제한이 없다는 말은 곧, 일반적인 변수는 물론이고 배열 그 자체도 배열요소로 취할 수 있다는 의미로 해석할 수 있다. 배열요소 자체가 배열인 일차원 배열로써 다차원 배열을 구현할 수 있다는 것이지 C 언어에서 다

차원 배열이라는 개념을 전혀 지원하지 않는다는 점을 기억하도록 하자.

C 언어에서 다차원 배열(Multi-dimensional array)은 배열의 배열(array of arrays)이다. 다시 말해서 배열요소가 배열인 일차원 배열이다.

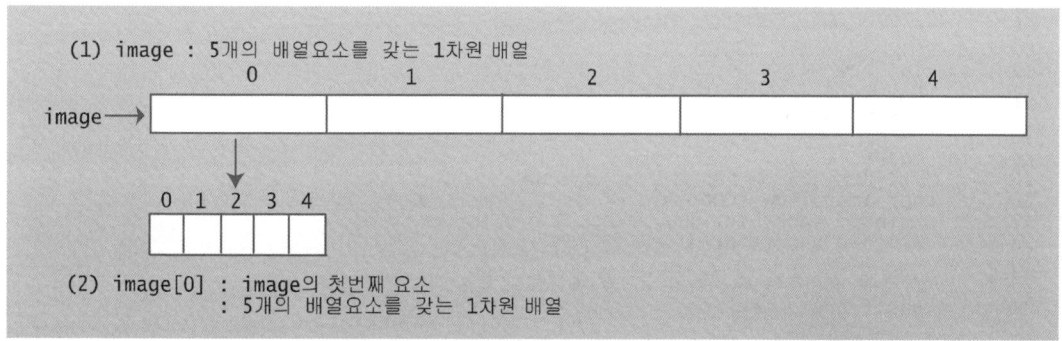

그림 14-2 다차원 배열의 정의

[코드 14-1]에서 16번째 줄에 선언 및 정의된 배열 image는 2차원 배열이다. image는 5개의 배열요소를 갖는 1차원 배열이다. 배열요소 하나하나는 또한 5개의 배열요소를 갖는 1차원 배열로 구성된다. 첫 번째 요소 image[0]은 문자형의 값을 저장할 수 있는 배열요소를 5개 갖는 일차원 배열이다.

3차원 배열을 만든다면 마찬가지로 image[0][0] 배열요소가 1차원 배열이 되도록 하면 된다. 이러한 개념들을 적용하면 C 언어에서 무한대로 다차원 배열을 만들어 사용할 수 있다.

내부적으로는 1차원이기 때문에 2차원을 1차원으로 차원 변환을 할 수 있다는 것이 된다. 차원 변환하는 경우에는 C 언어의 배열 정의 개념을 사용하면 매우 효율적인 코드를 작성할 수 있다는 것도 기억하도록 하자. 예를 들면 배열 포인터를 이용하여 1차원 배열을 다루듯이 [코드 14-2]에서 24 번째 줄부터 26번째 줄까지처럼 작성할 수 있다.

```
01 : /**********************************************************
02 :  파일명칭 : Image.c
03 :  기   능 : 이미지를 만들고 출력한다
04 :  작 성 자 : 김석현
05 :  작성일자 : 2009-04-09
06 :  **********************************************************/
07 : #include <stdio.h>
08 :
09 : // 행의 개수에 대해 매크로 상수
10 : #define ROW  5
11 : // 열의 개수에 대해 매크로 상수
12 : #define COLUMN 5
13 :
14 : int main() {
15 :     // 2 차원 문자 배열을 선언 및 정의한다
16 :     char image[ROW][COLUMN];
17 :     unsigned short int i; // 행의 첨자
18 :     unsigned short int j; // 열의 첨자
19 :
20 :     // 배열 포인터를 이용하여 2차원 배열을 1차원으로 변환하다.
21 :     char (*one_dimension) = (char (*))image;
22 :
23 :     // 1. 열의 개수(ROW * COLUMN) 만큼 반복한다.
24 :     for(i = 0; i < (ROW * COLUMN) ; i++) {
25 :         one_dimension[i] = '*'; // 1.1. 각 칸에 * 문자를 찍는다.
26 :     }
27 :
28 :     // 2. 2번째 행부터 행의 개수 - 1만큼 반복한다.
29 :     for(i = 1; i < ROW - 1; i++) {
30 :         // 2.1. 2번째 열부터 열의 개수 - 1만큼 반복한다.
31 :         for(j = 1; j < COLUMN - 1; j++) {
32 :             image[i][j] = ' ';// 2.1.1. 각 칸에 공백 문자를 찍는다.
33 :         }
34 :     }
35 :     // 3. 행의 개수만큼 반복한다.
36 :     for(i = 0; i < ROW; i++) {
37 :         // 3.1. 열의 개수만큼 반복한다.
38 :         for(j = 0; j < COLUMN; j++) {
39 :             printf("%c", image[i][j]); // 3.1.1. 각 칸에 저장된 문자를 출력한다.
40 :         }
41 :         printf("\n"); // 줄을 바꾼다.
42 :     }
43 :     // 4. 끝낸다
44 :     return 0;
45 : }
```

코드 14-2 2차원 배열을 1차원 배열로 다루기

그렇지만 프로그래밍 작업에서는 C 언어의 정의 개념을 무시하고, 차원 개념을 적용해서 작업하는 것이 더욱더 효율적이다.

3. 선언 및 정의

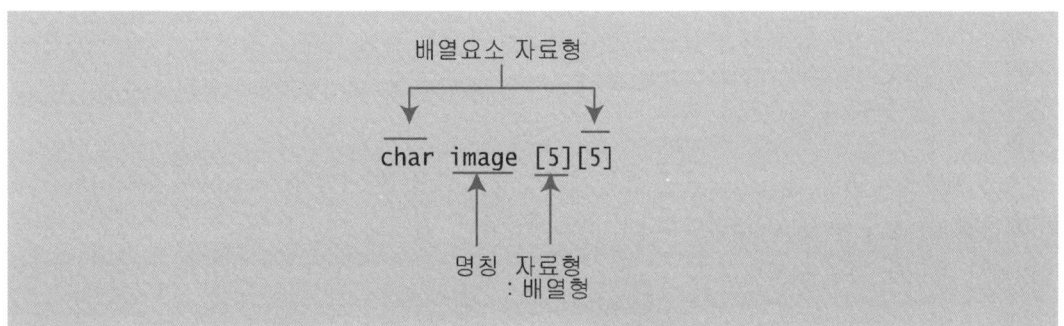

그림 14-3 C 언어에서 배열정의에 따른 선언 및 정의

C 언어에서 다차원 배열은 배열을 배열요소로 갖는 일차원 배열이기 때문에 [그림 14-3]과 같은 의미들을 갖는다.

image는 데이터를 쓰고 있을 수 있는 기억장소를 식별하기 위해서 개발자에 의해서 지정되는 식별자 명칭이다. image 명칭에 의해서 식별되는 기억장소는 image 명칭 뒤에 기술된 [5] 때문에 일반변수가 아니라 배열이라는 것을 알 수 있다. 따라서 image의 자료형은 배열형(Array type)이라 한다. 배열형이라는 것을 강조하는 구두점 대괄호([])안에 적혀 있는 5 는 배열요소의 개수이다. image는 5개의 배열요소를 갖는 배열이라는 것이다. 배열형임을 강조하는 구두점인 대괄호([])는 후위 표기에 따라야 한다. 즉 배열명칭 뒤에 있어야 한다는 것이다.

배열요소의 자료형은 image[5]의 앞뒤에 있는 char [5]라고 하는 것이다. 문법적으로 정리하면 배열요소의 자료형도 또한 배열형이고 5개의 배열요소를 가지고, 배열요소의 자료형은 문자를 읽고 쓸 수 있는 크기를 갖는 문자형 char 이다.

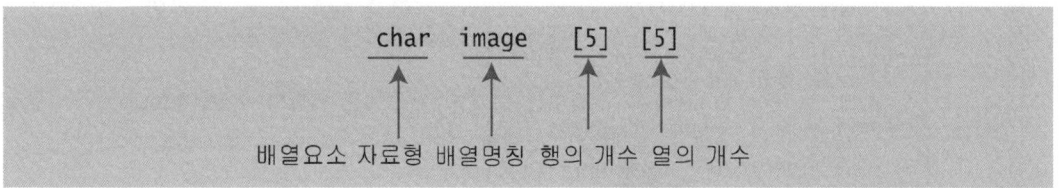

그림 14-4 2차원 개념을 응용한 배열 선언 및 정의

문자형인 배열요소를 5 칸씩 5줄로 구성된, 즉 전체 배열요소의 개수가 25인 배열인 image를 선언 및 정의한다.

배열을 스택이나 정적 데이터 영역에 할당한다면, 배열 크기는 반드시 컴파일할 때 상수와 마찬가지로 고정적이어야 한다. 즉 배열 크기는 배열의 정의에서 어떠한 방법으로든 반드시 미리 정해져야 한다.

다차원 배열의 경우 정의를 할 때 초기화가 이루어지고 있는 경우 첫 번째 배열 크기만은 생략 가능하지만, 나머지 배열 크기는 생략 불가능하다. 만약 첫 번째 배열 크기가 아닌 다른 배열 크기를 생략하면, 컴파일러 오류가 발생한다. 2차원 배열인 경우 행의 개수는 생략할 수 있지만, 열의 개수는 생략할 수 없다. 3차원인 경우는 면의 개수는 생략할 수 있지만, 행과 열의 개수는 생략할 수 없다.

2차원 배열에서 행의 개수를 생략한 경우 행의 개수 = sizeof(배열명칭) / sizeof(배열요소)로 구하면 되는데, 상수 수식이므로 컴파일할 때 미리 계산되며, 매크로 기능을 이용하여 매크로 함수로 정의해서 사용할 것을 권장한다.

```
01 : /****************************************************************
02 :    파일명칭 : Numbers.c
03 :    기    능 : 한 줄에 5개씩 수열을 출력한다
04 :    작 성 자 : 김 석 현
05 :    작성일자 : 2009-04-15
06 :    ****************************************************************/
07 : #include <stdio.h>
08 :
09 : // 행의 개수를 구하는 매크로 함수(Macro Function)
10 : #define ROWS(array)    (sizeof(array) / sizeof(array[0]))
11 : // 열의 개수를 구하는 매크로 함수
12 : #define COLUMNS(array) (sizeof(array) / sizeof(array[0]))
13 :
14 : int main() {
15 :    // 정수형 2차원 배열을 선언 및 정의하면서 초기화를 하고 있다.
16 :    unsigned short int number[][5] = {
17 :       {  1,  2,  3,  4,  5 },
18 :       {  6,  7,  8,  9, 10 },
19 :       { 11, 12, 13, 14, 15 },
20 :       { 16, 17, 18, 19, 20 },
21 :       { 21, 22, 23, 24, 25 }
22 :    };
23 :    // 반복제어 변수들 선언 및 정의
24 :    unsigned short int i;
25 :    unsigned short int j;
26 :
27 :    // 1. 행의 개수만큼 반복한다
28 :    // 매크로 함수 ROWS에 전달되는 매개변수는 2차원 배열의 배열명칭이다
29 :    for(i = 0; i < ROWS(number) ; i++) {
30 :       // 1.1. 열의 개수만큼 반복한다
31 :       // 매크로 함수 COLUMNS에 전달되는 매개변수는 1차원 배열의 배열명칭이다
32 :       for(j = 0; j < COLUMNS(number[0]); j++) {
33 :          // 1.1.1. 배열요소의 내용을 출력한다
34 :          printf("%02d ", number[i][j]);
35 :       }
36 :       // 1.2. 줄을 바꾼다
37 :       printf("\n");
38 :    }
39 :    // 2. 끝낸다
40 :    return 0;
41 : }
```

코드 14-3 배열크기를 생략한 코드

4. 초기화

1차원 배열이든 다차원 배열이든 배열을 초기화하는 방법은 동일하다. 등호(=) 뒤에 여는 중괄호를 쓰고 배열요소의 개수만큼 쉼표를 이용해서 배열요소에 맞는 초기값들을 열거한 후 중괄호를 닫으면 된다. [코드 14-4]에서 number는 2차원 배열의 명칭이고 [5]는 2차원 배열의 배열요소의 개수를 말한다. 배열요소의 자료형은 unsigned short int [5]의 배열형이다. 다시 말해서 unsigned short int 자료형을 갖는 배열요소를 5개 가진 배열이다.

```
                        배열명칭
                          ↓
    unsigned short int number[5][5] = { , , , , };
                                ↑
                            배열요소 개수
```

코드 14-4 2차원 배열의 초기화

그런데 2차원 배열이기 때문에 배열요소가 1차원 배열이다. 따라서 위에서 설명한대로 배열을 초기화하는 방법 그대로 다시 여는 중괄호를 쓰고 배열요소의 개수만큼 쉼표를 이용해서 초기값들을 열거하고 중괄호를 닫으면 된다.

```
        1차원 배열의 배열요소 자료형    1차원 배열의 배열요소 개수
                ↓                         ↓
        unsigned short int number[5][5] = {
            { 1, 2, 3, 4, 5 } ,
                  , , ,
        };
```

코드 14-5 2차원 배열의 배열요소인 1차원 배열의 초기화

C 언어의 다차원 배열은 행 단위 지정(Stored by row) 방식에 의해 기억 장소에 저장된다. 컴파일러는 배열의 가장 오른쪽 첨자(Subscript)부터 증가시켜 나가면서 해당 배열 요소를 기억 장소에 연속적으로 저장하므로 배열 요소를 중괄호({})를 사용하여 행 단위 씩 묶어서 초기화해 주면 된다.

```c
/*****************************************************************
 파일명칭 : Numbers.c
 기   능 : 한 줄에 5개씩 수열을 출력한다
 작 성 자 : 김 석 현
 작성일자 : 2009-04-15
 *****************************************************************/
#include <stdio.h>

// 행의 개수를 구하는 매크로 함수(Macro Function)
#define ROWS(array)    (sizeof(array) / sizeof(array[0]))
// 열의 개수를 구하는 매크로 함수
#define COLUMNS(array) (sizeof(array) / sizeof(array[0]))

int main() {
    // 정수형 2차원 배열을 선언 및 정의하면서 초기화를 하고 있다.
    unsigned short int number[5][5] = {
        {  1,  2,  3,  4,  5 },
        {  6,  7,  8,  9, 10 },
        { 11, 12, 13, 14, 15 },
        { 16, 17, 18, 19, 20 },
        { 21, 22, 23, 24, 25 }
    };
    // 반복제어 변수들 선언 및 정의
    unsigned short int i;
    unsigned short int j;

    // 1. 행의 개수만큼 반복한다
    // 매크로 함수 ROWS에 전달되는 매개변수는 2차원 배열의 배열명칭이다
    for(i = 0; i < ROWS(number) ; i++) {
        // 1.1. 열의 개수만큼 반복한다
        // 매크로 함수 COLUMNS에 전달되는 매개변수는 1차원 배열의 배열명칭이다
        for(j = 0; j < COLUMNS(number[0]); j++) {
            // 1.1.1. 배열요소의 내용을 출력한다
            printf("%02d ", number[i][j]);
        }
        // 1.2. 줄을 바꾼다
        printf("\n");
    }
    // 2. 끝낸다
    return 0;
}
```

코드 14-6 2차원 배열의 초기화

행의 개수가 많고 열의 개수가 2-3개 일 경우, 행 단위로 묶을 때 사용되는 중괄호({}) 기호가 번거롭게 느껴질 수 있는데 이러한 경우 행 단위의 중괄호({})를 생략하는 것도 가능하다.

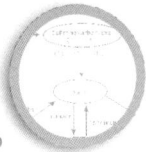

```
01 : /***************************************************************
02 : 파일명칭 : Numbers.c
03 : 기   능 : 한 줄에 숫자 5개씩 수열을 출력한다
04 : 작 성 자 : 김 석 현
05 : 작성일자 : 2009-04-15
06 : ***************************************************************/
07 : #include <stdio.h>
08 :
09 : // 행의 개수를 구하는 매크로 함수(Macro Function)
10 : #define ROWS(array)    (sizeof(array) / sizeof(array[0]))
11 : // 열의 개수를 구하는 매크로 함수
12 : #define COLUMNS(array) (sizeof(array) / sizeof(array[0]))
13 :
14 : int main() {
15 :     // 정수형 2차원 배열을 선언 및 정의하면서 초기화를 하고 있다.
16 :     unsigned short int number[][5] = {
17 :          1,  2,  3,  4,  5,  6,  7,  8,  9, 10,
18 :         11, 12, 13, 14, 15, 16, 17, 18, 19, 20,
19 :         21, 22, 23, 24, 25
20 :     };
21 :     // 반복제어 변수들 선언 및 정의
22 :     unsigned short int i;
23 :     unsigned short int j;
24 :
25 :     // 1. 행의 개수만큼 반복한다
26 :     // 매크로 함수 ROWS에 전달되는 매개변수는 2차원 배열의 배열명칭이다
27 :     for(i = 0; i < ROWS(number) ; i++) {
28 :         // 1.1. 열의 개수만큼 반복한다
29 :         // 매크로 함수 COLUMNS에 전달되는 매개변수는 1차원 배열의 배열명칭이다
30 :         for(j = 0; j < COLUMNS(number[0]); j++) {
31 :             // 1.1.1. 배열요소의 내용을 출력한다
32 :             printf("%02d ", number[i][j]);
33 :         }
34 :         // 1.2. 줄을 바꾼다
35 :         printf("\n");
36 :     }
37 :     // 2. 끝낸다
38 :     return 0;
39 : }
```

코드 14-7 행 단위 [크기] 표시를 생략한 초기화

5. 2차원 배열요소의 주소 구하기

다차원 배열은 배열의 배열로써 구현되므로, 다차원 배열 자체와 다차원 배열의 배열요소로서 배열을 구분하기 위해서 설명에 들어가기 전에 다음과 같은 개념을 정리하도록 하자.

- 모 배열(Parent array) : 다차원 배열 자체
- 부분 배열(Sub-Array) : 배열요소로서 배열

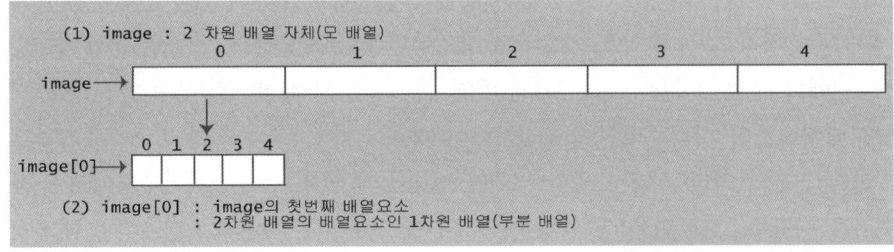

그림 14-5 모 배열과 부분 배열

부분 배열 명칭을 부여하는 방법은 부분 배열이 모 배열의 요소 이므로 모 배열의 몇 번째 요소 인지를 첨자 연산자를 사용하여 표현하면 된다. 모 배열 array에 대해 첫 번째 요소에 대한 부분 배열 명칭은 array[0], 두 번째 요소에 대한 부분 배열 명칭은 array[1] 등등, 모 배열 array[0]에 대해 첫 번째 부분 배열 명칭은 array[0][0] 씩으로 부여하면 된다.

이미지를 만들고 출력하는 문제에서 사용한 2차원 문자 배열에 대해서 image는 2차원 문자 배열 자체이므로 모 배열이고, 첫 번째 배열요소인 image[0]은 1차원 문자 배열이므로 부분 배열이고, 첫 번째 부분 배열의 명칭이다. 그리고 두 번째 부분 배열의 명칭은 image[1], 세 번째는 image[2] 식으로 부분 배열의 명칭을 부여하면 된다.

다차원 배열이라고 해서 배열요소에 대한 값들, 주소와 내용을 구하는 개념은 1차원에서 사용했던 것과 동일하다. 그래서 다차원 배열에 주소와 내용을 구하는데 개념을 응용해 보도록 하자.

배열 명칭은 모 배열 명칭이든 부분 배열 명칭이든 수식 내에서 그 배열의 시작주소를 의미하며, 또한 첫 번째 요소의 주소(포인터)임을 명심하여야 한다.

image는 2차원 배열의 시작주소를 의미하고, image[0]은 첫 번째 요소인 문자배열의 시작주소를 의미한다.

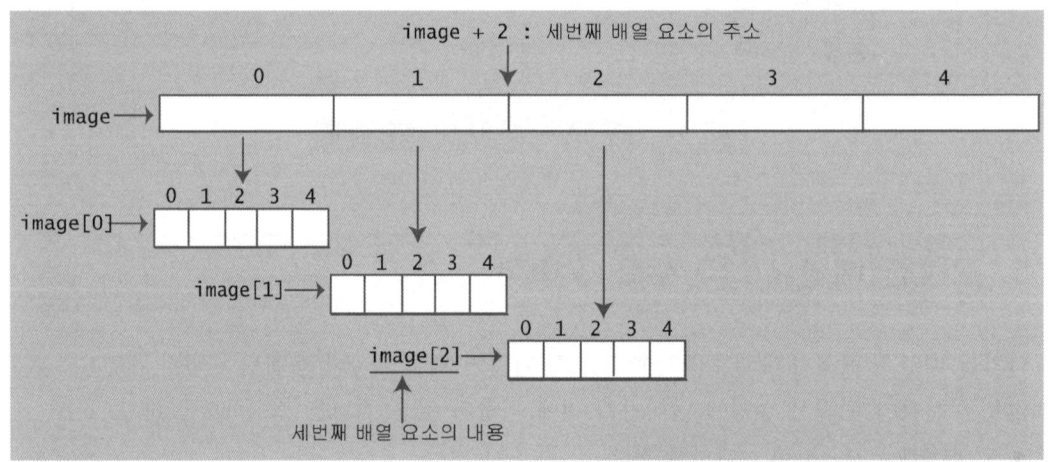

그림 14-6 2차원 배열의 배열요소에 대한 값들

1차원 배열에서 배웠던 것처럼 배열 명칭은 포인터 상수이고 포인터 산술 연산자와 첨자를 이용하여 "배열명칭 + 첨자"라는 수식을 만들어서 평가하면 각 배열요소의 주소를 구할 수 있다. 따라서 [그림 14-6]에서 image + 2는 image 2차원 배열에서 세 번째 배열요소의 주소가 된다. 다시 말해서 세 번째 배열요소의 시작주소인 image[2]와 같다.

포인터 산술 연산의 의미를 다시 생각해 보면, "sizeof(배열요소) * 첨자" 수식에서 구해지는 바이트 개수만큼 시작주소로부터 이동한 후 기억장소의 주소이다. 배열요소인 1차원 배열의 배열요소의 자료형이 char이기 때문에 sizeof(char) 수식에 의해서 평가되어지는 값은 1이다. 즉 1바이트

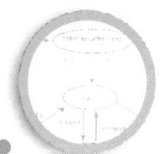

크기의 기억장소임을 의미한다. 따라서 배열요소의 크기는 1바이트 기억장소가 5개가 연속으로 나열된 배열이기 때문에 1 * 5, 따라서 5 바이트이다. 다음은 * 2란 의미는 5바이트씩 2번 이동하라는 의미이다. 다시 말해서 5 * 2, 즉 배열의 시작주소로부터 10바이트 이동하게 된다.

```
              포인터 산술 연산자
     배열명칭       첨자
         ↓          ↓
       image   +    2   = sizeof(image[0]) * 2 = 10
       sizeof(image[0]) = sizeof(char) * 5 = 5
       sizeof(char) = 1
```

그림 14-7 image + 2 포인터 산술식의 의미

[그림 14-7]에서 image[0]의 배열요소의 개수만큼인 5번과 image[1]의 배열요소의 개수만큼인 5번 이동하면 된다. 따라서 전체적으로 10번을 이동하게 되고, 11번째의 기억장소까지 이동하게 된다. image 2차원 배열 기준에서는 세 번째 요소의 시작주소를 구할 수 있게 된다.

6. 2차원 배열요소의 내용 구하기

2차원 배열이기 때문에 배열형을 강조하는 구두점([])을 하나 생략하면 2차원 배열요소의 주소를 의미한다. 다시 말해서 행의 주소를 의미한다.

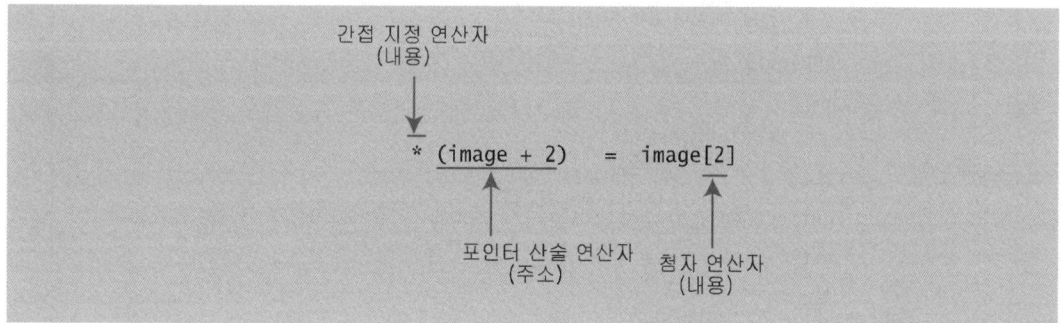

그림 14-8 배열요소의 내용을 나타내는 수식들

다음은 배열요소의 내용은 간접 지정 연산자(*)를 이용하여 구할 수 있다. image + 2 가 주소이므로 *(image + 2) 는 세 번째 배열요소의 내용을 말한다. 세 번째 배열요소에 저장되어 있는 값을 말한다. 첨자 연산자를 이용하여 구할 수 있다. 즉 image[2] 수식을 작성하면 세 번째 배열요소의 내용을 간단히 참조할 수 있다.

배열요소의 내용을 구할 때는 [그림 14-8]과 같이 두 개의 수식을 사용할 수 있다. 그렇지만 가장 효율적인 방법은 첨자 연산자([])를 사용하는 것이 가장 좋은 방법이므로 image[2]라는 수식을 사용하도록 하자.

image[2]에 저장되어 있는 것 또한 배열이므로 image[2]는 배열을 식별하기 위한 명칭, 즉 배열 명칭으로 사용되어야 하며, 따라서 배열의 시작주소를 말한다. 배열 명칭은 시작주소를 의미한다는 것은 1차원 배열을 공부할 때 배웠다.

따라서 image[2]는 배열요소인 부분 배열을 식별하는 배열 명칭이므로 배열요소의 개수를 구할 때 사용할 수 있다. [코드 14-8]의 코드를 보면 12번째 줄의 열의 개수를 구하는 매크로 함수에 대해 30번째 줄에서 사용하는 표현이 있는데, COLUMNS(image[0]) 수식에서 image[0]은 부분배열의 명칭을 의미한다.

```
01 : /*************************************************
02 :  파일명칭 : Image.c
03 :  기   능 : 이미지를 만들고 출력한다
04 :  작 성 자 : 김 석 현
05 :  작성일자 : 2009-04-09
06 :  *************************************************/
07 : #include <stdio.h>
08 :
09 : // 행의 개수에 대해 매크로 함수
10 : #define ROWS(array)    (sizeof(array)/sizeof(array[0]))
11 : // 열의 개수에 대해 매크로 함수
12 : #define COLUMNS(array) (sizeof(array)/sizeof(array[0]))
13 :
14 : int main() {
15 :     // 2 차원 문자 배열을 선언 및 정의한다
16 :     char image[][5] = {
17 :         {'*','*', '*', '*','*'},
18 :         {'*','*', '*', '*','*'},
19 :         {'*','*', '*', '*','*'},
20 :         {'*','*', '*', '*','*'},
21 :         {'*','*', '*', '*','*'}
22 :     };
23 :     unsigned short int i; // 행의 첨자
24 :     unsigned short int j; // 열의 첨자
25 :
26 :     // 1. 행의 개수만큼 반복한다.
27 :     for(i = 1; i < ROWS(image) - 1 ; i++) {
28 :         // 1.1. 열의 개수만큼 반복한다.
29 :         for(j = 1; j < COLUMNS(image[0]) - 1; j++) {
30 :             image[i][j] = ' ';
31 :         }
32 :     }
33 :
34 :     // 2. 행의 개수만큼 반복한다.
35 :     for(i = 0; i < ROWS(image); i++) {
36 :         // 2.1. 열의 개수만큼 반복한다.
37 :         for(j = 0; j < COLUMNS(image[0]); j++) {
38 :             printf("%c", image[i][j]); // 2.1.1. 각 칸에 저장된 문자를 출력한다.
39 :         }
40 :         printf("\n"); // 줄을 바꾼다.
41 :     }
42 :     // 3. 끝낸다
43 :     return 0;
44 : }
```

코드 14-8 배열 명칭을 이용한 행과 열의 개수를 구하는 방법

sizeof(image[0])는 배열의 크기를 구하는 수식이므로 배열요소의 크기 * 배열요소의 개수로 구할 수 있다. image[0]은 char 자료형을 갖는 배열요소를 5개 갖는 배열이므로 sizeof(char), 즉 1 바이트 크기의 배열요소를 5 개가지므로 5 바이트 크기를 갖는다.

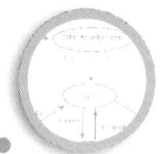

sizeof(image[0][0])는 char 자료형을 갖는 배열요소이므로 배열요소의 크기는 sizeof(char), 즉 1바이트 크기를 말한다.

따라서 sizeof(image[0])/sizeof(image[0][0]) 수식을 평가하면, 5/1 = 5가 된다. COLUMNS(image[0]) 매크로 함수 사용에 대한 설명이다. [그림 14-9]로 정리하도록 하자.

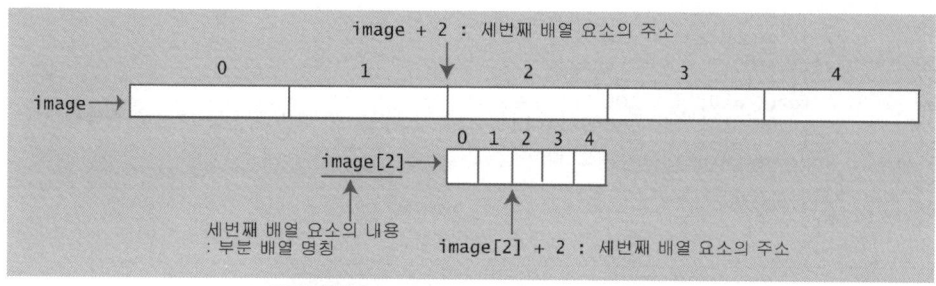

그림 14-9 부분 배열명칭 image[0]의 의미

7. 2차원 배열의 부분 배열의 배열요소의 값들 구하기

다차원 배열에서 배열요소가 배열이므로 다시 배열요소인 배열, 부분배열을 구성하는 배열요소에 대해 값들, 주소와 내용을 구해야 한다. 그래야만 2차원 배열인 경우 프로그램에 의해서 처리해야 할 값들을 읽거나 쓰기를 할 수 있다.

image[0], image[1], image[2] 들은 image 2차원 문자 배열의 배열요소로 1차원 문자 배열이다. image[2]는 배열 명칭이라는 것과 시작주소라는 것은 바로 앞에서 정리했다. image[2] 배열의 세 번째 배열요소에 대한 주소는 [그림 14-10]과 같은 수식으로 구할 수 있다.

그림 14-10 세 번째 부분 배열의 세 번째 배열요소의 주소 image[2] + 2

image[2] + 2의 의미는 image[2]를 시작주소, 즉 시작점으로 해서 2바이트 이동한 후 세 번째 부분 배열을 구성하는 세 번째 배열요소의 주소를 구한다는 의미로 해석되어야 한다.

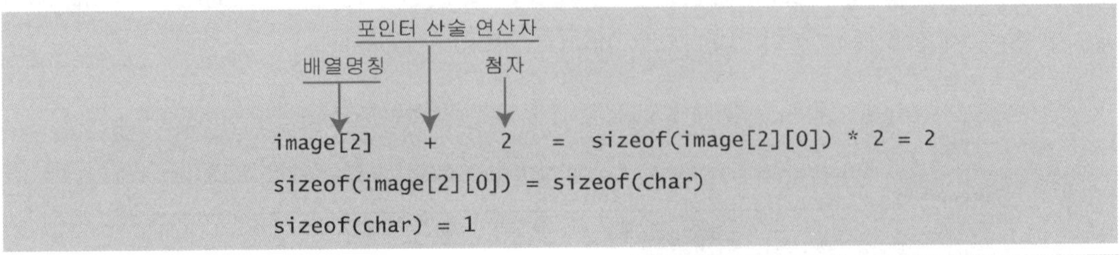

```
                포인터 산술 연산자
     배열명칭           첨자
       ↓        ↓      ↓
    image[2]  +     2   =  sizeof(image[2][0]) * 2 = 2
    sizeof(image[2][0]) = sizeof(char)
    sizeof(char) = 1
```

그림 14-11 image[2] + 2 산술 포인터 수식의 의미

2차원 문자 배열 image에 25개의 알파벳을 입력하여 저장하고 출력하는 프로그램을 작성해 보자. 알파벳을 입력받기 위해서 표준 입력 함수중 하나인 scanf() 함수를 이용하도록 하자. scanf() 함수에 사용되는 매개변수 하나는 부분 배열의 배열요소의 주소가 필요한데, 포인터 산술 수식을 이용해서 간단하게 코드를 작성할 수 있다. [코드 14-9]와 같은 코드가 작성되어야 한다.

```c
01 : /*************************************************************
02 : 파일명칭 : Image.c
03 : 기   능 : 25개의 알파벳을 입력받아 출력한다
04 : 작 성 자 : 김 석 현
05 : 작성일자 : 2009-04-09
06 : *************************************************************/
07 : #include <stdio.h>
08 :
09 : // 행의 개수에 대해 매크로 상수
10 : #define ROW 5
11 : // 열의 개수에 대해 매크로 상수
12 : #define COLUMN 5
13 :
14 : int main() {
15 :    // 2 차원 문자 배열을 선언 및 정의한다
16 :    char image[ROW][COLUMN];
17 :    unsigned short int i; // 행의 첨자
18 :    unsigned short int j; // 열의 첨자
19 :
20 :    // 1. 행의 개수만큼 반복한다.
21 :    for(i = 0; i < ROW ; i++) {
22 :       // 1.1. 열의 개수만큼 반복한다.
23 :       for(j = 0; j < COLUMN; j++) {
24 :          scanf("%c", image[i] + j);  // 1.1.1. 각 칸에 문자를 입력받는다.
25 :          fflush(stdin); // 개행문자를 버퍼에서 없애다
26 :       }
27 :    }
28 :
29 :    // 2. 행의 개수만큼 반복한다.
30 :    for(i = 0; i < ROW; i++) {
31 :       // 2.1. 열의 개수만큼 반복한다.
32 :       for(j = 0; j < COLUMN; j++) {
33 :          printf("%c", image[i][j]); // 2.1.1. 각 칸에 저장된 문자를 출력한다.
34 :       }
35 :       printf("\n"); // 줄을 바꾼다.
36 :    }
37 :    // 3. 끝낸다
38 :    return 0;
39 : }
```

코드 14-9 25개의 알파벳을 입력받아 저장하고 출력하는 프로그램

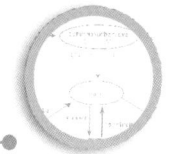

24번째 줄을 보면 2차원 배열에서 열의 주소를 구하는 수식 표현을 볼 수 있다. 간단하게 요약하면 배열형을 나타내는 구두점 하나를 생략하면 행의 주소가 되고, 첨자와 포인터 산술 연산자를 사용하면 열의 주소를 구할 수 있다.

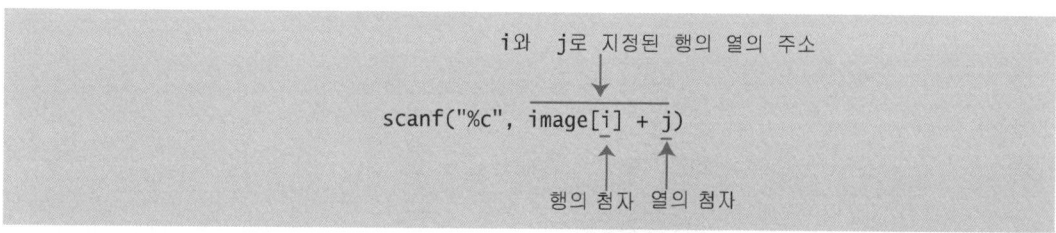

그림 14-12 2차원 배열에서 열의 주소를 구하는 수식

다차원 배열에서 각 요소의 주소와 내용을 구하는 방법에는 간단한 규칙이 있다. 배열을 선언 및 정의할 때 배열형을 강조하는 구두점인 대괄호([])의 개수와 첨자, 그리고 포인터 산술 연산자를 이용하여 주소와 내용을 구하는데 있어 규칙이 있다는 것이다.

```
char image[5][5]; // 2차원 배열
(1) 행의 주소 : image[0]      // 배열형을 강조하는 구두점 [] 하나 생략
(2) 열의 주소 : image[0] + 0   // 열의 주소
```

코드 14-10 2차원 배열에서 행과 열의 주소를 구하는 방법 정리

다음은 scanf() 함수에 의해서 입력된 문자를 출력하기 위해서는 i와 j에 의해서 지정된 열의 내용을 읽는 방법에 대해서 공부해 보도록 하자. 방법은 앞에서 여러 번 언급된 것처럼 간접 지정 연산자를 이용하는 방법과 첨자 연산자를 이용하는 방법이 있다. 가장 합리적인 방법은 첨자 연산자를 이용하는 방법이다. 33번째 줄에서처럼 행과 열 각각에 대해서 첨자와 첨자 연산자를 표현함으로써 열의 내용을 읽을 수 있다.

다차원 배열에서 열의 내용을 참조할 수 있는 일반적인 규칙은 차원에 따라 첨자 연산자의 개수를 맞추면 열의 내용을 참조할 수 있다는 것이다. [그림 14-12]에서 사용된 배열은 2차원 배열이기 때문에 첨자 연산자의 개수는 2개가 되면 되는 것이다.

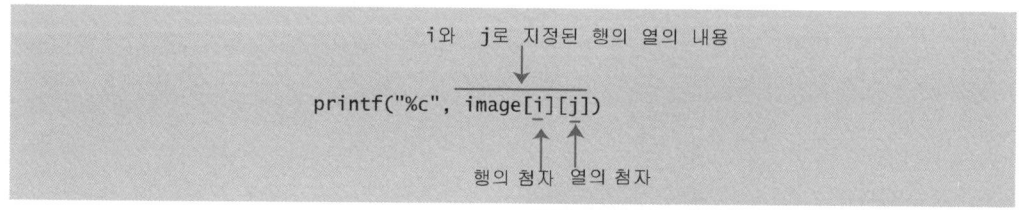

그림 14-13 2차원 배열에서 열의 내용을 참조하는 방법

간접 지정 연산자를 이용하여 열의 내용을 읽는 방법을 표현한다면 다음과 같다. 배열요소의 접근에 관련된 연산들을 이해하는 것을 목적으로 기술되고 있는 것이지, 실제로 프로그래밍 작업에서 이러한 표현으로 실제 코드를 작성하는 경우는 흔하지 않다. 내용을 참조하는 표현은 첨자 연산자를 사용하는 것이 매우 쉽고 합리적일 것이다.

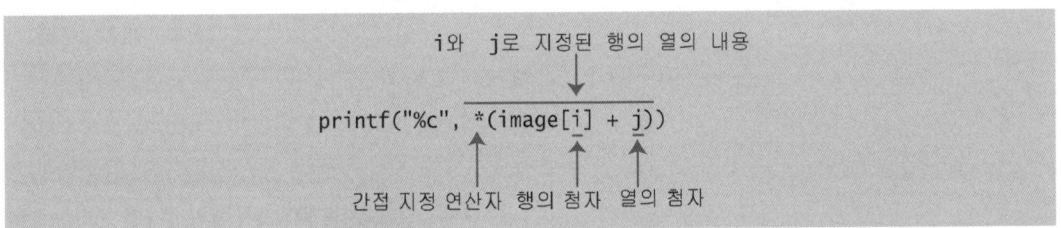

그림14-14 간접 지정 연산자를 이용하여 2차원 배열에서 열의 내용을 참조하는 방법

8. 정리

다차원 배열은 배열의 배열로써 구현되고, 배열 요소가 부분 배열인 일차원 배열이다. 따라서 n 차원 배열은 배열 요소가 (n-1) 차원 배열인 일차원 배열, 즉 2차원 배열은 배열 요소가 1차원 배열인 1차원 배열이다.

n 차원 다차원 배열은 array[배열크기1][배열크기2] ... [배열크기n]이 정의될 것이고, array[i]는 최상위 부분 배열명칭이고, array[i][j]는 제 2의 부분 배열명칭이고, array[i][j]... [n-1]은 최하위 부분 배열 명칭이다. 그리고 array[i][j]... [n-1][n]은 배열 요소이다.

따라서 3차원 배열 array은 2차원 배열인 부분 배열 array[0], array[1], array[2]를 요소로 갖는 일차원 배열이다. 또한 부분 배열 array[0]은 1차원 배열인 부분 배열 array[0][0], array[0][1]을 요소로 갖는 일차원 배열이다. 부분 배열 array[0][0]은 특정 자료형을 갖는 변수 2개를 요소로 갖는 일차원 배열이다.

배열 명칭은 배열의 시작주소를 의미하고 배열 명칭에 첨자를 이용하여 포인터 연산에 의해서 배열요소의 주소를 구하고, 첨자 연산자를 이용하여 내용을 구하도록 하자.

제15장
문자열(String)

1. 응용 예제
2. 정의
3. 문자열 입출력
4. 문자열 리터럴(String Literal)
5. 문자열 초기화
6. 문자열 배열
7. 정리

제15장 문자열(String)

1. 응용 예제

프로그래밍 작업을 하다보면 많이 다루어야 하는 데이터 유형이 문자열(String)이다. C 언어에서는 문자열을 표현하기 위한 자료형을 제공하지 않는다. 그러면 어떻게 표현해야 하는 것일까?

7장에서 문자열에 대해서 설명했던 문제를 다시 이용하여 공부해 보도록 하자. 학생에 대해 학년과 성명을 입력받았을 때 학년 메시지를 출력하는 프로그램에 대해 [그림 15-1]에서 설계와 [코드 15-1]에서 구현을 했다. 자세한 설명은 여기서는 하지 않도록 하겠다.

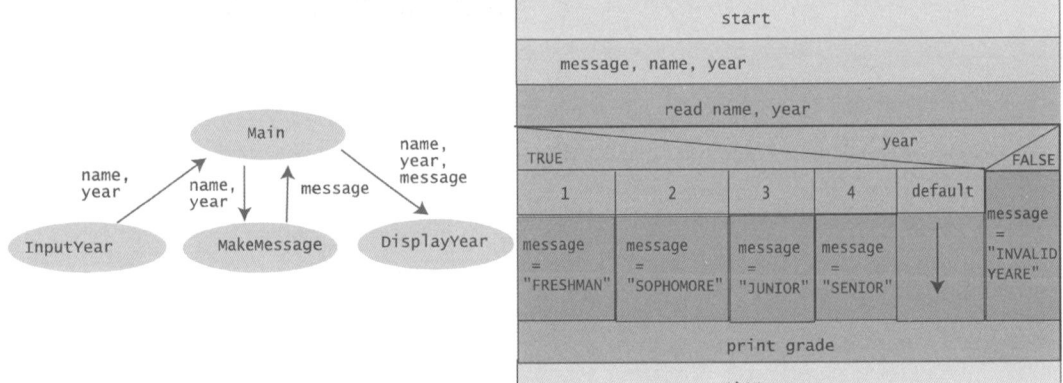

그림 15-1 학년 메시지 출력 프로그램의 시스템챠트 와 NS 챠트

표 15-1 자료명세표

번호	명칭		자료형	구 분	설 명
	한 글	영 문			
1	메세지	message	문자열	출력	학년 문자열
2	성명	name	문자열	입력	
3	학년	year	정수	입력	1, 2, 3, 4 저장 변수

2. 정 의

문자열이란 하나 이상의 문자들의 연속을 말한다. 문자들이 논리적으로 연결되어 있는 것을 말한다. 그렇다면 같은 자료형의 변수를 연속적으로 확보한 기억장소의 집합, 즉 배열로 표현하면 될 것이다. 즉 다시 말해서 C 언어에서 제공하는 문자에 대한 자료형, char 자료형을 갖는 변수들을 연속적으로 확보한 기억장소의 집합으로 표현하면 된다. 즉 1차원 문자 배열로 표현하면 된다.

성명을 한 글자씩 입력받아 저장하고 출력하는 프로그램을 작성해 보자. [코드 15-2]는 문자 배열을 선언 및 정의한 다음 글자 수만큼 반복하여 입력받아 배열요소에 저장한 다음 출력하도록 하는 프로그램이다.

```c
01 : /*******************************************************************
02 : 파일 명칭 : MakeMessage.c
03 : 함수 명칭 : MakeMessage
04 : 기     능 : 성명과 학년을 입력받아 학년 문자열 메세지를 출력하다
05 : 입     력 : 성명, 학년
06 : 출     력 : 학년 문자열 메세지
07 : 작 성 자 : 김 석 현
08 : 작성 일자 : 2007-12-28
09 : *******************************************************************/
10 : #include <stdio.h>
11 :
12 : // 성명과 학년을 입력받는다
13 : void InputYear(char (*name), unsigned short int *year);
14 : // 학년에 대한 메세지를 만들다
15 : char* MakeMessage(char (*name), unsigned short int year);
16 : // 학년 메세지를 출력하다
17 : void DisplayYear(char (*name), unsigned short int year, char (*message));
18 :
19 : int main(int argc, char* argv[]) {
20 :     char name[11];      // 입력받은 성명을 저장할 배열 선언 및 정의
21 :     char (*message);    // 메세지 문자열의 주소를 저장할 배열 포인터 선언 및 정의
22 :     unsigned short int year; // 입력받은 학년을 저장할 변수 선언 및 정의
23 :
24 :     InputYear(name, &year); // 성명과 학년을 입력받는다
25 :     message = MakeMessage(name, year); // 학년 메세지를 결정한다
26 :     DisplayYear(name, year, message); // 학년 메세지를 출력한다
27 :
28 :     return 0;
29 : }
30 :
31 : // 성명과 학년을 입력받는다
32 : void InputYear(char (*name), unsigned short int *year) {
33 :     scanf("%s %d", name, year);
34 : }
35 :
36 : // 학년에 대한 메세지를 만들다
37 : char* MakeMessage(char (*name), unsigned short int year) {
38 :     char (*message);
39 :
40 :     if(year >= 1 && year <= 4) { // 입력된 학년이 정상적이라면
41 :         switch(year) { // 학년에 맞는 메세지를 정한다
42 :             case 1: message = "FRESHMAN"; break;
43 :             case 2: message = "SOPHOMORE"; break;
44 :             case 3: message = "JUNIOR"; break;
45 :             case 4: message = "SENIOR"; break;
46 :             default: break;
47 :         }
48 :     }
49 :     else { // 오류 메세지를 정한다
50 :         message = "INVALID YEAR";
51 :     }
52 :     return message;
53 : }
54 :
55 : // 학년 메세지를 출력하다
56 : void DisplayYear(char (*name), unsigned short int year,
57 :                                  char (*message)) {
58 :     printf("%s %d %s\n", name, year, message);
59 : }
```

코드 15-1 학년을 입력받아 문자열 메시지 출력하는 프로그램

[코드 15-2]에서 14번째 줄에서 1차원 문자 배열을 선언 및 정의하고 있다. C 언어에서 문자 하나를 저장할 수 있는 기억장소에 대해 선언 및 정의하기 위해서 원시 자료형 char를 제공한다. char 자료형의 기억장소 크기는 1바이트이다. 그리고 11 바이트의 배열크기를 갖는 1차원 문자 배열을 선언 및 정의해야 한다.

```
01 : /********************************************************************
02 : 파일 명칭 : String.c
03 : 함수 명칭 : main
04 : 기    능 : 한 글자씩 입력받아 문자열을 만들다
05 : 입    력 : 문자
06 : 출    력 : 문자열
07 : 작 성 자 : 김 석 현
08 : 작성 일자 : 2009-04-21
09 : ********************************************************************/
10 : #include <stdio.h>
11 :
12 : int main() {
13 :     // 문자 배열 선언 및 정의
14 :     char name[11];
15 :     // 문자 배열의 첨자
16 :     int i = 0; // 첫번째 위치로 정하다
17 :
18 :     // 글자를 입력받는다
19 :     scanf("%c", name + i);
20 :     // 엔터 키를 누르기 전까지 반복한다.
21 :     while(name[i] != '\n') {
22 :         i++; // 위치를 이동하다
23 :         scanf("%c", name + i); // 해당 위치에 글자를 입력받는다
24 :     }
25 :     // 문자열을 출력하다
26 :     printf("%s", name);
27 :
28 :     return 0;
29 : }
```

코드 15-2 한 글자씩 입력받아 배열에 저장하여 문자열을 만든 다음 출력하는 프로그램

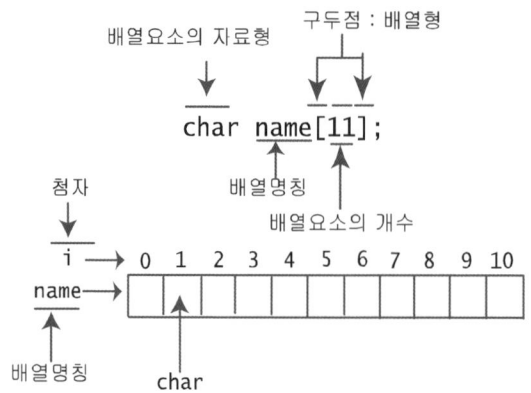

그림 15-2 1차원 문자 배열의 선언 및 정의

배열크기를 정할 때 영문자는 1바이트에 한 글자이고, 한글은 2바이트에 한 글자라는 점을 명심해

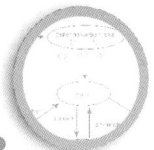

야 한다. 따라서 최대 5자의 한글을 저장할 배열을 정의한다면, 10바이트가 소요한다는 것이다. 그런데 [그림 15-2]에서는 11바이트 크기인 배열을 정의하고 있다. 이유는 다음에 설명하도록 하겠다.

배열크기가 명확하지 않을 경우는 컴파일러의 코드 최적화에 적합하게 워드 크기로 정하도록 하는 것이 좋다. 2, 4, 8, 16, 32, 64, 128, 256 등등 배열 크기를 정하도록 하자.

표준 입출력 함수인 scanf()에서 문자열을 입력하는 처리를 이해하기 위해서 scanf() 함수로 한 글자씩 입력받아 문자 배열에 차례대로 저장하도록 해보자. scanf() 함수에서 두 번째 매개변수로 입력되는 글자를 저장할 기억장소의 주소가 설정되어야 한다. [그림 15-3]에서 보는 것처럼 scanf() 함수 실행 후 main() 함수 스택에 할당된 name의 특정 배열요소에 입력된 문자가 저장되어 있어야 하기 때문이다.

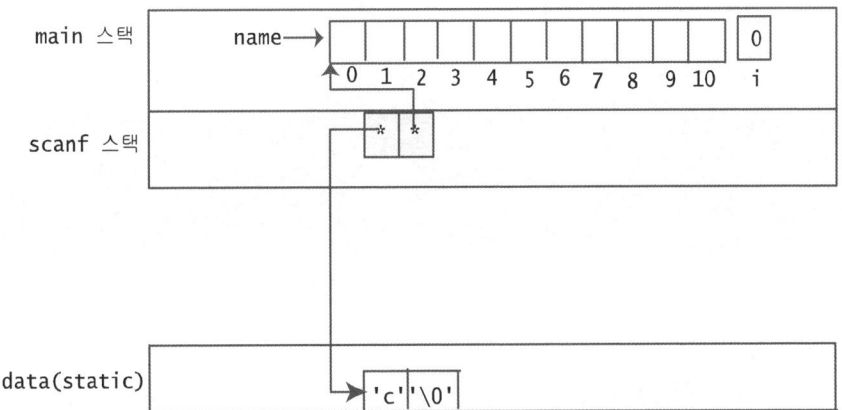

그림 15-3 scanf() 함수 호출 시 메모리 맵

1차원 배열에서 공부한 것처럼 배열 명칭이 주소이므로 0부터 시작해서 배열요소의 개수 - 1, 10까지 첨자를 포인터 산술 연산자를 이용하여 수식을 만들면 각 배열요소의 주소를 구할 수 있다.

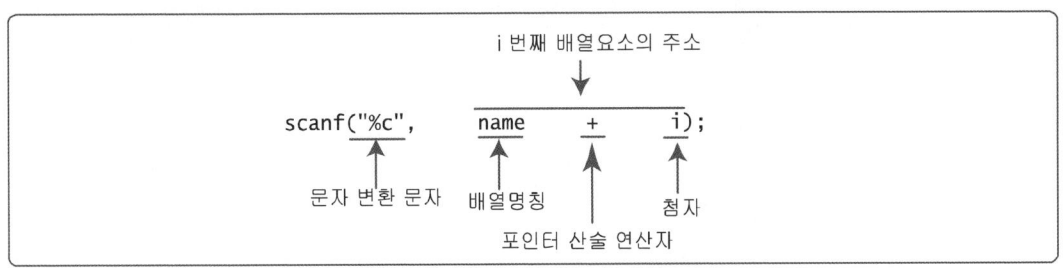

코드 15-3 배열요소의 주소 표현식

[코드 15-2]에서 19번째 줄부터 24번째 줄까지가 한 글자씩 입력받아 문자 배열에 차례대로 저장하는 부분이다. 엔터 키를 입력하기 전까지 반복한다.

그리고 26번째 줄에서 printf() 함수를 이용하여 입력된 문자 배열을 문자열로 간주하고 문자열 출력을 하고 있다. "%s" 변환문자는 문자열을 출력할 때 사용되는 것이다.

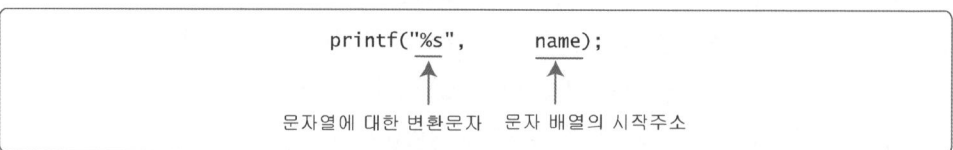

코드 15-4 printf()함수에서 문자열 출력 방법

실행 결과는 예상한 것이 아니라 입력된 문자들이 다 출력되고 마지막에 입력된 글자가 '\n'이기 때문에 줄을 바꾸어 계속해서 쓰레기들이 출력되는 것을 볼 수 있을 것이다. 프로그램을 실행시킨 후 홍길동을 입력한 후 엔터 키를 눌러보면 [그림 15-4]와 같이 출력될 것이다.

그림 15-4 [코드 15-2]에 대해 실행 결과 화면

따라서 C 언어에서 문자열이란 단순히 문자 배열이 아니라 또 다른 조건이 존재한다는 것을 알 수 있다. 쓰레기 출력없이 입력된 글자들만 출력하도록 해야 한다면, [코드 15-5]에서처럼 입력된 글자 수만큼 한 글자씩 출력하면 된다.

```
01 : /****************************************************************
02 : 파일 명칭 : String.c
03 : 함수 명칭 : main
04 : 기    능 : 한 글자씩 입력받아 문자열을 만들다
05 : 입    력 : 문자
06 : 출    력 : 문자열
07 : 작 성 자 : 김 석 현
08 : 작성 일자 : 2009-04-21
09 : ****************************************************************/
10 : #include <stdio.h>
11 :
12 : int main() {
13 :     // 문자 배열 선언 및 정의
14 :     char name[11];
15 :     // 문자 배열의 첨자
16 :     int i = 0; // 첫번째 위치로 정하다
17 :     int j; // 출력하는 반복구조에 반복제어변수
18 :     // 글자를 입력받는다
19 :     scanf("%c", name + i);
20 :     // 엔터 키를 누르기 전까지 반복한다.
21 :     while(name[i] != '\n') {
22 :         i++; // 위치를 이동하다
23 :         scanf("%c", name + i); // 해당 위치에 글자를 입력받는다
24 :     }
25 :     // 개행문자 전까지 반복한다.
26 :     for(j = 0; j < i; j++) {
27 :         printf("%c", name[j]); // 한 글자씩 출력한다
28 :     }
29 :     return 0;
30 : }
```

코드 15-5 문자 배열로 간주하고 한 글자씩 출력하는 프로그램

그렇지만 앞에서 제기했던 문제, 즉 printf() 함수를 이용해서 문자열을 출력하는 것이 아니라 문자 배열에 저장된 문자들을 하나씩 출력하는 것이므로 C 언어에서 정의하는 문자열이 아직도 표현되지 않았다는 것이다.

그러면 [코드 15-6]에서 26번째 줄에서처럼 입력된 개행문자('\n')가 저장된 배열요소, 즉 현재 i번째 배열요소에 널 문자('\0')를 저장하고 printf() 함수로 문자열 출력 형식대로 출력하도록 해보자. 입력된 문자들만 출력되는 것을 알 수 있을 것이다.

따라서 C 언어에서 문자열은 단순히 문자 배열이 아니라, 1차원 문자 배열의 특수한 경우, 즉 널 문자('\0')로 끝나는 문자 배열로 문자열을 표현한다.

```
01 : /*****************************************************************
02 : 파일 명칭 : String.c
03 : 함수 명칭 : main
04 : 기    능 : 한 글자씩 입력받아 문자열을 만들다
05 : 입    력 : 문자
06 : 출    력 : 문자열
07 : 작 성 자 : 김석현
08 : 작성 일자 : 2009-04-21
09 : *****************************************************************/
10 : #include <stdio.h>
11 :
12 : int main() {
13 :    // 문자 배열 선언 및 정의
14 :    char name[11];
15 :    // 문자 배열의 첨자
16 :    int i = 0; // 첫번째 위치로 정하다
17 :    int j; // 출력하는 반복구조에 반복제어변수
18 :    // 글자를 입력받는다
19 :    scanf("%c", name + i);
20 :    // 엔터 키를 누르기 전까지 반복한다.
21 :    while(name[i] != '\n') {
22 :       i++; // 위치를 이동하다
23 :       scanf("%c", name + i); // 해당 위치에 글자를 입력받는다
24 :    }
25 :    // 개행문자가 저장된 배열요소에 '\0'를 저장한다
26 :    name[i] = '\0';
27 :    // 문자열을 출력한다
28 :    printf("%s", name);
29 :    return 0;
30 : }
```

코드 15-6 문자열 만들기

1차원 문자 배열의 구조와 같으나, 문자열의 각 요소를 차례차례 저장한 다음, 맨 마지막에 문자열의 끝을 알려주는 일종의 표시로서 널 종료문자('\0' Terminator)를 추가로 저장하므로, 문자열의 첫 바이트부터 널 종료 문자까지를 하나의 문자열로 간주한다는 것이다.

(1) 문자 배열

name →	0	1	2	3	4	5	6	7	8	9	10
	축	구	축			?	?	?	?	?	?

(2) 문자열

name →	0	1	2	3	4	5	6	7	8	9	10
	축	구	축			'\0'					

그림 15-5 문자 배열과 문자열

3. 문자열 입출력

```
01 : /*************************************************************
02 :    파일 명칭 : String.c
03 :    함수 명칭 : main
04 :    기    능 : 문자열을 입력받아 출력하다
05 :    입    력 : 문자열
06 :    출    력 : 문자열
07 :    작 성 자 : 김석현
08 :    작성 일자 : 2009-04-21
09 : *************************************************************/
10 : #include <stdio.h>
11 :
12 : int main() {
13 :    // 문자 배열 선언 및 정의
14 :    char name[11];
15 :
16 :    // 문자열을 입력받는다
17 :    scanf("%s", name);
18 :
19 :    // 문자열을 출력하다
20 :    printf("%s", name);
21 :
22 :    return 0;
23 : }
```

코드 15-7 문자열 입력받는 방법

표준 입력 함수(예를 들어 scanf())를 사용하여 문자열을 입력받을 수 있다. 그러기 위해서는 우선 입력받는 문자 하나하나를 저장할 연속적으로 할당되어 있는 기억장소들이 필요하다. 따라서 문자열을 입력받고자 한다면 반드시 입력받고자 하는 문자열의 최대 길이 + 1 만큼의 문자 배열을 선언 및 정의해야 한다. 문자열의 최대 길이보다 1만큼 더 큰 배열을 할당하는 이유는 널 문자를 저장할 기억장소가 하나 더 필요하기 때문이다.

그리고 scanf() 함수인 경우는 [코드 15-7]에서 17번째 줄에서처럼 함수 호출문장을 작성하여 실행시키면 scanf() 함수에 의해서 입력된 문자들을 문자배열에 저장하게 되고, 입력받은 마지막 문자 다음에 자동적으로 널 문자를 저장하게 된다. 문자열을 만들기 위해 널 종료 문자를 덧붙이는 작업을 프로그래머가 아닌 scanf() 함수에 의해서 이루어진다는 것이다. 그리고 두 번째 인수로 배열 정보를 설정해야 한다. 배열을 정보전달에 사용해야 한다.

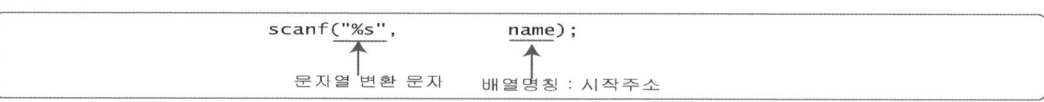

코드 15-8 scanf() 함수에 의한 문자열 입력

C 언어에서는 배열 자체를 정보전달에 사용할 수 없다. 다시 말해서 배열구조 자체를 복사할 수 없다는 것이다. 그렇지만 배열의 시작주소는 정보전달에 사용할 수 있다. 따라서 scanf() 함수 호출문장을 보면, 배열명칭, 즉 배열의 시작주소를 실인수로 사용해야 한다. 배열이 함수의 정보전달에 어떻게 사용되는지에 대해 자세한 내용은 다음 장에서 공부하도록 하자.

4. 문자열 리터럴(String Literal)

[코드 15-7]에서 scanf(), printf() 함수 호출문장에서 기술되어 있는 첫 번째 매개변수, "%s"에 대해서 공부해 보도록 하자.

C 언어에서는 제공되는 문자열 자료형이 없기 때문에 정확하게 말하면 문자열 상수는 없다. 그렇지만 토큰에 문자열 리터럴이란 개념으로 다른 언어들에서 이야기하는 문자열 상수를 표현하고 있다. 문자열 리터럴은 큰 따옴표(Double Quotation Mark, "")로 묶어져 있는 0개 이상의 문자들을 말한다.

```
01 : /*********************************************************
02 :    파 일 명칭 : StringLiteral.c
03 :    함 수 명칭 : main
04 :    기      능 : 다양한 문자열 리터럴들을 출력하다
05 :    입      력 : 문자
06 :    출      력 : 문자열
07 :    작 성 자 : 김석현
08 :    작성 일자 : 2009-04-21
09 : *********************************************************/
10 : #include <stdio.h>
11 :
12 : int main() {
13 :     // 문자 배열과 문자열 리터럴로 초기화
14 :     char firstLiteral[] =
15 :         "string1"
16 :         "string2"
17 :         "string3";
18 :     char secondLiteral[] = "string1\
19 :     string2\
20 :     string3";
21 :
22 :     printf("%s\n", firstLiteral);   //string1string2string3
23 :     printf("%s", secondLiteral);    //string1      string2      string3
24 :
25 :     return 0;
26 : }
```

코드 15-9 다양한 문자열 리터럴 표현

[코드 15-9]에서 다양한 문자열 리터럴들에 대한 표현들을 볼 수 있다. 특히 긴 문자열로 초기화할 때 유용한 표현법들을 정리한 것이다. 14번째 줄에서 17번째 줄까지는 부분 문자열을 한 줄에 하나씩 나열하여 긴 하나의 문자열 리터럴로 배열에 초기화하고 있다. 18번째 줄에서 20번째 줄까지는 줄 바꿈 문자(\)로 여러 줄에 걸쳐 표현된 하나의 문자열 리터럴로 배열을 초기화하고 있다. 이처럼 공백(Space), 탭(Tab), 개행문자(New line) 그리고 주석 등으로 분리되어 연속적으로 나열되어 있는 문자열 단위는 전체로서 하나의 문자열 리터럴로 인식된다.

그리고 22번째 줄과 23번째 줄에서 printf() 함수 호출문장에서 첫 번째 매개변수들은 문자열 리터럴이다. 특히 22번째 줄의 함수 호출문장에서 첫 번째 매개변수로 사용된 문자열 리터럴에는 개행문자('\n'), 확장열이 포함되어 있는 것을 알 수 있다. 문자열 리터럴은 개행 문자와 탭 문자와 같은 확장열을 포함할 수 있다.

큰 따옴표에 의해서 표현되는 문자열 리터럴은 기본적으로 문자 배열이며, 자동적으로 널 종료 문자가 그 끝에 붙여지게 된다.

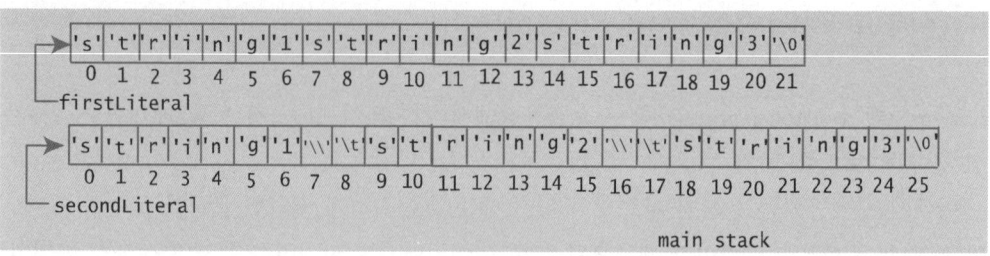

그림 15-6 문자열 리터럴의 구조

[코드 15-9]에서 표현된 문자열 리터럴들은 [그림 15-6]과 같이 문자 배열을 이루고 있으며, 마지막 문자는 널 문자이다. 문자 배열의 초기화에 사용된 문자열 리터럴들은 각각 main() 함수 스택에 할당된 배열에 저장되고, 함수 호출문장에서 사용되어진 문자열 리터럴들은 정적으로 관리되는 데이터 영역인 DATA 에 명칭(Name)없이 문자 배열 구조로 저장된다.

문자열 리터럴을 만들 때 주의해야 할 점을 하나 더 설명하면 공란을 만들 때이다. 대개는 공백 문자를 가지지 않는 문자열 리터럴을 사용하도록 하자. [그림 15-7]에서 왼쪽에 기술되어 있는 문자열 리터럴을 말한다.

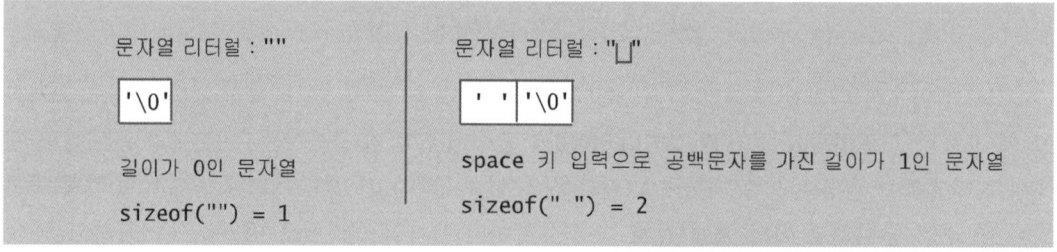

그림 15-7 공란처리에 사용되는 문자열 리터럴

일반적인 문자 배열에서는 문자열을 만들기 위해 널 종료 문자를 덧붙이는 작업이 원칙적으로 프로그래머가 책임을 져야 한다는 것을 명심하도록 하자.

여기서 반드시 기억할 것은 문자열을 입력받는 기억장소는 반드시 문자 배열이어야 하고, 문자열을 조작하기 위한 기억장소는 문자 배열 포인터이어야 한다는 것이다.

5. 문자열 초기화

문자 단위로 초기화한다면 1차원 배열에서 사용된 초기화 개념들을 그대로 적용할 수 있다. 그렇지만 [코드 15-9]에서처럼 문자열 리터럴을 사용하면 문자 단위로 초기화할 때보다 간단하게 초기화할 수 있다. [코드 15-9]에서처럼 문자열 리터럴로 초기화하지 않고, 문자 단위로 초기화한다면 [코드 15-10]과 같이 매우 번거로운 작업을 해야 한다. [코드 15-10]에서 18번째 줄에서 보는 것처럼 일반적인 문자 배열에서는 문자열을 만들기 위해 널 종료 문자를 덧붙이는 작업이 원칙적으로 프로그래머가 책임을 져야 하기 때문에 마지막 문자는 널문자로 초기화해야함에 주의해야 한다.

```
01 : /******************************************************************
02 :    파일 명칭 : StringInitialization.c
03 :    함수 명칭 : main
04 :    기    능 : 1 차원 문자 배열처럼 초기화하다
05 :    입    력 : 없음
06 :    출    력 : 문자열
07 :    작 성 자 : 김 석 현
08 :    작성 일자 : 2009-04-21
09 : ******************************************************************/
10 : #include <stdio.h>
11 :
12 : int main() {
13 :    // 문자 배열과 문자열로 초기화
14 :    char firstLiteral[] = {
15 :        's', 't', 'r', 'i', 'n', 'g', '1',
16 :        's', 't', 'r', 'i', 'n', 'g', '2',
17 :        's', 't', 'r', 'i', 'n', 'g', '3',
18 :        '\0'};
19 :
20 :    printf("%s\n", firstLiteral); //string1string2string3
21 :
22 :    return 0;
23 : }
```

코드 15-10 문자 단위로 문자열 초기화

따라서 문자열을 초기화할 때는 문자열 리터럴을 사용하여 초기화하도록 하자.

6. 문자열 배열

성명과 학년을 입력받아 학년 메시지를 출력하는 문제를 해결하는데 있어 학년 메시지들에 대해 배열을 이용해서 코드를 작성해 보도록 하자. MakeMessage 모듈에 대해서 문자열 배열을 사용하여 어떻게 구현되는지에 대해 공부해 보도록 하자.

[그림 15-1]에서 시스템 챠트에 의하면 출력 데이터가 1개이므로 함수를 선언 및 정의할 때 출력에 대해 반환형을 사용하여 표현하면 된다. 출력 데이터가 학년 메시지로 문자열이다. C 언어에서

문자열은 1차원 문자 배열이다. 따라서 반환형이 배열형이다. 즉 다시 말해서 배열을 반환 값으로 정보 전달에 사용해야 하는데, 배열 자체를 반환할 수 없다. 대신에 배열의 시작주소를 반환할 수 있다. 따라서 포인터를 사용해야 한다는 것이다. 또한 입력데이터인 성명도 문자열이다. 따라서 배열형을 매개변수의 자료형으로 사용해야 한다. 배열형을 반환에 대해 사용할 수 없는 것처럼 배열형을 매개변수의 자료형으로도 사용할 수 없다. 포인터형을 사용해야 한다. 정확하게 말하자면 문자 배열포인터를 사용해야 한다. 함수에서 배열을 사용하는 방법에 대해서는 배열포인터에서 자세히 공부하도록 하자. MakeMessage 모듈에 대해 함수를 선언하면 [코드 15-11]과 같다.

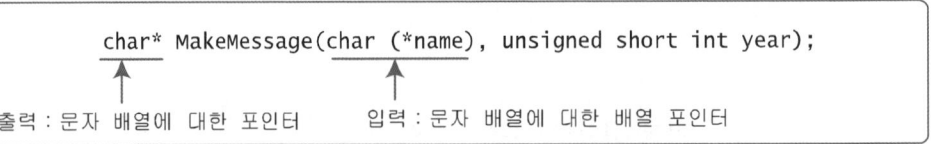

코드 15-11 문자 배열을 함수의 정보 전달에서 사용하는 방법

다음은 MakeMessage() 함수를 정의해 보자. "FRESHMAN", "SOPHOMORE", "JUNIOR", "SENIOR" 그리고 "INVALID YEAR" 같이 출력해야 하는 메시지들을 기억장소에 저장을 해야 한다. 각각 독립적인 기억장소를 할당해서 저장할 수도 있지만, 제어구조를 단순화시키기 위해서 배열을 이용하여 저장하도록 하자. 5개의 메시지가 문자열이기 때문에 같은 자료형을 갖는 연속적인 기억장소들의 집합으로 표현하여 저장하도록 하자.

C 언어에서는 문자열 자체가 문자 배열이기 때문에 문자열 배열은 2차원 문자 배열이 되도록 해야 한다. 학년 메시지에 대해 1차원 문자 배열을 만들어 보자. 주어진 메시지들에서 가장 긴 문자열은 "INVALID YEAR"이다. 따라서 문자열의 길이, 즉 문자들의 개수를 세어서 배열 크기를 정해야 한다. 문자의 개수는 12이다. C 언어에서 문자열과 문자 배열을 구분하기 위해서 문자열은 마지막 문자가 널 문자('\0')이어야 하기 때문에 널 문자에 대한 기억장소도 감안하여 배열크기는 문자들의 개수 + 1이 되어야 한다. 따라서 학년 메시지를 저장할 기억장소는 배열크기가 13인 문자 배열로 표현되어야 한다.

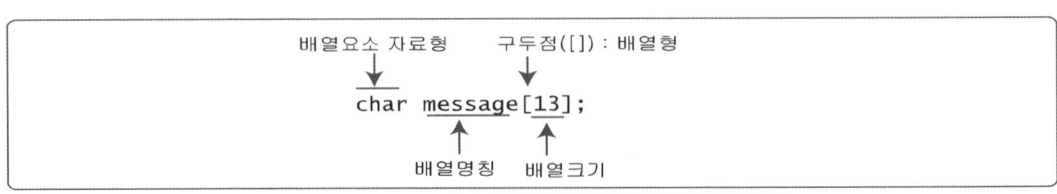

코드 15-12 학년 메시지 문자열에 대한 1차원 문자 배열

학년 메시지 문자열 배열은 배열크기가 13인 문자 배열을 배열요소로 하는 배열이 되는 것이다.

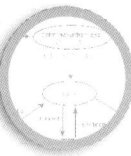

```
         배열요소 자료형        구두점([]) : 배열형
              ↓                    ↓
            char [13]    messages[5];
                              ↑
                           배열명칭
```

코드 15-13 C 언어의 배열 개념을 적용한 문자열 배열 표현

그렇지만 C 언어의 문법에 따라 배열형을 표시하는 구두점은 후위 표기이어야 한다는 규정에 따라 정리되어야 한다. 따라서 행과 열 개념을 적용하면 2 차원 문자 배열이 된다.

```
                         열(Column)의 개수
                              ↓
            char  messages[5][13];
                          ↑
                       행(Row)의 개수
```

코드 15-14 C 언어에서 문자열 배열

배열 선언 및 정의 문장에 의해서 실제 65바이트의 기억장소가 할당되어 진다. 그리고 할당된 기억장소에는 쓰레기 값들이 저장되어 있을 것이다. 할당과 동시에 쓰레기를 치우는 작업, 즉 초기화로 학년 메시지들을 할당된 기억장소들에 저장해 보도록 하자.

문자열에서 언급한 것처럼 문자 단위 초기화보다는 문자열 리터럴을 이용하도록 하자. 5개의 문자열 리터럴을 쉼표로 구분하면서 열거하면 된다.

```
char messages[5][13] = {
        "FRESHMAN",
        "SOPHOMORE",
        "JUNIOR",
        "SENIOR",
        "INVALID YEAR"
};
```

코드 15-15 문자열 리터럴을 이용하여 학년 메시지 문자열 배열의 초기화

2차원 배열이므로 문자 단위로 초기화를 할 수도 있다. 이때는 반드시 한 행(줄) 당 마지막 글자는 널 문자를 반드시 저장하도록 초기화해야 한다.

```
char messages[][13] = {
    {'F', 'R', 'E', 'S', 'H', 'M', 'A', 'N', '\0' },
    {'S', 'O', 'P', 'H', 'O', 'M', 'O', 'R', 'E', '\0' },
    {'J', 'U', 'N', 'I', 'O', 'R', '\0' },
    {'S', 'E', 'N', 'I', 'O', 'R', '\0' },
    {'I', 'N', 'V', 'A', 'L', 'I', 'D', ' ', 'Y', 'E', 'A', 'R', '\0' }
};
```

코드 15-16 2차원 배열로 문자 단위로 문자열 배열의 초기화

다음은 출력에서 사용되는 값, 즉 반환하는 값을 구하기 위해서는 문자열 배열에서 배열요소의 주소를 구하는 방법에 대해서 알아야 한다. 그런데 2차원 배열에서 배열요소의 주소를 구하는 방법에 대한 개념은 다차원 배열에서 정리하였다. 간단하게 말하면 행의 주소를 구하면 되는데, 2차원 배열이기 때문에 배열형을 강조하는 구두점의 개수가 1개 사용하여 첨자 연산자를 이용한 수식을 작성하면 행의 주소가 된다.

```
char (*message); // 학년 메세지에 대한 배열 포인터

message = messages[0]; // 첫번째 행의 주소 : "FRESHMAN"의 시작주소
message = messages[1]; // 두번째 행의 주소 : "SOPHOMORE"의 시작주소
```

코드 15-17 배열 포인터 변수와 문자열 배열에서 행의 주소

그리고 이 주소를 저장할 기억장소에 대해서는 포인터에서 배운 대로 포인터 변수를 선언하면 되는데, 배열의 주소를 갖는 포인터 변수이므로 일반 포인터가 아니라 배열 포인터(Pointer to array)라고 한다.

[그림 15-8]은 배열 포인터의 개념과 배열 포인터 변수를 선언 및 정의하는 방법에 대해서 정리하고 있다. 배열 포인터에서 배우겠지만 여기서도 잘 정리해 보자.

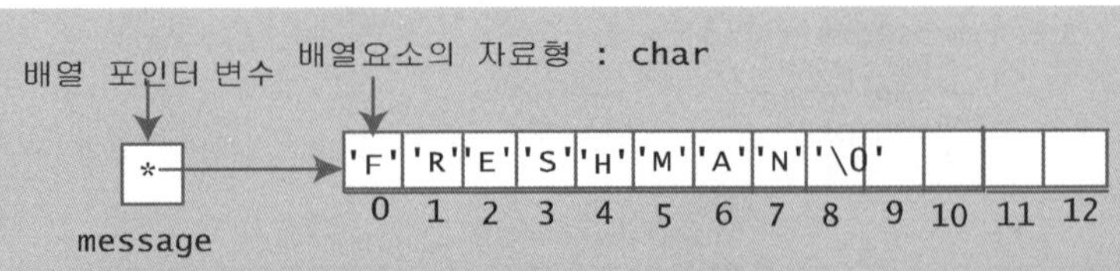

(1) 변수명칭을 적는다
    message;
(2) 기억장소에 저장된 값을 구분하다 : 주소인 경우 변수명칭앞에 *를 표시한다
    *message;
(3) 기억장소에 저장되어 있는 주소를 갖는 기억장소, 즉 배열요소의 자료형을 * 앞에 적는다.
    char *message;
(4) 기억장소에 저장되어 있는 주소를 갖는 기억장소가 배열인지 확인하여 배열이면
    *과 변수명칭을 소괄호로 묶는다.
    char (*message);

그림 15-8 배열 포인터와 배열 포인터 변수의 선언 및 정의

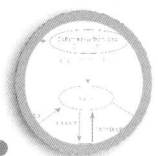

C를 배우면 함수를 잘 만들어야 한다

[코드 15-18]을 컴파일과 링크를 하고, 실행하면 제대로 메시지가 출력되지 않을 것이다. 왜 출력되지 않는지 생각해 보자. 이유는 MakeMessage() 함수 스택에 있는 문자열 배열이 MakeMessage() 함수에서 return 문장에 의해 실행 제어가 MakeMessage() 함수를 호출한 main() 함수로 이동될 때 스택이 해제되므로 주소는 반환되었지만 실제 DisplayYear() 함수에서 출력할 때는 [그림 15-11]에서 보는 것처럼 반환된 주소로 값을 읽어야 하지만 해제되었기 때문에 원하는 값이 아니라 쓰레기 값들이 출력이 되는 것이다.

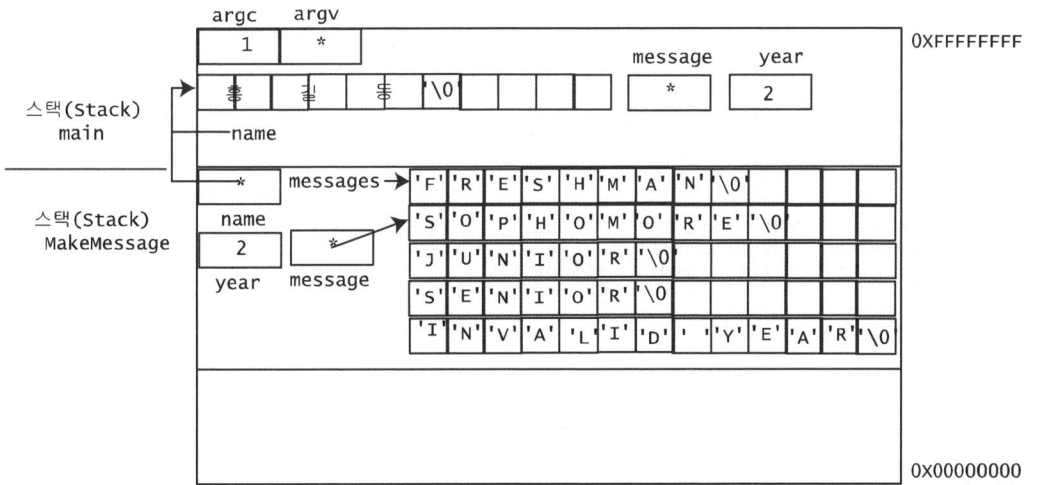

그림 15-9 MakeMessage() 함수가 호출된 후 실행되었을 때 메모리 맵

6. 문자열 배열

```
01 : /*************************************************************************
02 :    파일 명칭 : MakeMessage.c
03 :    함수 명칭 : MakeMessage
04 :    기    능 : 성명과 학년을 입력받아 학년 문자열 메시지를 출력하다
05 :    입    력 : 성명, 학년
06 :    출    력 : 학년 문자열 메시지
07 :    작 성 자 : 김 석 현
08 :    작성 일자 : 2007-12-28
09 : *************************************************************************/
10 : #include <stdio.h>
11 :
12 : // 성명과 학년을 입력받는다
13 : void InputYear(char (*name), unsigned short int *year);
14 : // 학년에 대한 메시지를 만들다
15 : char* MakeMessage(char (*name), unsigned short int year);
16 : // 학년 메시지를 출력하다
17 : void DisplayYear(char (*name), unsigned short int year, char (*message));
18 :
19 : int main(int argc, char* argv[]) {
20 :    char name[11]; // 성명 : 문자열
21 :    char (*message); // 학년 메시지 배열 포인터
22 :    unsigned short int year; // 학년
23 :
24 :    InputYear(name, &year);
25 :    message = MakeMessage(name, year);
26 :    DisplayYear(name, year, message);
27 :
28 :    return 0;
29 : }
30 :
31 : // 성명과 학년을 입력받는다
32 : void InputYear(char (*name), unsigned short int *year) {
33 :    scanf("%s %d", name, year);
34 : }
35 :
36 : // 학년에 대한 메시지를 만들다
37 : char* MakeMessage(char (*name), unsigned short int year) {
38 :    // 학년 메시지 문자열 배열 : 2차원 문자 배열
39 :    char messages[5][13] = {
40 :       "FRESHMAN",
41 :       "SOPHOMORE",
42 :       "JUNIOR",
43 :       "SENIOR",
44 :       "INVALID YEAR"
45 :    };
46 :    char (*message); // 학년 메시지 배열 포인터 변수
47 :
48 :    if(year >= 1 && year <=4 ) {
49 :       switch(year) {
50 :          case 1: message = messages[0]; break;
51 :          case 2: message = messages[1]; break;
52 :          case 3: message = messages[2]; break;
53 :          case 4: message = messages[3]; break;
54 :       }
55 :    }
56 :    else {
57 :       message = messages[4];
58 :    }
59 :
60 :    return message;
61 : }
62 :
63 : // 학년 메시지를 출력하다
64 : void DisplayYear(char (*name), unsigned short int year, char (*message)) {
65 :    printf("%s %d %s\n", name, year, message);
66 : }
```

코드 15-18 문자열 배열을 이용한 학년 메시지 출력 프로그램

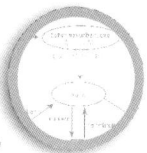

[그림 15-9]는 성명과 학년을 각각 홍길동, 2를 입력받고 MakeMessage() 함수가 호출되어 실행되었을 때, 즉 return 문장이 실행하기 전 기억장소들의 상태를 나타내고 있다. 입력된 학년이 2이기 때문에 [코드 15-18]에 작성된 코드에 의하면 MakeMessage() 함수 스택에 할당된 message 배열 포인터 변수의 값은 두 번째 행의 주소를 저장하게 된다.

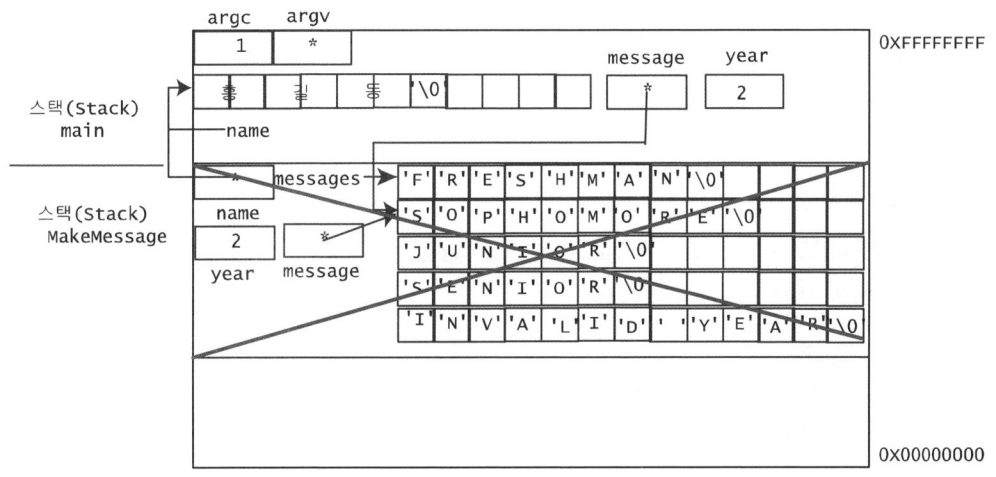

그림 15-10 return 문장에 의해서 함수가 종료되었을 때 메모리 맵

그리고 return 문장에 의해서 MakeMessage() 함수 스택에 할당된 message에 저장되어 있는 주소가 레지스터로 복사되고 MakeMessage() 함수 스택이 할당 해제되게 된다. 그리고 치환연산자에 의해서 main() 함수 스택에 할당되어 있는 message에 저장이 된다. [그림 15-10]와 [그림 15-11]을 참조하라.

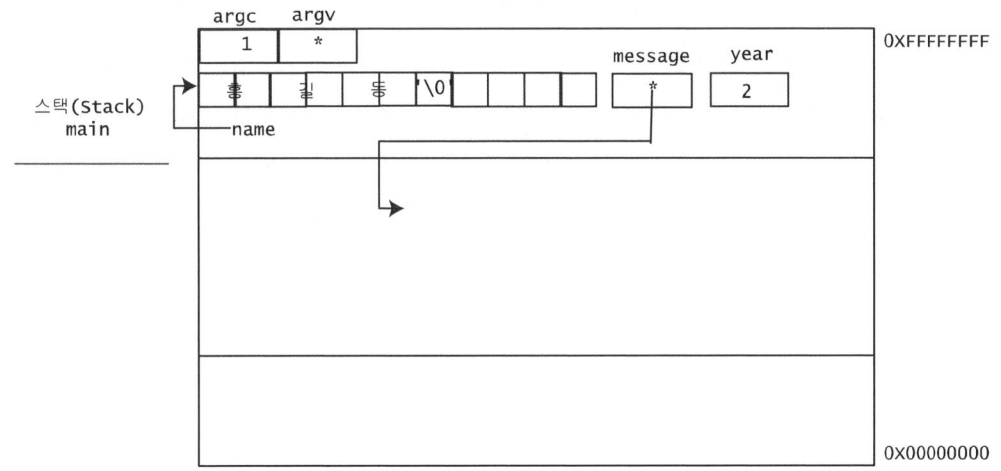

그림 15-11 MakeMessage() 함수 스택이 해제되었을 때 메모리 맵

[그림 15-11]에서 main() 함수 스택에 할당된 message에는 주소가 들어 있지만, 문제는 주소를 갖는 기억장소가 할당 해제되었다는 것을 알 수 있다. 따라서 message에 저장되어 있는 주소를 가지고, DisplayYear() 함수에서 출력을 하면 쓰레기가 출력이 될 것이다.

그러면 어떻게 문제를 해결할 것인지 생각해 보도록 하자. 방법이 없는 것이 아닐 것이다. 우선 간단하게 생각하면 문자열 배열이 할당 해제되지 않도록 하면 될 것 같다. 그러면 스택은 사용할 수 없고, 데이터 세그먼트 중에서 프로그램이 끝날 때까지 할당 해제되지 않는 영역, 정적 DATA 영역에 배열을 할당해서 사용하면 된다. 파일 참조 범위를 갖는 외부 배열과 블록 참조범위를 갖는 정적 배열로 구현할 수 있다.

```
01 : // 학년에 대한 메세지를 만들다
02 : char* MakeMessage(char (*name), unsigned short int year) {
03 :     // 학년 메세지 문자열 배열 : 2차원 문자 배열
04 :     static char messages[5][13] = {
05 :             "FRESHMAN",
06 :             "SOPHOMORE",
07 :             "JUNIOR",
08 :             "SENIOR",
09 :             "INVALID YEAR"
10 :     };
11 :     char (*message); // 학년 메세지 배열 포인터 변수
12 :
13 :     if(year >= 1 && year <=4 ) {
14 :         switch(year) {
15 :             case 1: message = messages[0]; break;
16 :             case 2: message = messages[1]; break;
17 :             case 3: message = messages[2]; break;
18 :             case 4: message = messages[3]; break;
19 :         }
20 :     }
21 :     else {
22 :         message = messages[4];
23 :     }
24 :
25 :     return message;
26 : }
```

코드 15-19 내부 정적 배열 선언 및 정의

[코드 15-19]에서 04번째 줄에서 보는 것처럼 static 키워드를 사용하여 MakeMessage() 함수 스택에 할당하는 것이 아니라 정적 DATA 세그먼트에 배열을 할당함으로 해서 MakeMessage() 함수가 끝나더라도 배열이 할당 해제되지 않도록 하면 [그림 15-14]와 같은 메모리 맵 상태에서 DisplayYear() 함수를 호출하게 되므로 유효한 주소로 저장되어 있는 문자열을 제대로 출력할 수 있다.

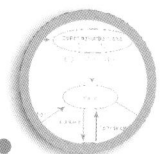

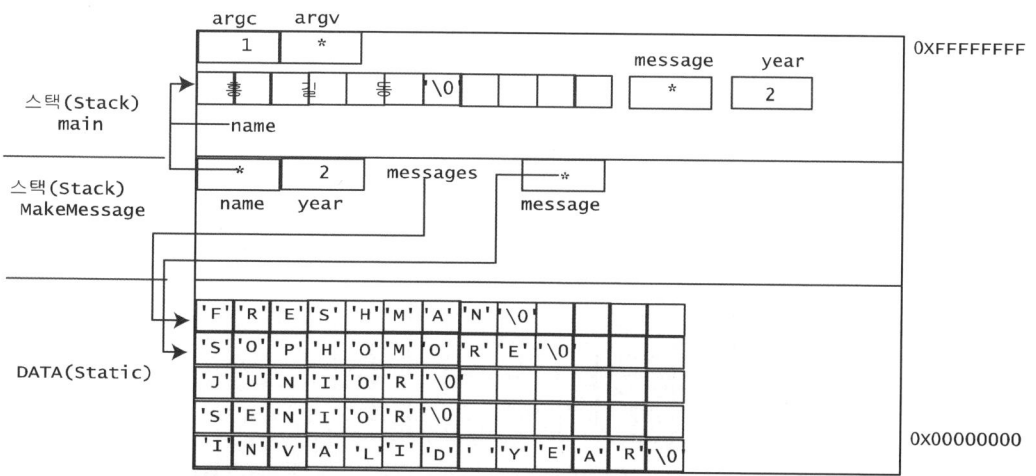

그림 15-12 내부 정적 배열을 사용하여 MakeMessage() 함수가 호출되고 실행했을 때 메모리 맵

지역 배열을 사용할 때는 함수가 호출될 때마다 초기화되나 내부 정적 배열은 한번만 초기화되는 잇점도 있다. 여하튼 홍길동과 2를 입력받은 다음 MakeMessage() 함수가 호출되고, 실행되었을 때 기억장소들의 상태는 [그림 15-12]와 같다.

그리고 return 문장에 의해서 MakeMessage() 함수의 실행이 끝나고, main() 함수로 제어가 이동할 때까지 [그림 15-13]과 같은 메모리 맵을 가지게 될 것이다.

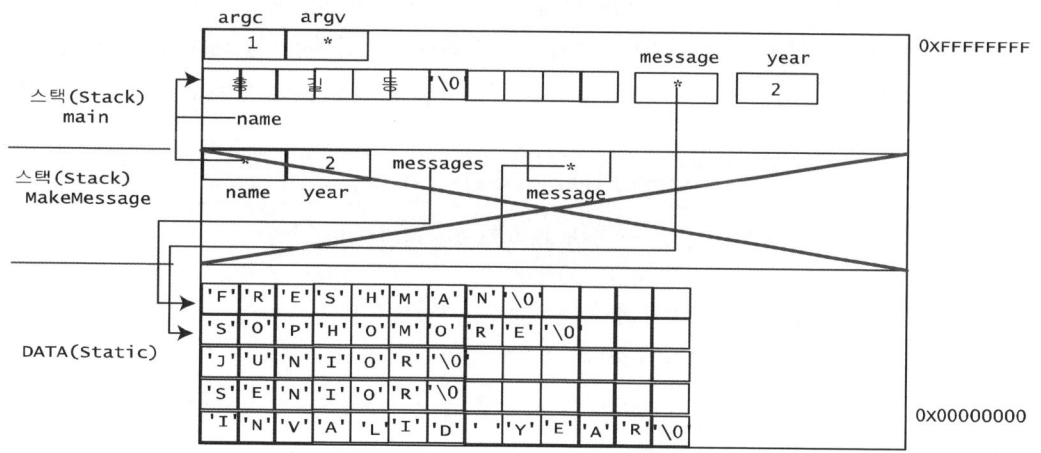

그림 15-13 return 문장에 의해서 함수가 끝나고 main() 함수로 제어가 이동되는 상태 메모리 맵

정적 DATA 영역에 할당되어 있는 배열이 해제되지 않음에 주목해야 한다. 따라서 MakeMessage() 함수가 완전히 실행이 끝났을 때 메모리 맵은 [그림 15-14]와 같다.

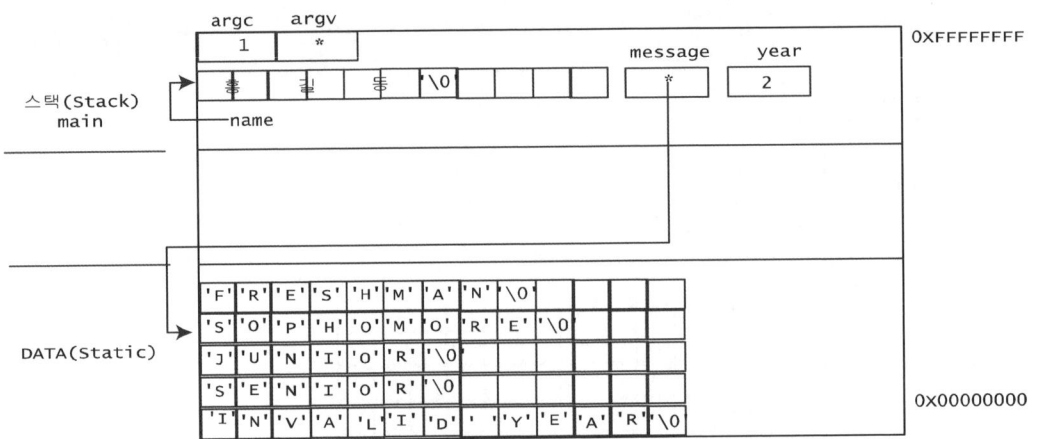

그림 15-14 MakeMessage() 함수가 완전히 실행이 끝났을 때 메모리 맵

따라서 main() 함수 스택에 할당된 message에 저장된 주소를 갖는 기억장소가 할당 해제되지 않았기 때문에 DisplayYear() 함수에 할당 해제되지 않은 기억장소의 주소를 가지고 출력을 할 수 있게 된다. 따라서 "SOPHOMORE"라는 학년 메시지가 출력이 된다.

데이터 세그먼트 중에서 정적으로 관리되는 영역에 기억장소를 할당, 사용 그리고 할당 해제하는 방법에 대해서 알아 보도록 하자. 일반적으로 이 영역을 정적 DATA 세그먼트라고 한다. 그런데 이 용어가 명령어가 저장되는 코드 세그먼트와 대비되는 개념으로 데이터가 저장되는 데이터 세그먼트를 사용할 때 혼동을 가져올 수 있어서 앞으로는 정적 데이터 세그먼트라고 하겠다.

정적 데이터 세그먼트에 변수나 배열을 할당하기 위해서는 스택 세그먼트에 변수나 배열을 할당할 때(auto, 자동)와 달라서 반드시 static 이라는 키워드를 자료형 키워드 앞에 사용하여야 한다.

```
static char messages[5][13];
```

코드 15-20 정적 데이터 세그먼트에 배열 선언 및 정의

정적 기억 공간에 기억장소가 확보되기 때문에 그 기억장소에 저장되어 있는 값은 프로그램이 끝날 때까지 할당 해제되지 않고 보존된다. 그래서 수명이 가장 긴 기억장소라고 할 수 있다. 그리고 긴 시간 동안에 존재하므로, 즉 기억장치에 상주하므로 기억장치가 낭비된다. 따라서 반드시 상주해야만 하는 변수만 정적 변수로 하는 것이 좋다.

실행할 때 처음에 한하여 한 번 초기화되고, 초기값을 지정하지 않으면 모두 0으로 초기화된다.

변수나 배열이 선언되어지는 위치에 따라 함수 블록 내인 경우, 즉 참조 범위를 블록(Block)을 갖는 내부 정적 변수 및 배열 그리고 함수 블록 밖인 경우, 즉 참조 범위를 파일(File)을 갖는 외부 정적 변수 및 배열로 구분된다.

내부 정적 기억장소 관리

```
01 : // 학년에 대한 메세지를 만들다
02 : char* MakeMessage(char (*name), unsigned short int year) {
03 :     // 학년 메세지 문자열 배열 : 2차원 문자 배열
04 :     static char messages[5][13] = {
05 :         "FRESHMAN",
06 :         "SOPHOMORE",
07 :         "JUNIOR",
08 :         "SENIOR",
09 :         "INVALID YEAR"
10 :     };
11 :     char (*message); // 학년 메세지 배열 포인터 변수
12 :
13 :     if(year >= 1 && year <=4 ) {
14 :         switch(year) {
15 :             case 1: message = messages[0]; break;
16 :             case 2: message = messages[1]; break;
17 :             case 3: message = messages[2]; break;
18 :             case 4: message = messages[3]; break;
19 :         }
20 :     }
21 :     else {
22 :         message = messages[4];
23 :     }
24 :
25 :     return message;
26 : }
```

코드 15-21 내부 정적 배열 선언 및 정의

[코드 15-21]에서 보는 것처럼 함수 블록에 선언된 경우 내부 정적 배열이라고 한다는 것이다.

(1) 내부 정적 변수나 배열은 선언 및 정의하는 위치는 함수 내부의 선언부에서 선언 및 정의를 한다. 따라서 배열인 경우는 반드시 배열의 크기를 명확하게 지정하여야 한다.

(2) 변수 명칭이나 배열 명칭을 텍스트에서 참조할 수 있는 범위, 즉 통용 범위는 선언 및 정의된 함수 내부에서만 사용 가능하다. 즉 다시 말해서 messages 배열명칭은 main() 함수, DisplayYear() 함수에서 참조할 수 없고, 단지 MakeMessage() 함수내부에서만 참조가 가능하다.

(3) 변수나 배열이 할당해서 해제되는데 걸리는 기간, 즉 다시 말해서 수명은 프로그램이 실행될 때 할당되어, 프로그램이 실행되는 동안에 항상 존재하며, 프로그램의 실행이 끝날 때까지 결코 할당 해제되지 않는다. 프로그램이 끝날 때 할당 해제된다.

(4) 변수나 배열을 정의할 때 초기값을 지정해 주는 경우는 프로그램이 실행됨과 동시에 단 한 번만 초기화된다. 변수나 배열을 정의할 때 초기치를 지정하지 않는 경우 모두 0으로 초기화된다.

(5) 할당되어 값을 저장하는 곳은 스택과는 전혀 별개인 정적 데이터 영역에 저장된다.

다음은 외부 정적 변수나 배열에 대해서 알아 보도록 하자. 내부 정적 변수나 배열과 다른 점은 선언 및 정의하는 위치, 통용 범위이다.

외부 정적 기억장소 관리

[코드 15-22]에서 13번째 줄에서 볼 수 있듯이 외부 정적 배열은 어떠한 함수 블록 내부에 선언 및 정의되는 것이 아니라 함수 블록 밖, 전역 데이터 선언 및 정의 단락이라고 하는 영역에 선언

및 정의되어 진다. 선언 및 정의할 때 키워드를 생략하더라도 묵시적으로, 즉 컴파일러에 의해서 지정된다.

따라서 messages 배열 명칭은 참조 범위 혹은 통용 범위에 대해서 파일 범위를 갖는다. 원시코드 파일 MakeMessage.c 에서 어떤 곳에서든 참조할 수 있다. 즉 다시 말해서 main(), InputYear(), MakeMessage() 그리고 DisplayYear() 함수들에서 필요할 때 언제든지 참조할 수 있다.

할당되어지는 기억장소의 수명, 초기화 그리고 위치는 내부 정적 변수나 배열과 동일하다.

정적으로 관리되는 데이터 영역을 이용해서 해결할 수 있지만, 프로그램이 실행될 때 할당되어 끝날 때 할당 해제되는, 즉 기억장치에 상주하게 되므로 기억장치가 낭비되는 경우가 있다. 반드시 상주하지 않아도 되는 경우 정적으로 관리되는 기억장치를 사용하는 방법보다는 다른 방법이 더 효율적이다.

주소를 이용하는 결과를 출력하는 것이 아니라 내용을 이용하여 결과를 출력하는 방법, 즉 다시 말해서 문자열을 출력하도록 하는 방법이다. main() 스택에 할당된 학년 메시지에 대해 문자열을 저장할 공간을 할당하고, 즉 문자 배열을 할당하고 MakeMessage() 함수에서 문자열을 복사하도록 하는 방법이 있을 것이다.

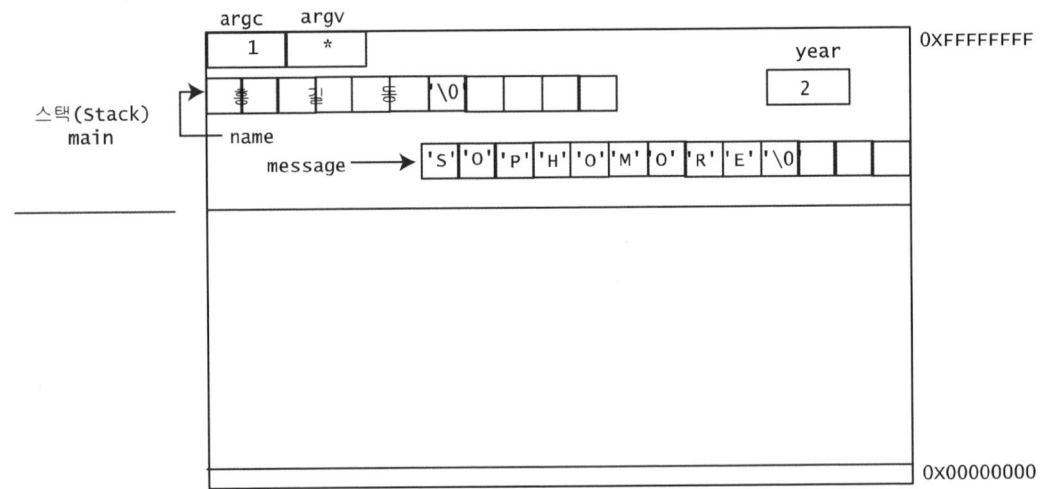

그림 15-15 문자열을 출력하는 방법으로 MakeMessage() 함수를 실행한 후 메모리 맵

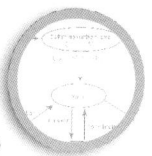

```
01 : /***************************************************************
02 :    파일 명칭 : MakeMessage.c
03 :    함수 명칭 : MakeMessage
04 :    기    능 : 성명과 학년을 입력받아 학년 문자열 메세지를 출력하다
05 :    입    력 : 성명, 학년
06 :    출    력 : 학년 문자열 메세지
07 :    작 성 자 : 김 석 현
08 :    작 성 일자 : 2007-12-28
09 : ***************************************************************/
10 : #include <stdio.h>
11 :
12 : // 학년 메세지 문자열 배열 : 2차원 문자 배열
13 : static char messages[5][13] = {
14 :         "FRESHMAN",
15 :         "SOPHOMORE",
16 :         "JUNIOR",
17 :         "SENIOR",
18 :         "INVALID YEAR"
19 : };
20 :
21 : // 성명과 학년을 입력받는다
22 : void InputYear(char (*name), unsigned short int *year);
23 : // 학년에 대한 메세지를 만들다
24 : char* MakeMessage(char (*name), unsigned short int year);
25 : // 학년 메세지를 출력하다
26 : void DisplayYear(char (*name), unsigned short int year, char (*message));
27 :
28 : int main(int argc, char* argv[]) {
29 :     char name[11]; // 성명 : 문자열
30 :     char (*message); // 학년 메세지 배열 포인터
31 :     unsigned short int year; // 학년
32 :
33 :     InputYear(name, &year);
34 :     message = MakeMessage(name, year);
35 :     DisplayYear(name, year, message);
36 :
37 :     return 0;
38 : }
39 :
40 : // 성명과 학년을 입력받는다
41 : void InputYear(char (*name), unsigned short int *year) {
42 :     scanf("%s %d", name, year);
43 : }
44 :
45 : // 학년에 대한 메세지를 만들다
46 : char* MakeMessage(char (*name), unsigned short int year) {
47 :     char (*message); // 학년 메세지 배열 포인터 변수
48 :
49 :     if(year >= 1 && year <=4 ) {
50 :         switch(year) {
51 :             case 1: message = messages[0]; break;
52 :             case 2: message = messages[1]; break;
53 :             case 3: message = messages[2]; break;
54 :             case 4: message = messages[3]; break;
55 :         }
56 :     }
57 :     else {
58 :         message = messages[4];
59 :     }
60 :
61 :     return message;
62 : }
63 :
64 : // 학년 메세지를 출력하다
65 : void DisplayYear(char (*name), unsigned short int year, char (*message)) {
66 :     printf("%s %d %s\n", name, year, message);
67 : }
```

코드 15-22 외부 정적 배열을 이용하여 학년 메시지를 출력하는 프로그램

여기서 기억할 내용은 키보드로 입력받을 때나 문자열 자체를 복사하기 위해서는 반드시 문자 배열을 할당해서 사용해야 한다는 것과 문자열을 복사하거나 비교하거나 등등 문자열 처리를 할 때는 배열을 이용하지 않고 배열 포인터를 이용한다는 것은 반드시 명심하도록 하자. 복사할 문자열을 저장할 배열을 main() 함수 스택에 할당하고, MakeMessage() 함수에서는 배열 포인터를 이용하여 문자열 복사 라이브러리 함수인 strcpy()를 사용하여 문자열을 복사를 하고 있음을 알 수 있다. [코드 15-23]을 참조하자.

```c
/*********************************************************************
   파일 명칭 : MakeMessage.c
   함수 명칭 : MakeMessage
   기    능 : 성명과 학년을 입력받아 학년 문자열 메세지를 출력하다
   입    력 : 성명, 학년
   출    력 : 학년 문자열 메세지
   작 성 자 : 김 석 현
   작성 일자 : 2007-12-28
**********************************************************************/
#include <stdio.h>
#include <string.h>

// 성명과 학년을 입력받는다
void InputYear(char (*name), unsigned short int *year);
// 학년에 대한 메세지를 만들다
void MakeMessage(char (*name), unsigned short int year, char (*message));
// 학년 메세지를 출력하다
void DisplayYear(char (*name), unsigned short int year, char (*message));

int main(int argc, char* argv[]) {
    char name[11];
    char message[13];
    unsigned short int year;

    InputYear(name, &year);
    MakeMessage(name, year, message);
    DisplayYear(name, year, message);

    return 0;
}

// 성명과 학년을 입력받는다
void InputYear(char (*name), unsigned short int *year) {
    scanf("%s %d", name, year);
}

// 학년에 대한 메세지를 만들다
void MakeMessage(char (*name), unsigned short int year, char (*message)) {
    char messages[][13] = {
        "FRESHMAN",
        "SOPHOMORE",
        "JUNIOR",
        "SENIOR",
        "INVALID YEAR"
    };

    if( year >= 1  && year <= 4) {
      switch(year) {
        case 1: strcpy(message, messages[0]); break;
        case 2: strcpy(message, messages[1]); break;
        case 3: strcpy(message, messages[2]); break;
        case 4: strcpy(message, messages[3]); break;
      }
    }
    else {
       strcpy(message, messages[4]);;
    }
}

// 학년 메세지를 출력하다
void DisplayYear(char (*name), unsigned short int year, char (*message)) {
    printf("%s %d %s\n", name, year, message);
}
```

코드 15-23 문자열 자체를 출력하도록 하는 방법

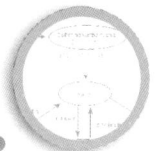

문자열을 처리하는데 필요한 함수들은 라이브러리 함수들로 제공된다. 라이브러리 함수 원형들을 선언하고 있는 표준 헤더 파일은 <string.h> 이다. 따라서 문자열 처리 표준 라이브러리 함수를 사용하기 위해서는 [코드 15-23]에서 11번째 줄에서 보는 것처럼 <string.h> 헤더 파일을 포함하도록 하는 표현을 해야 한다.

```
char *strcpy( char *strDestination, const char *strSource );
```

코드 15-24 표준 라이브러리 함수 strcpy() 의 함수 원형

[코드 15-24]와 같이 표준 라이브러리 함수의 원형에 따라 함수 호출 문장을 작성하면 된다. 49번째 줄부터 56번째 줄을 보면 strcpy() 함수를 사용해서 main() 함수 스택에 할당된 문자 배열에 해당 문자열을 복사하고 있다.

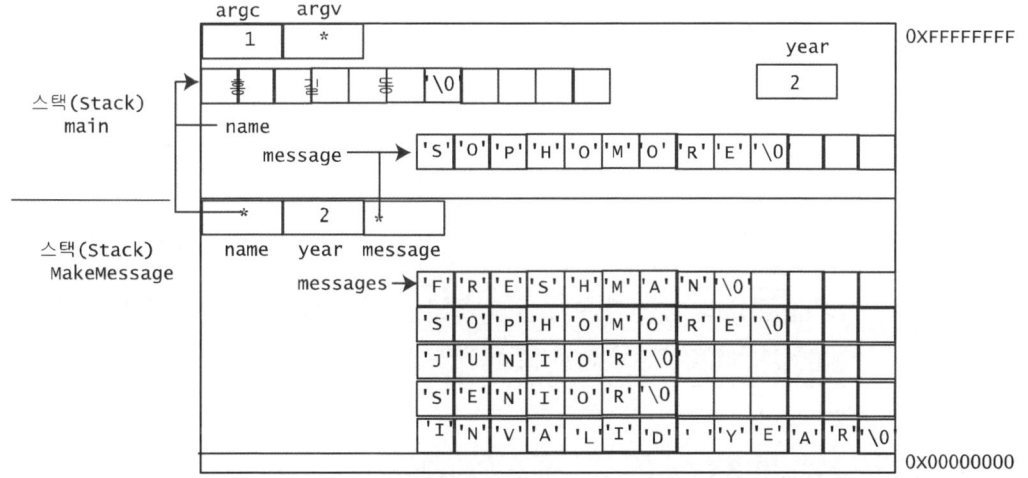

그림 15-16 MakeMessage() 함수가 호출되어 실행되었을 때 메모리 맵

다음은 문자열 처리에 자주 사용되는 몇 개의 문자열 처리 표준 라이브러리 함수들을 정리하여 보았다. 다른 함수들은 직접 여러분들이 라이브러리 매뉴얼에서 아니면 <string.h> 헤더 파일에서 찾아서 정리해 보도록 하자.

표 15-2 문자열 처리 관련 라이브러리 함수들

번호	함수 명칭	기 능	비 고
1	strlen	문자열의 길이를 구하다	
2	strcpy	문자열을 복사하다	
3	strcmp	문자열을 비교하다	
4	strtok	문자열에서 특정 단어를 분리하다	
5	strcat	문자열들을 결합하다	

다시 잔소리를 하는데, 지금 우리는 strcpy() 함수나 strcmp() 함수를 만드는 데 집중하지 않는다. 다만 이용해서 학년 메시지를 출력하는데 집중하면 된다. 이러한 상황에서 strcpy() 함수나 strcmp() 함수가 어떻게 동작할까? 고민할 필요는 없다. 아마 Visual Studio를 사용한다면 빌 게이츠가 잘 만들어서 여러분에게 제공하고 있다. 따라서 매뉴얼을 참고하여 함수 호출 문장을 잘 만들지 고민해야 하고, 고민해서 잘 사용했다면 고마운 마음만 가지면 된다. 제발 strcpy() 함수를 잘 사용하기 위해서 어떻게 동작하는지 알아야 한다는 잘못된 생각을 버리도록 하자. 문자열을 복사하는 strcpy()보다 뛰어난 함수를 만든다면 모를까?

그런데 이 방법은 스택에 할당된 배열은 함수 호출할 때마다 스택이 할당된 후 할당과 동시에 초기화를 해야 함으로 오버헤드(Overhead)가 발생한다. 이러한 부분을 해결하는 방법으로는 문자열 리터럴을 코드에 그대로 사용하는 방법이 있다.

```c
/*****************************************************************
   파일 명칭 : MakeMessage.c
   함수 명칭 : MakeMessage
   기    능 : 성명과 학년을 입력받아 학년 문자열 메세지를 출력하다
   입    력 : 성명, 학년
   출    력 : 학년 문자열 메세지
   작 성 자 : 김 석 현
   작성 일자 : 2007-12-28
*****************************************************************/
#include <stdio.h>

// 성명과 학년을 입력받는다
void InputYear(char (*name), unsigned short int *year);
// 학년에 대한 메세지를 만들다
char* MakeMessage(char (*name), unsigned short int year);
// 학년 메세지를 출력하다
void DisplayYear(char (*name), unsigned short int year, char (*message));

int main(int argc, char* argv[]) {
    char name[11];       // 입력받은 성명을 저장할 배열 선언 및 정의
    char (*message);     // 메세지 문자열의 주소를 저장할 배열 포인터 선언 및 정의
    unsigned short int year;  // 입력받은 학년을 저장할 변수 선언 및 정의

    InputYear(name, &year); // 성명과 학년을 입력받는다
    message = MakeMessage(name, year); // 학년 메세지를 결정한다
    DisplayYear(name, year, message);  // 학년 메세지를 출력한다

    return 0;
}

// 성명과 학년을 입력받는다
void InputYear(char (*name), unsigned short int *year) {
    scanf("%s %d", name, year);
}

// 학년에 대한 메세지를 만들다
char* MakeMessage(char (*name), unsigned short int year) {
    char (*message);

    if(year >= 1 && year <= 4) { // 입력된 학년이 정상적이라면
        switch(year) { // 학년에 맞는 메세지를 정한다
            case 1: message = "FRESHMAN"; break;
            case 2: message = "SOPHOMORE"; break;
            case 3: message = "JUNIOR"; break;
            case 4: message = "SENIOR"; break;
            default: break;
        }
    }
    else { // 오류 메세지를 정한다
        message = "INVALID YEAR";
    }
    return message;
}

// 학년 메세지를 출력하다
void DisplayYear(char (*name), unsigned short int year,
                 char (*message)) {
    printf("%s %d %s\n", name, year, message);
}
```

코드 15-25 학년을 입력받아 문자열 메시지 출력하는 프로그램

[코드 15-25]에서 42번째 줄부터 45번째 줄까지 그리고 50번째 줄에서 각각 사용되는 문자열 리터럴은 정적 데이터 세그먼트에 1차원 문자 배열 구조이면서 마지막 문자가 널 문자로 저장되게 된다. 따라서 배열 명칭은 없지만 배열의 시작주소를 의미하므로 주소로 접근은 가능하다. 따라서 배열 포인터를 잡고, 해당 문자열에 대한 주소를 포인터 변수에 저장하여 출력하도록 하면 된다.

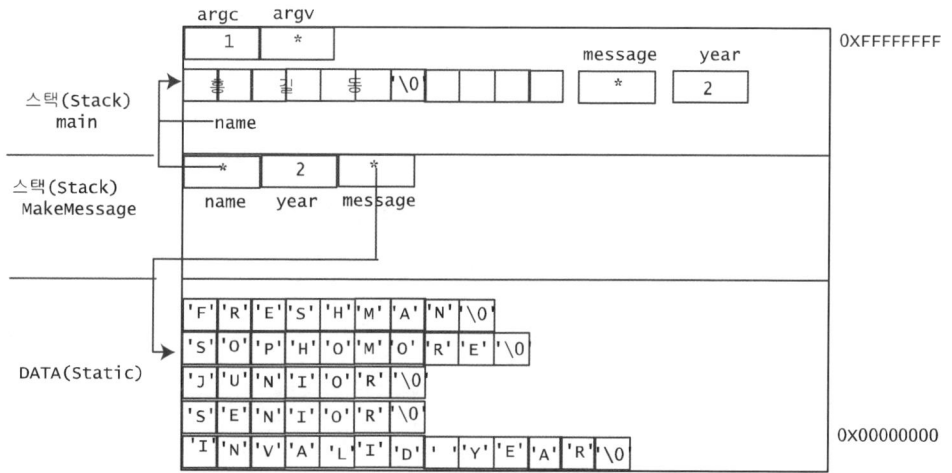

그림15-17 MakeMessage() 함수가 실행된 상태의 메모리 맵

정적 데이터 세그먼트에 연속적으로 문자배열로 저장되어 있다. 물론 [그림 15-17]에서는 이해를 쉽게 하도록 행과 열 개념을 적용하여 작도되어 있으나 혼동하지 않도록 하자. 실제로는 1차원적으로 연속적으로 할당되어 있을 것이다. 2차원 정적 배열과 비교해 보면 2차원 정적 배열을 이용하는 것보다 기억장소가 낭비되지 않는다.

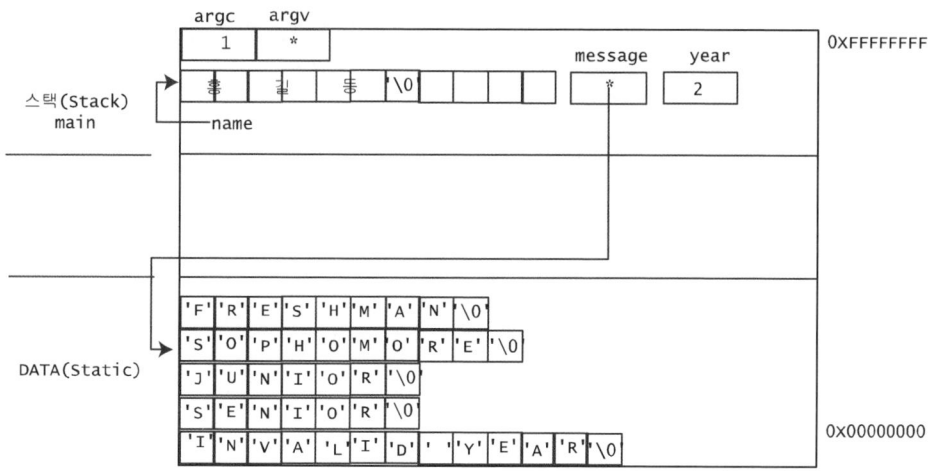

그림15-18 MakeMessage() 함수의 실행이 끝난 후 메모리 맵

MakeMessage() 함수의 실행이 끝난 후에는 main() 함수 스택에 할당된 배열 포인터 message에 주소가 저장되게 되고, 정적 데이터 영역은 프로그램이 끝날 때 할당 해제되므로 message에 저장된 주소는 DisplayYear() 함수에서 사용되어질 때도 유효하게 된다. 따라서 입력된 학년에 대해 메시지를 정확하게 출력하게 된다.

7. 정리

C 언어에서는 문자열 자료형을 제공하지 않지만 문자열이란 하나 이상의 문자들의 연속으로, 문자들이 논리적으로 연결되어 있는 것을 말한다. 따라서 같은 자료형의 변수를 연속적으로 확보한 기억장소의 집합, 즉 배열로 표현하면 될 것이다. 즉 다시 말해서 C 언어에서 제공하는 문자에 대한 자료형, char 자료형을 갖는 변수들을 연속적으로 확보한 기억장소의 집합으로 표현하면 된다. 즉 1차원 문자 배열로 표현하면 된다.

문자열을 입력받기 위해서는 1차원 문자 배열을 선언 및 정의하고 scanf() 함수를 이용하는데 변환문자 %s를 사용해야 한다. 출력도 printf() 함수를 사용할 때 변환 문자 %s를 사용해야 한다. 왜 이렇게 해야 할까? 1차원 문자 배열과 문자열을 구분하기 위해서는 문자열은 마지막 표시 문자로 널 문자('\0')를 저장하기 때문이다.

그리고 초기화는 가급적이면 큰 따옴표로 싸여진 문자들인 문자열 리터럴로 처리하도록 하자. 그리고 연산자들을 사용할 수 없으므로 라이브러리 함수들을 이용해야만 한다.

함수의 정보전달에 문자열을 사용한다면 당연히 배열 포인터를 이용해야 한다.

제16장

배열 포인터
(Pointer to Array)

1. 함수의 정보 전달과 배열

2. 정의

3. 사용 방법

4. 사용 예

5. 정리

제16장 배열 포인터 (Pointer to Array)

1. 함수의 정보 전달과 배열

배열을 정보전달에 사용할 수 있을까? 사용할 수 있다면 어떻게 해야 할까? 그런데 비유적으로 아파트에 살고 있는 모든 세대들을 이사한다고 생각하면 현재 살고 있는 아파트를 그대로 이동시켜야 한다는 것인데, 이 작업은 매우 비효율적인 작업임에는 틀림없다. 이러한 상황들이 현실세계와 달리 C 언어에서 어떻게 전개될까?

13장에서 주어진 문제를 다시 풀어 보도록 하자. 이번에는 10개의 점수만을 입력하는 모듈, 그리고 입력된 점수들을 가지고 평균을 구하는 산술 및 논리 연산 모듈, 그리고 점수와 평균간 차를 구해서 출력하는 모듈로 나누어서 풀어 보도록 하자. [그림 16-1]과 같이 시스템 챠트가 정리될 것이다.

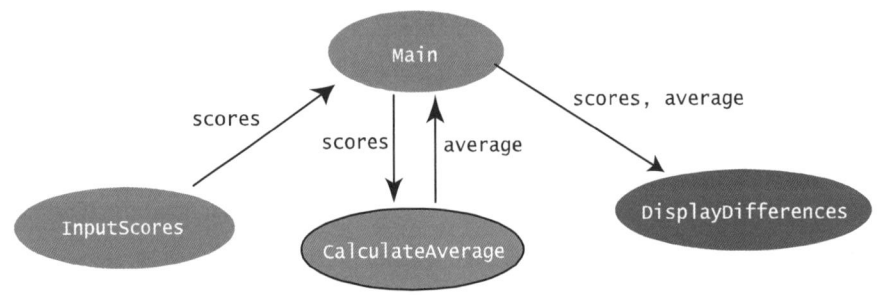

그림 16-1 점수와 평균간 차를 구하는 프로그램

이렇게 프로그램을 구조화한다면, 배열을 모듈의 입력과 출력에 사용해야 한다. InputScores 입력 모듈에서는 배열을 출력해야 하고, CalculateAverage 연산 모듈과 DisplayDifferences 출력 모듈에서는 배열을 입력받아야 한다.

배열을 여러 개의 모듈에서 사용할 수 있는 방법에 대해서 C 언어에서는 어떠한 방법들이 있는지 알아보도록 하자.

● 파일 참조 범위를 갖는 배열을 사용하는 방법

모듈의 입출력 개념이 아니라 코드 텍스트 상에서 명칭(Name)에 대한 참조 범위를 이용하여 배열을 여러 개의 모듈들에서 사용할 수 있다. 따라서 가장 간단한 방법으로 파일 참조 범위를

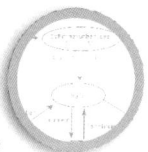

```
01 : /************************************************************
02 :     파일명칭 : GetResults.c
03 :     기   능 : 학생 점수와 평균과의 차를 구하다
04 :     작 성 자 : 김 석 현
05 :     작성일자 : 2009-04-09
06 : ************************************************************/
07 : #include <stdio.h>
08 :
09 : // 배열요소의 개수에 대한 매크로 상수
10 : #define MAX 10
11 :
12 : // 배열 요소의 개수가 10인 배열을 선언 및 정의하다
13 : unsigned short int scores[MAX];
14 :
15 : // 10개 점수를 입력받는다
16 : void InputScores();
17 : // 평균을 구하다
18 : float CalculateAverage();
19 : // 점수와 평균간의 차들을 출력하다
20 : void DisplayDifferences(float average);
21 :
22 : int main() {
23 :     // 10개 점수에 대한 평균
24 :     float average;
25 :
26 :     // 1. 점수들을 입력받는다
27 :     InputScores();
28 :     // 2. 평균을 구하다
29 :     average = CalculateAverage();
30 :     // 3. 차들을 출력한다
31 :     DisplayDifferences(average);
32 :     // 4. 끝낸다
33 :     return 0;
34 : }
35 :
36 : // 10개 점수를 입력받는다
37 : void InputScores() {
38 :     unsigned short int i;
39 :
40 :     for(i = 0; i < MAX; i++) {
41 :         scanf("%d", scores + i);
42 :     }
43 : }
44 :
45 : // 평균을 구하다
46 : float CalculateAverage() {
47 :     float average;
48 :     unsigned short int sum = 0;
49 :     unsigned short int i;
50 :
51 :     for(i = 0; i < MAX; i++) {
52 :         sum += scores[i];           // 합을 구한다
53 :     }
54 :     // 평균을 구하다
55 :     average = sum / ((float)MAX);
56 :
57 :     return average;
58 : }
59 :
60 : // 점수와 평균간의 차들을 출력하다
61 : void DisplayDifferences(float average) {
62 :     unsigned short int i;
63 :
64 :     for(i = 0; i < MAX; i++) {
65 :         printf("%.2f\n", scores[i] - average ); // 차를 구한다. 차를 출력한다
66 :     }
67 : }
```

코드 16-1 파일 참조 범위를 갖는 배열과 함수들

갖는 배열을 선언 및 정의하여 사용하는 방법이다. 특정 함수내부에서 아니라 원시 코드 파일에서 대개는 전역 데이터 단락에 배열을 선언 및 정의하는 것으로 정적 데이터 세그먼트에 배열을 할당해서 사용하는 방법이다.

파일 참조 범위를 갖는 배열 명칭(Array Name)은 원시코드 파일에 작성되어지는 어떠한 함수들에서도 참조 가능하다. [코드 16-1]에서 13번째 줄을 보면 배열이 선언 및 정의되고 있다. scores가 배열 명칭이다. scores는 아래에 기술되는 함수들, main() 함수, InputScores() 함수, CalculateAverage() 함수, DisplayDifferences() 함수에서 수식을 작성하는데 있어 필요하다면 언제든지, 어디서든 사용 가능하다. 즉 참조 범위가 파일 범위(File Scope)를 갖는다는 것이다.

파일 참조 범위를 갖는 배열(혹은 전역 배열이라고도 함)을 이용하는 것은 프로그램의 개발 과정에서 오류 발생의 위험이 높기 때문에 되도록 이면 사용하지 않는 것이 좋다.

배열 포인터를 이용하는 방법

파일 참조 범위를 갖는 배열을 사용하지 않고, 다른 함수에 정의되어 있는 배열을 특정 함수에서 사용할 수 있는 방법은 없을까? [코드 16-2]에서 보는 것처럼 main() 함수에 scores라는 배열을 정의하고, InputScores() 함수에서 사용할 수 있도록 해 보자. [코드 16-1]에서 13번째 줄에 배열 선언 및 정의 문장을 지우고, [코드 16-2]에서 17번째 줄에서처럼 main() 함수내부에서 배열을 선언과 정의하는 문장을 작성하자.

```
01 : /************************************************************
02 :    파일명칭 : GetResults.c
03 :    기   능 : 학생 점수와 평균과의 차를 구하다
04 :    작 성 자 : 김 석 현
05 :    작성일자 : 2009-04-09
06 : ************************************************************/
07 : #include <stdio.h>
08 :
09 : // 배열요소의 개수에 대한 매크로 상수
10 : #define MAX 10
11 :
12 : // 10개 점수를 입력받는다
13 : void InputScores();
14 :
15 : int main() {
16 :     // 배열 요소의 개수가 10인 배열을 선언 및 정의하다
17 :     unsigned short int scores[MAX];
18 :     // 10개 점수에 대한 평균
19 :     float average;
20 :
21 :     // 1. 점수들을 입력받는다
22 :     InputScores();
23 :
24 :     return 0;
25 : }
26 :
27 : // 10개 점수를 입력받는다
28 : void InputScores() {
29 :     unsigned short int i;
30 :
31 :     for(i = 0; i < MAX; i++) {
32 :         scanf("%d", scores + i);
33 :     }
34 : }
```

코드 16-2 블록 범위를 갖는 배열과 함수들

[코드 16-2]에서 17번째 줄에 10개의 배열요소를 갖는 정수형 배열을 선언 및 정의하고 있다. 배열을 참조하기 위해서 프로그래머가 명칭을 부여했는데, 이러한 명칭을 배열 명칭이라고 하고 scores가 배열 명칭이다. 이 배열 명칭은 블록 참조 범위를 갖는다. 즉 다시 말해서 main() 함수 블록의 선두에서 선언 및 정의되었기 때문에 main() 함수 블록 내부에서만 수식에 사용할 수 있다는 것이다. 따라서 InputScores() 함수에서는 scores라는 배열 명칭을 사용할 수 없다. InputScores() 함수에서 사용된 scores는 main() 함수에서 선언 및 정의된 배열 명칭이 아니다. 따라서 InputScores() 함수에서 선언되어지지 않은 scores가 사용되기 때문에, 따라서 컴파일을 하면 컴파일 오류가 발생하게 된다. [그림 16-2]와 같은 메시지가 출력된다.

```
'scores' : undeclared identifier
```

그림 16-2 명칭을 선언하지 않고 사용하는 경우 발생하는 컴파일 오류

InputScores() 함수에서 scores + i 수식에 대한 컴파일 오류를 해결하기 위해서는 InputScores() 함수내부에서 scores 라는 배열 명칭을 선언해야 한다. 그러면서 main() 함수 스택에 할당된 배열 자체를 복사해서 사용할 수 있도록 해야 한다. 배열을 매개변수로 선언해서 사용해야 한다. 즉 다시 말해서 정보 전달 방식으로 매개변수로 배열 자체를 전달하도록 해야 한다. 개념적으로 [그림 16-3]과 같은 메모리 맵을 예상할 수 있다. 매개변수로 main() 함수 스택에 할당된 배열 자체를 전달받아서 사용할 수 있도록 하면 된다.

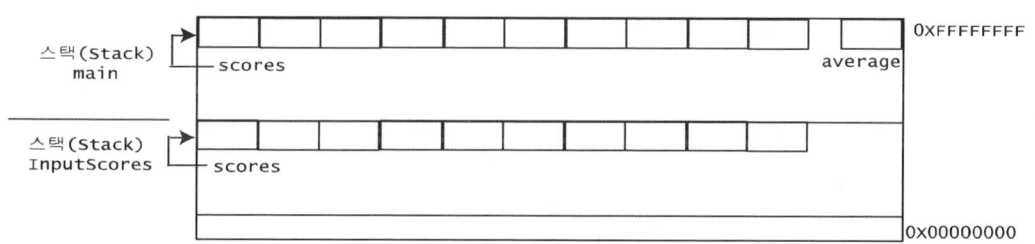

그림 16-3 배열 자체를 매개변수로 사용했을 때 메모리 맵

C 코드로는 [코드 16-3]과 같은 코드를 작성하면 될 것 같다. InputScores() 함수를 선언하고 있는 13번째 줄과 InputScores() 함수를 정의하고 있는 28번째 줄에서 보는 것처럼 매개변수의 자료형으로 배열형을 사용하여 배열 자체를 전달하는 것처럼 코드를 작성할 수 있다. 그리고 22번째 줄에서 보는 것처럼 main() 함수에서 InputScores() 함수를 호출 할 때 배열명칭을 매개변수의 값으로 복사하도록 하고 있다. 여기까지 코드를 작성하고 컴파일을 하면 오류없이 제대로 실행된다.

```
01 : /***********************************************************
02 :    파일명칭 : GetResults.c
03 :    기   능 : 학생 점수와 평균과의 차를 구하다
04 :    작 성 자 : 김 석 현
05 :    작성일자 : 2009-04-09
06 : ***********************************************************/
07 : #include <stdio.h>
08 :
09 : // 배열요소의 개수에 대한 매크로 상수
10 : #define MAX 10
11 :
12 : // 10개 점수를 입력받는다
13 : void InputScores(unsigned short int scores[MAX]);
14 :
15 : int main() {
16 :     // 배열 요소의 개수가 10인 배열을 선언 및 정의하다
17 :     unsigned short int scores[MAX];
18 :     // 10개 점수에 대한 평균
19 :     float average;
20 :
21 :     // 1. 점수들을 입력받는다
22 :     InputScores(scores);
23 :
24 :     return 0;
25 : }
26 :
27 : // 10개 점수를 입력받는다
28 : void InputScores(unsigned short int scores[MAX]) {
29 :     unsigned short int i;
30 :
31 :     for(i = 0; i < MAX; i++) {
32 :         scanf("%d", scores + i);
33 :     }
34 : }
```

코드 16-3 배열 자체를 매개변수로 갖는 InputScores() 함수

그렇지만 여기서 생각해 보아야 할 문제가 있다. [코드 16-3]에서 31번째 줄에서 for 반복구조의 조건식에서 배열요소의 개수를 나타내기 위해 MAX를 사용하지 말고, 배열 명칭을 이용하여 계산하는 식을 이용하도록 해 보자. [코드 16-4]에서 38번째 줄에서 for 반복구조의 조건식을 작성하는 데 있어 배열 명칭을 이용하여 배열 요소의 개수를 구하는 매크로 함수로 바꾸고 컴파일을 한 후 실행시켜 보도록 하자.

배열 자체를 정보전달에 사용한다면 10번 입력받아야 한다. 프로그램을 실행시켜서 입력을 해 보면 10번까지 할 수 없음을 확인할 수 있다. 워드 크기가 4바이트인 시스템에서 프로그램을 실행했다면 입력은 2회 정도 할 수 있을 것이다.

배열 자체를 정보 전달에 사용한다면, 배열 명칭을 이용하여 배열의 전체 크기를 구할 수 있고, 또한 배열요소의 크기를 구할 수 있어 12번째 줄에 작성되어 있는 매크로 함수로 배열요소의 개수를 구할 수 있다. 따라서 10번 입력이 가능해야 한다.

2번 입력이 가능했다면 38번째 줄에 scores는 배열 명칭이 아니라는 것이다. 즉 다시 말해서 개념적으로 생각했던 배열 자체를 매개변수로 사용할 수 없다는 것이다.

그러면 무엇이 전달되었을까? 2번 입력되었다는 것은 sizeof(scores) / sizeof(scores[0]) 의 수식 평가 결과가 2 였다는 것이다. sizeof(scores)는 4 바이트가 되어야 한다. 왜냐하면 sizeof(scores[0]),

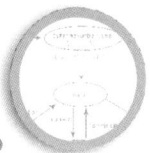

```
01 : /***********************************************************
02 : 파일명칭 : GetResults.c
03 : 기   능 : 학생 점수와 평균과의 차를 구하다
04 : 작 성 자 : 김 석 현
05 : 작성일자 : 2009-04-09
06 : ***********************************************************/
07 : #include <stdio.h>
08 :
09 : // 배열요소의 개수에 대한 매크로 상수
10 : #define MAX 10
11 : // 배열요소의 개수에 대한 매크로 함수
12 : #define COUNTS(array)   sizeof(array)/sizeof(array[0])
13 :
14 : // 10개 점수를 입력받는다
15 : void InputScores(unsigned short int scores[MAX]);
16 :
17 : int main() {
18 :     // 배열 요소의 개수가 10인 배열을 선언 및 정의하다
19 :     unsigned short int scores[MAX];
20 :     // 10개 점수에 대한 평균
21 :     float average;
22 :     unsigned short int i;
23 :
24 :     // 1. 점수들을 입력받는다
25 :     InputScores(scores);
26 :
27 :     for(i = 0; i < COUNTS(scores) ; i++) {
28 :         printf("%d\n", scores[i]);
29 :     }
30 :
31 :     return 0;
32 : }
33 :
34 : // 10개 점수를 입력받는다
35 : void InputScores(unsigned short int scores[MAX]) {
36 :     unsigned short int i;
37 :
38 :     for(i = 0; i < COUNTS(scores) ; i++) {
39 :         scanf("%d", scores + i);
40 :     }
41 : }
```

코드 16-4 배열 명칭과 배열요소의 개수를 구하는 매크로 함수

즉 배열요소의 크기는 sizeof(unsigned short int)이기 때문에 2이기 때문이다. 기억장소의 크기가 워드 크기이고 25번째 줄에 작성된 호출 문장을 보면 배열 명칭을 사용한 것으로 보아, 배열 자체를 복사하는 것이 아니라 배열의 시작 주소만을 값 복사하는 것이다. scores는 배열이 아니라 단지 배열의 시작주소를 저장하는 매개변수, 즉 포인터 매개변수라는 것이다.

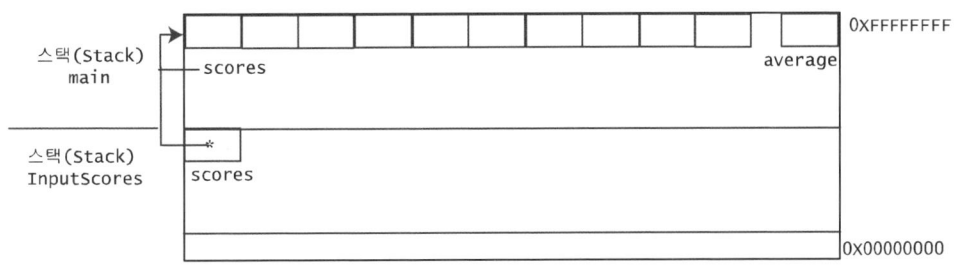

그림 16-4 배열과 배열 포인터

1. 함수의 정보 전달과 배열

```
01 : /*************************************************************
02 : 파일명칭 : GetResults.c
03 : 기    능 : 학생 점수와 평균과의 차를 구하다
04 : 작 성 자 : 김 석 현
05 : 작성일자 : 2009-04-09
06 : *************************************************************/
07 : #include <stdio.h>
08 :
09 : // 배열요소의 개수에 대한 매크로 상수
10 : #define MAX 10
11 :
12 : // 10개 점수를 입력받는다
13 : void InputScores(unsigned short int (*scores));
14 : // 평균을 구하다
15 : float CalculateAverage(unsigned short int (*scores));
16 : // 점수와 평균간의 차들을 출력하다
17 : void DisplayDifferences(unsigned short int (*scores), float average);
18 :
19 : int main() {
20 :     // 배열 요소의 개수가 10인 배열을 선언 및 정의하다
21 :     unsigned short int scores[MAX];
22 :     // 10개 점수에 대한 평균
23 :     float average;
24 :
25 :     // 1. 점수들을 입력받는다
26 :     InputScores(scores);
27 :     // 2. 평균을 구한다
28 :     average = CalculateAverage(scores);
29 :     // 3. 차들을 출력한다
30 :     DisplayDifferences(scores, average);
31 :     // 4. 끝낸다
32 :     return 0;
33 : }
34 :
35 : // 10개 점수를 입력받는다
36 : void InputScores(unsigned short int (*scores)) {
37 :     unsigned short int i;
38 :
39 :     for(i = 0; i < MAX; i++) {
40 :         scanf("%d", scores + i);
41 :     }
42 : }
43 :
44 : // 평균을 구하다
45 : float CalculateAverage(unsigned short int (*scores)) {
46 :     float average;
47 :     unsigned short int sum = 0;
48 :     unsigned short int i;
49 :
50 :     for(i = 0; i < MAX; i++) {
51 :         sum += scores[i];          // 합을 구한다
52 :     }
53 :     // 평균을 구하다
54 :     average = sum / ((float)MAX);
55 :
56 :     return average;
57 : }
58 :
59 : // 점수와 평균간의 차들을 출력하다
60 : void DisplayDifferences(unsigned short int (*scores), float average) {
61 :     unsigned short int i;
62 :
63 :     for(i = 0; i < MAX; i++) {
64 :         printf("%.2f\n", scores[i] - average ); // 차를 구한다. 차를 출력한다
65 :     }
66 : }
```

코드 16-5 배열 포인터를 이용한 프로그램

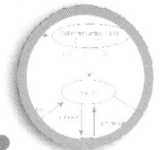

파일 참조범위를 갖는 배열을 이용하지 않고, 배열을 함수의 정보전달에 사용해야만 한다면, C 언어에서 함수의 매개변수와 되돌림 값으로 배열 전체를 통째로 주고 받을 수 없기 때문에 배열을 매개변수나 되돌림 값으로 사용하는 함수에서는 포인터, 정확하게 말하면 배열 포인터를 통해 배열을 간접적으로 조작할 수 밖에 없다.

배열을 이용해서는 크기를 알기 때문에 배열 명칭이 시작이고, 포인터 산술 연산에 의해서 끝도 알 수 있지만, 배열 포인터를 이용하면 배열의 끝을 알아내기가 전혀 불가능하다. 그렇지만 배열의 시작은 어차피 포인터 자신이 가리키고 있을 터이므로 다만 알아낼 필요가 있는 것은 배열의 끝을 감지하는 것이다. 배열의 끝을 알아내는 방법에는 2가지가 있다.

첫 번째는 함수의 매개변수로 배열의 시작을 가리키는 포인터와 함께 배열 크기를 동시에 전달해 주는 방법이다. 일반적인 배열을 다룰 때 사용한다. 그렇지만 이 장에서는 좋은 방법은 아니지만 매크로 상수로 처리한다.

두 번째는 프로그래머가 특별히 정해진 표지(Marker)를 배열에 두는 것이다. 대표적인 예로는 C 언어에서 문자열 표현에 있다. C 언어에서는 문자열은 1차원 문자 배열이지만 문자 배열과 구분하기 위해서 혹은 문자열의 끝을 나타내기 위해서 문자열의 마지막 문자를 널 종료 문자('\0')를 저장하고 있다. 문자열의 널 종료 문자 같은 것이 표지의 대표적인 실례이다.

포인터는 배열의 크기와 배열의 시작과 끝에 대해 어떤 정보도 포함하지 않으므로 크기가 가변인 배열을 취급하는 함수를 쉽게 만들 수 있다. (매개변수가 배열인 함수가 범용성을 갖도록 해주는 C 의 융통성 중의 융통성이다.)

2. 정의

독립된 기억장소(혹은 변수)의 주소를 저장하는 포인터와 달리 배열의 시작주소를 갖는 포인터 변수를 배열 포인터(Pointer to Array)라고 한다.

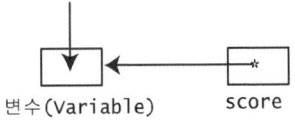

그림 16-5 포인터(Pointer)

독립된 기억장소의 주소를 저장하는 포인터 변수를 배열 포인터와 구분하기 위해서 이 책에서는 일반 포인터라고 하겠다. 일반 포인터 변수를 선언 및 정의하는 방법은 12장에서 정리한 대로 [그림 16-6]과 같다.

```
일반 포인터 변수 선언 및 정의 하는 방법:
(1) 변수 명칭을 적는다
        score
(2) 변수에 저장된 값을 구분한다. 주소이면 변수명칭 앞에 *를 적는다
        *score
(3) 주소를 갖는 기억장소의 자료형을 * 앞에 빈 공백을 두고 적는다
        unsigned short int *score
(4) 세미콜론을 마지막에 적는다
        unsigned short int *score;
```

그림 16-6 일반 포인터 변수 선언 및 정의

그림 16-7 배열 포인터(Pointer to Array)

배열 포인터 변수를 선언과 정의하는 방법은 [그림 16-8]과 같다.

```
배열 포인터 변수 선언 및 정의 하는 방법:
(1) 배열 포인터 변수 명칭을 적는다
        scores
(2) 변수에 저장된 값을 구분한다. 주소이면 변수명칭 앞에 *를 적는다
        *scores
(3) 주소를 갖는 기억장소의 자료형을 * 앞에 빈 공백을 두고 적는다
        unsigned short int *score
(4) 일반 포인터 변수와 구분하기 위해서 구두점 소괄호로 *와 변수 명칭을 묶는다
        unsigned short int (*scores)
(5) 세미콜론을 마지막에 적는다
        unsigned short int (*scores);
```

그림 16-8 배열 포인터 변수 선언 및 정의

배열요소의 자료형에 앞에 기억부류 지정자들, auto, extern, static 중 하나를 사용할 수 있다. 블록 참조 범위를 갖는 경우는 auto를 생략해도 컴파일러에 의해서 지정되고, 파일 참조 범위를 갖는 경우는 static을 생략해도 컴파일러에 의해서 지정된다. 그렇지 않은 경우는 프로그래머가 명확하게 명시해 주어야 한다.

1차원 배열 포인터인 경우는 구두점인 소괄호를 생략할 수 있다. 그렇지만 생략하지 말고, 반드시 명기하도록 하자. 일반 포인터와 배열 포인터를 명확하게 구분하도록 하자는 것이다.

다음 2차원 이상의 배열 포인터를 선언 및 정의하는 방법은 어떠할 지 공부해 보도록 하자. 다차원 배열에서 사용한 이미지를 만들고 출력하는 프로그램을 구조화시켜서 다시 풀어 보도록 하자. 그러면 함수에 2차원 배열을 정보 전달에 사용해야 한다.

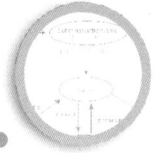

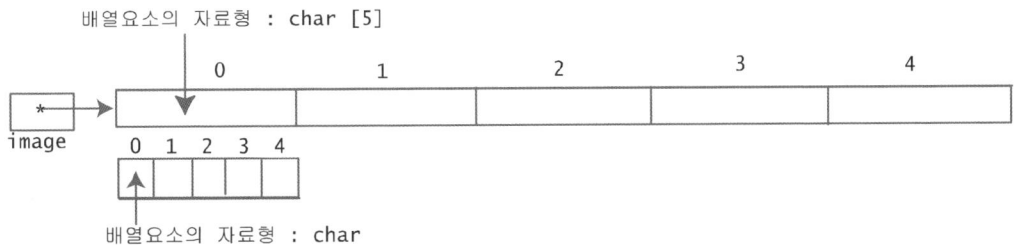

그림 16-9 이미지를 만들고 출력하는 프로그램에서 사용한 2차원 문자 배열

2차원 배열 포인터 image를 선언 및 정의하는 방법은 [그림 16-10]과 같다.

```
(1) 배열 포인터 변수 명칭을 적는다
        image
(2) 변수에 저장된 값을 구분한다. 주소이면 변수명칭 앞에 *를 적는다
        *image
(3) 주소를 갖는 기억장소의 자료형을 * 앞에 빈 공백을 두고 적는다
        char[5] *score
(4) 배열이기 때문에 포인터 변수와 구분하기 위해서 구두점 소괄호로 *와 변수 명칭을 묶는다
        char[5] (*image)
(5) 배열요소의 자료형에서 배열형을 의미하는 구두점 대괄호는 후위 표기로 기술한다.
        char (*image)[5]
(6) 세미콜론을 마지막에 적는다
        char (*image)[5];
```

그림 16-10 2차원 배열 포인터를 선언 및 정의하는 방법

[그림 16-10]의 (3)에서 주소를 갖는 기억장소의 자료형은 배열요소의 자료형이어야 한다. 그런데 배열요소가 배열이기 때문에 배열형을 만들어야 한다. 부분 배열은 문자형인 배열요소를 5개 갖는 1차원 배열이기 때문에 char [5]가 자료형이다. 따라서 주소를 갖는 기억장소, 즉 2차원 배열의 첫 번째 배열요소의 자료형은 char [5]가 된다.

그래서 기억장소에 저장되는 값이 주소임을 강조하는 구두점인 별표(*) 앞에 빈 공백을 두고 자료형을 기술하게 된다. 그렇지만 배열형을 강조하는 구두점인 대괄호는 문법적으로 후위 표기이므로 (5)에서처럼 뒤로 이동시켜 정리하여야 한다. 이때 배열의 크기, 즉 배열요소의 개수를 나타내는 상수, 5는 생략할 수 없다.

2차원 이상의 배열 포인터인 경우는 별표와 포인터 변수 명칭을 감싸는 소괄호는 반드시 사용해야 한다. 소괄호(())를 생략하면 구두점인 대괄호([])와 별표(*)의 우선순위로 인해 전혀 엉뚱한 배열을 정의하게 되므로 주의해야 한다.

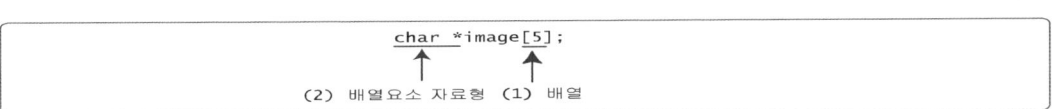

코드 16-6 소괄호를 생략한 경우

선언문에서 쓰이는 (), [] 와 * 같은 구두점의 우선순위는 수식에 사용되는 (), [] 와 * 연산자의 연산 우선순위와 같다.

[코드 16-6]은 2차원 배열 포인터에서 소괄호를 생략한 경우인데, 컴파일러에 의해서 해석되어질 때 우선순위에 따라 구두점인 대괄호([])에 대해서 배열임이 결정되고, 다음은 구두점인 별표(*)가 해석되는데 여기서는 주소가 배열요소에 저장된다라고 해석할 것이다. 따라서 image는 배열인데 주소를 저장하는 배열요소를 5개 갖는 포인터 배열이다. 즉 1차원 배열이다. 이처럼 소괄호를 생략하면 컴파일러에 의해서 다르게 해석될 수 있으므로 1차원이든 2차원이든 상관치 말고 소괄호를 생략하지 않도록 하자.

2차원 이상의 배열 포인터인 경우 배열 크기는 반드시 상수 수식이어야 하고, 배열 크기를 생략할 수 없다. 2차원인 경우는 열의 크기, 3차원인 경우는 행과 열의 크기 등등으로 배열 크기를 생략할 수 없다. 그 이유는 포인터가 가리키는 기억장소가 부분 배열이고, 기억장소의 크기를 명시한다는 것은 곧 그 부분 배열의 크기를 명시하는 것이기 때문이다. 2차원 이상 배열 포인터를 정의할 때 배열 크기를 생략하면 컴파일러가 오류를 내므로 항상 주의하기 바란다.

포인터 변수이기 때문에 NULL 값으로 초기화할 수도 있다.

```
unsigned short int (*scoes) = NULL;
char (*image)[5] = NULL;
```

코드 16-7 배열 포인터 변수의 초기화

3. 사용 방법

배열 포인터 변수에 값을 설정하는 방법에 대해서 알아보도록 하자. 배열 명칭이 배열의 시작주소, 특히 주소상수라는 것은 앞에서 이미 정리되었다. 따라서 배열 포인터 변수에 값을 설정하는 가장 간단한 방법은 배열 명칭을 오른쪽 값으로 설정하는 것이다. 가장 많이 사용되는 함수 호출 문장에서 배열 명칭을 실인수로 사용하여야 한다.

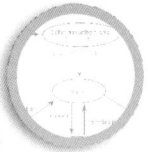

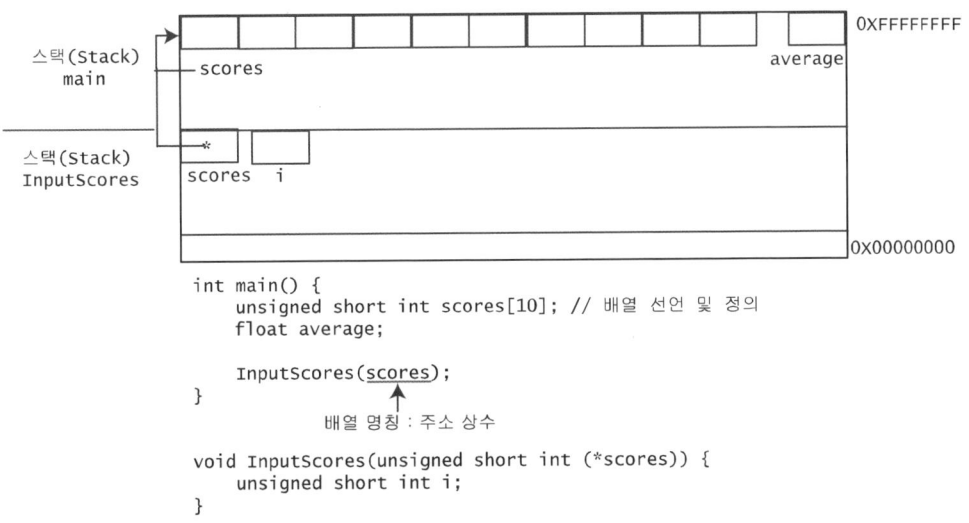

그림 16-11 함수 호출과 배열 포인터 변수에 값을 설정하는 방법

치환식에서는 치환 연산자의 오른쪽에 배열 명칭을 적어야 한다.

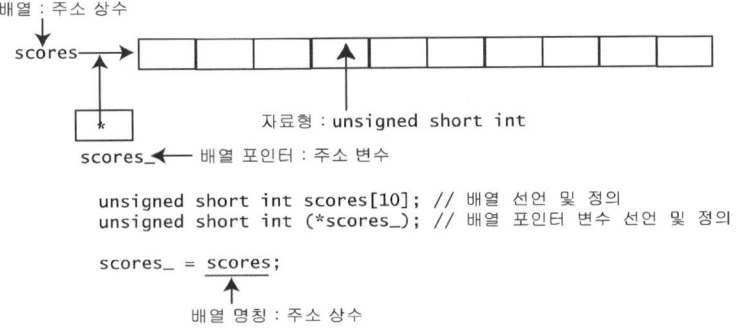

그림 16-12 치환으로 배열 포인터 변수에 값을 설정하는 방법

치환식에서 원치 않은 자동 변환이 발생하지 않도록 하려면, 치환 연산자의 양변의 자료형을 항상 일치해야 한다. 즉 왼쪽 포인터의 기억장소와 오른쪽 포인터 변수의 기억장소가 완전히 동일한 자료형이어야만 한다. 위반하면 심각한 논리 오류가 발생될지도 모른다는 사전 경고로서 컴파일할 때 경고를 발생시킨다.

따라서 합당한 형 변환 연산자(Cost operator)를 사용한 후 대입하여야 한다. 힙을 이용한 동적 관리에서 언급하겠지만 힙에 배열을 할당하는 경우 calloc() 라이브러리 함수를 사용하는데 이때는 반드시 형 변환 연산자를 사용하여 형 변환을 시키고 대입해야 한다.

다음은 배열 포인터 변수를 사용하여 배열을 참조하는 방법에 대해서 알아보도록 하자. 배열요소의 값들, 주소와 내용을 읽고 쓰는 방법에 대해서 알아보자는 것인데, 배열과 동일하다. [그림

16-12]에서 보는 것처럼 배열은 단지 주소 상수라는 것이고, 배열 포인터는 주소를 저장하고 있는 변수라는 차이점만 존재한다.

```c
01 : /*************************************************************
02 :    파일명칭 : UsingPointerToArray.c
03 :    기    능 : 배열 포인터로 숫자를 저장하고 출력한다
04 :    작 성 자 : 김 석 현
05 :    작성일자 : 2009-04-09
06 : *************************************************************/
07 : #include <stdio.h>
08 :
09 : // 열의 개수에 대해 매크로 상수
10 : #define COLUMN 5
11 :
12 : int main() {
13 :     unsigned short int scores[COLUMN]; // 정수형 배열 선언 및 정의
14 :     unsigned short int (*scores_) = scores; // 정수형 배열 포인터 선언, 정의 및 초기화
15 :     unsigned short int i; // 열의 첨자
16 :
17 :     // 1. 열의 개수만큼 반복한다.
18 :     for(i = 0; i < COLUMN ; i++) {
19 :         *(scores_+ i) = i + 10 ; // 10부터 차례대로 수를 저장한다
20 :     }
21 :
22 :     // 2. 열의 개수만큼 반복한다.
23 :     for(i = 0; i < COLUMN; i++) {
24 :         printf("%d ", scores_[i]); // 각 열에 저장된 숫자를 출력한다.
25 :     }
26 :
27 :     return 0;
28 : }
```

코드 16-8 배열 포인터를 이용하여 배열요소에 값을 쓰고 읽는 방법

다른 점이라고 한다면, 배열 포인터는 배열명칭, 즉 상수가 아니라 배열 포인터 변수이므로 배열에서 사용할 수 없었던 ++, -- 연산자를 사용할 수 있다는 점이 유용하다.

```c
01 : /*************************************************************
02 :    파일명칭 : IncrementOperator.c
03 :    기    능 : 배열 포인터로 숫자를 저장하고 출력한다
04 :    작 성 자 : 김 석 현
05 :    작성일자 : 2009-04-09
06 : *************************************************************/
07 : #include <stdio.h>
08 :
09 : // 열의 개수에 대해 매크로 상수
10 : #define COLUMN 5
11 :
12 : int main() {
13 :     unsigned short int scores[COLUMN]; // 정수형 배열 선언 및 정의
14 :     unsigned short int (*scores_) = scores; // 정수형 배열 포인터 선언, 정의 및 초기화
15 :     unsigned short int i; // 열의 첨자
16 :
17 :     // 1. 열의 개수만큼 반복한다.
18 :     for(i = 0; i < COLUMN ; i++) {
19 :         (*(scores_++)) = i + 10 ; // 10부터 차례대로 수를 저장한다
20 :     }
21 :     // 다시 배열의 시작 주소로 설정하다(Reset)
22 :     scores_ = scores;
23 :     // 2. 열의 개수만큼 반복한다.
24 :     for(i = 0; i < COLUMN; i++) {
25 :         printf("%d ", (*(scores_++))); // 각 열에 저장된 숫자를 출력한다.
26 :     }
27 :
28 :     return 0;
29 : }
```

코드 16-9 증가 연산자와 배열 포인터

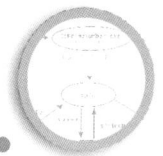

[코드 16-9]에서 19번째 줄에서 배열 포인터 변수를 이용하여 증가 연산자와 간접 지정 연산자를 이용하여 scores 배열의 각 요소에 10부터 시작하여 1씩 증가하는 숫자를 저장하고, 25번째 줄에서는 각 배열요소에 저장된 숫자를 출력한다. 배열 포인터 변수이기 때문에 제대로 작동하게 된다. 그렇지만 배열을 이용한 수식, 즉 (*(scores++)) 는 컴파일 오류가 발생하게 된다. 배열 명칭은 상수이기 때문에 왼쪽 값으로 사용할 수 없기 때문에 발생하게 된다.

다음은 가장 많이 사용되는 정보 전달에 대해서 정리해 보자. 1차원 배열이 매개변수로 사용되는 함수에 대해서 정리해 보도록 하자. [코드 16-10]과 같이 선언을 할 수 있다.

```
// 10개 점수를 입력받는다
void InputScores(unsigned short int scores[10]);   ①

// 평균을 구하다
float CalculateAverage(unsigned short int scores[]);   ②

// 점수와 평균간의 차들을 출력하다
void DisplayDifferences(unsigned short int (*scores), float average);   ③
```

코드 16-10 배열 포인터를 매개변수로 갖는 함수들의 선언

첫 번째처럼 배열형으로 매개변수를 선언할 수 있는데, 형식 매개변수 선언 시에는 배열 크기를 설정할 필요가 없다. 따라서 두 번째처럼 형식 매개변수를 작성할 수 있다. 첫 번째와 두 번째 형식도 유효하지만 가장 이상적인 표현은 세 번째 이다. 따라서 앞으로는 1차원 배열 포인터를 선언할 때는 세 번째 형식대로 선언 및 정의하도록 하자. 첫 번째와 두 번째 형식, 즉 배열형을 강조하는 표현을 하더라도 배열을 의미하지는 않는다. 즉 배열이 아니라 배열 포인터일 뿐이다. 배열형을 강조하는 표현이지만 배열 포인터 명칭은 배열 명칭, 즉 상수를 의미하지 않고, 변수(형식 매개변수)라는 점에 유의하여야 한다.

다음은 다차원 배열을 매개변수로 사용하는 함수인 경우에 대해서 알아보도록 하자. 다차원 배열에서 사용했던 이미지를 만들고 출력하는 프로그램을 이미지를 만드는 모듈과 출력하는 모듈로 나누어 다시 구성해 보도록 하자.

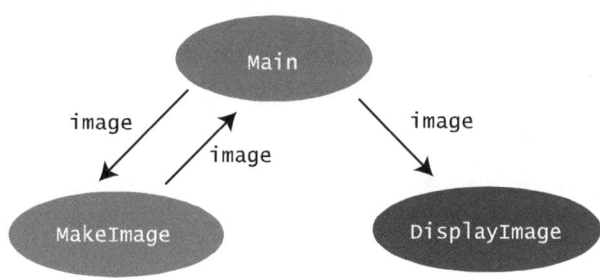

그림 16-13 이미지를 만들고 출력하는 프로그램의 구조도

표 16-1 자료 명세서

번호	명칭		자료형	비고
	한글	영문		
1	이미지	image	2차원 문자 배열	

[그림 16-13]에서 사용되는 데이터, image는 2차원 문자 배열로 구조화되어 사용되어야 한다. 따라서 C 언어로 프로그램을 작성한다면 함수의 매개변수로 2차원 배열을 이용해야 한다는 것인데, C 언어에서는 앞에서 정리된 것처럼 배열 자체를 매개변수로 사용할 수 없고, 배열의 시작주소만을 매개변수로 사용할 수 있다.

```
01 : /*******************************************************
02 : 파일명칭 : Image.c
03 : 기   능 : 이미지를 만들고 출력한다
04 : 작 성 자 : 김 석 현
05 : 작성일자 : 2009-04-09
06 : *******************************************************/
07 : #include <stdio.h>
08 :
09 : // 행의 개수에 대해 매크로 상수
10 : #define ROW 5
11 : // 열의 개수에 대해 매크로 상수
12 : #define COLUMN 5
13 :
14 : void MakeImage(char (*image)[COLUMN]);
15 : void DisplayImage(char (*image)[COLUMN]);
16 :
17 : int main() {
18 :     // 2 차원 문자 배열을 선언 및 정의한다
19 :     char image[ROW][COLUMN];
20 :
21 :     // 이미지를 만들다
22 :     MakeImage(image);
23 :     // 이미지를 출력하다
24 :     DisplayImage(image);
25 :
26 :     // 4. 끝낸다
27 :     return 0;
28 : }
29 :
30 : // 이미지를 만들다
31 : void MakeImage(char (*image)[COLUMN]) {
32 :     unsigned short int i; // 행의 첨자
33 :     unsigned short int j; // 열의 첨자
34 :
35 :     // 1. 행의 개수만큼 반복한다.
36 :     for(i = 0; i < ROW ; i++) {
37 :         // 1.1. 열의 개수만큼 반복한다.
38 :         for(j = 0; j  < COLUMN; j++) {
39 :             image[i][j] = '*'; // 1.1.1. 각 칸에 * 문자를 찍는다.
40 :         }
41 :     }
42 :     // 2. 2번째 행부터 행의 개수 - 1만큼 반복한다.
43 :     for(i = 1; i < ROW - 1; i++) {
44 :         // 2.1. 2번째 열부터 열의 개수 - 1만큼 반복한다.
45 :         for(j = 1; j < COLUMN - 1; j++) {
46 :             image[i][j] = ' ';// 2.1.1. 각 칸에 공백 문자를 찍는다.
47 :         }
48 :     }
49 : }
50 :
51 : // 이미지를 출력하다
52 : void DisplayImage(char (*image)[COLUMN]) {
53 :     unsigned short int i; // 행의 첨자
54 :     unsigned short int j; // 열의 첨자
55 :
56 :     // 3. 행의 개수만큼 반복한다.
57 :     for(i = 0; i < ROW; i++) {
58 :         // 3.1. 열의 개수만큼 반복한다.
59 :         for(j = 0; j < COLUMN; j++) {
60 :             printf("%c", image[i][j]); // 3.1.1. 각 칸에 저장된 문자를 출력한다.
61 :         }
62 :         printf("\n"); // 줄을 바꾼다.
63 :     }
64 : }
```

코드 16-11 배열 포인터를 이용하여 이미지를 만들고 출력하는 프로그램

다차원 배열 포인터를 선언하는 방법부터 정리해 보도록 하자. [코드 16-12]는 2차원 문자 배열에 대한 배열 포인터를 선언하는 방법들을 표현하고 있다. ① 과 ②는 배열형을 강조하여 매개변수를 선언하고 있고, ③은 배열 포인터임을 강조하는 표현이다.

```
// 이미지를 만들다
void MakeImage(char image[5][5]);   ①
// 이미지를 만들다
void MakeImage(char image[][5]);    ②
// 이미지를 만들다
void MakeImage(char (*image)[5]);   ③
```

코드 16-12 2차원 배열 포인터의 선언들

다차원 배열 포인터 선언에서 첫 번째 배열 크기는 생략하지만 그 이외의 배열 크기는 절대로 생략할 수 없다. 2차원 배열에 대한 배열 포인터인 경우는 열의 개수를 생략할 수 없고, 3차원 배열에 대한 배열 포인터인 경우는 행과 열의 개수를 절대 생략할 수 없다.

다차원 배열을 매개변수로 사용하는 함수는 모든 배열 크기를 매개변수로 넘겨야 한다.

4. 사용 예

배열을 함수의 정보 전달에 사용

배열 포인터를 사용해야 하는 이유에 있어 가장 중요한 것은 배열을 정보 전달에 이용해야 하기 때문이다. 그러면 배열 포인터가 사용되어야 하는 또 다른 이유들은 없을까? 그렇지 않다.

차원 변환

배열 포인터를 사용하는 이유 중에 하나는 차원 변환을 할 수 있다는 것이다. 다차원을 1차원으로 1차원을 다차원으로 차원 변환이 배열 포인터 개념이 있어 가능하다. 차원 변환을 그러면 왜 필요할까? 차원 변환에 의해서 처리를 단순화 시킬 수 있고, 알고리듬 개발에 유용하게 사용할 수 있기 때문이다.

차원 변환의 의미는 포인터 연산 회수를 조정한다는 것이다. 1차원으로 차원 변환을 한다면 포인터 연산을 1회 한다는 것이고, 2차원으로 변환했다면 2번의 포인터 연산을 거쳐 배열요소에 접근할 수 있다는 의미일 뿐이다. 이에 대한 자세한 내용은 배열에서 참조하도록 하자.

[코드 16-14]에서 32번째 줄부터 시작하는 MakeImage() 함수를 보자. 36 번째 줄에서 1차원 배열 포인터 image_을 선언 및 정의한다. 그리고 곧 바로 초기화를 하고 있다. 이때 형 변환을 해야 한다. 왜냐하면 image_의 자료형은 char (*)이고 image의 자료형은 char (*)[5] 이기 때문에 왼쪽과 오른쪽의 자료형이 같지 않기 때문이다.

```
char (*image)[5];
char (*image_) = image;
         ↑              ↑
     char (*)      char (*)[5]
```

코드 16-13 2차원 배열 포인터를 1차원 배열 포인터로 형 변환

```c
01 : /*************************************************
02 :    파일명칭 : Image.c
03 :    기  능  : 이미지를 만들고 출력한다
04 :    작 성 자 : 김석현
05 :    작성일자 : 2009-04-09
06 : *************************************************/
07 : #include <stdio.h>
08 :
09 : // 행의 개수에 대해 매크로 상수
10 : #define ROW  5
11 : // 열의 개수에 대해 매크로 상수
12 : #define COLUMN 5
13 :
14 : void MakeImage(char *image[COLUMN]);
15 : void DisplayImage(char (*image)[COLUMN]);
16 :
17 : int main() {
18 :     // 2 차원 문자 배열을 선언 및 정의한다
19 :     char image[ROW][COLUMN];
20 :
21 :
22 :     // 이미지를 만들다
23 :     MakeImage(image);
24 :     // 이미지를 출력하다
25 :     DisplayImage(image);
26 :
27 :     // 4. 끝낸다
28 :     return 0;
29 : }
30 :
31 : // 이미지를 만들다
32 : void MakeImage(char (*image)[COLUMN]) {
33 :     unsigned short int i; // 행의 첨자
34 :     unsigned short int j; // 열의 첨자
35 :     // 2차원을 1차원으로 차원 변환
36 :     char (*image_) = (char (*))image;
37 :
38 : #if 0
39 :     // 1. 행의 개수만큼 반복한다.
40 :     for(i = 0; i < ROW ; i++) {
41 :         // 1.1. 열의 개수만큼 반복한다.
42 :         for(j = 0; j < COLUMN; j++) {
43 :             image[i][j] = '*'; // 1.1.1. 각 칸에 * 문자를 찍는다.
44 :         }
45 :     }
46 : #endif
47 :
48 :     for(i = 0; i < ROW * COLUMN; i++) {
49 :         image_[i] = '*';
50 :     }
51 :     // 2. 2번째 행부터 행의 개수 - 1만큼 반복한다.
52 :     for(i = 1; i < ROW - 1; i++) {
53 :         // 2.1. 2번째 열부터 열의 개수 - 1만큼 반복한다.
54 :         for(j = 1; j < COLUMN - 1; j++) {
55 :             image[i][j] = ' ';// 2.1.1. 각 칸에 공백 문자를 찍는다.
56 :         }
57 :     }
58 : }
59 :
60 : // 이미지를 출력하다
61 : void DisplayImage(char (*image)[COLUMN]) {
62 :     unsigned short int i; // 행의 첨자
63 :     unsigned short int j; // 열의 첨자
64 :
65 :     // 3. 행의 개수만큼 반복한다.
66 :     for(i = 0; i < ROW; i++) {
67 :         // 3.1. 열의 개수만큼 반복한다.
68 :         for(j = 0; j < COLUMN; j++) {
69 :             printf("%c", image[i][j]); // 3.1.1. 각 칸에 저장된 문자를 출력한다.
70 :         }
71 :         printf("\n"); // 줄을 바꾼다.
72 :     }
73 : }
```

코드 16-14 배열 포인터와 차원 변환

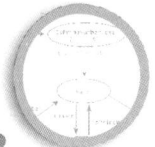

[코드 16-13]에 작성되어 있는 초기화식은 컴파일 오류가 발생한다. 컴파일 오류를 없애고자 한다면 형 변환(Type Cast)을 해야 한다. 형 변환 연산자 ()를 사용하면 쉽게 할 수 있다. 이때 형 변환 연산자에 사용되는 자료형은 왼쪽 값에 대한 자료형이어야 한다.

```
char (*image)[5];
char (*image_) = (char (*))image;
          ↑              ↑
        char (*)      형 변환 연산
```

코드 16-15 형 변환

처음 C 언어로 프로그램을 작성하는 초보자들에게 있어 특정 기억장소의 자료형을 아는 것이 어려운 작업이다. 기억장소의 자료형을 쉽게 알 수 있는 방법은 변수, 매개변수 혹은 인수, 함수, 그리고 배열 선언문에서 변수, 매개변수, 함수 그리고 배열 명칭을 생략하고 남은 것이 자료형이 된다.

```
char (*image)[5];                            char (*)[5];
char (*image_);        명칭(Name) 지우기      char (*);
char image[5][5];      ───────────────▶      char [5][5];
unsigned short int i;                        unsigned short int;
```

그림 16-14 기억장소의 자료형을 확인하는 방법

[코드 16-14]에서 38번째 줄부터 46번째 줄까지 주석이다. 2차원 배열 포인터를 사용할 때 모든 열에 별표(*)를 저장하는 제어논리를 2개의 for 반복구조로 표현하고 있다. 그렇지만 1차원으로 차원 변환을 했을 때는 48번째 줄에서 50번째 줄까지를 보면 한 개의 for 반복구조로 표현할 수 있어 제어논리가 단순화되었다. 이렇게 차원 변환을 이용하면 제어논리를 간단하게 작성할 수 있는데, C 언어에서 이러한 차원 변환을 가능케 하는 것이 배열 포인터이다.

● 힙(Heap)에 위한 배열의 동적 관리

다음으로 사용해야 하는 이유는 힙에 배열을 할당할 때이다. 힙 영역은 직접 접근이 불가능한 영역이다. 따라서 간접 접근을 해야 하기 때문에 힙에 배열을 할당하고자 할 때 사용해야 한다. 이에 대해서는 다음 장에서 공부하도록 하자.

5. 정리

독립된 기억장소의 주소를 저장하는 포인터와 달리 배열의 시작주소를 갖는 포인터 변수를 배열 포인터라고 한다. 배열 포인터를 선언 및 정의하는 방법은 다음과 같다.

(1) 배열 포인터 변수 명칭을 적는다.
(2) 변수에 저장된 값을 구분한다. 주소이면 변수명칭 앞에 *를 적는다.
(3) 주소를 갖는 기억장소의 자료형을 * 앞에 빈 공백을 두고 적는다.
(4) 배열이기 때문에 포인터 변수와 구분하기 위해서 구두점 소괄호로 *와 변수 명칭을 묶는다.
(5) 배열요소의 자료형에서 배열형을 의미하는 구두점 대괄호는 후위 표기로 기술한다.
(6) 세미콜론을 마지막에 적는다.

배열 명칭이 주소이므로 배열 포인터 변수를 왼쪽 값으로 하고 배열 명칭을 오른쪽 값으로 해서 치환에 의해서 배열 포인터 변수에 주소를 저장해야 한다.

배열은 상수이고 배열 포인터는 변수라는 개념에 차이만 존재하는 것이지 배열요소의 주소를 구하는 방식이나, 배열요소에 값을 쓰거나 읽는 방식은 배열과 동일하다. 배열 포인터를 사용해야 하는 경우는 배열을 함수의 정보 전달에 사용하는 경우, 배열의 차원 변환을 하고 싶을 때 그리고 마지막으로 힙에 가변적인 배열을 만들고자 할 때이다.

제17장
힙 동적관리

1. 왜(Why)?

2. 힙과 배열 포인터

3. 힙을 이용한 동적 메모리 관리

4. 포인터의 포인터(Pointer to pointer)

5. 정리

제17장 힙 동적관리

교통수단의 하나인 지하철의 경우에는 차량의 수를 일정하게 운행하는 것이 아니라 출퇴근 시간과 같이 사람이 많이 이용하는 시간에는 차량수를 늘려서 운행한다. 이와 같이 상황에 따라 원하는 만큼의 기억장소를 가변적으로 할당받아 사용할 수 있는 편리한 방법이 있다. 이것이 바로 힙을 이용한 동적 메모리 할당(Dynamic Memory Allocation) 방법이다.

1. 왜(Why)?

수를 입력받아 소수인지 판단하는 프로그램을 더욱더 확장해 보도록 하자. 두 개의 수를 입력받아서 두 개의 수 사이에 있는 소수들과 개수를 출력하는 프로그램을 작성해 보도록 하자.

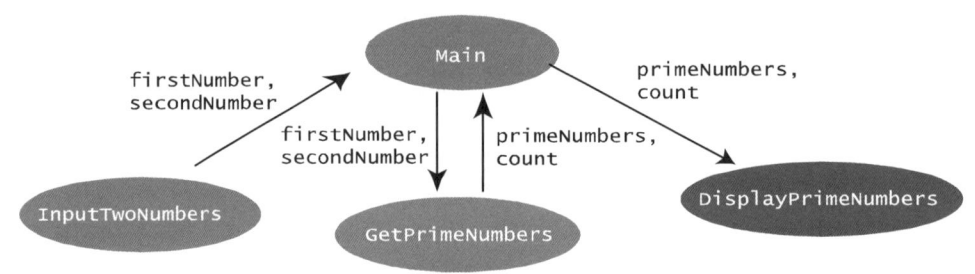

그림 17-1 두 개의 수사이에 있는 소수들을 구하는 프로그램의 구조

[그림 17-1]과 같이 입력, 산술 및 논리 연산, 출력, 그리고 제어 모듈로 나누어 프로그램의 구조를 잡고, 프로그램에서 사용되는 데이터들을 정리하면 [표 17-1]과 같다.

표 17-1 자료 명세서

번호	명칭		자료형	비고
	한글	영문		
1	소수들	primeNumbers	정수 배열	두 개의 수 사이에 있는 소수들
2	개수	count	정수	소수의 개수
3	첫 번째 수	firstNumber	정수	두 번째 수보다 작은 수
4	두 번째 수	secondNumber	정수	첫 번째 수보다 큰 수

얼핏 보면 주어진 문제에 어떠한 문제가 없는 것처럼 보인다. 그렇지만 프로그래밍 작업을 하기

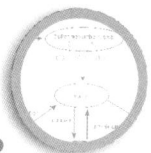

```
01 : /****************************************************************
02 : 파일 명칭 : GetPrimeNumbers.c
03 : 기    능 : 입력받은 두개의 수사이에 있는 소수들을 모두 출력한다
04 : 출    력 : 소수들, 개수
05 : 입    력 : 첫번째 수, 두번째 수
06 : 작 성 자 : 김석현
07 : 작성일자 : 2009년 2월 3일
08 : ****************************************************************/
09 : #include <stdio.h>
10 :
11 : // 사용자 정의 자료형 선언
12 : typedef unsigned long int ULong;
13 :
14 : // 입력 함수
15 : void InputTwoNumbers(ULong *firstNumber, ULong *secondNumber);
16 : // 산술 및 논리 연산 함수
17 : void GetPrimeNumbers(ULong firstNumber, ULong secondNumber,
18 :         ULong (*primeNumbers), ULong *count);
19 : // 출력 함수
20 : void DisplayPrimeNumbers(ULong count, ULong (*primeNumbers));
21 :
22 : // 응용 프로그램의 엔트리 포인터 함수 정의
23 : int main() {
24 :     ULong firstNumber;    // 입력 자료 변수 선언
25 :     ULong secondNumber;   // 입력 자료 변수 선언
26 :     ULong primeNumbers[10]; // 소수들을 저장하기 위한 배열 선언
27 :     ULong count; // 소수의 개수에 대한 변수 선언
28 :
29 :     // 수를 입력받는다
30 :     InputTwoNumbers(&firstNumber, &secondNumber);
31 :     // 소수들을 구한다
32 :     GetPrimeNumbers(firstNumber, secondNumber, primeNumbers, &count);
33 :     // 소수들을 출력한다
34 :     DisplayPrimeNumbers(count, primeNumbers);
35 :
36 :     return 0;
37 : }
38 :
39 : // 입력 함수
40 : void InputTwoNumbers(ULong *firstNumber, ULong *secondNumber) {
41 :     // 수를 입력받는다
42 :     printf("두 수를 입력하시오! ");
43 :     scanf("%d %d", firstNumber, secondNumber);
44 : }
45 :
46 : // 산술 및 논리 연산 함수
47 : void GetPrimeNumbers(ULong firstNumber, ULong secondNumber,
48 :         ULong (*primeNumbers), ULong *count) {
49 :     // 1. 두 개의 수를 입력 받는다
50 :     ULong remainder;
51 :     ULong i;
52 :     ULong j;
53 :     ULong k = 0;
54 :
55 :     *count = 0;
56 :
57 :     // 2. 첫번째부터 두번째 수보다 작거나 같은 동안 반복한다
58 :     i = firstNumber;
59 :     while(i <= secondNumber) {
60 :         j = 2;
61 :         remainder = i % j;
62 :         // 2.1. 소수인지 확인한다
63 :         while( j < i && remainder != 0) {
64 :             j++;
65 :             remainder = i % j;
66 :         }
67 :         // 2.2. 소수이면
68 :         if(j == i) {
69 :             (*count)++; // 2.2.1. 개수를 센다
70 :             primeNumbers[k] = i; // 2.2.2. 소수를 적는다
71 :             k++;
72 :         }
73 :         i++;
74 :     }
75 : }
76 :
77 : // 출력 함수
78 : void DisplayPrimeNumbers(ULong count, ULong (*primeNumbers)) {
79 :     ULong i;
80 :
81 :     printf("%d 개의 소수들이 있습니다.\n", count);
82 :     for(i = 0; i < count; i++) {
83 :         printf("%d는 소수입니다!\n", primeNumbers[i]);
84 :     }
85 : }
```

코드 17-1 소수들을 구하는 프로그램

위해서는 깊게 고민을 해야 하는 것이 있다. 무엇을 고민해야 하는 것일까? 잠시 생각해 보도록 하자. 알겠는가?

[표 17-1]에서 정수 배열인 "소수들"에 대해 생각을 깊게 해 보아야 할 것 같다. 앞에서 배열 관련 장들에서 배운 대로라면 스택(Stack)에 배열을 할당할 때는 상수 수식으로 배열 크기를 정해야 한다고 했다. 즉 다시 말해서 한정된 크기의 배열을 할당해 놓고 처리를 해야 한다는 것이다. 그런데 주어진 문제에서는 입력받은 첫 번째 수와 두 번째 수에 따라 배열의 크기가 결정되어야 한다는 것이다. 첫 번째 수와 두 번째 수를 입력받을 때는 프로그램이 실행되어야만 한다. 입력받은 두 수 사이에서 구할 수 있는 소수들의 개수가 프로그래밍 작업을 할 때 정해놓은 배열크기를 벗어 난다면, 모든 소수들을 다 구할 수 없는 상태가 될 것이다. 또한 프로그램이 정상적으로 끝나지 않고, 예기치 않은 오류가 발생해서 강제적으로 프로그램이 끝나는 현상을 경험하게 된다. 과연 그러한지 확인을 해 보도록 하자. [코드 17-1]은 배열크기를 10개로 하여 배열을 할당하도록 한 프로그램을 작성한 것이다. 이것을 컴파일, 링크 그리고 실행을 시키도록 하자. 그리고 1과 30을 입력했을 때는 정상적으로 프로그램이 끝나고 결과를 확인할 수 있다. 그렇지만 1과 50을 입력하고 프로그램을 실행해 보자. 프로그램이 정상적으로 끝나지 않고, 예기치 않은 오류가 발생해서 강제적으로 프로그램을 끝내야 할 것이다.

예기치 않은 오류가 발생하는 이유는 할당되지 않은 배열요소들에 값을 쓰는 작업이 이루어 졌기 때문이다. 1에서 50까지 소수의 개수는 산수 시간에 배운 대로 수작업으로 구해 보면, 15개 일 것이다. 따라서 GetPrimeNumbers() 함수와 DisplayPrimeNumbers() 함수에서 각각 할당되지 않은 기억장소들에 값을 쓰거나 읽는 작업을 하기 때문에 운영체제 입장에서는 단단히 화가 났을 것이다. 따라서 예기치 않은 오류를 발생시켜 프로그램을 강제로 끝내게 되는 것이다.

여러분이 사용하고 있는 데스크 탑이거나 노트북 컴퓨터에 내장되어 있는 기억장치의 용량도 대용량인데, 프로그램 사용자에게 입력할 수 있는 수의 범위를 지정해 주는 것도 찜찜하고, 그렇다면 어떻게 해야 할까?

스택에서 할당할 수 있는 최대 크기로 배열을 잡는 수밖에 없다. 얼마나 될까? 우리가 알고 있는 지식에 의하면, 4장에서 배운 대로 워드 크기가 2바이트인 운영체제에서 스택 세그먼트의 크기는 64 KB이기 때문에 이론적으로 대략 12000개의 배열요소를 갖는 배열을 할당해야 한다. 그렇지만 요사이 사용되는 컴퓨터들은 워드 크기가 4바이트인 운영체제를 사용하고 있기 때문에 또한 운영 체제가 기억장소를 관리하는 방식이 세그먼트 방식만을 사용하는 것이 아니라 다른 방식도 사용하기 때문에 앞에서 제시된 것보다는 훨씬 크다.

[코드 17-1]에서 26번째 줄에 배열 크기를 10을 258538로 고쳐서 실행시키면 프로그램이 실행되고, 1과 800000 을 입력한 후 엔터 키를 입력해 보자. 그리고 컴퓨터의 성능에 따라 차이는 있겠지만 수분 후에 결과를 볼 수 있을 것이다. 그런데 258539로 1 증가시킨 후 프로그램을 실행시켜 보자. 실행시키자마자 프로그램이 끝날 것이다.

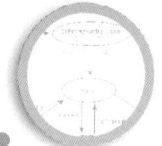

```
ULong primeNumbers[258538]; // 소수들을 저장하기 위한 배열 선언
```

코드 17-2 코드 17-1과 같은 기억장소 운영 시 스택에 할당할 수 있는 최대의 배열 크기

물론 컴퓨터 시스템의 사양과 운영체제에 따라 차이들은 약간 존재할 수 있다. 그렇지만 중요한 것은 스택에서 할당할 수 있는 배열의 크기는 한정적이라는 것이고, 따라서 스택에 배열을 할당할 시에는 반드시 배열크기에 대해서는 상수 수식이어야 한다는 것이다.

스택을 이용한 경우 또 다른 단점인 기억장소 낭비가 매우 크다는 것이다. 2와 3을 입력했을 때 배열의 크기는 2이면 충분한데, 258538 개는 엄청난 기억장소의 낭비를 초래한다.

사용자에 의해서 입력되는 숫자의 범위에 존재하는 소수의 개수가 스택에서 할당할 수 있는 배열크기를 넘는 경우에는 아무런 해결책이 없는 것일까? 특히 컴퓨터에 장착된 RAM의 용량이 요사이 출시되는 컴퓨터인 경우 2GB 이상인데도 말이다. 아무런 해결책이 없다면 장착된 RAM은 쓸모없는 것이고, 컴퓨터의 하드웨어 사용 효율성에 문제가 있다. 소프트웨어, 좁게는 프로그램이라는 것의 본질은 하드웨어 사용 효율성을 극대화하는 것을 말하는데, 기억장소 사용 효율을 극대화할 수 있는 방법이 존재할 것이다.

2. 힙과 배열 포인터

C 언어에서 힙(Heap)이라는 논리적인 기억장소 영역을 제공하여 이러한 문제를 해결하도록 하고 있다. 4장에서 공부한 대로 시스템에 의해서 동적으로 관리되는 스택 영역과 정적 데이터 영역 사이에 스택 영역쪽으로 확장되는 데이터 영역인 힙은 시스템이 허용하는 범위내에서 프로그래머에 의해서 자유롭게 사용할 수 있는 기억장소 영역이다.

힙을 이용하여 우선 258538개보다 큰 배열 크기를 갖는 코드를 작성해서 실행해 보자. 실행이 될까? 우선 코드를 몇 군데 고쳐 보도록 하자.

[코드 17-1]에서 10번째 줄에 <stdlib.h> 헤더파일을 포함하는 줄이 추가되었다. 힙에 기억장소를 할당하고, 해제하는 기능은 정확하게 말하면 C 언어의 기능이 아니다. 따라서 라이브러리 함수들, calloc() 함수, malloc() 함수, 그리고 realloc() 함수와 free() 함수를 사용해야 하기 때문에 반드시 포함시켜야 하는 헤더파일이기 때문이다.

[코드 17-1]에서 26번째 줄에 있는 배열 선언 및 정의 문장을 배열 포인터 선언 및 정의 문장으로 고쳐야 한다. 힙에 배열이 할당되어야 하고, 힙은 직접 접근이 가능한 영역이 아니라 간접 접근만이 가능한 영역이므로 스택에서 힙에 할당된 배열의 시작주소를 저장할 변수가 필요하다. 그러기 위해서 앞에서 배운 대로 배열 포인터 변수가 필요하기 때문이다.

28번째 줄에 배열을 힙에 할당하는 코드가 삽입되어야 한다. 우선 스택의 배열 크기보다 10배크기의 배열을 할당하는 문장을 만들어 보자. 힙에 배열을 할당할 때 사용되는 함수는 calloc() 함수이다. calloc() 함수는 2개의 매개변수를 가지는데, 첫 번째 매개변수는 배열크기를 말하고, 두 번째 매개변수는 배열요소의 크기이다. 첫 번째 매개변수에 258538 * 10 으로 산술식을 주고, 두 번째 매개변수에 대해서는 sizeof 연산자를 이용하여 배열요소의 크기를 구하여 값들을 복사하도록 함수 호출 문장을 작성하였다.

마지막으로 35번째 줄에 할당한 배열을 해제하는 선택구조가 추가되었다. 힙에 할당된 배열에 대해서는 프로그래머가 할당 해제를 책임져야 한다. 그렇지 않으면 시스템에 의해서 할당 해제되지 않기 때문에 메모리 누수 현상이라고 해서, 할당 해제되지 않은 영역은 다른 프로그램에 의해서 결코 사용되어지지 못한다. 이러한 경우가 심한 경우에는 컴퓨터의 처리 속도가 느려지는 현상을

```
01 : /*********************************************************
02 :    파일 명칭 : GetPrimeNumbers.c
03 :    기    능 : 입력받은 두개의 수사이에 있는 소수들을 모두 출력한다
04 :    출    력 : 소수들, 개수
05 :    입    력 : 첫번째 수, 두번째 수
06 :    작 성 자 : 김 석 현
07 :    작성 일자 : 2009년 2월 3일
08 :    *********************************************************/
09 : #include <stdio.h>  // scanf, printf 함수들
10 : #include <stdlib.h> // calloc, free 함수들
11 :
12 : // 사용자 정의 자료형 선언
13 : typedef unsigned long int ULong;
14 :
15 : // 입력 함수
16 : void InputTwoNumbers(ULong *firstNumber, ULong *secondNumber);
17 : // 산술 및 논리 연산 함수
18 : void GetPrimeNumbers(ULong firstNumber, ULong secondNumber,
19 :         ULong (*primeNumbers), ULong *count);
20 : // 출력 함수
21 : void DisplayPrimeNumbers(ULong count, ULong (*primeNumbers));
22 :
23 : // 응용 프로그램의 엔트리 포인터 함수 정의
24 : int main(int argc, char* argv[]) {
25 :    ULong firstNumber;   // 입력 자료 변수 선언
26 :    ULong secondNumber;  // 입력 자료 변수 선언
27 :    ULong (*primeNumbers); // 배열 포인터 변수 선언
28 :    ULong count; // 소수의 개수에 대한 변수 선언
29 :
30 :    // 힙에 배열을 할당한다.
31 :    primeNumbers = (ULong (*))calloc( 258538 * 10 , sizeof(ULong));
32 :
33 :    // 수를 입력받는다
34 :    InputTwoNumbers(&firstNumber, &secondNumber);
35 :    // 소수들을 구한다
36 :    GetPrimeNumbers(firstNumber, secondNumber, primeNumbers, &count);
37 :    // 소수들을 출력한다
38 :    DisplayPrimeNumbers(count, primeNumbers);
39 :
40 :    // 할당한 배열을 할당 해제한다.
41 :    if(primeNumbers != NULL) {
42 :        free(primeNumbers);
43 :    }
44 :
45 :    return 0;
46 : }
```

코드 17-3 힙을 이용하여 소수들을 구하는 프로그램

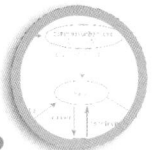

초래한다. 또한 할당하지 않은 영역을 해제시키면 실행 오류가 발생하므로 선택구조를 사용하여 free() 함수를 호출하기 전에 할당되어 있는지를 검사하고 할당되어 있다면 free() 함수의 호출이 되도록 해야 하기 때문에 선택구조를 사용해야 한다.

그래서 [코드 17-3]과 같은 코드가 작성되었다. InputTwoNumbers() 함수, GetPrimeNumbers() 함수 그리고 DisplayPrimeNumbers() 함수들에 대해서는 코드를 결코 고칠 필요가 없다. 단지 프로그램에 사용할 배열의 위치만을 스택에서 힙으로 바꾼 것 밖에 없기 때문이다.

이제 컴파일, 링크 한 후 실행시켜 보자. 실행되는가? 잘 실행이 될 것이다. 스택보다는 더 많은 용량을 사용할 수 있어 효율적으로 기억장치를 사용할 수 있다.

```
01 : /****************************************************************
02 :    파일 명칭 : GetPrimeNumbers.c
03 :    기   능  : 입력받은 두개의 수사이에 있는 소수들을 모두 출력한다
04 :    출   력  : 소수들, 개수
05 :    입   력  : 첫번째 수, 두번째 수
06 :    작 성 자  : 김 석 현
07 :    작성 일자 : 2009년 2월 3일
08 :    ****************************************************************/
09 : #include <stdio.h>   // scanf, printf 함수들
10 : #include <stdlib.h>  // calloc, free 함수들
11 :
12 : // 사용자 정의 자료형 선언
13 : typedef unsigned long int ULong;
14 :
15 : // 입력 함수
16 : void InputTwoNumbers(ULong *firstNumber, ULong *secondNumber);
17 : // 산술 및 논리 연산 함수
18 : void GetPrimeNumbers(ULong firstNumber, ULong secondNumber,
19 :         ULong (*primeNumbers), ULong *count);
20 : // 출력 함수
21 : void DisplayPrimeNumbers(ULong count, ULong (*primeNumbers));
22 :
23 : // 응용 프로그램의 엔트리 포인터 함수 정의
24 : int main() {
25 :     ULong firstNumber;    // 입력 자료 변수 선언
26 :     ULong secondNumber;   // 입력 자료 변수 선언
27 :     ULong (*primeNumbers); // 배열 포인터 변수 선언
28 :     ULong count; // 소수의 개수에 대한 변수 선언
29 :
30 :     // 수를 입력받는다
31 :     InputTwoNumbers(&firstNumber, &secondNumber);
32 :
33 :     // 힙에 배열을 할당한다.
34 :     primeNumbers = (ULong (*))calloc( secondNumber - firstNumebr , sizeof(ULong));
35 :
36 :     // 소수들을 구한다
37 :     GetPrimeNumbers(firstNumber, secondNumber, primeNumbers, &count);
38 :     // 소수들을 출력한다
39 :     DisplayPrimeNumbers(count, primeNumbers);
40 :
41 :     // 할당한 배열을 할당 해제한다.
42 :     if(primeNumbers != NULL) {
43 :         free(primeNumbers);
44 :     }
45 :
46 :     return 0;
47 : }
```

코드 17-4 힙을 이용하여 소수들을 구하는 프로그램

앞에 제기된 기억장치의 낭비를 줄이는 코드도 작성할 수 있다. 입력받은 두 수의 차이만큼만 배열을 할당하는 코드를 작성할 수 있다. [코드 17-4]에서 34번째 줄을 보면 배열크기에 대한 첫 번째 매개변수를 보면 입력받은 수들의 차를 구해서 차이만큼만 배열을 할당하도록 하기 때문에 메모리 낭비를 줄일 수 있다.

[그림 17-2]는 InputTwoNumbers() 함수에서 2 와 5를 입력받은 다음 입력받은 수들을 포함하여 숫자들의 개수를 만큼 calloc() 함수에 의해서 배열크기가 4인 배열을 할당하고 GetPrimeNumbers() 함수를 호출하기 직전 메모리 맵이다.

입력받은 수들이 2와 100이면 배열크기가 99인 배열을 할당할 것이고, 2와 10000이면 배열 크기가 9999인 배열을 할당할 것이다. 이런 식으로 프로그램이 실행 중에 필요한 만큼의 기억장소들을 할당하고, 필요치 않으면 해제할 수 있는 기억장치 관리 방식을 힙에 의한 동적 메모리 관리라고 한다.

C 프로그램을 작성할 때 반드시 적용해야 하는 개념이며, 따라서 반드시 알아야 하는 내용이므로 정확하게 숙지하도록 하자.

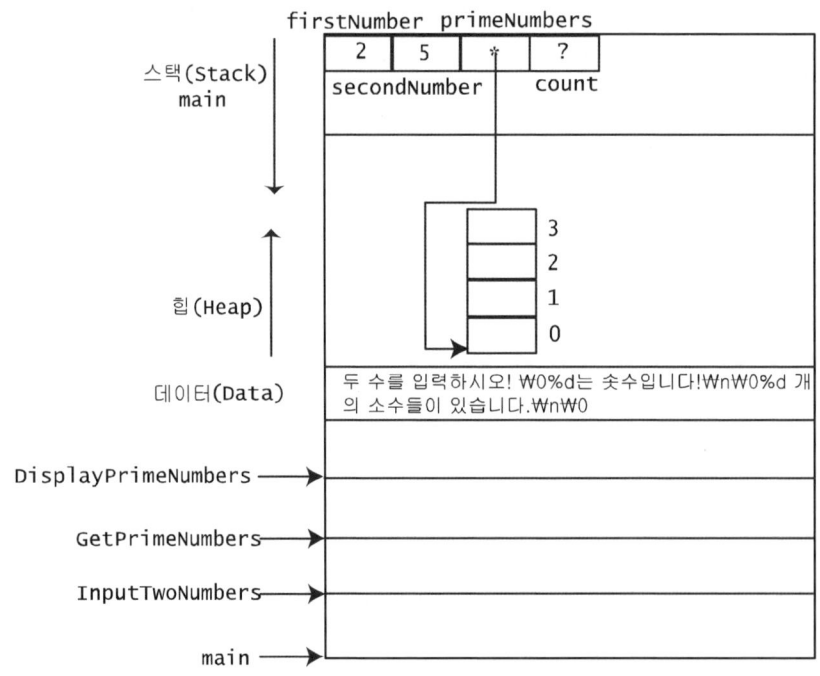

그림 17-2 GetPrimeNumbers() 함수를 호출하기 직전

이렇게 힙에 대한 기억장소 관리는 사용하는 데이터의 기본적인 형식은 알고 있지만 데이터의 양이 얼마나 있는지 모르는 경우에 프로그램을 작성할 때 미리 필요한 만큼의 기억장소를 할당하여 사용할 수 없기 때문에 필요하다. 예로 파일 내의 레코드의 전체 개수를 모르는 경우에 단일

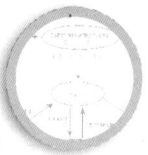

레코드의 크기를 알고 있으면 그 만큼의 기억장소를 동적으로 할당받아 전체 레코드를 처리할 수 있다. 이와 같이 전체 데이터의 개수를 모르는 경우에 동적 메모리 할당을 이용하면 매우 유용하다.

3. 힙을 이용한 동적 메모리 관리

기억장소를 프로그램 시작 시에 할당하여 사용하는 것이 아니라 실행 시에 필요한 기억장소를 할당받아 처리하는 방식이다. 이러한 기억장치 관리 방식을 동적 메모리 관리라고 하는데 4장에서 배운 대로 C 프로그램에서는 스택과 힙 이라는 영역을 이용하여 프로그램 실행 시에 필요한 기억장소를 할당받고, 필요치 않을 시에 해제하여 기억장치를 효율적으로 사용할 수 있다.

동적으로 관리되어 지는 스택에 대해서는 앞에서 공부를 했다. 스택은 함수 호출에 의해서 할당되고, 함수가 끝날 때 해제되는 방식으로 프로그래머에 의해서 작성된 함수 호출 문장에 의해서 시스템에 의해서 동적으로 관리되는 영역이다. 그런데 스택에 의해서 관리되어지는 기억장소의 용량에 있어 제한이 있다. 그래서 많은 양의 데이터를 처리하는데 있어서는 비효율적인 기억장소

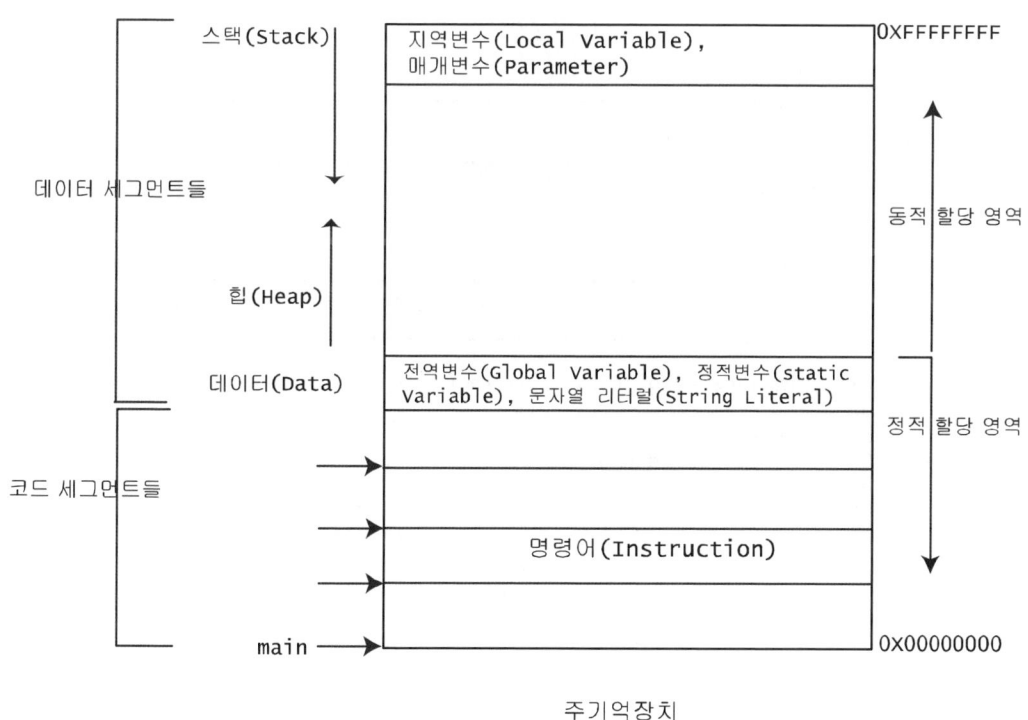

그림 17-3 C 언어의 메모리 모델

영역이다. 따라서 사용자에 의해서 관리되어지는 대용량의 데이터를 관리하기 위해 동적으로 관리되어지는 또 다른 기억장소가 필요하다. C 언어에서는 힙(Heap)이라고 하는 영역을 제공한다.

[그림 17-3]에서 보는 것처럼 힙 영역은 정적 데이터 영역에서부터 스택 영역으로 확장하는 데이터 영역이다. 스택과 정적 데이터 영역과 달리 프로그래머에 의해서 할당과 해제가 제어되는 영역이다. 프로그래머가 힙 영역에 기억장소를 할당하고자 한다면, 코드로 할당 명령을 내려야 하고, 필요치 않으면 힙 영역에 할당된 기억장소를 해제하라는 명령을 코드로 내려, 프로그램이 실행 중에도 코드로 필요한 기억장소를 할당과 해제를 할 수 있는 주기억장치 영역을 말한다.

스택과 정적 데이터 영역처럼 직접 접근이 불가능하다. 다시 말해서 힙 영역에 기억장소 하나를 할당할 때 프로그래머가 식별하기 위한 명칭을 지정할 수 없다는 것이다. 그래서 명칭에 의해서 값을 쓰고 읽을 수 없다. 따라서 간접 접근에 의해서 값을 쓰고 읽어야 한다.

힙 영역의 기억장소를 사용하는 방법은 [그림 17-4]와 같이 기본적으로 스택이나 정적 데이터 영역에 포인터 변수를 할당한다. 여기서는 main() 함수 스택에 primeNumber 포인터 변수를 할당한다. 포인터 변수는 [그림 17-4]에서처럼 일반 포인터 변수일 수도 있고, [그림 17-2]에서처럼 배열 포인터 변수일 수도 있다. 다음은 힙 영역에 데이터를 읽거나 쓸 수 있는 기억장소를 할당한다.

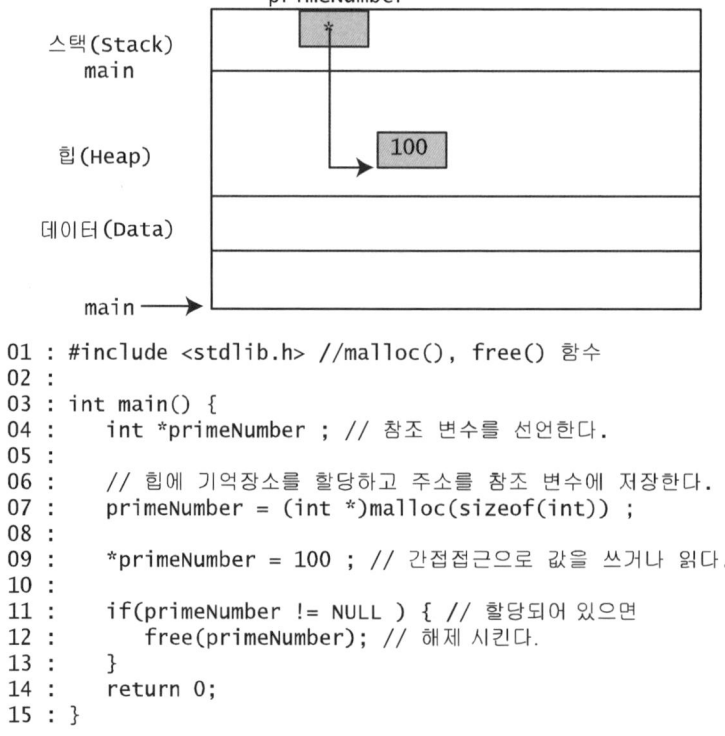

```
01 : #include <stdlib.h> //malloc(), free() 함수
02 :
03 : int main() {
04 :    int *primeNumber ; // 참조 변수를 선언한다.
05 :
06 :    // 힙에 기억장소를 할당하고 주소를 참조 변수에 저장한다.
07 :    primeNumber = (int *)malloc(sizeof(int)) ;
08 :
09 :    *primeNumber = 100 ; // 간접접근으로 값을 쓰거나 읽다.
10 :
11 :    if(primeNumber != NULL ) { // 할당되어 있으면
12 :       free(primeNumber); // 해제 시킨다.
13 :    }
14 :    return 0;
15 : }
```

그림 17-4 힙 영역을 사용하는 방법

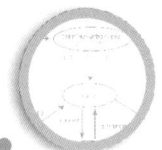

힙 영역에 할당된 기억장소의 주소를 포인터 변수에 저장을 한다. 포인터 변수에 저장된 값, 주소를 이용하여 힙에 할당된 기억장소에 값을 쓰고 읽어야 한다. 이때 스택이나 정적 데이터 영역에 할당되어 힙에 할당된 기억장소의 주소를 갖는 포인터 변수를 참조변수라고 한다. 그리고 반드시 사용하지 않을 때는 반드시 해제해야 한다.

소수들을 구하는 프로그램에 대해 앞에서 설명된 내용을 다시 [코드 17-5]와 같이 정리될 수 있다. [코드 17-5]를 가지고 디버깅을 하면서 더욱더 설명하도록 하겠다. [코드 17-5]를 컴퓨터에 입력하고 컴파일과 링크를 한 다음 프로그램을 실행시키도록 하자. 그러면 [그림 17-5]와 같은 메모리 맵이 작도될 것이다.

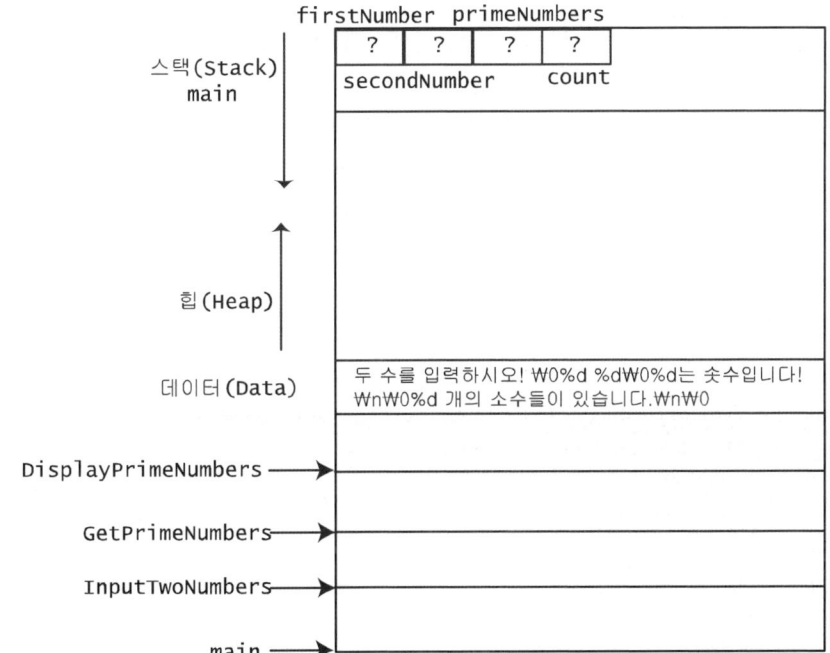

그림 17-5 소수들을 구하는 프로그램이 실행되었을 때

```
01 : /***************************************************************
02 :    파일 명칭 : GetPrimeNumbers.c
03 :    기    능 : 입력받은 두개의 수를 포함하여 사이에 있는 소수들을 모두 출력한다
04 :    출    력 : 소수들, 개수
05 :    입    력 : 첫번째 수, 두번째 수
06 :    작 성 자 : 김석현
07 :    작성일자 : 2009년 2월 3일
08 : ***************************************************************/
09 : #include <stdio.h>   // scanf, printf 함수들
10 : #include <stdlib.h>  // calloc, free 함수들
11 :
12 : // 사용자 정의 자료형 선언
13 : typedef unsigned long int ULong;
14 :
15 : // 입력 함수
16 : void InputTwoNumbers(ULong *firstNumber, ULong *secondNumber);
17 : // 산출 및 논리 연산 함수
18 : void GetPrimeNumbers(ULong firstNumber, ULong secondNumber,
19 :         ULong (*primeNumbers), ULong *count);
20 : // 출력 함수
21 : void DisplayPrimeNumbers(ULong count, ULong (*primeNumbers));
22 :
23 : // 응용 프로그램의 엔트리 포인터 함수 정의
24 : int main() {
25 :     ULong firstNumber;   // 입력 자료 변수 선언
26 :     ULong secondNumber;  // 입력 자료 변수 선언
27 :     ULong (*primeNumbers); // 배열 포인터 변수 선언
28 :     ULong count; // 소수의 개수에 대한 변수 선언
29 :
30 :     // 수를 입력받는다
31 :     InputTwoNumbers(&firstNumber, &secondNumber);
32 :
33 :     // 힙에 배열을 할당한다.
34 :     primeNumbers = (ULong(*))calloc((secondNumber-firstNumebr)+1, sizeof(ULong));
35 :
36 :     // 소수들을 구한다
37 :     GetPrimeNumbers(firstNumber, secondNumber, primeNumbers, &count);
38 :     // 소수들을 출력한다
39 :     DisplayPrimeNumbers(count, primeNumbers);
40 :
41 :     // 할당한 배열을 할당 해제한다.
42 :     if(primeNumbers != NULL) {
43 :         free(primeNumbers);
44 :     }
45 :
46 :     return 0;
47 : }
48 : // 입력 함수
49 : void InputTwoNumbers(ULong *firstNumber, ULong *secondNumber) {
50 :     printf("두 수를 입력하시오! ");
51 :     scanf("%d %d", firstNumber, secondNumber);
52 : }
53 : // 산출 및 논리 연산 함수
54 : void GetPrimeNumbers(ULong firstNumber, ULong secondNumber,
55 :         ULong (*primeNumbers), ULong *count) { // 1. 두 개의 수를 입력 받는다
56 :     ULong remainder;
57 :     ULong i;
58 :     ULong j;
59 :     ULong k = 0;
60 :
61 :     *count = 0;
62 :
63 :     i = firstNumber;
64 :     while(i <= secondNumber) { // 2. 첫번째부터 두번째 수보다 작거나 같은 동안 반복한다
65 :         j = 2;
66 :         remainder = i % j;
67 :         while( j < i && remainder != 0) { // 2.1. 소수인지 확인한다
68 :             j++;
69 :             remainder = i % j;
70 :         }
71 :         if(i == j) { // 2.2. 소수이면
72 :             (*count)++; // 2.2.1. 개수를 센다
73 :             primeNumbers[k] = i; // 2.2.2. 소수를 적는다
74 :             k++;
75 :         }
76 :         i++;
77 :     }
78 : }
79 : // 출력 함수
80 : void DisplayPrimeNumbers(ULong count, ULong (*primeNumbers)) {
81 :     ULong i;
82 :
83 :     printf("%d 개의 소수들이 있습니다.\n", count);
84 :     for(i = 0; i < count; i++) {
85 :         printf("%d는 솟수입니다!\n", primeNumbers[i]);
86 :     }
87 : }
```

코드 17-5 소수들을 구하는 프로그램(전체)

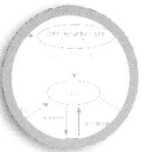

다음은 [코드 17-5]에서 31번째 줄에 의해서 InputTwoNumbers() 함수가 호출되는데, 입력받은 수들을 저장할 firstNumber와 secondNumber 변수들에 대해 주소 연산자를 이용하여 주소를 구해서 복사해 주어야 한다. 따라서 InputTwoNumbers() 함수가 실행된 후 main() 함수 스택에 할당된 firstNumber와 secondNumber에 각각 입력된 수들이 저장되게 된다. 2와 5를 입력하자. [그림 17-6]과 같은 메모리 맵이 작도될 것이다.

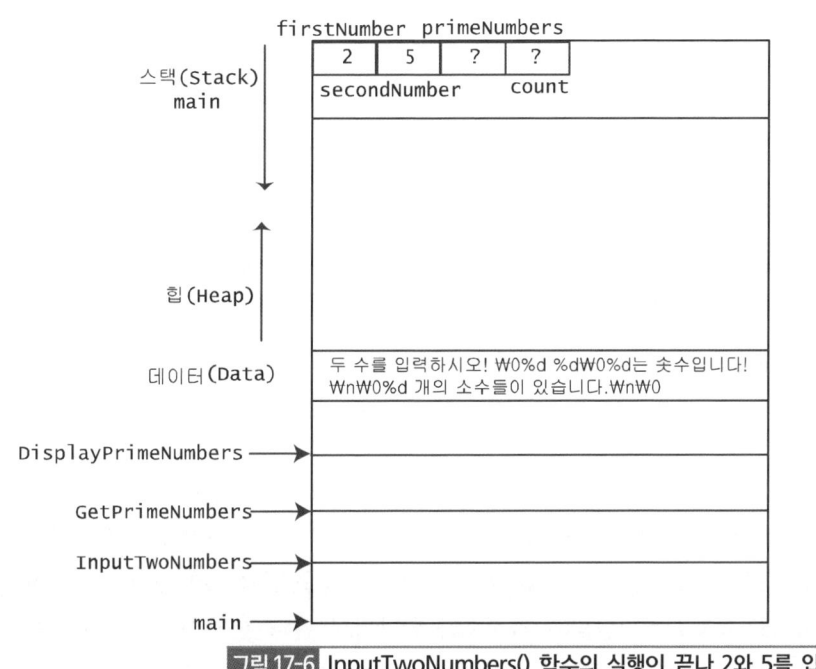

그림 17-6 InputTwoNumbers() 함수의 실행이 끝나 2와 5를 입력한 상태

다음은 34번째 줄로 이동하여 실행하게 되고, 힙에 기억장소들을 할당하게 된다. 힙에 기억장소를 할당하고 해제하는 기능은 C 언어의 기본 기능이 아니다. 따라서 라이브러리 함수들을 사용해야 한다. 기억장소를 동적으로 할당하고 해제하기 위해서는 C 언어에서는 특별한 함수들을 이용하여 작성해야 한다. 이러한 처리를 하는 함수들은 [표 17-2]와 같다.

표 17-2 힙 영역 관리 관련 함수들

번호	함수 원형	설 명
1	void *malloc(size_t size);	힙에 기억장소를 할당한다.
2	void *calloc(size_t num, size_t size);	힙에 배열을 할당하고 0으로 초기화한다.
3	void *realloc(void *memblock, size_t size);	할당된 메모리 영역의 크기를 변경한다.
4	void free(void *memblock);	힙에 할당된 메모리 영역을 해제한다.

malloc() 함수와 calloc() 함수는 기억장소를 할당하는 방식에 있어서 조금 차이점이 있다. 첫째는 malloc() 함수는 확보된 영역을 초기화하지 않지만 calloc() 함수는 0으로 초기화한다는 것이 다르

다. 또한 전달인자는 malloc() 함수는 총 바이트수만을 전달하나 calloc() 함수는 확보할 자료형과 개수를 전달한다. calloc() 함수에서 사용되는 자료형과 개수에 의해서 할당할 총 바이트수가 결정되기 때문에 calloc() 함수 대신해서 malloc() 함수를 사용할 수 있지만 가급적이면 단일 변수 형식으로 할당하고자 하는 경우는 malloc() 함수를 사용하도록 하고, 힙에 배열을 할당하고자 한다면 calloc() 함수를 사용하도록 하자.

또한 이미 할당된 영역에 크기를 조정하고자 할 때는, 다시 말해서 추가적으로 기억장소들을 할당하고자 할 때는 realloc() 함수를 사용할 수 있다. 그리고 동적으로 할당된 기억장소는 필요없는 경우에는 free() 함수를 이용해서 반드시 해제해야 한다. 그래야만 다음에 필요로 할 경우에 할당되었던 메모리를 다시 사용할 수가 있다.

다시 34번째 줄에서 calloc() 함수로 힙에 할당하는 문장에 대해서 알아보도록 하자.

```
primeNumbers = (ULong (*))calloc((secondNumber - firstNumber) + 1, sizeof(ULong));
```
자료형 : ULong (*)　　형 변환 연산　　요소들의 개수　　요소의 크기

코드 17-6 calloc() 함수 호출 문장

calloc() 함수 호출식부터 먼저 평가해보자. [표 17-2]에서 calloc() 함수원형에 따라 첫 번째 실인수는 힙에 할당할 요소들의 개수이고 두 번째 실인수는 요소의 크기가 주어진다. 그러면 요소들의 개수와 요소의 크기를 곱하여 구해진 크기만큼 힙에 기억장소들을 할당하게 된다. 아마 여기서는 ((5 - 2) + 1) * 4이므로 16바이트만큼의 기억장소가 할당되게 된다. 따라서 malloc() 함수로 할당하는 [코드 17-7]로 코드를 변경해도 똑같이 힙에 할당되게 된다. 컴파일러 입장에서는 어떠한 데이터가 어떻게 저장되는지는 중요하지 않다. 단지 얼마만큼의 기억장소를 할당하는지에 관심이 있는 것이다.

```
primeNumbers = (ULong (*))malloc((secondNumber - firstNumber) + 1 * sizeof(ULong));
```
자료형 : ULong (*)　　형 변환 연산　　요소들의 개수　　요소의 크기

코드 17-7 malloc() 함수 호출 문장

그러나 차이는 있다. calloc() 함수에서는 [그림 17-7]에서처럼 힙에 할당된 기억장소들에 0으로 초기화되어지고, malloc() 함수로 할당한 경우 초기화되지 않아 쓰레기 값이 저장되어 있다는 것이다.

이렇게 힙에 기억장소들을 할당한 후 calloc() 함수는 시작주소를 되돌리게 된다. 이 주소를 참조변수인 primeNumbers에 저장하여야 한다. 그런데 문제는 자료형이 일치하지 않다는 것이다. calloc() 함수원형에서 반환형은 void* 이다. primeNumbers의 자료형은 ULong (*)이다. primeNumbers의 자료형을 쉽게 아는 방법은 앞에서 설명했는데, 다시 한번 더 설명하면 변수 선언문장에서 변수 명칭을 생략하고

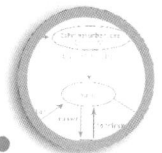

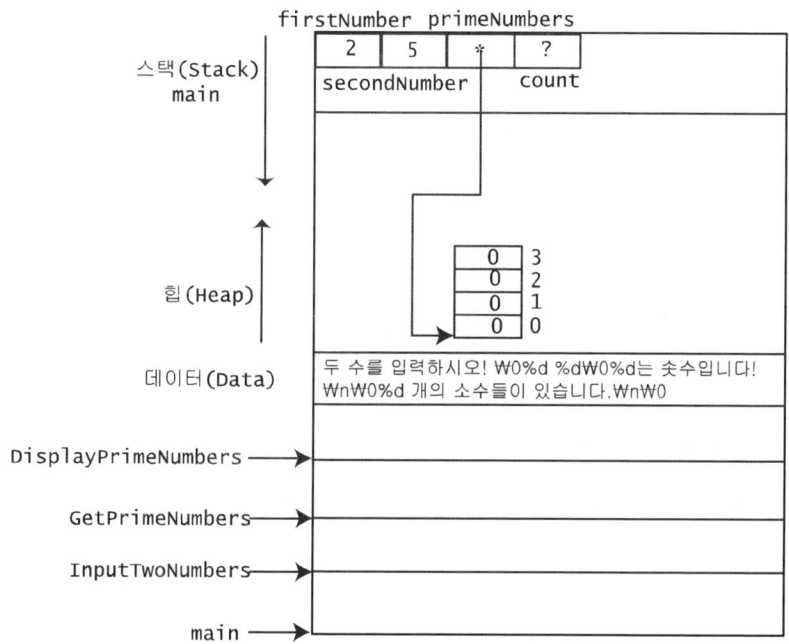

그림 17-7 calloc() 함수의 실행으로 힙에 기억장소들이 할당되었을 때

남은 것이 자료형이다. 따라서 [코드 17-5]에서 27번째 줄이 변수 선언문장이다. primeNumbers를 지워보면 ULong (*)만 남을 것이다. 따라서 [코드 17-6]과 [코드 17-7]에서처럼 형 변환 연산자((자료형))를 사용하여 primeNumbers의 자료형에 맞게 형 변환 수식을 작성해야 한다. 그리고 치환식에 의해서 되돌려진 주소가 primeNumbers 변수에 저장되게 된다. 따라서 [그림 17-7]과 같은 메모리 맵이 작도되게 된다.

다음은 [코드 17-5]에서 37번째 줄로 이동하여 실행하게 되는데, GetPrimeNumbers() 함수를 호출하게 되는데, firstNumber, secondNumber, primeNumbers는 변수들에 저장된 값을 복사하면 되기 때문에 변수 명칭을 열거하면 된다. 그러나 count에 대해서는 출력 데이터이므로 주소를 구해서 복사해야 한다. 따라서 주소연산자를 이용한 수식을 작성하여 네 번째 실인수로 기술해야 한다. 왜냐하면 C 언어에서 정보전달방식은 철저하게 값 복사에 의한 정보전달만을 허용하기 때문이다. 따라서 GetPrimeNumbers() 함수가 호출되었을 때 메모리 맵은 [그림 17-8]과 같다.

[그림 17-8]에서 보는 것처럼 GetPrimeNumbers() 함수에서 필요한 데이터들에 대한 변수들을 할당하기 위해서 우선 스택을 할당하게 되고 스택 내부에 매개변수부터 자동변수들까지 차례대로 할당하게 된다. 물론 매개변수들에 대해서는 main() 함수에서 호출할 때 주어진 실인수들로 값이 복사되어지고 자동변수들에 대해서는 초기화 표현이 있는 경우는 초기화되고 그렇지 않으면 쓰레기를 가지게 된다.

메모리 맵에서 주소를 복사했을 때는 변수에 저장된 주소는 별표(*)로 나타내고 화살표를 이용해서 주소를 갖는 기억장소를 가리키게 하면 된다. 그리고 화살표의 시작위치는 꼭 별표부터 시작하도록 하자.

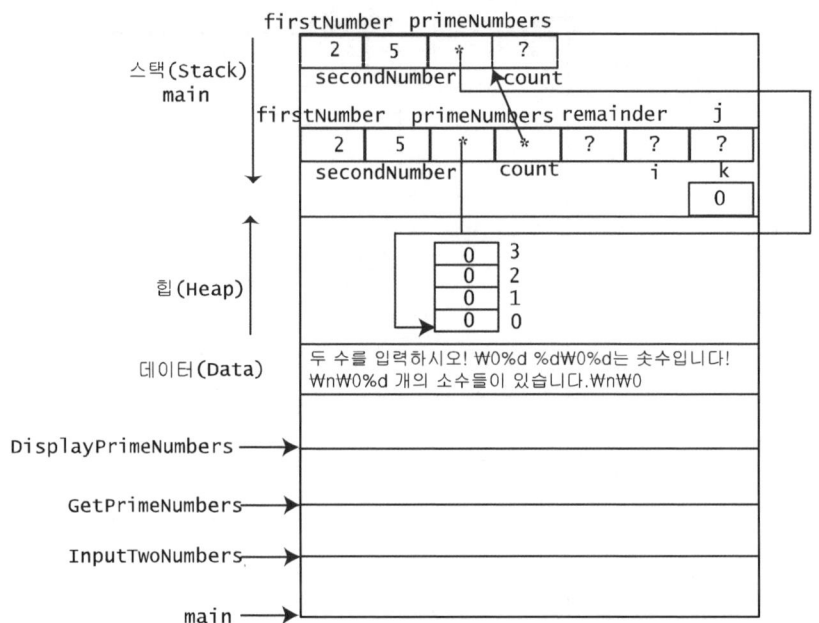

그림 17-8 GetPrimeNumbers() 함수가 호출되었을 때

다음은 프로그램의 실행제어가 GetPrimeNumbers() 함수로 이동하게 되어, [코드 17-5]에서 GetPrimeNumbers() 함수 내부인 61번째 줄로 이동하여 실행한다. GetPrimeNumbers() 함수 스택에

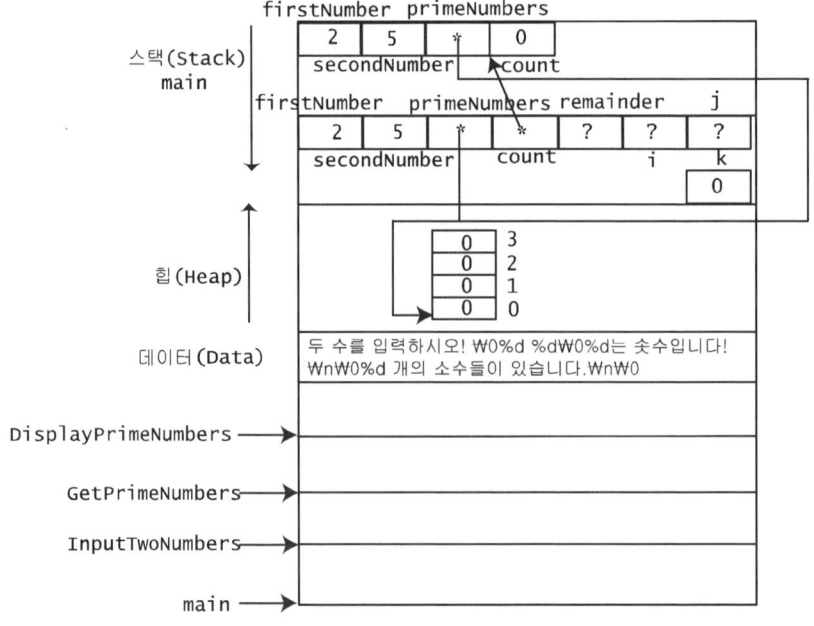

그림 17-9 개수의 초기화

584 제17장 힙 동적관리

할당된 count에 저장되어진 주소를 갖는 기억장소, 즉 main() 함수 스택에 할당된 count 변수에 간접 지정 연산자(*)로 0을 저장하도록 하고 있다. 따라서 main() 함수 스택에 할당된 count에 있던 쓰레기가 치워지게 된다.

다음은 63번째 줄로 이동하여 반복제어 변수 i에 첫 번째 입력된 수를 치환하여 첫 번째 입력된 수부터 두 번째 입력된 수까지 반복하도록 하고 있다. 따라서 i에 2가 저장하게 된다. 그리고 64번째 while 반복문장에서 조건식을 평가하게 된다. i에 저장된 값인 2가 secondNumber에 저장된 값인 5보다 작기 때문에 참으로 평가되어 while 반복문장을 실행하게 된다. 따라서 65번째 줄로 이동하게 된다. 다음은 2부터 자기 자신보다 작은 수까지 i에 저장된 값이 나누어떨어지는지를 확인함으로써 소수인지 판단하기 위해서 j에 2를 저장하게 된다. 그리고 i에 저장된 값에 대해 2의 나머지를 구한다. 나머지는 0이 된다. 여기까지 정리된 메모리 맵이 [그림 17-10]이다.

그리고 67번째 줄로 이동하여 수에 대해 나머지를 구하는 while 반복문장에 대해 조건식을 평가하게 된다. 조건식은 두 개의 관계식과 한 개의 논리식으로 구성되어 있다. 우선순위에 의해서 관계식이 논리식보다 먼저 평가되고 두 개의 관계식에 대해서는 왼쪽에서 오른쪽으로의 결합성에 의해서 j가 i보다 작은지에 대한 관계식이 먼저 평가되어야 한다. j에 저장된 값인 2가 i에 저장된 값인 2보다 작은지에 대해 평가하는 것인데 거짓이다. 따라서 논리곱에 대한 논리식은 두 개의 피연산자 중에서 어느 하나라도 거짓이면 거짓이기 때문에 따라서 조건식이 관계식을 평가할 필요없이 거짓으로 평가된다. 따라서 while 반복문장이 실행되지 않게 된다.

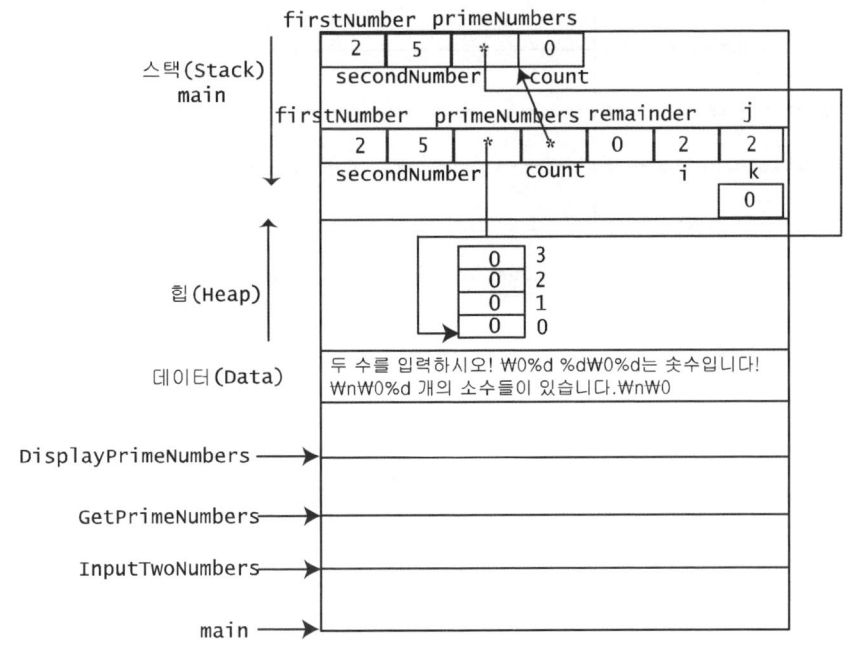

그림 17-10 2가 소수인지 판단하기 위해서 자신에 대해 나머지를 구했을 때

따라서 프로그램의 실행제어가 71번째 줄로 이동하여 실행하게 된다. if 선택문장의 조건식을 평가하게 된다. i에 저장된 값인 2와 j에 저장된 값인 2가 같은지에 대해 평가하는데 참이다. 따라서 if 선택문장을 실행하게 된다. 따라서 72번째 줄로 이동하여 개수를 센다. main() 함수 스택에 할당된 count에 저장된 값에다가 1을 더하여 구한 값을 다시 저장하게 된다. 따라서 1이 main() 함수 스택에 할당된 count에 저장된다. 다음은 73번째 줄로 이동하여 실행된다. 힙에 할당된 배열에서 k에 저장된 값인 0을 첨자로 해서 배열요소에 값을 쓰게 된다. 배열요소에 쓰여지는 값은 i에 저장된 값인 2이다. 그리고 다음번 처리를 위해 k에 저장된 값에다가 1을 더하고 더한 값을 다시 k에 저장하게 된다. 이렇게 해서 if 선택문장이 끝나게 된다. 이때 메모리 맵은 [그림 17-11]과 같다.

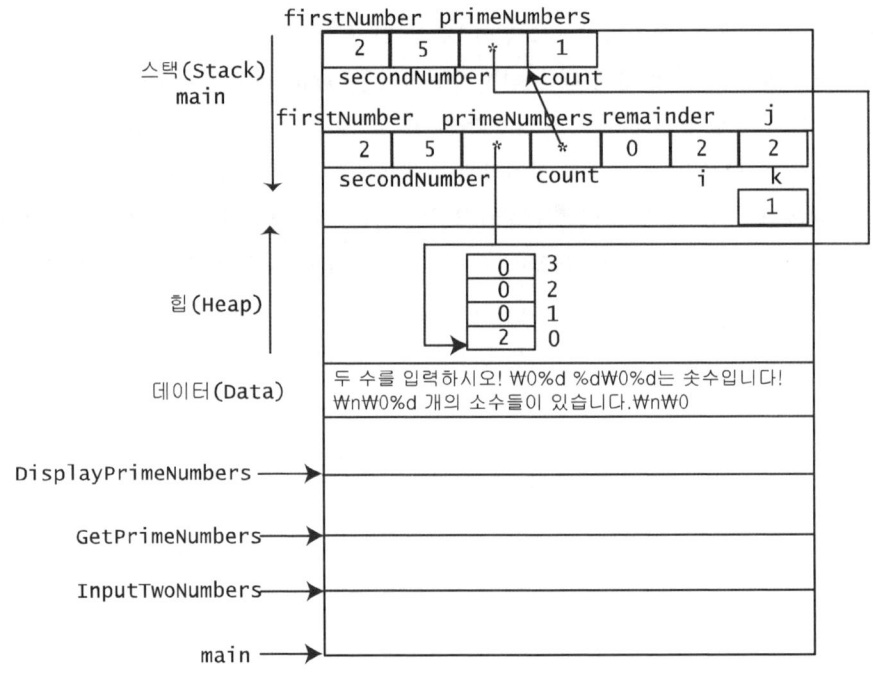

그림17-11 첫 번째 입력된 수에 대해 소수인지에 대한 처리가 끝났을 때

다음은 다음 번째 수에 대해 처리를 하기 위해서 [코드 17-5]에서 76번째 줄에서 i에 저장된 수인 2에다가 1을 더하여 구한 값인 3을 i에 저장하게 된다. 그리고 while 반복문장이기 때문에 프로그램의 실행제어가 64번째 줄로 이동하게 된다. 따라서 while 반복문장의 조건식을 평가하게 된다. i에 저장된 값인 3이 secondNumber에 저장된 값인 5보다 작거나 같은지에 대해 평가해야 한다. 평가한 결과는 3이 5보다 작기 때문에 참이다. 따라서 while 반복문장을 실행하게 된다. 다음부터는 여러분들이 직접 디버깅을 해 보도록 하자. i에 저장된 값이 6일 때 조건식을 평가하면 6이 5보다 크기 때문에 조건식이 거짓으로 평가되어 while 반복문장을 실행하지 않고 78번째 줄로 이동하게 된다. 여기까지 진행되었으면, 2부터 5까지 수에 대해 소수인지 판단하는 작업이 다 끝나서 2, 3, 5가

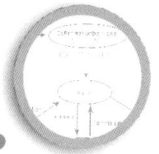

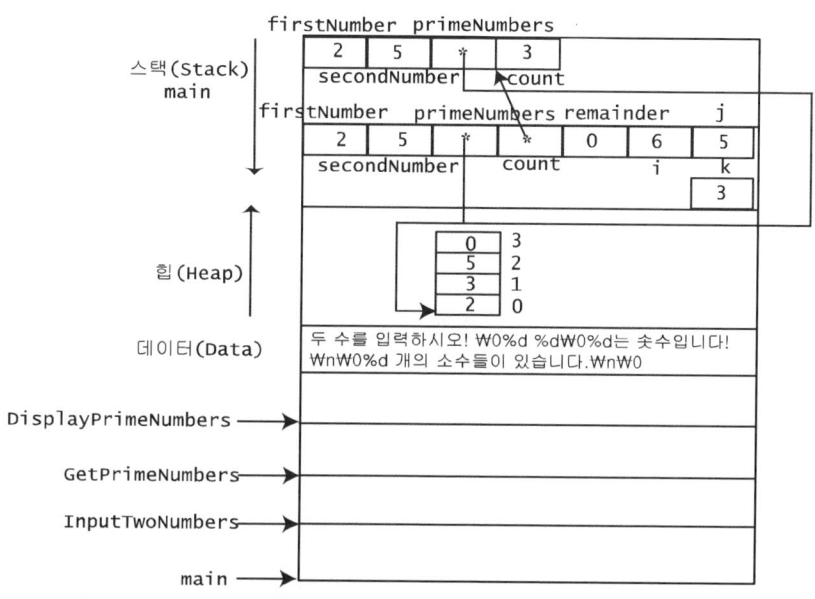

그림 17-12 두 번째로 입력된 수까지 소수인지 판단하는 작업이 끝났을 때

소수이므로 힙에 할당된 배열에 저장될 것이고 main() 함수 스택에 할당된 count에 저장된 값은 소수의 개수인 3이 저장될 것이다.

78번째 줄은 GetPrimeNumbers() 함수 블록을 닫는 중괄호를 만나면 GetPrimeNumbers() 함수 스택이 해제 된다. 그리고 프로그램의 실행제어가 main() 함수로 이동하게 된다.

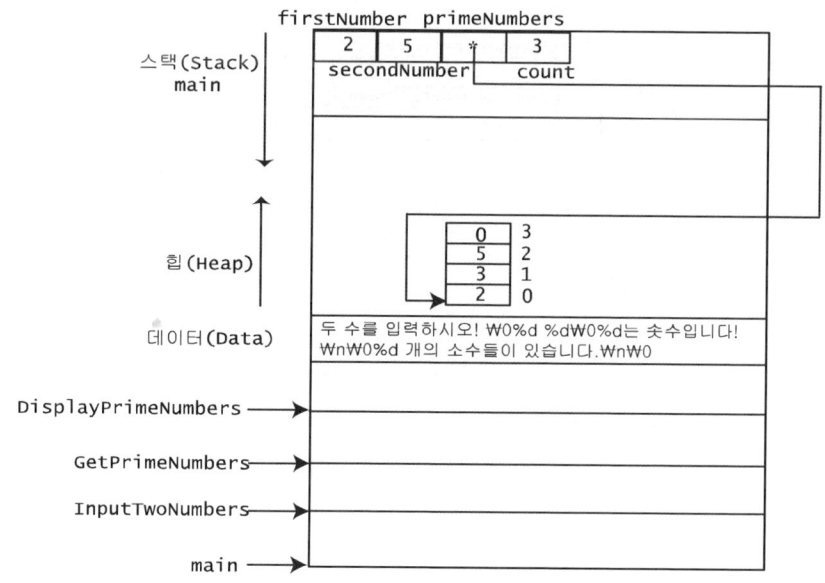

그림 17-13 GetPrimeNumbers() 함수가 끝났을 때

[코드 17-5]에서 39번째 줄로 이동하여 DisplayPrimeNumbers() 함수를 호출하여 3개의 소수들을 모니터에 출력하게 된다. 그리고 42번째 줄로 이동하게 된다. if 선택문장이므로 조건식을 평가하게 된다. primeNumbers에 저장된 값이 NULL이 아니기 때문에 참으로 평가되어 if 선택문장이 실행된다. 따라서 43번째 줄로 이동하여 힙에 할당된 기억장소들을 해제한다. 이때 free() 함수를 사용하는데 간단하게 해제하고자 하는 기억장소들의 주소를 실인수로 사용한다.

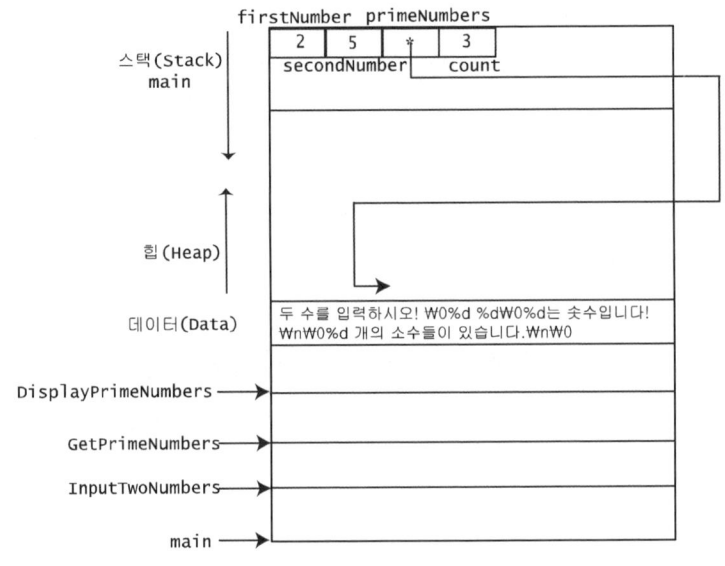

그림17-14 free() 함수에 의해서 힙에 할당된 기억장소들이 해제되었을 때

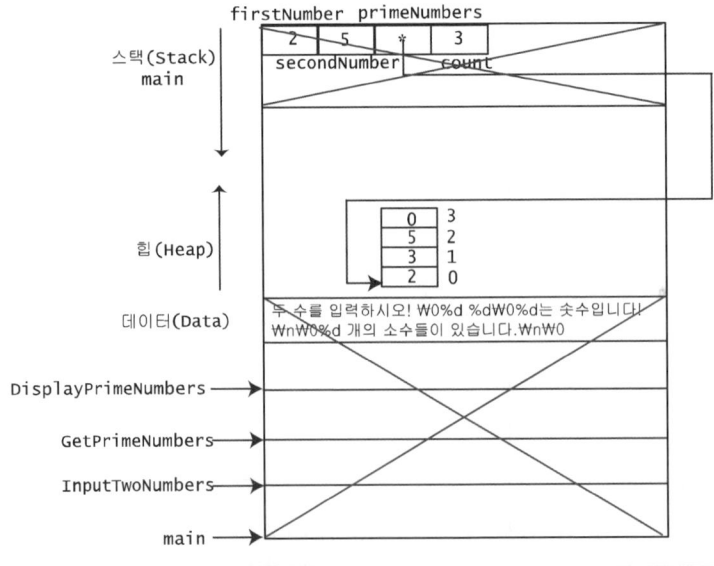

그림17-15 프로그램이 끝난 뒤에도 힙에 할당되어 있는 기억장소들

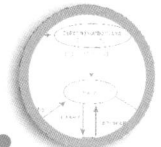

힙에 할당된 기억장소들만 해제하고 primeNumbers에 NULL을 저장하지는 않는다. 그리고 return 문장에 의해서 main() 함수 스택이 해제되고 정적으로 관리되는 영역들도 해제되어 프로그램이 끝나게 된다.

그러나 42, 43, 44 번째 줄이 생략된다면 힙에 할당된 기억장소들이 해제되지 않고 [그림 17-15] 처럼 힙에 그대로 사용되는 상태로 존재하게 된다. 이러한 현상을 메모리 누수라고 한다. 이러한 영역은 시스템을 중지하지 않으면 계속적으로 사용되는 상태로 남아서 다른 프로그램들도 사용할 수 없게 된다. 이러한 상황들이 많이 발생하게 되면 컴퓨터의 처리속도도 현저히 떨어지고 심한 경우는 컴퓨터의 작동이 중지되는 경우도 있다. 따라서 힙을 사용할 때는 반드시 개발자에 의해서 할당된 기억장소들에 대해 해제가 이루어져야 한다는 것을 명심하도록 하자.

4. 포인터의 포인터(Pointer to pointer)

[코드 17-5]의 소수들을 구하는 프로그램은 생각해 볼 문제가 하나 있다. 2와 50을 입력했을 때 힙에 할당되는 요소의 개수는 49개 이다. 그렇지만 2와 50사이 존재하는 소수의 개수는 15개 이다. 따라서 34개에 대해 기억장치의 낭비를 초래한다. 첫 번째 수와 두 번째 수사이가 멀어지면 멀어질수록 더욱더 기억장치의 낭비는 심화될 것이다. 기억장치의 낭비를 줄이기 위해서는 어떻게 해야 할까?

해결책은 의외로 간단하다. 우선 소수의 개수를 센다. 그리고 개수만큼 기억장소를 할당하고 다시 배열에 소수들을 저장하면 된다. 이에 맞게 [코드 17-5]를 변경하면 [코드 17-8]과 같다. 커다란 차이점은 힙에 기억장소들을 할당하는 코드가 main() 함수에서 지워지고 GetPrimeNumbers() 함수 내부에서 작성되어 있다는 것이다. 또한 GetPrimeNumbers() 함수의 제어논리가 개수를 세는 반복 구조와 소수들을 배열에 적는 반복구조로 나누어 작성되었다는 점이다. 물론 이러한 제어논리는 처리시간이 꽤 길어지게 되는 단점을 가지지만 앞에서 언급했던 기억장소의 낭비를 줄일 수 있다는 장점을 가진다는 것이다.

여기서 살아가는데 좋은 이치를 하나 배우자. 이처럼 세상사도 마찬가지지만 공짜는 없다는 것과 얻는 게 있으면 반드시 그에 상응하여 잃는 것이 있다는 것을 배우자. 그래서 과욕을 부리면 되지 않는 것이다. 적당한 선에서 타협을 해야 하는 것이다.

여기서 C 언어의 문법을 하나 배워야 할 것 같다. GetPrimeNumbers() 함수에서 힙에 할당했을 때 힙에 할당된 기억장소들의 시작주소를 main() 함수에 되돌려야 하는데 따라서 포인터를 출력해야 한다. 그것도 return 문장이 아니라 매개변수로 출력을 해야 한다. GetPrimeNumbers() 함수에서 소수들을 구하는 처리가 끝났을 때 [그림 17-16]과 같은 메모리 맵이 작도되어야 할 것이다. 이때 GetPrimeNumbers() 함수 스택에 할당된 primeNumbers에 주소가 저장되어 있다. 즉 포인터 변수이다. 그런데 primeNumbers에 저장된 주소를 갖고 있는 main()에 할당된 primeNumbers도 주소를 저장하고 있다. 다시 말해서 포인터 변수이다. 그것도 정확히 말하면 배열 포인터 변수이다. 이때 GetPrimeNumbers() 함수 스택에 할당된 primeNumbers 변수를 포인터의 포인터(Pointer to pointer)라고 한다.

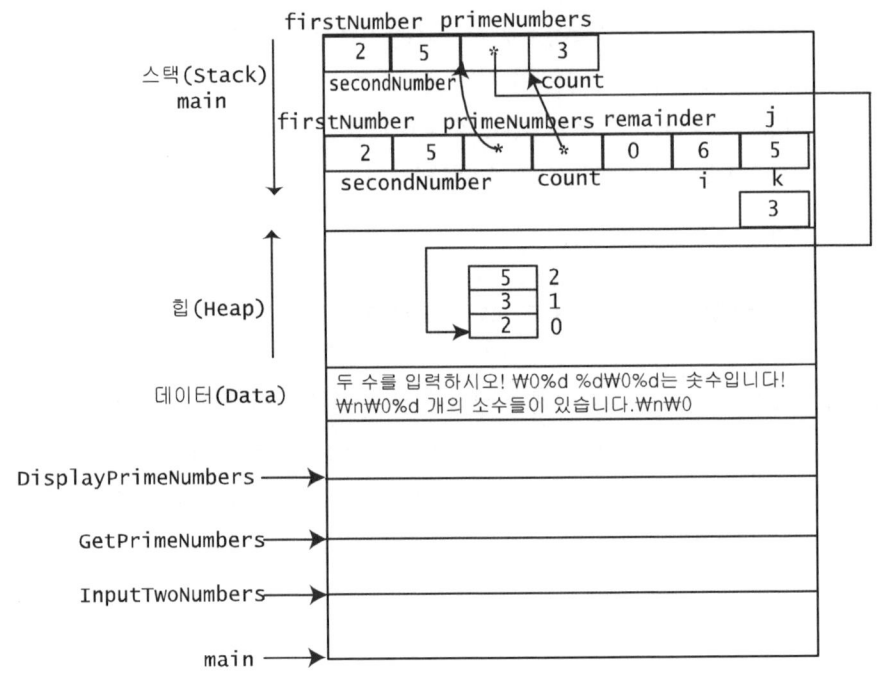

그림17-16 GetPrimeNumbers() 함수가 끝나기 직전

포인터의 포인터란 변수가 포인터인 다른 포인터 변수의 주소를 저장하고 있다는 것이다. 포인터 변수가 저장하고 있는 주소가 일반 포인터 변수, 배열 포인터 변수, 포인터 배열이나 또 다른 포인터의 포인터라는 뜻이다.

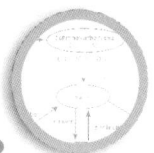

```
01 : /****************************************************************
02 : 파일 명칭 : GetPrimeNumbers.c
03 : 기    능 : 입력받은 두개의 수를 포함하여 사이에 있는 소수들을 모두 출력한다
04 : 출    력 : 소수들, 개수
05 : 입    력 : 첫번째 수, 두번째 수
06 : 작 성 자 : 김 석 현
07 : 작성 일자 : 2009년 2월 3일
08 : ****************************************************************/
09 : #include <stdio.h>  // scanf, printf 함수들
10 : #include <stdlib.h> // calloc, free 함수들
11 :
12 : // 사용자 정의 자료형 선언
13 : typedef unsigned long int ULong;
14 :
15 : // 입력 함수
16 : void InputTwoNumbers(ULong *firstNumber, ULong *secondNumber);
17 : // 산술 및 논리 연산 함수
18 : void GetPrimeNumbers(ULong firstNumber, ULong secondNumber,
19 :         ULong *(*primeNumbers), ULong *count);
20 : // 출력 함수
21 : void DisplayPrimeNumbers(ULong count, ULong (*primeNumbers));
22 :
23 : // 응용 프로그램의 엔트리 포인터 함수 정의
24 : int main() {
25 :     ULong firstNumber;    // 입력 자료 변수 선언
26 :     ULong secondNumber;   // 입력 자료 변수 선언
27 :     ULong (*primeNumbers); // 배열 포인터 변수 선언
28 :     ULong count; // 소수의 개수에 대한 변수 선언
29 :
30 :     // 수를 입력받는다
31 :     InputTwoNumbers(&firstNumber, &secondNumber);
32 :     // 소수들을 구한다
33 :     GetPrimeNumbers(firstNumber, secondNumber, &primeNumbers, &count);
34 :     DisplayPrimeNumbers(count, primeNumbers); // 소수들을 출력한다
35 :     if(primeNumbers != NULL) {
36 :         free(primeNumbers); // 할당한 배열을 할당 해제한다.
37 :     }
38 :
39 :     return 0;
40 : }
41 : // 입력 함수
42 : void InputTwoNumbers(ULong *firstNumber, ULong *secondNumber) {
43 :     printf("두 수를 입력하시오! ");
44 :     scanf("%d %d", firstNumber, secondNumber);
45 : }
46 : // 산술 및 논리 연산 함수
47 : void GetPrimeNumbers(ULong firstNumber, ULong secondNumber,
48 :         ULong *(*primeNumbers), ULong *count) { // 1. 두 개의 수를 입력 받는다
49 :     ULong remainder;
50 :     ULong i, j, k = 0;
51 :
52 :     *count = 0;
53 :
54 :     i = firstNumber;
55 :     while(i <= secondNumber) { // 2. 첫번째부터 두번째 수보다 작거나 같은 동안 반복한다
56 :         j = 2;
57 :         remainder = i % j;
58 :         while( j < i && remainder != 0) { // 2.1. 소수인지 확인한다
59 :             j++;
60 :             remainder = i % j;
61 :         }
62 :         if(i == j) { // 2.2. 소수이면
63 :             (*count)++; // 2.2.1. 개수를 센다
64 :         }
65 :         i++;
66 :     }
67 :     if( *count > 0) {
68 :         *primeNumbers = (ULong (*))calloc(*count, sizeof(ULong)); // 개수만큼 할당한다.
69 :         i = firstNumber;
70 :         while(i <= secondNumber) { // 2. 첫번째부터 두번째 수보다 작거나 같은 동안 반복한다
71 :             j = 2;
72 :             remainder = i % j;
73 :             while( j < i && remainder != 0) { // 2.1. 소수인지 확인한다
74 :                 j++;
75 :                 remainder = i % j;
76 :             }
77 :             if(i == j) { // 2.2. 소수이면
78 :                 (*primeNumbers)[k] = i; // 2.2.2. 소수를 적는다
79 :                 k++;
80 :             }
81 :             i++;
82 :         }
83 :     }
84 : }
85 : // 출력 함수
86 : void DisplayPrimeNumbers(ULong count, ULong (*primeNumbers)) {
87 :     ULong i;
88 :
89 :     printf("%d 개의 소수들이 있습니다.\n", count);
90 :     for(i = 0; i < count; i++) {
91 :         printf("%d는 솟수입니다!\n", primeNumbers[i]);
92 :     }
93 : }
```

코드 17-8 포인터의 포인터를 이용하여 소수들을 구하는 프로그램

이러한 포인터의 포인터 변수에 대해 선언하는 방식은 포인터를 선언하는 방식과 동일하다. 예를 들어 primeNumbers에 대해 선언을 해보자. [그림 17-17]를 보고 왼쪽에서 오른쪽으로 차례대로 선언해 보자.

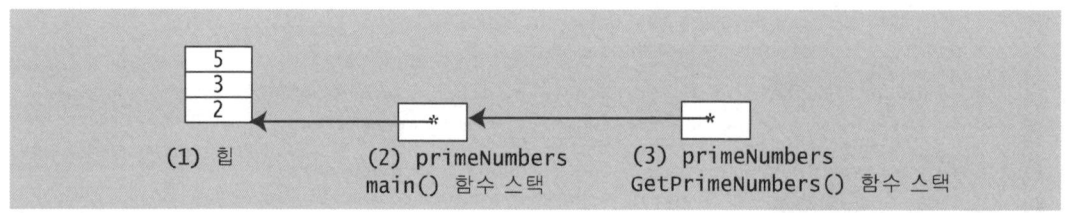

그림 17-17 기억장소들간의 관계

(1) 힙에는 직접 선언할 수 없다. 따라서 선언문장을 작성할 수 없기 때문에 요소의 자료형만 결정하자. 2,3,5와 같은 소수점이 없는 숫자이기 때문에 정수형이어여 한다. 그리고 [코드 17-8]에서 사용되는 정수형이 ULong이다.

(2) main() 함수 스택에 할당된 primeNumbers 변수에 대해서 선언해 보자.

❶ 변수 명칭을 적는다. primeNumbers
❷ 변수에 저장될 값이 주소인지 확인한다. 주소이면 변수 명칭앞에 구두점인 별표(*)를 붙인다.
   *primeNumbers
❸ 변수에 저장된 주소를 갖는 기억장소의 자료형을 결정하여 구두점인 별표앞에 적는다. 저장된 주소를 갖는 기억장소는 힙이고, 기억장소의 자료형이 ULong이다. ULong *primeNumbers
❹ 주소를 갖는 기억장소가 독립된 기억장소인지 아니면 배열인지를 결정한다. 배열인 경우는 가장 오른쪽에 있는 구두점인 별표와 변수명칭을 소괄호로 묶는다. ULong (*primeNumbers)
❺ 자동변수이면 세미콜론으로 줄의 끝에 찍는다. ULong (*primeNumbers);

[코드 17-8]에서 27번째 줄을 보면 primeNumbers 변수 선언문장을 볼 수 있다.

(3) GetPrimeNumbers() 함수 스택에 할당된 primeNumbers 변수에 대해서 선언해 보자.

❶ 변수 명칭을 적는다. primeNumbers
❷ 변수에 저장될 값이 주소인지 확인한다. 주소이면 변수 명칭앞에 구두점인 별표(*)를 붙인다.
   *primeNumbers
❸ 변수에 저장된 주소를 갖는 기억장소의 자료형을 결정하여 구두점인 별표앞에 적는다. 저장된 주소를 갖는 기억장소는 main() 함수 스택에 할당된 primeNumbers이다. 이 변수에 대해 자료형이 무엇인지 결정하면 된다. 쉽게 결정하는 방법은 선언문장에서 변수명칭을 지우고 남는 것이 자료형이다. ULong (*primeNumbers); 선언문장에서 primeNumbers를 지워보면 남는 것은 ULong (*)이다. 기억장소의 자료형이 ULong (*)이다. ULong (*) *primeNumbers
❹ 주소를 갖는 기억장소가 독립된 기억장소인지 아니면 배열인지를 결정한다. 배열인 경우는

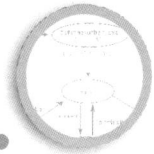

가장 오른쪽에 있는 구두점인 별표와 변수명칭을 소괄호로 묶는다. 여기서는 주소를 갖는 기억장소가 독립된 기억장소라서 ULong (*) *primeNumbers이지만 소괄호는 항상 가장 오른쪽에 있는 구두점인 별표와 변수명칭을 묶도록 조정해야 한다. ULong* (*primeNumbers)

❺ 매개변수이므로 세미콜론으로 줄의 끝에 찍지 않는다. ULong* (*primeNumbers)

[코드 17-8]에서 19번째 줄과 48번째 줄을 보면 GetPrimeNumbers() 함수의 선언과 정의에서 정확하게 선언되어 있음을 알 수 있다.

이러한 원리대로 포인터의 포인터를 선언하면 포인터의 포인터의 포인터 식으로 무한히 할 수 있을 것이다.

다음은 포인터의 포인터 변수에 값을 어떻게 저장하는가에 대해 공부해 보도록 하자. GetPrimeNumbers() 함수 원형을 보면 세 번째 형식인수, ULong* (*primeNumbers)에 대해 primeNumbers에 적당한 값을 구하기 위해서는 우선 왼쪽에 있는 구두점인 별표 하나를 지운 채로 변수를 선언한다. 그래서 [코드 17-8]에서 27번째 줄에서 ULong (*primeNumbers); 라고 선언하면 된다. 그리고 변수의 주소를 주소 연산자(&)로 구해서 복사하면 된다. [코드 17-8]에서 34번째 줄에서 &primeNumbers라는 수식으로 세 번째 실인수로 기술되어 있는 것을 볼 수 있다.

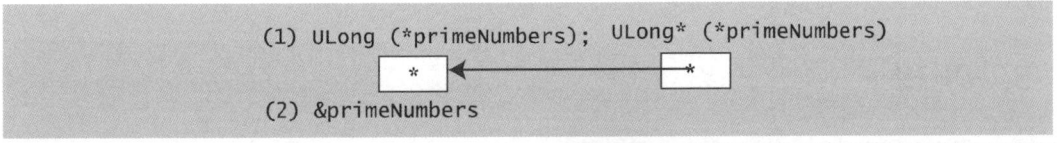

그림 17-18 포인터의 포인터 변수에 값을 설정하는 방법

다음은 포인터의 포인터 변수에 저장된 주소를 이용하여 주소를 갖는 기억장소에 값을 쓰고 읽는 방법에 대해서 알아보도록 하자. 이것은 매우 간단하다. 간접 지정 연산자(*)를 이용하면 된다. [코드 17-8]에서 68번째 줄과 78번째 줄에서 간접 지정 연산자를 값을 쓰고 있음을 알 수 있다.

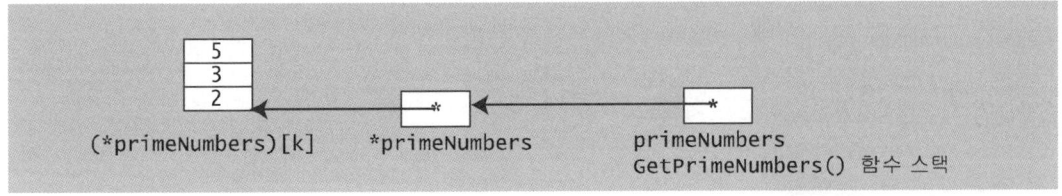

그림 17-19 변수를 참조하는 방법

[그림 17-19]에서처럼 간접 지정 연산자를 이용하여 배열의 시작주소를 먼저 읽어야 한다. 배열의 시작주소를 알면 첨자 연산자([])를 이용하여 배열요소에 값을 읽고 쓸 수 있다. 이때 첨자 연산자와 간접 지정 연산자의 우선순위 때문에 첨자 연산자가 간접 지정 연산자보다 빠르기 때문에 평가순서를 개발자에 의해서 조정되어야 하기 때문에 구두점인 소괄호를 가지고 간접 지정 연산부

터 먼저 하도록 코드를 작성해야 한다.

 포인터의 포인터 변수를 이용해서 값을 쓰고 읽는 코드를 만들 때는 반드시 메모리 맵으로 정리한 다음 차례차례 간접 지정 연산자와 첨자 연산자를 이용하여 수식을 작성하면 아무런 문제가 없을 것이다.

 혹시 다른 책들을 본 사람들을 위해서 여기서 잔소리 하나를 한다. 포인터의 포인터이면, 이중 포인터이면 간접 지정 연산자를 2개 사용하고, 포인터의 포인터의 포인터인 경우, 삼중 포인터는 간접 지정 연산자를 3개 사용하면 된다는 식으로 외우지 말자. 외우는 그날로부터 망하는 지름길이다. 또한 이중 포인터니 삼중 포인터니 하는 개념도 없으므로 빨리 머리에서 지우면 될 것이다. 단지 포인터의 포인터 개념만이 존재할 뿐이다. 또한 가리킨다는 개념도 버리고 어떤 기억장소의 주소를 저장하고 있다라는 개념으로 정확히 이해하도록 하자.

 마지막으로 포인터의 포인터를 사용하는 이유로 몇 가지로 정리해 보자.

(1) 매개변수가 포인터 배열을 갖는 함수를 작성할 때이다.
(2) main() 함수 원형에서 두 번째 인수로 전달되는 명령행 인자 argv를 사용해야 할 때이다.
(3) 함수에서 일반 포인터 변수나 배열 포인터를 매개변수로 출력하고자 할 때이다.

5. 정리

 기억장소를 융통성 있게 사용할 수 있는 동적 메모리 할당 방법에 대해 알아 보았다. 고정적으로 기억장소를 할당하여 사용할 수도 있으나 처리할 자료의 정확한 개수를 모르는 경우에 동적으로 기억장소 할당하여 사용하면 매우 유용함을 할 수 있다. 그리고 기억장소를 할당하여 사용한 후에는 다음에 사용하기 위해서 기억장소를 해제하는 일을 꼭 잊지 말아야 한다. 이러한 주의점을 인식하여 사용한다면 더욱 융통성 있는 프로그램을 작성할 수 있다.

제18장
라이브러리(Library)

1. 라이브러리 작성과 응용 예제

2. 라이브러리의 효용성

3. void 포인터(Pointer to void)

4. 함수 포인터(Pointer to Function)

5. 정리

제18장 라이브러리(Library)

정리되고 표준화되어져 있는 코드들을 라이브러리로 작성해 두고 프로그램을 작성할 때마다 사용하도록 하는 것이 효율적이다. 따라서 이 장에서는 라이브러리를 작성하는데 필요한 void 포인터와 함수 포인터를 공부하도록 하자. 그리고 라이브러리 작성하는 방법에 대해서 공부해 보도록 하자.

1. 라이브러리 작성과 응용 예제

우선 문제를 풀어 보도록 하자. 문제는 세 개의 수를 읽어 그 중 가장 큰 수, 중간 수, 작은 수순으로 출력하는 것이다. [그림 18-1]에서 프로그램의 구조와 [표 18-1]에서 알고리듬에 사용되는 데이터들을 정리했다.

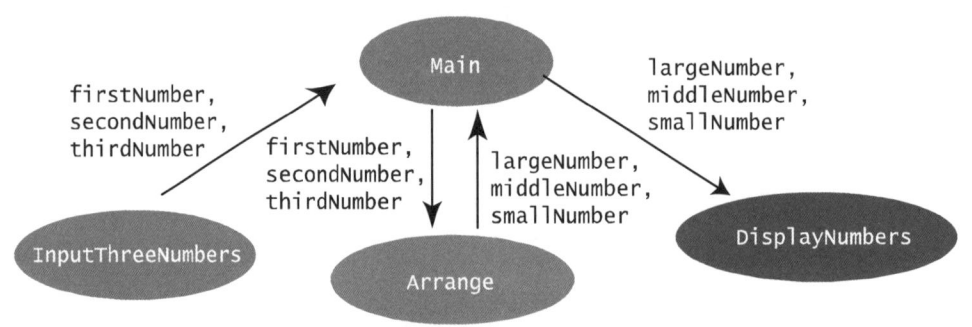

그림 18-1 세 개의 수를 읽어 내림차순으로 출력하는 프로그램의 구조

표 18-1 자료 명세서

번호	명칭		자료형	비 고
	한 글	영 문		
1	가장 큰 수	largeNumber	정수	
2	중간 수	middleNumber	정수	
3	작은 수	smallNumber	정수	
4	첫 번째 수	firstNumber	정수	입력받는 첫 번째 수
5	두 번째 수	secondNumber	정수	입력받는 두 번째 수
6	세 번째 수	thirdNumber	정수	입력받는 세 번째 수
7	임시 변수	temp	정수	교환에 사용되는 변수

이에 대해 [코드 18-1]에서 입력된 세 개의 수를 차례차례 비교해서 가장 큰 수, 중간 수 그리고 작은 수를 결정하고 출력하도록 C 언어로 프로그램이 작성되었다.

Arrange() 함수에서는 따라서 데이터 3개를 출력해야 하기 때문에 반환형은 void로 처리하고, largeNumber, middleNumber, 그리고 smallNumber에 대해 매개변수로 기술하는데 자료형은 포인터형이어야 한다.

```c
01 : /*****************************************************
02 :    파 일 명 칭 : Arrange.c
03 :    기      능 : 큰 것부터 작은 수 순으로 정렬하다
04 :    출      력 : 가장 큰 수, 중간 수, 작은 수
05 :    입      력 : 세 개의 수
06 :    작 성 자 : 김 석 현
07 :    작 성 일 자 : 2009년 2월 17일
08 : *****************************************************/
09 : #include <stdio.h> // printf
10 :
11 : // 세 개의 수들을 입력받는다
12 : void InputThreeNumbers(int* firstNumber, int* secondNumber, int* thirdNumber);
13 : // 내림차순으로 정렬하다
14 : void Arrange(int firstNumber, int secondNumber, int thirdNumber,
15 :     int* largeNumber, int* middleNumber, int* smallNumber);
16 : // 내림차순으로 정렬된 세 개의 수들을 출력하다
17 : void DisplayNumbers(int largeNumber, int middleNumber, int smallNumber);
18 :
19 : int main() {
20 :     int firstNumber, secondNumber, thirdNumber;
21 :     int largeNumber, middleNumber, smallNumber;
22 :     // 세 개의 수를 입력받는다
23 :     InputThreeNumbers(&firstNumber, &secondNumber, &thirdNumber);
24 :     // 큰 수부터 작은 수 순으로 정렬하다
25 :     Arrange(firstNumber, secondNumber, thirdNumber,
26 :         &largeNumber, &middleNumber, &smallNumber);
27 :     // 정렬된 수들을 출력하다
28 :     DisplayNumbers(largeNumber, middleNumber, smallNumber);
29 :
30 :     return 0;
31 : }
32 :
33 : void InputThreeNumbers(int* firstNumber, int* secondNumber, int* thirdNumber) {
34 :     // 세 개의 수를 입력받는다
35 :     scanf("%d %d %d", firstNumber, secondNumber, thirdNumber);
36 : }
37 :
38 : void Arrange(int firstNumber, int secondNumber, int thirdNumber,
39 :     int* largeNumber, int* middleNumber, int* smallNumber) {
40 :     int temp;
41 :
42 :     *largeNumber = firstNumber;
43 :     *middleNumber = secondNumber;
44 :     *smallNumber = thirdNumber;
45 :     // 1. 가장 큰 수를 구하다
46 :     if(*largeNumber < *middleNumber) { // 1.1. 비교하다
47 :         temp = *largeNumber;           // 1.2. 교환하다
48 :         *largeNumber = *middleNumber;
49 :         *middleNumber = temp;
50 :     }
51 :     if(*largeNumber < *smallNumber) {
52 :         temp = *largeNumber;
53 :         *largeNumber = *smallNumber;
54 :         *smallNumber = temp;
55 :     }
56 :     // 2. 중간 수를 구하다
57 :     // 3. 작은 수를 구하다
58 :     if(*middleNumber < *smallNumber) {  // 2.1. 비교하다
59 :         temp = *middleNumber;           // 2.2. 교환하다
60 :         *middleNumber = *smallNumber;
61 :         *smallNumber = temp;
62 :     }
63 : }
64 :
65 : void DisplayNumbers(int largeNumber, int middleNumber, int smallNumber) {
66 :     // 크기 순으로 출력하다
67 :     printf("%d %d %d\n", largeNumber, middleNumber, smallNumber);
68 : }
```

코드 18-1 입력받은 세 개의 수를 큰 수부터 작은 수순으로 출력하는 프로그램

[코드 18-1]의 프로그램을 더욱더 확장해 보도록 하자. 입력받아서 정렬에 사용되는 수들의 개수를 늘려보자. [코드 18-1]의 제어논리로 주어진 문제를 해결하기는 어려울 것이다. 입력받은 수들의 개수를 늘린다면 Arrange() 함수 내에서 선택구조는 몇 갑절씩 늘어나서 제어논리를 정리하기가 무척 힘들어 지게 될 것이다.

13장 배열에서 왜 배열을 사용해야 하는지에 대해서 알아보았다. 여기서도 다시 한번 더 확인해 보도록 하자. 그렇지만 [코드 18-1]을 조금만 더 관찰해 보면, 같은 자료형의 데이터를 입력받아서, 비교와 교환의 반복임을 알 수 있다. 따라서 독립된 변수들로 관리하지 않고 배열을 이용하여 입력을 받고, [코드 18-1]에서 사용했던 논리, 우선 가장 큰 수를 구하고, 중간 수를 구하고, 작은 수를 구하는 방식을 그대로 적용해 보자. [코드 18-2]는 배열을 사용하여 [코드 18-1]과 똑 같은 문제를 해결하는 프로그램이다.

[코드 18-2]에서 22번째 줄에서 요소가 3개인 정수형 배열을 선언하고, [코드 18-2]에서 44번째 줄부터 58번째 줄까지 Arrange() 함수에서 두 개의 for 반복문장을 이용하여 비교와 교환을 반복하도록 코드를 작성했다. 입력된 숫자를 51번째 줄을 보면 작을 때 교환하도록하고 있기 때문에 큰 수부터 작은 수순으로, 즉 내림차순으로 정렬하도록 코드를 작성한 것이다.

[코드 18-2]에서 MAX를 10으로 바꾸어 컴파일과 링크를 해서 실행 파일을 만든 다음 실행시켜 보도록 하자. 데이터를 10개 입력하고 엔터 키를 눌러 보아라. 아마도 정확하게 입력된 숫자들이 내림차순으로 출력되는 것을 확인할 수 있다.

어떠한 코드를 추가하거나 제거하지 않고 단지 상수만 변경했을 뿐인데 정확하게 작동하는 것을 알 수 있다. 이렇게 문제에서 제시되는 데이터들의 논리적 관계를 파악해서 기억장치에 어떻게 저장할 것인지를 결정하고 그 저장구조에 적합한 알고리듬을 개발하여 프로그램을 만드는데 적용하는 분야를 자료구조(Data Structure)라고 한다. 자료구조중에서 가장 간단한 것이 배열이다. 모든 고급 언어에서는 대부분 배열 기능을 제공하고 있다. 배열을 사용하면 이처럼 알고리듬을 더욱더 효율적으로 표현할 수 있다. 배열을 사용하는 또 다른 이유에 대해서 정리를 하자. 배열을 사용하는 또 다른 이유는 데이터들을 관리하기 위해서다. 즉 다시 말해서 입력된 데이터들을 저장해 놓고, 필요할 때 찾아서 이용하거나 찾을 때 빠르게 찾기 위해서 정해진 기준에 따라 데이터를 다시 나열하거나 아니면 필요치 않은 데이터를 지우거나 등등을 하고자 할 때 데이터들을 논리적으로 혹은 물리적으로 저장해 놓기 위해서는 배열을 사용해야 한다.

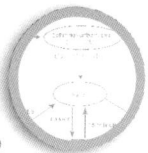

```
01 : /****************************************************************
02 : 파일 명칭 : Arrange.c
03 : 기      능 : 세 개의 수들을 내림차순으로 정렬하다
04 : 출      력 : 없음
05 : 입      력 : 없음
06 : 작 성 자 : 김 석현
07 : 작성 일자 : 2009년 2월 17일
08 : ****************************************************************/
09 : #include <stdio.h> // printf
10 :
11 : // 배열 크기에 대한 매크로 상수
12 : #define MAX  3
13 : // 세 개의 수들을 입력받는다
14 : void InputThreeNumbers(int (*numbers));
15 : // 내림차순으로 정렬하다
16 : void Arrange(int (*numbers));
17 : // 내림차순으로 정렬된 세 개의 수들을 출력하다
18 : void DisplayNumbers(int (*numbers));
19 :
20 : int main() {
21 :     // 숫자들의 배열
22 :     int numbers[MAX];
23 :
24 :     // 수들을 입력받는다
25 :     InputThreeNumbers(numbers);
26 :     // 정렬하다
27 :     Arrange(numbers);
28 :     // 크기 순으로 출력하다
29 :     DisplayNumbers(numbers);
30 :
31 :     return 0;
32 : }
33 :
34 : // 수들을 입력받는다
35 : void InputThreeNumbers(int (*numbers)) {
36 :     int i;
37 :
38 :     for(i = 0; i < MAX; i++) {
39 :         scanf("%d", numbers + i);
40 :     }
41 : }
42 :
43 : // 수들을 정렬하다
44 : void Arrange(int (*numbers)) {
45 :     int temp; // 교환용 임시 변수
46 :     int i;
47 :     int j;
48 :
49 :     for(i = 0; i < MAX -1; i++) {
50 :         for(j = i + 1; j < MAX; j++) {
51 :             if(numbers[i] < numbers[j]) { // 비교하다
52 :                 temp = numbers[i];    // 교환하다
53 :                 numbers[i] = numbers[j];
54 :                 numbers[j] = temp;
55 :             }
56 :         }
57 :     }
58 : }
59 :
60 : // 크기 순으로 출력하다
61 : void DisplayNumbers(int (*numbers)) {
62 :     int i ;
63 :
64 :     for(i = 0; i < MAX; i++) {
65 :         printf("%d\n", numbers[i]);
66 :     }
67 : }
```

코드 18-2 세 개의 수를 읽어 큰 수부터 작은 수 순으로 출력하는 프로그램(배열 이용)

다시 본론으로 돌아와서 그런데 조금 더 생각을 해 볼 내용이 있다. 이번에는 세 개의 알파벳 문자를 읽어 자모순인데 내림차순으로 정렬해서 출력하는 프로그램을 작성해 보자. [코드 18-3]과 같이 작성되면 정확하게 실행될 것이다.

```
01 : /***************************************************************
02 :    파일 명칭 : Arrange.c
03 :    기     능 : 세 개의 문자들을 내림차순으로 정렬하다
04 :    출     력 : 없음
05 :    입     력 : 없음
06 :    작 성 자 : 김 석현
07 :    작성 일자 : 2009년 2월 17일
08 : ***************************************************************/
09 : #include <stdio.h> // printf
10 :
11 : #define MAX  3 // 배열 크기에 대한 매크로 상수
12 : // 세 개의 수들을 입력받는다
13 : void InputThreeLetters(char (*letters));
14 : // 내림차순으로 정렬하다
15 : void Arrange(char (*letters));
16 : // 내림차순으로 정렬된 세 개의 수들을 출력하다
17 : void DisplayLetters(char (*letters));
18 :
19 : int main() {
20 :     // 문자들의 배열
21 :     char letters[MAX];
22 :
23 :     // 수들을 입력받는다
24 :     InputThreeLetters(letters);
25 :     // 정렬하다
26 :     Arrange(letters);
27 :     // 크기 순으로 출력하다
28 :     DisplayLetters(letters);
29 :
30 :     return 0;
31 : }
32 :
33 : // 수들을 입력받는다
34 : void InputThreeLetters(char (*letters)) {
35 :     int i;
36 :
37 :     for(i = 0; i < MAX; i++) {
38 :         scanf("%c", letters + i);
39 :         fflush(stdin); // 엔터 혹은 스페이스 문자를 버퍼에서 없애다
40 :     }
41 : }
42 :
43 : // 수들을 정렬하다
44 : void Arrange(char (*letters)) {
45 :     char temp;
46 :     int i;
47 :     int j;
48 :
49 :     for(i = 0; i < MAX -1; i++) {
50 :         for(j = i + 1; j < MAX; j++) {
51 :             if(letters[i] < letters[j]) { // 비교하다
52 :                 temp = letters[i];     // 교환하다
53 :                 letters[i] = letters[j];
54 :                 letters[j] = temp;
55 :             }
56 :         }
57 :     }
58 : }
59 :
60 : // 크기 순으로 출력하다
61 : void DisplayLetters(char (*letters)) {
62 :     int i ;
63 :
64 :     for(i = 0; i < MAX; i++) {
65 :         printf("%c\n", letters[i]);
66 :     }
67 : }
```

코드 18-3 세 개의 알파벳 문자를 읽어 내림차순으로 출력하는 프로그램

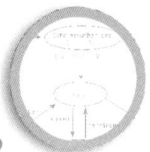

[코드 18-2]와 [코드 18-3]에서 Arrange() 함수를 비교해 보면 처리하는 데이터의 자료형 관련 부분만 고치면, 즉 int 을 char 으로만 바꾸면 세 개의 알파벳 문자를 읽어 내림차순으로 정렬해서 출력하는 프로그램을 작성할 수 있다.

처리하고자 하는 데이터의 유형만이 다르지 처리하고자 하는 작업 내용은 동일하다. 즉 숫자를 처리할 것인지 아니면 문자를 처리할 것인지의 차이지, 처리하고자 하는 내용은 내림차순으로 데이터들을 재배치하는 것은 동일하다. 따라서 처리하고자 하는 데이터의 유형과 무관하게 정렬에 대한 제어논리를 C 언어를 사용하여 함수로 구현해 놓고, 필요할 때마다 함수를 사용할 수 있도록 한다면 프로그래밍 작업이 매우 효율적일 것이다. 더욱이 원시 코드 수준에서가 아니라 이진 코드 수준에서 사용할 수 있는 형태로 구현해 놓았다면, 컴파일할 때 걸리는 시간도 단축할 수 있을 뿐만이 아니라 이러한 작업을 한다는 것은 논리 오류가 없음이 입증한 것이기 때문에 다른 제어논리에 대해서만 집중할 수 있기 때문에 많은 노력과 시간을 줄일 수 있다.

```
01 : /***************************************************************
02 :    파일 명칭   : Sort.c
03 :    기    능   : 배열요소들을 정렬하다
04 :    출    력   : 없음
05 :    입    력   : 없음
06 :    작 성 자   : 김 석현
07 :    작성 일자  : 2009년 2월 17일
08 : ***************************************************************/
09 : #include <stddef.h> // size_t
10 : #include <stdlib.h> // malloc
11 : #include <memory.h> // memcpy, memcmp
12 :
13 : // size 만큼의 배열요소의 크기가 size만큼이고
14 : // length개의 배열요소를 갖는 배열요소들을 정렬하다
15 : void Sort(void (*array), size_t length, size_t size);
16 :
17 : void Sort(void (*array), size_t length, size_t size) {
18 :     void* temp; // 교환용 임시 변수
19 :     unsigned long int i;
20 :     unsigned long int j;
21 :
22 :     temp = malloc(size); // 힙에 할당하다
23 :     memset(temp, 0, size); // 할당된 영역을 초기화하다
24 :
25 :     for(i = 0; i < length - 1; i++) {
26 :         for(j = i + 1; j < length; j++) {
27 :             if(memcmp(((char*)array) + (i * size), // 비교한다
28 :                 ((char*)array) + (j * size), size) < 0) {
29 :                 memcpy(temp, ((char*)array) + (i * size), size); // 교환하다
30 :                 memcpy(((char*)array) + (i * size), ((char*)array) + (j * size), size);
31 :                 memcpy(((char*)array) + (j * size), temp, size);
32 :             }
33 :         }
34 :     }
35 :     if(temp != NULL) { // 힙에 할당되어 있으면
36 :         free(temp); // 할당 해제하다
37 :     }
38 : }
```

코드 18-4 정렬 라이브러리 함수

앞에서 언급했던 Arrange() 함수의 제어논리를 C 언어로 라이브러리 원시 코드로 작성한다면 [코드 18-4]처럼 작성할 수 있다. 물론 확장자가 .lib인 라이브러리 파일을 만든 다음에 사용할 수

있지만, 원시 코드 수준에서도 바로 사용할 수 있는데, 다음과 같이 사용하면 된다.

```
01 : /***************************************************************
02 : 파일 명칭 : Arrange.c
03 : 기     능 : 세 개의 숫자들을 내림차순으로 정렬하다
04 : 출     력 : 정렬된 수들
05 : 입     력 : 세 개의 수
06 : 작 성 자 : 김 석현
07 : 작성 일자 : 2009년 2월 17일
08 : ***************************************************************/
09 : #include <stdio.h> // printf
10 :
11 : #define MAX  3 // 배열 크기에 대한 매크로 상수
12 :
13 : // Sort.c 원시 코드 파일에 정의된 함수 선언
14 : void Sort(void (*array), size_t length, size_t size);
15 :
16 : // 세 개의 수들을 입력받는다
17 : void InputThreeNumbers(int (*numbers));
18 : // 내림차순으로 정렬하다
19 : void Arrange(int (*numbers));
20 : // 내림차순으로 정렬된 세 개의 수들을 출력하다
21 : void DisplayNumbers(int (*numbers));
22 :
23 : int main() {
24 :     // 숫자들의 배열
25 :     int numbers[MAX];
26 :
27 :     // 수들을 입력받는다
28 :     InputThreeNumbers(numbers);
29 :     // 정렬하다
30 :     Arrange(numbers);
31 :     // 크기 순으로 출력하다
32 :     DisplayNumbers(numbers);
33 :
34 :     return 0;
35 : }
36 :
37 : // 수들을 입력받는다
38 : void InputThreeNumbers(int (*numbers)) {
39 :     int i;
40 :
41 :     for(i = 0; i < MAX; i++) {
42 :         scanf("%d", numbers + i);
43 :     }
44 : }
45 :
46 : // 수들을 정렬하다
47 : void Arrange(int (*numbers)) {
48 :     Sort(numbers, 3, sizeof(int));
49 : }
50 :
51 : // 크기 순으로 출력하다
52 : void DisplayNumbers(int (*numbers)) {
53 :     int i ;
54 :
55 :     for(i = 0; i < MAX; i++) {
56 :         printf("%d\n", numbers[i]);
57 :     }
58 : }
```

코드 18-5 세 개의 수를 입력받아 내림차순으로 출력하는 프로그램

Sort.c 원시 코드 파일을 Arrange.c 원시 코드 파일이 있는 폴드(혹은 디렉토리)로 복사한다. [코드 18-5]에서 04번째 줄에서처럼 Arrange.c 원시 코드 파일의 선언 단락에 Sort.c 원시 코드 파일에 작성되어 있는 Sort() 함수를 선언한다.

[코드 18-2]에서 Arrange() 함수 부분만 라이브러리 함수인 Sort() 함수를 호출하는 표현만으로 고치면 프로그램은 정상적으로 작동할 것이다. Sort() 함수 원형을 참고하여 배열의 시작주소, 배열요소의 개수, 그리고 배열요소의 크기를 차례대로 실인수로 사용하여 Sort() 함수를 호출하도록 한다.

마찬가지로 세 개의 알파벳 문자를 입력받아 내림차순으로 출력하는 프로그램에서 Sort() 함수를 사용하는 방법은 동일하다. [코드 18-3]에 Arrange() 함수 부분도 다음과 같이 코드만을 고치면 프로그램은 정상적으로 작동할 것이다.

```
01 : // 문자들을 정렬하다
02 : void Arrange(char (*letters)) {
03 :     Sort(letters, 3, sizeof(char));
04 : }
```

코드 18-6 세 개의 알파벳 문자를 입력받아 내림차순으로 출력하는 프로그램에서 Arrange() 함수

절차의 추상화(Abstraction)에 대한 예를 보여 주고 있다. main () 함수에서는 Arrange() 함수의 내부적인 특성을 알 필요없이 정보전달에 대한 약속만을 지키면 프로그램의 실행에 있어 아무런 문제가 없음을 알 수 있다.

2. 라이브러리의 효용성

일반적으로 전산에서 많이 사용하는 개념으로 루틴(Routine)이 있다. 루틴은 어떤 통합된 기능이 있는 프로그램으로 컴퓨터가 특정한 기능을 수행할 수 있도록 마련된 일련의 명령어들의 집단이다. 즉 기능적으로 관련된 두 개 또는 그 이상의 명령어로 된 프로그램의 단편을 의미한다. 보통 수행해야 할 기능의 명칭 앞에 붙여 무슨 무슨 루틴이라고 한다. C 언어에서 루틴을 함수(Function)로 보면 될 것이다.

라이브러리(Library)란 프로그래밍에서 사용하는 하나의 파일 속에 저장되어 있는 루틴의 집합이다. 각 루틴은 명칭을 갖고 있으며 각각 어떤 특정한 과제를 수행한다. 예를 들어, 수치 해석 프로그램에서는 함수 계산이 많이 사용되는데 이러한 함수 계산 루틴이 표준화되어 쉽게 사용될 수 있다면 프로그램 개발에 유효한 수단이 된다. 이처럼 새로운 컴퓨터 프로그램 개발에서 특정한 문제를 해결하고자 할 때 그대로 적용할 수 있는, 이미 증명되었거나 표준화된 루틴들을 모아 놓은 것을 라이브러리라고 한다. 프로그램 작성자는 프로그램에서 라이브러리를 식별하고 라이브러리 루틴을 참조함으로써, 특정한 과제의 수행이 필요할 때마다 명령을 되풀이해서 작성할 필요 없이 프로그램을 개발할 수 있으므로 개발 효율을 높일 수 있다.

숫자든 문자든 정렬에 대한 제어논리는 동일하다는 것이다. 따라서 프로그래머 입장에서는 개발 과정에서 빈번하게 사용되는 제어논리를 자료형에 무관하게 코드를 작성해 놓고 필요할 때마다

코드를 새로 작성하지 않고 사용하면 작업의 효율성을 기할 수 있다. 이러한 개념으로 도입된 것이 라이브러리(Library)이다.

그러면 C 언어에서 자료형에 무관하게 라이브러리 코드를 작성할 수 있게 하는 기능이 분명히 제공될 것이다. 그것이 무엇인지, 그리고 어떻게 사용하는 것인지에 대해서 공부해 보도록 하자.

3. void 포인터(Pointer to void)

1) 개념과 선언 및 정의

처리하고자 하는 데이터의 유형과 관계없이 제어논리를 표준화시키기 위해서는 개념적으로 하나의 기억장소에 존재하는 값들, 내용과 주소 중에서 데이터의 유형과는 상관없는 값인 주소를 이용하는 방법을 생각해야 할 것이다.

따라서 개념적으로 [그림 18-2]와 같이 주소를 저장하는 하나의 기억장소, 즉 포인터 변수를 사용해서 각기 다른 데이터의 유형을 저장하고 있는 기억장소들의 주소들을 저장할 수 있도록 하면, 자료형과 상관없이 표준화된 코드를 완성할 수 있을 것이다. 그래서 C 언어에서는 void라는 키워드를 제공한다. void란 결정되지 않았다는 의미로 해석해야 한다. 즉 기억장소의 크기가 정해지지 않았다는 것이다. 따라서 읽고 쓰기를 할 수 없다는 의미이기도 하다.

따라서 기억장소에 저장된 값에 대한 정보인 자료형이 따로 정해져 있지 않지만 주소를 저장할 수 있는 기억장소들을 이용하면 표준화된 제어논리를 코드로 작성할 수 있을 것이다. 즉 포인터 개념을 이용하여 표현할 수 있다는 것이다.

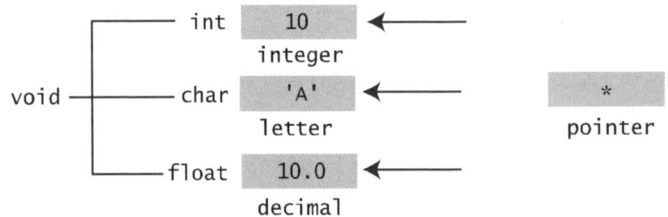

그림 18-2 void 의 의미

앞에서 배운 포인터 개념대로 라면 오른쪽에 있는 포인터 변수는 기억장소에 저장되는 데이터의 유형에 따라 [그림 18-3]과 같이 선언 및 정의되어야 한다.

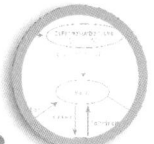

```
(1) 변수 명칭을 적는다
    pointer
(2) 저장되는 값이 주소이면 변수 명칭앞에 *를 붙인다
    *pointer
(3) 변수에 저장된 값을 갖는 기억장소의 자료형을 공백문자로 구분해서 앞에 기술한다
    10을 저장하는 기억장소인 경우 : int *pointer
    'A'를 저장하는 기억장소인 경우 : char *pointer
    10.0을 저장하는 기억장소인 경우 : float *pointer
(4) 문장임을 나타내는 구두점인 세미콜론(;)을 마지막에 붙인다
    int *pointer;
    char *pointer;
    float *pointer;
```

그림 18-3 포인터 변수의 선언 및 정의

그렇게 하려면 3개의 포인터 변수가 존재해야 한다. 각각의 기억장소에 저장되는 자료형을 명시해야 하기 때문이다. [그림 18-2]와 같이 한 개의 포인터 변수를 갖고 갖기 다른 데이터의 유형을 갖는 기억장소의 주소를 갖도록 하자는 개념이 성립될 수 없다는 것이다.

우리가 하고자 하는 것은 한 개의 기억장소를 가지고 저장되는 데이터의 유형들인 다른 값들을 갖는 여러 개의 기억장소들의 주소를 저장할 수 있는 포인터 변수가 필요하다는 것이다. 따라서 int, char, float 등등을 대신할 있는 키워드가 있어야 한다는 것이다. C 언어에서는 void 라는 키워드를 제공하고 있다.

따로 자료형이 정해지지 않았음을 나타내는 키워드를 C 언어에서 제공하는데 이것이 void이다. 따라서 [그림 18-2]와 같은 개념이 성립할 수 있는 포인터 변수를 다음과 같이 선언 및 정의할 수 있다. 그리고 이러한 포인터 변수를 void 포인터라고 한다는 것이다.

```
(1) 변수 명칭을 적는다
    pointer
(2) 저장되는 값이 주소이면 변수 명칭앞에 *를 붙인다
    *pointer
(3) 변수에 저장된 값을 갖는 기억장소의 자료형을 공백문자로 구분해서 앞에 기술한다
    자료형을 명확하게 명시하지 않고자 한다만 자료형을 void를 사용할 수 있다
    void *pointer
(4) 문장임을 나타내는 구두점인 세미콜론(;)을 마지막에 붙인다
    void *pointer;
```

그림 18-4 void 포인터 변수의 선언 및 정의

임의의 기억장소의 주소를 저장하는 포인터인 void 포인터를 이용해야 한다. void 포인터에서 void 란 의미는 어떤 것도 없다라는 뜻이 아니라 기억장소의 자료형이 따로 정해져 있지 않다는 뜻으로 사용되는 것이다. 모든 자료형의 기억장소의 주소를 저장할 수 있는 이런 융통성 때문에 포괄적 포인터(Generic Pointer)라고도 한다.

2) 사용법

(1) void 포인터 변수에 주소를 설정하는 방법

void 포인터 변수는 다른 포인터 변수들처럼 사용할 수 있다. void 포인터 변수에는 캐스트 연산

자의 도움없이 임의의 포인터 변수 또는 포인터 수식을 대입할 수 있다.

```
int integer = 10;
char letter = 'A';
float decimal = 10.0;

void *pointer;

pointer = &integer; // 합당
pointer = &letter;  // 합당
pointer = &decimal; // 합당
```

코드 18-7 포인터 변수에 값을 저장하는 수식

(2) void 포인터 변수가 저장하고 있는 주소를 갖는 기억장소에 값을 쓰고 읽는 방법

앞에서 설명된 개념에 의하면 기억장소는 존재하는데 기억장소에 저장된 값에 대한 자료형이 정해지지 않았다는 말은 컴파일러 입장에서는 기억장소의 크기가 따로 정해지지 않았다는 말이 된다. 따라서 다음과 같은 몇 가지에 대한 제약이 있다는 것이다.

```
void memory; // void 변수 --- 합당하지 않은 표현
int integer = 10;
void *pointer;

pointer = &integer;

printf("%d\n", *pointer); // 간접 접근으로 값 읽기 --- 합당하지 않은 표현
*pointer = 100; // 간접 접근으로 값 쓰기 --- 합당하지 않는 표현
```

코드 18-8 void 의 몇 가지 제약들

포인터 형이 아닌 void 형으로 변수 및 배열을 선언 및 정의할 수 없다. void 포인터를 바로 이용해서 간접 접근을 할 수 없다. 다시 말해서 void 포인터에 저장된 주소를 참고하여 형 변환없이 바로 다른 기억장소에 값을 쓰거나 읽을 수 없다.

void 포인터가 가리키고 있는 기억장소의 크기는 따로 정해지지 않으므로, 형 변환 연산자의 도움없이 void 포인터에 간접 지정 연산자(*) 나 포인터 산술 연산자들, +, -, ++, -- 연산자, 첨자 연산자를 직접 사용할 수 없다.

```
void *memory; // void 포인터 변수 --- 합당한 표현
 int integer = 10;
void *pointer;

pointer = &integer;

printf("%d\n", *((int*)pointer)); // 간접 접근으로 값 읽기 --- 합당한 표현
*((int*)pointer) = 100; // 간접 접근으로 값 쓰기 --- 합당한 표현
```

코드 18-9 형 변환 연산과 간접 접근

[코드 18-9]에서 보는 것처럼 void 포인터 변수를 이용한 간접 접근을 하기 전에는 반드시 형

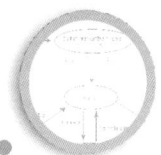

변환 연산을 해야만 한다. void 포인터 변수에 저장되어 있는 주소를 갖는 기억장소에 저장되어 있는 데이터의 자료형이 int 이기 때문에 우선 int* 형으로 형 변환을 해야 한다. 형 변환 연산자가 간접 지정 연산자보다 우선순위가 낮기 때문에 형 변환 연산을 먼저 해야 하기 때문에 형 변환 연산 수식을 소괄호로 싸야 한다.

이처럼 void 포인터 변수를 이용하여 간접 접근을 하기 위해서는 void 포인터 변수에 저장되어 있는 주소를 갖는 기억장소에 저장된 데이터의 자료형 포인터 형으로 형 변환을 한 다음에 값을 읽거나 쓰는 표현을 해야 한다는 것을 반드시 명심하도록 하자.

대입 연산자의 피연산자가 되는 경우를 제외하고는 void 형 포인터에는 반드시 형 변환 연산자가 필요, 즉 void 포인터를 수식 내에서 사용할 때는 우선적으로 형 변환 연산자를 사용하여 그 기억장소의 자료형을 미리 명시해 주어야 한다.

그러면 다시 [코드 18-5]를 이용하여 void 포인터에 대해서 공부하도록 하자. [코드 18-5]의 프로그램을 실행시키고, 1, 2, 3 세 개의 수를 입력받고, Arrange() 함수가 호출되고, 다시 Sort() 함수가 호출되고 첫 번째 반복을 시작할 때 메모리 맵은 [그림 18-5]와 같다.

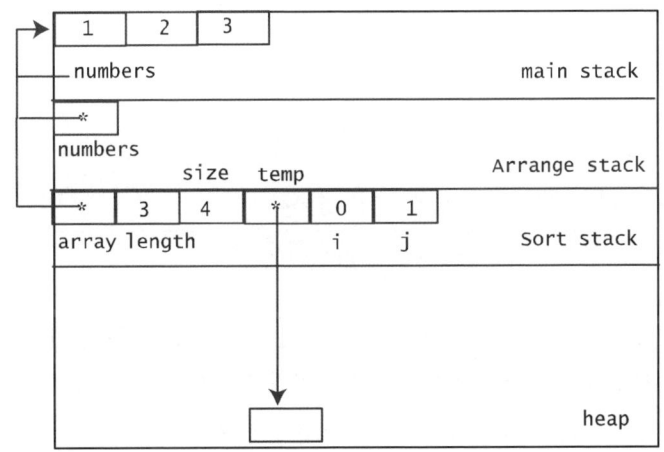

그림 18-5 Sort() 함수가 호출되고 첫 번째 반복을 시작할 때 메모리 맵

Sort() 함수 스택에 할당된 array가 void 배열 포인터이다. void 배열 포인터일 때 특정 배열요소에 대해 주소를 어떻게 구할 수 있을까? 또한 특정 배열요소에 대해 내용을 쓰거나 읽을 수 있을까? 비교하거나 교환할 때 [코드 18-10]과 같은 코드를 작성할 수 없다. 왜냐하면 array가 void 배열 포인터라서 배열요소의 자료형이 명시되지 않았기 때문에 포인터 산술과 첨자 연산자를 바로 사용할 수 없기 때문이다.

```
array[i] > array[j]
array[i] = array[j]
```

코드 18-10 void 배열 포인터에서 합당하지 않은 코드

가능하도록 하기 위해서는 array에 대해서 배열요소의 자료형으로 형 변환하고 사용할 수는 있다. [코드 18-5]에 의하면 정수 배열이기 때문에 [코드 18-11]과 같이 사용할 수는 있다.

```
((int(*))array)[i] > ((int(*))array)[j]
((int(*))array)[i] = ((int(*))array)[j]
```

코드 18-11 정수 배열 포인터형으로 형 변환후 첨자 연산자 사용

라이브러리 코드가 원시 코드 수준에서 제공되면 이렇게 하는 것도 하나의 방법이다. 그렇지만 라이브러리 코드는 원시 코드 수준으로 제공되는 것이 아니라, 바이너리 코드 수준에서 제공되기 때문에 실제로는 이러한 해결책은 있을 수 없다. 그러면 어떻게 해야 할까?

컴퓨터에서 기억장소를 식별하기 위해서 바이트(Byte) 단위로 주소가 지정되어 있다는 것에 주목하라. 그리고 C 라이브러리 함수들에는 바이트 단위로 조작 가능한 함수들이 제공된다. 이것을 가지고 문제를 해결하는 방법에 대해서 공부해 보도록 하자.

C 언어에서 바이트 단위에 해당하는 즉 1 바이트 크기의 자료형이 제공된다. char 형이다. 그러면 간단하게 void (*) 형인 array를 char (*) 형으로 형 변환하면 포인터 산술 연산이 가능하게 된다.

```
        형 변환 연산자
            ↓
        (char(*))array
            ↑
        변환하고자 하는 자료형
```

코드 18-12 형 변환 수식

형 변환 연산자가 포인터 산술 연산자보다 우선순위가 낮기 때문에 형 변환 연산부터 먼저 평가되도록 하기 위해 소괄호로 전체를 묶는다. 그리고 첨자와 포인터 산술 연산자 +를 사용하면 (1 * 첨자) 바이트만큼씩 이동된 기억장소의 주소를 구할 수 있다.

```
                포인터 산술 연산자
                    ↓
        ((char(*))array)  +  2
                             ↑
                            첨자
```

코드 18-13 포인터 산술 수식

라이브러리를 사용하는 프로그래머 입장에서 [그림 18-13]처럼 계산되는 값은 의미가 없다. 실제 배열요소 단위로 저장되고 읽어져야만 한다. 그렇다면 배열요소에 대해 주소를 어떻게 구할 수 있을까? 배열요소의 크기가 매개변수로 전달되기 때문에 (1 * 첨자 * 배열요소의 크기) 씩으로

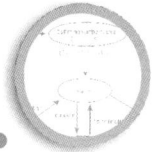

이동할 바이트 개수를 구하면 된다.

```
                            포인터 산술 연산자
                                  ↓
              ((char(*))array)   +   ( i  *  size)
                                       ↑      ↑
                                      첨자   배열요소 크기
```

코드 18-14 특정 배열요소의 주소를 구하는 수식

그리고 주소를 갖는 배열요소에 저장되어 있는 내용에 대해서는 바이트 조작 함수들을 이용하면 쓰거나 읽을 수 있다.

```
memcmp( // 바이트 단위로 비교
        ((char(*))array)   +   ( i * size),
        ((char(*))array)   +   ( j * size),
        size
)

memcpy( // 바이트 단위로 복사
        ((char(*))array)   +   ( i * size),
        ((char(*))array)   +   ( j * size),
        size
)
```

코드 18-15 바이트 단위 조작함수들에 의한 내용 읽고 쓰기

3) 응용 : 선택 정렬 알고리듬의 라이브러리 예

```
01 : /*****************************************************
02 : 파일 명칭 : Sort.c
03 : 기    능 : 배열요소들을 정렬하다
04 : 출    력 : 없음
05 : 입    력 : 없음
06 : 작 성 자 : 김 석현
07 : 작성 일자 : 2009년 2월 17일
08 : *****************************************************/
09 : #include <stddef.h> // size_t
10 : #include <stdlib.h> // malloc
11 : #include <memory.h> // memcpy, memcmp
12 :
13 : // size 만큼의 배열요소의 크기가 size만큼이고
14 : // length개의 배열요소를 갖는 배열요소들을 정렬하다
15 : void Sort(void (*array), size_t length, size_t size);
16 :
17 : void Sort(void (*array), size_t length, size_t size) {
18 :     void* temp; // 교환용 임시 변수
19 :     unsigned long int i;
20 :     unsigned long int j;
21 :
22 :     temp = malloc(size); // 힙에 할당하다
23 :     memset(temp, 0, size); // 할당된 영역을 초기화하다
24 :
25 :     for(i = 0; i < length - 1; i++) {
26 :         for(j = i + 1; j < length; j++) {
27 :             if(memcmp(((char*)array) + (i * size), // 비교한다
28 :                 ((char*)array) + (j * size), size) < 0) {
29 :                 memcpy(temp, ((char*)array) + (i * size), size); // 교환하다
30 :                 memcpy(((char*)array) + (i * size), ((char*)array) + (j * size), size);
31 :                 memcpy(((char*)array) + (j * size), temp, size);
32 :             }
33 :         }
34 :     }
35 :     if(temp != NULL) { // 힙에 할당되어 있으면
36 :         free(temp); // 할당 해제하다
37 :     }
38 : }
```

코드 18-16 정렬 라이브러리 함수

void 포인터는 [코드 18-16]에서 보는 것처럼 대개는 라이브러리를 만들 때 사용된다. 왜냐하면 다음과 같은 이유에서다.

(1) void 포인터로 배열요소의 자료형이 명시되지 않은 배열을 다룰 수 있다.
(2) void 포인터로 기억장소를 바이트 단위로 조작 가능하기 때문이다.

C 언어에서 제공하는 바이트 단위로 조작 가능한 함수들은 [표 18-2]와 같다.

표 18-2 바이트 단위 조작 함수들

번호	원 형	기 능
1	void *memset(void *dest, int c, size_t count);	버퍼를 특정 문자로 설정한다.
2	int memcmp(const void *buf1, 　　　　　　　　const void *buf2, size_t count);	바이트 단위로 비교한다.
3	void *memcpy(void *dest, 　　　　　　　　const void *src, size_t count);	바이트 단위로 복사한다

바이트 조작 함수들을 사용하고자 한다면 <memory.h> 헤더 파일을 포함시켜야 한다.

[코드 18-16]은 선택 정렬 알고리듬에 대해 라이브러리 함수를 작성한 것이다. 첫 번째 매개변수가 void 배열 포인터로 자료형이 명시되지 않은 배열의 시작주소를 저장하고 있다. 이때 주의해야 할 내용으로 void 포인터를 매개변수로 갖는 함수를 만들 때, void 배열 포인터를 [코드 18-17]과 같이 선언하는 것을 절대 받아들여지지 않는다는 점이다.

```
void Sort(void array[], size_t length, size_t size);
```

코드 18-17 잘못된 void 배열 포인터 선언

void 포인터를 매개변수로 취하는 경우, 아래 두 가지 형식으로 void 포인터가 가리키는 기억장소의 크기를 결정하는 형식매개변수를 반드시 설계해 주어야 한다.

(1) 기억장소를 정수 수치로 받을 수 있는 형식매개변수

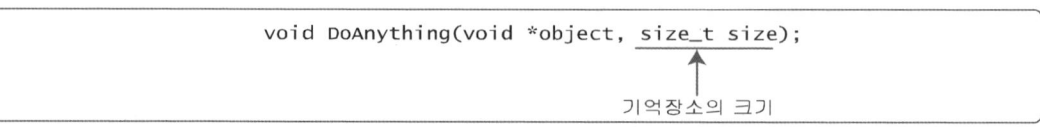

코드 18-18 void 포인터일 때 기억장소의 크기를 갖는 매개변수 설계

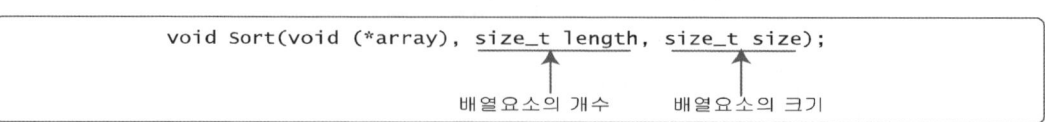

코드 18-19 void 배열 포인터인 경우 배열크기와 배열요소의 크기를 갖는 매개변수들 설계

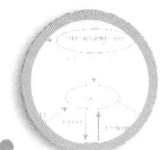

(2) 라이브러리를 사용하는 다른 프로그래머에 의해서 코드 상으로 기억장소 크기를 정할 수 있도록 함수 포인터 매개변수

그러면 계속해서 함수 포인터 매개변수를 만들려고 하면 함수 포인터에 대해서 알아야 하기 때문에 함수 포인터에 대해서 공부하도록 하자.

4. 함수 포인터(Pointer to Function)

1) 개념(Concepts)

앞에서 작성된 정렬 라이브러리 함수에 약간의 문제점들이 존재한다. 어떠한 문제점들일까? 다음에 제시되는 문제를 풀어보면서 생각해 보도록 하자. 앞에서 만든 선택 정렬 라이브러리 함수를 이용하여 3명의 학생에 대해서 성명과 점수를 입력받아 점수를 기준으로 오름차순으로 정렬하여 출력하도록 해보자.

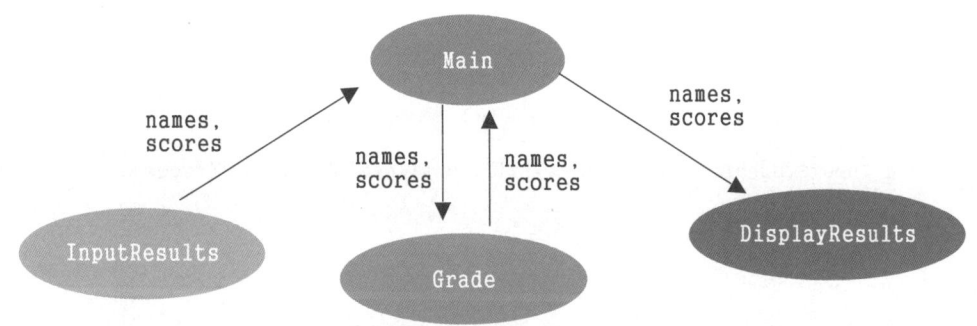

[그림 18-6] 성적들을 입력받아 오름차순으로 출력하는 프로그램(두개의 필드 배열 사용)

[표 18-3] 자료 명세서

번호	명 칭		자료형	비 고
	한 글	영 문		
1	성명들	names	문자열 배열	학생의 성명들을 저장할 배열
2	점수들	scores	정수 배열	학생의 점수들을 저장할 배열

성명과 점수 각각에 대해 한 개씩 두 개의 배열을 사용해서 [코드 18-20]과 같이 C언어로 코드로 작성하자. 앞에서 만든 Sort() 라이브러리 함수를 사용해서 작성하자. 컴파일, 링크 그리고 실행시켜 보자.

```
01 : /***************************************************************
02 : 파일 명칭 : Grade.c
03 : 기     능 : 3 명의 학생에 대해 각각 성명과 점수를 입력받아
04 :              점수 순으로 정렬하여 출력하다
05 : 출    력 : 없음
06 : 입    력 : 없음
07 : 작 성 자 : 김 석현
08 : 작성 일자 : 2009년 2월 17일
09 : ***************************************************************/
10 : #include <stdio.h> // printf
11 :
12 : #define MAX  3
13 :
14 : // 3명의 학생에 대해 각각 성명과 점수들을 입력받는다
15 : void InputStudents(char (*names)[11], unsigned short int (*scores));
16 : // 점수 순으로 내림차순으로 정렬하다
17 : void Grade(char (*names)[11], unsigned short int (*scores));
18 : // 점수순으로 출력하다
19 : void DisplayStudents(char (*names)[11], unsigned short int (*scores));
20 :
21 : int main() {
22 :     // 성명들의 배열
23 :     char names[MAX][11];
24 :     // 점수들의 배열
25 :     unsigned short int scores[MAX];
26 :
27 :     // 성명과 점수들을 입력받는다
28 :     InputStudents(names, scores);
29 :     // 점수 순으로 정렬하다
30 :     Grade(names, scores);
31 :     // 점수 순으로 출력하다
32 :     DisplayStudents(names, scores);
33 :
34 :     return 0;
35 : }
36 :
37 : // 성명과 점수들을 입력받는다
38 : void InputStudents(char (*names)[11], unsigned short int (*scores)) {
39 :     int i;
40 :
41 :     for(i = 0; i < MAX; i++) {
42 :         scanf("%s %d",names[i], scores + i);
43 :     }
44 : }
45 :
46 : // 점수 순으로 정렬하다
47 : void Grade(char (*names)[11], unsigned short int (*scores)) {
48 :     Sort(scores, 3, sizeof(scores[0]));
49 : }
50 :
51 : // 점수 순으로 출력하다
52 : void DisplayStudents(char (*names)[11], unsigned short int (*scores)) {
53 :     int i ;
54 :
55 :     for(i = 0; i < MAX; i++) {
56 :         printf("%s %d\n", names[i], scores[i]);
57 :     }
58 : }
```

코드 18-20 학생의 성적들을 입력받아 등수대로 출력하는 프로그램(두 개의 필드 배열 사용)

[그림 18-7]에서 보는 것처럼 실행 결과는 점수에 대해서 오름차순으로 정렬하려고 했는데, 내림차순으로 정렬되어 있는 것을 볼 수 있다. 또한 점수를 기준으로 정렬되어 있지만 입력된 점수에 해당하는 성명들은 정렬되지 않은 채로 입력된 대로 그대로 출력되는 것을 알 수 있을 것이다.

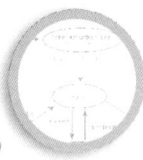

C를 배우면 함수를 잘 만들어야 한다

```
"C:\Work\Library\Debug\Library.exe"
홍길동  67
박길동  88
사길동  100
홍길동  100
박길동  88
사길동  67
Press any key to continue_
```

그림 18-7 [코드 18-20]의 실행 결과

두 개의 문제점들이 발생했다. 첫 번째는 입력된 대로 점수에 대응되는 성명들도 정렬되도록 해야 한다. 두 번째는 오직 내림차순으로만 정렬된다는 것이다. 오름차순으로 하려면 정렬 라이브러리 함수를 다시 작성하는 수밖에 없을까?

첫 번째 문제점에 대한 해결책부터 생각해 보도록 하자. Sort() 라이브러리 함수는 한 개의 배열에 대해서만 적용이 되므로 한꺼번에 두 개의 배열을 정렬하는 또 다른 라이브러리 함수를 만들어서 제공하면 될 것 같지만, 이러한 방식은 비효율적이므로 권장하고픈 것이 아니다. 그러면 정보처리 개념을 조금 더 확장해서 필드 단위 처리를 고집할 것이 아니라, 관련된 필드들을 모아서 식별할 수 있는 단위, 레코드 수준의 자료형으로 설계되어진 레코드 배열을 사용한다면 Sort() 라이브러리 함수를 그대로 사용할 수 있지 않겠는가?

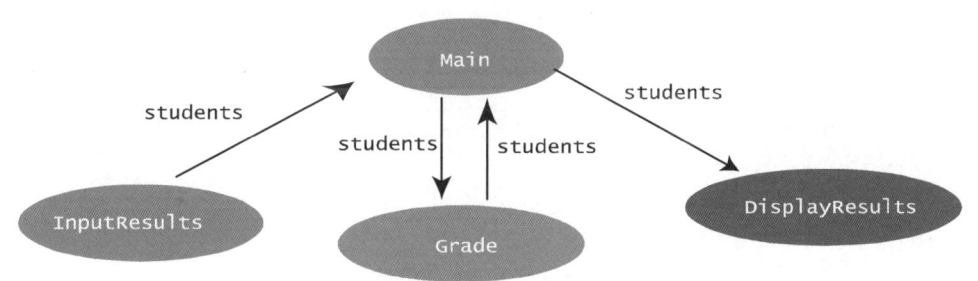

그림 18-8 학생의 성적들을 입력받아 등수대로 출력하는 프로그램(레코드 배열 사용)

표 18-4 자료 명세서

번호	명칭 한글	명칭 영문	자료형	비고
1			학생	사용자 정의 레코드 자료형
	성명	name	문자열	레코드 자료형을 구성하는 필드
	점수	score	정수	레코드 자료형을 구성하는 필드
2	학생들	students	학생 배열	학생의 성적들을 저장할 배열

4. 함수 포인터(Pointer to Function)

C 언어에서는 사용자 정의 자료형(User-Defined Data Type)에 대해 설계를 할 수 있는 기능으로 typedef 를 제공할 뿐만 아니라 레코드를 표현할 수 있는 기능, struct 도 제공하고 있다. 이에 대한 자세한 설명들은 계속되는 장들에서 배우도록 하자.

typedef 와 struct를 이용하여 Student 레코드 자료형을 만들어서 제시된 문제를 해결하면, [코드 18-21]과 같은 코드로 작성할 수 있다. 컴파일, 링크를 한 다음에 실행해 보도록 하자.

```
01 : /***************************************************************
02 : 파일 명칭 : Grade.c
03 : 기      능 : 3 명의 학생에 대해 각각 성명과 점수를 입력받아
04 :              점수 순으로 정렬하여 출력하다
05 : 출      력 : 없음
06 : 입      력 : 없음
07 : 작 성 자 : 김 석현
08 : 작성 일자 : 2009년 2월 17일
09 : ***************************************************************/
10 : #include <stdio.h> // printf
11 :
12 : #define MAX  3
13 :
14 : // 학생 레코드 자료형 선언 및 정의
15 : typedef struct _student {
16 :     char name[11]; // 성명 필드 멤버
17 :     unsigned short int score; // 점수 필드 멤버
18 : } Student;
19 :
20 : // 3명의 학생에 대해 각각 성명과 점수들을 입력받는다
21 : void InputStudents(Student (*students));
22 : // 내림차순으로 정렬하다
23 : void Grade(Student (*students));
24 : // 내림차순으로 정렬된 세 개의 수들을 출력하다
25 : void DisplayStudents(Student (*students));
26 :
27 : int main() {
28 :     // 학생들의 배열
29 :     Student students[MAX];
30 :
31 :     // 성명과 점수들을 입력받는다
32 :     InputStudents(students);
33 :     // 점수 순으로 정렬하다
34 :     Grade(students);
35 :     // 점수 순으로 출력하다
36 :     DisplayStudents(students);
37 :
38 :     return 0;
39 : }
40 :
41 : // 성명과 점수들을 입력받는다
42 : void InputStudents(Student (*students)) {
43 :     int i;
44 :
45 :     for(i = 0; i < MAX; i++) {
46 :        scanf("%s %d", students[i].name, &(students[i].score));
47 :     }
48 : }
49 :
50 : // 점수 순으로 정렬하다
51 : void Grade(Student (*students)) {
52 :     Sort(students, 3, sizeof(students[0]));
53 : }
54 :
55 : // 점수 순으로 출력하다
56 : void DisplayStudents(Student (*students)) {
57 :     int i ;
58 :
59 :     for(i = 0; i < MAX; i++) {
60 :        printf("%s %d\n", students[i].name, students[i].score);
61 :     }
62 : }
```

코드 18-21 학생의 성적들을 입력받아 등수대로 출력하는 프로그램(레코드 배열 사용)

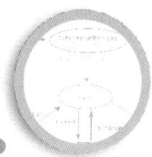

```
C를 배우면 함수를 잘 만들어야 한다
```

```
"C:\Work\Library\Debug\Library.exe"
홍길동 67
박길동 88
사길동 100
홍길동 67
사길동 100
박길동 88
Press any key to continue
```

그림 18-9 [코드 18-21]의 실행 결과

[그림 18-9]의 실행 결과를 보면 제대로 정렬되지 않은 것을 볼 수 있을 것이다. 점수를 기준으로 정렬되는 것이 아니라 성명을 기준으로 정렬되는 것을 알 수 있다. memcmp() 함수는 바이트 단위로 비교하기 때문에 성명 멤버부터 먼저 비교를 하기 때문에 성명으로 기준으로 정렬되는 것이다. 그러면 구조체 태그의 멤버들로 기술된 성명과 점수의 순서를 바꾸면 제대로 된 결과를 얻을 수 있지만 명확한 해결책은 될 수 없다.

```
01 : /****************************************************************
02 : 파일 명칭 : Sort.c
03 : 기    능 : 배열요소들을 정렬하다
04 : 출    력 : 없음
05 : 입    력 : 없음
06 : 작 성 자 : 김 석현
07 : 작성 일자 : 2009년 2월 17일
08 : ****************************************************************/
09 : #include <stddef.h> // size_t
10 : #include <stdlib.h> // malloc
11 : #include <memory.h> // memcpy, memcmp
12 :
13 : // size 만큼의 배열요소의 크기가 size만큼이고
14 : // length개의 배열요소를 갖는 배열요소들을 정렬하다
15 : void Sort(void (*array), size_t length, size_t size, int (*compare)(void*, void*));
16 :
17 : void Sort(void (*array), size_t length, size_t size, int (*compare)(void*, void*)) {
18 :     void* temp; // 교환용 임시 변수
19 :     unsigned long int i;
20 :     unsigned long int j;
21 :
22 :     temp = malloc(size); // 힙에 할당하다
23 :     memset(temp, 0, size); // 할당된 영역을 초기화하다
24 :
25 :     for(i = 0; i < length - 1; i++) {
26 :         for(j = i + 1; j < length; j++) {
27 :             if(compare(((char*)array) + (i * size), // 비교한다
28 :                        ((char*)array) + (j * size)) < 0) {
29 :                 memcpy(temp, ((char*)array) + (i * size), size); // 교환하다
30 :                 memcpy(((char*)array) + (i * size), ((char*)array) + (j * size), size);
31 :                 memcpy(((char*)array) + (j * size), temp, size);
32 :             }
33 :         }
34 :     }
35 :     if(temp != NULL) { // 힙에 할당되어 있으면
36 :         free(temp); // 할당 해제하다
37 :     }
38 : }
```

코드 18-22 개선된 라이브러리 함수

설령 멤버의 위치를 바꾸어서 레코드를 정렬할 수는 있지만, 두 번째 문제점은 아직 해결되지 않는다. 두 번째 문제점까지 해결할 수 있는 방법은 라이브러리를 사용해서 프로그램을 만드는 개발자가 정렬할 기준이 되는 값도 정하고, 내림차순으로 할지 혹은 오름차순으로 할지를 직접 코드를 작성할 수 있는 기능을 제공하는 것이다. 즉 다시 말해서 프로그래머가 비교하는 함수를 만들어서 사용할 수 있도록 하고, 그 함수의 시작주소를 받아서 함수를 간접 호출하도록 하는 방법이다. C 언어에서는 이러한 기능으로 함수 포인터를 제공하고 있다.

[코드 18-22]와 같이 라이브러리 함수를 고쳐야 할 것이다. 15번째 줄의 함수 원형과 17번째 줄의 함수 헤더에서 세 번째 매개변수가 함수 포인터이다. 그리고 27번째 줄과 28번째 줄을 보면 함수 포인터를 이용하여 간접으로 함수를 호출하고 있다.

개선된 라이브러리 함수를 사용하기 위해서는 프로그래머는 함수 포인터에 맞는 함수를 선언 및 정의하고, Sort() 함수를 호출할 때 정의된 함수 명칭을 세 번째 실인수로 적용하면 된다.

```
01 : // 정렬 라이브러리 함수
02 : void Sort(void (*array), size_t length, size_t size, int (*compare)(void*, void*));
03 : // 함수 포인터 매개변수로 사용될 비교 함수
04 : int Compare(void* one, void* other);
05 :
06 : // 함수 포인터 매개변수로 사용될 비교 함수
07 : int Compare(void* one, void* other) {
08 :     Student* one_ = (Student*)one;
09 :     Student* other_ = (Student*)other;
10 :     int ret;
11 :
12 :     if(one_->score > other_->score) {
13 :         ret = 1;
14 :     }
15 :     else if(one_->score == other_->score) {
16 :         ret = 0;
17 :     }
18 :     else if(one_->score < other_->score) {
19 :         ret = -1;
20 :     }
21 :
22 :     return ret;
23 : }
```

함수 포인터형 매개변수

코드 18-23 함수 포인터 매개변수에 대한 함수 선언 및 정의

```
01 : /*****************************************************
02 :    파일 명칭 : Grade.c
03 :    기    능 : 3명의 학생에 대해 각각 성명과 점수를 입력받아
04 :               점수 순으로 정렬하여 출력하다
04 :    출    력 : 없음
05 :    입    력 : 없음
06 :    작 성 자 : 김 석현
07 :    작성 일자 : 2009년 2월 17일
08 : *****************************************************/
09 : #include <stdio.h> // printf
10 :
11 : #define MAX   3
12 :
13 : // 학생 레코드 자료형 선언 및 정의
14 : typedef struct _student {
15 :    char name[11]; // 성명 필드 멤버
16 :    unsigned short int score; // 점수 필드 멤버
17 : } Student;
18 :
19 : // 3명의 학생에 대해 각각 성명과 점수들을 입력받는다
20 : void InputStudents(Student (*students));
21 : // 내림차순으로 정렬하다
22 : void Grade(Student (*students));
23 : // 내림차순으로 정렬된 세 개의 수들을 출력하다
24 : void DisplayStudents(Student (*students));
25 :
26 : // 함수 포인터 매개변수로 사용될 비교 함수
27 : int Compare(void* one, void* other);
28 :
29 : int main() {
30 :    // 학생들의 배열
31 :    Student students[MAX];
32 :
33 :    // 성명과 점수들을 입력받는다
34 :    InputStudents(students);
35 :    // 점수 순으로 정렬하다
36 :    Grade(students);
37 :    // 점수 순으로 출력하다
38 :    DisplayStudents(students);
39 :
40 :    return 0;
41 : }
42 :
43 : // 성명과 점수들을 입력받는다
44 : void InputStudents(Student (*students)) {
45 :    int i;
46 :
47 :    for(i = 0; i < MAX; i++) {
48 :        scanf("%s %d", students[i].name, &(students[i].score));
49 :    }
50 : }
51 :
52 : // 점수 순으로 정렬하다
53 : void Grade(Student (*students)) {
54 :    Sort(students, 3, sizeof(students[0]), Compare);
55 : }
56 :
57 : // 점수 순으로 출력하다
58 : void DisplayStudents(Student (*students)) {
59 :    int i ;
60 :
61 :    for(i = 0; i < MAX; i++) {
62 :        printf("%s %d\n", students[i].name, students[i].score);
63 :    }
64 : }
65 :
66 : // 함수 포인터 매개변수로 사용될 비교 함수
67 : int Compare(void* one, void* other) {
68 :    Student* one_ = (Student*)one;
69 :    Student* other_ = (Student*)other;
70 :    int ret;
71 :
72 :    if(one_->score > other_->score) {
73 :        ret = 1;
74 :    }
75 :    else if(one_->score == other_->score) {
76 :        ret = 0;
77 :    }
78 :    else if(one_->score < other_->score) {
79 :        ret = -1;
80 :    }
81 :
82 :    return ret;
83 : }
```

코드 18-24 개선된 라이브러리를 이용한 프로그램

[코드 18-24]를 컴파일, 링크를 한 후 실행시켜 보자. 그리고 몇 개의 데이터를 입력해서 결과를 확인해 보자.

그림 18-10 [코드 18-24]의 실행 결과

2) 정 의

[코드 18-22]에서 Sort() 함수 스택에 할당되어 있는 compare 기억장소처럼 함수 포인터는 데이터 영역에 존재하는 기억장소로서 코드 영역의 주소를 저장할 수 있는 포인터이다. 다시 말해서 함수의 시작 주소를 저장하는 포인터이다.

함수 포인터의 개념을 쉽게 이해하기 위해서 C 언어에서 함수를 규정하는 규칙에 대해서 알아야한다.

첫 번째 C 언어에서 함수도 하나의 자료형으로 간주한다. 즉 특정 기억장치 블록을 할당받으며, 동적 할당되는 스택의 구조를 결정한다는 점에서 보면 함수를 선언 및 정의하는 것 자체가 사용자 정의 자료형을 만드는 것이 된다.

```
int Compare(void* one, void* other); // 함수 원형(Function Prototype)
                ↓     함수 명칭(Compare)과 매개변수 명칭(들)을 생략하라!
int (void*, void*); // 함수의 자료형
```

코드 18-25 함수의 자료형을 결정하는 방법

프로그래머가 특정 기억장소의 자료형을 결정할 수 있는 쉬운 방법은 특정 기억장소를 할당하기 위한 선언문장에서 기억장소를 식별하기 위해 부여된 명칭(Name)을 생략하면 된다. 따라서 [코드 18-25]에서 보는 것처럼 비교하는 코드를 작성한 함수, Compare() 함수의 자료형은 Compare라는 함수 명칭을 생략하고 남은 것이다.

두 번째 함수의 내부구조를 보면 바이트 배열 구조를 갖고 있어, C 언어에서 배열 명칭은 주소

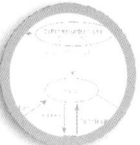

상수라는 규약에 따라 함수 명칭 자체가 주소 상수이다.

이러한 규칙에 의해서 [코드 18-24]처럼 작성된 프로그램이 실행되어 Sort() 함수까지 호출되었을 때 메모리 맵은 [그림 18-11]과 같다. 함수 포인터의 개념 이해에 집중하기 위해서 스택의 자세한 내부 구조에 대해서 작성하지 않았다.

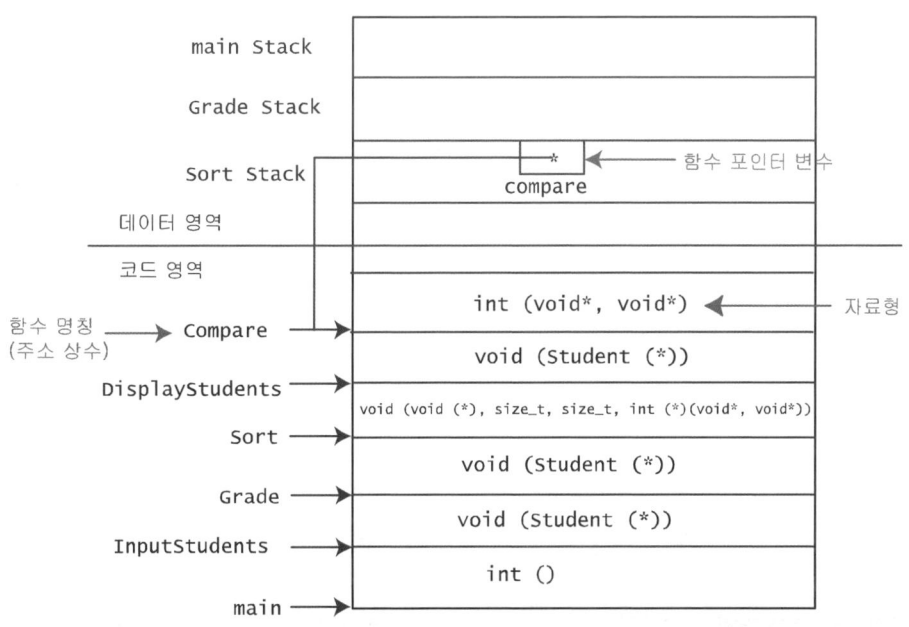

그림 18-11 함수 포인터 개념

3) 선언 및 정의

```
(1) 포인터 변수의 명칭을 적는다
    compare
(2) 변수에 저장되는 값이 주소이므로 변수 명칭앞에 *를 붙인다.
    *compare
(3) 변수에 저장된 값인 주소를 갖는 기억장소의 자료형을 앞에 공백 문자를 구분하고 앞에 적는다
    int (void*, void*) *compare
(4) 함수형을 강조하는 소괄호는 후위 표시이므로 변수 명칭뒤에 적는다
    int *compare (void*, void*)
(5) 함수 포인터를 강조하기 위해서 소괄호로 *와 변수명칭을 묶는다
    int (*compare)(void*, void*)
(6) 문장임을 구분하기 위하여 맨 뒤에 세미콜론을 붙인다
    int (*compare)(void*, void*);
```

그림 18-12 함수 포인터를 선언 및 정의하는 방법

함수 포인터 변수를 선언 및 정의하는 방법은 기본적인 개념은 다른 포인터 변수들과 동일하다. 따라서 [그림 18-12]와 같이 선언 및 정의하면 된다. 몇 가지 정리해야 하는 것에 대해 알아 보도록 하자.

소괄호 ()를 생략하면 함수 원형(Function Prototype)이 되므로 주의해야 한다.

가장 손쉬운 함수 포인터 변수의 선언 및 정의는 [코드 18-26]과 같이 함수 원형을 이용하여 함수 명칭을 함수 포인터 변수 명칭으로 바꾸고, 변수 명칭 앞에 주소가 저장됨을 강조하는 구두점인 별표(*)를 붙이고, 별표(*)와 함수 포인터 변수 명칭을 소괄호(())로 묶는 방법이다.

```
int Compare(void* one, void* other); // 함수 원형(Function Prototype)
            │     (1) 함수 명칭앞에 *를 붙인다
            ▼     (2) *와 함수 명칭을 소괄호로 묶는다
                  (3) 매개변수 명칭(들)을 없앤다
int (*Compare)(void*, void*); // 함수 포인터 변수
```

코드 18-26 함수 포인터를 선언 및 정의하는 방법

함수 포인터를 정의할 때 매개변수 목록에는 각 매개변수의 자료형만을 지정하고 매개변수 명칭은 모두 생략하라. 매개변수 명칭을 생략하는 이유는 컴파일러가 매개변수 명칭을 완전히 무시해 버리기 때문이다. 즉 컴파일러는 매개변수의 자료형에만 관심이 있음을 의미한다.

4) 사용 방법

함수는 바이트 배열이기 때문 함수명칭은 주소 상수이다. 따라서 함수 포인터에 값을 설정하는 방법은 함수 포인터 변수에 함수 명칭을 대입하면 된다. 함수 명칭은 수식 내에서 그 함수의 시작 주소를 저장하는 포인터로 자동 변환된다.

함수 포인터에 함수 명칭을 대입하려면 함수 선언이 반드시 선행되어야 한다는 사실에 주의해야 한다. 함수 선언이 선행되지 않은 채로 함수 포인터에 함수 명칭을 대입하면, 컴파일 오류가 발생하게 된다.

```
01 : int Compare(void* one, void* other); // 함수 선언
02 : // 점수 순으로 정렬하다
03 : void Grade(Student (*students)) {
04 :     Sort(students, 3, sizeof(students[0]), Compare);
05 : }
                                                   ────────
                                                   함수 명칭
```

코드 18-27 함수 포인터에 값을 설정하는 방법

함수 명칭에 단항 주소 연산자(&)를 사용하지 말아야 한다. 상수에 주소를 구한다는 말 자체가 개념적으로 의미가 없다. 함수 명칭에 주소 연산자를 사용하면 컴파일러는 경고를 발생시킨다.

다음은 함수 포인터를 참조하는 방법에 대해서 알아 보도록 하자. 배열과 배열 포인터간의 관계와 마찬가지로 함수와 함수 포인터 관계는 동일한 의미를 갖는다. 배열과 함수는 주소 상수이고, 배열 포인터와 함수 포인터는 포인터(주소) 변수라는 것이다. 따라서 배열처럼 배열 포인터를 이용하여 참조하는 방식이 동일한 것처럼 함수처럼 함수 포인터를 이용하여 참조하는 방식은 동일하다. 즉 다시 말해서 함수를 호출하는 방법이 두 가지 있다는 것인데, 하나는 함수 명칭을 직접 이용

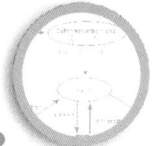

하는 방법과 함수 포인터를 이용하는 방식이 있다. 함수 명칭을 직접 이용하는 방식을 직접 호출 방식이라 하고 함수 포인터를 이용하는 방식을 간접 호출이라고 한다.

```
01 : void Sort(void (*array), size_t length, size_t size, int (*compare)(void*, void*)) {
02 :     void* temp; // 교환용 임시 변수
03 :     unsigned long int i;
04 :     unsigned long int j;
05 :
06 :     temp = malloc(size); // 힙에 할당하다
07 :     memset(temp, 0, size); // 할당된 영역을 초기화하다
08 :
09 :     for(i = 0; i < length - 1; i++) {
10 :         for(j = i + 1; j < length; j++) {
11 :             if(compare(((char*)array) + (i * size), // 비교한다
12 :                        ((char*)array) + (j * size)) < 0) {
13 :                 memcpy(temp, ((char*)array) + (i * size), size); // 교환하다
14 :                 memcpy(((char*)array) + (i * size), ((char*)array) + (j * size), size);
15 :                 memcpy(((char*)array) + (j * size), temp, size);
16 :             }
17 :         }
18 :     }
19 :     if(temp != NULL) { // 힙에 할당되어 있으면
20 :         free(temp); // 할당 해제하다
21 :     }
22 : }
```

코드 18-28 함수 포인터를 이용한 함수 호출(간접 호출 방식)

[코드 18-28]에서 11번째 줄과 12번째 줄을 보면 매개변수를 이용하여 함수를 호출하고 있다. 호출 방식을 함수 명칭을 사용하는 직접 호출과 동일하다. 매개변수의 개수를 맞추어야 하고, 각 매개변수마다 자료형을 맞추어야 하고, 순서도 맞추어야 한다. 반환되는 값이 있으면 오른쪽 값으로 취급할 수도 있다.

5. 정리

프로그래머 입장에서는 개발 과정에서 빈번하게 사용되는 제어논리를 자료형에 무관하게 코드를 작성해 놓고 필요할 때마다 코드를 새로 작성하지 않고 사용하면 작업의 효율성을 기할 수 있다. 이러한 개념으로 도입된 것이 라이브러리(Library)이다.

라이브러리(Library)란 프로그래밍에서 사용되는 하나의 파일 속에 저장되어 있는 루틴의 집합이다. 새로운 컴퓨터 프로그램 개발에서 특정한 문제를 해결하고자 할 때 그대로 적용할 수 있는, 이미 증명되었거나 표준화된 루틴들을 모아 놓은 것을 라이브러리라고 한다. 프로그램 작성자는 프로그램에서 라이브러리를 식별하고 라이브러리 루틴을 참조함으로써, 특정한 과제의 수행이 필요할 때마다 명령을 되풀이해서 작성할 필요 없이 프로그램을 개발할 수 있으므로 개발 효율을 높일 수 있다.

이러한 라이브러리를 개발하는데 있어 자료형과 무관한 표현들을 해야 하는데 이때 사용되는 문법적인 기능들이 void 포인터와 함수 포인터이다.

제19장
구조체(Struct)

1. 정보처리단위와 구조체
2. 정의
3. 구조체 태그와 자료형 선언 및 정의
4. 구조체 변수 선언 및 정의
5. 구조체 변수의 초기화
6. 구조체 변수의 멤버에 값을 쓰고 읽는 방법
7. 응용 : 날짜형
8. 비트 필드(Bit Field)
9. 공용체(Union)
10. 정리

제19장 구조체(Struct)

여태까지 언급되었던 데이터의 단위는 대개 사람에 의해서 의미가 파악될 수 있는 최소한의 단위인 필드(Field)이었다. 그렇지만 프로그램이 커지고 복잡해 지면 다양한 데이터들과 많은 양의 데이터들을 관리해야 한다. 이러한 상황들에서 데이터를 관리하고자 하면, 논리적으로 관련성을 갖는 필드들의 집합으로 식별이 가능한 정보 처리 단위, 레코드(Record)를 표현해야 한다. 이번 장에서는 C 언어에서 레코드를 만드는데 필요한 기능들에 대해 공부해 보도록 하자.

1. 정보처리단위와 구조체

앞 장에서 수, 문자, 문자열 데이터들을 각기 정렬하는 프로그램만이 있는 것이 아니라, 문자열인 성명과 숫자형인 점수를 처리하는 학생의 성적을 처리하는 프로그램도 있다. 수, 문자, 문자열 등등 하나의 자료형만을 취급하는 프로그램은 문법을 공부할 때 볼 수 있는 형태이지, 실제 생활에서 사용자들에 의해서 사용되는 프로그램들은 하나의 자료형만을 취급하지는 않는다.

프로그램이 점차 복잡해지고 기능들이 많아지다 보면 처리해야 할 데이터의 종류 또한 많아지게 된다. 따라서 서로 밀접하게 연관이 있는 데이터들이 필연적으로 발생하는데, 서로 연관된 데이터들을 묶어서 하나의 단위로 취급하지 않고 개별적으로 취급할 경우 데이터를 처리하는데 불편하다. 또한 논리적인 표현도 어렵고 따라서 논리 오류도 발생하게 된다.

예를 들어 알아보자. 학생 한 명당 성명과 점수를 입력받아 점수를 기준으로 내림차순으로 정렬해서 출력하는 프로그램을 작성하는데, Sort() 라이브러리 함수를 사용하지 않고 작성해 보자. 어떠한 번거로움이 있는지 그리고 어떠한 실수를 할 수 있을 것 같은지 생각해 보자.

[코드 19-1]에서 24번째 줄에서 성명들을 저장하는 배열과 26번째 줄에서 점수들을 저장하는 배열로 각각 프로그램에서 처리해야 하는 데이터들을 처리하고 있다. 자료형이 다르기 때문에 각기 개별적인 배열을 사용하여야 한다. 그러다 보니 16번째 줄, 18번째 줄 그리고 20번째 줄에서 함수 선언들을 보면 함수의 정보 전달에 각각에 대해 배열 포인터형의 매개변수들을 설계해야 한다. 이 프로그램에서는 처리해야 하는 필드가 2개쯤이라고 생각이 들겠지만, 필드의 수가 늘어난다면 귀찮다는 느낌이 들 것이다.

그리고 Grade() 함수에서는 [코드 19-1]에서 58번째 줄에서 64번째 줄에서처럼 각각에 대한 교환 관련 코드들이 작성되어야 할 것이다. 이것 또한 프로그램에서 사용되는 필드의 개수가 늘어난다면 교환용으로 사용되는 임시변수들도 늘어날 것이고, 동일한 제어논리의 교환 관련 코드도 늘어

난 필드의 개수만큼 늘어나게 되어 번거롭고, 귀찮은 작업이 될 것이다.

또한 늘어난 필드의 개수만큼 교환 관련 코드가 추가되어지지 않았다면 사용자가 출력 결과를 보고 황당한 표정을 지을 수밖에 없을 것이다. 물론 완성된 프로그램을 사용하는 사용자에게는 절대 보여주지 말아야 하는 상황이다. 그러나 개발 과정에서 개발자가 심심찮게 범하는 오류이다.

```c
/***************************************************************
 파일 명칭 : Grade.c
 기    능 : 3명의 학생에 대해 각각 성명과 점수를 입력받아
            점수 순으로 정렬하여 출력하다
 출    력 : 없음
 입    력 : 없음
 작 성 자 : 김석현
 작성 일자 : 2009년 2월 17일
****************************************************************/
#include <stdio.h>  // printf
#include <string.h> // strcmp

#define MAX  3

// 3명의 학생에 대해 각각 성명과 점수들을 입력받는다
void Input(char (*names)[11], unsigned short int (*scores));
// 점수 순으로 내림차순으로 정렬하다
void Grade(char (*names)[11], unsigned short int (*scores));
// 점수순으로 출력하다
void Display(char (*names)[11], unsigned short int (*scores));

int main() {
    // 성명들의 배열
    char names[MAX][11];
    // 점수들의 배열
    unsigned short int scores[MAX];

    // 성명과 점수들을 입력받는다
    Input(names, scores);
    // 점수 순으로 정렬하다
    Grade(names, scores);
    // 점수 순으로 출력하다
    Display(names, scores);

    return 0;
}

// 성명과 점수들을 입력받는다
void Input(char (*names)[11], unsigned short int (*scores)) {
    int i;

    for(i = 0; i < MAX; i++) {
        scanf("%s %d",names[i], scores + i);
    }
}

// 점수 순으로 정렬하다
void Grade(char (*names)[11], unsigned short int (*scores)) {
    char name[11]; // 교환에 사용되는 성명 관련 임시 변수
    unsigned short int score; // 교환에 사용되는 점수 관련 임시 변수

    unsigned short int i;
    unsigned short int j;

    for(i = 0; i < MAX - 1; i++) {
        for(j = i + 1; j < MAX; j++) {
            if(scores[i] < scores[j]) { // 비교하다
                strcpy(name, names[i]);  // 성명에 대해 교환하다
                strcpy(names[i], names[j]);
                strcpy(names[j], name);

                score = scores[i]; // 점수에 대해 교환하다
                scores[i] = scores[j];
                scores[j] = score;
            }
        }
    }
}

// 점수 순으로 출력하다
void Display(char (*names)[11], unsigned short int (*scores)) {
    int i ;

    for(i = 0; i < MAX; i++) {
        printf("%s %d\n", names[i], scores[i]);
    }
}
```

코드 19-1 성명과 점수를 입력받아 성적순으로 출력하는 프로그램

예로 위의 문제에서 점수를 기준으로 내림차순으로 정렬해서 출력하는 것에만 집중하다 보면 교환 과정에서 성명 관련 교환 코드를 추가하지 않았다면 [그림 19-1]과 같은 결과를 볼 때 당신은 어떠한 생각을 하겠는가?

직접 코드를 [코드 19-2]처럼 고치고 컴파일, 링크 한 후 실행시켜서 데이터들을 입력해 보아라. 연관되어야 하는 데이터들이 연관되어 있지 않는 것을 볼 수 있을 것이다.

```
01 : // 점수 순으로 정렬하다
02 : void Grade(char (*names)[11], unsigned short int (*scores)) {
03 :     char name[11]; // 교환에 사용되는 성명 관련 임시 변수
04 :     unsigned short int score; // 교환에 사용되는 점수 관련 임시 변수
05 :
06 :     unsigned short int i;
07 :     unsigned short int j;
08 :
09 :     for(i = 0; i < MAX - 1; i++) {
10 :         for(j = i + 1; j < MAX; j++) {
11 :             if(scores[i] < scores[j]) { // 비교하다
12 :                 score = scores[i]; // 점수에 대해 교환하다
13 :                 scores[i] = scores[j];
14 :                 scores[j] = score;
15 :             }
16 :         }
17 :     }
18 : }
```

코드 19-2 성명 교환 코드가 생략된 경우

그림 19-1 성명 교환 코드가 생략한 채 실행 결과

정렬된 후 입력할 때 성명에 대해 점수가 아닌 다른 성명에 대해 다른 점수가 출력된다. 입력할 때 홍길동이 66점이었는데 정렬된 후는 100점이 된 상황이 되었다. 이러한 현상은 데이터 처리에서 절대로 일어나면 안 되는 것이다.

따라서 이러한 번거로움과 오류에 대한 해결책으로 모든 프로그래밍 언어들에서는 대개 서로 연관된 데이터들을 묶어서 하나의 단위로 취급할 수 있는 문법적인 기능을 제공한다.

성명과 점수는 사람에 의해서 의미가 파악될 수 있는 최소한의 정보 처리 단위인 필드(Field)들이고, 이러한 논리적 혹은 물리적 연관을 갖는 필드들을 묶은 것으로 식별이 가능한 정보 처리 단위인 레코드(Record), 또한 레코드들을 관리하기 위해 갱신(Update)과 질의(Query) 연산을 가질 수 있는 파일(File)을 표현할 수 있는 문법적인 기능들이 제공되어야 한다.

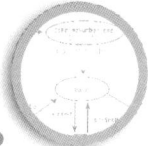

C를 배우면 함수를 잘 만들어야 한다

C 언어의 입장에서 데이터들간의 논리적 혹은 물리적 연관을 표현할 수 있는 문법적 기능을 제공한다. 그것이 이번 장에서 공부할 struct 태그(tag) 기능이다. 이 기능을 사용하면 서로 연관된 데이터들을 묶어서 하나의 단위로 취급할 수 있다. 따라서 연관된 데이터들을 반드시 개별적으로 취급할 필요가 없다는 편리함이 있다.

```c
/***************************************************************
 파일 명칭 : Grade.c
 기    능 : 3 명의 학생에 대해 각각 성명과 점수를 입력받아
            점수 순으로 정렬하여 출력하다
 출    력 : 없음
 입    력 : 없음
 작 성 자 : 김 석현
 작 성 일자 : 2009년 2월 17일
***************************************************************/
#include <stdio.h> // printf

#define MAX   3

// 학생 레코드 자료형 선언 및 정의
typedef struct _student {
    char name[11]; // 성명 필드 멤버
    unsigned short int score; // 점수 필드 멤버
} Student;

// 3명의 학생에 대해 각각 성명과 점수들을 입력받는다
void Input(Student (*students));
// 내림차순으로 정렬하다
void Grade(Student (*students));
// 내림차순으로 정렬된 세 개의 수들을 출력하다
void Display(Student (*students));

int main() {
    // 학생들의 배열
    Student students[MAX];

    // 성명과 점수들을 입력받는다
    Input(students);
    // 점수 순으로 정렬하다
    Grade(students);
    // 점수 순으로 출력하다
    Display(students);

    return 0;
}

// 성명과 점수들을 입력받는다
void Input(Student (*students)) {
    int i;

    for(i = 0; i < MAX; i++) {
        scanf("%s %d", students[i].name, &(students[i].score));
    }
}

// 점수 순으로 정렬하다
void Grade(Student (*students)) {
    Student student; // 교환에 사용되는 임시변수
    int i;
    int j;

    for( i = 0 ; i < MAX - 1 ; i++ ) {
        for(j = i + 1 ; j < MAX ; j++ ) {
            if(students[i].score < students[j].score) { // 비교하다
                student = students[i]; // 레코드 단위로 교환하다
                students[i] = students[j];
                students[j] = student;
            }
        }
    }
}

// 점수 순으로 출력하다
void Display(Student (*students)) {
    int i ;

    for(i = 0; i < MAX; i++) {
        printf("%s %d\n", students[i].name, students[i].score);
    }
}
```

코드 19-3 성명과 점수를 입력받아 성적순으로 출력하는 프로그램(레코드)

[코드 19-3]은 레코드 자료형으로 처리하는 프로그램이다. 이렇게 작성된 프로그램에서 필드의 개수를 늘린다면 15번째 줄에서 18번째 줄까지에서 작성된 사용자 정의 자료형의 멤버들을 늘리면 된다. Grade() 함수에서는 아무런 코드의 변경이 없다. 따라서 추가되어진 필드에 대한 교환 코드를 생략하는 경우는 절대 발생할 수 없다.

또한 함수의 정보 전달에서 매개변수들도 추가되지 않는다. 필드의 추가로 인한 번거로움과 논리 오류 발생을 제거할 수 있다.

2. 정 의

레코드 표현처럼 조작을 쉽게 하기 위해서 하나의 명칭 하에 함께 묶어 놓은 하나 이상의 변수들의 집합을 말한다. 배열과 구조체를 구분하는 것은 배열은 개개의 변수들이 모두 동일한 자료형을 가지는 것이고, 구조체는 개개의 변수들이 제각기 다른 자료형을 가질 수 있다는 것이다.

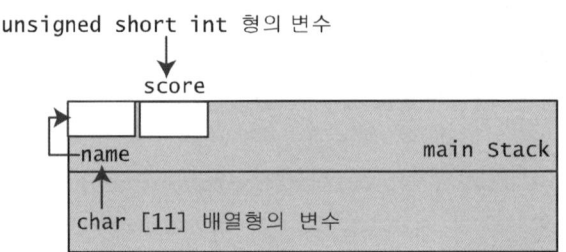

그림 19-2 필드 단위의 메모리 관리

프로그램에서 처리해야 하는 값들에 대해 구조체 기능을 사용하지 않으면 처리해야 할 값 하나당 변수 하나씩 기억장소를 할당하고 값을 쓰고 읽는 코드를 작성해야 한다. 개별적으로 기억장소를 사용하면 제어논리를 표준화시킬 수도 어렵고, 정보전달에서는 하나당 한 개씩의 매개변수를 사용해서 값을 복사해야 하기 때문에 번거롭고, 오류도 발생할 확률이 높아지게 되어 프로그래밍 작업의 효율성이 떨어지게 된다. 그래서 데이터들간의 논리적 관계를 파악해서 기억장치에 어떻게 저장해야 할지에 결정하고, 그에 따른 알고리듬을 연구하고, 실제 프로그래밍 작업에 응용해야 한다. 이러한 분야를 전산학에서는 자료구조(Data Structure)라고 하고, 알고리듬과 함께 중요한 영역을 구성하고 있다. 그렇지만 여기에서 자료구조에 대해서 다 공부할 수는 없고, 단지 C 언어로 자료구조를 표현하는데 필요한 개념들만 공부하도록 하자.

처리해야할 값들의 자료형이 같다면 배열(Array) 자료구조를 사용할 수 있을지 모르지만, [그림 19-2]처럼 자료형이 서로 다를 때는 배열을 사용할 수 없어서 또 다른 기능을 이용해야만 한다. 그래서 C 언어에서는 구조체(struct)라는 기능을 제공한다. 프로그래밍하는데 있어 필요하다면 프

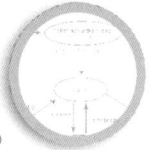

로그래머인 여러분이 설계해야 하는 데이터 저장 방법을 표현하기 위한 기능을 말한다.

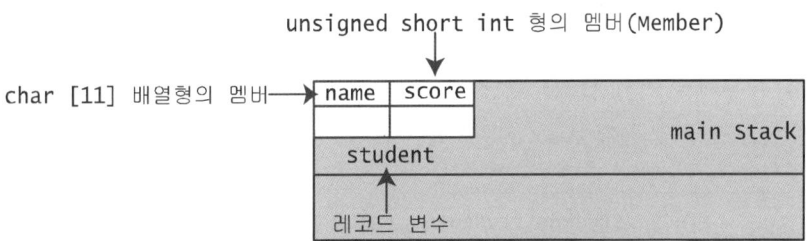

그림 19-3 구조체(struct)를 이용한 메모리 관리

    구조체(struct)는 [그림 19-2]에서처럼 두 개의 변수를 이용하여 처리해야할 값들을 각각 관리하는 것이 아니라, [그림 19-3]에서처럼 student라는 하나의 변수를 이용하여 처리해야할 값들, 특히 자료형이 다른 변수들을 관리할 수 있도록 하는 기능을 말한다.

3. 구조체 태그와 자료형 선언 및 정의

    프로그래머에 의해서 데이터 저장 구조를 표현해야 하고, 이러한 데이터 저장 구조를 갖는 기억장소를 할당하기 위해서는 자료형으로 표현해야만 기억장소를 할당하고 관리할 수 있다. 그래서 우선 자료형을 만들어 보자. 데이터 저장 구조를 구성하는 멤버들을 규정하기 위해서 구조체 태그를 선언 및 정의한다. [표 19-1]은 학생 레코드에 대한 설계이다.

표 19-1 자료 명세서

번호	명칭		자료형	비 고
	한글	영문		
1		Student	학생	사용자 정의 레코드 자료형
	성명	name	문자열	레코드 자료형을 구성하는 필드
	점수	score	정수	레코드 자료형을 구성하는 필드

```
                구조체 태그에 대한 키워드 태그 명칭(tag name) : 식별자
         01 : struct _student {
         02 :     char name[11]; // 성명 멤버
         03 :     unsigned short int score; // 점수 멤버
         04 : };
```

코드 19-4 구조체 태그 선언 및 정의

[표 19-1]에 대해서 레코드를 표현하기 위해서 [코드 19-4]처럼 구조체 태그를 선언과 정의를

해야 한다. 키워드 struct를 적고 관습적으로 태그명칭은 밑줄(_)로 시작되고 소문자로 시작하는 명칭으로 충분히 의미있게 만든다. 멤버는 자료형과 멤버 명칭으로 한 줄씩 선언 및 정의되어져야 한다.

구조체 태그를 이용해서 기억장소를 할당하는 변수 선언 및 정의 문장을 만들 수 있다. 항상 변수 선언 및 정의 문장을 만들 때 struct 키워드를 태그 명칭앞에다 붙여야 하는 번거로움이 있다.

```
stuct _student student; // 변수 선언 및 정의
struct _student students[3]; // 배열 선언 및 정의
```

코드 19-5 구조체 태그를 이용한 변수 및 배열의 선언 및 정의

[코드 19-6]과 같이 약간 더 간결한 코드를 작성하기 위해서 그리고 하나 더 이유를 설명하면, 개념적으로 기억장소를 할당하는 변수를 선언 및 정의 문장에 사용되는 키워드를 자료형(Data Type)이라고 한다. 이 개념에 맞게 앞으로는 구조체 태그만을 기술하지 말고 typedef 키워드로 사용자 정의 자료형을 선언 및 정의하여 사용하도록 하자.

```
                    사용자 정의 자료형에 대한 키워드
    01 : typedef struct _student {
    02 :     char name[11]; // 성명 멤버
    03 :     unsigned short int score; // 점수 멤버
    04 : } Student;
              ↑
    사용자 정의 자료형 명칭 : 식별자(Identifier)
```

코드 19-6 사용자 정의 자료형의 선언 및 정의

자료형은 관습적으로 태그 명칭을 그대로 사용하는데 밑줄(_)을 없애고 첫 번째 글자를 대문자로 시작하도록 명명하도록 하자.

```
Student student; // 변수 선언 및 정의
Student students[3]; // 배열 선언 및 정의
```

코드 19-7 사용자 정의 자료형을 이용한 변수 및 배열의 선언 및 정의

구조체 태그와 자료형 선언 및 정의에서 몇 개의 주의 사항들에 대해서 알아 보도록 하자.

(1) 구조체 태그 자체는 어떤 변수나 배열 등과 같이 실제로 기억장치에 만드는 것이 아니고, 단지 설계하는 지침(기억장소 구조 정보)만을 컴파일러에게 알려준다. [코드 19-4]와 [코드 19-6]처럼 원시 코드 파일에 기술했다고 해서 구조체 태그에 대해 기억장소 할당이 이루어지지 않는다.

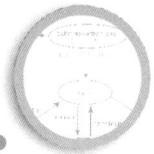

(2) 구조체 멤버의 선언문에는 기억 부류 지정자(auto, static, extern, register) 는 기술할 수 없다. 구조체 멤버의 기억부류는 모두 동일할 수 밖에 없고, 기억부류 지정자는 나중에 구조체 태그를 이용하여 구조체 변수를 정의할 때 기술해 주면 되기 때문이다.

(3) 구조체 멤버 각각은 초기치를 갖지 못한다.

(4) 구조체 멤버의 자료형은 C 언어에서 제공되는 모든 자료형을 사용할 수 있다. 원시 자료형, 배열, 포인터등 유도 자료형, 그리고 구조체 등 일 수 있다.

(5) 구조체 태그 명칭과 typedef 문에 의해 새로 정의되는 사용자 정의 자료형 명칭은 절대로 동일해서는 안된다.

(6) 구조체 멤버 명칭은 그들을 정의한 구조체내에서 유일하게 하고, 다른 구조체에서는 같은 명칭을 갖는 멤버가 있어도 무방하다.

(7) 구초제 멤버가 배열인 경우는 절대로 배열 크기를 생략할 수 없다.

4. 구조체 변수 선언 및 정의

프로그램에서 필요한 데이터들을 저장하는 구조에 대해 설계하였다. 설계된 데이터 저장 구조를 이용하여 기억장소를 할당하는 방법에 대해서 알아보도록 하자.

[코드 19-4]와 같이 구조체 태그와 [코드 19-6]과 같이 사용자 정의 자료형을 이용하여 기억장소를 할당할 수 있다. 그렇지만 구조체 태그를 이용하는 것보다 사용자 정의 자료형을 이용하면 더욱 더 간결하고, 개념적으로 더욱더 합리적인 표현이기 때문에 사용자 정의 자료형을 이용하여 구조체 변수 선언 및 정의하도록 하자.

구조체 포인터 변수들도 선언 및 정의할 수 있다.

기억부류와 참조 범위 규칙에서 주의해야 할 점들을 알아보도록 하자.

(1) 참조 범위 규칙에 따라 구조체 태그 명칭을 포함한 구조체 태그는 선언한 위치에 따라서 알려지는 범위가 달라진다. 즉 함수 내부에서 선언되었다면 함수 내부에만 알려지며, 함수 외부에서 선언되었다면 그 선언 이후의 어디에나 알려진다.

일반적으로 함수 외부에 선언하여 사용하는데, 전처리기 단락 바로 다음에 선언 및 정의하거나 아니면 헤더 파일에 선언 및 정의해서 사용한다.

(2) 기억부류 지정자가 생략되었을 경우 구조체 변수의 기억부류는 원칙적으로 그 변수가 선언 및 정의되어 있는 위치에 따라 결정되어지는데 일반적인 변수와 다를 바가 없다.

(3) 구조체 변수의 기억부류는 구조체 태그가 선언되어 있는 위치하고는 전혀 관계가 없다.

(4) 레지스터 구조체 변수는 불가능하다.

5. 구조체 변수의 초기화

구조체 변수에 대해 초기화에서 각각의 초기값은 대응하는 구조체 멤버의 자료형과 서로 일치해야 한다. [코드 19-8]에서 보는 것처럼 name이 문자열이기 때문에 문자열 리터럴로, score가 정수형이기 때문에 0으로 중괄호 안에 차례대로 나열한다.

```
Student student = {"", 0}; // 문자 배열로 초기화
```
코드 19-8 초기화 방법

초기값들의 개수를 멤버의 개수보다 적게 지정했을 경우 여분의 멤버는 모두 0으로 초기화된다. 이때 생략해도 문법적으로 오류가 없지만 여분의 쉼표(,)를 사용하여 나머지 멤버들은 0으로 초기화됨을 명확하게 하도록 하자.

```
Student student = {"", }; // 문자 배열로 초기화
```
코드 19-9 초기값들의 개수가 적을 때 초기화하는 방법

문자 배열형 멤버는 문자 배열에 대해 한 문자씩 초기화하는 방법과 문자열 리터럴로 초기화할 수 있는데 가급적이면 문자열 리터럴로 초기화하도록 하자.

```
Student student = { "", 0};   // 문자열 리터럴로 초기화
Student student = {{'\0', }, 0}; // 문자 배열로 초기화
```
코드 19-10 문자 배열형 멤버의 초기화하는 방법

초기값으로 임의의 상수 수식은 물론이고 외부 혹은 내부 정적 기억장소를 가리키는 포인터를 사용할 수 있다.

기억부류에 따라 구조체 변수가 초기화되는 방식은 일반 변수와 동일하다. 구조체 변수의 멤버가 배열이나 또 다른 구조체일 때 배열형 멤버나 구조체형 멤버의 초기값들은 내부 중괄호({...})로 묶어 줄 수 있으므로, 가급적이면 가독성을 높이기 위해서 배열형 멤버나 구조체형 멤버의 초기값은 내부 중괄호({})로 묶어주는 것이 좋다.

배열형 멤버의 배열 크기가 실제로 지정해 준 초기값의 개수보다 더 클 때에는 빈 채로 남는 배열 요소를 모두 0으로 초기화시키기 위해 내부 중괄호({})가 반드시 필요하지만, 크기가 일치할 때는 내부 중괄호({})는 사실상 불필요하다.

구조체 배열을 초기화할 때 구조체 배열의 배열요소 단위로 내부 중괄호({})를 사용하며, 각 배열요소의 초기화는 구조체 변수 초기화 방법에 준한다.

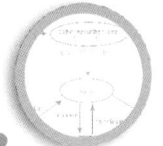

```
Student students[3] = { {"", 0"}, {"", 0}, {"", 0}}; // 배열 초기화
Student students[3] = { { "", 0 }, };
```

코드 19-11 구조체 배열을 초기화하는 방법

6. 구조체 변수의 멤버에 값을 쓰고 읽는 방법

이제는 할당된 구조체 변수의 멤버에 값을 쓰고 읽는 방법에 대해서 공부해 보도록 하자. 모든 기억장소에 대해서 C 언어에서는 두 가지 접근 방법이 있었다. 직접 접근 방식과 간접 접근 방식이다. 마찬가지로 구조체 변수에 대해서도 직접 접근 방식과 간접 접근 방식으로 멤버를 참조할 수 있다.

구조체 변수에 저장되어 있는 값이 스칼라이면 직접 접근 방식을 취해야 한다. [그림 19-4]와 같이 할당되어 있는 기억장소에 대해 접근을 할 때이다. 대개 스택(Stack)이나 정적 데이터 영역에 할당된 구조체 변수들의 경우이다. 함수에 선언 및 정의된 일반변수나 매개변수, 그리고 static 일반 변수 그리고 파일 범위를 갖는(혹은 전역) 변수로 선언 및 정의되었을 때 참조하는 방법이다.

name	score

main Stack
student

그림 19-4 내용에 의한 직접 접근할 때 메모리 맵

구조체 멤버 연산자(struct member operator)인 구두점(.)을 사용하여 직접 접근에 의해서 멤버에 값을 쓰고 읽기를 해야 한다.

```
01 : #include <string.h> // strcpy() 함수
02 : #include <stdio.h> // printf() 함수
03 :
04 : int main() {
05 :     Student student;
06 :
07 :     strcpy(student.name, "홍길동");
08 :     student.score = 100;
09 :
10 :     printf("%s %d\n", student.name, student.score);
11 :
12 :     return 0;
13 : }
```

코드 19-12 구조체 멤버 연산자를 이용하여 구조체 변수의 멤버에 값을 쓰고 읽는 방법

구조체 멤버 연산자는 구조체 멤버를 참조하기 위한 연산자이고, [그림 19-5]와 같은 형식을 갖는다.

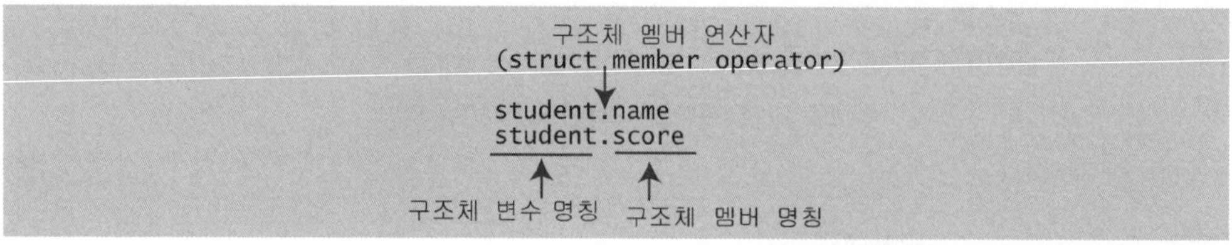

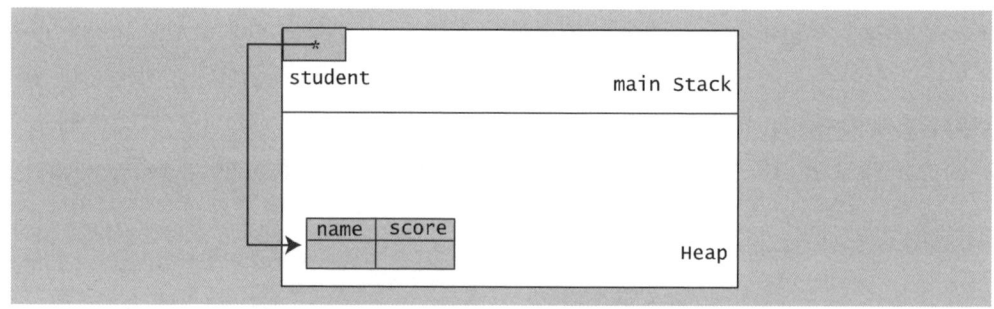

그림 19-5 구조체 멤버 연산자의 형식

다음은 간접 접근 방식에 대해서 알아 보도록 하자. 대개는 힙에 할당된 기억장소를 접근하고자 하는 경우에 사용하는 방식이다. 일반적으로 [그림 19-6]과 같은 기억장소 관리 방식을 사용할 때 접근하는 방식이다.

그림 19-6 주소에 의해 간접 접근할 때 메모리 맵

힙 영역은 본질적으로 간접 접근 영역으로 힙에 할당된 기억장소의 시작주소를 저장할 변수를 스택이나 정적 데이터 영역에 할당하여 저장하는 방식이다. 이때 스택이나 정적 데이터 영역에 주소를 저장하기 위해서 할당된 변수를 참조 변수라고도 한다.

이 참조변수를 이용하여 구조체 변수의 멤버를 접근하기 위해서는 구조체 포인터 연산자(struct pointer operator)인 →를 이용하여야 한다.

```
01 : // Student.c
02 : #include <stdlib.h> // malloc(), free() 함수
03 : #include <string.h> // strcpy() 함수
04 : #include <stdio.h> // printf() 함수
05 :
06 : int main() {
07 :     Student *student; // 참조 변수 선언 및 정의
08 :
09 :     student = (Student *)malloc(sizeof(Student)); // 힙에 할당
10 :
11 :     strcpy(student->name, "홍길동");
12 :     student->score = 100;
13 :
14 :     printf("%s %d\n", student->name, student->score);
15 :
16 :     free(student); // 할당 해제
17 :
18 :     return 0;
19 : }
```

코드 19-13 구조체 포인터 연산자를 이용하여 간접 접근 방법

구조체 변수에 저장되어져 있는 값이 주소일 때 구조체 포인터 연산자를 사용하여 멤버에 값을 쓰거나 읽어야 한다.

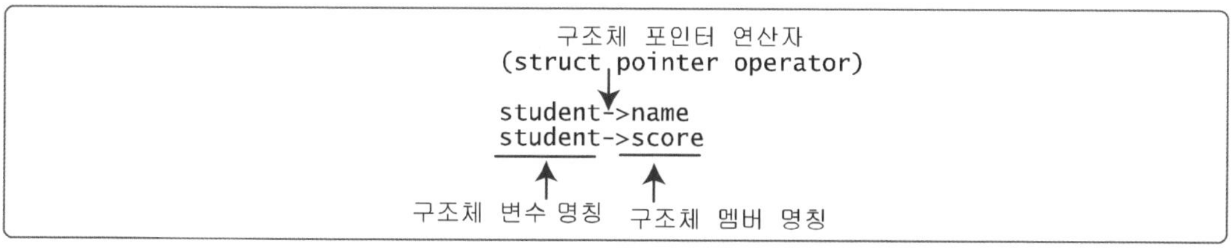

```
                    구조체 포인터 연산자
                   (struct pointer operator)
                            ↓
                     student->name
                     student->score
                         ↑        ↑
                   구조체 변수 명칭  구조체 멤버 명칭
```

그림 19-7 구조체 포인터 연산자의 형식

다음은 권장 사항은 아니지만 문법 공부하는 셈치고 보고 넘어 가도록 하자. [코드 19-14]와 같이도 멤버를 참조할 수 있다.

```c
01 : // Student.c
02 : #include <stdlib.h> // malloc(), free() 함수
03 : #include <string.h> // strcpy() 함수
04 : #include <stdio.h>  // printf() 함수
05 :
06 : int main() {
07 :     Student *student; // 참조 변수 선언 및 정의
08 :
09 :     student = (Student *)malloc(sizeof(Student)); // 힙에 할당
10 :
11 :     strcpy((*student).name, "홍길동");
12 :     (*student).score = 100;
13 :
14 :     printf("%s %d\n", (*student).name, (*student).score);
15 :
16 :     free(student); // 할당 해제
17 :
18 :     return 0;
19 : }
```

코드 19-14 구조체 변수에 저장된 값이 주소일 때 구조체 멤버 연산자로 참조하는 방법

구조체 변수에 저장된 값이 주소일 때 우선 간접 지정 연산자를 사용하면 구조체 멤버 연산자로 참조할 수있다. 물론 이때 주의해야 하는 것은 간접 지정 연산자(*)는 구조체 멤버 연산자(.)보다 우선순위가 낮으므로 반드시 소괄호에 의해서 평가 순서를 빠르게 결정해 주어야 한다는 것이다.

다음은 구조체 변수 치환(struct assignment)에 대해서 공부해 보도록 하자. 함수의 매개변수로 혹은 함수의 되돌림 값으로 사용하기 위해서는 값 복사가 가능해야 한다. [코드 19-15]에서 12번째 줄과 같은 형식으로 구조체 변수 치환에 대해 표현을 해야 한다.

```
01 : // Student.c
02 : #include <string.h> // strcpy() 함수
03 : #include <stdio.h> // printf() 함수
04 :
05 : int main() {
06 :     Student student;
07 :     Student other;
08 :
09 :     strcpy(student.name, "홍길동");
10 :     student.score = 100;
11 :
12 :     other = student; // 구조체 변수 대입
13 :
14 :     printf("%s %d\n", other.name, other.score);
15 :
16 :     return 0;
17 : }
```

코드 19-15 구조체 변수들의 대입식

구조체 멤버 각각에 대한 memcpy() 함수에 의한 메모리 복사를 한다는 의미이다. 즉 다시 말해서 바이트 단위로 값들을 복사한다는 것이다.

따라서 주의해야 할 경우는 멤버에 저장된 값이 주소인 경우이다. 깊게 생각하지 않고 [코드 19-16]과 같이 코드를 작성한 경우 기억장소 접근 오류가 발생하게 되어 프로그램이 강제 종료될 것이다.

```
01 : // Student.c
02 : #include <stdlib.h> // calloc(), free() 함수
03 : #include <string.h> // strcpy() 함수
04 : #include <stdio.h> // printf() 함수
05 :
06 : typedef struct _student {
07 :   char (*name); // 포인터형 멤버
08 :   unsigned short int score;
09 : } Student;
10 :
11 :
12 : int main() {
13 :     Student student;
14 :     Student other;
15 :
16 :     student.name = (char (*))calloc(11, sizeof(char)); // 힙에 할당
17 :
18 :     strcpy(student.name, "홍길동");
19 :     student.score = 100;
20 :
21 :     other = student; // 대입
22 :
23 :     free(other.name); // 할당 해제
24 :     free(student.name); // 할당 해제
25 :
26 :     return 0;
27 : }
```

코드 19-16 포인터 형 멤버를 가진 경우 대입시 오류가 발생하는 코드

24번째 줄에서 메모리 접근 오류가 발생하고 프로그램이 강제 종료될 것이다. 왜냐 하면 포인터 형의 멤버를 가진 경우인데, 주소만을 복사하기 때문에 주소를 갖는 기억장소에 저장되어 있는 내용까지 복사하지 않기 때문이다. [그림 19-8]과 같이 성명을 저장할 또 다른 기억장소가 할당되어 있지 않고, 같은 기억장소의 주소를 가지는 것이다.

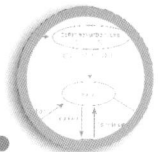

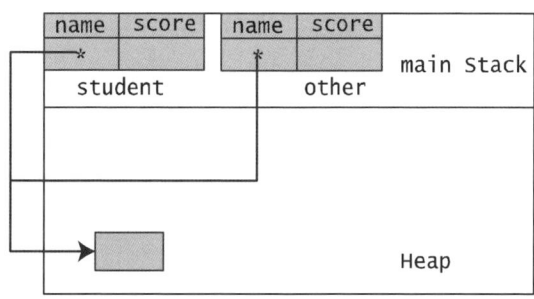

그림 19-8 치환 후의 메모리 맵

구조체 변수 하나가 해제되면서 포인터형 멤버가 갖는 주소를 갖는 기억장소를 해제했다면, 다른 구조체 변수에서는 포인터형 멤버가 갖는 주소를 참조하지만 주소를 갖는 기억장소가 해제되어 있어 기억장소 접근 오류가 발생하게 된다.

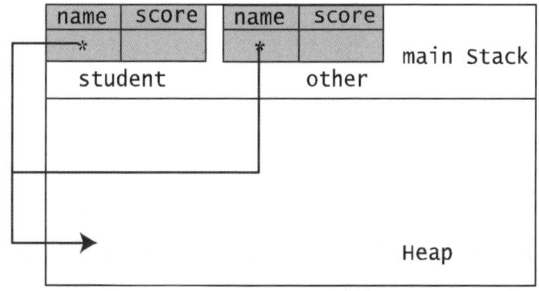

그림 19-9 [코드 19-16]에서 23번째 줄의 메모리 할당 해제가 된 후 메모리 맵

[그림 19-9]에서 보는 것처럼 [코드 19-16]의 23번째 줄에서 힙에 할당되어 있던 성명을 저장할 수 있는 기억장소를 할당 해제하게 된다. 그리고 24번째 줄에서 다시 할당 해제하는 코드를 실행하게 되는데 이때는 이미 할당 해제할 기억장소가 없기 때문에 오류가 발생하게 되는 것이다.

그러면 이 문제는 어떻게 해결할 수 있을까? 성명을 저장할 포인터형 멤버에 대해 독립적인 기억장소를 할당하여 사용하도록 해야 한다. [그림 19-10]과 같이 포인터형 멤버에 대해 각기 다른 독립된 기억장소를 관리할 수 있도록 하면 된다.

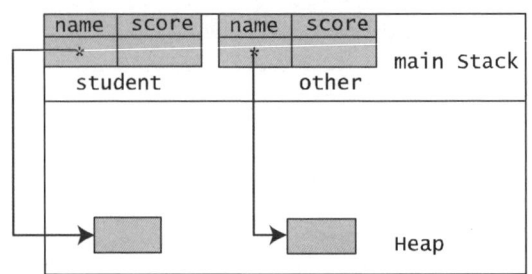

그림 19-10 포인터형 멤버를 사용할 때 발생하는 오류를 없애기 위한 메모리 관리

```
01 : // Student.c
02 : #include <stdlib.h> // calloc(), free() 함수
03 : #include <string.h> // strcpy() 함수
04 : #include <stdio.h>  // printf() 함수
05 :
06 : typedef struct _student {
07 :   char (*name); // 포인터형 멤버
08 :   unsigned short int score;
09 : } Student;
10 :
11 :
12 : int main() {
13 :     Student student;
14 :     Student other;
15 :
16 :     student.name = (char (*))calloc(11, sizeof(char)); // 힙에 할당
17 :
18 :     strcpy(student.name, "홍길동");
19 :     student.score = 100;
20 :
21 :     other.name = (char (*))calloc(11, sizeof(char)); // 힙에 할당
22 :
23 :     strcpy(other.name, student.name);
24 :     other.score = student.score;
25 :
26 :     free(other.name); // 할당 해제
27 :     free(student.name); // 할당 해제
28 :
29 :     return 0;
30 : }
```

코드 19-17 포인터형 멤버를 가질 때 치환

가급적이면 구조체 멤버로 기술되는 필드에 대해서, 특히 기억장소간의 논리적인 혹은 물리적인 관계를 표현하는 것이 아니라 프로그램에 의해서 저장되어야 하는 값들을 저장하는 필드에 대해서는 포인터형을 사용하지 않도록 해야 한다. 특히 성명처럼 문자열인 자료형에 대해 문자 배열을 표현하지 않고, 배열 포인터를 사용하는 경우를 많이 볼 수 있는데, 가장 좋지 않은 코드이다. 구조체 변수 치환도 쓸 수 없고, 메모리 할당과 할당 해제에 대해서도 신경을 써야 한다. 물론 문자 배열을 잡으면 기억장소의 낭비를 초래할 수 있지만 앞에서 열거된 문제점들 보다 차라리 기억장소의 낭비 쪽으로 선택하는 것이 몸에 좋다. 빈대 잡으려다가 초가삼간 태우는 형국이 되는 상황이기 때문이다.

7. 응용 : 날짜형

우리가 일상적으로 가장 많이 다루는 데이터들중에 날짜가 있다. 따라서 프로그래밍을 할 때도 날짜에 대한 처리를 하게 된다. 그것도 관습적으로 필드 단위로 취급해서 처리한다. 그러한 날짜에 대해 C 언어에서는 어떻게 처리해야 할까? 이때까지 배운대로라면 날짜형을 제공하지 않는데 말이다.

[코드 19-18]에서처럼 C 언어의 기능이 아니라 라이브러리로 시간과 날짜 처리 관련 자료형과 함수들을 제공한다. 물론 [코드 19-18]에 정리된 자료형과 함수들은 제공되는 것들에서 일부분이다.

제공되는 라이브러리를 사용하여 오늘이 몇 년 몇 월 몇 일인지 출력하고자 한다면 어떻게 처리해야 하는지 생각해 보자. [코드 19-18]을 참고하여 정리하면 time() 함수를 이용하여 초단위로 계산된 시간 값을 구해야 하고, 다음에 localtime() 함수로 년, 월, 일 형식으로 바꾸고 나서 출력해야 할 것이다.

```
01 : // time.h --- 시간과 날짜 관련 자료형과 함수들
02 :
03 : typedef long time_t;          /* 초 단위로 계산된 시간 값에 대한 자료형 */
04 :
05 : struct tm { // 년, 월, 일 등으로 구분하여 나타내는 시간 값에 대한 자료형
06 :         int tm_sec;      /* seconds after the minute - [0,59] */
07 :         int tm_min;      /* minutes after the hour - [0,59] */
08 :         int tm_hour;     /* hours since midnight - [0,23] */
09 :         int tm_mday;     /* day of the month - [1,31] */
10 :         int tm_mon;      /* months since January - [0,11] */
11 :         int tm_year;     /* years since 1900 */
12 :         int tm_wday;     /* days since Sunday - [0,6] */
13 :         int tm_yday;     /* days since January 1 - [0,365] */
14 :         int tm_isdst;    /* daylight savings time flag */
15 : };
16 :
17 : struct tm *localtime( const time_t *timer ); // time_t => struct tm로 바꾸다
18 : time_t mktime( struct tm *timeptr ); // struct tm => time_t로 바꾸다
19 : time_t time( time_t *timer ); // 현재 시간을 구하다
```

코드 19-18 시간과 날짜 관련 라이브러리

자료형과 함수들에 대해 자세한 정보는 라이브러리 매뉴얼이나 Visual Studio를 사용한다면 MSDN을 참고하도록 하자.

```
01 : /***************************************************************
02 :    파일 명칭 : GetToday.c
03 :    기     능 : 오늘 날짜를 출력하다.
04 :    출     력 : 날짜
05 :    입     력 : 없음
06 :    작 성 자 : 김 석현
07 :    작성 일자 : 2009년 2월 17일
08 : ***************************************************************/
09 : #include <stdio.h>
10 : #include <time.h> // time_t, struct tm, time(), localtime()
11 :
12 : int main() {
13 :     time_t timer;      // 초 단위 기간 값 저장 변수 선언
14 :     struct tm* today;  // 년, 월, 일 형식 시간 값 저장 변수 선언
15 :
16 :     time(&timer); // 현재 시간을 구하다
17 :     today = localtime(&timer); // 초 단위 시간 값을 년, 월, 일 형식의 시간값으로 바꾸다
18 :
19 :     printf("%4d-%02d-%02d\n", today->tm_year + 1900, // 1900을 더해 주어야 한다
20 :                               today->tm_mon + 1, // 1을 더해 주어야 한다
21 :                               today->tm_mday);
22 :
23 :     return 0;
24 : }
```

코드 19-19 라이브러리를 이용하여 오늘 날짜를 출력하는 프로그램

[코드 19-19]에서 라이브러리를 사용하기 위해서 10번째 줄에서 보는 것처럼 <time.h> 헤더 파일을 포함시켜야 한다. 그리고 time() 함수와 localtime() 함수 원형을 참고하여 함수 호출 문장을 작성하기 전에 출력되는 값들을 저장할 변수들을 선언해야 한다. 따라서 13번째 줄과 14번째 줄에서 time() 함수에서 반환형은 time_t이므로 time_t 자료형의 변수 timer를 선언하였고, localtime() 함수에서 반환형은 struct tm*이므로 자료형에 맞게 today 변수를 선언했다.

그리고 16번째 줄에서 time() 함수를 호출하는데 출력하는 방식을 매개변수를 이용하고 있다. 따라서 함수 원형에서 보면 매개변수의 자료형이 time_t *형이므로 time_t를 자료형을 갖는 변수의 주소를 저장한다는 것이므로 주소 연산자를 이용하여 timer의 주소를 구하는 수식이 실인수로 작성되어 있다. 그렇지만 반환을 이용하여 출력하는 방식으로 했다면 [코드 19-20]으로 하면 된다.

```
16 :     timer = time(NULL); // 현재 시간을 구하다
```

코드 19-20 반환을 이용하는 출력하는 방식

또한 localtime() 함수는 실인수로 timer의 주소를 구하는 수식이어야 하고, 반환을 이용하여 출력하는 방식으로 함수를 호출하도록 작성하여야 한다.

라이브러리 함수들로 오늘 날짜를 구하는 처리를 여러 번 한다고 하면 매우 번거로운 작업일 것이다. 또한 날짜만 처리한다면 시간 관련 멤버들은 메모리 낭비적인 측면도 있다. 그래서 사용자 정의 자료형으로 날짜형을 만들어 보자.

표 19-2 자료 명세서 -- 날짜형

번호	명칭		자료형	비 고
	한 글	영 문		
1		Date	날짜	사용자 정의 레코드 자료형
	년	year	정수	
	월	month	정수	1, 2, 3, 4, 5, 6, 7, 8, 9, 10 11, 12
	일	day	정수	
	요일	weekDay	정수	일, 월, 화, 수, 목, 금, 토

[표 19-2]은 날짜 레코드에 대한 설계이다. [코드 19-21]에서 20번째 줄에서 25번째 줄까지 날짜 레코드에 대해 struct 태그와 typedef으로 Date 자료형을 만든다. 월 멤버에 대해서는 1에서 12까지 값만을 가지게 됨으로 열거형 상수를 만듬으로 해서 가독성을 높일 수 있고, 또한 값에 대해 처리가 명확하게 할 수 있다. 따라서 [코드 19-21]에서 14번째 줄에서 15번째 줄에서 열거형 자료형에 대해 선언 및 정의가 되고 있다. 또한 요일 멤버에 대해서도 0에서 6까지의 값만 가지면 되기 때문에 열거형 상수로 처리하는 것이 효율적인 코드이다. 그런데 17번째 줄을 보면 열거형 상수에 대해 정수형 상수 값이 지정되지 않고 있다. 이에 대해서는 앞에서 배운 것처럼 상수 값을 지정하지 않으면 첫 번째 열거형 상수의 값은 기본적으로 0이고 뒤에 열거되는 상수들은 1씩 증가되기 때문이다. SUN의 값은 0이고 MON는 1이고, TUE는 2, 그리고 SAT는 6이 되기 때문에 생략된 것이다.

이렇게 태그와 자료형이 기술된다고 해서 기억장소가 태그와 자료형에 대해 기억장소가 할당되는 것은 아니다. 단지 할당될 기억장소의 구조를 결정해 놓은 것 뿐이다. 이러한 구조를 갖는 기억장소를 할당하기 위해서는 31번째 줄과 32번째 줄에서처럼 int나 char 자료형을 사용해서 변수를 선언 및 정의하는 것처럼 변수들을 선언 및 정의해야 한다.

또한 [코드 19-21]에서 27번째 줄과 28번째 줄, 50번째 줄들에서 보는 것처럼 태그와 자료형에 대한 포인터형도 만들어 쓸 수도 있다.

물론 초기화도 할 수 있다. 그러나 31번째 줄과 32번째 줄에서는 초기화를 하지 않기 때문에 멤버들에는 쓰레기가 존재할 것이다. 47번째 줄, 66번째 줄 그리고 67번째 줄에서는 초기화를 하고 있다. 초기화를 하는 방법은 변수 명칭뒤에 구두점인 등호를 적고 또한 구두점인 여는 중괄호를 적고, 초기값들을 쉼표로 구분하여 멤버의 개수만큼 지정하고 닫는 중괄호를 적으면 된다. 그렇지만 멤버의 개수만큼 기술하지 않으면 초기값이 정해지지 않은 멤버들의 초기값은 0으로 정해진다. 대신 멤버의 개수보다 많은 초기값을 설정하면 문법 오류가 발생한다.

또한 27번째 줄과 28번째 줄에서 보는 것처럼 함수의 반환형으로 그리고 매개변수로도 사용가능하다. 34번째 줄과 38번째 줄에서처럼 치환도 가능하다.

멤버 접근은 36번째 줄과 40번째 줄에서처럼 31번째 줄과 32번째 줄에서 today와 yesterday 선언 문장을 보면 구두점인 별표가 없기 때문에 변수에 저장된 값이 스칼라이다. 따라서 today이나

```
01 : /************************************************************
02 :    파일 명칭 : Date.c
03 :    기    능 : 날짜 관련 자료형과 함수들을 선언 및 정의하다.
04 :    출    력 : 없음
05 :    입    력 : 없음
06 :    작 성 자 : 김 석현
07 :    작성 일자 : 2009년 2월 17일
08 : ************************************************************/
09 : #include <stdio.h>
10 : #include <time.h> // time(), localtime(), mktime(), time_t, struct tm
11 :
12 : typedef unsigned short int UShort; // 논리적 자료형
13 : // 월 열거형 상수와 열거형 자료형
14 : typedef enum _month { JAN = 1, FEB = 2, MAR = 3, APR = 4, MAY = 5, JUN = 6,
15 :                       JUL = 7, AUG = 8, SEP = 9, OCT = 10, NOV =11, DEC = 12 } Month;
16 : // 요일 열거형 상수와 열거형 자료형
17 : typedef enum _weekDay { SUN, MON, TUE, WED, THU, FRI, SAT } WeekDay;
18 :
19 : // 날짜 구조체 자료형
20 : typedef struct _date {
21 :     UShort year; // 년도
22 :     Month month; // 월
23 :     UShort day;  // 일
24 :     WeekDay weekDay; // 요일
25 : } Date;
26 :
27 : Date GetToday(Date* date); // 시스템 일자를 읽는다
28 : Date GetYesterday(Date* date); // 어제 일자를 읽는다
29 :
30 : int main() {
31 :     Date today; // 오늘
32 :     Date yesterday; // 내일
33 :
34 :     today = GetToday(&date); // 시스템 일자를 읽다
36 :     printf("오늘 : %d-%d-%d-%d\n", today.year, today.month, today.day, today.weekDay);
37 :
38 :     yesterday = GetYesterday(&today); // 오늘을 기준으로 어제를 확인하다
39 :     printf("어제 : %d-%d-%d-%d\n",
40 :             yesterday.year, yesterday.month, yesterday.day, yesterday.weekDay);
41 :
42 :     return 0;
43 : }
44 :
45 : // 시스템 일자를 읽는다
46 : Date GetToday(Date* date) {
47 :     Date today = {0, };
48 :
49 :     time_t today_;
50 :     struct tm* _today;
51 :
52 :     time(&today_); // 시스템 일자를 읽는다
53 :
54 :     _today = localtime(&today_); // 날짜 형식을 바꾼다
55 :
56 :     today.year = _today->tm_year + 1900; // 년을 설정한다
57 :     today.month = _today->tm_mon + 1; // 월을 설정한다
58 :     today.day = _today->tm_mday; // 일을 설정한다
59 :     today.weekDay = _today->tm_wday; // 요일을 설정한다
60 :
61 :     return today;
62 : }
63 :
64 : // 어제 일자를 읽는다
65 : Date GetYesterday(Date* date) {
66 :     Date yesterday = { 0, };
67 :     struct tm yesterday_ = { 0, };
68 :
69 :     yesterday_.tm_year = date->year - 1900;
70 :     yesterday_.tm_mon = date->month - 1;
71 :     yesterday_.tm_mday = date->day - 1; // 어제이므로 1 감소시킨다
72 :
73 :     mktime(&yesterday_); // 날짜 형식을 바꾸다
74 :
75 :     yesterday.year = yesterday_.tm_year + 1900;
76 :     yesterday.month = yesterday_.tm_mon + 1;
77 :     yesterday.day = yesterday_.tm_mday;
78 :     yesterday.weekDay = yesterday_.tm_wday;
79 :
80 :     return yesterday;
81 : }
```

코드 19-21 날짜형과 관련 함수들

yesterday 변수를 이용하여 멤버를 접근하기 위해서는 구조체 멤버 연산자인 구두점을 사용하여야 한다. 그러나 56번째 줄, 57번째 줄, 58번째 줄, 그리고 59번째 줄처럼 50번째 줄에서 _today 선언문장을 보면 주소가 저장됨을 강조하는 구두점인 별표(*)가 있기 때문에 변수에 저장된 값이 주소이다. 따라서 멤버 접근은 구조체 포인터 연산자 ->를 사용해야 한다.

이제 [코드 19-21]에서 main() 함수를 보면 오늘 일자를 알고 싶으면 간단하게 Date 자료형의 변수를 선언 및 정의하고 36번째 줄에서 Today() 함수를 호출하고, 37번째 줄에서 멤버를 접근하여 출력하면 된다.

물론 이러한 작업에 대해서 회의적인 반응을 하는 사람들도 있을 것이다. 왜냐하면 Today() 함수를 정의할 때 기존 제공되는 라이브러리들을 다 사용했기 때문에 이러한 작업이 더욱더 비효율적이고 쓸모없는 작업이라고 생각하기 때문일 것이다. 그렇지만 이는 잘못된 오해이다.

그러나 그렇지 않다. 이러한 작업을 하면서 라이브러리에 대해 오류 검증을 할 수 있고 경험했겠지만 사용이 간단해졌지 않은가? 개발하는데 있어 이러한 간단한 사용법은 매우 중요하다. 이러한 작업을 보여주는 것은 라이브러리 함수가 어떻게 작동하는지 연구하지 말고 어떻게 잘 사용할지에 대해 집중하라는 충고이다.

여러분들이 직접 내일을 구하는 함수, 몇 일전 일자를 구하는 함수, 몇 일후 일자를 구하는 함수 등등 필요한 함수들을 만들어 보자. 그리고 프로그램을 개발하는데 필요할 때 사용하자.

8. 비트 필드(Bit Field)

구조체를 이용하여 자신의 프로그램에서 사용하는 데이터에 필요한 데이터 구조를 정의하는 방법을 배웠다. 그런데 여기서 생각해 볼 문제가 있다. 기억장소의 크기이다. weekDay 멤버에 저장될 값의 범위는 0에서 6까지이다. 이러한 값의 범위에 대해 4바이트는 매우 낭비적이다. 컴퓨터에서 데이터 표현 단위인 비트로 계산한다면 3비트 정도면 충분한데 말이다. 다른 멤버들도 마찬가지이다. 따라서 데이터 구조를 좀 더 최적화할 수 있고 기억장치도 절약할 수 있는 기능이 제공된다. 이러한 기능을 비트 필드(Bit Field)라고 하는데 무슨 말인가 하면 구조체에서 비트 필드를 사용할 수 있다.

비트 필드란 지정된 숫자의 비트로 구성되는 구조체 멤버이다. 1비트, 2비트, 또는 필드에 저장되는 데이터를 보관하는데 필요한 수만큼의 비트를 비트 필드가 가지도록 선언할 수 있다.

```
01 : /*************************************************************
02 :  * 파일 명칭 : Date.c
03 :  * 기    능 : 날짜 관련 자료형과 함수들을 선언 및 정의하다.
04 :  * 출    력 : 없음
05 :  * 입    력 : 없음
06 :  * 작 성 자 : 김 석현
07 :  * 작성 일자 : 2009년 2월 17일
08 :  *************************************************************/
09 : #include <stdio.h>
10 :
11 : // 월 열거형 상수와 열거형 자료형
12 : typedef enum _month { JAN = 1, FEB = 2, MAR = 3, APR = 4, MAY = 5, JUN = 6,
13 :       JUL = 7, AUG = 8, SEP = 9, OCT = 10, NOV =11, DEC = 12 } Month;
14 : // 요일 열거형 상수와 열거형 자료형
15 : typedef enum _weekDay { SUN, MON, TUE, WED, THU, FRI, SAT } WeekDay;
16 :
17 : typedef struct _date {
18 :     unsigned nWeekDay  : 3;   // 0..7    (3 bits)
19 :     unsigned nMonthDay : 6;   // 0..31   (6 bits)
20 :     unsigned           : 0;   // Force alignment to next boundary.
21 :     unsigned nMonth    : 5;   // 0..12   (5 bits)
22 :     unsigned nYear     : 8;   // 0..100  (8 bits)
23 : } Date;
24 :
25 : int main() {
26 :     Date today;
27 :
28 :     today.nYear = 9;
29 :     today.nMonth = NOV;
30 :     today.nMonthDay = 20;
31 :     today.nWeekDay = SAT;
32 :
33 :     printf("%d-%d-%d-%d",
34 :         today.nYear + 2000, today.nMonth, today.nMonthDay, today.nWeekDay);
35 :
36 :     return 0;
37 : }
```

코드 19-22 비트 필드를 이용한 날짜형

[코드 19-22]에서 17번째 줄에서 23번째 줄까지 Date에서 사용된 각 멤버들을 비트 필드라고 한다. 18번째 줄의 nWeekDay는 3비트로 0에서 7까지의 값을 표현할 수 있도록 하고 있다. 그리고 21번째 줄의 nMonth는 5비트로서 0에서 12까지의 값을 표현할 수 있도록 하고 있다. 이처럼 지정된 숫자의 비트로 구성되는 구조체 멤버를 비트 필드라고 한다.

모든 비트 필드는 unsigned int을 가지며, 멤버 이름과 콜론, 그리고 비트의 수를 명시하여 필드의 크기(비트 단위)를 지정한다. 구조체 태그를 정의할 때 비트 필드가 아닌 구조체 멤버와 같이 기술되는 경우 비트 필드가 아닌 구조체 멤버가 나오기 전에 비트 필드가 먼저 나와야 한다는 것을 주의하자.

[코드 19-22]에서 28번째 줄에서 34번째 줄까지를 보면 비트 필드는 보통의 구조체 멤버처럼 명칭을 가지고 접근하게 된다. 비트 필드에 접근하려면, 다른 구조체 멤버에 접근할 때처럼 구조체 멤버 연산자를 사용한다.

어떤 경우, 각 비트 필드를 주어진 개수의 비트를 가지는 작은 부호없는 정수로 처리할 수도 있다. n개의 비트를 가지는 비트 필드에 할당될 수 있는 값의 범위는 0에서 2의 n-1제곱까지이다. 범위를 벗어난 값을 비트 필드에 할당하더라도 컴파일러는 오류를 나타내지 않지만, 예측 불가능한 결과를 보게 될 것이다.

비트로 작업할 때는 가독성을 위해서 12번째 줄과 15번째 줄에서처럼 열거형 상수나 매크로 상수와 같은 정의된 상수를 사용하자. 8이나 16비트를 가지는 비트 필드를 정의하지는 말자. 그렇게 되면 char나 int 형과 같은 변수들과 동일한 것이 된다.

9. 공용체(Union)

11장에서 가변 인수 목록을 갖는 함수를 공부할 때 가변 인수 목록에서 여러 가지 유형을 받아들이는 함수를 만들려면 인수 유형에 관한 정보를 전달하는 방법을 고안해야 한다고 했다. [코드 19-23]은 자료형을 저장하는 멤버와 값을 저장하는 멤버를 갖는 구조체 태그를 만들어서 이용하는 방법에 대한 코드이다.

이때 값을 저장하는 멤버에 대해서 생각을 해 보아야 하는데, 정수형일 때는 4바이트이고, 문자형일 때는 1바이트 크기이어야 한다. 그렇다고 해서 각각의 자료형에 맞는 크기의 멤버를 설정한다면 기억장소의 낭비를 초래할 것이다. 따라서 [그림 19-11]과 같이 하나의 기억장소를 int 형 변수, float 형 변수, char형 변수, 심지어 구조체 태그 변수 등등 원하는 데이터들이 서로 공동으로 사용할 수 있도록 해야 할 것 같다. 이렇게 동일한 기억장소를 서로 다른 자료형이 공동으로 사용할 수 있도록 하는 자료형을 만들 수 있는 기능을 공용체(Union)이라고 한다.

그림 19-11 공용체 멤버들에 대해 할당된 기억장소

마치 학교에 다닐 때 강당처럼 체육관으로, 전시장으로, 행사장으로 사용할 수 있듯이 C 언어에서도 이러한 여러 가지 특성을 가질 수 있는 자료형을 만들 수 있도록 제공하는 기능이다.

공용체는 세 가지 점에서만 다를 뿐 그 사용법이 구조체와 똑같다. 하나는 키워드 struct 대신에 키워드 union을 사용한다는 점이고, 또 하나는 멤버 선언문의 의미가 서로 다르다는 점이고, 마지막으로는 초기화 방법이 다르다는 점이다.

[코드 19-23]에서 19번째 줄부터 24번째 줄까지 보면 공용체 태그를 선언하는 형식은 키워드 union을 제외하고는 동일하다.

구조체에서는 멤버 각각을 독립적으로 할당하여 개별적으로 사용한다는 점과 달리 공용체는 한 번에 그 멤버들 중 한 개만 사용할 수 있다는 점이 다른 점이다. 그 이유는 공용체의 모든 멤버들은 기억장소의 크기가 가장 큰 멤버의 크기만큼 할당된 동일한 영역의 기억장소를 차지하기 때문이다. 동일한 기억장소 영역을 사용하므로 각 멤버들의 최상위 바이트가 공용체의 시작주소를 갖는다. 즉 각 멤버들은 동일한 주소를 갖는다. 따라서 개별적으로 값들을 저장할 수 있는 구조체와 달리 공용체는 한 번에 한 개의 값만을 저장할 수 있다.

공용체는 선언을 할 때 초기화할 수 있는데, 한 번에 단 한 개의 멤버만을 사용할 수 있기 때문에 한 개만을 초기화할 수 있다. 혼동을 피하려면 공용체의 첫 번째 멤버만을 초기화하면 된다.

개별 공용체 멤버들은 구조체 멤버와 동일한 방법으로 멤버 연산자(.) 혹은 포인터 연산자(->)를 이용하여 접근할 수 있다. 하지만 공용체 멤버에 접근할 때는 중요한 차이점이 있다. 한 번에 한 개의 공용체 멤버만을 접근해야 한다는 것이다.

```
01 : /******************************************************************
02 :    파일 명칭 : Parameter.c
03 :    기     능 : 공용체를 응용하다.
04 :    출     력 : 없음
05 :    입     력 : 없음
06 :    작 성 자 : 김 석 현
07 :    작성 일자 : 2008-03-14
08 : ******************************************************************/
09 : #include <stdio.h> // printf
10 :
11 : // 자료형에 대한 매크로 상수들
12 : #define CHARACTER  'C'
13 : #define INTEGER    'I'
14 : #define FLOAT      'F'
15 : #define STRING     'S'
16 :
17 : typedef struct _parameter {
18 :     char type;      // 자료형 구분
19 :     union _value {  // 자료형 마다 값
20 :         float real;       // 실수
21 :         int integer;      // 정수
22 :         char character;   // 문자
23 :         char* string;     // 문자열
24 :     } value;
25 : } Parameter;
26 :
27 : // 자료형에 따른 값을 출력하다
28 : void DisplayValue(Parameter parameter) ;
29 :
30 : int main() {
31 :     Parameter parameter;
32 :     // 실수형
33 :     parameter.type = FLOAT;   parameter.value.real = 100.09F;
34 :     DisplayValue(parameter);
35 :     // 정수형
36 :     parameter.type = INTEGER; parameter.value.integer = 100;
37 :     DisplayValue(parameter);
38 :     // 문자형
39 :     parameter.type = CHARACTER; parameter.value.character = 'A';
40 :     DisplayValue(parameter);
41 :     // 문자열
42 :     parameter.type = STRING; parameter.value.string = "새로운 시작을 위해";
43 :     DisplayValue(parameter);
44 :
45 :     return 0;
46 : }
47 :
48 : void DisplayValue(Parameter parameter)  {
49 :     switch(parameter.type) {
50 :         case FLOAT:
51 :             printf("%.2f\n", parameter.value.real);
52 :             break;
53 :         case INTEGER:
54 :             printf("%d\n", parameter.value.integer);
55 :             break;
56 :         case CHARACTER:
57 :             printf("%c\n", parameter.value.character);
58 :             break;
59 :         case STRING:
60 :             printf("%s\n", parameter.value.string);
61 :             break;
62 :         default:
63 :             printf("정해지지 않은 자료형이다!\n");
64 :             break;
65 :     }
66 : }
```

코드 19-23 공용체 사용법

10. 정 리

레코드 표현처럼 조작을 쉽게 하기 위해서 하나의 명칭 하에 함께 묶어 놓은 하나 이상의 변수들의 집합을 구조체라고 한다. 배열은 개개의 변수들이 모두 동일한 자료형을 가지는 것이고, 구조체는 개개의 변수들이 제각기 다른 자료형을 가질 수 있다는 것이다.

사용하는 절차는 우선 struct 키워드를 이용하여 구조체 태그를 선언한다. 이때 typedef를 사용하여 사용자 정의 자료형을 만들어서 사용하도록 하자. 선언된 구조체 태그 및 사용자 정의 자료형으로 변수를 선언 및 정의하고, 필요하다면 중괄호안에 멤버의 개수만큼 쉼표로 구분하여 값들을 나열하여 초기화도 할 수 있다.

멤버를 접근하는데는 직접 접근을 할 때는 구조체 멤버 연산자, 간접 접근을 할 때는 구조체 포인터 연산자를 이용하여야 한다.

구조체 멤버로 기억장소의 낭비를 줄이기 위해서는 비트 필드도 사용할 수 있다. 기억장소를 공유하기 위해서는 공용체를 사용할 수도 있다.

제20장

명함철 만들기

1. 구조체를 포함하고 있는 구조체
2. 널 포인터(null pointer)
3. 자기 참조 구조체
4. 구조체와 함수
5. 정리

제20장 명함철 만들기

1. 구조체를 포함하고 있는 구조체

취업을 하면 열심히 일해서 돈을 많이 벌여야 한다. 그래서 회사는 당신을 제품을 파는 영업사원으로 간주하게 되고, 다른 고객들과 일을 할 때 당신의 연락처를 고객들에게 알리기 위해서 명함이라는 것을 마련해 주게 된다. 회사 일을 열심히 하는 사람들이라면 많은 고객들을 관리해야 하기 때문에 명함을 관리하는 것은 또 다른 중요한 업무가 된다. 성명과 이메일 주소 그리고 상호와 전화번호와 팩스 번호가 적혀 있는 명함을 관리하는 프로그램을 작성해 보도록 하자.

최소한 명함을 끼우는 기능, 찾는 기능 그리고 **빼**는 기능이 제공되어야만 명함을 관리할 수 있을 것이다. 따라서 [그림 20-1]과 같은 기능들을 갖는 프로그램을 작성해 보자.

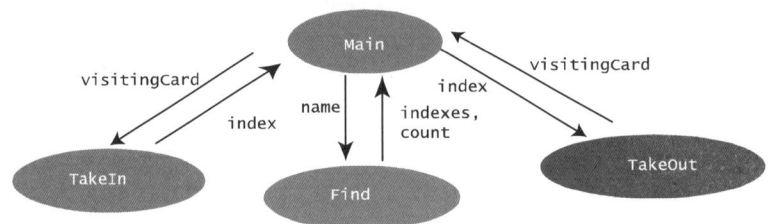

그림 20-1 명함 관리 프로그램의 구조

표 20-1 자료 명세서 -- 명함철 프로그램에 사용되는 사용자 정의 자료형들

번호	명칭		자료형	비 고
	한 글	영 문		
1		Personal	개인	사용자 정의 레코드 자료형
	성명	name	문자열	
	휴대폰번호	cellularPhoneNumber	문자열	
	이메일주소	emailAddress	문자열	
2		Company	회사	사용자 정의 레코드 자료형
	상호	name	문자열	
	전화번호	telephoeNumber	문자열	
	팩스 번호	faxNumber	문자열	
3		VisitingCard	명함	사용자 정의 레코드 자료형
	개인	personal	개인	
	회사	company	회사	
	다음	next	명함 링크	다음 번 명함의 주소 저장
4		VisitingCardBinder	명함철	명함을 쌓아 놓은 더미
	처음	first	명함 링크	첫 번째 명함의 주소 저장
	개수	length	정수	

명함 관리 프로그램에서 사용해야 하는 데이터들을 논리적으로 구조화시켜서 레코드와 파일에 대해 설계를 하면 [표 20-1]과 같이 정리할 수 있다. 개인, 회사 그리고 명함인 3개의 레코드와 명함을 쌓아 놓은 더미인 명함철인 1개의 파일로 구성되어져 있다.

[표 12-1]에서 정리된 레코드들을 구조체 태그와 typedef 기능을 이용해서 C 언어로 작성해 보자.

```
01 : /*************************************************************
02 :    파일 명칭 : VisitingCardBinder.c
03 :    기    능 : 명함을 관리하다
04 :    작 성 자 : 김 석현
05 :    작성 일자 : 2009년 2월 17일
06 : *************************************************************/
07 : #include <stdio.h>
08 : // 구조체 태그와 사용자 정의 자료형 선언 및 정의
09 : // 개인 레코드 표현
10 : typedef struct _personal {
11 :     char name[11];
12 :     char cellularPhoneNumber[12];
13 :     char emailAddress[64];
14 : } Personal;
15 : // 회사 레코드 표현
16 : typedef struct _company {
17 :     char name[64];
18 :     char telephoneNumber[12];
19 :     char faxNumber[12];
20 : } Company;
21 :
22 : // 명함 레코드 표현
23 : typedef struct _visitingCard VisitingCard;
24 :
25 : typedef struct _visitingCard {
26 :     Personal personal;
27 :     Company company;
28 :
29 :     VisitingCard* next; // 다음 번째 명함의 주소
30 : } VisitingCard;
31 :
32 : int main() {
33 :     VisitingCard first = { {"홍길동", "01190909000", "gildong@parkcom.co.kr"},
34 :                            {"박컴", "025879424", "025879464"},
35 :                            NULL
36 :                          };
37 :
38 :     printf("%s %s %s %s %s %s\n",
39 :             first.personal.name, first.personal.cellularPhoneNumber,
40 :             first.personal.emailAddress, first.company.name,
41 :             first.company.telephoneNumber, first.company.faxNumber);
42 :
43 :     return 0;
44 : }
```

코드 20-1 구조체를 포함하고 있는 구조체

개인과 회사에 대해서는 어렵지 않게 선언 및 정의를 할 수 있을 것이다. 문자열에 대해 문자 배열 포인터가 아니라 반드시 문자 배열로 구현할 것을 명심하도록 하자.

명함에 대해서 구현해 보도록 하자. 명함에는 개인과 회사 정보에 적혀 있어야 하기 때문에 명함 레코드에 개인과 회사 레코드가 포함되어져야 한다.

구조체의 문법적인 기능을 보면, 구조체 멤버 선언에는 어떠한 제한이 없으므로 어떤 구조체 자체가 또 다른 구조체의 멤버가 될 수도 있는데, 구조체 내에 또 다른 구조체가 존재하는 형식을

중첩된 구조체(Nested structure)라고 한다. [코드 20-1]에서 26, 27번째 줄을 보면 Personal과 Company 구조체 태그 자료형으로 멤버를 선언하고 있다. 즉 구조체를 포함한 구조체도 만들 수 있다는 것이다.

구조체가 자기 자신을 다시 중첩시킬 수 없다. 그 이유는 무한 중첩이 발생하여 실제로 멤버를 참조하는 것이 불가능해지기 때문이다.

[코드 20-1]에서 33번째 줄을 보면 구조체를 포함하고 있는 구조체 변수를 초기화하고 있다. 구조체 변수의 멤버가 또 다른 구조체일 때 구조체형 멤버의 초기값들은 내부 중괄호({}) 로 묶어줄 수 있으므로, 가급적이면 가독성을 높이기 위해서 구조체형 멤버의 초기값은 내부 중괄호({})로 묶어주는 것이 좋다. 문자열 멤버를 초기화할 때는 문자열 리터럴을 사용하는 것이 좋고, 여분의 멤버들에 대해 0으로 초기화할 때는 쉼표를 사용하도록 하자.

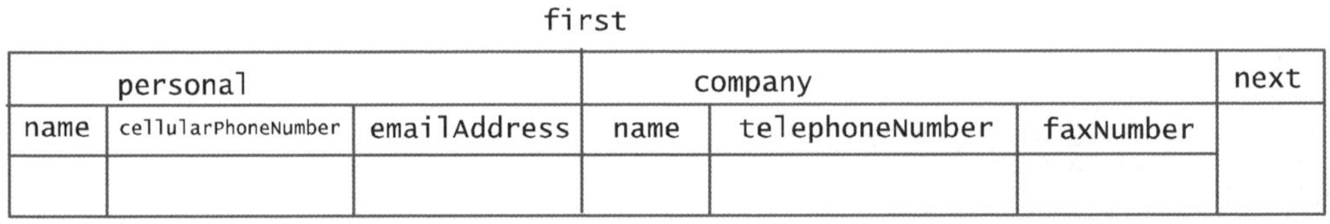

	first					
	personal		company			next
name	cellularPhoneNumber	emailAddress	name	telephoneNumber	faxNumber	

그림 20-2 구조체 변수 first의 메모리 맵

[그림 20-2]를 보면 내용에 의한 참조이므로 멤버를 접근하기 위해서는 구조체 멤버 연산자(.)를 이용하여 접근하면 된다. 그래서 [코드 20-1]에서 39번째 줄에서 41번째 줄을 보면 구조체 멤버 연산자로 접근해서 값을 읽어 콘솔에 출력하고 있다.

다음은 다음 번째 명함의 위치를 저장하는 멤버, 즉 next 멤버에 대해서 알아보도록 하자.

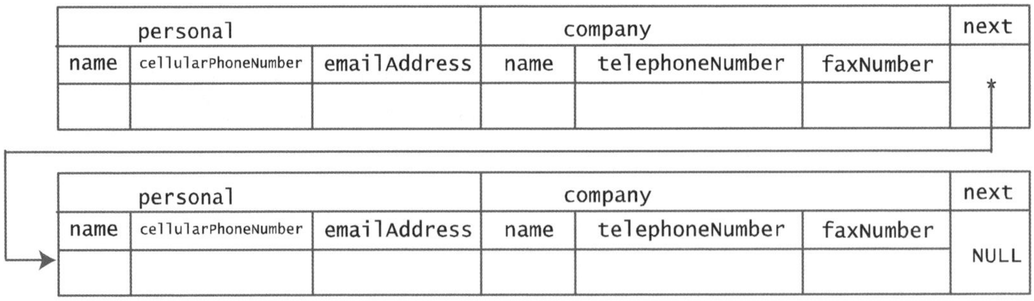

personal			company			next
name	cellularPhoneNumber	emailAddress	name	telephoneNumber	faxNumber	
						*

personal			company			next
name	cellularPhoneNumber	emailAddress	name	telephoneNumber	faxNumber	
						NULL

그림 20-3 명함과 명함간의 관계 표현

제일 마지막 명함인 경우 next 멤버에 저장되는 값이 NULL로 처리하도록 하자. NULL은 포인터 변수의 초기값으로 자주 사용되어지는 값으로 할당된 기억장소가 없다는 의미이다. 다시 말해서 주소가 없다는 의미를 가지고 있다.

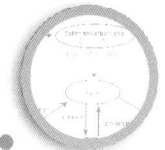

2. 널 포인터(null pointer)

포인터가 정수형 0의 값을 가지고 있으며 그 포인터는 개념상 할당된 기억장소의 주소가 저장되어 있지 않는 포인터라고 약속하고 이와 같이 0의 값을 가지고 있는 포인터를 NULL 포인터라고 한다.

대개는 포인터를 되돌리는 함수에서 지정된 주소를 갖는 기억장소가 없음을 알려 줄 때 사용하거나 매개변수의 개수가 가변적인 함수에서 마지막 매개변수를 나타낼 때 사용한다.

C 언어에서는 <stddef.h> 헤더파일이나 <stdlib.h>에 기술되어 있는 매크로 상수 NULL를 의미한다.

```
01 : /* Define NULL pointer value */
02 :
03 : #ifndef NULL
04 : #ifdef __cplusplus
05 : #define NULL    0
06 : #else
07 : #define NULL    ((void *)0)
08 : #endif
09 : #endif
```

코드 20-2 NULL 매크로 상수

3. 자기 참조 구조체

다음 번째 명함의 위치를 저장하는 멤버를 선언 및 정의하고자 한다면, 선언 및 정의하고 있는 구조체의 멤버로 자기 자신과 같은 형의 구조체 변수의 주소를 저장하는 포인터(포인터 변수)를 하나 가지도록 해야 한다. 그래서 [코드 20-1]에서 29번째 줄을 보면 선언 및 정의되고 있는 자신과 같은 자료형의 포인터형 멤버, next가 선언 및 정의되고 있다.

```
01 : typedef struct _visitingCard {
02 :     Personal personal;
03 :     Company company;
04 :
05 :     struct _visitingCard *next; // 다음 번째 명함의 위치를 저장하는 링크(Link) 멤버
06 : } visitingCard;
```

코드 20-3 구조체 태그를 이용하여 자기 참조 관계 표현

next 멤버와 같이 주소를 저장하고 있는 필드를 개념적으로는 링크(Link)라고도 한다.

포인터 멤버를 선언 및 정의하는 방법은 포인터 변수를 선언 및 정의하는 방법과 동일하다.

```
(1) 멤버 명칭을 적는다
     next
(2) 멤버에 저장되는 값이 주소인지 확인하여 주소이면 멤버 명칭 앞에 *를 붙인다
     *next
(3) 멤버에 저장된 주소를 갖는 기억장소의 자료형 혹은 태그 명칭을 공백 문자를 두고 앞에 기술한다
     struct _visitingCard *next
(4) 문장 임을 강조하는 구두점인 세미콜론을 맨 끝에 붙인다
     struct _visitingCard* next;
```

그림 20-4 포인터 멤버를 선언 및 정의하는 방법

[코드 20-3]에서처럼 구조체 태그를 사용하면 struct 키워드를 항상 앞에 붙여야 해서 번거롭고, 실제 프로그래밍 작업에서는 개념적으로 자료형을 만들어서 사용하는 것이 더 효율적이므로 [코드 20-4]와 같이 포인터 멤버를 선언 및 정의하는 것이 더 효과적이다.

```
01 : typedef struct _visitingCard VisitingCard; // 전방 선언(Forward Declaration)
02 :
03 : // 구조체 태그 _visitingCard와 사용자 정의 자료형 VisitingCard의 선언 및 정의
04 : typedef struct _visitingCard {
05 :     Personal personal;
06 :     Company company;
07 :
08 :     VisitingCard *next; // 다음 번째 명함의 위치를 저장하는 링크(Link) 멤버
09 : } VisitingCard;
```

코드 20-4 자료형을 이용하여 자기 참조 관계 표현

선언은 여러 번 할 수 있고, 또한 정의되고 있는 자료형 명칭을 사용하기 위해서 사용되어지는 위치보다 앞에 선언되어 있어야 하기 때문에 [코드 20-4]에서 08번째 줄에서 사용하고 있기 때문에 01 번째 줄에서 미리 선언을 해야 한다. 이렇게 선언하는 것을 전방 선언이라고 한다.

여기서 또 하나 짚고 넘어가야 할 것은 특정 자료형의 포인터 변수나 멤버를 정의하고자 할 때는 반드시 정의하고자 하는 위치보다 앞에 자료형이 전방 선언되어 있어야 한다. 특정 자료형의 변수나 멤버를 정의하고자 할 때는 정의하고자 하는 위치보다 앞에 자료형이 정의되어 있어야 한다. 이 규칙은 특히 헤더파일을 만들데 관련된 헤더파일을 포함할 것인지 아닌지를 결정하는 기준이 된다. 왜냐하면 헤더파일에서 아무런 생각없이 관련이 없는 헤더파일들까지도 포함시키다 보면 링크 오류가 발생하는 경우가 있다. 따라서 헤더파일에서는 가급적이면 정의를 필요치 않는 헤더파일을 포함시키지 않고 원시 코드 파일에서 포함하는 표현을 하도록 해야 한다.

이처럼 링크 개념은 C 언어로 데이터의 저장구조를 만든데 있어 매우 중요한 역할을 한다. 또한 포인터의 응용 중에서도 C 프로그램을 만들 때 많이 사용하는 것이므로 계속되는 코드들을 가지고 명확히 이해하도록 해야 한다.

배열이나 단순 구조체에서 한 차원 더 높게 발전한 여러 종류의 자료 구조를 구현하기 위한 일종의 연결 구조체(Linked Structure)로서 자신의 멤버로서 자신과 동일한 형의 구조체 변수 혹은 멤버의 주소를 저장하는 포인터(포인터 변수)를 하나 이상 가지고 있는 형식을 자기 참조 구조체(Self referential Structure) 라고 한다.

자기 참조 구조체의 태그 선언을 보면 구조체 자신의 선언이 완결되기도 전에 자기 자신을 다시

참조하고 있으므로 에러가 날 것처럼 보이지만, 자기 자신을 멤버로 등록시키는 것이 아니라, 다만 자신과 동일한 형을 갖는 기억장소의 주소를 저장하는 포인터 변수를 멤버로 선언하는 것이기 때문에 전혀 에러가 나지 않고, 다만 자기 참조 구조체의 태그를 선언하기 위하여 반드시 구조체 태그를 필요로 한다는 조건이 따른다.

다른 말로 설명하면 포인터의 크기는 이미 정해져 있다. 대개는 워드 크기이므로 구조체를 정의함에 있어서 멤버의 크기가 정해져 있기 때문에 아무런 문제가 없다는 것이다.

자료 구조 중 하나인 연결 리스트(Linked List)와 트리(Tree) 구조의 표현에서 많이 사용된다. 명함 관리 프로그램은 링크가 하나인 단일 연결 리스트(Single Linked List)를 응용하여 작성되고 있다.

단일 연결 리스트를 표현한 것이 명함철로서 리스트의 시작에 해당되는, 즉 첫 번째 명함의 위치를 저장하게 될 first 멤버와 사용하고 있는 기억장소들의 용량, 즉 가지고 있는 명함들의 개수를 나타내는 length 멤버를 갖도록 하여 레코드, 즉 명함을 관리하도록 하자.

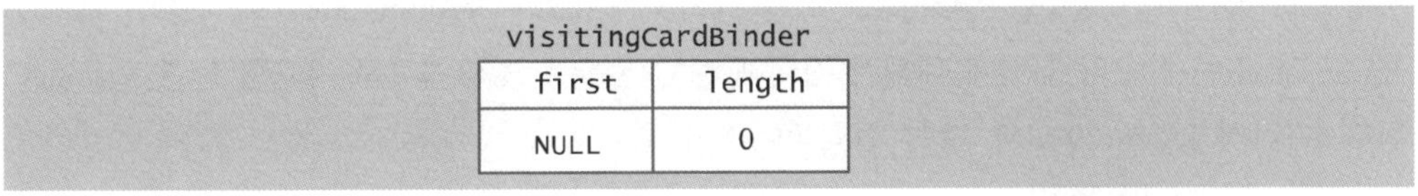

visitingCardBinder	
first	length
NULL	0

그림 20-5 명함철의 메모리 맵

표 20-2 자료 명세서 --- 명함철 사용자 정의 자료형

번호	명 칭		자료형	비 고
	한 글	영 문		
1		VisitingCardBinder	명함철	명함을 쌓아 놓은 더미
	처음	first	명함 링크	첫 번째 명함의 주소 저장
	개수	length	정수	

```
01 : // 구조체 태그 _visitingCardBinder와
02 : // 사용자 정의 자료형 VisitingCardBinder의 선언 및 정의
03 : typedef struct _visitingCardBinder {
04 :     VisitingCard *first; // 첫 번째 명함의 위치를 저장하는 링크(Link) 멤버
05 :     unsigned long int length;
06 : } VisitingCardBinder ;
```

코드 20-5 연결 리스트의 명함철 표현

관리를 한다는 것은 갱신(Update) 연산들과 질의(Query) 연산을 가진다는 말이기 때문에 [표 20-3]에서 정리된 연산들을 구현해 보도록 하자.

표 20-3 명함철의 연산들

번호	명 칭		구 분	비 고
	한 글	영 문		
1	끼우다	TakeIn	갱신	받은 명함을 맨 뒤에 추가(Append)
2	찾다	Find	질의	성명으로 명함들 검색(Search)
3	빼다	TakeOut	갱신	특정 명함을 삭제(Delete)

4. 구조체와 함수

[그림 20-1]에서 시스템 챠트를 참고하여 TakeIn() 함수를 선언해 보자.

표 20-4 TakeIn() 함수의 입출력 데이터에 대한 자료 명세서

번호	명칭		자료형	비 고
	한 글	영 문		
1	명함철	visitingCardBinder	명함철 링크	명함을 쌓아 놓은 더미
2	위치	index	명함 링크	새로 놓여지는 명함의 위치 출력
3	명함	visitingCard	명함	입력받는 명함

출력되는 데이터가 하나이므로 반환형으로 출력 표현을 하면 된다. 출력되는 값은 위치이고, 위치의 자료형이 명함 링크(Link)이기 때문에 C 언어로 명함 링크를 표현하면, 링크라는 개념은 주소를 저장하고 있는 기억장소를 말하므로 포인터라는 것이므로 VisitingCard* 가 된다.

다음은 TakeIn() 함수의 입력에 대해서 정리해 보면 입력은 명함이므로 자료형 또한 VisitingCard가 된다. 따라서 [코드 20-6]과 같이 선언되어져야 한다.

```
01 : // 끼우다
02 : VisitingCard* TakeIn(VisitingCardBinder* visitingCardBinder, VisitingCard visitingCard);
```
코드 20-6 TakeIn() 함수의 선언

여기까지 코드로 정리하면 [코드 20-7]과 같다.

```
01 : /*********************************************************
02 : 파일 명칭 : VisitingCardBinder.c
03 : 기    능 : 명함을 관리하다
04 : 작 성 자 : 김 석현
05 : 작성 일자 : 2009년 2월 17일
06 : *********************************************************/
07 : #include <stdlib.h> // malloc(), free()
08 : #include <string.h> // strcmp()
09 : #include <stdio.h>  // printf()
10 :
11 : // 구조체 태그와 사용자 정의 자료형 선언 및 정의
12 : // 개인 레코드 표현
13 : typedef struct _personal {
14 :     char name[11];
15 :     char cellularPhoneNumber[12];
16 :     char emailAddress[64];
17 : } Personal;
18 : // 회사 레코드 표현
19 : typedef struct _company {
20 :     char name[64];
21 :     char telephoneNumber[12];
22 :     char faxNumber[12];
23 : } Company;
24 :
25 : // 명함 레코드 표현
26 : typedef struct _visitingCard VisitingCard; // _visitingCard와 VisitingCard 전방선언
27 :
28 : typedef struct _visitingCard {
29 :     Personal personal; // 개인 레코드
30 :     Company company;   // 회사 레코드
31 :
32 :     VisitingCard* next; // 다음 번째 명함의 주소
33 : } VisitingCard;
34 :
35 : // 명함철 파일 표현
36 : typedef struct _visitingCardBinder {
37 :     VisitingCard* first; // 첫 번째 명함의 주소
38 :     unsigned long int length; // 명함들의 개수
39 : } VisitingCardBinder;
40 :
41 : // 명함을 끼우다
42 : VisitingCard* TakeIn(VisitingCardBinder* visitingCardBinder, VisitingCard visitingCard);
```
코드 20-7 명함 관리 프로그램의 전처리 및 선언 단락

다음은 TakeIn() 함수를 정의해 보자. TakeIn() 함수는 입력받은(혹은 받은) 명함을 명함철에서 가장 마지막 명함으로 놓는 작업을 수행해야 한다.

```c
01 : // 명함을 끼우다
02 : VisitingCard* TakeIn(VisitingCardBinder* visitingCardBinder, VisitingCard visitingCard) {
03 :    VisitingCard* previous = NULL;// 새로 놓일 명함의 앞 명함
04 :    VisitingCard* it = visitingCardBinder->first; // 반복제어 변수
05 :    VisitingCard* temp; // 힙 할당 임시 변수
06 :
07 :    // 맨 마지막 명함을 찾는다
08 :    while(it != NULL) {
09 :       previous = it;
10 :       it = it->next;
11 :    }
12 :    // 놓여질 새로운 명함을 만든다
13 :    temp = (VisitingCard*)malloc(sizeof(VisitingCard));
14 :    *temp = visitingCard;
15 :    // 맨 마지막 명함의 다음번째로 새로운 명함을 놓는다
16 :    if(previous != NULL) {
17 :       previous->next = temp;
18 :    }
19 :    else {// 첫번째 명함일 때
20 :       visitingCardBinder->first = temp;
21 :    }
22 :    visitingCardBinder->length++;
23 :    // 놓여진 새로운 명함의 위치를 출력한다
24 :    return temp;
25 : }
```

코드 20-8 TakeIn() 함수 정의

다음은 TakeIn() 함수를 호출해 보자. 명함철을 선언 및 정의하고 반드시 초기화를 해야만 한다.

```c
01 : int main() {
02 :    // 명함철을 만든다
03 :    VisitingCardBinder visitingCardBinder = { NULL, 0 };
04 :    // 한 장의 명함을 받았다고 가정한다
05 :    VisitingCard first = { {"홍길동", "01190909000", "gil@parkcom.co.kr"},
06 :       {"박컴", "025870424", "025879464"},
07 :       NULL };
08 :    VisitingCard* index; // 출력하는 위치
09 :
10 :    // 명함을 끼우다
11 :    index = TakeIn(&visitingCardBinder, first);
12 :    printf("%s %s %s %s %s %s\n", index->personal.name, index->personal.cellularPhoneNumber,
13 :       index->personal.emailAddress, index->company.name, index->company.telephoneNumber,
14 :       index->company.faxNumber);
15 :
16 :    return 0;
17 : }
```

코드 20-9 TakeIn() 함수 호출

명함철을 초기화하지 않으면 TakeIn() 함수에서 맨 마지막 명함을 찾는 제어논리가 제대로 작동하지 않을 것이다. 그래서 [코드 20-9]에서 03번째 줄에서 초기화하고 있다. first 멤버는 포인터 멤버이므로 NULL, length는 정수형 멤버이므로 0으로 초기화한다.

그리고 입력 데이터와 출력 데이터를 저장할 변수를 선언 및 정의한 다음에 11번째 줄의 함수 호출 문장을 실행하게 된다. [코드 20-9]에서 10번째 줄까지 실행되었을 때 main() 함수 스택의 메모리 맵은 [그림 20-6]에서 main() 함수 스택 영역을 참고하라.

그래서 [코드 20-8]의 함수가 실행되게 되는데, 02번째 줄까지 실행되었을 때 메모리 맵은 [그림 20-6]과 같다.

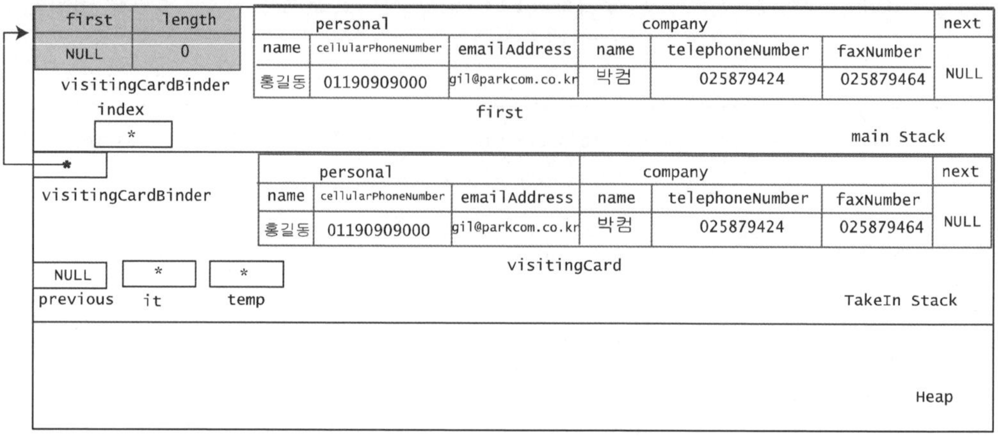

first	length	personal		company			next
NULL	0	name	cellularPhoneNumber emailAddress	name	telephoneNumber	faxNumber	
visitingCardBinder		홍길동	01190909000 gil@parkcom.co.kr	박컴	025879424	025879464	NULL
index			first				
*							main Stack

		personal		company			next
*		name	cellularPhoneNumber emailAddress	name	telephoneNumber	faxNumber	
visitingCardBinder		홍길동	01190909000 gil@parkcom.co.kr	박컴	025879424	025879464	NULL
			visitingCard				
NULL	*	*					
previous	it	temp					TakeIn Stack

Heap

그림 20-6 TakeIn() 함수 호출 직후 메모리 맵

TakeIn() 함수의 스택이 할당되고, 매개변수와 지역변수들에 대해 각각 기억장소들이 할당될 것이다. 그리고 매개변수들, visitingCardBinder와 visitingCard에 저장되는 값들은 main() 함수에서 TakeIn() 함수를 호출할 때 주어지는 값들로 복사해 준다. visitingCardBinder에는 main() 함수 스택에 할당되어 초기화되어져 있는 기억장소 visitingCardBinder의 주소가 저장될 것이고, visitingCard는 main() 함수 스택에 할당되어 초기화되어져 있는 first에 저장되어져 있는 값들이 복사되어 질 것이다.

이렇게 구조체가 함수의 정보전달에 사용되었는데, visitingCardBinder에서는 구조체 자료형 포인터로, visitingCard 에서는 구조체 자료형 자체로 사용된 것을 볼 수 있다. 그리고 C 언어에서 정보전달은 오직 하나의 방법으로만, 값에 의한 정보 전달 방식만을 이용하기 때문에 구조체 자료형인 매개변수에 대해서는 main() 함수 스택의 first 값을 그대로 복사하게 된다. 따라서 first 기억장소의 크기는 워드 크기보다 크므로 한 번의 복사에 의해서 값을 TakeIn() 함수 스택의 visitingCard로 복사할 수 없고, 여러 번의 복사에 의해서 값을 복사하게 될 것이다. 그러면 복사하는데 걸리는 시간이 소요되기 때문에 속도의 저하를 초래하게 되는 단점을 가진다.

TakeIn() 함수 원형에서처럼 구조체는 함수의 정보 전달에 사용되어진다. 구조체 변수는 함수의 매개변수 혹은 되돌림 값으로 사용 가능하다. 알기 쉽고 쓰기에 편하다는 장점은 있으나 구조체 대입이 내부적으로 실행됨으로 처리 속도의 저하와 기억장소의 낭비의 단점을 가진다. 구조체 변수를 함수간에 주고 받으려면 처리 속도의 저하와 기억장소 낭비를 막기 위해 구조체 변수의 크기를 워드 크기 혹은 워드 크기의 배수 정도로 소규모로 설계하도록 하는 것이 좋다.

구조체 포인터 변수를 매개변수 혹은 리턴 값으로 사용 가능하다. 구조체 치환이 전혀 발생하지 않는다는 점에서 처리 속도의 저하와 기억장소 낭비의 단점을 극복할 수 있다는 점이 장점이다.

실인수인 구조체 변수를 절대 변경해서는 안되는 실인수의 복사본을 만들어 써야 하는 경우 함수의 매개변수로서 구조체 변수 자체를 건네주는 방식을 사용하고 그렇지 않은 경우 구조체 변수의 포인터를 건네주는 편이 효율적임을 명심하도록 하자.

[코드 20-8]에서 07번째 줄까지 실행되면 [그림 20-7]과 같은 메모리 맵으로 정리될 것이다.

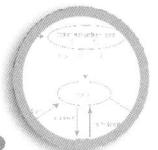

그림 20-7 [코드 20-8]의 07번째 줄까지 실행된 후 메모리 맵

previous는 초기화로 NULL 이 저장될 것이고, it는 visitingCardBinder에 저장되어져 있는 값이 주소이므로 구조체 포인터 연산자로 main() 함수의 스택에 할당되어 있는 visitingCardBinder의 first 멤버를 접근하여 값을 읽어 NULL 을 저장하게 된다. 그리고 temp는 쓰레기를 가지게 된다.

다음은 [코드 20-8]에서 08번째 줄이 실행되게 되는데, 반복을 할지 말지 조건식에 의해서 판단하게 되는데 it에 저장되어 있는 값이 NULL이므로 조건식을 평가한 값이 거짓이 되어, 반복구조가 선 검사 반복구조이므로, 즉 다시 말해서 참일 때 반복하고, 거짓이면 반복을 탈출하는 구조이므로 반복을 하지 않고 반복구조를 탈출하게 되어 [코드 20-8]에서 13번째 줄로 제어가 이동된다. 따라

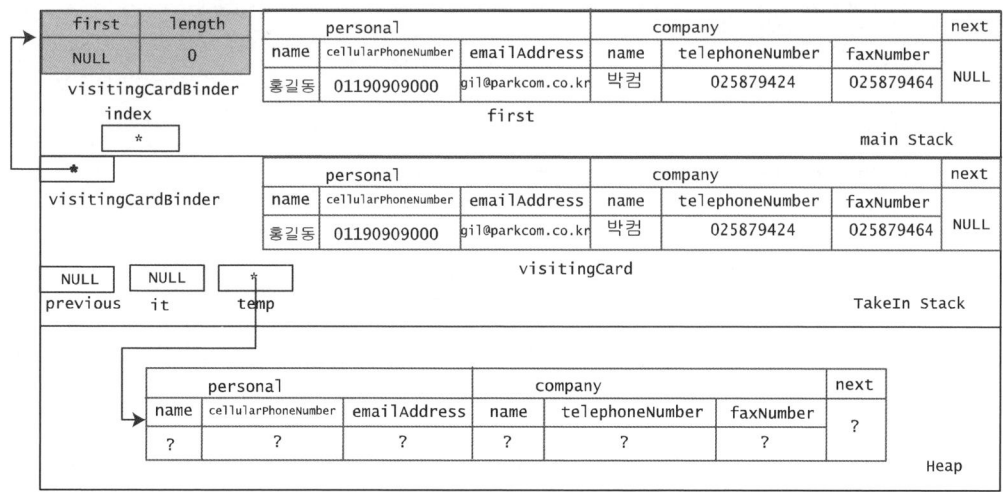

그림 20-8 힙에 명함을 할당한 후의 메모리 맵

서 어떠한 메모리 맵의 변화도 일어나지 않는다.

[코드 20-8]에서 13번째 줄을 실행하게 되는데, 동적관리에서 배운 대로라면 힙에 VisitingCard의 크기만큼 기억장소를 할당하고, 할당된 기억장소의 시작주소를 temp에 저장하게 된다. 그래서 [그림 20-8]과 같은 메모리 맵을 만들게 된다.

구조체의 크기와 sizeof 연산자

구조체의 크기를 알기 위해서는 sizeof 연산자를 사용하여 구하게 된다. [그림 20-9]는 sizeof 연산자의 형식이다. 구조체 자료형을 소괄호안에 기술하면 컴파일러 옵션에서 구조체 멤버 정렬이 1 바이트씩으로 설정되어 있으면, VisitingCard의 크기는 179 바이트일 것이다.

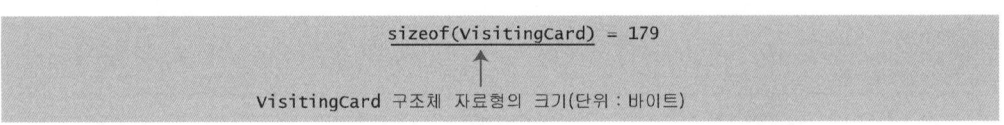

그림 20-9 sizeof 연산자의 형식

[코드 20-10]을 참조하여 직접 계산해 보면, Personal과 Company는 1바이트 배열들을 멤버로 가지고 있기 때문에 배열크기를 더하면 된다. 그리고 next는 포인터 멤버이므로 워드 크기이므로 4바이트 워드 크기의 운영체제나 컴퓨터에서는 4바이트이다.

```
// 개인 레코드
typedef struct _personal {
    char name[11]; // 11 바이트
    char cellularPhoneNumber[12]; // 12 바이트
    char emailAddress[64];
} Personal;
// 회사 레코드
typedef struct _company {
    char name[64];
    char telephoneNumber[12];
    char faxNumber[12];
} Company;

// 명함 레코드
typedef struct _visitingCard {
    Personal personal;      ←——— 87 바이트
    Company company;        ←——— 88 바이트

    VisitingCard* next;     ←——— 4 바이트
} VisitingCard;             ←——— 179 바이트
```

코드 20-10 VisitingCard 크기 계산(구조체 멤버 정렬 옵션이 1바이트씩 일 때)

sizeof 연산자와 구조체는 이처럼 힙을 이용한 동적 메모리 할당에서 할당 관련 함수들을 사용할 때 구조체 변수나 구조체 배열의 바이트 크기를 결정하기 위해 주로 사용된다.

malloc() 함수와 힙

힙에 기억장소를 할당하기 위하여 라이브러리 함수를 사용해야 한다. 여기서는 배열 할당이 아

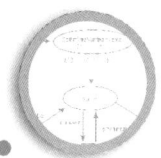

니므로 malloc() 함수를 사용하자. malloc() 함수는 할당 후 초기화를 하지 않으므로 할당된 멤버들은 모두 쓰레기를 가지게 될 것이다. 그리고 할당한 기억장소의 주소를 temp에 저장하기 위해서 반드시 형 변환을 해야 한다. 왜냐하면 malloc() 함수의 반환형이 void* 형이라서 temp의 자료형과 일치하지 않기 때문이다.

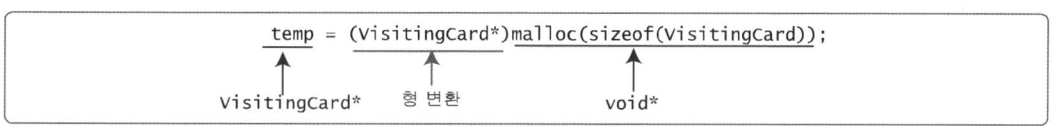

코드 20-11 형 변환 수식

　[코드 20-8]에서 05번째 줄의 temp 선언문장에서 temp 변수 명칭과 세미콜론을 지우면 temp 변수의 자료형이 된다. 따라서 VisitingCard*가 temp의 자료형이다. malloc() 함수의 반환형이 void* 이기 때문에 치환 연산자의 왼쪽과 오른쪽의 자료형이 일치하지 않으면 컴파일러 오류가 발생하게 된다. 이런 경우 형 변환 수식을 작성해야 하는데, 소괄호 형 변환 연산자 속에 왼쪽의 자료형을 기술하면 된다. 따라서 [코드 20-11]과 같은 형 변환 수식이 작성된다.

　형 변환 수식에 의해서 왼쪽과 같은 자료형으로 일치되도록 해서 temp에 힙에 할당된 기억장소의 주소를 저장하게 된다.

　다음은 [코드 20-8]에서 14번째 문장이 실행된다. 힙에 할당된 기억장소에 입력되어 visitingCard에 저장된 값들을 저장하도록 한다. temp에 저장되어져 있는 값이 주소이므로 temp에 저장할 수 없고, 주소를 갖는 기억장소의 내용으로 저장해야 하기 때문에 간접 지정 연산자를 사용해야 한다.

first	length	personal			company			next
NULL	0	name	cellularPhoneNumber	emailAddress	name	telephoneNumber	faxNumber	
visitingCardBinder		홍길동	01190909000	gil@parkcom.co.kr	박컴	025879424	025879464	NULL

index *　　　　　　　　　　　　　　　　　first　　　　　　　　　　　　　　　　　main Stack

visitingCardBinder	personal			company			next
	name	cellularPhoneNumber	emailAddress	name	telephoneNumber	faxNumber	
	홍길동	01190909000	gil@parkcom.co.kr	박컴	025879424	025879464	NULL

NULL	NULL	*	visitingCard
previous	it	temp	TakeIn Stack

personal			company			next
name	cellularPhoneNumber	emailAddress	name	telephoneNumber	faxNumber	NULL
홍길동	01190909000	gil@parkcom.co.kr	박컴	025879424	025879464	

Heap

그림20-10 구조체들간의 대입

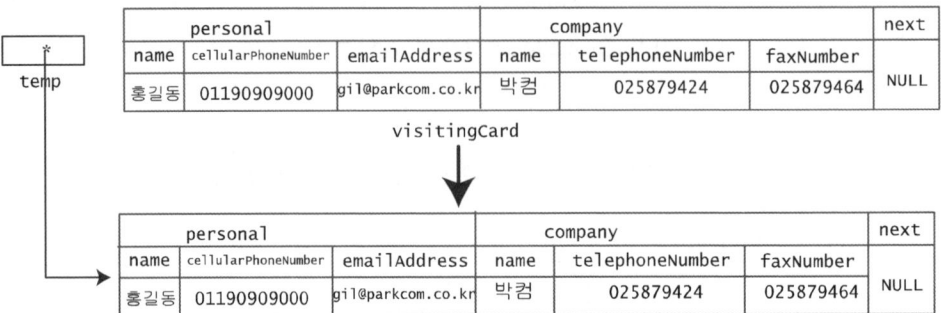

그림20-11 간접 지정 연산자

다음은 [코드 20-8]에서 16번째 줄이 실행되는데, 선택구조의 조건식이 평가되어야 한다. 현재 previous에 저장되어져 있는 값이 NULL 이므로 NULL과 같지 않은지에 대해 검사하는 조건식은 거짓으로 평가되어 else 블록으로 제어가 이동하게 된다. [코드 20-8]에서 20번째 줄이 실행되는데, 즉 첫 번째로 놓여지는 명함이라는 뜻이기 때문에 temp를 명함철 visitingCardBinder의 first 멤버에 저장하게 된다.

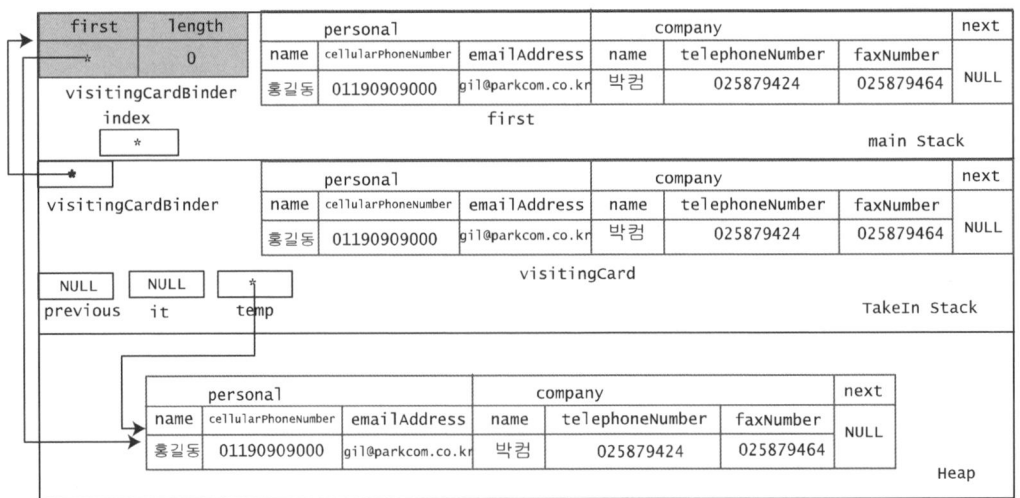

그림20-12 첫 번째 명함이 놓여 졌을 때 메모리 맵

그리고 [코드 20-8]에서 22 번째 줄이 실행되어 명함철에 놓여진 명함의 개수를 하나 증가시켜서 명함철에 놓여진 명함의 개수를 센다. [그림 20-13]과 같이 명함철의 length가 1이 된다.

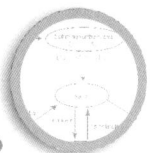

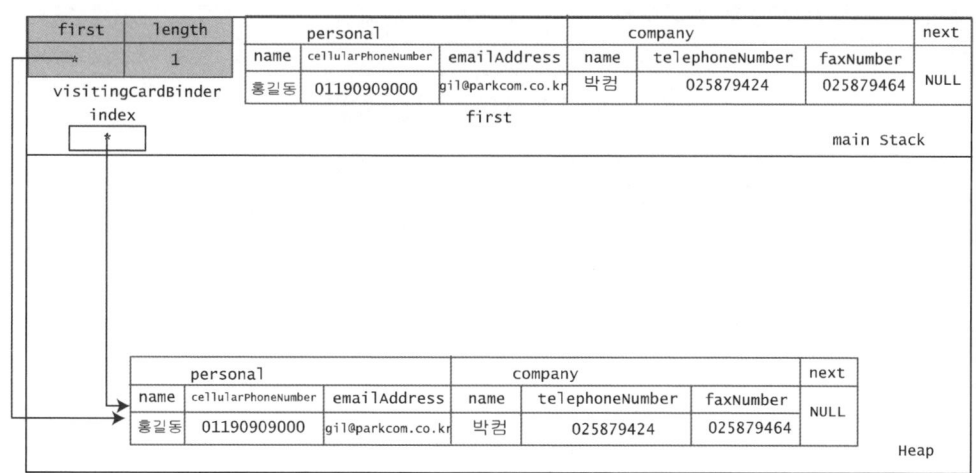

그림 20-13 [코드 20-8]에서 22번째 줄이 실행된 후 메모리 맵

다음은 제대로 명함이 놓여졌기 때문에 힙에 할당된 명함의 주소를 출력하고 TakeIn() 함수를 끝내는 작업이다. [코드 20-8]에서 24번째 줄이 실행되는데, return에 의해서 temp에 저장된 값을 중앙처리장치의 레지스터에 복사하게 되고, TakeIn() 함수 스택이 해제된다. 그러면 main() 함수로 실행 제어가 이동되게 되는데, [코드 20-9]에서 11번째 줄에서 치환식이 평가되어져야 한다. 그러면 return에 의해서 중앙처리장치의 레지스터에 복사되어진 주소가 main() 함수 스택에 할당된 index에 복사되어진다.

그림 20-14 TakeIn() 함수의 실행이 끝난 후 메모리 맵

[코드 20-9]에서 12번째 줄, 13번째 줄, 그리고 14번째 줄에 의하면 모니터에 개인과 회사에 대한 정보를 출력하게 된다. index에 저장되어 있는 값이 주소이므로 구조체 포인터 연산자를 통하여 멤버를 접근해야 한다.

4. 구조체와 함수

다음은 두 번째 명함을 명함철에 꽂아보자. 그러면 main() 함수는 어떻게 작성되어야 할 것인지 생각해 보아라. 두 번째 명함을 만드는데 있어 첫 번째 명함을 만드는 것처럼 하는 것이 가장 좋은 방법일 것이다. 초기화를 하는 방법으로 말이다.

구조체 포인터 연산자를 이용한 접근 방법을 공부했는데, 내용으로 참조하는 구조체 멤버 연산자로 접근 하는 방법을 알아보기 위해서 초기화 방법을 사용하지 않고, 멤버 필드 각각에 값을 복사하는 방법으로 두 번째 명함을 받는 표현을 했다. 좀 이상한 개념인데 명함을 받는 것이 아니라 불러 주는 정보를 받아 적어 명함을 만드는 상황이 된다.

```
01 : int main() {
02 :     // 명함철을 만든다
03 :     visitingCardBinder visitingCardBinder = { NULL, 0 };
04 :     // 한 장의 명함을 받았다고 가정한다
05 :     visitingCard first = { {"홍길동", "01190909000", "gil@parkcom.co.kr"},
06 :         {"박컴", "025870424", "025879464"},
07 :         NULL };
08 :     visitingCard* index; // 출력하는 위치
09 :
10 :     // 명함을 끼운다
11 :     index = TakeIn(&visitingCardBinder, first);
12 :     printf("%s %s %s %s %s %s\n", index->personal.name, index->personal.cellularPhoneNumber,
13 :         index->personal.emailAddress, index->company.name, index->company.telephoneNumber,
14 :         index->company.faxNumber);
15 :
16 :     // 두번째 명함을 받다
17 :     strcpy(first.personal.name, "박길동");
18 :     strcpy(first.personal.cellularPhoneNumber, "01690909000");
19 :     strcpy(first.personal.emailAddress, "park@parkcom.co.kr");
20 :     strcpy(first.company.name, "삼성");
21 :     strcpy(first.company.telephoneNumber, "025669090");
22 :     strcpy(first.company.faxNumber, "025669091");
23 :
24 :     // 두 번째 명함을 끼운다
25 :     index = TakeIn(&visitingCardBinder, first);
26 :     printf("%s %s %s %s %s %s\n", index->personal.name, index->personal.cellularPhoneNumber,
27 :         index->personal.emailAddress, index->company.name, index->company.telephoneNumber,
28 :         index->company.faxNumber);
29 :
30 :     return 0;
31 : }
```

코드 20-12 두 번째 명함을 받아 끼우기

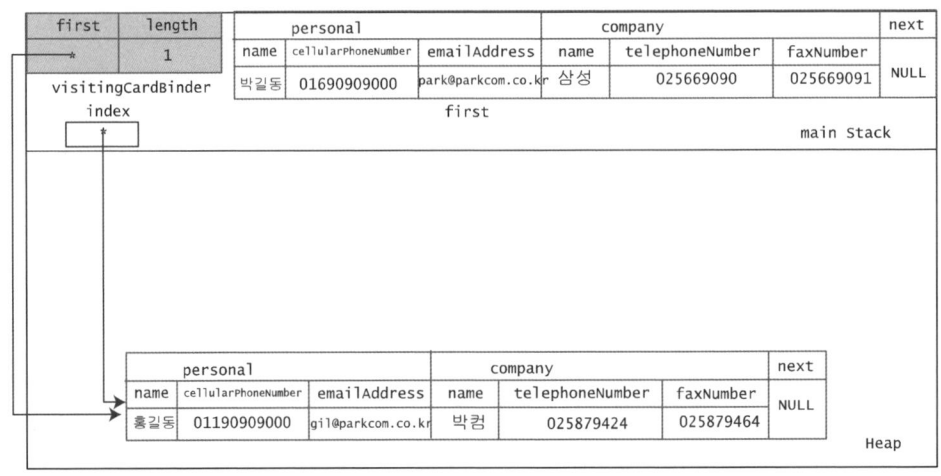

그림 20-15 두 번째 명함을 받은 상태, [코드 20-12]에서 22번째 줄까지 실행된 후 메모리 맵

[그림 20-15]를 보면 index는 주소를 저장하고 있고, first는 주소가 아니라 스칼라이므로 index로 멤버를 접근하기 위해서는 구조체 포인터 연산자를 이용하여야 하고, first로 멤버를 접근하려면 구조체 멤버 연산자를 이용하여야 한다.

[코드 20-12]에서 25번째 줄이 실행이 되면, 즉 TakeIn() 함수가 호출되면, 스택이 할당되고 스택 내부에 할당되는 매개변수와 자동변수들이 할당되고 호출할 때 사용되어진 값들이 각각 매개변수들로 복사되어진다.

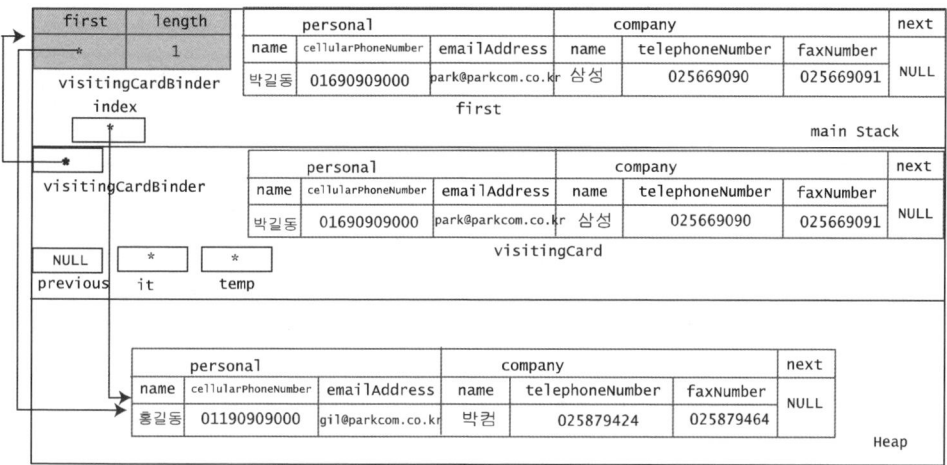

그림 20-16 TakeIn() 함수가 호출된 직후 메모리 맵

다음은 놓을 위치를 찾는데, 항상 끝에 놓아야 하기 때문에 끝에 놓여진 명함을 찾도록 하자. 그래서 [코드 20-8]에서 08번째 줄 이전까지 실행시키면 [그림 20-17]과 같은 메모리 맵이 작도된다.

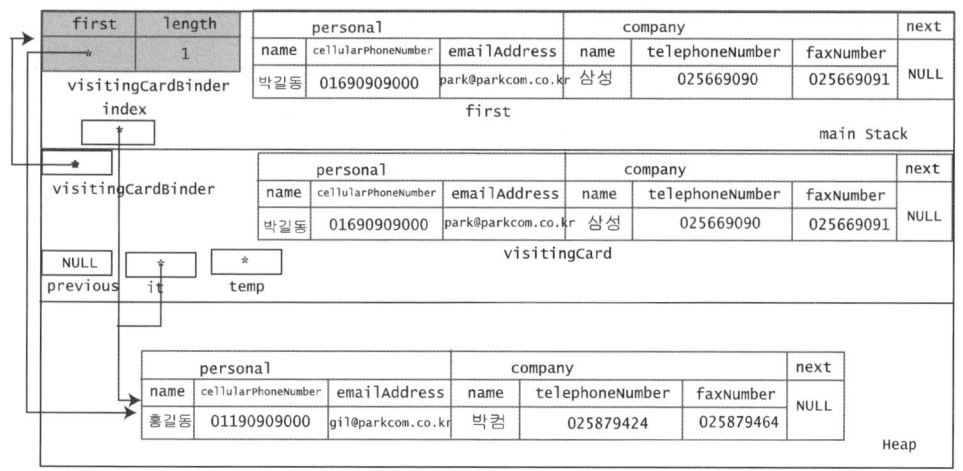

그림 20-17 [코드 20-8]의 08번째 줄 이전까지 실행된 후 메모리 맵

4. 구조체와 함수 **665**

그리고 [코드 20-8]에서 08번째 줄의 조건식을 평가하면 참이 된다. 따라서 선 검사 반복구조라서 참이면 반복을 해야 하기 때문에 블록 속으로 제어가 이동되어 [코드 20-8]에서 09번째 줄을 실행하게 되어 [그림 20-18]과 같은 메모리 상태를 가지게 된다.

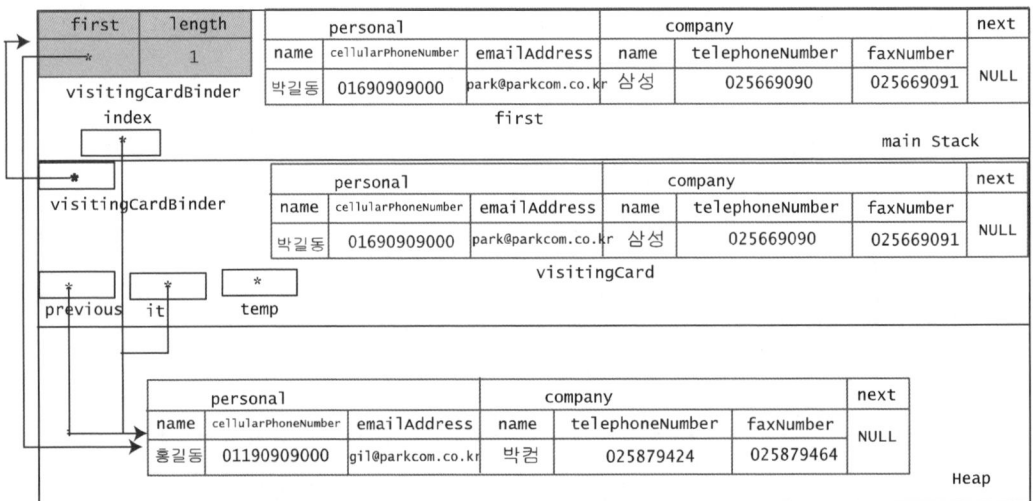

그림20-18 [코드 20-8]에서 09번째 줄이 실행된 후 메모리 맵

다음은 [코드 20-8]에서 10번째 줄로 이동되어 대입문이 실행된다. it이 가리키고 있는 구조체 멤버인 next의 값, NULL을 읽어 it에 저장하게 됨으로 it에 저장된 값은 NULL이다.

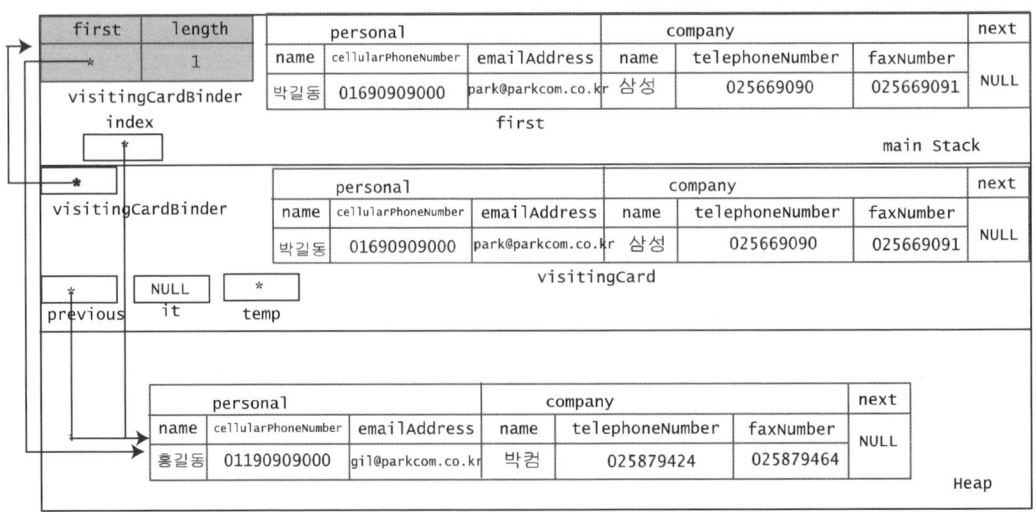

그림20-19 [코드 20-8]에서 10번째 줄이 실행된 후 메모리 맵

아직 반복구조로서 처리되는 내용이므로 [코드 20-8]에서 08번째 줄로 실행 제어가 이동된다. 그래서

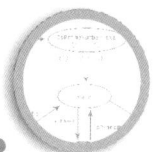

조건식을 다시 평가해야 하는데, 거짓으로 평가된다. 따라서 선 검사 반복구조는 조건식을 평가했을 때 거짓일 때 반복을 끝내기 때문에 반복을 끝내고 [코드 20-8]에서 13번째 줄로 제어를 이동하게 된다.

그리고 [코드 20-8]에서 13번째 줄을 실행하게 되면 힙에 명함 크기만큼의 기억장소를 할당하고, 할당된 기억장소의 주소를 temp에 저장하여 간접 접근이 가능토록 한다.

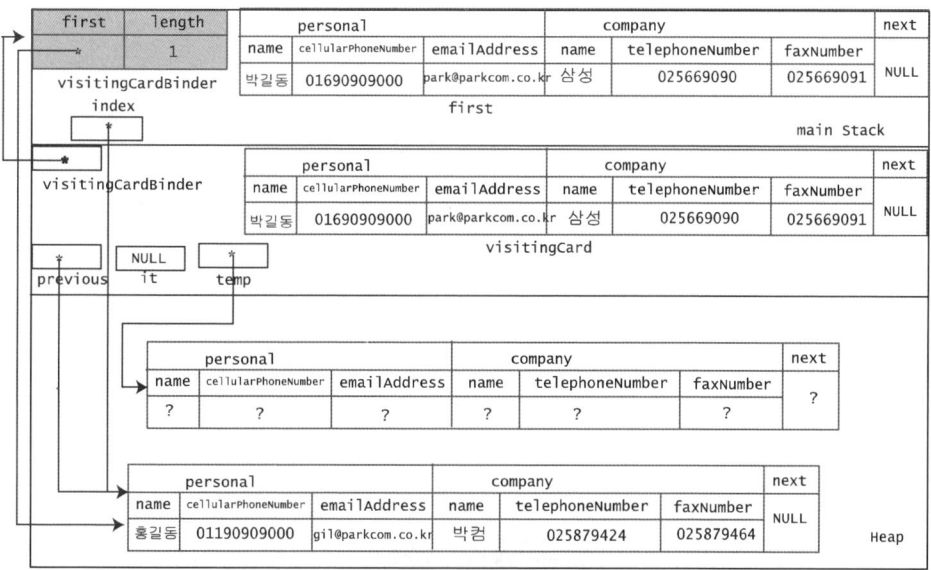

그림20-20 [코드 20-8]에서 13번째 줄이 실행된 후 메모리 맵

다음은 [코드 20-8]에서 14번째 줄에 의해서 힙에 할당된 기억장소에 입력받은 명함을 복사하도록 한다.

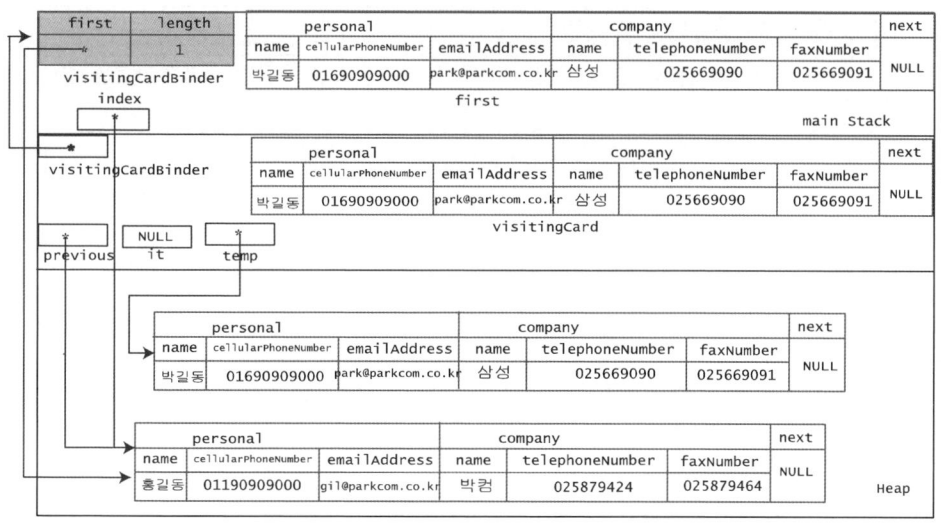

그림20-21 [코드 20-8]에서 14번째 줄이 실행 된 후 메모리 맵

4. 구조체와 함수

다음은 [코드 20-8]에서 16번째 줄로 이동하여 선택구조의 조건식을 평가하게 된다. previous의 값이 NULL이 아니므로 평가된 결과는 참이다. 따라서 if 블록내부로 이동하여 [코드 20-8]에서 17번째 줄을 실행하게 된다. 그래서 첫 번째 명함의 next에다가 힙에 할당된 새로운 명함의 주소를 저장하게 되어, 두 번째 명함이 되도록 한다.

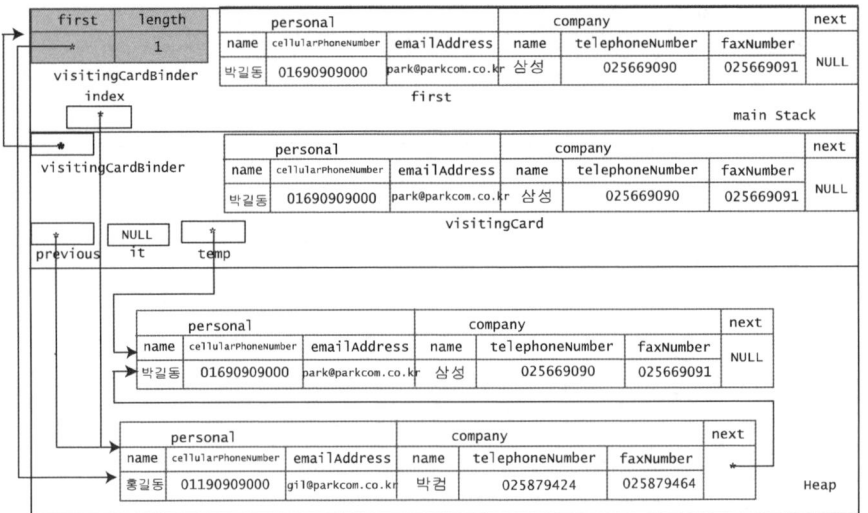

그림 20-22 [코드 20-8]에서 17번째 줄이 실행된 후 메모리 맵

따라서 명함철의 멤버 length의 값도 하나 증가시켜서 2가 되도록 해야 한다. 그래서 [코드 20-8]에서 22번째 줄로 이동하여 코드를 실행하게 된다.

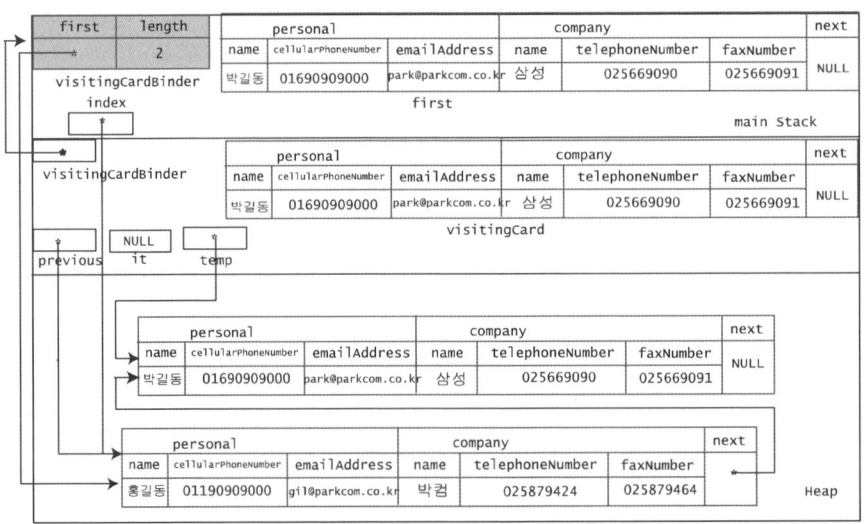

그림 20-23 [코드 20-8]에서 22번째 줄이 실행된 후 메모리 맵

그리고 [코드 20-8]에서 24번째 줄에 의해서 함수가 끝나고 main() 함수로 실행 제어가 이동하며 치환문장을 실행한 후 [그림 20-24]와 같은 메모리 맵이 작도되게 된다.

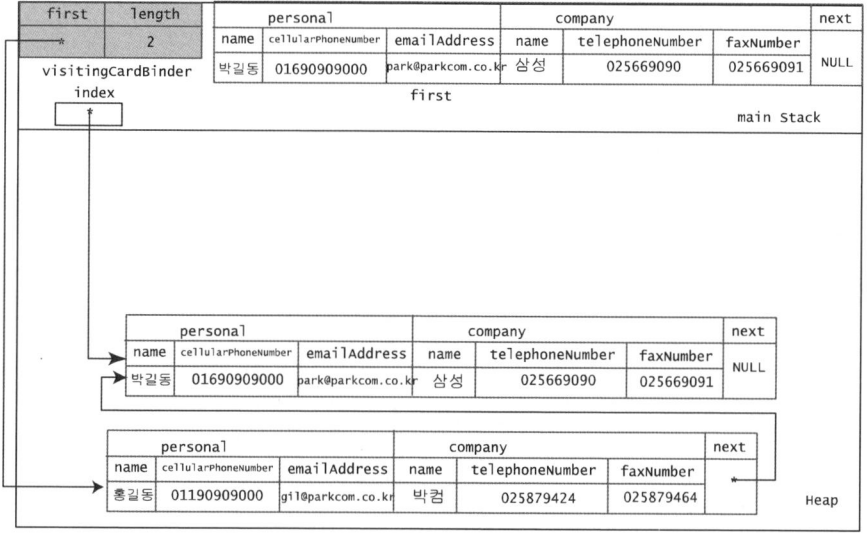

그림20-24 TakeIn() 함수가 끝났을 때 메모리 맵

세 번째 명함을 받아서 명함철에 끼우는 작업을 직접 해보도록 하자. main() 함수를 작성해 보고, 메모리 맵을 직접 작도해 가면서 TakeIn() 함수의 제어논리를 이해해 보도록 하라. 그래서 [그림 20-25]와 같은 메모리 맵이 작도되도록 해 보아라.

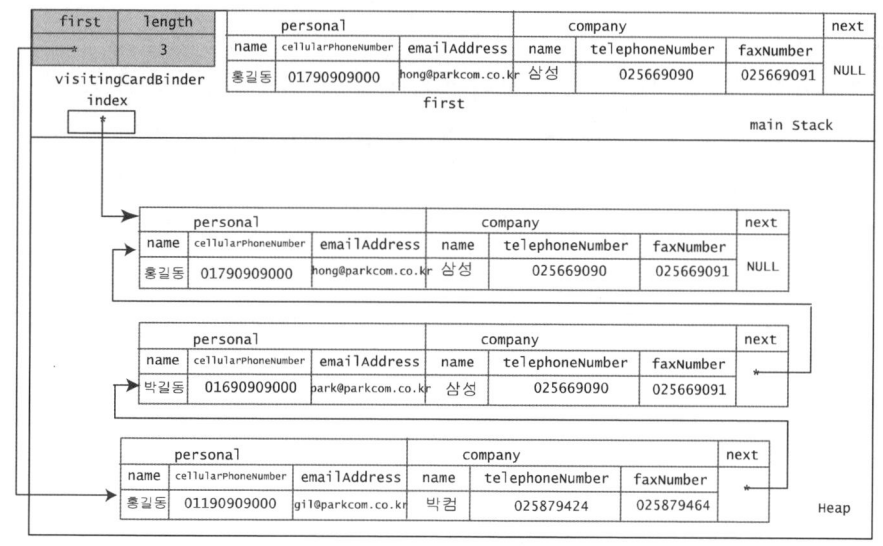

그림20-25 세 번째 명함이 끼워진 후 메모리 맵

[코드 20-12]의 코드라면 프로그램이 끝났을 때 메모리 맵은 [그림 20-26]과 같은 것이다.

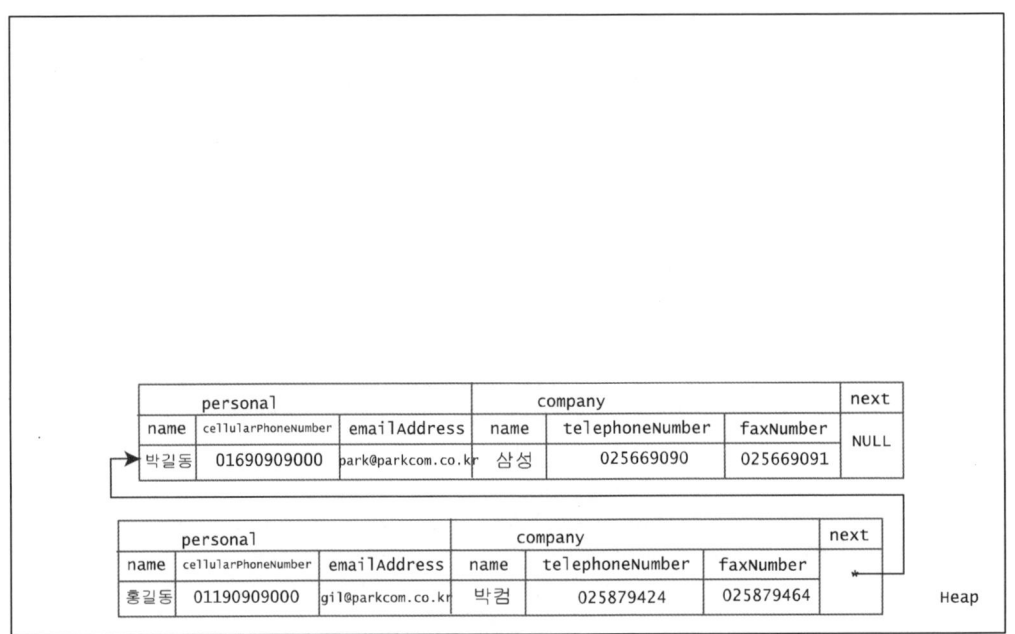

그림20-26 프로그램이 끝났을 때 메모리 맵

스택 영역은 시스템에 의해서 필요할 때 할당되고 필요치 않으면 해제를 하는 영역이므로 프로그램이 끝났을 때 할당 해제되어지지만 힙 영역은 프로그래머에 의해서 코드로 필요할 때 할당하고 필요치 않으면 해제되어야 하는 영역이므로 [코드 20-12]에 할당 해제하는 코드가 없어서 [그림 20-26]과 같은 상태를 유지하게 될 것이다. 이러한 상태에서는 운영체제는 힙에 할당되어 있는 명함들을 강제로 할당 해제하지 않고 지금도 프로그램에 의해서 사용되어지는 것으로 판단하게 되어 다른 프로그램이 이 영역들을 사용할 수 없도록 하게 한다. 시스템이 끝날 때까지는 이러한 상태가 유지되게 되고, 따라서 기억장소의 낭비를 초래하게 되는 것이다. 이러한 상황은 메모리 누수 현상이라고 한다. 이러한 상황이 심각할 정도가 되면 시스템의 속도가 저하되는 현상을 경험하게 될 것이다.

따라서 할당 해제하는 코드를 작성해야 하는데 대개는 Destroy() 라는 명칭의 함수로 처리한다. 이에 반대 개념으로 앞에서 설명한 초기화에 대한 처리를 Create() 라는 명칭의 함수로 처리하는 것이 일반적이다.

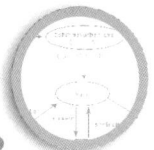

```
01 : /*************************************************************
02 :    파일 명칭 : VisitingCardBinder.c
03 :    기    능 : 명함을 관리하다
04 :    작 성 자 : 김 석현
05 :    작성 일자 : 2009년 2월 17일
06 :  *************************************************************/
07 : #include <stdlib.h> // malloc(), free()
08 : #include <string.h> // strcmp()
09 : #include <stdio.h>  // printf()
10 :
11 : // 구조체 태그와 사용자 정의 자료형 선언 및 정의
12 : // 개인 레코드 표현
13 : typedef struct _personal {
14 :     char name[11];
15 :     char cellularPhoneNumber[12];
16 :     char emailAddress[64];
17 : } Personal;
18 : // 회사 레코드 표현
19 : typedef struct _company {
20 :     char name[64];
21 :     char telephoneNumber[12];
22 :     char faxNumber[12];
23 : } Company;
24 :
25 : // 명함 레코드 표현
26 : typedef struct _visitingCard VisitingCard; // _visitingCard와 VisitingCard 전방선언
27 :
28 : typedef struct _visitingCard {
29 :     Personal personal;  // 개인 레코드
30 :     Company company;    // 회사 레코드
31 :
32 :     VisitingCard* next; // 다음 번째 명함의 주소
33 : } VisitingCard;
34 :
35 : // 명함철 파일 표현
36 : typedef struct _visitingCardBinder {
37 :     VisitingCard* first; // 첫 번째 명함의 주소
38 :     unsigned long int length; // 명함들의 개수
39 : } VisitingCardBinder;
40 :
41 : // 초기화하다
42 : void Create(VisitingCardBinder* visitingCardBinder);
43 : // 명함을 끼우다
44 : VisitingCard* TakeIn(VisitingCardBinder* visitingCardBinder, VisitingCard visitingCard);
45 : // 할당 해제하다
46 : void Destroy(VisitingCardBinder* visitingCardBinder);
```

코드 20-13 초기화와 할당 해제 처리 함수들의 추가

Create() 함수는 [코드 20-12]에서 main() 함수에서 03번째 줄에서 보는 것처럼 명함철의 first와 length 멤버 각각에 NULL과 0을 저장하는 코드만 작성되어지면 된다.

```
01 : // 초기화 하다
02 : void Create(VisitingCardBinder* visitingCardBinder) {
03 :     visitingCardBinder->first = NULL;
04 :     visitingCardBinder->length = 0;
05 : }
```

코드 20-14 명함철의 멤버들을 초기화하는 함수

Destroy() 함수는 첫 번째 명함부터 시작하여 명함이 없을 때까지 반복하면서 힙에 할당된 기억 장소를 할당 해제한다.

```
01 : // 할당 해제하다
02 : void Destroy(VisitingCardBinder* visitingCardBinder) {
03 :     VisitingCard* it = visitingCardBinder->first; // 반복제어 변수로 첫번째 명함으로 설정
04 :     // 명함이 있는 동안 반복한다
05 :     while(it != NULL) {
06 :         visitingCardBinder->first = it->next : // 다음 번째 명함을 첫번째 명함으로 설정
07 :         free(it); // 할당 해제한다
08 :         it = visitingCardBinder->first; // 첫 번째 명함으로 설정하다
09 :     }
10 : }
```

코드 20-15 힙에 할당된 기억장소들을 모든 할당 해제하는 함수

main() 함수에서는 이제 각 함수들을 시작과 끝 부분에서 호출하도록 변경되어야 한다. [코드 20-16]에서 10 번째 줄에서 Create() 함수를 호출하고 32번째 줄에서 Destroy() 함수를 호출하도록 코드가 변경되었다.

```
01 : int main() {
02 :     // 명함철을 만들다
03 :     VisitingCardBinder visitingCardBinder; // = { NULL, 0 };
04 :     // 한 장의 명함을 받았다고 가정한다
05 :     VisitingCard first = { {"홍길동", "01190909000", "gil@parkcom.co.kr"},
06 :         {"박컴", "025870424", "025879464"},
07 :         NULL };
08 :     VisitingCard* index; // 출력하는 위치
09 :
10 :     Create(&visitingCardBinder) // 초기화하다
11 :
12 :     // 명함을 끼우다
13 :     index = TakeIn(&visitingCardBinder, first);
14 :     printf("%s %s %s %s %s %s\n", index->personal.name, index->personal.cellularPhoneNumber,
15 :         index->personal.emailAddress, index->company.name, index->company.telephoneNumber,
16 :         index->company.faxNumber);
17 :
18 :     // 두번째 명함을 받다
19 :     strcpy(first.personal.name, "박길동");
20 :     strcpy(first.personal.cellularPhoneNumber, "01690909000);
21 :     strcpy(first.personal.emailAddress, "park@parkcom.co.kr");
22 :     strcpy(first.company.name, "삼성");
23 :     strcpy(first.company.telephoneNumber, "025669090");
24 :     strcpy(first.company.faxNumber, "025669091");
25 :
26 :     // 두 번째 명함을 끼우다
27 :     index = TakeIn(&visitingCardBinder, first);
28 :     printf("%s %s %s %s %s %s\n", index->personal.name, index->personal.cellularPhoneNumber,
29 :         index->personal.emailAddress, index->company.name, index->company.telephoneNumber,
30 :         index->company.faxNumber);
31 :
32 :     Destroy(&visitingCardBinder); // 할당 해제하다
33 :     return 0;
34 : }
```

코드 20-16 초기화와 할당 해제 함수들을 호출하는 코드

다음은 Find() 함수에 대해서 구현해 보도록 하자. 홍길동으로 찾았을 때 [그림 20-27]과 같은 메모리 맵이 작도될 것이다.

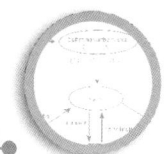

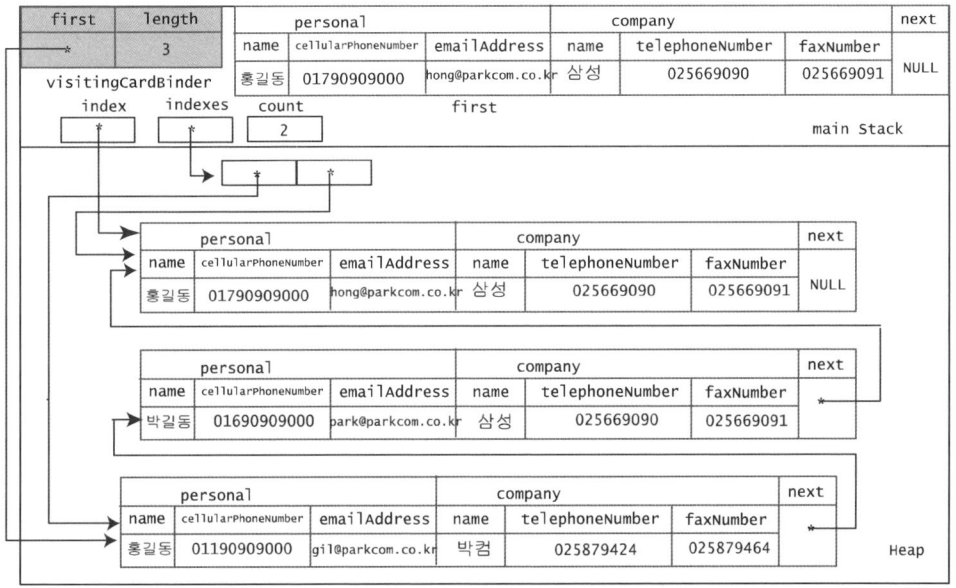

그림 20-27 홍길동으로 찾았을 때 메모리 맵

표 20-5 Find() 함수의 입출력 데이터에 대한 자료 명세서

번호	명 칭		자료형	비 고
	한 글	영 문		
1	명함철	visitingCardBinder	명함철	명함을 쌓아 놓은 더미
2	위치들	indexes	명함 링크 배열	새로 놓여지는 명함의 위치 출력
3	개수	count	정수	찾은 명함의 개수
4	성명	name	문자열	찾고자 하는 개인의 성명

[그림 20-27]과 [표 20-5]를 참고해서 Find() 함수를 선언해 보도록 하자.

```
void Find ( VisitingCardBinder* visitingCardBinder, char (*name),
            VisitingCard**(*indexes), unsigned long int* count );
```

코드 20-17 Find() 함수의 선언

함수를 선언하는 절차에 따라서 함수를 선언해 보자. 우선 출력 데이터를 가지고 반환형을 결정해야 한다.

(1) 위치들과 개수를 출력해야 하기 때문에 출력데이터가 2개 이므로 반환형을 사용할 수 없다. 대신에 2개의 출력 데이터를 매개변수들로 표현해야 한다.

```
void
```

(2) 함수 명칭을 적고 함수형을 강조하기 위해 소괄호를 열고 닫아야 한다.

```
void Find ( )
```

4. 구조체와 함수 **673**

(3) 첫번째 매개변수로 명함철 구조체 포인터형을 기술한다

```
void Find (VisitingCardBinder* visitingCardBinder )
```

(4) 두 번째 매개변수로는 입력 데이터인 성명을 기술하도록 한다. 성명은 문자열이므로 문자 배열 포인터 형으로 기술해야 한다.

```
void Find ( VisitingCardBinder* visitingCardBinder, char (*name) )
```

다음 매개변수들은 입력 데이터가 아니라 두 개의 출력 데이터들을 표현하면 된다. 기본적으로 포인터형이어야 한다

(5) 세 번째 매개변수는 출력해야 하는 데이터가 명함(VisitingCard) 링크(*) 배열(*)이므로 VisitingCard* (*)이고 출력을 return하지 않고 매개변수로 하기 때문에 포인터형으로 해야 하기 때문에 VisitingCard*(*) *이다. 그렇지만 문법에 의해서 (*)는 후위 표기이므로 VisitingCard**(*)로 정리되어야 한다.

```
void Find ( VisitingCardBinder* visitingCardBinder, char (*name),
            VisitingCard** (*indexes) )
```

(6) 마지막으로 출력 데이터인 개수에 대해서 표현하면 매개변수 목록이 작성된다. 출력 데이터 이므로 포인터형이어야 한다.

```
void Find ( VisitingCardBinder* visitingCardBinder, char (*name),
            VisitingCard**(*indexes), unsigned long int* count )
```

(7) 끝에 문장임을 강조하기 위해 세미콜론을 붙여서 함수 선언을 마무리 한다.

```
void Find ( VisitingCardBinder* visitingCardBinder, char (*name),
            VisitingCard**(*indexes), unsigned long int* count );
```

함수를 선언했고, 다음은 함수를 정의해야 한다. 첫 번째 명함부터 시작하여 마지막 명함까지 입력된 성명과 같은 명함을 찾도록 하자.

```
01 : // 명함을 찾다
02 : void Find(VisitingCardBinder* visitingCardBinder, char (*name),
03 :     VisitingCard** (*indexes), int* count) {
04 :     VisitingCard* it = visitingCardBinder->first;
05 :     int i = 0;
06 :
07 :     // 개수를 초기화한다
08 :     *count = 0;
09 :     // 명함철에 있는 명함의 개수만큼 포인터 배열을 할당한다
10 :     *indexes = (VisitingCard* (*))calloc(visitingCardBinder->length, sizeof(VisitingCard*));
11 :     // 명함철의 끝이 아닌 동안 반복한다
12 :     while(it != NULL) {
13 :         if(strcmp(name, it->personal.name) == 0) { // 찾는 명함이면
14 :             (*indexes)[i] = it; // 위치를 적는다
15 :             (*count)++; // 개수를 센다
16 :             i++;
17 :         }
18 :         it = it->next; // 다음 명함으로 이동한다
19 :     }
20 : }
```

코드 20-18 Find() 함수의 정의

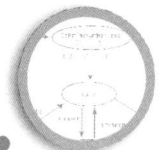

다음은 Find() 함수를 호출해 보자. 출력 데이터가 2개 있으므로 호출하는 함수쪽에 출력 데이터들을 저장할 변수들을 할당해야 한다. 특히 출력 표현이 return에 의해서 되는 것이 아니라 매개변수에 의해서 이루어질 때는 반드시 변수를 선언해야 한다. 왜냐하면 매개변수에 의해서 이루어질 때는 주소를 이용하기 때문인데, 주소를 구하려면 기억장소가 할당되어 있어야 하기 때문이다. 여기서 잔소리를 하면 주소가 필요하기 때문에 어처구니 없이 포인터 변수를 선언하는 사람들이 있는데 포인터 변수는 주소를 저장할 변수이지 주소를 구하는 것은 아니다.

따라서 호출하기 전에 indexes 와 count 변수들을 선언하고 변수들에 대해 주소를 각각 구해서 Find() 함수의 실인수로 사용하여 값이 복사되도록 해야 한다.

```
01 : int main() {
02 :     // 명함철을 만들다
03 :     VisitingCardBinder visitingCardBinder;
04 :     // 한 장의 명함을 받았다고 가정한다
05 :     VisitingCard first = { {"홍길동", "01190909000", "gil@parkcom.co.kr"},
06 :         {"박컴", "025870424", "025879464"},
07 :         NULL };
08 :     VisitingCard* index; // 출력하는 위치
09 :
10 :     VisitingCard* (*indexes); // 찾은 명함의 위치들에 대한 배열 포인터 : 포인터 배열 포인터
11 :     unsigned long int count; // 찾은 명함의 개수
12 :     unsigned long int i; // 포인터 배열의 첨자와 반복제어변수
13 :
14 :     Create(&visitingCardBinder); // 초기화하다
15 :     // 명함을 끼우다
16 :     index = TakeIn(&visitingCardBinder, first);
17 :     printf("%s %s %s %s %s %s\n", index->personal.name, index->personal.cellularPhoneNumber,
18 :         index->personal.emailAddress, index->company.name, index->company.telephoneNumber,
19 :         index->company.faxNumber);
20 :
21 :     // 두번째 명함을 받다
22 :     strcpy(first.personal.name, "박길동");
23 :     strcpy(first.personal.cellularPhoneNumber, "01690909000);
24 :     strcpy(first.personal.emailAddress, "park@parkcom.co.kr");
25 :     strcpy(first.company.name, "삼성");
26 :     strcpy(first.company.telephoneNumber, "025669090");
27 :     strcpy(first.company.faxNumber, "025669091");
28 :
29 :     // 두 번째 명함을 끼우다
30 :     index = TakeIn(&visitingCardBinder, first);
31 :     printf("%s %s %s %s %s %s\n", index->personal.name, index->personal.cellularPhoneNumber,
32 :         index->personal.emailAddress, index->company.name, index->company.telephoneNumber,
33 :         index->company.faxNumber);
34 :
35 :     // 찾다
36 :     Find(&visitingCardBinder, "홍길동", &indexes, &count);
37 :     for(i = 0; i < count; i++) { // 찾은 개수만큼 출력한다
38 :         printf("%s %s %s %s %s %s\n", indexes[i]->personal.name,
39 :                                       indexes[i]->personal.cellularPhoneNumber,
40 :                                       indexes[i]->personal.emailAddress,
41 :                                       indexes[i]->company.name,
42 :                                       indexes[i]->company.telephoneNumber,
43 :                                       indexes[i]->company.faxNumber);
44 :     }
45 :     if(indexes != NULL) { // 힙에 할당된 배열 포인터를 할당 해제한다
46 :         free(indexes);
47 :     }
48 :
49 :     Destroy(&visitingCardBinder);
50 :     return 0;
51 : }
```

코드 20-19 Find() 함수의 호출

indexes의 선언에 있어서 자료형을 결정하는 방법은 포인터의 개념을 그대로 이용해야 한다.

4. 구조체와 함수

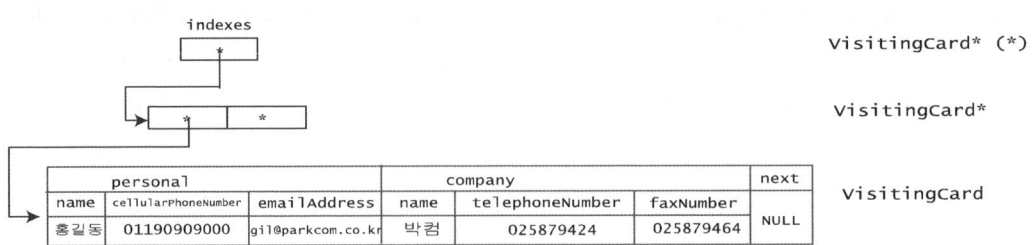

그림20-28 indexes의 자료형 결정하는 순서

(1) 변수 명칭을 적는다.

```
indexes
```

(2) indexes에 저장되어져야 하는 값이 주소이므로 indexes앞에 별표(*)를 붙어야 한다.

```
*indexes
```

(3) indexes에 저장되어져 있는 주소를 갖는 기억장소의 자료형을 결정해야 한다. 그런데 indexes에 저장되어져 있는 주소를 갖는 기억장소에 저장되어져 있는 값이 또한 주소이므로 별표(*)를 우선 적는다. 그리고 주소를 갖는 기억장소의 자료형을 결정해야 하는데 VisitingCard이므로 별표(*)앞에 붙이면 indexes에 저장되어져 있는 주소를 갖는 기억장소의 자료형은 VisitingCard* 가 된다.

```
VisitingCard*
```

(4) indexes에 저장되어져 있는 주소를 갖는 기억장소의 자료형을 결정했으면, 공백을 두고 앞에 자료형를 적으면 된다.

```
VisitingCard* *indexes
```

(5) indexes에 저장되어져 있는 주소가 배열의 시작주소인지를 결정해야 한다. 배열의 시작주소이면 소괄호로 별표(*)와 변수 명칭을 싸야 한다. 왜냐하면 배열 포인터이기 때문이다.

```
VisitingCard* (*indexes)
```

(6) 그리고 마지막으로 세미콜론을 붙여서 문장을 강조하도록 하자.

```
VisitingCard* (*indexes);
```

Find() 함수를 호출하기 전의 메모리 맵은 [그림 20-29]와 같다.

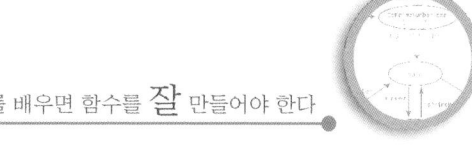

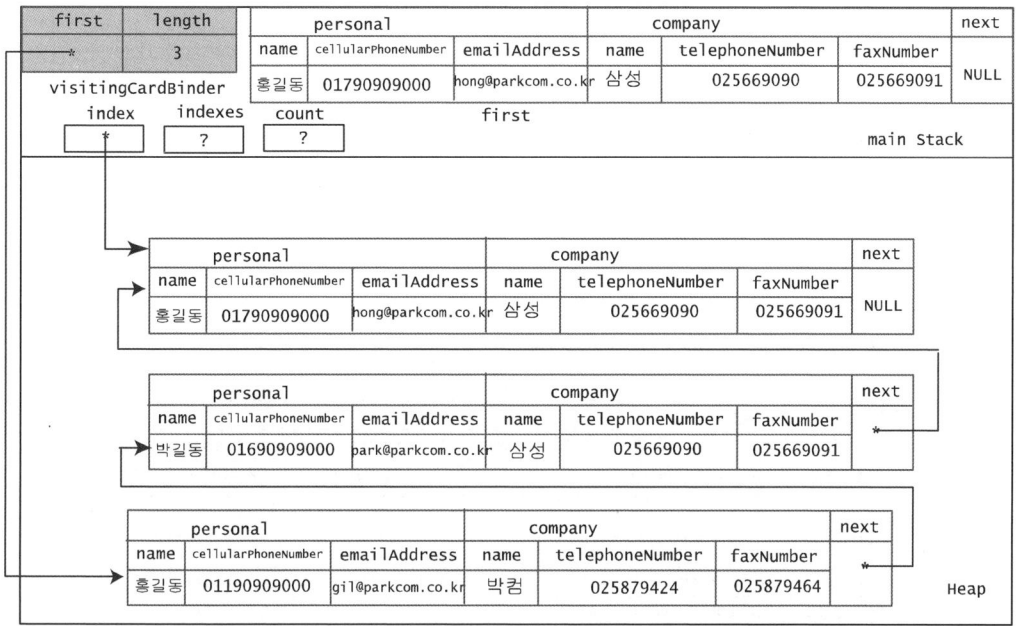

그림 20-29 Find() 함수 호출 전 메모리 맵

[코드 20-19]에서 33번째 줄을 보면 Find() 함수를 호출하는 표현이 있다. main() 함수 스택에 할당되어 있는 visitingCardBinder, indexes 그리고 count의 주소를 구하기 위해 주소 연산자를 사용하여 각각에 대해 주소를 구하고, "홍길동" 문자열 리터럴 자체가 배열이기 때문에 시작주소까지 4개의 값을 복사하도록 하고 있다.

Find() 함수에 대해 스택이 할당되고 스택내부에 매개변수들과 자동변수들에 대해 할당이 이루어진 다음 매개변수들에는 main() 함수에서 전달되는 값들이 저장되게 되고, 자동변수들은 초기화되어진다. it는 반복제어변수로 첫 번째 명함의 위치가 초기화에 위해서 저장되어지고, i 는 배열의 첨자로 C 언어에서는 0부터 시작해야 하기 때문에 0으로 초기화되어진다.

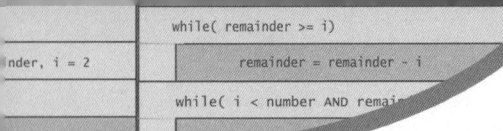

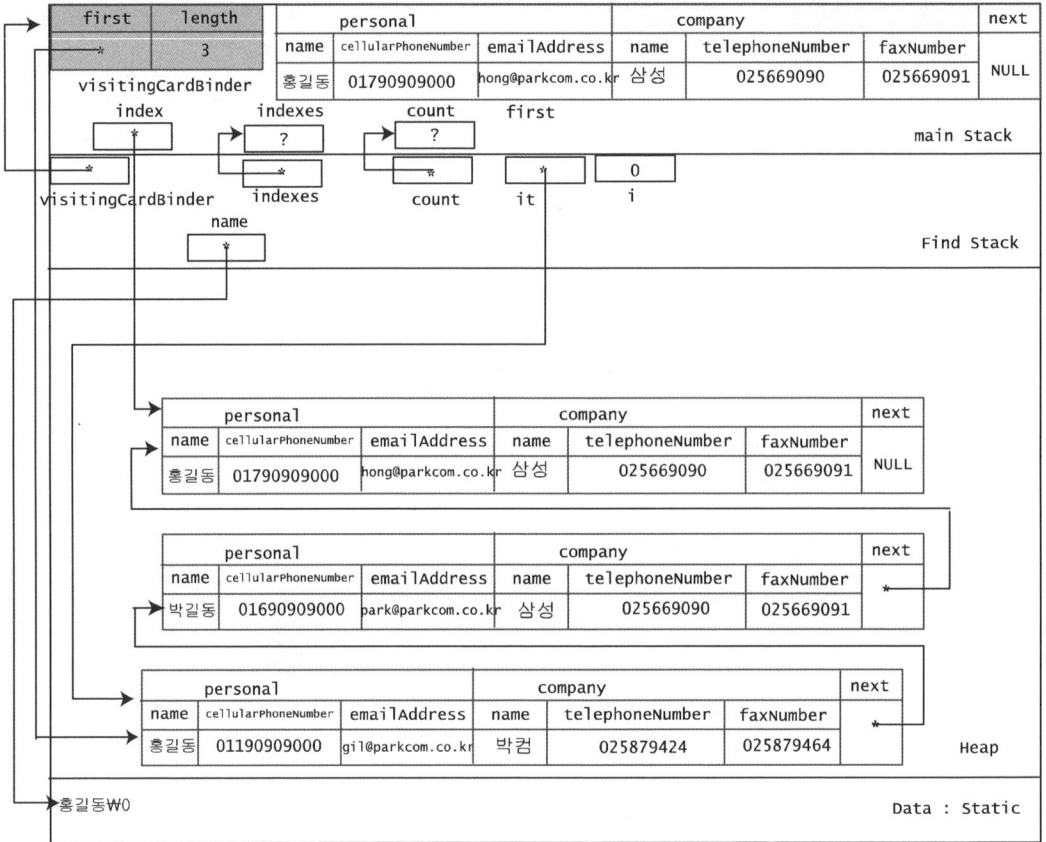

그림 20-30 Find() 함수 호출되었을 때 메모리 맵

다음은 [코드 20-18]에서 08 번째 줄로 실행 제어가 이동하게 되고, main() 함수 스택에 할당되어진 count의 내용으로 0으로 초기화하고 있다. Find() 함수 입장에서는 치환이지만 제어논리측면에서 보면 초기화이다.

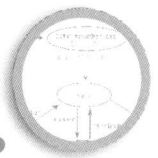

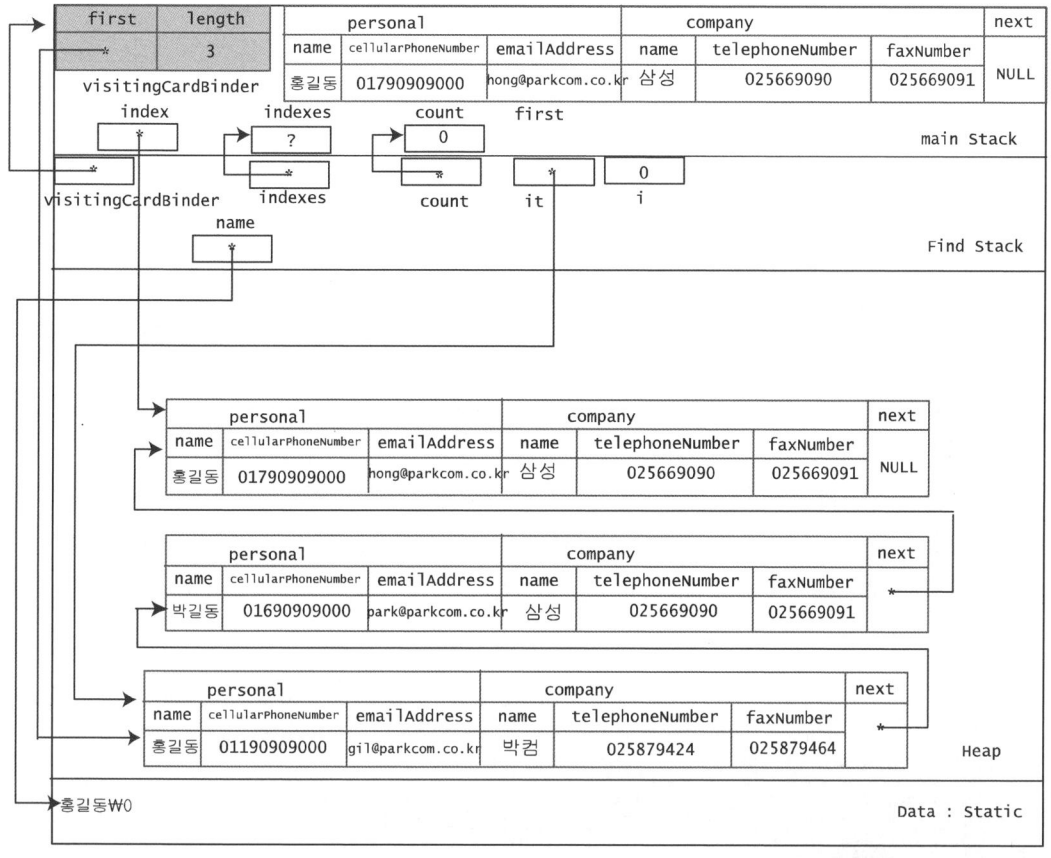

그림 20-31 count의 초기화

[코드 20-18]에서 10번째 줄을 보면 힙에 한 개의 기억장소가 아니라 여러 개의 기억장소들을 할당하고 있다. 한 번에 시작주소를 기준으로 연속적으로 여러 개의 기억장소들을 할당하기 때문에 배열 할당이라고도 한다. 여러 개의 기억장소들을 할당하고자 할 때는 한 개의 기억장소를 할당할 때 사용한 malloc() 함수 대신에 calloc() 함수를 사용하는 것이 효율적이다. 왜냐하면 calloc() 함수로 할당된 기억장소들에 대해 0으로 초기화가 이루어 지기 때문이다. 그렇다고 한 개의 기억장소를 할당할 때도 초기화 때문에 calloc() 함수를 사용하는 추태는 부리지 않도록 하자.

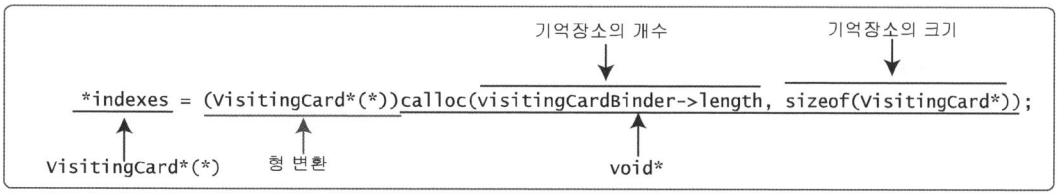

코드 20-20 calloc() 함수로 힙에 배열 할당

4. 구조체와 함수

포인터형 기억장소의 크기는 워드 크기이므로, 워드 크기가 4바이트인 운영체제에서 작성된 프로그램이 실행된다면 4 바이트이다. 요사이 사용되는 컴퓨터는 대개 4바이트 운영체제와 중앙처리장치를 사용하므로 워드 크기는 4바이트이다. 따라서 [코드 20-20]에 의해서 할당되는 기억장소들은 12바이트일 것이다.

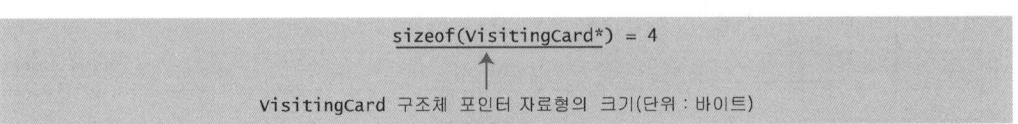

그림20-32 포인터 자료형을 갖는 기억장소의 용량을 구하는 수식

또한 calloc() 함수에 의해서 3개의 기억장소에는 NULL이 저장되어질 것이다. 즉 다시 말해서 널 포인터라는 것이다.

[코드 20-18]에서 10번째 줄을 보면 배열 요소의 자료형이 포인터형이므로 주소를 저장할 수 있는 기억장소인 배열요소를 갖는 배열을 할당하는 것이다. 이렇게 주소를 저장하는 배열요소로 구성되는 배열을 포인터 배열(Pointer array)이라고 한다.

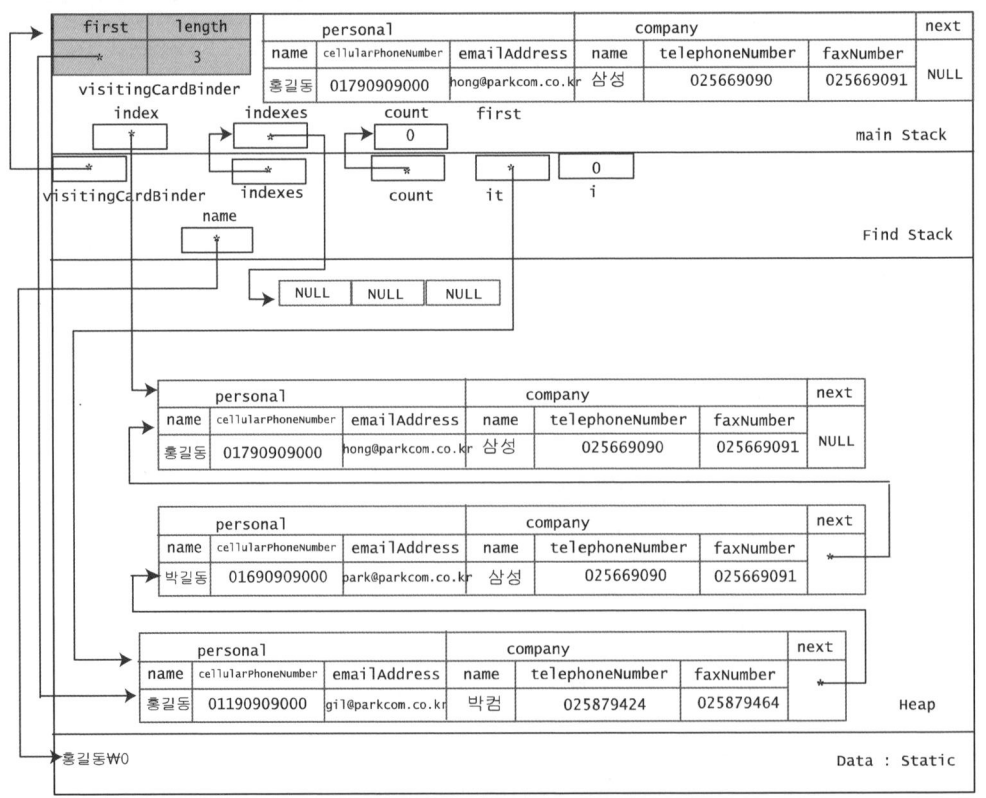

그림20-33 힙에 포인터 배열을 할당한 후 메모리 맵

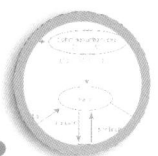

개수와 힙에 할당된 배열의 주소를 Find() 함수 스택에 할당된 count와 indexes에 저장하는 것이 아니라 main() 함수 스택에 할당된 count와 indexes에 저장해야 하기 때문에 Find() 함수 스택에 할당된 count와 indexes에는 main() 함수 스택에 할당된 count와 indexes의 주소를 가지도록 했고, 주소를 이용해서 간접 접근을 해야 main() 함수 스택에 할당된 count와 indexes에 원하는 값들을 저장할 수 있다. 그래서 간접 지정 연산자(*)를 Find() 함수 스택에 할당된 count와 indexes의 변수 명칭 앞에 붙여야 한다.

다음 [코드 20-18]에서 12번째 줄로 실행 제어를 이동시키고, 반복을 할지에 대해서 조건식을 평가해야 한다. 반복을 하기 전에 먼저 반복을 할지를 결정할 수 있는 조건식을 두고 조건식을 평가해서 참일 때 반복을 계속하고, 거짓이면 반복을 끝내는 반복구조를 선 검사 반복구조라고 한다. [그림 20-18]에서 12번째 줄의 조건식을 평가하면 it에 저장된 값이 NULL이 아니므로 참이라서 반복을 해야 한다. 그래서 [코드 20-18]에서 13번째 줄로 실행 제어를 이동시킨다. [코드 20-18]에서 13번째도 조건식인데 반복문장에 대한 조건식이 아니라 선택문장에 대한 조건식이다. 조건식

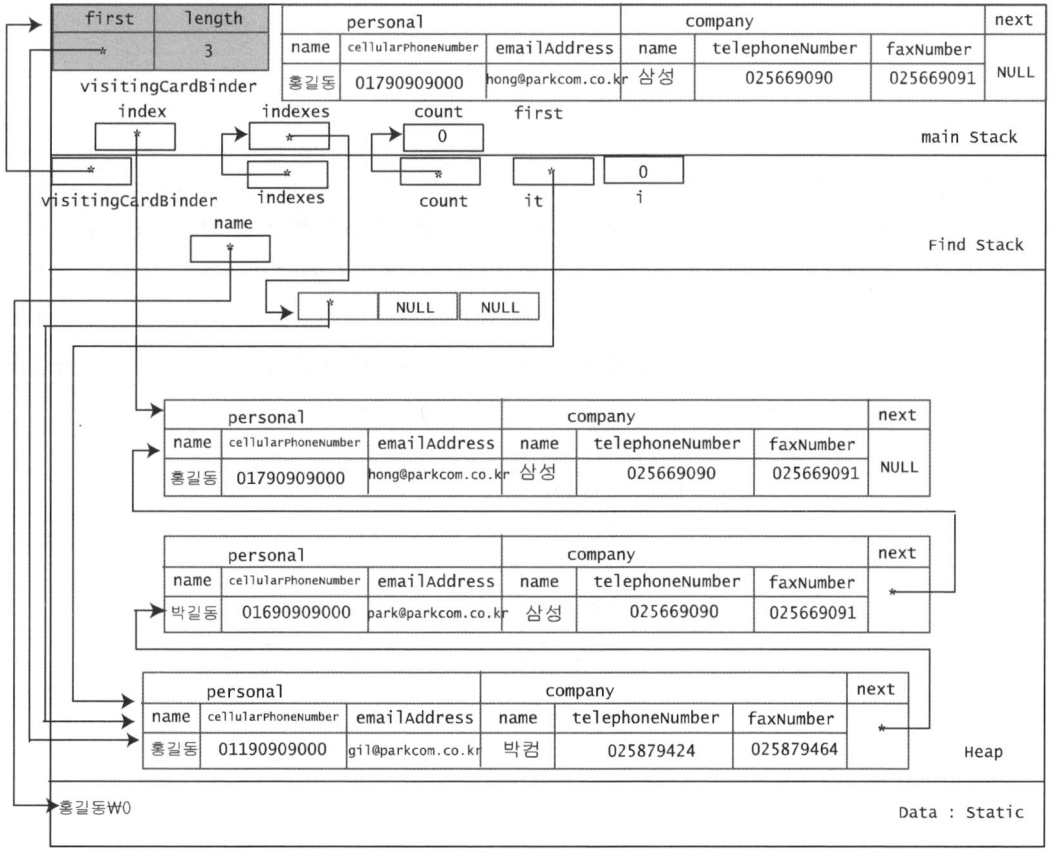

그림20-34 [코드 20-18]에서 14번째 줄이 실행된 후 메모리 맵

을 평가해서 참이면 블록내부의 문장들을 실행하도록 하고, 그렇지 않으면 다음 번 명함으로 이동하기만을 하도록 하고 있다.

it에 저장된 주소를 갖는 기억장소의 personal 멤버에 있는 name 멤버의 값, "홍길동"과 name이 갖는 주소를 갖는 기억장소의 값, "홍길동"이 같기 때문에 조건식의 평가 결과는 참이다. 따라서 if 블록으로 실행 제어가 이동하게 된다. [코드 20-18]에서 14번째 줄을 실행하게 되면 힙에 할당된 포인터 배열의 0번째 배열요소에 it에 저장된 주소를 저장하게 된다. 따라서 [그림 20-34]와 같은 메모리 맵이 작도된다.

이때 첨자 연산자가 간접 지정 연산자보다 우선순위가 높기 때문에 소괄호를 이용하여 우선순위를 조정해야 힙에 할당된 포인터 배열의 요소를 제대로 접근할 수 있을 것이다. indexes에 저장된 주소를 갖는 기억장소에 저장된 값을 먼저 읽어야 힙에 할당된 배열의 시작주소이기 때문이다. 배열의 시작주소를 알아야 첨자 연산자를 이용하여 배열요소에 대해 값을 쓸 수 있다.

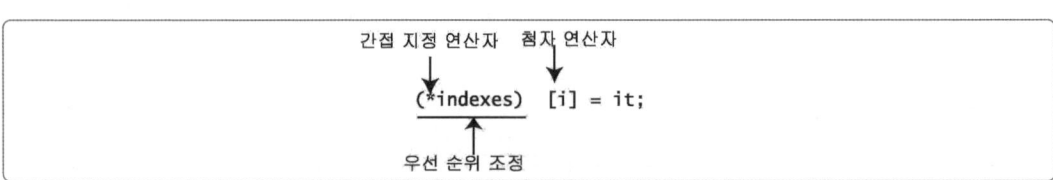

코드 20-21 힙에 할당된 배열요소에 값 쓰기

다음은 찾은 명함의 개수를 세어야 하기 때문에 [코드 20-18]에서 15번째 줄을 실행하여 main() 함수 스택에 할당되어 있는 count의 값을 1 증가시켜서 1이 되도록 한다. 이때도 count가 포인터 변수이기 때문에 ++는 포인터 산술 연산자로서 주소를 구하는 연산자이고, *는 간접 지정 연산자로서 주소가 구해진 기억장소의 내용을 참조하도록 하기 때문에 우선순위가 포인터 산술 연산자가 간접 지정 연산자보다 높다. 따라서 우리가 원하는 값을 구하기 위해서는 우선순위를 조정해야 한다.

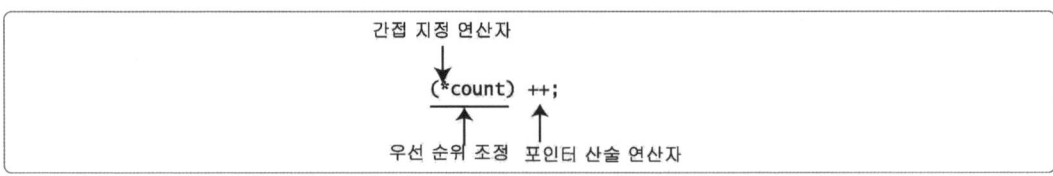

코드 20-22 main() 함수 스택에 할당된 count의 값을 1씩 증가시키는 방법

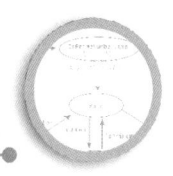

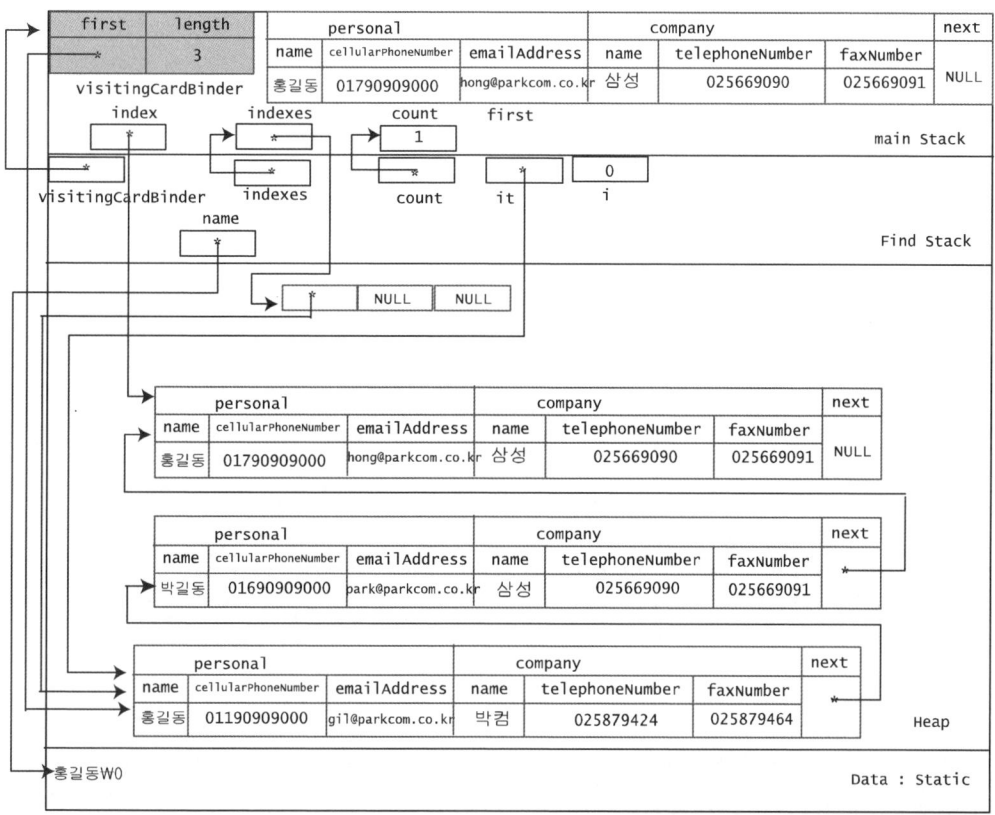

그림 20-35 한 개의 명함을 찾았을 때 메모리 맵

[코드 20-18]에서 16번째 줄에 의해서 포인터 배열의 첨자를 이동시키고, 즉 i에 저장된 값을 1 증가시킨다. if 블록을 벗어나게 되고, [코드 20-18]에서 18번째 줄을 실행시켜서 다음 번째 명함으로 이동하도록 한다.

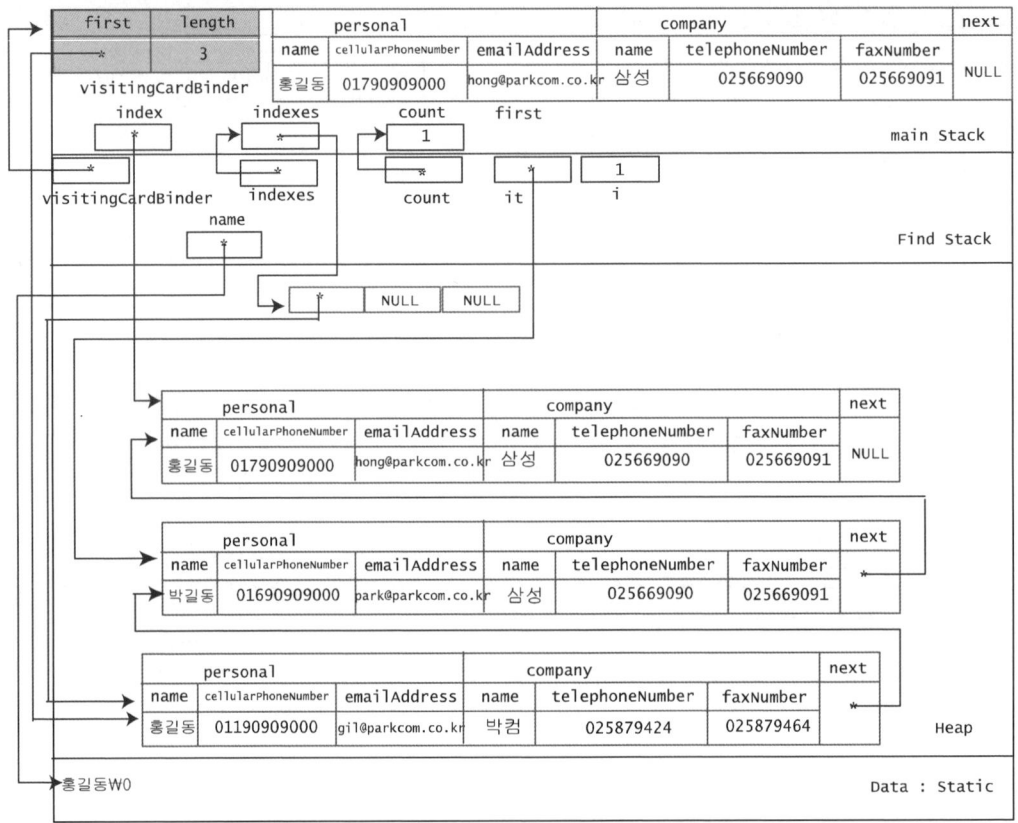

그림20-36 두 번째 명함으로 이동시킨 후 메모리 맵

반복구조이므로 [코드 20-18]에서 19번째 줄의 중괄호를 만나면 다시 위로 실행 제어가 이동되어 [코드 20-18]에서 12번째 줄로 이동한다. 다시 조건식을 평가해서 반복할지를 결정하는데 it에 저장되어 있는 값이 NULL이 아니므로 반복을 계속해야 한다. [코드 20-18]에서 13번째 줄로 실행 제어가 이동된다. it에 저장된 주소를 갖는 기억장소의 personal 멤버내의 name 멤버의 값이 "박길동"이므로 "홍길동"과 같지 않기 때문에 조건식을 평가하면 거짓이 된다. 따라서 if 블록내부로 이동하는 것이 아니라 바로 [코드 20-18]에서 18번째 줄로 이동하게 된다. 다시 [코드 20-18]에서 18번째 줄에 의해서 it에 저장된 주소를 갖는 기억장소의 next에 저장된 값을 it의 값으로 저장하기 때문에 다음 번째 명함을 가리키게 하고 있다.

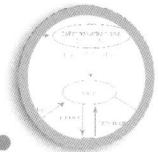

C를 배우면 함수를 잘 만들어야 한다

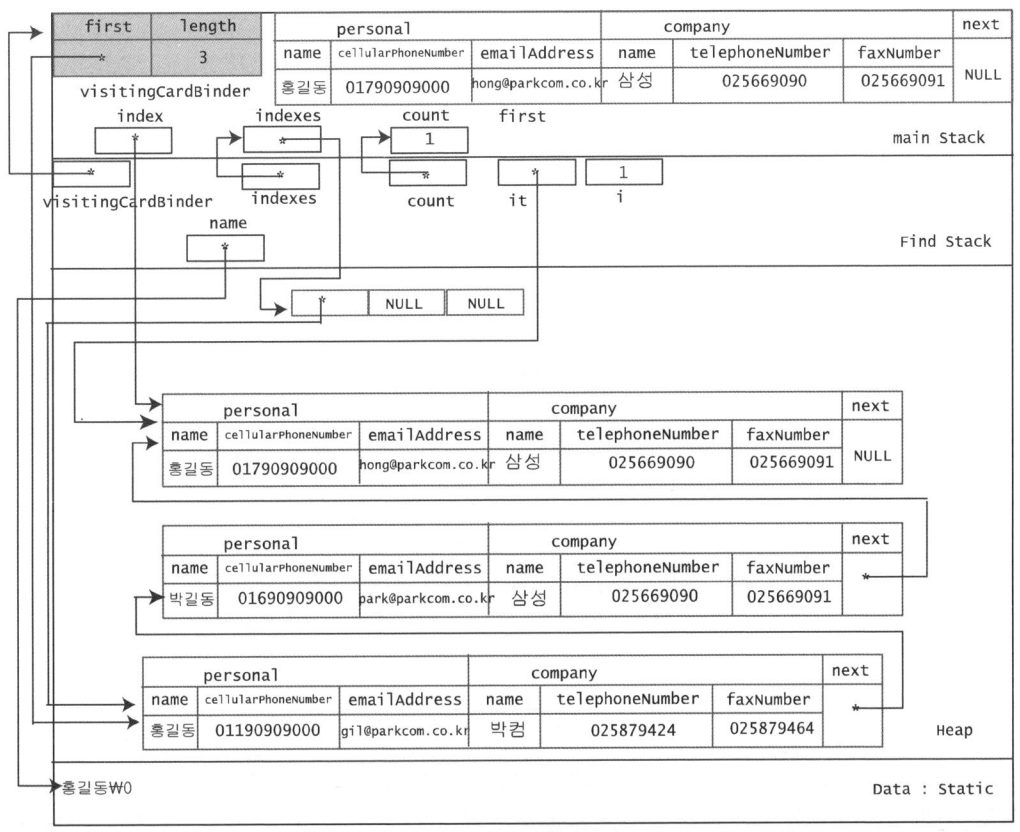

그림 20-37 세 번째 명함을 가리키도록 했을 때 메모리 맵

다시 반복구조이므로 [코드 20-18]에서 19번째 중괄호를 만나면 [코드 20-18]에서 12번째 줄로 실행 제어를 이동시켜야 한다. 반복을 할지에 대해 it에 저장된 값이 NULL 이 아닌지를 판단하게 되는데 NULL 이 아니므로 참이 된다. 따라서 반복을 계속해야 하므로 반복 블록내부로 이동하게 된다.

따라서 [코드 20-18]에서 13번째 줄로 이동하여 실행하게 된다. it에 저장된 주소를 갖는 기억장소의 personal 멤버의 name 멤버가 갖는 값이 "홍길동"이므로 name의 값 "홍길동"과 같으므로 if 블록내부로 이동하게 된다.

[코드 20-18]에서 14번째 줄로 이동하여 i가 1이므로 포인터 배열의 두 번째 배열요소에 it에 저장된 주소를 복사하여 저장하게 된다. 그리고 [코드 20-18]에서 15번째 줄에 의해서 main() 함수 스택에 할당된 count의 값을 1 증가 시키고, i의 값도 1증가 시킨다.

4. 구조체와 함수

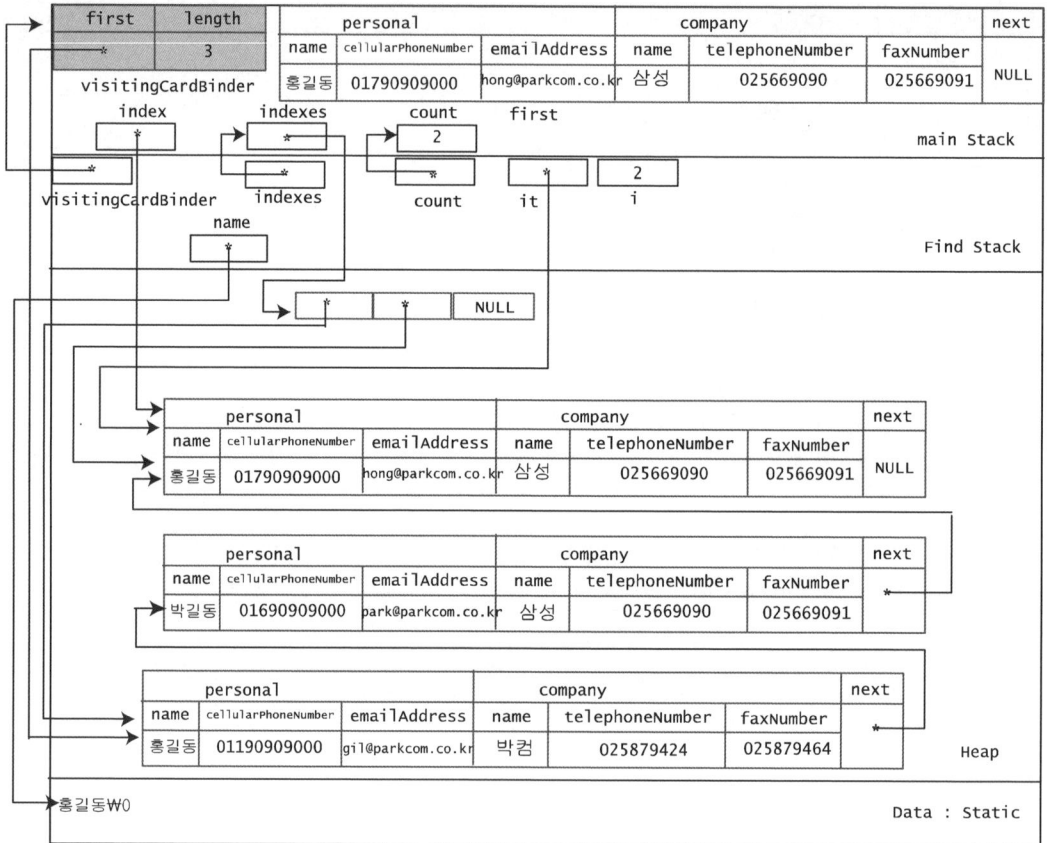

그림20-38 두 번째 명함을 찾았을 때 메모리 맵

다음은 [코드 20-18]에서 18번째 줄로 이동하여 it이 저장하고 있는 주소를 갖는 기억장소의 next 멤버의 값, [그림 20-39]를 참고해서 보면 NULL 이다. 이 NULL 을 it에 저장하게 된다.

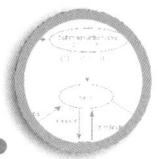

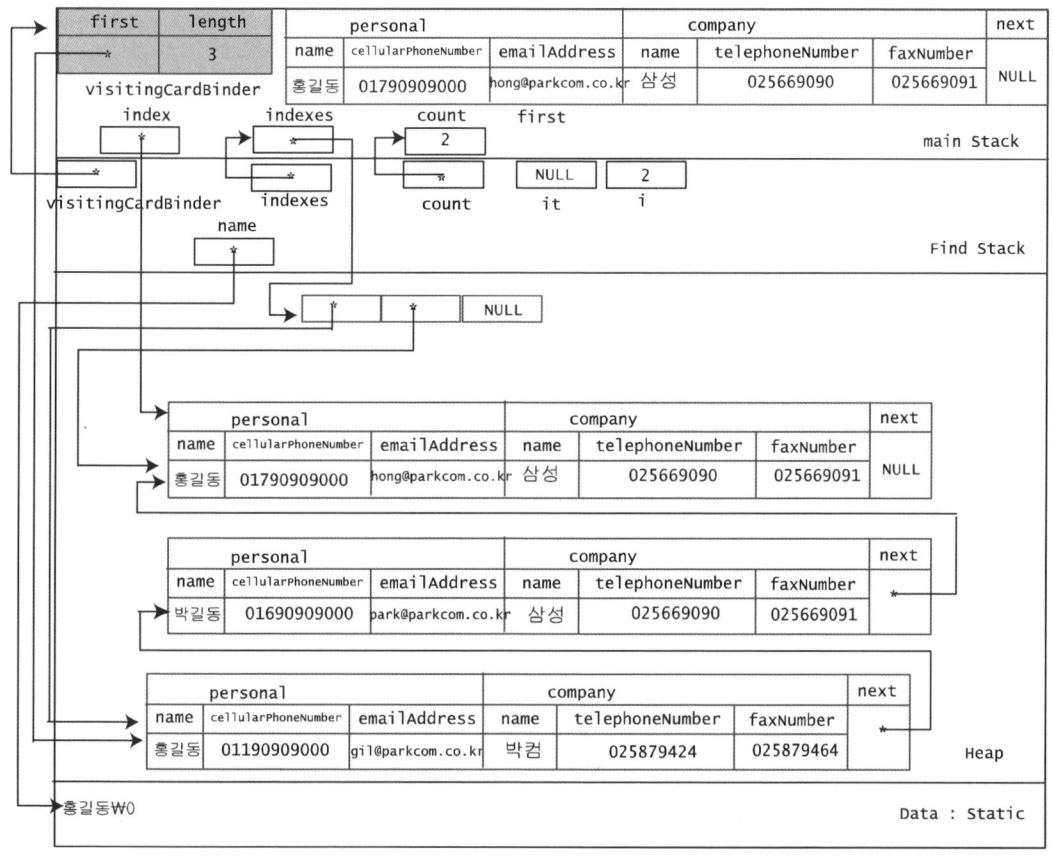

그림20-39 찾을 명함이 없을 때 메모리 맵

[코드 20-18]에서 19번째 줄의 중괄호를 만나면 반복구조 블록이므로 다시 12번째 줄로 실행 제어가 이동하게 된다. 반복을 할지에 대한 조건식을 평가하게 되는데 it에 저장되어 있는 값이 NULL이므로 거짓이 되어 반복을 끝내게 된다. 그래서 [코드 20-18]에서 20번째 줄의 중괄호를 만나는데 함수 블록이어서 함수 블록을 벗어나게 되므로, 다시 말해서 함수의 실행이 끝나게 되므로 Find() 함수의 스택이 할당 해제된다.

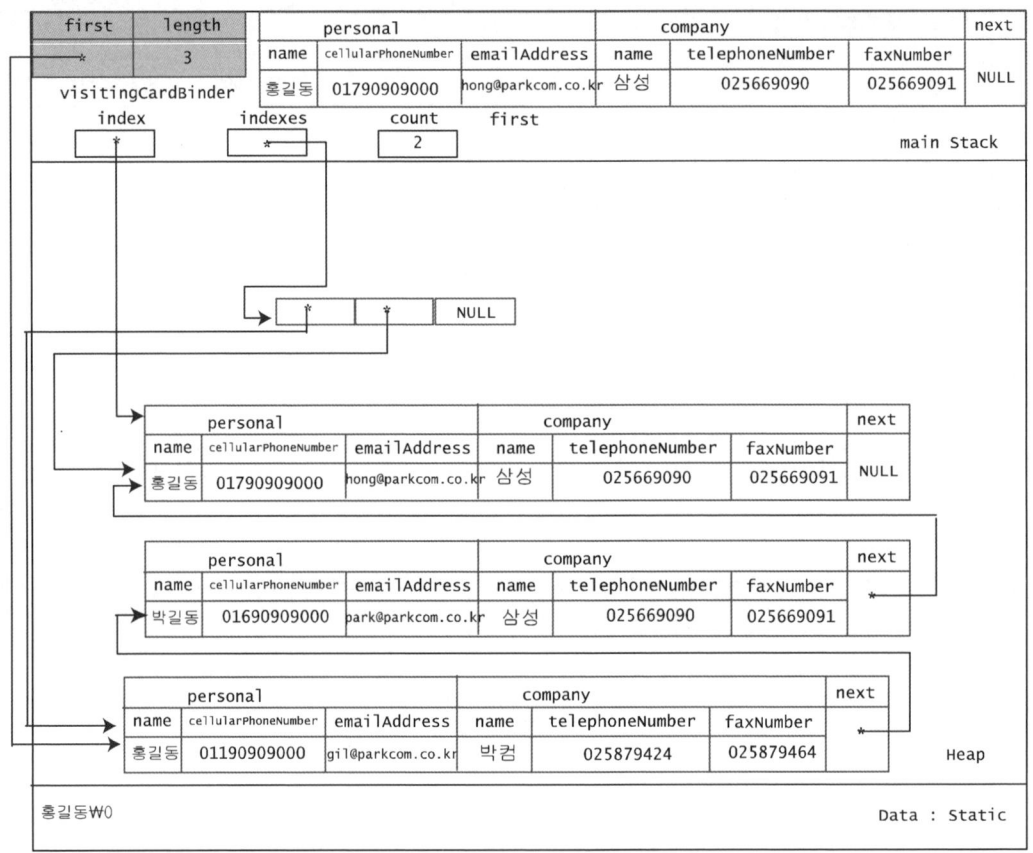

그림 20-40 Find() 함수의 실행이 끝났을 때 메모리 맵

찾은 명함의 개수는 2개 이고, 힙에 할당된 포인터 배열의 배열요소 2개에 각각의 힙에 할당되어 있는 명함의 주소를 저장하고 있다.

[코드 20-19]에서 37번째 줄부터 main() 함수의 출력 코드를 잠시 공부해 보도록 하자. 찾은 명함의 개수만큼 반복하면서 개인과 회사 정보를 모두 출력하도록 하고 있다. 따라서 for 반복구조를 사용하고 있다.

힙에 할당된 포인터 배열에 접근을 해야 하기 때문에 indexes에 저장된 주소를 가지고, 즉 배열 포인터이므로 배열의 시작주소를 가지고 있기 때문에 배열처럼 첨자 연산자로 배열요소의 값을 읽을 수 있다. 따라서 첨자연산자로 배열요소에 저장된 값, 즉 힙에 할당된 명함의 주소를 읽어 멤버들을 접근할 수 있기 때문에 [코드 20-23]과 같은 코드가 작성되어야 하고, i는 배열의 첨자로서와 반복제어변수로 동시에 사용되고 있다.

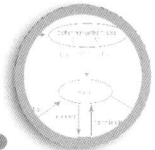

```
indexes[i]
```
코드 20-23 포인터 배열의 배열요소의 내용을 읽는 방법

다음은 힙에 할당된 명함의 멤버를 접근해야 하는데, 첨자 연산자로 읽는 값이 주소이므로 구조체 포인터 멤버 연산자를 이용하여 VisitingCard의 세 개의 멤버들, personal, company, 그리고 next 중에 하나씩 접근할 수 있다.

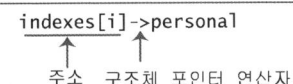

코드 20-24 주소로 구조체 멤버를 접근하는 방법

실제 출력하고자 하는 값은 personal 와 company 구조체의 멤버들이므로 다시 접근해야 하는데 personal과 company에 저장된 값이 주소가 아니고 스칼라이므로 구조체 멤버 연산자를 이용하여 접근해야 한다.

```
indexes[i]->personal.name
           ↑           ↑
          내용     구조체 멤버 연산자
```
코드 20-25 내용으로 구조체 멤버를 접근하는 방법

[코드 20-19]에서 43, 44, 45번째 줄을 없애면 프로그램이 끝났을 때 문제가 있다. 어떠한 문제일까? 힙에 할당된 포인터 배열을 할당 해제하는 코드를 작성하지 않으면 프로그램이 끝났더라도 힙에 할당된 포인터 배열을 그대로 존재하게 되어 다른 프로그램들이 사용할 수 없게 된다. 이러한 현상을 메모리 누수라고 한다. 그래서 [코드 20-19]에서 43번째 줄에서 힙에 할당되어 있는지를 검사하고, 44번째 줄에서는 할당된 배열을 할당 해제하는 코드를 작성해야 한다.

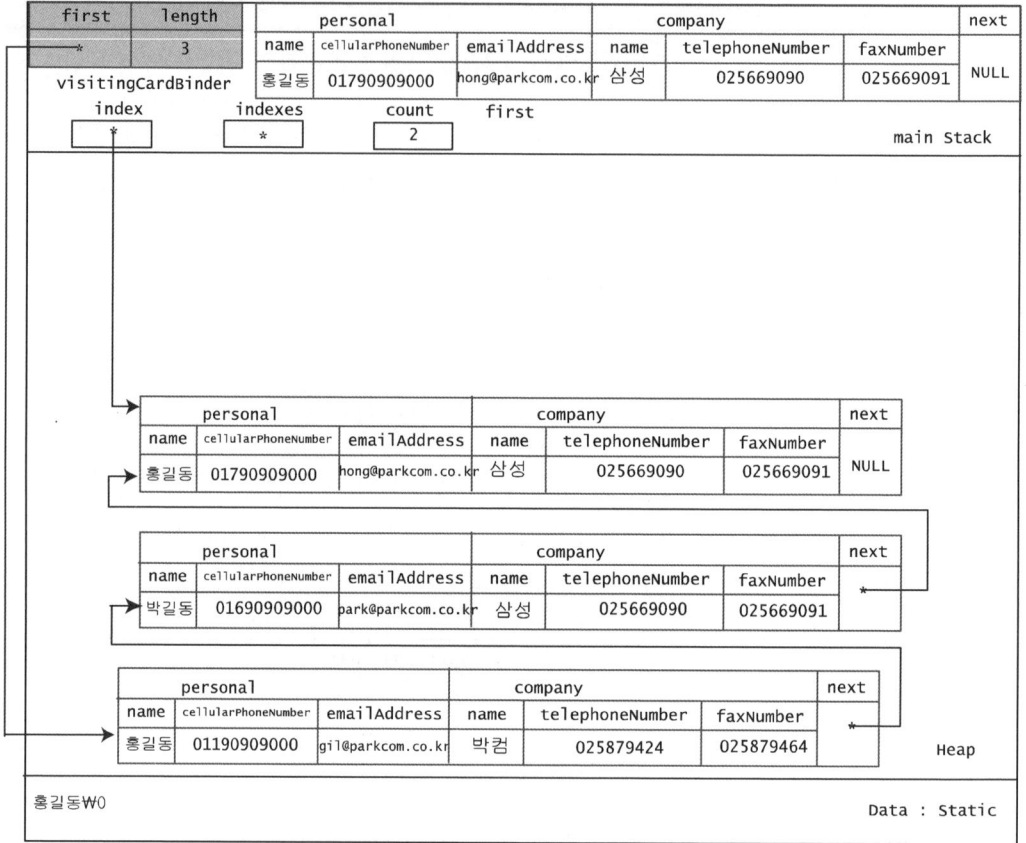

그림20-41 포인터 배열을 할당 해제한 후 메모리 맵

마지막으로 TakeOut() 함수에 대해서 구현해 보자. 세 번째 명함을 뺴었을 때 메모리 맵은 [그림 20-42]와 같다.

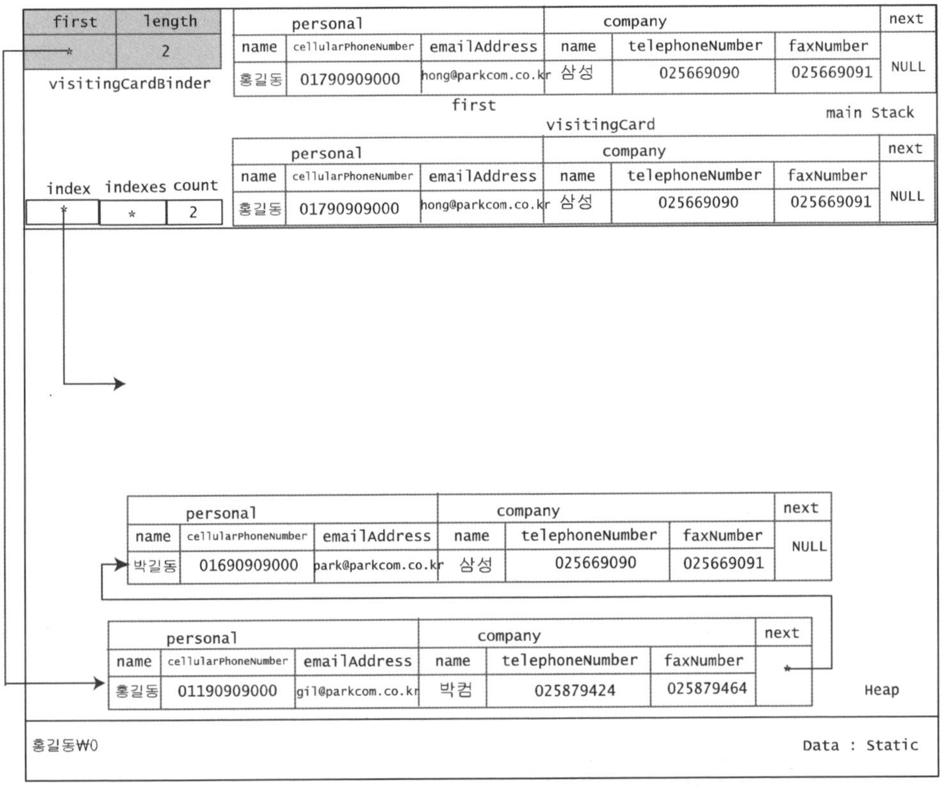

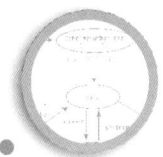

그림20-42 세 번째 명함을 빼었을 때 메모리 맵

TakeOut() 함수를 선언해 보자. TakeOut() 함수에 대해 입력과 출력 데이터를 정리하면 [표 20-6]과 같다. 이를 참고하여 선언하면 [코드 20-26]과 같은 함수 원형(Function Prototype)을 만들 수 있다.

표 20-6 TakeOut() 함수의 입출력 데이터에 대한 자료 명세서

번호	명 칭		자료형	비 고
	한 글	영 문		
1	명함철	visitingCardBinder	명함철 링크	명함을 쌓아 놓은 더미
2	명함	visitingCard	명함	빼어진 명함
3	위치	index	명함 링크	뺄 명함의 위치

```
VisitingCard TakeOut(VisitingCardBindre* visitingCardBinder, VisitingCard* visitingCard);
```

코드 20-26 TakeOut() 함수의 선언

반환형은 VisitingCard이고 매개변수로 VisitingCard 구조체 자료형의 포인터를 사용하고 있다. 즉 구조체 자료형은 C 언어에서 함수의 정보 전달에 사용된다.

다음은 TakeOut() 함수를 정의해 보자.

```
01 : // 명함을 빼다
02 : VisitingCard TakeOut(VisitingCardBinder* visitingCardBinder, VisitingCard* index) {
03 :     VisitingCard* previous = NULL;
04 :     VisitingCard* it = visitingCardBinder->first;
05 :     VisitingCard visitingCard;
06 :
07 :     // 뺄 명함의 앞에 있는 명함을 찾는다
08 :     while(it != index) {
09 :         previous = it;
10 :         it = it->next; // 다음 번 명함으로 옮기다
11 :     }
12 :
13 :     // 뺄 명함을 들어 내다
14 :     if(previous != NULL) {
15 :         previous->next = index->next;
16 :     }
17 :     else {
18 :         visitingCardBinder->first = index->next;
19 :     }
20 :     // 내용을 복사하다
21 :     visitingCard = *index;
22 :     visitingCard.next = NULL; // 빼어지는 명함에 있어 다음번 명함은 없기 때문
23 :     free(index); // 할당 해제하다
24 :
25 :     visitingCardBinder->length--;
26 :     // 들어 낸 명함을 출력한다
27 :     return visitingCard;
28 : }
```

코드 20-27 TakeOut() 함수의 정의

TakeOut() 함수를 호출해 보자.

```
01 : int main() {
02 :     // 명함철을 만들다
03 :     VisitingCardBinder visitingCardBinder;
04 :     // 한 장의 명함을 받았다고 가정한다
05 :     VisitingCard first = { {"홍길동", "01190909000", "gil@parkcom.co.kr"},
06 :         {"박컴", "025870424", "025879464"},
07 :         NULL };
08 :     VisitingCard* index; // 출력하는 위치
09 :
10 :     VisitingCard* (*indexes); // 찾은 명함의 위치들에 대한 배열 포인터 : 포인터 배열 포인터
11 :     unsigned long int count; // 찾은 명함의 개수
12 :     unsigned long int i; // 포인터 배열의 첨자와 반복제어변수
13 :
14 :     VisitingCard visitingCard; // 뺀 명함
15 :
16 :     Create(&visitingCardBinder); // 초기화하다
17 :     // 명함을 끼우다
18 :     index = TakeIn(&visitingCardBinder, first);
19 :     printf("%s %s %s %s %s %s\n", index->personal.name, index->personal.cellularPhoneNumber,
20 :         index->personal.emailAddress, index->company.name, index->company.telephoneNumber,
21 :         index->company.faxNumber);
22 :
23 :     // 두번째 명함을 받다
24 :     strcpy(first.personal.name, "박길동");
25 :     strcpy(first.personal.cellularPhoneNumber, "01690909000");
26 :     strcpy(first.personal.emailAddress, "park@parkcom.co.kr");
27 :     strcpy(first.company.name, "삼성");
28 :     strcpy(first.company.telephoneNumber, "025669090");
29 :     strcpy(first.company.faxNumber, "025669091");
30 :
31 :     // 두 번째 명함을 끼우다
32 :     index = TakeIn(&visitingCardBinder, first);
33 :     printf("%s %s %s %s %s %s\n", index->personal.name, index->personal.cellularPhoneNumber,
34 :         index->personal.emailAddress, index->company.name, index->company.telephoneNumber,
35 :         index->company.faxNumber);
36 :
37 :     // 찾다
38 :     Find(&visitingCardBinder, "홍길동", &indexes, &count);
39 :     for(i = 0; i < count; i++) { // 찾은 개수만큼 출력한다
40 :         printf("%s %s %s %s %s %s\n", indexes[i]->personal.name,
41 :             indexes[i]->personal.cellularPhoneNumber,
42 :             indexes[i]->personal.emailAddress,
43 :             indexes[i]->company.name,
44 :             indexes[i]->company.telephoneNumber,
45 :             indexes[i]->company.faxNumber);
46 :     }
47 :     // 빼다
48 :     visitingCard = TakeOut(&visitingCardBinder, indexes[count-1]); // 찾은 명함중에서 마지막 명함
49 :     printf("%s %s %s %s %s %s\n", visitingCard.personal.name,
50 :         visitingCard.personal.cellularPhoneNumber,
51 :         visitingCard.personal.emailAddress,
52 :         visitingCard.company.name,
53 :         visitingCard.company.telephoneNumber,
54 :         visitingCard.company.faxNumber);
55 :
56 :     if(indexes != NULL) { // 힙에 할당된 배열 포인터를 할당 해제한다
57 :         free(indexes);
58 :     }
59 :
60 :     Destroy(&visitingCardBinder);
61 :     return 0;
62 : }
```

코드 20-28 TakeOut() 함수의 호출

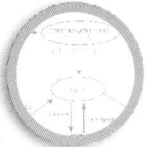

5. 정 리

구조체의 문법적인 기능을 보면, 구조체 멤버 선언에는 어떠한 제한이 없으므로 어떤 구조체 자체가 또 다른 구조체의 멤버가 될 수도 있는데, 구조체 내에 또 다른 구조체가 존재하는 형식을 중첩된 구조체(Nested structure)라고 한다.

구조체 변수의 멤버가 또 다른 구조체일 때 구조체형 멤버의 초기값들은 내부 중괄호({}) 로 묶어 줄 수 있으므로, 가급적이면 가독성을 높이기 위해서 구조체형 멤버의 초기값은 내부 중괄호 ({})로 묶어주는 것이 좋다. 문자열 멤버를 초기화할 때는 문자열 리터럴을 사용하는 것이 좋고, 여분의 멤버들에 대해 0으로 초기화할 때는 쉼표를 사용하도록 하자. 멤버를 접근하기 위해서는 구조체 멤버 연산자(.)를 이용하여 접근하면 된다.

구조체의 멤버로 자기 자신과 같은 형의 구조체 변수의 주소를 저장하는 포인터를 가지는 자기 참조 구조체(Self referential Structure)도 만들 수 있다. 이러한 개념은 연결리스트, 트리 그리고 그래프와 같은 자료구조를 구현하는데 있어 필요한 개념이다.

구조체는 함수의 정보 전달에 사용되어진다. 구조체 변수와 구조체 포인터 변수는 함수의 매개 변수 혹은 되돌림 값으로 사용 가능하다. 알기 쉽고 쓰기에 편하다는 장점은 있으나 구조체 치환이 내부적으로 실행됨으로 처리 속도의 저하와 기억장소의 낭비의 단점을 가진다.

제21장

디스크 파일 처리

1. 왜(Why)?

2. 디스크 파일(Disk File)

3. 텍스트 파일 다루기

4. 이진 파일 다루기

5. 순차 파일 접근과 임의 파일 접근

6. 정리

제21장 디스크 파일 처리

1. 왜(Why)?

20장에서 만든 명함철로 명함을 관리할 수 있는데, 여기에 문제가 있다. 어떤 문제가 있는가? 입력받은 명함을 TakeIn() 함수로 꽂고, Find() 함수로 찾고, TakeOut() 함수로 빼고는 할 수 있지만, 컴퓨터의 전원을 끄면 이때까지 관리하던 명함들이 컴퓨터에서 사라져 버린다. 지금까지 관리하는 명함들을 주기억장치에 저장했기 때문이다. 주기억장치(Primary Storage)는 컴퓨터의 전원을 끄면 저장되었던 모든 데이터들이 없어지게 된다. 그렇다고 서버가 아닌 이상 컴퓨터를 계속해서 켜 놓은 상태로 유지한다는 것도 경제적이지 않다. 그러면 지금까지 컴퓨터에 입력했던 데이터들을 어떻게 관리해야 계속적으로 사용할 수 있을까?

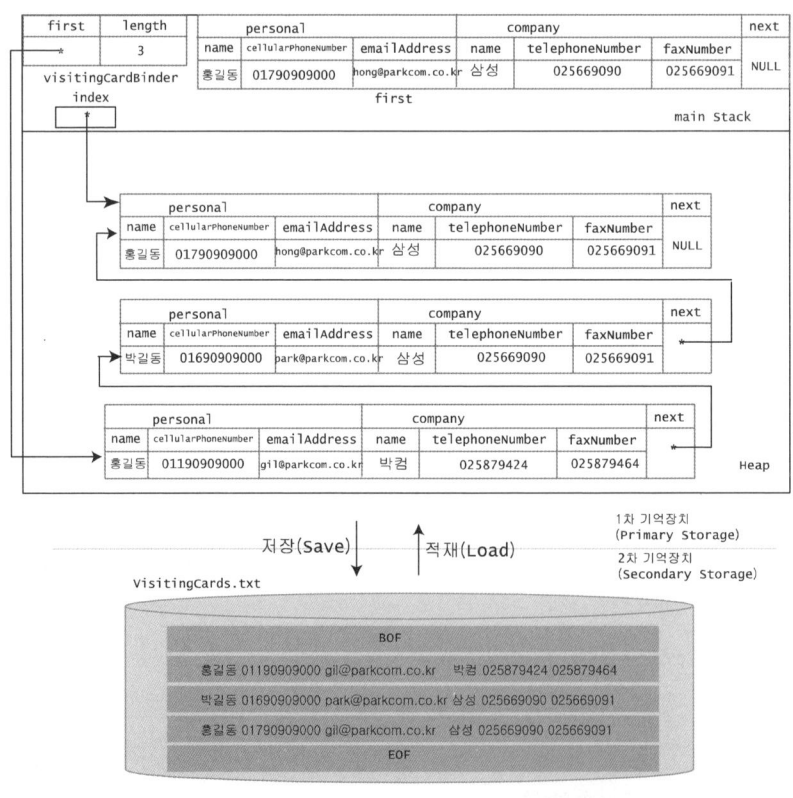

그림 21-1 컴퓨터의 기억장치들

저장기능이 없는 프로그램의 경우 컴퓨터의 전원이 꺼지면 1차 기억장치에 저장되었던 데이터들이 모두 소멸되어 버리기 때문에 항상 입력 작업이 이루어져야만 찾거나 빼기를 할 수 있다. 그러면 프로그램 사용자 입장에서는 매우 번거로운 컴퓨터 사용법이 되어 컴퓨터의 사용에 있어 비효율적이게 된다. 그러면 어떻게 해야 할까?

그래서 컴퓨터의 전원이 꺼지더라도 데이터들을 저장하여 유지할 수 있는 하드 디스크(Hard Disk) 같은 2차 기억장치(Secondary Storage)를 사용하지 않는 프로그램이기 때문에 컴퓨터 하드웨어 사용 효율성이 떨어지게 되어 경제적 낭비도 초래하게 된다.

또한 우리가 사용하는 프로그램들에 의해서 관리되는 데이터들의 양은 엄청나다. 특히 데이터베이스 응용 프로그램과 같이 명함과 같은 레코드를 수 천만개 이상을 관리하는 프로그램인 경우 1차 기억장치만으로는 절대 관리할 수 없다. 1차 기억장치는 여러분들이 아시겠지만 용량도 적고, 가격이 비싸다. 그래서 수 천만개 이상의 데이터를 관리하는데 필요한 RAM(Random Access Memory)를 무작정 구입해서 장착한다는 것은 엄청난 비용을 초래하는 짓이다. 그래서 처리하는 속도는 느리지만 대용량이면서도 가격이 싼 2차 기억장치를 우리는 사용해야 하는 것이다.

여하튼 명함철 같은 데이터 관리 프로그램을 작성하는데 있어 2차 기억장치의 사용의 효율성을 높이도록 하는 기능이 반드시 필요하다. 즉 2차 기억장치에 있는 데이터들을 주기억장치로 복사하는 기능, 적재(Load) 기능과 주기억장치에 있는 데이터들을 2차 기억장치로 복사하는 기능, 저장(Save) 기능들이 반드시 있어야 하는 것이다.

2. 디스크 파일(Disk File)

하드 디스크 등과 같은 2차 기억 장치에 일정한 규칙으로 저장되어 있는 것으로 하나의 프로그램에 의하여 사용되는 데이터의 집합을 파일이라고 한다. 더 정확하게 말하면 디스크 파일(Disk File)이라고 한다. 이러한 파일에는 다른 것들과 구분하기 위해서 고유의 명칭이 지정된다. 이를 파일 명칭(File name)이라고 한다. 따라서 모든 디스크 파일에는 명칭이 있으며, 디스크 파일을 다룰 때 파일 명칭을 사용해야 한다.

파일 명칭은 다른 텍스트 데이터와 마찬가지로 문자열로 저장된다. DOS의 경우 완전한 파일 명칭은 1개에서 8개의 문자로 이루어진 명칭과 선택적으로 마침표와 1개에서 3개의 문자를 갖는 확장자로 구성된다. 윈도 95와 윈도 NT 운영체제와 유닉스 시스템에서는 256개의 문자까지 파일 명칭을 허용하고 있다. 파일 명칭에 허용되거나 되지 않는 문자에 관한 규칙은 운영체제에 따라 다르다. 예를 들어 윈도 95의 경우 다음과 같은 문자들은 허용되지 않는다.

/, \, :, *, ?, ", <, >, |

여러분이 사용하는 운영 체제가 어떤 파일 명칭 규칙을 가지고 있는지 알아야 한다. C 프로그램에서의 파일 명칭은 경로 정보도 포함할 수 있다. 경로(Path)는 파일이 들어 있는 드라이브나 디렉토리(또는 폴더)를 말한다. 경로없이 파일 명칭을 지정할 경우, 운영 체제는 기본값으로 현재 작업하고 있는 위치에 그 파일이 있다고 가정할 것이다. 따라서 경로 정보를 항상 파일 명칭의 일부로 명시하는 것이 좋은 프로그래밍 습관이다.

개인용 컴퓨터(PC)에서 역슬래시 문자(\)는 경로에서 디렉토리 명칭을 분리하는데 사용한다. 예를 들어 도스와 윈도의 경우에 다음과 같은 명칭은 C 드라이브의 \Work 디렉토리에 있는 VisitingCards.txt 란 명칭의 파일을 지칭한다.

C:\Work\VisitingCards.txt

역슬래시 문자는 문자열에 있을 경우 C에서 특별한 의미를 가진다는 것을 기억할 것이다. 역슬래시 문자 자체를 나타내려면, 역슬래시를 하나 더 넣어야 한다. 따라서 C 프로그램에서는 다음과 같이 파일 명칭을 나타내면 된다.

"C:\\Work\\VisitingCards.txt"

모든 시스템에서 역슬래시를 디렉토리 분리자로 사용하는 것은 아니다. 유닉스의 경우 슬래시(/)를 사용한다.

C 언어에서는 저장되는 데이터 형식에 따라 텍스트 파일(Text File)과 2진 파일(Binary File)로 분류한다. 디스크 파일에 저장되는 값이 ASCII 코드인 텍스트 파일은 일반적으로 .txt인 확장자를 갖는다. 대신에 디스크 파일에 저장되는 값이 0과 1인 2진 파일은 일반적으로 .dat인 확장자를 갖는다. 심지어 C 언어에서는 키보드, 화면, 통신 포트, 프린터도 파일로 취급한다.

그렇지만 C 언어에서는 직접적으로 파일에 대해 데이터를 쓰거나 읽지 않는다. C 는 디스크 파일을 비롯한 모든 입력과 출력을 스트림(Stream)을 통해 수행한다. 스트림이라는 것은 물리적인 디스크에 존재하는 파일과 키보드, 화면, 통신 포트, 프린터 같은 입출력 장치인 도스 장치(DOS Device)들을 하나의 통일된 방식으로 다루기 위한 추상화된 논리적 장치를 의미하는데 스트림은 표준 헤더 <stdio.h>에 들어 있는 FILE 형 구조체에 의해 제어된다.

스트림이라는 것을 이용해서 디스크에 존재하는 파일과 키보드, 화면, 통신 포트, 그리고 프린터 같은 입출력 장치들을 논리적으로 서로 동등하게 취급하는 이유는 논리적인 장치를 사용함으로 해서 데이터 입출력에 상당한 융통성과 효율성을 가져다 주기 때문이다. 예를 들어 디스크에 존재하는 파일에 데이터를 입출력하는 방식으로 화면이나 프린터 쪽으로도 데이터를 출력할 수 있고, 또한 화면으로 출력할 데이터를 간단한 조작만으로 디스크상의 파일로 출력할 수 있기 때문이다.

C 스트림은 텍스트와 이진 파일 등 두 가지 종류이고 이런 유형의 스트림을 파일과 연결할 수 있는데 파일에 정확한 모드를 사용하기 위해 이 둘의 차이점을 반드시 이해해야 한다.

텍스트 스트림은 텍스트 모드 파일과 연결된다. 텍스트 모드 파일은 연속적인 줄들로 구성된다. 각 줄은 0개 또는 그 이상의 문자들을 포함할 수 있으며, 줄 끝을 알리는 한 개 이상의 문자로 종료된다. 최대 줄 길이는 255문자이다. 줄은 C 문자열이 아니라는 것을 기억해 두어야 한다. 곧 종료 NULL 문자('\0')가 없다. 텍스트 모드 스트림을 사용하는 경우, C의 개행문자('\n')와 운영체제가 디스크 파일에서 줄 끝을 표시하는데 사용하는 문자(들) 사이에서 변환이 이루어진다. DOS 시스템에서 이 문자는 캐리지 리턴과 개행문자의 조합(CR-LF)이다. 데이터를 텍스트 모드 파일에 쓸 경우 각각의 '\n'은 CR-LF로 변환되고, 디스크에서 데이터를 읽어올 경우 각각이 CR-LF은 '\n'으로 변환된다. 유닉스 시스템에서는 어떠한 변환도 이루어지지 않는다. 곧 개행문자는 변경되지 않은 채 그대로 남아 있다.

이진 스트림은 이진 모드 파일과 연결된다. 모든 데이터들을 변경됨이 없이 쓰고 읽으며, 줄 사이가 분리되지 않으며 줄 끝 문자를 사용할 필요가 없다. NULL 과 줄 끝 문자들을 특별한 의미가 없으며 다른 데이터 바이트처럼 취급된다.

하나의 파일 모드로만 제한되는 파일 입력과 출력 함수도 있는 반면에 두 개의 모드를 선택해서 사용할 수 있는 함수도 있다.

우리는 이미 프로그램이 실행됨과 동시에 생성되는 스트림인 표준 입출력 스트림을 이용하여 키보드(stdin)로부터 데이터를 입력받아 화면(stdout)에 출력하는 작업을 하고 있었던 것이다. 따라서 디스크 파일 입출력도 쉽게 할 수 있다.

파일 입출력은 운영체제(DOS) 수준에서 섹터(Sector)라는 블록 단위로 이루어진다. 그러므로 파일에 데이터를 출력하기 위해서는 프로그래머가 섹터의 바이트 크기를 갖는 버퍼(통상 512바이트)를 마련하여 그 버퍼가 꽉 찰 때까지 기다렸다가 출력해야 하는 불편이 따른다. 이렇듯 파일 입출력이 필요할 때마다 일일이 버퍼를 마련하고, 그 버퍼를 다루기 위해 번거롭게 프로그래밍해야 한다는 사실은 실로 스트레스 쌓이는 일이 아닐 수 없다.

따라서 이러한 번거로움을 없애기 위해서 스트림을 이용하면 데이터는 파일 입출력 버퍼라고 불리우는 임시 기억장소를 이용하여 쓰여지고 읽혀지게 된다. 이와 같이 버퍼를 사용함으로써 얻어지는 가장 큰 이점은 데이터를 블록 단위가 아닌 개개의 문자 단위로 입출력할 수 있다는 점이다.

따라서 [그림 21-2]를 참고하여 생각해 보면 C 언어에서 파일을 처리하는 기본적인 절차는 개략적으로 정리하면 다음과 같다.

(1) 파일을 연다. 스트림을 생성해야 한다. FILE 자료형의 저장구조를 힙에 할당하고 주소를 참조 변수에 저장해야 한다. 이때 힙에는 실제 프로그램과 입출력을 하는 파일 입출력 버퍼도 할당된다. 파일을 연 다음에는 반드시 정상적으로 처리되었는지 확인을 해야 한다. 정상적으로 열리지 않는 경우는 이후 처리를 할 수 없기 때문이다. 따라서 if 선택문장으로 정상적으로 열린 경우에 대해서 (2)와 (3)번을 처리하도록 한다.

(2) 파일에 데이터를 쓰거나 읽는다.

디스크 파일을 사용하는 프로그램은 데이터를 파일에 쓸 수 있고, 파일로부터 데이터를 읽을 수 있고, 또는 이 두 기능을 모두 사용할 수 있다. 다음 세 가지 방법으로 디스크 파일에 데이터를 쓸 수 있다.

❶ 형식을 갖춘 출력을 사용하여 서식화된 데이터를 파일에 저장할 수 있다. 텍스트 모드 파일에서만 서식화된 출력을 사용해야 한다. 서식화된 출력의 일차적인 용도는 스프레드시트나 데이터베이

스와 같은 프로그램이 읽을 수 있도록 텍스트와 숫자 데이터가 포함된 파일을 만드는 것이다.

❷ 문자 출력 기능을 사용하여 단일 문자나 문자들로 이루어진 줄을 파일에 저장할 수 있다. 기술적으로 이진 모드 파일에서 문자 출력을 이용하는 것도 가능하지만, 이것은 아주 까다롭다. 따라서 문자 모드 출력은 텍스트 파일로 제한해야 한다. 문자 출력의 주요 용도는 워드 프로세서와 같은 프로그램뿐만 아니라 C 에서도 읽을 수 있는 형태로 숫자가 아닌 텍스트데이터를 저장하는 것이다.

❸ 직접 출력 기능을 사용하여 메모리의 일부분에 들어 있는 내용을 곧바로 디스크 파일에 저장할 수 있다. 이 방법은 이진 파일에서만 가능하다. 직접 출력은 C 프로그램에서 나중에 사용하기 위한 데이터를 저장하는 가장 좋은 방법이다.

파일에서 데이터를 읽고자 할 경우에는 역시 서식화된 입력, 문자 입력, 또는 직접 입력 등에서 선택할 수 있다. 여러분이 사용하는 입력의 형태는 거의 읽고자 하는 파일의 특성에 좌우될 것이다.

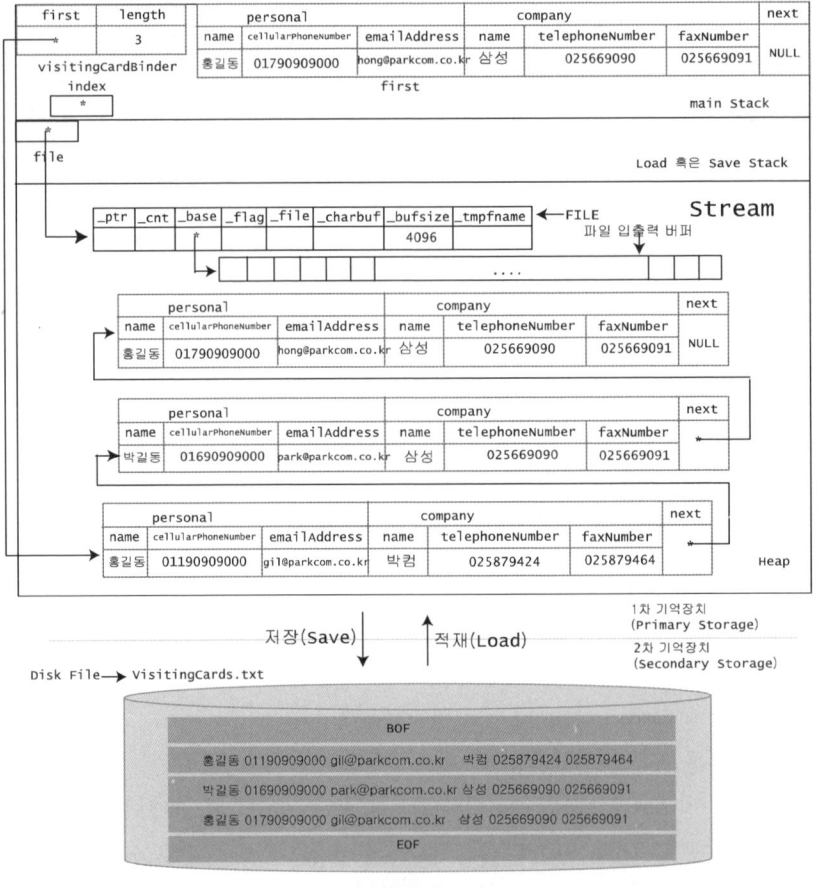

그림 21-2 C 언어에서 스트림을 이용한 파일 입출력

(3) 파일을 닫다. 스트림을 해제한다. 힙에 할당된 기억장소들을 해제하는 작업을 해야 한다. 또한 이때 디스크 파일로 복사되어지지 않은 파일 입출력 버퍼에 있는 데이터들이 디스크 파일로 복사되도록 하여야 하기 때문이기도 하다.

명함철 프로그램에 컴퓨터의 기본 기능중 하나인 기억 혹은 저장(Storage) 기능을 추가해 보도록 하자. 즉 [그림 21-3]과 같이 Load와 Save 모듈을 추가하도록 하자.

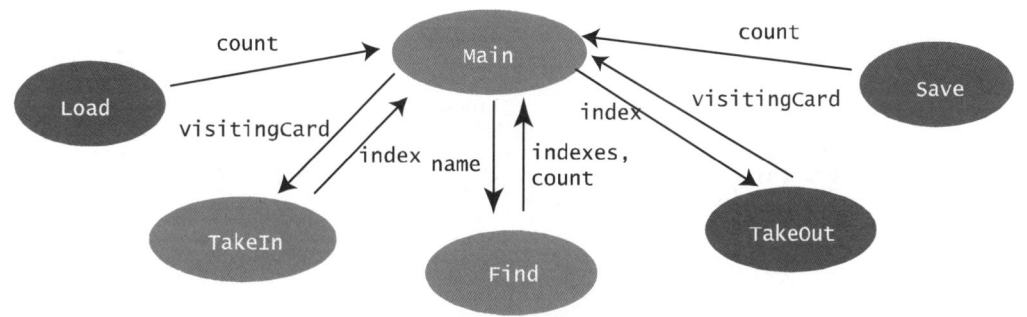

그림 21-3 저장 기능이 추가된 명함철 프로그램의 구조

하드 디스크같은 2차 기억장치로부터 데이터들을 읽어 들이는 적재(Load) 모듈부터 작성해 보도록 하자.

표 21-1 Load() 함수의 입출력 데이터에 대한 자료 명세서

번호	명 칭		자료형	비 고
	한 글	영 문		
1	명함철	visitingCardBinder	명함철 링크	명함을 쌓아 놓은 더미
2	개수	count	정수	디스크파일에서 읽는 명함들의 개수

[그림 21-3]과 [표 21-1]을 참고하여 Load() 함수를 선언해 보자. [표 21-1]에 의하면 출력데이터가 한 개이므로 반환형을 사용하고, 반환형은 정수형으로 하면 된다. 입력데이터는 없으므로 2차 기억장치로부터 읽은 데이터들을 관리할 파일인 명함철에 대해 VisitingCardBinder 포인터형인 visitingCardBinder 매개변수를 갖는 함수로 선언하면 된다.

```
unsigned long int Load(VisitingCardBinder* visitingCardBinder);
```

코드 21-1 Load() 함수 선언

3. 텍스트 파일 다루기

다음은 Load() 함수를 정의해 보자. 이때 데이터가 디스크 파일에 저장되는 방식을 결정해야만 Load() 함수와 Save() 함수를 정의할 수 있다. [코드 21-2]에서처럼 3 장의 명함을 초기화할 때 사용된 데이터를 디스크 파일을 이용해서 읽어 들어는 방식, 즉 입력방식으로 처리하도록 하자.

```
// 3개의 명함을 받았다고 가정한다
VisitingCard first = { {"홍길동", "01190909000", "honggil@gaya.com"},
            {"박컴", "025870424", "025879464"},
            NULL };
VisitingCard second = { {"홍길동", "01190909000", "honggil@gaya.com"},
            {"삼성", "025870424", "025879464"},
            NULL };
VisitingCard third = { {"마길동", "01190909000", "honggil@gaya.com"},
            {"박컴", "025870424", "025879464"},
            NULL };
```

코드 21-2 3장의 명함을 초기화하는 코드

텍스트 편집기를 이용하여 [코드 21-3]과 같은 3개의 명함 데이터들을 가진 디스크 파일을 만들어서 읽어 들이도록 하자. ASCII 코드, 즉 텍스트를 이용하여 데이터들을 저장하는 형식의 디스크 파일을 만들어서 사용하자는 것이다. 디스크 파일을 다룰 때는 명칭을 사용하기 때문에 텍스트 편집기로 [코드 21-3]처럼 입력하고 파일을 저장할 때 파일 명칭을 부여해야 한다. 이때 디스크 파일의 명칭을 VisitingCards.txt라고 하자. 파일이 존재하는 위치는 어디든지 상관없지만 해당 프로젝트 폴더(혹은 디렉토리)로 하자.

```
홍길동 01190909000 gil@parkcom.co.kr 박컴 025879424 025879464
박길동 01690909000 park@parkcom.co.kr 삼성 025669090 025669091
홍길동 01790909000 hong@parkcom.co.kr 삼성 025669090 025669091
```

코드 21-3 3개의 명함 데이터들

텍스트 파일을 읽어 들이도록 Load() 함수를 정의해 보자.

```
01 : // 디스크 파일로부터 읽다
02 : unsigned long int Load(VisitingCardBinder* visitingCardBinder) {
03 :     VisitingCard visitingCard = { 0, };
04 :     // 텍스트 모드로 파일을 열다
05 :     FILE* file = fopen("VisitingCards.txt", "rt");
06 :     // 파일이 정상적으로 열렸으면
07 :     if(file != NULL) {
08 :         // 명함을 읽다
09 :         fscanf(file, "%s %s %s %s %s %s", visitingCard.personal.name,
10 :             visitingCard.personal.cellularPhoneNumber,
11 :             visitingCard.personal.emailAddress,
12 :             visitingCard.company.name,
13 :             visitingCard.company.telephoneNumber,
14 :             visitingCard.company.faxNumber);
15 :         while(!feof(file)) { // 파일의 끝이 아닌 동안
16 :             TakeIn(visitingCardBinder, visitingCard); // 명함철에 끼우다
17 :             // 명함을 읽다
18 :             fscanf(file, "%s %s %s %s %s %s", visitingCard.personal.name,
19 :                 visitingCard.personal.cellularPhoneNumber,
20 :                 visitingCard.personal.emailAddress,
21 :                 visitingCard.company.name,
22 :                 visitingCard.company.telephoneNumber,
23 :                 visitingCard.company.faxNumber);
24 :         }
25 :         fclose(file); // 파일을 닫다
26 :     }
27 :     // 읽은 명함의 개수를 출력하다
28 :     return visitingCardBinder->length;
29 : }
```

코드 21-4 Load() 함수의 정의

1) 파일 열기

C 는 디스크 파일을 비롯한 모든 입력과 출력을 스트림(Stream)을 통해 수행한다. 디스크 파일과 연결된 스트림을 만드는 과정을 파일 열기(Opening)라고 한다. 파일을 열려면 fopen() 라이브러리 함수를 사용한다. fopen() 함수의 원형은 헤더 파일 <stdio.h> 에 있으며 [코드 21-5]와 같다.

```
FILE *fopen( const char *filename, const char *mode );
```

코드 21-5 fopen() 함수의 원형

함수 원형을 보면 fopen() 함수는 FILE 형의 포인터를 반환한다는 것을 알 수 있다. 이 유형은 <stdio.h> 에서 선언된 구조체 자료형이다. 열고자 하는 각각의 파일에 대해 FILE 포인터를 선언해야 한다. [코드 21-4]에서 05 번째 줄을 보면 FILE형 포인터 변수를 선언하고 있다.

매개변수 filename은 열고자 하는 파일의 명칭이다. filename은 경로명을 포함할 수 있으며 포함하는 것이 좋다. filename 매개변수는 큰따옴표로 싼 문자열 리터럴이거나 문자열 변수에 대한 포인터일 수 있다.

```
FILE* file = fopen( "VisitingCards.txt", "rt");
FILE* file = fopen( "C:\\Work\\VisitingCardBinder\\VisitingCards.txt", "rt");
```

코드 21-6 파일 명칭 매개변수

파일의 경로를 사용하지 않는 경우 현재 프로젝트의 디렉토리(혹은 폴더)의 경로를 갖는다.

매개변수 mode는 파일을 여는 방식을 명시한다. mode는 파일의 저장방식이 0과 1로 구성되는 이진(Binary)인지 ASCII 코드로 구성되는 텍스트(Text)인지 그리고 읽기(Read)를 위한 것인지 쓰기(Write)를 위한 것인지, 아니면 읽기/쓰기 모두를 위한 것인지, 추가(Append)를 위한 것인지를 제어한다.

기본 파일 모드는 텍스트이다. 이진 모드로 파일을 열려면 mode 매개변수에 b를 추가한다.

```
FILE* file = fopen( "VisitingCards.txt", "r");
FILE* file = fopen( "C:\\Work\\VisitingCardBinder\\VisitingCards.txt", "rt");
```

코드 21-7 텍스트 파일 형식으로 파일 열기

매개변수 mode에서 t를 명시하지 않아도 기본 파일 모드는 텍스트이기 때문에 텍스트 파일을 읽을 수 있다.

fopen() 함수를 호출할 경우, FILE 구조체의 포인터를 반환한다. 이후에 파일에서 일어나는 모든 동작마다 이 포인터를 사용하는 것이다. fopen() 함수가 실패할 경우, NULL을 반환한다. 다음과 같은 상황이 NULL값을 반환하는 오류 조건에 포함된다.

(1) 유효하지 않은 파일 명칭을 사용할 때
(2) 준비되지 않은 디스크에서 파일을 열려는 시도할 때
(3) 존재하지 않는 디렉토리나 존재하지 않은 디스크 드라이브에서 파일을 열려는 시도할 때
(4) 읽기 모드에서 존재하지 않는 파일을 열려는 시도할 때

[코드 21-4]에서 07번째 줄처럼 fopen() 함수를 사용할 때마다 파일 열기 오류가 발생하는지의 여부를 시험해 보아야 한다. 정확히 어떤 오류가 발생했는지 알 수 없지만, 사용자에게 메시지를 나타내어 파일을 다시 열도록 하거나 프로그램을 끝낼 수 있도록 해야 한다.

2) 텍스트 파일로부터 데이터 읽기 : 서식화된 파일 입력

텍스트 파일에서 데이터를 쓰거나 읽기를 할 때는 서식화된 파일 입력과 출력을 해야 한다. 서식화된 파일 입력과 출력은 특정 방식으로 서식화된 텍스트와 숫자 데이터를 처리한다.

서식화된 파일 입력에서는 fscanf() 라이브러리 함수를 사용하는데 이 함수는 콘솔 윈도우에서 키보드 입력 스트림인 stdin에서부터가 아니라 지정된 스트림으로 입력된다는 점을 제외하면

scanf() 함수와 사용법이 같다. fscanf() 함수의 원형은 다음과 같다.

```
int fscanf( FILE *stream, const char *format [, argument ]... );
```
코드 21-8 fscanf() 함수 원형

매개변수 stream는 fopen() 함수에 의해 반환되는 FILE 형에 대한 포인터이고, format는 fscanf() 함수가 입력을 읽는 방법을 명시하는 서식 문자열에 대한 포인터이다. 서식 문자열을 구성하는 구성 요소는 scanf() 함수와 동일하다. 마지막으로 생략 부호(...)는 하나 이상의 추가 매개변수, 곧 fscanf() 함수가 파일로부터 읽어 들인 데이터들을 저장하는 변수의 주소를 가리킨다.

fscanf() 함수는 문자들이 키보드, stdin 에서가 아니라 명시된 스트림에서 입력된다는 점을 제외하면 scanf() 함수와 동일하게 동작한다.

fscanf() 함수의 예를 보이려면 함수가 읽을 수 있는 서식으로 된 숫자나 문자들이 포함된 텍스트 파일이 있어야 한다. 편집기를 이용하여 공백문자(스페이스나 개행문자)가 들어간 VisitingCards.txt 파일을 만들어 사용할 수 있다.

```
VisitingCard visitingCard = { 0, }; // 버퍼를 할당과 초기화
fscanf(file, "%s %s %s %s %s %s", visitingCard.personal.name,
        visitingCard.personal.cellularPhoneNumber,
        visitingCard.personal.emailAddress,
        visitingCard.company.name,
        visitingCard.company.telephoneNumber,
        visitingCard.company.faxNumber);
```
코드 21-9 fscanf() 함수에 의한 서식화된 입력

3) 파일 끝 알아내기

파일의 길이를 정확하게 알고 있다면 구태여 파일의 끝을 알아 낼 필요가 없다. 하지만 파일의 길이를 알지 못하더라도 시작부터 끝까지 계속해서 파일로부터 데이터를 읽고 싶을 때가 있을 것이다. 파일 끝을 알아내는 방법은 두 가지가 있다.

텍스트 모드 파일로부터 한 문자씩 읽을 때 파일 끝 문자를 찾아낼 수 있다. 매크로 상수 EOF(End Of File)는 <stdio.h> 에 -1로 정의되어 있다. 문자 입력 함수가 텍스트 모드 스트림으로부터 EOF 를 읽었을 때 파일의 끝에 도달했음을 알 수 있다.

```
01 : // 디스크 파일로부터 읽다
02 : unsigned long int Load(VisitingCardBinder* visitingCardBinder) {
03 :     VisitingCard visitingCard = { 0, };
04 :     int flag; // fscanf() 함수의 반환값 저장 변수
05 :     // 텍스트 모드로 파일을 열다
06 :     FILE* file = fopen("VisitingCards.txt", "rt");
07 :     // 파일이 정상적으로 열렸으면
08 :     if(file != NULL) {
09 :         // 명함을 읽다
10 :         flag = fscanf(file, "%s %s %s %s %s %s", visitingCard.personal.name,
11 :                         visitingCard.personal.cellularPhoneNumber,
12 :                         visitingCard.personal.emailAddress,
13 :                         visitingCard.company.name,
14 :                         visitingCard.company.telephoneNumber,
15 :                         visitingCard.company.faxNumber);
16 :         while( flag != EOF ) { // 파일의 끝이 아닌 동안
17 :             TakeIn(visitingCardBinder, visitingCard); // 명함철에 끼우다
18 :             // 명함을 읽다
19 :             flag = fscanf(file, "%s %s %s %s %s %s", visitingCard.personal.name,
20 :                         visitingCard.personal.cellularPhoneNumber,
21 :                         visitingCard.personal.emailAddress,
22 :                         visitingCard.company.name,
23 :                         visitingCard.company.telephoneNumber,
24 :                         visitingCard.company.faxNumber);
25 :         }
26 :         fclose(file); // 파일을 닫는다
27 :     }
28 :     // 읽은 명함의 개수를 출력하다
29 :     return visitingCardBinder->length;
30 : }
```

코드 21-10 매크로 상수 EOF로 파일의 끝을 알아내는 방법

이진 모드 스트림에서는 -1을 찾더라도 파일 끝을 알아 낼 수 없다. 이진 스트림에서 가져온 한 바이트의 데이터가 이 값을 가질 수도 있기 때문에 이 값은 입력의 끝을 잘못 알려주는 결과가 나올 수도 있다. 그 대신 라이브러리 함수 feof() 함수를 이용할 수 있는데 이 함수는 이진 모드 파일과 텍스트 파일 모드에서 사용된다.

```
int feof( FILE *stream );
```

코드 21-11 feof() 함수의 원형

매개변수 stream는 파일이 열릴 때 fopen() 함수가 반환하는 FILE 포인터이다. feof() 함수는 파일의 끝에 도달하지 않았을 경우 0을 반환하고 파일 끝에 도달했을 경우 0이 아닌 값을 반환한다. feof() 함수의 사용법은 [코드 21-4]에서 15번째 줄을 참고하도록 하자. 파일의 끝에 도달하지 않았을 경우 0을 반환하므로 0은 C 언어에서 논리적 거짓이므로 선 검사 반복구조에서 참인 동안 반복을 계속하도록 하기 위해서는 논리 부정 연산자(!)로 부정하면, 즉 참이 된다. 그리고 파일의 끝에 도달했을 경우 0이 아닌 값, 즉 C 언어에서 참인 값이므로 논리 부정을 하면 거짓이 되어 반복을 계속하지 않고 끝나게 될 것이다.

또는 [코드 21-10]에서처럼 이용해도 좋은 방식이다. 참고하자.

4) 파일 닫기

파일 사용이 완료되면 fclose() 함수를 이용하여 파일을 닫아야 한다. 원형은 [코드 21-12]와 같다.

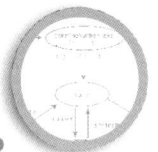

```
int fclose( FILE *stream );
```

코드 21-12 fclose() 함수의 원형

매개변수 stream은 스트림과 연결된 FILE 포인터이다. fclose() 함수는 성공했을 경우 0을, 오류인 경우 -1을 반환한다. 파일을 닫을 때 파일의 버퍼에 남아 있는 내용이 파일에 기록되고 버퍼는 비워진다.

프로그램이 끝날 때 모든 스트림들이 자동으로 버퍼 비우기가 되고 닫힌다. 하지만 작업을 끝내자마자 스트림을 명시적으로 닫는 것이 좋다. 특히 디스크 파일과 링크되어 있는 스트림의 경우는 더욱 그러하다. 그 이유는 스트림 버퍼와 관계가 있다.

디스크 파일과 링크된 스트림을 만들 때 버퍼가 자동으로 만들어지고 스트림과 연결된다. 버퍼는 쓰여지고 파일로부터 읽혀지는 데이터의 임시 저장으로 사용되는 메모리의 블록이다. 디스크 드라이브는 블록 단위 장치이기 때문에 버퍼가 필요하다. 블록 단위 장치란 데이터가 특정 크기의 블록으로 읽히거나 쓰여질 때 가장 효율적으로 동작한다는 것을 의미한다. 이상적인 블록의 크기는 사용하고 있는 하드웨어에 따라 달라진다. 보통 수백에서 수천 바이트 정도의 크기이다. 하지만 정확한 블록의 크기에 대해서는 걱정할 필요가 없다.

파일 스트림과 연결된 버퍼는 스트림(문자 지향)과 디스크 하드웨어(블럭 지향) 사이의 인터페이스로 사용된다. 프로그램이 데이터를 스트림에 기록할 때 데이터는 버퍼가 채워질 때까지 버퍼에 저장된 다음, 버퍼의 전체 내용을 블록으로 디스크에 쓴다. 이와 유사한 과정은 데이터를 디스크 파일에서 읽어올 때도 발생한다. 버퍼의 생성과 동작은 운영체제가 처리하며 완전히 자동으로 이루어진다. 따라서 이에 대해 걱정하지도 않아도 된다.

실제적인 면에서 볼 때 이 버퍼 동작은 프로그램 실행 동안 프로그램이 디스크에 쓴 데이터는 디스크가 아니라 여전히 버퍼에 남아있다는 것을 의미한다. 프로그램이 중지되거나 전원 공급이 끊기거나 기타 다른 문제가 발생하면 버퍼에 남아있는 데이터가 사라지게 되므로 디스크 파일에 무엇이 포함되는지 알지 못하게 된다.

fflush() 함수나 _flushall() 라이브러리 함수를 사용하여 닫지 않고 스트림의 버퍼를 비울 수 있다. 파일을 사용하고 있는 동안 파일의 버퍼를 디스크에 쓰려면 fflush() 함수를 사용하라.

다음은 주기억장치에 있는 명함들을 디스크 파일에 쓰는 Save() 함수를 구현해 보자.

표 21-2 Save() 함수의 입출력 데이터에 대한 자료 명세서

번호	명 칭		자료형	비 고
	한 글	영 문		
1	명함철	VisitingCardBinder	명함철 링크	명함을 쌓아 놓은 더미
2	개수	count	정수	디스크파일에서 쓴 명함들의 개수

3. 텍스트 파일 다루기

[그림 21-1]과 [표 21-2]에서 정리된 입출력 데이터를 가지고 [코드 21-13]처럼 선언을 할 수 있다.

```
unsigned long int Save(VisitingCardBinder* visitingCardBinder);
```

코드 21-13 Save() 함수의 원형

기본적으로 첫 번째 명함부터 마지막 명함까지 차례로 디스크 파일에 텍스트 형식으로 출력을 하는 함수이다. Save() 함수를 정의해 보자.

```
01 : // 디스크 파일로 쓰다
02 : unsigned long int Save(VisitingCardBinder* visitingCardBinder) {
03 :     VisitingCard* it = visitingCardBinder->first; // 첫 번째 명함부터
04 :     // 쓰기 텍스트 모드로 디스크 파일을 열다
05 :     FILE* file = fopen("VisitingCards.txt", "wt");
06 :     if(file != NULL) { // 파일이 정상적으로 열렸으면
07 :         while(it != NULL) { // 명함철의 끝이 아닌 동안
08 :             // 명함을 디스크 파일에 쓰다
09 :             fprintf(file, "%s %s %s %s %s %s\n", it->personal.name,
10 :                     it->personal.cellularPhoneNumber,
11 :                     it->personal.emailAddress,
12 :                     it->company.name, it->company.telephoneNumber,
13 :                     it->company.faxNumber);
14 :             it = it->next; // 다음 번째 명함으로 이동하다
15 :         }
16 :         fclose(file); // 디스크 파일을 닫다
17 :     }
18 :     // 디스크 파일에 쓴 명함의 개수를 출력하다
19 :     return visitingCardBinder->length;
20 : }
```

코드 21-14 Save() 함수의 정의

디스크 파일과 연관된 스트림을 만들기 위해서 [코드 21-14]의 05번째 줄을 보자. 쓰기용 스트림을 만들어야 하기 때문에 fopen() 함수의 열기 모드에서 "wt"로 설정하였다.

5) 파일로 데이터 쓰기 : 서식화된 파일 출력

06번째 줄에서 정상적으로 열어졌는지 확인을 하고, 첫 번째 명함부터 마지막 명함까지 서식화된 파일 출력을 한다.

서식화된 파일 출력은 라이브러리 함수 fprintf() 함수로 이루어진다. fprintf() 함수의 원형은 헤더파일 <stdio.h>에 포함되어 있으며, [코드 21-15]와 같다.

```
int fprintf( FILE *stream, const char *format [, argument ]...);
```

코드 21-15 fprintf() 함수의 원형

첫 번째 매개변수는 FILE 형에 대한 포인터이다. 특정 디스크 파일에 데이터를 쓰기 위해서는

fopen() 함수로 파일을 열었을 때 반환되는 포인터를 이 함수에 전달하면 된다.

두 번째 매개변수는 서식 문자열이다. fprintf() 함수로 사용되는 서식 문자열은 printf() 함수와 동일한 규칙을 따른다. %로 출력할 데이터들의 개수를 나타내고 문자열일 때는 s, 정수일 때는 d, 실수일 때는 f, 문자일 때는 c 등으로 출력할 데이터의 자료형을 지정해 주면 된다. 물론 각각의 데이터는 공백문자로 구분되어야 한다.

마지막 매개변수 생략부호(...)이다. 이것은 무엇을 의미하는가? 함수 원형에서 생략 부호(...)는 매개변수의 개수가 변할 수 있다는 것을 의미한다. 다시 말해 파일 포인터와 서식 문자열 인수 이외에 fprintf() 함수는 0개, 1개, 또는 그 이상의 매개변수들을 추가로 가질 수 있다는 것이다. 이것은 printf() 함수와 동일한 특성이다. 이러한 매개변수들은 특정 스트림으로 출력되는 변수의 명칭이 된다.

매개 변수 목록에 명시된 스트림으로 데이터들을 출력한다는 점만 제외하면, fprintf() 함수는 printf() 함수와 동일하게 동작한다.

그리고 모든 작업이 끝나면 fclose() 함수로 파일을 닫아야 한다. 그렇게 함으로써 버퍼에 쓰여졌던 데이터들을 실제로 디스크 파일로 복사하게 된다.

6) 문자 입력과 출력

디스크 파일과 함께 사용될 문자 입력·출력(Input/Output)란 말은 문자들로 이루어진 줄뿐만 아니라 단일 문자도 가리키는 것이다. 기억해야 할 것은 줄이란 0개 또는 개행 문자로 종료되는 0개 이상의 문자들의 연속체라는 것이다. 문자 입력·출력은 텍스트 모드 파일과 함께 사용해야 한다.

문자 입력을 위해서는 세 개의 문자 입력 함수가 있는데 getc() 함수와 fgetc() 함수는 단일 문자들을 위한 것이고, fgets() 함수는 줄 단위로 입력받기 위한 것이다.

함수 getc() 함수와 fgetc() 함수는 동일한 것으로 서로 바꾸어서 사용할 수 있다. 이것들은 명시된 스트림으로부터 단일 문자를 입력한다. [코드 21-16]은 <stdio.h>에 있는 getc() 함수와 fgetc() 함수의 원형이다.

```
int getc( FILE *stream );
int fgetc( FILE *stream );
```

코드 21-16 getc() 함수와 fgetc() 함수 원형

매개변수 stream 는 파일이 열릴 때 fopen() 함수에 의해 반환되는 포인터이다. 함수는 입력된 문자를 반환하거나 오류인 경우 EOF를 반환한다.

getc() 함수와 fgetc() 함수가 단일 문자를 반환한다면, 왜 그것들은 int 형을 반환하도록 원형이 만들어 졌는가? 그 이유는 파일을 읽을 때 파일 끝 표시(Marker)인 EOF를 읽어올 필요가 있기 때문이다.

다음은 파일로부터 문자들의 행(줄)을 읽으려면, 다시 말해서 문자열을 읽으려면 fgets() 라이브러리 함수를 사용해야 한다. 원형은 [코드 21-17]과 같다.

```
char *fgets( char *string, int n, FILE *stream );
```

코드 21-17 fgets() 함수 원형

매개변수 string은 입력된 문자열이 저장되는 버퍼에 대한 포인터이고, n은 입력될 문자들의 최대 수이며, stream은 파일이 열렸을 때 fopen() 함수에 의해 반환된 FILE 형 포인터이다.

```
01 : // 디스크 파일로부터 읽다
02 : unsigned long int Load(VisitingCardBinder* visitingCardBinder) {
03 :     VisitingCard visitingCard = { 0, };
04 :     char buffer[256]; // 한 줄 입력을 위한 버퍼
05 :
06 :     // 텍스트 모드로 파일을 열다
07 :     FILE* file = fopen("VisitingCards.txt", "rt");
08 :     // 파일이 정상적으로 열렸으면
09 :     if(file != NULL) {
10 :         fgets(buffer, 256, file); // 디스크 파일로부터 명함을 읽다
11 :         while(!feof(file)) { // 파일의 끝이 아닌 동안
12 :             // 버퍼에 한줄로 읽어진 명함을 끼울 명함으로 만들다
13 :             sscanf(buffer, "%s %s %s %s %s %s", visitingCard.personal.name,
14 :                     visitingCard.personal.cellularPhoneNumber,
14 :                     visitingCard.personal.emailAddress,
15 :                     visitingCard.company.name,
16 :                     visitingCard.company.telephoneNumber,
17 :                     visitingCard.company.faxNumber);
18 :
19 :             TakeIn(visitingCardBinder, visitingCard); // 명함철에 끼우다
20 :
21 :             fgets(buffer, 256, file);  // 디스크 파일로부터 명함을 읽다
22 :         }
23 :         fclose(file); // 디스크 파일을 닫는다
24 :     }
25 :     // 읽은 명함의 개수를 출력하다
26 :     return visitingCardBinder->length;
27 : }
```

코드 21-18 한 줄 단위로 디스크 파일로부터 데이터를 읽는 방법

[코드 21-18]에서 한 줄 입력을 위한 버퍼를 배열요소의 개수가 256인 문자 배열을 선언한다. 그리고 10번째 줄에서 디스크 파일로부터 한 줄씩 문자열을 읽는다. 13번째 줄에서 17번째 줄에서 문자열에서 각 필드 단위로 추출하여 명함의 각 멤버에 저장한다.

다음은 문자 출력에 대해서 알아보도록 하자. 디스크 파일로 단일 문자 출력을 위해서 라이브러리 함수들 putc() 함수, fputc() 함수 그리고 문자열을 출력하기 위해서는 fputs() 함수를 사용해야 한다. [코드 21-19]는 putc() 함수, fputc() 함수 그리고 fputs() 함수들의 원형이다.

```
int putc( int c, FILE *stream );
int fputc( int c, FILE *stream );
int fputs( const char *string, FILE *stream );
```

코드 21-19 putc() 함수, fputc() 함수 그리고 fputs() 함수 원형

c는 출력하고자 하는 단일 문자이다. ASCII코드 값이나 문자로 설정하면 된다. stream은 파일을 열 때 반환된 FILE 포인터이다. 그리고 string은 문자열에 대해 문자 배열의 시작주소이다.

```
01 : // 디스크 파일로 쓰다
02 : unsigned long int Save(VisitingCardBinder* visitingCardBinder) {
03 :     VisitingCard* it = visitingCardBinder->first; // 첫 번째 명함부터
04 :     char buffer[256]; // 줄 단위 출력을 위한 버퍼
05 :     // 쓰기 텍스트 모드로 디스크 파일을 열다
06 :     FILE* file = fopen("VisitingCards.txt", "wt");
07 :     if(file != NULL) { // 파일이 정상적으로 열렸으면
08 :         while(it != NULL) { // 명함철의 끝이 아닌 동안
09 :             // 한 줄로 버퍼에 명함을 만들다
10 :             sprintf(buffer, "%s %s %s %s %s %s\n", it->personal.name,
11 :                     it->personal.cellularPhoneNumber,
12 :                     it->personal.emailAddress,
13 :                     it->company.name, it->company.telephoneNumber,
14 :                     it->company.faxNumber);
15 :
16 :             fputs(buffer, file); // 명함을 디스크 파일에 쓰다
17 :
18 :             it = it->next; // 다음 번째 명함으로 이동하다
19 :         }
20 :         fclose(file); // 디스크 파일을 닫다
21 :     }
22 :     // 디스크 파일에 쓴 명함의 개수를 출력하다
23 :     return visitingCardBinder->length;
24 : }
```

코드 21-20 한 줄 단위로 디스크 파일로 데이터를 쓰는 방법

[코드 21-20]에서 04번째 줄에서 출력할 문자열을 저장할 문자 배열을 선언한다. 06에서는 텍스트 파일과 쓰기 형식으로 파일을 연다. 그리고 10번째 줄에서 14번째 줄에서 파일로 쓸 값들을 문자 배열에 서식에 맞게 저장한다. 그렇게 만들어진 문자열을 16번째 줄에서 fputs() 함수로 디스크 파일에 출력하여 쓴다.

4. 이진 파일 다루기

이번에는 주기억장치에 저장되어진 형태 그대로, 즉 다시 말해서 0과 1의 형태로 표현되어진 데이터 그대로 디스크 파일로 쓰고, 읽는 방식에 대해서 공부하도록 하자. 명함철에서 추가된 Load() 함수와 Save() 함수에 대해서 이진 파일에 대해 어떻게 처리되는지 공부하도록 하자.

1) 파일 열기

파일을 여는 방식은 텍스트 파일에서 사용했던 fopen() 함수를 사용한다. 단지 파일 명칭에서 확장자를 .dat로, 그리고 저장방식에 대해서 이진(Binary) 방식이기 때문에 b로 설정하면 된다. [코드 21-21]에서 06번째 줄에서처럼 이진 파일에서 데이터를 읽고자 하는 경우, "rb"로 [코드 21-23]에서 05번째 줄에서처럼 이진 파일에 데이터를 쓰고자 하는 경우 "wb"로 스트림을 생성하도록 파일을 여는 코드를 작성해야 한다.

2) 이진 파일로부터 데이터 읽기

```
01 : // 디스크 파일로부터 읽다
02 : unsigned long int Load(VisitingCardBinder* visitingCardBinder) {
03 :     VisitingCard visitingCard = { 0, };
04 :
05 :     // 텍스트 모드로 파일을 열다
06 :     FILE* file = fopen("VisitingCards.dat", "rb");
07 :     // 파일이 정상적으로 열렸으면
08 :     if(file != NULL) {
09 :         // 명함을 읽다
10 :         fread(&visitingCard, sizeof(VisitingCard) - sizeof(VisitingCard*), 1, file);
11 :         while( !feof(file) ) { // 파일의 끝이 아닌 동안
12 :             TakeIn(visitingCardBinder, visitingCard); // 명함철에 끼우다
13 :             // 명함을 읽다
14 :             fread(&visitingCard, sizeof(VisitingCard) - sizeof(VisitingCard*), 1, file);
15 :         }
16 :         fclose(file); // 파일을 닫는다
17 :     }
18 :     // 읽은 명함의 개수를 출력하다
19 :     return visitingCardBinder->length;
20 : }
```

코드 21-21 레코드 단위로 디스크 파일로부터 데이터를 읽는 방법

이진 파일로부터 데이터를 읽기 위해서는 fread() 라이브러리 함수를 사용해야 한다. <stdio.h> 헤더 파일에 있는 원형은 [코드 21-22]와 같다.

```
size_t fread( void *buffer, size_t size, size_t count, FILE *stream );
```

코드 21-22 fread() 함수 원형

매개변수 buffer는 파일로부터 읽어온 데이터를 저장할 기억장소의 주소이어야 한다. fread() 함수 관점에서 파일로부터 읽혀지는 데이터는 출력 데이터이기 때문이다. 그래서 buffer의 자료형은 포인터인데, 읽혀지는 데이터 유형은 개발자에 의해서 정해지기 때문에 앞에서 라이브러리를 공부했을 때 배운 것처럼 void 포인터이어야 한다. [코드 21-21]에서 03번째 줄에서 파일로부터 읽어온 데이터를 저장할 기억장소에 대해 변수를 선언하고 있다. 그리고 10번째 줄과 14번째 줄에서 첫 번째 실인수를 보면 주소연산자를 이용하여 주소를 구하는 수식으로 작성되어 있다.

매개변수 size는 읽혀질 데이터 항목의 크기를 바이트 단위로 지정하는 것이고, count는 읽을 데이터 항목들의 개수를 지정한다. 이러한 인수들은 뒤에 설명하는데 이진 파일로 데이터를 쓰는 함수인 fwrite() 함수에서 사용한 인수들과 동일하게 동작한다. 또한 일반적으로 sizeof 연산자를 사용하여 size 인수를 알아낸다. 여기서는 [그림 21-1]이나 [그림 21-2]에서 보는 것처럼 링크 필드를 제외해야 하기 때문에, 다시 말해서 다음 번 명함의 주소를 저장하는 next 멤버를 저장할 필요가 없기 때문에 복합수식으로 작성되어 있다. 디스크 파일에 저장된 주소가 다시 읽혀질 때 저장된 주소를 갖는 기억장소가 사용될 수도 있기 때문이다. 따라서 1차 기억장치의 주소를 저장한다는 것은 기억장소의 낭비만 초래하기 때문에 배제한다.

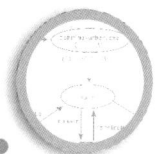

personal			company			next
name	cellularPhoneNumber	emailAddress	name	telephoneNumber	faxNumber	
홍길동	01190909000	gil@parkcom.co.kr	박컴	025879424	025879464	*

명함의 크기 : sizeof(VisitingCard)

sizeof(VisitingCard) - sizeof(VisitingCard*)

sizeof(VisitingCard*)

그림 21-4 이진 파일에 저장할 레코드의 길이

매개변수 stream은 언제나 처럼 파일이 열릴 때 fopen() 에 의해 반환되는 FILE 유형에 대한 포인터이다. fread() 함수는 읽어온 항목들의 수를 반환한다. 파일 끝에 도달하거나 오류가 발생할 경우 이 수는 count보다 작아진다.

3) 이진 파일로 데이터 쓰기

```
01 : // 디스크 파일로 쓰다
02 : unsigned long int Save(VisitingCardBinder* visitingCardBinder) {
03 :    VisitingCard* it = visitingCardBinder->first; // 첫 번째 명함부터
04 :    // 쓰기 텍스트 모드로 디스크 파일을 열다
05 :    FILE* file = fopen("VisitingCards.dat", "wb");
06 :    if(file != NULL) { // 파일이 정상적으로 열렸으면
07 :       while(it != NULL) { // 명함철의 끝이 아닌 동안
08 :          // 명함을 디스크 파일에 쓰다
09 :          fwrite(it, sizeof(VisitingCard) - sizeof(VisitingCard*), 1, file);
10 :          it = it->next; // 다음 번째 명함으로 이동하다
11 :       }
12 :       fclose(file); // 디스크 파일을 닫다
13 :    }
14 :    // 디스크 파일에 쓴 명함의 개수를 출력하다
15 :    return visitingCardBinder->length;
16 : }
```

코드 21-23 레코드 단위로 디스크 파일로 데이터를 쓰는 방법

이진 파일로 레코드를 쓸 때는 fwrite() 라이브러리 함수를 사용하여 1차 기억장치에 저장되어 있는 데이터들을 이진파일로 쓴다. <stdio.h>에 있는 fwrite() 함수 원형은 [코드 21-24]와 같다.

```
size_t fwrite( const void *buffer, size_t size, size_t count, FILE *stream );
```

코드 21-24 fwrite() 함수 원형

매개변수 buffer는 디스크 파일에 쓸 데이터를 저장하고 있는 기억장소에 대한 포인터이다. 포인

터 유형은 void인데, 이것은 디스크 파일에 쓸 데이터의 자료형은 프로그래머에 의해서 결정되어야 하기 때문이다.

매개변수 size와 count는 fread() 함수에서 설명한 대로 매개변수 size는 데이터 항목의 크기를 바이트 단위로 지정하는 것이고, count는 쓸 항목의 개수를 지정한다. size 인수를 얻기 위해 sizeof 연산자를 이용할 수 있다.

매개변수 stream은 파일이 열릴 때 fopen()에 의해 반환되는 FILE 형에 대한 포인터이다. fwrite() 함수는 성공적으로 쓰여진 항목들의 개수를 반환한다. 반환되는 값이 count보다 적으면, 이것은 오류가 발생했음을 의미한다.

5. 순차 파일 접근과 임의 파일 접근

열린 모든 파일은 데이터를 쓰거나 읽기 위해서는 위치가 명확하게 지정되어야 한다. 그래서 현재 열린 파일에서 데이터를 쓰거나 읽을 수 있는 기억장소의 위치를 저장하는 기억장소가 스트림 내부에서 존재하는데 이것을 파일 포인터(File Pointer)라고 한다. 혹은 파일 위치 표시자라고 하는데 열린 모든 파일은 파일 포인터를 가진다. 파일 포인터는 읽기와 쓰기 동작이 파일의 어느 위치에서 발생하는지를 표시한다. 이 위치는 항상 파일의 시작 부분에서 바이트 단위로 부여된다. 새 파일이 열린 경우, 파일 포인터는 항상 파일의 시작 부분이 되고, 위치는 0이다. 파일을 새로 만들고 그 길이는 0이기 때문에 표시할 다른 위치가 없기 때문이다. 기존 파일이 열릴 경우 파일 포인터는 파일이 추가 모드에서 열렸을 경우 파일의 끝이 되고, 다른 모드에서 파일이 열렸을 경우 파일의 시작 부분이 된다.

[코드 21-21]을 이용해서 어떻게 동작하는지 공부해 보도록 하자. 06번째 줄에서 파일을 열었기 때문에 파일포인터는 파일의 시작 부분이 될 것이다. 즉 위치는 0이다. 10번째 줄에서 fread()로 데이터를 읽기 때문에 fread() 함수의 매개변수들 size와 count를 곱한 바이트만큼 순차적으로 데이터를 읽게 된다. 여기서는 (sizeof(VisitingCard) - sizeof(VisitingCard*)) * 1 만큼, [코드 21-25]를 참고하고 구조체 멤버 정렬 기준이 1바이트씩이라면 Personal의 멤버들의 합인 87과 Company의 멤버들의 합인 88을 더하여 구한 값인 175 바이트만큼 파일 포인터를 이동하면서 데이터를 읽고 파일 포인터는 다음번 명함을 읽을 수 있는 위치에 있게 된다. 0부터 시작해서 175 바이트만큼 읽었기 때문에 현재 위치는 175가 될 것이다.

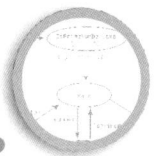

```
// 구조체 태그와 사용자 정의 자료형 선언 및 정의
// 개인 레코드 표현
typedef struct _personal {
    char name[11];
    char cellularPhoneNumber[12];
    char emailAddress[64];
} Personal;
// 회사 레코드 표현
typedef struct _company {
    char name[64];
    char telephoneNumber[12];
    char faxNumber[12];
} Company;

// 명함 레코드 표현
typedef struct _visitingCard VisitingCard;

typedef struct _visitingCard {
    Personal personal;
    Company company;

    VisitingCard* next; // 다음 번째 명함의 주소
} VisitingCard;
```

코드 21-25 명함철 관련 레코드들

이렇게 읽기와 쓰기 동작은 파일 포인터의 위치에서 발생하고 파일 포인터는 이동되어 바뀐다. 따라서 파일에 있는 모든 데이터를 연속적으로 읽거나 연속적으로 파일에 쓰고자 할 경우 스트림 입력과 출력 함수들이 자동으로 처리하기 때문에 파일 포인터에 대해 걱정하지 않아도 된다.

좀 더 많은 제어가 필요할 경우 C 라이브러리 함수를 사용하면 파일 포인터의 값을 알아내거나 변경할 수 있다. 파일 포인터를 제어하면, 임의 파일 접근을 수행할 수 있다. 여기에서 임의(Random)라는 말은 이전의 모든 데이터를 읽거나 쓰지 않고도 파일의 어떤 위치에든지 데이터를 읽거나 쓸 수 있다는 의미이다.

임의 파일 접근을 하기 위해서 사용되는 라이브러리 함수들을 정리해 보자. 우선 첫 번째로 파일 포인터를 파일의 시작 부분으로 설정하고자 한다면 라이브러리 함수 rewind()를 사용해야 한다. <stdio.h>에 있는 rewind() 함수의 원형은 [코드 21-26]과 같다.

```
void rewind( FILE *stream );
```

코드 21-26 rewind() 함수 원형

매개변수 stream은 스트림과 연결된 FILE 포인터이다. rewind() 함수가 호출된 후 파일 포인터는 파일의 시작 부분(바이트 0)에 설정된다. 파일로부터 데이터를 읽은 다음 그 파일을 닫거나 다시 열지 않고 파일의 시작 부분부터 다시 읽고 싶을 경우 rewind() 함수를 사용한다.

다음은 파일 포인터를 알아내려면 ftell() 함수를 사용한다. <stdio.h>에 있는 ftell() 함수의 원형은 [코드 21-27]과 같다.

```
long ftell( FILE *stream );
```

코드 21-27 ftell() 함수 원형

매개변수 stream은 파일이 열릴 때 fopen() 함수가 반환하는 FILE 포인터이다. ftell() 함수는 파일의 시작부터 현재 파일 위치를 바이트 단위로 나타낸 long 형의 값을 반환한다. 첫번째 바이트는 위치 0이다. 오류가 발생하면 ftell() 함수는 -1L(long형 -1)을 반환한다.

다음은 임의 접근에서 가장 중요한 함수인 fseek() 라이브러리 함수에 대해서 알아보고, fseek() 함수를 이용하여 특정 위치에 있는 데이터를 읽는 함수를 작성해 보자. fseek() 함수를 사용하면, 파일의 어느 곳에나 파일 포인터를 설정할 수 있다. <stdio.h>에 있는 fseek() 함수 원형은 [코드 21-28]과 같다.

```
int fseek( FILE *stream, long offset, int origin );
```

코드 21-28 fseek() 함수 원형

매개변수 stream은 파일과 연결된 FILE 포인터이다. 파일 포인터가 이동되는 거리는 offset에 의해 바이트 단위로 제공된다. 매개변수 origin은 이동과 관련된 출발 위치를 지정한다. origin에는 세 개의 값들이 있을 수 있는데 <io.h>에 정의된 기호상수들이다.

표 21-3 origin에서 사용되는 값들

번호	상 수	값	설 명
1	SEEK_SET	0	파일의 시작 부분으로부터 표시자를 offset 바이트 이동한다.
2	SEEK_CUR	1	파일의 현재 위치로부터 표시자를 offset 바이트 이동한다.
3	SEEK_END	2	파일의 끝에서부터 표시자를 offset 바이트 이동한다.

fseek() 함수는 파일 포인터가 성공적으로 이동할 경우 0을 반환하고, 오류가 발생하면 0이 아닌 값을 반환한다.

[코드 21-29]는 fseek() 함수를 이용하여 특정 위치에 있는 데이터를 읽는 함수이다.

6. 정리

하드 디스크 등과 같은 2차 기억 장치에 일정한 규칙으로 저장되어 있는 것으로 하나의 프로그램에 의하여 사용되는 데이터의 집합을 파일이라고 한다. 더 정확하게 말하면 디스크 파일(Disk File)이라고 한다. 이러한 파일에는 다른 것들과 구분하기 위해서 고유의 명칭이 지정되는데 이를 파일 명칭(File name)이라고 하고 디스크 파일을 다룰 때 파일 명칭을 사용해야 한다.

C 언어에서는 기본적으로 데이터가 저장되는 형식에 따라 ASCII 코드로 저장되는 텍스트 파일과 0과 1로 저장되는 이진 파일을 지원한다.

C 언어에서 디스크 파일을 다루는 기본적인 절차는 다음과 같다.

1. 파일을 연다.

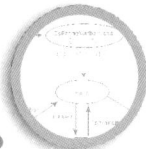

2. 파일이 정상적으로 열렸으면 다음과 같이 한다.

   2.1. 파일의 끝이 아닌 동안 반복한다.

      2.1.1. 파일로부터 데이터를 읽거나 파일로 데이터를 쓴다.

   2.2. 파일을 닫는다.

3. 끝낸다.

C 언어에서는 다양한 입출력 장치에 대해서 절차를 일관되게 유지하도록 하기 위해서 스트림이란 개념으로 처리하며 이러한 처리를 할 수 있는 라이브러리 함수들을 제공한다.

```
01 : /***********************************************************
02 :    파일 명칭 : VisitingCardBinder.c
03 :    기    능 : 명함을 관리하다
04 :    작 성 자 : 김석현
05 :    작성 일자 : 2009년 2월 17일
06 : ***********************************************************/
07 : #include <stdio.h> // printf()
08 :
09 : // 구조체 태그와 사용자 정의 자료형 선언 및 정의
10 : // 개인 레코드 표현
11 : typedef struct _personal {
12 :     char name[11];
13 :     char cellularPhoneNumber[12];
14 :     char emailAddress[64];
15 : } Personal;
16 : // 회사 레코드 표현
17 : typedef struct _company {
18 :     char name[64];
19 :     char telephoneNumber[12];
20 :     char faxNumber[12];
21 : } Company;
22 :
23 : // 명함 레코드 표현
24 : typedef struct _visitingCard VisitingCard;
25 :
26 : typedef struct _visitingCard {
27 :     Personal personal;
28 :     Company company;
29 :
30 :     VisitingCard* next; // 다음 번째 명함의 주소
31 : } VisitingCard;
32 :
33 : // 지정된 위치에 있는 명함을 읽는다
34 : VisitingCard Read(VisitingCardBinder* visitingCardBinder, int index);
35 :
36 : int main() {
37 :     VisitingCard visitingCard;
38 :
39 :     visitingCard = Read(&visitingCardBinder, 1);
40 :     printf("%s %s %s %s %s %s\n", visitingCard.personal.name,
41 :         visitingCard.personal.cellularPhoneNumber, visitingCard.personal.emailAddress,
42 :         visitingCard.company.name, visitingCard.company.telephoneNumber,
43 :         visitingCard.company.faxNumber);
44 :
45 :     visitingCard = Read(&visitingCardBinder, 2);
46 :     printf("%s %s %s %s %s %s\n", visitingCard.personal.name,
47 :         visitingCard.personal.cellularPhoneNumber, visitingCard.personal.emailAddress,
48 :         visitingCard.company.name, visitingCard.company.telephoneNumber,
49 :         visitingCard.company.faxNumber);
50 :
51 :     return 0;
52 : }
53 :
54 : // 지정된 위치에 있는 명함을 읽는다
55 : VisitingCard Read(VisitingCardBinder* visitingCardBinder, int index) {
56 :     VisitingCard visitingCard = { 0, };
57 :     size_t count;
58 :     // 이진 모드로 파일을 연다
59 :     FILE* file = fopen("VisitingCards.dat", "rb");
60 :     // 파일이 정상적으로 열렸으면
61 :     if(file != NULL) {
62 :         // 지정된 위치로 파일 포인터를 이동시키다.
63 :         fseek(file, (sizeof(VisitingCard) - sizeof(VisitingCard*)) * index, SEEK_SET);
64 :         // 명함을 읽다
65 :         count = fread(&visitingCard, sizeof(VisitingCard) - sizeof(VisitingCard*),
66 :             1, file);
67 :         fclose(file); // 파일을 닫는다
68 :     }
69 :     // 읽은 명함을 출력하다
70 :     return visitingCard;
71 : }
```

코드 21-29 특정 위치의 데이터 읽기

제22장
선행처리기
(Preprocessor)

1. 정의

2. 매크로(Macro)와 #define

3. 외부 파일 포함(File Inclusion) 기능과 #include

4. 조건부 컴파일(Conditional Compiliation)

5. 내장 매크로

6. 정리

제22장 선행처리기(Preprocessor)

1. 정의

　선행처리기란 단어 뜻 그대로 프로그램이 컴파일되기 전에 프로그램에 대해 일련의 작업을 행하는 것으로 다른 언어에서 찾아보기 힘든 C 언어의 고유한 특징이다. [코드 22-1]은 C 언어로 작성되어진 원시 코드 프로그램이다. 고급 언어인 C 로 작성되었기 때문에 컴퓨터가 이해하기 위해서는 0 과 1로 변환되어져야 하는데, 즉 컴파일되어야 한다. 컴파일할 때 어떠한 일들이 일어나는 것일까?

　C 로 작성된 원시코드 파일을 컴파일할 때는 2개의 프로그램이 사용된다. 하나는 전처리기(Preprocessor)이고 하나는 컴파일러(Complier)이다. 전처리기는 모든 C 컴파일러에 들어 있다. C 프로그램을 컴파일할 경우, 전처리기는 원시 코드 프로그램을 처리하는 첫 번째 컴파일러 요소이다. 거의 대부분의 C 컴파일러에서 전처리기는 컴파일러 프로그램의 일부로 들어 있다. 컴파일러를 실행할 때 자동으로 전처리기가 실행된다.

　따라서 [코드 22-1]을 컴파일하면 먼저 전처리기가 처리를 한다. 어떠한 처리를 할까? [코드 22-2]는 Microsoft Visual C 컴파일러의 전처리기에 의해서 처리된 후 원시 코드 파일이다. 이렇게 전처리기에 의해서 변경된 원시 코드 파일은 다시 컴파일 단계의 입력으로 사용된다. 일반적으로 여러분들은 이렇게 변경된 원시 코드 파일을 볼 수 없는데, 그 이유는 컴파일러가 이 파일을 사용한 후에 지워버리기 때문이다. 그렇지만 /E 컴파일러 옵션에 의해서 [코드 22-2]와 같은 중간 파일을 볼 수도 있다.

　이렇게 원시 코드 파일의 편집이 완료된 후 다음 단계는 원시 코드를 컴퓨터가 이해할 수 있는 기계 명령어들로 변환하는 컴파일을 해야 하는데, 컴파일하기 전에 C 언어에서는 원시 코드 파일에 대해 일련의 작업을 먼저 해야 한다.

　전처리기에 의해서 처리되는 부분에 대해서 알아보자. [코드 22-1]에서 08번째 줄까지는 주석으로서 전처리기에 의해서 공백으로 처리되었다. 프로그래밍 작업에서 코드의 문서화를 위해 사용되는 주석은 전처리기에 의해서 모두 하나의 공백으로 치환된다. 다시 말해서 컴파일러 입장에서는 주석도 공백 문자로 해석되는 것이다.

　다음은 3장에서 배운 전처리기 단락이다. [코드 22-1]에서는 09, 12번째 줄들은 컴파일하기 전에 전처리기에 의해서 처리되는 부분이다. 전처리기에 의해서 처리되어진 후 코드는 [코드 22-2]와 같이 변환되어져 있을 것이다. 크게 기능적으로 구별해 보면 [코드 22-2]에서 01번째 줄부터 149번

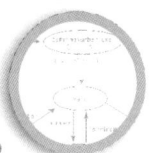

째 줄까지는 외부 파일 포함 기능에 대해, 179번째 줄은 매크로 상수 기능에 대해 처리되었다. 원시 코드 프로그램에서 # 기호로 시작되는 문장인 전처리기 지시자에 대해서 컴파일을 할 수 있는 C 언어의 문장으로 전개하는 처리를 한 것이다.

[코드 22-1]에서 09번째 줄 #include <stdio.h>에 대해 #include 전처리기 지시자(Preprocessor Directive)에 대해 전처리기는 <stdio.h> 표준 입출력 헤더 파일에 기술된 내용중에서 필요한 부분들을 IsPrimeNumber.c로 복사하게 된다. printf() 함수와 scanf() 함수에 대한 함수 원형(Prototype)들과 관련 데이터 부분, FILE, _iobuf, _iob 만을 복사한 것이다.

[코드 22-2]에서 01번째 줄부터 149번째 줄까지는 전처리기에 의해서 C 컴파일러 개발자에 의해서 작성된 구조체 태그, 사용자 정의 자료형, 배열에 관련 정보를 원시 코드 파일에 복사한 영역이다. 이러한 기능을 전처리기의 외부 파일 포함 기능이라고 한다.

```
01 : /*******************************************************
02 :    파 일  명 칭 : IsPrimeNumber.c
03 :    기       능 : 입력받은 수가 솟수인지 아닌지를 판단한다.
04 :    출       력 : 소수 여부
05 :    입       력 : 수
06 :    작 성  자 : 김 석 현
07 :    작 성 일 자 : 2009년 2월 3일
08 : *******************************************************/
09 : #include <stdio.h>  // printf()
10 :
11 : // 매크로 상수
12 : #define INITIAL 2  // 소수는 1을 제외한 자연수이므로
13 :
14 : // 사용자 정의 자료형 선언
15 : typedef enum _boolean { FALSE = 0, TRUE = 1 } Boolean;
16 :
17 : // 산출 및 논리 연산 함수
18 : Boolean IsPrimeNumber ( unsigned long int number ) ;
19 :
20 : // 응용 프로그램의 엔트리 포인터 함수 정의
21 : int main(int argc, char* argv[]) {
22 :     Boolean isPrimeNumber;  // 출력 자료 변수 선언
23 :     unsigned int number;    // 입력 자료 변수 선언
24 :
25 :     // 키보드로 수를 입력받는다
26 :     scanf ( "%d", &number ) ;
27 :
28 :     // 연산을 실행하다
29 :     isPrimeNumber = IsPrimeNumber ( number ) ;
30 :
31 :     // 실행 결과를 모니터에 출력하여 사용자에게 알린다.
32 :     if ( isPrimeNumber == TRUE ) {
33 :         printf ( "%d는 솟수입니다!\n", number ) ;
34 :     }
35 :     else {
36 :         printf ( "%d는 합성수입니다!\n", number ) ;
37 :     }
38 :
39 :     return 0;
40 : }
41 :
42 : // 산출 및 논리 연산 함수
43 : Boolean IsPrimeNumber ( unsigned long int number ) {
44 :     Boolean isPrimeNumber = FALSE ;
45 :     unsigned int remainder ;
46 :     unsigned int i = INITIAL ;
47 :
48 :     // 1. 수를 입력 받는다 : 함수 호출로 인수로 값의 복사한다
49 :     remainder = number ;
50 :     while ( remainder >= i ) {
51 :         remainder = remainder - i ;
52 :     }
53 :
54 :     // 2. 2부터 시작하여 입력받은 수보다 작고 나누어 떨어지지 않는 동안 반복한다
55 :     while ( i < number && remainder != 0 ) {
56 :         // 2.1. 나눌 수를 센다
57 :         i = i + 1 ;
58 :         // 2.2. 나머지를 구한다
59 :         remainder = number ;
60 :         while ( remainder >= i ) {
61 :             remainder = remainder - i ;
62 :         }
63 :     }
64 :     // 3. 나누어 떨어지는 수가 없으면
65 :     if (number == i ) {
66 :         isPrimeNumber = TRUE ; // 소수 여부를 거짓으로 한다
67 :     }
68 :     // 4. 소수 여부를 출력한다.
69 :     return isPrimeNumber ;
70 :     // 5. 끝낸다
71 : }
```

코드 22-1 입력받은 수가 소수인지 판단하는 프로그램

```
01 : #line 67 "C:\\Program Files\\Microsoft Visual Studio\\VC98\\include\\stdio.h"
02 :
03 : typedef unsigned int size_t;
04 :
05 : #line 73 "C:\\Program Files\\Microsoft Visual Studio\\VC98\\include\\stdio.h"
06 :
07 : typedef unsigned short wchar_t;
08 :
09 : #line 80 "C:\\Program Files\\Microsoft Visual Studio\\VC98\\include\\stdio.h"
10 :
11 : typedef wchar_t wint_t;
12 : typedef wchar_t wctype_t;
13 :
14 :
15 : typedef char *  va_list;
16 :
17 : struct _iobuf {
18 :         char *_ptr;
19 :         int   _cnt;
20 :         char *_base;
21 :         int   _flag;
22 :         int   _file;
23 :         int   _charbuf;
24 :         int   _bufsiz;
25 :         char *_tmpfname;
26 :         };
27 : typedef struct _iobuf FILE;
28 :
29 : extern FILE _iob[];
30 :
31 : typedef __int64 fpos_t;
32 :
33 :  int __cdecl _filbuf(FILE *);
34 :  int __cdecl _flsbuf(int, FILE *);
35 :
36 :  FILE * __cdecl _fsopen(const char *, const char *, int);
37 :
38 :  void __cdecl clearerr(FILE *);
39 :  int __cdecl fclose(FILE *);
40 :  int __cdecl _fcloseall(void);
41 :
42 :  FILE * __cdecl _fdopen(int, const char *);
43 :
44 :  int __cdecl feof(FILE *);
45 :  int __cdecl ferror(FILE *);
46 :  int __cdecl fflush(FILE *);
47 :  int __cdecl fgetc(FILE *);
48 :  int __cdecl _fgetchar(void);
49 :  int __cdecl fgetpos(FILE *, fpos_t *);
50 :  char * __cdecl fgets(char *, int, FILE *);
51 :
52 :  int __cdecl _fileno(FILE *);
53 :
54 :  int __cdecl _flushall(void);
55 :  FILE * __cdecl fopen(const char *, const char *);
56 :  int __cdecl fprintf(FILE *, const char *, ...);
57 :  int __cdecl fputc(int, FILE *);
58 :  int __cdecl _fputchar(int);
59 :  int __cdecl fputs(const char *, FILE *);
60 :  size_t __cdecl fread(void *, size_t, size_t, FILE *);
61 :  FILE * __cdecl freopen(const char *, const char *, FILE *);
62 :  int __cdecl fscanf(FILE *, const char *, ...);
63 :  int __cdecl fsetpos(FILE *, const fpos_t *);
64 :  int __cdecl fseek(FILE *, long, int);
65 :  long __cdecl ftell(FILE *);
66 :  size_t __cdecl fwrite(const void *, size_t, size_t, FILE *);
67 :  int __cdecl getc(FILE *);
68 :  int __cdecl getchar(void);
69 :  int __cdecl _getmaxstdio(void);
70 :  char * __cdecl gets(char *);
```

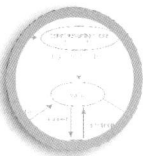

```
 71 : int __cdecl _getw(FILE *);
 72 : void __cdecl perror(const char *);
 73 : int __cdecl _pclose(FILE *);
 74 : FILE * __cdecl _popen(const char *, const char *);
 75 : int __cdecl printf(const char *, ...);
 76 : int __cdecl putc(int, FILE *);
 77 : int __cdecl putchar(int);
 78 : int __cdecl puts(const char *);
 79 : int __cdecl _putw(int, FILE *);
 80 : int __cdecl remove(const char *);
 81 : int __cdecl rename(const char *, const char *);
 82 : void __cdecl rewind(FILE *);
 83 : int __cdecl _rmtmp(void);
 84 : int __cdecl scanf(const char *, ...);
 85 : void __cdecl setbuf(FILE *, char *);
 86 : int __cdecl _setmaxstdio(int);
 87 : int __cdecl setvbuf(FILE *, char *, int, size_t);
 88 : int __cdecl _snprintf(char *, size_t, const char *, ...);
 89 : int __cdecl sprintf(char *, const char *, ...);
 90 : int __cdecl sscanf(const char *, const char *, ...);
 91 : char * __cdecl _tempnam(const char *, const char *);
 92 : FILE * __cdecl tmpfile(void);
 93 : char * __cdecl tmpnam(char *);
 94 : int __cdecl ungetc(int, FILE *);
 95 : int __cdecl _unlink(const char *);
 96 : int __cdecl vfprintf(FILE *, const char *, va_list);
 97 : int __cdecl vprintf(const char *, va_list);
 98 : int __cdecl _vsnprintf(char *, size_t, const char *, va_list);
 99 : int __cdecl vsprintf(char *, const char *, va_list);
100 :
101 : FILE * __cdecl _wfsopen(const wchar_t *, const wchar_t *, int);
102 :
103 : wint_t __cdecl fgetwc(FILE *);
104 : wint_t __cdecl _fgetwchar(void);
105 : wint_t __cdecl fputwc(wint_t, FILE *);
106 : wint_t __cdecl _fputwchar(wint_t);
107 : wint_t __cdecl getwc(FILE *);
108 : wint_t __cdecl getwchar(void);
109 : wint_t __cdecl putwc(wint_t, FILE *);
110 : wint_t __cdecl putwchar(wint_t);
111 : wint_t __cdecl ungetwc(wint_t, FILE *);
112 :
113 : wchar_t * __cdecl fgetws(wchar_t *, int, FILE *);
114 : int __cdecl fputws(const wchar_t *, FILE *);
115 : wchar_t * __cdecl _getws(wchar_t *);
116 : int __cdecl _putws(const wchar_t *);
117 :
118 : int __cdecl fwprintf(FILE *, const wchar_t *, ...);
119 : int __cdecl wprintf(const wchar_t *, ...);
120 : int __cdecl _snwprintf(wchar_t *, size_t, const wchar_t *, ...);
121 : int __cdecl swprintf(wchar_t *, const wchar_t *, ...);
122 : int __cdecl vfwprintf(FILE *, const wchar_t *, va_list);
123 : int __cdecl vwprintf(const wchar_t *, va_list);
124 : int __cdecl _vsnwprintf(wchar_t *, size_t, const wchar_t *, va_list);
125 : int __cdecl vswprintf(wchar_t *, const wchar_t *, va_list);
126 : int __cdecl fwscanf(FILE *, const wchar_t *, ...);
127 : int __cdecl swscanf(const wchar_t *, const wchar_t *, ...);
128 : int __cdecl wscanf(const wchar_t *, ...);
129 :
130 : FILE * __cdecl _wfdopen(int, const wchar_t *);
131 : FILE * __cdecl _wfopen(const wchar_t *, const wchar_t *);
132 : FILE * __cdecl _wfreopen(const wchar_t *, const wchar_t *, FILE *);
133 : void __cdecl _wperror(const wchar_t *);
134 : FILE * __cdecl _wpopen(const wchar_t *, const wchar_t *);
135 : int __cdecl _wremove(const wchar_t *);
136 : wchar_t * __cdecl _wtempnam(const wchar_t *, const wchar_t *);
137 : wchar_t * __cdecl _wtmpnam(wchar_t *);
138 :
139 : int __cdecl fcloseall(void);
140 : FILE * __cdecl fdopen(int, const char *);
```

```
141 : int __cdecl fgetchar(void);
142 : int __cdecl fileno(FILE *);
143 : int __cdecl flushall(void);
144 : int __cdecl fputchar(int);
145 : int __cdecl getw(FILE *);
146 : int __cdecl putw(int, FILE *);
147 : int __cdecl rmtmp(void);
148 : char * __cdecl tempnam(const char *, const char *);
149 : int __cdecl unlink(const char *);
150 :
151 : typedef enum _boolean { FALSE = 0, TRUE = 1 } Boolean;
152 :
153 : Boolean IsPrimeNumber ( unsigned long int number ) ;
154 :
155 : int main(int argc, char* argv[]) {
156 :     Boolean isPrimeNumber;
157 :     unsigned int number;
158 :
159 :
160 :     scanf ( "%d", &number ) ;
161 :
162 :
163 :     isPrimeNumber = IsPrimeNumber ( number ) ;
164 :
165 :
166 :     if ( isPrimeNumber == TRUE ) {
167 :         printf ( "%d는 소수이다!\n", number ) ;
168 :     }
169 :     else {
170 :         printf ( "%d는 합성수이다!\n", number ) ;
171 :     }
172 :
173 :     return 0;
174 : }
175 :
176 : Boolean IsPrimeNumber ( unsigned long int number ) {
177 :     Boolean isPrimeNumber = FALSE ;
178 :     unsigned int remainder ;
179 :     unsigned int i = 2 ;
180 :
181 :
182 :     remainder = number ;
183 :     while ( remainder >= i ) {
184 :         remainder = remainder - i ;
185 :     }
186 :
187 :
188 :     while ( i < number && remainder != 0 ) {
189 :
190 :         i = i + 1 ;
191 :
192 :         remainder = number ;
193 :         while ( remainder >= i ) {
194 :             remainder = remainder - i ;
195 :         }
196 :     }
197 :
198 :     if (number == i ) {
199 :         isPrimeNumber = TRUE ;
200 :     }
201 :
202 :     return isPrimeNumber ;
203 :
204 : }
```

코드 22-2 전처리기에 의해서 처리된 후 원시 코드

다음은 [코드 21-1]에서 12번째 줄 #define INITIAL 2에 대해서 전처리기는 #define 전처리기

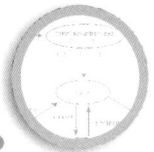

지시자에 대해서는 매크로 전개(Macro Expansion)를 하게 된다. [코드 22-1]에서 46번째 줄이 [코드 22-2]에서 179번째 줄처럼 INITIAL이란 매크로상수가 12번째 줄에서 설정했던 상수 2로 바뀐 것을 알 수 있다. 이러한 기능을 매크로 상수에 의한 매크로 전개라고 한다.

이처럼 전처리기는 원시 코드 파일을 컴파일하기 전에 원시 코드 파일을 컴파일하기 좋도록 가공하는 작업을 하는 것이다. 구체적으로 말하면 원시 코드 파일에 기술되어 있는 모든 전처리기 지시자를 컴파일할 수 있는 C 언어의 문장으로 전개(Expansion)하는 작업을 담당하는 것이다. 대표적인 처리로 외부 파일 포함 기능과 매크로 전개(혹은 문자열 치환) 기능을 들 수 있다. 조건부 컴파일 기능과 이미 정의되어 있는 매크로 상수들에 의해서 개발 과정에서 사용할 수 있는 유익한 기능들도 있다.

그러면 왜 이러한 기능이 필요한 것일까? 이에 대해서 계속되는 설명들에서 답을 얻자.

2. 매크로(Macro)와 #define

#define 전처리기 지시자에 의해서 처리되는 기능을 총칭해서 일반적으로 매크로(Macro)라 한다. 그러나 이 책에서는 상수에 대한 처리와 인수를 받아서 처리하는 함수와 같은 처리에 대해 매크로 상수와 매크로 함수로 구분해서 설명할 것이다.

1) 매크로 상수(Macro Constant)

프로그램을 작성하다 보면 실제 값, 특히 개발할 때 정해져 있는 값인 상수(Constant)들이 사용된다. 예를 들어 학생 10명의 점수를 입력받아 평균간의 차를 출력하는 프로그램을 작성한다고 가정하자. 이때 10이란 값은 프로그램을 작성하는데 있어 매우 중요한 상수이다. 입력을 받을 때, 평균을 구할 때, 출력할 때 사용되는 값이다. [코드 22-3]은 상수 10을 18번째 줄에서는 배열크기를 정할 때, 36번째 줄에서는 입력받는 횟수를 정하는데, 47번째 줄에서는 합을 구하는데 있어 더하는 횟수로, 54번째 줄에서는 평균을 구하는데, 그리고 63번째 줄에서는 출력 횟수를 정하는데 직접 사용되었다.

그런데 프로그램을 개발을 의뢰한 사람, 즉 클라이언트(Client)가 학생들의 수를 고칠 것을 요구한다면 여러분들은 10이란 상수를 찾아서 하나하나 바꾸어야 할 것이다. 얼마나 귀찮은 일인가?

그러면 어떻게 하면 이러한 상황에 합리적으로 대처할 수 있는 방법은 없는 것인가? 있다. 프로그램에서 사용되는 상수에 대해서 단순히 실제 값을 기술하지 말고 의미를 나타내는 명칭을 사용하도록 하자. 즉 기호 상수(Symbolic Constant)를 사용하도록 하자. C 언어에서 이러한 기호적인 상수를 만들 수 있도록 선행처리기 지시자 #define를 제공한다. #define에 의해서 의미를 갖는 기호적인 상수를 매크로상수라고 한다.

[코드 22-4]는 [코드 22-3]에 대해 매크로 기능을 사용한 버전이다. [코드 22-4]에서 10번째 줄에서 10이라는 정수형 상수에 대해 의미를 주기 위해 MAX라는 명칭을 사용하여 21번째에서 배열의 크기를 설정할 때, 39번째 줄, 50번째 줄, 63번째 줄에서 for 반복문장에서 조건식에서 사용했고

```
01 : /***********************************************************
02 : 파일명칭 : GetResults.c
03 : 기    능 : 학생 점수와 평균과의 차를 구하다
04 : 작 성 자 : 김 석 현
05 : 작성일자 : 2009-04-09
06 : ***********************************************************/
07 : #include <stdio.h>
08 :
09 : // 10개 점수를 입력받는다
10 : void InputScores(unsigned short int (*scores));
11 : // 평균을 구하다
12 : float CalculateAverage(unsigned short int (*scores));
13 : // 점수와 평균간의 차들을 출력하다
14 : void DisplayDifferences(unsigned short int (*scores), float average);
15 :
16 : int main() {
17 :     // 배열 요소의 개수가 10인 배열을 선언 및 정의하다
18 :     unsigned short int scores[10];
19 :     // 10개 점수에 대한 평균
20 :     float average;
21 :
22 :     // 1. 점수들을 입력받는다
23 :     InputScores(scores);
24 :     // 2. 평균을 구한다
25 :     average = CalculateAverage(scores);
26 :     // 3. 차들을 출력한다
27 :     DisplayDifferences(scores, average);
28 :     // 4. 끝낸다
29 :     return 0;
30 : }
31 :
32 : // 10개 점수를 입력받는다
33 : void InputScores(unsigned short int (*scores)) {
34 :     unsigned short int i;
35 :
36 :     for(i = 0; i < 10; i++) {
37 :         scanf("%d", scores + i);
38 :     }
39 : }
40 :
41 : // 평균을 구하다
42 : float CalculateAverage(unsigned short int (*scores)) {
43 :     float average;
44 :     unsigned short int sum = 0;
45 :     unsigned short int i;
46 :
47 :     for(i = 0; i < 10; i++) {
48 :         sum += scores[i];           // 합을 구한다
49 :     }
50 :     // 평균을 구하다
51 :     average = sum / ((float)10);
52 :
53 :     return average;
54 : }
55 :
56 : // 점수와 평균간의 차들을 출력하다
57 : void DisplayDifferences(unsigned short int (*scores), float average) {
58 :     unsigned short int i;
59 :
60 :     for(i = 0; i < 10; i++) {
61 :         printf("%.2f\n", scores[i] - average ); // 차를 구한다. 차를 출력한다
62 :     }
63 : }
```

코드 22-3 매크로 상수를 사용하지 않은 프로그램

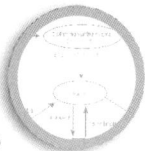

또한 평균을 구하는 산술식에서 사용했다. 단지 정수형 상수에 최대값이라는 의미만 주는 것이 아니라, 코드를 작성하는데 있어 변경이 쉬워진다. 사용자가 입력 받는 점수들의 개수를 바꾸겠다고 하면 10번째 줄에서 10을 바꾸고자 하는 값으로만 고치면 될 것이다. 배열의 크기도 늘어나고 반복횟수도 늘어나고, 평균도 정확하게 구해질 것이다.

```
01 : /**********************************************************
02 :    파일명칭 : GetResults.c
03 :    기    능 : 학생 점수와 평균과의 차를 구하다
04 :    작 성 자 : 김 석 현
05 :    작성일자 : 2009-04-09
06 : **********************************************************/
07 : #include <stdio.h>
08 :
09 : // 배열요소의 개수에 대한 매크로 상수
10 : #define MAX 10
11 :
12 : // 10개 점수를 입력받는다
13 : void InputScores(unsigned short int (*scores));
14 : // 평균을 구하다
15 : float CalculateAverage(unsigned short int (*scores));
16 : // 점수와 평균간의 차들을 출력하다
17 : void DisplayDifferences(unsigned short int (*scores), float average);
18 :
19 : int main() {
20 :     // 배열 요소의 개수가 10인 배열을 선언 및 정의하다
21 :     unsigned short int scores[MAX];
22 :     // 10개 점수에 대한 평균
23 :     float average;
24 :
25 :     // 1. 점수들을 입력받는다
26 :     InputScores(scores);
27 :     // 2. 평균을 구한다
28 :     average = CalculateAverage(scores);
29 :     // 3. 차들을 출력한다
30 :     DisplayDifferences(scores, average);
31 :     // 4. 끝낸다
32 :     return 0;
33 : }
34 :
35 : // 10개 점수를 입력받는다
36 : void InputScores(unsigned short int (*scores)) {
37 :     unsigned short int i;
38 :
39 :     for(i = 0; i < MAX; i++) {
40 :         scanf("%d", scores + i);
41 :     }
42 : }
43 :
44 : // 평균을 구하다
45 : float CalculateAverage(unsigned short int (*scores)) {
46 :     float average;
47 :     unsigned short int sum = 0;
48 :     unsigned short int i;
49 :
50 :     for(i = 0; i < MAX; i++) {
51 :         sum += scores[i];          // 합을 구한다
52 :     }
53 :     // 평균을 구하다
54 :     average = sum / ((float)MAX);
55 :
56 :     return average;
57 : }
58 :
59 : // 점수와 평균간의 차들을 출력하다
60 : void DisplayDifferences(unsigned short int (*scores), float average) {
61 :     unsigned short int i;
62 :
63 :     for(i = 0; i < MAX; i++) {
64 :         printf("%.2f\n", scores[i] - average ); // 차를 구한다. 차를 출력한다
65 :     }
66 : }
```

코드 22-4 10개의 점수들을 입력받아 평균간의 차를 출력하는 프로그램

2. 매크로(Macro)와 #define

따라서 프로그램에서 사용되는 상수에 대해서 단순히 실제 값을 기술하지 말고 의미를 나타내는 명칭을 사용하도록 하자. 이때 사용되는 선행처리기 지시자 #define는 다른 것들처럼 한 줄에서 가장 왼쪽에 기호 #로 시작한다. 이것은 원시 코드 파일의 어디에나 나타날 수 있고, 그것의 참조 영역은 그것이 나타난 곳에서부터 파일의 끝까지이다.

기본적으로 한 줄마다 정의되며 각 줄은 세 부분으로 되어 있다. 처음 나오는 것은 전처리기 지시자 #define이다. 그 다음이 식별자(Identifier)로 매크로 혹은 매크로 명칭이라고 하는 약식 표현이다. 매크로(명칭)는 그 안에 공백을 절대 포함할 수 없다. 마지막에 오는 것이 매크로를 나타내는 문자열이다. 즉 치환 목록 혹은 매크로 확장 문자열(Macro Expansion String)이라고 한다. 매크로에 대한 형식은 [코드 22-5]와 같다.

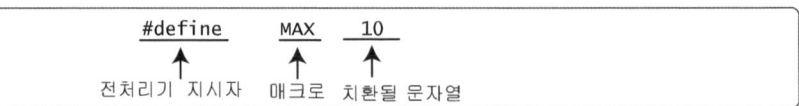

코드 22-5 매크로의 형식

대개는 한 줄에 정의하지만 대부분의 시스템에서는 백슬래쉬(Backslash, '\')를 사용하면 한 줄 이상의 정의를 할 수 있다. 선행처리기가 프로그램 상에서 매크로를 발견하면 그것을 해당 문자열로 치환해준다. 이 과정을 매크로 확장 혹은 매크로 전개(Macro Expansion)라고 한다.

매크로 상수를 기술하는데 있어 주의 사항들에 대해서 정리해 보도록 하자. 첫 번째로 매크로 상수 명칭은 변수와 구분하기 위해 보통 대문자를 사용한다. #define 뒤에 이어지는 문자부터 공백 문자를 만나기 직전까지의 문자열을 매크로 명칭으로 인식하고, 그 나머지는 모두 치환 목록에 포함시키므로, 매크로 명칭에는 절대로 공백문자가 삽입되어서는 안 된다. 다시 말해서 전처리기 지시자, 매크로 명칭, 매크로 확장 문자열 사이에는 적어도 하나 이상의 공백(Blank)이나 탭(Tab)이 반드시 존재해야 한다. 그리고 #define 문은 반드시 한 줄에 하나씩 만을 기술하도록 하자. 여러 줄에 걸쳐 정의하고자 하는 경우는 백슬래쉬를 사용해야 한다. 문자열 상수나 문자 상수 내의 매크로는 전개되지 않는다. 매크로는 중첩될(Nested) 수도 있다. #define 문의 치환 목록이 수식일 경우, 반드시 그 수식을 소괄호로 묶어 주어야 한다. 그래야만 나중에 그 매크로가 다른 수식 내에서 전개될 때에도 연산 우선순위에 관계없이 올바른 결과를 구할 수 있다.

매크로상수를 사용함으로 해서 얻을 수 있는 좋은 점들을 정리하면 같은 상수를 여러 번 쓸 경우, 입출력문장을 간결하게 작성할 수 있고, 매크로 상수를 사용하여 코드의 가독성을 높이고 유지 보수를 쉽게 할 수 있다.

언제 기호화된 상수를 사용할 것인가? 대부분의 상수에 기호화된 상수를 사용하는 것이 좋다. 그 상수가 계산에 사용된다면 기호화된 명칭은 그 의미를 분명히 해준다. 그 상수가 배열의 크기를 나타내게 되면 더 큰 배열을 쓰기 위해 프로그램을 수정할 때 편리하다. 그 상수가 나타내는 수가 시스템에서 쓰는 코드이면 기호화된 표현 때문에 프로그램의 호환성, 이식성이 커진다. 즉 매크로 상수의 정의를 한번만 변경시키면 된다. 기호화된 상수가 가치있는 것은 의미있는 값을 갖는 것과 변경이 쉽고 호환성이 높은 것이다.

2) 매크로 함수(Macro Function)

다음은 거듭제곱을 구하는 프로그램을 만들어 보자. [코드 22-6]은 거듭제곱을 구하는 함수를 이용해서 작성된 프로그램이다. 프로그램을 실행시키면 2, 4, 3 각각에 대해 거듭제곱이 구해져서 차례대로 4, 16, 9가 출력될 것이다.

```
01 : /*************************************************
02 :    파일명칭 : Square.c
03 :    기   능 : 거듭제곱을 구한다.
04 :    작 성 자 : 김 석 현
05 :    작성일자 : 2009-11-09
06 : *************************************************/
07 : #include <stdio.h>
08 :
09 : // 거듭제곱을 구하는 함수 선언
10 : int Square(int x);
11 :
12 : int main() {
13 :     int x = 2;
14 :     int square;
15 :
16 :     square = Square(x);
17 :
18 :     printf("%d\n", square);
19 :     printf("%d\n", Square(2));      // 2 * 2
20 :     printf("%d\n", Square(x+2));    // 4 * 4
21 :     printf("%d\n", Square(++x));    // 3 * 3
22 :
23 :
24 :     return 0;
25 : }
26 :
27 : // 거듭제곱을 구하는 함수 정의
28 : int Square(int x) {
29 :     return x * x;
30 : }
```

코드 22-6 거듭제곱을 구하는 함수를 이용한 프로그램

프로그램이 실제 작동하는 것에 대해 생각을 좀 해볼 것이 있다. 단지 입력된 값에 대해 곱하기를 하는 간단한 수식을 평가하기 위해서 일반 함수로 작성되었는데, 이 함수가 실행될 때는 스택이 할당되고 실인수로 값들이 복사되고 다시 구해진 값이 return 문장에 의해서 반환되고 스택이 해제되는 작업들을 해야 한다. 정리하면 제곱을 구하는데 너무 많은 시간이 걸리는 것 같다. 또한 여기서는 정수에 대한 제곱을 구하는 것만 제한되는데 실수에 대해 제곱을 구하는 기능까지 추가한다면 [코드 22-7]과 같은 함수가 추가되어야 할 것이다. 이것도 번거로운 작업이다.

```
01 : // 거듭제곱을 구하는 함수 선언
02 : double SquareX(double x);
03 :
04 : // 거듭제곱을 구하는 함수 정의
05 : double SquareX(double x) {
06 :     return x * x;
07 : }
```

코드 22-7 실수에 대해 거듭제곱을 구하는 함수 선언과 정의

이러한 문제점들을 해결할 수 있는 기능은 없을까? C 언어에서는 매크로 기능으로 해결할 수 있도록 제공한다. 앞에서 사용했던 #define 전처리기 지시자를 이용하여 이번에는 상수가 아니라 함수를 작성할 수 있다. 일반 함수와 구분하기 위해서 매크로 함수라고 하자. [코드 22-8]은 [코드 22-6]과 똑같으나 일반함수 대신에 매크로 함수로 프로그램을 작성하는 것이다.

```
01 : /************************************************************
02 :    파일명칭 : Square.c
03 :    기   능 : 거듭제곱을 구한다.
04 :    작 성 자 : 김 석 현
05 :    작성일자 : 2009-11-09
06 :    ************************************************************/
07 : #include <stdio.h>
08 :
09 : // 매크로 함수
10 : #define SQUARE(x) x * x
11 :
12 : int main() {
13 :     int x = 2;
14 :     int square;
15 :
16 :     square = SQUARE(x); // square = x * x
17 :
18 :     printf("%d\n", square);
19 :     printf("%d\n", SQUARE(2));     // 2 * 2
20 :     printf("%d\n", SQUARE(x+2));   // x + 2 * x + 2
21 :     printf("%d\n", SQUARE(++x));   // ++x * ++x
22 :
23 :     return 0;
24 : }
```

코드 22-8 매크로 함수를 이용하여 거듭제곱을 구하는 프로그램

프로그램을 실행시켜보자. 매크로 함수는 실제 일반 함수처럼 작동하지 않고, 단지 SQUARE()에 대해 x * x 로 치환을 하는 것이다. 그래서 SQUARE()가 기술된 줄마다 주석으로 기술한대로 전개되어 곱하기 수식을 평가하게 된다. 따라서 함수 호출이 이루어지지 않고 단지 곱하기 수식을 평가하기만 하기 때문에 빠르게 결과를 구할 수 있다. 또한 실인수로 실수형 데이터를 기술하면 정확하게 제곱을 구하게 된다. 매크로는 단지 문자열만을 취급하는 것이지 그 값에 대해서 관여하지 않기 때문이다. 따라서 변수의 형에 신경 쓸 필요가 없다. 그래서 SQUARE(x) 매크로 함수는 정수형이나 실수형이나 모두에 사용할 수 있다.

그렇지만 실행 결과는 여러분이 원하지 않는 값들이 출력되어 있을 것이다. 4, 4, 8, 16이 출력될 것이다. 16번째 줄과 19번째 줄에 대해서는 정확하게 구해졌지만 20번째와 21번째에 대해서는 원하는 값들인 16과 9가 출력되어야 하는데 8과 16이 출력되었다. 왜 이러한 값들이 출력되는지에 대해 알아보고 정확한 값들을 구할 수 있도록 고쳐보자.

20번째 줄은 매크로 전개에 의해서 [그림 22-1]과 같은 수식이 작성될 것이다. 수식을 평가했을 때 곱하기가 더하기보다 우선순위가 높기 때문에 8이 구해지는 것이다.

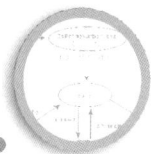

```
SQUARE(x+2)    매크로 전개      x + 2 * x + 2
                            (1)   2 * 2 = 4
                            (2)   2 + 4 = 6
                            (3)   6 + 2 = 8
```

그림 22-1 SQUARE(x+2)에 대해 매크로 전개와 평가 결과

그렇지만 매크로가 전개되었을 때 [그림 22-2]와 같이 된다면 우리가 원하는 값을 구할 수 있다. 실인수로 기술된 수식부터 먼저 평가하고 곱하기를 하도록 우선순위를 정해 준다면 정확한 값을 구할 수 있게 된다. 따라서 매크로 함수를 작성할 때 [코드 22-9]와 같이 각 인자를 소괄호로 둘러싸는 것이 좋다. 더욱더 정확하게 한다면 전체 정의도 소괄호로 둘러싸는 것이 좋다. 그러면 식의 우선순위를 지켜서 정확한 값들을 구할 수 있을 것이기 때문이다.

```
SQUARE(x+2)    매크로 전개      ((x + 2) * (x + 2))
                            (1) 2 + 2 = 4   (2) 2 + 2 = 4
                                   (3)  4 * 4 = 16
```

그림 22-2 소괄호로 우선순위가 정해지는 매크로 전개

```
#define       SQUARE(x)      ((x) * (x))
전처리기 지시자   매크로         치환될 문자열
```

코드 22-9 인수와 전체 정의를 소괄호로 묶어 정의한 매크로 함수

다음은 21번째 줄에 대해서 알아보도록 하자. 실인수로 전위 증가 연산자를 사용했다. 따라서 [그림 22-3]과 같이 매크로가 전개될 것이다.

```
SQUARE(++x)   매크로 전개      ((++x) * (++x))
                            (1) 2 + 1 = 3   (2) 3 + 1 = 4
                                   (3)  4 * 4 = 16
```

그림 22-3 증가연산자를 실인수로 사용할 때 매크로 전개와 평가 결과

앞에서 우선순위를 위해서 인수와 전체 정의를 소괄호를 싼 정의에 의해서도 증가 연산자를 이용한 수식을 인수로 사용하는 경우에는 원하는 결과를 얻기 힘들다. 따라서 단 하나의 해결책은 증감 연산자는 매크로 인수로 사용하지 않는 것이다.

이처럼 매크로는 사용 할 때 주의하지 않으면 부작용을 초래하기 쉬우므로 보통 함수를 사용할 때보다 작성할 때 주의해야 한다. 그러나 함수처럼 상황에 따라서 다른 실인수를 지정함으로써 원하는 결과를 얻는 방법이다. 자료형과 무관하게 작성될 수 있고, C의 논리적 모듈인 함수가 아니므로 매개변수를 함수에 전달하는데 소용되는 시간을 절약할 수 있어서 실행 속도 증가의 효과를

볼 수 있다. 그러나 매크로 함수가 사용되는 곳마다 매번 치환 목록으로 전개되므로 치환 목록이 매우 복잡한 경우 일반 함수를 사용할 때보다 프로그램의 크기가 더 길어지는 점도 함께 고려해야 한다.

3. 외부 파일 포함(File Inclusion) 기능과 #include

3장 모듈화 프로그래밍을 배울 때 이 기능이 왜 필요한지 이미 설명되었다. 다시 정리해 보면, 모듈화 프로그래밍이란 매우 크기가 큰 프로그램을 만들 때 사용하는 프로그래밍 패러다임으로 많은 원시 코드 파일을 이용해야 한다. 이때 사용자 정의 자료형이나 함수들이 필요한 원시 코드 파일마다 선언하는 것은 매우 곤혹스러운 작업이다. 따라서 사용자 정의 자료형과 함수들에 대해 선언만을 할 수 있는 물리적 모듈을 만들어 관리하고, 필요할 때마다 전처리기에 위해서 물리적 모듈에 작성되어 있는 내용을 원시 코드 파일에 복사하도록 하는 것이 효율적이다. 이때 사용되는 물리적 모듈이 헤더 파일(Header File)이고, 전처리기에 위해서 처리되도록 하는 지시자가 #include이고, 이러한 기능을 외부 파일 포함이라고 한다.

[코드 22-10]은 3장에서 작성했던 헤더 파일이다. 태그, 사용자 정의 자료형, 그리고 함수들이 선언되어 있다. 이러한 것들을 헤더 파일에서 정리한 다음 외부 파일 포함 기능을 이용하지 않는다면 계속적으로 필요한 원시 코드 파일마다 선언을 해야 한다는 것은 매우 번거롭고 코드를 관리함에 있어서 비효율적이기 때문이다.

```
01 : /*************************************************************
02 : 파일 명칭 : IsPrimeNumber.h
03 : 기    능 : 사용자 정의 자료형의 선언 및 정의와 함수 선언을 한다
04 : 작 성 자 : 김 석 현
05 : 작성 일자 : 2009년 2월 3일
06 : *************************************************************/
07 : #ifndef _ISPRIMENUMBER_H
08 : #define _ISPRIMENUMBER_H
09 :
10 : // 사용자 정의 자료형 선언
11 : typedef enum _boolean { FALSE = 0, TRUE = 1 } Boolean;
12 : typedef unsigned long int ULong;
13 :
14 : // 입력 함수 선언
15 : ULong InputNaturalNumber();
16 : // 산술 및 논리 연산 함수 선언
17 : Boolean IsPrimeNumber(ULong number);
18 : // 출력 함수 선언
19 : void DisplayIsPrimeNumber(ULong number, Boolean isPrimeNumber);
20 :
21 : #endif // _ISPRIMENUMBER_H
```

코드 22-10 IsPrimeNumber.h 헤더 파일

외부 파일 포함 기능에 사용되는 헤더 파일(Header File)은 다른 원시 코드 파일에서도 같이 사용

되어야 되는 식별자들을 선언 및 정의하고 있는 확장자가 .h인 디스크 파일이다. 함수 원형, 매크로 상수, 매크로 함수, 사용자 정의 자료형 및 태그, 전역 변수, 그리고 조건부 컴파일 지시자들이 기술되어 있다.

외부 파일 포함이란 어떤 지정한 파일의 내용을 원시 코드 파일 내로 불러 들이는 것을 말한다. 여러 개의 프로그램에서 동일한 내용을 기술하여야 할 경우, 이러한 동일한 내용을 하나의 파일로 작성해 두고 각 프로그램에서는 그 파일을 불러들임으로써 그 동일한 내용을 기술한 것과 같이 처리를 하자는 개념이다. 예를 들어 모든 프로그램에서 입출력 함수들은 반드시 필요하다. 프로그램을 작성할 때마다 이러한 입출력 함수들을 작성한다는 것은 비효율적이다. 따라서 이러한 입출력 함수들을 하나의 파일에 작성하고, 헤더 파일에 이 함수들에 대한 함수 원형만 선언하여 다른 프로그램을 작성할 때마다 헤더 파일을 이용하여 다른 파일에 작성된 함수들을 불러 들이도록 하면, 효율적으로 프로그래밍 작업을 할 수 있도록 하는 기능이다.

이렇게 표준 입출력 함수, C 컴파일러 개발자에 의해서 작성된 scanf() 함수와 printf() 함수들을 응용 프로그래머가 그대로 사용할 수 있도록 하기 위해서는 외부 파일 포함 기능을 이용해야 하며, 외부 파일 포함 기능을 이용하기 위해서는 scanf() 함수와 printf() 함수의 원형을 선언하고 있는 헤더 파일을 조사해서 #include 전처리기 지시자로 지정을 해야 하는 것이다.

scanf() 함수와 printf() 함수는 <stdio.h> 헤더파일에 선언되어 있다. 선언되어 있는 헤더 파일을 조사하는 방법은 컴파일러를 구매할 때 배포되는 라이브러리 매뉴얼 책자 혹은 도움말을 이용할 수 있다. Visual Studio를 사용하는 경우, MSDN Library를 이용하면 편하게 작업을 할 수 있다. Microsoft Visual Studio를 실행한 다음 Help>Index 메뉴를 차례로 선택하면 아래와 같이 MSDN Library가 실행된다. 물론 Visual Studio를 설치할 때 반드시 MSDN를 설치해야 한다.

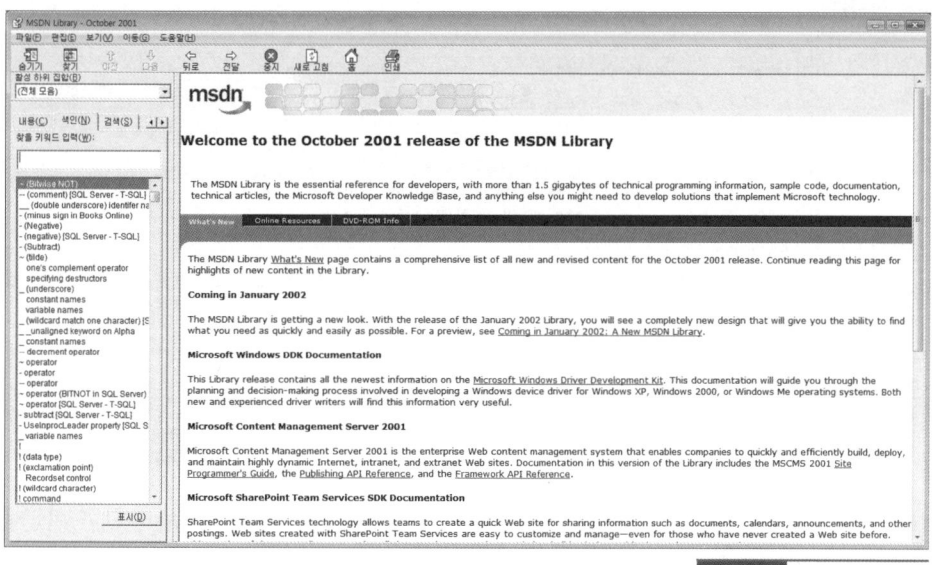

그림 22-4 실행된 MSDN

3. 외부 파일 포함(File Inclusion) 기능과 #include

색인 탭을 선택하고, 입력 란에 scanf를 입력하고 엔터 키를 누르면 [그림 22-5]와 같은 찾은 항목 대화상자가 출력된다.

scanf, wscanf Visual C++ Programmer's Guide 항목을 더블 클릭하거나 선택하고 표시 버튼을 클릭한다. 그러면 오른쪽 결과 페이지 표시 창에 scanf() 함수 페이지가 출력한다.

그림 22-5 찾은 항목 대화상자

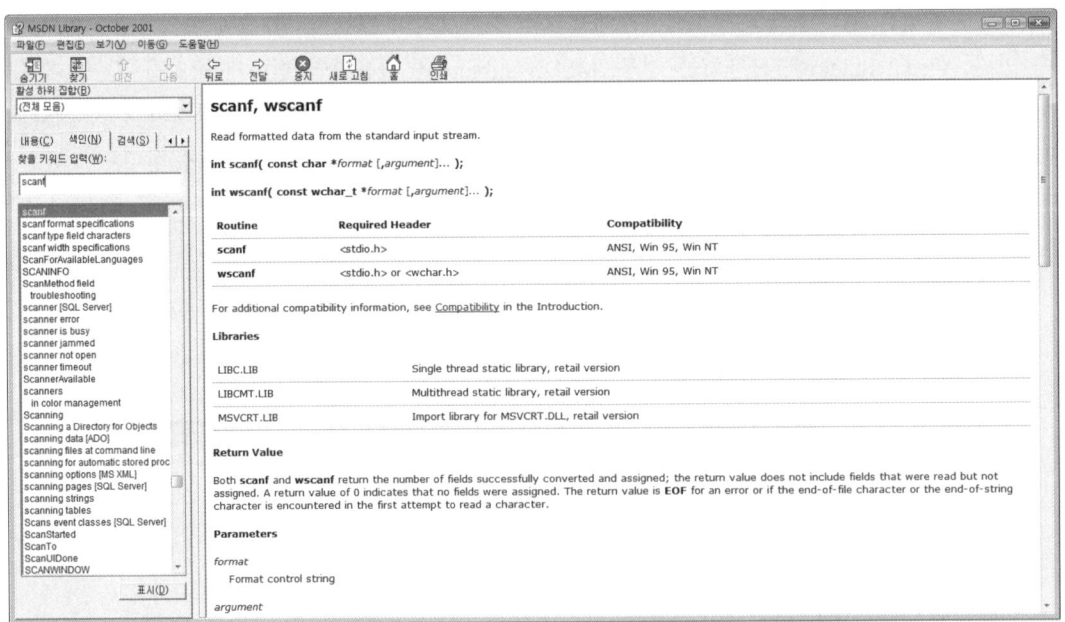

그림 22-6 scanf() 함수 페이지

[그림 22-6]에서 위쪽에서 다섯 줄 아래 Required Header 항목을 보면 <stdio.h>라고 하는 항목이 scanf() 함수가 선언되어 있는 헤더 파일을 말하는 것이다. 따라서 [코드 22-11]과 같이 scanf() 함수

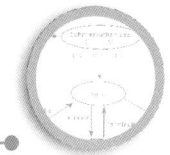

호출문장 앞에 어디든지 기술해도 되나 일반적으로 [코드 22-8]에서 보는 것처럼 대개는 #define 앞에 전처리기 단락에 기술하는 것이 좋다.

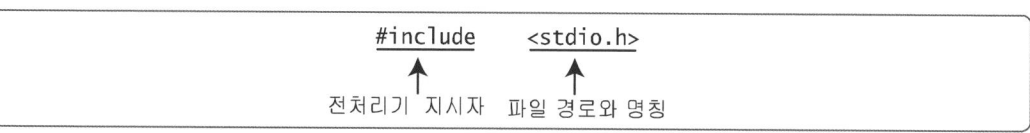

코드 22-11 include 전처리기 지시자 형식

선행처리기가 #include 지시자를 만나면 그 다음에 오는 파일명칭을 보고, 그 파일을 현재 원시 코드 파일에 필요한 부분에 대한 문자열을 복사하는 것이다.

다른 방법으로 간단하게 원시 코드 편집기에서 scanf를 입력하고 scanf를 전체 선택한 상태에서 F1키를 눌러도 똑같은 결과를 얻을 수 있다.

외부 파일 포함 기능에 대해 문법을 정리해 보도록 하자. [그림 22-7]은 형식들이다.

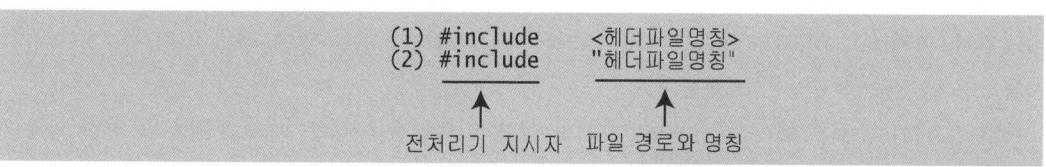

그림 22-7 전처리기 지시자 include의 형식들

(1) #include <헤더 파일명> 형식은 경로가 생략된 경우 C 헤더 파일 디렉토리(폴더)에서 불러들일 헤더 파일을 찾도록 한다. Viusal Studio의 Visual C/C++ 컴파일러에 대해서는 C 헤더 파일 디렉토리(혹은 폴더)인 C:\Program Files\Microsoft Visual Studio\VC98\Include에서 헤더 파일을 찾는다는 것이다.

윈도우 탐색기를 이용하여 경로와 <stdio.h>의 위치를 확인해 보도록 하자. Visual C/C++의 C 헤더 파일 디렉토리에는 표준 헤더 파일들이 잔뜩 들어 있다. 따라서 표준 라이브러리 함수의 선언이 들어 있는 Visual C/C++의 표준 헤더 파일을 포함시킬 때 주로 사용한다.

(2) #inclide "헤더 파일명" 형식은 경로가 생략되어 있는 경우, 현재 작업 디렉토리(Current Directory, 폴더)에서 헤더 파일을 찾는다는 뜻이다. 제곱을 구하는 프로그램에 대해서 작업 디렉토리로 C:\Program Files\Microsoft Visual Studio\MyProjects\Square였다면 이 디렉토리에서 헤더 파일을 찾는다는 것이다. 만약 그곳에서 찾지 못하면 계속해서 C 헤더 파일 디렉토리에서 찾는데, 이 형식은 주로 현재 작업 디렉토리에서 먼저 헤더 파일을 찾으므로 주로 C 프로그래머가 작성한 헤더 파일을 포함시킬 때 사용한다.

(3) #include "헤더 파일명" 형식에서 헤더 파일명 앞에 파일의 경로(Path)를 설정할 수 도 있다. 이 때 파일의 경로는 절대 경로 혹은 상대 경로로도 지정될 수 있다. #include 지시자에 쓰인 치환

목록은 "..."는 문자열 상수가 아니므로 파일의 경로를 지정할 때 역슬래쉬 문자(\)를 삽입하기 위해 확장열인 '\\'를 써서는 안된다는 점에 주의해야 한다.

4. 조건부 컴파일(Conditional Compiliation)

C 로 프로그램을 작성하다 보면, 프로그램이 어떤 경우에는 Linux에서, 어떤 경우는 Mac OS에서 작동해야 한다. 항상 윈도우 운영체제에서만 작동하는 프로그램만 작성하지 않는다. 다시 말해서 다양한 운영체제에서 작동 가능하도록 프로그램을 작성하는 것이 매우 중요한데, 운영체제가 다르다고 해서 중요한 알고리듬이나 자료구조가 달라지는 것이 아니라, 알고리듬이나 자료구조를 구현하는데 있어 세부적인 요소들에서 약간의 차이가 존재한다. 이때 조건부 컴파일 기능을 사용한다. 즉 프로그램의 호환성을 높이려는 데 있다.

조건부 컴파일이란 C 원시 코드의 블록이 특정 조건이 만족되는 경우에만 컴파일된다는 것을 의미한다. 이때 #if, #ifdef, #ifndef, #elif, #else 그리고 #endif 이들 여섯 개의 전처리기 지시자를 사용하여 조건부 컴파일을 조절한다.

[코드 22-12]는 좋은 예라고는 할 수 없지만 앞에서 제곱을 구하는 매크로 함수와 일반 함수에 대한 코드를 작성하는데 개개의 프로젝트로 사용하였다. 아마 번거롭다는 느낌이 든다. 그래서 하나의 프로젝트에서 하나의 원시 코드 파일에 작성해서 테스트를 하는 작업을 한다면 [코드 22-12]처럼 작업을 하면 효율적이다. 알고리듬을 작성할 때 이러한 상황들이 많이 발생하는 경우에 적절하게 사용해 보아라.

다시 [코드 22-12]를 분석해 보도록 하자. 09 번째 줄과 10번째 줄은 #if와 #elif 전처리기 지시자에서 상수 수식을 만들 때 사용하기 위해 매크로 상수를 정의했다. #if와 #elif 전처리기 지시자가 사용하는 검사 수식은 상수로 평가되는 어떠한 수식이라도 될 수 있다. sizeof 연산자나 형 변환 연산자 또는 float형은 사용할 수 없다. 그렇지만 복잡한 수식보다는 #define 전처리기 지시자로 만들어진 매크로 상수 수식을 사용하도록 하자. 아니면 간단한 관계식으로 혹은 간단한 논리식으로 수식을 작성하도록 하자.

#if는 상수 수식을 평가해서 참이면 코드 블록을 컴파일하고 그렇지 않으면 컴파일하지 않는다. 여러 가지 점에서 전처리기 지시자의 #if 지시자는 C 언어의 if 문과 유사하게 동작한다. 차이점은 if는 어떤 문들이 실행될지를 제어하고 #if는 어떤 문들이 컴파일될 지를 제어한다.

컴파일해야 하는 각각의 문장 블록은 전처리기 지시자를 포함하여 임의의 형태를 가지는 하나 이상의 C 문장으로 구성된다. 중괄호로 둘러쌀 수도 있지만 그럴 필요가 없다.

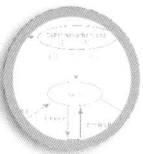

```
01 : /*************************************************************
02 :     파일명칭 : ConditonalCompilation.c
03 :     기   능 : 조건부 컴파일 지시자에 따라 컴파일 코드 블럭을 지정한다.
04 :     작 성 자 : 김 석 현
05 :     작성일자 : 2009-11-09
06 : *************************************************************/
07 : #include <stdio.h>
08 :
09 : #define MACRO   1  // 매크로 함수 블럭 컴파일 설정
10 : #define GENERAL 0  // 일반 함수 블럭 컴파일 설정
11 :
12 : #if MACRO
13 :     #define SQUARE(x) ((x)*(x)) // 제곱을 구하는 매크로 함수
14 : #elif GENERAL
15 :     int Square(int x); // 제곱을 구하는 일반 함수 선언
16 : #endif
17 :
18 : int main() {
19 :     int x = 2;
20 :     int square;
21 :
22 : #if MACRO // 매크로 함수 블럭
23 :     square = SQUARE(x);
24 :
25 :     printf("매크로 함수\n");
26 :     printf("%d\n", square);
27 :     printf("%d\n", SQUARE(2));
28 :     printf("%d\n", SQUARE(x + 2));
29 :
30 : #elif GENERAL // 일반 함수 블럭
31 :     square = Square(x);
32 :
33 :     printf("일반 함수\n");
34 :     printf("%d\n", square);
35 :     printf("%d\n", Square(2));
36 :     printf("%d\n", Square(x + 2));
37 :
38 : #else // 내장 매크로 블럭
39 :     printf("파일   명칭 : %s\n", __FILE__);
40 :     printf("줄     번호 : %d\n", __LINE__); // 10진 정수
41 :     printf("컴파일 일자 : %s\n", __DATE__); // 월 일 년
42 :     printf("컴파일 시각 : %s\n", __TIME__); // 시 분 초
43 : #endif
44 :
45 :     return 0;
46 : }
47 :
48 : // 제곱을 구하는 일반 함수 정의
49 : int Square(int x) {
50 :     return x * x;
51 : }
```

코드 22-12 조건부 컴파일 지시자 사용 예

#if와 #endif 지시자는 꼭 필요하지만 #elif와 #else는 선택적이다. #elif 지시자는 필요한 만큼 얼마든지 사용할 수 있지만, #else는 하나만 쓸 수 있다. #if를 만나면 컴파일러는 연결된 조건을 검사한다. 조건이 참(0이 아닌 값)으로 평가되면 #if 다음에 이어지는 문이 컴파일된다. 조건이 거짓(0)으로 평가되면 컴파일러는 각 #elif 지시자에 연결된 조건들을 순서대로 검사한다. 첫 번째로 참이 되는 #elif와 연결된 문이 컴파일된다. 조건 중 어느 것도 참이 되지 않을 경우, #else 지시자 다음의 문장이 컴파일된다.

[코드 22-12]에서 12번째 줄에서 #if는 상수수식을 평가하는데, 09번째 줄에서 MACRO가 1로

정의되어 있기 때문에 C 언어에서는 0이 아닌 수들은 모두 논리적으로 참이므로 참이 된다. 따라서 13번째 줄은 컴파일하도록 한다. 마찬가지로 20번째 줄에서 #if도 수식이 참이므로 23번째 줄에서 28번째 줄까지 컴파일하도록 한다.

따라서 14번째 줄과 30번째 줄에서 #elif와 38번째 줄에서 #else는 평가도 되지 않을 뿐만 아니라 15번째 줄의 C 문장과 31번째 줄부터 42번째 줄까지 C 문장들은 컴파일이 되지 않는다.

그렇지만 09번째 줄에서 MACRO에 대해 0으로 GENERAL를 1로 정의한다면 C 언어에서 0은 논리적으로 거짓이기 때문에 #if는 수식 평가가 거짓이므로 13번째 줄과 23번째 줄에서 28번째 줄까지 컴파일을 하지 못하도록 한다. 대신 30번째 줄에서 #elif에 대해서 수식을 평가하는데, GENERAL이 1이기 때문에 참이 되어 31번째 줄에서 36번째 줄까지 C 문장들을 컴파일하도록 한다. 38번째 줄의 #else는 평가되지도 않고 따라서 39번째 줄에서 42번째 줄까지 C 문장들은 컴파일 되지 않도록 한다.

이번에는 09번째 줄에서 MACRO은 0으로 10번째 줄에서 GENERAL도 0으로 정의하도록 하자. 이러한 경우는 12번째 줄에서 #if는 거짓으로 평가되므로 13번째 줄은 컴파일되지 않도록 하고, 22번째 줄에서 #if도 거짓으로 평가되므로 23번째 줄에서 28번째 줄까지 C 문장들은 컴파일되지 않도록 한다. 30번째 줄에서 #elif도 거짓으로 평가되므로 31번째 줄에서 36번째 줄까지 C 문장들도 컴파일되지 않도록 한다. #if와 #elif 모두 거짓으로 평가되었으므로 #else 이하 C 문장들만 컴파일하도록 한다.

그리고 43번째 줄에서처럼 #if 전처리기 지시자를 사용했다면 반드시 #endif를 반드시 기술해야 한다.

1) 조건부 컴파일 지시자와 헤더 파일

프로그램이 커짐에 따라서 또는 빈번하게 헤더 파일을 사용함에 따라 무심코 한 헤더 파일을 한 번 이상 포함하는 위험한 상황에 처하게 될 수 있다. 이는 컴파일러를 혼란에 빠뜨리게 된다. 특히 헤더 파일에서 다른 헤더 파일을 포함시키는 경우 정의가 두 번 이상 이루어지는 경우가 발생하는데 이것은 정의는 오직 한번이라(One Definition Rule)는 C의 기본 개념을 지키지 않기 때문에 컴파일 오류가 발생한다. 따라서 가장 중요한 것은 헤더 파일을 작성할 때 가능하면 다른 헤더 파일을 포함시키지 않도록 하는 것이다. 그런데 이러한 작업은 매우 소모적인 작업일 수 있다. 따라서 조건부 컴파일 지시자를 이용해서 중복을 방지할 수 있도록 할 수 있다.

3장에서 만들었던 헤더 파일에 대한 [코드 22-10]을 참고하도록 하자. [코드 22-10]에서 07번째 줄에서 #ifndef 지시자에 의해서 _ISPRIMENUMBER_H 매크로가 정의되어 있지 않은지에 대해 검사를 한다. 정의되어 있지 않으면 08번째 줄에서 _ISPRIMENUMBER_H를 정의하도록 한다. 따라서 다른 원시 코드 파일을 컴파일할 때 다시 이 문장들을 만날 때는 이미 정의되어 있기 때문에

08번째 줄부터 19번째 줄까지 C 문장들을 컴파일하지 않도록 함으로써 정의가 중복되지 않도록 하는 것이다. 이때 매크로 명칭은 헤더 파일 명칭을 이용해서 대문자로 작성하되 밑줄로 시작하도록 하고, 파일명칭과 확장자 사이에 밑줄을 두도록 한다. 이러한 명명 규칙은 반드시 따르지 않고 개발자 취향대로 명명할 수 있지만 관습적이므로 다른 개발자를 배려해서 따르는 것이 좋은 습관이다.

그리고 마찬가지로 #ifndef가 끝난다는 #endif를 마지막 줄, 21번째 줄에 기술해야 한다.

이러한 기능을 Guard라고 한다. 반드시 헤더 파일을 만들 때 Guard를 적용하도록 하자.

#ifndef는 매크로가 정의되어 있지 않은지에 대해 검사를 한다면 #ifdef는 매크로가 정의되어 있는지에 대해 검사를 한다는 것이다.

2) 조건부 컴파일 지시자와 디버깅(Debugging)

```
01 : /***********************************************
02 :    파일명칭 : Debugging.c
03 :    기    능 : 디버깅 코드를 추가하다.
04 :    작 성 자 : 김 석 현
05 :    작성일자 : 2009-11-09
06 : ***********************************************/
07 : #include <stdio.h>
08 :
09 : #define DEBUG   1   // 디버깅 설정
10 :
11 : #define SQUARE(x) ((x)*(x)) // 제곱을 구하는 매크로 함수
12 :
13 : int main() {
14 :     int x = 2;
15 :     int square;
16 :
17 : #if DEBUG // 매크로 함수 블럭
18 :     square = SQUARE(x);
19 :
20 :     printf("디버깅\n");
21 :     printf("줄번호 : %d 값: %d\n", __LINE__, square);
22 :     printf("줄번호 : %d 값: %d\n", __LINE__, SQUARE(2));
23 :     printf("줄번호 : %d 값: %d\n", __LINE__, SQUARE(x + 2));
24 :
25 : #else
26 :     square = SQUARE(x);
27 :
28 :     printf("값: %d\n", square);
29 :     printf("값: %d\n", SQUARE(2));
30 :     printf("값: %d\n", SQUARE(x + 2));
31 : #endif
32 :     return 0;
33 : }
```

코드 22-13 #if...#endif를 사용하여 디버깅하기

프로그램을 작성하다 보면 논리 오류가 많이 생기는 것은 어쩔 수 없는 일이다. 그래서 논리 오류가 발생했을 때 이를 고쳐야 하는데 고치기 위해서 어디에서 오류가 발생했는지부터 찾아내야 한다. 그래야만 고칠 수 있기 때문이다. 이때 [코드 22-13]에서 21번째 줄부터 23번째 줄에서처럼 줄번호와 값들을 콘솔 모니터에 출력해 보는 방식이 매우 원시적이지만 명확한 방법이다. 그렇지

만 논리 오류가 고쳐졌으면 줄번호 출력은 프로그램 사용자한테는 의미 없는 것이기 때문에 28번째에서 30번째 줄처럼 값들만 콘솔 모니터에 출력해야 한다. 이러한 경우 [코드 22-13]에서처럼 전처리기 지시자들 #if와 #endif를 사용하여 디버깅 코드와 정상 코드를 구분해서 작성함으로 해서 프로그래밍을 효율적으로 할 수 있을 것이다.

따라서 전처리기 지시자들 #if와 #endif의 또 다른 일반적인 용도는 프로그램에 조건부 디버깅 코드를 포함하는 것이다. DEBUG 기호상수를 1이나 0으로 설정할 수 있다. 프로그램 개발 과정 동안 DEBUG를 1로 정의하면, 디버깅 코드가 포함되어 논리 오류(혹은 버그)들을 추적하는데 도움이 될 수도 있다. 프로그램이 제대로 동작한 후에는 DEBUG를 0으로 다시 정의하여 디버깅 코드없이 프로그램을 다시 컴파일하면 된다.

조건부 컴파일 지시자를 사용하여 코드를 작성할 경우 defined() 연산자가 유용할 것이다. 이 연산자는 특별한 명칭이 정의되었는지 알아보는 검사를 한다. [코드 22-14]에서는 DEBUG 명칭이 정의되어 있는지 검사하는 것이다. 정의되었는지에 따라서 참 또는 거짓으로 평가된다.

```
01 : /************************************************************
02 :    파일명칭 : DefinedOperator.c
03 :    기    능 : 디버깅 코드를 추가하다.
04 :    작 성 자 : 김 석 현
05 :    작성일자 : 2009-11-09
06 :    ************************************************************/
07 : #include <stdio.h>
08 :
09 : #define DEBUG    1   // 디버깅 설정
10 :
11 : #define SQUARE(x) ((x)*(x)) // 제곱을 구하는 매크로 함수
12 :
13 : int main() {
14 :     int x = 2;
15 :     int square;
16 :
17 : #if defined(DEBUG)   // 0으로 설정되었든 1로 설정되었든 참이다
18 :     square = SQUARE(x);
19 :
20 :     printf("디버깅\n");
21 :     printf("줄번호 : %d 값: %d\n", __LINE__, square);
22 :     printf("줄번호 : %d 값: %d\n", __LINE__, SQUARE(2));
23 :     printf("줄번호 : %d 값: %d\n", __LINE__, SQUARE(x + 2));
24 :
25 : #endif
26 :     square = SQUARE(x);
27 :
28 :     printf("값: %d\n", square);
29 :     printf("값: %d\n", SQUARE(2));
30 :     printf("값: %d\n", SQUARE(x + 2));
31 :
32 :     return 0;
33 : }
```

코드 22-14 defined() 연산자를 이용하여 디버깅하기

[코드 22-14]에서 09번째 줄에 DEBUG가 정의되었으므로 17번째 줄에서 참으로 평가된다. defined() 연산자를 사용함으로써 이름의 특정 값에 관계없이 이전의 정의에 따라 컴파일을 조절할 수 있다. 09번째 줄에서 1로 값이 설정되어 있지만 0으로 설정해도 17번째 줄에서 참으로 평가된

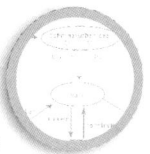

다. 따라서 특정 값을 설정하지 않고 #define DEBUG로 정의만 해도 참으로 평가되고 주석으로 처리하면 거짓으로 평가된다.

```
01 : /***********************************************
02 :    파일명칭 : DefinedOperator.c
03 :    기    능 : 디버깅 코드를 추가하다.
04 :    작 성 자 : 김 석 현
05 :    작성일자 : 2009-11-09
06 : ***********************************************/
07 : #include <stdio.h>
08 :
09 : #if !defined(DEBUG)      // DEBUG가 정의되어 있지 않으면
10 :        #define DEBUG     // DEBUG를 정의한다
11 : #endif
12 :
13 : #define SQUARE(x) ((x)*(x))   // 제곱을 구하는 매크로 함수
14 :
15 : int main() {
16 :     int x = 2;
17 :     int square;
18 :
19 : #if defined(DEBUG)     // DEBUG가 반드시 정의되므로 참이다
20 :     square = SQUARE(x);
21 :
22 :     printf("디버깅\n");
23 :     printf("줄번호 : %d 값: %d\n", __LINE__, square);
24 :     printf("줄번호 : %d 값: %d\n", __LINE__, SQUARE(2));
25 :     printf("줄번호 : %d 값: %d\n", __LINE__, SQUARE(x + 2));
26 :
27 : #endif
28 :     square = SQUARE(x);
29 :
30 :     printf("값: %d\n", square);
31 :     printf("값: %d\n", SQUARE(2));
32 :     printf("값: %d\n", SQUARE(x + 2));
33 :
34 :     return 0;
35 : }
```

코드 22-15 defined() 연산자를 이용하여 매크로 정의

또한 defined() 연산자를 사용한 결과 어떤 명칭이 이전에 정의되지 않았을 경우에는 명칭에 정의를 하도록 할 수도 있다. NOT 연산자(!)를 사용하라. 09번째 줄에서처럼 defined(DEBUG) 수식을 평가하면 앞에 DEBUG가 정의되어 있지 않으므로 거짓이다. 이에 논리 부정 연산자를 붙였기 때문에 참으로 평가된다. 따라서 10번째 줄을 처리해야 한다. 따라서 DEBUG를 특별한 값은 지정하지 않지만 정의한다. 따라서 이제 19번째 줄에서 평가되는 값은 무조건 참이 된다. 그래서 20번째 줄에서 25번째 줄까지 C 문장들을 컴파일하도록 한다.

주의할 점은 defined() 연산자는 어떤 명칭이 특별한 값으로 정의되는 것을 필요로 하지 않는다는 것이다.

5. 내장 매크로

C 언어에는 [표 22-1]과 같이 정의하지 않아도 기본적으로 정의되어 있는 매크로가 존재한다. 이를 가리켜 내장 매크로 혹은 표준 매크로라 하는데, 이는 프로그래머의 편의를 위해 제공이 되는 것이다.

표 22-1 내장 매크로들

번호	표준 매크로	의 미
1	__DATE__	프로그램이 컴파일되는 때의 날짜로 월, 일 년 형식으로 치환된다.
2	__FILE__	컴파일되고 있는 원시 코드 파일 명칭으로 치환된다.
3	__LINE__	현재 처리중인 원시 코드 파일의 줄 번호로 치환된다. 정수값이다.
4	__TIME__	프로그램이 컴파일되는 시각을 시:분:초의 형식으로 치환한다.

```
01 : /************************************************************
02 : 파일명칭 : PredefinedMacro.c
03 : 기   능 : 이미 정의된 매크로 상수에 대해 사용법을 익힌다.
04 : 작 성 자 : 김 석 현
05 : 작성일자 : 2009-11-09
06 : ************************************************************/
07 : #include <stdio.h>
08 :
09 : int main() {
10 :     printf("파일 명칭 : %s\n", __FILE__);
11 :     printf("줄   번호 : %d\n", __LINE__);  // 10진 정수
12 :     printf("컴파일 일자 : %s\n", __DATE__); // 월 일 년
13 :     printf("컴파일 시각 : %s\n", __TIME__); // 시 분 초
14 :
15 :     return 0;
16 : }
```

코드 22-16 내장 매크로들의 사용

대부분의 컴파일러들은 몇 개의 내장 매크로를 가지고 있다. 대부분은 일반적으로 각 컴파일러에 고유한 것이고 이들 중에서 가장 유용한 것으로 ANSI 표준에 정의되어 있는 __DATE__, __FILE__, __LINE__, 그리고 __TIME__이다. 이들 각각의 처음과 끝에 두 개의 밑줄이 있다는 것을 주의하자. 따라서 여러분들이 매크로 상수를 만들 때는 두 개의 밑줄을 갖는 명칭을 사용하지 않도록 해서 명칭 충돌이 이루어지지 않도록 해야 한다.

이러한 매크로들은 앞부분에서 설명한 매크로와 거의 비슷하게 동작한다. 이들 매크로 중의 하나를 만나면, 전처리기는 매크로를 매크로의 코드로 치환한다. __DATE__와 __TIME__은 현재의 날짜와 시간이 문자열로 정해진 형식으로 치환한다. 이는 원시 코드 파일이 컴파일되는 날짜와 시간이 된다. 이러한 정보를 디스크 파일로 저장하여 이용한다면 다른 버전의 프로그램으로 작업할 때 유용한 정보가 될 수 있을 것이다. 프로그램이 컴파일 날짜와 시간을 나타내게 함으로써

프로그램의 최종 버전을 실행하고 있는지 아니면 이전 버전을 실행하고 있는지를 알 수 있다.

다른 두 개의 매크로는 훨씬 더 유용하다. __LINE__은 소스 파일의 현재 행 번호로 10진 정수로 치환된다. __FILE__은 현재 컴파일되고 있는 원시 소스 코드 파일 명칭이 문자열로 치환된다. 이들 두 매크로가 가장 멋지게 사용될 때는 프로그램을 디버깅하거나 오류를 처리할 때이다. 프로그램이 커지고 원시 코드 파일의 개수가 많아지게 되면, 오류를 발견하는 것이 점점 어렵게 되는데 이때 __LINE__과 __FILE__을 사용하면 디버깅을 훨씬 쉽게 할 수 있다.

6. 정리

코드의 가독성을 높이기 위해서와 코드를 효율적으로 관리하기 위해서 C 언어는 컴파일하기 전에 문자열 치환을 하는 전처리기에 의해서 처리되는 기능들을 제공한다. 크게 나누면 2가지 기능으로 요약할 수 있다. 하나는 매크로 기능이고 하나는 헤더 파일같은 외부파일 포함기능이다.

매크로 기능으로는 상수에 대해 의미를 부여하기 위해 #define에 의해서 매크로 상수를 정의하는 기능과 함수의 오버헤더를 줄이기 위해서 매크로 함수를 정의하는 기능이 있다.

외부 파일 포함 기능은 프로그램이 매우 커지면 모듈화 프로그래밍을 할 수 밖에 없는데, 이때 사용자 정의 자료형이나 함수들을 헤더 파일에 정리한 다음 필요한 원시 코드 파일들에서 #include로 헤더 파일의 내용을 복사하도록 하는 것이다.

그 외 조건부 컴파일 지시자를 이용하여 디버깅이나 운영체제에 의존적인 코드를 작성할 수 있다. 내장 매크로들도 디버깅에 적절하게 사용할 수도 있다.

찾아보기

[ㄱ]

가변인자 446
가수부 218
간접연산자 276
개행문자 195
goto 366
공백문자 131
공용체 645
관계연산자 266
구두점 140
구문구조 236
구조체 628
구조체 변수 631
구조체 태그 629
구조화 프로그래밍 32
기억부류 153

[ㄴ]

날짜형 639
널 포인터 653
논리연산자 270
내장형 프로그램 76

[ㄷ]

다차원 배열 506
단항 연산자 255
동적 메모리 관리 577
do - while 문 361
대입연산자 255
디버깅 236

디스크 파일 697

[ㄹ]

라이브러리 603
랜덤 액세스 714
레지스터 110
레지스터 변수 176
레코드 624
return 367
링크 146

[ㅁ]

매크로 720
매크로 확장 720
명령행 인자 41
모듈 35
모듈화 프로그래밍 100
목적 코드 파일 25
문자상수 193
문자열 210
문자열 리터럴 137
문자열 배열 531
문자열 상수 529
문자열 입출력 528
문자열 초기화 531
문자형 193
문장 309
물리적 모듈 76
메모리 모델 108

[ㅂ]

바이트 ····································· 108
배열 ·· 484
배열 요소 ································· 484
배열 포인터 ······························ 557
배열 첨자 연산자 ······················ 494
배열 형식 ································· 484
번지 ·· 108
번지연산자 ······························· 263
변수 ·· 150
변환 연산자 ····························· 290
void 포인터 ····························· 604
복문 ·· 309
부동소수점 ······························· 218
부동소수점 상수 ······················· 219
비트 ·· 108
비트 필드 ································· 643
비구조화 프로그래밍 ···················· 30
break ···································· 364
블랙박스 ·································· 381
블록 ·· 309

[ㅅ]

산술식 ····································· 279
산술연산자 ······························· 279
상수 ·· 136
선언 ·· 142
선언문 ····································· 309
선행처리기 ······························· 720
수명 ·· 145

수식 ·· 243
식별자 ····································· 134
실인수 ····································· 391
실수형 ····································· 218
switch문 ································· 326
스택 ·· 110
스토리지 클래스 ······················· 153

[ㅇ]

ASCII 코드 ······························ 193
알고리듬 ···································· 14
어셈블리어 ·································· 6
어휘구조 ·································· 125
연산자 ····································· 136
열거형 ····································· 228
외부배열 ·································· 161
외부변수 ·································· 161
원시 코드 프로그램 ······················ 8
원시 코드 파일 ··························· 81
원시 자료형 ····························· 154
유니언 ····································· 645
if문 ·· 310
일차원 배열 ····························· 484
2항 연산자 ······························· 255
이진 파일 ································· 696
인자 ·· 390
인터프리터 ·································· 9
입장조건 ·································· 344

찾아보기

[ㅈ]

자기 참조 구조체 ······ 653
자동변수 ······ 155
자료형 ······ 154
전역변수 ······ 161
전위형 ······ 286
정보전달방식 ······ 402
정수형 ······ 180
정의 ······ 142
정적 기억장소 ······ 109
정적배열 ······ 168
정적변수 ······ 168
정적함수 ······ 443
제어구조 ······ 302
제어문 ······ 309
조건부 컴파일 ······ 736
조건연산자 ······ 296
지수부 ······ 218
지역변수 ······ 155
중첩된 구조체 ······ 650
주소 ······ 108
주소 연산자 ······ 263
증감 연산자 ······ 286
재귀함수 ······ 430

[ㅊ]

참조 범위 ······ 144
초기화 ······ 150
치환문 ······ 255
치환연산자 ······ 255

[ㅋ]

캐스트 연산자 ······ 290
continue ······ 366
컴파일 ······ 81
코머 연산자 ······ 455
키워드 ······ 132

[ㅌ]

typedef ······ 231
탈출조건 반복 ······ 362
텍스트 파일 ······ 696
토큰 ······ 131
통용범위 ······ 143

[ㅍ]

파일 ······ 697
포인터 ······ 467
포인터 배열 ······ 497
포인터 연산 ······ 475
포인터의 포인터 ······ 589
포인터 산술 연산자 ······ 492
포인터 종류 ······ 468
for문 ······ 350
평가 ······ 249
피연산자 ······ 255
프로그램 ······ 2
프로그래밍 언어 ······ 5
프로그래밍 ······ 10

[ㅎ]

함수 ································· 37, 370
함수문 ································ 309
함수인자 ····························· 390
함수 포인터 ························ 611
함수 호출 ···························· 398
함수 헤더 ···························· 37
헤더 파일 ···························· 100
형식인수 ····························· 391
형 변환 ································ 251
형 변환 연산자 ··················· 290
while문 ································ 339
확장자 ································· 697
힙 ··· 110

20년 전통의

소프트웨어 엔지니어 양성 교육 기관

문법적인 내용의 암기식 교육이 아닌

문제 해결 능력을 갖춘

능동적이고 창의적인 인재 양성의 요람

서울시 서초구 서초3동 1554-14 영웅빌딩
http://www.parkcom.co.kr Tel:587-9424

C 를 배우면 함수를 잘 만들어야 한다

- 저　자 김 석 현
- 초판발행　2010년 2월 25일
- 초판 5쇄인쇄　2020년 3월 20일
- 발 행 처 명진도서출판
  서울시 중구 저동 2가 84-10
  전화 02)2265_5067~8 팩스 02)2265_5098
- ◆ 이 책의 저작권은 저자에 있습니다.
  저작권법에 의해 무단전재와 무단복제를 금합니다.

정가 28,000원